For Students

©Shutterstock/wavebreakmedia

Effective, efficient studying.

Connect helps you be more productive with your study time and get better grades with engaging study tools and resources. Connect sets you up for success, so you walk into class with confidence and walk out with better grades.

"I really liked this app—it made it easy to study when you don't have your textbook in front of you."

- Jordan Cunningham,
Eastern Washington University

Study anytime, anywhere.

Download the free ReadAnywhere app and access your online eBook when it's convenient, even if you're offline. And since the app automatically syncs with your eBook in Connect, all of your notes are available every time you open it. Find out more at **www.mheducation.com/readanywhere**

No surprises.

The Connect Calendar and Reports tools keep you on track with the work you need to get done and your assignment scores. Life gets busy; Connect tools help you keep learning through it all.

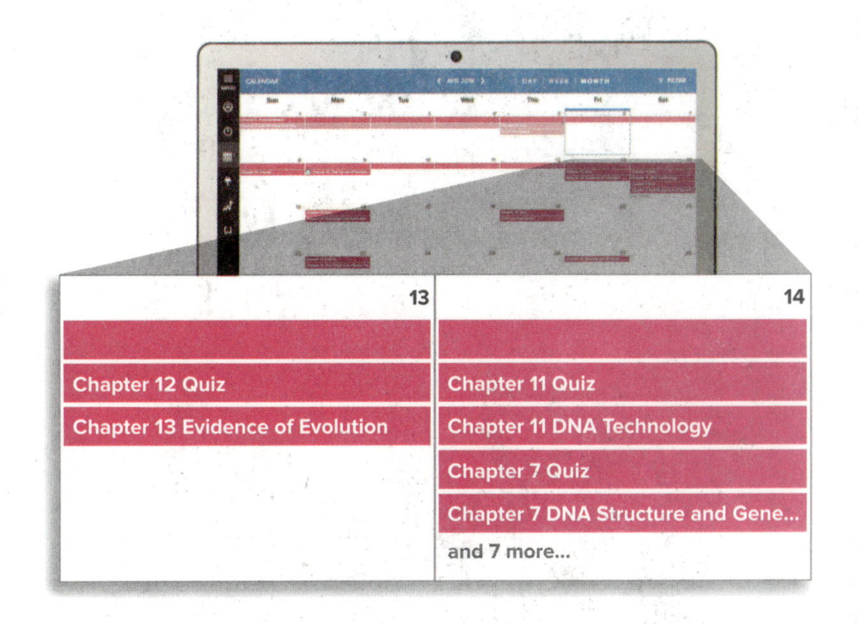

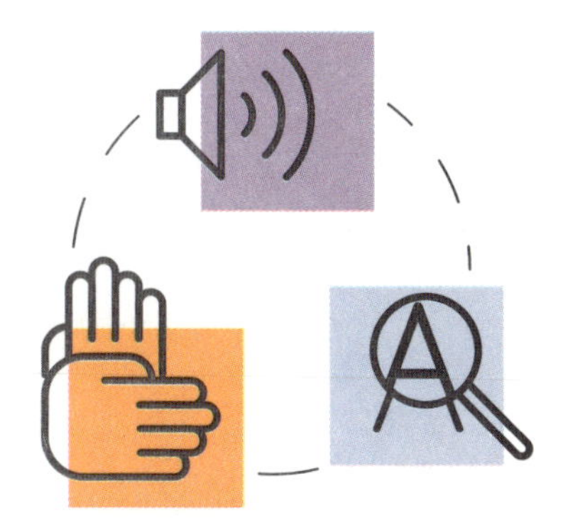

Learning for everyone.

McGraw-Hill works directly with Accessibility Services Departments and faculty to meet the learning needs of all students. Please contact your Accessibility Services office and ask them to email accessibility@mheducation.com, or visit **www.mheducation.com/about/accessibility.html** for more information.

EXPERIENCE SPANISH

Un mundo sin límites

ANNOTATED INSTRUCTOR'S EDITION

EXPERIENCE SPANISH

Un mundo sin límites

ANNOTATED INSTRUCTOR'S EDITION

THIRD EDITION

María J. Amores
West Virginia University

José Luis Suárez-García
Colorado State University

Annie Rutter Wendel
University of Georgia

EXPERIENCE SPANISH, THIRD EDITION

Published by McGraw-Hill Education, 2 Penn Plaza, New York, NY 10121.

Some ancillaries, including electronic and print components, may not be available to customers outside the United States.

This book is printed on acid-free paper.

1 2 3 4 5 6 7 8 9 LWI 21 20 19

ISBN 978-1-260-01607-9 (student edition)
MHID 1-260-01607-2 (student edition)

ISBN 978-1-260-26777-8 (instructor edition)
MHID 1-260-26777-6 (instructor edition)

ISBN 978-1-260-26784-6 (loose-leaf edition)
MHID 1-260-26784-9 (loose-leaf edition)

Senior Portfolio Manager: *Katie Crouch*
Product Developer: *Pennie Nichols*
Marketing Managers: *Raúl Vázquez López/Ann Helgerson*
Content Project Managers: *Erin DeHeck/Amber Bettcher/Ryan Warczynski*
Buyer: *Susan K. Culbertson*
Design: *Matt Backhaus*
Content Licensing Specialist: *Melisa Seegmiller*
Cover Image: *©Alexa Stickel*
Compositor: *Lumina Datamatics, Inc.*

Library of Congress Cataloging-in-Publication Data

Names: Amores, Maria, author. | Subarez Garcia, Jose Luis, author. | Wendel, Annie Rutter, author.

Title: Experience Spanish: un mundo sin limites / Maria J. Amores, West Virginia University; Jose Luis Suarez-Garcia, Colorado State University; Annie Rutter Wendel, University of Georgia

Description: Third edition. | New York, NY : McGraw-Hill Education, [2020] | Includes index.

Identifiers: LCCN 2018021492 | ISBN 9781260016079 (Student Edition) | ISBN 1260016072 | ISBN 9781260267778 (Instructor's Edition) | ISBN 1260267776

Subjects: LCSH: Spanish language—Textbooks for foreign speakers—English. | Spanish language—Grammar. | Spanish language—Spoken Spanish.

Classification: LCC PC4129.E5 A534 2020 | DDC 468.2/421—dc23

LC record available at https://lccn.loc.gov/2018021492

mheducation.com/highered

To my husband, Jim Rentch, my deepest thanks for his support.
—María J. Amores

A mis padres que compensaron las miserias de la postguerra con una generosidad sin límites.

A mi granaína *del alma Courtenay, Natalia y Sebi, nubes de algodón a mis ojos, por estar siempre cerca.*
—José Luis Suárez-García

Thank you to Ryan, mi media naranja, and to all of the inspirational lovers and learners of languages in this, nuestro mundo sin límites.
—Annie Rutter Wendel

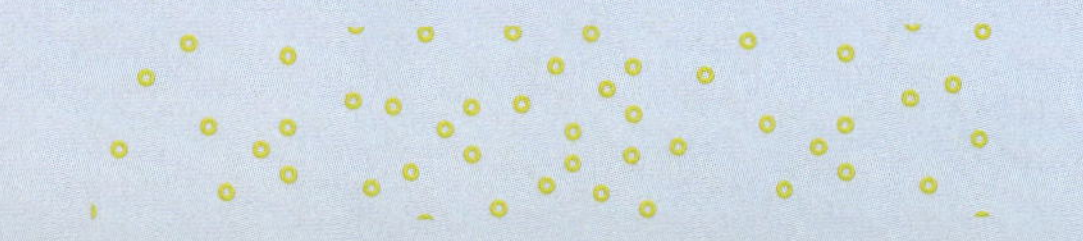

WHAT'S NEW IN THE THIRD EDITION?

- MHE has filmed a beautiful new video, **Un mundo sin límites**, exclusively for use with *Experience Spanish*. Shot in fifteen locations, spanning twelve different countries around the Spanish-speaking world, each video features authentic and often unconventional shots of the location.
    - Most of the videos feature a person who is making their life in a new country, reaching an advanced level of spoken Spanish and developing some key insights into the local culture. This unique video program will inspire a new generation of students by exposing them to real-life examples of Spanish-speakers who began their Spanish journey in a classroom and are now experiencing and living a life in that new language.
    - The videos are divided into three segments, beginning with an introduction, followed by an immersion in the chapter theme and topics, closing out with an adventure or event.
        - In the first segment, we learn a little about the video participant and his or her Spanish journey. Then the participant introduces a friend, family member, or co-worker who is a native speaker of Spanish.
        - In the second segment, the pair has a lively conversation related to the chapter theme, such as daily life, food, or nature. The conversation is punctuated with video shots of the life they're living in that place, from the daily routines (laundry and dishes, shopping for food, working, or taking dance classes) to the fun activities (visiting family and friends, renovating a house, making tortillas, biking through the Yucatán, roaming historical streets, or enjoying the wildlife of a rainforest).
        - In the third segment, the participants go on some type of adventure that relates to the theme. The video captures many things you might expect, such as birthday celebrations, dining, hiking, and shopping in open-air markets, but our participants also take us to a home for a meal with a Mayan family in Quintana Roo, a cave home and a cave hotel built into the mountainsides of Granada, to a contemporary artist's home, and to the tops of trees in a cloud-forest canopy.
    - The video program is supported in each chapter with three **Un mundo sin límites** pages, featuring a pre-viewing **Antes de ver** activity, **Vocabulario práctico** for unfamiliar words, and two post-viewing **¿Entendiste?** activities. These **Un mundo sin límites** pages appear in the chapter opener, at the end of **Tema I,** and at the end of **Tema II.**
- Connect for ***Experience Spanish*** now includes an eBook experience that allows students to watch videos and listen to audio directly within the eBook itself. Students can also download the *ReadAnywhere* app to access the eBook on their mobile devices.

- The culminating activity in the **Gramática** has been revised to be more communicative while still focused on the integration of culture, vocabulary, and grammar. At least one of these culminating activities, beginning in **Capítulo 2,** is an Info gap. The two students work with different but related content, which they must share with their partner in order to complete charts, answer questions, and complete a story. **Appendix III** contains the Info gap content for **Estudiante 2,** where that student will find all of the **Pasos** of the activity, as well as any art and charts that support it.
- **Palabra escrita**, previously kicked off mid-chapter in the Student Edition and wrapped up at the end of the Workbook/Laboratory Manual, is now fully contained in the main text, and follows the **Lectura cultural,** close to the end of the chapter. This essay-writing section integrates and consolidates the strategies, guidance, and steps in one place.
- Cultural readings and presentations have been updated throughout. Updates include **Nota cultural** and **Nota interdisciplinaria** readings, **Expresiones artísticas** art and bios, and **Lectura cultural** articles.
- **Conexiones culturales** has been re-conceptualized as a single-page photo essay inside each chapter. The topics explore and compare a variety of interdisciplinary topics.
    - **Capítulo 1: Ser estudiante en la Universidad de Valencia** (student experience)
    - **Capítulo 2: Guau, guau** (dogs)
    - **Capítulo 3: ¿A lavar? ¿A llevar? o ¿A mandar?** (how the laundry gets done)
    - **Capítulo 4: La familia que almuerza junta, permanece junta** (meal conventions)
    - **Capítulo 5: ¡Pasa!** (home styles [locations and interiors])
    - **Capítulo 6: ¡Es lo que hay!** (food in economic crisis)
    - **Capítulo 7: ¿Cómo me queda?** (clothing trends)
    - **Capítulo 8: «Planta y cría y tendrás alegría.»** (farming practices)
    - **Capítulo 9: ¿Corazón solitario? ¡Inscríbete!** (online dating)
    - **Capítulo 10: ¡Atrévete!** (tourisms)
    - **Capítulo 11: El arte alternativo de Colombia** (artistic expression)
    - **Capítulo 12: «La salud es un tesoro que vale más que el oro.»** (physical activity)
    - **Capítulo 13: Cada uno a su trabajo** (job searches)
    - **Capítulo 14: Reducir, reciclar, reutilizar** (upcycling plastics and other trash)
    - **Capítulo 15: ¡Conéctate!** (wifi and Internet in Latin America)
- **High-Frequency Vocabulary Analysis:** A corpus analysis of the vocabulary presentations, end-chapter vocabulary lists, and glossary confirmed that the active vocabulary is among the top 1,000-4,000 most frequently used words in contemporary Spanish. This same digital analysis was applied to the readings to ensure that we have targeted the keywords that students encounter over and over again in authentic texts such as newspaper and magazine articles and literature. As a result, we have confirmed that students are learning the essential vocabulary they need to read and communicate.

How will your students *Experience Spanish?*

Experience Spanish: Un mundo sin límites, presents vocabulary and grammar in action through culture. With emphasis on the 5C's, the *Experience Spanish* program delivers dynamic opportunities for communicative practice built upon the following principles:

- ***Culture is core:*** Culture is seamlessly integrated into the program. Students are consistently exposed to cultural topics in both the student edition and Workbook/Laboratory Manual. As one might expect, recurring features (**Expresiones artísticas, Notas culturales, Notas interdisciplinarias**, **Lectura cultural, Conexiones culturales**) offer richly diverse cultural exploration. What sets *Experience Spanish* apart is that culture is also woven into grammar presentations and the activities that practice vocabulary and grammar. With this edition, we expand the cultural experience, showcasing not only the traditional practices and points of interest but also embracing and highlighting the second-language experience through **Un mundo sin límites,** the new *Experience Spanish* video program. The *Experience Spanish* readings, videos, notes, and fine art presentations offer students extensive cultural perspectives and promote cross-cultural comparisons and connections.
- ***Language in action:*** Vocabulary in *Experience Spanish* is presented visually through colorful, engaging illustrations, and put into action with personal and communicative activities. Grammar points are introduced through contextualized short dialogues or cultural readings that illustrate the concepts in action, allowing students to experience the structures in context before focusing on the forms and rules.
- ***Personalized experience:*** No two students are alike. Why should their learning paths be? LearnSmart uses revolutionary adaptive technology to build a learning experience unique to each student's individual needs. Students engage in targeted vocabulary and grammar practice so they are prepared to practice communication in the classroom.
- ***Practice Spanish:*** To further the personalized experience, *Experience Spanish* is also available with an interactive 3-D game, *Practice Spanish: Study Abroad*, that immerses students in a virtual study abroad experience in Colombia. *Practice Spanish,* accessible on laptops and mobile devices, allows students to practice real world language in a game environment that integrates culture, grammar, and vocabulary.
- **Experience Spanish everywhere:** Connect, McGraw-Hill's digital teaching and learning environment, is mobile and enabled for tablets, allowing students to engage in their course material via the devices they use every day. The eBook, available in Connect, is also mobile-enabled through the *ReadAnywhere* app.

CULTURE IS CORE

Professors report that they often sacrifice culture to cover all of the grammar and vocabulary required within their introductory Spanish course. As the semester marches on and grammar forms become increasingly complex, opportunities for students to explore culture are reduced to the point where most students receive only superficial cultural coverage because there simply isn't enough time.

Experience Spanish eases the pressure to "cover it all" by weaving cultural information *into* vocabulary and grammar presentations and activities. A recurring activity at the end of each grammar section (beginning in **Capítulo 2**) presents culture through images, language tasks, and pair-work problem-solving. For many of these Info Gap activities, each student has different cultural content that they will share with each other.

Mari Pili y su cuñada siguen siendo buenas amigas
©Lissa Harrison

Estudiante 1

PASO 1. Completa la entrevista entre Selena y Raimundo, escogiendo entre **por** y **para.**

SELENA: Muchísimas gracias ________[1] hablar conmigo. ________[2] favor, ¿puede Ud. contarme un poco de su familia?

RAIMUNDO: Claro. Mi esposa, Mari Pili, y yo hemos estado casados ________[3] sesenta y siete años ya. Tenemos cuatro hijos y nueve nietos. Estamos muy orgullosos de ellos, pero nos preocupamos mucho ________[4] los nietos, especialmente porque tres de ellos se fueron ________[5] los Estados Unidos ________[6] buscar trabajo y los otros están en la ciudad.

GRAMÁTICA EN ACCIÓN

Expressing *by, for, through, . . .*

La comida de los domingos

[Ryan va a estudiar en la Universidad de Deusto de Bilbao **por** *un año y vivir con una familia vasca en el barrio Indautxu. Es su primera semana con la familia y su nuevo «hermano» español, Quique, le explica la rutina de los domingos.]*

QUIQUE: Los domingos, toda la familia come en casa de mis abuelos. Mi mamá y mis tías ayudan a mi abuela **por** la mañana porque preparan mucha comida **para** la familia. Nosotros debemos llegar a la casa de mis abuelos **para** la 1:30. La comida siempre es a las 2:00.

RYAN: ¿Dónde viven tus abuelos?

QUIQUE: Viven en la calle Cosme Echevarrieta. Podemos caminar **por** el parque Casilda Iturrizar **para** llegar más rápido.

RYAN: ¿No vamos **por** autobús?

El parque Casilda Iturrizar en Bilbao
©Basque Country - Mark Baynes/Alamy Stock Photo

In addition to culturally-rich vocabulary and grammar activities, *Experience Spanish* offers a variety of culture-based features throughout the chapters, the newest of which are the activities supporting new video, **Un mundo sin límites**. This documentary-style video, created exclusively for the *Experience Spanish* program, features inspiring examples of native and non-native Spanish speakers and their unforgettable experiences all over the Spanish-speaking world. Students meet an Irish bike tour operator on the Yucatan Peninsula, a Puerto Rican vintage clothing boutique owner in San Juan, an American online instructor of English in Montevideo, and a biologist in the Montevideo cloud forest, all of whom interact with friends, neighbors, or family members who are local, native Spanish speakers.

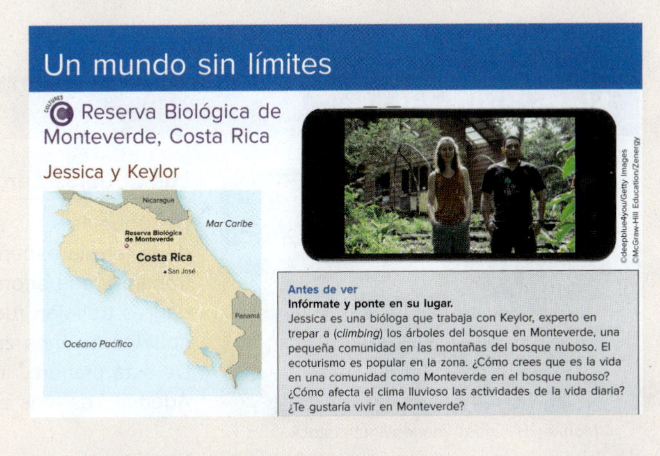

Un mundo sin límites

Reserva Biológica de Monteverde, Costa Rica

Jessica y Keylor

©deepblue4you/Getty Images
©McGraw-Hill Education/Zenergy

Antes de ver

Infórmate y ponte en su lugar.

Jessica es una bióloga que trabaja con Keylor, experto en trepar a (*climbing*) los árboles del bosque en Monteverde, una pequeña comunidad en las montañas del bosque nuboso. El ecoturismo es popular en la zona. ¿Cómo crees que es la vida en una comunidad como Monteverde en el bosque nuboso? ¿Cómo afecta el clima lluvioso las actividades de la vida diaria? ¿Te gustaría vivir en Monteverde?

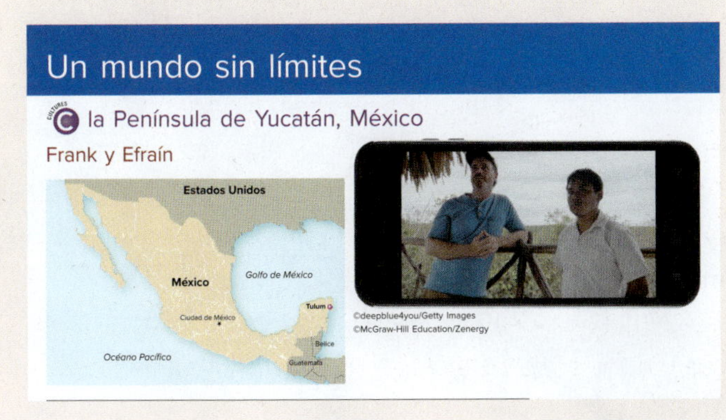

Un mundo sin límites

la Península de Yucatán, México

Frank y Efraín

©deepblue4you/Getty Images
©McGraw-Hill Education/Zenergy

Un mundo sin límites

San Juan, Puerto Rico

Valeria y Andrea

©deepblue4you/Getty Images
©McGraw-Hill Education/Zenergy

Antes de ver

Infórmate y ponte en su lugar.

Valeria es dueña (*owner*) de una tienda de ropa en San Juan, Puerto Rico. Se

Vocabulario práctico

la tienda	store
las playas	beaches
los ríos	rivers

Un mundo sin límites

Marindia, Uruguay

Janna y Sandra

©deepblue4you/Getty Images
©McGraw-Hill Education/Zenergy

Antes de ver

Infórmate y ponte en su lugar.

Janna vive en Marindia, Uruguay con su esposo y sus hijos. Como los dos papás trabajan virtualmente, pudieron construir su casa y criar a

Un mundo sin límites

Reserva Biológica de Monteverde, Costa Rica

Jessica y Keylor

Antes de ver

Infórmate y ponte en su lugar.

La vida en Costa Rica ocurre a un ritmo más lento que la vida en la mayoría de los Estados Unidos. Jessica y Keylor disfrutan de una vida sencilla rodeados por plantas y animales en el bosque nuboso. ¿Cómo influye la naturaleza en tu vida diaria? ¿Qué plantas y animales observas en tu comunidad? ¿Cómo te hacen sentir? ¿Cómo es tu comunidad, geográficamente? ¿Prefieres las playas, las montañas, los bosques? ¿Por qué?

©deepblue4you/Getty Images
©McGraw-Hill Education/Zenergy

©McGraw-Hill Education/Zenergy

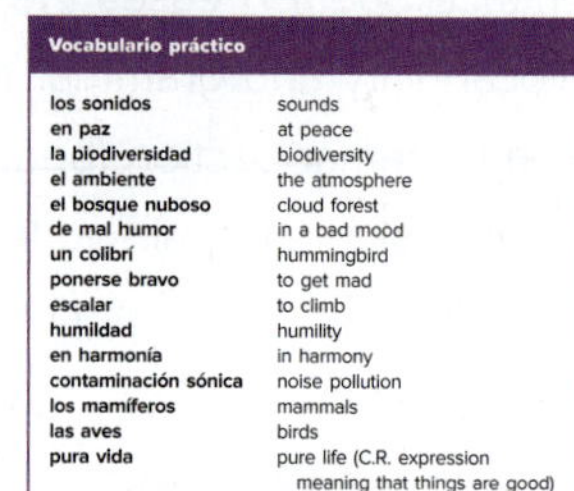

Vocabulario práctico

los sonidos	sounds
en paz	at peace
la biodiversidad	biodiversity
el ambiente	the atmosphere
el bosque nuboso	cloud forest
de mal humor	in a bad mood
un colibrí	hummingbird
ponerse bravo	to get mad
escalar	to climb
humildad	humility
en harmonía	in harmony
contaminación sónica	noise pollution
los mamíferos	mammals
las aves	birds
pura vida	pure life (C.R. expression meaning that things are good)

¿Entendiste?

A. Comprensión. Contesta las preguntas.

1. ¿Qué dos adjetivos usa Jessica para describir el ambiente en el bosque nuboso?
2. ¿Qué fue a estudiar Jessica en Costa Rica?
3. ¿Cuál es un animal que menciona Jessica que le hace sentir mejor cuando está de mal humor?
4. ¿Cuántas especies de monos hay en Costa Rica?
5. ¿Qué animales emigran hasta Costa Rica?

Each chapter has three **Un mundo sin límites** sections that correspond to and support the three videos for the chapter. In the first video, participants introduce themselves; the second video features a conversation between the participants, and the final video presents a rich dose of experiential local culture. The pages dedicated to these segments appear at the beginning, middle, and end of the main text chapter, and they include helpful pre- and post-viewing tools: **Antes de ver**, **Vocabulario práctico,** and two **¿Entendiste?** comprehension activities.

Nota cultural

©Monkey Business Images/Shutterstock

Los abuelos cambian la estructura familiar española

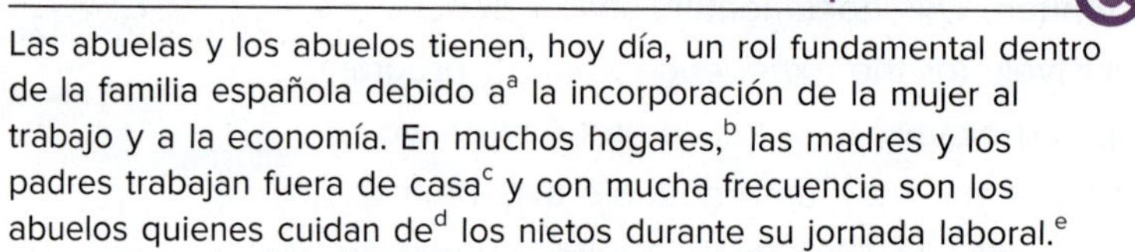

Las abuelas y los abuelos tienen, hoy día, un rol fundamental dentro de la familia española debido a[a] la incorporación de la mujer al trabajo y a la economía. En muchos hogares,[b] las madres y los padres trabajan fuera de casa[c] y con mucha frecuencia son los abuelos quienes cuidan de[d] los nietos durante su jornada laboral.[e] De esta manera,[f] los niños se desarrollan[g] en un entorno familiar.[h] Además,[i] es más económico para la familia porque no tiene que

Nota cultural Each chapter includes one or more **Nota cultural** passages, short cultural readings related to the chapter topic and regional area. All are supported with a list of comprehension and expansion questions.

Nota interdisciplinaria

Lenguas extranjeras: El quechua

©Bartosz Hadyniak/Getty Images

En los países andinos, el español es el idioma de más extensión, pero no es el único. El quechua, lengua que tiene sus raíces en las culturas indígenas de los Andes, tiene hoy en día, en Bolivia y Perú, el estatus de lengua oficial, junto con el español. Además, lo hablan millones de habitantes de Ecuador y de la zona andina de Argentina, Chile y Colombia, en cuyos territorios tiene también reconocimiento oficial. De hecho, un gran número de personas son bilingües: hablan quechua y español, aunque el español es generalmente su segundo idioma. Y para muchos peruanos y bolivianos, el quechua es el único idioma que hablan.

Nota interdisciplinaria This *Connections* activity provides interdisciplinary information related to the chapter topic and target region and is also supported with a list of comprehension and expansion questions.

Expresiones artísticas This art feature includes an image of fine art (big C) or indigenous art or craft (little c) and information about that image. The follow-up questions check students' comprehension and encourage them to explore and make additional connections.

Expresiones artísticas

©Adriana M. Garcia

Lectura cultural

Vas a leer un artículo del periódico en línea *ValenciaPlaza* sobre el diseñador Juan Vidal y su participación en DominicanaModa, un evento de desfiles de moda que se celebra todos los años en la República Dominicana.

ANTES DE LEER

A. A primera vista. Lee el título y la información **en negrita** (*bold*) del artículo. Luego, en parejas, indiquen si esperan encontrar las siguientes ideas.

- ☐ Detalles sobre la vida de Juan Vidal
- ☐ Las propuestas de ropa y complementos de DominicanaModa
- ☐ El apoyo (*support*) económico de DominicanaModa a causas sociales e instituciones benéficas
- ☐ La participación de diseñadores famosos en las pasarelas (*runway shows*) de DominicanaModa
- ☐ ¿?

B. A verificar. Lee rápidamente el artículo e indica si fueron correctas sus predicciones.

C. A adivinar. Busca las siguientes palabras y frases en el texto y empáréjalas con los sinónimos correspondientes.

DOMINICANAMODA

La moda de Juan Vidal conquista República Dominicana con fines benéficos

por Greta Borrás

25/10/2016

Juan Vidal fue el diseñador internacional invitado a esta edición de DominicanaModa, la semana de la moda que se celebra en República Dominicana y que combina moda y solidaridad. Juan Vidal cerró esta edición mostrando su última colección en el desfile solidario «Fashion for Help».

DominicanaModa es un evento que intenta difundir[a] el talento de diseñadores dominicanos y la industria textil del país. Sin embargo, DominicanaModa no se centra únicamente en la moda dándole la espalda a los problemas de un país donde todavía existen dificultades para gran parte de sus habitantes para cubrir algunas necesidades básicas. Por este motivo, desde sus inicios,[b] el evento ha tenido[c] espíritu de responsabilidad social, destinando[d] la mayor parte de sus ingresos[e] a más de 50 instituciones benéficas del país.

DominicanaModa se ha convertido[f] en la pasarela más importante del Caribe. Alrededor de los cinco días de *shows* que presentan anualmente, se congregan las mejores marcas y diseñadores de este país caribeño, el cual tiene gran importancia en el mundo de la

Juan Vidal en Vogue Who's On Next: El Premio De La Moda, Madrid, 2017

©Carlos Alvarez/Getty Images

[a]*spread* [b]*desde... since its beginnings* [c]*ha... has had* [d]*allocating* [e]*income* [f]*se... has become*

Lectura cultural Every chapter includes a reading about a topic related to the chapter theme and/or region of focus. Beginning in **Capítulo 4,** the readings are taken from Hispanic publications. All readings feature **Antes de leer** pre-reading and **Después de leer** post-reading activities.

Conexiones culturales

Guau, guau[a]

Los perros son los primeros[b] animales que cohabitan con los humanos y forman parte de sus culturas. En México tienen[c] una larga[d] historia, en particular el xoloitzcuintle, que es originario del país y su raza[e] tiene más de tres mil años.[f] Hay evidencia artística de que el xoloitzcuintle era[g] un animal sagrado para los aztecas. En el siglo XX[h] hay un resurgimiento[i] de su popularidad y la artista Frida Kahlo representa su mascota,[j] Señor Xototl, en varias de sus pinturas.[k]

©Fine Art Images/AGE Fotostock

©Elías Martín del Campo

Conexiones culturales This photo-essay section explores a single product or practice in the Hispanic world. Each presentation is supported by two to three comprehension and discussion activities.

LANGUAGE IN ACTION

The heart of any language classroom is communication; however, many students struggle with creating language in action using static words and a list of rules. *Experience Spanish* helps students jump into action with the language they're learning through visual presentations, activities that engage students to use the language to communicate about themselves, and interactive presentations.

The **Vocabulario en acción** feature presents the lexical groups in visually appealing scenes that illustrate words and phrases in context. Similarly, **Gramática en acción** sections, which precede each grammar presentation, are brief readings or dialogues that show the grammar in action. The follow-up **Comprensión** activity is designed to help students deduce the structure and how to apply the rules.

Gramática

Talking About Completed Past Actions (Part 1)

6.3 Preterite: Regular Verbs

GRAMÁTICA EN ACCIÓN

La Bodeguita del Medio

En La Bodeguita del Medio, La Habana, Cuba

©Francoise De Mulder/Getty Images

[Loida visitó Cuba por primera vez el verano pasado. Viajó con dos amigos por un mes. Después de ocho días, visitó un cibercafé y le escribió su primer e-mail a su familia.]

¡Saludos a todos!

¡Me encanta Cuba! Hoy comí en la famosa Bodeguita del Medio en La Habana. No es como La Bodeguita del Medio de Miami. Este restaurante es muy bohemio y pequeño; no es nada elegante. Sirven platos típicos de Cuba y tiene una larga historia de personas famosas que han comido aquí. Cuando llegamos, nos sentamos en el bar por un rato. Jeff y Lynne tomaron mojitos. Luego, comimos en el patio. Los tres compartimos dos platos de comida típica, y Jeff se comió todo el arroz. Lo pasamos muy bien, viendo a cientos de turistas entrar a sacar fotos y salir. ¡La pared está llena de nombres porque todo el mundo firma su nombre allí! Busqué un lugarcito limpio y escribí mi nombre y la fecha en la pared. Leí varios nombres, pero no reconocí a nadie famoso. Bueno, es todo por el momento.

Hablamos pronto.

Un beso,

Loida

Acción. Indica el verbo correcto para completar cada una de las oraciones.

comieron comió escribieron escribió llegaron llegó pasaron pasó

1. Loida y sus amigos lo ______ muy bien en La Bodeguita del Medio.
2. Loida ______ comida cubana típica en el restaurante.
3. Cuando Loida, Jeff y Lynne ______ a La Bodeguita del Medio, se sentaron en el bar.
4. Loida le ______ un e-mail a su familia sobre la experiencia.

PERSONALIZED EXPERIENCE

No two students learn a language the same way or at the same rate. Students enter the Introductory Spanish course with a wide range of knowledge of experiences from true beginners to native speakers. So how do you know to whom to teach what?

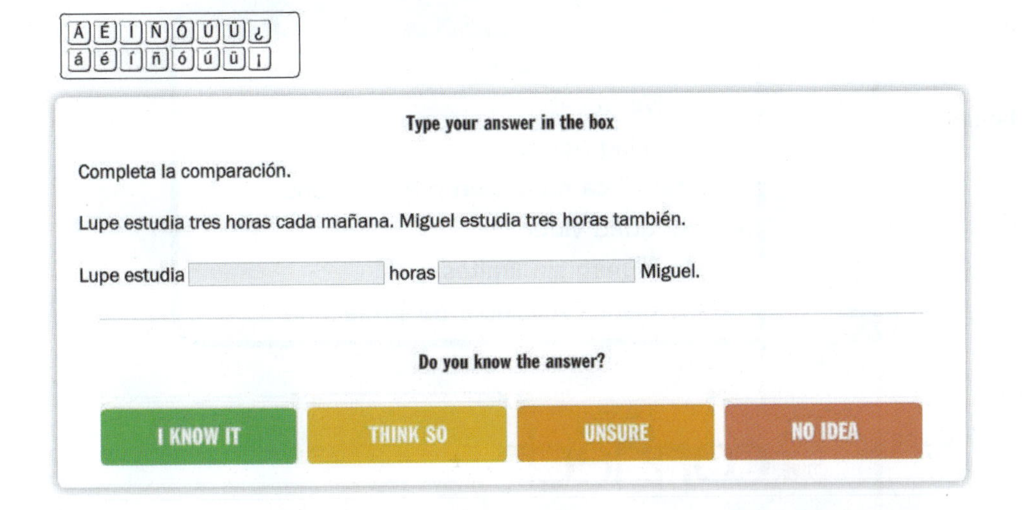

McGraw-Hill's LearnSmart provides each student with a personalized and adaptive learning experience based on individual needs. As a student works through a series of probes around the vocabulary and grammar presented in each chapter, LearnSmart identifies what the student knows and doesn't know, and continuously adapts the subsequent probes to focus on areas where the student needs the most help. A student learns and masters core vocabulary and grammar at his or her own pace and comes to class better prepared to communicate in the target language. LearnSmart is available within Connect Spanish, McGraw-Hill's digital teaching and learning environment, and as a stand-alone mobile app.

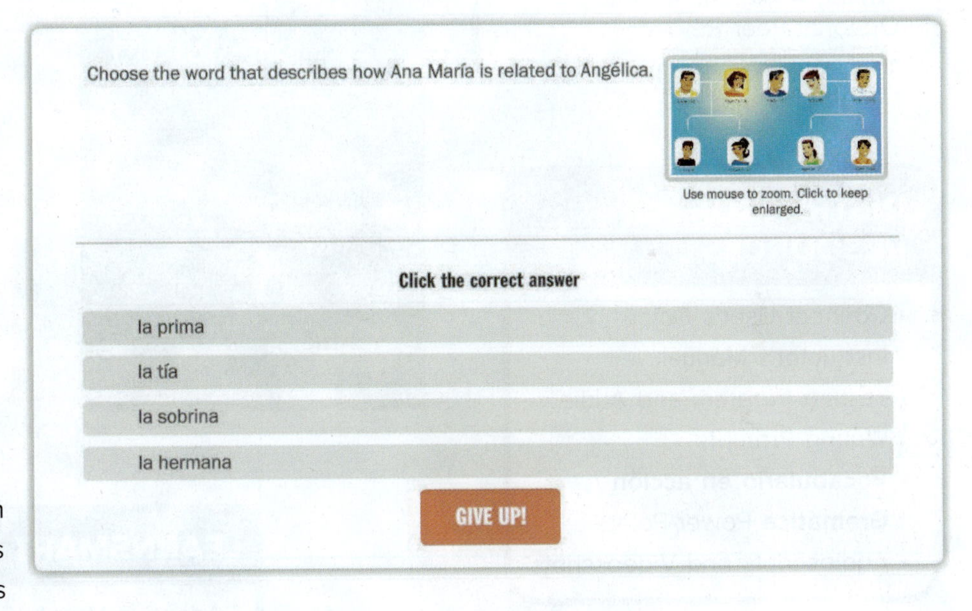

Visual Product Map

ASSIGNABLE CONTENT

- eBook activities
- Workbook/Laboratory Manual Activities
- Online-only Activities
- Grammar Tutorial Activities
- LearnSmart
- Practice Spanish: Study Abroad Activities
- Create-Your-Own Activities
- English-Grammar Support Modules
- Heritage-Speaker Support Modules
- Writing Assignments with Optional Peer Review

EBOOK

- Integrated textbook audio
  - Active Vocabulary
  - Listening Activities
  - **Gramática en acción** presentations
- Embedded video:
  - **Un mundo sin límites**
- Text Images Available for Projecting

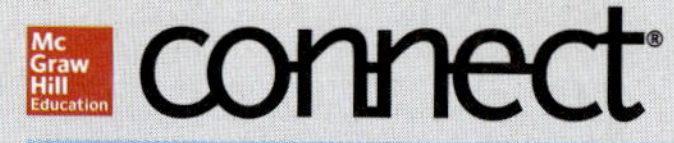

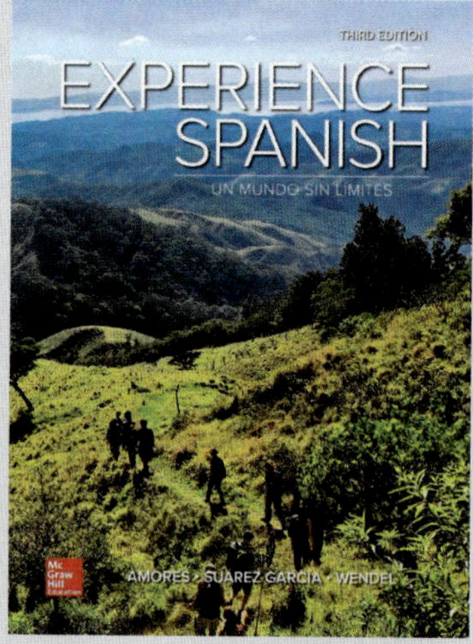

INSTRUCTOR RESOURCES

- Connect User's Guide
- Instructor's Manual
- Testing Program and Audio
- Writing Prompts
- **Vocabulario en acción** / **Gramática** Power-Points
- Audioscripts and Videoscripts

VIDEOS

- **Un mundo sin límites**
- **Experiencias personales**
- Grammar Tutorial Videos
- Tegrity: Create-your-own Videos

LEARNSMART

- Adaptive Vocabulary and Grammar Practice
- Adaptive Countries and Capitals Practice

EXPERIENCE SPANISH EVERYWHERE

Key features of Connect include:

- online-only interactive activities using embedded audio, voice tools, and videos targeting key vocabulary, grammar, and cultural content for extra practice
- a comprehensive gradebook, including time-on-task measurements, the ability to quick grade, to drop the lowest score, and to view student grade-to-date calculations
- powerful reports that provide instructors insight into classroom and student performance with data and information that can be used to inform how valuable class time is spent
- the ability to customize assignments using the Assignment Builder's user-friendly filtering system, allowing instructors to create unique assignments targeting specific skills, learning objectives, ACTFL standards, and more
- access to all instructor's resources, including pre-made exams and a test bank for online delivery of exams
- Tegrity™, McGraw-Hill's video capture software, which allows instructors to post short videos, tutorials, and lessons for student access outside of class
- Two powerful voice tools integrated into Connect, promote communication and collaboration outside of the classroom. Asynchronous activities allow students to participate in oral discussion boards, while synchronous activities facilitate real-time interaction voice or video chat. Whether for an online or hybrid course or a face-to-face one seeking to expand the oral communication practice and assessment, these tools allow student-to student or student-to-instructor virtual oral chat functionality.
- MH Campus and Blackboard integration simplifies and streamlines course administration by integrating Connect with any Learning Management System. With features such as single sign-on for students and instructors, gradebook synchronization, and easy access to all of McGraw-Hill's language content (even from other market-leading titles not currently adopted for your course), teaching an introductory language course has never been more streamlined.

ABOUT THE AUTHORS

María J. Amores received her PH.D. in Spanish Applied Linguistics with a concentration in Second Language Acquisition from the Pennsylvania State University. She is currently an Associate Professor of Spanish at West Virginia University, Morgantown, where she coordinates and supervises the Basic Spanish Program and teaches undergraduate and graduate courses in language, culture, methods of teaching foreign languages, and linguistics. Her teaching has been recognized by the state of West Virginia and West Virginia University when she was elected the 2011-2012 Outstanding Teacher of the Year in the state of West Virginia and was the recipient of the 1999-2000 Eberly College Outstanding Teacher Award at West Virginia University.

Professor Amores' research is oriented toward pedagogical issues related to the teaching of second language writing and culture and to the professional development of graduate teaching assistants. These studies are published in various peer-reviewed journals such as *Dimension*, *The Northeast Conference on the Teaching of Foreign Languages Review*, and *Foreign Language Annals*. Her most recent publications include three coauthored volumes of a bilingual pedagogical project entitled *Cuentos del Mundo: La Luz / Tales of the World: The Light* published by Ediciones Clásicas, Madrid, Spain. She has also conducted numerous professional presentations as well as several in-service workshops at national institutions for language instructors at the public school levels, and at international institutions for teachers of Spanish as a second language.

José Luis Suárez García (Ph.D., University of Illinois at Urbana- Champaign, 1991) is currently a Professor of Spanish in the Department of Foreign Languages, Literatures and Cultures at Colorado State University in Fort Collins. He regularly teaches undergraduate and graduate courses on the History of the Language, Golden Age, Contemporary Literature, and Hispanic Cultures. Professor Suárez-García has presented at national and international languages, literature, culture, and learning and knowledge conferences (LAK, ACTFL, AITENSO, ALMAGRO); he is currently Vice-President of AITENSO. Professor Suárez-García was coauthor of two manuals for Intensive/High Beginning, and Intermediate Grammar Review courses (*Nuevos Destinos*) and contributing writer for *Pasajes* (Cultura and Literatura, 4e) published by McGraw-Hill. He has also published several reviews, articles, and books on Spanish literatures and cultures. Some of his publications have appeared in *LAK* (analytics), *Criticón, Journal of Hispanic Philology, Editorial Castalia,* and *Editorial Universidad de Granada.* He has been the recipient of teaching and learning courses and program redesign major grants from the Institute for Learning and Teaching (CSU) to revamp basic language instruction, and is actively involved in curriculum and program assessment, and adaptive learning technology at CSU. Professor Suarez-Garcia is currently working on different areas of learning analytics to promote student inclusion and success: mindset analysis, metacognitive skills assessment (under-confidence vs

over-confidence in humanities and social sciences), and gender differences following negative feedback. Professor Suárez-García has been selected by CSU Semester at Sea as a Global Teaching Scholar for Fall 2019.

Annie Rutter Wendel received her M.A. in Spanish Linguistics from the University of Georgia in 2007, where she teaches Introductory and Intermediate Spanish as well as Conversation and Composition, and Business Spanish. Once preceptor of the high beginner program, she now oversees intermediate courses and provides support and training to students, TAs and instructors of online courses. With years of experience teaching English as a second language abroad and having learned Spanish entirely through immersion herself, she is fascinated by second language acquisition and passionate about pedagogy. Twice named an Online Learning Fellow at her university, she specializes in innovations in instructional technology, as well as hybrid and online learning and has successfully developed scalable hybrid and online courses that emphasize communication and culture. She has presented on these topics at regional and national conferences such as ACTFL and TACC, and has offered numerous webinars and workshops at her and other schools and on a national level. Recently her efforts have been focused on improving methods of assessment, creating opportunities for experiential learning using digital tools, and the development of intercultural communicative competence by integrating authentic culture at the earliest stages of language learning. Additionally, she has consulted with faculty nationwide on their implementation of the Connect platform and other digital tools.

ACKNOWLEDGMENTS

We would like to thank the overwhelming number of friends and colleagues who served on boards of advisors or as consultants, completed reviews or surveys, and attended symposia or focus groups. Their feedback was indispensable in creating the *Experience Spanish / Connect* program. The appearance of the names of those who contributed leading up to this edition does not necessarily constitute their endorsement of the program or its methodology.

PreRevision Review

Lorena Ballester
West Virginia University

Clara Burgo
Loyola University Chicago

Alicia Campbell
LaGrange College

Aurora Castillo-Scott
Georgia College & State University

Beatriz Castro-Nail
Marion Military Institute

Gregg Courtad
University of Mount Union

Ana Cruz-Abazeri
Kennesaw State University

Joseph Fees
Delaware State University

Sandra Fernandez Mula
Coastal Carolina Community College

Neysa Figueroa
Kennesaw State University

Michael Hubert
Washington State University

Ryan LaBrozzi
Bridgewater State University

David Quintero
Seattle Central College

Casey Reynolds
Lake Land College

José Alejandro Sandoval-Erosa
Coastal Carolina Community College

Mariana Stoyanova
Georgia College and State University

Elaini Tsoukatos
Mount Saint Mary's University

Melanie Waters
University of Illinois

Maria Zalduondo
Bluefield College

Marjorie Zambrano-Paff
Indiana University of Pennsylvania

Revision Review

Juan Alcarria
Georgia College

Nicolas Bordage
California State University, Long Beach

Marisol Brodie
Ocean County College

Clara Burgo
Loyola University Chicago

Wilma Cardona
Kennesaw State University

Inés Carrera-Junco
Borough of Manhattan Community College

Aurora Castillo-Scott
Georgia College & State University

Esther Castro
San Diego State University

Yesenia Chávez,
San Jacinto College

Sonia Ciccarelli
San Joaquin Delta College

Wanda Cordero-Ponce
Susquehanna University

Ana Cruz-Abazeri
Kennesaw State University

Emil Cruz-Fernández
Borough of Manhattan Community College (CUNY)

Deborah Edson
Tidewater Community College

Paula Ellister
University of Oregon

Jabier Elorrieta
New York University

Elizabeth Enkin
University of Nebraska - Lincoln

Hector Fabio Espitia
Grand Valley State University

Joseph Fees
Delaware State University

Maria del Carmen Garcia
Texas Southern University

Yolanda Gonzalez
Valencia College

Ari Gutman
Auburn University

Joshua Hoekstra
Bluegrass Community and Technical College

Katherine Honea
Austin Peay State University

Michael Hubert
Washington State University

Carmen Jimenez
University of Tennessee

Kelly Kingsbury Brunetto
University of Nebraska - Lincoln

Marianna Kunow
Southeastern Louisiana University

Lunden MacDonald
Metropolitan State University of Denver

Maria Martell
Mesa Community College

Marlene McMichael
Georgia College

Joseph Menig
Valencia College

Margaret L. Morris
South Carolina State University

Jeanne Mullaney
Community College of Rhode Island

Amanda Nichols
Georgia Highlands College

Jerry L. Parker
Southeastern Louisiana University

David Quintero
Seattle Central College

Herlinda Ramirez-Barradas
Purdue University Northwest

María Robertson-Justiniano
Loyola University

José Alejandro Sandoval-Erosa
Coastal Carolina Community College

Rosa Maria Share
DePaul University

Steven Sheppard
University of North Texas
Catherine Simpson
University of Georgia

Mariana Stoyanova
Georgia College and State University

Francisca Suarez Coalla
Borough of Manhattan Community College

Haiqing Sun
Texas Southern University

Kimberly Vinall
De Anza College

Stephen Walden
University of Tennessee - Chattanooga

Melanie Waters
University of Illinois

Allison Webb
Kennesaw State University

Jennifer Whitelaw
DePaul University

Marjorie Zambrano-Paff
Indiana University of Pennsylvania

Video Demo Interviews

Tim Altanero
State College of Florida

Andres Amador
Borough of Manhattan Community College

Kimberly Armstrong
Franklin & Marshall College

Lorena Ballester
West Virginia University

Jennifer Barajas
Bradley University

Aurora Castillo-Scott
Georgia College & State University

Margarita Chávez
Harold Washington College

Gregg Courtad
University of Mount Union

James Courtad
Bradley University

Celia Cuadrado
Mount Saint Mary's University

Joseph Fees
Delaware State University

Fernanda Ferreira
Bridgewater State University

Jennifer Karash-Eastman
St. Bonaventure University

Mary Ann Kolosi
University of Mount

Ryan LaBrozzi
Bridgewater State University

Melisa Lopez
Kaskaskia College

Jeanne Mullaney
Community College of Rhode Island

Edwin Murillo
University of Tennessee - Chattanooga

Maritza Nemogá
Southeastern Louisiana University

Amanda Nichols
Georgia Highlands College

Alister Ramírez-Márquez
Borough of Manhattan Community College, CUNY

Casey Reynolds
Lake Land College

Atiya Russell
Interactive College of Technology

José Alejandro Sandoval-Erosa
Coastal Carolina Community College

Mariana Stoyanova
Georgia College and State University

Georgette Sullins
Lone Star College

Haiqing Sun
Texas Southern University

Stephen Walden
University of Tennessee - Chattanooga

Melanie Waters
University of Illinois

Jennifer Whitelaw
DePaul University

Marjorie Zambrano-Paff
Indiana University of Pennsylvania

Maria Zalduondo
Bluefield College

Video Survey

Silvia Alvarez-Olarra
Borough of Manhattan Community College

Jennifer Barajas
Bradley University

Julia Bussade
University of Mississippi

Aurora Castillo-Scott
Georgia College & State University

Fatima Cornwall
Boise State University

Gregg Courtad
University of Mount Union

Arlene Gardopée
Butler County Community College

Ari Gutman
Auburn University

Shannon Hahn
Durham Technical Community College

Kimberly Harris
Boise State University

Joshua Hoekstra
Bluegrass Community and Technical College

Amber Hoye
Boise State University

Michael Hubert
Washington State University

Heather S. Jones
Indiana University South Bend

Ryan LaBrozzi
Bridgewater State University

Jessica Lynam
Tidewater Community College

Lauren Miller
Wake Forest University

Bridget Morgan
Indiana University South Bend

Claudia Ospina
Wake Forest University

Robin Peery
Massasoit Community College

Nilsa Perez-Cabrera
Blinn College

Casey Reynolds
Lake Land College

Alexander Steffanell
Lee University

Elaini Tsoukatos
Mount Saint Mary's University

Renee Wooten
Vernon College

Marjorie Zambrano-Paff
Indiana University of Pennsylvania

- The authors would like to express our deepest gratitude to Pennie Nichols, our editorial leader whose experience, expertise, long hours, friendly reminders, astute observations and exquisite attention to detail are fundamental to this program and our team. Thank you for your dedication and energy.
- Our sincere thanks to Katie Crouch, our Senior Portfolio Manager for all of her support and assistance throughout the revision process. We truly appreciate your knowledge and wisdom in leading this project.
- Our heartfelt thanks to Katie Stevens for her support and hands on involvement during the early stages of this revision.
- Thank you to Sadie Ray for her energies and assistance with **Un mundo sin límites.** We appreciate all of your efforts.
- We are grateful to Misha MacLaird for her skillfulness and guidance during the early phases of our revision.
- Our deep appreciation to Josh and Nathaniel Barinstein of Zenergy for their experience, artistic eye, dedication, and long weeks of travel for the creation of **Un mundo sin límites.**
- We are grateful to our talented language coaches at the various filming locations of **Un mundo sín límites:** Nicole Casnettie, Bill Glass, Misha MacLaird, and Kim Sallee.
- We thank the talented local audio and video professionals who assisted with the filming of **Un mundo sin límites.**
- Thank you to José Mario Lagos for his professionalism, local insight, and willingness to jump in on short notice to take care of our filming in Honduras.
- We are truly thankful to Michelle Paterick and Ben Harris for their work in developing the demo videos that helped make **Un mundo sin límites** a reality.

We are so grateful to all of the wonderful and unique people who gave us a glimpse into their remarkable lives and shared their experiences in Spanish for the **Un mundo sin límites** program:

- Athens, Georgia: Aldo, Anthony, Jaume, and Martin
- Quintana Roo, Mexico: Frank and Efraín
- Moroleón, Mexico: William and Teresa
- Madrid, Spain: Allen and Rubén
- Granada, Spain: Jen and Pepe
- Bávaro, Dominican Republic: Sasha and Dianibel
- San Juan, Puerto Rico: Valeria and Andrea
- Tegucigalpa, Honduras: Michelle and Jorge
- San Luis de Monteverde, Costa Rica: Alexa and Xinia
- Quito, Ecuador: Tobie and Javier

- Cali, Colombia: Becky and Andrés
- Santiago, Chile: Mei Li and Lorena
- Marindia, Uruguay: Janna and Sandra
- Monteverde, Costa Rica: Jessica and Keylor
- San Francisco, California: Ben and Mariano

Contents

Vocabulary

©McGraw-Hill Education/ Zenergy

©McGraw-Hill Education/ Zenergy

©McGraw-Hill Education/ Zenergy

Vocabulary

España

El Caribe

Grammar | Writing & Video | Reading & Culture

©McGraw-Hill Education/Zenergy

©McGraw-Hill Education/Zenergy

©McGraw-Hill Education/Zenergy

©McGraw-Hill Education/Zenergy

Centroamérica

Los países andinos

Grammar	Writing & Video	Reading & Culture

©McGraw-Hill Education/Zenergy/José Mario Lagos

©McGraw-Hill Education/Zenergy

©McGraw-Hill Education/Zenergy

©McGraw-Hill Education/Zenergy

El Cono Sur

La cultura global hispana

Capítulo 1 ¿Qué estudias?*

©Rebecca Snow/Ferris State Torch Photographer

Many U.S. colleges and universities boast a majority Hispanic population. Some have a special commencement ceremony to honor these students on their graduation.

Piensa y comparte

Cornering the job market is just one of the many benefits of learning a language.

- Why did you decide to study Spanish?
- What are your goals in learning the language?
- How specifically could speaking another language be beneficial to your future?
- Are there Hispanic students at your school?
- Are there campus organizations for Hispanic students?
- Do you feel that your institution is diverse and inclusive?

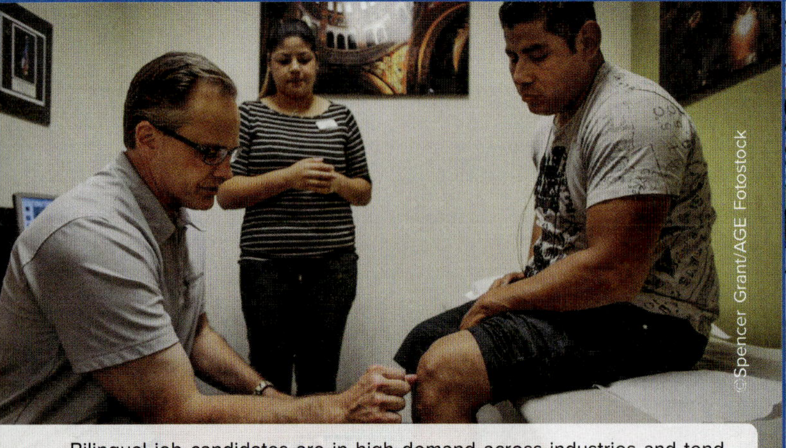

©Spencer Grant/AGE Fotostock

Bilingual job candidates are in high demand across industries and tend to earn more than their monolingual counterparts.

©AhXiong/Shutterstock

Deferred Action for Childhood Arrivals is a program designed to create a path to two years of legal work authorization for young immigrants brought to the U.S. as children.

*¿Qué... *What do you study?*

Chapter Opener, Note: The *En este capítulo* feature points out the regional focus and vocabulary and grammar topics presented in each chapter.

Chapter Opener, Suggestion: Ask students how many in the class are considering majoring or minoring in Spanish and why.

Un mundo sin límites

Athens, Georgia

Martin y Jaume

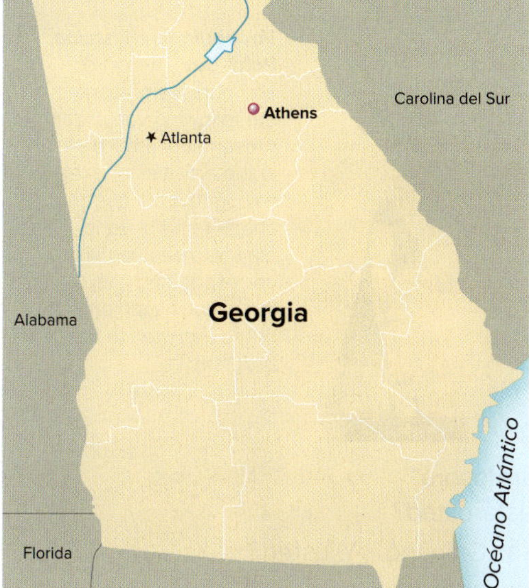

©deepblue4you/Getty Images
©McGraw-Hill Education/Zenergy

Antes de ver

Infórmate y ponte en su lugar.
Jaume and Martin are graduate students, classmates, and close friends. Juame is from Spain, and Martin is from the United States, but has studied and lived abroad extensively. How do you think these facts affect their daily lives and experiences as students?

©McGraw-Hill Education/Zenergy

***¿Entendiste? A*, Answers:** **1.** *Valencia* **2.** *A doctorate* **3.** *Cooking* **4.** *Martin has a baby; Jaume talks about dogs.* **5.** *Hasta luego*

©McGraw-Hill Education/Zenergy

¿Entendiste?

A. Comprensión

1. What city is Jaume from (hint: the country is **España**)?
2. What degree is Martin completing?
3. What activity do both Martin and Jaume mention?
4. Which of the two of them has a baby? Which mentions dogs?
5. What expression in Spanish do Jaume and Martin use to say goodbye at the end of the video?

B. ¿Qué estudias? In pairs, answer the questions.

1. What do you know about life as a graduate student? How does it compare to life as an undergraduate or community college student? Which is more stressful, in your opinion? Why?
2. Jaume and Martin are both married, and Martin is a dad. How does having a family affect student life? Do you and your classmates have spouses, children, and pets?
3. How are Martin and Jaume's free time activities similar to or different from yours? What are the most popular things to do for students at your school? Do you enjoy them?
4. Jaume likes to cook and eat foods from his home country. In what other ways is it possible to bring traditions and reminders of home when one is far away? What do you do when you miss home?

TEMA I: Hola, ¿qué tal?

Vocabulario en acción

***Tema*, Note:** *Tema* presents the overall cultural topic for the vocabulary/grammar section(s) in each chapter. There are two such sections in each chapter: *Tema I* and *Tema II*.

Los saludos, las presentaciones y las despedidas°

°Los... *Greetings, introductions, and good-byes*

***Vocabulario en acción*, Point out:** The words and phrases presented in the following vocabulary presentations will be used in the activities and readings throughout the current chapter and beyond. They may also be used in the corresponding chapters of the various supplements of the *Experience Spanish* program.

1.

—Hola, Paula. ¿Cómo estás?
—Bien, gracias. ¿Y tú?
—Muy bien, gracias.

2.

—Buenos días, profesora* Peña. ¿Cómo está usted?
—Regular, profesor Galeano. ¿Y usted?
—Muy bien, gracias.
—De nada.

3.

—Hasta luego, Jorge.
—Adiós, Luis.

4.

—Hola. ¿Cómo te llamas?
—Me llamo Jaime García.
—Mucho gusto.
—Igualmente.

***Vocabulario en acción*, Note:** Students can assess their understanding and mastery of the vocabulary presented in this chapter by accessing the LearnSmart module for *Capítulo 1*: www.mhhe.com/connect.

5.

—Hola. Soy Guillermo. ¿Cuál es tu nombre?
—Mi nombre es Rosa María.
—Mucho gusto, Rosa María.
—Igualmente, Guillermo. ¿De dónde eres?
—Soy de San José. ¿Y tú?
—Soy de Nueva York.

Note: This art for this chapter is available for digital download within Connect at www.mhhe.com/connect.

*Use **profesora** for female professors and **profesor** for male professors.

Nota cultural

Addressing people in formal and familiar situations

Hola, ¿cómo está usted?
©Peathegee Inc/Blend Images LLC

Spanish has two ways of directly addressing a single person as *you*. **Usted** is used in formal situations, such as with a professor or in a business context. **Tú** is used in familiar situations, such as with family and friends. However, in some Hispanic cultures, it's common for relatives to use **usted** with each other as a sign of respect.

If you're ever unsure whether to use **tú** or **usted,** remember the following simple rule: use **usted** until you're told it's OK to use **tú.** In this textbook, students will be addressed as **tú.**

SITUACIONES Indicate whether you should use **tú** or **usted** forms to address people in the following situations.

	TÚ	USTED
1. You bump into the dean of your college at the library.	☐	☑
2. You greet a classmate in the hallway.	☑	☐

- To greet someone, you can use one of these expressions.

Hola.	Hello.
Buenos días.	Good morning (*until midday meal*).
Buenas tardes.	Good afternoon (*until evening meal*).
Buenas noches.*	Good evening (*after evening meal*).

- Here are some expressions you can use to talk about yourself and find out more about someone else.

¿Cómo estás?	How are you (*familiar*)?
¿Cómo está usted?	How are you (*formal*)?
¿Qué tal?	How's it going?
(Muy) Bien.	(Very) Well.
Regular.	So-so.
¿Y tú?	And you (*fam.*)?
¿Y usted?	And you (*form.*)?
¿Cómo te llamas? **¿Cuál es tu nombre/apellido?**	What's your (*fam.*) (first/last) name?
¿Cómo se llama usted? **¿Cuál es su nombre/apellido?**	What's your (*form.*) (first/last) name?
Me llamo ... **Mi nombre/apellido es ...**	My (first/last) name is . . .
Soy ...	I'm . . .
Mucho gusto.	It's a pleasure (to meet you).
Igualmente.	Likewise.
¿De dónde eres?	Where are you (*fam.*) from?
¿De dónde es usted?	Where are you (*form.*) from?
Soy de...	I'm from . . .
Es de...	He/She is from . . .

***Nota cultural*, Note:** *Nota cultural* boxes present various cultural tidbits about Hispanic cultures. Indicate to students whether or not such cultural information will appear on their quizzes, chapter exams, etc.

***Nota cultural*, Suggestion:** Ask students if there is a formal and familiar means of address in English, and if so, ask for specific examples (e.g., young children learning to address adults as *Mr./Mrs./Ms. So-and-so* instead of by first name). Have them compare this to how Spanish distinguishes between formal and familiar address.

***Vocabulario en acción*, Suggestion:** Provide additional (alternate) greetings: *encantado/a, hasta pronto, nos vemos, no hay de qué*, etc.

***Buenas noches** can also be translated as *Good night* and thus used as a way of saying good-bye to someone, as in **Buenas noches, hasta mañana**. (*Good night, see you tomorrow.*)

- To say good-bye to someone, you can use:

Adiós.	Good-bye.
Hasta luego.	See you later.
Hasta mañana.	See you tomorrow.

- Here are a few polite expressions that you should know.

Gracias.	Thank you.
De nada.	You're welcome.

ACTIVIDADES

A. Saludos y despedidas. Indicate the correct responses to complete each dialogue.

1. —Buenos días, señor Osorio.
—_b_
—Bien, gracias. ¿Y usted?
—_a_
—Adiós.

2. —_d_
—Bien, gracias. ¿Y tú?
—_e_
—Hasta mañana.
—_c_

a. —Bien. Hasta luego.
b. —Buenos días, señora Martínez. ¿Cómo está usted?
c. —Hasta luego.
d. —Hola, Miguel. ¿Qué tal?
e. —Muy bien, gracias.

***Act. B,* Script:** Read each expression to students twice, pausing for them to verify information: **1.** *¿Cómo te llamas?* **2.** *Hola. Me llamo Amy.* **3.** *¿Cuál es tu nombre?* **4.** *Hola, Daniel. ¿Qué tal?* **5.** *Adiós, Marina. Hasta mañana.* **6.** *Buenas tardes, profesora Martínez.*

B. Respuestas (*Answers*) lógicas. Listen to the expressions and select the appropriate answer.

1. **a.** Adiós. **(b.)** Me llamo Andrea. **c.** ¿Cuál es tu nombre?
2. **a.** Mi nombre es Rose. **(b.)** Mucho gusto. **c.** Soy Rose.
3. **(a.)** Lisa. **b.** Hola. Mucho gusto. **c.** ¿Cómo te llamas?
4. **a.** Me llamo Ana. **b.** Soy de Pennsylvania. **(c.)** Muy bien, gracias.
5. **a.** ¿Cuál es tu apellido? **(b.)** Hasta luego. **c.** Buenos días.
6. **(a.)** Buenas tardes. **b.** Regular. **c.** De nada.

C. Mis (*My*) compañeros de clase (*classmates*)

PASO 1. Find at least four classmates that you haven't met yet and have a short conversation with each of them in Spanish. Try to use a variety of greetings and ways to say good-bye. Write the answers to items 2 and 4 in a chart like the one below. Be sure to:

1. greet the person and introduce yourself
2. ask what his or her name is
3. ask how he or she is, or how it's going
4. ask where he or she is from
5. say good-bye

Nombre	Apellido	Origen (ciudad / estado / nación)
Susy	*Lake*	*Monroe, Louisiana*

***Act. C, Paso 2,* Suggestion:** As students have not worked with *he/she* yet, provide a couple of model sentences using *Este es* and *Esta es.*

PASO 2. Now introduce one of the people above to the rest of the class.

MODELO Esta es (*This is*) Susy Lake. Es de Monroe, Louisiana.

Nota cultural

Greetings

¡Hola! ¿Qué tal?
©Allan Danahar/Getty Images

It is very common for people from Hispanic cultures to shake hands, hug each other, and kiss each other on the cheek when greeting or saying good-bye to someone. Typically, women kiss each other on the cheek whether they are already acquainted or meeting for the first time. The same is true when a man and a woman meet. It is more common for two men to shake hands, although they may kiss on the cheek or hug each other if they are close friends.

PREGUNTAS

1. What do you think about the Hispanic way of greeting people? What does it say about Hispanic cultures?
2. How does the Hispanic way of greeting people compare to how people greet each other in non-Hispanic cultures?

***Nota cultural*, Suggestions:**
• Tell students that, recently, there has been a greater tendency among young men in Spain who are long-time friends to kiss each other on both cheeks when greeting and saying good-bye, just as women do.
• Have students share responses to the questions at the end of the *Nota cultural* and then discuss as a class. Ask them: What do you think about the Spanish custom of women kissing each other on the cheek? Of men and women kissing each other on the cheek? Of men hugging to greet each other?

El abecedario°

°El... *The alphabet*

Review the **Abecedario** in Appendix I, then complete these activities.

ACTIVIDADES

A. Buscando en el mapa (*Searching on the map*)

PASO 1. Review the sample words and phrases in the third column of the chart in Appendix I. Did you notice that they're all place names? See how many of these place names you can find on the three regional maps inside the back cover of *Experience Spanish*. **¡OJO!** (*Careful!*) All but two of these place names can be found on the maps.

PASO 2. Now listen to the spelling of some place names in Spanish, then write the letters you hear and try to figure out what place it is.

1. . . . 2. . . . 3. . . . 4. . . . 5. . . .

***Act A*, Script:** Spell out each place name twice, pausing between items as students write.
1. *ele-a hache-a-be-a-ene-a*
2. *eme-o-ene-te-e-uve-i-de-e-o*
3. *zeta-a-ere-a-ge-o-zeta-a*
4. *te-e-ge-u-ce-i-ge-a-ele-pe-a*
5. *jota-a-ele-i-ese-ce-o*

***Acts. A-C*, Suggestion:** The Spanish alphabet is presented in Appendix I. Pronounce each sound several times for students. When introducing the alphabet, point out that the name of the letter *v* varies across the Hispanic countries. While some prefer *uve*, others say *ve chica*, as well as other variations. Also point out that *b* and *v* are pronounced the same, hence the names *ve chica* and *be grande*. Students can remember this difference by the fact that in lowercase, *b* is a taller letter than *v*.

***Act. A*, Suggestion:** Have students identify the place names and ask if they know where (country or region) each is located.
1. Cuba/Caribbean
2. Uruguay/South America
3. Spain/Europe
4. Honduras/Central America
5. Mexico/North America

B. ¡A deletrear! (*Let's do some spelling!*)

PASO 1. Jot down this information.

1. your last name
2. your best friend's last name
3. the name of the first street on which you remember living
4. the name of the city where you were born
5. the name of a city in the world that you would like to visit

PASO 2. With a partner, take turns spelling your answers for **Paso 1** in Spanish, but not in order. Your partner should guess which item from **Paso 1** you are spelling.

MODELO ESTUDIANTE 1: S – M – I – T – H
ESTUDIANTE 2: ¿Es el número 1?
E1:* No.
E2: ¿Es el número 2?
E1: ¡Sí!

*__Estudiante 1, Estudiante 2,__ and so on, will be abbreviated as **E1, E2, . . .** in **Modelos** throughout this book.

C. Otros (*Other*) compañeros de clase

PASO 1. Introduce yourself to two more people in the classroom and find out their names and where they are from. You may need to spell your names and places of origin in order to get the information right.

MODELO E1: ¿Cómo te llamas y de dónde eres?
E2: Me llamo Kate Allen y soy de Danville, California.

	MODELO	ESTUDIANTE 1	ESTUDIANTE 2
nombre	*Kate*		
apellido	*Allen*		
lugar de origen	*Danville, California*		

PASO 2. Then present the information to the class.

MODELO Mi compañera se llama Kate Allen y es de Danville, California.

***Los números*, Suggestion:** Tell students that they may see the numbers 16–19 and 21–29 written out in a longer but less common form. For example, *diez y seis, diez y siete, veinte y uno, veinte y dos,* etc.

Uno, dos, tres, cuatro, cinco.

Los números de 0 a 30°

°Los... *Numbers from 0 to 30*

0 cero	**8 ocho**	**16 dieciséis**	**24 veinticuatro**
1 uno	**9 nueve**	**17 diecisiete**	**25 veinticinco**
2 dos	**10 diez**	**18 dieciocho**	**26 veintiséis**
3 tres	**11 once**	**19 diecinueve**	**27 veintisiete**
4 cuatro	**12 doce**	**20 veinte**	**28 veintiocho**
5 cinco	**13 trece**	**21 veintiuno**	**29 veintinueve**
6 seis	**14 catorce**	**22 veintidós**	**30 treinta**
7 siete	**15 quince**	**23 veintitrés**	

- Note the accents on **dieciséis, veintidós, veintitrés,** and **veintiséis.**
- When used as an adjective, **uno** changes to **un** for masculine and **una** for feminine.

Hay solo **un** hombre aquí. — *There's only one man here.*
Tengo solo **una** tía. — *I have only one aunt.*

- **Veintiuno** changes to **veintiún** or **veintiuna** when used as an adjective.

Tengo **veintiún** dólares. — *I have $21.*
Hay **veintiuna** rosas aquí. — *There are twenty-one roses here.*

***Nota comunicativa*, Notes:**
• *Nota comunicativa* boxes point out some grammatical principles and vocabulary that students can use to communicate before they've formally learned the full grammar point.
• Students should not be required to ask questions with *¿cuántos/as?* at this stage because they haven't formally learned about gender agreement yet. However, we present it here for recognition so that you can use it to prompt practice with *hay* and numbers from 0 to 30.

Suggestion: Since students haven't learned a lot of vocabulary yet, use cognates and other words that students already know or that you can easily demonstrate in class, for example: *guitarras, estudiantes, profesores, animales, personas, radios, teléfonos celulares,* etc. Write words on the board as you use them so that students can more easily guess their meaning.

Nota comunicativa

Hay and ¿cuántos/as?

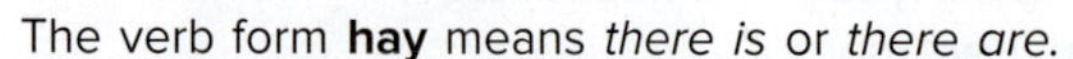

The verb form **hay** means *there is* or *there are.*

Hay doce libros en el escritorio. — *There are twelve books on the desk.*
—¿Hay tarea? — *Is there (any) homework?*
—Sí, hay tarea. — *Yes, there is homework.*

¿Cuántos/as? is used before plural nouns to ask *how many?* **¿Cuántos?** is used before masculine plural nouns and **¿cuántas?** before feminine ones.

—¿**Cuántos estudiantes** hay? — *How many students are there?*
—Hay veinticinco. — *There are twenty-five.*
—¿**Cuántas personas** hay en la foto? — *How many people are there in the photo?*
—Hay siete personas. — *There are seven people.*

ACTIVIDADES

A. Los números. Write out the numbers.

MODELO 4 → cuatro

1. 10	**4.** 21	**7.** 28	**10.** 16
2. 14	**5.** 6	**8.** 5	**11.** 8
3. 7	**6.** 12	**9.** 15	**12.** 1

B. ¿Cuántos dijo? (*How many did he/she say?*) Listen to some short phrases, each containing a number. Jot down the number you hear, as in the model. Review the **Vocabulario práctico** before starting the activity.

MODELO (*you hear*) Hay dos pizarrones (*whiteboards*) en la clase. →
(*you write*) dos

Act. B*, Script:** Read each sentence to students twice, pausing for them to jot down answers. Feel free to alter the number of items in each sentence, as long as you don't go any higher than 30. ***MODELO: *Hay dos pizarrones en la clase.* **1.** *Hay doce hombres en la clase hoy.* **2.** *Hay ocho mujeres en la clase hoy.* **3.** *Hay veinte estudiantes en la clase hoy.* **4.** *Hay seis libros en mi escritorio.* **5.** *Hay once teléfonos celulares en la clase.* **6.** *Hay veintiocho computadoras en el laboratorio.*

Vocabulario práctico

hombres	men	**libros**	books
mi	my	**escritorio**	desk
familia	family	**teléfonos celulares**	cell phones
clase	class	**computadoras**	computers
hoy	today	**laboratorio**	laboratory
mujeres	women		

C. Matemáticas

PASO 1. Invent eight mathematical expressions, with answers, using the numbers 1 to 30. **¡OJO!** Make sure the answer is 30 or under. Create only "plus" and "minus" equations: + (**más**), − (**menos**), = (**son**)

PASO 2. Take turns reading your equations (but *not* the answer) to your partner to see if he or she can provide the correct answer.

MODELO E1: ¿Cuántos son dos más dos?
E2: Dos más dos son cuatro.

D. ¿Cuántos créditos tomas (*do you take*)?

PASO 1. Interview three classmates to find out the courses they are taking this semester and the number of credits they have. Jot down their answers.

MODELO E1: ¿Cuántas clases tomas?
E2: Seis clases.
E1: ¿Y cuántos créditos?
E2: Dieciocho créditos.

***Act. D*, Suggestion:** Tabulate students' answers to find out who has more credits.

PASO 2. Now present the information to the rest of the class.

MODELO Sarah toma (*is taking*) seis clases y dieciocho créditos este (*this*) semestre. Lucas y Brian toman (*are taking*) dieciséis créditos.

Tres estudiantes después de (after) *clase*

En el salón de clase°

En... *In the classroom*

Las materias y las carreras°

°Las... *Classes and majors*

la administración empresarial	business administration
las ciencias políticas	political science
la contabilidad	accounting
el derecho	law
la economía	economics
el español	Spanish (*language*)
la estadística	statistics
la física	physics
la informática	computer science
la ingeniería	engineering
el inglés	English (*language*)
las lenguas (extranjeras)	(foreign) languages
las matemáticas	math
el periodismo	journalism
la química	chemistry
la sicología	psychology

Cognados: la anatomía, la arquitectura, el arte, la astronomía, la biología, la filosofía, la geografía, la historia, la literatura, la medicina, la música, la sociología

Observa

There are two types of articles in Spanish: definite (**el, la, los, las** = *the*) and indefinite (**un, una, unos, unas** = *a, an; some*). You will learn more about articles in **Gramática 1.1.**

***Vocabulario en acción,* Point out:** Many of the Spanish names of school subjects are cognates in English.

***Vocabulario en acción,* Suggestion:** Give students additional vocabulary related to your specific classroom situation. For example, if you use a chalkboard and chalk, give them *la pizarra* and *la tiza.* If you tend to use another term for "whiteboard," such as *el tablero (blanco),* point this out.

ACTIVIDADES

A. Asociaciones. Match the classes with their corresponding majors.

	MATERIAS	CARRERAS
e	**1.** la física, las matemáticas, la ingeniería	**a.** Bellas Artes (*Fine Arts*)
d	**2.** las ciencias políticas, las leyes	**b.** Administración Empresarial
a	**3.** el arte, la música	**c.** Medicina
b	**4.** la contabilidad, la estadística, la economía	**d.** Derecho
c	**5.** la anatomía, la genética, la biología	**e.** Arquitectura

B. Más (*More*) asociaciones. Match the majors with their corresponding person, thing, or concept.

1. Física
a. la literatura **b.** la puerta **(c.)** Albert Einstein

2. Filosofía
(a.) Platón (*Plato*) **b.** el reloj **c.** la novela

3. Informática
(a.) una computadora **b.** Sigmund Freud **c.** el cuaderno

4. Historia
(a.) Cristóbal Colón (*Christopher Columbus*) **b.** una oficina **c.** la sicología

5. Periodismo
a. el derecho **(b.)** el Washington Post **c.** la lengua extranjera

C. ¿Qué hay en tu (*your*) mochila?

PASO 1. Indicate which of the following objects may be found in a student's backpack.

- ☐ **1.** escritorios
- ☑ **2.** una computadora portátil
- ☐ **3.** la literatura
- ☐ **4.** una mujer
- ☑ **5.** un celular
- ☑ **6.** un diccionario
- ☑ **7.** cuadernos
- ☐ **8.** la ventana
- ☐ **9.** mesas
- ☑ **10.** bolígrafos
- ☑ **11.** libros
- ☐ **12.** sillas

PASO 2. Answer the questions your instructor asks. He or she will keep track of the common objects on the board.

MODELO INSTRUCTOR: Amy, ¿hay bolígrafos en tu mochila?
ESTUDIANTE: Sí, hay dos bolígrafos. / No, no hay bolígrafos.

***Act. C, Paso 2* Suggestion:** Ask students questions about what they have in their backpack using the items from *Paso 1.*

***Act. C, Paso 2* Script:** Provide a model, and ask a combination of logical and illogical questions. *MODELO* (you hear) *¿Hay bolígrafos en tu mochila?* (you write) *Sí, hay dos bolígrafos. / No, no hay bolígrafos.* **1.** *¿Hay escritorios en tu mochila?* **2.** *¿Hay una computadora portátil en tu mochila?* **3.** *¿Hay un celular en tu mochila?* **4.** *¿Hay cuadernos en tu mochila?* **5.** *¿Hay libros en tu mochila?*

COMMUNICATION C

***Act. C, Paso 2,* Follow-up:** If you have a backpack, have students ask you several questions to find out what is in it.

***Act. D,* Suggestion:** Tabulate students' answers to items 1 and 2 on the board in order to determine which classes most of them have in common and whether there is a favorite class that most students share.

D. Mis clases.

Finish the following statements with information that is true for you. Then share your answers with your classmates.

1. Este semestre/trimestre tomo (*I am taking*) [número] materias: [lista de materias]
2. Mi materia favorita es...
3. Mi profesor favorito / profesora favorita es...

Nota cultural

Learning Spanish

CULTURES C

Did you know that Spanish is the second most commonly spoken language internationally? It is spoken in Spain, Equatorial Guinea, the Sahara, Central and South America (except Brazil and the Guayanas) and parts of the United States and the Philippines.

In the United States, as of 2016, the Hispanic and Latino Americans comprised 17.8% of the population, the largest minority group in the country. As a result, the United States, economically and culturally, is getting more closely integrated with the Spanish-speaking world. Not only will Spanish prepare you for living in an increasingly global society, but you also will develop a better understanding of other peoples´ values and beliefs, and ultimately, a better knowledge of your own culture. Equally important, learning Spanish will help to open doors in your future career, both in the United States and, very likely, in other places in the world.

Una clínica en Santa Clarita, California
©J.D.S/Shutterstock

PREGUNTAS

1. What are some of the contributions of Hispanics to the contemporary culture of the United States? Which one(s) do you value the most? Why?
2. According to the text, how can learning Spanish help students on the job market, both inside and outside the United States?
3. Think of your major. How would learning Spanish help you in your future search for a job?

Gramática

1.1 Nouns, Articles, Gender, and Number

GRAMÁTICA EN ACCIÓN

Un viaje al suroeste de los Estados Unidos

- **el carro**
- **la Ruta** 66
- **los amigos**
- **las vistas**
- **un museo** en el Gran Cañón
- **una iglesia** en San Antonio
- **unos recuerdos**
- **unas montañas** en Colorado

Acción

PASO 1. Give the correct plural form of each article.

MODELO un museo → unos museos

1. la ruta → __las__ rutas
2. el carro → __los__ carros
3. una iglesia → __unas__ iglesias

PASO 2. Give the correct singular form of each article.

MODELO los amigos → el amigo

1. unas montañas → __una__ montaña
2. unos recuerdos → __un__ recuerdo
3. las vistas → __la__ vista

***Gramática*, Notes:**
- The *Gramática* section presents all the active grammar for each *Tema* section.
- Students can assess their understanding and mastery of the grammar points presented in this chapter by accessing the LearnSmart module for *Capítulo 1*: www.mhhe.com/connect

***GEA*, Notes:**
- The *Gramatica en acción* (*GEA*) presentations are meant to be advance organizers for students before they read the grammar explanation that follows. The teal blue text in these *GEA* presentations highlights examples of the grammar point in context.
- A complete translation of each *GEA* presentation is available in Appendix II.

Identifying People and Things

El Valle (Valley) *de los Monumentos, Utah*

- The audio for this *GEA* is available through the eBook or in Connect.

Grammar Charts, Point out:
- Grammar charts are found near the beginning of most grammar explanations, after the *Gramatica en acción* (*GEA*) presentation, to ensure easy reference by students while doing activities.
- Call students' attention to the use of teal blue text in the grammar charts.

In Spanish, nouns identify people, places, things, and ideas, and they are either masculine or feminine in gender. All nouns in Spanish have gender, though there is often no obvious logic explaining the gender of a noun. Definite articles (**el/la/los/las** = *the*) and indefinite articles (**un/una/unos/unas** = *a, an; some*) must agree in gender and number with the noun they accompany, as shown in the following charts.

DEFINITE ARTICLES (*the*)				
	MASCULINE		FEMININE	
SINGULAR	**el libro**	the book	**la pluma**	the pen
PLURAL	**los cuadernos**	the notebooks	**las ventanas**	the windows

INDEFINITE ARTICLES (*a, an; some*)				
	MASCULINE		FEMININE	
SINGULAR	**un libro**	a book	**una pluma**	a pen
PLURAL	**unos cuadernos**	some notebooks	**unas ventanas**	some windows

GENDER

A. Masculine nouns

1. Most nouns that end in **-o** or that refer to male beings are masculine.

   el cuaderno (*notebook*) — **un hombre** (*man*)

2. Nouns ending in **-l, -n, -r,** and **-s** are usually masculine.

   el fin (*end*) — **el amor** (*love*)
   un papel (*paper*) — **un mes** (*month*)

3. Many nouns ending in **-ma, -pa,** or **-ta** are masculine, even though they end in **-a.**

   el problema — **un mapa** — **un cometa**

B. Feminine nouns

1. Most nouns that end in **-a** or that refer to female beings are feminine.

   la mesa (*table*) — **una mujer** (*woman*)

2. In addition, nouns ending in **-ión** and **-d** are usually feminine.

   la acción (*action*) — **una universidad** (*university*)

C. Nouns that refer to people

Almost all nouns that refer to people have both a masculine and feminine form, the use of which depends on the gender of the person in question.

1. For nouns ending in **-o**, the feminine is formed by changing the **-o** to **-a**.

   el compañero de clase (*male classmate*) — **la compañera de clase** (*female classmate*)
   un amigo (*male friend*) — **una amiga** (*female friend*)

2. Usually, when a masculine noun ends in a consonant, the feminine is formed by adding an **-a** after the final consonant.

   el profesor / la profesora — **un francés** (*French* [*man*]) / **una francesa** (*French* [*woman*])

3. For nouns ending in **-ante** and **-ista,** the same form is used for both masculine and feminine. The definite or indefinite article, as well as the context, will clarify the gender of the person being described.

   el estudiante / la estudiante — **un dentista / una dentista**

D. Additional rules and exceptions

1. Nouns ending in -e don't follow any rule and their gender needs to be memorized.

   el café (*café; coffee*) — **una clase**

2. Some common nouns are irregular and don't follow the rules. The gender of these nouns needs to be memorized.

   el día (*day*) — **una mano** (*hand*)

NUMBER

A. Nouns that end in a vowel form the plural by adding **-s.**

cuaderno → cuadernos

B. Nouns that end in any consonant except **-z** add **-es** to form the plural.

mujer → mujeres

C. To form the plural of nouns ending in **-z**, change the **-z** to **-c** and add **-es.**

lápiz → lápices

ACTIVIDADES

A. Los artículos definidos. Give the definite article **(el/la/los/las)** of each noun. **¡OJO!** Some nouns can be either masculine or feminine.

Act. A, **Suggestion:** Follow up or review by having students provide the plural form of the singular nouns on this list, and vice versa.

1. el actor
2. el problema
3. los bolígrafos
4. las preferencias
5. el/la cantante (*singer*)
6. la televisión
7. el/la artista
8. la amistad (*friendship*)

B. Los artículos indefinidos. Give the indefinite article **(un/una/unos/unas)** of each noun.

1. una comunidad
2. una lección
3. un tema
4. un deporte
5. unas mochilas
6. unas secuencias
7. un autor
8. un día

C. ¿Singular o plural? With a partner, change the phrases from singular to plural, or vice versa.

Act. C, **Answers: 1.** *las universidades* **2.** *el reloj* **3.** *unos optimistas* **4.** *el día* **5.** *unas flores* **6.** *los papeles* **7.** *unos cuadernos* **8.** *una profesora*

MODELOS un saludo → unos saludos
las despedidas → la despedida

1. la universidad
2. los relojes (*clocks*)
3. un optimista
4. los días
5. una flor (*flower*)
6. el papel
7. un cuaderno
8. unas profesoras

D. ¿Qué es? Choose any noun from **Actividades A** and **B.** Tell your partner the gender and number of the word, but do not mention the noun. Your partner must tell which word you are thinking of. Then alternate roles. **¡OJO!** There may be more than one possible answer.

Act. D, **Point out:** Although students may recognize the forms of the verb *ser*, for this activity it may help to introduce the forms *es* and *son* by modelling for the class.

MODELO
E1: Es masculino y singular.
E2: ¿Es bolígrafos?
E1: No. Es singular, no es plural.
E2: ¿Es autor?
E1: Sí.

Expressing *to be*

1.2 Subject Pronouns and the Verb ser

GRAMÁTICA EN ACCIÓN

GEA, Note: The audio for this *GEA* is available through the eBook or in Connect.

Una página de *Facebook*

Ellos son amigos y estudiantes.
©Daniel M Ernst/Shutterstock

Hola. **Yo** me llamo Martín.

- **Soy** inteligente, flexible y liberal.
- No **soy** pesimista.
- **Soy de** San Antonio, Texas.

Mi amiga se llama Ana.

- **Es** independiente y responsable.
- No **es** impaciente.
- **Es de** El Paso, Texas.

Acción. Complete the statements using the correct conjugation of the verb **ser**.

1. Ana ___es___ paciente.
2. Martín ___es___ inteligente y optimista.

¿Y tú? Answer the following questions about yourself in a complete sentence.

1. ¿Eres paciente?
2. ¿Eres optimista?

As in English, pronouns are used in Spanish when referring to the subject of a verb. The following chart shows the subject pronouns in Spanish.

SUBJECT PRONOUNS AND THE VERB **ser** (*to be*)			
SINGULAR		**PLURAL**	
yo soy	I am	**nosotros somos** **nosotras somos**	we are
tú eres	you are (*fam.*)	**vosotros sois** **vosotras sois**	you are (*fam. Spain*)
usted (Ud.*) es	you are (*form.*)	**ustedes (Uds.*) son**	you are (*form. Spain; fam., form. elsewhere*)
él es **ella es**	he is she is	**ellos son** **ellas son**	they are

A. Masculine and feminine subject pronouns

You may have noticed that in Spanish there are both masculine and feminine subject pronouns. Use the feminine pronouns when referring to a female subject or an all-female group of subjects. The masculine pronouns are used the rest of the time, for example, when referring to all male or mixed groups of male and female subjects.

Ella es elegante.	*She is elegant.*
Nosotras somos de Miami.	*We* (all females) *are from Miami.*
Ellos son pacientes.	*They* (all male or mixed group) *are patient.*

*The subject pronouns **usted** and **ustedes** are usually abbreviated **Ud.** and **Uds.**, respectively. *Experience Spanish* will use **Ud.** and **Uds.** moving forward.

B. Formal and informal *you* subject pronouns

1. Singular pronouns: In Spanish there are both formal and informal subject pronouns, the use of which depends on a variety of social and geographical factors. In general, you will use the informal **tú** form when speaking to people with whom you have a familiar relationship, and the formal **Ud.** with people with whom your relationship is more distant.

Tú eres optimista.	*You* (close relationship) *are optimistic.*
Ud. es optimista.	*You* (distant relationship) *are optimistic.*

2. Plural pronouns: In most Spanish-speaking countries, **Uds.** is used when addressing any group of people. In Spain, however, **vosotros** is used to address groups of familiar people, while **Uds.** is reserved for addressing groups of people with whom your relationship is distant.

C. Omitting subject pronouns

Subject pronouns in Spanish can usually be omitted, except when used to avoid confusion, add emphasis, or create contrast. For example:

Yo soy de California. ¿De dónde eres tú?	*I'm from California. Where are you from?*

D. The verb *ser*

1. **Ser** is used with adjectives to describe the characteristics and qualities of people and things.

El profesor es inteligente y muy paciente.	*The professor is intelligent and very patient.*
Las clases de español son interesantes.	*The Spanish classes are interesting.*

Observa

If you use an adjective to describe more than one person, place, thing, or idea, the adjective must be in the plural.

Julia y David son **inteligentes**.

Use the same rules to make adjectives plural that you learned earlier in this chapter for making nouns plural: Add **-s** to words ending in a vowel; add **-es** to words ending in a consonant.

2. Use **ser** with the preposition **de** to express origin.

—¿De dónde son Uds.?	*Where are you from?*
—Somos de Nueva York.	*We're from New York.*

Please note that, when **de** is followed by the definite article **el**, the two words are combined to form the contraction **del**.

Miguel es **del** estado de Texas.	*Miguel is from the state of Texas.*

Nota comunicativa

Basic negation

Insert the word **no** before a verb to make it negative.

No soy de los Estados Unidos.	*I'm not from the United States.*
No somos de aquí.	*We're not from here.*

Observa

The adjectives in **Actividad A** are cognates (**cognados**). Cognates are words that are similar or identical in form and meaning in two or more different languages.

ACTIVIDADES

A. Descripciones

Act. A, Paso 1, **Suggestion:** Students may ask for additional adjectives. Model the way that they should ask you for new words using the question *¿Cómo se dice...?*

COMMUNICATION C

PASO 1. Complete the following sentences with the correct subject pronoun and an adjective from the list that describes the subject(s). Follow the model.

altruista	paciente	materialista	responsable	elegante
egoísta	impaciente	rebelde	irresponsable	independiente
idealista	optimista	arrogante	superficial	inteligente
realista	pesimista	liberal	sentimental	extravagante

MODELO Mis compañeros de cuarto (*roommates*): → Ellos son responsables y optimistas.

1. Mis amigos: ___son...___.
2. Mi mejor (*best*) amigo/a: ___es...___.
3. Mi compañero/a de clase y yo: ___somos...___.
4. Mi profesor(a) de español: ___es...___.
5. Yo ___soy...___. No ___soy...___.

PASO 2. Complete the following questions with the correct form of the verb **ser**.

1. ¿Cómo ___eres___ tú?
2. ¿Cómo ___son___ tus amigos?
3. ¿Cómo ___son___ tus compañeros de clase y tú?
4. ¿Cómo ___es___ tu profesor(a) de español?

Act. A, Paso 3, **Suggestion:** Upon completion of the activity, have the class indicate which qualities they possess. Go through some of the adjectives on the list using the command *Levanta la mano si eres....*

COMMUNICATION C

PASO 3. Using the completed questions from **Paso 2**, interview a classmate. Take turns asking each other all of the questions. Pay careful attention to the conjugation of **ser** as you answer the questions.

B. Fanáticos

PASO 1. The people and things you are a fan of are also part of your identity. Indicate what team, television show, sport, artist, or fictional character (or anything else!) you are a fan of.

MODELO Soy fanático/a de _______.

Act B, Paso 2, **Suggestion:** If you have a large class, you may wish to divide the class into groups of 5–6. Number students off (*1, 2, 3, 4, 5; 1, 2, 3...*) and assign each group number to meet and work in certain area of the classroom (all ones go to that side, all twos up here, and so on). In this way, they will interact with classmates who don't sit near them.

PASO 2. Now, find out how many people in class are also fans of the same thing. Be sure to ask everyone (including your instructor). Make two lists of names: those who answer **Sí**, and those who answer **No**.

MODELO E1: Miriam, ¿eres fanática de los Cardinals?
E2: ¡No! ¡Soy fanática de los Cubs!

PASO 3. Write at least two sentences summarizing all the information you obtained in **Paso 2.** How many people are not fans of the same thing? Who are they?

Act. B, Paso 4, **Suggestion:** Have students draw some conclusions about what they have in common. Is there something that many students are fans of?

PASO 4. Report your results to the class. Take notes when others share their results.

C. Personalidades famosas

PASO 1. Using the adjectives from **Actividad A,** prepare a brief description of a famous person's personality. You may also make your description negative (**No es** + *adjetivo...*). Then write three choices of people to fit that description.

MODELO Es inteligente, elegante y liberal. No es superficial.
¿Es... a) Miley Cyrus, b) Beyoncé o c) Kim Kardashian?

PASO 2. Read your description and the options to the class and see if they can guess the correct person.

***Act. C, Paso 2,* Suggestion:** You may wish to have students share in small groups rather than as a whole class activity.

D. ¿Y cómo son estas (*these*) personas?

PASO 1. Read the descriptions of two people from the Spanish-speaking world who have become famous in this country.

©Kathy Hutchins/Shutterstock

SOFÍA VERGARA, born to a large family in Barranquilla, Colombia, in 1972, is a successful actress and model. Three years into university studies in dentistry, she relocated to Miami, Florida in order to escape violence in her home country. She is a mother to one son and a survivor of thyroid cancer. She has won four Golden Globe Awards and four Primetime Emmy awards for her performance as Gloria Delgado-Pritchett in the series *Modern Family.* Known for her thick accent in English and boisterous personality, she makes the most of these characteristics in her comedic roles. Sofía Vergara is one of the highest paid actresses in Hollywood and supports many charitable organizations, especially those that work for cancer patients and their families.

©Everett Collection/ Shutterstock

JAVIER BARDEM was famous in his native Spain before he became popular in this country. In 2000, he was the first Spanish actor to be nominated for an Oscar for his portrayal of Reinaldo Arenas, a gay Cuban writer, in *Before Night Falls*. The excitement after his nomination was such that fans mobbed him on the streets of Madrid and paparazzi waited at his doorstep. Former King Juan Carlos even invited him to dinner! In 2008, Bardem finally became the first Spanish actor to win an Oscar, for his role in *No Country for Old Men.* Bardem has since performed in several notable films including *Biutiful*, *Skyfall*, and *Mother!*, and has costarred with his wife Penélope Cruz in three movies (*Vicky Cristina Barcelona*, *The Counselor*, and *Loving Pablo*).

PASO 2. With a partner, answer the questions about the people described in **Paso 1. ¡OJO!** For item 3, mention what characteristics both actors have in common. Use adjectives that you learned in **Actividad A** and **B** and elsewhere.

1. ¿Cómo es Sofía Vergara?
2. ¿Cómo es Javier Bardem?
3. ¿Cómo son los dos (*both of them*)?

Adriana M. García

Todo tiene su efecto (Everything has its effect), *2012*
©Adriana M. Garcia

Adriana María García, from San Antonio, Texas, participated in a mural program during her high school years, during which she learned about the great Mexican muralists (Diego Rivera, David Siqueiros, José Clemente Orozco). Her art is a reflection of her past and her heritage, and she draws inspiration from the stories of people she meets, especially from the women in her life.

Todo tiene su efecto is a reflection of García's past, her heritage, and her ethnic identity. This work won the 2012 José Cuervo Tradicional Mural Contest. The objective of the contest was to create a mural exploring Hispanic culture (family, education, folklore). In García's mural, we see women representing different aspects of Hispanic heritage. An underlying image or structure in the mural is a tree of life, carrying both historical and mythological content. The mural is a tribute not only to Hispanic culture, history, and mural tradition, but it also honors her family, paying special homage to the many stories she heard from her grandfather about the circus **La Carpa Hermanos García.**

REFLEXIÓN

1. Why do you think that the artist named the mural *Todo tiene su efecto*? Relate the name to the images in the mural.
2. What aspects of the mural do you find most interesting? Do you think that García's art is a good representation of Hispanic culture and identity?
3. Are there murals, wall art projects, and/or graffiti in your area? If so, where in your area and what are the themes of the images? If not, why do you think that is?

***Expresiones artísticas*, Notes:**
- ***Expresiones artísticas*** is intended to be a short cultural interlude between the two *Tema* sections of every chapter. Each highlights representative art work related to the chapter theme. Students can work individually or in small groups to answer the questions. Have them compare opinions or prepare a short report. More activities are available in Connect.
- The sponsor of the mural contest gave $15,000 to Adriana García, and another $15,000 to a nonprofit organization recommended by the winner. Adriana García selected the Centro Cultural Aztlán in San Antonio, Texas.

***Expresiones artísticas*, Suggestions:**
- Have students investigate in more depth Adriana García's artistic work and connection with her community, and report their findings to the class.
- Ask students if they know why there is a bottle in the mural with the word *tradicional*. Point out that it was a requirement that all murals incorporate an image of the José Cuervo Tradicional tequila.
- Have students find out more about other murals from other cities in this country that depict Hispanic themes and report their findings.
- Have students investigate famous Mexican muralists such as Rivera, Siqueiros, and Orozco and report their findings.
- Have a discussion about mural art and graffiti. How do they define these? When is graffiti also a mural? What do mural art and graffiti have in common?

Athens, Georgia

Martin y Jaume

Antes de ver

Infórmate y ponte en su lugar. Jaume and Martin talk about their classes and students as well as some key differences between college life in Spain and the U.S. What are some of the biggest concerns faced by college students in the U.S.? What do you worry about on a daily basis? Do you think that students in other countries have the same sources of stress, or different ones? Why? What might be some differences?

©deepblue4you/Getty Images
©McGraw-Hill Education/Zenergy

©McGraw-Hill Education/Zenergy

Vocabulario práctico

de verano	summer
virtual	virtual (online)
cómoda	comfortable

***¿Entendiste? A*, Answers: 1.** *instructores* **2.** *23* **3.** *sillas, uv ordenador para Jaume, una ventana, muchos escritorios; una computadora portátil, un diccionario, un libro de texto, un buen café y una silla cómoda* **4.** *Son responsables, independientes y divertidos.* **5.** *La clase de Jaume es difícil. La clase de Martín en divertida.*

¿Entendiste?

A. Comprensión

1. Además de (*in addition to*) ser estudiantes, ¿qué son Jaume y Martin?
2. ¿Cuántos estudiantes hay en la clase de Martin?
3. ¿Cuáles son tres cosas (*things*) que hay en el salón de clase de Jaume? ¿Cuáles son tres cosas importantes para la clase de Martin?
4. ¿Cómo son los estudiantes de Martin?
5. ¿Cómo son las clases de Jaume y Martin?

B. ¿Qué estudias? In pairs, answer the questions.

1. Describe the different formats of the classes that Jaume and Martin teach. How do you feel about online classes? What are the advantages and disadvantages of each type of class?

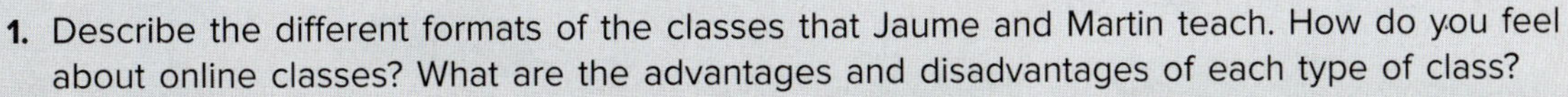

2. In your own words, explain the difference for U.S. and Spanish students regarding choosing and changing their majors. Are you certain of your choice of what to study? How do you know? What is the biggest factor that influences your choice of a major in college?

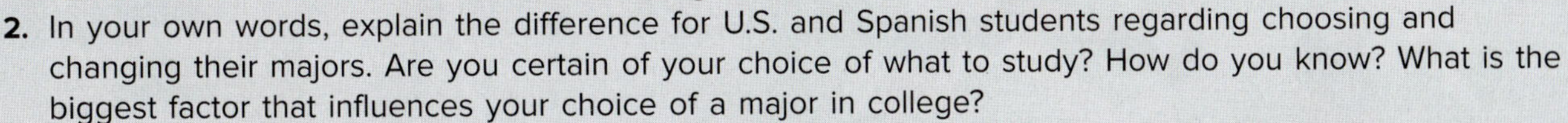

3. Summarize what Martin and Jaume say about working as a student and concerns like bills and debt. Do you work part time or full time while in school? Do you worry about finances and paying off debt?
4. What are some of the benefits of learning Spanish that Martin points out? Can you think of other potential advantages? Why are you taking a Spanish class? How do you hope that it will help you in the long term?

TEMA II: ¿Estudias y trabajas?°

¿Estudias... *Do you study and work?*

Vocabulario en acción

Actividades típicas en la universidad

***Vocabulario en acción,* Note:** Students can assess their understanding and mastery of the vocabulary presented in this chapter by accessing the LearnSmart module for *Capítulo 1*: www.mhhe.com/connect.

andar en bicicleta	to ride a bicycle
bailar	to dance
buscar (algo)	to look for (something)
charlar (con)	to chat (with)
hablar (por teléfono)	to talk, speak (on the phone)
jugar (a)	to play (*a game, sport*)
al basquetbol	basketball
al béisbol	baseball
al fútbol americano	football
al vólibol	volleyball
lavar la ropa	to wash clothes
navegar en internet	to surf the Internet
tocar	to play (*a musical instrument*)
tomar	to take; to drink
tomar apuntes	to take notes
tomar una clase	to take a class
trabajar	to work

***Vocabulario en acción,* Suggestion**: Use the illustration on page 21, picture files, or a PowerPoint presentation to introduce the vocabulary. Model pronunciation and, as you go, ask students questions about the illustrations to check comprehension. Sample input: *¿Cuáles son algunas actividades típicas de la universidad? Tomar clases es una actividad típica. Estudiar es también típico. Los estudiantes estudian en la biblioteca. ¿Dónde estudian Uds.? ¿en la biblioteca o en la residencia? Comprar los libros es otra actividad típica. ¿Dónde compramos los libros? En la librería, muy bien.*

Los edificios y los lugares°

°Los... *Buildings and places*

la biblioteca	library
el centro estudiantil	student union
el estadio	stadium
la Facultad de...	School of . . .
Bellas Artes	Fine Arts
Ciencias	Science
Educación	Education
Letras	Humanities
Leyes	Law
Medicina	Medicine
la librería	bookstore
la oficina	office
la residencia (estudiantil)	(student) dorm
el salón de clase	classroom
el teatro	theater

Cognados: la cafetería, el campus, la clínica, el gimnasio, el hospital, el laboratorio, la universidad

ACTIVIDADES

A. Obligaciones o diversiones. Indicate whether you consider each of the following activities **una obligación (O)** or **una diversión** (*fun*) **(D).** What activities for **Vocabulario en acción** would you add to each list?

O	D	
☐	☐	**1.** charlar con amigos
☐	☐	**2.** estudiar en biblioteca
☐	☐	**3.** tocar un instrumento
☐	☐	**4.** trabajar
☐	☐	**5.** tomar apuntes
☐	☐	**6.** bailar
☐	☐	**7.** lavar la ropa
☐	☐	**8.** comprar libros
☐	☐	**9.** caminar a clase
☐	☐	**10.** jugar al fútbol

***Act. A,* Suggestion:** Compare answers. Are there differences of opinion? Some students might consider *ir a la bilbioteca* an *obligación*, while others consider it a *diversión*.

B. Los lugares y las actividades. Match the activities with their appropriate places.

c 1. tomar clases de biología y química
e 2. levantar pesas (*to lift weights*)
g 3. tomar clases de música y arte
a 4. comprar hamburguesas y tacos
d 5. comprar los libros
h 6. tomar clases de literatura
b 7. estudiar
f 8. tomar apuntes

a. la cafetería
b. la biblioteca / la residencia
c. la Facultad de Ciencias
d. la librería
e. el gimnasio
f. el salón de clase
g. la Facultad de Bellas Artes
h. la Facultad de Letras

C. Mis actividades favoritas

PASO 1. Indicate your two favorite activities from this list.

☐ 1. bailar en un club
☐ 2. andar en bicicleta
☐ 3. jugar al fútbol
☐ 4. caminar
☐ 5. mirar la televisión
☐ 6. navegar en internet
☐ 7. hablar por teléfono
☐ 8. estudiar
☐ 9. comprar ropa
☐ 10. tocar un instrumento musical
☐ 11. escuchar música
☐ 12. charlar con amigos

***Act. C, Paso 2*, Suggestion:** For students who do activities related to fraternities and sororities, point out that this system does not exist in Spanish-speaking countries. If students want to talk about these organizations, they might use terms such as *el club de estudiantes* or *la hermandad de estudiantes*. You can also help them by modeling a specific example, such as, *estudiar en la residencia/casa de Alfa Fi*.

PASO 2. Now circulate and ask at least five classmates what their two favorite activities are. Jot down their names in a table like the one below. Follow the model.

MODELO E1: Zach, ¿cuáles son tus actividades favoritas?
E2: Mis actividades favoritas son navegar en internet y mirar la televisión.
E1: Paula, ¿cuáles son tus actividades favoritas?
E3: Mis actividades favoritas son andar en bicicleta y tocar el piano.

actividades	¿quién?	actividades	¿quién?
bailar en un club		hablar por teléfono	
andar en bicicleta	*Paula*	estudiar	
jugar al fútbol		comprar ropa	
caminar		tocar un instrumento musical	*Paula*
mirar la televisión	*Zach*	escuchar música	
navegar en internet	*Zach*	charlar con amigos	

Vocabulario práctico

The following instruments are cognates or close cognates. Do you play one of these?

el clarinete
la flauta
la guitarra
el piano
el saxofón
la trompeta
el violín

PASO 3. Compare your list with those of two other classmates to find out how similar or not your favorite activities are. Then share the information with the class.

MODELO Las actividades favoritas de Zach son navegar en internet y mirar la televisión. Las preferencias de Paula son andar en bicicleta y tocar el piano. Zach y yo somos más compatibles.

Los días de la semana°

Los... *Days of the week*

noviembre						
lunes	martes	miércoles	jueves	viernes	sábado	domingo
1	2	3	4	5	6	7
8	9	10	11	12	13	14
15	16	17	18	19	20	21
22	23	24	25	26	27	28
29	30					

los días entre semana	weekdays
lunes	Monday
martes	Tuesday
miércoles	Wednesday
jueves	Thursday
viernes	Friday
el fin de semana	weekend
sábado	Saturday
domingo	Sunday

***Los días de...*, Suggestions:**
- Tell students that days of the week are not capitalized in Spanish, unless there's some special reason to do so.
- Point out that to indicate what day it is, use the day of the week without the definite article *el: Hoy es* ***lunes.***
- Highlight that to express *on* + [*day of the week*], Spanish uses the day of the week with the definite article *el: El examen es* ***el viernes.***

¿Cuándo?

When?

hoy	today
mañana	tomorrow
pasado mañana	the day after tomorrow
el lunes (martes, miércoles,...)	on Monday (Tuesday, Wednesday, . . .)
los lunes (martes, miércoles,...)	on Mondays (Tuesdays, Wednesdays, . . .)
el lunes (martes, miércoles,...) que viene	next Monday (Tuesday, Wednesday, . . .)
la semana que viene	next week
todos los días	every day
entre semana	during the week
por la mañana	in the morning
por la tarde	in the afternoon
por la noche	in the evening, at night
antes (de)	before
después (de)	after

Act. A, **Script:** Read the statements, pausing in between for students to verify answers: *MODELO El día 4 es jueves.* **1.** *El día 30 es lunes.* **2.** *El día 16 es martes.* **3.** *El día 25 es miércoles.* **4.** *El día 22 es domingo.* **5.** *El día 12 es viernes.* **6.** *Los días del fin de semana son los sábados y los domingos.*

Act. A, **Suggestion:** Have students provide correct answers for false statements to reinforce the input: *El número 1 es falso. ¿Qué día de la semana es el día 30? Sí, muy bien, es martes.*

Act. C, **Suggestion:** Have students report their answers. Write on the board: *¿Cuándo es mejor estudiar (lavar la ropa, mirar la televisión...)?* Based on students' responses for each activity, write answers to the questions: *Es mejor estudiar los días entre semana.*

ACTIVIDADES

A. ¿Qué día es? Referring to the calendar on page 25, listen to the statements and indicate whether each one is true (**cierto: C**) or false (**falso: F**).

MODELO (*you hear*) El día 4 es jueves. →
(*you select*) Cierto.

C	F	
☐	☑	**1.**
☑	☐	**2.**
☐	☑	**3.**
☐	☑	**4.**
☑	☐	**5.**
☑	☐	**6.**

B. Si (*If*) hoy es... Again, referring to the calendar on page 25, match each statement with the correct day.

1. Si hoy es miércoles, mañana es __c__.
2. Si hoy es viernes, pasado mañana es __a__.
3. Si hoy es lunes, pasado mañana es __e__.
4. Si mañana es martes, hoy es __d__.
5. Si pasado mañana es lunes, hoy es __f__.
6. Si hoy es el día 11, el día 18 es __b__.

a. domingo
b. el jueves que viene
c. jueves
d. lunes
e. miércoles
f. sábado

C. ¿Cuándo es mejor (*better*)? Indicate when you think it is better to do certain things.

Es mejor...

1. estudiar →
   ☐ los fines de semana
   ☐ entre semana
2. lavar la ropa →
   ☐ el sábado por la mañana
   ☐ el domingo por la noche
3. mirar la televisión →
   ☐ todas las noches
   ☐ el jueves y el domingo
4. tomar clases →
   ☐ por la tarde
   ☐ por la mañana
5. caminar y charlar con los amigos →
   ☐ el sábado y el domingo
   ☐ todos los días
6. jugar al basquetbol, al vólibol o al fútbol americano →
   ☐ tres veces a la semana
   ☐ los fines de semana

¿Cuándo es mejor lavar la ropa?
©Dave and Les Jacobs/Getty Images

¿Qué hora es?°

°¿Qué… *What time is it?*

1. **Es la una.**

2. **Son las siete.**

3. **Son las diez y cuarto. (Son las diez y quince.)**

4. **Son las ocho y media. (Son las ocho y treinta.)**

5. **Son las cuatro y diez.**

6. **Es la una y veinte.**

7. **Son las nueve menos cuarto/quince.**

8. **Es la una menos veinte.**

***¿Qué hora es?,* Suggestion:** Use a clock with movable hands to teach and quiz students on how to tell time. Start with times at the top of the hour: *Es la 1:00. Son las 2:00 en punto. Es medianoche,* etc. Then go on to examples using *y cuarto/quince, y media/ treinta, y diez, menos veinte,* etc.

Otras palabras y expresiones

¿A qué hora… ?	At what time . . . ?
a la(s) + *time*	at + *time*
de la mañana	in the morning
de la tarde	in the afternoon
de la noche	in the evening, at night
en punto*	sharp, exactly
mediodía	noon
medianoche	midnight

- Use **es la una…** for times between 1:00 and 1:59 but **son las…** for all other times.
- Use **y cuarto** to indicate *quarter past* and **y media** to indicate *half past.*
- To add minutes to a time, use **y** and the number.
- To indicate time that is approaching the hour, use **menos** and the number.
- To find out what time something happens, use **¿A qué hora… ?** To answer, use **A la(s)** + *time.*

—**¿A qué hora** es la clase de español?	*What time is Spanish class?*
—**A las** doce y media.	*At 12:30.*

Observa

Note that **de** is used in the expressions **de la mañana (tarde, noche)** when referring to a specific time, but **por** is used when no specific time is stated.

—¿Cuándo es tu clase de historia?
—A las nueve **de la mañana.** (*specific time*)

but

—**Por la mañana.** (*general, no specific time stated*)

*The phrase **en punto** is typically only used at the top of the hour. **Son las nueve en punto.**

- To indicate A.M. or P.M., use **de la mañana (tarde, noche).**

Son las siete y quince **de la mañana.**	*It's 7:15 in the morning. (It's 7:15* A.M.*)*
Es la una **de la tarde.**	*It's 1:00 o'clock in the afternoon. (It's 1:00* P.M.*)*
Son las once **de la noche.**	*It's 11:00 o'clock at night. (It's 11:00* P.M.*)*

- To emphasize an exact time of day, use **en punto.**

Son las tres **en punto.**	*It's exactly 3:00 o'clock.*
—¿A qué hora es el partido?	*What time is the game?*
—A la una **en punto.**	*At 1:00 sharp.*

- To express *midnight* and *noon,* use **medianoche** and **mediodía,** respectively.

Es **medianoche.**	*It's midnight.*
—¿Cuándo es la fiesta?	*When is the party?*
—Mañana a **mediodía.**	*Tomorrow at noon.*

ACTIVIDADES

A. ¿Qué hora es? Taking turns with a partner, say what time is shown on a random clock or watch below. The partner should guess which clock or watch.

MODELO E1: Son las cinco y media de la tarde.
E2: Es el número 4.

A.M.
1.

P.M.
2.

A.M.
3.

P.M.
4.

P.M.
5.

A.M.
6.

P.M.
7.

A.M.
8.

A.M.
9.

P.M.
10.

P.M.
11.

A.M.
12.

B. ¿Cómo es tu horario (*schedule*)?

PASO 1. Interview a classmate about his or her class schedule. You need to find out what classes he or she takes, what days and times, where each is held, and the name of the instructor. Create a chart to fill out as your classmate answers your questions.

MODELO E1: ¿Qué clases tomas (*are you taking*) este semestre?
E2: (Tomo [*I am taking*]) español, biología, sicología...
E1: ¿A qué hora y qué días es tu clase de biología?
E2: Es a las nueve de la mañana, los lunes, miércoles y viernes.
E1: ¿Dónde es la clase de biología?
E2: Es en Noyes Lab.
E1: ¿Quién (*Who*) es tu profesor o profesora?
E2: Es la profesora Smith.

LUNES	MARTES	MIÉRCOLES	JUEVES	VIERNES
9:00-9:50 Biología, la prof. Smith, en Noyes Lab		*9:00-9:50 Biología, la prof. Smith, en Noyes Lab*		*9:00-9:50 Biología, la prof. Smith, en Noyes Lab*

PASO 2. When you've completed your interviews, show your charts to each other to verify whether or not they are correct. If something is not correct, make the necessary changes.

Nota cultural

The 24-hour Clock

CUERNAVACA
AEROPUERTO DE LA CD. DE MEXICO

AEROPUERTO - CUERNAVACA		CUERNAVACA - AEROPUERTO	
6:30	15:45	4:00	12:00
7:30	16:30	4:30	12:40
8:15	17:15	5:00	13:20
9:15	18:00	5:30	14:15
10:30	18:45	6:00	15:00
11:15	19:30	7:00	16:00
12:00	20:15	8:00	16:40
12:45	21:00	9:00	17:15
13:30	22:00	10:00	18:15
14:15	23:00	10:40	19:30
15:00		11:20	

MEXICO D.F. **55-49-35-05 AL 08**
CUERNAVACA **(73) 18-46-38 Ó 18-91-87**
TIEMPO APROX. DE RECORRIDO: **1 HR. 40 min.**

It is a common practice in the Spanish-speaking world to use the 24-hour clock in schedules for television programs, buses, trains, movies, and the like. In North America, this is often known as *military time*. To convert the P.M. hours of military time to the 12-hour clock, simply subtract twelve from the hours. Thus, 14:00 would become 2:00 P.M., and 19:00 would be 7:00 P.M.

Spanish speakers rarely use the 24-hour clock in conversation. When asked for the time, they will normally respond using the 12-hour system, for example, **"Son las dos de la tarde"** to mean *It's 2:00 P.M.*

ACTIVIDAD Convert the following times to military time.

1. 9:00 A.M. 09:00
2. 4:30 P.M. 16:30
3. 8:15 P.M. 20:15
4. 10:46 P.M. 22:46
5. 12:00 A.M. 00:00

***Nota cultural*, Suggestion:** Have students read the *Nota cultural* individually. Then write the following times on the board: *1:00, 13:00, 4:00, 16:00, 8:00, 20:00,* and ask: *¿Qué hora es? Sí, es la una. ¿Es la una de la mañana o de la tarde? Muy bien; es la una de la mañana.* Repeat the pattern.

Describing People, Places, Things, and Ideas

Sus clases son interesantes.
©Comstock/Getty Images

***Gramática*, Note:** Students can assess their understanding and mastery of the grammar points presented in this chapter by accessing the LearnSmart module for *Capítulo 1*: www.mhhe.com/connect.

GEA, Note: The audio for this *GEA* is available through the eBook or in Connect.

1.3 Descriptive and Possessive Adjectives

GRAMÁTICA EN ACCIÓN

El nuevo semestre

ROSA MARÍA: ¿Cómo son **tus** clases este semestre?
JAVIER: Todas **mis** clases son **interesantes.**
ROSA MARÍA: ¡Qué padre! Tengo tres clases **aburridas** este semestre y solamente una clase **interesante.**
JAVIER: ¿Y cómo son **tus** profesores?
ROSA MARÍA: **Mi** profesora de historia es muy **inteligente** y **simpática**, pero los otros profesores no son tan **buenos.**

Acción. Add the correct endings to the adjectives in the following sentences.

1. Rosa María toma **tres clases** aburrid_as_.
2. **La profesora** de historia de Rosa María es simpátic_a_.
3. **Los otros profesores** de Rosa María no son muy buen_os_.
4. Todas las clases de Javier son interesante_s_.

FORMATION

A. Descriptive adjectives must agree in gender and number with the person, place, or thing that they modify.

Carmen es muy **simpática.** — *Carmen is very nice.*
Fernando y Josefina son **puertorriqueños.** — *Fernando and Josefina are Puerto Rican.*

DESCRIPTIVE ADJECTIVES		
Gender / Number Agreement		
	MASCULINE	FEMININE
SINGULAR	**un amigo alto**	**una amiga alta**
PLURAL	**unos amigos altos**	**unas amigas altas**

B. Masculine adjectives that end in any vowel other than **-o** don't change in the feminine singular form, and simply add **-s** to form the plural.

	MASCULINE	FEMININE
SINGULAR	**elegante** **pesimista**	**elegante** **pesimista**
PLURAL	**elegantes** **pesimistas**	**elegantes** **pesimistas**

C. Masculine adjectives that end in a consonant add **-a** to form the feminine singular, **-es** to form the masculine plural, and **-as** for the feminine plural.

	MASCULINE	FEMININE
SINGULAR	**trabajador** **español**	**trabajadora** **española**
PLURAL	**trabajadores** **españoles**	**trabajadoras** **españolas**

POSITION

A. Adjectives usually follow the nouns they modify.

Es una clase **interesante.** — *It's an interesting class.*
Ana y Lourdes son **estudiantes inteligentes.** — *Ana and Lourdes are smart students.*

B. Some adjectives may either precede or follow the nouns they describe.

1. When **bueno/a** and **malo/a** precede a masculine, singular noun, the **-o** is dropped from the adjective.

   Es un buen libro. — *It's a good book.*
   Es un mal ejemplo. — *It's a bad example.*

2. **Grande** can also precede or follow a noun. However, when preceding a noun it's shortened to **gran**, and the meaning changes to *great* or *important*.

   Quebec es una gran ciudad. — *Quebec is a great city.*
   Los Ángeles es una ciudad grande. — *Los Angeles is a large city.*

SOME COMMON ADJECTIVES

Here are some common adjectives that you have already seen or that you will need to know as you continue your Spanish studies.

alto/a	tall	**fácil**	easy
bajo/a	short	**difícil**	difficult
bonito/a	pretty	**rubio/a**	blond(e)
guapo/a	handsome; pretty	**pelirrojo/a**	redheaded
feo/a	ugly	**moreno/a**	dark-haired; dark-skinned
trabajador(a)	hardworking	**simpático/a**	nice
perezoso/a	lazy	**antipático/a**	mean
interesante	interesting	**grande**	large
divertido/a	fun	**pequeño/a**	small
aburrido/a	boring		

UNSTRESSED POSSESSIVE ADJECTIVES

Unstressed possessive adjectives show ownership of something or someone, agree in gender and number with the person or thing being possessed, and always precede the noun they modify.

Mi libro de filosofía es interesante. — *My philosophy book is interesting.*
Vuestra mamá es muy inteligente. — *Your mother is very smart.*
Sus apuntes de clase son claros. — *His class notes are clear.*

UNSTRESSED POSSESSIVE ADJECTIVES			
mi(s)	my	**nuestro/a(s)**	our
tu(s)	your (*fam.*)	**vuestro/a(s)**	your (*fam. Sp.*)
su(s)	your (*form.*)	**su(s)**	your (*form. Sp.; fam., form. elsewhere*)
su(s)	his/her	**su(s)**	their

Because **su(s)** has so many interpretations, a phrase with the preposition **de** is often used to avoid confusion:

el/la/los/las + [*person/thing being possessed*] + **de** + *owner*

POTENTIALLY UNCLEAR	CLARIFIED WITH **de** PHRASE
Su clase es interesante. (*Whose class? His, hers, yours, theirs?*)	**La clase de Uds.** es interesante. *Your class is interesting.*
Su libro es viejo. (*Whose book?*)	**El libro del profesor** es viejo. *The professor's book is old.*

ACTIVIDADES

A. ¿Cómo son?

PASO 1. Choose four of the professions from the list below. Using the verb **ser** and three different adjectives for each person, describe some of the qualities typical of men and women of each profession. Two of your descriptions should refer to males and two to females. Use adjectives from **Vocabulario práctico** or other adjectives you know. Pay attention to gender agreement!

Vocabulario práctico	
cómico	**inteligente**
creativo	**introvertido**
diligente	**materialista**
estudioso	**paciente**
extrovertido	**responsable**
flexible	**serio**

MODELO una profesora → Es dedicada, inteligente y organizada.

un hombre / una mujer de negocios (*businessman/businesswoman*)
un(a) artista
un(a) sicólogo/a
un(a) doctor(a)
un(a) escritor(a) de novelas
un actor / una actriz de comedias

PASO 2. In pairs, take turns reading the descriptions you wrote for **Paso 1** so that your partner can guess the occupation described.

MODELO E1: Es dedicada, inteligente y organizada.
E2: ¿Es un profesor?
E1: No.
E2: ¡Es una profesora!
E1: Sí.

B. ¿Cómo soy?

PASO 1. On a separate sheet of paper, use the verb **ser** and three different adjectives to write sentences to describe yourself. You may use physical descriptions or personality traits. Pay attention to gender agreement. Your instructor will collect the papers and redistribute them randomly to the class.

***Act. B, Paso 1,* Suggestion:** Provide a model for students in which you describe yourself.

PASO 2. Now go around the room and ask your classmates questions. Your goal is to identify who wrote the description that you have.

MODELO E1: ¿Eres dedicada?
E2: No. (Sí.)
E1: Bien, adiós. (Bien, ¿eres también (*also*) inteligente?)

***Act. C, Paso 1,* Suggestion:** Have students write down their answers.

C. Nuestra información

PASO 1. Answer each of the questions with personal information.

1. ¿Cuál es tu ciudad de origen?
2. ¿Cuál es tu especialidad (*major*)?
3. ¿Cuál es tu clase favorita?
4. ¿Cuáles son tus clases más difíciles?
5. ¿Cómo se llama tu profesor(a) favorito/a?
6. ¿Cuáles son tus libros (o novelas) favoritos/as?
7. ¿Cuáles son tus deportes favoritos?

PASO 2. Your instructor will assign you one of the questions from **Paso 1.** Go around and ask that question of at least five classmates. Based on the information, write a summary sentence using a form of **nuestro/a(s)**. Be ready to report your findings to the class.

MODELO Nuestro deporte favorito es el fútbol.
Nuestro/a(s) ______ favorito/a(s) es/son ______.

Observa

The interrogative **¿cuál?** has a plural form: **¿cuáles?**

¿**Cuál es** tu carrera?

¿**Cuáles son** tus libros?

***Nota interdisciplinaria,* Note:** This feature appears once in every chapter. Its purpose is to help students make connections between Spanish and other disciplines.

Nota interdisciplinaria

CONNECTIONS

Geografía: Las nacionalidades hispanas

Review the Spanish-speaking countries. Can you identify the nationality from the list for each Spanish-speaking country on the map?

argentino/a	guatemalteco/a
boliviano/a	hondureño/a
chileno/a	mexicano/a
colombiano/a	nicaragüense
costarricense	panameño/a
cubano/a	paraguayo/a
dominicano/a	peruano/a
ecuatoguineano/a	puertorriqueño/a
ecuatoriano/a	salvadoreño/a
español(a)	uruguayo/a
estadounidense	venezolano/a

***Nota interdisciplinaria,* Suggestions:**
- Write the following sentences on the board: *Soy un hombre / una mujer de* [país] . *Soy* [nacionalidad]. Then fill in the first blank and have students provide the correct answer for the second blank. After students understand the pattern, try doing it orally.
- Give students other nationalities, depending on their backgrounds, so that they can describe themselves or their family members: *alemán, alemana; canadiense; chino/a; estadounidense; filipino/a; francés, francesa; irlandés, irlandesa; japonés, japonesa;* etc.

Expressing Actions in the Present (Part 1)

Raúl estudia y trabaja en la biblioteca.
©antoniodiaz/Shutterstock

***GEA*, Note:** The audio for this *GEA* is available through the eBook or in Connect.

1.4 Present Tense of Regular -ar Verbs

GRAMÁTICA EN ACCIÓN

Un día típico de Raúl

[*Raúl le* ***manda*** *un e-mail a su amigo Alberto sobre sus clases este semestre.*]

Hola, Alberto:
¿Qué tal? Aquí todo bien. **Tomo** cuatro clases este semestre y mi clase favorita es francés a las diez de la mañana. ¡La profesora solo **habla** en francés! Es un poco difícil, pero la clase es muy divertida. Después, **trabajo** en la cafetería hasta las dos, y luego **estudio** en la biblioteca por la tarde. Por la noche, **paso** tiempo con mi novia: **miramos** la televisión, **cenamos** en un restaurante o simplemente **descansamos** y **pasamos** un rato juntos. Si mi novia **necesita** estudiar, **hablo** por teléfono con mis padres o leo mi e-mail.

¿Y tú, Alberto? ¿Cuántas clases **tomas**? ¿**Hablas** francés? ¿Cuándo y dónde **estudias**? ¿**Trabajas** este semestre?

Hasta pronto,
Raúl

Acción. Match each verb to the corresponding sentence. Pay attention to form and meaning.

1. Raúl __b__ cuatro clases este semestre.
2. Raúl y su novia (*girlfriend*) __c__ la televisión por la noche.
3. Cuando su novia necesita estudiar, Raúl __d__ por teléfono con sus padres.
4. A veces Raúl y su novia __a__ en un restaurante.

a. cenan
b. toma
c. miran
d. habla

A. The foundation of the Spanish verb system is the infinitive. The infinitive is the basic form of the verb before it is conjugated in order to agree with its subject.

estudiar	*to study* (*infinitive; no subject; not conjugated*)
yo **estudio**, tú **estudias**, él **estudia**	*I study, you study, he studies* (*subject is identified; conjugated verbs*)

Spanish has three types of infinitives: those that end in **-ar, -er,** or **-ir.** For now, we'll focus on just the **-ar** verbs.

B. To conjugate an **-ar** verb in the *present tense,* remove the **-ar** from the infinitive (**habl-**) and add the present tense endings **-o, -as, -a, -amos, -áis,** and **-an.**

PRESENT TENSE OF -ar VERBS			
hablar (*to talk, speak*)			
(yo) hablo	I speak	**(nosotros/as) hablamos**	we speak
(tú) hablas	you speak	**(vosotros/as) habláis**	you speak
(Ud.) habla	you speak	**(Uds.) hablan**	you speak
(él/ella) habla	he/she speaks	**(ellos/as) hablan**	they speak

C. Note in the preceding chart that the subject pronouns (**yo, tú, Ud.,** ...) are in parentheses. This is because they are usually considered optional in Spanish. That is, the conjugated verb forms already convey the subject (**hablo** = *I speak*). The subject pronouns are used only to add emphasis or to clarify and avoid confusion.

Yo hablo inglés y español. ¿Qué **hablas tú**?	*I speak English and Spanish. What do **you** speak?*

Accordingly, you will often see no subject stated in a sentence. This means that you will have to pay attention to the verb endings and the context in order to recognize the subject of a sentence.

D. The preceding chart shows only one simple translation of the Spanish present tense. However, present tense verbs have other meanings, depending on the context.

Bailo cada fin de semana.	***I dance** every weekend.*
¿**Caminas** a la universidad?	***Do you walk** to the university?*
—Juan, ¿qué **haces**?	*Juan, what **are you doing**?*
—**Hablo** por teléfono.	***I am talking** on the phone.*
Mañana **trabajo** todo el día.	*Tomorrow **I will work** all day.*

E. You learned a few **-ar** verbs in the **Vocabulario en acción** section of this **Tema** (pp. 22–23). Here are some more **-ar** verbs and expressions that you should know.

COMMON -ar VERBS			
cenar	to eat dinner	**pasar tiempo**	to spend time
contestar	to answer	**pasar un rato**	to spend some time
desayunar	to eat breakfast	**practicar**	to practice
descansar (un rato)	to rest (a while)	**practicar un deporte**	to participate in a sport
llamar (por teléfono)	to call (on the phone)	**regresar (a)**	to return, go back (*to a place*)
llegar	to arrive	**sacar buenas/malas notas**	to get good/bad grades
llevar	to carry	**terminar**	to finish
pagar (por)	to pay (for)		

F. Some verbs are commonly followed by the infinitive of another verb. When this happens, only the first verb is conjugated, just as in English.

desear + *inf.* to desire/want to (*do something*)
Deseo regresar a casa ahora, por favor. — *I want to go back home now, please.*

necesitar + *inf.* to need to (*do something*)
Necesitamos estudiar para el examen. — *We need to study for the exam.*

ACTIVIDADES

A. Otras actividades diarias (*daily*). Complete each sentence or dialogue with the correct form of each of the verbs in parentheses.

1. Matilde __llama__ (**llamar**) a su amiga Estela por teléfono.
2. Victoria __navega__ (**navegar**) en internet antes de sus clases.
3. Marcela y su novia, Elena, __pasan__ (**pasar**) un rato juntas (*together*).
4. ¡Uy (*Gosh*), Ana! __Llevas__ (**llevar**) muchas cosas en tu mochila. ¿__Necesitas__ (**Necesitar**) todas estas (*these*) cosas?
5. —David, ¿A qué hora __llegas__ (**llegar**) tú a la universidad entre semana?
   —Bueno (*Well*), __llego__ (**llegar**) a las nueve en punto. Luego (*Then*) __tomo__ (**tomar**) un café y __descanso__ (**descansar**) un rato.
6. —¿Qué tipos de música __escuchan__ (**escuchar**) Uds.?
   —Normalmente __escuchamos__ (**escuchar**) música rock, pero __bailamos__ (**bailar**) con música latina en las fiestas.

***Act. A,* Suggestion:** Follow up by asking some whole-class questions, and allow students to volunteer responses. For example: *¿Qué música escuchan Uds. y sus amigos?, ¿Cuándo navegan en internet, normalmente?*, etc.

B. Entrevista

PASO 1. Interview a partner using these questions. Then switch roles. Take note of each other's responses. **¡OJO!** Be aware of the conjugations of the **-ar** verbs as you respond. You will use the **yo** form when referring to yourself, and the **nosotros** form when referring to yourself and your friends.

Act. B, **Suggestion:** Provide students with the vocabulary to mention other languages that they speak or study. *¿Qué otras lenguas hablan Uds.? ¿inglés? ¿Qué más? ¿Alguien estudia otra lengua extranjera?* Provide additional possible responses: *el alemán, el árabe, el chino, el francés, el italiano, el japonés, el portugués,* etc.

1. ¿Cuántas clases tomas este semestre? ¿Son difíciles o fáciles?
2. ¿A qué hora llegas al campus entre semana? ¿A qué hora regresas a casa después de tus clases?
3. ¿Sacas buenas notas normalmente? ¿Cuántas horas estudias cada (*each*) semana?
4. ¿Pasas mucho tiempo con tus amigos? ¿Qué programas de televisión miran tus amigos y tú? ¿Qué tipo de música escuchan Uds.? ¿Desayunan o cenan juntos durante los fines de semana?
5. ¿Practicas deportes? ¿Tocas un instrumento musical?

PASO 2. You and your partner should connect with another pair in the class to form a group of four. Each of you should introduce your partner to the rest of the group and explain a bit about his or her classes and activities based on the conversation.

MODELO Mi compañero es Miguel. Él toma cuatro clases y son muy difíciles. Llega al campus a las nueve de la mañana y regresa a casa a las tres de la tarde. Él saca buenas notas y estudia cinco horas cada semana. Miguel toca la guitarra. Él y sus amigos miran deportes en la televisión y desayunan en Waffle House los sábados.

C. ¿Qué haces tú (*do you do*)?

PASO 1. Create a chart like the following, and fill it out to show when you do some of the following activities. Fill in eight spaces using *only* verbs from the list and only one activity per space. You may use some verbs twice if you like. Don't show your chart to anyone. **¡OJO!** Your verb conjugations should be in the **yo** form.

bailar	descansar	estudiar	navegar en internet
charlar por teléfono	escuchar música	mirar la tele	practicar un deporte

	LUNES	MARTES	MIÉRCOLES	JUEVES	VIERNES	SÁBADO	DOMINGO
por la mañana							
por la tarde							
por la noche							

PASO 2. With a partner, take turns guessing what activities the other does and when. Keep your chart hidden from your partner. A correct guess (**sí**) is a hit; put a check mark (✓) on your paper. A wrong guess (**no**) is a miss; put an X on your paper. Follow the **modelo.** Players lose a turn for using the incorrect form (should be **tú**) to ask a question. The first person to get five hits is the winner!

MODELOS E1: ¿Bailas los sábados por la noche?
E2: Sí.
E1: (*writes* ✓)

E2: ¿Navegas en internet los domingos por la tarde?
E1: No.
E2: (*writes X*)

Lectura cultural

ANTES DE LEER

You are going to read an ad about academic degrees online, offered by an American Consulting Agency. Using the title, subtitles, and images as cues, indicate which of the following information you would expect to find in the reading.

- ☐ programas académicos
- ☐ actividades extracurriculares
- ☐ instrucciones para registrarse
- ☐ universidades americanas asociadas con la agencia

Universidades online USA.com

Programas académicos en tu idioma, información y asesoría[a] gratis.
¡Regístrate aquí!

¿Qué es universidadonlineusa.com?

Somos un portal gratuito donde asesoramos[b] a la comunidad hispana en su formación académica, brindando[c] los mejores programas en importantes universidades en los Estados Unidos y el mundo.[d]

Selfies *durante la graduación*
©Ariel Skelley/Blend Images/Corbis

Alianzas[e]

Actualmente[f] trabajamos con universidades acreditadas en los Estados Unidos como: Keiser University, Southeastern College y Universidad Internacional Iberoamericana. Ofrecemos licenciaturas,[g] maestrías y doctorados en muy diversas materias, incluyendo medicina, administración empresarial y contabilidad.

La educación online es la opción e inscribirse[h] es muy fácil

Selecciona el programa de tu interés e ingresa tus datos[i] en la página web. Recibirás[j] información gratis sobre matrícula,[k] costos y ayuda financiera.[l]

Contacto: INFO@UNIVERSIDADONLINEUSA.COM

[a]*advice* [b]*we advise* [c]*offering* [d]*world* [e]*alliances* [f]*Currently* [g]*degrees* [h]*registering*
[i]*ingresa... enter your information* [j]*You will receive* [k]*tuition* [l]*ayuda... financial aid*

DESPUÉS DE LEER

A. ¿Cierto o falso? Indicate if the statements are true (**cierto, C**) or false (**falso, F**).

C	F	
☑	☐	**1.** La agencia ofrece carreras y posgrados (*graduate studies*) en español.
☑	☐	**2.** Los servicios de información y asesoría de la agencia son gratis.
☐	☑	**3.** El proceso para registrarse en un programa es difícil.
☑	☐	**4.** Los programas académicos son para estudiantes hispanos en los Estados Unidos.

B. Comprensión. Answer the following questions based on the reading.

1. Menciona dos materias o carreras que ofrece la agencia.
2. ¿En qué universidades puede (*can*) registrarse un(a) posible estudiante? ¿Cómo son estas (*these*) universidades?
3. ¿Qué información recibe el/la estudiante después de inscribirse en la agencia?
4. Menciona una ventaja (*advantage*) de estudiar una carrera en línea (*online*).

***Act. B*, Answers:** (*Possible answers*) **1.** *Medicina, administración empresarial, contabilidad.* **2.** *Keiser University, Southeastern College y Universidad Internacional Iberoamericana. Son importantes y acreditadas.* **3.** *Información gratis sobre matrícula, costos y ayuda financiera.*

Palabra escrita°

Palabra . . . *Written word*

Generating Your Ideas / Questions and Answers. One way to generate ideas is to answer questions on your topic. Your responses may help you think of additional questions about the themes and thus help you to explore your topic in greater depth. As a result, your writing will present more substantial content.

You are going to write a brief composition. The purpose of this composition is for your instructor to get to know the students in his/her class better. For that purpose, you will be writing an e-mail to your instructor with information about yourself. Start by writing **De** _______________ **A** _______________. Then write **Mi información personal** in the **Asunto** (*Subject*) section.

A. Questions and answers. Respond to these questions before writing the e-mail.

1. ¿De dónde eres?
2. ¿Qué carrera estudias?
3. ¿Cuántas clases tomas este semestre? ¿Cuántos créditos en total?
4. ¿Cómo son tus clases?
5. ¿Cuál es tu materia favorita? ¿Cómo es el profesor / la profesora?
6. ¿Cuáles son tus actividades típicas de los días entre semana? ¿Y del fin de semana?

B. A escribir (*Let's write.*). Now write a first draft of your e-mail with the information you jotted down in **Actividad A**. **¡OJO!** You should begin your e-mail with a greeting expression and end it with a closing formula. In this context, Spanish speakers generally use:

Querido/a or **Estimado/a profesor(a):** (as a way of greeting someone)
Saludos / Un saludo (as an expression to close your message)

C. El vocabulario y la estructura

PASO 1. Review the vocabulary and the grammar sections of this chapter, and consider the following questions about your writing assignment.

1. Have you included all the information you need for the purpose of your writing?
2. Is the vocabulary appropriate?
3. Have you used grammatical structures correctly, especially the use of **ser?**
4. Do the verb forms agree with their subjects? What about the articles?
5. Do adjectives agree with the nouns they modify?

PASO 2. Revise and rewrite your e-mail before you send it in to your instructor.

Conexiones culturales

Ser estudiante en la Universidad de Valencia

©Pavel Lipskiy/123RF

La Universidad de Valencia es una universidad en España. En esta[a] universidad, la idea de un campus con un *quad* no existe. Un estudiante típico toma clases en las facultades situadas en diferentes lugares de la ciudad.[b] La mayoría de las facultades españolas son edificios antiguos. «La Nau»[c] es un ejemplo clásico de la arquitectura tradicional de Valencia. Aquí hay oficinas, salones para presentaciones de teatro y de arte, una biblioteca y una librería. Hay residencias estudiantiles, pero solo dos oficiales de la universidad. Los estudiantes típicamente viven en casa[d] con su familia o en un apartamento con sus amigos.

©Christian Bertrand/Shutterstock

Es posible tomar clases desde las 9:00 a las 14:00 horas y luego[e] desde las 16:00 a las 21:00 horas. Hay pocas[f] cafeterías en el campus y muchos estudiantes regresan a casa para almorzar[g] a las 14:00 de la tarde. Después de sus clases, los estudiantes miran partidos[h] del deporte más popular, el fútbol, pero no hay un estadio universitario oficial. Muchos estudiantes son fanáticos[i] del Valencia Club de Fútbol, un equipo[j] que no está asociado con la Universidad. En esta universidad no hay una mascota, aunque[k] hay un escudo[l] que representa su historia.

[a]*this* [b]*city* [c]*lit. The Nave* [d]*en... at home* [e]*later* [f]*few* [g]*para... to eat lunch* [h]*games, matches* [i]*fans* [j]*team* [k]*although* [l]*shield*

REFLEXIÓN

1. How does University of Valencia campus compare to that of your university? Which type of setting do you prefer?
2. After learning a little bit about a college campus in Spain, what surprised you the most? Which aspect(s) of college life in Valencia would you like to introduce into your university's culture and why?
3. How does your university's sports culture compare to that of the University of Valencia?
4. Does your university have a mascot? Does it have a logo? What aspect of student life does each represent? Which has more meaning for you and why?

Un mundo sin límites

Athens, Georgia

Martín y Jaume

Antes de ver

Infórmate y ponte en su lugar.
Jaume has lived in the United States for years, spends his time with American friends like Martin, and is married to an American lady, but he maintains his identity as a Spaniard and still practices many of the customs and traditions of his home country. If you lived far from home, what would you do to share your own culture and identity with your new community? What would you tell people about life in the United States? What things from home could you not live without? Why?

©deepblue4you/Getty Images
©McGraw-Hill Education/Zenergy

©McGraw-Hill Education/Zenergy

Vocabulario práctico

está	it is
dentro de la ciudad	inside the city
puedes	you can
las cosas	things
pueden	they can
se puede	one can
los partidos	games
las calles	streets
un parque	a park
juegan	they play
fuera	outside of
juntos	together
la cultura	culture
paseamos los perros	we walk the dogs
la comida española	Spanish food

¿Entendiste?

A. ¿Cierto o Falso?

C	F	
☐	☑	**1.** En la Universidad de Valencia hay una biblioteca, pero no hay una librería.
☑	☐	**2.** No hay un estadio en la Universidad de Valencia.
☑	☐	**3.** Los estudiantes de la universidad donde estudia Martin practican deportes en el gimnasio y en el campus.
☐	☑	**4.** Jaume y Martin no pasan mucho tiempo juntos.
☑	☐	**5.** Martin y Jaume charlan sobre la cultura española.

B. ¿Qué estudias? In pairs, answer the questions.

1. Where do Spanish students usually eat lunch during their class days? How is this different from where you normally get lunch between classes? Would you like to live the Spanish way? Why?
2. According to Jaume, where do many Spanish students live? Where do you and your classmates live? What are the advantages and disadvantages of each situation?
3. In your own words, explain the difference between how and when Spanish young people gain their independence in comparison to Americans. Which culture do you think is easier to live in? Why? Do you feel prepared for the responsibilities and challenges of independence?
4. Sum up Jaume's experiences regarding friendship. How does that compare to your own experiences? Do you still have friends from elementary school? In what other contexts do you have friends? Do those social groups intersect or stay separate?

Vocabulario

Los saludos, las presentaciones y las despedidas	Greetings, introductions, and good-byes
Hola.	Hello.
Buenos días.	Good morning (*until midday meal*).
Buenas tardes.	Good afternoon (*until evening meal*).
Buenas noches.	Good evening (*after evening meal*).
¿Cómo estás?	How are you (*fam.*)?
¿Cómo está usted (Ud.)?	How are you (*form.*)?
¿Qué tal?	How's it going?
(Muy) Bien.	(Very) Well.
Regular.	So-so.
¿Y tú?	And you (*fam.*)?
¿Y usted (Ud.)?	And you (*form.*)?
¿Cómo te llamas? / **¿Cuál es tu nombre / apellido?**	What's your (*fam.*) first/last name?
¿Cómo se llama usted (Ud.)? / **¿Cuál es su nombre / apellido?**	What's your (*form.*) first/last name?
Me llamo... / **Mi nombre es...**	My name is . . .
Mi apellido es...	My last name is . . .
Soy...	I'm . . .
Mucho gusto.	It's a pleasure (to meet you).
Igualmente.	Likewise.
¿De dónde eres?	Where are you (*fam.*) from?
¿De dónde es usted (Ud.)?	Where are you (*form.*) from?
Soy de...	I'm from . . .
Adiós.	Good-bye.
Hasta luego.	See you later.
Hasta mañana.	See you tomorrow.

Los números de 0 a 30 — Numbers from 0 to 30

cero, uno, dos, tres, cuatro, cinco, seis, siete, ocho, nueve, diez, once, doce, trece, catorce, quince, dieciséis, diecisiete, dieciocho, diecinueve, veinte, veintiuno, veintidós, veintitrés, veinticuatro, veinticinco, veintiséis, veintisiete, veintiocho, veintinueve, treinta

En el salón de clase	In the classroom
el bolígrafo	pen
la computadora (portátil)	computer (laptop)
el cuaderno	notebook
el escritorio	desk
el lápiz	pencil
el libro de texto	textbook
la mesa	table
la mochila	backpack
el papel	paper
el pizarrón	whiteboard
la puerta	door
el reloj	clock; watch
la silla	chair
la tarea	homework
el (teléfono) celular	cell (phone)
la ventana	window

Cognados: la clase, el diccionario, el teléfono

Las materias y las carreras	Classes and majors
la administración empresarial	business administration
las ciencias políticas	political science
la contabilidad	accounting
el derecho	law
la economía	economics
el español	Spanish (*language*)
la estadística	statistics
la física	physics
la informática	computer science
la ingeniería	engineering
el inglés	English
las lenguas (extranjeras)	(foreign) languages
las matemáticas	math
el periodismo	journalism
la química	chemistry
la sicología	psychology

Cognados: la anatomía, la arquitectura, el arte, la astronomía, la biología, la filosofía, la geografía, la historia, la literatura, la medicina, la música, la sociología

Los pronombres personales	Personal pronouns
yo	I
tú	you (*sing. fam.*)
usted (Ud.)	you (*sing. form.*)
él	he
ella	she
nosotros/as	we
vosotros/as	you (*pl. fam. Sp.*)
ustedes (Uds.)	you (*pl. form.*)
ellos/as	they

El verbo *ser*	The verb *to be*
ser (*irreg.*)	to be
soy	I am
eres	you (*sing. fam.*) are
es	he/she is, you (*sing. form.*) are
somos	we are
sois	you (*pl. fam. Sp.*) are
son	they are, you (*pl. form.*) are

***Vocabulario,* Note:** This is the end-of-chapter vocabulary list. It contains all words and phrases that students should consider active for this chapter and beyond.

Actividades típicas en la universidad	Typical activities at the university
andar en bicicleta	to ride a bicycle
bailar	to dance
buscar (algo)	to look for (something)
caminar	to walk
charlar	to chat
comprar	to buy
escuchar (música)	to listen to (music)
estudiar	to study
hablar (por teléfono)	to talk, speak (on the phone)
jugar (a)	to play (*a game, sport*)
al basquetbol	basketball
al béisbol	baseball
al fútbol	soccer
al fútbol americano	football
al vólibol	volleyball
lavar la ropa	to wash clothes
mirar la televisión	to watch TV
navegar en internet	to surf the Internet
tocar	to play (*a musical instrument*)
tomar	to take; to drink
tomar apuntes	to take notes
tomar una clase	to take a class
trabajar	to work

Los edificios y los lugares	Buildings and places
la biblioteca	library
el centro estudiantil	student union
el estadio	stadium
la Facultad de...	School of . . .
Bellas Artes	Fine Arts
Ciencias	Sciences
Educación	Education
Letras	Humanities
Leyes	Law
Medicina	Medicine
la librería	bookstore
la oficina	office
la residencia (estudiantil)	(student) dorm
el salón de clase	classroom
el teatro	theater

Cognados: la cafetería, el campus, la clínica, el gimnasio, el hospital, el laboratorio, la universidad

Los días de la semana	Days of the week
el día	day
los días entre semana	weekdays
lunes	
martes	
miércoles	
jueves	
viernes	
el fin de semana	weekend
sábado	
domingo	
la semana	week

¿Cuándo?	When?
antes (de)	before
después (de)	after
entre semana	during the week
hoy	today
el lunes (martes, miércoles,...)	on Monday (Tuesday, Wednesday, . . .)
el lunes (martes, miércoles,...) que viene	next Monday (Tuesday, Wednesday, . . .)
los lunes (martes, miércoles,...)	on Mondays (Tuesdays, Wednesdays, . . .)
mañana	tomorrow
pasado mañana	the day after tomorrow
por la mañana	in the morning
por la noche	in the evening, at night
por la tarde	in the afternoon
la semana que viene	next week
todos los días	every day

¿Qué hora es?	What time is it?
Es la una.	It's one o'clock.
Son las dos (tres...).	It's two (three . . .) o'clock.
¿A qué hora?	At what time?
A la(s) + ***hora***	At + *time*
de la mañana	in the morning
de la noche	in the evening, at night
de la tarde	in the afternoon
en punto	sharp, exactly
medianoche	midnight
mediodía	noon
menos cuarto/quince	quarter to
y cuarto/quince	quarter past
y media/treinta	half past

Las personas	
el/la (mejor) amigo/a	(best) friend
el/la compañero/a de clase	classmate
el/la compañero/a de cuarto	roommate
el/la estudiante	student
el hombre	man
la mujer	woman
el/la profesor(a)	professor; teacher

Los adjetivos	Adjectives
aburrido/a	boring
alto/a	tall
antipático/a	mean
bajo/a	short
bonito/a	pretty
buen, bueno/a	good
difícil	difficult
divertido/a	fun
fácil	easy
feo/a	ugly
gran(de)	large
guapo/a	handsome; pretty
interesante	interesting
mal, malo/a	bad
moreno/a	dark-haired; dark-skinned
pelirrojo/a	redheaded
pequeño/a	small
perezoso/a	lazy
rubio/a	blond(e)
simpático/a	nice
trabajador(a)	hardworking

Los adjetivos posesivos	(Unstressed) Possessive adjectives
mi(s)	my
tu(s)	your (*sing. fam.*)
su(s)	your (*sing. form.*); his; her
nuestro/a(s)	our
vuestro/a(s)	your (*pl. fam. Sp.*)
su(s)	your (*pl. form. Sp.; pl. fam., form. elsewhere*); their

Las nacionalidades	Nationalities

argentino/a, boliviano/a, chileno/a, colombiano/a, costarricense, cubano/a, dominicano/a, ecuatoguineano/a, español(a), guatemalteco/a, hondureño/a, mexicano/a, nicaragüense, panameño/a, paraguayo/a, peruano/a, puertorriqueño/a, salvadoreño/a, uruguayo/a, venezolano/a

Las palabras interrogativas	Question words
¿cómo?	how?
¿cuál(es)?	what?, which?
¿cuándo?	when?
¿cuánto/a(s)?	how much (many)?
¿(de) dónde?	where (from)?
¿quién(es)?	who?
¿qué?	what?

Otros verbos	Other verbs
cenar	to eat dinner
contestar	to answer
desayunar	to eat breakfast
descansar (un rato)	to rest (a while)
desear + *inf.*	to desire/want to (*do something*)
llamar (por teléfono)	to call (on the phone)
llegar	to arrive
llevar	to carry
necesitar + *inf.*	to need to (*do something*)
pagar (por)	to pay (for)
pasar tiempo	to spend time
pasar un rato	to spend some time
practicar	to practice
practicar un deporte	to participate in a sport
regresar (a)	to return, go back (*to a place*)
sacar buenas/malas notas	to get good/bad grades
terminar	to finish

Otras palabras y expresiones	Other words and expressions
Gracias.	Thank you, Thanks.
De nada.	You're welcome.
a veces	sometimes
aquí	here
con	with
de	from; of
del	from the
el / la / los / las	the
este/a	this
hay	there is/are
no	no; not
pero	but
sí	yes
solo	only
un poco	a little
un(a)	a
unos/as	some
y	and

Capítulo 2 ¿Qué haces en tu tiempo libre?*

EN ESTE CAPÍTULO

México

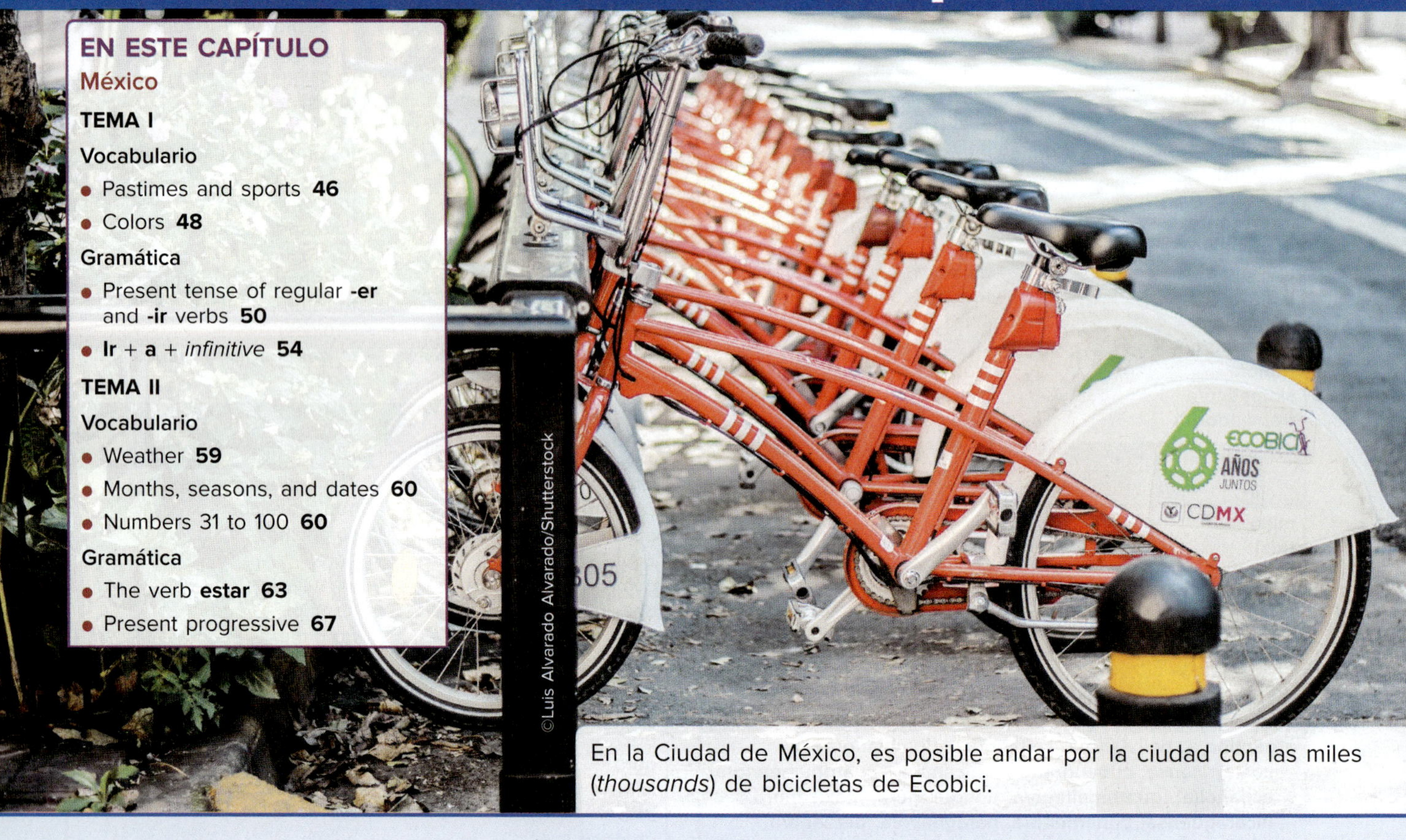

©Luis Alvarado Alvarado/Shutterstock

En la Ciudad de México, es posible andar por la ciudad con las miles (*thousands*) de bicicletas de Ecobici.

Piensa y comparte

- ¿Qué deportes son populares en tu universidad?
- ¿Participas en un deporte? ¿Cuál?
- Si no, ¿cómo pasas el tiempo cuando no estás en clase o en el trabajo?
- ¿Hay espacios como los de las fotos en tu comunidad (*community*)? ¿Cómo son?
- ¿Qué actividades son populares allí?
- ¿Cuándo visitas estos lugares? ¿Con quién?

©Carolina Arroyo/Shutterstock

En el Bosque de Chapultepec, un parque en la Ciudad de México, hay árboles ahuehuete (*Montezuma cypress trees*) de los tiempos de los aztecas (*Aztecs*).

©Tom Mitchell/Alamy Stock Photo

Los domingos en el Paseo de la Reforma los residentes patinan en línea (*roller blade*), corren (*run*) y andan en bicicleta por la calle (*street*).

*¿Qué... *What do you do in your free time?*

www.mhhe.com/connect

Un mundo sin límites

la Península de Yucatán, México

Frank y Efraín

©deepblue4you/Getty Images
©McGraw-Hill Education/Zenergy

Antes de ver
Infórmate y ponte en su lugar.
Frank lleva muchos años viviendo en la Península de Yucatán. Él y su familia trabajan con sus amigos de la familia Cahún que son de un grupo indígena maya (*Mayan indigenous group*). ¿Hay grupos indígenas cerca de tu comunidad? ¿Cuáles son algunas tradiciones (*traditions*) de su cultura?

Vocabulario práctico

la empresa	business
la naturaleza	nature
las selvas	forests
el turismo	tourism

©McGraw-Hill Education/Zenergy

©McGraw-Hill Education/Zenergy

¿Entendiste?

A. ¿Cierto o falso?

C	F	
☑	☐	**1.** Frank es guía turístico.
☑	☐	**2.** La empresa (*business*) de Frank incorpora cultura y actividades físicas.
☐	☑	**3.** Efraín y Frank son amigos de la escuela secundaria.
☐	☑	**4.** Efraín solo habla español; no habla otro idioma.
☑	☐	**5.** Efraín es de la comunidad de Laguna Chabela, pero Frank no.

B. ¿Qué haces en tu tiempo libre? In pairs, answer the questions.

1. ¿Por qué es popular entre los turistas participar en actividades físicas? ¿Cuáles son algunos ejemplos?
2. Cuándo viajan (*travel*), ¿cuáles son sus actividades favoritas? ¿Usan empresas como la de Frank?
3. ¿Cómo es Frank? ¿Cómo es Efraín? ¿Son amigos típicos? ¿Por qué?
4. ¿Deseas visitar la casa de una familia indígena? ¿Cómo imaginas que es diferente a tu casa?

TEMA I: Una pasión por los deportes

Note: The art for this chapter is available for digital download within Connect at www.mhhe.com/connect.

Vocabulario en acción

Los pasatiempos° y los deportes

Los... *Pastimes*

la calle	street
la fiesta	party
el parque	park
el partido	game, match (*sports*)
el pasatiempo	pastime
el tiempo libre	free time

Cognados: el golf, el tenis
Repaso: andar en bicicleta, bailar, caminar, cantar, descansar, escuchar (música), jugar, mirar la televisión, navegar en internet, practicar un deporte, tocar un instrumento musical; el basquetbol, el béisbol, el fútbol (americano), el vólibol

Vocabulario en acción, **Note:** Students can assess their understanding and mastery of the vocabulary presented in this chapter by accessing the LearnSmart module for *Capítulo 2* at www.mhhe.com/connect.

Observa

The verb **jugar** has some irregularities in the present tense.

juego	**jugamos**
juegas	**jugáis**
juega	**juegan**

Juego al fútbol todos los sábados. — *I play soccer every Saturday.*

You'll learn more about similar irregular verbs in later chapters.

ACTIVIDADES

A. Los pasatiempos y los deportes

PASO 1. Jot down as many related words as possible from the **Vocabulario en acción** presentation for each drawing.

Act. A, Paso 1, **Answers:** (*Possible answers*) **1.** *nadar, la natación, practicar deportes* **2.** *mirar la televisión, descansar, los pasatiempos* **3.** *pasear con el perro, el parque* **4.** *navegar en internet, los pasatiempos* **5.** *jugar al basquetbol, practicar deportes* **6.** *descansar* **7.** *jugar al fútbol, practicar deportes* **8.** *bailar*

PASO 2. Now organize the words you jotted down in **Paso 1** into the categories of **Pasatiempos** and **Deportes.** Which ones are **pasatiempos**? Which are **deportes**?

Act. A, Paso 2, **Suggestion:** Have students compare their answers. What some think of as a pastime, others may consider a sport.

Act. B, Culture Notes:
• Michael Phelps, a U.S. swimmer, holds many records, including the all-time record for Olympic gold medals: eighteen over the course of three Olympic Games. He is currently retired.
• Manu Ginóbili, originally from Argentina, started his professional basketball career in Argentina and Italy. As of Spring, 2018, he was playing for NBA's San Antonio Spurs.
• Lionel Messi, from Argentina, plays for FC Barcelona as well as the Argentina national team, and is currently considered one of the best soccer players in the world.

B. Asociaciones. Match the people or things with their appropriate activities.

d	**1.** Michael Phelps	**a.**	sacar
g	**2.** en internet	**b.**	jugar al fútbol
h	**3.** la televisión	**c.**	pasear
e	**4.** la fiesta	**d.**	nadar en la piscina
f	**5.** Manu Ginóbili	**e.**	bailar
c	**6.** el parque	**f.**	jugar al basquetbol
b	**7.** Lionel Messi	**g.**	navegar
a	**8.** fotos	**h.**	mirar

C. Los pasatiempos

PASO 1. Using the vocabulary that you have learned so far, list three activities for each of the following categories.

1. solitario
2. equipo (*team*)
3. activo
4. sedentario
5. al aire libre (*outdoors*)

Act. C, Suggestion: COMMUNICATION C Provide students with additional vocabulary to help them talk about the activities and sports. For example, *cancha*, *red*, *balón*, *casco*, etc.

PASO 2. Select two activities from **Paso 1** from different categories and prepare definitions for them. The rest of the class has to guess which activity you are describing.

MODELOS Es un deporte. Necesitas...
Es una actividad que (*that*) practicamos en...

Vocabulario práctico

el bate de béisbol	baseball bat
la gorra	baseball cap
la pelota	ball
la raqueta de tenis	tennis racquet
los zapatos de tenis	tennis shoes

Los colores, Suggestion: Point out that the words for some colors may vary. For example, *color café = marrón, pardo; morado = púrpura, violeta; anaranjado = color naranja.*

Los colores

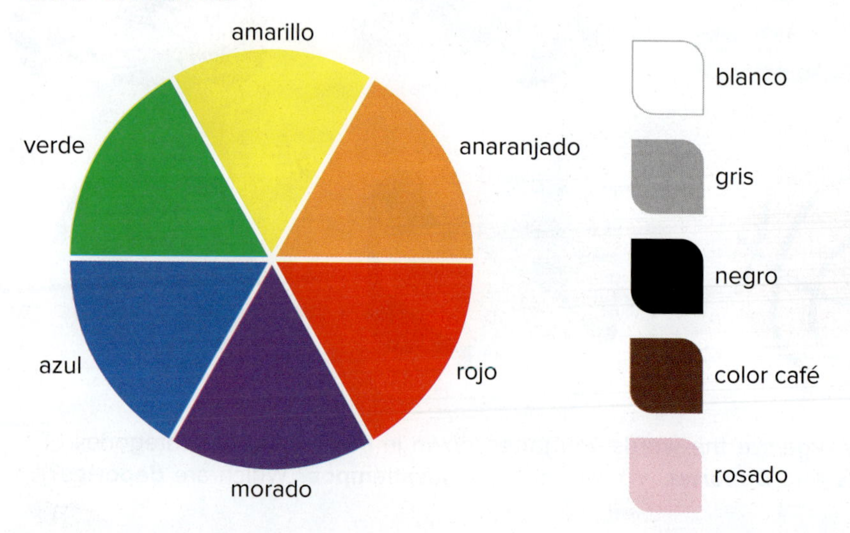

- When used as adjectives, colors must agree in gender and number with the nouns they modify: **el edificio blanco, la bicicleta roja.**
- Note that some colors have only one form for masculine and feminine: **el edificio gris, la bicicleta gris.**
- **Color café** requires the use of **de** before it.

Es de color café. *It's brown.*

ACTIVIDADES

Las habitaciones (*bedrooms*) de Laura y Gustavo

PASO 1. List the things in color that you see in the two bedrooms. Follow the model. **¡OJO!** You can use the **Vocabulario práctico** from page 48.

MODELO En la habitación de Laura hay una bicicleta rosada,...

La habitación de Laura

La habitación de Gustavo

PASO 2. With a partner, compare what Laura and Gustavo do in their spare time. Follow the model. Do you and your partner agree?

MODELO Laura practica tenis y fútbol, camina y...

***Act. Paso 1,* Answers:** *(Possible answers) En la habitación de Laura hay un libro verde, una raqueta de tenis roja, unos zapatos de tenis amarillos, una pelota de fútbol blanca y negra y una bicicleta rosada. En la habitación de Gustavo hay un bate de béisbol azul, una pelota de basquetbol anaranjada, una gorra morada, un televisor negro/azul y unos DVD de color café.*

***Nota cultural,* Point out:** The term *cuate/a* comes from a Nahuatl word meaning "twin." In northern Mexico, *cuates* is more often used to refer to fraternal twins than to refer to close friends.

Nota cultural

CULTURES

Los cuates

En un bar con los amigos

©andresr/Getty Images

If a Spanish speaker introduces his or her friend as a **cuate/a,** you know for sure that he or she is a Mexican. A **cuate/a** is a close friend, someone you may have known for years. **Cuates** are the friends you play soccer with every day after school or those who invite you to their birthday parties. Generally, **cuates** are friends who live in your neighborhood, with whom you grew up, and that you see all the time. As a young adult, **cuates** are the people you go out with on a Saturday night or with whom you meet in a sports bar to watch your favorite team.

PREGUNTAS

COMMUNICATION

1. How would you translate the term **cuate/a** into English?
2. Do you have some friends that you consider closer than others? What do your friends mean to you? What activities do you do together?

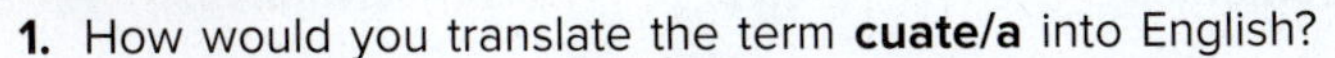

Expressing Actions in the Present (Part 2)

2.1 Present Tense of Regular -er and -ir Verbs

GRAMÁTICA EN ACCIÓN

Venden cosas bonitas en el centro de la ciudad.
©praetorianphoto/Getty Images

Nuevos amigos

[*Melissa es una estudiante de los Estados Unidos que* **vive** *en México este semestre. Ella habla con su nuevo amigo, Jaime, sobre sus actividades favoritas en el tiempo libre.*]

JAIME: ¿Qué tal, Melissa?

MELISSA: Muy bien. ¡México es magnífico! Hay muchas cosas y actividades interesantes.

JAIME: ¡Qué bien! ¿**Vives** con una familia?

MELISSA: Sí. **Vivo** con una familia mexicana muy simpática y **asisto** a clases en la universidad todos los días.

JAIME: ¿Y **comprendes** bien el español?

MELISSA: Sí. Hablar es un poco difícil, pero **leo** y **escribo** muy bien. **Aprendo** más cada día. **Me gusta** mucho practicar.

JAIME: ¿Con quién practicas?

MELISSA: Con mis nuevos amigos, Alejandra y Samuel. Son muy divertidos. Nosotros **comemos** y **bebemos** en restaurantes muy buenos. Alejandra y yo **corremos** en el parque.

JAIME: ¿Visitas muchos lugares en la ciudad?

MELISSA: Sí. Hay muchos lugares interesantes. Mis compañeros de clase **viven** cerca del Zócalo. **Me gusta** mirar las cosas que **venden** en el centro de la ciudad.

Acción. Complete each sentence with the correct verb and form.

1. Melissa __comprende__ bien el español, pero hablar el idioma no es muy fácil.
2. Alejandra y Melissa __corren__ en el parque.
3. Melissa __vive__ con una familia mexicana y __asiste__ a clases en la universidad.
4. Melissa y sus nuevos amigos __comen__ y __beben__ en restaurantes buenos.

***Gramática*, Note:** Students can assess their understanding and mastery of the grammar points presented in this chapter by accessing the LearnSmart module for *Capítulo 2* at www.mhhe.com/connect.
***GEA*, Note:** The audio for this *GEA* is available through the eBook or on Connect.
***GEA*, Culture Note:** Point out that *zócalo* is used in Mexico to refer to the main *plaza* of a city. If someone refers to *el Zócalo*, they generally mean Mexico City's main plaza.
***GEA*, Suggestion:** Give students true/false sentences about the dialogue. *Melissa vive con una familia de los Estados Unidos.* (F) *Jaime es mexicano.* (C) *Jaime no comprende bien el español.* (F)

A. To form the present tense of **-er** and **-ir** verbs, remove the **-er/-ir** from the infinitive (**com-/viv-**) and add the present tense endings, as shown in the chart. Note that the endings are the same for both **-er** and **-ir** verbs except in the **nosotros/as** and **vosotros/as** forms.

PRESENT TENSE OF -er AND -ir VERBS			
comer (*to eat*)		**vivir** (*to live*)	
como	**comemos**	**vivo**	**vivimos**
comes	**coméis**	**vives**	**vivís**
come	**comen**	**vive**	**viven**

B. Here are some additional common **-er** and **-ir** verbs you should know.

COMMON **-er** AND **-ir** VERBS			
-er VERBS		**-ir** VERBS	
aprender	to learn	**abrir**	to open
aprender a + *inf.*	to learn to (*do something*)	**asistir (a)**	to attend, go to (*a class, event*)
beber	to drink	**describir**	to describe
comprender	to understand	**escribir**	to write
correr	to run; to jog	**recibir**	to receive
creer	to believe		
leer	to read		
vender	to sell		

Nota comunicativa

The verb gustar

The verb **gustar** in Spanish is used to express *to like/dislike doing something*. Because **gustar** literally means *to be pleasing* (*to someone*), the subject pronouns (**yo, tú, él/ella, Ud., nosotros/as, vosotros/as, ellos/as, Uds.**) are not used. Instead, you will use the pronouns **me, te, le, nos, os,** and **les,** followed by **gusta** + *inf.*

me gusta + *inf.*	I like (*to do something*)	**nos gusta** + *inf.*	we like (*to do something*)
te gusta + *inf.*	you (*sing. fam.*) like (*to do something*)	**os gusta** + *inf.*	you (*pl. fam.*) like (*to do something*)
le gusta + *inf.*	he/she likes (*to do something*) you (*sing. form.*) like (*to do something*)	**les gusta** + *inf.*	he/she likes (*to do something*) you (*pl. form.*) like (*to do something*)

To ask "Do you like (*to do something*)?," use these patterns:

¿**Te gusta** + *inf.*? (*sing. fam.*)
¿**Le gusta** + *inf.*? (*sing. form.*)
¿**Os gusta** + *inf.*? (*pl. fam.*)
¿**Les gusta** + *inf.*? (*pl. form.*)

—¿**Te gusta** caminar todos los días? — *Do you like to walk every day?*
—Sí, **me gusta** caminar en el parque. — *Yes, I like to walk in the park.*
Les gusta jugar al basquetbol. — *They like to play basketball.*

Add the word **no** before the pronoun to express dislikes.

No me gusta correr. — *I don't like to jog.*
No te gusta beber café. — *You do not like to drink coffee.*

When using **le** or **les,** you can use the phrase **a** + *pronoun/name* to clarify who likes/dislikes.

a + **él/ella/Ud./***name* **le gusta** + *inf.*
a + **ellos/ellas/Uds./***name(s)* **les gusta** + *inf.*

A Miguel le gusta leer novelas históricas. — *Miguel likes to read historical novels.*
A ella le gusta pasar tiempo con sus amigos. — *She likes to spend time with her friends.*

ACTIVIDADES

A. ¿Qué hacen? (*What are they doing?*)

PASO 1. Indicate the correct verb to complete each sentence.

1. Tú no __c__ esta lección.
2. Ellos __f__ a clase todos los días de la semana.
3. Por la mañana, mis compañeros de clase y yo __d__ café.
4. El profesor __g__ en la cafetería con sus estudiantes.
5. Este semestre yo __e__ a hablar español y alemán.
6. Sonia y Alexa __b__ sus libros al final (*at the end*) del semestre.
7. Por la tarde, __a__ por el parque con mi amiga Inés.
8. La profesora de historia __h__ el período colonial.

a. corro
b. venden
c. comprendes
d. bebemos
e. aprendo
f. asisten
g. come
h. describe

PASO 2. Restate each sentence from **Paso 1** to describe you and/or your friends. Change information in the sentence as necessary.

MODELO No comprendo la **Lección 3.**
Nosotros no comprendemos las matemáticas.

B. En la universidad

COMMUNICATION C

***Act. B, Paso 1,* Answers:** (*Possible answers*) **1.** *corre en el parque* **2.** *leen* (*sus apuntes*) **3.** *beben café y comen tacos* **4.** *escribe* (*un e-mail*) **5.** *bebe café y lee una novela* **6.** *vende tacos*

PASO 1. With a partner, look at the illustration and take turns describing what each person is doing. Try to use the correct form of the **-er** and **-ir** verbs on page 51.

1. Jenni
2. Úrsula, Penélope y Héctor
3. los profesores
4. Miguel
5. Antonio
6. don Charlie

PASO 2. Now, write three questions using those same verbs with the verb **gustar**. You will use the questions to ask your classmate about his or her likes and dislikes.

MODELO ¿Te gusta correr en el parque?

PASO 3. Take turns with your partner asking each other the questions you created in **Paso 2.**

C. Entrevista. Interview a partner using these questions. Then switch roles.

1. ¿Qué bebes por la mañana? ¿Y por la noche?
2. ¿Lees mucho? ¿Qué te gusta leer?
3. ¿Dónde vives? ¿Te gusta tu residencia?
4. ¿A cuántas clases asistes los lunes? ¿Te gusta tu horario de clases?
5. ¿Dónde comes los fines de semana? ¿En qué restaurante te gusta comer?

***Act. C,* Suggestion:** To reinforce other forms of the *-er/-ir verbs*, follow up with a brief whole-class discussion based on the questions. You might ask, *¿Quiénes beben café por la mañana?* and then follow with *¿Dónde?*

Vocabulario práctico

el agua	water
el café	
el jugo	juice
la leche	milk
la limonada	
el té	

D. El campeonato de la liguilla (*mini-league championship*) First decide between **Estudiante 1** and **Estudiante 2. Estudiante 2** will complete the activity in **Appendix III.**

***Act. D, Paso 1,* Answers: 1.** *es* **2.** *existe* **3.** *participan* **4.** *llegan* **5.** *consiste* **6.** *vence* **7.** *es* **8.** *asisten* **9.** *abren* **10.** *venden* **11.** *comen* **12.** *beben*

PASO 1. Complete the paragraphs with the correct forms of the verbs in parentheses.

En mayo, ocho equipos de fútbol compiten en el Torneo Clausura, que **(ser)**[1] el campeonato de una de las divisiones de la liga de fútbol mexicano, o *la liga MX*. Primero **(existir)**[2] una fase de calificación. Hay dieciocho clubes en la liga y todos **(participar)**[3] en esta fase, pero solo ocho clubes **(llegar)**[4] a la fase final.

La fase final **(consistir)**[5] en tres partes: cuartos de final, semifinales y la final. El equipo que **(vencer[a])**[6] a su oponente en el partido final **(ser)**[7] el campeón de la liguilla.

Cada equipo tiene un estadio grande y muchos aficionados **(asistir)**[8] a los partidos. Si no hay un partido, es posible visitar el estadio porque los estadios **(abrir)**[9] para los turistas. Durante los partidos, **(*ellos*: vender)**[10] muchas cosas. Los aficionados **(comer)**[11] tacos, tortas[b] y ramen y muchos **(beber)**[12] cerveza.[c]

[a]*to beat* [b]*sandwiches* [c]*beer*

PASO 2. You and your partner each have a different incomplete version of the bracket for the 2017 Torneo Clausura. Take turns asking and answering questions until you both fully complete your bracket.

***Act. D, Paso 2,* Note:** Each *Gramática en acción* presentation in *Experience Spanish* culminates in an information-gap style activity that integrates cultural information and practices. For some of these activities, *Estudiante 2* will turn to Appendix III. That content is also available online at www.mhhe.com/connect.

MODELO E1: ¿Cuántos goles marca Guadalajara (*does Guadalajara score*) en el partido de Cuartos de final?
E2: Guadalajara marca un gol. ¿Qué equipo es el oponente de Guadalajara en Cuartos de final?
E1: Es Atlas. ¿Cuántos goles marca Atlas? ...

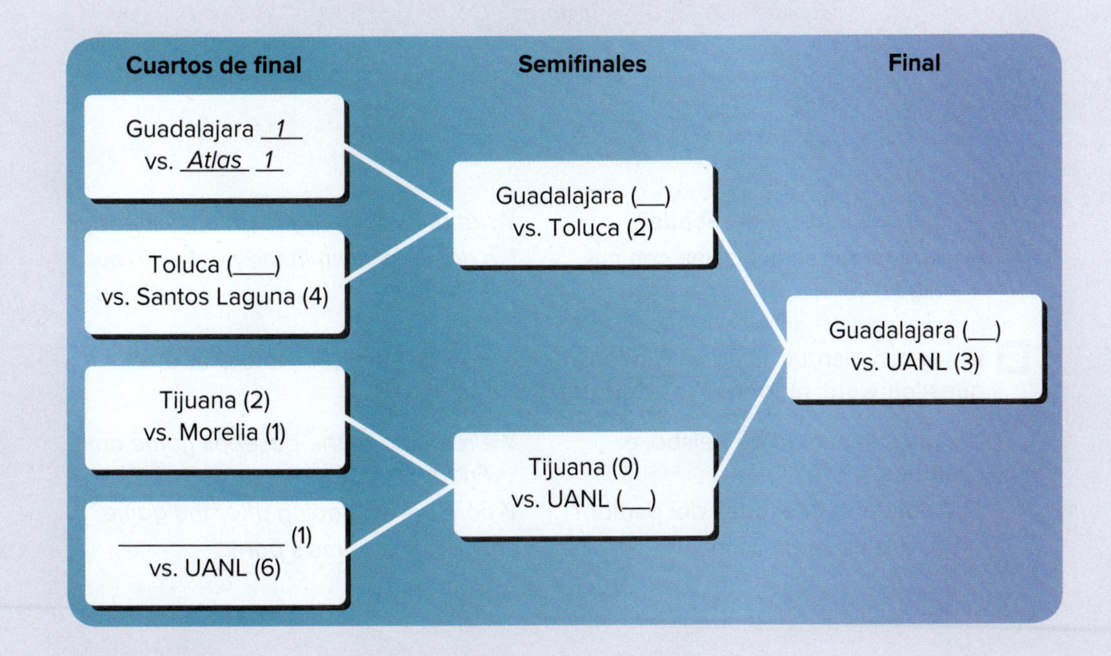

Expressing Future

GEA, **Note:** The audio for this *GEA* is available through the eBook or on Connect.

GEA, **Culture Note:** Explain that *papel picado* is a traditional type of Mexican folk art that consists of colorful tissue paper cut into intricate shapes, some of which have symbolic meaning. Animals, birds, and flowers are common motifs, as well as skulls and skeletons for Day of the Dead decorations. This form of art dates back to the Aztecs, and the skill of cutting the paper by hand is often transferred from one generation to the next.

2.2 Ir + a + *infinitive*

GRAMÁTICA EN ACCIÓN

Van a decorar la casa para la fiesta con papel picado.
©Paul Vowles/iStock/Getty Images

Una fiesta

[*Elisa habla de sus planes y de los planes de su hermano.*]

Este sábado mis compañeras de cuarto y yo **vamos a organizar** una fiesta para celebrar el cumpleaños (*birthday*) de nuestro amigo Vicente. Yo **voy a invitar** a nuestros amigos y Elena **va a comprar** la comida. Mariana y Lucía **van a decorar** la casa de Vicente con papel picado de muchos colores. La noche de la fiesta **vamos a escuchar** música y todos **van a bailar.** ¡**Va a ser** una fiesta divertida!

Por su parte, mi hermano Claudio **va a estudiar** todo el fin de semana con sus compañeros de clase. **Van a pasar** horas en la biblioteca y no **van a asistir** a la fiesta. Claudio no **va a pasar** un fin de semana divertido.

Acción. Write the letter of the option that best completes each sentence.

1. Elisa _b_ a sus amigos a la fiesta el sábado.
2. Elena, Mariana y Lucía _d_ en los preparativos.
3. Elisa _c_ y escuchar música durante la fiesta.
4. Claudio y sus compañeros de clase _a_ todo el fin de semana.

a. van a estudiar
b. va a invitar
c. va a bailar
d. van a participar

A. You can express future plans using the verb **ir** (*to go*), followed by the preposition **a** and an infinitive: **ir** + **a** + *infinitive*. Here are the present tense forms of **ir.**

ir (*to go*)	
voy	**vamos**
vas	**vais**
va	**van**

—¿Qué **vas a hacer** el sábado? — *What are you going to do on Saturday?*
—**Voy a nadar** en la piscina con mis amigos. — *I'm going to swim in the pool with my friends.*

B. **Ir** + **a** can also be used with nouns to express destination. Note that the question word **¿adónde?** is often used with **ir.**

—**Vamos al** partido de béisbol el viernes. — *We're going to the baseball game on Friday.*
—**¿Adónde vas** después del partido? — *Where are you going after the game?*
—**Voy a** la fiesta de Jaime. — *I'm going to Jaime's party.*

ACTIVIDADES

A. ¿Qué van a hacer el fin de semana que viene? Match each drawing with the most logical sentence.

a. b. c. d. e. f. g. h.

f 1. Mis padres van a bailar el sábado por la noche.
c 2. Mis amigos y yo vamos a jugar al fútbol el domingo por la tarde.
a 3. Ernesto y Antonio van a mirar la televisión el sábado.
g 4. Vas a escuchar música todo el fin de semana.
b 5. Uds. van a patinar en línea en el parque el sábado por la mañana.
h 6. Tú y tus amigos van a nadar el domingo.
d 7. Voy a andar en bicicleta el viernes por la tarde.
e 8. Elena va a comprar un libro el viernes por la tarde.

B. ¿Adónde van? Listen to the descriptions about what people need, then tell where the person is going based on what he/she needs. **¡OJO!** There can be more than one answer for some items.

MODELOS (*You hear*) Lucía necesita el libro de texto para la clase de biología. →
(*You say*) (Ella) Va a la librería.
(*You hear*) Necesito un sándwich. →
(*You say*) Voy a la cafetería.

1. ... **2.** ... **3.** ... **4.** ... **5.** ... **6.** ... **7.** ... **8.** ...

***Act. B*, Script: 1.** *Nora necesita nadar.* **2.** *Necesito practicar basquetbol.* **3.** *Uds. necesitan andar en bicicleta.* **4.** *Necesitas comer.* **5.** *Uds. necesitan leer y estudiar.* **6.** *Mi compañero de clase y yo necesitamos hablar con nuestra profesora.* **7.** *Necesitas comprar más cuadernos.* **8.** *Elena va a comprar un libro el viernes por la tarde.*

***Act. B*, Answers:** (*Possible answers*) **1.** *Va a la piscina.* **2.** *Voy al gimnasio.* **3.** *Van al parque / a la calle.* **4.** *Vas a la cafetería.* **5.** *Van a la residencia/biblioteca.* **6.** *Vamos a su oficina.* **7.** *Vas a la librería.*

Act. C, Suggestions:
• Have pairs form groups of four and take turns asking questions with *ir* in the plural. Provide a model on the board: *¿Qué van a hacer este fin de semana?*
• Follow up by asking the whole class questions 1–3 from *Paso 1.* Call on individual students, and elaborate on the conversation by asking for more details based on their responses. *¿Qué vas a comer? ¿Con quién vas a comer?,* etc.

COMMUNICATION C

CULTURES C COMMUNICATION C

Act. D, Suggestion: Upon completion of the activity, have students look these famous people up online to see what they have been up to lately and if the sentences they wrote were true.

C. ¿Qué van a hacer?

PASO 1. Using the first three questions as an example, write two additional questions to ask your classmates, using **ir** + **a** + *inf.*

1. ¿Qué vas a hacer este fin de semana?
2. ¿Dónde vas a cenar esta noche (*tonight*)?
3. ¿Cuál va a ser tu clase más interesante este semestre? ¿Por qué?

PASO 2. Now interview a classmate, asking him or her each of the five questions. Take some notes so that you will remember his or her responses to the questions.

D. ¿Cómo van a prepararse (*prepare themselves*)?

PASO 1. Read the descriptions of some successful Mexican artists and athletes. Choose one of them and use **ir** + **a** + *inf.* to list at least five things that person will do to prepare for his or her next big event. **¡OJO!** Don't use the person's name or any other identifying features in your sentences.

MODELO Va a trabajar con personas famosas.
Va a correr todos los días.
Va a jugar en muchos partidos.
[...]

¿Cuántos goles va a marcar en el próximo partido?
©CosminIftode/Shutterstock

1. María del Rosario Espinoza es una atleta mexicana que practica el taekwondo. Es la ganadora (*winner*) de tres medallas (*medals*) en los Juegos Olímpicos de 2008, 2012 y 2016. Probablemente (*Probably*) va a participar en los Juegos Olímpicos en Tokio en 2020.
2. Yuliana Martínez es la ganadora del programa de televisión *La Voz* (*The Voice*) en México para el año 2016. Ella representa muchas causas importantes. Por su obesidad (*Due to her obesity*) es víctima de acoso escolar (*school bullying*). Ahora va a luchar contra (*fight against*) ese problema, bajar de peso (*lose weight*) y escribir más música.
3. Alejandro González Iñárritu es un director mexicano conocido (*known*) por su película *El Renacido* (*The Revenant*). Es el ganador del Premio Óscar para el mejor director (*the Best Director*) en 2015 y 2016. Ahora trabaja en una nueva serie drámatica que se llama *Uno por ciento* (*The One Percent*).
4. Javier «Chicharito» Hernández es jugador (*player*) de fútbol profesional. Es de Guadalajara, México. Es el jugador con más goles de la historia de México, con 48 hasta la fecha (*to date*). Ahora es parte del equipo West Ham United en Inglaterra (*England*) y va a jugar con el equipo nacional de México en la Copa Mundial (*World Cup*) de 2018.

PASO 2. Read your sentences to a partner. Can he or she identify the person you're describing?

Expresiones artísticas

José Guadalupe Posada

***Expresiones artísticas*, Notes:**
- Posada created over 15,000 engravings.
- Don Quijote is the character on the ground, Time has a long beard and wings, and 20th century is on a small bike.

Calavera de los periódicos (c. 1900/1910)

José Guadalupe Posada (1852–1913) was a printmaker and engraver from Aguascalientes, Mexico, whose art and humor influenced Mexican artists, in particular Mexican muralists. Diego Rivera referred to Posada as the father of modern art. Posada often expressed religious and sociopolitical satire through his **calavera** characters, skeletons dressed up in fancy outfits at functions and in a variety of situations. The target of his satire was often the upper class of his time. Posada's art, forgotten toward the end of his life, reemerged in the 1920s and became a key element in Mexican visual culture. Today the **calaveras** are most often associated with events surrounding **el Día de Muertos** (*Day of the Dead*).

This engraving features several allegorical and political figures, which represent not only government and social issues of the day, but the time of its publication: turn of the century. The figures in the engraving include Don Quijote, **El Tiempo** (*Time*), **el Siglo XIX** (the 19th century), **el siglo XX**, and political parties.

REFLEXIÓN

1. Create a list of all the themes that you think the print suggests and then discuss those themes.
2. Describe who the people in the print are (are they friends, family?) and how you think they feel. Why are they biking? Share your ideas with the other groups and the rest of the class.

- Posada used the same theme of bicycles in other works, and the theme of running down others is the topic of a 1913 engraving with bicycles (*Las bicicletas*). The words engraved on this print include:

  Ya se van estos ciclistas
  y vendrán el año entrante,
  y atropellarán sin tregua
  a quien se ponga delante.

***Expresiones artísticas*, Suggestions:**
- Share or have students bring to share additional *calavera* images by Posada. Have students comment on the characters, how they may have fit into the sociopolitical portrait that Posada wanted to portray.
- Have students find information about Posada and his art work, and then hold a round table about the importance of the *calavera* images in Mexico.

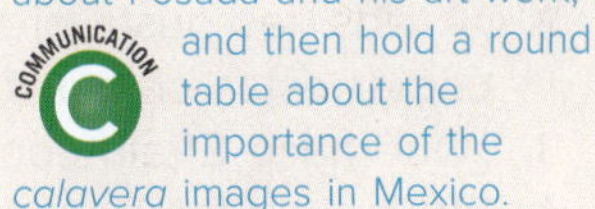

- Have students invent storylines for this image or other images that have been shared in class.

la Península de Yucatán, México

Frank y Efraín

Antes de ver
Infórmate y ponte en su lugar.
Frank opina (*believes*) que llegar en bicicleta a los lugares que visita con los turistas es bueno porque el trabajo físico crea una conexión más fuerte (*greater connection*). ¿Estás de acuerdo (*do you agree*) con esa idea? ¿Hay otros ejemplos de la conexión entre las experiencias físicas y emocionales?

©deepblue4you/Getty Images
©McGraw-Hill Education/Zenergy

©McGraw-Hill Education/Zenergy

Vocabulario práctico

tranquila	peaceful
la comida	food
la laguna	lagoon
unos tamalitos	little tamales
la chaya	native leafy green
un juguito natural	natural juice drink
el huerto	garden
la abeja melipona	native bee
picar	to sting
la especie en peligro de extinción	endangered species
acostumbrados	used to, accustomed to
los hermanos	brothers
platicar	charlar
realizar	to carry out, to realize

¿Entendiste?

A. ¿Cierto o falso?

C	F	
☐	☑	**1.** A Frank le gusta pasar su tiempo libre en lugares donde hay mucho tráfico.
☑	☐	**2.** Los mayas como la familia Cahún cultivan y preparan comidas tradicionales, como tamales.
☐	☑	**3.** La familia Cahún usa tortillas que compran en el supermercado.
☐	☑	**4.** A Efraín no le gusta trabajar con las abejas meliponas porque pican mucho.
☑	☐	**5.** Efraín y Frank están de acuerdo (*agree*) sobre la importancia de la familia.

B. ¿Qué haces en tu tiempo libre? In pairs, answer the questions.

1. ¿Por qué menciona Frank que le gusta nadar, andar en bicicleta y disfrutar de la naturaleza en su tiempo libre? ¿En su tiempo libre, van Uds. a lugares similares o diferentes a los lugares favoritos de Frank? ¿Por qué?
2. ¿A Uds. les gusta preparar comida y usar ingredientes frescos y naturales? ¿Creen que es más típico comer estas comidas en otras culturas? ¿Por qué?
3. ¿Qué hace Efraín con su familia en su tiempo libre? ¿Qué hace Frank? ¿Cómo son diferentes?
4. Efraín y su familia viven sin usar mucha tecnología. ¿Cómo afecta sus actividades en el tiempo libre no tener (*to have*) acceso al internet y otras cosas modernas?

TEMA II: El tiempo y las estaciones°

El... *Weather and seasons*

Vocabulario en acción

¿Qué tiempo hace?°

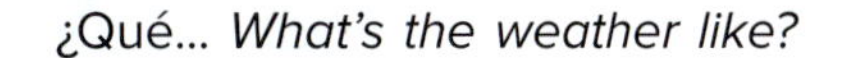

¿Qué... *What's the weather like?*

Hace (mucho) frío.

Está* nevando. / Nieva.

Está* lloviendo. / Llueve.

Hace (mucho) viento.

Está (muy) nublado.*
Hay (muchas) nubes.

Hace fresco.

***Vocabulario en acción,* Note:** Students can assess their understanding and mastery of the vocabulary presented in this chapter by accessing the LearnSmart module for *Capítulo 2* at www.mhhe.com/connect.

Hace (mucho) calor.

Hace (mucho) sol.

***Vocabulario en acción,* Suggestion:** Have students look up the weather on their cellphones and describe the icons they see.

Hace (muy) buen/mal tiempo.	*The weather is (very) nice/bad.*

The verb **hacer** (*to do; to make*) is used to describe many weather conditions. For example, the phrase that expresses *It's cold* (**Hace frío**) literally means, *It makes cold.* With these expressions, use **mucho,** not **muy,** to express *very.*

—¿Qué tiempo **hace**?	*What's the weather like?*
—**Hace** mucho calor hoy.	*It's very hot today.*

*The verb **estar** can be used for some weather expressions. You'll learn more about **estar** later in this chapter and in future chapters.

Los meses del año, las estaciones y las fechas°

°Los... *Months of the year, seasons, and dates*

enero
febrero
marzo
abril
mayo
junio
julio
agosto
septiembre
octubre
noviembre
diciembre

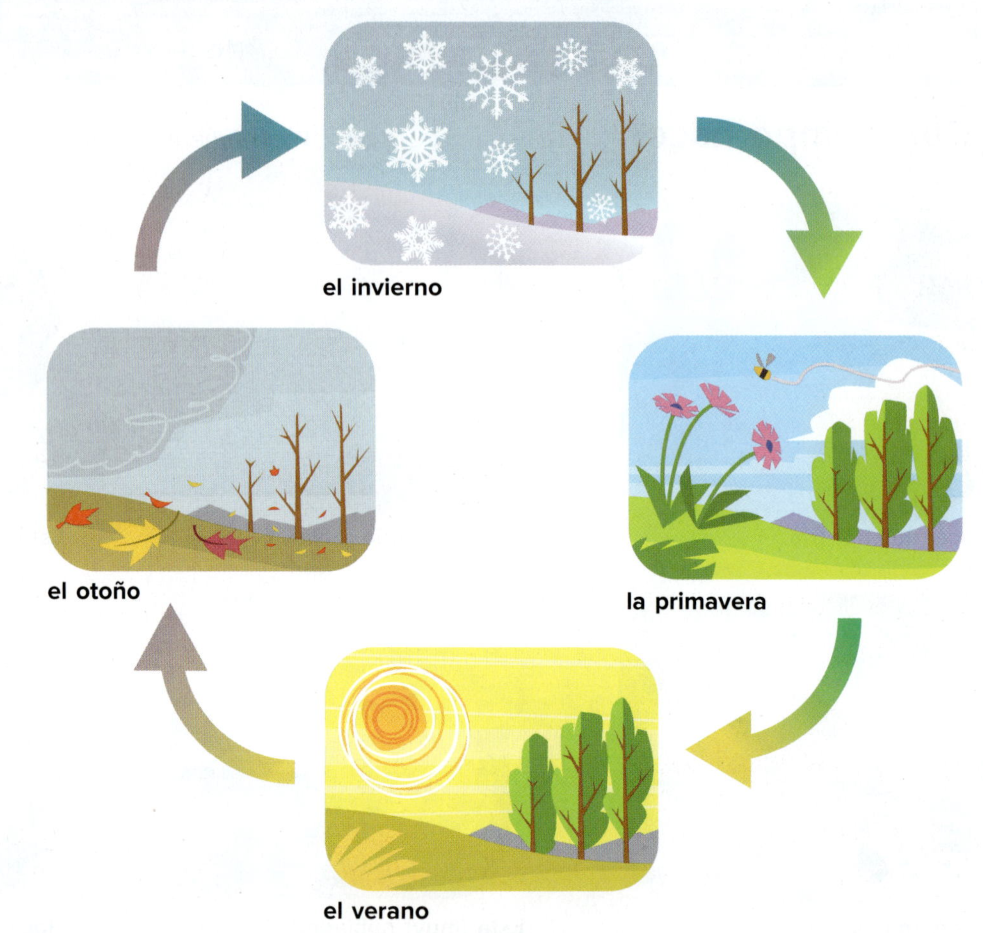

Vocabulario en acción, Los meses..., Suggestion: Read the vocabulary, repeating each word several times so students can hear how it is pronounced. As you present the input, ask students questions to check for comprehension: *¿Cuáles son los meses del otoño? ¿Y los meses del verano? ¿Qué tiempo hace en la primavera? ¿Y en el invierno?,* and so on.

Cognado: el calendario

Los números del 31 al 100

In **Capítulo 1** you learned numbers 0 through 30. These numbers will help you talk about temperature.

31 treinta y uno	**35 treinta y cinco**	**39 treinta y nueve**	**70 setenta**
32 treinta y dos	**36 treinta y seis**	**40 cuarenta**	**80 ochenta**
33 treinta y tres	**37 treinta y siete**	**50 cincuenta**	**90 noventa**
34 treinta y cuatro	**38 treinta y ocho**	**60 sesenta**	**100 cien**

- Note the pattern for the 30s. 41 through 99 use the same pattern.

  41 cuarenta y uno **63 sesenta y tres** **85 ochenta y cinco**
  52 cincuenta y dos **74 setenta y cuatro** **96 noventa y seis**

- Months, like days of the week, are usually in lowercase letters in Spanish.
- To express dates, use the formula: **el** + *day* + **de** + *month*.

  Hoy es **el 3 de mayo**. *Today is May 3rd.*
  Nuestro aniversario es **el 26 de junio**. *Our anniversary is (on) June 26th.*

ACTIVIDADES

A. ¿Qué tiempo hace? Listen to different weather descriptions, then write the letter for each description (**a-l**) next to all of the corresponding drawings. **¡OJO!** Many of the drawings have more than one possible answer.

***Act. A,* Script: a.** *Hace calor.* **b.** *Nieva.* **c.** *Hace mucho frío.* **d.** *Está nevando.* **e.** *Hace viento.* **f.** *Está lloviendo.* **g.** *Hace buen tiempo.* **h.** *Llueve.* **i.** *Hace fresco.* **j.** *Está nublado.* **k.** *Hace muy mal tiempo.* **l.** *Hace sol.*

1. g, l

2. 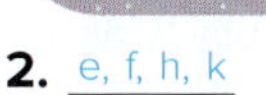 e, f, h, k

3. c, k

4. e, i

5. b, c, d

6. j

7. a, l

B. Asociaciones. Match each activity with the weather that you associate with it. Then, compare your answers with those of a classmate. Are your answers similar?

_____ **1.** nadar en la piscina

_____ **2.** correr por el parque

_____ **3.** jugar al dominó en casa

_____ **4.** descansar

_____ **5.** estudiar en la biblioteca

_____ **6.** escuchar música

_____ **7.** jugar al fútbol

_____ **8.** sacar fotos

a. Hace fresco.

b. Está lloviendo.

c. Está nevando.

d. Hace mucho calor.

e. Hace sol.

f. Hace frío.

C. El pronóstico (*forecast*) del tiempo

PASO 1. Write a short description of a logical weather forecast for the following places and times. **¡OJO!** Remember that the seasons in the southern hemisphere are the "opposite" of those in the northern hemisphere.

1. el mes de junio en Miami, Florida
2. el mes de noviembre en Quebec
3. el mes de octubre en Dallas
4. el mes de enero en Aspen
5. el mes de febrero en Buenos Aires
6. el mes de agosto en Sydney, Australia

PASO 2. Read your descriptions from **Paso 1** to a partner. He or she will guess the place you describe, based on the weather forecast you provide.

Nota interdisciplinaria

Meteorología: The Celsius Scale

The Celsius scale, also known as the centigrade (**centígrado**) scale, is the system that Spanish-speaking countries use to measure temperature. It is used in most countries throughout the world, with the exception of the United States. The symbol that represents degrees (**grados**) in Celsius is °C. In this scale, 0 degrees is equal to 32 degrees Fahrenheit.

To convert Fahrenheit to Celsius, you may use this formula: °C = (°F – 32) / 1.8

For example: (68°F – 32) / 1.8 = 20°C

To convert Celsius to Fahrenheit, the formula is as follows: °F = (°C × 1.8) + 32

For example: (25°C × 1.8) + 32 = 77°F

ACTIVIDAD Convert the following degrees Fahrenheit to degrees Celsius and vice versa.

1. 95°F 35°C **2.** 15°C = 59°F **3.** 84°F = 29°C **4.** 12°C = 53°F

5. 20°C 68°F **6.** 60°F 16°C

D. Fechas

PASO 1. With a partner, practice saying important dates in your life, in the school year, or in the calendar year.

MODELO E1: ¿Cuándo es el examen parcial (*midterm*) para esta clase?
E2: Es el 15 de octubre.

1. el examen parcial para esta clase
2. los exámenes finales
3. el día de la independencia de este país
4. la Navidad (*Christmas*)
5. el Día de Acción de Gracias (*Thanksgiving*)
6. el primer (*first*) día de las vacaciones de primavera (*spring break*)
7. el primer día de primavera (verano, otoño, invierno)
8. ¿ ?

***Act. D, Paso 2,* Suggestion:** To help students stay on task, show them a chart of the 12 months with your name next to your birthday month.

PASO 2. Now write out the date of your birthday (**cumpleaños**) in Spanish. Create a chart with the months in Spanish, and write your name next to your birth month. Then, go around the classroom and ask four people when their birthdays are. Write their names next to their birth months on your chart.

MODELO E1: ¿Cuándo es tu cumpleaños?
E2: Es el catorce de mayo.

PASO 3. In groups of four, assign a record keeper, then compare and integrate the information from your charts on one chart by asking and answering questions.

MODELO E1: ¿Cuántos cumpleaños hay en enero?
E2: Tres: el cumpleaños de Sarah, de Cynthia y de Steve.
E1: *Writes the names.*

***Act. D, Paso 4,* Suggestion:** Ask the questions in Spanish.

PASO 4. Report to the class, and have a volunteer tally the information on the board. In which month are there the most/least birthdays? How many? Who has a birthday this semester?

Gramática

2.3 The Verb estar

Expressing location and conditions

GRAMÁTICA EN ACCIÓN

Un aniversario en el Parque México

[*A continuación hay parte de una conversación entre tres amigas en un café.*]

SELENA: Y tú, Marta, ¿cómo **estás**? ¿Y tu esposo?

MARTA: **Estamos** muy bien. Enrique **está** en Guanajuato en una conferencia, pero **estoy** muy contenta porque regresa mañana y vamos a celebrar nuestro aniversario.

ESTEFANÍA: ¡Qué bien! ¿Cómo van a celebrar el aniversario?

MARTA: Vamos a nuestro restaurante favorito, que **está** cerca del Parque México. Después vamos a pasear por el parque con el perro, tomar el sol un poco y sacar fotos cerca del estanque con los patos. ¿**Está** bien el plan?

SELENA: ¡**Está** perfecto! ¡Qué romántico! Pero tengan cuidado. Los patos son bonitos, pero a veces **están** locos. ¡Feliz aniversario!

MARTA: Muchas gracias, amigas. **Estoy** muy emocionada.

Muchas personas están en el Parque México.

Acción. Complete each sentence with the correct form of the verb **estar.**

1. Marta y su esposo __están__ muy bien.
2. El Parque México __está__ cerca del restaurante favorito de Marta y Enrique.
3. Las tres amigas __están__ en el café.

You have already learned many of the uses of the verb **ser,** which is one verb in Spanish that means *to be*. In this section you will learn some of the uses of the verb **estar,** another Spanish verb that is equivalent to the English verb *to be*. Keep in mind that **ser** and **estar** are *never* interchangeable, and that each verb is used in specific contexts.

Here are the present tense forms of **estar.**

estar (*to be*)	
estoy	**estamos**
estás	**estáis**
está	**están**

A. One main use of **estar** is to tell where something or someone is located.

El parque Chapultepec **está** en la Ciudad de México. — *Chapultepec Park is in Mexico City.*

Mis padres **están** en casa hoy. — *My parents are at home today.*

In addition to the preposition **en** (*in; on; at*), there are several other prepositions of location that are used with **estar.** Here are some of the most common prepositions of location.

cerca (de)	close (to)	**enfrente de**	in front of
lejos (de)	far (from)	**detrás de**	behind
encima de	on top of	**a la derecha (de)**	to the right (of)
debajo de	under	**a la izquierda (de)**	to the left (of)

***Gramática*, Note:** Students can assess their understanding and mastery of the grammar points presented in this chapter by accessing the LearnSmart module for *Capítulo 2* at www.mhhe.com/connect.

GEA, Note: The audio for this *GEA* is available through the eBook or on Connect.

GEA, Culture Note: *Parque México,* also known as *Parque San Martín,* is one of the larger green spaces in Mexico City. Built in 1927, it is known for its Art Deco architecture. This former site of a horse-racing track (*hipódromo*) features ponds and walkways that, unlike the grid-type patterns of other major parks in the city, meander organically through the terrain. There are multiple well-known fountains and structures in the park, including an amphitheater and a clock tower. Ask students what kinds of events they think are held in this park. What parks do they visit or know of in your area that attract the community?

Nota comunicativa

The verb quedar to describe location

The verb **quedar** (*to be situated*) can be used interchangeably with **estar** to describe the location of cities, buildings, and other relatively permanent structures.

—¿Dónde **están** (**quedan**) las canchas de tenis?

Where are the tennis courts?

—**Quedan** (**Están**) detrás del edificio de educación física.

They are behind the physical education building.

Estamos cerca de la Biblioteca Nacional.	*We are close to the National Library.*
El Museo de Antropología **está a la derecha**.	*The Museum of Anthropology is to the right.*
El Estadio Olímpico no **está lejos de** aquí.	*The Olympic Stadium isn't far from here.*

B. **Estar** is also used to describe people's emotions and the current conditions of people and things. Here are some common adjectives used with **estar.**

aburrido/a	bored	**limpio/a**	clean
alegre	happy	**loco/a**	crazy
asustado/a	scared	**nervioso/a**	nervous
cansado/a	tired	**ocupado/a**	busy
contento/a	content, happy	**preocupado/a**	worried
emocionado/a	excited	**regular**	so-so
enfermo/a	sick	**sorprendido/a**	surprised
enojado/a	angry	**sucio/a**	dirty
irritado/a	irritated	**triste**	sad

Todos **están contentos** porque hace muy buen tiempo. — *Everyone is happy because it's nice out.*

C. Here are two common adverbs used with **estar.**

bien	fine, well
mal	bad(ly), not well; sick

—¿Cómo **estás**?	*How are you?*
—**Estoy bien,** gracias.	*I'm fine, thanks.*

ACTIVIDADES

A. ¿Dónde están? Tell where everyone is this summer.

MODELO el profesor (Cabo San Lucas) → El profesor está en Cabo San Lucas.

1. Uds. (la Ciudad de México)
2. Mary (Tijuana)
3. yo (Guadalajara)
4. Horacio y Mark (Acapulco)
5. tú (Cancún)
6. Josi y yo (Oaxaca)

Act. A, Answers: **1.** *Uds. están en la Ciudad de México.* **2.** *Mary está en Tijuana.* **3.** *(Yo) Estoy en Guadalajara.* **4.** *Horacio y Mark están en Acapulco.* **5.** *(Tú) Estás en Cancún.* **6.** *Josi y yo estamos en Oaxaca.*

B. ¿Cómo están? Read each description of the destinations and activities from **Actividad A**. With a partner, describe how the people visiting those places and participating in those activities feel. Use the correct forms of **estar** and the adjectives from the list on the previous page.

1. En la Ciudad de México hay muchos restaurantes, monumentos y museos. Uds. caminan mucho y miran muchas cosas (*things*). Uds. ___________.
2. En Tijuana hace mucho calor y hay mucha contaminación (*pollution*). Mary ___________.
3. En el verano en Guadalajara llueve mucho. Es imposible salir (*to go out*). Yo ___________.
4. En Acapulco, Mark y Horacio practican muchos deportes, nadan y toman el sol. Al final del día, ellos ___________.
5. En Cancún hace muy buen tiempo y tú lees un libro en la playa (*beach*) todo el día. Tú ___________.
6. Oaxaca queda en las montañas (*mountains*) y hace muy buen tiempo. Josi y yo hacemos (*take*) excursiones todos los días. Josi y yo ___________.

Act. B, Answers: *(Possible answers)* **1.** *están ocupados/as* **2.** *está mal* **3.** *estoy triste* **4.** *están cansados* **5.** *estás contento/a* **6.** *estamos alegres*

C. Cuando... With a partner, describe how you feel and what you usually do in these circumstances.

MODELO Cuando tomo un examen muy difícil... → estoy muy nervioso/a. Estudio mucho.

1. Cuando llueve todo el fin de semana...
2. Cuando hace mucho calor...
3. Cuando está nevando y no hay clase...
4. Cuando dejo (*I leave*) mi teléfono celular en casa...
5. Cuando estudio todo el día en la biblioteca...
6. Cuando visito a un amigo de otra ciudad...
7. Cuando miro mucho la televisión...

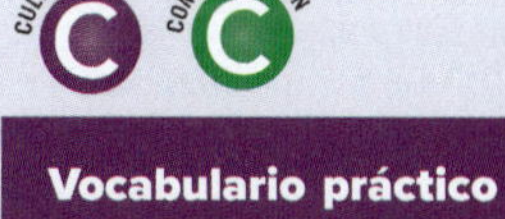

D. Lugares en México. Look at the map of Mexico with a partner. Take turns thinking of a location and having the other person try to guess the location by asking yes-or-no questions with **estar** and the prepositions of location on page 63.

MODELO: E1: ¿Está en la costa?
E2: No.
E1: ¿Es una ciudad?
E2: Sí.
E1: ¿Está cerca de las montañas?

Vocabulario práctico

la ciudad	city
la costa	coast
el desierto	desert
la jungla	jungle
las montañas	mountains
la playa	beach
las ruinas	ruins

2.4 The Present Progressive

Expressing Actions in Progress

***GEA*, Note:** The audio for this *GEA* is available through the eBook or on Connect.

***GEA*, Culture Note:** Before beginning the dialogue, explain to students that the Universidad Nacional Autónoma de México (UNAM) was founded in 1910 and is one of the top universities in the world. Its main campus in the southern part of Mexico City is a UNESCO World Heritage site and features murals painted by some of the country's most celebrated artists. Due to its autonomy from the Mexican government, it is known for academic freedom, diversity, empowerment for women, and efforts to include minority populations in all fields of study. Mexico's three Nobel prize winners are all alumni of UNAM.

GRAMÁTICA EN ACCIÓN

Una tarde en el campus

[*Carmen y Miguel **están pasando** tiempo en el campus de su universidad, la UNAM, en la Ciudad de México.*]

Los estudiantes están caminando por el campus de la UNAM.
©Rachel Moon/Shutterstock

CARMEN: **Estoy estudiando** mucho para mis clases este semestre. ¿Son difíciles tus clases?
MIGUEL: Sí. Mis compañeros de la clase de matemáticas y yo **estamos preparando** para un examen el jueves. **Estamos mirando** nuestros apuntes y practicando mucho.
CARMEN: ¿**Están usando** el libro de texto mucho?
MIGUEL: Luis y Victoria sí, pero yo **estoy practicando** en el internet. ¿**Estás leyendo** mucho para la clase de literatura?
CARMEN: Sí, y **estoy escribiendo** mucho también.
MIGUEL: ¡Ay! ¡**Está lloviendo**!
CARMEN: Sí, ¿vamos a tomar el autobús?

Acción. Complete each sentence with the correct word.

1. Miguel y Carmen __están__ hablando sobre sus clases.
2. Los compañeros de Miguel están __usando__ su libro de texto para practicar.
3. Carmen __está__ leyendo y escribiendo mucho para su clase de literatura.
4. Al final de la conversación, van a tomar el autobús porque está __lloviendo__.

In Spanish, the present progressive is formed by using the present tense of the verb **estar** with a verb form called the *present participle.* This structure is equivalent to the English structure *to be* + ____*-ing*, and like its English counterpart, refers to actions that are *in progress* at the moment.

—¿Qué **estás haciendo**?	*What **are you doing** (right now)?*
—**Estoy mirando** la televisión.	***I'm watching** television.*

A. The present participle is formed by dropping the **-ar, -er,** or **-ir** ending from the infinitive and adding **-ando** for **-ar** verbs or **-iendo** for **-er** and **-ir** verbs.

THE PRESENT PROGRESSIVE: **Estar + -ando/-iendo**			
	INFINITIVE	**PRESENT PARTICIPLE (GERUND)**	**TRANSLATION**
-ar VERBS	**jugar**	**jugando**	playing
-er VERBS	**comer**	**comiendo**	eating
-ir VERBS	**escribir**	**escribiendo**	writing

B. When the stem of a an **-er** or **-ir** verb ends in a vowel, a spelling change of **-i-** to **-y-** is required.

THE PRESENT PARTICIPLE: **-yendo**			
INFINITIVE	**FORMATION**	**PRESENT PARTICIPLE (GERUND)**	**TRANSLATION**
creer	**cre + iendo**	**creyendo**	believing
leer	**le + iendo**	**leyendo**	reading

C. Spanish uses the present progressive less frequently than English does. Therefore, many contexts in which *to be + -ing* is used in English do not correspond to the present progressive tense in Spanish. In Spanish you should most often use the simple present tense. When describing plans for the near future, use **ir** + **a** + *inf.* You should only use the present progressive in Spanish when you want to emphasize the fact that something is happening *right now, at this very moment.*

—¿Con quién **estudias** hoy? — *With whom are you studying today?*
—**Voy a estudiar** con Pablo. — *I'm studying (going to study) with Pablo.*
—¿Qué **estás leyendo**? — *What are you reading (right now)?*
—**Estoy leyendo** el periódico, pero después **voy** al cine. — *I'm reading the newspaper (right now), but later I'm going to the movies.*

ACTIVIDADES

A. ¿Qué están haciendo (*doing*)? Match the sentences from each column to describe what people are doing at this moment.

_d_ **1.** Los niños están en el parque.
_g_ **2.** Hace mucho frío afuera y no deseo salir.
_e_ **3.** Hace fresco. Hace muy buen tiempo.
_b_ **4.** Mañana hay un examen difícil.
_a_ **5.** Paloma está triste.
_f_ **6.** Uds. no comprenden la lección y necesitan ayuda (*help*).
_c_ **7.** Hace mucho calor.

a. Está llamando a su mejor amiga.
b. Estamos estudiando en la biblioteca.
c. Estoy tomando mucha agua.
d. Están practicando fútbol.
e. Estamos paseando por la calle.
f. Están hablando con la profesora en su oficina.
g. Estoy leyendo una novela en casa.

Act. B, Paso 1, **Answers:** (*Possible answers*) **1.** *están caminando, están comiendo, Inma está hablando por teléfono* **2.** *está patinando, está escuchando música* **3.** *están paseando con el perro* **4.** *está leyendo el periódico* **5.** *están comiendo, están bebiendo, están tomando el sol, están conversando/charlando* **6.** *están nadando, están jugando*

Act. B, Paso 2, **Answers:** (*Possible answers for how people feel*) *Carmen está irritada. Pablo está cansado. Érica está cansada. Daniel está nervioso/asustado. Pícaro está emocionado. Alfonso está contento. David/Raquel está alegre. Sara está emocionada. José está nervioso.*

COMMUNICATION

B. En este momento en la playa

PASO 1. Working with a classmate, look at the image and take turns telling what the following people are doing at this moment. **¡OJO!** Some of the people will have more than one possible activity.

MODELO Carmen e Inma están paseando.

1. Carmen e* Inma
2. Daniel
3. Pablo y Érica
4. Alfonso
5. David y Raquel
6. Sara y José

PASO 2. Individually, choose one of the people or pairs of people from **Paso 1.** Write a short description about what they are doing, and make up some details about how they feel using the verb **estar. ¡OJO!** Don't use their names in your description.

PASO 3. Form a small group of four to five students. Read your description to the group and see if your classmates can guess which person or pair you are describing.

MODELO E1: Está caminando con una amiga y su perro, y está muy cansado.
E2: Es Pablo.

C. ¿Dónde están y qué están haciendo?

With a partner, talk about where these people are and what they are doing right now. If you're not sure, invent logical sentences. **¡OJO!** Come up with a famous person for items 5 and 6.

MODELO nuestro/a profesor(a) → Nuestro profesor está en clase. Está explicando la lección.

1. tu compañero/a de cuarto
2. tu mejor amigo/a
3. tu mamá / papá
4. nosotros/as
5. ¿ ?
6. ¿ ?

*When the conjunction **y** occurs before a word that begins with **i-** or **hi-**, **y** changes to **e**.

D. ¿Dónde están?

PASO 1. Read the descriptions of the weather at each location in Mexico at different times of the year. Choose one of the locations, and write 3 to 4 sentences using the present progressive to describe what different people at that location are or are not doing based on the time of year.

Vocabulario práctico	
la familia	family
los jóvenes	young people
los mayores	elderly people
los niños	children
los turistas	tourists

***Act. D*, Suggestion:** Have students look up additional information about each of the locations and share in small groups.

MODELOS Los jóvenes están tomando el sol en la playa.
Los turistas están comiendo en los restaurantes.

Es febrero en Tulum. Hace buen tiempo y la temperatura es perfecta. Hace sol; no llueve mucho. Las ruinas mayas son muy bonitas y hay muchos turistas.
©Irina Klyuchnikova/Shutterstock

Es enero en Valladolid. Hace fresco y algunos días hace frío; no llueve mucho. El agua del río (river) *está muy azul y está caliente. Muchas personas visitan las grutas* (grottos) *este mes.*
©javarman/Shutterstock

Es julio en Hermosillo, una ciudad industrial en el desierto de Sonora. Hace mucho calor y mucho sol. No llueve.
©jejim/Shutterstock

Es septiembre en Palenque. Llueve casi todos los días en la jungla. Hace calor durante el día y fresco durante la noche. Ya no hay muchos turistas para visitar las ruinas y los templos; ellos visitan estos (these) *lugares en verano.*
©SL-Photography/Shutterstock

PASO 2. Share your list of actions with a partner. Can he/she guess which location you are describing?

Lectura cultural

ANTES DE LEER

You are going to read an article about pastimes in Mexico City. Before you read the passage, answer these questions. Then share your ideas with the class.

1. ¿Qué te gusta hacer en tu tiempo libre?
2. En tu opinión, ¿cuáles son los pasatiempos más comunes entre (*among*) los estudiantes de tu universidad?

***Lectura cultural*, Culture Note:** Tell students that Mexico City has spectacular parks located within the city's limits. The largest park is the *Bosque de Chapultepec*. With hundreds of species of trees, it is known as "the city's lungs." The *Parque Tezozómoc* provides a space for recreation for all, with walkway promenades, playgrounds, food vendors, picnic areas and tennis and basketball courts. The park *Viveros de Coyoacán* has great dirt jogging paths that attract between 2,500 and 3,000 visitors each day. The *El Tepeyac* park is famous for the beauty of its vegetation, a mixture of wild eucalyptus, forest and grassland. There are also small mountains that provide great hiking opportunities. Show photos or videos of the parks as you present the information to students.

La Ciudad de México

Bosque de Chapultepec, Ciudad de Mexico

La Ciudad de México es una gran metrópolis en donde hay entretenimiento[a] para gente de diversos gustos y aficiones. Las personas interesadas en la historia pueden[b] visitar los innumerables museos y sitios de interés que hay en la ciudad. En el Zócalo, por ejemplo, hay preciosos edificios del gobierno,[c] como el Palacio Nacional, que exhiben famosos murales del artista Diego Rivera. Cerca del Zócalo está el Templo Mayor, un sitio arqueológico de ruinas aztecas, perfecto para apreciar la historia del Imperio azteca. También es interesante pasear por las calles de la ciudad y observar la magnífica arquitectura colonial de ciertos distritos. La zona de Coyoacán, con sus casas pintadas de colores vivos—sobre todo, morados, rojos y verdes—es especialmente atractiva. En este lugar hay muchos cafés literarios donde la clientela puede escuchar música y disfrutar de[d] un ambiente bohemio y estimulante.

[a]*entertainment* [b]*can* [c]*government* [d]disfrutar... *enjoy*

La Ciudad de México también ofrece oportunidades para actividades al aire libre.[e] Hay parques naturales ideales para correr, caminar o andar en bicicleta.

Finalmente, la ciudad ofrece muchas opciones para pasar las noches: restaurantes de comida local e internacional, cafés, cantinas, bares, discotecas, teatros y conciertos. Un lugar de diversión es La Plaza Garibaldi, donde se congregan los populares mariachis para entretener[f] con sus canciones tradicionales a las personas que pasean por la plaza.

[e]al… *outdoors* [f]*entertain*

DESPUÉS DE LEER

A. ¿Cierto o falso? Indicate if the statements are true (**cierto, C**) or false (**falso, F**).

C	F	
☑	☐	**1.** En la Ciudad de México hay pasatiempos para personas de gustos diferentes.
☑	☐	**2.** La Ciudad de México ofrece la oportunidad de asistir a actividades culturales.
☐	☑	**3.** Por las noches, la Ciudad de México no es muy animada.
☐	☑	**4.** No hay lugares para hacer ejercicio o practicar deportes.

B. Comprensión

PASO 1. Read the article again and list the activities that people can do at these places and times.

1. en el Zócalo
2. en el Palacio Nacional
3. en la Plaza Garibaldi
4. en el Templo Mayor
5. en los parques naturales
6. por la noche
7. en Coyoacán

***Después de leer, Act. B,* Answers:** *(possible answers)* **1.** *visitar edificios nacionales, mirar murales famosos* **2.** *mirar murales famosos* **3.** *escuchar música / a mariachis* **4.** *mirar las ruinas, apreciar la historia* **5.** *correr, caminar, andar en bicicleta* **6.** *comer en restaurantes y cafés, escuchar música, bailar, asistir al teatro, asistir a conciertos* **7.** *pasear por calles bonitas, escuchar música, visitar cafés literarios*

PASO 2. Imagine that you're planning a trip to Mexico City and write two to three sentences about the things you are going to do there, based on the reading. Be prepared to explain to the class why you would go there.

MODELO En la Ciudad de México, voy a visitar Coyoacán porque me gusta escuchar música en lugares bohemios.

C. Lugares interesantes. With a partner, and using the text as a model, make a list in Spanish of interesting places where you live and some activities that people can do there. Then share the information with the rest of the class.

Palabra escrita

Organizing Your Ideas. Getting organized is a very important pre-writing strategy. After you've brainstormed your initial ideas (see **Palabra escrita: A comenzar** in **Capítulo 1**), group those ideas by category so that all related ideas are together. Then look for patterns or a logical sequence in which to present your ideas and arrange them in that order. Once you've done this, your composition and your thoughts should be much more organized and thus clearer to the reader.

***Palabra escrita,* Follow-up:** Based on the information included in their compositions, have students work in groups to create a brochure to advertise your institution and the place where it is located. Establish a real audience and purpose for students to keep in mind as they create this project. For example, "Helping the Office of International Programs" to recruit international students to come to your university or college.

***Act. A, Paso 1,* Suggestion:** You may want to include additional categories to address the needs of nontraditional students, of students from different ethnic backgrounds, gender, and sexual identity, etc., if applicable to your campus culture.

You are going to write a brief composition about social and university life in the city or town where you attend school and live. The title is **La vida en...** and the purpose of your writing is to share with your key pal from Mexico your experiences in the place where you now live. Your composition should include a description of the place, information about classes and pastime activities, and any other information that you consider important.

A. Lluvia de ideas

PASO 1. Write as many ideas as you can for the following categories.

LA CIUDAD	LA UNIVERSIDAD
Descripción de la ciudad	Descripción del campus universitario
Lugares de interés	Programas y clases
Actividades sociales	Actividades
Clima y otras actividades	Ofertas culturales

PASO 2. Share your ideas with a partner. Does your partner have any other information that you would like to add to your composition?

B. A organizar tus ideas. Review your ideas and decide what information you are going to include in your composition, taking into account the purpose of your writing. Then, organize them in a logical order, as suggested in the strategy box. The organization also depends on the thesis or central idea of your composition. The rest of the information should simply support this main idea.

MODELO: ________ es una ciudad pequeña situada en ________, pero la universidad de ________, los cines, los teatros y otras actividades culturales ofrecen a los habitantes muchas oportunidades interesantes.

C. A escribir. Now think about how you are going to start your composition by stating your central idea. Then, write the first draft of your composition with the information that you provided in **Actividades A** and **B.**

D. El vocabulario y la estructura

PASO 1. Review the vocabulary and the grammar sections of this chapter, and consider these questions about your composition.

1. Have you included all the information you need for the purpose of your writing?
2. Is the vocabulary appropriate?
3. Have you used grammatical structures correctly, especially **gustar**?
4. Do the verb forms agree with their subjects?
5. Do adjectives agree in number and gender with the nouns they modify?

PASO 2. Rewrite your composition and hand it in to your instructor.

Conexiones culturales

COMPARISONS C CONNECTIONS C

Guau, guau[a]

Los perros son los primeros[b] animales que cohabitan con los humanos y forman parte de sus culturas. En México tienen[c] una larga[d] historia, en particular el xoloitzcuintle, que es originario del país y su raza[e] tiene más de tres mil años.[f] Hay evidencia artística de que el xoloitzcuintle era[g] un animal sagrado para los aztecas. En el siglo XX[h] hay un resurgimiento[i] de su popularidad y la artista Frida Kahlo representa su mascota,[j] Señor Xototl, en varias de sus pinturas.[k]

©Fine Art Images/AGE Fotostock

©Elías Martín del Campo

En México, el 70 por ciento de las casas tienen mascotas y un 45 por ciento de ese número son perros. Con tantos[l] animales, una profesión popular es paseador(a) de perros.[m] Si[n] eres experto, puedes[ñ] caminar por el Parque México y pasear seis perros o más a la vez.[o]

©AFP Contributor/Getty Images

Los perros son buenos compañeros y también son excelentes trabajadores. En septiembre de 2017, un terremoto[p] de 7.1 grados afecta varias zonas del país. Frida, una perra rescatista,[q] y sus amigos buscan[r] a las personas atrapadas bajo los escombros.[s] Con solo 6 años, ¡tiene más de[t] 50 rescates[u]!

[a]*Woof, woof* [b]*first* [c]*they have* [d]*long* [e]*breed* [f]tres... *3,000 years* [g]*was* [h]siglo... *20th century* [i]*resurgence* [j]*pet* [k]*paintings* [l]*so many* [m]paseador(a)... *dog walker* [n]*If* [ñ]*you can* [o]a... *at a time* [p]*earthquake* [q]*rescue* [r]*search for* [s]escombros... *fallen debris* [t]*more than* [u]*rescues*

REFLEXIÓN

1. What do you think it means that the xoloitzcuintle and other dogs have been represented in Mexican art since the time of pre-Hispanic civilizations? Do you think the roll of the dog might have changed over time? Why or why not?
2. Parks, like Parque México in Mexico City, tend to be a popular spot for dog owners to take their pets. Do you live in a pet-friendly city? Where do dog owners tend to take their pets where you live?
3. Many dogs across Mexico, like Frida, are trained for disaster relief. In the United States, how are dogs utilized to aid human beings? Why do you think naming the Labrador "Frida" is of cultural importance?

CULTURES la Península de Yucatán, México

Frank y Efraín

Antes de ver

Infórmate y ponte en su lugar.
Las vidas de Frank y Efraín no son convencionales (*conventional*); ellos viven y trabajan de maneras muy diferentes a la mayoría (*the majority*) de la gente. ¿Cuáles son algunas ventajas y desventajas (*advantages and disadvantages*) de vivir así? ¿Crees que tu vida va a ser convencional, o no? ¿Por qué?

©deepblue4you/Getty Images
©McGraw-Hill Education/Zenergy

©McGraw-Hill Education/Zenergy

***¿Entendiste? A,* Answers: 1.** *unos tres o cuatro* **2.** *Hace calor. / Hace buen tiempo.* **3.** *Toman una canoa y caminan para llegar a la tirolesa.* **4.** *Van a nadar y descansar.*

Vocabulario práctico

las bicis	bikes
recorrer	to cover (a distance)
los kilómetros	kilometers
la conservación	conservation
la conviviencia	coexistence
la sequía	drought
la miel	honey
las señoritas	young ladies
riquísima	delicious
el agua de Jamaica	sorrel water
la bebida	drink
¡Buen provecho!	¡Bon appetit!
la canoa	canoe
una tirolesa	zip line

¿Entendiste?

A. Comprensión. Answer the questions with information from the video.

1. ¿Cuántos kilómetros van a recorrer en bici Frank y los participantes antes de entrar en la selva?
2. ¿Qué tiempo hace el día del viaje en bicicleta a Laguna Chabela?
3. ¿Cómo llegan al lugar dónde está la tirolesa? Menciona dos acciones.
4. ¿Qué van a hacer Frank y sus amigos en la laguna al final del vídeo?

B. ¿Qué haces en tu tiempo libre? In pairs, answer the questions. COMMUNICATION

1. ¿Cómo está Frank el día del viaje a Laguna Chabela? ¿Qué está haciendo?
2. ¿Cuáles son los meses de lluvia que menciona Frank? ¿Cuáles son los meses de sequía que menciona Efraín? En tu estado (*state*), ¿cómo es diferente el tiempo en estos meses? ¿En qué mes llueve más?
3. Efraín y su familia están trabajando para conservar la naturaleza y su cultura tradicional. ¿Qué están haciendo específicamente? Mencionen acciones e ideas del vídeo.
4. ¿Por qué creen que a Frank le gusta estar en la Península de Yucatán y visitar Laguna Chabela? ¿Por qué está viviendo su vida de esta manera? ¿Creen Uds. que él está feliz? ¿Por qué?

Vocabulario

Los pasatiempos y los deportes	Pastimes and sports
nadar (en la piscina)	to swim (in the swimming pool)
pasear (con el perro)	to take a walk, stroll (with the dog)
patinar (en línea)	to (inline) skate
sacar fotos	to take photos
tomar el sol	to sunbathe
la calle	street
la fiesta	party
el/la novio/a	boyfriend/girlfriend
el parque	park
el partido	game (*single occurrence*)
el tiempo libre	free time

Cognados: el dominó, el golf, el tenis
Repaso: andar en bicicleta, bailar, caminar, cantar, descansar, escuchar, jugar (ue), mirar la televisión, pasar tiempo, practicar un deporte, tocar un instrumento musical; el basquetbol, el béisbol, el fútbol (americano), el vólibol

Los colores

amarillo, anaranjado, azul, blanco, color café, gris, morado, negro, rojo, rosado, verde

Otros verbos	
abrir	to open
aprender	to learn
aprender a + *inf.*	to learn (*to do something*)
asistir (a)	to attend, go to (*a class, event*)
beber	to drink
comer	to eat
comprender	to understand
correr	to run; to jog
creer	to believe
escribir	to write
estar (*irreg.*)	to be
estar + *gerund*	to be (*doing something*)
gustar	to like (*lit.* to be pleasing)
ir (*irreg.*)	to go
ir + a + *inf.*	to be going to (*do something*)
leer	to read
recibir	to receive
quedar	to be (located)
vender	to sell
vivir	to live

¿Qué tiempo hace?	What's the weather like?
Está lloviendo. / Llueve.	It's raining.
Está nevando. / Nieva.	It's snowing.
Está (muy) nublado. / Hay (muchas) nubes.	It's (very) cloudy.
Hace (muy) buen/mal tiempo.	The weather is (very) nice/bad.
Hace (mucho) calor/frío/sol/viento.	It's (very) hot/cold/sunny/windy.
Hace fresco.	It's cool.

Las estaciones del año — Seasons of the year

el invierno, la primavera, el verano, el otoño

Los meses del año — Months of the year

enero, febrero, marzo, abril, mayo, junio, julio, agosto, septiembre, octubre, noviembre, diciembre

Los números del 31 al 100

treinta y uno, treinta y dos, treinta y tres, treinta y cuatro, treinta y cinco, treinta y seis, treinta y siete, treinta y ocho, treinta y nueve, cuarenta, cincuenta, sesenta, setenta, ochenta, noventa, cien

Cognado: el calendario

Las preposiciones de lugar	Prepositions of location
a la derecha (de)	to the right (of)
a la izquierda (de)	to the left (of)
cerca (de)	close (to)
debajo de	under
detrás de	behind
en	in; on; at
encima de	on top of
enfrente de	in front of
entre	between; among
lejos (de)	far (from)

Los estados físicos y emocionales	Physical and emotional states
aburrido/a	bored
alegre	happy
asustado/a	scared
cansado/a	tired
contento/a	content, happy
emocionado/a	excited
enfermo/a	sick
enojado/a	angry
loco/a	crazy
mal *adv.*	bad(ly), not well; sick
ocupado/a	busy
sorprendido/a	surprised
triste	sad

Cognados: irritado/a, nervioso/a
Repaso: regular, bien

Otras palabras	
la ciudad	city
el país	country (nation)
¿adónde?	(to) where?
conmigo	with me
contigo	with you (*sing. fam.*)
cuando	when
para	for
por	for; by
también	also

Capítulo 3 La vida diaria*

EN ESTE CAPÍTULO
México

La Ciudad de México es grande, pero sus habitantes crean espacios verdes (*green spaces*) y jardines urbanos (*urban gardens*).

Piensa y comparte

En México, mucha gente como William y Teresa usa la tecnología y también métodos tradicionales para hacer sus tareas (*tasks*) todos los días.

- ¿Cómo imaginas que usan la tecnología?
- ¿Es más fácil tu vida como resultado de la tecnología? ¿Por qué?

Además de ser estudiante, William ayuda en su casa y, a veces, ayuda a su tía (*he helps his aunt*) a preparar las tortillas que vende.

- ¿Es típico para un joven estadounidense ayudar en la casa de esta manera?
- ¿Participas tú en los quehaceres (*chores*) en la casa de tu familia? ¿Por qué?

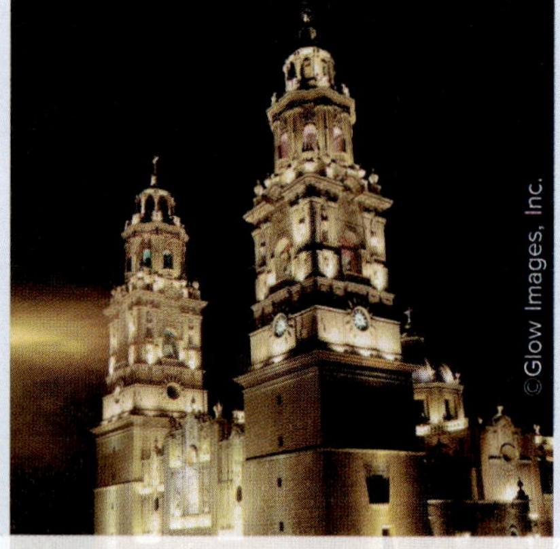

Muchos mexicanos asisten a la iglesia (*go to church*) todas las semanas en lugares como la Catedral de Morelia en Michoacan.

Teresa está preparando tortillas y salsas usando métodos tradicionales. Va vender las tortillas deliciosas en su local (*store*).

*La... *Daily life*

Un mundo sin límites

Moroleón, México

William y Teresa

©deepblue4you/Getty Images
©McGraw-Hill Education/Zenergy

Vocabulario práctico

la preparatoria	high school
la tía	aunt
el negocio	business
los frijoles	beans

Antes de ver

Infórmate y ponte en su lugar.
William y Teresa viven en un pueblo (*town*) pequeño en el estado de Guanajuato, México. William es estudiante, pero no asiste a una escuela; toma todas sus clases en línea y pasa tiempo ayudando a sus padres (*parents*) en la casa. ¿Crees que es fácil o difícil estudiar en casa? ¿Por qué?

©McGraw-Hill Education/Zenergy

©McGraw-Hill Education/Zenergy

¿Entendiste?

A. ¿Cierto o falso?

C	F	
☑	☐	**1.** William y Teresa son de la misma familia.
☐	☑	**2.** William tiene veinte años.
☑	☐	**3.** Teresa cocina (*cooks*) mucho.
☐	☑	**4.** Teresa menciona que es fácil ganar dinero en Moroleón.

B. La vida diaria. In pairs, answer the questions.

1. ¿Cómo son William y Teresa? ¿Notan que son parientes (*relatives*)? ¿Cómo?
2. ¿Cuáles son unas ventajas (*advantages*) y desventajas (*disadvantages*) de estudiar desde casa como William?
3. ¿Les gusta cocinar? ¿Con qué frecuencia cocinan la cena? ¿Qué preparan?
4. ¿Cómo imaginan un día típico de William? ¿En qué actividades participa?

TEMA I: Las obligaciones y los quehaceres

Vocabulario en acción

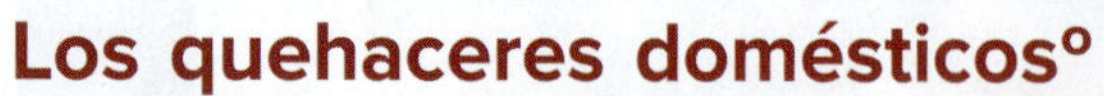

Los quehaceres domésticos°

quehaceres... *chores*

Note: All art for this chapter is available for digital download within Connect (www.mhhe.com/connect).

***Vocabulario en acción*, Note:** Students can assess their understanding and mastery of the vocabulary presented in this chapter by accessing the LearnSmart module for *Capítulo 3* at www.mhhe.com/connect.

Otros quehaceres

arreglar el cuarto	to tidy/clean up the room
cortar el césped	to mow the lawn, cut the grass
lavar la ropa	to wash clothes
limpiar (la casa)	to clean (the house)
poner (*irreg.*) **la mesa**	to set the table
quitar la mesa	to clear the table
secar la ropa	to dry clothes
trabajar en el jardín	to work in the garden/yard
trapear (el piso)	to mop (the floor)

Los aparatos domésticos°

°Los... *Appliances*

la aspiradora	vacuum cleaner
la estufa	stove
el horno	oven
el (horno de) microondas	microwave (oven)
la lavadora	washer, washing machine
el lavaplatos	dishwasher
la secadora	dryer

¿Con qué frecuencia?°

°¿Con... *How often?*

siempre	always
una vez a la semana	once a week
una vez al mes	once a month

Repaso: todos los días

Vocabulario en acción, **Suggestion:** Go over the vocabulary words so that students can hear the correct pronunciation: *Además del estudio o el trabajo, tenemos otras obligaciones en la casa. Son los quehaceres domésticos.* Write *"quehaceres domésticos"* on the board. *Por ejemplo, pasar la aspiradora. A ver, repitan, «pasar la aspiradora». Muy bien. Cocinar..., etc. ¿A quién le gusta cocinar? A mí no me gusta cocinar, pero me gusta planchar...* Follow the same pattern. Point out to students that it is common in Mexico and most of the Hispanic countries to hang laundry outside on the clothesline to dry: *En muchos lugares de México y de muchos países hispanos es común tender la ropa.*

ACTIVIDADES

A. Los aparatos domésticos. Indicate the word that is *not* related.

1. a. cocinar (b.) la secadora c. el horno d. la estufa
2. a. planchar (b.) el horno microondas c. la ropa d. la secadora
3. (a.) el horno b. el piso c. la aspiradora d. barrer
4. a. arreglar el cuarto b. hacer la cama c. sacudir los muebles (d.) cortar el césped
5. a. los platos (b.) doblar c. lavar d. poner la mesa

B. ¿Lógico o ilógico? Indicate if the following sentences are logical (**lógico: L**) or not (**ilógico: I**). If a sentence isn't logical, change it so that it is.

L	I	
☑	☐	**1.** Uso la secadora después de sacar la ropa de la lavadora.
☐	☑	**2.** En mi casa no hay lavaplatos, por eso uso la aspiradora.
☐	☑	**3.** El piso está sucio (*dirty*), por eso sacudo los muebles.
☐	☑	**4.** Me gusta hacer la cama por la noche, después de estudiar.
☑	☐	**5.** Primero voy a lavar la ropa, luego voy a secar la ropa y después, voy a doblar la ropa
☐	☑	**6.** Antes de poner la mesa, quitamos la mesa.
☑	☐	**7.** Alberto va a tender su ropa porque no tiene secadora.
☐	☑	**8.** Cuando llueve, me gusta trabajar en el jardín.

Act. B, **Answers:** *Possible corrections to illogical statements:* **2.** *ilógico: En mi casa no hay lavaplatos, por eso lavo los platos a mano.* **3.** *ilógico: El piso está sucio, por eso barro y trapeo el piso.* **4.** *ilógico: Me gusta hacer la cama por la mañana, antes de salir.* **6.** *ilógico: Después de poner la mesa, comemos y luego quitamos la mesa.* **8.** *ilógico: Cuando hace buen tiempo, me gusta trabajar en el jardín.*

C. ¡Vamos a limpiar!

PASO 1. List five chores from the **Vocabulario en acción** that need to be done in your room or at your house right now. For each item, complete one of the sentences to explain what needs to be done and when you're going to do it.

No me gusta _______, pero voy a _________.

No tengo tiempo (*I don't have time*) para _________, pero voy a ________.

PASO 2. Share your information with a partner. Follow the models.

MODELOS No me gusta trapear el piso, pero voy a trapear el fin de semana que viene. No tengo tiempo para lavar los platos, pero voy a lavar los platos esta noche (*tonight*).

D. Compañeros de casa

PASO 1. Imagine that you and a partner are housemates and that you're going to divide up the chores around the house. Make a list of daily, weekly, and monthly chores, and assign each chore to one person or the other. Include as many chores as you can think of.

PASO 2. Now share your results of **Paso 1** with the class.

MODELO Sue va a sacar la basura todos los días. Las dos (*both of us*) vamos a cocinar todos los días. Yo voy a cortar el césped una vez a la semana.

***Nota interdisciplinaria*, Suggestion:** Have students look up additional information about Inés Saiz, Natalia Lafourcade, and Dorothy Ruiz Martínez, as well as Carmen Victoria Félix and Ali Guarneros Luna, and prepare a brief presentation to share with the class. To avoid too much repetition, you might divide them evenly among students, or present the following information to help them choose the person who most interests them:

- Inés Sainz is the host of the sports interview program *Deportips* and a journalist for Azteca Deportes, the sports division of Mexico's TV Azteca television network. She has also covered numerous international sporting events and has interviewed prominent sports figures, including Rafael Nadal, Alex Rodríguez, Lionel Messi, and Zinedine Zidane.
- Natalia Lafourcade is one of the most important Mexican musicians today and has been known across Latin America since her debut in 2003. Her music mixes pop, rock, and Latin rhythms with the unique voice of a lyric soprano. She has been nominated for Grammy and Latin Grammy Awards, and has won eleven during her career.
- Dorothy Ruiz Martínez is an aerospace engineer working for NASA and specializing in operations on the International Space Station. Raised in Matehuala, San Luis Potosí, during her high school years she moved to the U.S., where she struggled to master English while excelling in mathematics. She graduated from high school with honors and went on to study aerospace engineering, graduating from Texas A&M. Two other Mexican women working for NASA include Carmen Victoria Félix and Ali Guarneros Luna.

Nota interdisciplinaria

Sociología: Changing Gender Roles in Mexico

Lafourcade en la 16ta Entrega Anual de los Premios GRAMMY Latino.

©Kobby Dagan/Shutterstock

Traditionally, Mexican women were responsible for caring for the family and doing household chores, while men generally worked outside their home to provide for their families. However, women's social roles have changed significantly in recent decades due to several factors, but arguably the most important is the increased level of education and awareness women can now achieve. Although conventional attitudes about what constitutes "women's work" still persist in more traditional areas, the increasing rates of higher education for women, and men, even in remote parts of the country, are impacting the dynamic of gender roles, as women pursue education, careers, and independence.

As a result, Mexican women have access now to jobs in traditionally male-dominated fields, such as politics, business, sports, show business, or journalism. Examples of influential Mexican women include Inés Sainz, a well-known sports reporter in Mexico and Latin American, Natalia Lafourcade, a famous singer and songwriter, and Dorothy Ruiz Martínez, a Mexican aerospace engineer working for NASA, to name just a few.

PREGUNTAS

1. What social factors are driving changes in the traditional status of women in Mexico? Are they the same factors that, in your opinion, may exist in every country?
2. What are the roles of women in your community? Are these roles changing? How do they compare to what you have just learned about Mexican society?

Gramática

3.1 Deber/Necesitar + *infinitive*

Expressing Obligation

CULTURES C

GRAMÁTICA EN ACCIÓN

Preparando una fiesta de quinceañera

[*Marisol* ***necesita estar*** *perfecta para su fiesta de quinceañera en una semana. Ella y su familia hablan de las cosas que* ***deben hacer*** *para estar preparados.*]

MARÍA ANTONIA: Roberto, mi amor, **debes cortar** el céspéd el día antes de la fiesta. El jardín **necesita estar** bonito para los invitados.

ROBERTO: Pues claro. Y también **necesito barrer** el patio y **sacar** toda la basura por la mañana antes de ir a la iglesia. Marisol, hija, como es tu día especial, tú no **debes limpiar** nada.

MARISOL: Gracias, papi. Mamá, ¿**debo poner** las mesas? Me gusta mucho arreglar las flores y decorar los platos.

MARÍA ANTONIA: Claro, Marisol. **Necesitamos poner** las mesas muy bonitas. Los invitados **necesitan comer** y **beber** a gusto.

ROBERTO: Todo va a estar perfecto. Y tú, Marisol, no **debes estar** nerviosa. Vas a estar muy guapa y todos vamos a pasar un día muy bonito.

Todos preparados para la fiesta de quinceañera

Acción. Complete each sentence with the correct verb form, based on the dialogue.

1. Los invitados a la fiesta de quinceañera de Marisol __deben__ comer y beber mucho.
2. Marisol no __necesita__ limpiar la casa.
3. María Antonia y Roberto __necesitan__ preparar todo para la fiesta.

Gramática**, Note:** Students can assess their understanding and mastery of the grammar points presented in this chapter by accessing the LearnSmart module for *Capítulo 3:* www.mhhe.com/connect.

GEA**, Note:** The audio for this *GEA* is available through the eBook or the corresponding assignment builder activity on Connect.

GEA**, Culture Note:** Explain to students that *quinceañera* parties (or, *la fiesta de quince años*) are commonly celebrated in Mexico to mark a girl's 15th birthday. There is often a church service and a party for friends and family. Many families throw lavish events, and there is a great deal of preparation involved. The birthday girl (*la quinceañera*) will often have a group of friends who accompany her as she makes her entrance, similar to a wedding party. These friends dress in matching outfits and choreograph special dances for the party. Several symbolic events are a normal part of a *quinceañera* party. For example, the girl's father may give her her first pair of high heels, and at the party she changes into them from flat shoes. She also may receive a doll as a gift, considered to be the last toy of her girlhood. Ask students to compare this to coming-of-age celebrations in their own culture.

The verb **deber** + *inf.* is used to express that someone must or should do something. **Necesitar** + *inf.*, as you learned in **Capítulo 1,** expresses that someone needs to do something. Generally, **necesitar** expresses a slightly stronger sense of obligation than **deber.** Both verbs have regular conjugations.

deber (*should, must*)	
debo	**debemos**
debes	**debéis**
debe	**deben**

necesitar (*to need*)	
necesito	**necesitamos**
necesitas	**necesitáis**
necesita	**necesitan**

Debo limpiar mi cuarto. — *I should clean my room.*

No **necesitas poner** la mesa hasta las 7:00. — *You don't need to set the table until 7:00.*

ACTIVIDADES

A. Los quehaceres. Complete the sentences with the correct form of **necesitar** in the first blank and the correct form of **deber** in the second.

1. Mis compañeros de cuarto y yo ___necesitamos___ lavar la ropa. También ___debemos___ doblar la ropa.
2. Yo ___necesito___ cortar el césped y tú ___debes___ trabajar en el jardín.
3. Julio ___necesita___ pasar la aspiradora y Camilo ___debe___ barrer el piso.
4. Manuel, tú ___necesitas___ poner la mesa y después de comer (*eating*), ___debes___ quitar la mesa.
5. Gabriel y León, Uds. ___necesitan___ barrer el piso. También ___deben___ trapear.
6. Finalmente, nosotros ___necesitamos___ arreglar el cuarto y ___debemos___ hacer la cama.

B. ¿Qué debes hacer?

PASO 1. Ask a partner what he/she should or needs to do at specific or general times. Use the following verbs and expressions, as well as others that you know.

arreglar mi cuarto	lavar los platos	sacudir los muebles
cocinar	planchar la ropa	trapear
cortar el césped	sacar la basura	¿ ?

MODELOS esta noche →
E1: ¿Qué debes/necesitas hacer esta noche?
E2: Debo sacar la basura. / Necesito leer la lección y ver mi programa favorito en la televisión.

1. a las 4:30 de la tarde hoy
2. mañana por la mañana
3. el lunes que viene
4. mañana a las 7:00 de la noche
5. el fin de semana que viene
6. pasado mañana
7. esta noche
8. el mes que viene

PASO 2. Form a small group with another pair, and take turns asking each other about your partner's obligations. Compare your answers, and decide which member of the group has the most obligations.

Vocabulario práctico

antes de... / después de...
por la mañana/tarde/noche
solo para ocasiones especiales
todos los días
una vez a la semana / al mes / al año

C. Mis quehaceres

PASO 1. Write a complete sentence using **deber** or **necesitar**, indicating how frequently you should or need to do each chore. If you don't (need to) do a chore, use **no necesitar**. Create a chart to show the chores you do and the frequency.

MODELO planchar la ropa → Debo planchar la ropa una vez a la semana. / No necesito planchar la ropa.

1. planchar la ropa
2. arreglar el cuarto
3. hacer la cama
4. lavar los platos
5. lavar la ropa
6. sacar la basura

PASO 2. Exchange charts with a partner. Based on the chart, write three questions to ask about the chores, how often your partner does them, and why.

MODELO ¿Por qué planchas la ropa una vez a la semana? Yo solo plancho la ropa para ocasiones especiales.

PASO 3. Now interview each other using the questions you wrote for **Paso 2** and determine which of you is more of a *neat freak*: **tiene obsesión por el orden.** **¡OJO!** In Spanish, as in English, when someone is asked why (**por qué**) he/she does or did something, the response almost always includes the word *because* . . . (**porque...**).

MODELO E1: ¿Por qué planchas la ropa una vez a la semana? Yo solo plancho la ropa para ocasiones especiales.
E2: Porque trabajo en una oficina los miércoles y viernes.

D. Los quehaceres de cuatro familias

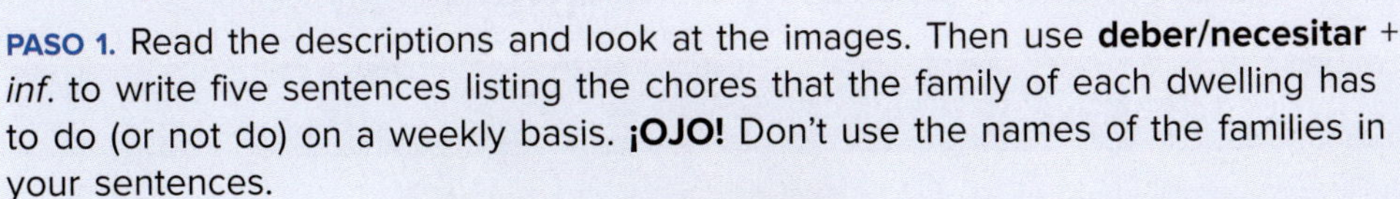

PASO 1. Read the descriptions and look at the images. Then use **deber/necesitar** + *inf.* to write five sentences listing the chores that the family of each dwelling has to do (or not do) on a weekly basis. **¡OJO!** Don't use the names of the families in your sentences.

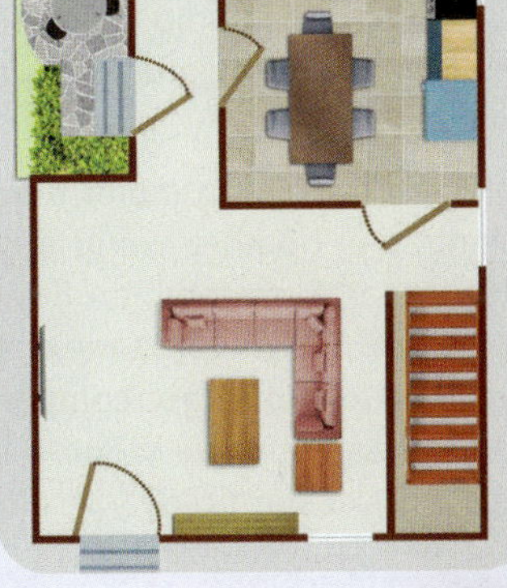

La gran mayoría (*the vast majority*) de los mexicanos vive en casas como esta de la familia Rosales en la ciudad de Oaxaca.

En Ciudad de México, un 32 por ciento de las personas vive en departamentos (*apartments*) como este de la familia Alonso.

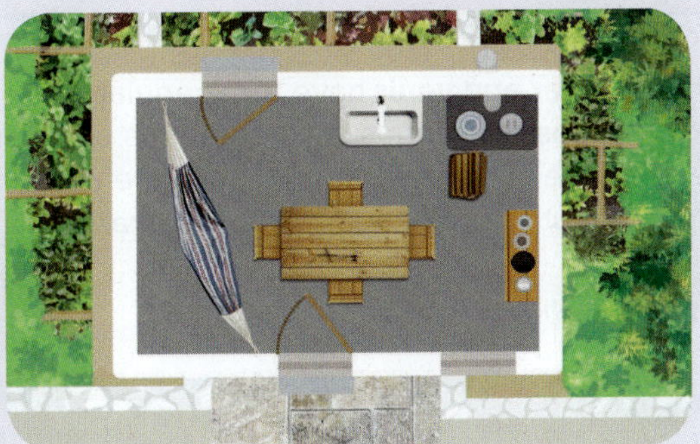

En Tekantó, Yucatán, una zona tropical, la familia López vive en una casa muy rústica y tradicional.

Jalisco es una región de México donde cultivan (*they cultivate*) agave, un ingrediente del tequila. Hay grandes haciendas, como esta de la familia Escutia.

PASO 2. With a partner, take turns reading your lists and guessing which family or dwelling the other person is describing, based on the chores mentioned.

***Act. D*, Suggestion:** Have students describe these dwellings and, using gustar, talk about which one they like the most and why.

Some Stem-Changing Verbs

Todos tienen responsabilidades en la casa.

***GEA*, Note:** The audio for this *GEA* is available through the eBook or on Connect.

***GEA*, Suggestion:** Have students discuss how traditional family life has changed in their community, and how household chores are divided in their own families. This is a good opportunity to have them practice using *ir + a + inf.* to talk about how they plan to organize their household tasks in the future, as well.

3.2 Tener, venir, preferir, and querer

GRAMÁTICA EN ACCIÓN

La familia mexicana

Hoy en día hay en México varios modelos de familia. Hay muchos hogares que solo **tienen** a un padre o una madre, o que consisten en parejas que **prefieren** no tener hijos. En la mayoría del país el matrimonio entre personas del mismo sexo es legal, así que la idea de la familia tradicional mexicana **viene** de estereotipos más que de la realidad.

Claro que hay familias tradicionales en las que la mujer **tiene** todas las responsabilidades domésticas mientras el hombre **viene** a casa después de su trabajo cada día para comer y descansar. Pero también hay muchas familias modernas que **prefieren** otra estructura. Las mujeres mexicanas de hoy **tienen** la oportunidad de trabajar si **quieren** y, si lo **prefieren**, compartir las tareas domésticas con sus parejas o pagar a alguien que **viene** a la casa para hacerlas. De todas formas, no hay una familia mexicana típica y la division de los quehaceres de la casa refleja eso.

Acción. Complete each sentence with the correct form of **tener, preferir,** or **querer,** based on the passage.

1. Muchas familias mexicanas no __tienen__ una estructura tradicional.
2. Ahora si __quiere__, en muchas familias mexicanas, la madre __tiene__ un trabajo fuera de la casa.
3. Cuando los dos padres trabajan, a veces __prefieren__ emplear a una persona para limpiar y cocinar.

The **yo** forms of **tener** and **venir** have the irregular ending **-go.** With the exception of the **nosotros** and **vosotros** forms, all other forms of **tener, venir, preferir,** and **querer** change the **-e-** of the verb stem to **-ie-.** These are called stem-changing verbs. You will learn more about stem-changing verbs in **Gramática 3.3.**

tener (*to have*)	
tengo	**tenemos**
tienes	**tenéis**
tiene	**tienen**

venir (*to come*)	
vengo	**venimos**
vienes	**venís**
viene	**vienen**

preferir (*to prefer*)	
prefiero	**preferimos**
prefieres	**preferís**
prefiere	**prefieren**

querer (*to want*)	
quiero	**queremos**
quieres	**queréis**
quiere	**quieren**

A. The verb **tener** is used in many common expressions that are expressed with *to be* in English. These are common **tener** expressions that you will need to know.

tener... años	to be . . . years old
tener (mucho) calor	to be (very) hot
tener cuidado	to be careful
tener éxito	to be successful
tener (mucho) frío	to be (very) cold
tener ganas de + *inf.*	to feel like (*doing something*)

tener (mucha) hambre	to be (very) hungry
tener miedo (de)	to be afraid (of)
tener prisa	to be in a hurry
tener razón	to be right
no tener razón	to be wrong
tener (mucha) sed	to be (very) thirsty
tener sueño	to be sleepy
tener (mucha) suerte	to be (very) lucky

Nota comunicativa

Tener que + *inf.*

Earlier in this chapter you saw two ways to express obligation, with the verbs **deber** and **necesitar.** Another way of expressing obligation in Spanish is with the expression **tener que** + *inf.*, which means *to have to* (*do something*).

Hoy **tenemos que lavar** la ropa.	*Today we have to do laundry.*
¿A qué hora **tienes que estar** en casa?	*What time do you have to be home?*

B. The verbs **preferir** and **querer** express preference and desire for things when followed by nouns, but they are also often used to express preference and desire for actions when followed by a verb in the infinitive.

Yo **prefiero estudiar** en la residencia pero mi compañero de cuarto **quiere invitar** a sus amigos a mirar una película. — *I prefer to study in the dorm, but my roommate wants to invite his friends to watch a movie.*

ACTIVIDADES

A. Un mensaje de voz (*voice*). Listen to the voice message that Susana left for her friend, María, and indicate whether the statements are true (**C**) or false (**F**).

C	F	
☑	☐	**1.** Susana no tiene que trabajar esta tarde.
☐	☑	**2.** Susana prefiere mirar la televisión.
☐	☑	**3.** Susana no quiere patinar en el parque.
☑	☐	**4.** Anita también quiere ir al parque.
☐	☑	**5.** Anita tiene que trabajar hasta las 5:00.
☐	☑	**6.** Anita prefiere andar en bicicleta.

***Act. A,* Script:** *Hola, María. Soy Susana. No tengo que trabajar esta tarde y no quiero estar en casa. No quiero limpiar la casa y no quiero mirar la tele. Quiero pasar tiempo con mis amigas. Prefiero ir al parque, andar en bicicleta, pasear o patinar. Anita también quiere ir con nosotras, pero ella tiene que trabajar hasta las 4:00. Anita prefiere tomar el sol en el parque. ¿Qué prefieres tú? Hablamos por teléfono más tarde. ¿OK? Hasta luego.*

B. Nuestras actividades. Complete the sentences with the correct form of **tener, venir, preferir,** or **querer. ¡OJO!** You will need to choose the correct verb for each sentence, depending on the context.

1. Todos los fines de semana, mis amigos ___vienen___ a mi casa.
2. No me gusta caminar o andar en bicicleta en mi tiempo libre. Yo ___prefiero / quiero___ leer una novela.
3. El fin de semana que ___viene___, mis amigos y yo ___queremos / preferimos___ ir al gimnasio.
4. ¿Cuándo ___tienes___ (tú) que trabajar?
5. Elisa no ___quiere___ estudiar el fin de semana que ___viene___.
6. ¿(Tú) ___Prefieres / Quieres___ patinar o correr?
7. Después de clase, mis compañeros de cuarto y yo ___venimos___ a casa.
8. Voy a descansar un poco porque ___tengo___ sueño.

Nota cultural

¿Qué onda?

¿Qué onda?

The phrase **¿qué onda?**, used in Mexico, means *what's up?* **Buena onda** and **mala onda** are used in Mexico to refer to people or situations.

Juan es buena onda.	Juan is a good/cool guy.
Paco es mala onda.	Paco is a jerk.
¡Qué buena onda!	Sweet! How cool!
¡Qué mala onda!	What a bummer!

***Act D, PASO 1*, Answers: 1.** *tiene* **2.** *tiene* **3.** *tiene* **4.** *prefieren* **5.** *viene* **6.** *quieren* **7.** *prefiere* **8.** *tiene* **9.** *vienen* **10.** *quieren* **11.** *tienen*

***Act. D*, Culture Note:** The text mentions three popular foods and drinks in Guadalajara. *Birria* is a stew, usually made with mutton or goat meat, lime, and adobo spices. Some consider it a hangover remedy. *Tortas ahogadas* are a type of sandwich made with a crisp, salty bread called *birote*. The sandwich is drowned (hence the name, *ahogada*) in a spicy sauce which may be chili or tomato based. When ordering these sandwiches, it's natural to request them either *media ahogada* or *bien ahogada*, depending on how much sauce one wants. Finally, *tejuino* is a fermented corn drink that dates back to pre-Columbian times. Its alcohol content is actually fairly low, and it's frequently sold by street vendors. Normally lime ice cream, lime juice, and ice are included when served.

C. Mis actividades. Work with a partner to answer the questions.

1. ¿Qué prefieres hacer en el tiempo libre durante el verano? ¿Y durante el invierno? ¿Por qué?
2. ¿Qué días tienes que asistir a clase? ¿A qué hora tienes que llegar al campus?
3. ¿Para qué clases tienes que estudiar mucho? ¿Dónde prefieres estudiar?
4. ¿Qué tienes que hacer este fin de semana? ¿Qué quieres hacer este fin de semana?
5. ¿Vienen tus amigos de otras ciudades de visita con frecuencia? ¿Qué prefieren hacer cuando vienen?
6. ¿Qué quieres hacer durante las próximas (*next*) vacaciones? ¿Prefieres pasar las vacaciones con amigos o con la familia?

D. La vida de Ana y David. Each of you will complete a version of the passage in **PASO 1.** First, decide which of you will be **Estudiante 1** vs. **Estudiante 2. Estudiante 2** should turn to Appendix III for the passage.

Estudiante 1

PASO 1. Complete the passage with the correct form of each verb in parentheses. Some information is missing.

Ana y David viven en Guadalajara, México. Ana **(tener)**[1] ¿________? años y David **(tener)**[2] 30 años. Los dos **(tener)**[3] éxito en sus trabajos; David es profesor de ¿________? en la Universidad de Guadalajara y Ana es programadora en una de las muchas compañías de tecnología en la ciudad. Los dos trabajan muchas horas cada semana y **(preferir)**[4] pasar su tiempo libre explorando la ciudad. Por eso, emplean a una muchacha que **(venir)**[5] a limpiar su casa cada ¿________?. Como resultado, ellos hacen[a] lo que **(querer)**[6] en su tiempo libre.

A Ana le gusta explorar la arquitectura ¿________? de la ciudad, mientras David **(preferir)**[7] ir a los restaurantes para comer sus platos favoritos como birria o tortas ahogadas. A veces Ana **(tener)**[8] ganas de beber un tejuino, así que sus amigos **(venir)**[9] y van a su bar favorito.

Los dos **(querer)**[10] asistir al Festival Internacional de Cine[b] en el mes de ¿________?. Y cada año en el mes de septiembre van a la Feria Internacional Gastronómica. ¡La Feria representa cuarenta países! Ana y David están muy felices y **(tener)**[11] mucha suerte de vivir en una ciudad con mucha vida y cultura como Guanajuato.

[a]*do* [b]*film*

Una torta ahogada

PASO 2. After completing the passages, and without looking at each other's work, ask questions to fill in the missing information about Ana and David.

Expresiones artísticas

La Catedral Metropolitana

La Catedral Metropolitana, en el Zócalo de Ciudad de México
©Luiz Felipe Castro/Flickr/Getty Images

Mexico City's Metropolitan Cathedral is the largest church in Latin America and the heart of the world's largest Roman Catholic diocese. It is located on the north side of the Zócalo, which is known officially as the Plaza de la Constitución. Built over a number of years (1525–1813), many architectural and decorative styles were integrated into the structure, including classical, baroque, and neoclassical styles. Inside the cathedral, the sacristy, the choir, and the Altar de los Reyes—with sculptures of kings and queens who have been canonized—are masterpieces of these different artistic styles. The facade is divided into three sections, which are flanked by the two monumental bell towers that rise 67m[a] above the Zócalo.

[a] *220 feet*

REFLEXIÓN

1. Name the closest large religious institution in the area where you live. Do you consider it an icon of culture for the community? Explain.
2. Cathedrals often play a double role: one for the religious community and another as a tourist attraction. What other religious institutions and architectural points of interest do you know of that also attract tourists?
3. Do you think that going to church can be considered a social practice as well as a religious one? Explain.

***Expresiones...*, Suggestions:**
- Ask students if they know how to say *cathedral* in Spanish (*catedral*). Point out that the word in both languages comes from the Latin term *cathedra* (*chair*), chair being a reference to the person directing, teaching, or giving instructions. A *cathedral* serves the same guiding role.
- Point out that the Catholic Church plays an important role in the personal and spiritual lives of many Mexicans.

Un mundo sin límites

Moroleón, México

William y Teresa

Antes de ver

Infórmate y ponte en su lugar.
Teresa prepara y vende tortillas usando métodos tradicionales. William ayuda muchos días por la mañana. ¿Ayudas en un negocio familiar? ¿Te gusta? Si no, ¿en qué actividades domésticas tienes que participar en la casa de tu familia? ¿Es importante la participación de todos los miembros de una familia?

©deepblue4you/Getty Images
©McGraw-Hill Education/Zenergy

©McGraw-Hill Education/Zenergy

Vocabulario práctico

la rutina	routine
me levanto	I get up
el nixtamal	prepared maize (*Aztec*)
el molino	mill
la masa	dough
moler	to grind
los chiles	peppers
el local	shop
los clientes	customers
rejuntamos	we gather
colgamos	we hang
la canasta	basket
los trastes	dishes/utensils
el lavadero	laundry sink
fastidioso	annoying

***Act A*, Answers: 1.** *a las seis de la mañana* **2.** *Prepara salsas.* **3.** *tres* **4.** *los fines de semana*

¿Entendiste?

A. Comprensión. Answer the questions.

1. ¿A qué hora va Teresa a su trabajo?
2. ¿Cómo ayuda William específicamente en la preparación de las tortillas?
3. ¿Cuántas personas viven en la casa y ayudan con los quehaceres?
4. ¿En qué días de la semana lavan la ropa William y su familia?

B. La vida diaria. In pairs, answer the questions.

1. ¿Crees que es importante conservar tradiciones como la preparación de tortillas? ¿Por qué?
2. En su opinión, ¿es fácil o difícil el trabajo de Teresa? ¿Por qué? ¿Compran Uds. productos locales como sus tortillas?
3. ¿Cómo secan la ropa, con una secadora o al aire? ¿Hay alguna ventaja a desventaja de las dos maneras?
4. ¿Cuál es el quehacer favorito de William? ¿Cuál es su menos preferido?
5. ¿Por qué terminan rápidamente los quehaceres William y su familia? ¿Uds. también trabajan rápidamente?

TEMA II: El tiempo libre

Vocabulario en acción

Las distracciones y otros pasatiempos

***Vocabulario en acción,* Note:** Students can assess their understanding and mastery of the vocabulary presented in this chapter by accessing the LearnSmart module for *Capítulo 3:* at www.mhhe.com/connect.

***Vocabulario en acción,* Suggestion:** Use the illustrations in the textbook, picture files, or a PowerPoint presentation to introduce the vocabulary. Model pronunciation by pointing out items in the illustrations and, as you go, ask students questions to check their comprehension: *Vamos a aprender otros pasatiempos. Por ejemplo, tomar una copa, jugar a las cartas... A mí me gusta tomar una copa los fines de semana y para relajarme, me gusta practicar yoga. ¿A quién le gusta tomar copas los fines de semana? ¿Y a mí? ¿me gusta tomar una copa los fines de semana? Sí, es cierto,* etc.

asistir	to attend, go to
a la iglesia	church
a la mezquita	(the) mosque
a la sinagoga	(the) synagogue
hacer (*irreg.*) **ejercicio**	to exercise
ir (*irreg.*) **al cine**	to go to the movies
jugar (**ue**) **a los videojuegos**	to play videogames
pasarlo bien/mal	to have a good/bad time
tomar un café	to have coffee
tomar una siesta	to take a nap
ver (*irreg.*) **una película / una serie**	to watch a movie / series

Cognados: el masaje, la meditación

Repaso: caminar, correr, escuchar música, jugar al dominó, mirar la televisión; la piscina

ACTIVIDADES

A. Después de un día difícil

PASO 1. Indicate the activities you prefer to do after a hard day. **¡OJO!** You can include other activities that you learned in **Capítulo 2.**

☐ **1.** escuchar música
☐ **2.** hacer ejercicio
☐ **3.** hacer yoga
☐ **4.** asistir a la iglesia/mezquita/sinagoga
☐ **5.** ir al cine
☐ **6.** jugar a las cartas
☐ **7.** jugar a los videojuegos
☐ **8.** jugar al billar
☐ **9.** jugar al dominó
☐ **10.** levantar pesas
☐ **11.** tomar un café
☐ **12.** tomar una copa
☐ **13.** tomar una sauna
☐ **14.** tomar una siesta
☐ **15.** ¿ ?
☐ **16.** ¿ ?

PASO 2. Tell where you might go to do each of the activities in **Paso 1. ¡OJO!** You can use words from the **Vocabulario práctico** or names of specific places in your area.

Vocabulario práctico	
el bar	**el club**
el café	**la discoteca**
la casa (de mi amigo/a, novio/a, etc.)	**el gimnasio**
el centro comercial (*mall*)	**la universidad**

MODELOS Voy al gimnasio a levantar pesas.
Me gusta asistir a la sinagoga Beth Shalom los sábados.

B. Asociaciones.
Match the sentences to form logical, continuous thoughts.

d **1.** Jorge y su compañero de cuarto necesitan estudiar más esta noche.
a **2.** Nora va a una fiesta con su amiga.
c **3.** A Íñigo le gusta hacer ejercicio.
f **4.** La familia Gómez es muy religiosa.
g **5.** Horacio pasa mucho tiempo en el bar.
e **6.** Nancy desea ver la nueva película de Guillermo del Toro.
b **7.** Pablo está muy cansado.

a. Van a tomar una copa y a bailar.
b. Necesita tomar una siesta.
c. Levanta pesas todos los días.
d. Deben tomar café.
e. Va al cine esta noche.
f. Va a la iglesia todos los domingos.
g. Le gusta jugar al billar.

***Act. B, item 6,* Culture Note:** Tell students that Guillermo del Toro is a film director and producer born in Guadalajara, Mexico. He became interested in film in his teens. As an adult he worked for years in different aspects of filmmaking, especially make-up and special effects, before forming his own company. Del Toro eventually broke into the Hollywood scene and is known for directing films such as *Hellboy* (2004), *El laberinto del fauno* (*Pan's Labyrinth*) (2006), *Hellboy II: The Golden Army* (2008) and *Pacific Rim* (2013). His latest film, *The Shape of Water* (2017), won many awards, including four Academy Awards in 2018. Show the trailers for *Pan's Labyrinth, Hellboy,* and *The Shape of Water*, and have students come up with characteristics that all three movies have in common.

C. Consejos (*Advice*)

PASO 1. With a partner, offer at least two pieces of advice for the person(s) in these situations. **¡OJO!** Use **deber, necesitar,** or **tener que** in your answers. Follow the model.

MODELO Esteban tiene mucho trabajo y está muy estresado. →
Esteban debe hacer yoga o levantar pesas. No debe tomar café.

1. Marina necesita bajar de peso (*lose weight*).
2. A Angélica le gusta mucho ver películas, pero no tiene televisión.
3. Alberto está cansado, pero tiene que trabajar por la noche.
4. Marcos está en casa. Hace mal tiempo y Marcos está muy aburrido.
5. Amalia y Carmen están muy nerviosas. Mañana tienen un examen.
6. Son las 8:00 de la mañana. Daniel tiene que ir a clase, pero no tiene energía.

PASO 2. Your instructor will choose two of the situations in **Paso 1.** Share your advice for those people with the class, then decide which of the class's suggestions are the best for each of the two situations.

***Act. C, Paso 2:* Suggestion:** Write the names of two people from items 1–6 on the board and ask for volunteers to share their advice for those people. If time permits, have students write the answers themselves. Then have students vote on which advice is the best for each person.

D. Las obligaciones y las diversiones. With a partner, ask and answer questions using phrases from each column, adding words as necessary. You can answer truthfully, or invent answers. Your partner should guess if your sentences are true or false for you.

MODELO E1: ¿Qué te gusta hacer antes de un examen?
E2: Me gusta hacer yoga (antes de un examen).
E1: No, no es cierto.
E2: Sí, es cierto. Asisto a las clases de yoga en el centro estudiantil.

antes de después de	+	clase un examen limpiar la casa quitar la mesa sacudir los muebles trabajar	+	debo me gusta necesito tengo que voy a	+	andar en bicicleta escuchar música jugar a las cartas / a los videojuegos jugar al billar / al dominó levantar pesas mirar la televisión hacer yoga tomar un café / una siesta ¿ ?

***Act. D,* Suggestion:** Review question formation to ensure that students have well-formed questions. You may want to point out that they should start formulating their questions with the verbs in the third column. For example: *¿Qué tienes que hacer antes de clase? ¿Qué te gusta hacer después de limpiar la casa?*

E. Mi profesor(a)

PASO 1. Write three sentences telling what you think your instructor likes to do to relax, is going to do to relax today, and doesn't have time to do.

1. A mi profesor(a) le gusta...
2. Esta tarde mi profesor(a) va a...
3. Mi profesor(a) no tiene tiempo para...

PASO 2. As a class, take turns asking your instructor questions, and try to ask follow-up questions, as in the model. Take notes about your instructor's answers.

MODELO ESTUDIANTE: ¿A Ud. le gusta jugar a los videojuegos?
PROFESOR(A): Sí, me gusta jugar a los videojuegos.
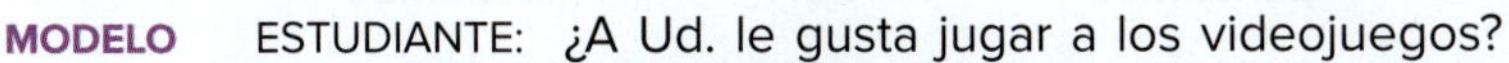
ESTUDIANTE: ¿Y cuál es su videojuego favorito?
PROFESOR(A): Bueno (*Well*), mi videojuego favorito es... Me gusta mucho.

PASO 3. Using your notes from **Paso 2,** write at least three sentences describing an "ideal" relaxing day for your instructor. What does he or she do to relax? Which activities does he or she avoid?

MODELO En un día ideal, mi profesor(a)...

***Act. E, Paso 3,* Suggestion:** Have students share their sentences with you and the rest of the class. You may pick your favorite "ideal" relaxing day from the ones presented.

Gramática, **Note:** Students can assess their understanding and mastery of the grammar points presented in this chapter by accessing the LearnSmart module for *Capítulo 3:* at www.mhhe.com/connect.

3.3 More Stem-Changing Verbs

GRAMÁTICA EN ACCIÓN

¿Qué podemos hacer después de clase?

[*Ignacio y Lourdes, estudiantes de la Universidad de las Américas,* ***piensan*** *pasar tiempo con su nuevo amigo, Andrew. Andrew es un estudiante extranjero de Toronto.*]

***GEA,* Suggestion:** Have students identify the stem-changing verbs in the *GEA* that they have already had (*tener, preferir, querer*).

IGNACIO: ¿Qué prefieren hacer primero?
LOURDES: Quiero comer algo, pero no en la universidad, porque **almuerzo** aquí casi todos los días. Vamos al Mercado de Cholula, donde **sirven** unas quesadillas deliciosas.
ANDREW: Después, **¿podemos** ir a la pirámide?
LOURDES: Claro. ¡Tienes que visitar nuestra pirámide!
IGNACIO: ¿A qué hora **piensan** volver? Tengo otro examen mañana.
LOURDES: No estoy segura. ¿A qué hora **cierran** el parque y el museo?
IGNACIO: **Podemos** preguntar en el mercado. De todos modos, Andrew, no **puedes** ver todo en un día. Es muy grande, con la iglesia, el museo, los túneles...
ANDREW: ¿Túneles arqueológicos? ¿Se **pierden** muchas personas en los túneles?
IGNACIO: ¡No, hombre! Hay mapas y si **pides** un guía, no pasa nada.

Un túnel en la Gran Pirámide de Cholula
©Paco Alcantara/Getty Images

Acción. Indicate the correct verb to complete each sentence.

1. Lourdes casi siempre __d__ en la universidad.
2. El parque __e__ por la tarde.
3. Ignacio __c__ a casa para estudiar más.
4. Lourdes __a__ pedir una quesadilla en el mercado.
5. Andrew no __b__ ver todo el parque en un día.

a. quiere
b. puede
c. vuelve
d. almuerza
e. cierra

***GEA,* Note:** The audio for this *GEA* is available through the eBook or on Connect.
***GEA,* Culture Note:** Tell students that Universidad de las Américas is in Cholula, a small city outside of Puebla, Mexico. Cholula was, in pre-Columbian times, the religious capital of the area. Show photos of *la Gran Pirámide de Cholula* and explain that it was constructed starting in the 2nd century; it became the largest pyramid in the world when a second pyramid was built on top of the first one. Around 10 km of underground tunnels have been excavated and visitors can walk through 800 m of passageways. When presenting this information, ask students if they have ever visited pyramids or similar ruins and whether they would be nervous or excited to visit ancient tunnels.
Grammar Chart, Suggestion: Point out that these are sometimes referred to as "shoe" or "boot" verbs, because, if you outline the forms with the stem changes, it resembles a shoe or boot.

You have already seen in **Gramática 3.2** how verbs like **querer** and **preferir** have a change to their stem vowel. Many other common verbs in Spanish have spelling changes in their stems when conjugated in the present tense. These changes affect all forms except **nosotros** and **vosotros.** The patterns can be seen in the following verb charts. There are three types of stem changes in the present tense: **e → ie, o → ue,** and **e → i.**

STEM CHANGE e → ie			
pensar (*to think*)		**perder** (*to lose*)	
pienso	**pensamos**	**pierdo**	**perdemos**
piensas	**pensáis**	**pierdes**	**perdéis**
piensa	**piensan**	**pierde**	**pierden**

Other common verbs with an **e → ie** stem change:

cerrar	to close	**entender**	to understand
empezar	to begin	**tender (la ropa)**	to hang clothes

STEM CHANGE **o → ue**			
almorzar (*to have lunch*)		**volver** (*to return*)	
almuerzo	**almorzamos**	**vuelvo**	**volvemos**
almuerzas	**almorzáis**	**vuelves**	**volvéis**
almuerza	**almuerzan**	**vuelve**	**vuelven**

Other common verbs with an **o → ue** stem change:

dormir	to sleep	**mostrar**	to show
encontrar	to find	**poder**	to be able
jugar*	to play	**soler** + *inf.*	to usually (do something)

STEM CHANGE **e → i**			
pedir (*to ask for; to order*)		**servir** (*to serve*)	
pido	**pedimos**	**sirvo**	**servimos**
pides	**pedís**	**sirves**	**servís**
pide	**piden**	**sirve**	**sirven**

Other common verbs with an **e → i** stem change:

conseguir[†]	to get, obtain	**seguir**[†]	to continue; to follow

A. Several stem-changing verbs can be followed by an infinitive. Note that the expression **pensar** + *inf.* translates as *to plan to* (*do something*).

Mucha gente **prefiere tomar** vacaciones en agosto.	*Many people prefer to take vacations in August.*
Los estudiantes **suelen tomar** mucho café durante la semana de los exámenes finales.	*Students usually drink lots of coffee during the week of final exams.*
Pablo no **puede salir** con nosotros.	*Pablo can't go out with us.*
Nosotros **pensamos viajar** a la costa este fin de semana.	*We are planning to travel to the coast this weekend.*

B. Some stem-changing verbs form common expressions with the addition of a preposition.

1. **empezar** + **a** + *inf.* = *to begin to* (*do something*)

Muchas personas **empiezan a hacer** yoga porque tienen mucho estrés en sus vidas.	*Many people start doing yoga because they have a lot of stress in their lives.*

2. **pensar** + **en** + *noun* = *to think about* (*something*)

Todos debemos **pensar en** el futuro.	*We should all think about the future.*

3. **volver** + **a** + *inf.* = *to* (*do something*) *again*

Vuelvo a mirar mis películas favoritas cuando tengo tiempo libre.	*I watch my favorite movies again when I have free time.*

***jugar** *is the only* **u → ue** *stem-changing verb in Spanish. As you saw in* **Capítulo 2, jugar** *is generally followed by* **a** *when speaking about playing a game or sport; for example,* **jugar al tenis.**

[†]**(con)seguir → (con)sigo, (con)sigues, (con)sigue,...**

C. The formula **seguir** + *present participle* is used to express a continuing action or situation. Note that the translation of **seguir** varies depending on the context.

¿**Sigues trabajando** en el laboratorio de computadoras?	*Are you still working at the computer lab?*
Seguimos estudiando para el examen hasta cinco minutos antes de la clase.	*We keep studying for the test until five minutes before class.*

D. Stem-changing **-ir** verbs have a stem change in their *present participle* form as well.

e → i: conseguir → consiguiendo; pedir → pidiendo; preferir → prefiriendo; seguir → siguiendo; servir → sirviendo

o → u: dormir → durmiendo

ACTIVIDADES

A. Asociaciones. Match each sentence to the correct verb form, based on the context.

1. Yo siempre _c_ un rato después de la clase de química.
2. Cuando mis amigos y yo _a_ en un restaurante, siempre pedimos pizza.
3. Laura no _f_ la lección de gramática. Necesita hablar con su profesora.
4. Mis amigos y yo _e_ a las cartas frecuentemente.
5. Ellos _d_ la ropa porque no hay una secadora en su casa.
6. Tú y yo _g_ la puerta cuando escuchamos música.
7. Ella siempre _b_ las llaves (*keys*) y no puede entrar en su apartamento.

a. almorzamos
b. pierde
c. duermo
d. tienden
e. jugamos
f. entiende
g. cerramos

Nota cultural, **Culture Note:** Ask students to share the information they found on the Internet about the *Virgen de Guadalupe.* Provide additional information from the content of this annotation, if needed. According to traditional stories, the Virgin of Guadalupe appeared to an indigenous man, Juan Diego, at the top of Tepeyac Hill, on December 12, 1531, and asked for a chapel to be built at that site in her honor. When Juan Diego told his story to the bishop, the bishop told Juan Diego to return and ask the Virgin for a miracle to prove her request. The Virgin granted his wish and the bishop ordered a chapel to be built on the hill, near the same location where the current basilica stands in Mexico City today.

B. Un día típico. Complete each sentence with the correct form of the verb in parentheses.

1. Yo _empiezo_ **(empezar)** a estudiar la lección.
2. Mis amigos _juegan_ **(jugar)** al billar.
3. Tú _pides_ **(pedir)** una hamburguesa.
4. La profesora _piensa_ **(pensar)** tomar café.
5. Los estudiantes _almuerzan_ **(almorzar)** en la cafetería.
6. Tú _puedes_ **(poder)** levantar pesas después de clase.
7. Nosotros _entendemos_ **(entender)** la lección y no necesitamos estudiar más.

Nota cultural

La Virgen de Guadalupe

CULTURES

On December 12, thousands of Mexican Catholics visit the Basilica of Guadalupe in Mexico City to venerate the Virgin of Guadalupe, Mexico's most popular revered religious image.

The Virgin of Guadalupe was officially recognized by the Roman Catholic Church in 1737 and eventually named Patroness of Mexico and the Americas. The Virgin of Guadalupe is not only a religious icon, but a symbol of today's Mexican popular culture as well. Images of her are seen everywhere: in churches, homes, stores, taxis, buses, offices, and even in tattoos.

La imagen original de la Virgen de Guadalupe
©RONALDO SCHEMIDT/ Getty Images

PREGUNTAS

COMMUNICATION

1. Do you know of other cultures that have significant cultural icons? Which ones? How do people relate to those icons in their daily lives?
2. Had you ever heard about the **Virgen de Guadalupe** before reading this **Nota cultural?** If so, what have you heard? Search the Internet for more information and share your findings with the class.

C. Entrevista. Interview a classmate using the following questions. Then switch roles. Elaborate on your answers and provide as many details as possible.

1. ¿Qué piensas hacer este fin de semana? ¿Quieres salir con tus amigos? ¿Qué tienes que hacer?
2. ¿Dónde almuerzas normalmente? ¿Qué restaurante prefieres para un almuerzo rápido (*quick*)?
3. ¿Cuántas horas duermes cada noche? ¿Debes dormir más (*more*)?
4. ¿Juegas deportes? ¿Juegas videojuegos? ¿Cuáles son tus favoritos? ¿Por qué?
5. ¿Con qué frecuencia sueles hablar por teléfono con tu familia? ¿Prefieres hablar o escribir mensajes de texto (*text messages*)?

COMMUNICATION **Act. C, Suggestion.** After students have interviewed each other, follow up with a whole class discussion based on the questions. You may rephrase the questions in order to expose students to a wider variety of conjugations of the verbs. This may be a good opportunity to recycle previous grammar concepts. For example, after asking *¿Quién piensa pasar tiempo con amigos este fin de semana?*, follow up by asking a few individual students *¿Qué vas a hacer?*

CULTURES COMMUNICATION

D. ¿Dónde me puedes encontrar? Look at the photos representing locations in Mexico. With a partner, take turns selecting one of the locations and asking each other yes/no questions in order to identify your location. Use as many verbs from this lesson as possible.

MODELO: E1: Estoy pensando en un lugar.
E2: ¿Puedes ir a la playa?
E1: No.
E3: Hay montañas cerca?
E1: Sí.
E4: ¿...?

Puebla es una ciudad colonial importante en las montañas cerca de la capital del país. Si visitas Puebla, puedes ver los edificios coloniales o asistir a un partido de béisbol, que es un deporte muy popular en esta ciudad. En el Callejón (*alley*) del sapo (*toad*) hay lugares para ir de compras o tomar un café. Si tienes tiempo, ¡los tacos de Puebla son deliciosos!

©Image Source (left); ©Glow Images (right)

Oaxaca es un estado en el suroeste (*southwest*) de México donde la cultura indígena (*indigenous*) tiene mucha importancia. Allí puedes ver bailes tradicionales y vendedores de artesanías (*artisan vendors*) en las calles. Los jardínes etnobotánicos son muy interesantes y puedes ir casi cualquier (*any*) día ya que casi siempre hace calor y no llueve mucho.

©Rodrigo Torres/Glow Images (left); ©Dave Moyer (right)

Puerto Vallarta tiene playas hermosas y un clima muy agradable, ¡casi siempre hace buen tiempo! Además de playas, resorts y restaurantes al lado del agua, Puerto Vallarta tiene unos jardínes botánicos (*botanical gardens*) muy bonitos y una iglesia colonial donde puedes sacar muchas fotos. Si vas a Puerto Vallarta, ¡puedes tomar el sol y ver lugares históricos!

©Dave Moyer (both images)

La Ciudad de México es la capital del país y una ciudad enorme con muchas actividades diferentes. Puedes asistir a una clase de yoga, comer comida típica en los restaurantes y visitar muchos museos. Normalmente no hace mucho calor ni mucho frío, así que puedes disfrutar de todas las oportunidades que la ciudad ofrece.

©Rafael Ben-Ari/123RF (left); ©Chris Clinton/Photodisc/Getty Images (right)

Some Irregular Verbs

3.4 Hacer, poner, oír, salir, traer, and ver

GRAMÁTICA EN ACCIÓN

Julio y sus amigos vienen a la Biblioteca José Vasconcelos para estudiar.

©GUILLERMO OGAM/Notimex/ CIUDAD DE MÉXICO DISTRITO FEDERAL MÉXICO

***GEA*, Note:** The audio for this *GEA* is available through the eBook or on Connect.

***GEA*, Culture Note:** Construction of the José Vasconcelos Library in Mexico City was completed in 2006, and cost almost $100 million. It includes open scaffold-like shelving as well as sculptures by famous artists. One notable work by Gabriel Orozco consists of a painted whale skeleton, a symbol of the establishment. Due to problems with its construction, the library had to be closed for 22 months between 2007 and 2008. It is now open to the public, and considered an accomplishment in the field of architecture. Ask students to brainstorm all of the things that one can do at a library and all the ways in which communities benefit from them. Do they use your school's library often? What for?

Los fines de semana

[*Dos amigos charlan enfrente de la Biblioteca José Vasconcelos en Ciudad de México.*]

JULIO: Oye, Rodrigo, ¿qué **haces** los fines de semana?

RODRIGO: Bueno, depende. Los sábados son para descansar, pero siempre **hago** ejercicio o juego al tenis por la mañana. Después, regreso a casa, **pongo** la televisión y **veo** un partido de fútbol o béisbol, o **hago** otra cosa para descansar. Pero en la noche, siempre **salgo** con mis cuates.

JULIO: ¿Y los domingos?

RODRIGO: Ja, ja... Mis amigos y yo somos muy responsables. Los domingos no **hacemos** cosas muy divertidas. Pensamos en nuestras obligaciones. Normalmente **traigo** mis libros a la biblioteca y **hago** la tarea para mis cuatro clases. Vengo aquí porque necesito silencio. En la residencia, mis compañeros de cuarto siempre **ponen** música o **ven** la televisión mientras lavan la ropa y pasan la aspiradora.

JULIO: Mmm... Comprendo. Ay, ¡es hora de trabajar! Bueno, ¡nos **vemos**!

Acción. Match each sentence to the verb form that best completes it.

1. Los sábados, Rodrigo _d_ ejercicio por la mañana.
2. Rodrigo no _a_ la televisión porque necesita silencio para estudiar.
3. Los compañeros de cuarto de Rodrigo _b_ música mientras limpian el apartamento.
4. Rodrigo y sus amigos _c_ los sábados por la noche.

a. ve
b. ponen
c. salen
d. hace

A. The verbs **hacer, poner, salir, traer,** and **ver** have some irregular conjugations.

hacer (*to do; to make*)	
hago	**hacemos**
haces	**hacéis**
hace	**hacen**

poner (*to put, place*)	
pongo	**ponemos**
pones	**ponéis**
pone	**ponen**

salir (*to leave; to go out*)	
salgo	**salimos**
sales	**salís**
sale	**salen**

traer (*to bring*)	
traigo	**traemos**
traes	**traéis**
trae	**traen**

oír (*to hear*)	
oigo	**oímos**
oyes	**oís**
oye	**oyen**

ver (*to see; to watch*)	
veo	**vemos**
ves	**veis**
ve	**ven**

B. The verbs **hacer, poner,** and **salir** are often used in a variety of expressions, sometimes with alternate meanings. Here are a few examples.

hacer una fiesta	to throw a party
hacer ejercicio	to exercise
poner	to turn on (*an electrical appliance or music*)
salir (con)	to go out (with)
salir de	to leave from (*a place*)
salir para	to leave for (*a place*)

C. For most Spanish speakers, the verbs **mirar** and **ver** can be used interchangeably when referring to watching something like television or a movie. Note, however, that only **ver** can be used to mean *to see*.

Los lunes Eugenio **mira/ve** su programa favorito en la televisión.	*On Mondays Eugenio watches his favorite program on television.*
¿**Ves** al hombre alto? Es mi papá.	*Do you see the tall man? He's my dad.*

ACTIVIDADES

A. Las mañanas en casa de Amelia. Complete Amelia's narration about mornings in her home with the correct form of **hacer, poner, oír, salir, traer,** or **ver**.

Las mañanas son muy ajetreadas.[a] Todos los días, papá ___sale___[1] a correr por media hora antes de desayunar. Entonces, prepara café y ___pone___[2] la radio. Por eso, aunque[b] mi hermano y yo no ___vemos___[3] la televisión entre semana, ___oímos___[4] las noticias[c] todos los días. Mamá prepara el desayuno[d] mientras yo ___pongo___[5] la mesa. Desayunamos juntos[e] todas las mañanas. Después de desayunar, mi hermano ___hace___[6] un sándwich. ___Trae___[7] un sándwich y fruta al colegio[f] porque no le gusta almorzar en la cafetería. Yo no ___traigo___[8] almuerzo[g] porque prefiero comer con mis amigas en la cafetería. A las 8:00 en punto, todos nosotros ___salimos___[9] de casa. Yo ___salgo___[10] con mi hermano para el colegio y mis padres van al trabajo.

[a]*busy* [b]*although* [c]*news* [d]*breakfast* [e]*together* [f]*school* [g]*lunch*

Act. B, **Suggestion.** Before reading the script, remind students to focus on listening and identifying the subjects. You may choose to read the script twice, pausing between readings to give students time to process and write down their answers.

Act. B, **Script.** *Estoy muy contenta porque mis amigas y yo no tenemos clases esta semana, porque estamos de vacaciones. Nuestra rutina es más divertida porque podemos descansar y no tenemos que hacer tarea. Normalmente, por la mañana, Isabel y Rosita salen a pasear y yo tomo café y pongo la televisión. Ellas vuelven a la casa y nosotras hacemos yoga por una hora. Después, salimos al mercado. En el mercado vemos muchas cosas interesantes. Todas las noches cenamos juntas en casa y, a veces, después de cenar, salimos a bailar. Hoy por la noche, voy a poner la mesa para cinco personas, porque nuestros amigos Juan y Carmen vienen a cenar con nosotras. Ellos traerán una pizza y yo haré una sangría. Vamos a oír música, comer mucho y charlar. ¡Qué divertido!*

B. De vacaciones con las amigas

PASO 1. Listen carefully to Ana describe her time with her friends during spring break. As you listen, identify the subject of each activity. The first one is done for you.

_e_	**1.** poner la televisión	**a.** Isabel y Rosita
_e_	**2.** poner la mesa	**b.** Juan y Carmen
_b_	**3.** traer pizza	**c.** nosotras
_c_	**4.** hacer yoga	**d.** todos
_d_	**5.** oír música	**e.** yo
_c_	**6.** salir al mercado	
_c_	**7.** ver muchas cosas interesantes	

PASO 2. Now write a complete sentence for each activity, using the subjects you identified in **Paso 1.**

MODELO poner la televisión: yo → Pongo la televisión.

PASO 3. Interview a partner, asking each other the following questions about your activities when on vacation with friends.

Cuando estás de vacaciones con tus amigos...

1. ¿sales por la noche? ¿Te gusta comer en restaurantes con tus amigos?
2. ¿haces muchas cosas interesantes? ¿Qué hacen tus amigos y tú?
3. ¿ves mucho la televisión? ¿Qué programa ven todos tus amigos?
4. ¿traes tus libros para estudiar? ¿Por qué?

C. ¿Cuándo tienes tiempo?

PASO 1. Using the following options, write four questions to ask your classmates when they participate in some of these activities.

MODELO ver deportes en la televisión → ¿Cuándo ves deportes en la televisión?

ver deportes en la televisión
salir con amigos
poner la lavadora
hacer ejercicio en el gimnasio
hacer una fiesta elegante
ver una película en el cine
oír música nueva en la radio
traer tu computadora a clase

***Act. C, Paso 2,* Suggestion:** Have students work with classmates they haven't worked with before. To achieve this, assign groups by quickly numbering the students off using the numbers 1 through 4, then have all students move to their groups based on their assigned numbers.

COMMUNICATION

PASO 2. In small groups, take turns asking each other all of your questions, and jot down some notes based on the responses your classmates give, and their names.

PASO 3. Individually, write a summary of your conversation in four or five complete sentences.

MODELO Todos nosotros salimos con amigos los fines de semana. Sara y Daniel traen su computadora a clase todos los días, etcétera.

Nota cultural

Food and Social Norms

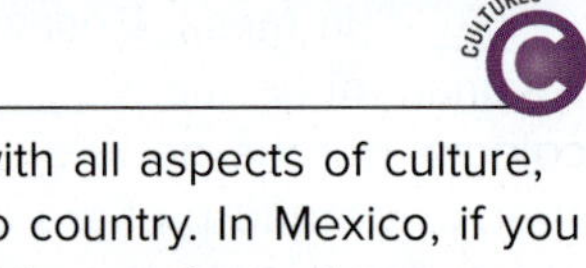

En un restaurante mexicano
©Stella Kalinina/Getty Images

Dining etiquette, as with all aspects of culture, differs from country to country. In Mexico, if you invite someone to eat in a restaurant, you are expected to pay the bill. Requesting separate checks is considered socially unacceptable by most Mexicans. The dress code at a restaurant is quite strictly observed. In formal restaurants, men typically dress in suit and tie and women wear formal dresses. In less formal locations, business casual attire is appropriate, but wearing very casual clothing is inappropriate, especially for dinner. Other points of etiquette: keep both hands above the table, use knife and fork—except for food like tacos or tostadas—, and engage in conversation.

Conversation is an important aspect of social breakfasts, lunches, and dinners. People may spend two or more hours enjoying their meal and chatting with each other. Leaving immediately after eating is regarded as rude.

PREGUNTAS

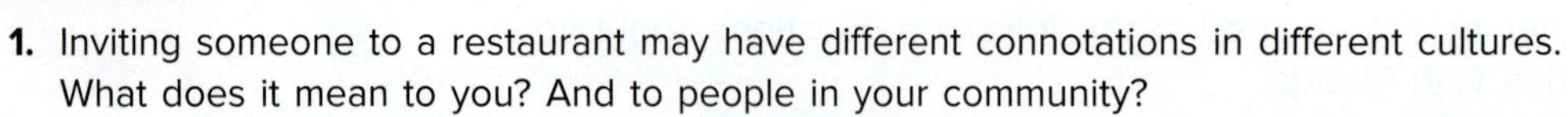

1. Inviting someone to a restaurant may have different connotations in different cultures. What does it mean to you? And to people in your community?
2. Compare Mexican dining etiquette—dress code, time spent during meals, manners at the table—to that in your community. Is it similar or different? How?

D. La vida estudiantil en Cuernavaca. First determine who is **Estudiante 1** versus **Estudiante 2. Estudiante 2** should turn to **Appendix III** to complete the activity.

Xochi and Jorge are best friends and students who live in Cuernavaca, Mexico, and do almost everything together. Each month, they use a digital calendar to share activities they want to do in the city. You will work with a partner to complete this month's calendar.

***Act. D*, Suggestion:** Have students use their phones or laptops to look up the locations mentioned in the activity and describe them to each other in small groups.

Salto de San Antón en Cuernavaca

Cerámica de Chichén Itzá

Estudiante 1

Take turns asking and answering questions to fill in the missing information on the calendar. Use the correct forms of **hacer, poner, oír, salir, traer,** and **ver** when asking and answering questions. **¡OJO!** Xochi's entries are in blue and Jorge's are in green.

hoy | día | semana | mes

lunes	martes	miércoles	jueves	viernes	sábado	domingo
		1 X: Salgo con Julia para el ¿__? en el Jardín Juárez.	**2**	**3** J: Ponen la nueva exposición de arte en el Museo Muros.	**4** X: Vemos teatro en Ecozona en el Zócalo.	**5**
6 X: Salimos para ver ¿__? en el Centro Histórico.	**7**	**8**	**9** J: Hago meditación con Raúl cerca del salto de San Antón.	**10**	**11**	**12**
13	**14**	**15**	**16**	**17** J: ¿__? traen tacos acorazados; nosotros hacemos pozole blanco.	**18**	**19**
20	**21** X: Hacen una lectura de poesía en el Palacio de Cortés.	**22**	**23**	**24**	**25** X: Salimos con Julia y Victor al cine.	**26**
27	**28**	**29**	**30**	**31** J: Vemos la nueva exposición de cerámica local en el Centro ¿__?		

ANTES DE LEER

PASO 1. Read the title and subtitle of the passage and look at the photographs. Then make a list of ideas that you think will be important in the reading.

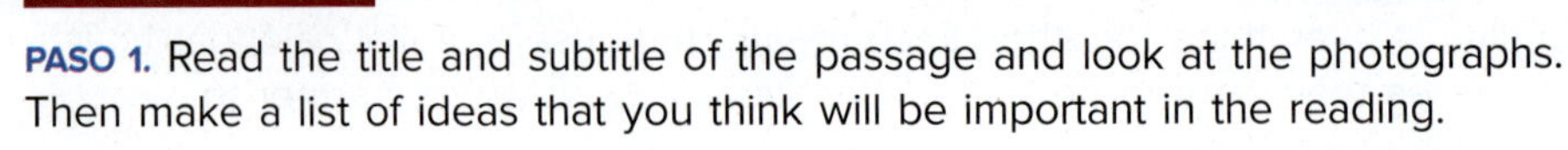

______________ ____ ______________ ____

______________ ____ ______________ ____

______________ ____ ______________ ____

PASO 2. Now read the section headings. In which sections do you think you will find your ideas from **Paso 1**? Write the number of the section next to each idea.

Lectura cultural, Suggestion: Tell students the approximate exchange rate for 100 Mexican pesos.

Lectura cultural, Culture Notes:

- Have students look up Guadalajara's location on the map of Mexico as well as a few facts about its size and historical importance.
- Point out that Guadalajara has managed to blend tradition and modernity and is nowadays known as the Mexican Silicon Valley, the main producer of technology and software in Mexico.

Eventos o lugares que puedes disfrutar[a] en Guadalajara durante el año por menos[b] de 100 pesos

Guadalajara se distingue por la amplia gama[c] de actividades y eventos que ofrece para pasar el tiempo libre a bajo costo.[d]

1. CinemaLive - ¡Cine al aire libre!

Una pantalla inflable[e] gigante, algunos puestos[f] de comidas y distintos géneros[g] de películas son la suma perfecta para pasar una buena noche. La entrada[h] es totalmente gratis y el evento se hace todo el año, excepto cuando llueve o hace mucho frío.

Parque metropolitano en Zapopan: Jueves y sábados, 19:00

Paseo Chapultepec: Sábado, 20:00

2. Vía RecreActiva

Andar en bicicleta, patinar, pasear con el perro o salir a correr son actividades que se pueden hacer todos los domingos de 8:00 a 14:00 horas, cuando en el área metropolitana de Guadalajara se cierran las avenidas principales y no se permite el tráfico en la zona. Es la excusa perfecta para disfrutar de la ciudad con calma y apreciar los monumentos históricos, las magníficas glorietas y sus edificios hermosos.

[a]*to enjoy* [b]*less* [c]*range* [d]*a… at low cost* [e]pantalla… *inflatable screen* [f]*stalls* [g]*genres* [h]*ticket*

©AGF/Getty Images

3. Festival cultural de mayo

Un evento perfecto para los amantes de la música y el teatro. Cada año, un país invitado participa con obras de teatro, conciertos y grupos de danza representativos de su cultura en distintos puntos de la ciudad. Algunos espectáculos son gratis y en otros es necesario pagar,[i] pero se puede obtener entradas por un precio de solo 100 pesos.

4. Tianguis[j] de Chapultepec

Los sábados por la tarde, desde las 17:00, la avenida Chapultepec se transforma en una especie de mercado al aire libre con una multitud de puestos y vendedores ambulantes[k] que exhiben artículos[l] muy variados y delicias para comer muy económicas. Una parte de la avenida se cierra al tráfico y se instalan escenarios para bandas y músicos que entretienen a todos.

[i] *to pay* [j] *open market* [k] vendedores... *street vendors* [l] *items*

Source: FanaLopez, "14 Eventos o lugares que puedes disfrutar en Guadalajara a lo largo del año por menos de 100 pesos" *Buzzfeed*, January 31, 2016.

DESPUÉS DE LEER

A. ¿Es cierto? Based on the reading, indicate the statements that are true.

- ☑ **1.** En Guadalajara hay pasatiempos para personas de gustos (*tastes*) diferentes todo el año.
- ☐ **2.** Las actividades de tiempo libre no incluyen eventos culturales.
- ☑ **3.** Hay eventos que no cuestan dinero (*cost money*) para participar.
- ☑ **4.** Muchos de los programas que ofrece Guadalajara son al aire libre.

B. A explorar más. Complete the chart indicating the activities that each program offers, where it takes place, and when.

PROGRAMA	ACTIVIDADES	LUGAR	CUÁNDO
CinemaLive			
Vía RecreActiva			
Festival cultural			
Tianguis			

Act. B, Answers: *(Possible answers)* **1.** *CinemaLive: Ver películas, en el Parque metropolitano en Zapopan los jueves y sábados a las 19:00 y en Paseo Chapultepec los sábados a las 20:00.* **2.** *Vía RecreActiva: Andar en bicicleta, patinar, pasear con el perro o salir a correr en el área metropolitana de Guadalajara todos los domingos de las 8:00 a las 14:00 horas.* **3.** *Festival cultural de mayo: Asistir a obras de teatro, conciertos y grupos de danza en distintos puntos de la ciudad en mayo de cada año.* **4.** *Tianguis de Chapultepec: Pasear por el mercado, comer en puestos ambulantes y escuchar música de bandas en la Avenida Chapultepec todos los sábados por la tarde, desde las 17:00 horas.*

C. Conversación. Working in small groups, discuss the program in which each of you would like to participate. Justify your explanations with information from the text.

Palabra escrita

Developing Your Ideas: Collecting Information. Another way to generate ideas is by collecting information about the topic of your composition. This strategy is necessary when the subject of your composition goes beyond your personal experience and knowledge. The resources you use to collect information are varied, ranging from searching Internet sources to presenting people with questionnaires to simply interviewing your classmates. It all depends on the topic of your composition. For the purpose of this composition, you will interview your classmates.

You are going to write a brief composition about your daily activities and those of a classmate. The title of this composition is **Una semana típica**, and the purpose will be to share with the reader—in this case, your instructor—what you and your classmate usually do during a typical week of the school year.

A. Lluvia de ideas. Brainstorm a list of activities that correspond to each category.

1. mis obligaciones durante una semana típica
2. las obligaciones que no me gustan y las que prefiero hacer
3. actividades que hago para relajarme los días entre semana
4. mis distracciones y pasatiempos de los fines de semana

B. Entrevistas

PASO 1. First, formulate questions in Spanish that you will use to ask your classmate to find out what his or her obligations are, which ones he or she prefers, and what he or she does to relax during his or her free time.

PASO 2. Now use your questions from **Paso 1** to interview your classmate. As you interview him or her, take notes on the responses.

C. Cómo organizar tus ideas. Review the information you collected. Are there preferences, obligations, or pleasurable activities that you have in common? Are there things that only one of you does? Then organize your ideas in a logical order.

MODELO Durante una semana típica mi compañero/a y yo debemos ___________, ___________, ___________. A mí no me gusta ___________, pero a él/ella sí le gusta. Yo prefiero ___________. También tenemos que ___________, ___________, ___________. Para relajarnos después de las clases, a mí me gusta ___________, pero él/ella prefiere ___________. Durante el fin de semana, nuestras distracciones favoritas son ___________, ___________.

D. A escribir. Now write the first draft of your composition with the information that you have collected in **Actividades A** and **B.**

E. El vocabulario y la estructura

PASO 1. Review the vocabulary and the grammar sections of this chapter, and consider the following questions about your composition.

1. Have you included all the information you need for the purpose of your writing?
2. Is the vocabulary appropriate?
3. Have you used expressions of obligation such as **deber** and **necesitar** correctly? Have you checked the spelling of irregular verbs?
4. Do the verb forms agree with their subjects?
5. Do adjectives agree with the nouns they modify?

PASO 2. Rewrite your composition and hand it in to your instructor.

Conexiones culturales

¿A lavar? ¿A llevar? o ¿A mandar[a]?

Lavar la ropa es un quehacer universal..., pero no todos[b] la lavan de la misma manera.[c] En México, vas a encontrar diferentes maneras de completar este quehacer doméstico.

©Elías Martín del Campo

Muchas familias tienen una lavadora en casa, pero todavía[d] hay algunas[e] que usan «lavaderos». Un lavadero está dividido en dos partes: la pila[f] donde pones agua y detergente y la tabla de lavar.[g] Las secadoras no son muy populares en México. La gente suele tender la ropa en tendederos[h] para secar.

Las personas que viven en ciudades[i] más grandes tienen otras opciones. En Ciudad de México, por ejemplo, es posible llevar la ropa a una lavandería[j] donde un empleado[k] lava, seca y dobla la ropa. El próximo[l] día, regresas para recogerla[m] y para pagar por kilo.[n]

©Elías Martín del Campo

©Elías Martín del Campo

¡Hoy día también puedes usar internet para lavar la ropa! Vas a un sitio web como *lavadero.mx*, pides en línea y luego un empleado viene a tu casa u oficina de trabajo y recoge la ropa. En veinticuatro horas, te traen[ñ] la ropa limpia y doblada

[a]A... *To send* [b]no...*not everyone* [c]misma... *same way* [d]*still* [e]*some* [f]*basin* [g]table... *washboard* [h]*clotheslines* [i]*cities* [j]*lavandería* [k]*employee* [l]*next* [m]*to pick it up* [n]por... *by the kilo* [ñ]te... *bring you*

REFLEXIÓN

With a partner, discuss the following items.

1. Growing up, how did you go about doing your laundry? Is it different from how you do your laundry at your university? How is it similar to and/or different from doing laundry in Mexico?
2. Have you ever been to a laundromat? Compare and contrast US and Mexican laundromats.
3. To what do you attribute the growing popularity in online laundry services? Have you ever used one? If not, would you ever? Go to lavadero.mx. How much does it cost to have your laundry done in Mexico City? (*Remember prices are in Mexican pesos. Convert to USD.*)

Un mundo sin límites

Moroleón, México

William y Teresa

©deepblue4you/Getty Images
©McGraw-Hill Education/Zenergy

Antes de ver

Infórmate y ponte en su lugar.
¡La familia de William y Teresa va a hacer una fiesta! Todos los miembros de la familia van a ayudar. ¿Cuáles son los pasos (*steps*) necesarios para dar una fiesta divertida y exitosa (*successful*)? ¿Qué tienes que hacer antes, durante y después?

©McGraw-Hill Education/Zenergy

Vocabulario práctico

festejar	to celebrate
la madre	mother
el abuelo	grandfather
Jardín	Garden (*area in Guanajuato*)
el regalo	gift
bien vestidos	well-dressed
la carne	meat
la parrilla	grill
los celebrados	people being celebrated
un pedazo de pastel	piece of cake
Las Mañanitas	Mexican birthday song
los cubiertos	utensils
la cuchara	spoon
el cumpleaños	birthday
platicar	to chat
la guitarra	guitar

¿Entendiste?

A. ¿Cierto o Falso?

C	F	
☐	☑	**1.** Van a celebrar cinco cumpleaños de miembros de la familia.
☐	☑	**2.** William saca a los animales temprano (*early*) el día de la fiesta porque necesita asistir a su clase de guitarra.
☑	☐	**3.** El padre de William va a preparar la carne.
☐	☑	**4.** La parrilla de la familia está en el jardín de la casa.
☑	☐	**5.** La familia tiene una tradición muy chistosa (*funny*) con el pastel de cumpleaños.

B. La vida diaria. In pairs, answer the questions.

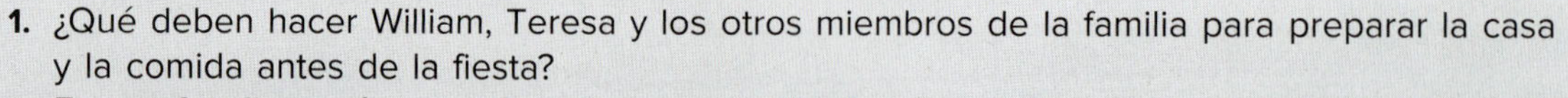

1. ¿Qué deben hacer William, Teresa y los otros miembros de la familia para preparar la casa y la comida antes de la fiesta?
2. En sus familias, ¿cómo celebran los cumpleaños? ¿Cómo son similares y diferentes sus celebraciones a la fiesta de la familia de William y Teresa?
3. ¿Prefieren Uds. comprar o preparar la comida cuando hacen una fiesta? ¿Qué comidas sirven, normalmente? ¿Traen comida los invitados (*guests*)?
4. ¿Tienen Uds. alguna tradición especial como la familia de William y Teresa con el pastel de cumpleaños? ¿Cómo es?

Vocabulario

Los quehaceres domésticos	Domestic chores
arreglar el cuarto	to tidy/clean up the room
barrer (el piso)	to sweep (the floor)
cocinar	to cook
cortar el césped	to mow the lawn, cut the grass
doblar la ropa	to fold clothes
hacer (*irreg.*) **la cama**	to make the bed
lavar los platos	to wash the dishes
limpiar (la casa)	to clean (the house)
pasar la aspiradora	to vacuum
planchar (la ropa)	to iron (clothes)
poner (*irreg.*) **la mesa**	to set the table
quitar la mesa	to clear the table
sacar la basura	to take out the trash
sacudir los muebles	to dust (the furniture)
secar la ropa	to dry clothes
tender (ie) la ropa	to hang clothes
trabajar en el jardín	to work in the garden/yard
trapear (el piso)	to mop (the floor)

Repaso: lavar la ropa

Los aparatos domésticos	Appliances
la aspiradora	vacuum cleaner
la estufa	stove
el horno	oven
el (horno de) microondas	microwave (oven)
la lavadora	washer, washing machine
el lavaplatos	dishwasher
la secadora	dryer

¿Cón qué frecuencia?	How often?
a diario/a	daily
siempre	always
una vez a la semana / al mes	once a week/month

Repaso: todos los días

Las distracciones	Entertainment/Hobbies
asistir	to attend, go to
hacer ejercicio/yoga	to exercise, do yoga
ir (*irreg.*) **al cine**	to go to the movies
levantar pesas	to lift weights
pasarlo bien/mal	to have a good/bad time
tomar una siesta	to take a nap
el billar	pool (billiards)
el café	(cup of) coffee
las cartas	cards (*game*)
la copa	drink (*alcoholic*)
la iglesia	church
la mezquita	mosque
la película	movie
la serie	series (*TV or internet*)
la sinagoga	synagogue
el videojuego	videogame

Cognados: el masaje, la meditación, la sauna
Repaso: caminar, correr, escuchar música, jugar (ue) al dominó, mirar la televisión, la piscina

Otros verbos	
almorzar (ue)	to eat lunch
cerrar (ie)	to close
conseguir (*like* **seguir**)	to get, obtain
deber + *inf.*	should, ought to (*do something*)
dormir (ue)	to sleep
empezar (ie)	to begin
empezar a + *inf.*	to begin to (*do something*)
encontrar (ue)	to find
entender (ie)	to understand
hacer	to make, do
mostrar (ue)	to show
oír (*irreg.*)	to hear
pedir (i)	to ask for; to order
pensar (ie) (en)	to think (*about*)
pensar + *inf.*	to plan to (*do something*)
perder (ie)	to lose
poder (ue)	to be able
poner	to put, place; to turn on (*lights/appliance*)
preferir (ie)	to prefer
querer (ie)	to want
salir (*irreg.*)	to go out; to leave
seguir (i)	to continue; to follow
seguir + *pres. part.*	to keep / still be (*doing something*)
servir (i)	to serve
soler (ue) + *inf.*	to usually (*do something*)
tener (*irreg.*)	to have
traer (*irreg.*)	to bring
venir (*irreg.*)	to come
ver (*irreg.*)	to see; to watch
volver (ue)	to return (*to a place*)
volver a + *inf.*	to (*do something*) again

Repaso: necesitar

Expresiones con el verbo *tener*	
tener... años	to be . . . years old
tener (**mucho**) **calor**	to be (very) hot
tener cuidado	to be careful
tener éxito	to be successful
tener frío	to be cold
tener ganas de + *inf.*	to feel like (*doing something*)
tener (**mucha**) **hambre**	to be (very) hungry
tener miedo (de)	to be afraid (of)
tener prisa	to be in a hurry
tener que + *inf.*	to have to (*do something*)
tener razón	to be right
no tener razón	to be wrong
tener (**mucha**) **sed**	to be (very) thirsty
tener sueño	to be sleepy
tener (**mucha**) **suerte**	to be (very) lucky

Otras palabras y expresiones	
la cosa	thing
el trabajo	work
esta noche	tonight
¿por qué?	why?
porque	because

Capítulo 4 ¿Cómo es tu familia?

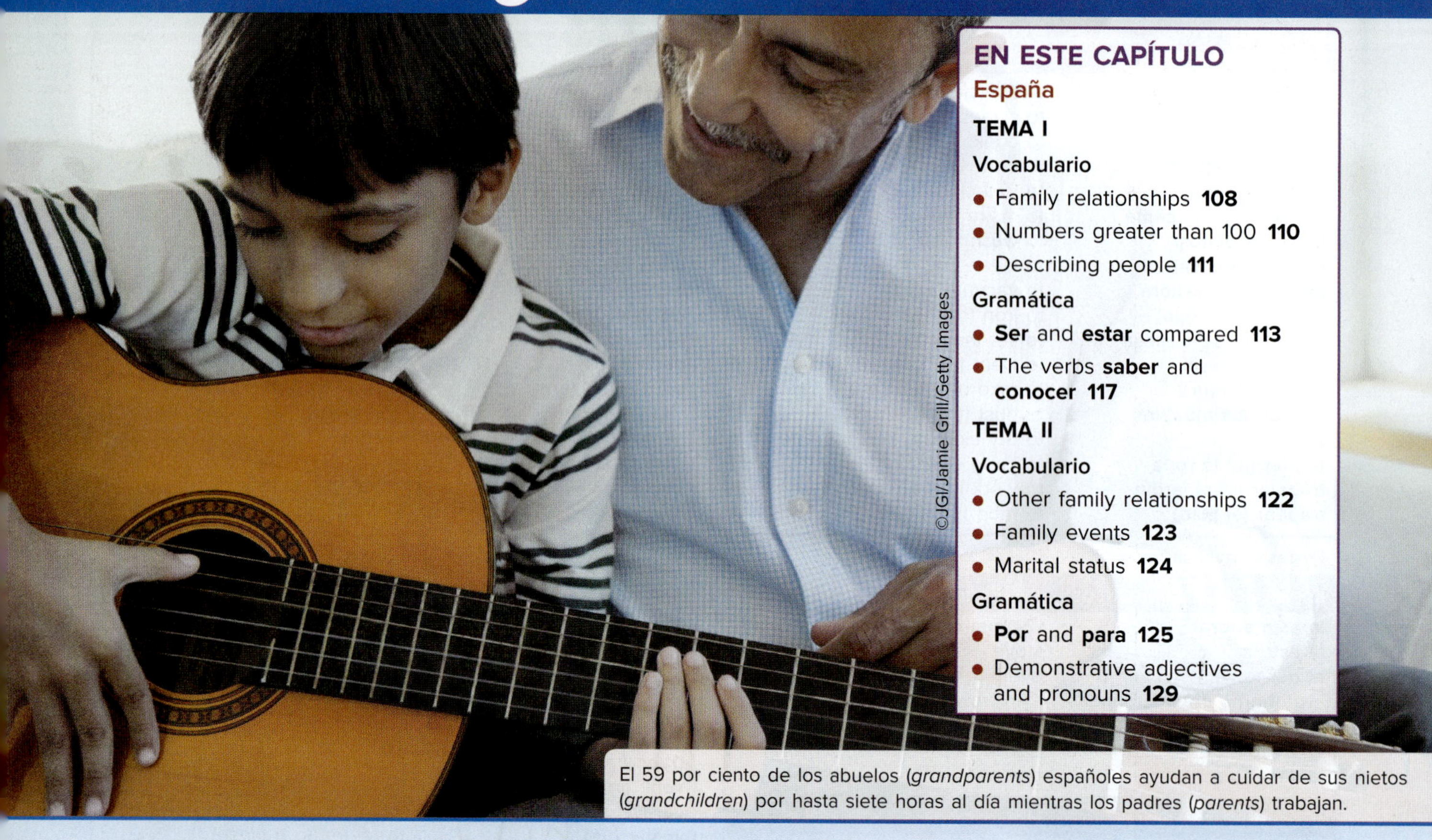

EN ESTE CAPÍTULO

España

El 59 por ciento de los abuelos (*grandparents*) españoles ayudan a cuidar de sus nietos (*grandchildren*) por hasta siete horas al día mientras los padres (*parents*) trabajan.

Piensa y comparte

- ¿Cómo es tu familia? ¿Cuántos miembros tiene? ¿La consideras una familia típica? ¿Por qué?
- ¿Piensas que la edad promedio para casarse en España es similar o diferente a la edad en Estados Unidos? ¿Es bueno esperar para empezar una familia? ¿Por qué?
- ¿Están cambiando los modelos de familia en Estados Unidos? ¿Cómo son diferentes las familias de ahora en comparación con las familias del pasado?
- Piensa en una familia famosa de la realidad o de la ficción. ¿Cómo es similar a tu familia? ¿Cómo es diferente?

En España, la edad promedio de casarse (*average age at marriage*) es de 33 años; muchas parejas esperan tener una carrera y situación económica estable para empezar el matrimonio.

El rey (*king*) Felipe VI y su esposa, la reina (*queen*) Letizia, representan cambios en la monarquía ya que Letizia no es de una familia noble y estaba divorciada (*she was divorced*) cuando conoció (*she met*) al futuro rey.

Un mundo sin límites

Madrid, España

Allen y Rubén

©deepblue4you/Getty Images
©McGraw-Hill Education/Zenergy

Antes de ver

Infórmate y ponte en su lugar.
Rubén y Allen mantienen una relación unida (*close*) con la familia de Rubén. ¿Con qué frecuencia pasas tiempo con tu familia extendida? ¿De qué hablan o no hablan? ¿Por qué? ¿Quieres tener una relación más unida con ellos?

Vocabulario práctico

la lingüística hispánica	Spanish linguistics
un colegio	elementary school
el grado de lenguas	degree in language
el doctorado	doctorate
la pareja	significant other; couple
la comida rápida	fast food
la diversidad	diversity
el mundo cultural	cultural world

©McGraw-Hill Education/Zenergy

©McGraw-Hill Education/Zenergy

¿Entendiste?

A. ¿Cierto o falso?

C	F	
☐	☑	**1.** Allen lleva trece años viviendo en Madrid.
☑	☐	**2.** Allen está en España para estudiar.
☐	☑	**3.** Rubén trabaja en un colegio.
☑	☐	**4.** Allen ahora es estudiante de doctorado.
☐	☑	**5.** Rubén prefiere la comida rápida.

B. ¿Cómo es tu familia? En parejas, contesten las preguntas.

1. ¿Por qué vive Allen en Madrid? ¿Es fácil encontrar a una familia en un país nuevo? ¿Por qué necesitamos tener una familia en nuestras vidas?
2. No es fácil para Allen hacer el viajer para visitar a su familia en los Estados Unidos. ¿Qué pueden hacer para mantener el contacto?
3. Describan a Rubén y Allen. ¿Cómo son físicamente? ¿Cómo son sus personalidades? ¿Qué tienen en común? ¿Cómo son diferentes? ¿Piensan Uds. que en el amor los opuestos se atraen (*opposites attract*)? ¿Por qué?
4. ¿Cuáles son dos cosas que, según Rubén, les gusta de Madrid? Para Uds., ¿son importantes esos factores? ¿Por qué?

TEMA I: La familia nuclear

Vocabulario en acción, **Note:** Students can assess their understanding and mastery of the vocabulary presented in this chapter by accessing the LearnSmart module for *Capítulo 4* at www.mhhe.com/connect.

Vocabulario en acción

Las relaciones familiares°

°Las... *Family relationships*

Note: The art for this chapter is available for digital download within Connect (www.mhhe.com/connect).

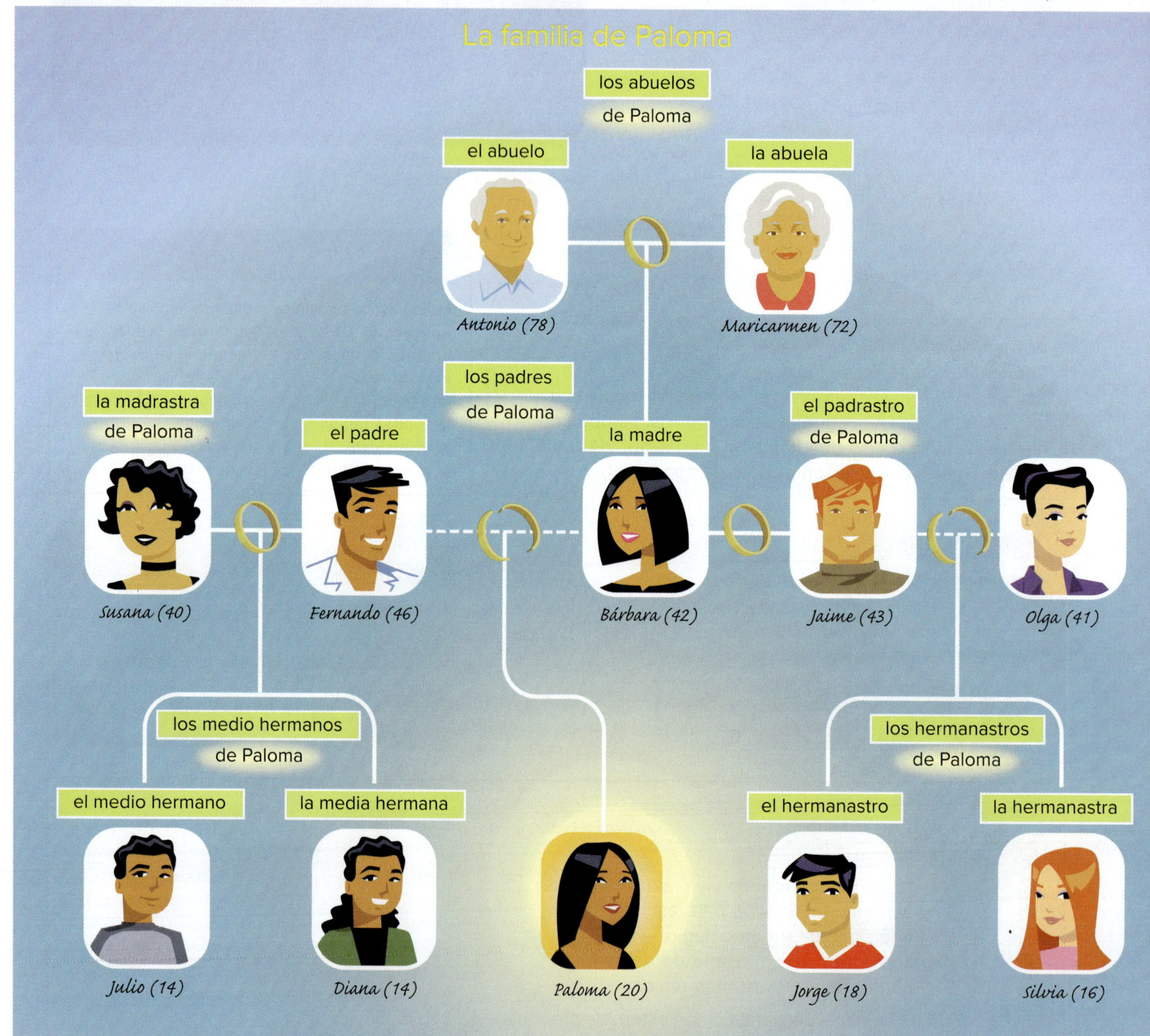

los esposos	spouses
el/la esposo/a	husband/wife
el/la gato/a	cat
el/la gemelo/a	twin
los hermanos	siblings
el/la hermano/a	brother/sister

los hijastros	stepchildren
el/la hijastro/a	stepson/stepdaughter
el/la hijo/a adoptivo/a	adopted son/daughter
el/la hijo/a único/a	only child
los hijos	children
el/la hijo/a	son/daughter
la mascota	pet (*n.*)
los nietos	grandchildren
el/la nieto/a	grandson/granddaughter
los parientes	relatives

Repaso: el perro

Observa

Some Spanish speakers do not distinguish between **medio hermanos** (*half siblings*) and **hermanastros** (*stepsiblings*). They use **hermanastros** for both.

***Vocabulario en acción,* Suggestion:** Some students may want to know the words *vivo*, *muerto*, and *ya murió* in order to talk about family members that are gone.

ACTIVIDADES

***Act. A,* Script:** **1.** *Diana es la nieta de Fernando.* **2.** *Antonio y Maricarmen tienen una nieta.* **3.** *Fernando y Susana tienen cuatro hijos.* **4.** *Paloma tiene cuatro hermanastros.* **5.** *Fernando y Susana son los abuelos de Diana.* **6.** *Bárbara tiene dos hijastros.* **7.** *Jorge tiene tres hermanas.* **8.** *Julio y Diana probablemente son gemelos.*

A. ¿Cierto o falso? Escucha las oraciones e indica si son ciertas (**C**) o falsas (**F**), según (*according to*) el árbol genealógico (*family tree*) de la página 108. Corrige (*Correct*) las oraciones falsas.

	C	F		C	F		C	F		C	F
1.	☐	☑	**3.**	☐	☑	**5.**	☐	☑	**7.**	☐	☑
2.	☑	☐	**4.**	☐	☑	**6.**	☑	☐	**8.**	☑	☐

***Act. A,* Answers:** *Possible corrected answers:* **1.** *Diana es la hija de Fernando.* **3.** *Fernando y Susana tienen dos hijos.* **4.** *Paloma tiene dos medio hermanos y dos hermanastros.* **5.** *Fernando y Susana son los padres de Diana.* **7.** *Jorge tiene una hermana y una hermanastra.*

B. ¿Quién es?

***Act. B, Paso 1,* Answers:** **1.** *Fernando* **2.** *Julio y Diana* **3.** *Olga* **4.** *Fernando* **5.** *Paloma* **6.** *Jorge y Silvia* **7.** *Jorge* **8.** *Bárbara*

PASO 1. Escucha cada (*each*) descripción e identifica a la persona, según el árbol genealógico de la página 108.

1. _______ **2.** _______ **3.** _______ **4.** _______ **5.** _______ **6.** _______ **7.** _______ **8.** _______

***Act. B,* Script:** **1.** *Es el esposo de la madre de Julio.* **2.** *Son hermanos y tienen una media hermana.* **3.** *Es la mamá de Jorge.* **4.** *Tiene tres hijos.* **5.** *Es la nieta de Antonio.* **6.** *Son los hijastros de Bárbara.* **7.** *Es el hermano de Silvia.* **8.** *Es la esposa de Jaime.*

PASO 2. Escribe cuatro oraciones sin revelar (*without revealing*) el nombre de la persona que describes. Después, en parejas (*pairs*), túrnense (*take turns*) para leer sus oraciones y adivinar (*guess*) los nombres de las personas descritas.

MODELO E1: Es la hermana de Jorge. ¿Cómo se llama?
E2: Se llama Silvia.

Nota cultural

Los apellidos[a]

Marina Guzmán Núñez y su madre Miriam Núñez-Gúzman
©petro/123RF

En la mayoría de los países de habla española las personas tienen dos apellidos: el primer[b] apellido del padre y el primer apellido de la madre. Tradicionalmente, el apellido del padre es el primero y el apellido de la madre es el segundo.[c] Mira este nombre: Marina Guzmán Núñez. De acuerdo al método tradicional de nombrar a un hijo, *Guzmán* sería[d] el apellido del padre de Marina, y Núñez sería el apellido de su madre.

Sin embargo,[e] las convenciones han cambiado.[f] En España, los padres pueden colocar[g] el apellido de la madre primero y después el apellido del padre. Incluso los hijos, cuando son mayores de edad (en España, 18 años), pueden escoger[h] el nombre que quieren primero. Así, Marina, a los 18 años, puede ser Marina Guzmán Núñez (a la manera tradicional), o Marina Núñez Guzmán (la nueva posibilidad).

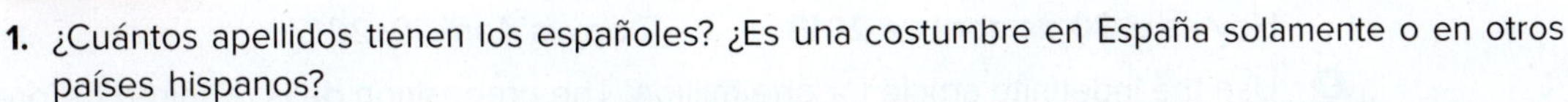

[a]*surnames* [b]*first* [c]*second* [d]*would be* [e]*Sin... Nevertheless* [f]*han... have changed* [g]*place* [h]*choose*

PREGUNTAS

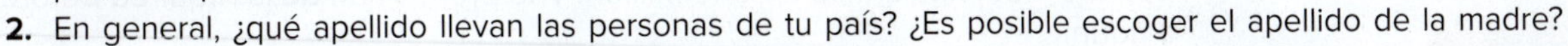

1. ¿Cuántos apellidos tienen los españoles? ¿Es una costumbre en España solamente o en otros países hispanos?
2. En general, ¿qué apellido llevan las personas de tu país? ¿Es posible escoger el apellido de la madre?

C. La boda (*wedding*) de Carmen y Javier. Contesta (*Answer*) las preguntas según la información en la invitación de boda.

1. ¿Quiénes son los novios (*bride and groom*)?
2. ¿Cómo se llaman el padre y la madre de Carmen? ¿Y los padres de Javier?
3. ¿En qué ciudad española es la ceremonia y celebración de la boda?
4. ¿Cuál es la fecha de la boda?

***Act. C*, Suggestion:**
• As a follow-up, ask students if they notice any similarities or differences between the wedding invitation included in this activity, which is typical in Spain, and wedding invitations in their culture.
• You may want to use Q4 as a transition to introduce *Los números a partir de 100.*

***Act. C*, Answers: 1.** *Carmen y Javier* **2.** *Juan Delgado Ruiz y Marina López Álvarez y Luis Martín Berrocal y Patricia Pérez Gago* **3.** *en Córdoba* **4.** *el 14 de octubre de 2017*

Los números a partir de° 100

°a... *starting with*

100 cien	**500 quinientos/as**	**1.000 mil**
101 ciento uno	**600 seiscientos/as**	**2.000 dos mil**
200 doscientos/as	**700 setecientos/as**	**1.000.000 un millón (de)**
300 trescientos/as	**800 ochocientos/as**	**2.000.000 dos millones (de)**
400 cuatrocientos/as	**900 novecientos/as**	

- For numbers between 100 and 200, use **ciento.**

  Ciento uno, ciento dos, ciento tres... ciento noventa y nueve

- The hundreds from 200 to 900 will show gender agreement.

  Doscientos uno, **doscientos** dos... **doscientos** noventa y nueve hombres

  Trescientas tres... **cuatrocientas** siete... **novecientas** cinco mujeres

- The indefinite article is not used before one thousand.

  Mil dólares | **Cinco mil dólares**

- To express years in Spanish, the numbers are said using **mil.**

  1492 **mil** cuatrocientos noventa y dos

  1959 **mil** novecientos cincuenta y nueve

  1776 **mil** setecientos setenta y seis

  2001 **dos mil** uno

- To express dates that include years, use the formula: **el** + *day* + **de** + *month* + **de** *year.*

  Hoy es **el 30 de abril de 2018.** *Today is April 30, 2018.*

- Use the indefinite article for one million. The preposition **de** is required before a noun.

  un millón **de** personas — *a million people*
  tres millones **de** personas — *three million people*

Nota comunicativa

Asking Someone's Age with *tener*

To ask how old someone is, use the question **¿Cuántos años tienes?** for someone you would refer to as **tú** or **¿Cuántos años tiene Ud.?** for someone you would refer to as **Ud.**

—¿Cuántos años tienes?	*How old are you (sing. fam.)?*
—Tengo 22 años.	*I'm 22 (years old).*
—¿Cuántos años tiene Ud.?	*How old are you (sing. form.)?*
—Tengo 43 años.	*I'm 43 (years old).*

Act. A, Suggestion. Ask students how old the family members are at the present moment, based on the year they were born. Give them a few moments to think about their answers.

Act. A, Answers: *In 2019:* **1.** *1941* **2.** *1947* **3.** *1973* **4.** *1979* **5.** *1976* **6.** *1999* **7.** *2003* **8.** *2001 In 2020:* **1.** *1942* **2.** *1948* **3.** *1974* **4.** *1980* **5.** *1977* **6.** *2000* **7.** *2004* **8.** *2002 In 2021:* **1.** *1943* **2.** *1949* **3.** *1975* **4.** *1981* **6.** *1978* **6.** *2001* **7.** *2005* **8.** *2003*

Act. B, *Paso 1*, Culture Note: Tell students that divorce was illegal under Franco's regime (1939–1975) and that it became legal in Spain in 1981. Then have them look up and report about when *divorcio exprés* started losing popularity, why, and how this circumstance has affected those involved.

ACTIVIDADES

A. ¿En qué año nació (*was he/she born*)? Mira las edades (*ages*) de las personas en el árbol genealógico de la página 108. Calculando desde el año actual (*current*), indica en qué año nació (*was born*) cada persona.

MODELO Bárbara → Nació en mil novecientos setenta (1973).

1. Antonio
2. Maricarmen
3. Fernando
4. Susana
5. Jaime
6. Paloma
7. Silvia
8. Jorge

B. El divorcio en España

PASO 1. Lee el resumen (*summary*) de un informe sobre tasas (*report about rates*) de divorcio en España. No te preocupes (*Don't worry*) si no entiendes todas las palabras. Trata de (*Try to*) entender la idea general del informe.

El efecto del «divorcio exprés» en España

En 2005, el gobierno de España introdujo[a] un proyecto de ley[b] para el «divorcio exprés», que permite el divorcio inmediato sin[c] la separación física de dos años. Entre los años 2005 y 2013, las parejas españolas divorciadas incrementaron[i] en un 54 por ciento, más de 734.600 personas. El divorcio exprés ha perdido fuerza[e] con el paso de los años debido[f] a la crisis económica. Así, en 2014 se registraron[g] 100.746 parejas españolas divorciadas, mientras[h] que en 2015 se registraron 96.562 divorcios, un 4.2 por ciento menos que en 2014.

[a]*introduced* [b]proyecto... *bill* [c]*without* [d]*increased* [e]ha... *has lost popularity* [f]*due to* [g]se... *were registered* [h]*while*

PASO 2. Contesta las preguntas con los números y años correctos. **¡OJO!** Di (*Say*) tus respuestas en voz alta (*aloud*).

1. ¿En qué año aprobaron (*did they approve*) la ley para el «divorcio exprés» en España? 2005
2. ¿Cuántos divorcios se registraron entre 2005 y 2013? 734.600
3. ¿En qué porcentaje (*percentage*) aumentaron (*increased*) los divorcios entre 2005 y 2013? 54%
4. ¿Cuántas parejas españolas se divorciaron en 2014? 100.746
5. En 2015, el porcentaje de divorcios disminuyó (*decreased*) un 4,2 por ciento con respecto al año 2014. ¿Cuántas personas se divorciaron en 2015? 96.562

*Note that in many parts of the Spanish-speaking world, the decimal point we use in English becomes a comma and the comma a period. If you need to read the punctuation of a number, the words are **punto** (*period*) and **coma** (*comma*). Generally you will only read punctuation for numbers with decimals, so, for example, 65,2 would be **sesenta y cinco coma dos.**

Para describir a la gente°

°people

cariñoso/a	affectionate	**orgulloso/a**	proud
delgado/a	thin	**torpe**	clumsy
gordo/a	fat	**tranquilo/a**	calm
hermoso/a	pretty	**travieso/a**	mischievous
jubilado/a	retired	**unido/a**	close (*relationship*)
listo/a	smart	**viejo/a**	old

Cognados: extrovertido/a, obediente, responsable, tímido/a
Repaso: alto/a, bajo/a, bonito/a, bueno/a, feo/a, guapo/a, joven (jóvenes), moreno/a, nervioso/a, pelirrojo/a, perezoso/a, rubio/a, trabajador(a)

ACTIVIDADES

A. ¿Cómo son? Completa las descripciones de la familia de Marisol con palabras de la lista.

cariños**o/a**	guap**o/a**	list**o/a**	travies**o/a**
extrovertid**o/a**	jubilad**o/a**	pelirroj**o/a**	unid**o/a**

1. En mi familia, todos somos morenos. No tengo parientes pelirrojos.
2. Mi abuelo ya no trabaja. Está jubilado.
3. Mi hermana trabaja mucho en la escuela y es buena estudiante. Es muy lista.
4. Mi media hermana Sara es bonita, pero no es muy obediente. Es traviesa.
5. En mi familia hacemos muchas cosas juntos. Somos una familia muy unida.
6. Mi hermanastro Sebastián es muy popular en la escuela porque es muy guapo. Pero no tiene novia porque también es muy tímido.
7. Mi madrastra Victoria hace muchas cosas para nosotros. Me gusta pasar tiempo con ella porque es muy cariñosa y paciente.
8. Mi hermana Isabel es simpática y extrovertida. Tiene muchos amigos muy interesantes.

B. ¿De quién hablo? En parejas, miren el árbol genealógico en la página 108. Túrnense para describir a un pariente de una persona en esa familia, sin decir (*without saying*) el nombre. Deben decir (*say*) cuántos años tiene y cómo es físicamente. La otra persona debe adivinar (*guess*) quién es. Cada uno de Uds. debe describir a cuatro personas diferentes.

MODELO E1: Esta pariente de Antonio y Maricarmen, tiene 42 años y es morena.
E2: ¿Es la nieta de Antonio y Maricarmen?
E1: No, no es la nieta.
E2: ¡Es la hija de Antonio y Maricarmen!
E1: ¡Sí!

***Act. C,* Suggestions:** Have volunteers report their findings to the class. Keep a tally of how many siblings students have in order to find out who has the largest family.

COMMUNICATION C

C. Entrevista. En parejas, túrnense (*take turns*) en hacer (*ask*) y contestar las siguientes preguntas. Escribe las respuestas de tu compañero/a. Vas a compartirlas (*share them*) con la clase.

1. ¿Cómo se llaman tus padres?
2. ¿Cuántos hermanos tienes? ¿Cómo se llaman y cuántos años tienen?
3. ¿Qué mascota o mascotas tienes? ¿Cómo es/son? (Describan la personalidad de sus mascotas.)
4. ¿Cuántos abuelos vivos (*living*) tienes? ¿Dónde viven? ¿Cuándo visitas/ves a tus abuelos?
5. ¿Quién es tu pariente favorito? ¿Cómo se llama? ¿Cuántos años tiene? ¿Por qué es tu pariente favorito?

Gramática

4.1 Ser and estar Compared

GRAMÁTICA EN ACCIÓN

Los últimos chismes

[*Paula y Mateo* **son** *parientes. Hablan de los últimos chismes de su familia.*]

MATEO: ¿Paula? **Soy** yo, Mateo. ¿Cómo **estás**? ¿**Estás** ocupada?
PAULA: No, no, **estoy** bien. ¿Y tú? ¿Qué **estás** haciendo?
MATEO: No mucho. Tengo unas noticias muy buenas. Federica tiene un novio y ya **están** hablando de matrimonio. Se llama Franco y **es** de Madrid.
PAULA: ¿De verdad? ¿Federica? ¡**Es** increíble! ¿Cómo **es** el hombre?
MATEO: Según mamá, **es** alto y guapo y tiene una familia muy grande. La boda va a **ser** en el Jardín Botánico de Málaga en junio.
PAULA: Federica debe **estar** muy feliz. ¡*Yo* **estoy** muy feliz! Pero la oficina de ella **está** en Málaga. Y si él **es** de Madrid, ¿dónde van a vivir?
MATEO: Van a vivir en una casa cerca de Málaga que **es** de los padres de Franco y **está** en la playa. Federica no quiere buscar un trabajo nuevo y Franco **es** artista. Su trabajo **es** flexible.
PAULA: ¡Qué noticias! Bueno, ¿qué hora **es**? No **es** muy tarde. Necesito hablar con Marta inmediatamente. Ella va a **estar** muy sorprendida. Hablamos más tarde. Chau, Mateo.
MATEO: Chau, Paula.

Acción. Completa cada una de las oraciones con la forma correcta de **ser** o **estar**.

1. La familia de Franco _es_ de Madrid y _es_ muy grande.
2. Paula y Mateo _están_ sorprendidos por la nueva relación de Federica.
3. La casa donde van a vivir Federica y Franco no _está_ en Madrid.
4. La fecha para la boda de Federica y Franco _es_ en el verano.

Comparing Ways to Say *to be*

¡Paula está muy emocionada!
©BananaStock/age fotostock

***Gramática*, Note:** Students can assess their understanding and mastery of the grammar points presented in this chapter by accessing the LearnSmart module for *Capítulo 4* at www.mhhe.com/connect.

***GEA*, Note:** The audio for this *GEA* is available through the eBook or on Connect.

A. You have already worked with many of the uses of the verbs **ser** and **estar,** both of which translate as *to be* in English. This side-by-side comparison should help clarify those and some additional uses.

USES OF THE VERB ser	USES OF THE VERB estar
1. **Ser** is used to give the time of day or year, the month, the date, and the day: Hoy **es** el 15 de mayo. **Es** martes. **Es** primavera. *Today is the 15th of May. It is Tuesday. It is spring.*	1. **Estar** is used to form the present progressive tense, which is used to state that an action is in progress at this moment. En este momento **estoy** leyendo el periódico en línea. *At the moment I'm reading the newspaper online.*

***GEA*, Suggestion:** Ask students if they know anything about Spanish weddings based on movies, TV, or personal experiences. Share the following information with them and ask them to think of similar traditions in their own culture. Weddings in Spain can be very formal and elaborate affairs with food and drink flowing freely into the wee hours of the morning. Many traditions are similar to those in the U.S., such as the exchanging of rings, the wedding party, formal attire and a white dress, etc. There are, however, some unique traditions such as that of the **arras**, which are thirteen silver or gold coins presented to the bride by the groom after being blessed by the priest. The thirteen coins represent the twelve months of the year plus one extra to share with the needy. They represent the commitment to share and save assets together.

USES OF THE VERB **ser**	USES OF THE VERB **estar**
2. Ser with adjectives describes the inherent physical or character (personality) qualities of a person or thing. Mi hija **es** baja pero **es** muy atlética. *My daughter is short but very athletic.* Vosotros **sois** muy amables. *You (all) are very kind.*	**2. Estar** with adjectives is used to describe the physical, emotional, or mental condition of a person or thing. It can also be used to describe appearance, emphasizing a change from the person or thing's usual qualities. Los niños **están** muy cansados hoy. No tienen la energía de siempre. *The children are very tired today. They don't have their usual energy.* No puedes usar el coche porque **está** descompuesto/roto. *You can't use the car because it's broken down.*
3. Ser is used to tell the time, date, or location of events, such as concerts, meetings, and classes. La boda **es** en Madrid. *The wedding is in Madrid.* Las clases de arte **son** en el salón 213. *The art classes are in room 213.*	**3. Estar** is used to tell physical or geographical location of a person, place, or thing. Mi familia **está** en la playa. *My family is at the beach.* La ciudad de Atlanta **está** en Georgia. *The city of Atlanta is in Georgia.*
4. Ser with **de** indicates possession or the material something is made of. —¿La computadora **es** de Manuel? —No, **es** de Ana María. *Is the computer Manuel's?* *No, it's Ana María's.* Este teléfono **es** de plástico. *This telephone is* (*made of*) plastic.	
5. Ser indicates origin and nationality. ¿**Es** Marisol de España? Sí, **es** española. *Is Marisol from Spain? Yes, she's Spanish.*	
6. Ser gives a definition, or it identifies someone or something (occupation, religious political affiliation, relationships). Mi tío Ramón **es** mi pariente favorito. **Es** piloto y escritor. *Uncle Ramón is my favorite relative. He's a pilot and writer.* Federica **es** la tía de Mateo y Paula. *Federica is Mateo and Paula's aunt.*	***Gramática*, Suggestion:** Point out that the structure *noun = noun* will always require *ser* (only *ser* can be directly followed by a noun): *Mi madrastra es profesora. Esta mesa es mi escritorio.*

B. In some cases, the meaning of an adjective changes depending on whether **ser** or **estar** is used. Remember that **ser** refers to inherent qualities, while **estar** refers to current conditions or to indicate a change from the norm.

La película es aburrida. **Verónica está aburrida.**	*The movie is boring.* *Verónica is bored.*
Rodrigo es muy listo. **Rodrigo está listo.**	*Rodrigo is very clever.* *Rodrigo is ready.*
Marcos es rico. **La comida está rica.**	*Marcos is rich.* *The food tastes delicious.*
La manzana es verde. **La manzana está verde.**	*The apple is green* (*color*). *The apple is not ripe* (*is unripe*).

ACTIVIDADES

A. La familia de Natalia. Escribe la letra que corresponde al uso de **ser** o **estar** en cada una de las oraciones.

c **1.** La familia de Natalia **es** muy cariñosa y alegre. Pasan mucho tiempo juntos.
a **2.** La casa en las montañas donde pasan los veranos **es** de los abuelos de Natalia.
b **3.** La casa **está** cerca de un lago (*lake*) y tiene una cocina (*kitchen*) muy grande y cuatro dormitorios.
f **4.** Este fin de semana toda la familia **está** celebrando allí el aniversario de los padres de Natalia.
e **5.** Van a pasar todo el fin de semana juntos, pero la gran fiesta **es** el sábado a las 8:00 de la noche.
d **6.** Los padres de Natalia **están** muy contentos porque les gusta pasar tiempo charlando con la familia y los amigos. ¡Qué divertido!

a. posesión
b. ubicación (*location*)
c. características o cualidades
d. emociones y condiciones
e. la hora, la fecha o el lugar de un evento
f. presente progresivo

B. El álbum de fotos. Completa el párrafo (*paragraph*) con la forma correcta de **ser** o **estar,** según el contexto.

Emilia está hablando con Alberto, su amigo.

Mira[a] mis fotos, Alberto. En esta, ves a mi amiga Adriana. Ella es[1] de Toledo... Mis amigos y yo estamos[2] en la playa de Málaga en esta foto... Y aquí ves a mi madrastra Magdalena. Ella es[3] muy inteligente. Es[4] arquitecta. En esta foto, mi cuarto está[5] sucio y mis papás están[6] enojados... Esta es[7] la foto de la casa de mi hermana. Su casa está[8] en Madrid. Mira, aquí estás[9] tú en mi casa para mi cumpleaños[b]... Sí, son mis hermanastros. (Ellos) Son[10] de Granada... ¿Qué estoy[11] haciendo yo en esta foto? Este...[c] Ay, son[12] las 2:45. ¡Tengo que irme[d]!

[a]*Look at* [b]*birthday* [c]*Um...* [d]*leave*

C. La familia Martín

PASO 1. En parejas, describan a cada uno de los miembros de la familia del dibujo (*drawing*). ¿Cómo es físicamente esa persona? ¿Cómo es su personalidad? ¿Qué está haciendo en este momento? ¡Sean creativos!

PASO 2. Ahora contesten las siguientes preguntas sobre el dibujo.

1. ¿Qué estación del año es? ¿Qué tiempo hace?
2. ¿Dónde está la familia en este momento? ¿Por qué están en este lugar? ¿Cómo es el lugar?
3. ¿De quién es Coco? ¿Cómo es Coco? ¿Qué está haciendo?
4. ¿Cómo están los miembros de la familia hoy?

Act. D, Suggestion: Ask students how they define a large family, and ask if there are any benefits to having a large family in their culture of origin. Explain that in Spain a family is classified as a *familia numerosa* when it consists of three or more dependent children with two parents present, or, in some instances, two dependent children in single-parent households. Benefits are afforded to these families, including discounts on public transportation, lower taxes, and more access to scholarships and affordable housing. When this type of program was introduced in the 1940s, the status required four dependent children; in 1986, inclusion was offered to families with disabled children; and in 1994 the number of dependent children required was reduced from four to three. Most recently, due to increasing numbers of divorced and single parents, the benefits were extended to include single-parent homes with two children.

D. Las familias españolas

PASO 1. Completa cada oración con la forma correcta del verbo **ser** o **estar.**

Hoy __es__ [1] el 5 de septiembre y todos los miembros de la familia Calvo __están__ [2] en la casa de la abuela para celebrar su cumpleaños. Ella __es__ [3] madre de cuatro hijos y __es__ [4] trabajadora, delgada y muy orgullosa de su familia numerosa.[a] Para las mujeres de su generación, __es__ [5] normal tener tres o más hijos; y todos sus hijos __son__ [6] buenas personas con mucho éxito. Hoy __está__ [7] muy contenta porque __es__ [8] un día especial para pasar con su familia.

Originalmente, la abuela Elena __es__ [9] de Murcia, pero la fiesta de hoy __es__ [10] en la casa de Daniel, su hijo mayor. Ahora Elena no __es__ [11] independiente, así que vive con Daniel y su familia en la ciudad de Toledo, que __está__ [12] lejos de su ciudad natal.[b] __Es__ [13] triste no visitar sus lugares favoritos, pero ella __es__ [14] feliz porque __está__ [15] con su hijo y sus nietos todos los días.

Elena tiene solo cuatro nietos en total, que para ella __es__ [16] muy diferente a las familias de su generación. Quiere más nietos, pero comprende que sus hijos __están__ [17] viviendo bien con sus familias pequeñas. Como resultado de la crisis económica, ahora __es__ [18] difícil tener más de (*more than*) uno o dos hijos. La economía del país __está__ [19] mejorando,[c] pero ahora las familias españolas __son__ [20] más pequeñas que en el pasado. Las familias españolas __están__ [21] cambiando.

[a]*large* [b]*hometown* [c]improving

PASO 2. Mira la foto de algunos miembros de la familia Calvo con la abuela, Elena. En parejas, túrnense para elegir (*choose*) un miembro de la familia y hacer preguntas de **sí/no** hasta identificar quién es. Usen los verbos **ser** y **estar** para basar sus preguntas en las apariencias de las personas y sus posiciones en la foto.

4.2 The Verbs saber and conocer

Expressing *to know* and *to be familiar with*

GRAMÁTICA EN ACCIÓN

CULTURES

¡Vas a conocer a mis padres!

[*Hoy Ángela va a presentarles a sus padres a su novio, Eduardo. Todos van a cenar juntos en un restaurante muy famoso. Ángela y Eduardo conversan mientras caminan al restaurante.*]

ÁNGELA: ¿Estás nervioso? ¡Vas a **conocer** a mis padres finalmente!
EDUARDO: Estoy muy tranquilo. **Sé** que todo va a estar bien.
ÁNGELA: ¿**Sabes** dónde está el restaurante Sobrino de Botín?
EDUARDO: **Sé** que está cerca de la Plaza Mayor. No **conozco** muy bien estas calles, pero estoy usando el GPS. ¿**Saben** tus padres dónde está?
ÁNGELA: Sí, ellos **saben** perfectamente dónde está. Es su restaurante favorito para ocasiones especiales. Mis padres **conocen** a uno de los chefs, Rubén. ¡Rubén **sabe** preparar comidas deliciosas!
EDUARDO: ¡Qué bien! **Sé** que va a ser una cena muy divertida. No **conozco** a tus padres todavía, pero **sé** que voy a causarles buena impresión.
ÁNGELA: Sí. Yo **conozco** bien a mis padres y **sé** que vamos a pasarlo muy bien.

El restaurante Sobrino de Botín en Madrid
©Owen Franken/Getty Images

The audio for this *GEA* is available through the eBook or on Connect.
***GEA*, Culture Note:** *Restaurante Sobrino de Botín* is one of the oldest restaurants in the world, and was founded in 1725 by Jean Botín, a Frenchman. Eventually it was passed down to his nephew, hence the name. The restaurant is mentioned in multiple literary works, including Ernest Hemingway's *The Sun Also Rises*. Some well-known specialties of the house are *cochinillo asado* (roast suckling pig), and *sopa de ajo*.

Acción. Indica la opción correcta para completar cada oración. Puedes usar las opciones más de una vez.

1. Los padres de Ángela __c__ a un chef del restaurante.
2. Ángela y Eduardo no __b__ dónde está exactamente el restaurante.
3. Eduardo no está nervioso porque __a__ que va a causar buena impresión.
4. Eduardo no __d__ las calles de esta zona, pero usa el GPS.
5. Rubén, el chef, __a__ cocinar muy bien.

a. sabe
b. saben
c. conocen
d. conoce

¿Y tú? Contesta las siguientes preguntas con oraciones completas.

1. ¿Conoces muchos restaurantes en tu ciudad?
2. ¿Sabes preparar muchas comidas?

In Spanish, both **saber** and **conocer** express *to know*. Note the irregular **yo** forms (**sé** and **conozco**) in the present tense.

saber (*to know*)	
sé	**sabemos**
sabes	**sabéis**
sabe	**saben**

conocer (*to know, be acquainted with*)	
conozco	**conocemos**
conoces	**conocéis**
conoce	**conocen**

Both of these verbs express *to know*, but they are not interchangeable.

A. **Saber** expresses *to know facts or specific bits of information*. When followed by an infinitive, it expresses *to know how (to do something)*.

—¿**Sabes** el teléfono de Miguel?	*Do you know Miguel's phone number?*
—No, pero **sé** el teléfono de su hermana.	*No, but I know his sister's number.*
David no **sabe jugar** al tenis. Debe practicar mucho.	*David doesn't know how to play tennis. He needs to practice a lot.*

Observa

Did you notice the **a** following the verb **conocer** in the previous examples? This use is called the personal **a,** and there is no English equivalent. It is used to indicate when a person is a direct object of a verb. You will learn more about this use of the personal **a** and about direct objects in **Gramática 5.1.**

B. **Conocer** expresses familiarity or acquaintance with people, places, and things. When used with people, it can also mean *to meet (for the first time),* depending on the context.

—¿**Conocen** Uds. al esposo de Alicia?	*Do you all know Alicia's husband?*
—Sí, **conocemos** a su esposo. Es muy simpático.	*Yes, we know her husband. He's very nice.*

ACTIVIDADES

A. ¿Saber o conocer? ¿Con qué verbo asocias cada uno de los conceptos?

SABER	CONOCER	
☑	☐	**1.** el número de teléfono de tu profesor(a) de español
☑	☐	**2.** la dirección (*address*) de tus tíos
☐	☑	**3.** a los padres de tu mejor amigo/a
☐	☑	**4.** Barcelona
☑	☐	**5.** hablar español
☑	☐	**6.** jugar al billar
☐	☑	**7.** a todos tus primos
☑	☐	**8.** dónde está la biblioteca

***Act. B,* Point Out:** *Real Madrid* is one of Madrid's professional soccer clubs, founded in 1902.

B. El sabelotodo (*know-it-all*). Javier quiere impresionar (*to impress*) a Marta. Completa la conversación entre ellos con las formas correctas de **saber** y **conocer**.

JAVIER: Yo __conozco__[1] a muchas personas famosas.
MARTA: ¿Sí? ¿__Conoces__[2] (tú) a Daddy Yankee?
JAVIER: Sí, y también __sé__[3] (yo) dónde vive. Tengo su número de teléfono.
MARTA: ¿Sí? ¿Y él también __sabe__[4] tu número de teléfono?
JAVIER: Por supuesto.[a] Y mi familia y yo también __conocemos__[5] a muchos atletas famosos. Por ejemplo, mis hermanos __conocen__[6] a todos los jugadores del Real Madrid y __saben__[7] sus direcciones.
MARTA: ¿De veras[b]? ¡Obviamente[c] no __sabes__[8] (tú) impresionar a las mujeres!

[a]Por... *Of course* [b]De... *Really?* [c]*Obviously*

C. Expertos sobre la familia

PASO 1. Completa cada una de las preguntas con **conoces** o **sabes,** según el contexto, y escribe una pregunta más (número 5) sobre la familia, usando **conocer** o **saber. ¡OJO!** Las columnas **sí/no** son para el **Paso 2.**

SÍ	NO	
☐	☐	**1.** ¿__Sabes__ de memoria (*by heart*) el número de teléfono de tu padre o de tu madre?
☐	☐	**2.** ¿__Conoces__ la ciudad natal (*hometown*) de tus abuelos?
☐	☐	**3.** ¿__Sabes__ la fecha del cumpleaños de tu padre o de tu madre?
☐	☐	**4.** ¿__Conoces__ a los padres de tu mejor amigo/a?
☐	☐	**5.** ¿ ?

PASO 2. Usa las preguntas del **Paso 1** para entrevistar a un compañero / una compañera y marca sus respuestas (**sí** o **no**). ¿Es experto/a sobre su familia tu compañero/a?

D. Dos familias, tres generaciones. Cada uno de Uds. tiene una versión diferente de los árboles genealógicos de dos familias. El árbol de **Estudiante 2** se encuentra en el **Appendix III.** Primero, escojan entre **Estudiante 1** y **Estudiante 2**.

***Act. D,* Culture Note:** Many first and last names in Spanish are adjectives or refer to objects or religious figures. Some examples include last names from this activity: Ramos (*bouquets*), Torres (*towers*), Moreno (*of dark skin or hair*), Calvo (*bald*), Villa (*village*), and Espinosa (*thorny*). The first names Pilar, Soledad, Araceli, Dolores, and Rosario all have religious connotations and represent one of the many virgins recognized by the Catholic Church that are prayed to by members of local parishes. Ask students if they can think of examples of names in English that also refer to objects, actions, or religious figures.

***Act. D,* Paso1, Answers:** *Enrique Aranda Díaz Fernán Marín Navarrete Claudia Aranda Marín Araceli Cano Espinosa*

Estudiante 1

PASO 1. En parejas, túrnense para hacer preguntas con el verbo **saber** y completar sus versiones del árbol genealógico.

MODELO: E1: ¿Sabes el segundo apellido del esposo de Laura Marín Navarrete?
E2: Sí, es Díaz. Enrique Aranda Díaz. ¿Y tú sabes el nombre del hermano o hermana de Alexa?
E1: Sí, es su hermano y se llama Julio.

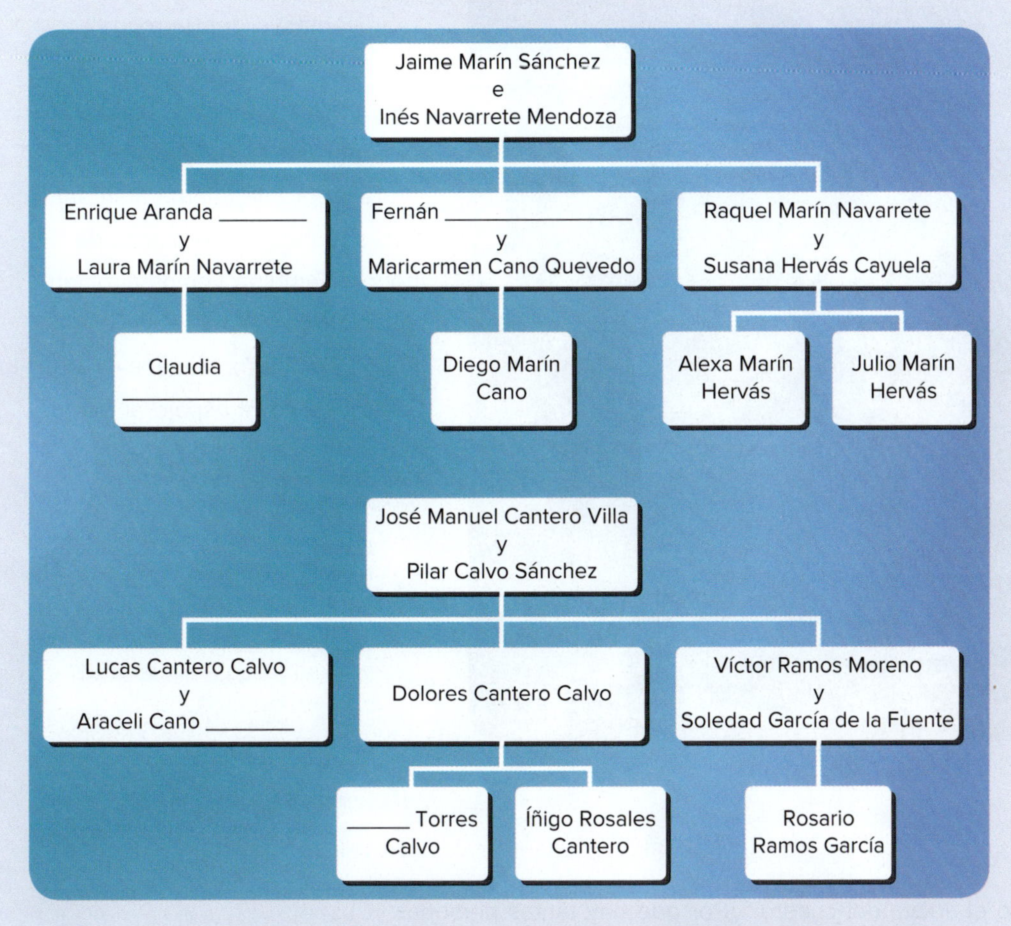

PASO 2. Completa las oraciones con la forma correcta del verbo **conocer.** ¿Es verdad que se conocen? Cada uno/a de ustedes tiene tres respuestas. Túrnense haciendo preguntas para saber quiénes se conocen o no.

	¿Se conocen? Sí	No
1. Soledad *conoce* a Laura.	☑	☐
2. Lucas y Araceli *conocen* a Dolores.	☐	☑
3. Victor *conoce* a Enrique.	☑	☐
4. Andrea e Iñigo *conocen* a Diego.	☑	☐
5. Pilar *conoce* a Fernán.	☐	☑
6. Susana y Maricarmen *conocen* a Araceli.	☑	☐

Expresiones artísticas

Diego Velázquez

Las Meninas, 1656

Diego Rodríguez de Silva y Velázquez (1599–1660) fue[a] el pintor principal en la corte del rey[b] Felipe IV. Es uno de los pintores más importantes del siglo XVII español.

Las Meninas es una obra representativa del Barroco español, un estilo conocido por los detalles y ornamentación. En el centro de este cuadro, se representa a la Infanta Margarita con dos meninas o damas de honor.[c] También vemos al pintor autorretratado[d] y a los reyes—Felipe IV y doña Mariana—reflejados en el espejo al fondo.[e]

[a]*was* [b]*king* [c]damas... *ladies-in-waiting* [d]*in a self-portrait* [e]espejo... *mirror in the background*

REFLEXIÓN

1. ¿A quién(es) está pintando el artista del cuadro? ¿Por qué hay tantas personas en el cuadro?
2. ¿Por qué crees que se titula *Las Meninas* en vez de *La Infanta Margarita*?
3. ¿Qué partes del cuadro son más interesantes para ti?

***Expresiones artísticas,* Culture Notes:**
• This painting is also known as *La familia de Felipe IV.*
• Picasso painted a total of forty-four paintings based on Velázquez's canvas.
• Goya painted *La familia de Carlos IV* in 1800, nearly 150 years after *Las meninas*. The inclusion of frontal composition, grouping of figures, and self-portrait is a clear influence of Velázquez.

***Expresiones artísticas,* Suggestions:**
• Ask students questions about what they see in the painting. Have them identify the different "spaces" in the painting. Discuss also the position of the painter (facing the viewer) versus the position of the king and queen (outside of the painting and reflected in the mirror).
• Ask students why they think Velázquez included himself in the painting.
• Have students look up Picasso's *Las Meninas* and ask which one they prefer and why. Tally their preferences to determine which one the class, as a whole, prefers.

***Reflexión,* Suggestion:** These questions can be assigned as pair or group work.

Madrid, España

Allen y Rubén

©McGraw-Hill Education/Zenergy

©deepblue4you/Getty Images
©McGraw-Hill Education/Zenergy

Vocabulario práctico

la crisis	economic crisis
se tuvieron que ir	they had to go
Alemania	Germany
hace que sean	it makes them become
rota	broken
ha evolucionado	has evolved
tuvieron que cerrar	they had to close
las pérdidas	losses
la búsqueda	search
las empresas	businesses
me han aceptado	they have accepted me
su yerno	their son in law
me siento	I feel
pionero	pioneering
nos podemos casar	we can get married
que tardó mucho	that took a long time
una pareja	couple

Antes de ver

Infórmate y ponte en su lugar.

Allen y Rubén forman una familia feliz con sus dos perros y el apoyo (*support*) de sus padres y familias. Según ellos, por lo general la sociedad española actual es abierta (*open*) a muchos diferentes tipos de familias. Piensa en algunos diferentes modelos de familia. ¿Crees que ahora en tu comunidad son aceptados (*accepted*) esos diferentes modelos? ¿Por qué? ¿Hay un modelo más o menos (*more or less*) aceptado que otros? Explica.

¿Entendiste?

A. ¿Cierto o falso?

C	F	
☐	☑	**1.** Las familias en España son diferentes desde la crisis económica en 2009.
☑	☐	**2.** Típicamente las familias actuales son más pequeñas porque los jóvenes no ganan mucho dinero.
☑	☐	**3.** Ahora muchos padres tratan de ayudar a sus hijos adultos a encontrar trabajo.
☑	☐	**4.** Según Allen, otro resultado de la crisis económica es que hay más oportunidades para la comunidad gay.
☑	☐	**5.** En España, el matrimonio de parejas homosexuales es legal desde el año 2005.

B. ¿Cómo es tu familia? En parejas, contesten las preguntas.

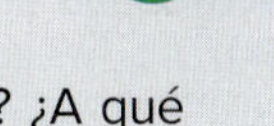

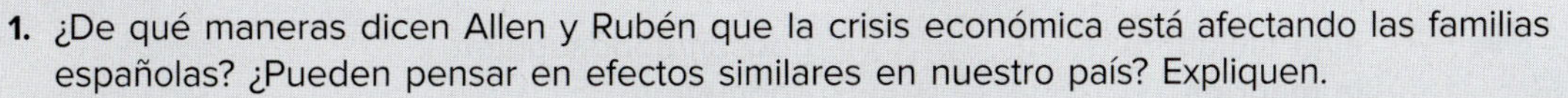

1. ¿De qué maneras dicen Allen y Rubén que la crisis económica está afectando las familias españolas? ¿Pueden pensar en efectos similares en nuestro país? Expliquen.
2. ¿Por qué dice Rubén que muchos jóvenes no tienen mucho tiempo para pasar con sus familias? ¿A qué dedican la mayoría de su tiempo? ¿Creen Uds. que es así en los Estados Unidos también? ¿Por qué?
3. Cuando los padres ayudan a sus hijos adultos, ¿cómo afecta la relación entre ellos? Ahora que Uds. asisten a la universidad, ¿es diferente la relación con sus padres? ¿De qué manera? ¿Reciben apoyo de ellos? ¿De qué tipo?
4. ¿Qué dice Allen que es normal ver en las calles? ¿Están de acuerdo que ahora existe más libertad para las personas de la comunidad LGBTQ? ¿Sigue existiendo discriminación contra ellos en su comunidad? Expliquen.

TEMA II: La familia extendida

Vocabulario en acción

Otras relaciones familiares

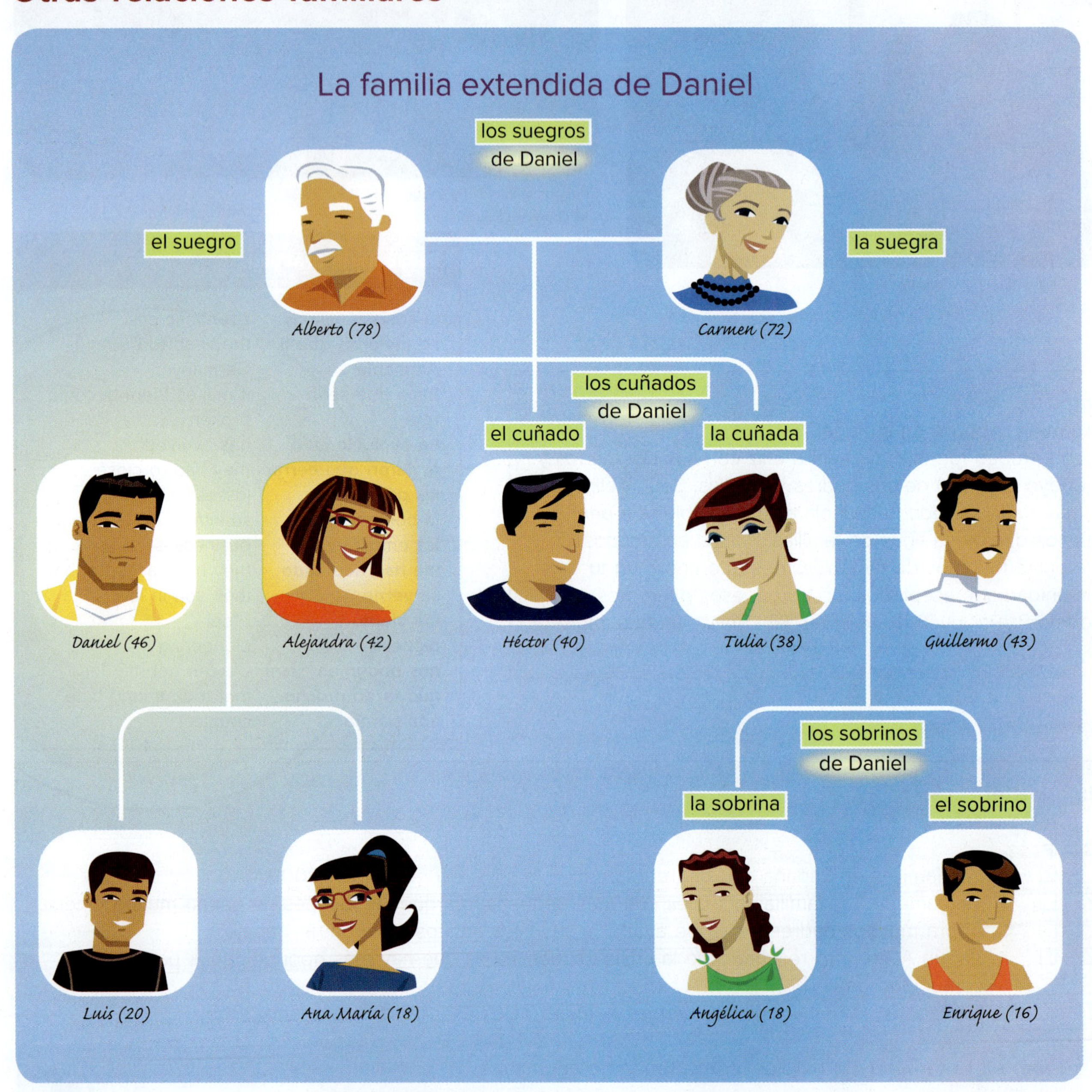

***Vocabulario en acción,* Note:** Students can assess their understanding and mastery of the vocabulary presented in this chapter by accessing the LearnSmart module for *Capítulo 4* at www.mhhe.com/connect.

el/la ahijado/a	godson/goddaughter
la madrina	godmother
la nuera	daughter-in-law
el padrino	godfather
el/la primo/a	cousin
los tíos	aunts and uncles
el tío	uncle
la tía	aunt
el yerno	son-in-law

Los eventos familiares

el bautizo	baptism
la boda	wedding
el cumpleaños	birthday
el matrimonio	marriage; married couple

Cognado: la ceremonia civil, el divorcio

El estado civil°

°El... *Marital status*

casado/a	married
divorciado/a	divorced
separado/a	separated
soltero/a	single
viudo/a	widowed

***Vocabulario en acción,* Suggestion:** Read the vocabulary to students repeating each word or expression several times so that they can hear the correct pronunciation. As you present the input, ask students questions to check for comprehension: *Miren la familia de Daniel. Daniel es el esposo de Alejandra. Alejandra tiene una hermana y un hermano. Los hermanos de Alejandra son los cuñados de Daniel. ¿Cómo se llama la cuñada de Daniel? ¿Y el cuñado?*

ACTIVIDADES

A. Correcciones. Corrige las oraciones, según el dibujo de la página 122.

1. Tulia es la cuñada de Guillermo. Alejandra es...
2. Héctor tiene tres cuñados. ... tiene dos...
3. Angélica es la sobrina de Guillermo. Ana María es...
4. Luis y Enrique son tíos. ... son primos.
5. Daniel es soltero. Héctor...

Nota interdisciplinaria

CONNECTIONS

Sociología: La familia española

Una pareja con su hijo
©Elizabeth Engle/123RF

La familia tradicional, formada por un hombre y una mujer casados y sus hijos, es el modelo más común en España, pero no es el único. Desde finales del siglo XX, nuevos tipos de familia conviven[a] con la familia clásica y gozan de[b] plena[c] aceptación social. Madres solteras, segundas o terceras parejas,[d] matrimonios homosexuales, hijos adoptados de otros países del mundo, madres o padres separados con sus hijos, personas que viven solas o matrimonios entre españoles e inmigrantes han transformado[e] mucho la estructura familiar en España. Sin embargo, la familia sigue siendo la institución social más valorada en el país.

[a]*coexist* [b]*enjoy* [c]*total* [d]segundas... *second or third spouses* [e]han... *have transformed*

PREGUNTAS

COMMUNICATION

1. Según el texto, ¿cómo es la estructura de la familia tradicional española?
2. ¿Cuáles son algunos de los ejemplos de los nuevos modelos de familia en España?
3. ¿Son los modelos familiares de tu comunidad similares a los de (a... *to those of*) España? Explica.

B. Palabras familiares. Empareja cada una de las oraciones con la palabra o expresión definida.

e	**1.** Es el hermano del padre o de la madre.	**a.** divorciada
a	**2.** Tiene ex esposo.	**b.** los sobrinos
f	**3.** Es una mujer con ahijado.	**c.** los suegros
b	**4.** Son hijos del hermano o de la hermana.	**d.** la nuera
h	**5.** Su esposo ya murió (*has already died*).	**e.** el tío
c	**6.** Son los padres del esposo o de la esposa.	**f.** la madrina
g	**7.** No está casada y no tiene ex esposo.	**g.** soltera
d	**8.** Es la esposa del hijo.	**h.** la viuda

C. Definiciones

PASO 1. Escoge cuatro palabras del **Vocabulario en acción** de los **Temas I** y **II** de este capítulo y escribe una definición en español para cada palabra. Puedes usar las oraciones de **Actividad B** como modelo.

PASO 2. En parejas, túrnense para leer las definiciones del **Paso 1** y adivinar las palabras definidas.

D. Mis compadres

Lee la selección sobre los padrinos (*godparents*). Luego, indica si las oraciones son ciertas (**C**) o falsas (**F**).

Bautizo de la Princesa Sofía de España, con sus padrinos el Príncipe Constantino de Bulgaria y Paloma Rocasolano
©Pool/Getty Images

El compadrazgo[a] es una tradición en muchas familias hispanas. La costumbre de designar un padrino para un bebé tiene orígenes cristianos y judíos. El padrino y la madrina participan en sacramentos religiosos, como[b] el bautismo en la tradición cristiana y la circuncisión en la tradición judía, así como las confirmaciones y bodas. Pero también participan en fiestas y otras celebraciones familiares. Son parte de la familia, y los padres y padrinos tienen una relación especial: son compadres.

La idea es que los padres y los padrinos comparten la crianza[c] de un hijo. Los padrinos pueden ser parientes (tíos del ahijado, por ejemplo), pero en muchos casos, son buenos amigos de los padres. Un hijo o hija típicamente tiene dos padrinos: una madrina y un padrino. Pero pueden tener más.

[a]*co-parenthood* [b]*such as* [c]*upbringing*

C	F	
☐	☑	**1.** El compadrazgo es la tradición de adoptar hijos.
☑	☐	**2.** La tradición del padrino no es exclusiva de los cristianos.
☐	☑	**3.** El papel de los padrinos es estrictamente secular.
☑	☐	**4.** A veces un ahijado o una ahijada tiene más de (*more than*) dos padrinos.
☑	☐	**5.** Mi padrino es el compadre de mis padres.

***Act. D*, Answers:** *(Corrected answers):* **1.** *El compadrazgo es la tradición de designar padrinos para los hijos.* **3.** *Los padrinos también participan en sacramentos religiosos del ahijado o ahijada.*

E. Mi familia

PASO 1. Dibuja (*Draw*) el árbol genealógico de tu familia o de una familia imaginaria. Dibuja solo la estructura con espacios en blanco (*blank*). Escribe tu nombre y tu edad (*age*) en el lugar correcto, pero no escribas los nombres de tus parientes.

PASO 2. En parejas, intercambien (*exchange*) árboles. El objetivo es completar todos los espacios en blanco con los nombres y las edades de los miembros de la familia de tu compañero/a, según las descripciones. **¡OJO!** No verifiquen (*Don't check*) la información ahora, solo en el **Paso 3**

***Act. E, Paso 2*, Suggestion:** Have students start with themselves in the center of the page and work out from there. You may want to limit time as some will have large families and take too long to finish or not get past the nuclear family members.

MODELO E1: Mi padre se llama Tom. Tiene 45 años.
E2: [*writes "Tom (45)" on the blank for E1's father*]
E1: Mis padres están divorciados y tengo una madrastra que se llama Lily. Lily tiene 53 años.
E2: [*writes the name "Lily (53)" on the blank for E1's stepmother*]

PASO 3. Intercambien árboles otra vez para confirmar si todos los nombres y edades están bien o no.

4.3 Por and para

Gramática, **Note:** Students can assess their understanding and mastery of the grammar points presented in this chapter by accessing the LearnSmart module for *Capítulo 4* at www.mhhe.com/connect.

Expressing *by, for, through, . . .*

GRAMÁTICA EN ACCIÓN

La comida de los domingos

[*Ryan va a estudiar en la Universidad de Deusto de Bilbao* **por** *un año y vivir con una familia vasca en el barrio Indautxu. Es su primera semana con la familia y su nuevo «hermano» español, Quique, le explica la rutina de los domingos.*]

QUIQUE: Los domingos, toda la familia come en casa de mis abuelos. Mi mamá y mis tías ayudan a mi abuela **por** la mañana porque preparan mucha comida **para** la familia. Nosotros debemos llegar a la casa de mis abuelos **para** la 1:30. La comida siempre es a las 2:00.

RYAN: ¿Dónde viven tus abuelos?

QUIQUE: Viven en la calle Cosme Echevarrieta. Podemos caminar **por** el parque Casilda Iturrizar **para** llegar más rápido.

RYAN: ¿No vamos **por** autobús?

QUIQUE: No, solo tenemos que caminar **por** seis o siete manzanas. Está cerca. No debes hacer otros planes **por** la tarde. ¡Comemos mucho! Y luego hablamos **por** una o dos horas después de la comida. ¡Es muy bueno **para** aprender sobre los deportes y la política del País Vasco, y **para** practicar el español!

El parque Casilda Iturrizar en Bilbao

©Basque Country - Mark Baynes/Alamy Stock Photo

GEA, **Note:** The audio for this *GEA* is available through the eBook or on Connect.

GEA, **Culture Notes:**
- Deusto University was founded in 1886. During the Spanish Civil War, the university was closed down and used by the government as a military base, hospital, and concentration camp. The university resumed classes in 1940.
- The *parque Casilda Iturrizar,* created over one hundred years ago, is an English-style garden.
- The Indautxu neighborhood is adjacent to Abando, part of the Ensanche or modern district of Bilbao.

Acción. Completa las oraciones con **por** o **para,** según el contexto.

1. La abuela de Quique necesita ayuda __para__ preparar la comida para toda la familia.
2. Ryan está en Bilbao __para__ estudiar y practicar el español.
3. Ryan y Quique van a estar en la casa de la abuela __por__ tres o cuatro horas.
4. Caminan __por__ un parque para llegar a la calle Cosme Echevarrieta, donde vive la abuela de Quique.
5. La familia de Quique come en casa de su abuela __por__ la tarde.

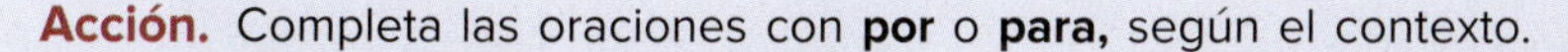

GEA, **Suggestions:**
- After reviewing the uses of *por* and *para,* have students identify each use of the prepositions in the *GEA.*
- Have students describe the photo using *por* and *para,* for example, *Quique camina por el parque Casilda Iturrizar para llegar a la casa de sus abuelos.*

You have probably noticed the many occurrences of the prepositions **por** and **para** in Spanish. You may already know that they both can mean *for.* However, they are not interchangeable, and they each have several English equivalents in addition to *for.* Some of the most common and most important uses of each are presented here.

USES OF por	USES OF para
1. **Por** is used to express *in* when referring to the periods of the day (**por la mañana/tarde/noche**). Remember that **de** is used when giving the exact time of day: **Son las 8:00 de la mañana.** Prefiero estudiar **por la mañana** cuando tengo más energía. *I prefer to study in the morning when I have more energy.*	1. **Para** is used to express deadlines. El informe es **para** el jueves. *The report is for (due by) Thursday.* Tenemos que estar en la oficina **para** las 8:00. *We need to be in the office by 8:00.*

GEA, **Point Out:**
- Point out that while students might already know the word *manzana* means *apple,* in Spain it also refers to a city block; in other places the word *cuadra* is used.
- *Quique* is a nickname for *Enrique.*

USES OF **por**	USES OF **para**
2. Por expresses movement *through* or *along*. El perro sale **por la puerta,** pero el gato sale **por la ventana**. *The dog leaves through the door, but the cat leaves through the window.*	**2. Para** is used to express destination, *toward* or *in the direction* of a place. Mañana mis tíos salen **para Málaga**. *Tomorrow my aunt and uncle leave for Málaga.*
3. Por means *by, on,* or *by means of* in terms of modes of transportation or communication. Mis abuelos no viajan **por avión** porque tienen miedo de volar. *My grandparents don't travel by air (on airplanes) because they are afraid of flying.* Mis hermanos y yo nos hablamos frecuentemente **por teléfono**. *My siblings and I talk to each other frequently on the phone.*	**3. Para** + *inf.* means *in order to* (*do something*). Note that in English we often mean *in order to* but only say the word *to.* Debemos llegar a las 6:00 **para tener** suficiente tiempo. *We should arrive at 6:00 (in order) to have enough time.*
4. Por is used in many fixed expressions. Here are a few of the most common. **por ejemplo** — *for example* **por eso** — *therefore, that's why* **por favor** — *please* **por fin** — *finally* **por lo general** — *in general* **por lo menos** — *at least*	**4. Para** indicates *who* or *what* something is destined for or to be given to. El vídeo es **para mi hermana** y el juguete es ***para* mi hermanastro.** *The video is for my sister and the toy is for my stepbrother.*

***Gramática,* Suggestions:**
- Point out the contrasts in use with time (point 1) and space (point 2).
- You can make additional contrasts comparing cause versus purpose.
- For visually-oriented students, explain that *por* generally refers *back* to cause or means, whereas *para* projects forward to purpose, goals, destination, or deadline.

***Act. A, Paso 2,* Answers:**
1. destination; *in order to* **2.** special expression; periods of the day **3.** through place; *in order to* **4.** mode of transportation; *in order to* **5.** destination (*to whom*); special expression

ACTIVIDADES

A. Asociaciones

PASO 1. Completa las oraciones con **por** y **para,** según el contexto.

1. Esta tarde Laura y su esposo salen __para__ Madrid __para__ visitar a los abuelos.
2. Es el cumpleaños de la abuela de Laura. __Por__ eso, hay una cena especial mañana __por__ la noche.
3. Laura y su esposo manejan, y pasan __por__ muchos pueblos (*towns*) pequeños y hermosos __para__ llegar a Madrid.
4. La prima de Laura que vive en París viaja __por__ avión __para__ asistir a la cena y celebrar con la familia.
5. Laura tiene un regalo (*gift*) especial __para__ su abuela. Es un *iPad* con __por__ lo menos 500 fotos de la familia y su música favorita.

PASO 2. En parejas, miren los ejemplos del **Paso 1** y expliquen por qué se usa **por** y **para** en cada ejemplo.

B. Una mañana típica.
Completa la descripción de una mañana típica de Sofía con **por** y **para.**

__Por__[1] la mañana, mi padre prepara el café __para__[2] mamá mientras ella nos despierta[a] __para__[3] ir a la escuela. Mis hermanos tienen que salir a las 7:30 __para__[4] tomar el autobús. Yo también voy a la escuela en autobús, pero mi autobús pasa __por__[5] nuestra casa a las 8:00. No puedo ver la televisión __por__[6] la mañana, __por__[7] eso escucho música en mi iPhone o leo mientras espero el autobús.

A veces el autobús llega un poco tarde,[b] y como mis padres salen __para__[8] el trabajo a las 8:00 en punto, espero sola __por__[9] unos minutos. Tengo que estar en mi clase a las 8:20, y cuando el autobús llega tarde, tengo que correr __para__[10] llegar a tiempo.

[a]nos... *wakes us up* [b]poco... *little bit late*

Act. C, Paso 2, **Suggestion:** Offer students other common pet words in Spanish: *el caballo, el conejo, el hámster, el pájaro (el canario, el perico/loro), el pez (dorado), la rata, la serpiente, la tortuga.* Do a survey to see if any students have one of these types of pets.

C. Mascotas para la familia

PASO 1. En parejas, contesten las preguntas sobre el anuncio.

1. ¿Cómo pueden ser buenas las mascotas para los niños?
2. ¿Cómo pueden ayudar las mascotas a las personas mayores?

Mascotas para toda la familia
¡Las mascotas son buenas para todos!
• para enseñar la responsabilidad
• para aliviar el estrés y la depresión
• para pasar momentos divertidos
• por el cariño que la mascota les trae a todos

fish: ©Comstock Images/Alamy Stock Photo; cat and dog: ©G.K. & Vikki Hart/Getty Images

PASO 2. Ahora contesten estas preguntas personales.

1. ¿Qué mascotas tienen Uds.? ¿Por qué prefieren ese tipo de animal? Expliquen.
2. ¿Cómo se llaman sus mascotas?
3. ¿Qué hacen para pasar tiempo con sus mascotas?
4. ¿ ?

D. Mi nombre, mi santo y mi cumpleaños (*birthday*) Primero, decidan entre **Estudiante 1** y **Estudiante 2. Estudiante 2** debe completar la actividad en **Appendix III.**

Act D, PASO 1, **Answers: 1.** *Para* **2.** *por* **3.** *para* **4.** *para* **5.** *para* **6.** *Por* **7.** *para* **8.** *por* **9.** *para*

Act. D, PASO 2, **Answers:** *San José: 19 de marzo, San Isidro: los estudiantes; Santa Cecilia: 22 de noviembre; Santa Ana: 15 de agosto, Una puerta, Las madres; San Valentín: 14 de febrero; San Pedro: 29 de junio*

Estudiante 1

PASO 1. Completa el texto con **por** y **para** según el contexto.

En los países hispanos y especialmente en España, algunos padres nombran[a] a sus hijos por un santo. **(Por / Para)**[1] los niños es divertido tener el nombre de un santo porque pueden celebrar dos días cada año: su cumpleaños y el día de su santo. **(Por / Para)**[2] ejemplo, si el cumpleaños de Pedro es el 22 de febrero, hace una fiesta **(por / para)**[3] celebrar su cumpleaños, pero puede hacer otra celebración **(por / para)**[4] festejar el día de San Pedro, el 29 de julio. Y **(por / para)**[5] alguien que se llama Ana, su día especial es el 12 de agosto de el día de Santa Ana.

(Por / Para)[6] lo general la familia compra más regalos[b] **(por / para)**[7] el niño en su cumpleaños, pero en el día de su santo un niño puede esperar[c] recibir **(por / para)**[8] lo menos muchas felicitaciones. Muchas veces[d] los niños llevan dulces[e] a la escuela **(por / para)**[9] compartir con los compañeros de clase.

[a]*name* [b]*gifts* [c]*expect* [d]Muchas... *Often* [e]*candy*

PASO 2. Completa parte de la tabla con información del **PASO 1**, luego, en parejas, túrnense para hacer preguntas y completar sus tablas con la información que falta (*missing*).

MODELO E1: ¿Cuál es la fecha de celebración de San Valentín?
E2: Es el 14 de febrero. ¿Qué símbolo representa San Isidoro de Sevilla?

Santo/a	Fecha	Símbolo	Patrón/Patrona de
San José		Una Biblia, el niño Jesús	Los padres, las familias, las personas casadas
San Isidoro de Sevilla	4 de abril	Un bolígrafo	El internet, ________
Santa Cecilia		Un órgano	Los músicos
Santa Ana			________, los profesores
San Valentín		Unas rosas	El amor, los matrimonios felices
San Pedro		La cruz de San Pedro	Panaderos (*Bakers*), pescadores (*fishermen*)

4.4 Demonstrative Adjectives and Pronouns

Expressing *this, that, these,* and *those*

GRAMÁTICA EN ACCIÓN

A Coruña

©Miguel Pereira/Getty Images

GEA, Note: The audio for this *GEA* is available through the eBook or on Connect.

GEA, Culture Notes:

- The Tower of Hercules was built by the Romans over 2,000 years ago. This lighthouse has become a symbol of the city of A Coruña.
- The San Juan Festival takes place on June 23 and 24, and culminates with large bonfires along the beaches of Orzán and Riazor.
- The A Coruña promenade skirts the whole city. It is over 10 kilometers long, the longest in Europe.
- As in most countries, many rural families move to urban areas to find better economic opportunities.

Suggestion: Write the words *paseo, pueblo, torre,* and *playa* on the board. Ask students if they can guess what they mean, knowing that they are types of landmarks. Provide the definitions of words that they don't identify as a class on their own.

Esta es mi ciudad.

CULTURES C

[*Terry visita a la familia de su amiga Sabela en A Coruña, Galicia.* ***Esta*** *tarde, Sabela y Terry pasean por el paseo marítimo y hablan de la familia y la ciudad de Sabela.*]

SABELA: Casi toda mi familia es del pueblo de Beo, pero ahora todos vivimos en **esta** ciudad. En **aquel** pueblo... bueno, en casi todos los pueblos de **esta** provincia, no hay muchas oportunidades para trabajar.

TERRY: Pero **esta** ciudad es maravillosa, ¿no? **Este** paseo es estupendo. Bordea toda la ciudad y las playas. ¿Cómo se llama **esa** playa en el centro que acabamos de pasar?

SABELA: **Esa** es la playa Orzán, la otra es Riazor.

TERRY: Y la torre...

SABELA: Sí, **aquella** torre es el símbolo de **esta** ciudad. Se llama la Torre de Hércules y es de los tiempos romanos. Tienes razón. **Esta** es una ciudad maravillosa. Y **este** verano, ¡tienes que volver para celebrar las Hogueras de San Juan! ¡**Ese** es el festival favorito de mi familia!

Acción. Empareja los lugares con las descripciones más lógicas.

c 1. la Torre de Hércules
e 2. la ciudad de A Coruña
b 3. el festival de San Juan
a 4. el paseo marítimo
f 5. el pueblo de Beo
d 6. las playas de Orzán y Riazor

a. Aquel es el más largo de Europa.
b. Ese es el favorito del verano.
c. Esta tiene más de 2.000 años.
d. Esas están en el centro.
e. Esta tiene muchas atracciones.
f. Aquel no tiene muchas oportunidades de trabajo.

A. Demonstrative adjectives express *this, that, these,* and *those*. In English, *this* and *these* refer to things that are close to the speaker, while *that* and *those* indicate things that are farther from the speaker. However, a further distinction is made in Spanish between things that are relatively far and those that are even farther away from the speaker.

The following chart shows the forms of the demonstrative adjectives in Spanish. Like most adjectives in Spanish, these also must agree in gender and number with the item they describe. Note that the masculine singular forms do not end in **-o** like most other adjectives.

DEMONSTRATIVE ADJECTIVES (*this, that, these,* and *those*)						
	SINGULAR	PLURAL	SINGULAR	PLURAL	SINGULAR	PLURAL
MASCULINE	**este** (*this*)	**estos** (*these*)	**ese** (*that*)	**esos** (*those*)	**aquel** (*that [way over there]*)	**aquellos** (*those [way over there]*)
FEMININE	**esta** (*this*)	**estas** (*these*)	**esa** (*that*)	**esas** (*those*)	**aquella** (*that [way over there]*)	**aquellas** (*those [way over there]*)

—Isabel, **este** joven es mi primo Jorge. | *Isabel, this young man is my cousin Jorge.*
—**Esa** mujer alta es mi tía Pati. | *That tall woman is my aunt Pati.*
—¿Y quién es **aquel** hombre guapo? | *And who is that handsome man over there?*

B. Demonstratives can also be used as pronouns. The singular English equivalents are generally expressed with *one,* as in *this one* or *that one.* The forms of the pronouns are identical to the adjectives shown in the preceding chart and examples.

—Y tu hermano, ¿es **ese** hombre o **aquel**? | *And your brother, is he that man or the one over there?*
—Es **ese. Aquel** es un amigo de la familia. | *He's that one. The one over there is a friend of the family.*

C. When *this* and *that* are referring to unknown objects or to an entire situation, the neuter pronouns **esto, eso,** and **aquello** are used.

¿Qué es **esto**? | *What is this?*
¡**Eso** es horrible! | *That's horrible!*
¿Qué es **aquello** que se ve allí? | *What is that over there?*

***Gramática,* Note:** As a result of the 1994 decision by the Real Academia Española, demonstrative pronouns do not have accents, unless necessary to avoid confusion. The demonstrative pronouns throughout the *Experience Spanish* program are not accented. If you choose to require accents on demonstrative pronouns for grading purposes, please explain your policy to students.

ACTIVIDADES

A. Estas familias. Escucha cada una las descripciones e indica la letra de la familia descrita (*described*). **¡OJO!** Algunas (*Some*) familias se describen dos veces.

***Act. A,* Script: 1.** *La hija de aquellos padres no tiene hermanos.* **2.** *Esa familia es grande.* **3.** *Este abuelo ayuda con sus nietos.* **4.** *Esos muchachos son gemelos.* **5.** *Estos padres necesitan ayuda porque trabajan.* **6.** *Aquella muchacha es hija única.*

***Act. A,* Answers: 1.** *C* **2.** *B* **3.** *A* **4.** *B* **5.** *A* **6.** *C*

Vocabulario práctico	
el/la muchacho/a	boy/girl

B. En una fiesta familiar. Completa el diálogo con los demostrativos correctos: **este/a, esto, ese/a, eso, aquel(la).**

SAMUEL: ¿Qué tienes aquí? ¿Un regalo? ¿Qué es ___esto___[1]?

AMANDA: Es un regalo para el abuelo. ¿Ves ___aquella/esa___[2] foto de él con la abuela allí en la cocina (*kitchen*), en el refrigerador? Tengo una copia ampliada de la foto con un marco[a] muy bonito.

SAMUEL: ¡Qué bien! ___Aquella/Esa___[3] es su foto favorita. Su cumpleaños es mañana, ¿no?

AMANDA: Sí, pero la fiesta es hoy.

SAMUEL: ¿Hoy?

AMANDA: Sí, ___esta___[4] noche a las 8:00 en casa de la tía Lupe.

SAMUEL: ¡Ay! Se me olvidó[b] ___eso___.[5]

AMANDA: ¿No tienes un regalo para el abuelo?

SAMUEL: Sí, claro. Solo que no recordaba[c] la fecha de la fiesta. Aquí en mi mochila está el regalo. ¿Qué piensas de ___este___[6] libro? Es de su autora favorita.

AMANDA: Es un regalo perfecto. El abuelo siempre está leyendo novelas históricas.

[a]*frame* [b]Se... *I forgot* [c]Solo... *It's just that I didn't remember*

***Act. C*, Suggestion:** Take this opportunity to practice the demonstrative adjectives, but also to recycle and reinforce chapter vocabulary, as well as *ser/estar* and other grammar concepts. Have students work in pairs or small groups to describe each family and its members. Encourage them to imagine details of their relationships with each other.

COMMUNICATION

C. Descripciones. En parejas, túrnense para describir a los miembros de las familias en la imagen de la **Actividad A** (página 129), usando pronombres demostrativos y sin indicar la familia. La otra persona debe adivinar (*guess*) cuál es la familia descrita.

MODELO E1: Este abuelo tiene el pelo gris.
E2: Es la familia A.

Nota cultural

Los abuelos cambian la estructura familiar española

CULTURES

Con los abuelos en el parque

Las abuelas y los abuelos tienen, hoy día, un rol fundamental dentro de la familia española debido a[a] la incorporación de la mujer al trabajo y a la economía. En muchos hogares,[b] las madres y los padres trabajan fuera de casa[c] y con mucha frecuencia son los abuelos quienes cuidan de[d] los nietos durante su jornada laboral.[e] De esta manera,[f] los niños se desarrollan[g] en un entorno familiar.[h] Además,[i] es más económico para la familia porque no tiene que pagar[j] a niñeras[k] o a guarderías[l] privadas para sus hijos más pequeños. Gracias a la ayuda[m] de los abuelos, son muchos los padres y madres que pueden mantener un equilibrio entre[n] familia y trabajo. El papel fundamental que los abuelos juegan en la sociedad ha sido reconocido[ñ] por el gobierno[o] español y, en el año 2016, estableció[p] como fecha oficial el 26 de julio para celebrar el Día de los Abuelos.

[a]debido... *due to* [b]*homes* [c]fuera... *outside the home* [d]*who take care of* [e]jornada... *work day* [f]De... *That way* [g]*develop* [h]entorno... *family environment* [i]*In addition* [j]*to pay* [k]*babysitters* [l]*daycares* [m]help [n]mantener... *maintain a balance between* [ñ]ha... *has been recognized* [o]government [p]established

PREGUNTAS

COMMUNICATION

1. El título de la **Nota cultural** indica que los abuelos están cambiando la estructura familiar en España. ¿Qué factores influyen en este cambio?
2. ¿Cuáles son las ventajas (*advantages*) de una situación en que las abuelas y los abuelos cuidan de los niños?
3. En su comunidad, en general, ¿quiénes cuidan de los hijos cuando el padre y la madre trabajan fuera de casa?

D. La noche de San Juan con la familia de Nieves. Primero, decidan entre **Estudiante 1** y **Estudiante 2.** El dibujo para el **Estudiante 2** se encuentra en el **Appendix III.**

Cada año para celebrar la noche de San Juan, Nieves prepara una paella tradicional de Valencia para su familia. En parejas, miren el dibujo de la familia extendida de Nieves. Túrnense para hacer preguntas para aprender los nombres de todos los miembros de la familia. Escriban sus conclusiones en la tabla. **¡OJO!** Para evitar confusión, usen los demostrativos correctos: **este/a, ese/a, aquel(la).**

MODELO E1: ¿Cómo se llama aquel hombre con el pelo blanco? Es el padre de Nieves.

E2: Se llama Eduardo. ¿Y cuál es la relación entre Nieves y esa mujer alta y delgada?

E1: Es la tía de Nieves.

***Act. D.* Culture Note:** *La noche de San Juan* is the celebration of the birth of John the Baptist. In Valencia it's commonly celebrated on the beach, and many choose to enter the water at midnight in hopes of waking up better looking the following day. Bonfires, parades, and music are also essential parts of the celebration.

Estudiante 1

NOMBRE	RELACIÓN
Eduardo	*Aquel hombre es el padre de Nieves.*

Vas a leer un artículo publicado en la sección **Mi mundo** de la revista *Siempre mujer*. El artículo informa sobre una encuesta realizada por la revista *Time*. Habla de los cambios recientes en los roles familiares del hombre y de la mujer, como consecuencia de la incorporación de la mujer al mundo del trabajo.

ANTES DE LEER

En parejas, contesten las preguntas. Después compartan sus ideas con la clase.

1. Piensen en sus familias y en la familia típica de su comunidad. ¿Quién tiene mayor responsabilidad de cuidar de la casa y de los hijos?
2. ¿Qué miembros de su familia trabajan fuera (*outside*) de la casa? ¿Tienen un trabajo a tiempo completo (*full time*) o a tiempo parcial? ¿Y cuál es la situación en otras familias que Uds. conocen bien?
3. En general en su comunidad, ¿quién cuida de la casa y de los hijos si la mamá y el papá tienen un trabajo a tiempo completo fuera de la casa?

Los nuevos roles familiares

¿La mujer trabaja y el hombre cuida los niños? Claro que sí.[a] Hoy en día, las relaciones de pareja son una constante negociación.

No es una sorpresa que cada vez sean[b] más las mujeres que trabajan, sobre todo en estos tiempos de crisis económica, cuando cualquier aporte salarial[c] es bien recibido.

Según un estudio realizado por la revista *Time*:

- En 1970 la mayoría de los niños creció[d] bajo el cuidado de sus madres, quienes eran amas de casa.[e] Hoy en día, solo el 30 por ciento puede decir lo mismo.
- Sin embargo, ante la sociedad, la mujer sigue siendo la responsable de la crianza[f] de los chicos.

El padre cuida del hogar y de su hijo
©Westend61/Getty Images

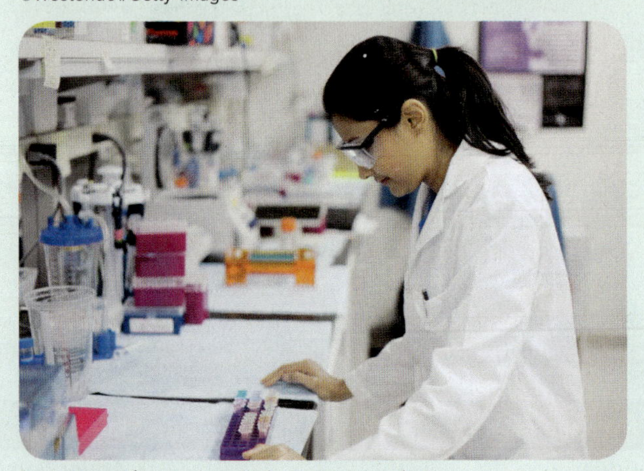

Incorporación masiva de la mujer al trabajo
©atic12/123rf

[a]Claro… *Of course* [b]*there are* [c]cualquier… *any financial contributions* [d]*grew up* [e]eran… *were housewives* [f]*raising*

- El 44 por ciento de las mujeres encuestadas no estuvo de acuerdo con que fuera[g] el hombre quien trabajara fuera de la casa y la mujer quien se encargara[h] de los hijos, mientras que el 57 por ciento de los hombres estuvo de acuerdo.[i]
- En cuanto a las prioridades en la vida femenina, la mayoría de las mujeres dijo[j] que estar saludables,[k] ser autosuficientes, tener solvencia económica y un trabajo a tiempo completo era lo más importante para ellas.
- Para los hombres, la salud, el trabajo, la casa y el dinero son igualmente importantes, pero en menor escala. Esto indica que ahora los roles familiares son compartidos.
- Además, el 85 por ciento de las mujeres dijo sentirse cómodo[l] de trabajar fuera de la casa, y el 79 por ciento de los hombres dijo que ahora está mucho mejor visto y más aceptado que ellos se encarguen del hogar, mientras que[m] ellas trabajan.

[g]no estuvo... *did not agree that it was* [h]se... *was in charge* [i]estuvo... *agreed* [j]*said* [k]*healthy* [l]dijo... *said they felt comfortable* [m]mientras... *while*

Source: "What Women Want Now, *publicado en la revista Time.*

DESPUÉS DE LEER

A. ¿Cierto o falso? Indica si las oraciones son ciertas (**C**) o falsas (**F**). Corrige las oraciones falsas con información específica del artículo.

C	F	
☑	☐	**1.** Hasta los años 70 la mayoría de las mujeres era (*was*) ama de casa.
☑	☐	**2.** En estos tiempos, solo un 30 por ciento de las mujeres cuida del hogar y de los niños.
☑	☐	**3.** Hoy día, los hombres y las mujeres tienen prioridades diferentes en la vida.
☐	☑	**4.** A las mujeres de hoy no les gusta trabajar fuera de casa, pero necesitan el dinero.
☑	☐	**5.** El hombre de hoy día acepta más cuidar del hogar que en el pasado.

B. Temas de discusión. En grupos pequeños, contesten las preguntas. Después, compartan sus respuestas con la clase.

1. ¿Qué prioridades tienen los hombres y las mujeres de hoy, según el artículo?
2. El texto sugiere (*suggests*) que la mujer trabaja fuera de casa y es la responsable del hogar y la familia. Según sus propias experiencias, ¿ocurre lo mismo en su comunidad? Expliquen.
3. ¿Piensan Uds. que hoy día los hombres se encargan del hogar y de los hijos más que en el pasado?
4. En su opinión, ¿qué piensa la sociedad, en general, de un hombre que cuida del hogar mientras su esposa trabaja fuera de la casa?
5. Imagínense (*Imagine*) su futuro. ¿Les gustaría (*Would you like*) cuidar de su casa y de sus hijos y no tener profesión? ¿Son similares las respuestas de los hombres de la clase a las de las mujeres?

Palabra escrita

Generating Your Ideas / Issue Tree. During your brainstorming process, you can arrange your ideas visually in the shape of an issue tree. You have probably used issue trees before, but if not, an issue tree is an outline that shows the relationship among ideas. The key word or concept goes on top of the tree and the secondary concepts branch out beneath it. By organizing your ideas visually in such trees, you can see how they all fit together and decide whether you need to add anything or not.

You are going to write a brief composition about one of your relatives or about a person that you consider a family member. Your purpose in writing is to tell your reader how this person is and why you have chosen to write about him or her. For this composition, your audience is someone from Spain who would like to know about family relationships in your country.

A. Lluvia de ideas

PASO 1. Copia el árbol en tu cuaderno y llena los espacios en blanco con tus ideas. Puedes añadir (*add*) más ramas (*branches*) si es necesario.

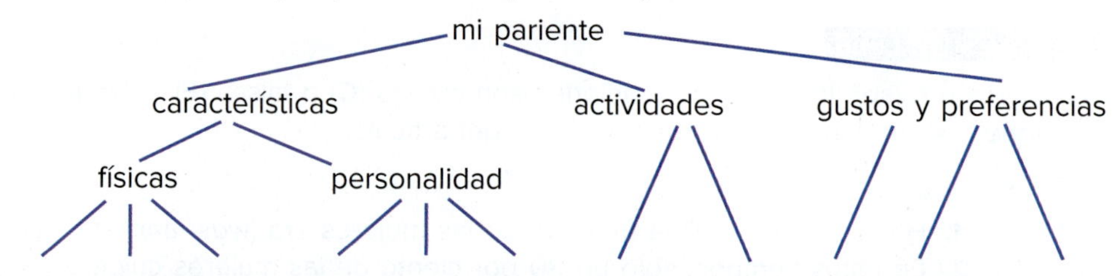

PASO 2. Comparte (*Share*) la información con un compañero / una compañera. ¿Hay otras ideas que te gustaría (*you would like*) añadir a tu árbol?

B. A organizar tus ideas. Repasa (*Review*) tus ideas y piensa en cómo vas a organizar la información. La organización de tu composición depende de tu tesis, es decir (*that is*), de la idea central de tu ensayo. Usa este bosquejo (*outline*) para escribir tu borrador (*first draft*).

1. **Título:** Escribe un título para tu composición.
2. **Tesis:** Empieza tu composición respondiendo a la pregunta: ¿Por qué he escogido (*have I chosen*) a este pariente?
3. **Cuerpo del ensayo (*Body of your essay*)**: Incluye información para apoyar (*support*) la idea central en varios párrafos.
4. **Conclusión:** Incluye un resumen (*summary*) de las ideas principales del ensayo.

C. A escribir. Ahora, escribe el borrador de tu composición con las ideas y la información que recopilaste (*collected*) en las **Actividades A** y **B.**

D. El vocabulario y la estructura

PASO 1. Repasa las secciones de vocabulario y gramática de este capítulo y considera las siguientes preguntas sobre tu composición.

1. ¿Incluiste (*Did you include*) toda la información necesaria según el propósito de tu composición?
2. ¿Es el vocabulario apropiado?
3. ¿Usaste (*Did you use*) correctamente **ser** y **estar, por** y **para,** y los demostrativos?
4. ¿Están correctamente conjugados los verbos?
5. ¿Concuerdan los adjetivos (*Do the adjectives agree*) con los sustantivos que modifican?

PASO 2. Vuelve a escribir (*Rewrite*) tu composición y entrégasela (*turn it in*) a tu profesor(a).

Conexiones culturales

La familia que almuerza junta,[a] permanece[b] junta

©Zivica Kerkez/Shutterstock

La familia tradicional está cambiando[c] en todas partes del mundo.[d] En España, muchas parejas están divorciadas y los padres tienen menos hijos que antes,[e] pero las relaciones familiares todavía[f] son el eje[g] de la vida social. La hora del almuerzo, que suele ser de las 2 a las 4 de la tarde, es el tiempo perfecto para una reunión familiar, en casa o en un restaurante. También es común invitar a la familia extendida si vive cerca, especialmente en días festivos.

©Klaus Vedfelt/Getty Images

Una parte especial de un almuerzo español es la sobremesa. La sobremesa es un rito[h] español que tiene lugar después de comer y de quitar la mesa. Todos siguen sentados[i], por lo general, bebiendo café o comiendo un postre. Durante esa hora, la conversación fluye[j] y los miembros de la familia comparten[k] anécdotas, cuentan chistes y chismes[l] y se ponen al día.[m] ¿Tienes un problema? Tu hermana mayor te aconseja.[n] ¿Tienes un *meme* cómico? Pasas el celular a tu madre. ¿Hay una crisis nacional o global? Pones el Telediario[ñ] y todos comentan la situación. La sobremesa es la hora perfecta de conversación abierta[o] e integración familiar.

[a]*together* [b]*remains* [c]*changing* [d]*world* [e]que... *than before* [f]*still* [g]*center* [h]*rite; custom* [i]siguen... *remain seated* [j]*flows* [k]*share* [l]cuentan... *tell jokes and gossip* [m]se... *catch up* [n]te... *advises you* [ñ]*a Spanish newscast program* [o]*open*

REFLEXIÓN

En parejas, contesten las preguntas.

COMMUNICATION

1. ¿Cuál es la comida (*meal*) más importante con tu familia? ¿Qué día del año? ¿Cómo es? ¿Dónde comen? ¿Quién viene? ¿Cuánto tiempo pasan en la mesa? Compara y contrasta con la hora del almuerzo español.
2. ¿Por qué piensas que es tan importante «la sobremesa» en España?
3. Una definición exacta para «la sobremesa» no existe en inglés. ¿Qué importancia cultural puede tener esto?

Un mundo sin límites

Madrid, España

Allen y Rubén

©McGraw-Hill Education/Zenergy

©deepblue4you/Getty Images
©McGraw-Hill Education/Zenergy

Antes de ver

Infórmate y ponte en su lugar.
Rubén y Allen tienen diferentes tipos de relaciones con los miembros de sus familias. Con algunos hablan de temas muy personales y con otros mantienen más distancia. ¿Con quién en tu familia estás muy unido/a? ¿Con quién no? ¿Hay temas de conversación que necesitas evitar (*avoid*) con ciertos miembros de tu familia? ¿Cuáles? ¿Por qué?

Vocabulario práctico

hasta las narices	fed up with
mi tal	my whoever
elegida	chosen
diría	wouldn't tell
mis gustos y tal	my preferences and such
el marido	husband
damos una vuelta	we go for a walk
desahogarnos	unburden ourselves
las noticias	news
estoy encantada	I'm pleased
tuve que salir al mundo	I had to go out into the world
pues ahí está	he's getting by
una terapia	a kind of therapy
pasarlo bien	to have fun
se ha convertido	has become

¿Entendiste?

A. ¿Cierto o falso?

C	F	
☐	☑	**1.** Allen no ve una diferencia entre la familia extendida y la familia elegida.
☐	☑	**2.** Rubén y Allen tienen una relación muy buena con la hermana del padre de Rubén.
☑	☐	**3.** Cuando ven a los tíos de Rubén, pasan tiempo en un parque que se llama El Retiro.
☐	☑	**4.** La tía de Rubén dice que la tía Jacinta está bien y que el tío Pepe está muy bien.
☐	☑	**5.** Allen no habla de temas personales con los tíos de Rubén.

B. ¿Cómo es tu familia? En parejas, contesten las preguntas.

1. ¿Qué hace Allen cuando está cansado de hablar con los miembros de su familia nuclear? ¿Uds. tienen una relación similar con sus abuelos, primos o tíos? Expliquen.
2. ¿Qué hacen Allen y Rubén con los tíos de Rubén? ¿Cómo pasan el tiempo juntos? ¿Es similar o diferente a las visitas de Uds. con los miembros de sus familias extendidas?
3. ¿Qué dice Allen que es como una terapia? ¿Por qué? ¿Tienen Uds. relaciones similares en sus familias? ¿Piensan que la confianza (*trust*) entre los miembros de una familia es muy importante?
4. En sus propias palabras, expliquen los beneficios que menciona Allen sobre su relación con la familia de Rubén. ¿Qué miembros de la familia menciona? ¿Cómo es su relación con ellos? ¿Piensan Uds. que sus relaciones con las familias de sus parejas (ahora o en el futuro) son o van a ser similares?

Vocabulario

Las relaciones familiares	Family relationships
el/la abuelo/a	grandfather/grandmother
los abuelos	grandparents
el/la ahijado/a	godson/goddaughter
el/la esposo/a	husband/wife
el/la gemelo/a	twin
el/la hermanastro/a	stepbrother/stepsister
el/la hermano/a	brother/sister
los hermanos	siblings
el/la hijastro/a	stepson/stepdaughter
el/la hijo/a	son/daughter
el/la hijo/a adoptivo/a	adopted son/daughter
el/la hijo/a único/a	only child
los hijos	children
la madrastra	stepmother
la madre	mother
la madrina	godmother
el/la medio/a hermano/a	half brother/sister
el/la nieto/a	grandson/granddaughter
los nietos	grandchildren
el padrastro	stepfather
el padre	father
los padres	parents
el padrino	godfather
los padrinos	godparents
el/la pariente	relative
el/la primo/a	cousin
el/la sobrino/a	nephew/niece
los sobrinos	nephews and nieces
el/la tío/a	uncle/aunt
los tíos	aunts and uncles

La familia política	In-laws
el/la cuñado/a	brother-in-law/sister-in-law
la nuera	daughter-in-law
el/la suegro/a	father-in-law/mother-in-law
el yerno	son-in-law

Las mascotas	Pets
el gato	cat

Repaso: el perro

Los números a partir de 100

cien, ciento uno, ciento dos, ciento tres,... ciento noventa y nueve
doscientos/as, trescientos/as, cuatrocientos/as, quinientos/as, seiscientos/as, setecientos/as, ochocientos/as, novecientos/as
mil, dos mil,...
un millón (de), dos millones (de),...

Para describir a la gente	
cariñoso/a	affectionate
delgado/a	thin
gordo/a	fat
hermoso/a	pretty
jubilado/a	retired
listo/a	smart
orgulloso/a	proud
torpe	clumsy
tranquilo/a	calm
travieso/a	mischievous
unido/a	close (*relationship*)
viejo/a	old

Cognados: extrovertido/a, obediente, responsable, tímido/a
Repaso: alto/a, bajo/a, bonito/a, bueno/a, feo/a, guapo/a, joven (jóvenes), moreno/a, nervioso/a, pelirrojo/a, perezoso/a, rubio/a, trabajador(a)

Los eventos familiares	
el bautizo	baptism
la boda	wedding
el cumpleaños	birthday
el divorcio	divorce
el matrimonio	marriage; married couple

Cognado: la ceremonia civil

El estado civil	Marital status
casado/a	married
divorciado/a	divorced
separado/a	separated
soltero/a	single
viudo/a	widowed

Los verbos	
conocer (zc)	to know, be acquainted with (*person/place*)
saber (*irreg.*)	to know (*a fact*)
saber + *inf.*	to know (*how to do something*)

Repaso: estar (*irreg.*), **ser** (*irreg.*)

Las preposiciones	
para	for; toward
para + *inf.*	in order to (*do something*)
por	for; in; by, on, by means of; through; along
por ejemplo	for example
por eso	therefore, that's why
por favor	please
por fin	finally
por lo general	generally
por lo menos	at least

Los demostrativos	Demonstratives
aquel(la); aquellos/as	that (one) (*way over there*); those (*way over there*)
ese/a; esos/as	that (one); those
este/a; estos/as	this (one); these
eso, aquello (*neuter*)	that
esto (*neuter*)	this

Otras palabras y expresiones	
la oración	sentence
el resumen	summary
cada	each
¿cuántos años tiene(s)?	how old are you?
en parejas	in pairs
según	according to
siguiente	following
sin	without

Capítulo 5 ¡Hogar, dulce hogar!*

EN ESTE CAPÍTULO

España

©Anton_Ivanov/Shutterstock

Muchos españoles viven en pisos (*flats*) y apartamentos en edificios que tienen tiendas (*stores*), restaurantes y bares en las plantas bajas (*ground floors*). En las entradas normalmente hay una entrada o portal con buzones de correo (*mailboxes*) para los residentes.

Piensa y comparte

El hogar de una persona es uno de los lugares más importantes en su vida y una parte importante de su identidad (*identity*).

- ¿Qué ocurre cuando una persona pierde (*loses*) su hogar?
- ¿Cuáles son los posibles efectos psicológicos y prácticos (*practical*) de esa pérdida (*loss*)?

En las ciudades es necesario compartir algunos espacios en los edificios con los vecinos (*neighbors*) o compañeros de apartamentos.

- ¿Cuáles son algunos ejemplos de espacios comunes en tu vida?
- En tu opinión, ¿es fácil o difícil compartir esos espacios? ¿Por qué?

©Marcos del Mazo/Getty Images

En España, como resultado de la crisis económica, muchas familias están perdiendo sus hogares. Es un doble problema porque cuando pierden sus casas, todavía tienen que pagar sus hipotecas (*mortgages*), creando una situación imposible. La gente protesta esa práctica injusta.

©José Antonio Carranza

Los estudiantes universitarios españoles suelen compartir pisos (*flats*) con compañeros de sus facultades. Es común encontrar compañeros o pisos poniendo anuncios en tablones.

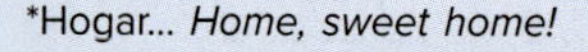

*Hogar... *Home, sweet home!*

www.mhhe.com/connect

Un mundo sin límites

Granada, España

Jen y Pepe

©deepblue4you/Getty Images
©McGraw-Hill Education/Zenergy

Antes de ver

Infórmate y ponte en su lugar.

Jen y Pepe viven en Granada, una ciudad histórica con barrios (*neighborhoods*) donde conviven familias y estudiantes de todo el mundo. Está en las montañas (*mountains*) de Sierra Nevada a solo una hora de la playa (*beach*). ¿Cuáles son las ventajas de vivir en una ciudad como Granada? ¿Qué crees que Jen y Pepe hacen en su tiempo libre? ¿Por qué?

Vocabulario práctico

aprendí	I learned
estuve viviendo	I was living
me encantó	I loved it
fue allí donde	that was where
decidí	I decided
estoy muy a gusto	I'm very comfortable
el músico	musician
por afición	as a hobby
los monumentos	monuments
La Alhambra	monument in Granada
la cercanía	proximity
la sierra	mountains
el campo	countryside

©McGraw-Hill Education/Zenergy

©McGraw-Hill Education/Zenergy

¿Entendiste?

A. ¿Cierto o falso?

C	F	
☐	☑	**1.** Jen lleva siete años en España.
☐	☑	**2.** El nombre del pueblo (*town*) donde Jen pasó (*spent*) su primer año en España es Granada.
☐	☑	**3.** Jen y Pepe son profesores de inglés.
☑	☐	**4.** A Pepe le gusta la música.
☑	☐	**5.** Pepe piensa que La Alhambra es un monumento muy importante.

B. ¡Hogar, dulce hogar! En parejas, contesten las preguntas.

1. ¿Cuántos años lleva Jen en España? ¿Piensan Uds. que es mucho tiempo para vivir en otro país? ¿Creen que después de tanto tiempo Jen va a volver a los Estados Unidos? ¿Por qué?
2. ¿Qué dice Jen que le encanta de España? ¿Qué factores de un lugar típicamente les atraen (*attract you*)?
3. ¿Cuál es la relación entre Jen y Pepe? ¿Piensan que comparten un hogar? ¿Por qué?
4. ¿Qué le gusta a Pepe de Granada? ¿Qué pueden inferir sobre él como resultado?

TEMA I: ¿Hay una vivienda típica?

Note: The art for this chapter is available for digital download within Connect (www.mhhe.com/connect).

Vocabulario en acción

Las viviendas

***Vocabulario en acción*, Note:** Students can assess their understanding and mastery of the vocabulary presented in this chapter by accessing the LearnSmart module for *Capítulo 5* at www.mhhe.com/connect.

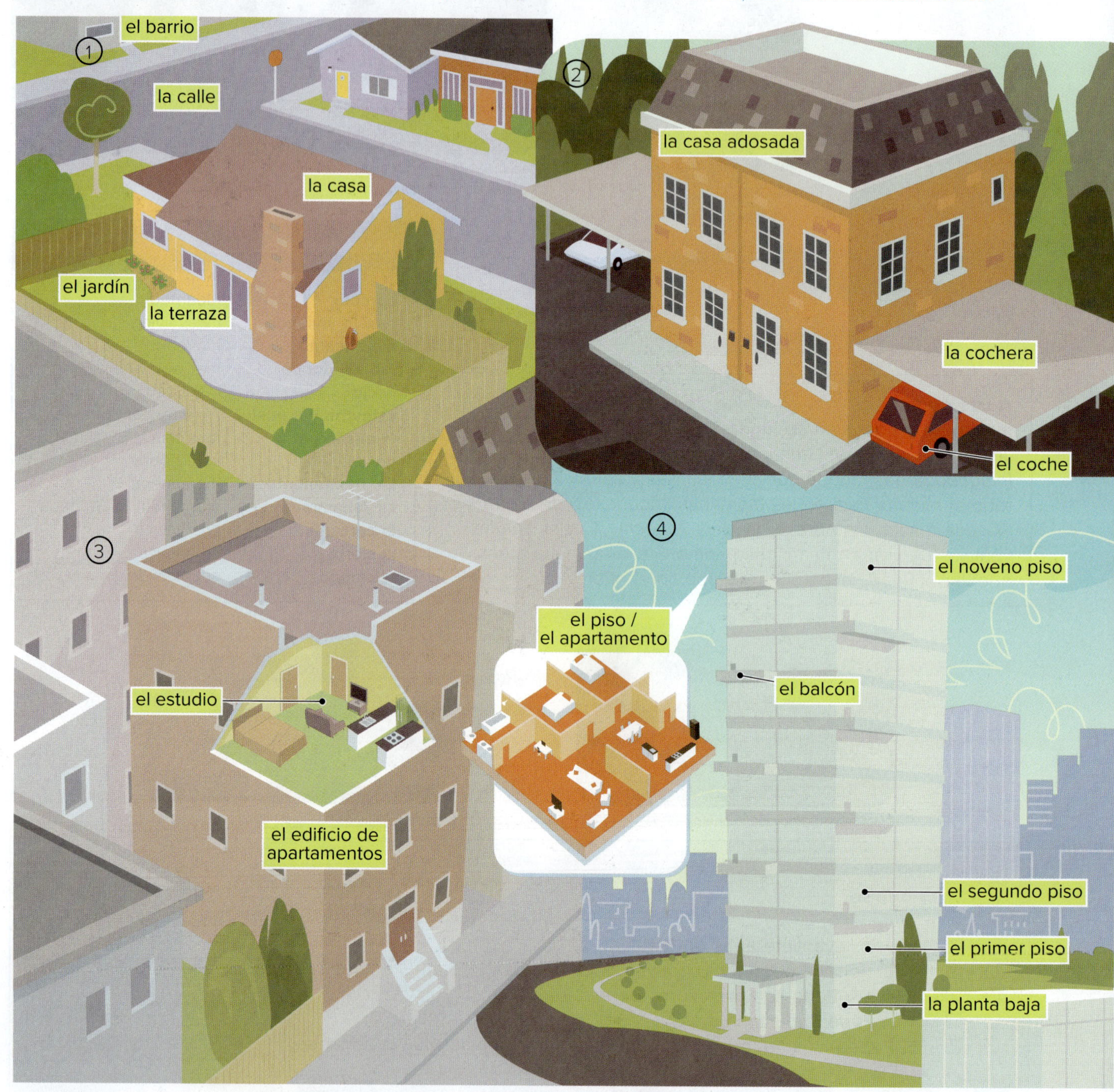

las afueras	outskirts; suburbs
el ascensor	elevator
la avenida	avenue
el bulevar	boulevard
el campo	country(side)
la casa adosada	townhouse
el centro	downtown
el/la vecino/a	neighbor
amueblado/a	furnished
céntrico/a	central, centrally located
lleno/a de luz	bright; well-lit
oscuro/a	dark; dim
de al lado	next-door
sin amueblar	unfurnished

Cognados: el chalet, el patio
Repaso: el césped, la ventana; tranquilo/a

***Vocabulario en acción*, Suggestions:**
- Provide alternate vocabulary for some terms. For example, *el vecindario* (*el barrio*), *el bloque de pisos* (*el edificio de apartamentos*).
- Have students close their books and do a quick comprehension check with true/false statements: *Una casa sin amueblar no tiene ventanas.* (F) *El estudio es un tipo de piso.* (C), etc.

Nota comunicativa

COMMUNICATION

Ordinal Numbers

Here are some of the more common ordinal numbers in Spanish.

primer, primero/a	first	**sexto/a**	sixth
segundo/a	second	**séptimo/a**	seventh
tercer, tercero/a	third	**octavo/a**	eighth
cuarto/a	fourth	**noveno/a**	ninth
quinto/a	fifth	**décimo/a**	tenth

Ordinal numbers can be used as adjectives or pronouns, and they agree in number and gender with nouns they modify or replace.

Vivimos en la **segunda casa** a la derecha.	*We live in the second house on the right.*
Mi casa es la **quinta** desde la esquina.	*My house is the fifth from the corner.*

The adjective forms **primer** and **tercer** are used to refer to masculine singular nouns. When used as masculine singular pronouns, they end in an **-o.**

—¿Es este el **primer piso**? (*adjective*)	*Is this the first floor?*
—No, es el **tercero.** (*pronoun*)	*No, this is the third.*

ACTIVIDADES

A. Opción múltiple. Escucha cada una de las descripciones. Indica la opción correcta.

1.	**a.** el piso	**b.** la casa	**(c.)** la casa adosada
2.	**a.** el estudio	**b.** el bulevar	**(c.)** el vecino
3.	**(a.)** las afueras	**b.** el balcón	**c.** la terraza
4.	**a.** la terraza	**(b.)** el estudio	**c.** la planta baja
5.	**a.** el jardín	**b.** la planta baja	**(c.)** el balcón
6.	**a.** el centro	**(b.)** la cochera	**c.** el barrio
7.	**(a.)** las calles	**b.** el edificio de apartamentos	**c.** el campo
8.	**a.** la avenida	**(b.)** el barrio	**c.** el noveno piso

***Act. A*, Script: 1.** *Una vivienda unida a otra, tipo dúplex.* **2.** *Una persona que vive en la misma zona, cerca de otras personas.* **3.** *Los lugares situados lejos del centro.* **4.** *Vivienda pequeña. En general, tiene un solo cuarto.* **5.** *Espacio abierto en el primer piso en el exterior de una casa o apartamento.* **6.** *Lugar para poner el coche.* **7.** *Caminos en el interior de las ciudades.* **8.** *El área donde viven las personas.*

Act. B, **Answers:** (*Explanations*)
1. *No es una parte de la ciudad.*
2. *No es un tipo de vivienda.*
3. *No es parte de una casa.*
4. *No es parte de un edificio.*
5. *No es una característica de una vivienda.*

B. La palabra intrusa (*that doesn't belong*). Indica la palabra que no corresponde a la serie y explica por qué.

MODELO **a.** el barrio **b.** las afueras (**c.**) el vecino **d.** el campo
El vecino no es una zona o lugar.

1. **a.** el centro **b.** el bulevar (**c.**) el estudio **d.** la avenida
2. **a.** el estudio (**b.**) el ascensor **c.** el piso **d.** la casa
3. **a.** la ventana **b.** el balcón **c.** la cochera (**d.**) el campo
4. **a.** la planta baja (**b.**) sin amueblar **c.** el primer piso **d.** el segundo piso
5. **a.** oscuro **b.** tranquilo **c.** lleno de luz (**d.**) quinto

C. Tipos de viviendas en España

PASO 1. Lee la información sobre las viviendas en España.

La mayoría de los españoles vive en pisos o en casas adosadas porque no se dispone de[a] mucho espacio. En las ciudades grandes predominan los pisos, pero en los pueblos pequeños es más típico vivir en casas individuales o adosadas. Algunas personas viven en chalets en las afueras de las ciudades y de los pueblos. Otras personas tienen un chalet como segunda vivienda lejos de su ciudad de origen para pasar las vacaciones. En los estudios y apartamentos viven generalmente las personas solteras. Finalmente, en España hay pueblos muy pequeños en zonas rurales donde la gente que trabaja en el campo vive en granjas,[b] al igual que en este país.

[a]no... *is not available* [b]*farmhouses*

Un chalet en Cantabria
©age fotostock/Alamy Stock Photo

PASO 2. En parejas, hagan una lista de los tipos de viviendas que se mencionan en el **Paso 1.** Después indiquen una característica de cada una de ellas.

MODELO Tipo de vivienda: casas adosadas
Característica: Muchos españoles viven en casas adosadas.

PASO 3. En grupos, y siguiendo el modelo del **Paso 2,** hagan una descripción de los tipos de viviendas de la región geográfica donde Uds. viven. ¿Son esos tipos de viviendas semejantes o diferentes a los tipos de viviendas en España? Compartan sus ideas con la clase.

D. Entrevista

PASO 1. En parejas, háganse y contesten las preguntas.

1. ¿Vives solo/a, con compañeros de cuarto o con tu familia?
2. ¿Qué tipo de vivienda tienes aquí? ¿En qué parte del pueblo / de la ciudad está ubicada (*located*)?
3. ¿Qué tipo de vivienda tiene tu familia? Descríbela.
4. ¿Vive tu familia en una ciudad pequeña o en una ciudad grande? ¿En qué parte de la ciudad vive?
5. ¿Cómo es el barrio? ¿Te gusta tu barrio? ¿Por qué?

PASO 2. Prepara una descripción de las semejanzas (*similarities*) y diferencias entre tu vivienda y la de tu compañero/a. Vas a compartirla con la clase.

MODELO Charlie y yo vivimos con compañeros de cuarto, pero Charlie vive en una casa y yo vivo en un apartamento.

Nota interdisciplinaria

Arquitectura: Los paradores españoles

CULTURES CONNECTIONS

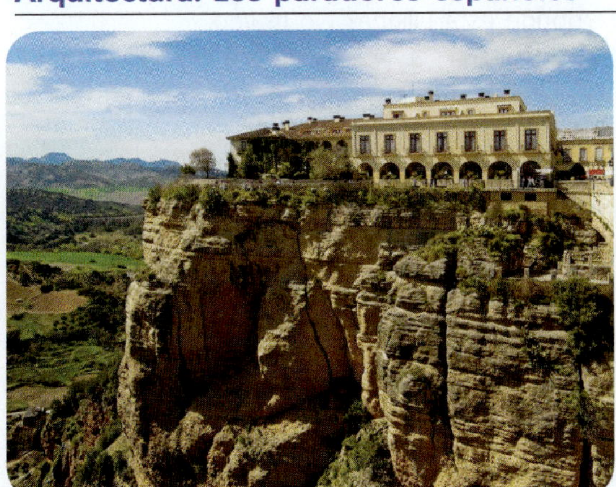

El Parador Nacional de Ronda
©Luis Castaneda Inc./Getty Images

Los paradores españoles son hoteles dentro de edificios históricos, como antiguos palacios, castillos[a] o monasterios. La arquitectura de los edificios y el paisaje[b] en que se encuentran varían. Hay, por ejemplo, de estilo románico,[c] gótico, renacentista, barroco, y mientras[d] muchos están en el centro histórico de las ciudades, otros están en sitios naturales.

Los claustros,[e] salones y otras partes interiores están restaurados, pero mantienen el estilo y el ambiente original. Hay paradores con piscinas, saunas y gimnasios, y las habitaciones tienen todas las comodidades[f] modernas, como aire acondicionado, minibar y baños completos. Sin embargo[g], muchos mantienen el espíritu del pasado, pues están amueblados con piezas[h] de la época original.

[a]*castles* [b]*scenery* [c]*romanesque* [d]*while* [e]*cloisters* [f]*comforts* [g]Sin... *Nevertheless* [h]*pieces*

PREGUNTAS

COMMUNICATION

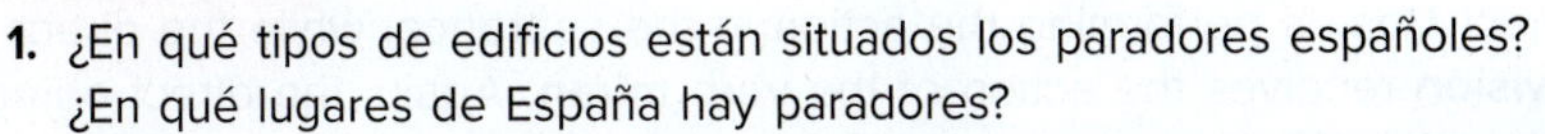

1. ¿En qué tipos de edificios están situados los paradores españoles? ¿En qué lugares de España hay paradores?
2. ¿Cómo es la arquitectura de los paradores? ¿Cómo es el interior de los edificios?
3. ¿Cómo son las habitaciones?

***Nota interdisciplinaria*, Culture Note:** Point out that the economic crisis of 2012 in Spain impacted the future of *paradores*, which are owned by the Spanish government. In 2013, some closed and others endured staff reductions. However, efforts were made by unions and the Spanish people and, as of 2016, the customary operation of the *paradores* has been restored.

***Nota interdisciplinaria*, Suggestion:** Have students look up information about a particular *parador* and prepare a small presentation with a visual (printout). They should tell the class: 1) where the *parador* is located (what part of Spain, north, south, province, etc.), 2) what type of construction it is, and 3) what special features it has. Have the class vote on their favorite. To avoid duplication, you might assign specific *paradores* or specific regions to students.

Gramática

Referring to Previously Mentioned People and Objects

El pueblo de Portomarín, España
©rui vale sousa/Shutterstock

***Gramática*, Note:** Students can assess their understanding and mastery of the grammar points presented in the chapter by accessing the LearnSmart module for *Capítulo 5* at www.mhhe.com/connect.

***GEA*, Note:** The audio for this *GEA* is available through the eBook or on Connect.

***GEA*, Culture Note:** Portomarín is a small town in Spain in the province of Lugo, along the Camino de Santiago pilgrimage route. In order to build a massive reservoir, the old town was flooded in the 1960s. Before the river was dammed, the most historic buildings were relocated to higher ground brick by brick. When dry weather leaves water levels low, it is still possible to see a bridge and other ruins of the old town below the surface of the reservoir.

5.1 Direct Object Pronouns

GRAMÁTICA EN ACCIÓN

La mudanza

[*Una familia lleva los muebles de su piso pequeño en Madrid a una nueva casa en el pueblo de Portomarín. Hablan los padres mientras que los niños* **los** *ayudan.*]

PAPÁ: Aquí está la nueva mesa. ¿Quién tiene las cajas con los platos?

MAMÁ: Yo **las** tengo, amor.

PAPÁ: ¿Y el microondas?

MAMÁ: **Lo** tienen Federico y Bárbara, pero es muy pesado para ellos.

PAPÁ: **Los** ayudo.

MAMÁ: Oye, ¿dónde está Liliana? No **la** veo.

PAPÁ: Está en el salón.

MAMÁ: Necesitamos **cuidarla** porque es muy pequeña. ¡Liliana! ¿Estás bien?

PAPÁ: Llama a Federico y Bárbara también. Todos vamos a descansar un rato. **Los** invito a tomar un helado.

MAMÁ: Ay, gracias, amor. ¡Federico, Bárbara, Liliana,... !

Acción. Completa los diálogos con las palabras de la lista.

la las los te

1. —¿Quién tiene la mesa?
   —Yo __la__ tengo.
2. —No veo a los niños. ¿Dónde están?
   —Yo __los__ veo. Están en la cocina.
3. —Necesitamos las cortinas. ¿Dónde están?
   —No sé. No __las__ tengo.
4. —¿Me ayudas con la cómoda (*chest of drawers*)?
   —Sí, __te__ ayudo.

A direct object receives the action of the verb in a sentence and generally answers the question *what?* or *whom?*

¿Miran Uds. la televisión en el salón?	*Do you all watch television in the living room?*

Here, the subject **Uds.** is performing the action in the sentence, while the direct object **la televisión** receives the action of the verb **miran.** Again, the direct object answers the question *What* (*do you watch*)? Remember to use the personal **a** before a direct object noun if it refers to a person or personified entity, such as the family pet.

—¿Vas a llamar **a** Elena esta tarde?	*Are you going to call Elena this afternoon?*
—Sí, **la** voy a llamar (esta tarde).	*Yes, I'm going to call her (this afternoon).*
—¿Ves **a** Duque, mi perro?	*Do you see Duque, my dog?*
—No, no **lo** veo.	*No, I don't (see him).*

A. Direct object pronouns are used to avoid having to repeat the direct object over and over in a conversation or in writing. Each third person form must agree in number and gender with the noun that it replaces, and all direct object pronouns precede the conjugated verb.

DIRECT OBJECT PRONOUNS		
	SINGULAR	**PLURAL**
First person	**me**	**nos**
Second person	**te**	**os**
Third person	**lo/la**	**los/las**

—¿Usa Ángel **el ordenador** en casa? *Does Ángel use the computer at home?*
—Sí, **lo** usa en casa. *Yes, he uses it at home.*

—¿Tiene el piso balcones? *Does the apartment have balconies?*
—Sí, **los** tiene. *Yes, it has them.*

—¿**Te** saludan Teresa y Susana cuando **te** ven? *Do Teresa and Susana greet you when they see you?*
—Sí, **me** saludan cuando **me** ven en la calle. *Yes, they greet me when they see me on the street.*

B. In a negative sentence, the word *no* is placed just before the direct object pronoun.

—¿Usas mucho la piscina de tu casa? *Do you use the pool at your house much?*
—No, **no la** uso mucho. *No, I don't use it much.*

C. In the case of a conjugated verb followed by an infinitive, the direct object pronoun may be placed just before the conjugated verb or attached to the infinitive.

—¿Puedes llamarme a la casa? *Can you call me at home?*
—Sí, **te puedo** llamar.
—Sí, puedo **llamarte**. } *Yes, I can call you.*

D. If the verb is in the present progressive form, the pronoun may be placed immediately before the conjugated form of **estar,** or attached to the end of the present participle. When pronouns are attached to a present participle, a written accent marks the original stressed syllable.

—¿Estás limpiando la cocina? *Are you cleaning the kitchen?*
—Sí, **la estoy** limpiando.
—Sí, estoy **limpiándola**. } *Yes, I'm cleaning it.*

Direct Object Pronouns, Notes:
• Many students may not be familiar with the concept of direct objects in English, so it may be helpful to have them identify the direct objects in some English sentences, then proceed to do the same in Spanish.
• Information about object pronouns attached to affirmative commands will be presented in *Capítulo 6* and reinforced in *Capítulos 8* and *10*.

ACTIVIDADES

A. En casa. Completa las oraciones con el pronombre de objeto directo correcto, según el contexto.

1. Tu ropa está sucia. ¿Por qué no __la__ lavas?
2. Ellos tienen muchos libros. __Los__ tienen en la estantería del despacho.
3. La casa de mi mamá tiene muchas ventanas, pero no __las__ abre todos los días.
4. Profesora, Ud. debe usar la cochera. ¿ __La__ ve allí?
5. ¿Quieres ir al cine con nosotros? __Te__ llamamos antes de salir.
6. Estamos muy contentos porque tú vas a dar una fiesta. ¿ __Nos__ vas a invitar?
7. Tengo que cortar el césped. __Lo__ corto todos los fines de semana.
8. No conozco a Federico. No sé por qué él dice que __me__ conoce.

Act. B, Script: *Hola. Mi nuevo piso es muy bonito... Tiene muchas ventanas y las abro todas las mañanas. También tiene balcón. Lo uso mucho porque me gusta sentarme allí y tomar café. Lo tomo todas las tardes después del trabajo. El edificio también tiene un pequeño jardín. No lo veo desde mi piso. Mis vecinos son muy amables. Los veo casi todos los días... Tiene ascensor, pero no lo uso porque vivo en el primer piso... Sí, es un barrio muy tranquilo. Mis amigas piensan que mi apartamento es magnífico. Las invito a visitarme con frecuencia.*

B. El piso de Laura. Escucha la descripción del nuevo apartamento de Laura. Luego, indica las respuestas correctas.

Vocabulario práctico	
uso	I use
sentarme	sit (myself) down
amables	friendly
casi	almost

1. El piso de Laura tiene muchas ventanas.
   - **(a.)** Las abre todas las mañanas.
   - **b.** No las abre todas las mañanas.
2. El piso también tiene balcón.
   - **(a.)** Laura lo usa mucho.
   - **b.** Laura no lo usa mucho.
3. Laura toma café en el balcón.
   - **a.** Lo toma por las mañanas
   - **(b.)** Lo toma por las tardes.
4. El edificio tiene un jardín.
   - **a.** Laura lo ve desde su piso.
   - **(b.)** Laura no lo ve desde su piso.
5. Laura tiene vecinos.
   - **a.** Los llama todos los días.
   - **(b.)** Los ve casi todos los días.
6. El edificio tiene ascensor.
   - **a.** Laura lo usa.
   - **(b.)** Laura no lo usa.

***Act C*, Suggestion:** Alternately, distribute cards with the Spanish words for items students have already learned. Allow 2–3 minutes for students to write sentences with direct objects based on the *Paso 1 modelo*, then have them read their sentences to the class. The class should guess the object.

COMMUNICATION C

C. Cosas útiles

PASO 1. Escribe una descripción de cuatro objetos (tu casa, la clase, etcétera) que usas con frecuencia. Escribe por lo menos dos oraciones completas para cada cosa que describes, y usa los pronombres de objeto directo en tus descripciones.

MODELO el lápiz → Lo uso para escribir. Lo tengo en mi escritorio ahora.

PASO 2. En parejas, túrnense para leer sus descripciones. Deben adivinar el objeto descrito.

MODELO
E1: Lo uso para escribir.
E2: El lápiz.
E1: No, lo tengo en mi escritorio ahora.
E2: ¡Es un bolígrafo!
E1: Sí.

¿Mi cuaderno? Lo uso para organizar mi día.

D. Vivir en el centro de Córdoba. Primero, decidan entre **Estudiante 1** y **Estudiante 2. Estudiante 2** debe completar la actividad en **Appendix III.**

CULTURES COMMUNICATION

***Act. D, Paso 1*, Answers: 1.** *los* **2.** *los* **3.** *las* **4.** *la* **5.** *Los* **6.** *los* **7.** *los* **8.** *los* **9.** *los* **10.** *la*

Estudiante 1

PASO 1. Completa los párrafos sobre un barrio en Córdoba con los pronombres de objeto directo correctos.

Córdoba es una ciudad con mucha cultura, mucho turismo, monumentos históricos de importancia internacional y una universidad grande y prestigiosa. Los residentes del centro histórico viven en pisos ubicados en edificios antiguos. A veces _____[1] comparten estudiantes o grupos de amigos que _____[2] alquilan (*rent*) de los propietarios (*owners*). En cada edificio puedes encontrar familias, estudiantes y personas mayores y jóvenes, y todos usan espacios comunes en los edificios. Por ejemplo, muchos edificios tienen azoteas (*rooftops*) y los residentes _____[3] usan para tender la ropa después de lavar_____.[4]

Un patio en Córdoba
©Jose Angel Astor/123RF

Los patios interiores son otro espacio común. _____[5] tienen muchos edificios del barrio y son espacios llenos de luz que típicamente tienen plantas o una fuente (*fountain*) decorativa. Los patios ayudan a mantener temperaturas agradables en los pisos y las casas porque en Córdoba hace muchísimo calor en verano. Los patios son privados; la gente que camina por la calle no _____[6] ve, pero cada año en mayo hay un festival cuando los residentes _____[7] decoran para abrir_____[8] al público. Para mantener_____[9] limpios y en buen estado, los residentes pagan una «cuota de la comunidad». Los residentes _____[10] pagan cada mes y así los bonitos edificios de Córdoba se conservan y los residentes los disfrutan.

PASO 2. En parejas, túrnense para hacer los papeles (*play the roles*) de propietario/a de un piso en el centro de Córdoba y un(a) posible inquilino/a. Hagan (*Ask*) y contesten preguntas para completar la información de la tabla. Cada persona debe inventar (*make up*) los detalles de sus respuestas. **¡OJO!** Usen los pronombres de objeto directo cuando sea posible.

MODELO E1: ¿Tiene balcón el piso?
E2: Sí, lo tiene. Es grande y tiene mucha luz. ¿Vas a tener compañeros de piso?
E1: Sí, los voy a tener. Son dos amigos de la facultad.

EL/LA PROPIETARIO/A DEL PISO			
Preguntas para el/la inquilino/a:	**sí**	**no**	**Detalles:**
¿compañeros de piso?			
¿mascotas (*pets*)?			
¿estudiante o empleado/a?			
¿referencias (*references*)?			

Expressing Actions That One Does to Oneself

5.2 Reflexive Verbs

La ventana de una casa en Realejo
©Soraya Alem

***GEA*, Note:** The audio for this *GEA* is available through the eBook or on Connect.

***GEA*, Culture Note:** *El Realejo* was once the Jewish quarter of Granada, at the foot of the hill on which stands the Alhambra. It is an area characterized by narrow, winding pedestrian streets and alleys interspersed with *cármenes*. *Cármenes* are a type of old residence very typical of Granada, consisting of a grand home attached to a garden or orchard, all enclosed by walls. *El Realejo* is now a popular area for tapas, especially around the Campo del Príncipe, a large square at the heart of the district. This has made the area particularly attractive to students and young people who live there and benefit from its convenient location and historic charm.

GRAMÁTICA EN ACCIÓN

Un lunes loco

[María, Camila y Paula son compañeras de cuarto. Comparten un piso de tres dormitorios y un solo baño en el barrio del Realejo en Granada. Hoy es lunes y todas tienen prisa. Se preparan para ir a sus clases.]

CAMILA: ¡María! ¿Qué haces en el baño? Sabes que yo siempre **me ducho** primero. ¡Es mi turno en el baño!

MARÍA: Tranquila. **Me lavo** la cara y **me lavo** los dientes. Solo necesito cinco minutos. ¿Qué hace Paula?

CAMILA: Tú la conoces. Siempre **se despierta** muy tarde.

MARÍA: Bueno, necesita **levantarse** y **vestirse** ya. Tiene un examen en su primera clase.

CAMILA: Siempre **se irrita** cuando **se despierta** por la mañana. Yo no quiero hablar con ella.

PAULA: ¡Por favor! ¡**Me estoy levantando** ahora! ¿Cómo es posible? Vosotras siempre **os sentís** tan bien por la mañana, pero yo no **me siento bien** hasta el mediodía. ¡Para mí, es difícil **levantarme**!

CAMILA: Bueno, ya **nos conocemos**. Yo **me acuesto** a las 11:00 y duermo ocho horas, pero tú nunca **te duermes** antes de las 2:00 de la mañana... María **se lleva** cuatro horas en el baño. ¡Ya es mi turno! Quiero **ducharme** y **maquillarme** antes de salir para clase. Paula, ¿**nos vemos** a las 3:00 en el café?

PAULA: Sí. **Nos vemos** a las 3:00. Elena y Carmen vienen también.

CAMILA: Ay, no. No **nos** vamos a **divertir** con esas dos porque no **se llevan bien**.

PAULA: Pero tenemos que **reunirnos** con ellas también para hablar de los planes para el proyecto.

MARÍA: Ya puedes **ducharte**, Camila. Pero no hay más agua caliente.

Acción. Escribe la palabra correcta para completar cada una de las oraciones.

1. Camila __se__ ducha primero.
2. Camila y Paula __se__ van a ver en el café a las 3:00.
3. Yo no __me__ enojo por la mañana como Paula.
4. Elena y Carmen no __se__ llevan bien.
5. ¿Y tú? ¿__Te__ duchas por la mañana o por la noche normalmente?

bañarse (*to bathe; to swim*)	
me baño	**nos** bañamos
te bañas	**os** bañáis
se baña	**se** bañan

Spanish has a special category of verbs called reflexive verbs, which are used when speakers talk about what they do to themselves or for themselves. A reflexive verb consists of two parts, a reflexive pronoun followed by a conjugated form of the verb. The reflexive pronoun always refers to the subject of the verb, who performs the action on him/herself.

Reflexive pronouns follow the same rules of placement as direct object pronouns: when a conjugated verb is followed by an infinitive or a present participle, place the pronoun either before the conjugated verb or attached to the end of infinitive or present participle. Remember to add an accent mark to the present participle when attaching a pronoun.

Me voy a divertir. *or* Voy a **divertirme.**
I'm going to have a good time.

Nos estamos relajando. *or* Estamos relaj**á**ndo**nos**.
We're relaxing.

Most verbs about personal-care routine are reflexive in Spanish.

acostarse	to lie down; to go to bed
afeitarse	to shave
despertarse (ie)	to wake up
desvestirse (i, i)	to get undressed
dormirse (ue, u)	to fall asleep
ducharse	to (take a) shower
lavarse la cara / las manos / el pelo	to wash one's face/hands/hair
lavarse los dientes	to brush one's teeth
maquillarse	to put on makeup
secarse	to dry off
vestirse (i, i)	to get dressed

There are many other verbs in Spanish that can be used reflexively and that you will learn later in this book. For now, the following are some reflexive verbs not related to personal care that you see in this chapter:

divertirse (ie)	to have a good time, have fun
mudarse	to move (*from one residence to another*)
relajarse	to relax
sentirse (ie)	to feel

***Act. A*, Script: 1.** *Me levanto, me despierto, me ducho.* **2.** *Te desvistes, regresas a casa, cenas.* **3.** *Los hermanos se ven, se saludan, se hablan.* **4.** *Nos dormimos, nos acostamos, nos lavamos los dientes.* **5.** *Nosotras nos reunimos, nos despedimos, nos abrazamos.* **6.** *Me maquillo, me lavo la cara, me despierto.* **7.** *Uds. se levantan, se bañan, se secan.* **8.** *Te afeitas, te despiertas, vas al trabajo.*

***Act. A*, Suggestion:** Have students create similar sentences to share in small groups.

Nota comunicativa

Reciprocal Verbs

Reciprocal verbs are used to express the idea of *each other*. Like the reflexive verbs, they are used with the reflexive pronouns and the reflexive and subject pronouns agree. But because reciprocal actions are mutually carried out by two or more people, only the plural forms (**nos**, **os,** and **se**) are used. Almost any verb can be used in a reciprocal context, but the following are common examples.

abrazarse	to hug (each other)
besarse	to kiss (each other)
comunicarse	to communicate (with each other)
conocerse (zc)	to know (each other), to meet (each other) (*for the first time*)
darse (*irreg.*) **la mano**	to shake hands (with each other)
despedirse (*like* **pedir**)	to say good-bye (to each other)
llevarse bien/mal	to get along well/poorly (with each other)
reunirse (me reúno)	to meet up (with each other)
saludarse	to greet (each other)
verse (*irreg.*)	to see (each other)

Mis amigos y yo **nos vemos** cada fin de semana.	*My friends and I see each other every weekend.*
Pablo y Yolanda **se abrazan** y **se besan**.	*Pablo and Yolanda hug and kiss each other.*

***Act. A*, Answers:** (*Corrections*) **1.** *Me despierto, me levanto, me ducho.* **2.** *Regresas a casa, cenas, te desvistes.* **4.** *Nos lavamos los dientes, nos acostamos, nos dormimos.* **5.** *Nosotras nos reunimos, nos abrazamos, nos despedimos.* **6.** *Me despierto, me lavo la cara, me maquillo.* **8.** *Te despiertas, te afeitas, vas al trabajo.*

ACTIVIDADES

A. ¿Es lógico o no? Escucha las oraciones. Luego, indica si las actividades están en orden lógico (**Sí**) o no (**No**). Si no, ordénalas (*put them in order*).

	sí	no		sí	no		sí	no		sí	no
1.	☐	☑	**3.**	☑	☐	**5.**	☐	☑	**7.**	☑	☐
2.	☐	☑	**4.**	☐	☑	**6.**	☐	☑	**8.**	☐	☑

B. ¿Para qué lo necesitan?

PASO 1. Indica lo que hacen estas personas, según lo que necesitan.

MODELO Tú necesitas acondicionador (*conditioner*). → Te lavas el pelo.

1. Esteban necesita una cuchilla (*razor*). Se afeita.
2. Nosotros necesitamos toallas (*towels*). Nos secamos.
3. Uds. necesitan sus teléfonos celulares. Se comunican.
4. Yo necesito jabón (*soap*). Me lavo las manos. / Me baño. / Me ducho.

***Act B, Paso 2,* Answers:** **1.** *Se están maquillando. / Están maquillándose.* **2.** *Nos estamos mudando. / Estamos mudándonos.* **3.** *Se está lavando el pelo. / Está lavándose el pelo.* **4.** *Me estoy vistiendo. / Estoy vistiéndome.*

PASO 2. Ahora, indica lo que *están haciendo* las personas.

MODELO Tú necesitas acondicionador. → Te estás lavando el pelo. *o* Estás lavándote el pelo.

1. Mis hermanas necesitan lápiz labial (*lipstick*) y rímel (*mascara*).
2. Necesitamos sacar todos los muebles (*furniture*) del apartamento.
3. Ramón necesita champú (*shampoo*).
4. Necesito mi ropa.

PASO 3. Indica lo que *van a hacer* las personas.

MODELO Tú necesitas acondicionador. → Te vas a lavar el pelo. *o* Vas a lavarte el pelo.

1. Necesitas pasta de dientes (*toothpaste*). Te vas a lavar los dientes. / Vas a lavarte los dientes.
2. Necesitamos ir a nuestro café favorito a las 2:00. Nos vamos a reunir. / Vamos a reunirnos.
3. Mis padres necesitan almohadas (*pillows*). Se van a acostar. / Van a acostarse.
4. Uds. deben salir ya (*right away*) para la fiesta. Se van a divertir. / Van a divertirse.

C. Entrevista. Entrevista a un compañero / una compañera de clase con estas preguntas. Luego cambien de papeles.

1. ¿A qué hora te despiertas los días de clase? Para ti, ¿es fácil o difícil levantarte por la mañana?
2. ¿Te afeitas/maquillas todos los días antes de salir? ¿Por qué?
3. ¿Cómo te relajas después de clase? ¿Dónde se reúnen tus amigos y tú?
4. Normalmente, ¿cómo te sientes antes de un examen muy difícil? ¿Por qué?
5. ¿Cómo se saludan tus amigos y tú cuando se ven? ¿Se abrazan? ¿Se dan la mano? ¿Con qué frecuencia se ven Uds.?
6. ¿Cómo se comunican tus padres y tú normalmente? ¿Con qué frecuencia se comunican por teléfono? ¿Se escriben mensajes de texto?

Nota cultural

El Camino de Santiago

CULTURES

El Camino de Santiago[a] es una serie de rutas medievales de peregrinación[b] que cruzan Europa hasta la tumba del apóstol Santiago en la catedral de Santiago de Compostela, España. Históricamente los peregrinos seguían[c] este itinerario por motivos religiosos, y otros lo hacían para evitar la cárcel.[d] La ruta más popular es el Camino Francés, que atraviesa casi 500 millas.

Hoy día, los peregrinos hacen el peregrinaje desde muchos lugares y por razones diferentes. Unas personas llegan caminando y otras en bicicleta. Como toma muchos días de camino, se quedan[e] en hostales o refugios,[f] o acampan.

[a]El... *The Way of Saint James* [b]serie... *series of medieval pilgrimage routes* [c]los... *pilgrims would follow* [d]evitar... *avoid prison* [e]se... *they stay* [f]*refuges*

D. La ruta a Santiago. Primero, decidan entre **Estudiante 1** y **Estudiante 2.** **Estudiante 2** debe completar la actividad en **Appendix III.**

Act. D, Paso 1, **Answers: 1.** *nos sentimos* **2.** *nos levantamos* **3.** *nos vestimos* **4.** *nos ponemos.* **5.** *me maquillo* **6.** *me lavo* **7.** *nos paramos* **8.** *relajarnos* **9.** *nos sentamos* **10.** *nos saludamos* **11.** *se sorprende.* **12.** *se besan* **13.** *se está divirtiendo (está divirtiéndose)* **14.** *se conocen* **15.** *se hacen* **16.** *Nos acostamos* **17.** *dormirnos* **18.** *te sientes* **19.** *levantarte* **20.** *divertirte*

PASO 1. Lee el texto sobre la experiencia de Anita y su papá en el Camino de Santiago. Completa cada frase con la forma correcta del verbo entre paréntesis y el pronombre reflexivo adecuado.

Me llamo Anita y mi papá y yo estamos haciendo el Camino de Santiago, una ruta de peregrinación que cruza el norte de España y termina en la ciudad de Santiago de Compostela. Mi papá y yo **(sentirse)**[1] orgullosos de hacer una peregrinación con tanta[a] historia. ¡Empezó[b] en el siglo IX[c]! Tenemos que caminar unos 25 kilometros en un día típico. ¡Son más de 15 millas! Por eso, (*nosotros:* **levantarse**)[2] muy temprano e inmediatamente **(vestirse)**[3] y **(ponerse)**[4] los zapatos. Yo no **(maquillarse)**[5] porque no es práctico, pero siempre **(lavarse)**[6] la cara y los dientes.

Pasamos toda la mañana caminando por los campos, bosques y pueblos.[d] Después de unas horas, **(pararse**[e]**)**[7] para **(relajarse)**[8] un rato. Normalmente **(sentarse)**[9] en un banco[f] o en un bar. Muchas veces vemos a amigos del Camino y todos **(saludarse)**.[10] Mi papá no habla español y a veces no comprende algunas costumbres locales. Por ejemplo, **(sorprenderse)**[11] cuando las personas **(besarse)**[12] dos veces para saludarse y despedirse. Pero él **(estar + divertirse)**[13] mucho.

Peregrinos en el Camino de Santiago
©Víctor Nuño/Getty Images

Por la tarde almorzamos[g] en un restaurante y muchas veces pedimos el menú especial para peregrinos porque recibimos mucha comida a un buen precio. Todas las noches dormimos en un albergue[h] diferente. En los albergues, todos los espacios son comunales así que las personas **(conocerse)**[14] y **(hacerse)**[15] amigos fácilmente. (*Nosotros:* **Acostarse**)[16] muy temprano para leer o escribir un rato antes de **(dormirse)**.[17] En los albergues pagamos 6 euros por cada espacio en una litera,[i] pero hay agua caliente para ducharse y mi papá siempre toma la litera de arriba.[j] ¡Qué generoso!

Por la mañana todo comienza de nuevo, día tras día. Si está lloviendo o si hace calor o si (*tú:* **sentirse**)[18] muy cansado, tienes que **(levantarse)**[19] y caminar y **(divertirse)**.[20]

[a]*so much* [b]*It began* [c]*el... the ninth century* [d]*los... fields, forests, and towns* [e]*to stop* [f]*bench* [g]*we eat lunch* [h]*pilgrim hostel* [i]*bunk bed* [j]*de... upper*

PASO 2. En parejas, hagan los papeles de Anita y su papá, turnándose para hacer y contestar preguntas y completar sus horarios. **¡OJO!** Usen las formas **tú** y **yo**.

MODELO E1: ¿Qué haces a las 7:00 de la mañana?
E2: Desayuno y salgo. ¿Qué haces a las 2:00 de la tarde?

Hora	Anita	el padre de Anita
6'00	Se viste, se lava la cara y los dientes.	
7'00	Desayuna y sale.	
10'00	Se para y toma zumo de naranja (*orange juice*) natural.	
14'00	Pide una copa de vino con el almuerzo.	
17'00	Se ducha, se lava el pelo y se relaja.	
20'00	Se acuesta y usa su iPad para comunicarse con su esposo, sus amigos y su trabajo.	
22'00	Se duerme.	

Expresiones artísticas

Antoni Gaudí

La basílica de la Sagrada Familia, Barcelona
©CESAR RANGEL/Getty Images

El arquitecto catalán Antoni Gaudí (1852–1926) fue[a] el máximo representante del Modernismo en arquitectura y un pionero en las vanguardias artísticas del siglo XX. Mientras vivía, muchos críticos y artistas no entendían ni apreciaban[b] el arte de Gaudí, pero actualmente,[c] su obra es emblemática de la modernidad de Barcelona.

La Sagrada Familia, su obra maestra, es una basílica neogótica de grandes dimensiones. Este proyecto fue para Gaudí una obsesión personal, pero en 1926, antes de completar la basílica Gaudí murió[d] en un accidente. En 1979 se reiniciaron las obras[e], siguiendo la idea original de Gaudí.

[a]*was* [b]*no... didn't understand or appreciate* [c]*today* [d]*died* [e]*se... construction resumed*

***Expresiones artísticas*, Suggestions:**
- Have students compare the photos of the cathedral in *Expresiones Artísticas, Capítulo 3* (Mexico, traditional Baroque style) and *La Sagrada Familia*. Ask for similarities and differences.
- Have students look up information on the artistic concepts mentioned in the reading: *Modernismo, vanguardias, neogótico*. Encourage them to bring visual examples of each.
- If possible, share visuals (including virtual tours) of *La Sagrada Familia* or other Gaudí structures.
- Have students prepare presentations about Gaudí. Assign different aspects of his life and different works to pairs or groups.

***Expresiones artísticas*, Culture Notes:**
- In addition to his rounded figures and architecture conception, Gaudí is famous for his mosaics.
- Typical Gaudí tours of Barcelona include visits to *La Pedrera* or *Casa Milà, Casa Batlló, Sagrada Familia*, and *Parque Güell*.
- Gaudí was run over by a tram on June 7, 1926. He died three days later. He was buried in the temple of *Sagrada Familia*.
- Most architects of old cathedrals knew that they would probably not see the final project. In fact, many of them were completed in different centuries with major changes of artistic styles.

REFLEXIÓN

1. Según la lectura, la obra de Gaudí es emblemática de la modernidad. ¿En qué aspectos te parece moderna esta basílica?
2. En grupos pequeños, analicen la importancia cultural de una basílica como la Sagrada Familia. Comenten sobre sus funciones religiosas, comunitarias/sociales y artísticas. Para ustedes, ¿es una de estas funciones más importante que las otras? ¿Por qué?

Un mundo sin límites

Granada, España

Jen y Pepe

©deepblue4you/Getty Images
©McGraw-Hill Education/Zenergy

Antes de ver

Infórmate y ponte en su lugar.

Jen y Pepe viven en un piso céntrico que es perfecto para ellos y sus necesidades. Tiene muchas ventanas y un balcón y refleja el trabajo y el estilo (*style*) de los dos. Están felices y relajados cuando están allí. ¿Cómo es tu hogar ideal? ¿Qué tipo de vivienda es? ¿Qué tiene alrededor (*around it*)? ¿Qué necesitas para sentir que estás en casa?

©McGraw-Hill Education/Zenergy

Vocabulario práctico

estar a gusto	to be comfortable
relajado	relaxed
ningún estrés	no stress
dos mundos	two worlds
nos pusimos a buscar	we started looking
que estuviera en venta	that was for sale
vimos	we saw
nos gustaban	we liked
era	it was
antiguo	old
sabíamos	we knew
la reforma adecuada	right updates
iba a ser	it was going to be
tedioso	tedious
una obra de amor	a labor of love
nos instalamos	we moved in
el Día de San Valentín	Valentine's Day
nosotros mismos	we ourselves

¿Entendiste?

A. ¿Cierto o falso?

C	F	
☑	☐	**1.** Según Jen, en el hogar o en la casa uno está bien y está a gusto.
☐	☑	**2.** Pepe y Jen llevan un año viviendo juntos.
☑	☐	**3.** Una de las cosas que más les gusta de su piso es la luz.
☐	☑	**4.** El piso de Pepe y Jen está en un edificio moderno.
☑	☐	**5.** Pepe y Jen se instalaron en (*they moved into*) su piso en un día especial.

B. ¡Hogar, dulce hogar! En parejas, contesten las preguntas.

1. En sus propias palabras, expliquen las definiciones de la palabra *hogar* que dan Pepe y Jen. ¿Están de acuerdo? ¿Cuál es su definición?
2. ¿Cuáles son los dos mundos de Jen? ¿Creen que es fácil o difícil tener dos hogares como ella? ¿Por qué?
3. Pepe y Jen dicen que les gusta la luz en su piso. ¿Prefieren Uds. una vivienda con mucha luz o un espacio más oscuro? ¿Por qué?
4. Expliquen por qué el piso de Jen y Pepe es una obra de amor. ¿Creen Uds. que vale la pena (*it's worth it*) poner tanto trabajo y tiempo en renovar un piso como ellos? ¿Cuáles son las ventajas y desventajas de comprar una vivienda que necesita reformas?
5. Según Jen, ¿qué es lo que forma el hogar en realidad? ¿Están Uds. de acuerdo? ¿Por qué?

TEMA II: En casa

Vocabulario en acción

Los cuartos y los muebles de la casa

***Vocabulario en acción*, Note:** Students can assess their understanding and mastery of the vocabulary presented in this chapter by accessing the LearnSmart module for *Capítulo 5* at www.mhhe.com/connect.

***Vocabulario en acción*, Suggestion:**
• You may want to provide some alternate terms, e.g, *el cuarto de baño* (*el baño*), *la sala* (*el salón*), *el frigorífico* (*el refrigerador*).

la cafetera	coffee maker
la ducha	shower
el dormitorio principal	master bedroom
la estantería	shelves

Repaso: la cama, el escritorio, la estufa, el horno (de microondas), la lavadora, el lavaplatos, la mesa, la piscina, la secadora, la silla

***Vocabulario en acción*, Point out:**
• *El lavabo* generally refers to the bathroom sink. Some words for kitchen sink include *la pila* and *el fregadero*.
• Other terms for *estantería* include *el estante, el librero,* and *el armario de libros.*
• Appliances such as stoves, microwaves, coffee makers, etc., are called in Spanish *electrodomésticos.*

Otras preposiciones de lugar

al lado de	next to
delante de	in front of
dentro de	inside
enfrente de	across from
arriba	upstairs; up
abajo	downstairs; down
adentro	inside
afuera	outside

Repaso: a la derecha/izquierda (de), cerca de, debajo de, encima de, entre

ACTIVIDADES

A. Asociaciones

PASO 1. Empareja las actividades con la cosa o el lugar más lógico. **¡OJO!** A veces hay más de una respuesta posible.

c, g	**1.** bañar el perro	c	**9.** limpiar el inodoro	**a.** el dormitorio
g	**2.** cortar el césped	g	**10.** tender la ropa	**b.** el despacho
d, e	**3.** poner la mesa	a, b, f, g	**11.** estudiar y leer	**c.** el baño
d	**4.** lavar los platos	e, f, g	**12.** jugar a las cartas	**d.** la cocina
a, f	**5.** mirar la televisión	a, f	**13.** sacudir la mesita	**e.** el comedor
a, f	**6.** tomar una siesta	a, b, c, d, e, f	**14.** trapear	**f.** el salón
d	**7.** sacar la basura	a, b, d, e, f	**15.** pasar la aspiradora	**g.** el patio
a	**8.** hacer la cama	d, e, f, g	**16.** tomar una copa	

PASO 2. Indica las acciones del **Paso 1** que son quehaceres.

PASO 3. Ahora, escoge tres actividades del **Paso 1** que haces y di dónde las haces.

MODELO tomar una siesta → Tomo una siesta en el sofá del salón todas las tardes.

***Act. A, Paso 2,* Answers:** *(Possible answers) Los quehaceres son:* 1, 2, 3, 4, 7, 8, 9, 10, 13, 14, 15

B. ¿Dónde está? Di en qué parte de la casa está cada persona descrita. **¡OJO!** Hay más de una respuesta posible para algunas oraciones.

MODELO Antonio está bañando (*bathing*) al perro. → Está en el jardín / la terraza.

1. Elisa está poniendo su ropa en la cómoda.
2. Esta parte conecta los cuartos de la casa y Marta está pasando la aspiradora allí.
3. Hace buen tiempo y la familia está comiendo afuera.
4. Todos en la familia están juntos, hablando y mirando la televisión.
5. Ramón está completando un informe (*report*) en la computadora para su clase de historia.
6. Mamá está esperando en el coche.
7. Inés está limpiando la ducha.
8. Olga está buscando mi libro en la estantería.

***Act. B,* Answers: 1.** *Está en su dormitorio.* **2.** *Está en el pasillo.* **3.** *Está(n) en la terraza / el patio / el jardín.* **4.** *Están en el salón.* **5.** *Está en el despacho / su dormitorio.* **6.** *Está en el garaje / la cochera.* **7.** *Está en el baño.* **8.** *Está en el despacho.*

C. Los muebles

PASO 1. Di en qué cuartos típicamente tenemos estos muebles, aparatos y otras cosas. **¡OJO!** Hay más de una respuesta para algunas cosas.

MODELO la lámpara → Está en el salón / el dormitorio / el despacho.

1. el sillón	**3.** el microondas	**5.** la mesita	**7.** el cuadro
2. la estantería	**4.** el tocador	**6.** la chimenea	**8.** el inodoro

PASO 2. Di cuáles son las cosas del **Paso 1** que tienes y explica dónde las tienes. Incluye una breve descripción.

MODELO Tengo una lámpara en el dormitorio. La lámpara es pequeña y vieja.

***Act. C, Paso 1,* Answers:** *(Possible answers)* **1.** *el salón* **2.** *el despacho, el dormitorio, el salón* **3.** *la cocina* **4.** *el dormitorio* **5.** *el salón, el dormitorio* **6.** *el salón* **7.** *el salón, el dormitorio, el pasillo, el comedor* **8.** *el baño*

***Act. C, Paso 2,* Suggestion:** Expand this activity with additional words from the *Vocabulario en acción.*

***Nota cultural*, Suggestion:** Have students convert *30 metros cuadrados* (about 320 square feet). How many students live in places that size?

***Nota cultural*, Culture Notes:**
• Although starting in the mid-16th century, the construction of the *corralas* developed in the 19th century to absorb the strong immigration coming from the countryside to the national capital.
• Benito Pérez Galdós (1843–1920), a leading Spanish novelist in the 19th century, describes in detail life in the *corralas* in his unforgettable novel *Fortunata y Jacinta*.
• The lack of interest of the different administrations towards this type of popular architecture ended in the 1980s when the *corralas* were declared protected buildings.
• City Hall has renovated many *corralas* to recover these unique buildings of historical charm. The homes have now a surface of 50 square meters, individual bathrooms and more light and external ventilation. The objective is to adapt housing to the needs of a family of the 21st century, while respecting its characteristic elements.
• Nowadays, there are about 400 *corralas* from the 18th and 19th centuries situated in the neighborhoods of Embajadores, La Latina y Lavapiés that one can visit in guided tours.

***Nota cultural*, Suggestion:** Show photos of traditional and renovated *corralas* and have students describe the similarities and differences between them.

Nota cultural

Las corralas

Una corrala
©age fotostock/Alamy Stock Photo

Las corralas son un tipo de vivienda tradicional de Madrid. La corrala generalmente tiene cuatro plantas[a] y en cada planta hay viviendas que dan a[b] un patio central o corredor. Estas viviendas, de menos de 30 metros cuadrados,[c] tienen dos dormitorios, una cocina y un comedor y, en la mayoría, los baños son comunitarios. Los apartamentos no tienen ventanas al exterior. Es en el patio donde transcurre la vida social de la comunidad. Empezando en el siglo XVI, las corralas se construyen para acomodar a los inmigrantes a la capital. Su gran expansión ocurre en el siglo XIX, convirtiéndose en el alma[d] de Madrid. Las corralas son escenarios de famosas obras de teatro, de musicales y de películas, y sus habitantes inspiraron[e] grandes obras literarias.

[a]stories [b]que... *that open* on to [c]metros... *square meters* [d]soul [e]inspired

PREGUNTAS

1. ¿Por qué se originan las corralas en Madrid? ¿Cuándo aparece este tipo de arquitectura?
2. ¿Por qué son las corralas un icono cultural de Madrid?
3. ¿Por qué creen Uds. que los habitantes de las corralas pasan la mayor parte del día en el patio?

D. ¿Cierto o falso?

PASO 1. Escribe cinco oraciones sobre la ilustración de la casa en la página 154. Una o dos de tus oraciones deben ser falsas. Incluye las preposiciones y expresiones que sabes.

MODELOS En el despacho hay tres estanterías.
El baño está a la derecha del dormitorio.
La lavadora está detrás de la secadora.

PASO 2. En parejas, túrnense para leer sus oraciones y decir si la oración es cierta o falsa. Cada vez (*time*) que uno de Uds. contesta correctamente, recibe un punto. Al final, ¿quién tiene más puntos?

MODELO E1: En el despacho hay tres estanterías.
E2: Es cierto.
E1: No, es falso. En el despacho hay solo dos estanterías.

E. Mi cuarto favorito

PASO 1. En parejas, describan su cuarto favorito de su casa.

MODELO Mi cuarto favorito es el salón porque paso mucho tiempo allí con mis amigos y mi familia. En el salón tenemos una chimenea, dos sofás, dos sillones...

PASO 2. Describe el cuarto favorito de tu compañero/a sin mencionar el nombre del cuarto. La clase debe adivinar qué cuarto es.

MODELO Victoria pasa mucho tiempo con sus amigos y su familia en su cuarto favorito. Hay una chimenea, dos sofás, dos sillones...

Gramática

5.3 Comparisons

Gramática, Note: Students can assess their understanding and mastery of the grammar points presented in this chapter by accessing the LearnSmart module for *Capítulo 5* at www.mhhe.com/connect.

GRAMÁTICA EN ACCIÓN

Making Comparisons

Compañeros

[*Rafael y Paco buscan un piso cerca de la Facultad de Derecho en Granada. Deben pensar en muchos factores antes de tomar una decisión.*]

RAFAEL: Personalmente, creo que un apartamento céntrico es **mejor que** un apartamento en las afueras.

PACO: Pero los pisos céntricos cuestan **más que** los pisos en las afueras y tienen **menos** dormitorios.

RAFAEL: ¡Pero están mucho **más** cerca de la Facultad **que** los pisos en las afueras! No quiero caminar **tanto como** el semestre pasado.

PACO: Sí, pero el precio es **más** importante **que** la distancia. Yo no tengo **tanto** dinero **como** tú. Mi trabajo no paga **tanto como** tu trabajo.

RAFAEL: ¡Mira este piso! Está **tan** lleno de luz **como** nuestro primer piso, está **tan** cerca de la facultad **como** los otros que miramos y cuesta un poco **menos** también. ¿Qué piensas?

PACO: ¡Es perfecto! Cuesta **menos de** €500 al mes.

RAFAEL: ¡Qué bien! ¡Yo quiero **el** dormitorio **más** grande!

Buscando un piso para estudiantes
©PhotoAlto/Eric Audras/Getty Images

Acción. Indica la palabra correcta para completar cada una de las oraciones.

1. Paco tiene _d_ dinero que Rafael.
2. Los pisos céntricos no tienen tantos dormitorios _a_ los pisos en las afueras.
3. Rafael quiere caminar menos _c_ el semestre pasado.
4. Para Paco, el precio es _b_ importante que la distancia.
5. El piso perfecto está _e_ lleno de luz como el primer piso de Paco y Rafael.

a. como
b. más
c. que
d. menos
e. tan

GEA, Note: The audio for this *GEA* is available through the eBook or on Connect.

GEA, Point out: Students may not be familiar with the symbol for euros (€). The euro is a common currency amongst the countries of the Eurozone. It has been in use in Spain since 2000 and completely substituted the peseta in 2002.

GEA, Culture Note: The University of Granada was founded in 1531 and currently has an enrollment of approximately 80,000 students. It is considered one of the best universities in Spain, and offers a wide range of undergraduate and professional degrees. Many of the *Facultades* of UGR are housed in historic buildings throughout the city of Granada, though state-of-the-art new facilities are also available to students. *La Facultad de Derecho* is found near the heart of the city of Granada in a historic building called *Colegio de San Pablo*, and is one of the university's largest programs with over 3,000 students.

Comparisons are used to describe the characteristics that are shared or that differ between two (or more) people or things, as well as differences in the ways in which actions are carried out. In this section you will learn to compare adjectives, adverbs, nouns, and verbs. There are two main types of comparisons in Spanish: those of equality, and those of inequality.

COMPARISONS OF INEQUALITY / LA DESIGUALDAD

In order to express differences between people, things, and actions, follow these patterns:

A. When pointing out that a person or thing has *more* or *less* of a characteristic than another person or thing, or when explaining a difference in the way in which an action is carried out, use the formula **más/menos** + *adj./adv.* + **que**.

Mi estudio es **más pequeño que** el apartamento de Juan.	*My studio is smaller than Juan's apartment.*
El ascensor de mi edificio es **menos rápido que** este ascensor.	*The elevator in my building is less fast (slower) than this one.*

B. When stating that two actions are unequal in some way, use the formula *verb* + **más/menos** + **que**.

El piso amueblado **cuesta más que** el piso sin amueblar. — *The furnished apartment costs more than the unfurnished one.*

Limpias menos que yo porque tu casa es más pequeña. — *You clean less than I do because your house is smaller.*

C. When you wish to communicate that the quantity of nouns is not equal, use the following formula **más/menos** + *noun* + **que**.

En aquel edificio hay **menos balcones que** en mi edificio. — *In that building there are fewer balconies than in my building.*

Las afueras de la ciudad tienen **más jardines que** el centro. — *The suburbs have more gardens than the downtown area.*

Note that when expressing comparisons that include a specific quantity or number, you should use **más/menos** + **de.**

Mi edificio de apartamentos tiene **más de** cincuenta residentes. — *My apartment building has more than fifty residents.*

Hay **menos de** diez casas en mi calle. — *There are fewer than ten houses on my street.*

D. There are a few irregular patterns when comparing the inequality of certain adjectives. For age, use the special comparative forms **mayor(es) que** (*older than*) and **menor(es) que** (*younger than*). The ideas *better than* and *worse than* are expressed with the words **mejor(es) que** and **peor(es) que**.

Mis abuelos son **mayores que** los abuelos de mi esposo. — *My grandparents are older than my husband's grandparents.*

Tu hijo es **menor que** el hijo de Sara. — *Your son is younger than Sara's son.*

Tú duermes **mejor que** nosotros porque tu cama es **mejor que** nuestra cama. — *You sleep better than we do because your bed is better than ours.*

El barrio de ellos está **peor que** antes. — *Their neighborhood is worse than before.*

COMPARISONS OF EQUALITY / LA IGUALDAD

When expressing similarities between people, things, and actions, use these patterns:

A. In order to express that a person or thing has as much of a characteristic as another person or thing, the following formula is used: **tan** + *adj./adv.* + **como**.

La Calle Mesones es **tan larga como** la Calle Duquesa. — *Mesones Street is as long as Duquesa Street.*

Nuestro apartamento es **tan céntrico como** el apartamento de nuestros amigos. — *Our apartment is as centrally located as our friends' apartment.*

B. When mentioning the equality of two actions, use the formula *verb* + **tanto como**.

Ella **camina tanto como** nosotros. — *She walks as much as we do.*

Los residentes del cuarto piso **usan** el balcón **tanto como** los residentes del tercer piso. — *The residents of the fourth floor use the balcony as much as the residents of the third floor.*

C. When communicating that nouns are equal in quantity, the formula **tanto/ tanta(s)** + *noun* + **como** is used. Note that since **tanto** is used as an adjective in this case, it must agree in gender and number with the noun that is being compared.

El edificio de Nora tiene **tantos ascensores como** mi edificio.	*Nora's building has as many elevators as mine does.*
Prefiero este piso porque tiene **tantos dormitorios como** el piso de mis padres.	*I prefer this apartment because it has as many bedrooms as my parents' apartment.*

Nota comunicativa

Superlatives

When we refer to something in English as the *biggest, fastest, smallest, best, worst,* and so on, we are expressing superlatives. In Spanish, superlatives are very similar in structure to comparisons. The only differences are the inclusion of a definite article (**el, la, los, las**) and an optional expression with **de** that expresses the group to which the subject is being compared. Compare the following sentences. The first is a typical comparison and the second a typical superlative.

Mi tío Arnoldo es **más alto que** mi tío Federico.	*My uncle Arnoldo is taller than my uncle Federico.*
Mi tío Arnoldo es **la persona más alta de** la familia.	*My uncle Arnoldo is the tallest person in the family.*

Often, the expression with **de** is not included if the context is already clear.

El fútbol es el **deporte más popular** (del mundo).	*Soccer is the most popular sport (in the world).*
Rusia es **el país más grande** (del mundo).	*Russia is the largest country (in the world).*

Actividades

A. Una decisión importante. Sara tiene que decidir si quiere mudarse de su casa adosada, en las afueras, para vivir en un estudio en el centro.

PASO 1. Completa las comparaciones de desigualdad con las palabras correctas.

El estudio que me gusta cuesta mucho menos __que__[1] mi casa adosada. Pero mi casa tiene tres dormitorios y es mucho __más__[2] amplia que el estudio. Si vives en el centro caminas mucho __menos__[3] que si vives en las afueras. ¡En el centro todo está cerca! Pero en el centro no hay jardín. Mi perro va a tener mucho __menos__[4] espacio para correr del que tiene en las afueras. ¡No sé qué hacer!

PASO 2. Completa las comparaciones de igualdad con las palabras correctas.

El estudio no tiene tanto espacio __como__[1] mi casa, pero está mucho más lleno de luz. ¡Tengo muchas cosas! Mis amigos que viven en estudios céntricos no tienen __tantas__[2] cosas como yo. ¿Qué voy a hacer con tantas cosas? ¿Y podré ver a mis amigos si vivo en el centro? Sí. Si vivo en el centro voy a pasar __tanto__[3] tiempo como ahora charlando con ellos. Voy a estar __tan__[4] feliz en el centro como en las afueras. ¡Tengo que mudarme!

B. ¿Cuál es mejor?

PASO 1. Escribe tres comparaciones de igualdad y tres comparaciones de desigualdad sobre las casas de Tomás y Alberto.

TOMÁS

MODELO La cocina de Tomás es más grande que la cocina de Alberto.

PASO 2. En parejas, comparen sus descripciones.

MODELO
E1: La cocina de Tomás es más grande que la cocina de Alberto.
E2: Sí, pero la cocina de Alberto tiene tantas ventanas como la cocina de Tomás.

PASO 3. Decidan cuál de las casas es la mejor. ¿Están de acuerdo? Escriban dos oraciones explicando su decisión y compártanlas con la clase. ¿Cuál es la favorita entre los estudiantes?

C. Los mejores arquitectos

Act. C, Paso 1, **Suggestion:** Have students draw the dream house and share the drawings to make comparisons in *Paso 2*.

PASO 1. En parejas, imagínense su casa ideal. Creen un cuadro (*chart*) con información sobre la casa de sus sueños (*your dream house*). ¡Sean creativos! Incluyan cuánto cuesta el alquiler (*rent*) o la hipoteca (*mortgage*) por mes.

Nuestra casa	Número de dormitorios	Número de baños	Otros detalles	Otros detalles	Otros detalles
Cuesta ($________/mes)					

PASO 2. Con otra pareja, escriban por lo menos tres comparaciones de igualdad y tres comparaciones de desigualdad sobre las dos casas.

PASO 3. Decidan cuál de las casas es la mejor y preséntenla a la clase. Entre todos van a seleccionar la mejor casa de la clase.

D. Dos viviendas españolas. En parejas, van a comparar dos casas. Primero, decidan entre **Estudiante 1** y **Estudiante 2. Estudiante 2** debe completar la actividad en **Appendix III.**

***Act. D, Paso 1,* Answers: 1.** *que* **2.** *de* **3.** *tanto* **4.** *más* **5.** *más* **6.** *que* **7.** *más* **8.** *que*

Estudiante 1

PASO 1. Completa la descripción con las palabras correctas para formar comparaciones.

Miguel y Mari Carmen viven en una casa en un pueblo cerca de Sevilla. Es una casa antigua así que los espacios son más grandes ________[1] los espacios en las casas modernas. En la planta baja hay un medio baño y un salón grande que está conectado con la cocina por una chimenea. La cocina es muy grande; ¡mide[a] más ________[2] 150 metros cuadrados! Tiene una estufa, un horno, un refrigerador y una lavadora. Afuera de la cocina hay un patio muy bonito con un limonero,[b] una piscina y una mesa con cuatro sillas. El patio es tan bonito que ellos pasan ________[3] tiempo allí como dentro cuando hace buen tiempo.

El balcón de una casa en un pueblo de Sevilla
©Pixtal/AGE Fotostock

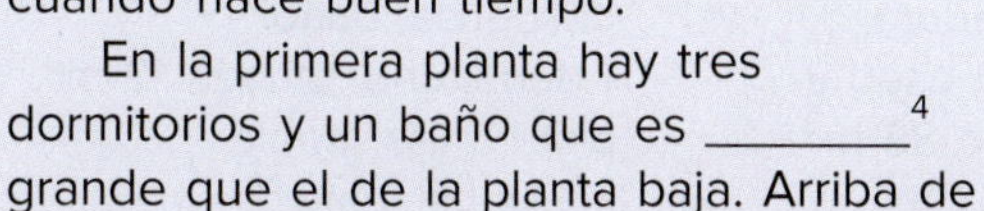

En la primera planta hay tres dormitorios y un baño que es ________[4] grande que el de la planta baja. Arriba de la primera planta, la casa tiene una azotea.[c] En la azotea hay _______[5] luz ________[6] en el patio, así que allí Mari Carmen y Miguel cultivan verduras[d] y hierbas[e] para usar en la cocina. La casa está en una calle tranquila enfrente de la iglesia del pueblo. La familia está ________[7] feliz viviendo en su casa en el pueblo ________[8] en un piso en la ciudad. ¡Es muy linda!

[a]*measures* [b]*lemon tree* [c]*rooftop* [d]*vegetables* [e]*herbs*

PASO 2. Ahora, en parejas, comparen sus casas. Túrnense para hacer y contestar preguntas para completar las comparaciones.

Factor	Comparación
Número de dormitorios	
Área de la cocina en metros cuadrados	
Número de baños	
Número de electrodomésticos	
Cantidad de espacio al aire libre	
¿?	
¿?	

Una calle residencial en Bilbao
©Kevin George/Shutterstock

Lectura cultural

Vas a leer anuncios de viviendas cerca de la ciudad de Granada, España, publicados en *Puerta Elvira*, una revista gratuita de viviendas de Granada. Algunas viviendas están dentro de Granada, otras están en pueblos en las afueras de Granada.

ANTES DE LEER

Contesta las preguntas. Después, comparte tus respuestas con la clase.

1. Piensa en anuncios típicos de viviendas, en periódicos, revistas o internet, del lugar donde vives. ¿Qué tipo de información incluyen?
2. Haz una lista de las características que te gustan en una vivienda.
3. Los anuncios tienen poco espacio en los periódicos y en las revistas y es común usar abreviaturas (*abbreviations*). Empareja las abreviaturas con las palabras correspondientes.

***Lectura cultural*, Point out:** There are 10.7 square feet in 1 square meter and, as of 2018, 1 euro was equivalent to $1.23.

1. __c__ aprox.	a. Independiente
2. __b__ Urb.	b. Urbanización
3. __a__ Indep.	c. aproximadamente
4. __d__ electrod.	d. electrodomésticos

INTERESANTES OFERTAS DE SEGUNDA MANO[a]

CASA CON 5.000m^2 DE TERRENO EN COGOLLOS VEGA, casa con 3 Dormitorios, Salón, Cocina, Baño y un bajo[b] de 100m^2 aprox., piscina de 15x7 con depuradora,[c] agua de manantial,[d] Abundantes árboles frutales. 372.627 Euros

CÁJAR, adosada: Salón, cocina amueblada, despensa,[f] aseo y 2 baños, 3 dormitorios, 2 armarios empotrados,[g] torreón[h] con una habitación de 12 m^2, piscina 3'5 de gresite,[i] suelo de tarima flotante,[j] pintura lisa,[k] calefacción[l] y semisótano.[m] 208.551 Euros

PURCHIL, 2 Adosadas próxima entrega:[ñ] Salón 28 m^2, cocina 15 m^2, lavadora/secadora, 4 dormitorios, aseo y 2 baños, patio 36 m^2, semisótano 57 m^2 terminado, tarima flotante, pintura lisa, calefacción. Urb. Privada con piscina. 164.076 Euros

GRANADA, Apartamento próxima entrega: Salón, cocina, lavadora/secadora, despensa, baño, 1 dormitorio, terraza 12 m^2, pintura lisa, doble acristalamiento,[p] preinstalación aire acondicionado y acumuladores de calor, plaza de garaje y ascensor. 195.328 Euros

AMBROZ, casa pueblo perfecto estado en 2 plantas: 200 m^2 útiles. 2 salones (1 de ellos con chimenea), cochera, cocina amueblada, baño y aseo[e] con plato ducha, 4 dormitorios, patio 40 m^2 en planta baja y 2 terrazas planta alta 184.510 Euros

ZUBIA, TOTALMENTE AMUEBLADO. Piso 100 m^2, salón, cocina amueblada, aseo y baño, 3 dormitorios, plaza de garaje y trastero,[n] terraza comunitaria. 122.606 Euros

URB. EL VENTORRILLO, Chalet Indep.: 375 m^2 de parcela. 220 m^2 construidos. Salón 40 m^2, cocina 16 m^2 amueblada, 2 baños, 3 dormitorios, calefacción, suelo gres imitación parqué.[o] 234.394 Euros

GRANADA, DÚPLEX-PALACIO DEPORTES: Completamente reformado. Salón con chimenea y terraza, cocina amueblada con electrod., lavadora/secadora, despensa, baño y aseo, 2 dormitorios con armarios empotrados, calefacción, aire acondicionado, pintura lisa, doble acristalamiento, ascensor, 2 cocheras. 218.768 Euros

[a]segunda... *previously owned (homes)* [b]planta baja [c]*filter system* [d]agua... *spring/well water* [e]*half bathroom* [f]*pantry* [g]*built-in* [h]*tower-like room at the top of a house* [i]*ceramic tile* [j]tarima... *laminated wood* [k]*smooth* [l]*heating system* [m]*level of building partially below ground level* [n]*storage room* [ñ]próxima... *under construction* [o]gres... *inlaid with imitation stoneware* [p]*window panes*

DESPUÉS DE LEER

A. Comprensión. Contesta las preguntas.

1. ¿A qué se refiere la información en letra mayúscula (*capital letters*) al principio de los anuncios?
2. ¿Cuántos tipos de viviendas aparecen en el anuncio?
3. ¿Qué tienen en común el dúplex de Granada y la casa de pueblo situada en Ambroz?
4. Indica cuatro características que el el piso de Zubia y el chalet de la urbanización El Ventorrillo no tienen en común.
5. ¿Qué anuncio(s) incluyen un cuarto en la planta más baja de la vivienda? ¿Cómo se llama este cuarto?
6. ¿Qué vivienda te gusta más? ¿Por qué? ¿Tiene las mismas características de la vivienda que describiste (*described*) en la pregunta 2 de **Antes de leer?** Explica.

Act A, **Answers:** (*Possible answers*) **1.** *el lugar o zona de la vivienda* **2.** *Seis tipos diferentes: casa de campo, casa adosada, apartamento, piso, chalet, y dúplex* **3.** *la chimenea, la cochera, un baño y un aseo, cocina amueblada, la terraza,* **4.** *El piso está totalmente amueblado, tiene garaje y trastero, y una terraza comunitaria; el chalet no.* **5.** *Purchil, Cájar, El cuarto se llama semisótano*

B. ¿Qué les sugieres? ¿Qué vivienda(s) deben comprar estas personas? Explica por qué.

1. un matrimonio que no tiene mucho dinero
2. un matrimonio con cuatro hijos adolescentes.
3. a las personas mayores que tienen dificultad para caminar y subir o bajar escaleras
4. las personas que les gusta mucho nadar en el verano

C. Una comparación de piso. En parejas, comparen sus respuestas para una de las personas de la **Actividad B**, y pónganse de acuerdo (*come to an agreement*) sobre la casa que la persona debe comprar. Luego, busquen anuncios para viviendas en el periódico o en internet en la comunidad de Uds. y traten de encontrar una vivienda para esa misma persona. ¿En qué se parecen la vivienda en Granada y la vivienda de su comunidad? ¿En qué se diferencian? Preparen un resumen para presentar en clase.

Vivienda en una calle tipica de Andalucía

Palabra escrita

Palabra escrita, **Suggestions:**
• Bring a drawing of a house plan or multiple photos of a house, showing the exterior and the interior. Then ask students to describe what they see before they start *Act. A.* For example: *¿Qué ven en el exterior de la casa? ¿Qué ven en el interior? ¿Qué cuartos hay en el primer piso? ¿Qué muebles hay?*
• Use an online platform, such as a blog, Facebook, or your classroom's site to share the essays. Have students select the top 3 most complete essays, ranked in order and share the winning essays with the class.

Developing Your Ideas Through Description. The purpose of a descriptive piece of writing is to provide the reader with sensory information about the subject being presented, for example, how it sounds, smells, or looks. In other words, the writer wants to help the reader to see or feel the topic the way he/she does. To achieve this, adjectives and other linguistic conventions need to be chosen carefully. A useful pre-writing activity is to write sentences or brief paragraphs about how a person, place, thing, or event makes you feel and why.

You are going to write a composition titled «Un lugar especial en el hogar». The purpose of your composition is to describe a certain area or room in your home (or a home that you are familiar with) and to explain to your readers why it is special to you. For this composition, your audience is your classmates, who will read the entries with the purpose of voting to select the most complete essay.

A. Lluvia de ideas

PASO 1. Haz una lluvia de ideas sobre las siguientes preguntas.

1. ¿Cómo es la casa? ¿De quién es? ¿Dónde está situada?
2. ¿Cuál es el lugar especial para ti en la casa? ¿Cómo es? ¿Qué asocias con este lugar?
3. ¿Qué haces y cómo te sientes cuando estás allí?
4. ¿Qué importancia tiene para ti? ¿Por qué?

PASO 2. Con una pareja, compartan (*share*) la información del **Paso 1** y apunten (*write down*) otras ideas que puedan servir para sus composiciones.

B. A organizar tus ideas. Repasa toda la información y organízala de forma lógica. Usa este bosquejo como guía.

1. **Introducción.** Descripción de la casa, llevando al lector desde afuera hacia (*toward*) adentro. Menciona brevemente (*briefly*) cómo es el interior.
2. **Cuerpo del ensayo.** Describe ese lugar especial en varios párrafos. Asegúrate de (*make sure*) que describes bien el lugar y que comunicas las emociones que sientes cuando estás allí.
3. **Conclusión.** Incluye un resumen breve de las ideas principales y explica por qué el lugar es importante para ti.

Act. C, **Suggestion:** Ask students to start their essay by following the Modelo below. Remind them that they should make the necessary changes according to their personal situation. *La casa de mis padres está situada en las afueras de la ciudad, pero no queda muy lejos del centro. Delante de la casa hay un jardín con árboles y mucha variedad de flores. La casa tiene un salón, un comedor, tres dormitorios, un cuarto de baño, la cocina y un pequeño cuarto para lavar. No es una casa muy grande, pero me gusta porque los cuartos son amplios, llenos de luz y acogedores. Sin embargo, mi lugar preferido es...*

C. A escribir. Ahora, escribe el borrador de tu composición con las ideas y la información de las **Actividades A** y **B.**

D. El vocabulario y la estructura

PASO 1. Repasa las secciones de vocabulario y gramática de este capítulo y considera las siguientes preguntas sobre tu composición.

1. ¿Incluiste toda la información necesaria según el propósito de tu composición?
2. ¿Usaste el vocabulario apropiado?
3. ¿Usaste correctamente los pronombres de objeto directo, los verbos reflexivos y las comparaciones?
4. ¿Están correctamente conjugados los verbos?
5. ¿Concuerdan los adjetivos con los sustantivos que modifican?

PASO 2. Vuelve a escribir tu composición y entrégasela (*turn it in*) a tu profesor(a).

Conexiones culturales

¡Pasa![a]

España es un país muy urbanizado; la mayoría[b] de la población vive en ciudades. Por eso, hay más personas que viven en un piso que en otros países de Europa. De hecho,[c] es más común ser dueño[d] de un piso que alquilar.[e] En casa, es típico para los hijos vivir con sus padres por más tiempo, incluso cuando asisten a la universidad.

©Elena Fernández

©Antonio Balaguer Soler/123RF

No hay dos viviendas idénticas, pero muchas comparten[f] características similares. No es típico ver un sistema de aire acondicionado y calefacción[g] central, sino[h] un aparato montado[i] en la pared que controlas solo cuando hace mucho calor o mucho frío. El suelo de la casa es de baldosa[j] porque alivia el calor durante los meses de verano.

En muchos hogares españoles, la lavadora es un aparato de la cocina, las camas son más pequeñas y hay armarios o tocadores en las habitaciones en vez de[k] vestidores.[l] Los pisos no son muy grandes y es importante organizar la casa de una forma inteligente. Como[m] el espacio es limitado, vivir en un piso impide[n] la acumulación de cosas y limita el consumismo.[ñ] Los españoles suelen cuidar de sus muebles, objetos de la casa y de la ropa. Como resultado, estas cosas duran[o] por mucho más tiempo.

[a]*Come in!* [b]*majority* [c]De... *In fact* [d]*owner* [e]*to rent* [f]*share* [g]*heat* [h]*but rather* [i]*mounted* [j]*tile* [k]en... *instead of* [l]*walk-in closets* [m]*Since* [n]*prevents* [ñ]*consumerism* [o]*last*

©IvanRiver/Shutterstock

REFLEXIÓN

En parejas, contesten las preguntas.

1. ¿Dónde suele vivir la gente de tu estado o ciudad? Típicamente, ¿quién vive en edificios de apartamentos? Compara la vivienda típica de los españoles con la vivienda típica de los estadounidenses.
2. ¿Te sorprende que las personas jóvenes vivan en casa con sus padres por más tiempo? ¿Por qué? Para ti, ¿es mejor vivir en la casa de tus padres o ser independiente?
3. Compara y contrasta la casa de tu familia con un piso típico español. ¿Cuáles son algunas semejanzas (*similarities*) y diferencias?
4. En tu opinión, ¿los estadounidenses son más consumistas que los españoles? Explica tu respuesta.

Un mundo sin límites

Granada, España

Jen y Pepe

Antes de ver

Infórmate y ponte en su lugar.
La provincia de Granada es famosa por sus casas cuevas (*cave houses*). Estas viviendas no son primitivas; tienen todas las comodidades (*comforts*) de la vida moderna. ¿Cómo crees que se compara una casa cueva con una casa normal? ¿Cuál crees que es más grande? ¿Cómo son similares y diferentes?

©deepblue4you/Getty Images
©McGraw-Hill Education/Zenergy

©McGraw-Hill Education/Zenergy

Vocabulario práctico

hemos venido	we've come
estas cuevas	these caves
un agujero dentro de la montaña	a hole in the mountain
están divididas	they're divided
una serie de naves	a series of spaces
la época	time
un hotel	a hotel
como si tuviese	as if it had
la calefacción	heat
el aire acondicionado	air conditioning
gratis	free
picaban	they would cut out
van picando	they keep cutting out
según los hijos que tenían	based on the children they had
la vamos a atravesar entera	we're going to go all the way through it (the mountain)
cavada con una máquina	dug out by a machine
el ruido de los pájaros	sound of the birds

¿Entendiste?

A. ¿Cierto o falso?

C	F	
☑	☐	**1.** Las cuevas tienen 400 años.
☑	☐	**2.** Si vas a Granada, puedes quedarte en las cuevas porque son también un hotel.
☐	☑	**3.** En la cueva la temperatura cambia mucho.
☐	☑	**4.** Todas las cuevas son naturales y mantienen su forma original.
☑	☐	**5.** Entran en la cueva en un lado de la montaña y salen en el otro.

B. ¡Hogar, dulce hogar! En parejas, contesten las preguntas.

1. ¿Cómo se compara la temperatura dentro de la cueva entre el verano y el invierno? ¿Y la temperatura afuera de la cueva? ¿Creen que es una ventaja o una desventaja?
2. ¿Es grande o pequeña la familia del tío de Pepe? ¿Cuántos hermanos son? ¿Qué hacen las familias que viven en cuevas cuando tienen un hijo nuevo?
3. Hagan una lista de los cuartos y los muebles que ven y se mencionan en el vídeo. ¿Piensan que las cuevas son cómodas? ¿Por qué?
4. ¿Qué hace la familia de Pepe y su tío en las cuevas? ¿Tienen sus familias un hogar donde siempre se reúnen? ¿Por qué es especial ese hogar?

Vocabulario

Las viviendas	Housing
las afueras	outskirts; suburbs
el ascensor	elevator
la avenida	avenue
el balcón	balcony
el barrio	neighborhood
el bulevar	boulevard
el campo	country(side)
la casa adosada	townhouse
el centro	downtown
el coche	car
la cochera	carport
el edificio de apartamentos	apartment building
el estudio	studio apartment
el piso	apartment; floor (*of a building*)
el primer piso	second floor
el segundo piso	third floor
la planta baja	first (ground) floor
la terraza	terrace
el/la vecino/a	neighbor
amueblado/a	furnished
céntrico	central, centrally located
lleno/a de luz	bright; well-lit
oscuro/a	dark; dim
de al lado	next-door
sin amueblar	unfurnished

Cognados: el apartamento, el chalet, el patio
Repaso: la calle, la casa, el césped, el jardín, la ventana; tranquilo/a

Los números ordinales
primer, primero/a; segundo/a, tercer, tercero/a; cuarto/a; quinto/a; sexto/a; séptimo/a; octavo/a; noveno/a; décimo/a

La casa

el baño	bathroom
la chimenea	fireplace
la cocina	kitchen
el comedor	dining room
el despacho	office, study
el dormitorio (principal)	(master) bedroom
el lavadero	laundry room
el pasillo	hallway
la puerta principal	(front) door
el salón	living room

Cognado: el garaje
Repaso: la piscina

Los muebles y los aparatos domésticos

la alfombra	rug
el armario	closet
la bañera	bathtub
la cafetera	coffee maker
la cómoda	chest of drawers
el cuadro	painting, wall hanging
la ducha	shower
la estantería	shelves
el inodoro	toilet
la lámpara	lamp
el lavabo	(bathroom) sink
la mesita	coffee table
la mesita (de noche)	nightstand
el refrigerador	refrigerator
el sillón	armchair
el tocador	dresser

Cognado: el sofá
Repaso: la cama, el escritorio, la estufa, el horno (de microondas), la lavadora, el lavaplatos, la mesa, la secadora, la silla

Otras preposiciones de lugar

abajo	downstairs; down
adentro	inside
afuera	outside
al lado de	next to
arriba	upstairs; up
delante de	in front of
dentro de	inside

Repaso: a la derecha/izquierda (de), cerca de, debajo de, en, enfrente de, encima de, entre, lejos de

Los verbos reflexivos y recíprocos

abrazarse	to hug (each other)
acostarse (ue)	to lie down, go to bed
afeitarse	to shave
bañarse	to bathe; to swim
besarse	to kiss (each other)
comunicarse	to communicate (with each other)
conocerse (zc)	to know (each other); to meet (each other) (*for the first time*)
darse (*irreg.*) **la mano**	to shake hands (with each other)
despedirse (*like* **pedir**)	to say good-bye (to each other)
despertarse (ie)	to wake up
desvestirse (i)	to get undressed
divertirse (ie)	to have a good time, have fun
dormirse (ue)	to fall asleep
ducharse	to (take a) shower
lavarse la cara / las manos / el pelo	to wash one's face/hands/hair
lavarse los dientes	to brush one's teeth
llevarse bien/mal	to get along well/poorly (with each other)
maquillarse	to put on makeup
mudarse	to move (*from one residence to another*)
relajarse	to relax
reunirse (me reúno)	to meet up (with each other)
saludarse	to greet (each other)
secarse (el pelo)	to dry off (one's hair)
sentirse (ie)	to feel
verse (*irreg.*)	to see (each other)
vestirse (i)	to get dressed

Las comparaciones

más/menos... que	more/less than . . .
mayor/menor que	older/younger than
mejor/peor que	better/worse than
tan, tanto/a(s)... como	as . . . as
el/la/los/las más/menos (mejor/peor; mayor/menor)... de	the most/least (worst/best; oldest/youngest) . . . of/in
el/la/los/las mejor(es)/peor(es)/mayor(es)/menor(es) de	the worst/best/oldest/youngest of/in

Capítulo 6 ¡A comer!

©Restaurant Moreno - Caracas, www.morenocaracas.com.

Los restaurantes del Caribe son una parte importante de la vida social.

Piensa y comparte

Un resultado del clima del Caribe es que hay muchos productos frescos durante todo el año mientras, en otros lugares, los ingredientes frescos disponibles dependen de la estación del año.

- ¿Puedes pensar en comidas que solo se encuentran durante ciertos meses del año? ¿Cuáles son?
- ¿Las aprovechas mientras están disponibles?

La dieta típica caribeña suele ser saludable e incluir muchas frutas y verduras además de pescado y mariscos. Los sabores son el resultado del uso de especias (*spices*) en vez de sal (*salt*).

- Adoptar una dieta caribeña puede tener beneficios importantes. ¿Qué comidas caribeñas conoces?
- ¿Qué ingredientes específicos asocias con una dieta caribeña? ¿Te gustan?

El Mercado Chacao en Caracas, Venezuela es un magnífico lugar para encontrar una gran variedad de frutas y verduras frescas y saludables (*healthy*).

©Yaacov Dagan/Alamy Stock Photo

En Colombia, los jugos naturales de fruta (*natural fruit juices*) son muy populares.

www.mhhe.com/connect

Un mundo sin límites

CULTURES

Bávaro, República Dominicana

Sasha y Dianibel

Vocabulario práctico

el Cuerpo de paz	Peace Corps
los negocios	business
el turismo	tourism
los clientes	clients/customers
los proveedores	providers/suppliers
tranquilo/a	peaceful
el estilo de vida	lifestyle
la venta	sales
los parques temáticos	theme parks

Antes de ver

Infórmate y ponte en su lugar.

Sasha y su amiga Dianibel viven en Bávaro, República Dominicana. A las dos les encanta la comida dominicana. Busca información sobre los platos típicos del país. ¿Cuáles son algunos ejemplos? ¿Puedes describir un plato, sus colores y sus sabores? ¿Quieres probarlo?

¿Entendiste?

A. ¿Cierto o falso?

C	F	
☐	☑	1. Sasha, actualmente, es voluntaria con el Cuerpo de paz.
☑	☐	2. Sasha trabaja con clientes de Estados Unidos y proveedores dominicanos.
☐	☑	3. Sasha y Dianibel se conocen por sus trabajos.
☑	☐	4. A Dianibel le gusta la vida en Bávaro porque es tranquila y organizada.
☑	☐	5. Dianibel trabaja en ventas turísticas.

Culture Notes:

- At the Mercado Chacao you can buy an empanada or arepa to eat while you shop. Some prices have doubled and even tripled as a result of the economic crisis in Venezuela, but the market remains popular since it often has necessary and hard to find items.
- Businesses selling natural fruit juices in Colombia are currently enjoying great success since the public continually demands more exotic and healthy ingredients and combinations of flavors. These shops also often offer smoothies and light food such as sandwiches.

COMMUNICATION

B. ¡A comer! En parejas, contesten las preguntas.

1. ¿Qué saben sobre el Cuerpo de paz y sus proyectos en otros países? ¿Están considerando la posibilidad de servir en una organización similar? ¿Cuáles son los beneficios personales? Tengan en cuenta el ejemplo de Sasha.
2. Sasha vive en la República Dominicana donde tiene un negocio y cría a su hijo. Está muy adaptada a la vida, la cultura, las costumbres y la comida. ¿Cuánto tiempo lleva viviendo allí? ¿Es fácil adaptarse tan completamente a la vida en otro país? ¿Qué factores contribuyen al éxito de una persona como Sasha?
3. Las dos mujeres trabajan en turismo, una industria importante en la República Dominicana. ¿Cuándo Uds. viajan, les gusta probar la comida local? ¿Qué comidas son populares entre los turistas de su ciudad o estado?

TEMA I: ¿Existe una comida hispana?

Vocabulario en acción

La comida

***Vocabulario en acción,* Note:** Students can assess their understanding and mastery of the vocabulary presented in this chapter by accessing the LearnSmart module for *Capítulo 6* at www.mhhe.com/connect.

Otras carnes y pescados

	Other meats and fish
el atún	tuna
el bistec	(beef) steak
la carne de cerdo	pork
la chuleta (de cerdo)	(pork) chop
los huevos	eggs
el jamón	ham
el pavo	turkey
el tocino	bacon

Note: The art for this chapter is available for digital download within Connect (www.mhhe.com/connect).

Otras frutas y verduras — Other fruits and vegetables

el aguacate	avocado
el ajo	garlic
los champiñones	mushrooms
las espinacas	spinach
la fresa	strawberry
los frijoles	beans
los guisantes	peas
la manzana	apple
la toronja	grapefruit
las uvas	grapes
la zanahoria	carrot

Cognados: el kiwi, el mango, el melón, la papaya, la pera

Los granos — Grains

el arroz	rice
la galleta	cookie; cracker
el pan (integral)	(whole wheat) bread

Cognados: el cereal, la pasta

Los productos lácteos — Dairy products

la leche	milk
la mantequilla	butter
el queso	cheese

Cognado: el yogur

Los postres — Desserts

los dulces	candies, sweets
el flan	caramel custard
el helado	ice cream
el pastel	pie; cake

Cognados: el chocolate, la vainilla

Las bebidas — Drinks

el agua	water
la cerveza	beer
el jugo	juice
el refresco	soft drink
el vino (blanco/tinto)	(white/red) wine

Cognados: el champán, el té

Otras palabras y expresiones

el aceite (de oliva)	(olive) oil
el azúcar	sugar
el mercado	market
la pimienta	pepper
el supermercado	supermarket
la tienda (de comestibles)	(grocery) store

Cognados: preparar; la sal, el vinagre

***Vocabulario en acción*, Culture Notes:**

- Due to the indigenous and European influences, many food items have a variety of names within the Spanish-speaking world. Some examples of regional variations include *alubias* (beans), *judías verdes* (green beans), *patatas* (potatoes), and *zumo* (juice) in Spain; *ananá* (pineapple) and *frutillas* (strawberries) in Argentina; and *chícharos* (peas) and *ejotes* (green beans) in Mexico.
- Foods such as *frijoles*, *tomates*, *papas*, *maíz*, *chocolate*, *vainilla*, *habichuelas* (*ejotes*), *mango*, *papaya*, *pavo*, and *piña* are all native to the Americas and brought from the New World to the Old. This transfer of food items has been considered by historians as the biggest in world history. Today, they turn up in African stews, Indian curries, Italian soups, or Spanish gazpacho, just to mention a few dishes.

***Vocabulario en acción*, Suggestions:**

- Model pronunciation of food, pointing out items in the drawing, in a picture file or in a PowerPoint presentation. Ask students questions about the illustrations and, as you go, check their comprehension: *La langosta, el atún y los camarones son pescados y mariscos. La carne de res, el tocino, la carne de cerdo... son carnes. ¿Es el atún una carne o un pescado?*, etc.
- Provide alternate and additional vocabulary as necessary. Some possible terms include: *la carne picada* (*ground meat*), *el coco* (*coconut*), *el durazno* (*peach*), *la menta* (*mint*), *la salchicha* (*sausage*), *el zumo* (*juice*).

Dole vende muchas frutas frescas y enlatadas (canned).

Act. A, Suggestion: Refer to the photo as an advance organizer to introduce the activity and as a starting point to review vocabulary: *Miren la foto. Identifiquen las frutas en la foto. ¿Conocen la marca Dole? ¿Qué producto en la lista de la actividad asocian con esta marca? Muy bien, la banana. ¿Qué otros productos vende Dole?* Students may not know the answer to this last question. Tell them that Dole Food Company markets such food items as *bananas, piñas frescas y enlatadas* (write this word on the board), *uvas, fresas, ensaladas* and *jugos*. Proceed with the activity by telling students: *Ahora vamos a aprender más sobre marcas y productos.*

ACTIVIDADES

A. Los productos

PASO 1. Empareja cada marca (*name brand*) con el producto correspondiente.

g	**1.** Chiquita y Dole	**a.** la leche
h	**2.** Green Giant y Del Monte	**b.** las galletas
a	**3.** Borden y Horizon	**c.** el yogur
c	**4.** Dannon y Yoplait	**d.** el azúcar
e	**5.** Kraft y Sargento	**e.** el queso
d	**6.** Imperial y Domino	**f.** el atún
b	**7.** Keebler y Nabisco	**g.** la banana
f	**8.** Chicken of the Sea y Starkist	**h.** las habichuelas

PASO 2. Empareja cada comestible (*food item*) con la sección del supermercado donde se encuentra.

d	**1.** los champiñones	**a.** las aves (*poultry*)
g	**2.** la mantequilla	**b.** las carnes
e	**3.** la toronja	**c.** el pescado y los mariscos
c	**4.** los camarones	**d.** las verduras
b	**5.** las chuletas	**e.** las frutas
f	**6.** el jugo	**f.** las bebidas
a	**7.** el pavo	**g.** los productos lácteos
h	**8.** el aceite	**h.** los aderezos (*seasonings*) y condimentos

B. ¿De quién es?

PASO 1. Lee las descripciones de estas compañeras de casa. Luego, indica para quién son las compras: para Alejandra (**A**), Cecilia (**C**) o Nancy (**N**). **¡OJO!** Hay cosas que pueden ser para más de una persona.

Alejandra: Es vegetariana y nunca toma bebidas alcohólicas. Tiene alergia al gluten.
Cecilia: Es carnívora, pero come mucha fruta. Tiene alergias a los productos lácteos.
Nancy: Es carnívora y no le gustan las verduras verdes. Tiene alergias a los mariscos.

A	C	N		A	C	N	
☐	☑	☑	**1.** pan integral	☑	☐	☑	**7.** leche
☐	☑	☑	**2.** tocino	☑	☑	☐	**8.** lechuga
☑	☑	☐	**3.** guisantes	☑	☑	☑	**9.** papas
☐	☑	☑	**4.** galletas	☑	☑	☑	**10.** fresas
☑	☐	☑	**5.** queso	☐	☑	☐	**11.** camarones
☑	☑	☑	**6.** jugo de naranja	☐	☑	☑	**12.** carne de cerdo

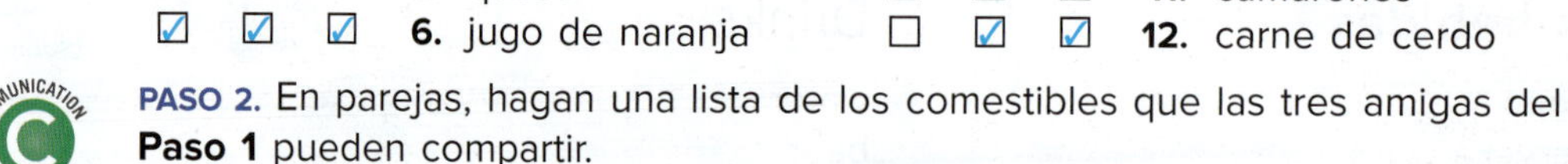

PASO 2. En parejas, hagan una lista de los comestibles que las tres amigas del **Paso 1** pueden compartir.

C. ¿Qué plato (*dish*) vamos a preparar hoy?

PASO 1. En una hoja de papel, haz una lista de los tres platos que más te gusta preparar en casa. Por ejemplo, ensalada de..., sándwiches de..., pasta con salsa de tomate, etcétera.

PASO 2. En parejas, comparen sus listas. ¿Hay un plato que a los dos les gusta preparar en casa? Seleccionen ese plato e imagínense que van a prepararlo juntos. Hagan una lista de los ingredientes que necesitan comprar para prepararlo.

PASO 3. Compartan esta información con la clase. ¿Cuál es el plato más práctico para un estudiante?

Act. C, Suggestion: Some students may need to know the words *frito, cocido,* or *asado* in order to talk about their favorite dishes. Present this vocabulary as needed.

D. La nutrición

PASO 1. En parejas, clasifiquen los comestibles presentados en el **Vocabulario en acción** de acuerdo con los siguientes valores nutritivos: (1) carbohidratos, (2) proteínas, (3) vitaminas, (4) calcio, (5) grasas (*Fats*), (6) azúcar. **¡OJO!** Algunos comestibles pueden pertenecer (*belong*) a más de una categoría.

PASO 2. Preparen un menú para el desayuno, el almuerzo y la cena de las siguientes personas: (1) un atleta que necesita mucha energía, (2) un niño de 8 años que está creciendo (*growing*) y (3) una persona vegetariana que no puede comer carne, pero que debe consumir proteínas.

PASO 3. Ahora léanles sus menús a otras parejas sin mencionar para qué persona los prepararon (*prepared*). Sus compañeros tienen que adivinar quién es esa persona.

***Act. D, Paso 1,* Suggestion:** Some students may not be familiar with the nutritional values of different foods. Help them get started by asking questions such as: *¿Qué productos tienen mucho calcio? ¿Cuáles son ricos en proteínas? ¿En carbohidratos?*, etc.

Nota cultural

El lechón en Puerto Rico

Un lechón asado

El lechón asado es el plato tradicional en Puerto Rico durante las fiestas de Navidad. Algunos historiadores dicen que la forma de asar el lechón en Puerto Rico procede[a] de los antiguos piratas del Caribe y no existe en otras partes del mundo. Primero, aderezan el cerdo con sal, pimienta y orégano, y lo dejan marinar[b] durante siete u ocho horas. Al día siguiente, preparan dos palos de madera[c] que terminan en forma de **Y,** y ponen una vara[d] encima. Finalmente, en esta vara asan el cerdo muy lentamente sobre el fuego. Las familias puertorriqueñas preparan el lechón en el patio y es motivo de fiesta y reunión de familiares y amigos.

[a]*comes from* [b]*lo... let it marinate* [c]*palos... wooden sticks* [d]*thick stick, rod*

PREGUNTAS

1. ¿Qué ingredientes usan los puertorriqueños para preparar el lechón? ¿Cuánto tiempo requiere la preparación?
2. ¿En qué época del año es más común comer lechón asado? ¿Dónde preparan los puertorriqueños su lechón asado?

***Nota cultural,* Suggestion:** Ask students questions about holidays in their country or community that involve a family gathering. Ask them about typical meals they have and activities they do during those holidays.

Nota comunicativa

Exclamations

The basic formula for exclamations in Spanish is: **¡qué** + *adj.*! (Note the accent on **qué**.) Here are some common exclamations you may hear related to food.

¡**Qué delicioso/rico/sabroso**!	*How delicious!*
¡**Qué rica** es la comida de aquí!	*My, how delicious the food is here!*
¡**Qué buena** está esta salsa!	*Wow, this salsa tastes good!*
¡Puaj! ¡**Qué mala** está esta sopa!	*Yuck! This soup tastes bad!*
¡**Qué** asco!	*How disgusting!*

E. ¡Qué sabroso!

PASO 1. Escribe cuatro o cinco de los platos que conoces. Puedes inventar uno si quieres.

PASO 2. En parejas, túrnense para nombrar o describir sus platos. La otra persona va a reaccionar con una expresión con **¡Qué...!**

MODELO E1: la sopa de guisantes verdes
E2: ¡Qué asco!

Expressing *to/for Whom* Something Is Done

6.1 Indirect Object Pronouns

GRAMÁTICA EN ACCIÓN

En el mercado

[*Paz habla de su mercado favorito en San Juan, Puerto Rico.*]

En un mercado de Puerto Rico
©steve bly/Alamy Stock Photo

¡**Me** gusta mucho este mercado! Siempre vengo aquí con mi amiga Adela. El Sr. Olmos es nuestro vendedor favorito porque tiene las mejores frutas. A veces **nos** da un descuento y siempre es amable, **dándonos** consejos sobre cuáles son las frutas más dulces y frescas. En el mercado, **les** compro muchas frutas y legumbres a mi esposo y a mis hijos. Esta mañana, voy a **comprarle** una papaya a mi esposo porque es la fruta que más **le** gusta. Mis hijos siempre **me** piden ensalada de frutas, por eso, voy a comprar manzanas, peras y naranjas.

Acción. Basándote en la narración de Paz, completa cada una de las oraciones con el pronombre correcto: **te, le, nos** y **les.** Las frases subrayadas te pueden ayudar.

1. Paz ___les___ compra mucha comida a su esposo y a sus hijos.
2. Los hijos de Paz ___le___ piden ensalada de frutas frecuentemente.
3. El Sr. Olmos es nuestro vendedor favorito y siempre ___nos___ ofrece consejos sobre las mejores frutas.
4. A Paz le gusta ir al mercado. ¿Y a ti? ¿___Te___ gusta comprar comida en el mercado?

Gramática, Note: Students can assess their understanding and mastery of the grammar points presented in this chapter by accessing the LearnSmart module for *Capítulo 6* at www.mhhe.com/connect.

***GEA*, Note:** The audio for this *GEA* is available through the eBook or on Connect.

***GEA*, Culture Note:** People often develop a buyer-seller relationship with certain vendors in a market. The vendor enjoys having a regular customer, and the customer enjoys getting good recommendations and advice when making purchases. Most neighborhoods in Spanish-speaking countries have a small market. Very large open-air markets are centrally located and serve a larger area. Ask students if they are loyal shoppers at any particular location. Why? Mention that haggling or negotiating discounts is not only common, but expected in many open air markets. Would they feel comfortable with that? In what situations is haggling appropriate in their culture?

An indirect object receives the action of the verb in a sentence and generally answers the question *to whom?* or *for whom?*

El mesero **le sirve** el café **a José**.	*The waiter serves coffee to José.*
Yolanda **nos prepara** la cena.	*Yolanda prepares dinner for us.*

INDIRECT OBJECT PRONOUNS			
me	to/for me	**nos**	to/for us
te	to/for you	**os**	to/for you
le	to/for you, him/her, it	**les**	to/for you, them

A. Placement of indirect object pronouns is the same as for direct object pronouns. They are placed immediately before a conjugated verb or can be attached to the end of an infinitive or present participle. If pronouns are attached to a present participle, you must add a written accent to indicate the original stressed syllable.

¿**Le sirvo** más leche a la niña?	*Shall I serve the little girl more milk?*
Voy a **servirte** el postre.	*I'm going to serve you dessert.*
Estoy **preparándoles** té a mis amigos.	*I'm preparing tea for my friends.*

B. If an indirect object noun is used in a sentence, it must be accompanied by the corresponding indirect object pronoun. This may seem redundant, but is necessary in Spanish. You can leave out the indirect object noun (e.g., **a mis amigos**) if the context is clear, but you must always include the indirect object pronoun (**me, te, le, nos, os, les**). Any indirect object nouns are always preceded by the preposition **a.**

—Joven, ¿**le** va a traer una ensalada **a mi amiga** también?	*Young man, are you going to bring a salad for my friend as well?* (Indirect object noun needed to establish context.)
—Enseguida, señor. Ahorita **le** traigo una.	*Right away, sir. I'll bring her one right now.* (Indirect object noun no longer needed.)

Nota comunicativa

The Verbs dar and decir

The verbs **dar** (*to give*) and **decir** (*to say; to tell*) are almost always used in conjunction with indirect object pronouns, because we almost always give, say, or tell something *to* someone. Here are the forms of **dar** and **decir** in the present tense. Note that both have irregular **yo** forms and that **decir** is also an **e** → **i** stem changing verb.

dar (*irreg.*)	
doy	**damos**
das	**dais**
da	**dan**

decir (*irreg.*)	
digo	**decimos**
dices	**decís**
dice	**dicen**

—¿Cuánto **le das** al mesero de propina?	*How much do you give the waiter as a tip?*
—Generalmente **le doy** el 20 por ciento.	*I usually give 20 percent.*
—¿**Me** puede **decir** cuál es el menú del día?	*Can you tell me what today's special is?*

C. Here are some common verbs that take indirect objects. Some of them you already know. Note that some of them have stem changes.

COMMON VERBS THAT TAKE INDIRECT OBJECTS					
contar (ue)	to count; to tell	**mandar**	to send	**prometer**	to promise
deber	to owe	**mostrar (ue)**	to show	**recomendar (ie)**	to recommend
entregar	to deliver; to hand in	**ofrecer (zc)**	to offer	**regalar**	to give (*as a gift*)
escribir	to write	**pedir (i, i)**	to request; to order	**servir (i, i)**	to serve
explicar	to explain	**preguntar**	to ask (a question)	**sugerir (ie, i)**	to suggest
hablar	to speak	**prestar**	to loan		

Common Verbs..., Point out: Students already learned *deber* as a verb to express obligation (*should, ought to*) in *Capítulo 3;* and *dar* in the reciprocal expression *darse la mano* in *Capítulo 5.* The words *escribir, hablar, mostrar, pedir,* and *servir* were presented in earlier chapters.

ACTIVIDADES

A. Preparativos para la fiesta. Marta y Elena hacen planes para una fiesta en su casa. Completa cada oración con el pronombre de objeto indirecto correcto.

1. Marta ___les___ manda un e-mail a los invitados con la dirección del lugar de la fiesta.
2. Elena ___le___ explica a Marta el menú para la cena.
3. Nosotros somos muy artísticos. Elena ___nos___ pide ayuda con las decoraciones.
4. Tú sabes preparar una carne exquisita. Marta ___te___ pregunta si la puedes preparar para la fiesta.
5. Yo tengo un jardín con muchos tomates frescos. Elena ___me___ pide cinco tomates para la ensalada.
6. Ellos son los mejores amigos de Elena. Ella ___les___ promete que la fiesta va a ser divertida.

Nota comunicativa

More on gustar and Similar Verbs

As you learned in **Capítulo 2,** indirect object pronouns are used with **gustar** to express *to like* (*to do something*). The indirect object pronouns are used in this structure because **gustar** literally means *to please* (*be pleasing to*) *someone.*

—¿**Te gusta** comer en restaurantes elegantes?	*Do you like* (*Does it please you*) *to eat in elegant restaurants?*
—Sí, **me gusta** mucho.	*Yes, I like it* (*it pleases me*) *very much.*

Additionally, the verb **gustar** agrees with the thing liked. For actions and for single objects, use **gusta** (singular). When more than one thing is liked, use **gustan** (plural). Remember to use a + name/pronoun if necessary to clarify to whom **le** or **les** refers.

—¿**A** tus hijos **les gustan** las espinacas?	*Do your children like spinach?*
—¡No, no **les gustan** para nada! Pero les **gusta** la crema de espinacas.	*No, they don't like it at all! But they like cream of spinach soup.*

Several additional verbs require the same construction as **gustar**. Here are some common ones.

aburrir	to bore	**importar**	to matter
encantar	to really like, to love	**molestar**	to bother, to annoy
interesar	to interest	**preocupar**	to worry

A ellos **les encantan** las frutas tropicales.	*They love tropical fruit.*
Nos molesta recibir mal servicio en un restaurante.	*It bothers us to receive bad service in a restaurant.*
¿A Uds. **les interesa** la comida orgánica?	*Do organic foods interest you all?*

***Act. B,* Suggestion:** Make five columns on the board, and follow up the activity by having students volunteer to share their sentences with the class. Write some examples for each column, and indirectly correct any errors as you do so.

COMMUNICATION C

B. De compras (*Out shopping*). Estás en el mercado con tu compañero/a. Explíquense qué les van a comprar a las siguientes personas y por qué. Usen oraciones completas y usen **gustar** o un verbo como **gustar** en sus explicaciones.

MODELO A mi mamá le compro mucha fruta porque le encanta comerla.

1. A mi hermana que es vegetariana...
2. A mis compañeros de cuarto...
3. A mi profesor(a) de español...
4. A mi compañero/a de clase...
5. A mi novio/a o mejor amigo/a...

C. Entrevista. En parejas, contesten las preguntas. **¡OJO!** Deben usar los pronombres de objeto indirecto.

1. ¿A quién le preparas cenas especiales? ¿Por qué?
2. ¿Qué comidas te encantan? ¿Con qué frecuencia las comes? ¿Alguien (*Someone*) te prepara tus comidas favoritas?
3. ¿Qué comidas te aburren o no te gustan? ¿Por qué? Cuando alguien te sirve una comida que no te gusta, ¿qué le dices?
4. ¿Quién te manda muchos mensajes de texto? ¿Qué tipo de mensajes te escribe? ¿Mensajes importantes? ¿cómicos? ¿triviales?
5. ¿A quién le escribes más mensajes de texto? ¿Cuántos mensajes le escribes por día? ¿Por qué le escribes a esa persona más que a otras?

Nota cultural

Los mercados tradicionales

En la mayoría de los pueblos y ciudades de Latinoamérica, existen mercados tradicionales donde las personas se reúnen[a] para comprar y vender diversos productos, como comida, muebles, animales, flores y mucho más. Aunque los grandes supermercados disponen de mayor[b] variedad de productos, los mercados tradicionales son muy populares porque cumplen[c] funciones sociales y culturales importantes.

Los mercados tienen lugar,[d] por lo general, en las plazas, que se transforman en punto de encuentro[e] de compradores y vendedores locales, e incluso de otras regiones. Para muchas personas, sobre todo para las que viven lejos de los núcleos urbanos, el día del mercado es la única oportunidad que tienen de viajar, ver a familiares o amigos y enterarse[f] de los eventos más importantes de la zona. También es el momento para adquirir artículos que no pueden conseguir en su lugar de origen, y para las personas de la ciudad, es una excursión agradable.[g]

[a]se... *get together* [b]disponen... *have a greater* [c]*fulfill* [d]tienen... *take place* [e]punto... *meeting point* [f]*find out about* [g]*pleasant*

El mercado de Pisac, Perú

PREGUNTAS

1. ¿Dónde tienen lugar los mercados tradicionales en Latinoamérica? ¿Qué tipos de productos venden los vendedores en los mercados?
2. ¿Por qué prefieren muchos hispanos ir al mercado para hacer sus compras? ¿Qué ventajas tiene el mercado para las personas que viven en zonas rurales? ¿Y para las personas que viven en la ciudad?
3. ¿Hay mercados al aire libre en la ciudad donde Uds. viven? ¿Son parecidos o diferentes de los mercados del mundo hispano? Expliquen.

D. Cafés del Caribe. En parejas, decidan entre **Estudiante 1** y **Estudiante 2.** **Estudiante 2** debe completar la actividad en **Appendix III.**

***Act. D, Paso 1,* Answers:** 1. *les* 2. *te* 3. *me* 4. *les* 5. *nos* 6. *te* 7. *le* 8. *te* 9. *les* 10. *te* 11. *me* 12. *te*

Estudiante 1

PASO 1. Tu compañero/a y tú tienen descripciones diferentes de cómo se sirve el café en varios lugares del Caribe. Completa tu descripción con los pronombres de objeto indirecto correctos.

Hola, soy Seleni. Trabajo en una cafetería aquí en la capital donde ______[1] sirvo café a los clientes por siete horas cada día. Tenemos tres preparaciones típicas aquí y ahora ______[2] voy a explicar cómo pedir tu café. Si ______[3] escuchas bien, ¡vas a parecer un nativo!

La preparación que ______[4] sirvo con más frecuencia a los clientes se llama un café solo. ¡Es café muy fuerte,[a] pero con mucho azúcar! A nosotros aquí ______[5] gusta el café dulce. Si quieres más que una taza pequeña, ______[6] recomiendo un solo doble o solo largo.

Ahora, hay gente que prefiere su café con leche y a esa gente ______[7] sugiero un medio pollo, que es como lo llamamos aquí. No me preguntes por[b] el origen de ese término porque no ______[8] puedo decir por qué lo llamamos así.

Por las tardes ______[9] servimos espresso o café amargo[c] a algunos clientes. Pero normalmente nadie pide el café así por la mañana ni antes de comer. Finalmente, si quieres ______[10] preparo lo que llamamos un café americano. Es café filtrado con mucha agua. A mí no ______[11] gusta para nada, ¡pero a cada uno lo suyo[d]!

Ahora que sabes todo sobre nuestras preparaciones de café y cómo las llamamos aquí, ¿qué ______[12] pongo?

[a]*strong* [b]*No... Don't ask me about* [c]*bitter* [d]*a... to each his own*

PASO 2. Túrnense para leer cada texto completo del **PASO 1** en voz alta (*aloud*), mientras la otra persona identifica la imagen descrita.

PASO 3. En parejas, usen las imágenes como referencia para representar (*act out*) una escena en una cafetería. Representen los papeles (*Play the roles*) de empleado/a y de un(a) cliente que pide su bebida preferida. **¡OJO!** No olviden usar los pronombres de objeto indirecto.

6.2 Double Object Pronouns

Combining Direct and Indirect Object Pronouns

GRAMÁTICA EN ACCIÓN

En la mesa

MANUELA: Mamá, ¿me pasas las tortillas, por favor?
ABUELA: Con gusto **te las** paso, mi hija. Querido, ¿le sirves vino a Manuela, por favor?
ABUELO: Sí, **se lo** sirvo en un momento. Manuela, ¿me pasas el maíz?
MANUELA: Sí, papá. **Te lo** paso en un segundo.
ABUELO: Gracias, hija. Querida, ¿cuándo nos vas a traer el postre?
ABUELA: Paciencia, mi amor. Después de la comida, **se lo** traigo a todos.

Una cena en familia
©kali9/Getty Images

Acción. Indica los pronombres para completar las oraciones de este diálogo. Las palabras subrayadas te pueden ayudar.

MANUELA: Los champiñones están muy ricos. Papá, ¿ __d__ pasas, por favor?
ABUELO: Por supuesto, __a__ paso en un momento, hija.
MANUELA: Gracias, papá. ¿Quieres más ensalada? ¿ __b__ paso?
ABUELA: Yo __c__ paso ahorita. ¡Tu padre siempre necesita comer más verduras!

a. te los
b. te la
c. se la
d. me los

A. When a direct and an indirect object pronoun are found in the same clause, they always appear together, and the indirect object pronoun always precedes the direct object pronoun.

—Papá, ¿**me** vuelves a contar esa historia? — *Papá, will you tell me that story again?*
—Si, hija, **te la** vuelvo a contar. — *Yes, my child, I'll tell it to you again.*

B. The indirect object pronouns **le** and **les** change to **se** when they precede the direct object pronouns **lo, la, los,** and **las.**

—¿**Le** puede mostrar la sandía a Sara ? — *Can you show Sara the watermelon?*
—Claro que sí, **se la** muestro en un momento. — *Of course, I'll show it to her in a moment.*

C. Like individual object pronouns, double object pronouns can be attached to the end of an infinitive or a present participle. In either case, a written accent is placed on the vowel of the syllable that receives the stress.

—¿Vas a pasar**me** los platos? — *Are you going to pass me the plates?*
—Sí, voy a **pasártelos.** — *Yes, I'm going to pass them to you.*

—¿**Nos** está explicando el menú? — *Is he explaining the menu to us?*
—Sí, está **explicándonoslo.** — *Yes, he's explaining it to us.*

***GEA*, Note:** The audio for this *GEA* is available through the eBook or on Connect.

***GEA*, Culture Note:** Tortillas and similar flour and corn products are an essential part of Central American and Caribbean cuisine. There is a long tradition of hand making them as the main carbohydrate of many Caribbean dishes. For example, Venezuelan *arepas,* Puerto Rican *alcapurrias* and *cielito lindo,* as well as many other plates include tortillas or similar preparations as main ingredients. Have students look up typical foods of the Caribbean and briefly present their findings to the class.

Nota comunicativa

Object Pronouns with Commands

You have already seen commands throughout *Experience Spanish* in the instructions for many activities. For example, **lee, escribe, hablen, expliquen,** and **túrnense** are some of the commands that you already understand. You will learn more about commands in **Capítulos 8** and **10.** For now, you should be able to recognize them in a sentence. To help you recognize commands with pronouns, note the following.

When giving a command with object pronoun(s), pronoun placement depends on whether the command is affirmative (***Do** it*) or negative (***Don't** do it*). Pronoun(s) must be attached to the end of affirmative commands.

Tú tienes la ensalada. **Pásamela** por favor.	*You have the salad. Pass it to me, please.*
Esa es la taza favorita de la abuela. Si vienen a visitarnos, **tráigansela**.	*That is grandma's favorite mug. If you're coming to visit us, bring it to her.*

Pronoun(s) must appear before the negative command itself, and after the word **no**.

Ese supermercado vende mis dulces favoritos. Pero **no me los compres**, por favor; estoy a dieta.	*That supermarket sells my favorite sweets. But please don't buy them for me; I'm on a diet.*
Juan quiere helado, pero **no se lo den** todavía.	*Juan wants ice cream, but don't give it to him yet.*

ACTIVIDADES

***Act. A,* Script: 1.** *Mamá, quiero uvas y manzanas.* **2.** *Necesitamos un kilo de papas, por favor.* **3.** *A papá no le gustan las espinacas.* **4.** *¿Puedo comer esta naranja?* **5.** *Mis hermanos y yo les tenemos alergia a los camarones.* **6.** *Esta bolsa de fruta es muy pesada.* **7.** *Luis quiere pescado, pero este vendedor no tiene pescado fresco.*

A. En el mercado. Escucha las declaraciones y para cada una indica la respuesta correcta para formar una secuencia lógica.

e **1.** **a.** Por eso tu madre nunca se los sirve.
d **2.** **b.** Sí, pero voy a comprártela primero.
f **3.** **c.** Entonces, no se lo voy a pedir.
b **4.** **d.** Ahora se lo traigo, señora.
a **5.** **e.** Voy a comprártelas.
g **6.** **f.** Por eso no se las compro.
c **7.** **g.** Yo te la puedo llevar.

Vocabulario práctico

la bolsa	bag
fresco/a	fresh
pesado/a	heavy

—Necesito más pimientos para esta receta.
—Voy a comprártelos esta tarde en el mercado.
©Pennie Nichols

B. La fiesta del año

PASO 1. Completa cada oración con los pronombres de objeto directo e indirecto correctos, según el contexto. **¡OJO!** Usa dos pronombres en tus respuestas.

Cada año en septiembre hacemos una gran fiesta para celebrar los cumpleaños de muchos amigos. Invitamos a todos los amigos y ellos nos ayudan con comida e ingredientes.

ANITA: ¿Dónde están las mesas? ¿Cuándo __nos las__[1] (a nosotros) va a traer tu padre?

PATRICIO: A las 3:00 de la tarde. Necesito la carne picada[a] para preparar las hamburguesas. ¿__Me la__[2] das?

ANITA: Está en el refrigerador. Ahora __te la__[3] traigo si tú me buscas los tomates para la ensalada.

PATRICIO: Perfecto. Los recojo[b] del jardín y __te los__[4] dejo en la cocina en cinco minutos.

ANITA: Gracias. ¿Quién nos va a hacer los dulces?

PATRICIO: Mi hermana __nos los__[5] va a hacer. Pero necesita los ingredientes.

ANITA: Yo __se los__[6] llevo después de ir al supermercado. ¿Es todo?

PATRICIO: ¿Cuándo les escribo un mensaje de texto a los invitados con la dirección para llegar a la casa?

ANITA: Es mejor si __se lo__[7] escribes dos horas antes de la fiesta. ¡No lo olvides!

[a]*ground* [b]*I will pick*

PASO 2. Cuando haces una fiesta o una cena especial, ¿qué comidas y bebidas les ofreces a tus invitados? Haz una lista.

PASO 3. En parejas, miren sus listas y háganse preguntas.

MODELO E1: ¿Por qué les sirves arroz a tus invitados?
E2: Se lo sirvo porque va bien con la carne.

C. ¿A quién....?

PASO 1. Escribe oraciones completas con información personal, indicando a quién(es) le(s) haces estas cosas.

MODELO pedir favores → Les pido favores a mis amigos.

pedir favores	contar mis secretos	dar abrazos
mandar mensajes de texto	prestar dinero	decir mentiras (*lies*)

PASO 2. En parejas, háganse preguntas sobre las acciones del **Paso 1.** Deben pedir explicaciones: ¿Por qué o cuándo hacen estas cosas? **¡OJO!** Usen dos preguntas en sus respuestas. Sigan el modelo.

MODELO E1: ¿A quién le pides favores?
E2: Yo se los pido a mi abuela.
E1: ¿Por qué se los pides a tu abuela?
E2: Se los pido porque tiene mucho dinero y mucho tiempo para hacérmelos.

D. Una cena en el Restaurante Cristina. Cristina Pacheco es la dueña (*owner*) del Restaurante Cristina, un pequeño restaurante en Santo Domingo de la República Dominicana. Alberto es un empleado del restaurante. Están trabajando juntos durante una noche de muchos clientes. En parejas, decidan entre Estudiante 1 (Cristina) y Estudiante 2 (Alberto). Estudiante 2 debe completar la actividad en el **Appendix III.**

Estudiante 1

Act. D, Paso 1, **Answers:**
1. *servirles* **2.** *le* **3.** *les* **4.** *se la* **5.** *les* **6.** *les* **7.** *se las* **8.** *servírsela* **9.** *me* **10.** *les* **11.** *me* **12.** *probarlo (probarla)* **13.** *Se lo* **14.** *me* **15.** *Te los* **16.** *se los* **17.** *servírselos* **18.** *les* **19.** *me*

PASO 1. Completa tu texto con los pronombres de objeto directo e indirecto correctos. Si falta una letra en un verbo, decide si requiere un acento o no y escríbela.

Habla Cristina:

Esta noche hay mucha gente en el restaurante. Alberto y yo tenemos que **serv_r** ______[1] una cena deliciosa a todos los clientes. Ahora está entrando una familia de cinco personas por la puerta principal. Yo ______[2] digo a Alberto que debe sentarlos en la mesa número seis. Así que él ______[3] habla a los miembros de la familia y ______ ______[4] indica.[a] Ellos se sientan y Alberto ______[5] lleva las cartas y ______[6] pregunta qué quieren beber. La madre pide un refresco, el padre quiere una cerveza y los tres hijos pequeños van a tomar jugo de naranja. Alberto va a la cocina para buscar las bebidas y después ______ ______[7] sirve a todos. El bar tarda[b] con la cerveza, así que yo tengo que **serv_r** ______[8] al padre porque Alberto está muy ocupado con otras mesas.

Hay una joven pareja extranjera[c] en la mesa del rincón.[d] Ellos ______[9] preguntan si esta noche hay algún plato especial y yo ______[10] explico que sí, tenemos sancocho, una sopa muy típica de mi país que lleva siete tipos de carne diferentes con zanahorias y plátanos. La mujer ______[11] dice que quiere **prob_r** ______.[12] Pero el hombre pide el pollo guisado[e] y tostones. Voy a la cocina y le entrego el pedido[f] al chef. ______ ______[13] entrego en un papelito de mi cuaderno donde apunto todos los pedidos de los clientes.

Unos quince minutos más tarde, el chef ______[14] llama desde la cocina. «¡Cristina! Tus platos están listos. ______ ______[15] paso (a ti) por la ventana ahora mismo.» Los recojo y ______ ______[16] sirvo a la pareja. Pero hay un problema... ¡los tostones están fríos! No tengo tiempo, pero Alberto va a la cocina y trae otros nuevos para **serv_r** ______[17] al hombre. Entonces ______[18] pide disculpas a los clientes y les dice «buen provecho» a los dos.

Este proceso se repite muchas veces durante la noche, pero mis clientes siempre se van contentos y eso ______[19] hace muy feliz.

[a]*points out* [b]*takes a while* [c]*foreign* [d]*corner* [e]*braised* [f]*order*

PASO 2. Escribe los pronombres de objeto indirecto (pron. de OI) que corresponden a las personas de la tabla. Luego, forma preguntas con el verbo **servir** para decir quién (*who*) sirve cada cosa a quién(es) (*to whom*). Sigue el modelo de la tabla.

¿Qué?	¿A quién?	(pron. de OI)	Pregunta (¿Quién...)	Respuesta
el vino argentino	a los cinco amigos	*les*	*¿Quién les sirve el vino argentino a los cinco amigos?*	*Alberto se lo sirve.*
los platos	a los clientes		¿Quién...?	
la yuca frita	a los clientes		¿Quién...?	
la botella de vino	al hombre		¿Quién...?	

PASO 3. En parejas, háganse las preguntas de sus tablas. Contesten las preguntas con los pronombres de objeto indirecto correspondientes. Luego, escriban las respuestas en la tabla, usando los dos pronombres correctos (objeto directo e indirecto).

MODELO: E1: ¿Quién les sirve el vino argentino a los cinco amigos?
E2: Alberto les sirve el vino argentino.
ESCRIBES: Alberto se lo sirve.

Expresiones artísticas

Amelia Peláez

Hibiscus, 1943
Collection OAS AMA | Art Museum of the Americas

La pintora cubana Amelia Peláez (1896–1968) es una figura importante del arte modernista del siglo XX. En 1927, viaja a París donde entra en contacto con las vanguardias artísticas del arte europeo de los años 20. Regresa a Cuba en 1934 y sus obras se exponen en ciudades importantes como La Habana, México, D.F., Bogotá, Miami, Nueva York y Sao Paolo. En sus obras, influidas por los grandes pintores como Picasso, Peláez retrata rostros[a] femeninos, parejas, la naturaleza y su ambiente[b] de una manera bella y única. Sus cuadros rebosan de[c] colores vivos, abstracción de los temas que le preocupan y el ambiente natural que observa.

Hibiscus es una pintura en homenaje[d] a la naturaleza cubana. En este cuadro se destacan[e] unas flores, también conocidas como marpacífico, típicas de Cuba, que son tan emblemáticas que en 1978 se emitieron[f] una serie de sellos[g] con estas flores de pétalos[h] grandes. Las flores marpacífico, típicas de varios países y lugares cálidos, además de ser plantas y flores hermosas, son una delicadeza de sabor[i] alegre y suave, usadas en bebidas y para decorar postres exquisitos.

[a]retrata... *paints faces* [b]*surroundings* [c]rebosan... *spill over with* [d]en... *paying homage* [e]se... *features* [f]*they printed/released* [g]*stamps* [h]*petals* [i]*flavor*

REFLEXIÓN

1. En parejas, describan el cuadro. ¿Cómo son los colores y las figuras del cuadro? ¿Por qué se considera esto arte moderno? Comparen sus respuestas con la clase.
2. Busca otro/a artista importante del arte moderno que también explora los temas de la naturaleza de una manera semejante a Amelia Peláez. Prepara una breve presentación comparando una obra de ese/a artista con el cuadro *Hibiscus* o con otro cuadro de Amelia Peláez que te parezca especial. Si es posible, incluye la imagen en tu presentación.

***Expresiones artísticas*, Suggestions:**
- Ask students what type of artistic style or styles they associate with the Caribbean. Ask if this painting matches their ideas.
- Have students find more information about Peláez, her life, and works to present to the class.
- Have them select different paintings by Peláez to share with the class.

***Expresiones artísticas*, Culture Note:** It is common to use flowers in modern gastronomy, for example, hibiscus in syrup or in mixed drinks. The use of flowers petals (rose petals, orange and lemon blossoms) in salads has been common for centuries in many cultures to add color, aroma, and flavor. Regular flowers from the store are not recommended for use in preparing dishes, as they may have chemical products.

Bávaro, República Dominicana

Sasha y Dianibel

Antes de ver

Infórmate y ponte en su lugar.
Sasha y Dianibel van a hablar sobre diferentes maneras de comprar comida en la República Dominicana. Allí tienen más opciones que en los Estados Unidos y algunas de esas opciones son el resultado de la relación entre vecinos que compran y venden comida. ¿Qué puedes inferir sobre la cultura dominicana como resultado de esta información? ¿Puedes imaginar cómo son esas transacciones?

©McGraw-Hill Education/Zenergy

***Act. A*, Answers: 1.** *Una vez a la semana* **2.** *Está cerca de la casa y a veces los precios son más baratos.* **3.** *En cada esquina* **4.** *Significa pagar por la compra más tarde.*

©deepblue4you/Getty Images
©McGraw-Hill Education/Zenergy

Vocabulario práctico

los colmados	corner grocery shops
la limpieza	cleaning
los especiales	sales/specials
bajitos	low
uno en cada esquina	one on every corner
detallado	individually
la libra	pound
el punto de encuentro	meeting place
fiao	on credit
ahorita	later (*D.R.*)
los fruteros	fruit vendors
los camiones	trucks
el platanero	banana vendor
la chinola	passion fruit

***Vocabulario práctico*, Point out:** *Fiao* is from the past participle *fiado* (*trusted*).

¿Entendiste?

A. Comprensión. Contesta las preguntas.

1. ¿Con qué frecuencia compra Sasha comida en el supermercado?
2. ¿Cuáles son dos beneficios de comprar en el mini-market?
3. ¿Dónde se encuentran los colmados típicamente?
4. ¿Qué significa comprar a crédito o fiao?

B. ¡A comer! En parejas, contesten las preguntas.

1. Dianibel y Sasha prefieren comprar en el supermercado en los días en que hay especiales porque así ahorran dinero. ¿A Uds. les gusta comprar comida cuando hay descuentos (*discounts*)? ¿Saben cuánto dinero gastan en comida cada mes? ¿Es mucho o poco?
2. Las mujeres visitan diferentes lugares con diferentes propósitos (*purposes*) cuando compran comida. ¿Piensan que es conveniente y eficiente eso? ¿Por qué lo hacen? ¿Compran Uds. todo en el mismo lugar, o visitan varias tiendas (*stores*) para conseguir las cosas? ¿Por qué?
3. ¿Qué ventajas de los colmados explican Sasha y Dianibel?
4. Sasha dice que el colmado es una parte importante de la comunidad - un punto de encuentro. En su comunidad, ¿son las tiendas o los mercados una parte importante de la vida social? ¿Piensan que es un aspecto positivo de la cultura dominicana? ¿Por qué?
5. Nombren tres maneras en que comprar comida es diferente en Bávaro que en su comunidad.

TEMA II: ¿Salimos a comer o comemos en casa?

Vocabulario en acción

La mesa y las comidas°

Vocabulario en acción, **Note:** Students can assess their understanding and mastery of the vocabulary presented in this chapter by accessing the LearnSmart module for *Capítulo 6*: www.mhhe.com/connect.

° *meals*

merendar (ie)	to snack
probar (ue)	to taste, try
el alimento	food; nourishment

Cognados: los ingredientes, los utensilios; internacional, local, natural, orgánico/a, tradicional, tropical

Vocabulario en acción, **Suggestion:** Provide additional and alternate words as necessary. Some possibilities: *cubrir* (*to cover*), *freír* (*i, i*) (*to fry*), *hervir* (*ie, i*) (*to boil*); food service: *ordenar* (*to order*); *el/la cocinero/a* (*chef, cook*), *el cucharón* (*soup ladle*), *el cuenco* (*serving bowl*), *la jarra* (*pitcher*), *el mantel* (*tablecloth*), *la sopera* (*soup tureen*), *el tazón para cereal* (*cereal bowl*).

Vocabulario en acción, **Point out:**
• *Pedir* is the word most commonly used in Spain, while *ordenar* is the preferred word in Latin American countries.
• The word for *kitchen* (*cocina*) also means *cuisine*.

Act. A, **Script. 1.** *Usamos este objeto para cortar la comida.* **2.** *Este objeto sirve para tomar café.* **3.** *Tomamos la sopa con este objeto.* **4.** *Es más común tomar esta bebida con la cena.* **5.** *En general, este alimento se come para el almuerzo.* **6.** *En los restaurantes, sirven vino en esto.*

Nota interdisciplinaria, **Answers:** (*Possible answers*) **1.** *Es recomendable comer frutas, verduras, cereales integrales, aves y pescado. Se debe reducir el consumo de azúcar refinada y de carnes rojas.* **2.** *Las grasas provocan enfermedades cardiovasculares y la sal, hipertensión.*

En el restaurante

pedir (i, i)	to order
la cuenta	bill, check
la propina	tip
la tarjeta de crédito	credit card
en efectivo	cash

Cognados: el/la chef, el menú, la reservación; variado/a

ACTIVIDADES

A. En la mesa. Escucha cada una de las descripciones. Luego, indica la opción correcta para cada descripción.

1. **a.** la tarjeta de crédito (**b.**) el cuchillo **c.** el vaso
2. (**a.**) la taza **b.** el tenedor **c.** el pollo asado
3. **a.** la mesera **b.** el pan tostado (**c.**) la cuchara
4. **a.** la chuleta **b.** la propina (**c.**) el vino
5. **a.** la servilleta (**b.**) las papas fritas **c.** el plato
6. (**a.**) la copa **b.** el vaso **c.** la taza

Nota interdisciplinaria

Ciencias de la salud:[a] la alimentación

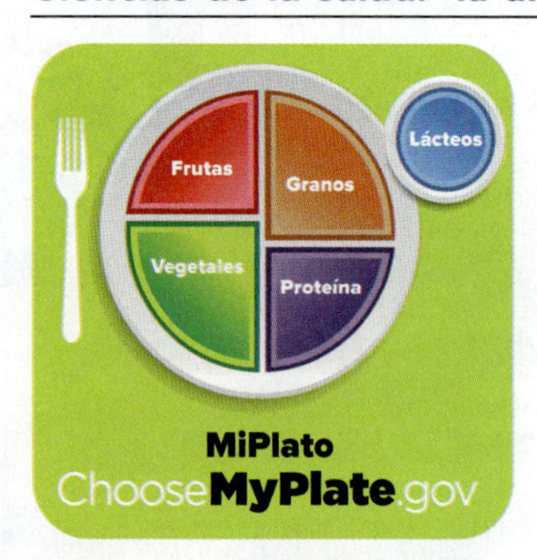

¿Cuál es la dieta más sana para la salud? La *Food and Drug Administration* de los Estados Unidos hace las siguientes recomendaciones.

1. Comer productos variados y aumentar el consumo de los carbohidratos hasta un 57 por ciento en la dieta diaria. Es recomendable comer frutas, verduras y cereales integrales, y reducir el consumo de azúcar refinada.
2. Reducir las grasas hasta un 25 por ciento del consumo energético total para prevenir[b] las enfermedades[c] cardiovasculares.
3. Limitar las proteínas hasta un 15 por ciento de la dieta diaria. Comer aves y pescados y reducir el consumo de carnes rojas.
4. Comer alimentos ricos en fibra, como las verduras, frutas y cereales integrales. La cantidad de fibra no debe inferior a los 22 gramos por día.
5. Consumir bebidas alcohólicas con moderación.
6. Evitar[d] los alimentos con alto contenido de sal para prevenir la hipertensión.

[a]*Health* [b]*to prevent* [c]*illnesses* [d]*Avoid*

PREGUNTAS

1. ¿Qué alimentos son buenos para la salud y qué productos debemos evitar? Mencionen alimentos e ingredientes específicos.
2. Específicamente, ¿cómo afectan la salud los productos ricos en grasas? ¿Y el exceso de sal en las comidas?
3. Piensen en platos típicos de su cultura y en los ingredientes que llevan. De acuerdo con la información de la lectura, ¿creen que la dieta del lugar donde Uds. viven es, en general, saludable o no? Expliquen.

B. Un día típico

PASO 1. Entrevista a un compañero / una compañera sobre lo que (*what*) come en un día típico y completa el cuadro con sus respuestas.

MODELO E1: ¿Qué comes para el desayuno?
E2: No desayuno nunca.
E1: [*Indica «no» en el cuadro.*] ¿Y qué comes para el almuerzo?
E2: Típicamente como un sándwich de jamón con queso y una manzana.
E1: [*Indica «proteínas», «frutas» y «granos» en el cuadro.*]

	NO	PROTEÍNAS	VERDURAS	FRUTAS	GRANOS	DULCES
el desayuno						
el almuerzo						
la cena						

PASO 2. Ahora, la clase va a dibujar el cuadro en la pizarra. Compartan sus respuestas con la clase y apunten en el cuadro todos los resultados. Digan si creen que los estudiantes de la clase comen bien o no, según los resultados.

***Act. B*, Suggestion:** Create or have students create additional categories for the survey. For example, you might include a survey on caffeine products or junk food.

C. Un restaurante

PASO 1. Escoge un restaurante local. Escribe una breve descripción del restaurante sin nombrarlo. Describe la comida que sirven, el ambiente, el servicio, etcétera.

MODELO Es un restaurante muy elegante con un ambiente relajante y acogedor. La comida es excelente, pero un poco cara. Sirven...

Vocabulario práctico

el ambiente...

acogedor	cozy atmosphere
animado	lively atmosphere
familiar	family atmosphere
fresco	fresh atmosphere
relajante	relaxing atmosphere
romántico	romantic

PASO 2. Ahora, lee tu descripción a la clase. Tus compañeros deben intentar adivinar el nombre del restaurante.

D. Un nuevo restaurante

PASO 1. Imagínense que Uds. van a abrir un nuevo restaurante cerca de la universidad y que en este restaurante solo van a servir el almuerzo. En grupos de tres personas, diseñen (*design*) el restaurante. Incluyan en su plan el nombre del restaurante, las especialidades, el plato del día, los precios y otra información necesaria para darle publicidad a su restaurante.

PASO 2. En clase, van a comparar sus restaurantes. Como (*Since*) solo pueden abrir un restaurante en esta zona, voten por el mejor plan. Todos deben justificar su voto.

Gramática

Talking About Completed Past Actions (Part 1)

6.3 Preterite: Regular Verbs

***Gramática*, Note:** Students can assess their understanding and mastery of the grammar points presented in this chapter by accessing the LearnSmart module for *Capítulo 6:* at www.mhhe.com/connect.

GRAMÁTICA EN ACCIÓN

La Bodeguita del Medio

En La Bodeguita del Medio, La Habana, Cuba
©Francoise De Mulder/Getty Images

[*Loida* ***visitó*** *Cuba por primera vez el verano pasado.* ***Viajó*** *con dos amigos por un mes. Después de ocho días,* ***visitó*** *un cibercafé y le* ***escribió*** *su primer e-mail a su familia.*]

¡Saludos a todos!

¡Me encanta Cuba! Hoy **comí** en la famosa Bodeguita del Medio en La Habana. No es como La Bodeguita del Medio de Miami. Este restaurante es muy bohemio y pequeño; no es nada elegante. Sirven platos típicos de Cuba y tiene una larga historia de personas famosas que han comido aquí. Cuando **llegamos**, **nos sentamos** en el bar por un rato. Jeff y Lynne **tomaron** mojitos. Luego, **comimos** en el patio. Los tres **compartimos** dos platos de comida típica, y Jeff se comió todo el arroz. Lo **pasamos** muy bien, viendo a cientos de turistas entrar a sacar fotos y salir. ¡La pared está llena de nombres porque todo el mundo firma su nombre allí! **Busqué** un lugarcito limpio y **escribí** mi nombre y la fecha en la pared. **Leí** varios nombres, pero no **reconocí** a nadie famoso. Bueno, es todo por el momento.

Hablamos pronto.

Un beso,

Loida

***GEA*, Note:** The audio for this *GEA* is available through the eBook or on Connect.

***GEA*, Culture Note:**
- *La Bodeguita del Medio* is the most famous bar/restaurant in Cuba. Although many report that the food and the mojitos are not great, this is a must-see when visiting Havana.
- There are restaurants in the United States, as well as other countries, including Mexico, Spain, and the Czech Republic, named *Bodeguita del Medio.*
- Ernest Hemingway was one of the famous people who frequented *La Bodeguita del Medio.* Have students brainstorm some very famous and iconic restaurants that they have heard of, and explain why they think these establishments become renowned. What might they have in common with *La Bodeguita del Medio?*

***GEA*, Suggestions:** Have students report something they ate, drank, saw, and wrote yesterday.

Acción. Indica el verbo correcto para completar cada una de las oraciones.

comieron comió escribieron escribió llegaron llegó pasaron pasó

1. Loida y sus amigos lo pasaron muy bien en La Bodeguita del Medio.
2. Loida comió comida cubana típica en el restaurante.
3. Cuando Loida, Jeff y Lynne llegaron a La Bodeguita del Medio, se sentaron en el bar.
4. Loida le escribió un e-mail a su familia sobre la experiencia.

So far in *Experience Spanish* you've only been talking about actions in the present tense. In this section you will start to learn how to talk about the past. Spanish has two simple tenses to refer to past actions: *preterite* and *imperfect.* For now, we'll focus on the preterite.

Forming the Preterite

PRETERITE OF **-ar** VERBS		PRETERITE OF **-er** VERBS		PRETERITE OF **-ir** VERBS	
llevé	**llevamos**	**comí**	**comimos**	**salí**	**salimos**
llevaste	**llevasteis**	**comiste**	**comisteis**	**saliste**	**salisteis**
llevó	**llevaron**	**comió**	**comieron**	**salió**	**salieron**

A. The preterite is formed by removing the **-ar, -er,** or **-ir** from infinitives and adding the endings as shown in the preceding tables. Note the following points.

- The **yo** and **Ud., él/ella** forms have an accent on the last letter: **llevé, llevó, comí, comió, salí, salió.**
- The **-er** and **-ir** endings are the same: **-í, -iste, -ió, -imos, -isteis, -ieron**.
- There are no accents on the **vosotros/as** forms, as there are in present indicative.
- The **nosotros/as** forms of **-ar** and **-ir** verbs are the same as the corresponding forms in the present tense. Context will determine the correct interpretation.

Cenamos con nuestros padres **todos los domingos.**	*We eat dinner with our parents every Sunday.*
Cenamos con nuestros padres **el domingo pasado.**	*We ate dinner with our parents last Sunday.*

B. The **yo** and **Ud., él/ella** forms of the verb **ver** do not have accents.

vi	**vimos**
viste	**visteis**
vio	**vieron**

C. **-ar** and **-er** verbs that have stem changes in the present tense do not have stem changes in the preterite.

INFINITIVE	PRESENT TENSE	PRETERITE
pensar (ie)	**pienso, piensas, piensa,...**	**pensé, pensaste, pensó,...**
volver (ue)	**vuelvo, vuelves, vuelve,...**	**volví, volviste, volvió,...**

D. The verbs **creer, leer,** and **oír** have a spelling change from **-i-** to **-y-** in the **Ud., él/ella** and **Uds., ellos/ellas** forms. Note also that the **tú, nosotros/as,** and **vosotros/as** forms have an accented **-í-**.

PRETERITE OF **CREER, LEER,** AND **OÍR**					
creer (y)		**leer (y)**		**oír** (*irreg.*)	
creí	**creímos**	**leí**	**leímos**	**oí**	**oímos**
creíste	**creísteis**	**leíste**	**leísteis**	**oíste**	**oísteis**
creyó	**creyeron**	**leyó**	**leyeron**	**oyó**	**oyeron**

E. Verbs that end in **-car, -gar,** and **-zar** undergo a spelling change in the **yo** form in the preterite.

buscar	**c → qu**	**busqué**
llegar	**g → gu**	**llegué**
empezar (ie)	**z → c**	**empecé**

Using the Preterite

A. The preterite is used to talk about specific actions that were completed over a limited time period, explicit or implied, in the past.

Ayer tomé un café con Julia.	*Yesterday I had a cup of coffee with Julia.* (completed past action that took place within the limited confines of *yesterday*)
David **viajó** a la República Dominicana, **estudió** español **por un mes, salió** a bailar muchas veces y lo **pasó** muy bien.	*David traveled to the Dominican Republic, studied Spanish for one month, went out dancing many times, and had a great time.* (completed actions that took place within the limited confines of *one month*)

B. Due to the fact that actions expressed in the preterite are viewed as having been completed within the confines of a limited period of time, you will often see it used in conjunction with words and phrases that help establish that limited period of time.

COMMON WORDS AND PHRASES USED WITH THE PRETERITE	
anoche	**la semana pasada**
anteayer	**la última vez que**
ayer	**a las** + *specific time*
el lunes (martes, miércoles,...) pasado	**(por)** + *specific time period*
el mes/año pasado	

Almorcé con Esteban y Marcos **anteayer.**	*I ate lunch with Esteban and Marcos the day before yesterday.*
La última vez que desayunamos aquí, **comí** huevos revueltos con jamón.	*The last time we ate breakfast here, I ate scrambled eggs and ham.*
Ayer mamá me **llamó** a las 7:00. **Hablamos** (por) tres horas.	*Mom called me at 7:00 yesterday. We spoke for three hours.*

¡Comimos mucho!
©shironosov/iStock/Getty Images

ACTIVIDADES

A. Turismo culinario. Victoria y Andrés visitaron Puerto Rico el verano pasado. Mandaron postales (*postcards*) a la familia en los Estados Unidos. Completa las oraciones con las formas correctas del pretérito de los verbos entre paréntesis.

¡Hola, mamá!

¡Anoche por fin (*nosotros*: **llegar**)[1] a Puerto Rico! (*Yo:* **Hablar**)[2] con un empleado del hotel y me (**recomendar**)[3] un restaurante excelente en el viejo San Juan, y Andrés y yo (**salir**)[4] caminando inmediatamente. El mesero nos (**explicar**)[5] muy claramente el menú y nosotros finalmente (**pedir**)[6] dos platos típicos: mofongo y lechón. ¡Andrés (**comer**)[7] todo! Yo no (**comer**)[8] todo, pero me encantó. Después de la cena (**buscar**)[9] un bar cerca de la playa donde (**tomar**)[10] una piña colada. ¡Lo (**pasar**)[11] muy bien!

Muchos abrazos desde San Juan,

Victoria y Andrés

***Act. A,* Answers: 1.** *llegamos* **2.** *Hablé* **3.** *recomendó* **4.** *salimos* **5.** *explicó* **6.** *pedimos* **7.** *comió* **8.** *comí* **9.** *buscamos* **10.** *tomamos* **11.** *pasamos*

B. El fin de semana pasado

PASO 1. Indica las oraciones que describen lo que hiciste (*what you did*) el fin de semana pasado. Escribe tres actividades adicionales.

- ☐ Desayuné en casa.
- ☐ Comí fruta.
- ☐ Almorcé en la cafetería.
- ☐ Miré la televisión.
- ☐ Llamé por teléfono a mis padres.
- ☐ Jugué a los videojuegos.
- ☐ Estudié para un examen.
- ☐ Limpié mi cuarto.
- ☐ Lavé la ropa.

PASO 2. En parejas, inventen una versión fantástica del fin de semana pasado. No deben hablar de la realidad. Todos los eventos deben ocurrir en esta ciudad. ¡Sean creativos! ¡Tienen dinero ilimitado! Escriban un mínimo de tres oraciones.

MODELO Mis amigos y yo compramos un coche viejo y lo pintamos con los colores de la universidad. Luego, paseamos por el campus en el coche y les ofrecimos sándwiches gratis a todo el mundo (*everyone*). Por la noche,...

PASO 3. Presenten su fin de semana imaginario a la clase. La clase va a decidir qué grupo describió el fin de semana más creativo y divertido.

C. ¿Dónde cenaste?

PASO 1. Piensa en la última vez que comiste en un restaurante elegante y contesta las siguientes preguntas con oraciones completas.

1. ¿Quién te acompañó?
2. ¿Qué pidieron para comer?
3. ¿Qué bebidas tomaron?
4. ¿Les dieron buen servicio?
5. ¿Comieron postre?
6. ¿Cuánto les costó la comida?

PASO 2. Entrevista a tu compañero/a sobre la última vez que cenó en un restaurante elegante. Pídele más detalles sobre su experiencia.

MODELO E1: ¿Quién te acompañó la última vez que comiste en un restaurante elegante?
E2: Mi novia me acompañó.

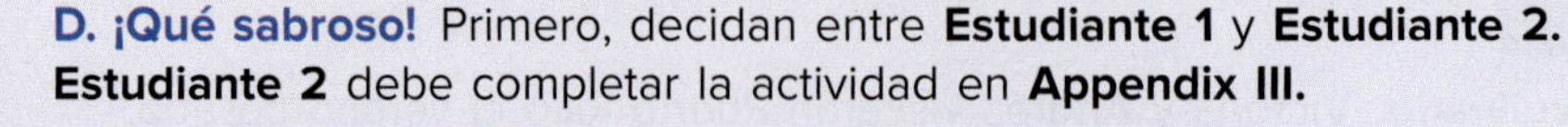

D. ¡Qué sabroso! Primero, decidan entre **Estudiante 1** y **Estudiante 2.** **Estudiante 2** debe completar la actividad en **Appendix III.**

PASO 1. Completa la narración sobre una receta (*recipe*) con la forma correcta del pretérito de cada verbo entre paréntesis.

***Act. D, Paso 1, Answers:* 1.** *comí* **2.** *visité* **3.** *explicó* **4.** *preparamos* **5.** *compró* **6.** *escribió* **7.** *calenté* **8.** *mezcló* **9.** *usó* **10.** *freí* **11.** *saqué* **12.** *quedó* **13.** *cortó* **14.** *preparó* **15.** *corté*, **16.** *llenamos* **17.** *empezamos*

Estudiante 1

Este plato me gustó mucho. Lo (*yo:* **comer**)[1] cuando (**visitar**)[2] Venezuela para conocer a mi tía Neli que es de allí. Ella me (**explicar**)[3] cómo hacerlo. Así lo (**preparar**)[4] ella y yo.

Primero Neli (**comprar**)[5] todos los ingredientes. Esta es la lista que (**escribir**)[6]: plátanos, frijoles negros, queso fresco, harina para la masa,[a] sal, aceite.

Entonces yo (**calentar**[b])[7] el aceite y Neli (**mezclar**)[8] la masa con agua y un poco de sal. (**Usar**)[9] las manos para formar la masa. Yo (**freír**)[10] la masa en una sartén[c] y la (**sacar**)[11] cuando la masa (**quedar**)[12] dorada.[d] Neli (**cortar**)[13] y frió plátanos maduros y (**preparar**)[14] queso y frijoles negros. Yo (**cortar**)[15] la masa dorada y entonces nosotras la (**llenar**[e])[16] con los frijoles, el queso y los plátanos.

Finalmente (*nosotras:* **empezar**)[17] a comer. ¡Qué rico!

[a]*flour for the dough* [b]*to heat up* [c]*frying pan* [d]*golden brown* [e]*to fill*

La ropa vieja (lit., old clothes) es una comida típica de Cuba. El origen del nombre es la historia de un hombre muy pobre que trató de cocinar su ropa y milagrosamente (miraculously) se convirtió en comida.
©sbossert/Getty Images

PASO 2. Háganse preguntas para completar la tabla con los verbos e ingredientes de la receta de tu compañero/a.

MODELO E1: ¿Qué cortaste?
E2: Corté…
E1: ¿Qué hiciste (*did you do*) con la carne?
E2: La … por una hora.

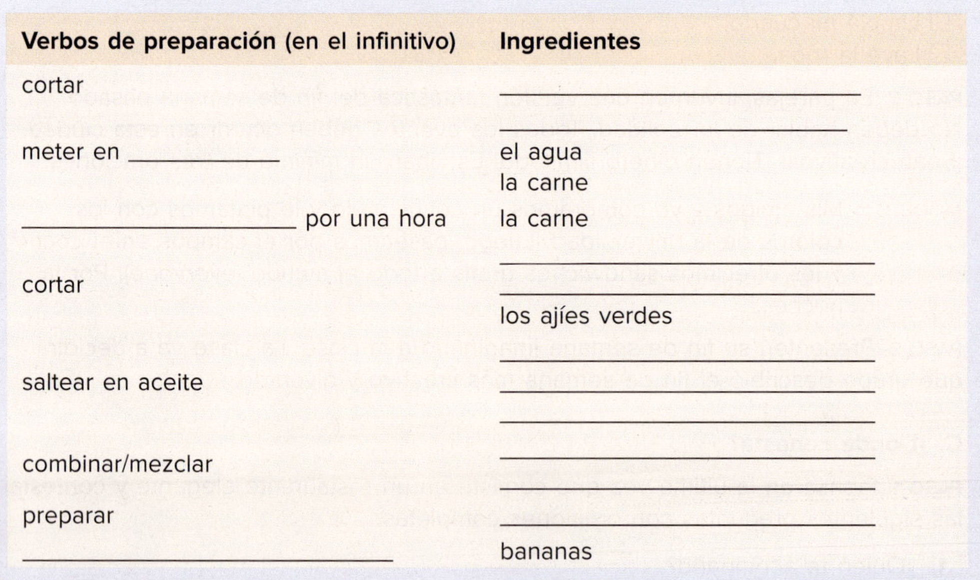

Verbos de preparación (en el infinitivo)	Ingredientes
cortar	______ ______
meter en ______	el agua la carne
______ por una hora	la carne
cortar	______ ______ los ajíes verdes
saltear en aceite	______ ______ ______
combinar/mezclar	______ ______
preparar	______
______	bananas

El arroz con frijoles es parte de la cocina de todos los países del Caribe. Tiene muchos nombres y diferentes preparaciones. En Cuba se llama «arroz moros y cristianos» o «arroz congrí».
©Mariano Montero/Alamy Stock Photo

Muchos países hispanohablantes tienen su propia receta para las empanadas, un pastel en forma de media luna, relleno de ingredientes salados, y frito o cocido al horno.
©Purestock/Alamy Stock Photo

PASO 3. Túrnense para leer la narración sobre sus recetas en voz alta. Tu compañero/a va a adivinar el nombre del plato basándose en la narración, la tabla que completó y las fotos. (El nombre de tu plato es arepas.)

Las arepas son populares especialmente en Colombia y Venezuela. Cada familia tiene su manera de prepararlas y pueden llevar muchos ingredientes diferentes.
©Juanmonino/Getty Images

Lectura cultural

Vas a leer una receta de un postre delicioso: el flan de coco. Esta receta viene de la revista *Siempre mujer* y es parte de una serie de recetas en un artículo escrito por Doreen Colondres.

ANTES DE LEER

PASO 1. En parejas, contesten las preguntas. Después, compartan sus respuestas con la clase.

1. ¿Cocinan Uds.? ¿En qué ocasiones? ¿Buscan recetas en las revistas o en el internet, o prefieren crear sus propios platos? Expliquen.
2. ¿Qué pariente (*family member*) o amigo/a tienen que prepara un plato especial? ¿En qué ocasiones lo prepara? ¿Cuáles son los ingredientes?
3. Observen la imagen del flan y revisen los encabezados (*headings*). ¿Qué información esperan encontrar en la receta?

PASO 2. Repasa el **Vocabulario práctico** y luego lee la receta del flan de coco. **¡OJO!** Trata de adivinar por el contexto las palabras que no sabes, sin usar el diccionario.

Lectura cultural, **Point out.** *Flan* is a very popular dessert in Latin America and Spain. Its basic ingredients are sugar, whole eggs, sweetened condensed milk, whole milk, and vanilla extract. However, there are different types of flan among the Spanish-speaking countries, depending on the ingredients used as a flan garnish. These may include mango, pineapple, coffee, almonds, rum, and just about any flavor one can imagine.

Vocabulario práctico

último pedazo	last piece	**quemado**	burnt
lata	can	**verter (ie)**	to pour
gotas	drops	**nevera**	refrigerator
hojuelas	flakes	**cubrir**	to cover
olla	sauce pan	**tapar**	to cover
dorado	golden	**boca abajo**	upside down

Flan de coco

Esta receta es un éxito cuando tengo invitados en casa. Es fácil, todo el mundo quedará peleándose[a] por el último pedazo.

1 lata de leche condensada
1 lata de agua de coco
5 huevos
1 taza de azúcar
4-5 gotas de jugo de lima
4-5 gotas de agua
Hojuelas de coco para decorar

©Amy Neunsinger/The Image Bank/Getty Images

Preparación

1. Primero... para disfrutar de esta receta ¡no puede estar a dieta!
2. Mezcle bien los huevos, luego les añade la leche condensada y el agua de coco. (Prefiero batir a mano que con batidora eléctrica.)
3. Una vez que todo esté mezclado,[b] proceda a hacer el caramelo, ¡que no muerde![c] Hacer caramelo no es difícil. En una olla pequeña caliente a fuego mediano[d] el azúcar, el jugo de lima y el agua y revuelva hasta que el azúcar se disuelva totalmente y adquiera un color dorado oscuro (pero no quemado) Así el sabor del caramelo no será[e] más fuerte que el del flan.

[a]quedará... *will end up fighting* [b]Una... *Once everything is mixed* [c]que... *it's not that hard! (Lit.: It doesn't bite!)* [d]caliente... *heat over medium heat* [e]no... *won't be*

4. Vierta el caramelo en el molde y cubra bien todo el fondo. Una vez que el azúcar se haya secado[f] en el molde, añada la mezcla del flan.
5. Y ya está listo para ir al horno, pero lo va a poner en «baño de María» (o sea, dentro de otro molde más grande con agua suficiente para cubrir al menos ¾ partes de la altura del flan).
   Hornee a 350° F por unos 45 minutos o hasta que le introduzca un cuchillo y este salga limpio.[g]
6. Cuando se enfríe[h] por completo, póngalo en la nevera. Antes de sacarlo del molde, pásele un cuchillo por el borde. Después, tápelo con un plato grande boca abajo e inviértalo. Espere que salga todo el caramelo y decórelo a su gusto con las hojuelas de coco.

Consejo

Si lo prepara con ingredientes orgánicos, le quedará supercremoso y menos dulce. ¡Buen provecho!

[f]haya... *has dried* [g]hasta... *until you can stick a knife in it and it comes out clean* [h]se... *it has cooled down*

DESPUÉS DE LEER

A. Comprensión

PASO 1. Contesta las preguntas.

1. ¿Qué ingredientes contiene el flan de coco?
2. ¿Por qué dice la autora de la receta que no se puede estar a dieta y comer este flan?
3. ¿Cómo debe uno sacar el flan del molde al final del proceso?
4. ¿Qué crees que significa la última frase de la lectura: «¡Buen provecho!»?

PASO 2. En parejas, compartan sus respuestas del **Paso 1.**

B. Temas de discusión. En grupos de tres, comenten estos temas. Si necesitan más información, búsquenla en el internet. Después, compartan sus ideas con la clase.

1. ¿Conocen Uds. el flan? ¿Dónde lo comieron? ¿Cuándo lo comieron? ¿Les gustó? Si no conocen el flan, ¿creen que les gustaría el flan de coco de la lectura? Expliquen.
2. ¿Cómo se compara el flan de coco con su postre favorito? Compárenlos en cuanto (*with regard*) al sabor, la cantidad de calorías, los ingredientes, la dificultad o facilidad (*ease*) de prepararlo, etcétera.
3. ¿Qué otros postres son comunes en la región donde Uds. viven? ¿Hay algún postre típico de su región? ¿Cuál es? ¿Cómo es? ¿En qué ocasiones lo comen? ¿Con qué frecuencia lo comen?

Palabra escrita

Developing Your Ideas: Collecting Information. As you may recall from **Capítulo 3,** collecting information is a pre-writing strategy to use when you don't know enough about the subject of your composition. The resources you use to collect information may vary (Internet, library, questionnaires, interviews, and so on), depending on the topic of your composition. For this composition, you'll need to search reliable Internet sources.

You are going to write a composition titled **La comida caribeña, mezcla de sabores.** Your goal in writing is to learn about traditional meals and food customs in the Caribbean and how they compare with those in the region where you live.

A. Lluvia de ideas

Palabra escrita, Act. A, Paso 1, **Suggestion:** Have students look for the information on the Internet before the day of the composition.

PASO 1. Haz una búsqueda en el internet para averiguar la siguiente información sobre la comida en el Caribe y sus costumbres alimentarias.

1. Orígenes y características de la comida caribeña: En general, ¿qué alimentos son más frecuentes? ¿La carne o el marisco y el pescado? ¿O varía según la región?
2. Incluye un plato típico de uno de los países que integran el Caribe y los ingredientes del plato.
3. ¿Es un plato que se consume en ocasiones especiales o un plato común en la vida diaria?
4. ¿Cuál es la comida principal del día, el almuerzo o la cena? ¿A qué hora se suele hacer la comida principal? ¿Cuántos platos componen la comida? ¿En qué orden se sirve? ¿Cuánto tiempo aproximadamente pasan las personas del Caribe sentadas a la mesa?
5. Anota algunas diferencias sobre la comida y las prácticas alimentarias entre los países del Caribe y la región donde vives.

PASO 2. Formen grupos pequeños y compartan la información que encontraron en el internet. ¿Hay algunas ideas que quieras añadir a tu composición? En caso afirmativo, toma notas.

B. A organizar las ideas. Repasa tus ideas y decide cuáles vas a incluir en tu composición y cómo organizarlas lógicamente. El orden de las preguntas de la **Actividad A, Paso 1** puede ayudarte.

C. A escribir. Escribe el borrador de tu composición con las ideas que recopilaste en las **Actividades A** y **B.** Puedes usar las siguientes expresiones de transición para comparar el Caribe y la región en donde vives.

sin embargo (*however*) **por el contrario** (*on the contrary*) **en cambio** (*on the other hand*)

D. El vocabulario y la estructura

PASO 1. Repasa el vocabulario y la gramática de este capítulo. Ten en cuenta las siguientes preguntas.

1. ¿Incluiste suficiente información para explicar los temas de la **Actividad A, Paso 1**?
2. ¿Usaste el vocabulario apropiado?
3. Si usaste los pronombres de objeto directo e indirecto, ¿los usaste correctamente?
4. ¿Es correcta la conjugación de los verbos?
5. ¿Concuerdan los adjetivos con los sustantivos que modifican?

PASO 2. Vuelve a escribir tu composición y entrégasela a tu profesor(a).

Conexiones culturales

¡Es lo que hay[a]!

Los años 90, el «Período Especial», fue una época difícil en Cuba. Con el colapso de la Unión Soviética se produjo una reducción en las importaciones y exportaciones de productos. Como resultado, hubo mucha escasez[b] de alimentos y la gente tuvo que hacer cola durante horas para conseguir cualquier cosa.[c] ¡Las calorías consumidas por persona bajó un 27 por ciento! Era necesario un cambio y la solución fue el establecimiento de la agricultura urbana.

©Les Stone/The Image Works

©John Birdsall/Alamy

Con el tiempo, el gobierno permitió a los agricultores emprendedores[d] cultivar la tierra pública. Estos lugares se llamaban *organopónicos*. Después de recoger la cosecha,[e] los agricultores vendían[f] las verduras al público, que las usaban para cocinar en sus casas, en sus hosterías[g] o en sus paladares.[h]

Si no se podía encontrar cerdo o carne, ¿por qué no usar una verdura? Esta fue la idea de Nitza Villapol, una chef famosa, cuyo[i] programa de televisión ayudó[j] a los cubanos a adaptar los platos tradicionales con los ingredientes que tenían.[k] Así, la escasez de alimentos resultó en la evolución de «la comida cubana». Este modelo de agricultura sostenible[l] continúa en la isla e inspira a otros países a seguir sus pasos.[m] Por ejemplo, otros países caribeños como Venezuela y Puerto Rico también están implementando sistemas de agricultura urbana.

[a]Es... *That's what there is!* [b]*shortage* [c]cualquier... *anything* [d]agricultores... *entrepreneurial farmers* [e]recoger... *harvesting* [f]*would sell* [g]*inns* [h]*Cuban restaurants run by self-employed people* [i]*whose* [j]*helped* [k]*had* [l]*sustainable* [m]*footsteps*

©Ryan Melloy

REFLEXIÓN

1. ¿Ha existido un momento histórico estadounidense en el que la gente se adaptó a vivir con menos recursos? ¿Qué cambios culturales inspiró esta época?
2. ¿Sabes dónde hay una huerta (*garden*) comunitaria? ¿Qué puedes encontrar allí? ¿Cómo se compara esa huerta comunitaria con el organopónico cubano que ves en la foto?
3. ¿Por qué piensas que Venezuela y Puerto Rico están explorando la agricultura urbana?

Bávaro, República Dominicana

Sasha y Dianibel

Antes de ver

Infórmate y ponte en su lugar.

Por lo general, se deja una propina del 10 por ciento en los restaurantes dominicanos si estás satisfecho/a con el servicio. Algunos restaurantes automáticamente añaden el 10 por ciento a la cuenta, así que es necesario leerla con cuidado para saber si necesitas dejar algo más en la mesa o no. ¿Qué se considera una buena propina en tu comunidad? ¿Qué porcentaje (*percentage*) sueles dejar si recibes buen servicio? ¿Es difícil el trabajo de mesero/a? ¿Por qué?

Vocabulario práctico

algo para picar	something to snack on
el plato principal	main course
las arepitas de yuca	yucca with fried corn dough
la arepita frita	fried arepa
¡Buen provecho!	¡Bon appetit!
el sancocho	Dominican beef stew
al estilo Samaná	with herbs and coconut milk
el dulce de coco tierno	coconut dessert
un cafecito	cup of coffee

¿Entendiste?

A. ¿Cierto o falso?

C	F	
☐	☑	**1.** Sasha y Dianibel piden un aperitivo (*appetizer*) que normalmente se come con tenedor y cuchillo.
☐	☑	**2.** Sasha pide un plato muy típico: el sancocho.
☐	☑	**3.** Normalmente no se combinan el arroz y las habichuelas, pero a Sasha le gusta comerlos así.
☑	☐	**4.** Las mujeres piden dos postres para compartir entre ellas.
☐	☑	**5.** Las dos mujeres pagan sus partes de la cuenta con tarjeta.

B. ¡A comer! En parejas contesten las preguntas.

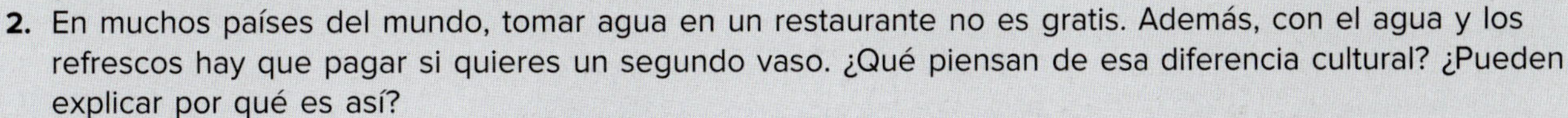

1. Las arepas fritas normalmente se comen con las manos. ¿Les gusta comer con las manos? ¿Qué comidas populares casi siempre se comen con las manos?
2. En muchos países del mundo, tomar agua en un restaurante no es gratis. Además, con el agua y los refrescos hay que pagar si quieres un segundo vaso. ¿Qué piensan de esa diferencia cultural? ¿Pueden explicar por qué es así?
3. Sasha y Dianibel comparten sus dos postres. Compartir comida es una cosa muy común en los países hispanohablantes. ¿Uds. comparten comida con amigos y/o familia? ¿Por qué? ¿Cuáles son las limitaciones? Por ejemplo, ¿cuáles son algunos platos que nunca comparten? ¿Por qué?

Vocabulario

Carnes, pescados y mariscos	Meats, fish, and shellfish
el atún	tuna
el bistec	(beef) steak
los camarones	shrimp
la carne	
de cerdo	pork
de res	beef
la chuleta (de cerdo)	(pork) chop
la langosta	lobster
el pavo	turkey
el pollo (asado)	(roast) chicken
los huevos (fritos)	(fried) eggs
el jamón	ham
el tocino	bacon

Cognado: la hamburguesa

Frutas y verduras	Fruits and vegetables
el aguacate	avocado
el ajo	garlic
la cebolla	onion
los champiñones	mushrooms
las espinacas	spinach
la fresa	strawberry
los frijoles	beans
los guisantes	peas
las habichuelas	green beans
la lechuga	lettuce
el maíz	corn
la manzana	apple
la naranja	orange
las papas	potatoes (*L.A.*)
las papas fritas	French fries
el puré de papas	mashed potatoes
la piña	pineapple
la toronja	grapefruit
las uvas	grapes
la zanahoria	carrot

Cognados: la banana, el kiwi, el mango, el melón, la papaya, la pera, el tomate

Los granos	Grains
el arroz	rice
la galleta	cookie; cracker
el pan (integral)	(whole wheat) bread
el pan tostado	toast

Cognados: el cereal, la pasta

Los productos lácteos	Dairy products
la leche	milk
la mantequilla	butter
el queso	cheese

Cognado: el yogur

Los postres	Desserts
los dulces	candies, sweets
el flan	caramel custard
el helado	ice cream
el pastel	pie; cake

Cognados: el chocolate, la vainilla

Las bebidas	Drinks
el agua	water
la cerveza	beer
el jugo	juice
el refresco	soft drink
el vino (blanco/tinto)	(white/red) wine

Cognados: el champán, el té
Repaso: el café

La comida y las comidas	Food and meals
merendar (ie)	to snack
probar (ue)	to taste, try
el alimento	food; nourishment
el almuerzo	lunch
la cena	dinner
el comestible	food item; *pl.* groceries
el desayuno	breakfast

Cognados: los ingredientes; internacional, local, natural, orgánico/a, tradicional, tropical
Repaso: almorzar (ue) (c), cenar, desayunar

Los utensilios	
la copa	(wine) glass
la cuchara	spoon
el cuchillo	knife
el plato	plate; dish
la servilleta	napkin
la sopa	soup
la taza	cup
el tenedor	fork
el vaso	(water) glass

En el restaurante	
la cuenta	bill, check
el/la mesero/a	waiter/waitress
la propina	tip
la tarjeta de crédito	credit card
en efectivo	cash

Cognados: el/la chef, el menú, la reservación; variado/a
Repaso: pedir (i, i), servir (i, i)

Los pronombres de objeto indirecto	Indirect object pronouns
me, te, le (se), nos, os, les (se)	

Otros verbos como *gustar*	
aburrir	to bore
encantar	to love (*lit.* to enchant)
importar	to matter
molestar	to bother, to annoy
preocupar	to worry
Cognados: interesar	

Otros verbos	
contar (ue)	to count; to tell
dar (*irreg.*)	to give
deber	to owe
decir (*irreg.*)	to say; to tell
entregar (gu)	to deliver; to hand in
explicar (qu)	to explain
mandar	to send
ofrecer (zc)	to offer
preguntar	to ask (a question)
prestar	to loan
prometer	to promise
regalar	to give (*as a gift*)
sugerir (ie, i)	to suggest
Cognado: preparar, recomendar (ie) **Repaso: escribir, hablar, mostrar (ue)**	

Otras palabras y expresiones	
el aceite (de oliva)	(olive) oil
el azúcar	sugar
la ensalada	salad
el mercado	market
la pimienta	pepper
el supermercado	supermarket
la tienda (de comestibles)	(grocery) store
el/la vendedor(a)	vendor
lo que	what, that which
Cognados: el/la cliente/a, la sal, el sándwich, el vinagre	

Capítulo 7 ¡Vamos de compras!

EN ESTE CAPÍTULO

El Caribe

El fast fashion popular en los Estados Unidos también lo es en Cuba, aunque los consumidores deben ser un poco más creativos para conseguir la ropa que quieren a través del mercado negro.

Piensa y comparte

Los mercados de artesanías son muy populares por todo el Caribe. Allí los artesanos venden su trabajo y es muy común regatear o negociar por un buen precio.

- ¿En qué situaciones es normal regatear en tu comunidad?
- ¿Te gusta regatear? ¿Por qué?

Como hace calor durante todo el año en el Caribe, la gente que vive allí no suele tener ropa específica para las diferentes estaciones del año.

- ¿Qué ropa te gusta más, la de primavera, verano, otoño o invierno?
- ¿Qué ropa es necesaria para estar cómodo/a en tu región?

El diseñador de moda (*fashion*) Karl Lagerfeld escogió el Paseo del Prado en la Habana, Cuba para presentar su nueva colección para Chanel.

Venezuela tiene una larga tradición de arte folclórico como estas figuras de madera (*wood*) que muchas veces representan figuras religiosas o personas con ropa tradicional.

www.mhhe.com/connect

Un mundo sin límites

San Juan, Puerto Rico

Valeria y Andrea

©deepblue4you/Getty Images
©McGraw-Hill Education/Zenergy

Antes de ver

Infórmate y ponte en su lugar. Valeria es dueña (*owner*) de una tienda de ropa en San Juan, Puerto Rico. Se especializa en ropa vintage y local. ¿Te gusta la ropa vintage o de segunda mano? ¿Por qué? ¿Crees que tienes mucha o poca ropa? ¿Cuánta ropa es suficiente?

Culture Notes:

- In order to reach a broader market, there are several blogs and websites that promote folk artists and give them a place and opportunity to sell their traditional art using modern methods.
- Many models and famous people traveled to Cuba for the historic outdoor Lagerfeld show. The designer incorporated elements of French fashion with Cuban culture. For example, the iconic French beret is often associated with the revolutionary Che Guevara, and appeared covered in sequins.
- Many clandestine stores operate in secret rooms within beauty salons and even medical offices, selling clothing brought from the U.S. Prices are similar to state sponsored stores, but the clothing is more stylish.

Vocabulario práctico

la tienda	store
las playas	beaches
los ríos	rivers
los bosques	forests
la gastronomía	gastronomy
los detalles	gifts

©McGraw-Hill Education/Zenergy

©McGraw-Hill Education/Zenergy

¿Entendiste?

A. ¿Cierto o falso?

C	F	
☐	☑	**1.** Valeria aprendió inglés y español en casa.
☐	☑	**2.** En la tienda de ropa de Valeria solo se vende ropa nueva e internacional.
☑	☐	**3.** Andrea empezó como clienta de Valeria, pero ahora son amigas.
☑	☐	**4.** Andrea trabaja en una galería de arte.
☐	☑	**5.** A Andrea no le gusta vivir en Puerto Rico porque prefiere más opciones para ir de compras.

B. ¡Vamos de compras! En parejas, contesten las preguntas.

1. Valeria tiene su propio negocio. ¿Piensan que es fácil o difícil ser empresaria (*entrepreneur*) como ella? ¿Cuáles son las ventajas y desventajas?
2. Valeria y Andrea hablan con una pronunciación muy típica de Puerto Rico. ¿En qué palabras o sonidos (*sounds*) pueden escuchar su acento?
3. ¿Expresan sus personalidades a través de la ropa? ¿En qué maneras es posible mostrar la identidad personal con la ropa que uno se pone?
4. Andrea y Valeria son amigas gracias a su relación original de clienta y proveedora de ropa. ¿Qué pueden inferir sobre la tienda de Valeria como resultado de esa relación? ¿A Uds. les gusta comprar en boutiques donde se recibe un tratamiento personal? ¿Por qué?

TEMA I: ¿Está de moda?

Vocabulario en acción

La ropa°

Vocabulario en acción, **Note:** Students can assess their understanding and mastery of the vocabulary presented in this chapter by accessing the LearnSmart module for *Capítulo 7* at www.mhhe.com/connect

La... *Clothing*

Note: The art for this chapter is available for digital download within Connect (www.mhhe.com/connect).

## Otra ropa y complementos	## Other clothing and accessories
el abrigo	overcoat
los guantes	gloves
el traje (de baño)	(bathing) suit

Cognados: los jeans, el pijama, las sandalias, el suéter

## Las tallas	## Sizes
chico/a	small
mediano/a	medium
(extra) grande	(extra) large

## Las telas y los materiales	## Fabrics and materials
(de) algodón	cotton
(de) cuero/piel	leather
(de) lana	wool
(de) seda	silk

## Los diseños y los colores	## Designs and colors
claro/a	light
oscuro/a	dark
de cuadros	plaid
de lunares	polka-dotted
de manga corta/larga	with short/long sleeves
de marca	name-brand
de rayas	striped
de última moda	fashionable, in style

Cognados: el beige; pastel

Otras palabras y expresiones

ir (*irreg.*) **de compras**	to go shopping
el descuento	discount
el estilo	style
la prenda de ropa	piece/article of clothing
la rebaja	price reduction
la venta	sale
cómodo/a	comfortable

Cognados: moderno/a

Observa

Words that refer to clothing vary greatly across the Spanish-speaking countries. For example, in Spain **cazadora** is used for jacket, whereas in Colombia a jacket is called **chaqueta**, in Argentina, **campera**, and in Mexico, **chamarra.** In Spain, **vaqueros** is used for *jeans* while in Mexico, *jeans* are often called **pantalones de mezclilla**. In Argentina, **pollera** is used for **falda**, and a short-sleeve T-shirt is called **remera,** not **camiseta**. In Mexico, a T-Shirt is called **playera.** In some countries people use **a rayas** and **a cuadros** instead of **de rayas** and **de cuadros.**

***Vocabulario en acción*, Suggestion:** Model pronunciation of clothing pointing out items in the drawing or in the classroom. You may use picture files or a PowerPoint presentation to introduce these words. As you go, ask students questions about the illustrations to check their comprehension: *¿Es una camisa o una camiseta? ¿Los calcetines generalmente son de algodón o de cuero?* Then have 2 or 3 volunteers stand up in front of the classroom and ask the class questions about the clothes they are wearing: *¿Lleva Vicky una falda o un vestido? ¿De qué color es la falda? ¿Y de qué material o tela es?*

ACTIVIDADES

Act. A, Suggestion: Give students two minutes to write a definition for one article of clothing or accessory. Then have volunteers read their definitions. The class should guess the items.

A. Definiciones

PASO 1. Empareja cada prenda de ropa o complemento con su definición correspondiente.

d	**1.** los zapatos de tenis	**a.** Es un complemento que se usa para guardar cosas, como el celular o el dinero. Puede ser de piel.
g	**2.** el suéter	**b.** Nos ponemos esta prenda por la noche antes de acostarnos.
i	**3.** la corbata	**c.** Es una prenda de ropa popular que se lleva con pantalones cortos o jeans. Típicamente hay un mensaje o una imagen en esta prenda de ropa.
a	**4.** el bolso	**d.** Los usamos para caminar o correr o practicar algún deporte.
j	**5.** los calcetines	**e.** Llevamos esta prenda encima de la camiseta o la camisa cuando hace fresco.
h	**6.** los guantes	**f.** Es una prenda de ropa que se pone para nadar o tomar el sol.
b	**7.** el pijama	**g.** Esta prenda, generalmente de lana, se usa en el invierno debajo de una chaqueta o un abrigo.
e	**8.** la chaqueta	**h.** Se ponen en las manos cuando hace frío.
f	**9.** el traje de baño	**i.** Es una prenda generalmente masculina para ocasiones formales.
c	**10.** la camiseta	**j.** Nos ponemos esta prenda antes de ponernos los zapatos.

PASO 2. Ahora, escribe dos definiciones para palabras del **Vocabulario en acción**. Luego, en parejas, túrnense para leer sus definiciones. Tu compañero/a debe adivinar la palabra definida.

MODELO E1: Es una prenda de ropa que usamos mucho cuando hace frío.
E2: Es una chaqueta.
E1: No, es más grande que una chaqueta.
E2: Es un abrigo.

Act. B, Suggestion: Have students report their opinions to the class to determine whether or not they all agree.

B. ¿Formal o informal?

Indica si crees que estas prendas de ropa son para ocasiones formales **(F)** o informales **(I)**. **¡OJO!** Puede haber más de una respuesta. Explica tu opinión.

MODELO pantalones cortos → I: Los pantalones cortos son una prenda informal que llevamos en casa, a clase, al parque, o para hacer ejercicio. No llevamos pantalones cortos a la oficina.

F	I	
☐	☐	**1.** una falda
☐	☐	**2.** un traje de baño
☐	☐	**3.** calcetines
☐	☐	**4.** unos zapatos de tacón alto
☐	☐	**5.** una camiseta
☐	☐	**6.** una blusa de seda
☐	☐	**7.** un sombrero
☐	☐	**8.** un traje

C. Llevo... para...

PASO 1. En parejas, indiquen cuándo llevan Uds. estas prendas de ropa: para estar en casa, para ir a clase o en una cena formal. Si hay algo que nunca (*never*) llevan, digan: «Nunca me pongo... » y expliquen por qué.

MODELO E1: Llevo jeans negros en casa y para ir a clase.
E2: Nunca me pongo jeans negros porque no me gusta el color negro.

1. sandalias
2. una chaqueta de rayas
3. botas de piel
4. zapatos de tacón bajo
5. pantalones de cuadros
6. un suéter de lana
7. una camisa de algodón
8. ¿ ?

PASO 2. Ahora comparte con la clase una semejanza y una diferencia entre lo que usas tú y lo que usa tu compañero/a.

MODELO Julie y yo llevamos camiseta para estar en casa y para ir a clases, pero Julie nunca se pone falda y yo sí, en ocasiones formales.

***Act. C,* Suggestion:** Review the *Modelo* with students and then brainstorm reasons why they might not wear something: *...porque no tengo nada de ese color/estilo/diseño; ...porque siempre tengo calor/frío cuando uso _____; ...porque ese material / esa tela me causa alergia...,* and so on.

Nota cultural

La guayabera: Moda del Caribe

Una guayabera cubana
©Hemis/Alamy Stock Photo

La guayabera es una prenda de ropa típica del Caribe. Es un tipo de camisa que se lleva por encima de los pantalones, tiene varios bolsillos[a] y es de tela ligera.[b] Según la historia y la tradición oral, los orígenes de la guayabera se remontan[c] al siglo XVIII, fecha de la llegada de los españoles a la ciudad cubana de Sancti Spiritus. El clima caribeño y la necesidad de usar una camisa larga de bolsillos amplios para cargar diversos objetos inspiraron a los nuevos habitantes de Cuba a crear la guayabera. Originalmente fue confeccionada[d] de algodón porque se adaptaba bien a las altas temperaturas de la isla. Esta prenda, tradicionalmente masculina, es famosa desde entonces en todo el Caribe y en las zonas cálidas[e] de Latinoamérica.

[a]*pockets* [b]*light* [c]*se... date back* [d]*fue... was made* [e]*hot*

PREGUNTAS

1. ¿Quiénes crearon las primeras guayaberas? ¿Por qué crearon esta prenda de ropa?
2. Indiquen tres características de la guayabera. No se olviden de mirar la foto.
3. ¿Hay una prenda de ropa especial de la región donde Uds. viven? ¿Se la ponen las personas con frecuencia o solo en ocasiones especiales, por ejemplo, para una celebración especial o para hacer alguna actividad específica? Expliquen.

***Nota cultural,* Answers:** (*Possible answers*) **1.** *Los españoles. El clima caribeno y la necesidad de usar una camisa larga con bolsillos para cargar diversos objetos.* **2.** *Se lleva por encima de los pantalones, tiene varios bolsillos y es de tela ligera.*

D. ¿Quién es?

PASO 1. Apunta lo que llevan tres o cuatro personas de la clase. Puedes incluir a tu profesor(a). Da detalles del color y de la tela, si puedes.

PASO 2. Describe lo que lleva una persona de la clase sin nombrarla. La clase va a adivinar quién es. Sigue el modelo.

MODELO
E1: Lleva zapatos de tenis, una camiseta verde y pantalones cortos negros.
E2: Es Greg.
E1: No, Greg lleva jeans.
E2: Es Lisa.
E1: Sí, es Lisa.

E. Mi armario

PASO 1. Combina frases de cada columna para formar oraciones. Escribe por lo menos seis oraciones. **¡OJO!** Añade las palabras y haz cambios si es necesario.

MODELO En mi armario tengo una falda negra y tres pares de botas.

en mi armario tengo a clase llevo necesito comprar quiero comprar ¿ ?	+	abrigo blusa calcetines camisa camiseta chaqueta corbata falda gorra par(es) de jeans (zapatos, guantes...) pantalones (cortos) pijama sandalias suéter traje (de baño) vestido zapatos de tenis (de tacón alto/bajo) ¿ ?	+	amarillo (anaranjado, azul, blanco,...) de algodón de cuadros de cuero/piel de lana de lunares de rayas de seda de manga corta/larga ¿ ?

***Act. E, Paso 2,* Suggestion:** Tally students' responses to question 1 to find out which clothing items are more popular among students. Ask them: *¿Hay alguna prenda de ropa típica entre los estudiantes de esta clase? ¿Hay alguna prenda de ropa muy popular entre las mujeres? ¿Y entre los hombres?*

PASO 2. En parejas, entrevístense con las siguientes preguntas. Apunten las respuestas de su compañero/a. Luego, preparen un resumen de lo que Uds. tienen en común y algunas diferencias entre Uds. para compartir con la clase.

1. ¿Qué ropa tienes en tu armario? ¿Cuáles son tus prendas favoritas?
2. ¿Qué llevas normalmente a clase?
3. ¿Qué necesitas comprar muy pronto? ¿Por qué?
4. ¿Qué ropa quieres comprar? ¿Dónde piensas comprarla?

Gramática

7.1 Preterite: Irregular Verbs

Talking About Completed Past Actions (Part 2)

GRAMÁTICA EN ACCIÓN

La fiesta de cumpleaños

Carlos **dio** una fiesta de cumpleaños el fin de semana pasado. Muchos de sus amigos **fueron,** pero Santiago no **pudo** ir porque **estuvo** en Puerto Plata todo el fin de semana. Elena **trajo** la música. Patricio **puso** música con buen ritmo. Muchos bailaron, pero Jorge y Sofía no **quisieron** bailar. En general **fue** una fiesta divertida.

Acción. Indica la conjugación correcta para completar cada oración.

1. Los amigos de Carlos __b__ a su fiesta de cumpleaños.
2. Patricio y Elena __a__ la música para la fiesta.
3. La fiesta __c__ muy divertida.
4. Santiago no __d__ en la fiesta. No pudo asistir.

a. pusieron
b. fueron
c. fue
d. estuvo
e. estuve

Una fiesta de cumpleaños en San Juan, Puerto Rico
©Creatas/Getty Images

There is a set of verbs that have irregular stems and endings in the preterite. Note that there are no accents on the **yo** and **Ud., él/ella** forms.

IRREGULAR PRETERITE VERBS			
INFINITIVE	**STEM**	**ENDINGS**	
andar	**anduv-**		
estar	**estuv-**		
hacer	**hic-**		
poder	**pud-**	**-e**	**-imos**
poner	**pus-**	+ **-iste**	**-isteis**
querer	**quis-**	**-o**	**-ieron**
saber	**sup-**		
tener	**tuv-**		
venir	**vin-**		

Anduve en bicicleta por tres horas ayer. — *I went bike riding for three hours yesterday.*

Ay, Pablito, ¿por qué no te **pusiste** un suéter? — *Oh, Pablito, why didn't you put on a sweater?*

The **él/ella** form of **hacer** in the preterite has a spelling change (**-c-** → **-z-**) to maintain the soft sound of the -c- in the infinitive and other preterite forms.

hacer	
hice	**hicimos**
hiciste	**hicisteis**
hizo	**hicieron**

***Gramática,* Note:** Students can assess their understanding and mastery of the grammar points presented in this chapter by accessing the LearnSmart module for *Capítulo 7* at www.mhhe.com/connect.

***GEA,* Note:** The audio for this *GEA* is available through the eBook or on Connect.

A. The verbs **decir** and **traer** follow a pattern similar to that of the irregular verbs presented above with one difference: the **-i-** in the **Uds., ellos/as** ending is dropped.

PRETERITE OF **decir** AND **traer**			
INFINITIVE	**STEM**	**ENDINGS**	
decir	**dij-**	**-e**	**-imos**
traer	**traj-**	**-iste**	**-isteis**
		-o	**-eron**

Me **dijeron** que va a haber rebajas. — *They told me there are going to be price reductions.*

¿**Trajiste** tu abrigo? Va a hacer frío. — *Did you bring your overcoat? It's going to get cold.*

B. The verbs **ir** and **ser** have identical preterite forms. Context will determine meaning. Note that there are no accents on any of the forms and that there is no **-i-** in the **Uds., ellos/as** ending.

PRETERITE OF **ir** AND **ser**	
fui	**fuimos**
fuiste	**fuisteis**
fue	**fueron**

—¿**Fueron** Uds. al centro comercial anoche? — *Did you go to the mall last night?*

—Sí, pero **fuimos** al cine primero. — *Yes, but we went to the movies first.*

—¿Cómo **fue** la película? — *How was the movie?*

C. The verb **dar** is conjugated like an **-er/-ir** verb in the preterite. Note that the written accents are dropped on forms with only one syllable.

Dimos una fiesta anoche, pero no **vino** nadie — *We threw a party last night, but nobody came.*

PRETERITE OF **dar**	
di	**dimos**
diste	**disteis**
dio	**dieron**

D. The preterite of **hay** is **hubo.**

Hubo un robo ayer en el mercado. — *There was a robbery yesterday in the market.*

Fuimos al mercado esta mañana.

Nota comunicativa

Preterite Meaning of conocer, poder, querer, and saber

The preterite can signal the beginning as well as the end of an action or situation. For that reason, certain verbs take on special meaning when expressed in the preterite. Compare the meaning of the following verbs in the present tense with their meaning expressed in the preterite.

	PRESENT	PRETERITE
conocer	to know, to be familiar with	to meet (for the first time)
	—¿**Conoces** a Paula? *Do you know Paula?*	—Sí, la **conocí** el año pasado. *Yes, I met her last year.*
poder	to be able (*to do something*), can (*do something*)	to succeed (*in doing something*)
	¿**Puedes** ir al mercado? *Can you go to the market?*	**Pude** encontrar una camisa bonita. *I succeeded in finding a pretty shirt.*
no poder	not to be able (*to do something*), can't (*do something*)	to not manage (*to do something*)
	No puede vender nada. *He can't sell anything.*	**No pudo** vender nada. *He didn't manage to sell anything.*
querer	to want (*to do something*)	to try (*to do something*)
	Quiero ir de compras esta tarde. *I want to go shopping this afternoon.*	**Quise** ir de compras ayer. *I tried to go shopping yesterday.*
no querer	not to want (*to do something*)	to refuse (*to do something*)
	No quiero ir de compras esta tarde. *I don't want to go shopping this afternoon.*	**No quise** ir de compras ayer. *I refused to go shopping yesterday.*
saber	to know	to find out
	—¿**Sabes** que hay rebajas? *Do you know there are price reductions?*	—Sí, lo **supe** ayer. *Yes, I found out (all about it) yesterday.*

ACTIVIDADES

A. De compras. Indica los verbos correctos para completar la narración.

Ayer Andrea y yo __b__[1] que nuestro hermano Enrique se va a casar en junio. Mamá nos llamó y nos __c__[2] por teléfono todos sus planes. Enrique __e__[3] a su novia, Paula, en el restaurante donde los dos trabajan. Andrea y yo __f__[4] planes para ir de compras inmediatamente. Necesitamos vestidos nuevos para todas las celebraciones y regalos para Enrique y Paula. Esta mañana Andrea y yo __a__[5] al centro comercial. Anoche yo __d__[6] una lista de posibles regalos. Pero Andrea me __g__[7] otras ideas cuando llegamos al centro comercial esta mañana. ¡Nos encanta ir de compras!

a. fuimos
b. supimos
c. dijo
d. hice
e. conoció
f. hicimos
g. dio

B. Entrevista

PASO 1. En parejas, contesten las siguientes preguntas. **¡OJO!** Presten atención a las conjugaciones irregulares en el pretérito.

1. ¿Cuándo fue la última vez que fuiste de compras? ¿Con quién fuiste?
2. ¿Hiciste una lista antes de ir de compras? ¿Por qué?
3. ¿Qué ropa te pusiste para ir de compras? ¿Por qué?
4. ¿Pudiste encontrar tu talla de ropa fácilmente? ¿Qué compraste?
5. ¿Hubo algo que no te gustó o que fue divertido?

PASO 2. Prepara un breve resumen comparando tus respuestas con las de tu compañero/a.

MODELO Sam y yo fuimos de compras el sábado pasado. Sam fue con su novia, pero yo fui solo/a.

***Act. C, Paso 1,* Suggestion:** Assign each group a different type of party from the list in *Paso 2*.

C. La última fiesta

PASO 1. En grupos de cuatro, su profesor(a) les va a asignar un tipo de fiesta. Imagínense que Uds. organizaron una fiesta la semana pasada y tienen que escribir una descripción de esa fiesta. Incluyan la siguiente información: el número de invitados que asistieron, el tipo de invitación (formal o informal), dónde la hicieron, el tipo de comida o bebida que ofrecieron, el tipo de música que pusieron, si hubo una banda de música, si los invitados llevaron regalos, etcétera. Deben usar el pretérito de los verbos.

PASO 2. Ahora intercambien su descripción con la de otro grupo. Lean la descripción e indiquen cuál de los siguientes tipos de fiesta se describe.

☐ una despedida de soltero/a (*bachelor or bachelorette party*)
☐ una fiesta de graduación
☐ un cumpleaños
☐ una fiesta de aniversario
☐ una boda
☐ una fiesta universitaria

D. ¿Qué te pusiste?

PASO 1. Mira las fotos de eventos y lugares en el Caribe y lee los pies de foto (*captions*). Elige una persona de la lista y uno de los lugares de las fotos. Luego, usa la forma **yo** de los verbos y escribe oraciones completas para describir, con muchos detalles, la ropa que cada persona usó cuando fue al lugar o evento. Inventa los últimos dos verbos.

Una boda en la playa de Varadero, Cuba

La playa de Cabarete en la República Dominicana

Un restaurante elegante en el viejo San Juan, Puerto Rico
©DreamPictures/Blend Images LLC

Un mercado en la Plaza de la Catedral en La Habana, Cuba
©Alec Conway TIPS RF/AGE Fotostock

NOMBRE	EDAD	ESTILO PERSONAL	COLORES Y DISEÑOS PREFERIDOS
Rosario	28	moderno, de última moda	rosado, negro, blanco, beige
Alberto	25	formal, conservador	negro, gris, rojo, cuadros y rayas
Marga	35	cómodo, relajado	azul, morado, gris, colores oscuros
Agustín	22	cómodo, informal	azul, verde, mangas cortas, algodón
Lidia	19	clásico, cómodo	azul marino (*navy*), rosado, blanco

1. ponerse: ______________________________
2. estar vestido/a con: ______________________________
3. tener que llevar: ______________________________
4. venir con: ______________________________
5. ir con: ______________________________
6. ________: ______________________________
7. ________: ______________________________

PASO 2. Túrnense para describir lo que se puso cada persona (usando la forma **yo**) y hacer más preguntas (usando la forma **tú**). ¿Pueden identificar a las personas y los lugares de sus descripciones?

MODELO E1: Me puse un vestido blanco.
E2: ¿Llevaste zapatos de tacón alto? ¿O sandalias?

Talking About Completed Past Actions (Part 3)

7.2 Preterite: Stem-Changing Verbs

GRAMÁTICA EN ACCIÓN

Avenida Duarte, una de las calles más animadas (lively) *de Santo Domingo*

GEA, Notes:
- The audio for this *GEA* is available through the eBook or on Connect.

GEA, Culture Note: *Avenida Duarte* is one of the busiest areas in Santo Domingo's colonial district. It's popular among locals, who arrive in the morning to do their daily shopping. There is a mixture of inexpensive shops and markets and upscale stores and boutiques. *Avenida Duarte* was recently renovated to attract more tourists. Ask students to think of famous shopping districts in the U.S. What makes them famous? What can you buy there and at what price point? What do they have in common with Avenida Duarte?

CULTURES C

En la Avenida Duarte

BEGOÑA: ¿**Te divertiste** ayer, Paula?

PAULA: Sí, **me divertí** mucho. Diana y yo decidimos ir de compras a la Avenida Duarte en la Zona Colonial. Llegamos por la tarde, porque, como todos los sábados, Diana **durmió** hasta las 11:00. Cuando llegué a su casa a mediodía, Diana **se vistió** rápidamente y salimos para la Zona Colonial. Llegamos a la hora del almuerzo, cuando hay mucha gente, pero **conseguimos** sentarnos en un café cerca de la plaza. **Pedimos** una ensalada, comimos rápido y después paseamos por la Avenida.

BEGOÑA: ¿Compraste algo interesante?

PAULA: Yo no compré nada, pero toda la tarde **seguí** a Diana en busca del vestido perfecto para la boda de su sobrina. Visitamos diez o doce tiendas, y, por fin, Diana **consiguió** un vestido morado elegante.

Acción. Indica el verbo correcto para completar cada una de las oraciones.

1. Paula y Diana __b__ mucho ayer en la Avenida Duarte.
2. Ellas __a__ una mesa en un café y comieron rápidamente.
3. Diana __d__ el vestido perfecto para la boda de su sobrina.
4. Paula __c__ no comprar nada.

a. consiguieron
b. se divirtieron
c. prefirió
d. consiguió

There are some verbs in Spanish that have stem changes in the preterite.

preferir (ie, i)*		servir (i, i)*		dormir (ue, u)*	
preferí	preferimos	serví	servimos	dormí	dormimos
preferiste	preferisteis	serviste	servisteis	dormiste	dormisteis
prefirió	prefirieron	sirvió	sirvieron	durmió	durmieron

Nora **prefirió** quedarse en casa. — *Nora preferred to stay at home.*

Nos **sirvieron** la cena en el patio. — *They served us the dinner on the patio.*

Eugenio **durmió** doce horas anoche. — *Eugenio slept for twelve hours last night.*

---

*Throughout *Experience Spanish*, whenever you see multiple stem changes in parentheses following an infinitive, the first stem change refers to the present tense and the second one to the preterite. You started seeing the second stem change in **Capítulo 2** for verbs with a stem change in the gerund: **sirviendo, durmiendo.** These same verbs have stem changes in the preterite.

There are two types of stem change in the preterite, **e → i** and **o → u,** and they only occur in **-ir** verbs that have a stem change in the present tense as well. Note that these preterite stem changes affect only third person forms. Here is a list of common stem-changing verbs in the preterite.

COMMON STEM-CHANGING VERBS IN THE PRETERITE					
	e → i (ie, i)		**e → i (i, i)**		**o → u (ue, u)**
INFINITIVE	THIRD PERSON FORMS	INFINITIVE	THIRD PERSON FORMS	INFINITIVE	THIRD PERSON FORMS
divertirse	**se divirtió, se divirtieron**	**conseguir**	**consiguió, consiguieron**	**morir(se)** (*to die*)	**(se) murió, (se) murieron**
sentir(se)	**(se) sintió, (se) sintieron**	**pedir**	**pidió, pidieron**		
		seguir	**siguió, siguieron**		
		vestir(se)	**(se) vistió, (se) vistieron**		

Susana y Alberto **pidieron** ayuda en la tienda, pero nadie los atendió. — *Susana and Alberto asked for help in the store, but no one waited on them.*

Ana María **se divirtió** mucho en el mercado. — *Ana María had a great time in the market.*

ACTIVIDADES

A. La boda de mi mejor amiga

PASO 1. Completa las oraciones con las formas correctas de los verbos en el pretérito.

La boda de mi mejor amiga, Susana, (ser)[1] la semana pasada. Todos nosotros (**divertirse**)[2] muchísimo. Ella y su esposo (**conseguir**)[3] un lugar ideal en la playa para celebrar la ceremonia. La recepción que (**seguir**)[4] a la ceremonia fue en un restaurante muy elegante donde los meseros nos (**servir**)[5] arroz con gandules y otras comidas típicas. Susana (**vestirse**)[6] con un estilo muy elegante. Usó dos vestidos blancos diferentes. Yo le (**pedir**)[7] un baile al nuevo esposo de Susana y bailamos juntos. ¡Fue muy divertido! Al final de la noche, todos (**sentirse**)[8] muy cansados, pero contentos. ¡Todos (**dormirse**)[9] a las 3:00 de la mañana!

***Act. A, Paso 1,* Answers: 1.** *fue* **2.** *nos divertimos* **3.** *consiguieron* **4.** *siguió* **5.** *sirvieron* **6.** *se vistió* **7.** *pedí* **8.** *nos sentimos / se sintieron* **9.** *se durmieron / nos dormimos*

PASO 2. En parejas, contesten las siguientes preguntas.

1. ¿Fuiste a una boda alguna vez? ¿Cómo te vestiste?
2. ¿Qué comidas sirvieron en la boda? ¿Te divertiste mucho?
3. ¿A qué hora te dormiste después de la boda?

B. ¿Qué pasó la semana pasada? Entrevista a tus compañeros/as de clase y apunta el nombre de una persona que hizo estas cosas la semana pasada. Si nadie las hizo, contesta: **Nadie** (*No one*).

***Act. B,* Suggestions:**
• Model question formation before students start the activity.
• Have students stand up and circulate around the classroom as they ask each other questions. This allows them to interact with classmates who don't sit near them.

1. _____ se divirtió mucho en clase.
2. _____ se durmió mirando la tele.
3. _____ prefirió quedarse en casa y no salir.
4. _____ no pidió café antes de ir a clase.
5. _____ se vistió con ropa muy cómoda para ir a clase.
6. _____ siguió trabajando después de las 5:00.
7. _____ consiguió entradas (*tickets*) para un evento especial.

C. ¿Qué hicieron Uds.? En parejas, contesten las siguientes preguntas. **¡OJO!** Deben cambiar las preguntas usando la forma **tú** de los verbos.

1. ¿A qué hora se durmieron Uds. anoche? ¿Por qué?
2. ¿Cómo se vistieron hoy para ir a clase? ¿Prefirieron llevar ropa cómoda o ropa formal?
3. ¿Cuándo fue la última vez que se divirtieron mucho con sus amigos? ¿Qué hicieron esa vez?
4. ¿Qué pidieron la última vez que comieron en un restaurante? ¿Les sirvieron rápidamente?
5. ¿Cómo se sintieron la última vez que tomaron un examen? ¿Estuvieron nerviosos?

D. Celebraciones caribeñas

PASO 1. Completa cada pie de foto con las formas correctas de los verbos en el pretérito.

©fstop123/Getty Images

El Día de los Reyes Magos en la República Dominicana

El año pasado mi familia y yo (**divertirse**)[1] mucho en nuestra celebración de los Reyes Magos el 6 de enero. Mis dos hermanos (**quedarse**)[2] en mi casa con sus familias la noche anterior. Mis hijos y sobrinos por fin (**dormirse**)[3] a las 10 de la noche. Cuando (**levantarse**)[4], recibieron todos los regalos que les (**pedir**)[5] a los Reyes Magos y a la Vieja Belén. Después de eso, mis hermanos, mis padres y yo (**ir**[6]) a la casa de mis abuelos. Mi abuela Adelina (**preparar**)[7] y (**servir**)[8] mucha comida tradicional y también (**conseguir**)[9] algunos ingredientes especiales que (*ella:* **pedir**)[10] de España donde (**criarse**)[11]. ¡(**Ser**)[12] un día de magia y alegría!

***Act. D, Paso 1,* Answers: 1.** *nos divertimos* **2.** *se quedaron* **3.** *se durmieron* **4.** *se levantaron* **5.** *pidieron* **6.** *fuimos* **7.** *preparó* **8.** *sirvió* **9.** *consiguió* **10.** *pidió* **11.** *se crió* **12.** *Fue* **13.** *fuimos* **14.** *nos pusimos (se pusieron)* **15.** *consiguió* **16.** *nos divertimos* **17.** *bailó* **18.** *toqué* **19.** *salimos* **20.** *pedí* **21.** *pidió* **22.** *sirvió* **23.** *devoramos* **24.** *consiguió* **25.** *me divertí* **26.** *estuvo* **27.** *pidió* **28.** *se rió* **29.** *se sintió* **30.** *siguieron* **31.** *bailé* **32.** *me reí* **33.** *pisó* **34.** *importó* **35.** *dije* **36.** *me divertí* **37.** *fue* **38.** *conocí*

***Act. D, Paso 1,* Culture Note:**

- Though Christmas is recognized as a religious holiday, in the Dominican Republic, January 6th is typically the most celebrated day. On that day the Three Kings come to visit on camelback and bring gifts for the children. Uniquely, in the Dominican Republic, the Old Lady Bethlehem or *Vieja Belén* also brings gifts. She is depicted as an elderly woman, and often appears when children are not able to receive their gifts on the traditional days. Ask students to compare these practices with gift-giving traditions in their families.
- May Day, or International Workers' Day, is widely observed around the world, but has special significance in Cuba. On this day, workers, dressed in red and waving flags, gather in the Plaza de la Revolución where they listen to speeches promoting politics.
- Puerto Rico is one of the cradles of salsa music and dancing, where rhythms from traditional *bomba* and *plena* music contributed to the evolution of the genre. There are many different styles of salsa; that of Puerto Rico tends to include African influences through the use of instruments and movements that originated there. Salsa nightclubs are very popular for people of all ages, as the music continues to change with the times and fuse with rap, hip hop, and other modern styles of music.

©Dave Moyer

El Primero de Mayo en Cuba

Por la mañana del Primero de Mayo mis amigos y yo **(ir)**[13] desde nuestros lugares de trabajo a la Plaza de la Revolución para oír los discursos políticos. Todos **(ponerse)**[14] ropa de color rojo, como es tradicional. Más tarde, mi amiga Yésica **(conseguir)**[15] información sobre una rumba,[a] así que fuimos allí y **(divertirse)**[16] un montón. Yésica **(bailar)**[17] y yo **(tocar)**[18] los tambores[b] por un rato. Después de eso ella y yo **(salir)**[19] a la plaza para comer. Yo **(pedir)**[20] un sándwich y ella **(pedir)**[21] lechón asado. El cocinero nos **(servir)**[22] la comida muy caliente y la **(devorar)** [23] en seguida.[c] ¡Qué sabrosa comida!

[a]*party* [b]*drums* [c]en... *right away*

©Juergen Henkelmann Photography/Alamy Stock Photo

Una noche de salsa en Ponce, Puerto Rico

Para celebrar mi cumpleaños el año pasado, mi mejor amiga Valeria **(conseguir)**[24] entradas para una noche de salsa con una banda muy buena y conocida aquí. A ella y a mí nos encanta bailar, así que fue la manera perfecta de celebrar mi cumple y (*yo:* **divertirse**)[25] mucho. Valeria **(estar)**[26] bailando por dos horas con un chico muy guapo quien, entre canciones, le **(pedir)**[27] su número de teléfono. Ella **(reírse)**,[28] porque ya tiene novio, y el chico obviamente **(sentirse)**[29] decepcionado.[a] Pero después ellos **(seguir)**[30] bailando juntos. Yo **(bailar)**[31] con muchas personas diferentes y **(reírse)**[32] mucho con un chico que me **(pisar)**[33] el pie varias veces. A mí no me **(importar)**[34] y le **(decir)**[35] que eso siempre me pasaba.[b] Yo **(divertirse)**[36] tanto con él que quedamos para vernos[c] otro día. ¡Y así **(ser)**[37] cómo (*yo:* **conocer**)[38] a mi novio!

[a]*disappointed* [b]me... *happened to me* [c]quedamos... *we agreed to see each other*

PASO 2. Imagina que participaste en una de estas celebraciones. Describe tu experiencia usando todos los verbos de la lista en el pretérito. **¡OJO!** Tu compañero/a va a adivinar qué celebración describes, así que no incluyas los nombres de los lugares u otras palabras que revelan esa información.

divertirse vestirse sentirse pedir servir

PASO 3. Túrnense para leer en voz alta (*aloud*) sus descripciones del **Paso 2** y adivinar cuál de las tres celebraciones caribeñas la otra persona describe.

Expresiones artísticas

Federico Mialhe

El panadero y el malojero (The baker and the straw seller), *1840 Color lithograph*
©The Baker and the Straw Seller, 1840 (colour litho)/Mialhe, Federico (1810-89)/STAPLETON COLLECTION/Private Collection/Bridgeman Images

***Expresiones artísticas*, Point out:**
- Pierre Toussaint Frédéric Mialhe (Bordeaux 1810–Paris 1868) is known in Cuba as Federico Mialhe.
- There were three main markets in La Habana in the 19th century: *El Mercado del Cristo, Mercado de Cristina, and Mercado de la Plaza Mayor. El Mercado del Cristo* was the smallest of them.

Federico Mialhe (1810–1881) fue un pintor y litógrafo francés famoso por sus grabados sobre Cuba en la década de 1840. Llegó a Cuba en 1838 y permaneció[a] en la isla hasta 1854 cuando regresó a Francia. En Cuba se editaron sus litografías en dos series (*Isla de Cuba Pintoresca* y *Viaje pintoresco alrededor de la isla de Cuba*). Mialhe pintó paisajes y personas de La Habana y otros lugares de la isla. Son obras donde resaltan[b] lo humano y el paisaje, y donde se retrata la vida económica, social y las costumbres de la Cuba colonial de la mitad del siglo XIX. Mialhe es en la actualidad una figura reconocida e importante en la historia y cultura cubanas del siglo XIX.

El panadero y el malojero es una colorida y dinámica escena en el Mercado del Cristo en La Habana colonial. En el centro de la estampa[c] destacan varios personajes populares: el panadero con su mozo[d] que lleva la mayor parte de la carga, y camina con prisa, y varios malojeros con sus caballos sobrecargados[e] de maloja.[f] En la escena también aparece una dulcera[g] conversando con otra mujer, un niño que recoge maloja y otras personas al fondo cerca de la iglesia del Cristo. Es una escena típica con numerosas personas y actividades de uno de los tres mercados de la Habana a mitad del siglo XIX.

[a]*stayed* [b]*stand out* [c]*engraving* [d]*servant* [e]*overloaded* [f]*straw* [g]*sweets vendor*

***Expresiones artísticas*, Suggestion:**
- Have students work in pairs or small groups to answer the questions, then go over the questions with the whole class.

REFLEXIÓN

1. Describan esta litografía: el estilo de la imagen; los aspectos sociales, culturales y económicos representados; los elementos de la imagen que la colocan en esa época; las personas y profesiones. ¿Qué importancia tienen los colores que usa en la escena? Comenten la importancia de situar la escena en un mercado.
2. ¿Qué elementos de El panadero y el malojero pueden tener (*may have*) contenido social y algún mensaje crítico? ¿Creen que hay más intención crítica o realista en la escena? Comenten. Busquen otras obras de Mialhe (paisajes, puerto, personajes, escenas y fiestas populares) durante su estancia en Cuba y preparen un breve informe para compartir con la clase sobre la visión de un extranjero de la vida y costumbres de Cuba en el siglo XIX.

San Juan, Puerto Rico

Valeria y Andrea

Antes de ver

Infórmate y ponte en su lugar.
Valeria y Andrea sobrevivieron el huracán María, que devastó Puerto Rico en 2017. Hablan sobre un efecto positivo del desastre: la gente empezó a comprar en tiendas locales para apoyar sus comunidades. ¿Dónde compras ropa más frecuentemente? ¿Apoyas negocios locales o compras en internet o en tiendas grandes? ¿Por qué?

©deepblue4you/Getty Images
©McGraw-Hill Education/Zenergy

©McGraw-Hill Education/Zenergy

Vocabulario práctico

tapados	covered up
la túnica	tunic
sencillo	simple
nos encanta	we love
el maquillaje	make up
el (lápiz) labial	lipstick
los varones	men
la vestimenta	attire
atrevidos	bold
los patrones	patterns
un montón de	very (a lot of)
el comercio	el negocio
se ha vuelto	it has become
lamentablemente	unfortunately

¿Entendiste?

A. ¿Cierto o falso?

C	F	
☑	☐	**1.** Según Valeria, la gente puertorriqueña suele llevar ropa informal y cómoda para el clima caluroso.
☑	☐	**2.** Para ir a una fiesta, Valeria dice que normalmente prefieren ponerse bonitas.
☑	☐	**3.** El domingo pasado Andrea cambió sus zapatos y accesorios para crear un look más típico de fin de semana.
☑	☐	**4.** Los hombres puertorriqueños suelen pensar en sus apariencias.

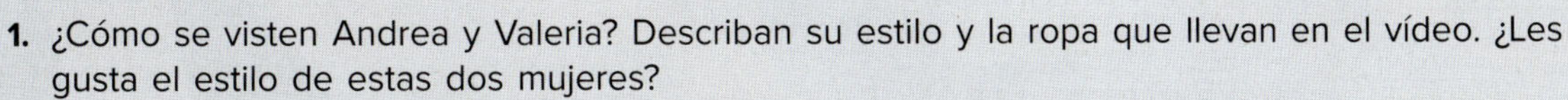

B. ¡Vamos de compras! En parejas, contesten las preguntas.

1. ¿Cómo se visten Andrea y Valeria? Describan su estilo y la ropa que llevan en el vídeo. ¿Les gusta el estilo de estas dos mujeres?
2. ¿Cómo describen Valeria y Andrea la ropa puertorriqueña? ¿En qué maneras es similar a la ropa que llevan Uds. para diferentes actividades? ¿Cómo es diferente?
3. ¿Qué representan las tres B de Andrea? ¿Tienen Uds. la misma filosofía cuando compran ropa?
4. Expliquen cómo el huracán María afectó el comercio en Puerto Rico y la mentalidad de los puertorriqueños, según Valeria. ¿Piensan que después de un desastre las cosas pueden cambiar de forma positiva? ¿Qué pueden hacer las personas afectadas para mejorar la situación de todos? ¿Qué pueden hacer los vecinos y el gobierno?

TEMA II: Los mercados y los almacenes° markets, grocery stores

Vocabulario en acción

De compras°

De... *Shopping*

***Vocabulario en acción,* Note:** Students can assess their understanding and mastery of the vocabulary presented in this chapter by accessing the LearnSmart module for *Capítulo 7* at www.mhhe.com/connect.

Otros artículos y tiendas — More goods and stores

las artesanías	arts and crafts
el centro comercial	mall
la cerámica	pottery
la floristería	flower shop
la joyería	jewelry; jewelry store
la juguetería	toy store
el puesto	stall (in a market)
la zapatería	shoe store
de arcilla	clay
de madera	wooden
de oro	gold
de plata	silver

Cognados: la *boutique*, los cosméticos, la hamaca, el perfume

Para regatear — Haggling

rebajar	to reduce (the price)
el precio (alto, bajo, fijo)	(high, low, fixed) price
barato/a	cheap, inexpensive
caro/a	expensive
demasiado	too much
¿Cuánto cuesta(n)?	How much does it (do they) cost?
¿Cuánto vale(n)?	How much is it (are they) worth?

Observa

Recognizing prefixes and suffixes is a valuable tool in language learning. Can you identify the root words and the suffix in the following words from the **Vocabulario en acción: floristería, joyería, juguetería, zapatería**? If you identified the suffix **-ería,** you are correct. This suffix commonly denotes the place where an item is sold and/or repaired. Based on that, what items are sold and/or repaired in the following?

carnicería
dulcería
mueblería
papelería
perfumería
relojería
sombrerería
tabaquería

***Vocabulario en acción*, Suggestion:** Use the drawing, picture files, or a PowerPoint presentation to introduce the vocabulary. Model pronunciation and ask students questions about the illustrations as you check comprehension: *En un mercado de artesanía podemos comprar objetos de cerámica, tejidos, esculturas de madera y muchas otras cosas... En la joyería encontramos relojes, aretes... ¿En qué tienda podemos comprar esculturas de madera? ¿Y qué otros productos?*, and so on.

ACTIVIDADES

A. Asociaciones

PASO 1. Empareja los materiales con los artículos. **¡OJO!** Puede haber más de una respuesta correcta.

c	**1.** unos tejidos	**a.** de arcilla
b, d, e	**2.** un collar	**b.** de oro
b, e, f	**3.** un reloj	**c.** de algodón
a, b, d, e, f	**4.** unos aretes	**d.** de perlas
a	**5.** una cerámica	**e.** de plata
a, b, e, f	**6.** una escultura	**f.** de madera

PASO 2. Escucha a cada una de las personas y luego indica a qué tienda debe ir.

______ **1.** **a.** la floristería
______ **2.** **b.** la joyería
______ **3.** **c.** la juguetería
______ **4.** **d.** la perfumería
______ **5.** **e.** el mercado de artesanías
______ **6.**
______ **7.**
______ **8.**
______ **9.**
______ **10.**

***Vocabulario en acción*, Culture Note:** In Latin America, while there are some shops with fixed prices, *el regateo* is expected in most market stalls, back-street shops, and with street vendors. In fact, in most countries, *not* haggling may be considered rude or a sign of economic arrogance. A good strategy is to offer a price considerably lower than you want to pay. The vendor will offer a higher price and then you and the vendor work out a compromise. Haggling is part of the Latin American culture and for most clients and vendors, an enjoyable market experience. Ask students if there are situations in their culture in which haggling is appropriate.

***Act. A, Paso 2*, Script: 1.** *Quiero comprar un brazalete de oro para mi sobrina.* **2.** *Necesitamos unos collares de plástico para la fiesta.* **3.** *Voy a comprar unas flores de seda para la mesa.* **4.** *Papá quiere una hamaca de lana para el patio.* **5.** *Julio busca unos aretes de plata para su novia.* **6.** *Pienso comprarle un perfume de marca famosa a mi madre.* **7.** *Diana quiere comprar una escultura de madera para la sala.* **8.** *Necesitamos comprar los juguetes para los niños muy pronto.* **9.** *Le debes regalar una cartera de piel a Félix.* **10.** *Buscamos unos aretes de oro para nuestra tía.*

***Act. A, Paso 2*, Answers:** (*Answers may vary*). **1.** *b* **2.** *c* **3.** *a* **4.** *e* **5.** *b* **6.** *d* **7.** *e* **8.** *c* **9.** *e* **10.** *b*

B. ¿Adónde fuiste?

PASO 1. Haz una lista de cinco artículos que compraste durante las últimas dos semanas.

PASO 2. En parejas, túrnense para decir qué compraron recientemente mientras tu compañero/a adivina a qué lugar fuiste a comprarlo. Sigan el modelo.

MODELO E1: La semana pasada compré unos guantes de piel para mi hermana.
E2: ¿Fuiste a Macy's?
E1: No, los compré en una tienda pequeña, en la Boutique Alejandra.

***Act. C*, Suggestions:**
- Encourage students to be creative and to give as many details as they can.
- Have volunteers represent their dialogues to the class. The class can vote on which one is *el más creativo, interesante, cómico*, and so on.
- Ask students: *¿Existen mercados semejantes a los mercados de artesanías caribeños en tu ciudad de origen? ¿Qué artículos se encuentran allí? ¿Regatean los precios en el mercado o son fijos los precios? ¿Te gusta comprar en mercados de ese tipo o prefieres las tiendas convencionales y especializadas?*

C. El regateo. En parejas, imagínense que están en un mercado en Colombia y representen el papel de vendedor(a) y cliente. El/La cliente desea comprar un objeto de arte u otro artículo. En su diálogo, deben regatear el precio del artículo. El dólar estadounidense equivale aproximadamente a 2.900 pesos colombianos Usen las siguientes expresiones como guía.

CLIENTE	VENDEDOR(A)
¿Cuánto cuesta ___?	Déme ___ pesos.
Es muy caro/a. / Es…	No, no le puedo rebajar tanto el precio.
Le doy ___ pesos.	El/La ___ es de buena calidad (*quality*).
¿Puede bajar el precio a ___?	Me da ___ pesos y es para Ud.

Un artista-vendedor en Santo Domingo, la República Dominicana
©Sylvain Grandadam/age fotostock/Robert Harding

D. Sus tiendas favoritas

PASO 1. Escoge tus tiendas y centros comerciales favoritos. Descríbelos y di por qué te gustan. Sigue el modelo.

MODELO la floristería → Mi floristería favorita es Flores Annabelle. Es una tienda pequeña. Pero tienen mucha variedad de flores y son frescas. También está cerca de mi casa y los precios son muy buenos.

1. la floristería
2. el centro comercial
3. la perfumería
4. la zapatería
5. la joyería
6. la *boutique*
7. el mercado
8. ¿ ?

PASO 2. En parejas, digan cuándo fueron a sus tiendas y centros comerciales favoritos recientemente. ¿Qué compraron? ¿Para quién(es) lo compraron? Sigan el modelo.

MODELO Fui a Flores Annabelle la semana pasada. Compré flores para mi mamá el día de su cumpleaños. / No compré nada.

---

*This is the approximate exchange rate at the time of publication.

Gramática

7.3 Impersonal and Passive se

GRAMÁTICA EN ACCIÓN

De compras en la República Dominicana

Cuando **se visita** la República Dominicana, **se debe** ir de compras. En las tiendas, mercados y hasta en las calles **se ofrecen** productos típicos y artesanías bonitas. Por ejemplo, **se venden** cuadros de colores brillantes y máscaras de Carnaval. **Se puede** comprar café dominicano o joyería de ámbar o de larimar.* También, en muchos lugares **se ven** las famosas muñecas sin rostro. Estas muñecas **se hacen** de arcilla. Por todo el país la muñeca sin rostro **se considera** un símbolo de la identidad dominicana porque representa una mezcla de culturas y tradiciones.

Acción. Indica el verbo correcto para completar cada una de las oraciones.

1. __d__ artesanías en las tiendas, mercados y calles.
2. En la República Dominicana __b__ comprar muchas cosas típicas del país.
3. Las muñecas sin rostro __c__ de arcilla.
4. En la República Dominicana __a__ mucha joyería de larimar.

a. se vende
b. se puede
c. se hacen
d. se venden

Speaking in General Terms

Una muñeca sin rostro
©metricphotography/Getty Images

***Gramática*, Note:** Students can assess their understanding and mastery of the grammar points presented in this chapter by accessing the LearnSmart module for *Capítulo 7* at www.mhhe.com/connect.

***GEA*, Note:** The audio for this *GEA* is available through the eBook or on Connect.

***GEA*, Suggestion:** Have students think of examples of dolls that are representative of their culture. What is their purpose? How are they similar or different from the doll in the photo?

You have already studied several uses of the pronoun **se** in Spanish. Another use of **se** is to express actions without identifying a specific subject responsible for the action. This structure communicates that the action happens in general, affecting everyone equally. You may have seen the phrase **se habla español** in your community, or asked the question **¿Cómo se dice...?** in your Spanish class. These are examples of the impersonal and passive **se**.† These structures communicate that the action happens in general, as when describing customs or rules, and is also used frequently when giving instructions (as in cooking recipes), or when the focus is on what happened *to* something, not who is responsible for the action.

In order to form impersonal or passive sentences, use the following formula: **se** + *third person verb*.

En esa tienda **se vende** ropa usada.	*Second-hand clothing is sold in that store.*
No **se puede** fumar en el centro comercial.	*One cannot smoke in the mall.*

When the verb has a direct object, the verb form will be singular or plural, depending on the object. Note that the objects in the following sentences (**un pastel** and **cuadros**) are preceded by singular and plural verbs, respectively.

En la panadería de mi vecindario **se prepara un pastel** delicioso.	*A delicious cake is made at the bakery in my neighborhood.*
En Santo Domingo **se venden cuadros** de muchos colores.	*In Santo Domingo, colorful paintings are sold.*

---

*a rare blue stone (a variety of pectolite) found only in the Dominican Republic

†Although the impersonal **se** and passive **se** are two different structures, they are very similar. The focus of these guidelines is not to distinguish the two, but rather to help you use both structures correctly.

Nota comunicativa

Se for Unplanned Occurrences

Another use of the pronoun **se** is in a special construction that expresses accidental or unplanned events, casting the person or persons affected by the event as victims, not responsible for the occurrence. Note the difference between the following sentences:

Rompí un arete esta mañana. — *I broke an earring this morning.*

Se me rompió un arete esta mañana. — *An earring broke on me this morning.*

Here is the basic formula for this construction:

se FOR UNPLANNED OCCURRENCES				
a + *indir. obj. noun/ pronoun* (person affected, optional)	**se**	*indir. obj. pron.* **me, te, le, nos, os, les** (innocent victim)	*third person verb* (agrees with thing affected)	*subject* (thing affected)

In this construction, the subject of the sentence is actually the thing affected by the occurrence. The reflexive verb is conjugated in third person singular or plural, in agreement with that subject. In the following examples, the subjects **el carro** and **los guantes** determine the conjugations.

Anoche **se** nos descompus**o** **el carro**. — *Our car broke down on us last night.*

Siempre **se** me olvid**an** **los guantes** en casa. — *I always forget my gloves at home.*

The indirect object pronoun corresponds to the person or persons to whom the action happens, the victim(s) of what is portrayed as an accident (but may not necessarily be). Optionally, a prepositional phrase with **a** + *indirect object noun/pronoun* can be included in order to clarify to whom the indirect object pronouns **le** or **les** refer.

A los estudiantes se **les** perdió la tarea. — *The students lost their homework.*

The following verbs are often used with this construction:

acabar	to run out of	**olvidar**	to forget
caer (*irreg.*)	to drop	**perder (ie)**	to lose
descomponer (*like* **poner**)	to break down	**romper**	to break

***Act. A, Paso 1,* Script: 1.** *Tienen muchas cosas bonitas y originales en esta tienda.* **2.** *Este es el mejor restaurante de la ciudad.* **3.** *Juan no bebió su café, pero tiene café en su camisa y pantalones.* **4.** *No puedo encontrar mis llaves.* **5.** *Podemos conocer la artesanía del pueblo en el mercado.* **6.** *Siempre estoy muy cansado después de ir a ese mercado porque es muy grande.*

***Act. A, Paso 2,* Answers:** **1.** *se preparan* **2.** *Se ponen* **3.** *Se vende* **4.** *se puede* **5.** *se encuentran*

COMMUNICATION C

ACTIVIDADES

A. Cuando se va de compras en la ciudad...

PASO 1. Escucha cada oración y empaséjala con la conclusión más lógica. **¡OJO!** Fíjate en (*Pay attention to*) la concordancia del verbo.

b **1.** **a.** Se camina mucho allí.
f **2.** **b.** Se venden allí.
d **3.** **c.** Se me perdieron.
c **4.** **d.** Se le cayó.
e **5.** **e.** Se ve allí.
a **6.** **f.** Se come bien allí.

PASO 2. En parejas, completen cada una de las oraciones con la forma correcta del verbo entre paréntesis y el nombre del lugar. **¡OJO!** No se olviden del pronombre **se**. ¿Están de acuerdo en cuanto a (en... *regarding*) los lugares?

1. En el café _____ (**preparar**) cafés y tés exquisitos.
2. (**Poner**) las películas más recientes en el cine _____.
3. (**Vender**) ropa de última moda en _____.
4. En el mercado _____ (**poder**) regatear.
5. Los mejores precios (**encontrar**) en _____.

B. De compras en la ciudad

PASO 1. Completa cada oración con la forma correcta de uno de los verbos de la lista y el nombre de una tienda u otro lugar en tu ciudad.

Act. B, Paso 1, Answers: **1.** *habla* **2.** *prepara/vende* **3.** *vende* **4.** *comen/venden/preparan* **5.** *encuentran*

MODELO Se reparan relojes en la Joyería Miguel Ángel.

hablar comer preparar vender encontrar

1. Se _____ español en _____.
2. Se _____ café excelente en _____.
3. Se _____ ropa de última moda en _____.
4. Se _____ tacos auténticos en _____.
5. Se _____ muy buenos precios en _____.

PASO 2. En parejas, usen la información del **Paso 1** para hacerse preguntas.

MODELO E1: ¿Dónde se habla español?
E2: En nuestra clase.
E1: Sí, pero también se habla español en mi restaurante mexicano favorito.

PASO 3. Comparen sus respuestas con las del resto de la clase. ¿Cuáles son los mejores lugares de la ciudad?

C. Entrevista.
En parejas, contesten las siguientes preguntas.

1. ¿Qué se hace los fines de semana en el campus?
2. ¿En qué restaurante se come un almuerzo muy económico?
3. ¿Dónde se puede pasear o correr en tu ciudad?
4. ¿Para qué clases se estudia mucho?
5. ¿Qué se hace durante la semana de los exámenes finales?
6. ¿Se te perdió algo recientemente? ¿Qué se te perdió? ¿Lo encontraste?
7. ¿Qué haces cuando se te olvida hacer una tarea importante? ¿Qué dicen tus profesores?

***Nota interdisciplinaria,* Suggestion:**
• Assign item 2 as homework and discuss students' answers during the following class period.
• After students respond, tell them: *Hoy en día la mayoría de los indígenas americanos usa las máscaras para sus bailes tradicionales, en representaciones dramáticas, como objetos decorativos y para venderlos como productos de artesanía.*

Nota interdisciplinaria

Arte: La artesanía en el Caribe

Las artesanías en el Caribe, como todos los aspectos de su cultura, son una mezcla de elementos indígenas, africanos y españoles. Entre la gran variedad de productos artesanales de las islas, destacan los objetos tallados[a] en madera típicos de Puerto Rico y de la República Dominicana. Las máscaras de diablos de la República Dominicana son muy famosas y responden a una tradición que viene de los tiempos de los taínos, indígenas originarios de las islas. Desde la llegada de los españoles al Caribe en el siglo XVI, estas máscaras empezaron a usarse en la época de carnaval y su uso aún continúa hasta hoy.

Unas máscaras de diablos
©Janos Csernoch/Alamy Stock Photo

[a]*carved*

PREGUNTAS

1. ¿Cuáles son los objetos tallados en madera más representativos de las islas caribeñas? ¿De dónde viene la tradición?
2. Las máscaras han sido (*have been*) también un elemento importante en la cultura de las tribus indígenas de Norteamérica desde tiempos remotos. Busquen información sobre una tribu indígena de la región donde viven o de este país. ¿Qué material usan para sus máscaras? ¿En qué ocasiones se usan esas máscaras? ¿Qué semejanzas hay entre los objetos tallados en madera del Caribe y las máscaras de los grupos indígenas norteamericanos?

Act. D, Paso 1, **Answers: 1.** *se trabaja* **2.** *Se vive* **3.** *se tiene* **4.** *se diagnostican* **5.** *se esperan* **6.** *se sabe* **7.** *se creó* **8.** *se puede* **9.** *se contratan* **10.** *se recuperan* **11.** *se hace* **12.** *se compran* **13.** *se venden* **14.** *se obtiene*

***Act. D,* Suggestion:** Provide some current information for students as to the recovery status in Puerto Rico at the time of completing this activity. Explain that the businesses and services mentioned in the activity are real, and have them visit the Shop + Hire PR website for more information: shopandhirepr.com.

CULTURES COMMUNICATION

D. Después del desastre, se necesita nuestro apoyo. Primero, decidan entre **Estudiante 1** y **Estudiante 2. Estudiante 2** debe completar la actividad en el **Appendix III.**

Estudiante 1

PASO 1. Completa el texto con las formas correctas de los verbos entre paréntesis usando el **se** pasivo o impersonal. **¡OJO!** En un caso, debes usar el pretérito del verbo.

En septiembre de 2017 el devastador huracán María destrozó mucha de la infraestructura de las islas de Puerto Rico, Vieques y Culebra. A pesar de la gran destrucción, los puertorriqueños mantuvieron su optimismo y fortaleza y siguieron luchando juntos para reconstruir sus vidas.

Meses después del desastre, aún **(trabajar)**[1] día y noche para restablecer servicios básicos. **(Vivir)**[2] sin electricidad en casi la mitad de los hogares.[a] No **(tener)**[3] acceso a agua limpia y **(diagnosticar)**[4] muchos casos de enfermedades como resultado. En algunos lugares **(esperar)**[5] horas para conseguir raciones de agua, comida y gasolina.

A pesar de la situación tan desesperada, **(saber)**[6] que la vida sigue y la gente de Puerto Rico no puede dejar de ganarse la vida[b] y pensar en el futuro. Por lo tanto (*pretérito:* **crear**)[7] la iniciativa Shop + Hire PR. A través de la página web de esta organización, **(poder)**[8] comprar productos de empresas[c] boricuas y **(contratar)**[9] los servicios virtuales de personas afectadas o desplazadas por el huracán. De esta manera **(recuperar)**[10] ingresos perdidos[d] y **(hacer)**[11] posible apoyar a los empresarios puertorriqueños desde cualquier lugar en el mundo. Cuando **(comprar)**[12] y **(vender)**[13] productos locales a un nivel internacional, **(obtener** [*like* **tener**]**)**[14] un doble beneficio; los empresarios de Puerto Rico pueden salir adelante y nosotros podemos disfrutar de sus productos y servicios de alta calidad. ¡Puerto Rico se levanta!

[a]mitad... *half of the homes* [b]ganarse... *make a living* [c]*businesses* [d]ingresos... *lost income*

PASO 2. Tu compañero/a y tú tienen información diferente sobre empresas puertorriqueñas que venden productos y servicios a través de Shop + Hire PR. Túrnense para hacer y responder preguntas con el **se** impersonal o pasivo y completar sus tablas con la información que falta. **¡OJO!** Si es necesario, deletrea (*spell*) en español los nombres de las empresas para tu compañero/a.

MODELO E1: ¿En qué empresa se venden sombreros?
E2: En Olé Curiosidades. ¿Qué se puede comprar en la empresa Concalma?

NOMBRE DE LA EMPRESA	PRODUCTOS
Concalma	Bolsos y carteras unisex de materiales reciclados
	Sombreros artesanales típicos
Moni & Coli	
Herbeh Wood	
Bowow Bandanas	Accesorios para perros

NOMBRE DE LA EMPRESA	SERVICIOS
Servicios Gráficos Puerto Rico	Diseño gráfico
EVA – Executive Virtual Assistants	
Limonade	
Webnéticos	Marketing
Ideas Cartel Inc.	Creación de Apps

Lectura cultural

Vas a leer un artículo del periódico en línea *ValenciaPlaza* sobre el diseñador Juan Vidal y su participación en DominicanaModa, un evento de desfiles de moda que se celebra todos los años en la República Dominicana.

ANTES DE LEER

A. A primera vista. Lee el título y la información **en negrita** (*bold*) del artículo. Luego, en parejas, indiquen si esperan encontrar las siguientes ideas.

☐ Detalles sobre la vida de Juan Vidal
☐ Las propuestas de ropa y complementos de DominicanaModa
☐ El apoyo (*support*) económico de DominicanaModa a causas sociales e instituciones benéficas
☐ La participación de diseñadores famosos en las pasarelas (*runway shows*) de DominicanaModa
☐ ¿?

B. A verificar. Lee rápidamente el artículo e indica si fueron correctas sus predicciones.

C. A adivinar. Busca las siguientes palabras y frases en el texto y emparéjalas con los sinónimos correspondientes.

c	**1.** edición	**a.** establecida
e	**2.** dándole la espalda	**b.** se reúnen
a	**3.** fundada	**c.** celebración
b	**4.** se dan cita	**d.** cerrar
d	**5.** clausurar	**e.** ignorando

DOMINICANAMODA

La moda de Juan Vidal conquista República Dominicana con fines benéficos

por Greta Borrás

25/10/2016

Juan Vidal fue el diseñador internacional invitado a esta edición de DominicanaModa, la semana de la moda que se celebra en República Dominicana y que combina moda y solidaridad. Juan Vidal cerró esta edición mostrando su última colección en el desfile solidario «Fashion for Help».

DominicanaModa es un evento que intenta difundir[a] el talento de diseñadores dominicanos y la industria textil del país. Sin embargo, DominicanaModa no se centra únicamente en la moda dándole la espalda a los problemas de un país donde todavía existen dificultades para gran parte de sus habitantes para cubrir algunas necesidades básicas. Por este motivo, desde sus inicios,[b] el evento ha tenido[c] espíritu de responsabilidad social, destinando[d] la mayor parte de sus ingresos[e] a más de 50 instituciones benéficas del país.

Juan Vidal en Vogue Who's On Next: El Premio De La Moda, Madrid, 2017

DominicanaModa se ha convertido[f] en la pasarela más importante del Caribe. Alrededor de los cinco días de *shows* que presentan anualmente, se congregan las mejores marcas y diseñadores de este país caribeño, el cual tiene gran importancia en el mundo de la

[a]*spread* [b]desde... *since its beginnings* [c]ha... *has had* [d]*allocating* [e]*income* [f]se... *has become*

confección[g] textil, ya que muchas firmas de prestigio mundial desarrollan[h] sus productos en las grandes fábricas[i] dominicanas. También en el mundo académico, ya que[j] la Escuela de Diseño Altos de Chavón es un centro de estudios de impacto mundial, pionero en la enseñanza del arte y diseño en la República Dominicana. Fundada en el año 1983 y afiliada desde su fundación a la prestigiosa institución Parsons School of Design, está considerada una de las 10 escuelas de diseño más importantes del mundo.

Más de 70 firmas de diseñadores y marcas dominicanas e internacionales se dan cita cada año en DominicanaModa. Ropa femenina, masculina, infantil y accesorios componen la oferta, pasando por una variedad temática que va desde la ropa de noche hasta las colecciones resort y ropa de baño.

El diseñador Juan Vidal fue el encargado[k] en esta edición de clausurar DominicanaModa durante el desfile que han bautizado[l] con el nombre «Fashion for Help», un gran desfile y fiesta que cuenta cada año con un diseñador invitado de relevancia internacional y cuyos[m] beneficios se destinan a dos organizaciones que ayudan a financiar las operaciones y cuidados de niños sin recursos con patologías cardiovasculares congénitas.

Antes de Juan Vidal, el honor de clausurar DominicanaModa recayó en[n] nombres tan relevantes en el mundo de la moda internacional como Oscar de la Renta, Carolina Herrera o Jean Paul Gaultier. Solamente una española, Ágatha Ruiz de la Prada, comparte con Juan Vidal el haber sido[o] los diseñadores que han llevado la moda española hasta el Caribe.

[g]*manufacturing* [h]*develop* [i]*factories* [j]ya… *since* [k]fue… *was in charge* [l]han… *have nicknamed* (literally: *have baptized*) [m]*whose* [n]recayó… *went to* [o]haber… *to have been*

Borrás, Greta, "La moda de Juan Vidal conquista República Dominicana con fines benéficos," *Valencia Plaza,* October 25, 2016. Used by permission of the author.

Después de leer, Act. B,* Answers:** *(Possible answers)* ***1. *Para difundir el talento de diseñadores dominicanos y la industria textil del país* ***2.*** *En este evento se reúnen las mejores marcas y diseñadores dominicanos e internacionales.* ***3.*** *Dedican la mayor parte de sus ingresos a más de 50 instituciones benéficas del país.* ***4.*** *Muchas firmas de prestigio mundial desarrollan sus productos en las fábricas dominicanas. En el mundo académico, la Escuela de Diseño Altos de Chavón está afiliada a Parsons School of Design, una de las 10 escuelas de diseño más importantes del mundo.* ***5.*** *Se llama «Fashion for Help». Los beneficios económicos se destinan a dos organizaciones que ayudan a financiar el tratamiento de niños sin recursos con patologías cardiovasculares congénitas. Juan Vidal cerró la edición. Es español.*

COMMUNICATION C

DESPUÉS DE LEER

A. Comprensión. Indica si las oraciones son ciertas (**C**) o falsas (**F**), según el artículo.

C	F	
☑	☐	**1.** DominicanaModa es un evento de la República Dominicana que combina moda y solidaridad.
☑	☐	**2.** Los ingresos del evento ayudan a personas con pocos recursos económicos.
☐	☑	**3.** La oferta de DominicanaModa solo incluye ropa de noche para mujeres.
☑	☐	**4.** Los desfiles de DominicanaModa se presentan cinco días cada año.
☑	☐	**5.** Cada año un(a) diseñador(a) internacional clausura DominicanaModa.
☐	☑	**6.** Los participantes en DominicanaModa son solo dominicanos.

COMMUNICATION C

B. Temas de discusión. En parejas, contesten las siguientes preguntas. Después, compartan sus ideas con la clase.

1. ¿Por qué se creó el DominicanaModa? ¿Cuál es su objetivo?
2. ¿Por qué DominicanaModa es tan importante en El Caribe?
3. ¿Qué hacen con los ingresos de los desfiles de DominicanaModa?
4. ¿Cuál es el impacto de DominicanaModa en la industria textil? ¿Y en el mundo académico?
5. ¿Cómo se llama el último desfile de DominicanaModa? ¿A qué dedican los beneficios de este desfile? ¿Quién cerró la edición de 2016? ¿Cuál es su nacionalidad?
6. Cuando Uds. compran ropa, zapatos o complementos, ¿se fijan en las marcas de moda o prefieren comprar prendas más económicas e ir a las tiendas cuando hay rebajas? Expliquen.

Palabra escrita

Identifying the Purpose and Audience of Your Composition. A writing task should have a purpose that is closely related to its function. For example, narrating a story is a very different task than trying to persuade the reader of the validity of something. The task should also address a likely need of your audience. The written format you choose and the audience you address will determine the content, style, tone, and level of formality of your composition. For example, if your task were to describe to your classmates what you did last weekend, what do you think your classmates would like to know? What tone and level of formality would you use in your composition? How would your composition be different if your parents or your professor were the audience? How would things change if your purpose were not to describe what you did last weekend, but rather to convince your audience that what you did was a good use of your time?

***Palabra escrita*, Suggestion:** Have students research information on the place they have chosen before the *Palabra escrita* is scheduled.

You are going to write a composition titled **Un viaje imaginario en el Caribe.** The purpose of your composition will be to tell your audience your experiences while you were there.

A. Lluvia de ideas. Haz una lluvia de ideas sobre estas preguntas. Usa la información que aprendiste en los **Capítulos 6** y **7** en tus respuestas.

1. ¿Cuándo hiciste el viaje? ¿En las vacaciones de verano, en las vacaciones de primavera o en otra fecha? ¿Qué fecha?
2. ¿Con quién(es) hiciste el viaje? ¿Con amigos, con tu familia o con otras personas?
3. ¿Qué lugar del Caribe visitaste? ¿Fuiste a la playa o a visitar ciudades de interés histórico?
4. ¿Qué hiciste allí? ¿Fuiste a buenos restaurantes? ¿Qué tipos de restaurantes? ¿Qué tipo de comida caribeña comiste? ¿Fuiste de compras? ¿Qué tipo de tiendas visitaste? ¿Compraste ropa, objetos de regalo, artesanías o un poco de todo?

B. Identificando al lector. Escoge al «lector» de tu composición y recuerda que el lector determina el tono en que escribes y la información que vas a incluir.

☐ entrada en un blog ☐ carta a un(a) profesor(a) ☐ ¿otro?

C. A organizar tus ideas. Repasa tus ideas y organízalas en categorías, escogiendo solo aquellas que, en tu opinión, le van a interesar a tu «lector». Comparte tu información con la clase y apunta otras ideas interesantes para tu «lector» que se te ocurran durante el proceso.

D. A escribir. Ahora, haz el borrador de tu composición con las ideas y la información que recopilaste en las **Actividades A, B** y **C.**

E. El vocabulario y la estructura

PASO 1. Repasa las secciones de vocabulario y gramática de este capítulo y considera las siguientes preguntas sobre tu composición.

1. ¿Incluiste toda la información necesaria según el propósito de tu composición?
2. ¿Usaste el vocabulario apropiado?
3. ¿Usaste correctamente los verbos irregulares en el pretérito?
4. ¿Están correctamente conjugados los verbos?
5. ¿Concuerdan los adjetivos con los sustantivos que modifican?

PASO 2. Vuelve a escribir tu composición y entrégasela a tu profesor(a).

Conexiones culturales

©Foc Kan/Getty Images

¿Cómo me queda[a]?

En el Caribe, los blogueros de moda y las fotos de Instagram inspiran a la juventud a usar su creatividad para crear su propio estilo. Aunque la ropa tradicional de los países del Caribe se reserva para los eventos culturales, es común incorporar prendas tradicionales a la moda actual. Incluso el estilo de ropa típicamente masculina, como la *guayabera* y el *liqui liqui* venezolano, se han adaptado a la ropa de las mujeres.

©Edward Berthelot/Getty Images

©Elena Fernández

No hay *un* lugar específico adonde los caribeños van de compras. Les gustan las tiendas internacionales (Zara, Asos, Bershka, Forever 21) tanto como las tiendas de segunda mano[b] y los mercados de pulgas.[c] Por ejemplo, este chico compró sus tenis y sus pantalones cortos en el centro comercial, pero compró su sombrero tejido en un puesto callejero.[d]

¿Te gusta el estilo de esta chica? Para pasear por las calles combinó los jeans con y una blusa con los hombros descubiertos[e] (como los vestidos tradicionales venezolanos). Observa sus zapatos: son una combinación de tenis y alpargatas (zapatos populares del sur de España y de las Américas).

[a]Cómo... *How does it look?* [b]tiendas... *thrift stores* [c]mercados... *flea market* [d]*street* [e]con... *off-the-shoulder*

REFLEXIÓN

1. ¿Adónde vas de compras típicamente, a un puesto callejero o al centro comercial como los chicos de las fotos? ¿Dónde prefieres comprar la ropa?
2. Busca las siguientes prendas de vestir tradicionales caribeñas en el internet: *una bolsa wayuu, un sombrero cogollo, una ruana venezolana, una guayabera, la bata cubana, un paño de lino*. ¿Te gustan? ¿Con qué puedes emparejarlas (*match them with*)?
3. ¿Hay una prenda de vestir tradicional estadounidense o de otra década que esté de moda hoy día? ¿La gente la lleva exactamente como antes o la modifica?

Un mundo sin límites

San Juan, Puerto Rico

Valeria y Andrea

©McGraw-Hill Education/Zenergy

©deepblue4you/Getty Images
©McGraw-Hill Education/Zenergy

Antes de ver

Infórmate y ponte en su lugar.
La economía de Puerto Rico depende del turismo, sobre todo después del huracán María. Los pequeños negocios se apoyan entre sí y compañías grandes como Airbnb están trabajando para animar a la gente a visitar la isla con descuentos (*discounts*) e incentivos. ¿Qué puedes hacer para apoyar la recuperación (*recovery*) de Puerto Rico? ¿Crees que es una responsabilidad personal ayudar a las zonas afectadas por un desastre? ¿Por qué?

Vocabulario práctico

las confecciones	clothing creations
la concienciación	awareness
el surtido	assortment
el coquí	frog (symbol of Puerto Rico)
nos sabe mal	leaves a bad taste in our mouths
talladas	carved
la sortija	ring
el coco	coconut
en hueso	of bone
los cuernos de vaca	cow horns

¿Entendiste?

A. ¿Cierto o falso?

C	F	
☐	☑	**1.** Andrea y Valeria no conocen a la dueña de la nueva tienda que van a visitar.
☑	☐	**2.** En Puerto Rico normalmente aceptan todas las formas de pago normales del resto del mundo.
☑	☐	**3.** Hay un servicio local que permite pagar en las tiendas usando el teléfono celular.
☑	☐	**4.** Valeria dice que desde el huracán María la gente compra más productos locales.
☐	☑	**5.** Andrea no compró nada en el mercado de artesanías.

B. ¡Vamos de compras! En parejas, contesten las preguntas.

1. ¿Cuál es la opinión de Andrea sobre comprar la ropa en línea? ¿Están de acuerdo? ¿Con qué frecuencia compran Uds. ropa nueva por internet? ¿Por qué?
2. ¿Qué dice Alba, la dueña de alba.enid, sobre la presencia turística en San Juan? ¿De qué maneras afecta el turismo un negocio como las tiendas de Alba? Cuando Uds. viajan, ¿tratan de apoyar los pequeños comercios locales cuando compran recuerdos?
3. Describan los diferentes métodos de pago que menciona Valeria. ¿Qué piensan del sistema de ATH móvil? ¿Es conveniente? ¿Usan Uds. sus celulares para pagar algunas cosas? ¿Cuándo?
4. ¿Cuál es la opinión de Valeria sobre regatear en las tiendas pequeñas y mercados de artesanía? ¿Están Uds. de acuerdo? Normalmente, ¿son razonables los precios que ponen los artistas para sus trabajos? ¿Por qué?

Vocabulario

La ropa	Clothing
el abrigo	coat
la blusa	blouse
las botas	boots
los calcetines	socks
la camisa	shirt
la camiseta	T-shirt
la chaqueta	jacket
la corbata	tie
la falda	skirt
los pantalones	pants
los pantalones cortos	shorts
la prenda de ropa	piece/article of clothing
el sombrero	hat
el traje (de baño)	(bathing) suit
el vestido	dress
los zapatos	shoes
de tacón alto/bajo	high-heeled shoes / flats
de tenis	tennis shoes

Cognados: los jeans, el pijama, las sandalias, el suéter

Los complementos	Accessories
el bolso	handbag
la cartera	wallet
el cinturón	belt
la gorra	cap
los guantes	gloves

Cognados: los cosméticos, el perfume

Las telas y los materiales	Fabrics and materials
(de) algodón	cotton
(de) arcilla	clay
(de) cuero/piel	leather
(de) diamantes	diamond(s)
(de) lana	wool
(de) madera	wooden
(de) oro	gold
(de) perlas	pearl(s)
(de) plata	silver
(de) seda	silk

Los diseños y los colores	Designs and colors
claro/a	light
oscuro/a	dark
de cuadros	plaid
de lunares	polka-dotted
de manga corta/larga	with short/long-sleeves
de marca	name-brand
de rayas	striped
de última moda	fashionable, in style

Cognados: el beige, el color fucsia; pastel
Repaso: el amarillo, el anaranjado, el azul, el blanco, el color café, el gris, el morado, el negro, el rojo, el rosado, el verde

Las tallas	Sizes
chico/a	small
mediano/a	medium
(extra) grande	(extra) large

Las tiendas	
el almacén	market; grocery store
el centro comercial	mall
la floristería	flower shop
la joyería	jewelry; jewelry store
la juguetería	toy store
el puesto	stall (in a market)
la zapatería	shoe store

Cognados: la *boutique*
Repaso: el mercado

La joyería	Jewelry
el anillo	ring
los aretes	earrings
el brazalete	bracelet
el collar	necklace

Las artesanías	Arts and crafts
la cerámica	pottery
la escultura	sculpture
los tejidos	woven goods

Cognado: la hamaca

Para regatear	Haggling
el precio (alto/bajo/fijo)	(high/low/fixed) price
barato/a	cheap, inexpensive
caro/a	expensive
demasiado	too much
¿Cuánto cuesta(n)?	How much does it (do they) cost?
¿Cuánto vale(n)?	How much is it (are they) worth?

Los verbos	
acabar*	to run out of
caer* (*irreg.*)	to drop
descomponer (*like* **poner**)	to break down
morir(se) (ue, u)	to die
olvidar	to forget
rebajar	to reduce (the price)

Los verbos	
regatear	to haggle
romper	to break
conseguir (*like* **seguir**) + *inf.*	to manage to (*do something*)
hubo (*pret. of* **hay**)	there was/were
ir (*irreg.*) **de compras**	to go shopping

Repaso: perder (ie)

Otras palabras y expresiones	
el descuento	discount
el estilo	style
la rebaja	price reduction
la venta	sale
cómodo/a	comfortable

Cognados: moderno/a, unisex

*The translations shown here for **acabar** and **caer** only apply when used with the **se** for unplanned occurrences construction presented in the **Nota comunicativa, Gramática 7.3.** They have alternate meanings when used in different contexts.

Capítulo 8 En la comunidad

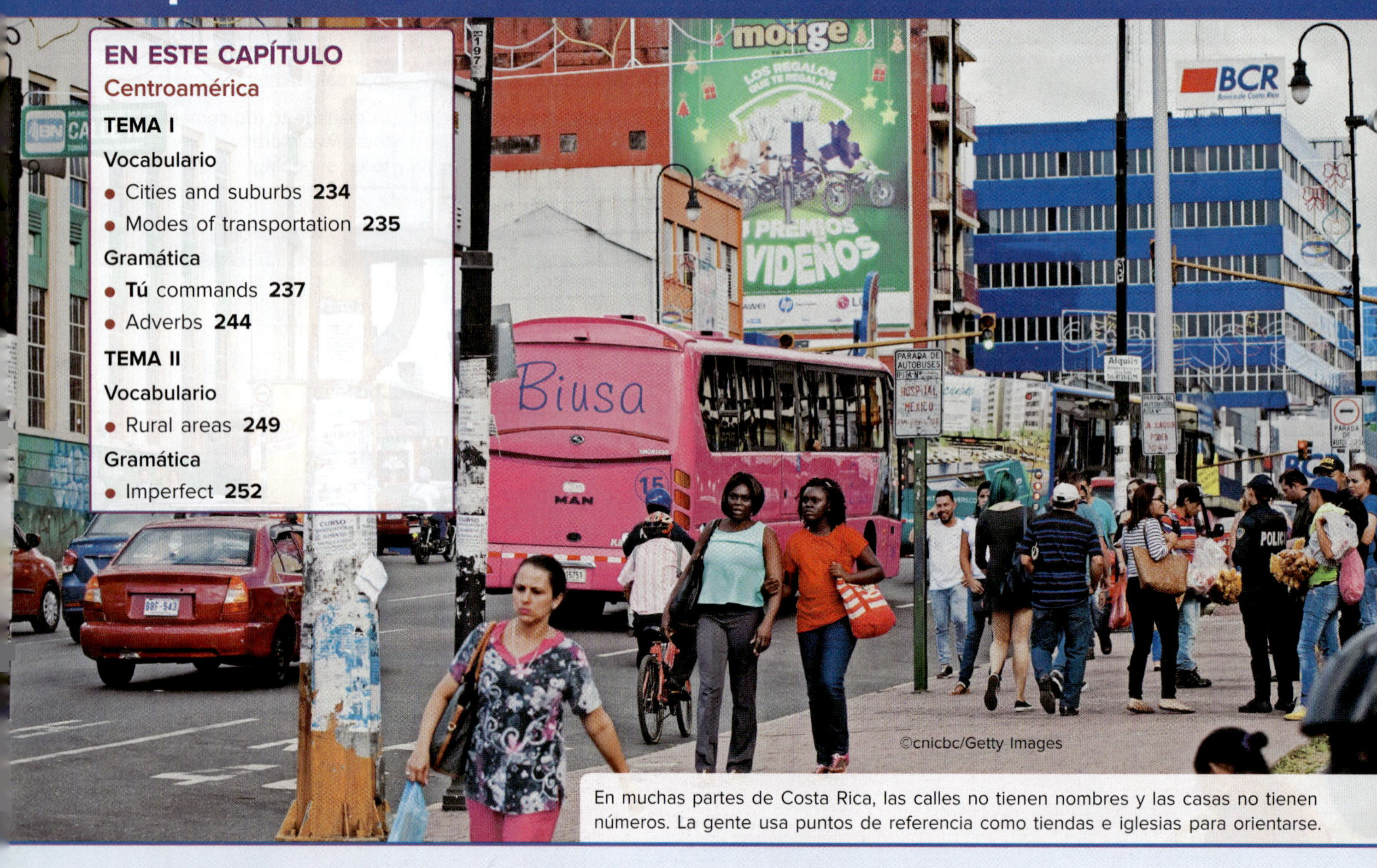

©cnicbc/Getty Images

En muchas partes de Costa Rica, las calles no tienen nombres y las casas no tienen números. La gente usa puntos de referencia como tiendas e iglesias para orientarse.

Piensa y comparte

Unos 42 millones de personas viven en Centroamérica y aproximadamente el 55 por ciento vive en zonas rurales.

- ¿Prefieres vivir en una comunidad pequeña o en una ciudad grande? ¿Por qué?
- ¿Cuáles crees que son las industrias más importantes de Centroamérica?

Hay muchos tipos de comunidad, pero casi todas tienen ciertos aspectos en común.

- ¿Cuáles son algunos de los servicios y lugares fundamentales para una comunidad?
- ¿Por qué?

©bumihills/Shutterstock

El mercado de Chichicastenango es un lugar donde la gente de la ciudad se encuentra con la gente rural para comprar y vender sus productos.

©Brian Atkinson/Alamy Stock Photo

En esta reserva en Honduras se trabaja para restaurar el manglar (*mangrove forest*), que se destrozó durante la construcción urbana.

Un mundo sin límites

Tegucigalpa, Honduras

Michelle y Jorge

©deepblue4you/Getty Images
©McGraw-Hill Education/Zenergy/José Mario Lagos

Antes de ver

Infórmate y ponte en su lugar.

Michelle se mudó a Tegucigalpa, Honduras, después de terminar la universidad. Trabaja para una ONG que ayuda y educa a la gente de la ciudad y de las comunidades rurales. Ella sabe formar una conexión real con personas de diversas experiencias en la vida. ¿Qué cualidades le ayudan a una persona como Michelle a vivir y trabajar en condiciones tan diferentes y a veces muy difíciles? Cuando piensas en tu carrera, ¿quieres servir la comunidad? Explica.

Vocabulario práctico

me ha servido de mucho	it's been very good for me
las reuniones	meetings
una ONG	non-profit organization
capacitamos	we train
el emprendimiento	entrepreneurialism
Campamento Olancho	comunidad rural
tiene pendiente todavía	she still needs to
cabalgar	ride on horseback
la hacienda	ranch
los caballos	horses

©McGraw-Hill Education/Zenergy/José Mario Lagos

©McGraw-Hill Education/Zenergy/José Mario Lagos

¿Entendiste?

A. ¿Cierto o falso?

C	F	
☑	☐	**1.** Michelle se pone contenta cuando piensa en el efecto de hablar español en su vida.
☐	☑	**2.** Jorge y Michelle se conocieron en la universidad.
☐	☑	**3.** Jorge es de un pueblo pequeño a tres horas de Tegucigalpa.
☐	☑	**4.** La familia de Jorge solo se dedica a la agricultura.
☑	☐	**5.** Michelle nunca fue a montar a caballo a la hacienda del tío de Jorge.

B. En la comunidad. En parejas, contesten las preguntas.

1. ¿Cómo se transformó la vida de Michelle como resultado de aprender español? ¿Creen Uds. que algún día van a usar el español en el trabajo? ¿Por qué?
2. ¿Cómo se conocieron Jorge y Michelle? Después de la universidad, ¿cómo creen que la gente típicamente conoce a nuevos amigos y crea su propia comunidad (*their own community*)?
3. ¿A quiénes capacitan Michelle, Jorge y sus ONGs sobre el tema del emprendimiento? ¿Por qué creen que educar a este grupo de personas puede beneficiar a toda la comunidad?
4. ¿Qué le prometió Michelle a Jorge hace tres años? ¿Alguna vez hicieron Uds. planes con alguien de su comunidad y luego no tuvieron tiempo para cumplirlos (*to carry them out*)? ¿Por qué puede difícil hacer todo lo que quieren?

TEMA I: La ciudad y la vida urbana

Vocabulario en acción

La comunidad urbana y las afueras

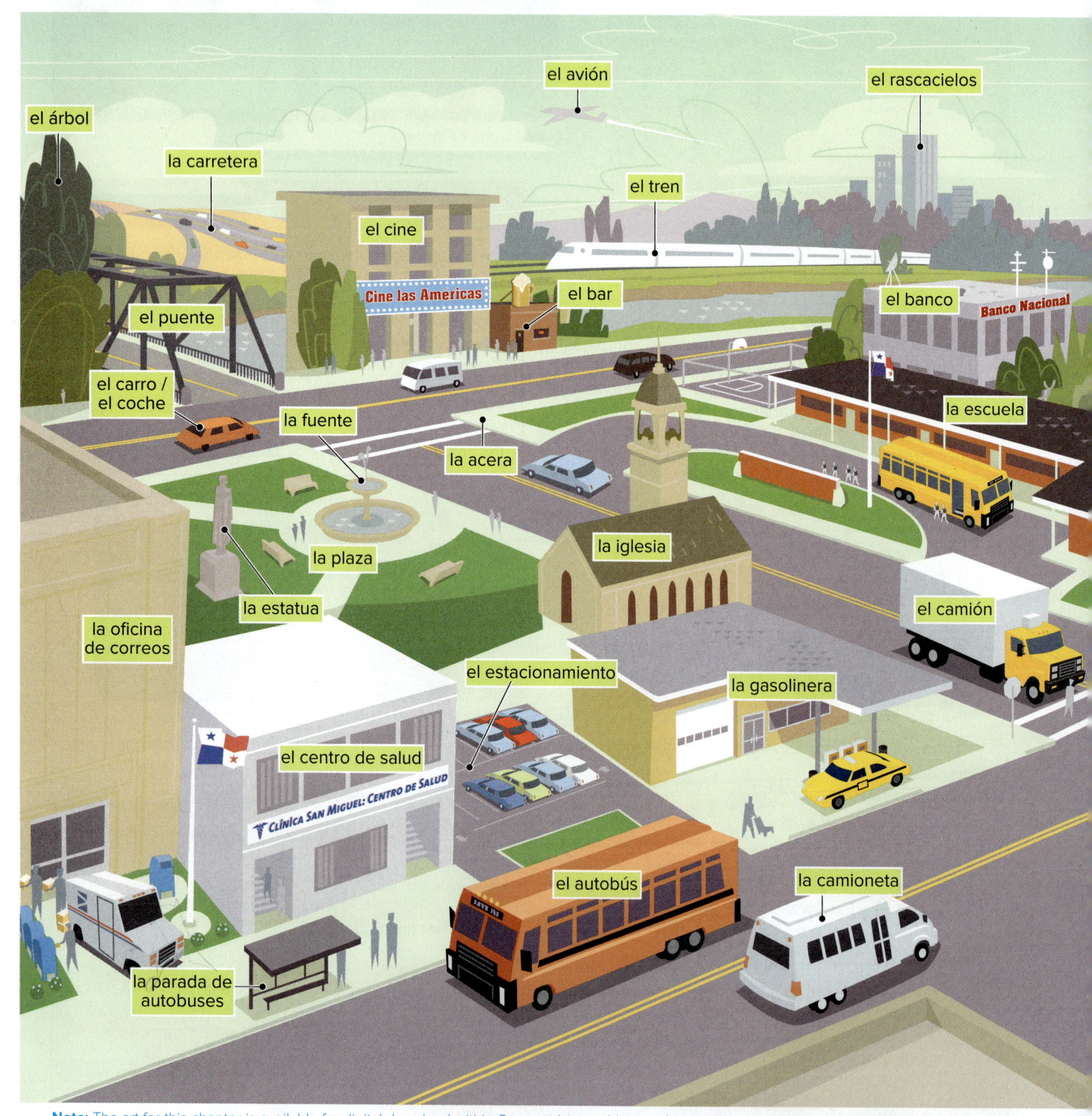

Note: The art for this chapter is available for digital download within Connect (www.mhhe.com/connect).

***Vocabulario en acción*, Note:** Students can assess their understanding and mastery of the vocabulary presented in this chapter by accessing the LearnSmart module for *Capítulo 8* at www.mhhe.com/connect.

Otros lugares y las direcciones

cruzar (c) to cross
doblar to turn
estacionar to park
parar to stop
seguir (*irreg.*) to go; to keep going

la cuadra block
el plano city map
el semáforo traffic light

ubicado/a located

(al) norte (sur, este, oeste) (to the) north (south, east, west)
todo derecho straight ahead

Cognado: la catedral

Vocabulario en acción, **Suggestion:** Use the drawing, picture files, or a PowerPoint presentation to introduce the vocabulary words. Model pronunciation by pointing out items in the illustrations and ask students questions to check their comprehension. Sample input: *Estamos en la parada de autobuses. Para ir a la iglesia debemos seguir todo derecho y doblar a la izquierda al final de la calle. La iglesia está detrás de la gasolinera. ¿Es cierto o falso? Muy bien. Es cierto. Para ir de la iglesia al puente tenemos que seguir derecho por la acera y cruzar la calle. ¿Cierto o falso? Sí, es cierto,* etc.

Los medios de transporte°

°Los... *Modes of transportation*

conducir (*irreg.*) to drive (*Sp.*)
manejar to drive (*L.A.*)
viajar to travel

el aeropuerto airport
el barco boat
el carnet de conducir driver's license
la estación de autobuses bus station
el metro subway
la parada (bus/subway) stop

Cognados: la motocicleta, el taxi, el tráfico

ACTIVIDADES

A. Asociaciones. Empareja las palabras y frases de la izquierda con las palabras correspondientes de la derecha.

d	**1.** doblar	**a.**	la fuente
g	**2.** el avión	**b.**	la carretera
e	**3.** el árbol	**c.**	el puente
f	**4.** seguir	**d.**	a la izquierda
h	**5.** parar	**e.**	el parque
b	**6.** el coche	**f.**	todo derecho
c	**7.** el río	**g.**	el aeropuerto
a	**8.** la plaza	**h.**	el semáforo

Act. B, **Suggestion:** Call on volunteers to share their answers. Then ask the class: *¿Están de acuerdo con lo que dice* (student's name)? after each response.

B. Identificaciones. Indica con qué asocias estas cosas: con un negocio particular (*private business*), una institución social (gubernamental o académica), una ruta, un medio de transporte o un lugar público. Luego, di dónde está una de las cosas que conoces. Sigue el modelo.

MODELOS un bar → Un bar es un negocio particular. El bar George's está cerca de la universidad.
una plaza → Una plaza es un lugar público. Mi plaza favorita está en el centro.

1. una escuela
2. un avión
3. una fuente
4. un puente
5. una estatua
6. un semáforo
7. un camión
8. un centro de salud
9. un tren
10. una oficina de correos
11. una acera
12. una gasolinera

Act. B, **Answers:** *(Possible answers)* **1.** *Una escuela es una institución académica.* **2.** *Un avión es un medio de transporte.* **3.** *Una fuente es parte de un lugar público.* **4.** *Un puente es parte de una ruta.* **5.** *Una estatua es parte de un lugar público.* **6.** *Un semáforo es parte de una ruta.* **7.** *Un camión es un medio de transporte.* **8.** *Un centro de salud es una institución social.* **9.** *Un tren es un medio de transporte.* **10.** *Una oficina de correos es una institución gubernamental.* **11.** *Una acera es una ruta.* **12.** *Una gasolinera es un negocio particular.*

Act. C, Suggestions:
• Do *Paso 1* out loud as a whole-class activity.
• Have students do *Paso 2* individually. Then have them work in groups of four to share their definitions with each other and to choose the best one for each word or phrase. You may want to have some groups volunteer and share their answers with the whole class.

Act. C, *Paso 1*, Answers:
1. *una carretera* **2.** *un carnet de conducir* **3.** *una acera* **4.** *un barco* **5.** *doblar*

Act. C, *Paso 2*, Answers:
(Answers will vary). **1.** *un lugar donde se espera para tomar el autobús* **2.** *parte de una calle, carretera, ferrocarril, etcétera, que cruza un río* **3.** *un edificio muy alto* **4.** *una clínica para personas que tienen problemas de salud* **5.** *ir de un lado de la calle al otro* **6.** *un mapa de una ciudad*

COMMUNICATION

C. Definiciones

PASO 1. Da la palabra definida.

1. Es un camino (*road*) grande entre ciudades, estados y provincias. No tiene semáforos.
2. Es un documento que necesitamos para manejar un vehículo legalmente.
3. Es una ruta para los peatones (*pedestrians*).
4. Es un medio de transporte marítimo.
5. Es cambiar de dirección mientras se camina o se maneja un vehículo.

PASO 2. Define las palabras y frases.

1. una parada de autobuses
2. un puente
3. un rascacielos
4. un centro de salud
5. cruzar
6. un plano

D. Direcciones. En parejas, túrnense para explicar cómo llegar de un lugar a otro en el plano. Tu compañero/a va a adivinar el lugar. Sigan el modelo.

MODELO E1: Cuando sales de la gasolinera, debes caminar hacia el este dos cuadras, doblar a la derecha y caminar dos cuadras más. Allí está el lugar.
E2: Es la oficina de correos.

Act. E, *Paso 2*, Suggestion: Draw a chart on the board with *ventajas / desventajas* columns for *ciudad grande / ciudad pequeña*, and fill in the chart as groups report their preferences.

COMMUNICATION

E. Ventajas y desventajas

PASO 1. ¿Les gusta dónde está ubicada esta universidad? En grupos pequeños, comenten las ventajas y desventajas que tiene estudiar en una ciudad grande comparadas con las de una ciudad pequeña. Piensen en los medios de transporte, lugares para salir con los amigos, entretenimiento, seguridad, tráfico, etcétera.

PASO 2. Ahora, un(a) estudiante en cada grupo debe compartir las ideas de su grupo con la clase. Comparen las preferencias. ¿Qué ciudad prefiere la mayoría? ¿Por qué?

Gramática

8.1 Tú Commands

Giving Commands to Familiar People

GRAMÁTICA EN ACCIÓN

CULTURES C

¿Cómo llego al Mercado Central?

[Mark está en la ciudad de Guatemala por un mes y hoy quiere hacer unas compras en el Mercado Central.]

MARK: Ramón, **hazme** un favor. No entiendo este plano.
RAMÓN: Cómo no. **Dime** qué necesitas.
MARK: **Explícame** cómo llegar al Mercado Central. Quiero caminar.
RAMÓN: Pues, queda un poco lejos, en la Zona 1. Pero, bueno, **sal** de aquí y **dobla** a la izquierda. **Sigue** todo derecho por unas veinte cuadras.
MARK: ¡Veinte cuadras! ¡**No me digas**!
RAMÓN: Pues sí, te dije, queda lejos. **Toma** el autobús si no quieres caminar, porque hay unas veinte cuadras más.
MARK: ¡Dios mío! **Dime**, entonces, qué autobús debo tomar.
RAMÓN: Bueno, **no te enojes**, pero tienes que tomar tres autobuses desde aquí. ¿Te hago un plano?
MARK: Ay... sí, **hazme** uno, por favor.

Un autobús en «Guate»

Acción. Indica el verbo correcto para completar cada una de las oraciones.

1. Ramón, __d__ a la calle y mira a la derecha.
2. Mark, __a__ el autobús para llegar al centro de salud.
3. Ramón, no __c__ caminando hasta la oficina de correos. Está muy lejos.
4. Mark, __b__ mis instrucciones exactamente.
5. Ramón, no __e__ por la plaza de noche.

a. toma
b. sigue
c. vayas
d. sal
e. pases

Gramática, **Note:** Students can assess their understanding and mastery of the grammar points presented in this chapter by accessing the LearnSmart module for *Capítulo 8* at www.mhhe.com/connect.

GEA, **Note:** The audio for this *GEA* is available through the eBook or on Connect.

GEA, **Culture Note:** The *Mercado Central* is in Zone 1 of Guatemala City, close to the *Palacio Nacional de Cultura* and the *Catedral Metropolitana*. The *Mercado Central* has two levels, both of which are underground. On one level, clothing, crafts, and other souvenir-type gifts are sold. The other level is a farmer's market. Ask students if they have ever shopped in a market of this type. What would be the advantages and disadvantages of having such a wide variety of products under one roof?

GEA, **Suggestion:** Have students give basic directions to get from class to other buildings or classrooms on campus.

The informal commands are used to tell people with whom you have a familiar relationship what to do. Use these whenever you would use the **tú** form of the verb with the person in question. You will learn about formal commands (**Ud.** and **Uds.**) in a later chapter. The informal commands have two different forms, one for affirmative commands and one for negative commands.

AFFIRMATIVE tú COMMANDS

REGULAR AFFIRMATIVE **tú** COMMANDS	
manejar	→ **maneja**
comer	→ **come**
conducir	→ **conduce**

A. To form regular affirmative **tú** commands, simply use the **Ud., él/ella** form of the present tense.

Toma la camioneta número 2. — *Take the number 2 minibus.*
Conduce con precaución. — *Drive safely.*

B. Any stem changes or other irregularities in the **Ud., él/ella** present tense forms are carried over into the **tú** command.

Duerme bien. — *Sleep well.*

C. Reflexive, indirect object, and direct object pronouns must be attached to the end of affirmative commands. When a pronoun is attached, remember to add an accent to the second-to-last syllable of the command itself in order to preserve the original stress pattern when the command is pronounced.

¡**Diviértete** mucho! — *Have a great time!*

Pregúntale al taxista cuánto nos va a cobrar. — *Ask the taxi driver how much he's going to charge us.*

Llámalo después. Necesitamos tomar el metro. — *Call him later. We need to take the subway.*

D. There are eight verbs that have irregular affirmative **tú** commands.

IRREGULAR AFFIRMATIVE **tú** COMMANDS			
decir	→ **di**	**salir**	→ **sal**
hacer	→ **haz**	**ser**	→ **sé**
ir	→ **ve**	**tener**	→ **ten**
poner	→ **pon**	**venir**	→ **ven**

Pon esto dentro del carro. Salimos en un momento. — *Put this in the car. We're leaving in a moment.*

Ven con nosotros. Vamos al centro. — *Come with us. We're going downtown.*

When using just one pronoun with these irregular affirmative commands, no accent is needed because the stress naturally falls on the second-to-last syllable, even with the addition of the pronoun. However, if you use two pronouns, an accent is needed in order to maintain the original stress pattern.

Dime a qué hora llega el autobús. — *Tell me what time the bus arrives.*

Vete. No te quiero hablar. — *Go away. I don't want to talk to you.*

Díselo. — *Tell it to him.*

NEGATIVE tú COMMANDS

A. Follow these steps to form negative commands.

1. Take the **yo** form of the present tense of the verb: **hablar** → **hablo**
2. Drop the **-o** ending from the **yo** form: **hablo** → **habl-**
3. Add the "opposite vowel" ending:
   - For **-ar** verbs add **-es** → **hables**
   - For **-er/-ir** verbs add **-as** → **comas, vivas**

The spelling and stem changes that occur in the **yo** form will be used in the negative command forms.

NEGATIVE **tú** COMMANDS			
doblar	→ **no dobles**	**salir** (*irreg.*)	→ **no salgas**
comer	→ **no comas**	**servir (i, i)**	→ **no sirvas**
conducir (zc)	→ **no conduzcas**	**venir** (*irreg.*)	→ **no vengas**
decir (*irreg.*)	→ **no digas**	**volver (ue)**	→ **no vuelvas**

Note that when using pronouns with a negative **tú** command, the pronouns always go between the **no** and verb form.

No dobles a la izquierda. Sigue derecho. — *Don't turn left. Keep going straight.*

¡**No** me **digas**! — *No way!* (lit. *Don't tell me!*)

B. Infinitives that end in **-car, -gar,** and **-zar** have a spelling change in their negative **tú** commands. This is the same spelling change required for the **yo** preterite form. Note that any **yo**-form stem changes apply as well.

NEGATIVE tú COMMANDS OF -car, -gar, AND -zar VERBS	
buscar (c → qu)	**→ no busques**
pagar (g → gu)	**→ no pagues**
almorzar (z → c)	**→ no almuerces**

No pagues esa multa. No hiciste nada malo. — *Don't pay that fine. You didn't do anything wrong.*

C. The following verbs have irregular negative **tú** commands.

IRREGULAR NEGATIVE tú COMMANDS			
dar	**→ no des**	**saber**	**→ no sepas**
estar	**→ no estés**	**ser**	**→ no seas**
ir	**→ no vayas**		

No vayas por esa calle. Tiene muchísimo tráfico. — *Don't go down that street. It has a lot of traffic.*

No le **des** esto a nadie. Guárdalo bien. — *Don't give this to anyone. Keep it in a safe place.*

Nota comunicativa

Vosotros Commands

If you plan to travel in Spain, it is worthwhile to learn the **vosotros** commands, at least for recognition purposes. To form affirmative **vosotros** commands, the **-r** at the end of the infinitive is replaced by a **-d.** To form negative **vosotros** commands, add **-éis** to the stem of the negative **tú** command for **-ar** verbs and **-áis** for **-er/-ir** verbs, and place the word **no** before the conjugated verb.

INFINITIVE	AFFIRMATIVE VOSOTROS COMMAND	NEGATIVE VOSOTROS COMMAND
hablar	**hablad**	**no habléis**
comer	**comed**	**no comáis**
abrir	**abrid**	**no abráis**
volver	**volved**	**no volváis**
pedir	**pedid**	**no pidáis**
ir	**id**	**no vayáis**

(*Continúa.*)

As with other command forms, pronouns are placed at the end of affirmative commands or between the **no** and the verb of negative commands.

Preguntadle a qué hora nos vamos.	*Ask him what time we're leaving.*
Y ese tren, **no lo toméis** por la mañana porque siempre está muy lleno y hace muchas paradas.	*And that train, don't take it in the morning, because it's always packed and it makes a lot of stops.*

The exception to this rule is with reflexive verbs. When the reflexive pronoun **os** is attached to the end of an affirmative **vosotros** command, the final **-d** of command form is dropped. Additionally, for **-ir** verbs, an accent must be added to the final **-i** of the command stem to maintain the original stress pattern. (Exception: When **os** is attached to the affirmative **vosotros** command of the verb **ir,** the **-d** is not dropped.)

No os vayáis todavía. **Quedaos** un rato más.	*Don't leave yet. Stay a while longer.*
¡Divertíos mucho!	*Have a great time!*
Idos mañana. Hay una fiesta esta noche.	*Leave tomorrow. There's a party tonight.*

***Nota comunicativa,* Point out:** The affirmative *vosotros* command *idos* is grammatically correct, however it is more often replaced with *iros* (*inf. + refl. pron.*) in daily usage.

ACTIVIDADES

***Act. A,* Answers: 1.** *ven* **2.** *Trae* **3.** *Toma* **4.** *bájate* **5.** *Sube* **6.** *tomes* **7.** *Usa* **8.** *Oye* **9.** *Dime* **10.** *sigue* **11.** *Dobla* **12.** *dobla* **13.** *sigue* **14.** *estaciones* **15.** *traigas* **16.** *tráela* **17.** *olvides* **18.** *seas* **19.** *te preocupes*

A. Una fiesta. Completa el diálogo usando la forma correcta del mandato informal de los verbos entre paréntesis.

ROBERTO: Sara, ¿qué haces esta noche?
SARA: Pues no sé, Roberto. No tengo planes.
ROBERTO: Pues **(venir)**[1] a mi casa. Vamos a hacer una fiesta.
SARA: ¿De veras?[a]
ROBERTO: Sí. A las 8:00. **(Traer)**[2] a tu amiga Lisa.
SARA: ¿Cómo llego a tu casa?
ROBERTO: **(Tomar)**[3] el autobús número 433 y **(bajarse)**[4] en la calle Girasol. Nuestro edificio es el número 212. **(Subir)**[5] al quinto piso, apartamento 504. Pero no **(tomar)**[6] el ascensor porque no funciona. **(Usar)**[7] las escaleras.[b]
SARA: ¡Uf! Mucho ejercicio, pero está bien. **(Oír)**[8], creo que prefiero conducir. **(Decirme)**[9] cómo llegar desde la universidad.
ROBERTO: Saliendo de la universidad, **(seguir)**[10] todo derecho en la calle León por cuatro cuadras. **(Doblar)**[11] a la derecha en la avenida Remedios. Después de seis cuadras, **(doblar)**[12] a la izquierda en la calle Girasol y **(seguir)**[13] derecho dos cuadras. Nuestro edificio está a la izquierda, es el número 212. ¡Ah! Y no **(estacionar)**[14] en la calle. El estacionamiento en el garaje del edificio es gratis.
SARA: ¿Necesitan algo para la fiesta?
ROBERTO: No **(traer)**[15] comida. Ya tenemos mucha. Pero tu música, **(traerla)**[16] si quieres. Tu colección es impresionante.
SARA: Está bien. A las 8:00, ¿verdad?
ROBERTO: Sí. Y ¡no **(olvidar)**[17] a tu amiga Lisa!
SARA: ¡Ay! Estás obsesionado con Lisa. ¡No **(ser)**[18] pesado[c] con ella! Lisa no es muy paciente.
ROBERTO: No **(preocuparse)**[19]. Voy a ser todo un caballero.[d]

[a]*Really?* [b]*stairs* [c]*annoying* [d]todo... *a complete gentleman*

B. Dilemas de la vida urbana

PASO 1. Usando las siguientes opciones, da el mandato apropiado para cada situación.

mirar el plano	tener cuidado	no ir al centro comercial
ir a la oficina de correos	no salir a esa hora	tomar el autobús

1. Necesitas enviarle una carta a tu abuela.
2. Hay muchísimo tráfico a las 5:00 de la tarde.
3. Tienes que ir al centro de salud, pero está muy lejos de donde vives.
4. Tienes que conducir por la noche en la lluvia.
5. Una persona te pide direcciones a la iglesia, pero no conoces bien la ciudad.
6. No tienes dinero para ir de compras.

***Act. B, Paso 1,* Answers: 1.** *Ve a la oficina de correos.* **2.** *No salgas a esa hora.* **3.** *Toma el autobús.* **4.** *Ten cuidado.* **5.** *Mira el plano.* **6.** *No vayas al centro comercial.*

PASO 2. En parejas, piensen en mandatos informales para las siguientes situaciones. Inventen por lo menos dos mandatos para cada ejemplo.

MODELO Esperas a tu amigo en un café del centro y te llama para decirte que está perdido. Para llegar al café, ve a la esquina de la calle Guadalupe y...

1. Tu amigo llega al aeropuerto hoy y tú no tienes coche para ir a buscarlo.
2. Vas conduciendo en la carretera y se te descompone el carro.
3. Tomas el autobús equivocado y ahora estás perdido en un barrio desconocido.
4. Estás cansado/a de la ciudad y quieres disfrutar del aire libre.

C. Para llegar a... En parejas, túrnense para dar direcciones para llegar a diferentes lugares en la universidad o en la ciudad, usando mandatos informales. No digan el lugar. Tu compañero/a debe adivinarlo.

MODELO E1: Sal de este edificio. Dobla a la derecha y sigue derecho por dos cuadras. El edificio está a la izquierda.
E2: Es la Facultad de Ciencias.

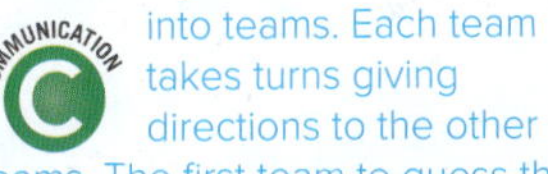

***Act. C,* Suggestion:** Make this a class activity. Divide the class into teams. Each team takes turns giving directions to the other teams. The first team to guess the location scores a point. It may be helpful to project or distribute a campus map for students to use as they give directions.

Nota cultural

El Teatro Nacional de San José de Costa Rica

El Teatro Nacional de noche
©Mihai-Bogdan Lazar/Shutterstock.com

El Teatro Nacional de San José, Costa Rica, es uno de los edificios más emblemáticos del país. Su construcción se inició a finales del siglo XIX como respuesta al interés cultural de sus ciudadanos.

Los espectáculos[a] son seleccionados en base al prestigio de las compañías de ópera y teatro. También hay funciones de la Orquesta Sinfónica Nacional de Costa Rica y de compositores extranjeros de renombre.[b]

El Teatro Nacional, además de tener un valor cultural, es un edificio de gran belleza. El frente del teatro es formidable, con estatuas que representan la música, la fama y la danza. El interior del teatro es impresionante también. Las columnas, el mobiliario[c] lujosamente decorado, las pinturas en paredes y techos[d] y las enormes lámparas de araña[e] son de estilo neoclásico y contribuyen a que la experiencia cultural sea[f] inolvidable. Como resultado, el Teatro Nacional se ha convertido en una atracción turística y actualmente ofrece *tours* todos los fines de semana, además de los espectaculos teatrales programados. También se celebran allí reuniones de Estado.

[a]*performances* [b]*de... renowned* [c]*furniture* [d]*ceilings* [e]*lámparas... chandeliers* [f]*(will) be*

PREGUNTAS

1. ¿Cómo es el Teatro Nacional de San José? Menciona dos actividades que se celebran allí, aparte de los espectáculos teatrales.
2. ¿Quiénes pueden actuar en el Teatro Nacional? ¿Por qué? ¿Qué significado tiene esto para la ciudad de San José?
3. ¿Qué presentaciones culturales se ofrecen en la ciudad de Uds.? ¿Qué tipos de espectáculos les gustan? ¿Con qué frecuencia asisten Uds. a estos espectáculos? Expliquen.

Act. D, Paso 1 **Answers:**
1. *Ve* 2. *busca* 3. *dime*
4. *Ven* 5. *paséate*
6. *Cuéntame* 7. *Mira*
8. *Oye* 9. *olvides*
10. *explícame* 11. *me digas*

D. La planificación urbana en dos ciudades centroamericanas

PASO 1. Completa los diálogos sobre San Salvador y la Ciudad de Panamá con los mandatos informales correctos. **¡OJO!** Algunos ejemplos requieren un pronombre reflexivo o de objeto directo o indirecto.

San Salvador

La Catedral Metropolitana de San Salvador
©Neil Julian/Alamy Stock Photo

JULIO: Sé que hace tiempo hubo muchos problemas en el Centro Histórico de San Salvador y que las calles y los barrios de la ciudad estuvieron muy desordenados y sin servicios básicos.

ROSARIO: Sí, pero ahora eso está cambiando. **(Ir)**[1] al internet y **(buscar)**[2] información sobre los programas que colaboran en el rescate del Centro Histórico.

JULIO: ¡Qué chivo[a]! Pero **(decirme)**[3] una cosa: ¿cómo está cambiando específicamente?

ROSARIO: El gobierno está limitando los vendedores ambulantes[b] a un mercado público, trabajando para resolver los problemas de tráfico, mejorando la infraestructura y promoviendo la construcción de viviendas económicas de buena calidad. **(Venir)**[4] a visitar y **(pasearte)**[5] por el centro. Lo vas a ver muy cambiado.

Ciudad de Panamá

Panorama de la Ciudad de Panamá
©David Forman/Image Source

MERCE: **(Contarme)**,[6] amiga, ¿cómo se ve en estos días el centro de la ciudad?

JEYDY: Pues, se ve mucho mejor que antes. El gobierno y los negocios locales están haciendo mucho esfuerzo[c] para resolver algunos de los problemas. **(Mirar)**[7] el ejemplo de las zonas peatonales.[d] Construyeron aceras muy amplias y ahora es mucho más fácil caminar por el área histórica. **(Oír)**,[8] no **(olvidar)**[9] que el gobierno estima que estos proyectos van a beneficiar a setenta mil personas. ¡Eso es enorme!

MERCE: Y, **(explicarme)**,[10] ¿qué pasa con el área de Calidonia y Vía Argentina? Ya sabes que allí es donde me crié.

JEYDY: ¡No **(decirme)**[11] que no estás enterada! Pues en tu antiguo barrio están instalando nuevas aceras, zonas verdes y mercados públicos donde la gente puede comprar de todo, pero sobre todo comida. Además, están reorganizando las calles y construyendo estacionamientos soterrados.[e]

MERCE: ¡Guau! Me alegra mucho saber eso. Voy a tener que visitarlo durante mis próximas vacaciones.

[a]*cool* [b]vendedores... *street vendors* [c]*effort* [d]*pedestrian* [e]*underground*

PASO 2. En parejas, miren los mapas de las dos ciudades. Túrnense para escoger lugares en los mapas y dar indicaciones (*directions*) para llegar de un lugar a otro usando mandatos informales y el vocabulario del **Tema I.** Tomen por lo menos dos turnos cada uno.

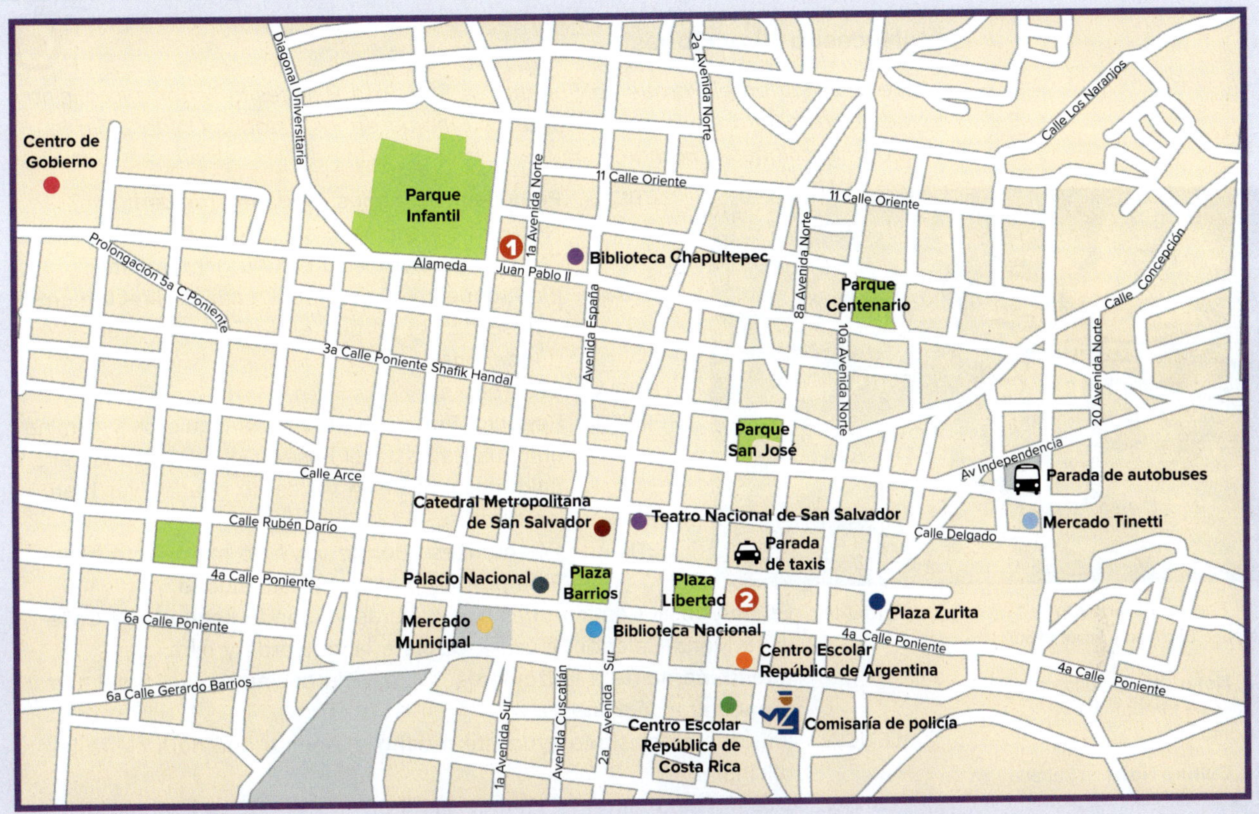

Mapa del centro de la ciudad de San Salvador

Mapa del centro de la Ciudad de Panamá

Modifying Verbs and Adjectives

8.2 Adverbs

GRAMÁTICA EN ACCIÓN

¡Necesito direcciones!

[Leticia está en el Parque La Sabana en San José y necesita llegar a la oficina de correos para enviarle una carta a su mamá en los Estados Unidos. Ella le pide direcciones a Fernán.]

En el Parque La Sabana
©Stephen Bay/Alamy Stock Photo

GEA, **Note:** The audio for this *GEA* is available through the eBook or on Connect.

GEA, **Culture Note:** La Sabana is Costa Rica's largest urban park, and is considered "the lungs" of the city by residents who enjoy the green space and the recreational opportunities it provides, including a large lake and sports fields. Have students brainstorm other famous urban parks throughout the world. How do they improve life for city dwellers? What purposes do these kinds of spaces serve? What kinds of activities and events commonly occur in them?

LETICIA: Perdóname. ¿Puedes ayudarme **rápidamente**? Necesito direcciones para ir a la oficina de correos. Tengo que enviar esta carta **urgentemente**.

FERNÁN: ¡Por supuesto! Desde aquí, camina **directamente** a la salida del parque en la Calle 42. ¿Sabes dónde está?

LETICIA: Creo que sí.

FERNÁN: Perfecto. Entonces dobla a la izquierda y camina una cuadra hasta el Paseo Colón. Cruza la calle **cuidadosamente**. A veces no puedes ver **bien** los coches.

LETICIA: ¿Y entonces adónde voy? No me oriento **bien**. **Siempre** me pierdo en esta ciudad.

FERNÁN: Es **muy** fácil. Camina otras dos cuadras y cuando llegues a la Calle José María Celedón, crúzala. Dobla a la izquierda y mira **inmediatamente** a la izquierda. Allí está la oficina de correos. La vas a encontrar **fácilmente**.

LETICIA: ¡Muchas gracias! Me ayudaste **mucho**. ¿Sabes a qué hora cierra la oficina?

FERNÁN: **Desafortunadamente**, cierra a las 4:00.

LETICIA: Pero ya son las 4:30. ¡Qué lástima! **Nunca** llego a tiempo.

Acción. Indica el adverbio correcto para completar cada una de las oraciones.

1. Leticia se pierde _b_ en la ciudad.
2. Fernán explica _d, a_ cómo llegar a la oficina de correos.
3. Leticia no llega a tiempo para enviar su carta, _c_.
4. Es necesario cruzar la calle _a_.

a. cuidadosamente
b. fácilmente
c. desafortunadamente
d. muy bien

A. Adverbs answer the questions *how?, when?, how much?,* or *to what extent?* They can modify a verb, an adjective, or another adverb. These are some common adverbs in Spanish, some of which you have already heard and used:

así	like this/that	**muy**	very	**siempre**	always
bien	well	**nunca**	never	**solo**	only
mal	badly	**poco**	not much, little	**tanto**	so much; so often
mucho	a lot				

Mal answers the question *how is the car running?*

El coche funciona **mal.** — *The car is running badly.*

Bien tells how well Antonio drives, and **muy** answers the question *to what extent?*

Antonio conduce **muy bien.** — *Antonio drives very well.*

You have used **mucho** and **poco** as adjectives. When used as adverbs, the form does not change.

Viajo **mucho** en autobús, pero viajo **poco** en tren.	I travel a lot by bus, but I travel little by train.

B. Other adverbs can be formed by adding the suffix **-mente** to the end of the feminine singular form of adjectives.

rápid**a** → rápida**mente**	triste → triste**mente**
sol**a** → sola**mente**	total → total**mente**
inmediat**a** → inmediata**mente**	

C. Here are some additional adverbs that you should learn.

actualmente	currently
(des)afortunadamente	(un)fortunately
desgraciadamente	unfortunately

ACTIVIDADES

A. Simplemente. Completa lógicamente las oraciones con un adverbio. Usa adverbios de la primera lista o forma adverbios usando los adjetivos de la segunda lista. **¡OJO!** Hay más de una respuesta posible en algunos casos.

ADVERBIOS		ADJETIVOS	
bien	nunca	absoluto/a	total
mal	poco	difícil	triste
mucho	siempre	terrible	

1. ________, nuestro perro murió la semana pasada.
2. No uso ________ el transporte público.
3. Estamos ________ encantados con nuestro coche nuevo.
4. Mi abuelo camina ________, y ________ tiene que usar bastón (*cane*).
5. No sé dónde estamos. Estamos ________ perdidos.
6. Ese libro es ________ largo. ¡________ lo voy a terminar!
7. Ese muchacho no se lleva ________ con nadie.

B. ¿Cómo lo haces?

PASO 1. Escucha las preguntas y contéstalas con oraciones completas usando un adverbio.

MODELOS (ESCUCHAS): ¿Es fácil para ti estudiar con la televisión puesta?
(ESCRIBES): Sí, estudio fácilmente con la televisión puesta.

1. ... **2.** ... **3.** ... **4.** ... **5.** ... **6.** ... **7.** ... **8.** ...

PASO 2. Compara tus respuestas con las de tus compañeros de clase. ¿Todos lo hacen así?

C. Entrevista. Entrevista a un compañero / una compañera de clase con estas preguntas. Luego, cambien de papel. **¡OJO!** Usen adverbios apropiados.

1. ¿Cuándo y cuánto manejas?
2. ¿Cómo conduces en el campus? ¿en el centro? ¿en las carreteras?
3. ¿Con qué frecuencia usas el transporte público?
4. ¿Cómo estudias cuando tienes un examen difícil?
5. ¿Cuándo hablas con tus padres y por cuánto tiempo?
6. ¿Cómo te llevas con tu familia? Explica.

***Act. A*, Answers:** (*Answers may vary*). **1.** *Tristemente* **2.** *mucho* **3.** *absolutamente* **4.** *difícilmente, siempre* **5.** *totalmente* **6.** *terriblemente, Nunca* **7.** *bien/mal*

***Act. B*, Script:** **1.** *¿Conduces en el campus de la universidad con mucho cuidado?* **2.** *¿Vas al centro de salud de la universidad con frecuencia?* **3.** *¿Almuerzas en una cafetería de la universidad o en una afuera?* **4.** *¿Conoces bien esta ciudad o siempre te pierdes?* **5.** *¿Te pierdes con facilidad en una ciudad nueva?* **6.** *¿Siempre caminas entre clases o usas otro medio de transporte a veces?* **7.** *¿Usas el transporte público todos los días?* **8.** *¿Viajas en avión con frecuencia?*

***Act. B*, Suggestions:**

- Follow up by having students share their answers with the class or in small groups. This is an opportunity to pick up on mistakes in their use of adverbs, and model the correct structures whenever possible.
- If you review answers as a class, write some of the adverbs students use on verbs, and, whenever possible, write alternatives. For example: *Viajo mucho en avión: mucho → frecuentemente.*

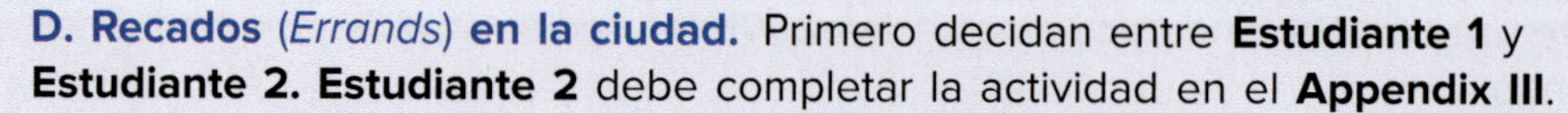

D. Recados (*Errands*) **en la ciudad.** Primero decidan entre **Estudiante 1** y **Estudiante 2. Estudiante 2** debe completar la actividad en el **Appendix III**.

***Act. D, Paso 1*, Answers:**
1. *felizmente* **2.** *muy*
3. *poco* **4.** *cómodamente*
5. *solo* **6.** *siempre*
7. *mucho* **8.** *típicamente*
9. *rápidamente* **10.** *diariamente*
11. *inmediatamente*
12. *directamente*
13. *pacientemente*
14. *nunca* **15.** *normalmente*
16. *Desafortunadamente*
17. *frecuentemente* **18.** *mal*
19. *fácilmente* **20.** *Mensualmente*
21. *cuidadosamente*
22. *tristemente* **23.** *tranquilamente*

PASO 1. Completa el texto, cambiando los adjetivos a adverbios. Si no hay un adjetivo, elige entre los dos adverbios.

Carmen vive en Tegucigalpa con su hermana Yazmín, sus dos hijas y su sobrino. Todos conviven **(feliz)**[1] en su hogar, un apartamento de tres dormitorios en las afueras de la ciudad. Carmen trabaja **(muy / mucho)**[2] duro[a] en el bar de su padre sirviendo bebidas a los clientes, limpiando y preparando comida por nueve o diez horas cada día. Gana muy **(bien / poco)**,[3] pero es suficiente para mantener **(cómoda)**[4] a su familia y le da gusto[b] ayudar a su padre. Yazmín trabaja menos horas porque su bebé es pequeñito; **(tanto / solo)**[5] tiene 8 meses. Así que ella **(siempre / nunca)**[6] se encarga de las necesidades de los niños y del hogar.

Estos son los recados de Yazmín:

- Va **(mucho / tanto)**[7] al Mercado Mayoreo los viernes y sábados. Allí **(típica)**[8] compra frutas y verduras frescas para la familia, a veces ropa o cosas para la casa también. Para llegar, ella toma el autobús porque así llega más **(rápida)**[9] que caminando.
- Recoge a las hijas de Carmen de la escuela **(diaria)**.[10] Sale de la casa **(inmediata)**[11] después de darle el almuerzo a su bebé. Camina **(directa)**[12] desde el apartamento a la escuela donde espera **(paciente)**[13] porque las niñas casi **(nunca / siempre)**[14] salen temprano. Ellas **(normal)**[15] se entretienen con sus amigas de la escuela, pero a Yazmín no le molesta.
- **(Desafortunada)**,[16] tiene que pasar por la Farmacia Zambrano **(frecuente)**.[17] Una de las hijas de Carmen tiene asma y a veces el aire sucio de la ciudad le hace sentir **(bien / mal)**[18] y no puede respirar **(fácil)**.[19] Por lo tanto, Yazmín pasa por la farmacia cuando es necesario comprar las medicinas que la niña necesita.
- **(Mensual)**[20] toma el autobús con los niños para visitar el cementerio. Allí limpia **(cuidadosa)**[21] la lápida[c] de su madre que, **(triste)**,[22] murió de cáncer hace dos años. Cuando va, pasa el tiempo **(tranquila)**[23] con los niños, contándoles anécdotas de la vida de su abuela.

Una frutería tica (costarricense)
©DreamPictures/Shannon Faulk/Blend Images LLC

[a]*hard* [b]*le... she enjoys* [c]*headstone*

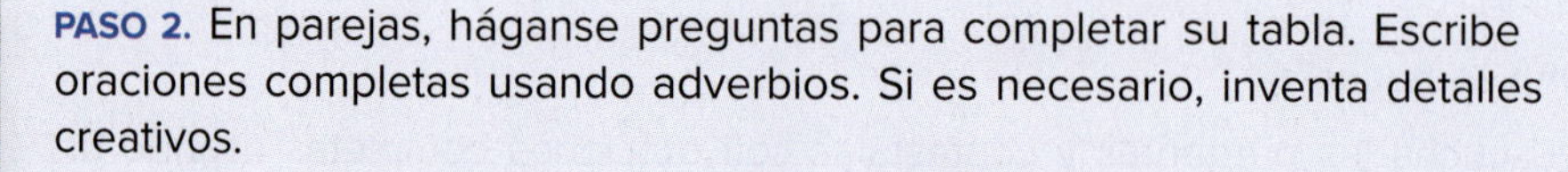

PASO 2. En parejas, háganse preguntas para completar su tabla. Escribe oraciones completas usando adverbios. Si es necesario, inventa detalles creativos.

MODELO: E1: ¿Cómo va a la frutería?
E2: Va caminando desde el café.
ESCRIBES: Va caminando tranquilamente.

	¿CÓMO?	¿CUÁNDO?	¿CON QUÉ FRECUENCIA?
FRUTERÍA	Va caminando tranquilamente.		
PARADA DE AUTOBUSES			
BANCO			
BIBLIOTECA NACIONAL			

Un cementerio hondureño
©Lissa Harrison

Expresiones artísticas

La mola

La mola es una prenda de ropa identificativa[a] de los kunas, un grupo indígena de Panamá y Colombia. La palabra «mola» significa «*persona*» en la lengua kuna. Tradicionalmente, los kunas pintaban[b] sus cuerpos con dibujos geométricos. Durante la colonización española los dibujos empezaron a hacerse sobre telas. Creadas a mano por mujeres kunas, estas obras de arte únicas consisten en varias capas[c] de tela de diferentes colores, con diseños geométricos y dibujos de animales y flores que representan las tradiciones, la naturaleza y el mundo kuna. A veces las molas incluyen también figuras humanas y motivos religiosos de la cultura cristiana. Las molas generalmente se venden en pares que sirven como la parte posterior y anterior[d] de una blusa. Algunas personas las usan para decorar cojines[e] o las cuelgan[f] en la pared. Las imágenes aquí representan dos molas diferentes, una con dos peces ángel, típicos de América, y otra con un patrón abstracto, de un laberinto.[g]

[a]*identifying* [b]*painted* [c]consisten... *are made up of several layers* [d]posterior... *back and front* [e]*throw pillows*
[f]las... *hang them* [g]*maze*

Mola kuna con peces ángel (angelfish)
©Danny Lehman/Corbis/VCG/Getty Images

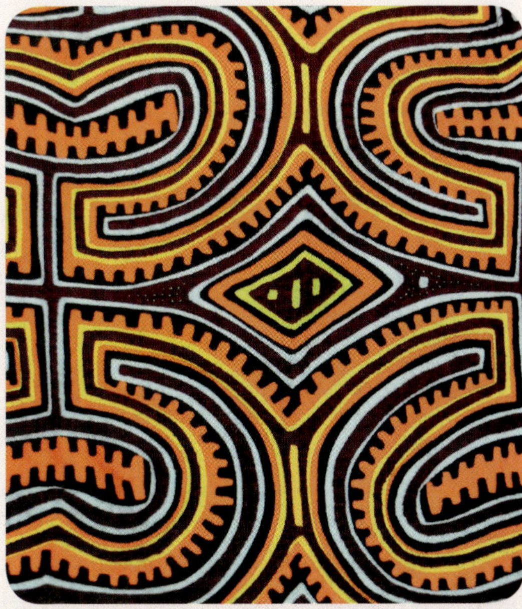

Mola kuna con patrón (pattern) *abstracto*
©mtcurado/Getty Images

COMMUNICATION

1. Describan las dos molas. ¿Cuáles son algunas semejanzas (*similarities*) y diferencias entre ellas? ¿Qué tipo de tradiciones y valores pueden representar los animales y las plantas de una mola típica? ¿Qué detalles pueden ser importantes en las molas abstractas? Expliquen.
2. ¿Por qué creen que los kunas transformaron la tradición de pintar sobre el cuerpo en el arte de crear ropa y telas? ¿Creen que la identidad cultural se perdió o se rescató en esa transformación? ¿Qué tipos de arte corporal (tatuajes, dibujos en el cuerpo, henna, *piercing*, etcétera) se ven donde ustedes viven y qué dicen sobre la identidad del individuo y/o del grupo que los usa?

***Expresiones artísticas,* Suggestions:**
- Have students work in pairs or small groups to answer the questions, then go over the questions with the whole class.
- Have students compare the *molas* with other cultural icons like jeans, hats, or kilts in Ireland or Scotland. Comment on issues of tradition and identity they might represent.
- Have students prepare brief presentations about a group that uses clothing, tattoos, etc., as identifiers. Allow some students to explore indigenous traditions of this country while others explore modern expressions of their community.
- Ask students to find more information on the internet and prepare a short report on the *molas* Kuna and what they represent as cultural manifestations of the Kuna Indians of Panamá and Colombia.

***Expresiones artísticas,* Point out:**
- Duality is an important element of the *molas*; the Kuna culture believes that humans, animals, plants and objects have two phases of life and spirituality. The two *molas* selected include this type of duality: two animals (angelfish) and a dual image, like a reflection, of another frequent theme in the *molas*, a maze. Kuna Indians believe that all men, animals and plants are united at the end of complex mazes.
- Molas are made by women who learn the tradition from their mothers. According to the Kuna legend, *molas* were created at the beginning of times and were hidden from men in a *kalu* (underworld fortress), a place to store all women things; women prevented men from accessing the *kalu*.

Un mundo sin límites

Tegucigalpa, Honduras

Michelle y Jorge

©McGraw-Hill Education/Zenergy/José Mario Lagos

©deepblue4you/Getty Images
©McGraw-Hill Education/Zenergy/José Mario Lagos

Antes de ver

Infórmate y ponte en su lugar.
Michelle y Jorge disfrutan de todas las oportunidades culturales que ofrece la ciudad de Tegucigalpa. Les gusta pasar tiempo explorando las calles, las plazas y los museos. ¿Cuál es tu ciudad favorita? ¿Por qué? ¿Qué te gusta hacer cuando estás allí? Escribe una lista de cuatro mandatos informales para una persona que va a visitar esa ciudad.

Vocabulario práctico

me perdía	I was always getting lost
una baleada	Honduran street food
el arte callejero	street art
la tiza	chalk
el spray	spraypaint

***Act. A,* Answers: 1.** *En el centro/el medio de la ciudad* **2.** *Come* **3.** *Los fines de semana* **4.** *Debajo de los puentes* **5.** *Nada*

¿Entendiste?

A. Comprensión. Contesta las preguntas.

1. ¿En qué parte de la ciudad está la oficina de Michelle?
2. ¿Qué hace Michelle a veces en la plaza bonita enfrente de la iglesia?
3. ¿Qué días de la semana suele ir Jorge a Tegucigalpa?
4. ¿Dónde dice Jorge que es común ver arte callejero?
5. ¿Qué dice Michelle que es igual entre su vida en Georgia y su vida en Honduras?

B. En la comunidad. En parejas, contesten las preguntas.

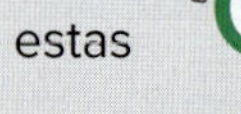

1. ¿Cuáles son tres cosas que menciona Michelle que ofrece Honduras? A Uds., ¿cuáles de estas cosas les gustan? ¿Por qué?
2. Nombren tres cosas que están cerca de la oficina de Michelle. ¿Creen que es una ventaja o una desventaja trabajar en un núcleo urbano? ¿Por qué?
3. ¿Qué es lo primero que hace Jorge cuando llega a Tegucigalpa? ¿Tienen Uds. amigos que visitan en otras comunidades? ¿Cómo pasan el tiempo juntos? ¿Es similar a Jorge y Michelle?
4. ¿Qué ingredientes llevan las baleadas? ¿A Uds. les gusta la comida callejera (*street food*)? ¿Cuáles son algunos ejemplos típicos en su comunidad?
5. ¿Qué opinan Michelle y Jorge sobre el arte callejero? ¿Están Uds. de acuerdo? ¿Hay arte callejero en su comunidad? ¿Qué suele expresar el arte callejero?

TEMA II: La vida de los pueblos y el campo

Vocabulario en acción

La comunidad rural

***Vocabulario en acción,* Note:** Students can assess their understanding and mastery of the vocabulary presented in this chapter by accessing the LearnSmart module for *Capítulo 8* at www.mhhe.com/connect.

la finca	farm
la propiedad	property
la tierra	land; soil
el valle	valley
agrícola (*m., f.*)	agricultural

Cognados: los animales domésticos; rural

Otras palabras y expresiones

la población	population

Cognados: la agricultura

ACTIVIDADES

A. Definiciones. Escucha cada una de las definiciones y escoge la palabra definida.

1. **a.** el bosque — **(b.)** el agricultor — **c.** la vaca
2. **a.** la gallina — **b.** el conejo — **(c.)** la vaca
3. **(a.)** el camino — **b.** el valle — **c.** la finca
4. **(a.)** los peces — **b.** los pavos — **c.** los burros
5. **a.** el río — **b.** el pueblo — **(c.)** la huerta
6. **(a.)** la montaña — **b.** la propiedad — **c.** el ganado

B. Asociaciones

PASO 1. Indica con qué se corresponde cada una de estas cosas: el agua (**AG**), la tierra (**T**) o los animales (**AN**).

AG	T	AN	
☑	☐	☐	**1.** el río
☐	☑	☐	**2.** el valle
☐	☑	☐	**3.** el bosque
☐	☐	☑	**4.** la oveja
☐	☑	☐	**5.** la huerta

AG	T	AN	
☐	☐	☑	**6.** el cerdo
☐	☐	☑	**7.** el ganado
☐	☐	☑	**8.** el pez
☐	☑	☐	**9.** la montaña
☑	☐	☐	**10.** el lago

PASO 2. En parejas, túrnense para definir palabras del **Paso 1.** Tu compañero/a debe adivinar la palabra definida.

MODELO E1: Es un grupo de vacas en una finca.
E2: Es el ganado.

C. Los animales

PASO 1. Empareja cada animal con la palabra o frase correspondiente.

_d_ **1.** el conejo — **a.** el ganado
_a_ **2.** la vaca — **b.** el lago
_b_ **3.** el pez — **c.** el pollo
_e_ **4.** el pavo — **d.** la Pascua (*Easter*)
_g_ **5.** el caballo — **e.** el Día de Acción de Gracias (*Thanksgiving*)
_h_ **6.** la oveja — **f.** el tocino
_c_ **7.** la gallina — **g.** árabe, mustang, palomino, andaluz, albino
_f_ **8.** el cerdo — **h.** la lana

PASO 2. Haz una lista de los animales que pueden servir de mascotas. Luego, en parejas, comparen sus listas y hablen de las mascotas que tienen. ¿Quién tiene la mascota más rara (*unusual*)?

***Vocabulario en acción*, Suggestions:**
- Describe the scene in the drawing to students. Model pronunciation by pointing out items in the illustrations as follows: *Aquí vemos una finca en el campo. Esta es una pareja de agricultores: el agricultor y la agricultora. Trabajan en la huerta y se ocupan del ganado. En el fondo, hay un pueblo pequeño. Los agricultores seguramente hacen algunas compras en el pueblo. Pero probablemente van a la ciudad para hacer compras grandes.* Do comprehension checks throughout the input presentation.
- Provide additional words depending on the students' experience and interest: *la aldea, el buey, el chivo, la colina, el comedor, la posada, el toro, cultivar, cosechar.*
- Point out that *el pueblo* is also used to mean *people* of a community or region and figuratively to refer to a nation. Another word for *small town/village* is *la aldea.*

***Act. A*, Script: 1.** *Es la persona que vive y trabaja en una finca en el campo.* **2.** *De este animal vienen muchos productos lácteos, como la leche y el queso.* **3.** *Es una ruta o vía construida para el tránsito de automóviles entre lugares.* **4.** *Estos animales viven en el lago o en el río.* **5.** *Es la parte de la finca dedicada al cultivo de frutas y verduras.* **6.** *Es una elevación natural muy alta de la tierra.*

***Act. B, Paso 2*, Suggestions:**
- Extend the activity by having students define other words in the *Vocabulario en acción* list.
- Set up games of Password using the *Vocabulario en acción* list.

D. La utilidad. En parejas, expliquen los usos o ventajas de estos animales, lugares y cosas. Después, compartan sus ideas con la clase.

MODELO una oveja → Una oveja es un animal doméstico que nos da leche, lana, cuero y carne.

1. una vaca	**3.** una finca	**5.** un burro	**7.** un río
2. una huerta	**4.** un camino	**6.** una gallina	**8.** un cerdo

E. ¿La ciudad o el campo?

PASO 1. Lee las explicaciones e indica si las personas que las dan viven en la ciudad o en el campo. Explica.

MODELO Tenemos una casa adosada con un pequeño jardín. → Vive en la ciudad, porque en la ciudad hay muchos barrios de casas adosadas.

1. Hay mucho tráfico a la hora en que voy al trabajo.
2. Tengo que levantarme temprano para darles de comer (*feed*) al ganado y a las gallinas.
3. Los viernes llevamos las verduras de nuestra huerta al mercado.
4. Tomo el metro para ir a la universidad.
5. Al fondo (*At the far end*) de la propiedad hay un lago con muchos peces.
6. En el valle, entre las montañas, hay un pueblo muy pequeño.

PASO 2. Escribe tres descripciones de personas que viven en la ciudad o en el campo. Usa las oraciones del **Paso 1** como modelo.

PASO 3. Comparte con la clase las oraciones que escribiste para el **Paso 2.** Tus compañeros/as deben adivinar si las personas descritas viven en la ciudad o en el campo.

Nota interdisciplinaria

Agricultura: La agricultura en Centroamérica

En una plantación de cacao en Centroamérica
©PixieMe/Shutterstock

La agricultura es la actividad económica más importante de Centroamérica, sobre todo en Nicaragua, Guatemala y Honduras. Esta zona geográfica tiene el suelo[a] y el clima ideales para el cultivo de productos tropicales.

El maíz, el arroz, los frijoles y otros productos se destinan al consumo interno de la población y se cultivan en pequeñas propiedades agrícolas, normalmente familiares. Sin embargo, hay otro tipo de agricultura, denominada agricultura de plantación, que se destina a la exportación. Estos productos se cultivan en grandes extensiones de tierra. Los cultivos más importantes de este tipo son el café, la banana, el cacao y la caña de azúcar.

El café es el cultivo principal en El Salvador, Guatemala, Costa Rica, Honduras y Nicaragua, donde las cenizas[b] de los volcanes enriquecen[c] el suelo de cultivo. El cacao es el segundo producto en importancia, sobre todo en Costa Rica. La banana es la principal riqueza de Panamá, cuyo mercado más importante son los Estados Unidos.

[a]*soil* [b]*ashes* [c]*enrich*

PREGUNTAS

1. ¿Qué tipos de agricultura existen en Centroamérica? ¿Cuáles son los productos más importantes para cada tipo de agricultura?
2. ¿Qué diferencias hay entre la agricultura para consumo interno y para la exportación?
3. En el lugar donde Uds. viven, ¿es importante la agricultura? ¿Cuáles son los cultivos principales?
4. ¿Saben Uds. de dónde vienen las bananas, el azúcar, el cacao y el café que consumen? ¿De dónde vienen otros productos agrícolas que compran en el supermercado? (La próxima vez que visiten su supermercado, fíjense en el origen y compartan la información con la clase.)

Describing Things That Used to Happen

8.3 Imperfect

***Gramática*, Note:** Students can assess their understanding and mastery of the grammar points presented in this chapter by accessing the LearnSmart module for *Capítulo 8* at www.mhhe.com/connect.

GRAMÁTICA EN ACCIÓN

Niños guatemaltecos felices
©Education Images/Getty Images

Cuando mi papá era niño

En esta foto, mi papá **tenía** 8 años. **Eran** las 7:00 de la mañana y él y sus hermanos **esperaban** el autobús. Mi papá **tenía** un hermano mayor y un hermano menor. Todos **tenían** el pelo moreno y **llevaban** su uniforme escolar.

Mi papá y su familia **vivían** en el campo en una finca. Todos los días, mi papá y sus hermanos **se levantaban** temprano para ayudar con los animales. Después, **iban** a la escuela. Papá siempre **llevaba** su almuerzo y **comía** con sus amigos. Después de clase, papá **trabajaba** en la finca. **Cenaba** con su familia a las 6:00, **hacía** la tarea y **se acostaba** temprano. La vida no **era** fácil, pero mi papá **era** feliz.

Acción. Escribe la forma correcta de cada verbo en el imperfecto. Debes consultar la narración.

1. La familia de mi papá **(ser)** feliz.
2. Papá y sus amigos **(comer)** el almuerzo en la escuela.
3. Mi papá **(esperar)** el autobús con sus hermanos.
4. Papá y sus hermanos **(cenar)** a las 6:00 de la tarde cada día.
5. Yo no **(trabajar)** en la finca cuando era niña.

***GEA*, Note:** The audio for this *GEA* is available through the eBook or the corresponding assignment builder activity on Connect.

***GEA, Acción* Answers:**
1. *era* **2.** *comían* **3.** *esperaba* **4.** *cenaban* **5.** *trabajaba*

A. To form the imperfect, drop **-ar** infinitive endings and replace them with **-aba, -abas, -aba, -ábamos, -abais, -aban.** For **-er/-ir** verbs, drop the infinitive endings and replace them with **-ía, -ías, -ía, íamos, íais, -ían.** Note the written accent marks on all **-er/-ir** forms. With **-ar** verbs only the **nosotros** form carries a written accent.

IMPERFECT: REGULAR VERBS					
estudiar		**comer**		**asistir**	
estudiaba	**estudiábamos**	**comía**	**comíamos**	**asistía**	**asistíamos**
estudiabas	**estudiabais**	**comías**	**comíais**	**asistías**	**asistíais**
estudiaba	**estudiaban**	**comía**	**comían**	**asistía**	**asistían**

Only three verbs are irregular in the imperfect: **ir, ser,** and **ver.**

IMPERFECT: IRREGULAR VERBS					
ir		**ser**		**ver**	
iba	**íbamos**	**era**	**éramos**	**veía**	**veíamos**
ibas	**ibais**	**eras**	**erais**	**veías**	**veíais**
iba	**iban**	**era**	**eran**	**veía**	**veían**

B. In general, the imperfect is used to describe actions or states in the past that do not have a clear beginning or ending.

1. The imperfect describes actions that were habitual or that were ongoing but without limiting the time being referred to.

Cuando yo **vivía** en la ciudad, **paseaba** por el centro todos los días.	*When I was living* (ongoing action) *in the city, I used to take* (habitual action) *a walk through downtown every day.* (no limiting time period mentioned)

2. Imperfect describes characteristics of people and things in the past.

Miguel **era** alto y **tenía** el pelo moreno y corto.	*Miguel was tall and had short dark hair.*
Siempre **estaba** alegre.	*He was happy all the time.*
Tenía 11 años cuando vino a vivir aquí.	*He was 11 when he came to live here.*

3. Imperfect is used for dates, times, seasons, and weather conditions in the past.

Hacía frío, **estaba** nublado y **llovía** mucho cuando llegamos.	*It was cold, it was cloudy, and it was raining a lot when we arrived.*
Eran las 3:00 de la tarde, pero **parecía** de noche.	*It was 3:00 in the afternoon but it felt like nighttime.*
Era invierno, pero no **hacía** mucho frío.	*It was winter, but it wasn't very cold.*

4. Imperfect describes two or more actions that were happening at the same time in the past.

Mientras Marcos les **daba** de comer a los cerdos, María **preparaba** la cena.	*While Marcos was feeding the pigs, María was preparing supper.*

5. Imperfect describes background information of a situation.

Era un día bonito en Tegucigalpa **Estaba** soleado, pero no **hacía** demasiado calor. No **había** nubes en el cielo...	*It was a beautiful day in Tegucigalpa. It was sunny, but it wasn't too hot. There were no clouds in the sky . . .*
Anoche a las 11:30 yo **dormía**, Óscar **estudiaba** para un examen y María y Jaime **bailaban** en un club de salsa.	*Last night at 11:30 I was sleeping, Óscar was studying for a test, and María and Jaime were dancing in a salsa club.*

ACTIVIDADES

A. La casa de mi tío abuelo (*great uncle*)**.** Completa la descripción con el imperfecto de los verbos entre paréntesis.

Mi tío abuelo, tío Mario, era el hermano menor de mi abuela materna. (*Él:* **Ser**)[1] un hombre excéntrico que, después de pasar cuarenta años viajando y conociendo el mundo, se compró una finca en el campo y ¡se casó a los 60 años con su amiga y compañera, Gabriela! El tío Mario siempre nos (**contar**)[2] cosas interesantes de sus viajes y aventuras y nos (**enseñar**)[3] fotos y vídeos de otros países. La tía Gabriela (**ser**)[4] muy divertida también y, como (**ser**)[5] antropóloga, (**saber**)[6] muchas cosas de otras culturas.

Me (**gustar**)[7] visitar a mi tío abuelo y a su esposa porque (**tener**)[8] muchos animales en su finca, algunos exóticos, como los cinco pavos reales.[a] (**Ser**)[9] hermosos ¡pero (**hacer**)[10] mucho ruido[b]! Mi pavo real favorito (**ser**)[11] blanco y me (**fascinar**).[12] Cerca de la finca, (**haber**)[13] un bosque y un lago. A veces (*nosotros:* **ir**)[14] a pescar[c] allí y casi siempre (*nosotros:* **ver**)[15] animales salvajes.[d]

[a]pavos... *peacocks* [b]*noise* [c]a... *fishing* [d]*wild*

Act. A, Answers: 1. *Era* **2.** *contaba* **3.** *enseñaba* **4.** *era* **5.** *era* **6.** *sabía* **7.** *gustaba* **8.** *tenían* **9.** *Eran* **10.** *hacían* **11.** *era* **12.** *fascinaba* **13.** *había* **14.** *íbamos* **15.** *veíamos*

Act. A, Suggestion: Have students work in pairs to describe the youth of a family member or famous person.

B. Cuando tenía 10 años... Contesta las preguntas con información personal sobre tu vida a los 10 años de edad. Escribe oraciones completas y usa el imperfecto.

1. ¿En qué ciudad vivías?
2. ¿Cómo se llamaba tu mejor amigo/a?
3. ¿Cuál era tu programa de televisión favorito?
4. ¿Adónde ibas de vacaciones con tu familia?
5. ¿Cuál era tu clase favorita en la escuela?
6. ¿Qué hacías cada día después de la escuela?
7. ¿Qué ropa te gustaba llevar a la escuela?

C. Entrevista. En parejas, entrevístense con las preguntas de la **Actividad B**. Deben pedir información adicional usando las preguntas: **¿Cómo era...?** o **¿Por qué...?**

MODELO E1: ¿En qué ciudad vivías? ¿Cómo era tu casa?
E2: Vivía en Greenville y mi casa era grande y antigua. Estaba en las afueras.

Act. D, Paso 1, **Answers: 1.** *tenía* **2.** *era* **3.** *sobrevivían* **4.** *cultivaban* **5.** *eran* **6.** *cocinaba* **7.** *usaban* **8.** *comían* **9.** *era* **10.** *consistía* **11.** *vivían* **12.** *usaban* **13.** *luchaban* **14.** *vivían* **15.** *tenía* **16.** *estaba* **17.** *se necesitaban* **18.** *pasaban* **19.** *iban* **20.** *estaba* **21.** *había* **22.** *abundaban* **23.** *sufrían* **24.** *trabajaban* **25.** *Pasaban* **26.** *tenían* **27.** *estaban* **28.** *moría* **29.** *era* **30.** *pensaban* **31.** *era* **32.** *tenían* **33.** *cultivaban* **34.** *criaban* **35.** *Tenían* **36.** *ayudaba* **37.** *trabajaban* **38.** *cuidaba* **39.** *preparaba* **40.** *conservaba* **41.** *estaba* **42.** *eran* **43.** *había* **44.** *se morían* **45.** *disminuía* **46.** *sobrevivían* **47.** *tenía* **48.** *continuaban* **49.** *Había* **50.** *era* **51.** *dominaba* **52.** *regalaba* **53.** *querían* **54.** *trabajaba* **55.** *se levantaban* **56.** *iban* **57.** *ganaban* **58.** *podían* **59.** *vendían* **60.** *vivían*

Suggestion: Have students work in groups of 4 on **Paso 1**, with one student completing each paragraph and then summarizing it aloud for the rest of the group members. They can each then choose (or be assigned) a different location and historical period for **Paso 2** and **Paso 3.**

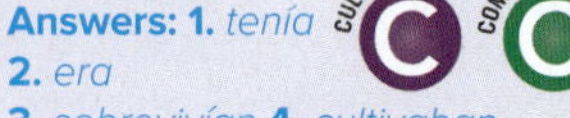

D. ¿Qué siglo era? ¿En qué país?

PASO 1. Completa las descripciones históricas con la forma correcta del imperfecto del verbo entre paréntesis.

Sochit: el siglo XV en Nicaragua

Sochit **(tener)**[1] 20 años en 1515 y **(ser)**[2] del pueblo indígena Nicarao. Ella y su familia **(sobrevivir)**[3] cazando[a] y pescando,[b] y también **(cultivar)**[4] algunas cosechas[c] como piñas y yuca. Esas cosechas **(ser)**[5] la base de su dieta. Cuando **(cocinar)**,[6] Sochit y su mamá **(usar)**[7] muchos de los mismos ingredientes que los mayas y los aztecas, como maíz, frijoles y aguacates. También **(comer)**[8] la carne de pavo y de perro. El chocolate **(ser)**[9] una parte importante de sus ceremonias religiosas. Su comunidad **(consistir)**[10] en grandes familias extendidas y tribus. Todos **(vivir)**[11] en chozas redondas[d] y **(usar)**[12] canoas. El padre y los hermanos de Sochit a veces **(luchar)**[13] en conflictos territoriales con otros pueblos indígenas del área, pero generalmente todos **(vivir)**[14] tranquilamente.

Samuel: El siglo XX en Panamá

Samuel **(tener)**[15] 22 años cuando se fue a Panamá para trabajar en uno de los muchos proyectos de construcción relacionados con el Canal de Panamá. Al principio del siglo ya se **(estar)**[16] construyendo el canal y por lo tanto **(necesitarse)**[17] hoteles, viviendas, carreteras y puentes. Ya que muchas personas de todo el mundo **(pasar)**[18] por Panamá, como por ejemplo los que **(ir)**[19] a California, y debido a que Panamá **(estar)**[20] cerca de los países vecinos, **(haber)**[21] gran diversidad en la comida y la cultura durante esa época. Las oportunidades de trabajo **(abundar)**,[22] pero los trabajadores **(sufrir)**[23] mucho por las malas condiciones. Samuel y sus compañeros **(trabajar)**[24] día y noche. **(Pasar)**[25] mucho calor y **(tener)**[26] que soportar los horribles mosquitos. Algunos de sus compañeros **(estar)**[27] enfermos con malaria y a veces alguien **(morir)**.[28] Su vida **(ser)**[29] muy dura.

La esclusa Miraflores del Canal de Panamá (alrededor de 1915)

Ángeles: el siglo XV en Costa Rica

Los primeros exploradores **(pensar)**[30] que Costa Rica tenía mucho oro,[e] pero el tesoro real **(ser)**[31] la tierra fértil y el clima. Ángeles y su familia **(tener)**[32] una pequeña finca en un valle en Costa Rica. Ellos **(cultivar)**[33] su propia comida y **(criar)**[34] animales como gallinas y cerdos. **(Tener)**[35] un caballo que **(ayudar)**[36] un poco a preparar la tierra para las cosechas, pero Ángeles y su esposo **(trabajar)**[37] muchas horas cada día para mantener a la familia. Ella **(cuidar)**[38] de los animales y **(preparar)**[39] y **(conservar)**[40] comida mientras su esposo **(estar)**[41] siempre en el campo con las cosechas. Sus vecinos **(ser)**[42] otros agricultores, pero no **(haber)**[43] muchos. Tristemente, muchos indígenas y colonos[f] **(morirse)**[44] cada día por las duras condiciones. Por lo tanto, la

[a]*hunting* [b]*fishing* [c]*crops* [d]*chozas... round huts* [e]*gold* [f]*settlers*

población (**disminuir**[g])[45] cada vez más y solo (**sobrevivir**)[46] las personas más trabajadoras y fuertes.

Una cosecha de plátanos
©Mehmet Hilmi Barcin/Getty Images

Victor: Honduras en el siglo XIX

En el siglo XIX, Honduras ya (**tener**)[47] su independencia de España, pero la inestabilidad y los conflictos (**continuar**).[48] (**Haber**)[49] frecuentes rebeliones y el país (**ser**)[50] muy pobre. La agricultura (**dominar**)[51] la economía y el gobierno[h] (**regalar**)[52] propiedades a las personas que (**querer**)[53] establecer fincas y cultivar plátanos, café y otras cosechas. Victor (**trabajar**)[54] en una plantación de plátanos con sus tres hermanos. Ellos (**levantarse**)[55] muy temprano cada día e (**ir**)[56] a los campos para trabajar hasta la noche, pero (**ganar**)[57] muy poco dinero. A veces solo (**poder**)[58] comer unas tortillas con frijoles y sal en todo el día. Los plátanos se (**vender**)[59] a grandes compañías de los Estados Unidos y los campesinos como Victor (**vivir**)[60] explotados en ese sistema.

[g]*to shrink* [h]*government*

PASO 2. Basándote en los textos, escribe una descripción de un día típico en la vida de una de las personas. Inventa detalles de su rutina usando las formas **yo** y **nosotros** para hablar desde la perspectiva de la persona. No uses su nombre ni los nombres de los lugares donde vivían. ¡Sé creativo/a!

PASO 3. Comparte tu descripción con tu compañero/a. ¿Pueden identificar a quién describen? Si no, háganse preguntas hasta conseguirlo.

Nota cultural

El éxodo rural

CULTURES C

En Antigua, Guatemala
©Barna Tanko/Shutterstock

Actualmente, la mayoría de la población de Latinoamérica vive en centros urbanos. El «éxodo» del campo a la ciudad comenzó en la segunda mitad[a] del siglo XX y se mantiene hoy como tendencia estable. La industrialización de las ciudades atrajo[b] a adolescentes y adultos jóvenes, quienes decidieron emigrar del campo a la ciudad en busca de mayores oportunidades de empleo y de una mayor diversidad de servicios, como asistencia sanitaria,[c] servicios educativos y culturales, transporte y comunicaciones, servicios informativos, entretenimientos, etcétera.

La emigración a centros urbanos está teniendo consecuencias negativas en las comunidades rurales. Algunas de estas consecuencias son que los pueblos se están quedando sin habitantes y los cultivos[d] se reducen. Además, los gobiernos invierten[e] cada vez menos en asistencia sanitaria, educación y transporte en estas áreas, para concentrarse en las necesidades de las ciudades.

La emigración también afecta a los jóvenes en sus aspiraciones y en sus actitudes hacia[f] el trabajo del campo. Tienen cada vez menos[g] interés en los trabajos agrícolas y desean continuar sus estudios en núcleos urbanos para poder tener la opción de un mejor medio de vida.

[a]*half* [b]*attracted* [c]asistencia... *health (medical) services* [d]*crops* [e]*invest* [f]*toward* [g]cada... *less and less*

PREGUNTAS

1. ¿Dónde vive la mayoría de la población en Latinoamérica? ¿Por qué emigran los jóvenes del campo a la ciudad? ¿Qué atractivos presenta la ciudad?
2. ¿Qué problemas causa en los pueblos y en las ciudades la despoblación de las zonas rurales?
3. Si Uds. viven en una comunidad rural o pequeña, ¿les gustaría vivir en una ciudad grande? Expliquen.
4. Si viven en un núcleo urbano, ¿les gustaría vivir en una comunidad rural? Expliquen.

Lectura cultural

A. A primera vista. Vas a leer un artículo publicado en el periódico en línea *El País* sobre una película filmada en los países centroamericanos de habla española. Lee el título, el subtítulo y el primer párrafo del artículo. ¿Qué información esperas encontrar en el resto del texto?

- ☐ datos sobre la vida personal de los cineastas involucrados (*involved*) en la producción
- ☑ las razones que tuvieron los cineastas para colaborar en una película
- ☑ detalles sobre los temas de la película
- ☑ complicaciones asociadas con la filmación
- ☐ ¿?

B. A verificar. Revisa las siguientes expresiones y lee el artículo rápidamente, sin preocuparte por las palabras que no conoces. ¿Acertaste en tus predicciones? Comparte tus ideas con la clase.

a partir de ahí = desde ese momento
se desarrollan = tienen lugar
a lo largo de = durante
relato = historia
parecidas = similares
brinda = dedica
pretende = quiere

Días de luz, la película que busca unir a Centroamérica

El filme, que cuenta seis historias paralelas, ha sido rodado[a] en Guatemala, Costa Rica, El Salvador, Nicaragua, Panamá y Honduras

por Dora Luz Romero

Managua, 20 enero de 2018

Durante el rodaje de *Días de luz*
©Álvaro Cantillano, Días de Luz, Nicaragua (Left: Tamara Salas, Actress; Right: Gloria Carrión F., Director)

En Centroamérica cuesta mucho hacer cine y los cineastas[b] lo saben bien. Precisamente por ello, hace cuatro años, un grupo de doce productores y directores de seis países de la región decidieron unir esfuerzos[c] para crear una película en conjunto[d]: *Días de luz*. Se trata de un largometraje de ficción que busca ser la punta de lanza[e] de una red de colaboración entre cineastas en América Central.

La historia en *Días de luz* comienza con un apagón[f] que deja a toda la región centroamericana sin energía eléctrica. A partir de ahí se desarrollan seis historias diferentes, pero entrelazadas entre sí[g] a lo largo del relato. Dos religiosos que intentan estafar[h] a los fieles[i] en Costa Rica, una adolescente que busca cómo celebrar su fiesta de quince años en Nicaragua, un reencuentro amoroso gracias a la tecnología en Honduras y una mujer que intenta aplicarse un tratamiento médico del que depende su vida en El Salvador son algunas de las historias que buscan reflejar las realidades en Centroamérica.

[a]ha... *has been filmed* [b]*filmmakers* [c]unir... *join efforts* [d]en... *as a group* [e]punta... *spearhead* [f]*blackout* [g]entrelazadas... *intertwined* [h]*defraud* [i]*worshipers*

La trama,[j] asegura Gloria Carrión, guionista y directora de la película en Nicaragua, invita a los espectadores a reflexionar sobre las identidades y tradiciones tan parecidas que hay en la región, pero además sobre lo diferente que es cada país. «Si bien cada uno de nosotros tiene un pasado e identidad distinta, compartimos un tejido[k] histórico y geográfico en común», coincide Karolina Hernández, productora general.

Lo más complicado de esta producción que ha costado 500.000 dólares, afirman los participantes, ha sido la logística —no es fácil rodar en seis países y lograr[l] organizar a todos los involucrados— y la búsqueda de financiamiento. Los gobiernos y las empresas[m] privadas, aseguran, deben entender la necesidad de invertir[n] en cine como una forma de proteger y potenciar las identidades de los pueblos.

La película también será[ñ] una ventana para que los espectadores conozcan un poco de los lugares de rodaje[o]: la Isla de Ometepe (Nicaragua), Llano Grande de Cartago (Costa Rica), Panchimalco y Santa Tecla (El Salvador), Zambrano (Honduras), Ciudad de Panamá y Antigua (Guatemala).

El filme, que brinda una mirada de qué es ser centroamericano y que aborda[p] temáticas cotidianas en la zona como el fanatismo religioso, migración, acceso a la tecnología, llegará al cine en 2019 y pretende ser distribuida en toda América Latina, Estados Unidos y Canadá.

[j]*plot* [k]*fabric* [l]*to manage to* [m]*companies* [n]*to invest* [ñ]*will be* [o]lugares... *shooting locations*
[p]aborda... *takes on everyday situations*

Romero, Dora Luz, "'Días de Luz', la película que busca unir a Centroamérica," *El País*. January 20, 2018. www.elpais.com.

A. Comprensión. Indica si las siguientes frases son ciertas (**C**) o falsas (**F**), según la lectura.

C	F	
☑	☐	**1.** Los seis países de Centroamérica colaboraron en la película porque la industria del cine es muy costosa en la región.
☐	☑	**2.** Los cineastas centroamericanos no van a colaborar en otros proyectos después de *Días de luz*.
☐	☑	**3.** La película narra la vida diaria de varias personas en cinco países de Centroamérica.
☑	☐	**4.** Las vidas de los protagonistas están conectadas y reflejan la realidad de la región.
☑	☐	**5.** La película explora la identidad individual y colectiva de los países de la región.

B. Temas de discusión. Contesten las preguntas en grupos pequeños.

1. ¿Cuáles son algunas de las historias de *Días de luz*? ¿Cómo comienza la película?
2. ¿Qué aspectos fueron los más problemáticos de la producción?
3. Los participantes en *Días de luz* afirman que «Los gobiernos y las empresas privadas [...] deben [...] invertir en cine como una forma de proteger y potenciar las identidades de los pueblos». ¿Qué otros objetivos debe tener el cine, en tu opinión?
4. ¿En qué lugares se rodó la película? Busquen información sobre uno de estos lugares en internet y hagan una breve presentación a la clase. Pueden incluir información geográfica, actividades que se pueden hacer allí, ubicación, arquitectura, etcétera.

***Act. B,* Answers:** *(possible answers)* **1.** *Dos religiosos que intentan estafar a los fieles en Costa Rica, una adolescente que busca cómo celebrar su fiesta de quince años en Nicaragua, un reencuentro amoroso gracias a la tecnología en Honduras y una mujer que intenta aplicarse un tratamiento médico del que depende su vida en El Salvador. La película comienza con un apagón.* **2.** *La logística, porque no es fácil rodar en seis países distintos y estar organizados; y la financiación de la película.* **4.** *En la isla de Ometepe (Nicaragua), Llano Grande de Cartago (Costa Rica), Panchimalco y Santa Tecla (El Salvador), Zambrano (Honduras), Ciudad de Panamá y Antigua (Guatemala).*

COMMUNICATION

***Act. B,* Suggestion:** For Q4, you may want to assign a specific place to each group to avoid repetition.

Palabra escrita

***Palabra escrita:* Suggestion:** You may wish to have students look on the Internet for pertinent information on the place they choose prior to the *Palabra escrita:* class period.

COMMUNICATION C

Organizing Your Ideas. As you may recall from **Capítulo 2,** getting organized is a very important pre-writing strategy. After you have brainstormed your initial ideas, group those ideas by category so that all related ideas are together. Then look for patterns or a logical sequence in which to present your ideas and arrange them in that order. Once you've done this, your composition and your thoughts should be much more organized and thus clearer to the reader.

The topic of this composition is **Guía práctica para conocer X** (X = city name) for a large city that you live in or are familiar with. The purpose of your composition will be to tell the reader, in this case, your host family in El Salvador, about the things they should know when visiting that city.

A. Lluvia de ideas. Haz una lluvia de ideas sobre algunos de estos temas relacionados con la vida urbana en la ciudad que has elegido (*you have chosen*) para escribir tu composición.

1. los barrios
2. los centros comerciales
3. las escuelas y universidades
4. el tráfico y el transporte público
5. los lugares de interés y diversión (parques, zoológicos,...)
6. los centros culturales (museos, teatros,...)
7. los restaurantes y los clubes
8. ¿ ?

B. A organizar tus ideas. Repasa tus ideas y organízalas en categorías y en un orden lógico. Comparte tu información con la clase. ¿Hay otras ideas de tus compañeros apropiadas para tu composición? En caso afirmativo, apúntalas. Usa el siguiente bosquejo como guía para escribir tu borrador:

1. **Introducción:** ¿Cómo es la ciudad que has elegido? ¿Dónde está ubicada? ¿Qué ofrece al visitante? ¿Por qué es interesante visitarla? Recuerda que la introducción, como sugiere su nombre, introduce la idea principal del ensayo, o tesis.
2. **Cuerpo del ensayo:** Desarrolla (*Develop*) las ideas de la introducción en tres o cuatro párrafos. Trata de buscar oportunidades para usar los mandatos informales para explicarles a tus lectores lo que pueden ver, hacer o evitar en la ciudad que describes.
3. **Conclusión:** Escribe un resumen breve de las ideas principales de tu ensayo.

C. A escribir. Ahora, haz el borrador de tu composición con las ideas y la información que recopilaste en las **Actividades A** y **B.**

D. El vocabulario y la estructura

PASO 1. Repasa el vocabulario y la gramática de este capítulo. Ten en cuenta estas preguntas.

1. ¿Incluiste suficiente información para explicar los temas de la **Actividad A**?
2. ¿Usaste el vocabulario apropiado?
3. ¿Usaste correctamente los mandatos informales? ¿Usaste algunos adverbios? ¿Es correcta la conjugación de los verbos? ¿Concuerdan los adjetivos con los sustantivos que modifican?

PASO 2. Vuelve a escribir tu composición y entrégasela a tu profesor(a).

Conexiones culturales

«Planta y cría,[a] y tendrás alegría.[b]»

En una vaquería sostenible[c] en Honduras, el día empieza cuando Miranda sale al campo para reunir el ganado que pasta[d] por las colinas.[e] Después, ella lo guía[f] al establo asegurándose[g] de que ninguno se desvíe[h] del camino. Cuando llega, ella coloca[i] cada una de las vacas en un compartimento[j] diferente para empezar a ordeñarlas a mano.[k] Miranda ordeña una vaca por 10 a 15 minutos y después continúa con la próxima. Cuando tiene los cubos[l] llenos de leche, ella lleva otra vez las vacas al prado.[m]

©Charles Boll

©Charles Boll

©Charles Boll

En El Salvador, Joaquín y Luna trabajan en un invernadero[n] donde siembran[ñ] lechuga. Este trabajo requiere paciencia porque primero tienen que plantar las semillas[o] en las bandejas donde germinan.[p] Cuando están listas, las trasplantan a la tierra del invernadero para protegerlas[q] del clima. En unas semanas, las pueden recoger para luego venderlas en el mercado.

El machete es la herramienta[r] más importante para Miguel, un agricultor panameño que trabaja en una finca de caña de azúcar.[s] Cuando las plantas están maduras,[t] él las cosecha[u] a mano. Primero, corta los tallos[v] y luego los organiza para su transporte. En un día normal, ¡acumula 5 toneladas!

[a]*raise* [b]tendrás... *you will be happy* [c]vaquería... *sustainable dairy farm* [d]*grazes* [e]*hills* [f]*guides* [g]*making sure* [h]ninguno... *none stray* [i]*places* [j]*stalls* [k]ordeñarlas... *milk them by hand* [l]*pails* [m]*field* [n]*greenhouse* [ñ]*plant* [o]*seeds* [p]*sprout* [q]*to protect them* [r]*tool* [s]caña... *sugarcane* [t]*mature* [u]*harvests* [v]*stalks*

REFLEXIÓN

1. El título de esta sección, «Planta y cría, y tendrás alegría», es un refrán (*saying*) popular. ¿Qué crees que quiere decir?
2. ¿Qué diferencias hay entre las responsabilidades de cada agricultor de las fotos? ¿Qué cosas pueden tener en común?
3. De las tres fincas presentadas en las fotos, ¿cuál te interesa más y por qué?
4. ¿Cómo imaginas la vida en una finca de los Estados Unidos? ¿Qué semejanzas y diferencias puede tener esta finca con las de Centroamérica?

Un mundo sin límites

Tegucigalpa, Honduras

Michelle y Jorge

Antes de ver

Infórmate y ponte en su lugar.
Michelle y Jorge a veces trabajan con los maestros de escuelas rurales. Visitaron La Cerro Grande, donde los niños no solo aprenden a leer y a escribir sino que también desarrollan habilidades prácticas para su futuro: aprenden a cocinar, cultivar comida en el huerto, trabajar con madera y a coser (*sew*). ¿Qué habilidades prácticas aprendiste en la escuela? ¿Son útiles en tu vida ahora? ¿Crees que te enseñaron y prepararon bien para tu futuro? ¿Qué habilidades se deben enseñar que normalmente no son parte de los estudios?

©deepblue4you/Getty Images
©McGraw-Hill Education/Zenergy/José Mario Lagos

©McGraw-Hill Education/Zenergy/José Mario Lagos

Vocabulario práctico

para que las familias se puedan reunir	so families can get together
las cascadas	waterfalls
la jungla	jungle
los bananos, plátanos y mínimos	types of bananas and plantains
fértil	fertile
La Cerro Grande	school near Tegucigalpa
la cría de pescados	raising fish
los materiales reciclables	recyclable materials
una llanta	tire
hemos capacitado	we've trained
las especias	spices
el emprendimiento	entrepreneurialism
las jaleas	jams and jellies
los encurtidos	pickled vegetables
Real Ledge	Honduran non-profit

¿Entendiste?

Act. A, **Answers: 1.** *iglesia, parque, centros comerciales, áreas para reunirse con familia* **2.** *con los tiempos pasados* **3.** *9 millones de personas* **4.** *es muy fértil* **5.** *materiales reciclados/reciclables*

A. Comprensión. Contesta las preguntas.

1. ¿Qué dice Jorge que tienen casi todos los pueblos? Nombra dos cosas.
2. ¿Con qué tiempos compara Jorge la vida en Santa Lucía?
3. ¿Cuántos habitantes tiene Honduras?
4. ¿Cómo es la tierra en Honduras? Usa un adjetivo específico que menciona Michelle.
5. ¿Qué tipo de materiales usan en el huerto de la escuela?

B. En la comunidad. En parejas, contesten las preguntas.

1. Describan el pueblo de Santa Lucía en sus propias palabras. ¿Hay algún pueblo similar en el estado de Uds.? ¿Les gusta el ritmo de vida (*pace of life*) en un lugar de ese tipo?
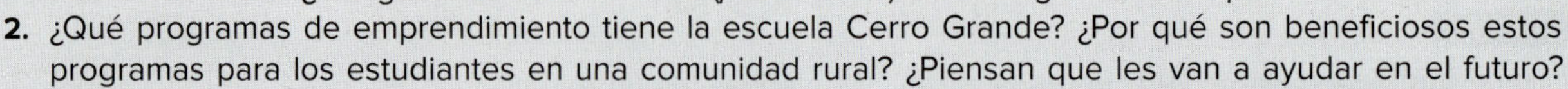
2. ¿Qué programas de emprendimiento tiene la escuela Cerro Grande? ¿Por qué son beneficiosos estos programas para los estudiantes en una comunidad rural? ¿Piensan que les van a ayudar en el futuro?
3. ¿Cuál es un ejemplo de un objeto reciclado usado en el jardín escolar? ¿Por qué creen que los maestros enfatizan este uso? ¿Tratan Uds. de reutilizar o reciclar las cosas? ¿Por qué?
4. ¿Qué hacen con los vegetales que cultivan en el jardín? ¿Qué aprenden los estudiantes como resultado?
5. ¿Qué hace la escuela con los productos que crean y preparan en la escuela? ¿Cómo se benefician la escuela y la comunidad de este proceso?

Vocabulario

La comunidad urbana	
la acera	sidewalk
el centro de salud	health center
la escuela	school
el estacionamiento	parking lot/place
la estatua	statue
la fuente	fountain
la gasolinera	gas station
la oficina de correos	post office
el rascacielos	skyscraper

Cognados: el banco, el bar, la catedral
Repaso: las afueras, el barrio, el cine, el edificio, la iglesia, el parque, la plaza

Las direcciones	
la cuadra	block
el plano	city map
el semáforo	traffic light
ubicado/a	located
(al) norte (sur, este, oeste)	(to the) north (south, east, west)
(todo) derecho	straight ahead

Repaso: el lugar, el mapa; a la derecha, a la izquierda

Los medios de transporte	Modes of transportation
el aeropuerto	airport
el autobús	bus
el avión	airplane
el barco	boat
el camino	road
el camión	truck
la camioneta	minibus; minivan
el carnet de conducir	driver's license
la carretera	highway
el carro	car
la estación de autobuses	bus station
el metro	subway
la parada	(bus/subway) stop
el puente	bridge
el tren	train

Cognados: la motocicleta, el taxi, el tráfico
Repaso: la avenida, el bulevar, la calle, el coche

La comunidad rural	
el/la agricultor(a)	farmer
el bosque	forest
la finca	farm
la huerta	farmer's field; orchard
el lago	lake
la montaña	mountain
la propiedad	property
el pueblo	town
el río	river
la tierra	land; soil
el valle	valley

Los animales domésticos	
el burro	donkey
el caballo	horse
el cerdo	pig
el conejo	rabbit
la gallina	hen chicken
el gallo	rooster
el ganado	cattle
la oveja	sheep
el pez (*pl.* **los peces**)	fish
la vaca	cow

Repaso: el gato, la mascota, el perro

Los verbos	
conducir (*irreg.*)	to drive (*Sp.*)
cruzar (c)	to cross
doblar	to turn
estacionar	to park
manejar	to drive (*L.A.*)
parar	to stop
seguir (i, i)	to go; to keep going
viajar	to travel

Repaso: tomar

Los adverbios	
actualmente	currently
así	like this/that
(des)afortunadamente	(un)fortunately
desgraciadamente	unfortunately
nunca	never
poco	not much, little
tanto	so much; so often

Repaso: bien, mal, mucho, muy, siempre, solo

Otras palabras y expresiones	
el árbol	tree
la población	population
agrícola (*m., f.*)	agricultural

Cognados: la agricultura; rural, urbano/a

Capítulo 9

Recuerdos del pasado*

EN ESTE CAPÍTULO

Muchos adolescentes centroamericanos usan el celular para comunicarse con sus amigos.

Piensa y comparte

Las relaciones sentimentales pueden ser bonitas y también complicadas. Piensa en una pareja (*couple*) de tu familia (padres, abuelos, tíos...).

- ¿Cómo se conocieron por primera vez?
- ¿Cómo es su relación?
- ¿Por qué hacen una buena (o mala) pareja?

Los niños de todos los países tienen héroes o personas que admiran e imitan. Pueden ser miembros de la familia, estrellas de cine o televisión, deportistas, maestros e incluso personajes de la ficción.

- ¿Quién era tu héroe cuando eras pequeño/a? ¿Por qué?
- ¿Qué cualidades admirabas de esa figura?

En Honduras, un certificado de matrimonio cuesta 5.000 lempiras, más de la mitad (*half*) de un salario típico por mes.

Estas niñas guatemaltecas participan en los mismos bailes tradicionales qu bailaban sus madres y abuelas.

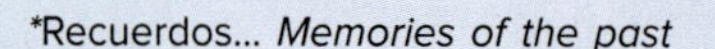

*Recuerdos... *Memories of the past*

www.mhhe.com/connect

Un mundo sin límites

San Luis de Monteverde

Alexa y Xinia

©deepblue4you/Getty Images
©McGraw-Hill Education/Zenergy

Vocabulario práctico

guía naturalista	naturalist guide
el (*but f.*) **ama de casa**	homemaker

Antes de ver

Infórmate y ponte en su lugar.
Alexa y Xinia son buenas amigas que se conocen desde hace muchos años. Viven en San Luis de Monteverde, Costa Rica, donde Xinia comparte su vida con varias generaciones de su familia y su novio. ¿Conoces a familias con hogares multi-generacionales? ¿Cuáles son las ventajas y desventajas de vivir cerca de la familia extendida y de otras generaciones?

©McGraw-Hill Education/Zenergy

©McGraw-Hill Education/Zenergy

¿Entendiste?

¿Entendiste? B. **Answers:** *Most answers will vary.* **2.** *Alexa es Guía Naturalista.* **4.** *Xinia es ama de casa.* **5.** *Xinia dice que es una comunidad unida.*

A. ¿Cierto o falso?

C	F	
☐	☑	**1.** Alexa dice que hablaba español en casa cuando era niña.
☑	☐	**2.** Alexa estudió español en la universidad.
☑	☐	**3.** Xinia trabaja fuera de la casa a veces.
☐	☑	**4.** A Xinia le gusta vivir en San Luis porque no hay mucha gente.

B. Recuerdos del pasado. En parejas, contesten las preguntas.

1. La familia de Xinia es como una segunda familia para Alexa. De niños/as, ¿pasaban mucho tiempo con otra familia? ¿O tenían amigos/as que siempre estaban en su casa? ¿Qué hacían juntos?
2. ¿Cómo influyen la geografía y la naturaleza en la vida? ¿Cómo son diferentes las actividades de niños de una ciudad a las de niños en el campo? ¿o las de niños con la costa tropical a las de niños en las montañas?
3. Xinia y Alexa son buenas amigas, pero de diferentes generaciones. ¿Uds. tuvieron alguna vez un amigo / una amiga de otra generación? ¿Qué tienen en común Xinia y Alexa que las une?
4. Sabiendo que vive cerca de sus hijos y nietos, ¿cómo imaginan que es un día típico para ella?
5. ¿Qué adjetivo usa Xinia para describir la comunidad de San Luis? ¿Es así tu comunidad? ¿Cómo son diferentes las comunidades de ahora en comparación con las de sus abuelos de joven? ¿Por qué?

TEMA I: La vida social

Note: The art for this chapter is available for digital download within Connect (www.mhhe.com/connect).

Vocabulario en acción

Las relaciones sentimentales

***Vocabulario en acción*, Note:** Students can assess their understanding and mastery of the vocabulary presented in this chapter by accessing the LearnSmart module for *Capítulo 9* at www.mhhe.com/connect.

gritar	to yell
llorar	to cry
quejarse	to complain
quererse (*irreg.*)	to love each other
romper con	to break up with
tenerle (*irreg.*) **cariño a**	to be fond of
la amistad	friendship
el amor	love
el cariño	affection
la cita	date
el compromiso	engagement
la luna de miel	honeymoon
la pareja	partner; couple
la pareja de hecho	common-law couple; domestic partner
amable	friendly
celoso/a	jealous
enamorado/a (de)	in love (with)

Repaso: besarse, sentirse; el divorcio, el estado civil; casado/a, divorciado/a, separado/a

Observa

The word **novio/a** can have different meanings. It can mean *boyfriend/girlfriend, fiancé(e)*, or *groom/ bride*, depending on the context.

***Vocabulario en acción*, Suggestion:** Some vocabulary words may be familiar to students and others will not. Read the vocabulary to students, repeating each word or expression several times so that they can hear the correct pronunciation. As you present the input, ask students questions to check for comprehension: *¿Cómo se llama la relación sentimental entre un novio y una novia? Sí, es el noviazgo. Después de celebrar una boda, ¿qué hacen los novios generalmente? Van de luna de miel, muy bien. ¿Qué causas asocian Uds. con la separación o el divorcio de un matrimonio? Sí, pelear es una causa. Llevarse mal es otra opción*, etc.

ACTIVIDADES

A. Las etapas de las relaciones. Escucha cada una de las oraciones. Luego, indica a qué tipo de pareja corresponde la acción: una pareja en su primera cita (**C**), novios comprometidos (**N**) o un matrimonio establecido (**M**). **¡OJO!** En algunos casos, hay más de una respuesta posible.

	C	N	M
1.	☐	☑	☐
2.	☑	☐	☐
3.	☐	☑	☑
4.	☐	☑	☑
5.	☑	☐	☐
6.	☐	☑	☐
7.	☐	☐	☑
8.	☐	☑	☐
9.	☑	☐	☐
10.	☑	☐	☐

Vocabulario práctico

a primera vista at first sight

***Act. A*, Script: 1.** *Hablan de todos los detalles de su boda.* **2.** *Se sienten nerviosos en el restaurante durante la cita.* **3.** *Se abrazan todas las mañanas antes de ir al trabajo.* **4.** *Se queja de que su pareja no ayuda con los quehaceres.* **5.** *Se besan tímidamente.* **6.** *No se lleva bien con la futura suegra.* **7.** *Se preocupan por el futuro de sus hijos.* **8.** *Planean su luna de miel.* **9.** *Explican sus intereses, estudios y planes para el futuro.* **10.** *Se enamoran a primera vista.*

B. En mi familia

PASO 1. Indica si crees que estas acciones y emociones son positivas o negativas y explica por qué.

MODELO sentirse celoso/a → Es una emoción negativa, porque está basada en la inseguridad.

1. besarse
2. casarse
3. romper con alguien
4. abrazarse
5. pelearse
6. divorciarse
7. discutir
8. amarse
9. reírse
10. llorar

***Act. B, Paso 1*, Extension: 11.** *gritar* **12.** *sonreír* **13.** *quejarse* **14.** *tenerle cariño a alguien* **15.** *enamorarse*

PASO 2. En parejas, hablen de los miembros de su familia y digan quiénes han hecho o experimentado (*have done or experienced*) las acciones y emociones de la lista del **Paso 1.**

MODELOS Mis hermanos y yo peleábamos mucho cuando éramos pequeños.
Mi madre le tiene mucho cariño a mi padre.

Act C, Paso 1, **Answers:** (*Possible answers*) **1.** *casarse, discuten* **2.** *cita, me siento* **3.** *celosa, novio* **4.** *novios, luna de miel* **5.** *avergonzada, enamorada* **6.** *pareja de hecho, enamorados*

C. Las buenas y las malas relaciones

PASO 1. Completa las oraciones con palabras de la lista.

avergonzada	cita	me siento	pareja de hecho
casarse	enamorada	novio	discuten
celosa	luna de miel	novios	enamorados

1. La boda está planeada pero no van a _______ porque _______ y se gritan todo el tiempo.
2. Tengo una _______ con el amigo de Javier esta noche y _______ muy nerviosa porque no lo conozco.
3. Marta se siente _______ porque vio a su _______ con otra muchacha en el centro comercial.
4. Después de casarse, los _______ van a pasar la _______ en un crucero que sale de La Ceiba, Honduras.
5. Mariana se siente _______ porque está _______ del hermano de su novio.
6. Lourdes y Rolando viven juntos, pero no están casados. Son una _______, y después de quince años, todavía están _______.

PASO 2. Di si las relaciones que se describen en el **Paso 1** son buenas o malas. **¡OJO!** Si no hay suficiente información para calificar las relaciones, di que es imposible saberlo y explica por qué.

D. El fin de una relación

PASO 1. Lee las situaciones e indica si son razones para romper con tu pareja (**sí**) o no (**no**).

SÍ	NO	
☐	☐	**1.** Quieres casarte con tu novio/a, pero él/ella dice que no está preparado/a.
☐	☐	**2.** Le tienes mucho cariño a tu pareja, pero discutes todos los días con él/ella.
☐	☐	**3.** Tu novio/a visita a su ex pareja con mucha frecuencia.
☐	☐	**4.** A veces, tu novio/a te grita sin ninguna razón aparente.
☐	☐	**5.** Le tienes mucho cariño a tu novio/a pero no estás enamorado de él/ella.
☐	☐	**6.** Cuando sales con tus amigos, tu novio/a se siente celoso/a y te llama continuamente para saber dónde estás.
☐	☐	**7.** Tu pareja se lleva mal con tus padres.
☐	☐	**8.** Quieres a tu novio/a, pero Uds. no comparten los mismos intereses.

Act D, Paso 2, **Suggestion:** If your class happens to be all male or all female, have students guess what the other gender would consider the most important reasons to break up.

PASO 2. Formen grupos con personas de su mismo sexo. Vuelvan a leer las situaciones del **Paso 1** y decidan cuáles son las razones más importantes para romper con su pareja. Ordénenlas de más importante a menos importante.

PASO 3. Los grupos deben compartir sus listas con la clase. ¿Qué diferencias y semejanzas hay entre las listas de las mujeres y las de los hombres?

E. ¿Cómo es una buena relación?

PASO 1. Haz una lista de por lo menos seis cualidades que, en tu opinión, debe tener una buena relación entre amigos y entre parejas. **¡OJO!** Debes hacer una lista para la amistad y otra para el amor.

PASO 2. En grupos de tres o cuatro, comparen sus listas y escojan las tres mejores cualidades para la amistad y las tres mejores para el amor.

PASO 3. Todos deben comparar sus ideas. Apunten las cualidades en un cuadro en el pizarrón. Luego, voten por las mejores para la amistad y las mejores para el amor.

9.1 More on por and para

Gramática, **Note:** Students can assess their understanding and mastery of the grammar points presented in this chapter by accessing the LearnSmart module for *Capítulo 9* at www.mhhe.com/connect.

More Meanings of **por** and **para**

GRAMÁTICA EN ACCIÓN

Mis antepasados

[*Julián habla de sus antepasados.*]

Algunos de mis antepasados españoles salieron **para** el Nuevo Mundo en los siglos XVI y XVII. Tengo un tátara-tátara-tatarabuelo que primero llegó a Santo Domingo **para** buscar fortuna. Era muy joven y viajó **por** todo el Caribe y Centroamérica trabajando como marinero **para** diferentes tripulaciones. Hizo varios viajes **por** barco entre España y el Nuevo Mundo antes de establecerse en lo que hoy es Panamá. Otro de mis tátara-tátara-tatarabuelos españoles se estableció en el área de Honduras. Ese lado de la familia vivió allí **por** doscientos años, antes de mudarse a Panamá. En Panamá, había gente de muchas otras partes, **por** eso tengo antepasados españoles franceses, africanos e indígenas. Es **por** mi madre que puedo contarles la historia de mi familia, porque **por** tres años ella hizo investigaciones **para** documentar nuestro árbol genealógico.

La familia de Julián lleva generaciones en Centroamérica.
©Blend Images/Shutterstock

***GEA,* Note:** The audio for this *GEA* is available through the eBook or on Connect.

Suggestion: Have students describe some of their family history.

Acción. Empareja las frases para completar oraciones verdaderas sobre la familia de Julián.

1. Sus antepasados españoles probablemente llegaron al Nuevo Mundo _d_.
2. En los siglos XVI y XVII, sus antepasados españoles salieron _b_.
3. Algunos de sus antepasados vivieron en lo que hoy es Honduras _c_.
4. Uno de sus antepasados trabajó _e_.
5. Su madre trabajó mucho _a_.

a. para documentar la historia de la familia
b. para el Nuevo Mundo
c. por 200 años
d. por barco
e. para tripulaciones que viajaban entre España y el Nuevo Mundo

The most common uses of **por** and **para** were presented in **Gramática 4.3.** This section reviews those uses and presents some new ones.

A. Por

1. **Por** expresses *in* the morning, *in* the afternoon, and *in* the evening.

   por la mañana — **por** la tarde — **por** la noche

2. **Por** means *by* or *by means of* when used with modes of transportation or communication.

   por avión — **por** barco — **por** teléfono

3. **Por** expresses movement *through* or *along*.

   por la calle — **por** la puerta

4. **Por** means *because of* or *due to*.

   Estoy preocupada **por** la amistad de Miguel y Jaime. Ya no se hablan. — *I'm worried about Miguel and Jaime's friendship. They don't talk anymore.*

5. **Por** expresses *in exchange for*.

   Pagamos mucho dinero **por** las fotos de nuestra boda. — *We paid a lot of money for the photos of our wedding.*

6. **Por** means *for the sake of* or *on behalf of.*

Patricio es un buen novio. Él hace todo **por** la felicidad de Anita.	*Patricio is a good boyfriend. He does everything for the sake of Anita's happiness.*

7. **Por** expresses duration of time, but is often omitted.

Rosita y Teresa fueron amigas **por** muchos años.	*Rosita and Teresa were friends for many years.*

8. **Por** is used in many fixed expressions. Here are several new ones.

¡**Por** Dios!	*For heaven's sake!*
por primera/última vez	*for the first/last time*
por si acaso	*just in case*
por supuesto	*of course*
por todas partes	*everywhere*

B. Para

1. **Para** + *inf.* means *in order to* (*do something*). Note that in English we often mean *in order to* but only say *to.*

Felipe fue a la joyería **para** comprar un anillo de compromiso.	*Felipe went to the jewelry store* (*in order*) *to buy an engagement ring.*

2. **Para** indicates who or what something is destined for or to be given to.

Quería comprar algo **para** mi mamá.	*I wanted to buy something for my mom.*

3. **Para** is used to express *toward* or *in the direction of.*

Salimos **para** la casa de mis padres ayer.	*We left for my parents' house yesterday.*

4. **Para** is used to express deadlines.

Tenemos que entregar el informe **para** el viernes.	*We have to turn in the report by Friday.*

5. **Para** means *to be used for* when explaining what something does.

Este álbum de fotos es **para** recordar nuestras primeras vacaciones juntos.	*This photo album is for remembering our first vacation together.*

6. **Para** is used to compare with others.

Para una relación tan nueva, ellos pasan mucho tiempo juntos.	*For such a new relationship, they spend a lot of time together.*

7. **Para** expresses *in the employ of.*

Trabajamos **para** la universidad.	*We work for the university.*

ACTIVIDADES

A. Situaciones. Empareja la primera parte de las oraciones con la segunda parte más lógica.

f 1. Estoy en la biblioteca
g 2. Ayer trabajé
b 3. La composición
e 4. Juan está enfermo y yo
a 5. El viernes
h 6. Ayer vimos a Margarita
c 7. Anoche llamaron
d 8. Pagaste demasiado

a. salimos para la playa a las 4:00.
b. es para mañana.
c. y por fin conversamos sobre los planes para la boda.
d. por ese coche.
e. tengo que trabajar por él.
f. para estudiar.
g. por diez horas.
h. caminando por el parque.

Nota cultural

La cumbia panameña: Baile de cortejo[a]

Parejas que bailan la cumbia con *ropa tradicional*

La cumbia es uno de los símbolos nacionales y folclóricos más importantes de Panamá. La cumbia tiene múltiples variantes folclóricas, como la cumbia santeña, el danzón-cumbia y la cumbia «atravesá». La cumbia data[b] de la época colonial y las distintas variantes regionales poseen una coreografía y una música principalmente de ascendencia africana, mezcladas con elementos españoles e indígenas. Los complejos desplazamientos[c] y vueltas entre las parejas que bailan la cumbia y sus movimientos sensuales de las caderas[d] representan el cortejo entre el hombre y la mujer.

La forma tradicional de la cumbia panameña es cantada, pero con el tiempo se han incluido[e] instrumentos musicales que varían en cantidad dependiendo de las regiones del país. Los instrumentos más representativos son el violín, el acordeón, la armónica, la flauta común, las maracas, la guitarra y el tambor,[f] siendo este último el instrumento común de todas las cumbias de la región.

[a]*courtship* [b]*dates* [c]*movements* [d]*hips* [e]han... *have included, added* [f]*drum*

PREGUNTAS

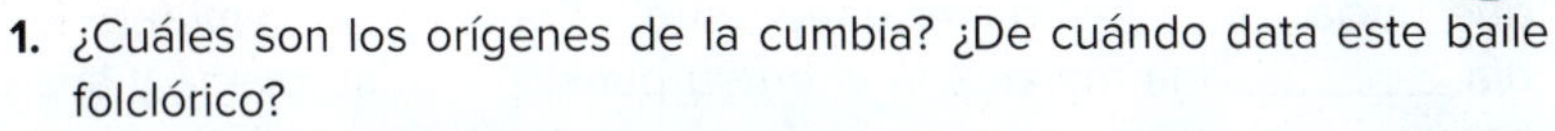

1. ¿Cuáles son los orígenes de la cumbia? ¿De cuándo data este baile folclórico?
2. ¿Cómo es el baile de la cumbia? ¿Qué representa?

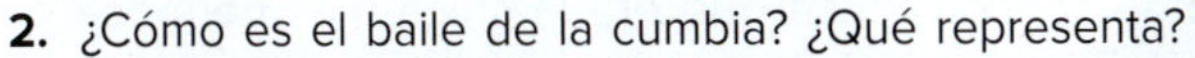

3. ¿Cuáles son algunas de las variaciones de la cumbia y en qué se diferencian?
4. ¿Hay algún tipo de música o danza folclórica típica de su comunidad o país? ¿Cuál es? ¿De qué trata la letra (*lyrics*) de sus canciones? ¿Cómo representa la identidad y la cultura de la comunidad?

B. La fiesta. Completa las oraciones con **por** o **para.**

1. Mis amigos y yo hacemos ejercicio ___por___ la mañana.
2. ¿___Por / Para___ qué quieres estudiar otras lenguas?
3. Necesito escribir la tarea ___para___ mañana.
4. León tiene una computadora nueva. No sé cuánto pagó ___por___ ella.
5. Trabajas ___para___ una compañía panameña.
6. Tenía 17 años cuando fui a Costa Rica ___por___ primera vez.
7. ¿Te vas ___para___ las montañas durante las vacaciones?

C. Entrevista. Entrevista a un compañero / una compañera de clase con las siguientes preguntas. Luego, cambien de papel.

1. ¿Por cuántas horas estudias/trabajas cada semana? ¿Te preocupas mucho por tus estudios / tu trabajo?
2. ¿Para qué clase estudias más? ¿Por qué?
3. ¿Cuánto pagaste por tus libros este semestre? ¿Pagaste tú o te ayudaron tus padres?
4. ¿Cómo te comunicas más con tu familia, por teléfono o por e-mail? ¿Por qué prefieren comunicarse por ese medio?
5. ¿Cuándo y cómo conociste a tu mejor amigo/a por primera vez?
6. ¿Para quién trabajas? ¿Para qué compañía quieres trabajar en el futuro?
7. ¿Prefieres ir a clase por la mañana o por la tarde? ¿Por qué?

***Nota cultural*, Culture Notes:**
- *Cumbia* originated on Colombia's Caribbean coast and in Panama during the period of Spanish colonization.
- Spain used its ports to import African slaves, who tried to preserve their musical traditions and also turned the drumming and dances into a courtship ritual. Slaves were later influenced by New World and indigenous instruments and musical characteristics.

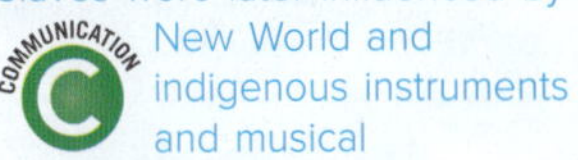

- Today, *cumbia* is a music genre popular throughout Latin America.

***Nota cultural*, Suggestion:** Before assigning the *Nota cultural,* look for a *cumbia* performance online and show it to the class.

D. Un matrimonio largo y feliz. Selena, una joven estudiante de periodismo, entrevista por separado a Raimundo y Mari Pili, una pareja de ancianos guatemaltecos. Para completar la actividad, decidan entre **Estudiante 1** y **Estudiante 2.** El texto para **Estudiante 2** se encuentra en el **Appendix III**.

Mari Pili y su cuñada siguen siendo buenas amigas
©Lissa Harrison

Estudiante 1

PASO 1. Completa la entrevista entre Selena y Raimundo, escogiendo entre **por** y **para.**

SELENA: Muchísimas gracias ________[1] hablar conmigo. ________[2] favor, ¿puede Ud. contarme un poco de su familia?

RAIMUNDO: Claro. Mi esposa, Mari Pili, y yo hemos estado casados ________[3] sesenta y siete años ya. Tenemos cuatro hijos y nueve nietos. Estamos muy orgullosos de ellos, pero nos preocupamos mucho ________[4] los nietos, especialmente porque tres de ellos se fueron ________[5] los Estados Unidos ________[6] buscar trabajo y los otros están en la ciudad.

SELENA: ¿Cómo conoció a su esposa?

RAIMUNDO: La conocí ________[7] primera vez cuando éramos jovencitos trabajando en el mercado. Ella vendía sus tejidos y yo la cerámica que hacía ________[8] ganar un dinerito extra ________[9] mi familia. Un día ________[10] la mañana la vi en su puesto[a] con su mamá y sus dos hermanas. Cuando sonrió, pensé que era la chica más hermosa del mundo. Después de ese día, ¡la veía ________[11] todas partes!

SELENA: Entonces, ¿cómo empezó la relación?

RAIMUNDO: Estaba muy nervioso como para acercarme[b] solo. Así que le pedí ayuda a mi hermana ________[12] conocerla mejor. Ellas formaron una amistad y Mari Pili venía a la casa mucho ________[13] pasar tiempo con mi hermana. Un día, después de unos meses así, me encontré a solas con Mari Pili en el jardín detrás de la casa. Agarré una flor de monja blanca* y se la di. Le dije que le tenía mucho cariño y le pregunté si quería pasear ________[14] el pueblo conmigo. Y, ¡dijo que sí!

SELENA: ¿Cómo fue esa primera cita?

RAIMUNDO: Fue magnífica, ________[15] supuesto. Charlamos y nos reímos ________[16] horas. Nos enamoramos durante aquel paseo.

SELENA: ¿________[17] cuánto tiempo estuvieron juntos antes de casarse?

RAIMUNDO: Tan solo unos meses después, les expliqué mis intenciones a mis papás y ellos invitaron a la familia de Mari Pili a casa ________[18] cenar. Antes de la cena, hablé con mi futuro suegro ________[19] pedir su permiso. Le prometí hacer todo ________[20] la felicidad de Mari Pili. Y creo que cumplí con mi promesa.

[a]*booth* [b]*approach*

Act. D, Paso 1, Answers: 1. *por* **2.** *Por* **3.** *por* **4.** *por* **5.** *para* **6.** *para* **7.** *por* **8.** *para* **9.** *para* **10.** *por* **11.** *por* **12.** *para* **13.** *para* **14.** *por* **15.** *por* **16.** *por* **17.** *Por* **18.** *para* **19.** *para* **20.** *por*

Act. D, Paso 2, Answers: 1. *para* **2.** *Para* **3.** *Para* **4.** *por* **5.** *Por*

PASO 2. Completa las preguntas con **por** y **para**. Luego, en parejas, túrnense para hacer y contestar las preguntas. No tienen las mismas preguntas. Apunta las respuestas de tu compañero/a en oraciones completas. **¡OJO!** Las respuestas deben incluir **por** y **para.**

1. ¿Cuándo va a escribir Selena el artículo _______ el periódico?
2. ¿_______ quién trabajaba Mari Pili cuando conoció a Raimundo?
3. ¿_______ quién tejió el mantel Mari Pili?
4. ¿Cuándo se besaron Raimundo y Mari Pili _______ primera vez?
5. ¿_______ qué salieron Raimundo y Mari Pili al jardín?

Un tejido tradicional guatemalteco
©brianlatino/Alamy Stock Photo

*La monja blanca (lit., *white nun*) es un tipo de orquídea y es la flor nacional de Guatemala.

9.2 Indefinite and Negative Words

Expressing Negation

GRAMÁTICA EN ACCIÓN

¡Una fiesta sorpresa!

Es el cumpleaños de Valeria, pero cuando ella llega a su apartamento en Panamá después de trabajar, no hay **nadie**. Es extraño, porque sus amigos **nunca** olvidan su cumpleaños y su novio **siempre** piensa en **alguna** manera de celebrarlo. Un poco triste, Valeria abre la puerta de su cuarto y ve **algo** en su cama. Es una nota de **alguien**, pero ¡no sabe de quién! La nota dice que Valeria debe salir al patio de su edificio. Ella baja la escalera y oye **algo**: ¡música reguetón! Ve a su novio y a **algunos** de sus amigos charlando, tomando, bailando, riéndose y pasándolo bien. ¡Es una fiesta sorpresa! Valeria y sus amigos se abrazan. Es una noche especial que Valeria no va a olvidar **jamás**.

Nadie le dijo nada a Valeria sobre la fiesta.

Acción. Indica la palabra correcta para completar cada una de las oraciones.

1. Había __a__ en la cama de Valeria.
2. Valeria y su novio __c__ celebran su cumpleaños.
3. __b__ escribió la nota que estaba en la cama de Valeria.
4. __e__ años, el novio de Valeria le prepara una sorpresa.
5. __d__ olvidó el cumpleaños de Valeria este año.

a. algo
b. alguien
c. siempre
d. nadie
e. algunos

***GEA*, Note:** The audio for this *GEA* is available through the eBook or on Connect.

***GEA*, Culture Note:** *Reggaetón* is a style of music popular throughout the Spanish-speaking world and the U.S. It is a highly danceable fusion of reggae and hip hop rhythms. Panama is known as the cradle of *reggaetón*. Ask students if they are familiar with this style of music or have ever danced to it. Before class, search online for a current song to play for the class (making sure that all content is appropriate). Ask students to list all of the words in Spanish that they are able to pick out while listening to the song.

The use of negative expressions in Spanish works somewhat differently than in English.

A. In Spanish, there are two basic structures for forming negative sentences: **No** + *verb* + *negative word* or *Negative word* + *verb*. Note that in Spanish it is very common to use two negative words in the same sentence, whereas in English this is not correct.

Felipe y María tienen un matrimonio feliz, **no** discuten **nunca.**	*Felipe and María have a happy marriage, they never argue.*
Juan y Sara **nunca se pelean** porque son muy buenos amigos.	*Juan and Sara never fight because they are very good friends.*

B. Most affirmative expressions in Spanish have a negative counterpart. Here are the most common of these expressions.

INDEFINITE AND NEGATIVE WORDS			
algo	something	**nada**	nothing
alguien	someone	**nadie**	no one
algún, alguna/os/as	some	**ningún, ninguna**	none, not any
siempre	always	**nunca, jamás**	never
también	also	**tampoco**	neither; nor

As an adjective, **algún** has four forms that agree in number and gender with the nouns they modify. **Ningún** is also an adjective and agrees in gender with the noun it modifies. However, **ningún** is almost never used in the plural since there is no plural of *none*.

—¿Necesitas **algo** del supermercado, mi amor?	*Do you need something from the store, my love?*
—No, **no** necesito **nada.**	*No, I don't need anything.*
—¿Quieres **algunos** ingredientes para la cena?	*Do you want some ingredients for dinner?*
—No, no necesito **ningún** ingrediente especial.	*No, I don't need any special ingredient.*

ACTIVIDADES

A. Relaciones personales. Indica cuál de las palabras negativas e indefinidas completa cada oración.

1. __e__ amigos se hablan por teléfono todos los días.
2. Todos necesitamos tener a __c__ con quien hablar de nuestros problemas.
3. No hay __d__ con quien yo prefiera pasar el tiempo más que con mi esposo.
4. Mi mejor amiga __f__ sabe hacerme reír cuando estoy triste.
5. No hay __a__ más importante que la honestidad en una relación romántica.
6. Siempre puedo llamar a mis amigos si necesito __b__.

a. nada
b. algo
c. alguien
d. nadie
e. algunos
f. siempre

Act. B, Paso 1, **Answers: 1.** *Los buenos amigos nunca se llevan mal.* **2.** *Los novios nunca se abrazan cuando se ven.* **3.** *Las mejores amigas siempre se dicen cosas negativas.* **4.** *Ninguna boda cuesta mucho dinero.* **5.** *Siempre hay secretos en los matrimonios.* **6.** *Nunca es bueno hablar con nadie de tus emociones.*

B. Relaciones sentimentales

PASO 1. Cambia las oraciones de positivas a negativas y viceversa.

1. Los buenos amigos siempre se llevan mal.
2. Los novios siempre se abrazan cuando se ven.
3. Las mejores amigas nunca se dicen cosas negativas.
4. Algunas bodas cuestan mucho dinero.
5. Nunca hay secretos en los matrimonios.
6. Siempre es bueno hablar con alguien de tus emociones.

PASO 2. En parejas, decidan cuál de las opciones tiene más sentido, la oración positiva o la negativa. Comparen sus opiniones con las de otras parejas.

C. Entrevista

PASO 1. Lee cada una de las oraciones y responde si es cierta (**C**) o falsa (**F**) para ti.

C	F	
☐	☐	**1.** No tengo ningún amigo de otro país.
☐	☐	**2.** Algunas veces voy a restaurantes de comida rápida para una cita romántica.
☐	☐	**3.** A veces discuto con mi mejor amigo/a.
☐	☐	**4.** Siempre pago yo cuando invito a mi novio/a a cenar.
☐	☐	**5.** Les compro algo a mis amigos para su cumpleaños.
☐	☐	**6.** Mis amigos y yo miramos alguna serie de televisión todas las semanas.
☐	☐	**7.** No tengo ninguna mascota.

PASO 2. Forma cuatro preguntas basadas en las oraciones del **Paso 1**. En parejas, túrnense para hacerse las preguntas. ¿Son las respuestas de tu compañero/a iguales a tus respuestas?

MODELO E1: ¿Ves alguna serie de televisión con tus amigos?
E2: Sí.
E1: ¿Qué serie?
E2: Veo *The Walking Dead.*
E1: ¡Yo también!

D. Veo, veo: Los colores de Centroamérica

PASO 1. Completa los pies de foto (*captions*) con las palabras negativas e indefinidas adecuadas.

©PacoRomero/Getty Images

Hay muchos grupos indígenas mayas que viven en Centroamérica y que reflejan su historia y cultura a través de ropa y tejidos de muchos colores. Vestir trajes o ropas tradicionales es **(algo / nada)**[1] muy importante y personal para las personas de **(algunas / ningunas)**[2] de estas comunidades. Esta niña lleva un huipil, que es un tipo de blusa tejida a mano, una faja,[a] un delantal[b] y un pañuelo en el pelo. No hay **(ningún / algún)**[3] huipil idéntico a otro; todos son únicos y sus diseños no se repiten **(jamás / siempre)**.[4] **(Nadie / Alguien)**[5] puede negar[c] la belleza de la ropa tradicional y el amor que se ve en cada combinación de colores y formas.

©Brand X Pictures/PunchStock

No hay **(ningún / algún)**[6] símbolo tan importante de la historia y cultura de Costa Rica como las carretas.[d] Se usaban para transportar **(algunos / algunas)**[7] cosechas de las plantaciones a los puertos.[e] **(También / Tampoco)**[8] se usaban para eventos especiales como festivales y bodas; **(algunas / ningunas)**[9] parejas salían a pasear en ellas. **(Ninguna / Alguna)**[10] carreta se hacía sin decoraciones de muchos colores. Las diferentes familias y regiones **(siempre / nunca)**[11] tenían combinaciones especiales de colores y diseños para representarse. Incluso había **(algunas / ningunas)**[12] competiciones para las carretas más bonitas.

En San José, la capital de Costa Rica, **(algunos / ningunos)**[13] de los taxis son de color rojo. Un taxi que es rojo y **(también / tampoco)**[14] tiene un triángulo amarillo en la puerta **(siempre / nunca)**[15] es oficial y licenciado por el gobierno. Sin embargo, los taxis rojos **(siempre / nunca)**[16] circulan por el aeropuerto ya que los taxis que sirven la zona del aeropuerto son de color anaranjado. Así, **(alguien / nadie)**[17] que visita la ciudad por primera vez puede saber inmediatamente la diferencia entre los diferentes tipos de taxis y usar solo los que son oficiales.

©Pepiera Tom/Iconotec.com

©Brand X Pictures/Getty Images/Houghton Mifflin Harcourt

Centroamérica tiene una abundancia de frutas, verduras y flores de muchos colores y sabores. Casi **(siempre / nunca)**[18] se usan ingredientes frescos en la preparación de la comida; se sabe que no hay **(algo / nada)**[19] mejor que una comida casera[f] preparada con amor. El clima de Centroamérica es ideal para la cultivación de **(algunas / ningunas)**[20] frutas tropicales que están **(siempre / jamás)**[21] disponibles ya que las temperaturas no cambian mucho durante el año. Es típico intercambiar cultivos[g] con los vecinos o comprarlos en puestos como el de la foto. Si visitas Centroamérica **(algún / ningún)**[22] día, tienes que probar la gran variedad de frutas y verduras frescas que hay.

[a]*sash* [b]*apron* [c]*deny* [d]*oxcarts* [e]*ports* [f]*homemade* [g]*barter produce*

PASO 2. En parejas, túrnense para elegir algo de una de las fotos sin revelar qué es y contestar las preguntas **sí/no** de tu compañero/a. Usen las palabras negativas e indefinidas en las preguntas y respuestas hasta que se identifique qué es. **¡OJO!** Usen solamente las palabras que ya saben y no consulten el diccionario.

MODELO
E1: Veo, veo, algo rojo.
E2: ¿Alguien lo está llevando encima?
E1: No.
E2: ¿Es también azul?
E1: Tampoco.
E2: ¿Es uno de los taxis en San José?
E1: ¡Sí! ¡Muy bien!

***Act. D, Paso 1,* Answers:**
1. algo 2. algunas 3. ningún 4. jamás 5. Nadie 6. ningún 7. algunas 8. También 9. algunas 10. Ninguna 11. siempre 12. algunas 13. algunos 14. también 15. siempre 16. nunca 17. alguien 18. siempre 19. nada 20. algunas 21. siempre 22. algún

Expresiones artísticas

Los mayas: Pacal el Grande

La máscara del rey Pacal el Grande, cultura maya
©AFP/Getty Images

La civilización maya se extendió por toda la península de Yucatán, partes de Honduras, Guatemala, El Salvador y Belice durante 3.000 años hasta el siglo XVI, cuando llegaron los españoles al continente americano. Los mayas tenían una economía fundamentalmente agrícola, cuyo producto principal era el maíz. También cultivaban el algodón, el tomate, el cacao, el frijol, el chile y otros productos. Tenían un sistema de ciudades basado en construcciones piramidales.

En una de las pirámides de Palenque, el Templo de las Inscripciones, se encuentra la tumba del rey Pacal, o Pacal el Grande. Su ajuar[a] funerario muestra la riqueza de la civilización maya. Su máscara está hecha de 340 piezas de jade que recuerdan[b] el ciclo anual agrícola. Según la leyenda, el rey Pacal se transformaría[c] así en un joven Dios del Maíz que regresaba a la naturaleza y que volvería[d] durante el ciclo anual agrícola.

[a]*furnishings* [b]*recall* [c]*se... would be transformed* [d]*would return*

REFLEXIÓN

1. ¿En qué aspectos está conectado este ajuar funerario (máscara, collar, ropa, etcétera) a la comunidad y vida diaria de los mayas? ¿Qué otras culturas enterraban sus reyes y reinas con ajuares lujosos?
2. En grupos pequeños, busquen información sobre un tema específico de la cultura maya (la agricultura, la geografía, etcétera) y preparen una presentación.

***Reflexión*, Suggestions:**
- Have each group research a different topic: agriculture, geography, historical sites, art, religion, economy, family life, etc.
- Divide the class into small groups and ask each one to look for information about the Mayan culture to be presented to the class. Each group should be in charge of one topic: agriculture, geography, historical sites and cities, art, religion, economy. At the end of the presentations make a summary of the importance of this rich civilization and compare it with others from the Americas. Have them find and present current vestiges of elements of Mayan culture in today's world.

San Luis de Monteverde

Alexa y Xinia

©deepblue4you/Getty Images
©McGraw-Hill Education/Zenergy

Antes de ver

Infórmate y ponte en su lugar.
Xinia cuida de sus nietos y vive con su novio. Alexa era vecina de ellos, pero ahora es parte de la familia. ¿Cómo era tu relación con tus abuelos cuando eras pequeño/a? ¿Fueron parte importante de tu vida diaria? ¿Cómo se compara tu situación con la de Xinia, que ve a sus nietos todos los días?

©McGraw-Hill Education/Zenergy

Vocabulario práctico

merecer	to deserve
portarse bien	to behave well
falleció	passed away
hasta la fecha	until now
a la par de	next door to
propio	one's own
tener para dar	to have (in order) to give

***¿Entendiste? A.* Answers: 1.** *Se llamaba Eduardo. Se conocieron en un partido de fútbol.* **2.** *Xinia le dijo que lo amaba después de un año.* **3.** *Estuvieron casados 18 años. El matrimonio terminó porque Eduardo murió.* **4.** *Se conocieron antes del matrimonio de Xinia.* **5.** *Tati tenía 2 años.*
***¿Entendiste? B.* Answers:** *Answers will vary.* **1.** *Era cariñoso, responsable, un buen papá.* **2.** *Le dijo que la iba a esperar.* **4.** *Alexa y Tati tienen una relación bonita. Xinia es como una madre para Alexa.* **5.** *El amor viene de adentro.*

¿Entendiste?

A. Comprensión. Contesta las preguntas.

1. ¿Cómo se llamaba el esposo de Xinia? ¿Dónde se conocieron?
2. ¿Por cuánto tiempo fueron novios Xinia y su esposo antes de decirse que se amaban?
3. ¿Por cuántos años estuvo Xinia casada con su esposo? ¿Por qué terminó el matrimonio?
4. ¿Cuándo se conocieron Xinia y su novio actual (*current*), José?
5. ¿Cuántos años tenía Tati, la nieta de Xinia, cuando ella y Alexa se conocieron?

B. Recuerdos del pasado. En parejas, contesten las preguntas.

1. ¿Cómo describe Xinia a su esposo y la relación que tuvo con él? ¿Qué tipo de hombre era? Piensa en la generación de tus padres o de tus abuelos. ¿Qué valoraba esa generación en una pareja? ¿Es diferente a lo que (*what*) los jóvenes de ahora buscan en una pareja?
2. Antes de casarse Xinia, ¿qué le prometió José (el novio actual de Xinia)? ¿Piensan Uds. que José es romántico? ¿Por qué?
3. ¿Cómo es la relación entre Alexa y Tati? ¿Y la relación entre Xinia y Alexa? ¿Por qué creen que Alexa llegó a formar parte de esa familia?
4. ¿Cuál es la fuente (*source*) del amor, según Alexa y Xinia? ¿Piensan Uds. que tienen razón? ¿Por qué?

TEMA II: Me acuerdo muy bien.

***Vocabulario en acción*, Note:** Students can assess their understanding and mastery of the vocabulary presented in this chapter by accessing the LearnSmart module for *Capítulo 9* at www.mhhe.com/connect.

Vocabulario en acción

Las etapas° de la vida

°Las... *Stages*

1. **La infancia**

2. **La niñez**

3. **La adolescencia**

4. **La juventud**

5. **La madurez**

6. **La vejez**

Otros pasatiempos y diversiones

acampar	to camp; to go camping
ayudar	to help
dibujar	to draw
escribir poesía	to write poetry
leer (y) cuentos/novelas	to read stories/novels
ir (*irreg.*) **de vacaciones**	to go on vacation
pasear en barco	to go boating
pescar (qu)	to fish
pintar	to paint
ver (*irreg.*) **dibujos animados**	to watch cartoons
el alpinismo	mountain climbing
la caminata	hike
el ciclismo	cycling
el juguete	toy
el parque zoológico	zoo

Repaso: andar (*irreg.*) **en bicicleta, bailar, hacer** (*irreg.*) **ejercicio, jugar (ue) (gu), manejar, nadar, navegar (gu) en internet, pasear, practicar (qu), sacar (qu) fotos, tomar el sol, ver** (*irreg.*) **películas, viajar; el cine, los deportes, el helado, la playa**

***Vocabulario en acción,* Suggestion:** Use picture files or a PowerPoint presentation to introduce the vocabulary. Sample input: *Cuando era niño/a, a mí me gustaba ver dibujos animados. ¿A quién le gustaba ver dibujos animados también? A Jennifer. Muy bien. Ahora me gusta dar caminatas y pasear en barco, pero no me gusta nada la pesca. ¿A quién le gusta dar caminatas o pasear en barco? A Chris le gusta dar caminatas también. ¿Hay alguien en clase a quien no le gusta la pesca? A Mary no le gusta.* Ask students comprehension questions as you go: *A ver si tienen buena memoria. ¿A quiénes les gustaba ver dibujos animados cuando eran niños? Sí, a mí y a Jennifer. ¿Me gusta la pesca? No, no me gusta nada. ¿A quién no le gusta la pesca tampoco? A Mary. Muy bien. ¿Me gusta dar caminatas o no? Sí, perfecto. Me encanta dar caminatas.*

ACTIVIDADES

A. Las etapas de la vida y las actividades

PASO 1. Escucha cada una de las oraciones. Luego, indica con qué etapa de la vida asocias la actividad.

Vocabulario práctico	
los pañales	diapers

__b__ **1.** **a.** la infancia
__a__ **2.** **b.** la niñez
__f__ **3.** **c.** la adolescencia
__c__ **4.** **d.** la juventud
__d__ **5.** **e.** la madurez
__e__ **6.** **f.** la vejez

***Act. A, Paso 1,* Script: 1.** *Voy a visitar a Santa Claus en el centro comercial.* **2.** *Mis padres me cambian los pañales.* **3.** *Me gusta mucho cuando mis nietos vienen a visitarme.* **4.** *Mis amigos y yo andamos en bicicleta para ir a la tienda de la esquina a comprar refrescos.* **5.** *Después de clase, voy al gimnasio a hacer ejercicio y luego voy al trabajo.* **6.** *Trabajo en una oficina grande en el centro de la ciudad, pero tengo una entrevista con una compañía en otra provincia.*

PASO 2. Haz una lista de cosas o actividades que asocias con diferentes etapas de la vida. Luego, comparte tu lista con un compañero / una compañera de clase para ver si él/ella asocia la actividad con la misma etapa de la vida.

B. ¿Solo/a, con los amigos o con la familia?

PASO 1. Indica si hacías estas cosas solo/a (**S**), con tus amigos (**A**) o con tu familia (**F**). Si nunca las hacías, indica nunca (**N**).

______ **1.** Iba al parque zoológico.
______ **2.** Dibujaba y pintaba.
______ **3.** Hacía ciclismo.
______ **4.** Jugaba con las muñecas.
______ **5.** Daba caminatas.
______ **6.** Jugaba a los videojuegos.
______ **7.** Leía cuentos.
______ **8.** Pescaba.
______ **9.** Tomaba helado.
______ **10.** Veía dibujos animados.
______ **11.** Acampaba.
______ **12.** Escribía poesía.

PASO 2. En grupos de cuatro, comparen sus respuestas y escriban qué tienen en común.

***Act. B, Paso 2,* Suggestions:**
- Have groups report which things everyone from their group did *solos, con amigos, con la familia,* or *nunca*.
- Create a chart on the board to tally and compare answers from each group. Determine how much the whole class has in common.

C. ¿Qué hacían?

PASO 1. Escribe oraciones lógicas usando las palabras y frases de las columnas. Usa el imperfecto de los verbos y haz los otros cambios necesarios. Debes escribir algunas oraciones que son ciertas para ti y otras que son falsas.

MODELO Pescaba en el lago con mis amigos.

Mi abuela siempre preparaba café por la tarde.
©McGraw-Hill Education/Zenergy

	+		+	
andar dar jugar (a) leer mandar pasear pescar ver tomar ¿ ?	+	e-mail en barco caminatas en el lago con muñecas los videojuegos dibujos animados helado en bicicleta cuentos películas el sol ¿ ?	+	todos los días todas las semanas de vez en cuando con mi(s) amigo/a(s) con mi _______ solo/a durante el verano después de clase ¿ ?

PASO 2. En parejas, compartan sus oraciones y adivinen si las oraciones son ciertas o falsas para la persona que las dice.

MODELO
E1: Pescaba en el lago con mis amigos.
E2: No, no es cierto.
E1: Tienes razón. No es cierto. Pescaba en el lago con mi abuelo, no con mis amigos.

D. Pasatiempos favoritos

PASO 1. Haz un cuadro con tres etapas de tu vida (niñez, adolescencia, juventud) y apunta dos de tus pasatiempos favoritos bajo cada una de las etapas.

Act. D, Paso 2, **Suggestion:** If you happen to have all male or all female students, use another device to group them: based on ages, rural vs. urban upbringing, in-state vs. out-of-state, etc. Or, simply divide them randomly.

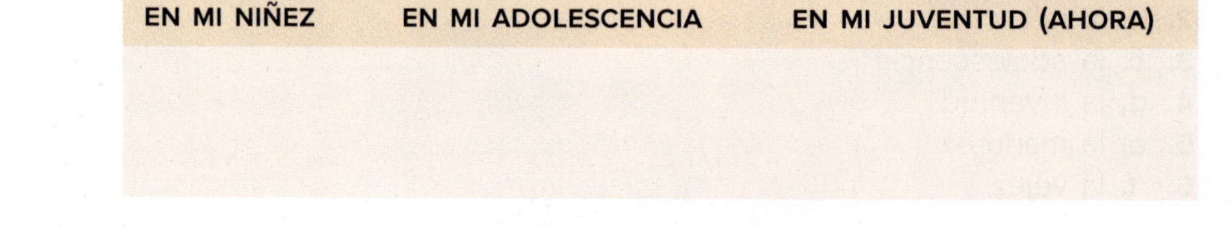

EN MI NIÑEZ	EN MI ADOLESCENCIA	EN MI JUVENTUD (AHORA)

PASO 2. Formen grupos de tres o cuatro personas, todos chicos o todas chicas, y comparen sus respuestas. ¿Tienen algunos pasatiempos favoritos en común? ¿Son sus pasatiempos de ahora muy diferentes de sus pasatiempos de antes? ¿Son Uds. más activos/as ahora o eran más activos/as antes? Escriban dos o tres oraciones resumiendo (*summarizing*) las semejanzas y diferencias en su grupo.

MODELO Nuestro pasatiempo de la niñez era jugar con las muñecas, pero en la adolescencia todas teníamos pasatiempos favoritos diferentes. Ahora, a todas nos gusta jugar a los videojuegos. Éramos más activas durante la niñez.

PASO 3. Todos van a comparar sus resúmenes. ¿Hay diferencias obvias entre las actividades de los chicos y las de las chicas? Traten de explicar las diferencias y semejanzas.

9.3 Preterite vs. Imperfect

Narrating Events in Past

GRAMÁTICA EN ACCIÓN

Una excursión a la Isla de Roatán

CULTURES C

[*Cecilia habla de su viaje a Honduras.*]

Cuando **fuimos** a Honduras, yo **quería** visitar las islas del país, porque tienen historias interesantes. **Leí** que Roatán, la isla más grande de la Bahía de Honduras, **fue** un refugio preferido por los piratas ingleses, franceses y holandeses. Casi nadie **vivía** en las islas y los piratas las **usaban** como un centro de ataque. Desde sus escondites en las islas, **saqueaban** los grandes barcos españoles que **llevaban** los tesoros del Nuevo Mundo a España y a veces **atacaban** poblados del continente. Cuando le **dije** a mi esposo que **quería** ir a Roatán, él **buscó** una excursión de dos días. **Visitamos** toda la isla. Aunque, por su manera de vivir, los piratas no **dejaron** ningún monumento ni edificio histórico que ver, **fue** una excursión interesante y **resultó** divertido imaginar a los piratas en la isla.

La Isla de Roatán

Acción. Indica si se debe usar el pretérito (**P**) o el imperfecto (**I**) en las siguientes oraciones.

P	I	
☑	☐	**1.** Cecilia y su familia (ir) a la isla de Roatán en Honduras.
☐	☑	**2.** Cecilia (querer) aprender algo sobre la historia del país.
☑	☐	**3.** Cecilia y su familia (divertirse) mucho visitando la isla.
☐	☑	**4.** La Isla de Roatán (ser) importante para los piratas en el pasado.
☑	☐	**5.** El esposo de Cecilia (encontrar) la excursión perfecta para ellos.

In this section you'll learn how the preterite and imperfect tenses are interwoven when narrating, telling stories, or sharing personal anecdotes about the past. However, let's first review what you've learned about the preterite and imperfect.

These are the preterite and imperfect endings for regular verbs.

PRETERITE				IMPERFECT			
-ar		-er/-ir		-ar		-er/-ir	
-é	-amos	-í	-imos	-aba	-ábamos	-ía	-íamos
-aste	-asteis	-iste	-isteis	-abas	-abais	-ías	-íais
-ó	-aron	-ió	-ieron	-aba	-aban	-ía	-ían

To review the irregular verbs, see **Gramática 7.1** (irregular preterite), **7.2** (stem-changing preterite), and **8.3** (the imperfect).

***Gramática*, Note:** Students can assess their understanding and mastery of the grammar points presented in this chapter by accessing the LearnSmart module for *Capítulo 9* at www.mhhe.com/connect.

***GEA*, Notes:**
- The audio for this *GEA* is available through the eBook or the corresponding assignment builder activity on Connect.
- Students can assess their understanding and mastery of this grammar point in Connect by accessing LearnSmart on using the preterite and imperfect together: www.mhhe.com/connect.

***GEA*, Culture Note:** Roatan is an island off the coast of Honduras very popular for its spectacular beaches and snorkeling. Once a pirate enclave, it is now frequented by visitors to its many resorts. Because of the high volume of tourists, the island's ecosystem has been endangered. As a result, the government has taken measures to protect Roatan's biodiversity. Ask students if they can think of other examples of tourism damaging an ecosystem. What was done to address the situation? How do they personally try to avoid a negative impact on the locations they travel to?

***GEA*, Suggestion:** Have students explain each use of the preterite and imperfect in the *GEA*.

REVIEW: USES OF THE PRETERITE AND IMPERFECT

PRETERITE	IMPERFECT
• Preterite expresses actions completed in the past within an implied or stated specific time period. El año pasado mis amigos y yo **acampamos** (por) una semana en las montañas. *Last year my friends and I went camping for a week in the mountains.*	• Imperfect describes background information in the past, including time, weather, age, mental and physical conditions. **Era** verano y **hacía** calor. **Teníamos** 20 años y **estábamos** listos para una aventura. *It was summer and it was hot. We were 20 years old and we were ready for an adventure.*
	• Imperfect describes habitual actions that used to take place in the past. Cuando era niño, mi familia y yo **dábamos** una caminata cada fin de semana. *When I was a child, my family and I used to go for a hike every weekend.*
• Preterite can express a series of sequential completed actions. La primera mañana **nos levantamos**, **desayunamos**, **bajamos** la tienda y **salimos** caminando hacia una montaña lejana. *That first morning, we got up, ate breakfast, took down the tent, and took off walking toward a distant mountain.*	• Imperfect can express actions that were taking place simultaneously (usually in the background). Mientras yo **sacaba** fotos, mi amigo Raúl **admiraba** la vista. *While I was taking photos, my friend Raúl was admiring the view.*
• Preterite expresses an action that interrupted another action that was already in progress. **Caminábamos** tranquilamente cuando un oso **cruzó** el sendero. *We were walking along peacefully when a bear crossed the trail.*	• Imperfect describes an action that was in progress when another action interrupted. **Poníamos** la tienda de campaña cuando de repente **empezó** a llover. *We were putting up the tent when all of a sudden it started to rain.*
• The preterite of certain verbs has a different base meaning than the present tense meaning. **conocer** — to meet (for the first time) **poder** — to succeed **no poder** — to fail **querer** — to try **no querer** — to refuse **saber** — to find out **tener** — to get, obtain, receive	• The imperfect of all verbs has the same base meaning as the present tense meaning. **conocer** — to know, be familiar with **poder** — to be able **querer** — to want **saber** — to know (a fact) **tener** — to have

USING THE PRETERITE AND IMPERFECT TO NARRATE

A. When telling a story or relating a past event, use the imperfect to set the stage and provide background details. This includes information about the time of day, weather conditions, and other descriptive elements that help to establish the scene.

Eran las 2:00 de la tarde, **llovía** y no **había** nada que ver en la televisión. **Estábamos** aburridos y no **sabíamos** qué hacer...	*It was 2:00 p.m., it was raining and there wasn't anything to watch on the television. We were bored and we didn't know what to do . . .*

B. In a narration, the preterite expresses concrete events and actions that move the storyline forward in time. Here we see some specific actions taking place on the stage set up by the imperfect earlier.

...De repente, **sonó** el timbre. Mi hermana y yo **corrimos** a la puerta, la **abrimos** y...	*. . . All of a sudden, the doorbell rang. Mi sister and I ran to the door, opened it, and . . .*

C. When telling stories in the past, you will find it necessary to interweave preterite and imperfect, alternating between the two often in the same sentence. Just remember that the preterite expresses specific actions that move the story along, while the imperfect provides additional background details and describes feelings and emotions. Notice how in the remainder of our story the preterite verbs (in blue text) do indeed move the storyline along and how imperfect verbs (in boldface) fill in the background details.

...vimos a nuestro tío Federico. Federico **era** el hermano de nuestra mamá y siempre nos **llevábamos** bien con él. Federico nos dijo que **iba** a llevarnos al cine porque **estaba** lloviendo y **sabía** que no **había** nada que hacer dentro de la casa. Le dijimos a nuestra mamá adonde **íbamos** y salimos.	*. . . we saw our uncle Federico. Federico was our mother's brother and we always got along well with him. Federico told us that he was going to take us to the movies because it was raining and he knew that there wasn't anything to do in the house. We told our mother where we were going and we left.*
Cuando llegamos al cine, **había** una larga cola de gente esperando comprar entradas. Mi hermana gritó: «Ay, por favor... ». Pero nuestro tío sonrió y le dijo a mi hermana: «tranquila, compré las entradas antes de recogerlos». Mi hermana sonrió, y así pasamos directo por la entrada. Luego, Federico nos compró palomitas, fuimos al baño y vimos la película.	*When we arrived at the movie theater, there was a long line of people waiting to buy tickets. My sister yelled, "Oh, please . . . ." But our uncle smiled and said to my sister, "Relax, I bought the tickets before picking you up." My sister smiled, and thus we went straight through the entrance. Then Federico bought us popcorn, we went to the bathroom, and we saw the movie.*

Act. A, **Culture Notes:**
- Comayagua, located in central Honduras, was the nation's capital for three centuries. It is well known for its colonial architecture and the oldest public clock in the Americas.
- The *Feria patronal* is celebrated on and around December 8 in honor of the city's patron saint, *la Virgen Inmaculada Concepción.* The festivities last for several days and include a religious mass, the lighting of the Christmas tree in the central plaza, the election of the *Reina de la Feria Patronal*, parades, exhibits (including a modified and classic car exhibit), food booths, and fireworks.

ACTIVIDADES

A. Un día en la feria (*fair*). Lee la narración y escribe la letra de la opción que mejor explica el uso del pretérito o del imperfecto en cada contexto. **¡OJO!** Algunas opciones se usan más de una vez.

PRETÉRITO - ACCIONES	IMPERFECTO – PROCESOS Y DESCRIPCIONES
a. acciones completas en el pasado	**e.** descripciones, información de fondo
b. serie o secuencia de acciones	**f.** acciones simultáneas
c. acción que interrumpe otra acción	**g.** acciones habituales o repetidas en el pasado
d. verbo que cambia de significado en el pretérito	**h.** acción en progreso interrumpida

Cuando mi abuela **era** __e__[1] joven, ella **vivía** __e__[2] con sus padres y sus dos hermanos cerca de Comayagua en Honduras. Todos los miembros de la familia **trabajaban** __g__[3] mucho para mantener la casa y la finca, pero al final de cada día tenían tiempo libre. Normalmente, mi abuela **tomaba** __g, f__[4] el sol mientras sus hermanos **paseaban** __g, f__[5] en barco y **pescaban** __g, f__[6] en el pequeño lago cerca de la casa.

Un día, cuando mi abuela tenía 19 años, su papá **dijo** __a__[7] que empezaba la Feria Patronal. ¡Mi abuela y sus hermanos **estaban** __e__[8] muy emocionados! Toda la familia **se puso** __a__[9] su ropa más elegante para ir a la feria. Mi abuela **llevaba** __e__[10] un vestido azul y unos aretes de oro muy pequeños. En la feria **se encontraron** __a__[11] con sus amigos de la escuela y todos **pasaron** __a__[12] muchas horas jugando y bailando. Mi abuela **hablaba** __h__[13] con su mejor amiga cuando **vio** __c__[14] a un chico muy guapo de pelo castaño y ojos azules. El chico le sonrió a mi abuela y la invitó a bailar. ¡Así fue como mi abuela **conoció** __d__[15] a mi abuelo!

B. Isabel y sus amigos

PASO 1. Lee la narración y escoge *P* o *I* para indicar la mejor opción, eligiendo entre el pretérito (P) y el imperfecto (I), según el contexto.

Cuando Isabel (☐ **P** / ☑ **I: ser**)[1] adolescente, (☐ **P** / ☑ **I: tener**)[2] muchos amigos en la escuela secundaria. Cada fin de semana, ellos (☐ **P** / ☑ **I: ir**)[3] al parque nacional donde (☐ **P** / ☑ **I: nadar**)[4] en el río y (☐ **P** / ☑ **I: divertirse**)[5] mucho.

Un fin de semana, mientras Isabel y sus amigos (☐ **P** / ☑ **I: dar**)[6] una caminata, (☑ **P** / ☐ **I: encontrar**)[7] un perro perdido en el parque. Ellos le (☑ **P** / ☐ **I: dar**)[8] agua al perro y lo (☑ **P** / ☐ **I: llevar**)[9] a la casa de Isabel. Isabel le (☑ **P** / ☐ **I: sacar**)[10] muchas fotos al perro para ponerlas en Facebook. Al día siguiente, el dueño[a] del perro (☑ **P** / ☐ **I: ver**)[11] las fotos y (☑ **P** / ☐ **I: llamar**)[12] por teléfono. Cuando él (☑ **P** / ☐ **I: llegar**)[13] para recoger[b] al perro, (☐ **P** / ☑ **I: estar**)[14] muy contento y les ofreció $200. ¡Qué suerte!

[a]*owner* [b]*pick up*

PASO 2. De acuerdo con tus respuestas en el **Paso 1,** da las conjugaciones correctas de los verbos entre paréntesis.

***Act. B, Paso 2,* Answers: 1.** *era* **2.** *tenía* **3.** *iban* **4.** *nadaban* **5.** *se divertían* **6.** *daban* **7.** *encontraron* **8.** *dieron* **9.** *llevaron* **10.** *sacó* **11.** *vio* **12.** *llamó* **13.** *llegó* **14.** *estaba*

No pude encontrar a mi amiga, pero fui a la plaza y allí estaba. Compraba un helado.

Nota interdisciplinaria

Literatura: Rubén Darío

Rubén Darío (Nicaragua, 1867–1916) fue el máximo representante del modernismo literario en la lengua española y, posiblemente, uno de los poetas con mayor influencia en la poesía hispana del siglo XX. Darío tuvo una infancia marcada por turbulentos conflictos familiares que obligaron a su madre a abandonar a su esposo y su hogar. Después de la separación del matrimonio, Darío fue criado[a] por unos tíos abuelos y, desde muy joven, mostró un increíble talento para la poesía, publicando su primer poema a los 13 años.

Rubén Darío
©UniversalImagesGroup/Getty Images

Durante su juventud y madurez, el poeta vivió en varios países latinoamericanos y europeos donde conoció a poetas e intelectuales de renombre.[b] A los 21 años, obtuvo su propio[c] reconocimiento como artista con su obra *Azul* (1888), iniciando entonces el período de publicación de sus libros más estimados.[d] Con la letra[e] bella, culta y musical de su poesía, Darío inició una revolución en el lenguaje poético de las letras hispánicas.

La madurez de Darío fue marcada por excesos semejantes a los de su padre (el alcohol) y tumultuosas relaciones sentimentales. Murió poco tiempo después de regresar a Nicaragua en 1916. La noticia de su muerte llenó de tristeza a todos los intelectuales del mundo hispano.

[a]fue... *was brought up* [b]de... *famous* [c]*own* [d]*valued; respected* [e]*lyrics*

PREGUNTAS

1. ¿Por qué fue Rubén Darío un poeta tan importante en la literatura hispanoamericana?
2. ¿Cómo es la poesía de Darío? ¿Cuál fue su primer libro importante de poesía?
3. ¿Cómo fue la vida personal de Rubén Darío? Hablen de las diferentes etapas.

***Nota interdisciplinaria*, Culture Notes:**
- Rubén Darío is considered the Father of Modernism in the Spanish language. This literary movement arose as a reaction against Realism, the prevailing literature of the period.
- Modernists escaped from their world and took refuge in a utopian world, where everything is beautiful and perfect. To that effect, Modernists chose their words and phonic resources carefully to produce colorful and musical effects.
- Most of Darío's works are set in faraway, exotic places as a sign of his rejection of the real world. His use of lyrical vocabulary and rhythm also has great importance in all his productions.

***Nota interdisciplinaria*, Suggestion:** Have students look up additional information about Rubén Darío's personal and artistic life. Have them take notes so that they will be prepared to share their findings with the class.

Act. C, Paso 3, **Suggestion:** You may wish to have students read their biographies to each other out loud, as a listening activity.

C. ¿Quién es?

PASO 1. Completa el cuadro escribiendo oraciones completas con información sobre una persona muy famosa (artista, actor/actriz, escritor[a], político/a, etcétera) durante diferentes etapas de su vida. **¡OJO!** No uses el nombre de la persona en tus ejemplos.

ETAPAS DE LA VIDA	¿CÓMO ERA SU VIDA? ¿DÓNDE VIVÍA? ¿A QUÉ DEDICABA SU TIEMPO? ¿CÓMO ERA FÍSICAMENTE?	¿QUÉ HIZO? ¿QUÉ EVENTOS IMPORTANTES OCURRIERON?
En su infancia...		
En su juventud...		
En su madurez...		

PASO 2. Combinando ejemplos de las dos columnas del cuadro del **Paso 1,** escribe una mini-biografía de cinco a seis oraciones usando el pretérito y el imperfecto. **¡OJO!** No uses el nombre de la persona.

PASO 3. En parejas, compartan sus biografías, sin mencionar el nombre de la persona. Deben adivinar (*guess*) quién es la persona descrita.

D. Entrevista. En parejas, conversen sobre su niñez. Usen las preguntas como guía y presten atención al uso del pretérito y del imperfecto.

1. ¿Vivías en una casa o en un apartamento? ¿Cómo era? ¿Jugabas con tus vecinos?
2. ¿Quién era tu mejor amigo? ¿Qué hacían juntos (*together*) normalmente?
3. ¿Cuál era tu programa de televisión favorito? ¿Por qué?
4. ¿Te mudaste con tu familia de una ciudad a otra? ¿Fue fácil o difícil para ti adaptarte?
5. ¿Fuiste alguna vez de vacaciones a un lugar especial con tu familia? ¿Adónde fueron? ¿Qué hicieron?
6. ¿Cuál fue el mejor regalo que recibiste en tu niñez? ¿Quién te lo dio? ¿Cómo te sentiste cuando lo recibiste?

E. La vida extraordinaria de Rigoberta Menchú. Van a leer sobre la activista guatemalteca Rigoberta Menchú. Para completar la actividad, decidan entre **Estudiante 1** y **Estudiante 2.** El texto para **Estudiante 2** se encuentra en el **Appendix III.**

Rigoberta Menchú: activista, autora y ganadora del Premio Nobel
©Johan Ordonez/Getty Images

Act. D, Paso 1, **Answers: 1.** *nació* **2.** *era* **3.** *era* **4.** *era* **5.** *pertenecía* **6.** *se hablaba* **7.** *fue* **8.** *iba* **9.** *trabajaban* **10.** *tenía* **11.** *empezó* **12.** *eran* **13.** *murieron* **14.** *sufrieron* **15.** *tenía* **16** *dejó* **17.** *Se fue* **18.** *experimentó* **19.** *consistía* **20.** *había* **21.** *trataba* **22.** *dormía* **23.** *era* **24.** *Había* **25.** *se estableció* **26.** *arrestaban* **27.** *mataban* **28.** *sospechaban* **29.** *podía* **30.** *influyó*

Estudiante 1

PASO 1. Completa el texto con la forma correcta del verbo entre paréntesis, escogiendo entre pretérito e imperfecto, según el contexto.

La infancia

Rigoberta Menchú **(nacer)**[1] el 9 de enero de 1959 en Quiché, en las montañas del norte de Guatemala. Su familia **(ser)**[2] humilde: su padre **(ser)**[3] jornalero[a] y su madre **(ser)**[4] partera.[b] La familia **(pertenecer)**[5] al pueblo quiché, un grupo indígena maya, y en la casa **(hablarse)**[6] la lengua quiché y no el español.

La niñez

La niñez de Rigoberta no **(ser)**[7] fácil. Cada año **(ir)**[8] con su familia a la costa donde todos **(trabajar)**[9] en plantaciones de café y algodón. En 1967, cuando solo **(tener)**[10] ocho años, ella **(empezar)**[11] a trabajar. Las condiciones **(ser)**[12] muy malas. Dos de sus hermanos **(morir)**[13] como resultado, uno envenenado[c] por pesticidas y el otro de desnutrición.[d] Muchas familias indígenas **(sufrir)**[14] circunstancias similares.

Una trabajadora en una plantación de café

La adolescencia

Cuando Rigoberta **(tener)**[15] trece años, **(dejar)**[16] a su familia para ir a trabajar en la ciudad. **(Irse)**[17] a vivir a la casa de una familia rica donde **(experimentar)**[18] su primer contacto con el español. Su trabajo **(consistir)**[19] en limpiar la casa y servir a la familia. En ese tiempo **(haber)**[20] mucha discriminación contra las personas indígenas y la familia la **(tratar)**[21] muy mal. Ella **(dormir)**[22] cada noche en el suelo[e] al lado del perro de la familia. Y su única opción **(ser)**[23] aceptar ese tratamiento y seguir trabajando.

La situación en Guatemala

(Haber)[24] mucha violencia e inestabilidad en Guatemala durante la niñez y juventud de Rigoberta Menchú. Un gobierno militar muy opresivo **(establecerse)**[25] en 1954 y sus soldados[f] **(arrestar)**[26] y **(matar)**[27] a todas las personas que **(sospechar)**[28] de ser de la oposición. El 60 por ciento de la población del país era indígena, pero ese gobierno hacía sufrir mucho a las personas indígenas. Los obligaba a servir en el ejército[g] y a vivir en comunidades pequeñas donde el gobierno los **(poder)**[29] controlar completamente. Las condiciones en esas comunidades eran terribles y muchas personas murieron de desnutrición y enfermedad. Todo eso **(influir)**[30] mucho en la vida de Rigoberta y su familia.

[a]*day laborer* [b]*midwife* [c]*poisoned* [d]*malnutrition* [e]*ground* [f]*soldiers* [g]*military*

PASO 2. Primero, completa las preguntas con la forma correcta del verbo entre paréntesis. Luego, en parejas, túrnense para hacer y contestar las preguntas. No tienen las mismas preguntas. Apunta las respuestas de tu compañero/a en oraciones completas. **¡OJO!** Cuidado con el uso del pretérito y del imperfecto.

Act. D, Paso 2, Answers: 1. *tenía, empezó* **2.** *murieron* **3.** *se publicó* **4.** *tenía, recibió* **5.** *se casaron*

1. ¿Cuántos años _______ **(tener)** Rigoberta Menchú cuando _______ **(empezar)** a participar en activismo?
2. ¿En qué años _______ **(morir)** los padres de Rigoberta?
3. ¿En qué año _______ **(publicarse)** el libro de Rigoberta Menchú?
4. ¿Cuántos años _______ **(tener)** cuando _______ **(recibir)** el Premio Nobel?
5. ¿En qué año _______ **(casarse)** Menchú y Ángel Canil?

Lectura cultural

Vas a leer un artículo publicado en el periódico en línea *El País* con motivo de la muerte (*death*) de la poeta nicaragüense Claribel Alegría.

ANTES DE LEER

A. A primera vista

PASO 1. Lee la lista de las palabras que aparecen en el texto y sus sinónimos o definiciones correspondientes.

reencuentro	momento de verse después de mucho tiempo	**jamás**	nunca
falleció	murió	**seguramente**	posiblemente
tras	después	**ardor**	calor
plenamente	completamente	**trago**	bebida alcohólica
		convidaba	invitaba

PASO 2. Lee el título y el subtítulo del artículo. ¿Qué información esperas encontrar en el texto? Ten en cuenta que el artículo es una reflexión escrita después de la muerte de una poeta.

- ☑ detalles de la vida de la poeta
- ☑ relación entre la poeta y el autor del artículo
- ☑ la pérdida de su esposo como tema recurrente de su poesía
- ☐ una descripción de Nicaragua
- ☐ la causa de la muerte de Claribel Alegría

B. A verificar. Lee el artículo rápidamente, sin preocuparte por las palabras que no conoces. ¿Acertaste en tus predicciones? Comparte tus ideas con la clase.

El reencuentro de amor de Claribel Alegría

La poeta falleció en su casa de Managua a los 93 años, tras una larga vida marcada por el amor a su esposo y la melancolía que le dejó su muerte hace 23 años

Carlos Salinas Maldonado

Claribel Alegría en su casa de Managua
©INTI OCON/Getty Images

Claribel Alegría logró[a] el jueves el reencuentro tan largamente esperado. La poeta, voz potente de la literatura latinoamericana, falleció en su casa de Managua a los 93 años, tras una larga vida marcada por el amor a su esposo y la melancolía que le dejó su muerte hace 23 años. De aquella pérdida Alegría nunca se recuperó plenamente, aunque se refugió[b] en la poesía, cuya[c] composición parecía un compás de espera[d] hasta lograr el reencuentro con el escritor y diplomático estadounidense Darwin J. Flakoll.

Cuando el sol comenzaba a perderse tras las colinas que rasgan[e] el horizonte de Managua, Claribel Alegría salía a su jardín, donde recibía a amigos, seguidores, algunas visitas impertinentes que se escabullían[f] por su portal para verla, escucharla, conocer a esta mujer, que contaba sus penas[g] de amor, sus alegrías, sus viajes a lugares que ella hacía ver[h] mágicos, como de cuento de hadas.[i] Uno de esos impertinentes fue quien firma[j] este texto, quien se quedó maravillado por aquella historia de amor, rota[k] por la también impertinente muerte que nunca perdona, pero que jamás se acabó, porque siguió viva en la poesía de Alegría.

[a]*reached* [b]*se... took refuge* [c]*whose* [d]*compás... waiting period* [e]*tear (v.)* [f]*se... slipped away* [g]*sorrows* [h]*hacía... make them look* [i]*cuento... fairy tale* [j]*signs* [k]*broken*

Le pregunté si se había imaginado[l] alguna vez que sus poemas habían servido[m] para declaraciones de amor, para alimentar las almas[n] de gente enamorada. «Eso me encantaría!» me dijo, tras una explosión de risa, tan común en ella, que parecía siempre feliz. Y me contó que una vez un nieto, un jovencito de 15 o 16 años, había regalado[ñ] a su novia un poema de Alegría, diciéndole a la chica que lo había escrito[o] él. La joven se enamoró, atrapada[p] en la telaraña[q] mágica que Alegría tejía[r] con su poesía. «El amor es lo principal de la vida», me dijo.

Esa nostalgia inmensa que alimentaba la poesía de Claribel Alegría cesó[s] este jueves. Como una gaviota[t] solitaria, seguramente ha volado[u] al reencuentro de aquel que vio partir hace 23 años. Nos deja a nosotros una enorme lección: amar, reír a pesar del dolor[v] y vivir la vida plenamente. Cada tarde, cuando el ardor de Managua se apaciguaba[w] un poquito, Claribel Alegría abría su casa, se servía un trago de ron y convidaba a amigos, seguidores y otros visitantes impertinentes a compartir su jardín, sus licores y su historia de amor con Bud, como de cariño llamaba a su esposo.

[l]había... *had imagined* [m]había... *had served* [n]*souls* [ñ]había... *had given* [o]*written* [p]*caught* [q]*spiderweb* [r]*weaved* [s]*ceased* [t]*seagull* [u]ha... *has flown* [v]a... *in spite of sorrow* [w]se... *eased up*

DESPUÉS DE LEER

A. Comprensión. Indica si las siguientes declaraciones son ciertas (**C**) o falsas (**F**), según la lectura.

C	F	
☑	☐	**1.** Claribel Alegría sintió una nostalgia constante desde la muerte de su esposo.
☑	☐	**2.** Su poesía habla la historia de su amor y del deseo de reunirse con su esposo.
☐	☑	**3.** El esposo de la poeta era nicaragüense.
☑	☐	**4.** Alegría murió 23 años después de la muerte de su esposo.
☑	☐	**5.** La poeta era muy querida por sus amigos y por las personas que la conocían.
☐	☑	**6.** El autor del artículo no conocía personalmente a la poeta.

B. Temas de discusión. En parejas, contesten las siguientes preguntas. Después, compartan sus respuestas con la clase.

1. ¿Cómo se llamaba el esposo de Claribel Alegría? ¿Cómo lo llamaba ella cariñosamente? ¿De dónde era y cuál era su profesión?
2. ¿Qué hacía Claribel Alegría por las tardes en su casa de Managua? ¿Qué cosas compartía con los visitantes?
3. ¿Qué anécdota sobre su nieto le contó la poeta al autor del artículo?
4. Según el autor del artículo, ¿cómo era la poeta como persona? ¿Qué dice él sobre lo que podemos aprender de ella?
5. Piensen en su mejor amigo/a y expliquen cómo y cuándo se conocieron, por qué esa persona es importante en su vida y cuáles son los sentimientos que les provoca la persona.

***Act. B*, Answers:** *(Possible answers)* **1.** *Se llamaba Darwin J. Flakoll, pero la poeta lo llamaba Bud. Era escritor y diplomático estadounidense.* **2.** *Salía al jardín, se servía un trago de ron y convidaba a amigos y seguidores a compartir sus licores, su historia de amor e historias de sus viajes.* **3.** *Su nieto le regaló a su novia un poema de Alegría, diciéndole a la chica que lo había escrito él. La joven se enamoró.* **4.** *Aunque melancólica, parecía siempre feliz y alegre. Amar, reír a pesar del dolor y vivir la vida plenamente.*

Palabra escrita

Developing Your Ideas: Questions and Answers. Another way to generate ideas is to ask the six journalist questions: *Who?, What?, Where?, When?, Why?,* and *How?* Your answers to these questions may help you think of additional questions about the themes and thus help you to explore your topic in greater depth. As a result, your composition may present richer and more substantial content.

For this composition you are going to write a short story (**un cuento**). The purpose of your composition will be to offer the reader, in this case, your professor, a pleasant and entertaining moment.

A. A escoger el tema. En este capítulo, tú vas a escoger el tema de tu cuento. Aquí tienes algunas opciones.

1. un cuento de hadas (*fairy tale*)
2. un cuento con una moraleja (*moral*)
3. un cuento romántico
4. ¿ ?

B. Lluvia de ideas. Usa las preguntas periodísticas (**¿quién? ¿qué? ¿dónde? ¿cuándo? ¿por qué?** y **¿cómo?**) para empezar a generar ideas. Usa las siguientes preguntas como guía.

1. ¿Quiénes son los personajes? ¿Cuáles son sus rasgos físicos? ¿y su personalidad? ¿Cuándo y dónde ocurrió el cuento?, etcétera.
2. ¿Qué problemas ocurrieron? ¿Cómo se resolvieron?
3. ¿Tiene el cuento un final satisfactorio? ¿Se resolvió el conflicto central? ¿Cómo?

C. A organizar tus ideas. Repasa tus ideas y organízalas lógicamente, teniendo en cuenta los siguientes puntos:

- tu cuento debe consistir en una introducción, incidentes y consecuencias de tales incidentes, clímax y resolución
- los personajes pueden describirse según van apareciendo en el cuento
- si tu cuento tiene varios incidentes o episodios, el más decisivo debe presentarse al final

D. A escribir. Ahora, haz el borrador de tu composición con las ideas y la información que recopilaste en las **Actividades A, B** y **C.**

E. El vocabulario y la estructura

PASO 1. Repasa el vocabulario y la gramática de este capítulo. Ten en cuenta las siguientes preguntas.

1. ¿Incluiste suficiente información para explicar los temas de la **Actividad B**?
2. ¿Usaste el vocabulario apropiado?
3. ¿Usaste correctamente las preposiciones **por** y **para**?
4. ¿Es correcta la conjugación de los verbos?
5. ¿Concuerdan los adjetivos con los sustantivos que modifican?

PASO 2. En el **Tema II** de este capítulo aprendiste a narrar usando el pretérito y el imperfecto. Repasa tu composición para ver si puedes añadir más elementos descriptivos y darle más contexto al fondo (*background*).

PASO 3. Vuelve a escribir tu composición y entrégasela a tu profesor(a).

¿Corazón[a] solitario? ¡Inscríbete![b]

Si vives en Managua, Nicaragua, el uso de los teléfonos inteligentes y el internet pueden ser una ruta directa al amor. Algunas aplicaciones como *Meetic* y *Boompi* te permiten conocer a nueva gente simplemente arrastrando el dedo en la pantalla[c] para decir que sí o que no a las muchas opciones. Cuando alguien te cae bien,[d] puedes empezar la conversación y el coqueteo.[e]

©Wavebreak Media Ltd/123RF

©Kike Calvo/Redux

Después de conectar en línea, ¿qué haces para conocer a tu nuevo amigo / nueva amiga? Como es común vivir en casa con los padres, a muchos managüenses[f] jóvenes les encanta salir al centro comercial, a ferias[g] o al parque. En estos espacios públicos, es típico ver a parejas expresando su amor y cariño. En el Parque Central, puedes encontrar un lugar perfecto para hacer un picnic con tu interés romántico. En los centros comerciales como Metrocentro y Plaza Inter, pueden ir al cine o simplemente pasear de tienda en tienda tomados de la mano.[h]

¿Y después de salir juntos unos meses? Otra opción es escaparse de la ciudad para gozar de los miradores[i] que se encuentran alrededor[j] de los varios lagos nicaragüenses. Un lugar romántico e ideal es el Mirador de la Catarina. Esta pareja se sienta junta para disfrutar de[k] la vista espectacular mientas espera la puesta del sol.[l] Es el lugar y el momento perfecto para proponer[m] matrimonio, ¿no?

[a]*heart* [b]*Sign up!* [c]arrastrando... *swiping your finger across the screen* [d]te... *you like someone* [e]*flirtation* [f]*someone from Managua, Nicaragua* [g]*fairs* [h]tomados... *hand in hand* [i]gozar... *enjoy the lookout points* [j]*around* [k]disfrutar... *enjoy* [l]puesta... *sunset* [m]*propose*

©ton koene/Alamy Stock Photo

REFLEXIÓN

1. Si eres soltero/a, ¿cómo conoces a gente nueva en tu ciudad o estado? ¿Te conectas en línea como en Nicaragua o hay otras maneras de conocer a otras personas?
2. ¿Por qué piensas que las aplicaciones para encontrar el amor tienen tanta popularidad en todo el mundo?
3. En Managua, como en otros países centroamericanos, se ve mucha demostración pública de afecto (*affection*). ¿Por qué piensas que esto es tan común en los centros comerciales, las calles, los parques, etcétera? ¿Ves mucha demostración pública de afecto donde tú vives?
4. ¿Dónde prefieres tener citas románticas? ¿Prefieres ir al cine en un centro comercial o estar en la naturaleza? ¿Cuál es el lugar más romántico que conoces o que puedes imaginar para tener una cita?

San Luis de Monteverde

Alexa y Xinia

Antes de ver

Infórmate y ponte en su lugar.
La familia de Xinia opera la Lechería el Zurdo desde hace varias generaciones. Xinia empezó a participar cuando era adolescente, pero ahora sus hijos y nietos mantienen la tradición. Su nuera, Gaudy, sigue preparando queso para vender usando métodos tradicionales mientras los hijos y nietos ayudan a cuidar de las vacas. Sabiendo que tres generaciones viven en la finca familiar y participan en la operación de la lechería, ¿qué adjetivos crees que describen a la familia y sus miembros? ¿Por qué?

©deepblue4you/Getty Images
©McGraw-Hill Education/Zenergy

Vocabulario práctico

la naturaleza	nature
los patrones	patterns
las nubes	clouds
el aire	air
ordeñar	to milk
seguirán	they will continue
la lechería	dairy farm
una mazorca de maíz	corn cob
se desgrana	the kernels come off
ese elote	that ear of corn

©McGraw-Hill Education/Zenergy

***¿Entendiste? A.* Answers:**
1. *Jugaba con muñecas y hacía casitas.* **2.** *Colectaba café y ayudaba en la casa.* **3.** *Su hijo y su nuera colaboran para producir queso. Xinia manejó la lechería por once años.* **4.** *tomar café, comer, pasar tiempo juntos* **5.** *Cuando vino a vivir en Costa Rica.*

***¿Entendiste? B.* Answers:** *Answers will vary.* **1.** *Mencionana muñecas, casitas, los quehaceres y vivir en el campo, expuestos a la naturaleza.* **2.** *Los niños entienden la naturaleza, los patrones de las nubes, cuándo va a llover.* **4.** *Alexa dice que los adolescentes se separan mucho de los padres en los Estados Unidos, pero en Costa Rica, las familias son muy unidas.*

¿Entendiste?

A. Comprensión. Contesta las preguntas.

1. ¿Cuáles eran dos tipos de juegos favoritos de la niñez de Xinia?
2. ¿Qué responsabilidades tenía Xinia cuando era adolescente?
3. ¿Quiénes en la familia de Xinia colaboran en la producción de queso? ¿Por cuántos años manejó Xinia la lechería?
4. ¿Cuáles son dos actividades que menciona Xinia que disfruta con su familia?
5. ¿Cuándo empezó Alexa a valorar más las relaciones de familia?

B. Recuerdos del pasado. En parejas, contesten las preguntas.

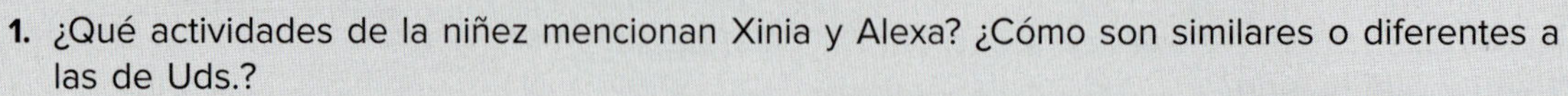

1. ¿Qué actividades de la niñez mencionan Xinia y Alexa? ¿Cómo son similares o diferentes a las de Uds.?

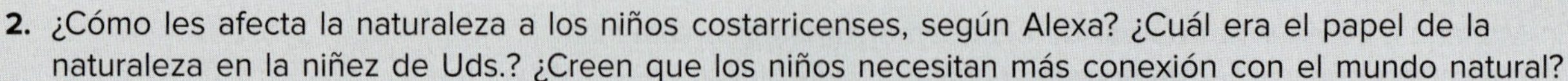

2. ¿Cómo les afecta la naturaleza a los niños costarricenses, según Alexa? ¿Cuál era el papel de la naturaleza en la niñez de Uds.? ¿Creen que los niños necesitan más conexión con el mundo natural?
3. ¿Creen Uds. que Xinia tenía muchas responsabilidades durante su adolescencia? ¿Es positivo o negativo tener responsabilidades durante esa etapa? ¿Por qué?
4. ¿Qué dice Alexa sobre la relación entre los adolescentes y sus familias en los Estados Unidos? ¿Cómo se compara con la situación en Costa Rica? ¿Qué modelo de familia les gusta más a Uds.? ¿Por qué?
5. En sus propias palabras, expliquen la metáfora sobre la familia que usaba el papá de Xinia. ¿Están de acuerdo? ¿Por qué?

Vocabulario

Las relaciones sentimentales

amarse	to love each other
casarse (con)	to get married (to)
discutir	to argue
enamorarse (de)	to fall in love (with)
gritar	to yell
llorar	to cry
pelear(se)	to fight
quejarse	to complain
quererse (*irreg.*)	to love each other
reírse (i, i) (me río)	to laugh
romper con	to break up with
sonreír (i, i) (sonrío)	to smile
tenerle (*irreg.*) **cariño a**	to be fond of (*someone*)
la amistad	friendship
el amor	love
el cariño	affection
la cita	date
el compromiso	engagement
la luna de miel	honeymoon
la novia	girlfriend; fiancée; bride
el noviazgo	courtship; engagement
el novio	boyfriend; fiancé; groom
la pareja (de hecho)	(common-law) couple; (domestic) partner
amable	friendly
celoso/a	jealous
enamorado/a (de)	in love (with)

Cognados: divorciarse (de), separarse (de), la separación
Repaso: abrazarse, besarse, llevarse bien/mal (con), sentirse; la boda, el divorcio, el/la esposo/a, el estado civil, el matrimonio; casado/a, divorciado/a, separado/a

Las etapas de la vida	Stages of life
la adolescencia	adolescence
la infancia	infancy
la juventud	youth
la madurez	maturity
la niñez	childhood
la vejez	old age

Los pasatiempos y diversiones

acampar	to camp; to go camping
ayudar	to help
dibujar	to draw
escribir poesía	to write poetry
ir (*irreg.*) **de vacaciones**	to go on vacation
pasear en barco	to go boating
pescar (qu)	to fish
pintar	to paint
el alpinismo	mountain climbing
la caminata	hike
el ciclismo	cycling
el cuento	story
los dibujos animados	cartoons
la discoteca	disco, dance club
el juguete	toy
la muñeca	doll
el parque zoológico	**zoo**

Cognado: la novela
Repaso: andar (*irreg.*) **en bicicleta, asistir a clase, bailar, hablar por teléfono, hacer** (*irreg.*) **ejercicio, jugar (ue) (gu), leer, manejar, nadar, navegar en internet, pasar tiempo, pasear, practicar (qu), sacar (qu) fotos, tomar el sol, ver** (*irreg.*)**, viajar; el cine, los deportes, el helado, la película, la playa**

Expresiones con *por*

¡Por Dios!	For heaven's sake!
por primera/última vez	for the first/last time
por si acaso	just in case
por supuesto	of course
por todas partes	everywhere

Palabras indefinidas y negativas

alguien	someone
algo	something
algún, alguno/a	some
jamás	never
nada	nothing
nadie	no one
ningún, ninguno/a	none, not any
tampoco	neither; nor

Repaso: nunca, siempre, también

Otras palabras y expresiones

acordarse (ue)	to remember
el pasado	past
el recuerdo	memory

Capítulo 10

¡Salgamos a explorar!

EN ESTE CAPÍTULO

Los países andinos

©Guillermo Legaria/Getty Images

En 2017 casi 31 millones de pasajeros (*passengers*) pasaron por el aeropuerto El Dorado en Bogotá, Colombia, uno de los mejores del mundo.

Piensa y comparte

La gente viaja por una variedad de motivos personales y profesionales. Hoy en día existen muchas opciones para personalizar las experiencias cuando viajamos.

- ¿Cuáles son algunos ejemplos de maneras en las que la tecnología y el internet afectan nuestras decisiones a la hora de viajar?

Muchas veces los estudiantes no tienen un gran presupuesto (*budget*) para viajar. Sin embargo, para muchos es un momento perfecto en la vida para explorar el mundo.

- ¿Qué oportunidades hay para viajar cuando uno no tiene mucho dinero?
- ¿Qué piensan de programas de voluntariado o trabajo que les permite a los estudiantes ver lugares nuevos sin gastar mucho dinero?

©donyanedomam/123rf

En los países andinos hay servicios dedicados a los viajeros (*travelers*) como policías bilingües, oficinas de turismo y opciones de transporte especializado.

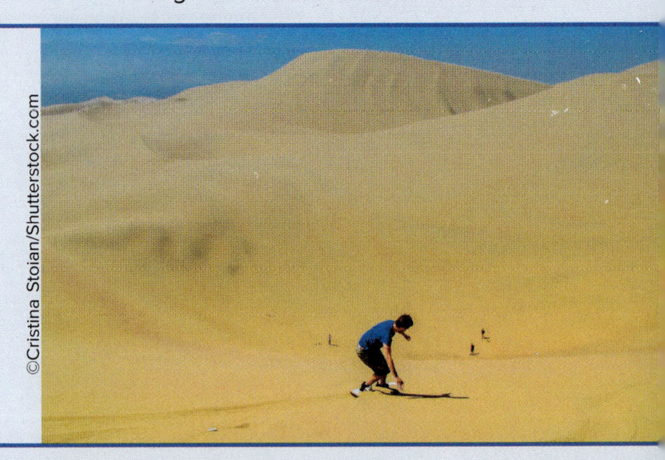

©Cristina Stoian/Shutterstock.com

En Perú se puede hacer *sandboarding* en el desierto de Atacama.

Un mundo sin límites

CULTURES C Quito, Ecuador

Tobie y Javier

©deepblue4you/Getty Images
©McGraw-Hill Education/Zenergy

Vocabulario práctico

me tocó	it was up to me to
administración de proyectos	project management
la embajada	embassy
juntos	together

Antes de ver

Infórmate y ponte en su lugar.

Ecuador, donde viven Tobie y Javier, es un pequeño país con mucha riqueza cultural e histórica. Es uno de los países más biodiversos del mundo. Los volcanes andinos, las Islas (*Islands*) Galápagos y muchos ríos y cataratas (*waterfalls*) atraen a muchos turistas en busca de aventura o de experiencias con el mundo natural. ¿A Uds. les gusta participar en turismo de ese tipo? ¿Por qué? Hablen de sus experiencias.

©McGraw-Hill Education/Zenergy

©McGraw-Hill Education/Zenergy

¿Entendiste?

A. Comprensión. Contesta las preguntas.

¿Entendiste? A, **Answers: 1.** *Porque tenía novias que hablaban español.* **2.** *Trabaja en la embajada británica en Quito.* **3.** *Se conocen porque trabajaban juntos.* **4.** *Trabaja en una agencia de viajes.*
¿Entendiste? B, **Answers:** *Answers will vary.* **4.** *Le gustan el centro histórico porque es bonito y las montañas porque las puede visitar.*

1. ¿Por qué aprendió español Tobie?
2. ¿Dónde trabaja Tobie?
3. ¿Cómo se conocieron Tobie y Javier? ¿Cuándo?
4. ¿Dónde trabaja Javier?

B. ¡Salgamos a explorar! En parejas, contesten las preguntas.

COMMUNICATION C

1. ¿Tuvieron Uds. alguna vez una relación romántica o amistosa con una persona que era hablante nativo/a de un idioma distinto del inglés? ¿Cómo era la comunicación con esa persona? ¿Fue útil o importante para Uds. aprender algo de su idioma?
2. Observando el ejemplo de Tobie, que tiene una vida exitosa en Ecuador, ¿cuáles creen que son algunas de las ventajas (*advantages*) de viajar por el mundo? Piensen en beneficios personales y profesionales.
3. Tobie y Javier se conocieron cuando los dos trabajaban en una agencia de viajes. Describan otros trabajos directamente relacionados con el turismo. ¿Qué cualidades y habilidades son importantes en esa industria?
4. ¿Cuáles son dos cosas que a Javier le gustan de Quito? Cuando Uds. viajan, ¿son importantes factores como los que menciona Javier cuando eligen un destino? ¿Por qué?

TEMA I: De viaje

Vocabulario en acción

Note: The art for this chapter is available for digital download within Connect (www.mhhe.com/connect).

En el aeropuerto

***Vocabulario en acción*, Note:** Students can assess their understanding and mastery of the vocabulary presented in this chapter by accessing the LearnSmart module for *Capítulo 10* at www.mhhe.com/connect.

Los viajes

bajarse (de)	to get off (of) (*a vehicle*)
facturar el equipaje	to check luggage
hacer (*irreg.*) **cola**	to stand in line
hacer las maletas	to pack one's suitcase(s)
pasar por inmigración	to pass through immigration
perder (ie)	to miss (*a flight, train, bus*)
subir (a)	to get on/in (*a vehicle*)
la agencia de viajes	travel agency
el asiento (de pasillo/ventanilla)	(aisle/window) seat
el boleto	ticket
la clase económica	coach (class)
el crucero	cruise (ship)
el destino	destination
el equipaje	luggage
el/la extranjero/a	foreigner; *m.* abroad
la primera clase	first class
el reclamo de equipaje	baggage claim
la sala de espera	waiting room
la salida	departure; gate
el viaje	trip
el visado	visa
el vuelo	flight
de viaje	on a trip

Cognados: la inmigración, el/la turista

Repaso: el aeropuerto, el autobús, el avión, el barco, la reservación, el transporte, el tren

Vocabulario en acción, Suggestions:

- Use the image, picture files, or a PowerPoint presentation to introduce the vocabulary. Model pronunciation and, as you go, ask students questions about the images to check comprehension: *Hacer cola. En los aeropuertos tenemos que hacer cola muchas veces. ¿En qué lugares hacemos cola? Muy bien, en el control de seguridad. ¿Y en qué otros lugares? Sí, en el mostrador, a veces, y en la aduana. ¿Cómo llamamos a los viajes largos en barco? Sí, el crucero.*
- Provide additional travel vocabulary as necessary for communicative activities. Some words students might use include: *hacer escalas, volar, viaje de ida* (*y vuelta*).
- Point out that *el billete* is used to express *ticket* in Spain. Additional words for flight attendant include *el/la aeromozo/a* and *la azafata*.
- For students who don't travel or who have never traveled by plane, provide vocabulary to facilitate conversation about their modes of travel. For example, for train travel you might add: *la cabina* (*de tren*), *la línea de ferrocarril, el tren de alta velocidad, el tren de enlace, el vagón.*

ACTIVIDADES

A. Identificaciones

PASO 1. Indica si las palabras se refieren a una persona (**P**), a un artículo para viajar (**A**) o a un lugar (**L**). **¡OJO!** Una palabra puede referirse a más de una cosa.

P	A	L		P	A	L	
☐	☐	☑	**1.** el destino	☐	☑	☐	**6.** el visado
☑	☐	☑	**2.** el extranjero	☐	☑	☐	**7.** el boleto
☐	☐	☑	**3.** el mostrador	☑	☐	☐	**8.** el maletero
☑	☐	☐	**4.** la pasajera	☐	☑	☐	**9.** el maletín
☐	☐	☑	**5.** la aduana	☐	☐	☑	**10.** el reclamo de equipaje

PASO 2. En parejas, túrnense para dar una definición de una palabra del **Paso 1**, sin decir la palabra, y adivinar la palabra definida.

B. Voy de viaje.

PASO 1. Indica la frase más lógica para completar cada una de las oraciones. **¡OJO!** Puede haber más de una respuesta, y algunas respuestas se repiten.

1. Hago las maletas ___e___.
2. Hago las reservaciones ___c, g___.
3. Facturo mi maleta ___c___.
4. Hacemos cola ___a, c, d, f, h___.
5. Tenemos un asiento de pasillo ___d___.
6. Muestro la tarjeta de embarque ___a, d, f, h___.
7. Revisan mi equipaje ___a, f___.
8. Esperamos a embarcar en el avión ___b, h___.

a. en el control de seguridad
b. en la sala de espera
c. en el mostrador
d. en el avión
e. en casa
f. en la aduana
g. con el agente de viajes
h. en la salida

PASO 2. En parejas, pongan las oraciones del **Paso 1** en orden cronológico.

Act. B, Paso 2, Answers: (*Possible order*) **2, 1, 4, 6, 3, 7, 8, 5**

Act. C, **Answers:** (*Possible answers*) **1.** *Debe viajar a ese lugar en barco.* **2.** *Debe viajar a ese lugar en tren o autobús.* **3.** *Debe ir al reclamo de equipaje.* **4.** *Debe hacer un viaje en crucero con su esposa.* **5.** *Debe ir al mostrador.* **6.** *Deben conseguir los pasaportes y los visados.* **7.** *Debe llamar al / a la asistente de vuelo.* **8.** *Debe pasar por inmigración y luego la aduana.*

***Act. C,* Suggestion:** Have students invent additional situations related to traveling.

C. Situaciones

PASO 1. Escoge cuatro de las siguientes situaciones y escribe una buena sugerencia para esas personas.

MODELO Quiero hacer una reservación para un vuelo a Miami, pero no tengo computadora. → Ud. debe ir a una agencia de viajes.

1. Mi prima se casa en España y quiero ir a la boda, pero tengo miedo de viajar en avión.
2. Quiero ir a Nueva York para visitar a mis amigas, pero no tengo coche y tengo poco dinero.
3. Acabo de bajar del avión y necesito recoger mis maletas.
4. Quiero hacer un viaje romántico con mi esposa, pero no quiero preocuparme por las comidas, ni por el transporte... ni nada.
5. Necesito facturar mi equipaje antes de embarcar en el avión.
6. Vamos a hacer un viaje a India y China con los hijos y no estamos seguros de qué documentos vamos a necesitar.
7. Estoy en el avión y tengo mucha sed. ¡Necesito una bebida!
8. ¿Adónde debo ir después de bajar del avión en Ecuador?

PASO 2. Lee tus sugerencias a un compañero / una compañera sin mencionar la situación. Tu compañero/a debe escuchar tu sugerencia y adivinar cuál es la situación.

D. ¿Cómo viajan mis compañeros/as?

***Act. D, Paso 1;* Suggestion:** Model question formation to students before they start working on *Paso 1.* Walk to one student and say *Sandra, ¿te gusta hacer las reservaciones en una agencia de viaje?* If the student says *sí*, tell the class that they have to write her name.

PASO 1. Formula preguntas basándote en las siguientes oraciones. Luego, hazles las preguntas a tus compañeros de clase. Encuentra dos personas que contesten **sí** a cada una de las preguntas y apunta sus nombres.

MODELO Viaja generalmente en clase económica. →
E1: David, ¿viajas generalmente en clase económica?
E2: Sí, siempre viajo en clase económica.
E1: *Escribe «David» al lado de la oración.*

¿Quién lo hace?

_______ _______ 1. Usa sitios como Kayak o Expedia en el internet para hacer las reservaciones.
_______ _______ 2. No factura equipaje en el aeropuerto, solo viaja con un maletín.
_______ _______ 3. Prefiere un asiento de pasillo.
_______ _______ 4. Lleva una mochila grande en el vuelo y tiene que sacar muchas cosas para pasar por el control de seguridad.
_______ _______ 5. Le pide al / a la asistente de vuelo agua para beber.
_______ _______ 6. Ya tiene un pasaporte para poder viajar al extranjero y pasar por inmigración.

***Act. D, Paso 2,* Suggestion:** You can make this a competition and have the first student to find two students for each sentence report all of his/her results to the class. Then involve the class by taking polls and tallying on the board how many do each thing: *Vamos a ver si Uds. tienen mucho en común. ¿A cuántos les gusta hacer las reservaciones en el internet?*

COMMUNICATION C

PASO 2. Comparte los resultados con la clase.

MODELO Bill y John generalmente viajan en clase económica.

Gramática

10.1 Present Perfect

***Gramática,* Note:** Students can assess their understanding and mastery of the grammar points presented in this chapter by accessing the LearnSmart module for *Capítulo 10* at www.mhhe.com/connect.

Talking About What Has Happened Recently

GRAMÁTICA EN ACCIÓN

CULTURES C

Un viaje especial

Virginia **ha viajado** mucho porque escribe guías turísticas. **Ha escrito** guías sobre más de cien lugares. **Ha planeado** un viaje a Ecuador y este viaje es especial por dos razones. Primero, nunca **ha estado** en el ecuador, o sea, la línea imaginaria que divide los hemisferios norte y sur de la Tierra. Segundo, nunca **ha hecho** un viaje tan largo con su hijo, Seve. En este momento, Seve está quejándose porque **se ha cansado** de hacer cola.

SEVE: ¡Otra cola! ¿Cuántas colas **hemos hecho** en este viaje, mamá?

VIRGINIA: Ay, no te quejes tanto, mi hijo. Esto es normal y en realidad no **hemos tenido** que esperar demasiado.

SEVE: ¡Huy, mamá! **Te has acostumbrado** porque **has viajado** mucho. Tienes mucha paciencia con las colas, el control de seguridad y la aduana.

VIRGINIA: Pero nunca **he hecho** un viaje a Ecuador. Por eso, es muy interesante para mí, especialmente porque lo estoy haciendo contigo, querido. Y mañana vamos a la Mitad del Mundo.

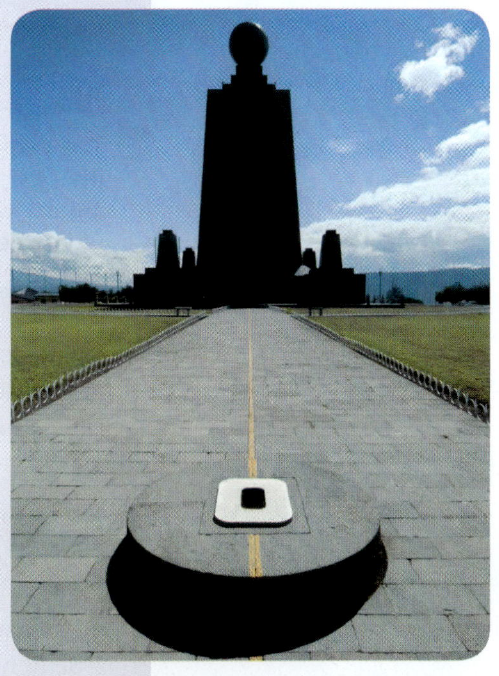

El monumento Mitad del Mundo, Ecuador
©John Coletti/Getty Images

Acción. Indica la forma correcta para completar cada una de las oraciones.

SEVE: Mamá, nosotros __d__ estado en la cola por mucho tiempo. ¿Cuándo va a ser nuestro turno?

VIRGINIA: Ahora mismo. Tienes que prepararte para pasar por el control de seguridad. ¿__b__ sacado la computadora de tu mochila?

SEVE: Sí. Y también me __a__ quitado la chaqueta.

VIRGINIA: Esta revisión __c__ tomado mucho tiempo, pero casi llegamos, hijo.

a. he
b. has
c. ha
d. hemos

***GEA,* Note:** The audio for this *GEA* is available through the eBook or on Connect.

***GEA,* Culture Note:** The *Ciudad de la Mitad del Mundo,* located about twenty kilometers north of Quito, is an attraction that includes an equatorial monument and a golden line that represents the equator. Tourists go there to place one foot in the northern hemisphere and one in the southern hemisphere. Ask students to think of other monuments that mark borders or geographical features (such as Niagara Falls, Key West's southernmost point in the U.S., etc). Why are they popular?

***GEA,* Suggestion:** Have students give the infinitive form of the present perfect verbs in the *GEA.*

***Acción,* Suggestion:** Have students refer back to the *GEA* dialogue to identify the forms: *yo he, tú has, él/ella ha, nosotros hemos.*

A. The *present perfect* (**pretérito perfecto compuesto**) is a compound tense in both Spanish and English. Compound tenses include two parts: an *auxiliary verb* and a *past participle*. In Spanish, the verb **haber** serves as the auxiliary verb and is conjugated in the present tense to form the first element of the present perfect. The past participle of regular verbs is formed by removing the infinitive ending (**-ar, -er,** or **-ir**) and adding **-ado** for **-ar** verbs and **-ido** for **-er** and **-ir** verbs.

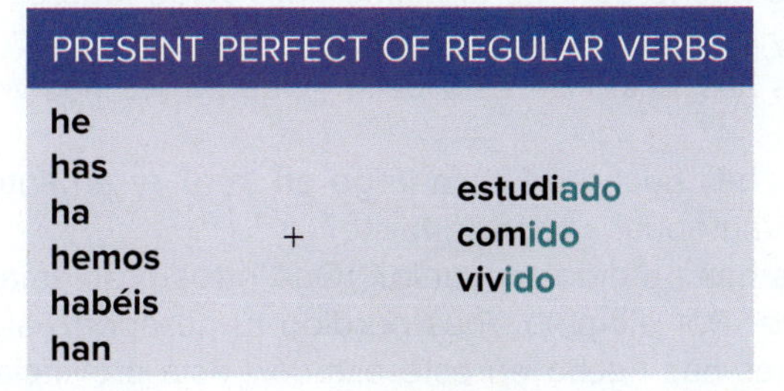

PRESENT PERFECT OF REGULAR VERBS		
he **has** **ha** **hemos** **habéis** **han**	+	**estudiado** **comido** **vivido**

B. Several verbs have irregular past participles.

IRREGULAR PAST PARTICIPLES					
abrir →	abierto	**devolver →**	devuelto	**poner →**	puesto
cubrir →	cubierto	**escribir →**	escrito	**resolver →**	resuelto
decir →	dicho	**hacer →**	hecho	**romper →**	roto
describir →	descrito	**imprimir →**	impreso	**ver →**	visto
descubrir →	descubierto	**morir →**	muerto	**volver →**	vuelto

C. The present perfect is used to talk about actions that occurred or began in the past but that continue to affect the present. The words and phrases **alguna vez, nunca, ya, hasta ahora, recientemente, todavía,** and **últimamente** are frequently used in conjunction with the present perfect.

—¿Ya **has hecho** las reservaciones? — *Have you already made the reservations?*

—**Todavía** no, pero sí **he comprado** los billetes de avión. — *Not yet, but I have bought the airplane tickets.*

Últimamente han ido a muchas bodas. — *Lately they've gone to a lot of weddings.*

D. The verb **haber** and the *past participle* are never separated. If a sentence is negative or if a sentence contains pronouns, the negative word and the pronouns are placed before **haber**.

—¿**Nunca has visitado** Perú? — *You've never visited Peru?*

—Sí, **lo he visitado** varias veces. — *Yes, I've visited it several times.*

—¿**Han visto** Uds. los Andes alguna vez? — *Have you ever seen the Andes?*

—No, **nunca los hemos visto.** — *No, we've never seen them.*

ACTIVIDADES

Act. A, **Answers: 1.** *se ha enfermado* **2.** *he hablado* **3.** *hemos visitado* **4.** *ha comprado* **5.** *hemos viajado* **6.** *hemos visto* **7.** *han dado* **8.** *Las has perdido* **Suggestion:** Have students get and share information on some of the topics mentioned in this activity: *soroche* and treatments for it; *la Mitad del Mundo* monument in Quito, Ecuador; Panama hats (why they're called Panama hats although they're made in Ecuador); trains that travel to Machu Picchu; Lake Titicaca and the *balsas de totora.*

A. Mi viaje. Completa las oraciones con el pretérito perfecto compuesto de los verbos entre paréntesis para describir lo que Ramón y Teresa han hecho (o no) hasta ahora durante su viaje por Sudamérica.

1. Ramón (**enfermarse**) de soroche (*altitude sickness*) dos veces.
2. Yo (**hablar**) mucho en español.
3. Ramón y yo (**visitar**) la Mitad del Mundo cerca de Quito.
4. Ramón (**comprar**) tres sombreros Panamá en Ecuador.
5. Ramón y yo (**viajar**) en tren a Machu Picchu.
6. Ramón y yo no (**ver**) el Lago Titicaca.
7. Nuestros amigos (**dar**) un paseo en balsa (*raft*) en el Lago Titicaca.
8. ¡Ramón! ¿No encuentras las tarjetas de embarque? ¿(Tú: **Perderlas**)?

COMMUNICATION

B. Entrevista: ¿Adónde has viajado? Entrevista a un compañero / una compañera de clase con las preguntas. Luego, cambien de papel.

1. ¿Qué viajes has hecho durante el último año? ¿Qué lugares has visitado? ¿Con quién viajaste y cuándo hiciste los viajes?
2. ¿Cuántas veces has salido de este país? ¿Qué países has visitado en el extranjero?
3. ¿Cuántas veces has hecho un viaje largo en tren? ¿y en autobús? ¿Por qué viajaste en tren/autobús? ¿Adónde fuiste?
4. ¿Cuántas veces has perdido un vuelo? ¿Qué otros problemas has tenido durante un viaje? Por ejemplo, ¿has perdido tu pasaporte alguna vez?
5. ¿Qué excursiones has hecho en este estado / esta provincia?

C. Experiencias de vida

PASO 1. Escribe preguntas en la segunda columna del cuadro, usando los elementos de la primera columna. Las otras columnas son para el **Paso 2.**

ACTIVIDAD	PREGUNTA	NOMBRE DE UN(A) COMPAÑERO/A	NOMBRE DE UN(A) COMPAÑERO/A
comer insectos	**¿Has comido insectos?**		
nadar en diferentes océanos			
viajar en primera clase			
ir a Europa			
hacer un viaje en tren			

PASO 2. Pregúntales a tus compañeros si han hecho estas actividades en su vida. Si alguien dice **sí,** escribe su nombre. Encuentra el nombre de una persona diferente para cada actividad, si es posible.

PASO 3. Compartan sus resultados con la clase. ¿Cuál de las actividades han hecho todos? ¿Cuál de las actividades no ha hecho nadie? ¿Quién ha hecho todas o casi todas esas actividades?

D. ¿Has viajado a...?

PASO 1. Usando las siguientes oraciones, forma preguntas para hacerle a otro/a estudiante.

MODELO viajar a los Andes (Colombia / Perú / España / ¿?)
¿Has viajado a los Andes?

1. viajar a los Andes (Colombia / Perú / España / ¿?)
2. hacer una reservación de viaje en el internet / en una agencia de viajes
3. olvidar el maletín (la mochila) en la sala de espera
4. viajar en avión sin facturar las maletas
5. perder un vuelo (tren / autobús)
6. buscar a un amigo / una amiga en el aeropuerto
7. llegar al aeropuerto (a la estación) sin tu equipaje
8. viajar al extranjero
9. ¿?

PASO 2. En parejas, túrnense para hacer y contestar las preguntas. Deben contestar afirmativamente o con **acabar de** si lo han hecho recientemente, o con el pretérito. Si su respuesta es negativa, usen el pretérito perfecto compuesto. No deben decir la verdad en todos los casos. Después, adivinen cuántas de las respuestas que escucharon son falsas.

MODELO E1: ¿Has viajado a los Andes?
E2: Sí, acabo de viajar a los Andes. / Sí, viajé a los Andes el año pasado. / No, no he viajado a los Andes.

Nota comunicativa

Acabar de + *inf.*

If you want to express *to have just* (*done something*), use **acabar de** + *inf.* with **acabar** conjugated in the present tense.

Acabamos de asistir a un festival de música andina.	*We have just been to an Andean music festival.*
—¿Qué haces aquí? Yo pensaba que estabas de vacaciones.	*What are you doing here? I thought you were on vacation.*
—**Acabo de regresar** hoy.	*I just returned today.*

***Act D, Paso 2,* Note:** Do a brief warm-up to practice and review preterite forms. Give students a present perfect form, and have them respond with the corresponding preterite form. *he viajado → viajé, he hecho → hice, he tenido → tuve,* and so on.

E. ¿Qué han hecho? Primero decidan entre **Estudiante 1** y **Estudiante 2**. El texto para el **Estudiante 2** se encuentra en el **Appendix III**.

Estudiante 1

PASO 1. Completa la descripción con la forma correcta del pretérito perfecto compuesto de cada verbo entre paréntesis.

***Act. E, Paso 1*, Answers: 1.** *han decidido* **2.** *han hecho* **3.** *han leído* **4.** *ha comprado* **5.** *han visto* **6.** *han descubierto* **7.** *han decidido* **8.** *ha encontrado* **9.** *han acordado* **10.** *ha investigado* **11.** *ha aprendido* **12.** *ha buscado* **13.** *han tomado* **14.** *Han mirado* **15.** *se han asegurado* **16.** *se han puesto* **17.** *se han informado* **18.** *se han emocionado*

Vista de Machu Picchu, increíbles ruinas incas
©Nolleks86/Shutterstock

Javier y Susana **(decidir)**[1] ir de vacaciones a Perú en dos meses. Los dos **(hacer)**[2] muchas cosas para prepararse para el viaje. Están seguros de que quieren visitar Machu Picchu, así que los dos **(leer)**[3] toda la información que pueden encontrar sobre cómo llegar.

Javier **(comprar)**[4] dos boletos de avión para Lima, pero ¡fueron muy caros! Por lo tanto, los dos **(ver)**[5] la necesidad de ajustar el presupuesto[a] para el viaje. Javier y Susana **(descubrir)**[6] que viajar cuesta mucho dinero, pero **(decidir)**[7] que vale la pena.

[a]*budget*

Susana **(encontrar)**[8] un boleto de autobús de Lima a Cusco. Lo compró, pero ¡va a tardar casi dieciocho horas en llegar! Pero después de leer mucho, los dos **(acordar)**[9] que es la ruta más económica y también les va a permitir acostumbrarse a la altitud de las montañas poco a poco. Así esperan evitar enfermarse.

Susana **(investigar)**[10] las posibles rutas entre Cusco y Machu Picchu y **(aprender)**[11] que hay un autobús de Cusco al pueblo de Ollantaytambo y después un tren y otro autobús desde allí hasta las ruinas. El problema con esa opción es que se hace ese viaje con mucha prisa y no hay mucho tiempo para tomar las cosas tranquilamente.

Javier **(buscar)**[12] alternativas en el internet y ahora tienen una opción mejor. Juntos **(tomar)**[13] la decisión de hacer el viaje de Cusco a Machu Picchu a pie. **(Mirar)**[14] las tres posibles rutas y **(asegurarse)**[15] de las distancias y los días necesarios para completarlas. Finalmente, **(ponerse)**[16] de acuerdo en tomar el Camino Inca de la Selva. Es menos difícil que los otros caminos, más barato y les va a permitir quedarse una noche con una familia que cultiva café y otras noches en hostales.

Finalmente, ellos **(informarse)**[17] sobre la historia de Machu Picchu y **(emocionarse)**[18] cada vez más por sus planes de visitar ese lugar tan importante. ¡Qué aventura!

PASO 2. Completa las preguntas con las formas correctas de los verbos en el pretérito perfecto compuesto. Luego, túrnense para hacer y contestar preguntas en oraciones completas.

1. Cuántos días (**esperar**) Luisa para cambiarse la ropa?
2. ¿Qué lugares en la ciudad (**visitar**) Luisa?
3. ¿Cómo (**ser**) la experiencia de Luisa recorriendo las calles de Quito?
4. ¿Qué impresión (**tener**) de la comida ecuatoriana hasta ahora?
5. ¿Cómo se llama el chico con quien Luisa (**pasar**) mucho tiempo?
6. ¿Qué (**empezar**) a hacer Luisa y su nuevo amigo?

***Act. E, Paso 2,* Answers: 1.** *ha esperado* **2.** *ha visitado* **3.** *ha sido* **4.** *ha tenido* **5.** *ha pasado* **6.** *han empezado*

Vista panorámica de Quito, Ecuador con el Pacheco al fondo

Nota interdisciplinaria

Lenguas extranjeras: El quechua

La isla de Taquile en el lago Titicaca, Perú

Nombres de lugares en quechua	
Acomayo	= Llanura (*Plain*) de arena
Arequipa	= Detrás del volcán
Cajamarca	= Región de rocas
Cochamarca	= Región de lagunas
Pariamarca	= Región de flamencos
Piscobamba	= Llanura de aves
Yuracmayo	= Río blanco

En los países andinos, el español es el idioma de más extensión, pero no es el único. El quechua, lengua que tiene sus raíces en las culturas indígenas de los Andes, tiene hoy en día, en Bolivia y Perú, el estatus de lengua oficial, junto con el español. Además, lo hablan millones de habitantes de Ecuador y de la zona andina de Argentina, Chile y Colombia, en cuyos territorios tiene también reconocimiento oficial. De hecho, un gran número de personas son bilingües: hablan quechua y español, aunque el español es generalmente su segundo idioma. Y para muchos peruanos y bolivianos, el quechua es el único idioma que hablan.

En español hay muchas palabras que vienen del quechua, lo cual[a] refleja la fusión cultural y lingüística. Dos palabras quechuas que se usan en el español de la región son **chompa**[b] y **choclo**.[c] También se nota la influencia del quechua en el inglés. ¿Sabías que las palabras inglesas *condor, llama, puma* y *quinine* tienen raíces quechuas?

Lee esta lista de pueblos, ciudades y distritos de Perú. Los nombres vienen del quechua. Lee también la traducción al español. Observa que muchos de los nombres de lugares de la región andina son de origen quechua y hacen alusión a la naturaleza y la geografía.

[a]lo... *which* [b]*suéter* [c]*corn(cob)*

PREGUNTAS

1. ¿Cuál es la situación lingüística en los países andinos? ¿Cuál es la lengua que más se habla en la zona de los Andes? ¿Qué comunidades son bilingües? ¿En qué comunidades no se habla español?
2. ¿Cuáles son algunas palabras en inglés que vienen del quechua?
3. ¿Hay comunidades bilingües en este país? ¿Dónde están? ¿Qué idiomas hablan las personas que viven allí?

***Nota interdisciplinaria,* Suggestion:** You may wish to read the names of places in the list so that students can hear the correct pronunciation.

***Nota interdisciplinaria,* Answers: 1.** *Algunas regiones andinas son bilingües y en Bolivia y Perú el quechua tiene el estatus de lengua oficial, junto con el español. El español es la lengua más hablada, pero también se habla quechua. Las comunidades bilingües son Bolivia, Perú, zonas extensas de Ecuador y la zona andina de Argentina, Chile y Colombia. Muchos bolivianos y peruanos solo hablan quechua.* **2.** Condor, llama, puma *y* quinine.

10.2 Hace + *time* + que

Expressing How Long Something Has Been Happening

La Plaza de Armas, en Lima
©Brand X Pictures/Getty Images

GEA, Note: The audio for this *GEA* is available through the eBook or on Connect.

GEA, Suggestion: Have students identify the parts of the structure in the *GEA* (the verb *hacer*, a second verb in the preterite or present, *que* in most sentences).

GRAMÁTICA EN ACCIÓN

Un viaje a Perú

Antonio y su esposa Nuria van a Perú de vacaciones. Antonio **hizo** un viaje a Perú **hace diez años**, cuando era estudiante, y quería volver con Nuria porque sabe que le van a encantar todas las atracciones culturales. Pero **hace muchas horas que salieron** de México, y Nuria está impaciente porque nunca ha hecho un viaje tan largo.

NURIA: ¿Qué pasa, amor? **Hace casi una hora que esperamos** aquí.
ANTONIO: Apenas **hace veinte minutos que llegamos** a la aduana. Pero esto tarda un poco porque revisan el equipaje de todos. Como **hace solo unas semanas que tuvieron** ese problema en otro aeropuerto internacional, todos los aeropuertos toman precauciones especiales.
NURIA: Parece que nunca vamos a llegar a Lima.
ANTONIO: Pero, querida,... ya estamos en Lima. Pronto vamos a estar en nuestro hotel cerca de la Plaza de Armas. Y en dos días visitamos Cusco y el Valle Sagrado de los Incas. ¡**Quiero** compartir estas maravillas contigo **desde hace tanto tiempo**!

Acción. Indica la(s) palabra(s) correcta(s) para completar cada una de las oraciones.

1. Parece que _b_ casi una hora que Nuria y Antonio hacen cola en la aduana.
2. Tuvieron un problema en otro aeropuerto internacional hace _d_.
3. Hace diez años _c_ Antonio visitó Perú como estudiante.
4. Antonio quiere compartir la experiencia de visitar Perú con Nuria _a_ mucho tiempo.

a. desde hace
b. hace
c. que
d. unas semanas

English uses the present perfect to express that an action has been in progress for a specific length of time.

We have been *in line for three hours.*
He has wanted *to go to Bolivia for five years.*

However, to express similar ideas, standard Spanish requires a special construction with the verb **hacer.**

Hace tres horas **que hacemos** cola.	*We have been in line for three hours.*
Hace cinco años **que quiere** ir a Bolivia.	*He has wanted to go to Bolivia for five years.*

This construction is commonly referred to as the **hace** + *time* + **que** construction and it has a few variations, depending on the meaning you want to express.

A. Use the following structure with a present tense verb to express how long something has been in progress. (The action started in the past and is still going on.)

Hace + *length of time* + **que** + *verb in present tense*

Hace dos años **que vivo** en Quito.	*I have lived in Quito for two years.*
Hace mucho (tiempo) **que esperamos** el avión. Todavía no ha llegado.	*We've waited a long time for the plane. It still hasn't arrived.*

You can switch the order of the clauses by removing the **que** and inserting **desde.** This does not change the meaning in English.

verb in present tense + **desde hace** + *length of time*

Vivo en Quito **desde hace** dos años.	*I have lived in Quito for two years.*
Esperamos el avión **desde hace** mucho (tiempo). Todavía no ha llegado.	*We've waited a long time for the plane. It still hasn't arrived.*

To ask (for) how long someone has been doing something, use the following construction. Note that the verb is in the present tense.

¿Cuánto tiempo hace que quieren viajar a Bolivia?	*How long have you wanted to travel to Bolivia?*

B. To express how long it's been since something (has) happened, use the following construction. (The action is no longer in progress.) Note that the verb **hace** does not change.

Hace + *length of time* + **que** + *verb in preterite*

Hace seis meses **que fui** a Bogotá.	*I went to Bogotá six months ago. (It's been six months since I went to Bogotá.)*
Hace tres minutos **que cancelaron** el vuelo.	*They cancelled the flight three minutes ago. (It's been three minutes since they cancelled the flight.)*

You can switch the order of the clauses by dropping **que.**

verb in preterite + **hace** + *length of time*

Fui a Bogotá **hace** seis meses.	*I went to Bogotá six months ago.*
Cancelaron el vuelo **hace** tres minutos.	*They cancelled the flight three minutes ago.*

To ask how long it's been since (or how long ago) someone did something, use the following construction. Note that the verb is in the preterite and that the verb **hace** does not change.

¿Cuánto tiempo hace que fueron al Lago Titicaca?	*How long has it been since you went to Lake Titicaca? (How long ago did you go to Lake Titicaca?)*

ACTIVIDADES

A. Las vacaciones de Rebeca

PASO 1. Escucha las oraciones sobre los preparativos que Rebeca hizo para su viaje. Para cada una, indica la oración correspondiente.

1. ☐ Rebeca fue a la Isla de San Andrés hace cinco años.
   ☑ Hace cinco años que Rebeca espera visitar la Isla de San Andrés.
   ☐ Hace cinco años que Rebeca está en la Isla de San Andrés.
2. ☑ Rebeca compró sus boletos de viaje hace cuatro meses.
   ☐ Hace cuatro meses que Rebeca hace reservaciones para el viaje.
   ☐ Hace cuatro meses que Rebeca viajó a la Isla de San Andrés.
3. ☐ Rebeca hizo sus maletas hace tres días.
   ☑ Hace tres días que Rebeca hace sus maletas.
   ☐ Hace tres días que Rebeca hizo sus maletas.
4. ☐ Rebeca salió para el aeropuerto hace una hora.
   ☐ Hace una hora que Rebeca llama el taxi.
   ☑ Hace una hora que Rebeca espera el taxi.

Act. A, Paso 1, Script: **1.** *En 2014 Rebeca leyó un artículo sobre la Isla de San Andrés y decidió visitarla algún día. Ahora en el año 2019 va a hacer el viaje.* **2.** *Rebeca hizo sus reservaciones de viaje en octubre. Ahora es febrero.* **3.** *Rebeca sacó sus maletas el martes y empezó a hacerlas esa noche y todavía las está haciendo. Hoy es viernes.* **4.** *Rebeca llamó un taxi para ir al aeropuerto a las 9:00. Son las 10:00 y el taxi todavía no ha llegado.*

(Continúa.)

***Act. A, Paso 2,* Answers:** (*Possible answers*) **1.** *Hace dos días que Rebeca visitó el museo.* **2.** *Hace cinco meses que Rebeca compró su boleto.* **3.** *Rebeca almorzó hace ocho horas.* **4.** *Hace dieciocho horas que Rebeca está despierta (se despertó).* **5.** *Hace cinco horas que Rebeca está en la playa tomando el sol (toma sol).* **6.** *Rebeca visitó esta isla hace diecisiete años.*

PASO 2. Escribe oraciones completas sobre el viaje de Rebeca. **¡OJO!** Cuidado con el uso del pretérito y del presente.

MODELO Son las 3:00 de la tarde. Rebeca llegó al hotel a las 9:00 de la mañana. Hace seis horas que Rebeca llegó al hotel.

1. Hoy es miércoles. Rebeca visitó el museo de arte el lunes.
2. Es junio. Rebeca compró su boleto en enero.
3. Son las 9:00 de la noche. Rebeca almorzó a la 1:00 de la tarde.
4. Rebeca está despierta desde las 6:00 de la mañana. Ahora es medianoche.
5. Son las 5:00 de la tarde. Rebeca está en la playa tomando el sol desde mediodía.
6. Rebeca visitó esta isla cuando tenía 8 años. Ahora tiene 25 años.

B. Hechos importantes

PASO 1. Escribe oraciones completas explicando cuánto tiempo hace que ocurrió lo siguiente en tu vida. Usa el pretérito.

MODELO yo / ir a la playa → Hace seis meses que fui a la playa.

1. mi familia y yo / ir de vacaciones juntos
2. yo / visitar un museo
3. yo / viajar en avión
4. mis amigos y yo / hacer un viaje
5. ¿? / morir

PASO 2. Escribe oraciones completas explicando cuánto tiempo hace que ocurre lo siguiente en tu vida. Usa el presente.

MODELO yo / vivir con mi compañero/a de cuarto/casa → Hace dos años que vivo con mi compañera de casa.

1. mi mejor amigo/a y yo / conocerse
2. mi familia / vivir en ¿?
3. yo / estudiar español
4. yo / usar esta mochila
5. nosotros / (no) tener mascota

Nota cultural

Viajar a Ecuador

CULTURES

Ecuador se distingue por su gran riqueza natural y cultural. Sus hermosas playas, el patrimonio de sus ciudades y pueblos ubicados en las montañas y la abundancia de sus bosques hacen de este pequeño país un lugar de experiencias irrepetibles para los visitantes. Además, los precios en Ecuador se encuentran entre los más bajos de Latinoamérica, lo que convierte a este país en un destino turístico muy atractivo también para los bolsillos[a] más pequeños. Desde el año 2000, el dólar estadounidense es la moneda[b] oficial del país, así que los viajeros que no disponen de mucho dinero pueden disfrutar del centro histórico de Quito, las playas de Guayaquil o la biodiversidad de las Islas Galápagos con solo unos 30 dólares al día. Para ello, es recomendable viajar en autobuses, en lugar de trenes o aviones, y alojarse en hoteles económicos, en lugar de hoteles de lujo.

Una playa de Guayaquil

Los visitantes de casi todo el mundo pueden permanecer en Ecuador por un máximo de noventa días por año sin necesidad de visado. Sin embargo, es probable que al pasar por inmigración, los turistas tengan que presentar su boleto de salida de Ecuador para demostrar que vuelven a sus hogares antes de los 90 días permitidos.

[a]*budgets* (*lit.: pockets*) [b]*currency*

***Nota cultural,* Answers:** (*Possible answers*) **1.** *Los precios en Ecuador son baratos, casi todo el mundo puede permanecer en Ecuador por tres meses al año sin necesidad de visado, el dólar estadounidense es la moneda oficial del país.* **2.** *Hay playas, montañas, bosques y ciudades con un patrimonio cultural importante.* **3.** *Alojarse en hoteles económicos y tomar autobuses en vez de trenes o aviones*

PREGUNTAS

1. ¿Por qué es Ecuador un destino turístico atractivo? Menciona tres de las razones, según el texto.
2. ¿Qué detalles del texto indican que Ecuador es un país con mucha diversidad?
3. ¿Qué alternativas hay para viajar por Ecuador a un precio económico?

C. Entrevista

PASO 1. Convierte en preguntas las oraciones de la **Actividad B** usando la frase: ¿Cuánto tiempo hace que...?

MODELO ¿Cuánto tiempo hace que fuiste a la playa?
¿Cuánto tiempo hace que vives con tu compañero/a de cuarto/casa?

PASO 2. En parejas, háganse y contesten las preguntas.

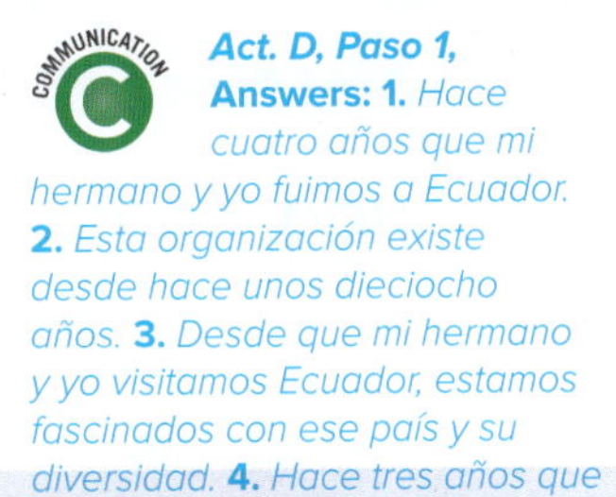

***Act. D, Paso 1, Answers:* 1.** *Hace cuatro años que mi hermano y yo fuimos a Ecuador.* **2.** *Esta organización existe desde hace unos dieciocho años.* **3.** *Desde que mi hermano y yo visitamos Ecuador, estamos fascinados con ese país y su diversidad.* **4.** *Hace tres años que viajé con mi novia a Perú para ver el Lago Titicaca y las islas de Uros.* **5.** *El pueblo uru vive en las islas desde hace varios siglos.* **6.** *Desde hace más o menos una década, el pueblo uru les da la bienvenida a las islas a los turistas.*

D. ¿Cuánto tiempo hace? Primero, decidan entre **Estudiante 1** y **Estudiante 2.** La información para **Estudiante 2** se encuentra en el **Appendix III.**

Estudiante 1

PASO 1. Forma oraciones completas con las palabras entre paréntesis, conjugando los verbos en el pretérito o el presente de indicativo.

Fermín ha viajado mucho desde que se graduó de la universidad hace cinco años. Habla sobre algunos de sus momentos favoritos.

- **(cuatro años / mi hermano y yo / Hace / ir / a Ecuador / que).**[1] Participé en un viaje con Runa Tupari, una organización que conecta a los visitantes al país con comunidades y familias indígenas o rurales. **(hace / desde / unos dieciocho años / Esta organización / existir).**[2] El programa mejora la calidad de vida de las comunidades que sirve con programas de reforestación, conservación, educación, ayuda legal y promoción cultural, todo a través del turismo rural. ¡Fue una experiencia inolvidable! **(Desde / visitar / que / Ecuador, / mi hermano y yo / estar fascinados con ese país y su diversidad).**[3]
- **(con mi novia / Hace / tres años / para ver el Lago Titicaca y las islas de Uros / yo / que / viajar / a Perú).**[4] ¡Fue impresionante! Las islas de Uros son artificiales. El pueblo uru las construyó durante los tiempos precolombinos porque no tenían sus propias tierras debido a conflictos con otros grupos indígenas. Por lo tanto, usaron la abundante totora[a] para crear islas flotantes de más o menos 2.500 metros cuadrados. **¡(vivir / desde / en las islas / El pueblo uru / hace / varios siglos)!**[5] Cada isla tiene varias casas que corresponden a una familia extendida. **(Desde / el pueblo uru / más o menos una década / a las islas / a los turistas / darles la bienvenida / hace).**[6] Los transporta en barco a las islas donde pueden ver la cultura y comprar artesanías. ¡A nosotros nos encantó!

Las islas de Uros en el Lago Titicaca
©Glowimages/Getty Images

Un mono tamarindo de Colombia con su bigote blanco
©Eric Gevaert/Alamy Stock Photo

[a]*reeds*

PASO 2. Forma preguntas con las palabras y frases, conjugando los verbos en el presente o el pretérito. Luego, háganse las preguntas y apunten las respuestas en oraciones completas.

1. cuándo / Pepe y David / ¿Desde / vivir / en Madrid?
2. ¿Hace / Pepe y David / visitar / cuánto tiempo / la zona amazónica de Colombia? / que
3. ¿Desde / cuándo / existir / la ciudad de Puerto Nariño?
4. ¿Cuánto tiempo / viajar / a Lima / David y Pepe / hace / que?

***Act. D., Paso 2,* Answers: 1.** *¿Desde cuándo viven Pepe y David en Madrid?* **2.** *¿Hace cuánto tiempo que Pepe y David visitaron la zona amazónica de Colombia?* **3.** *¿Desde cuándo existe la ciudad de Puerto Nariño?* **4.** *¿Cuánto tiempo hace que David y Pepe viajaron a Lima?*

Expresiones artísticas

Fernando Botero

En el campo (In the countryside)

Al pintor y escultor Fernando Botero (1932–) le gusta declarar que es el más colombiano de los artistas colombianos. Sin duda es uno de los artistas latinoamericanos más conocidos. Es famoso por sus figuras gruesas,[a] tanto en su pintura como en su escultura. Esta redondez[b] se extiende más allá de[c] la figura humana. Sus animales, plantas, frutas y objetos inanimados también son redondos.[d] Sus obras incluyen naturalezas muertas[e] y paisajes, pero la mayoría de su obra se enfoca en retratos[f] de figuras humanas. Muchos de sus retratos también son comentarios culturales, políticos, históricos o sociales.

En este cuadro Botero pinta una escena cotidiana[g] de campo. Hay tres personas: una pareja que descansa sobre una manta[h] y un niño. Detrás de ellos se ve la silueta de montañas y cielo a lo lejos,[i] unos árboles y una hierba[j] verde para indicar el campo. Es una escena sencilla y a la vez de contrastes. Finalmente destaca[k] la desproporción de las personas, una característica que distingue[l] la obra de Botero.

[a]*thick* [b]*roundness* [c]*más... beyond* [d]*round* [e]*naturalezas... still lifes* [f]*portraits* [g]*everyday* [h]*blanket* [i]*a... far away* [j]*grass* [k]*highlights* [l]*distinguishes*

Expresiones artísticas, Suggestions:

- Have students work in pairs or small groups to answer the questions, then go over the questions with the whole class.
- Have students bring different images of Botero's paintings and sculptures. They should identify what thematic categories they might fall into: historical moment or characters, bourgeois (upper middle-class) life, Colombian culture, religious, political commentary, landscape, portraits, social scene. Ask them if they see an overall message in the painter's oeuvre and if they think it is generally positive or negative.
- Ask students to comment on the colors of the painting and if they feel that the colors connect with the place and the content. Then ask them about the title of the painting and the role of picnics and excursions for couples and families.

REFLEXIÓN

1. ¿Qué transmite la sencillez (*simplicity*) de la escena? ¿Qué detalles en el cuadro representan contrastes? ¿Qué elementos en el cuadro son realistas?
2. Botero dice que el arte es siempre una exageración de la realidad, de sus colores, de sus formas, de su significado (*meaning*) espiritual. ¿Qué detalles del cuadro parecen una exageración de la realidad? ¿Puedes imaginar algún «significado espiritual» para este cuadro? ¿Qué relación hay entre los detalles exagerados y el tema espiritual?

- Tell students that in 2013, Botero stated that he was never fat, in fact he was very slim, and his three wives were never fat either. When he asked a psychotherapist, "Why am I doing this powerful form?" the psychotherapist said that maybe he was trying to replace the absence of his father with the strong figures. Ask students to think of other reasons why an artist might choose this style of depicting the human form.

Quito, Ecuador

Tobie y Javier

Antes de ver

Infórmate y ponte en su lugar.

Tobie y Javier hablan de sus experiencias personales de viaje. Los dos han trabajado en turismo y también han visto cómo ha aumentado el turismo en Ecuador. Según ellos, el turismo en Ecuador es inclusivo en cuanto a la gente indígena que puede compartir y mantener sus tradiciones. ¿Cómo cambia un lugar, su ambiente y su cultura como resultado de la llegada de muchos turistas? ¿Cuáles son los aspectos más positivos y negativos de vivir en un lugar popular entre turistas?

©deepblue4you/Getty Images
©McGraw-Hill Education/Zenergy

Vocabulario práctico

nuestras propias	our own
las indígenas	indigenous people
autóctonos	native
extranjera	foreign
un techo	roof

©McGraw-Hill Education/Zenergy

***¿Entendiste? B,* Answers:** *Answers will vary.* **1.** *Hay más turistas que antes. El país es más abierto que antes.* **2.** *Javier aprecia más su país.* **3.** *Los ecuatorianos no hacen planes detallados para el viaje.*

¿Entendiste?

A. ¿Cierto o falso?

C	F	
☐	☑	**1.** Tobie tenía 6 años cuando viajó en avión por primera vez con su familia a Francia.
☑	☐	**2.** Javier habla de su primer recuerdo de viajar, que fue con su mamá.
☑	☐	**3.** Hoy en día, Ecuador ofrece más opciones gastronómicas que en el pasado.
☑	☐	**4.** Tobie no se siente muy ecuatoriano cuando viaja por el mundo; se siente totalmente canadiense.

B. ¡Salgamos a explorar! En parejas, contesten las preguntas.

1. ¿Qué ha observado Tobie en cuanto al turismo en Ecuador? Según él, ¿cómo han cambiado las cosas a través de los años?
2. ¿Cómo ha cambiado la actitud de Javier hacia su país después de visitar otros lugares? Cuando Uds. viajan dentro o fuera de los Estados Unidos, ¿las diferencias les hacen apreciar más el lugar donde viven?
3. Según Tobie, ¿cómo es diferente la mentalidad ecuatoriana a la norteamericana en cuanto a hacer viajes? ¿Qué mentalidad les gusta más a Uds.? ¿Por qué?
4. Tobie ha vivido en Ecuador desde hace varios años y dice que en su corazón siente que Ecuador es su casa. Como resultado, extraña muchas cosas de allí cuando viaja. ¿Se identifican Uds. mucho con su nacionalidad? Si han viajado a otro país, ¿qué extrañaron de casa?

TEMA II: Las vacaciones

Vocabulario en acción

De vacaciones°

Vocabulario en acción, **Note:** Students can assess their understanding and mastery of the vocabulary presented in this chapter by accessing the LearnSmart module for *Capítulo 10* at www.mhhe.com/connect.

°De... *On vacation*

alojarse	to stay (*in a hotel*)
quedarse	to stay (*in a place*)
registrarse	to check in
el alojamiento	lodging
la estadía	stay
la habitación doble/sencilla	double/single room
la (tarjeta) postal	postcard
el recuerdo	souvenir

Cognado: el hotel
Repaso: viajar

Suggestions:
• Provide additional words based on the travel/vacation interests of your students. For example: *bucear, escalar montañas/muros, esquiar (esquío) en la nieve / en las montañas, montar a caballo, recorrer; el alpinismo, el buceo, el ciclismo, la tirolina (zipline), el paracaidismo, el surf/windsurf.*
• *Hospedarse* is another word for *alojarse.*

Los tipos de turismo

el recorrido	tour; trip
las ruinas arqueológicas	archaeological ruins
la ruta	route

Cognados: el agroturismo, el ecoturismo, la reserva biológica
Repaso: acampar, pasear, pasear en barco, pescar (qu)

Otras palabras y expresiones

disfrutar (de)	to enjoy
de lujo	luxury (*hotel*)

ACTIVIDADES

A. Definiciones

PASO 1. Escucha cada una de las definiciones e indica el término definido.

b **1.**
e **2.**
a **3.**
f **4.**
d **5.**
c **6.**

a. dar una caminata
b. pasear en canoa
c. registrarse
d. la reserva biológica
e. el botones
f. el hotel de lujo
g. la postal
h. la cabaña

***Act. A, Paso 1,* Script: 1.** *Es hacer una pequeña excursión sobre el agua, típicamente en un lago o en un río.* **2.** *Es la persona que lleva las maletas de los huéspedes a su habitación.* **3.** *Es pasear por el bosque o las montañas.* **4.** *Es un lugar adonde va la gente que quiere muy buen servicio.* **5.** *Es una región natural protegida por el gobierno.* **6.** *Lo que hacemos al llegar al hotel para tener una habitación.*

PASO 2. En parejas, den definiciones de otras palabras del **Vocabulario en acción.** Una persona da la definición y la otra adivina el significado. Luego, cambien de papel.

B. Un buen agente de viajes

PASO 1. En parejas, describan un plan de viaje para estas personas, de acuerdo con sus preferencias. Sus planes deben incluir el lugar, el alojamiento y las actividades que pueden hacer durante su viaje.

1. Héctor está jubilado y desea hacer un viaje especial de dos semanas con su esposa. Son muy activos para su edad, pero no practican deportes. A su esposa le encantan los museos y el teatro.
2. Carolina tiene 25 años y trabaja mucho. Aunque le gustan las actividades al aire libre, desea hacer un viaje cómodo, sin preocupaciones. Como sus amigas no pueden ir con ella, va a viajar sola.
3. Susana y Marcos tienen mucho interés en las civilizaciones precolombinas. Han ahorrado mucho dinero para hacer un viaje muy especial. No están en muy buenas condiciones físicas, pero les encanta ver sitios interesantes.
4. Carlos y Pedro piensan pasar sus vacaciones de primavera en un lugar exótico. Les gustan los deportes y les encantan las actividades físicas y nuevas.

PASO 2. Comparen sus planes con los de otros estudiantes y escojan los dos mejores agentes de viaje.

***Act. B, Paso 2,* Suggestion:** Have the students with the best travel plans for the people in *Paso 1* present their plans to the class. Then vote for the best one among the finalists.

C. Una encuesta

PASO 1. Haz una encuesta entre tus compañeros de clase. Hazles las dos preguntas del modelo a por lo menos cinco estudiantes. Apunta sus respuestas en un cuadro como el siguiente. **¡OJO!** La cuarta columna del cuadro es para el **Paso 2.**

MODELO E1: ¿Cuál es tu actividad favorita durante las vacaciones?
E2: Mi actividad favorita es tomar el sol.
E1: ¿Qué actividad no te gusta hacer nunca durante las vacaciones?
E2: Nunca me gusta dar caminatas.

ESTUDIANTE	FAVORITA	NUNCA	¿SEDENTARIO O ACTIVO?
Kay	*tomar el sol*	*dar caminatas*	

PASO 2. Indica en la cuarta columna de tu cuadro si cada estudiante es sedentario o activo, según sus respuestas. Si no está claro, escribe: «No sé».

PASO 3. Comparen los resultados con los de toda la clase. Por lo general, ¿son activos o sedentarios los estudiantes de la clase cuando están de vacaciones?

D. Entrevista

PASO 1. Entrevista a un compañero / una compañera de clase con estas preguntas. Luego, cambien de papel. Toma apuntes para hablar de las respuestas después.

1. ¿Qué tipo de turismo te interesa más? ¿Por qué? ¿Qué actividades te gusta hacer?
2. Cuando viajas, ¿compras recuerdos del lugar? ¿Para quién? ¿para ti o para tu familia y amigos? ¿Qué tipo de recuerdos te gusta comprar?
3. ¿Te gusta sacar fotos del lugar o prefieres comprar tarjetas postales? ¿Por qué?
4. ¿Qué viaje como el que describes has hecho últimamente? Explícate un poco.

PASO 2. Informen a la clase sobre sus preferencias indicando si tienen Uds. mucho en común o poco.

MODELO Kate y yo no tenemos mucho en común. A ella le gusta ir a la playa en vacaciones porque le gusta mucho tomar el sol y relajarse, pero yo prefiero visitar ciudades porque me interesan las actividades culturales...

Nos gusta dar caminatas por la reserva biológia que queda cerca.

Gramática

10.3 Formal Commands

Gramática, Note: Students can assess their understanding and mastery of the grammar points presented in this chapter by accessing the LearnSmart module for *Capítulo 10:* at www.mhhe.com/connect.

Giving Commands to Socially Distant People

GRAMÁTICA EN ACCIÓN

Éxito en el aeropuerto

Siga estas instrucciones para tener una experiencia agradable y evitar complicaciones en el aeropuerto.

1. No **lleve** mucho equipaje. **Haga** las maletas de manera organizada.
2. **Llegue** con un mínimo de dos horas antes de su vuelo si este es internacional. **Trate** de llegar más temprano si va a facturar su equipaje.
3. **Tenga** paciencia con los empleados del aeropuerto y **espere** su turno.
4. Al pasar por el control de seguridad, **quítese** los zapatos y el abrigo y si lleva una computadora portátil, **sáquela** de la maleta y **preséntesela** al agente de seguridad. **Lleve** los líquidos en una bolsa de plástico.
5. **Siga** todas las instrucciones de los empleados en el control de seguridad y la aduana.
6. **Suba** al avión por la puerta de embarque cuando llegue su turno y **presente** su tarjeta de embarque al agente.
7. **Busque** su asiento, **guarde** su equipaje debajo del asiento y **apague** el teléfono celular.
8. ¡**Disfrute** de su vuelo!

En el Aeropuerto Internacional Jorge Chávez en Callao, Perú

GEA, Note: The audio for this *GEA* is available through the eBook or on Connect.

GEA, Culture Note: Since its renovations, which were initiated in 2005, the *Jorge Chávez* airport has won several awards, including best airport in South America. Ask students to list traits of a good airport. What are the most important factors? Have them describe their best and worst airport experiences in small groups.

Acción. Indica las formas correctas para completar las siguientes oraciones.

1. _d_ mucha agua durante el vuelo para no deshidratarse.
2. Para no molestar a los otros pasajeros, _a_ el asiento al máximo.
3. Cuando el avión llegue a su destino, _b_ hasta recibir instrucciones de los asistentes de vuelo.
4. Si quiere mirar una película, _c_ audífonos (*headphones*).

a. no incline
b. no se levante
c. use
d. beba

You've already been exposed to some commands in the activities of *Experience Spanish* and you've undoubtedly heard some from your professor in class.

In this section, you will learn formal commands: those used to address people as **Ud.** or **Uds.**

FORMAL COMMANDS				
INFINITIVE	PRESENT TENSE yo FORM	REMOVE -o	ADD "OPPOSITE VOWEL" ENDING	FORMAL COMMAND: Ud., Uds.
hablar	**hablo**	**habl-**	**-e, -en**	**hable, hablen**
comer	**como**	**com-**	**-a, -an**	**coma, coman**
vivir	**vivo**	**viv-**	**-a, -an**	**viva, vivan**

A. Most formal commands are formed by following these steps.

1. Take the **yo** form of the present tense: **llamar** → **llamo**
2. Remove the **-o** ending of the **yo** form: **llamo** → **llam-**
3. Add the "opposite vowel" ending.
   a. For **-ar** verbs, add **-e** for **Ud.** commands or **-en** for **Uds.** commands: **llame, llamen**
   b. For **-er/-ir** verbs, add **-a** for **Ud.** commands or **-an** for **Uds.** commands: **coma, coman; viva, vivan**

Llamen a la agencia de viajes y **escriban** la información aquí. — *Call the travel agency and write the information here.*

B. If a verb has an irregular **yo** form in the present tense, whether it's due to a stem change (**duermo**) or some other irregularity (**tengo, conozco**), that same irregularity carries over to the formal command form.

¡**Tengan** unas lindas vacaciones! — *Have a great vacation!*

Ponga la ropa en la maleta. — *Put the clothes in the suitcase.*

C. There are five verbs whose formal command forms are not formed by following the preceding steps. Note the written accent on some of these forms.

IRREGULAR FORMAL COMMANDS

INFINITIVE	Ud. COMMAND	Uds. COMMAND
dar	dé	den
estar	esté	estén
ir	vaya	vayan
saber	sepa	sepan
ser	sea	sean

Dé algunos ejemplos de los destinos que le gustan. — *Give some examples of the destinations you like.*

Vayan a ese parque nuevo. Es muy bueno. — *Go to that new park. It's very good.*

D. To tell someone what *not* to do, put the word **no** in front of the affirmative formal command.

No tomen el tren a Lima. — *Don't take the train to Lima.*

E. When using reflexive, indirect object, or direct object pronouns with an affirmative command form, the pronouns are always attached to the end of the command. Note that a written accent may have to be added to maintain the original stress pattern of the command form.

Pruébenlo. Les va a gustar. — *Try it. You'll like it.*

Denles los boletos. — *Give them the tickets.* (No accent; stress on 2nd-to-last syllable)

Dénselos. — *Give them to them.* (With accent; stress now on 3rd-to-last syllable)

When using pronouns with a negative command, the pronouns always go between the **no** and command form.

No se levanten todavía. Otros pasajeros necesitan bajarse del avión primero. — *Don't get up yet. Other passengers need to get off the plane first.*

—¿Le pido ayuda a la asistente de vuelo? — *Shall I ask the flight attendant for help?*

—Ay, amor. **No se la pida** todavía. ¡Sea paciente! — *Oh, my dear. Don't ask her for it yet. Be patient!*

F. Formal commands of verbs that end in **-car, -gar,** or **-zar** require an additional spelling change to maintain the original pronunciation pattern of the letters **c, g,** and **z,** as they're pronounced in the infinitive and present tense **yo** form.

FORMAL COMMANDS OF -car, -gar, AND -zar VERBS			
INFINITIVE	**PRESENT TENSE yo FORM**	**SPELLING CHANGE**	**FORMAL COMMAND**
buscar	**busco**	c → qu	**busque(n)**
pagar	**pago**	g → gu	**pague(n)**
almorzar (ue)	**almuerzo**	z → c	**almuerce(n)**

Paguen en el mostrador, por favor. — *Pay at the counter, please.*

No almuercen en el aeropuerto, **almuercen** en el hotel. — *Don't eat lunch at the airport, eat lunch at the hotel.*

ACTIVIDADES

A. En el aeropuerto. Da los mandatos formales singulares que se dicen en el aeropuerto.

MODELO llegar dos horas antes de su vuelo. → Llegue dos horas antes de su vuelo.

1. buscarnos un asiento en primera clase
2. darnos la tarjeta de embarque
3. no llevar mucho dinero en efectivo
4. explicarme dónde está el control de seguridad
5. decirle a la asistente de vuelo que quiere más agua
6. facturar el equipaje si sus maletines son grandes
7. quitarse los zapatos antes de pasar por seguridad

***Act. A,* Answers: 1.** *Búsquenos un asiento en primera clase.* **2.** *Dénos la tarjeta de embarque.* **3.** *No lleve mucho dinero en efectivo.* **4.** *Explíqueme dónde está el control de seguridad.* **5.** *Dígale a la asistente de vuelo que quiere más agua.* **6.** *Facture el equipaje si sus maletines son grandes.* **7.** *Quítese los zapatos antes de pasar por seguridad.*

B. Consejos. En parejas, denles por lo menos dos mandatos a estas personas.

MODELO una persona que tiene mucho estrés →
Haga ejercicio todos los días. Tome unas vacaciones relajantes.

1. una persona que ha perdido su equipaje
2. una persona en un país extranjero por primera vez
3. los pasajeros de la clase económica
4. una madre que viaja en avión con un bebé
5. los agentes de seguridad
6. los maleteros en el aeropuerto
7. los recepcionistas del hotel
8. ¿ ?

C. ¡Disfruten del viaje!

PASO 1. En parejas, escojan un lugar de destino en un país hispano y escriban instrucciones, sin revelar el nombre del país, para dos personas que lo van a visitar. Usen mandatos en plural e incluyan todos los pasos necesarios para organizar el viaje. Pueden incluir algunos nombres de ciudades o monumentos que deben visitar.

MODELO Compren boletos para Cusco. Hagan una excursión a Machu Picchu.

PASO 2. Compartan sus mandatos con otra pareja de la clase. ¿Pueden ellos identificar el país que van a visitar?

Nota cultural

El ecoturismo

El Parque Nacional Eduardo Avaroa, Bolivia
©Daboost/Shutterstock.com

El ecoturismo es una forma de turismo que se enfoca en conservar los recursos naturales[a] y la cultura local. Latinoamérica tiene muchas regiones naturales protegidas, en donde se practica el «turismo responsable», con un menor impacto en el ambiente.[b] La biodiversidad de los países andinos hace de esta región un lugar privilegiado para el turismo, pero también es un ambiente frágil. El ecoturismo es una alternativa ideal para disfrutar de las maravillas naturales de los Andes y contribuir a su preservación.

Bolivia está entre los ocho países con mayor biodiversidad del mundo y cuenta con[c] más de 60 áreas protegidas. Sus numerosas rutas ecoturísticas permiten apreciar toda su diversidad, como el altiplano,[d] marcado por la Cordillera de los Andes y el Lago Titicaca; la Amazonia,[e] caracterizada por los bosques tropicales;[f] y las sabanas.[g]

Los Grandes Parques Naturales de Bolivia son áreas especialmente diseñadas para la protección de la biodiversidad, pero al mismo tiempo permiten el ejercicio de deportes de aventura, el senderismo, la apreciación de la riqueza de la fauna y flora, y el contacto con sus pobladores de origen aymará e inca, todo en equilibrio con el medioambiente.[h]

[a]recursos... *natural resources* [b]*environment* [c]cuenta... *it has* [d]*high plateau* [e]*Amazon region* [f]bosques... *rain forests* [g]*plains* [h]*environment*

Nota cultural, Answers: *(Possible answers)* **1.** *Una forma de turismo que se enfoca en conservar los recursos naturales y la cultura de un lugar. Para que los turistas disfruten de la naturaleza de los Andes y al mismo tiempo contribuyan a su conservación.* **2.** *Sus rutas ecoturísticas permiten apreciar su diversidad, como el altiplano, marcado por la Cordillera de los Andes y el Lago Titicaca, y los bosques tropicales y las sabanas de la Amazonia. Deportes de aventura, el senderismo, la apreciación de la riqueza de la fauna y la flora, y el contacto con sus pobladores.*

PREGUNTAS

1. ¿Qué es el ecoturismo? ¿Por qué están promocionando los países andinos el ecoturismo?
2. ¿Qué les ofrece Bolivia a los amantes del ecoturismo? ¿Qué actividades turísticas se pueden practicar allí?
3. ¿Han practicado el ecoturismo alguna vez? ¿cuándo? ¿dónde? ¿En qué actividades participaron Uds.?
4. ¿Existe el ecoturismo en la comunidad o en el país donde Uds. viven? ¿dónde? ¿Qué actividades se puede hacer allí?

Act. D, Paso 1, Answers:
1. *Vayan* **2.** *Confirmen* **3.** *busquen* **4.** *saquen* **5.** *dejen* **6.** *pásenle* **7.** *denles* **8.** *Llévense* **9.** *olviden* **10.** *Descarguen* **11.** *paguen* **12.** *Avísenme*

D. El itinerario perfecto, pero ¿para quién? Primero, decidan entre **Estudiante 1** y **Estudiante 2.** El texto para **Estudiante 2** se encuentra en el **Appendix III.**

Estudiante 1

PASO 1. Usa los mandatos formales para completar los mensajes que Marcela, una agente de viajes, escribe a sus clientes sobre sus próximas vacaciones.

¡Saludos!
Quedan solo tres semanas para su viaje a Cartagena, Colombia. Sé que Uds. lo van a pasar muy bien. Esta lista les va a ayudar a finalizar todos los detalles. **¡(Ir)**[1] preparándose!

- **(Confirmar)**[2] la información de sus vuelos y el transporte desde el aeropuerto. También, **(buscar)**[3] sus pasaportes para evitar problemas de última hora.[a]

- Ya que Uds. se quedan en un hotel de lujo y piensan comer en restaurantes exclusivamente, **(sacar)**[4] de su banco alrededor de 300.000 pesos en efectivo para darles de propina a los empleados. En los restaurantes finos, normalmente una propina de un 10 por ciento está incluida en la cuenta. Pero si han recibido buen servicio, **(dejar)**[5] unos 3.000 pesos más para el mesero. En cuanto[b] al hotel, **(pasarle)**[6] unos 2.000 pesos al botones por cada maleta que lleva y también **(darles)**[7] la misma cantidad por día a los empleados que limpian su habitación.
- Su estadía es de cuatro noches e incluye una excursión para bucear y ver los arrecifes[c] de las Islas del Rosario. **(Llevarse)**[8] sus trajes de baño y no **(olvidar)**[9] comprar protección solar.
- **(Descargar)**[10] la aplicación de Easy Taxi a sus teléfonos celulares; es la manera más segura y rápida de pedir un taxi.
- Si compran artesanías o recuerdos de los vendedores ambulantes,[d] no **(pagar)**[11] el precio que piden al principio. En Colombia es completamente normal regatear[e] para negociar un mejor precio.

¡Que tengan un lindo viaje! **(Avisarme)**[12] si tienen preguntas.
—Marcela

[a]de... *last minute* [b]En... *With regard* [c]*reefs* [d]vendedores... *street vendors* [e]*haggle*

Las Islas del Rosario son conocidas por sus arrecifes.

La Paz, Bolivia con las montañas al fondo

PASO 2. Túrnense para leer los mensajes en voz alta. Tu pareja va a identificar para quién es el itinerario, según las descripciones. Deben explicar y justificar sus decisiones. **¡OJO!** No hay una respuesta correcta; deben formar sus opiniones basándose en la información disponible (*available*).

A Bárbara y a Victor les encanta hacer deportes juntos. Los dos son muy atléticos y disfrutan de las actividades al aire libre.

Yazmín, Eduardo y sus dos hijos toman unas vacaciones cada año. Para los niños, son importantes las actividades divertidas y los papás quieren relajarse mucho.

Alejandro y Marisa están muy emocionados por su luna de miel. Quieren ver muchas cosas interesantes, relajarse, celebrar y tener experiencias nuevas.

Tomás y Raúl necesitan unas vacaciones porque los dos trabajan mucho. Cuando viajan, a los dos les gusta probar la comida local, explorar las ciudades y tomar el sol.

Lectura cultural

Vas a leer un fragmento de un artículo escrito por Ana Cristina Reymundo y publicado por American Airlines en la revista *Nexos*. La escritora describe su visita, durante un fin de semana, a la ciudad colombiana de Bogotá.

ANTES DE LEER

A. A primera vista. Lee el título y las primeras líneas (*en letra cursiva*) del artículo. Después, contesta estas preguntas.

1. ¿Qué dice la autora de Colombia? ¿Qué dice de la capital, Bogotá?
2. Teniendo en cuenta que se publicó en una revista turística, haz una lista de la información que esperas encontrar en el artículo.

B. A verificar. Lee rápidamente el texto sin preocuparte por las palabras que no conoces. ¿Acertaste en tus predicciones? ¿Qué otras ideas que no están en tu lista se incluyen en el artículo?

Fin de semana bogotano

Colombia es una delicia de país y su capital, Bogotá, es bonita, culta, sofisticada, divertida y sensual.

La aventura bogotana comenzó desde que el avión descendió hacia el aeropuerto internacional El Dorado, cuyo nombre hace hincapié[a] en la antigua leyenda.

La Plaza Mayor, Bogotá

La ciudad sensual

Le pedí a mi chofer y guía que hiciera[b] un recorrido por el centro para apreciar la ciudad a oscuras.[c] La noche es fresca y el aire muy húmedo, como si lloviznara.[d] Fue necesario mantener las ventanas del auto cerradas. Siendo la tercera capital más alta en América del Sur, después de La Paz y Quito, Bogotá suele ser[e] fría de noche. Además, le gusta mostrar su lado misterioso pues de los 365 días del año, se cubre con un manto de niebla[f] en más de 200 de ellos.

La ciudad culta

Había escuchado[g] a mis amigos bogotanos decir que a Bogotá se le ha denominado como la «Atenas Sudamericana». Con una oferta cultural tan grande que varía desde bibliotecas, museos, galerías y teatros, tuve que reducir mis selecciones cuidadosamente ya que un día y dos noches no me daban tiempo de apreciar más que una muy reducida selección.

Cabe[h] mencionar que la UNESCO considera a Bogotá parte de la Red[i] de Ciudades Creativas y que en 2007 le otorgó[j] el título de «Capital Mundial del Libro» y, en 2012, la designó como «Ciudad de la Música».

[a] *refers to* [b] *to make* [c] *in the dark* [d] como... *as if it were drizzling* [e] suele... *is usually* [f] manto... *layer of fog*
[g] Había... *I had heard* [h] *It is worthy* [i] *Network* [j] *granted*

Después de un sabroso desayuno de arepas con queso y una taza del emblemático café colombiano en casa de mi amigo Mauricio, él y yo nos dirigimos hacia el sector histórico conocido como La Candelaria. La Plaza Mayor es un sitio de encuentro para muchas personas y un lugar ideal para las familias donde los chicos pueden correr libremente sin mayor peligro entre las abundantes palomas[k] mientras sus padres los vigilan[l] relajadamente algunos pasos atrás.

Dejamos la plaza para visitar el Museo Botero que también está situado en La Candelaria. Alberga[m] una numerosa colección de obras donadas por Fernando Botero, el renombrado escultor colombiano. De las 123 obras, ochenta y siete de ellas forman parte de su colección personal e incluyen obras de grandes maestros como Picasso, Dalí y Degas, entre otros. Las demás obras fueron realizadas por Botero mismo.

La ciudad divertida

Andrés Carne de Res es visita obligada para cualquiera. Es muy recomendable llegar temprano, como a las 7:00 de la noche, si es posible. El lugar es muy concurrido.[n] No solo se come muy bien allí sino también se «rumbea» de lo más sabroso.[ñ] Rumbear significa bailar, beber y gozar, algo que en este singular restaurante es de primer orden.[o]

Tras unas copitas de aguardiente,[p] la música, el baile y la gente llena de alegría contagiosa nos dio la madrugada.[q] Solo tuve tiempo de ducharme y correr hacia el aeropuerto para regresar a casa.

Esta visita a Bogotá solo es una de las muchas que han de venir en un futuro. Por ahora mis planes son de regresar para disfrutar del Carnaval de Bogotá que celebra con música y comparsas[r] su herencia[s] hispánica del 5 al 6 de agosto.

[k]*pigeons* [l]*watch* [m]*It hosts* [n]*crowded* [ñ]de... *a lot* [o]de... *very important* [p]*liquor* [q]nos... *dawn broke over us* [r]*group of people at carnival in costume and with masks* [s]*heritage*

***Lectura cultural*, Culture Note:**
- According to legend, the initiation rite of the leader of the Muisca, an indigenous tribe that lived in the Colombian highlands, included covering him in gold dust and jewels, which were then released into Lake Guatavita to appease the god that lived there. Europeans heard of this legend and spent many years in search of the lake. They found the lake and in 1545 tried to drain it. Although they found some gold objects along the edges, they never found the fabulous treasure that they were told had been thrown into the lake. You may tell the story to students or have them look up information on the legend as homework.
- Ask students why the author calls Bogotá "la Atenas Sudamericana." If they cannot come up with the answer, tell them the following: Athens, Greece, is often called the cradle of Western civilization for its bustling environment of arts, learning, and philosophy. When a city is referred to as "the Athens of ________," it generally means that that city has many cultural events, institutions, and monuments.

DESPUÉS DE LEER

A. Comprensión. Indica si las siguientes oraciones son ciertas (C) o falsas (F) según el artículo. Corrige las oraciones falsas.

La autora...

C	F	
☐	☑	**1.** llegó a Bogotá por la tarde y se quedó allí tres días.
☑	☐	**2.** está impresionada por las muchas ofertas culturales de Bogotá.
☐	☑	**3.** no tuvo tiempo de visitar el Museo Botero.
☑	☐	**4.** visitó la Plaza Mayor del barrio de La Candelaria.
☐	☑	**5.** fue a cenar a un restaurante tranquilo y regresó al hotel temprano.
☑	☐	**6.** hizo todas sus visitas y actividades en Bogotá con un amigo.

B. Temas de discusión. En grupos pequeños, contesten las preguntas.

1. ¿Qué hizo la autora del artículo cuando llegó a Bogotá? ¿Por qué? ¿Qué tiempo hacía?
2. ¿Por qué describe la autora a Bogotá como una ciudad «culta»? ¿Qué distinciones ha recibido esta ciudad desde 2007?
3. ¿Cómo es la Plaza Mayor, según la autora?
4. ¿Creen que la autora se divirtió mucho en el restaurante Andrés Carne de Res? ¿Por qué creen eso?
5. ¿Qué piensa hacer la autora cuando vuelva a Bogotá en el futuro?
6. Imagínense que van a hacer un viaje a Bogotá. ¿Qué lugar(es) mencionado(s) en el artículo les gustaría visitar? ¿Por qué?

***Después de leer B*, Answers:** (*Possible answers*) **1.** *Tomó un taxi e hizo un recorrido por el centro para conocer la ciudad de noche. Hacía fresco.* **2.** *Bogotá*

tiene muchas bibliotecas, museos, galerías y teatros. Fue designada parte de la Red de Ciudades Creativas, recibió el título de Capital Mundial del Libro y fue designada Ciudad de la Música. **3.** *Es un lugar de encuentro, divertido y seguro para familias con chicos jóvenes.* **4.** *Se divirtió mucho. No salió hasta la madrugada.* **5.** *Piensa volver para disfrutar del Carnaval de Bogotá en agosto.*

Palabra escrita

Organizing Your Ideas: Selecting Appropriate Content. As you develop your composition, you should decide which ideas to include and which ones to disregard. Your decisions should be informed by your goals as a writer and the goals of your intended audience. Ask yourself the following questions.

1. Does all the information illustrate the point I want to make?
2. What information does the reader expect to find in my work?
3. Will the information that I'm offering help the audience achieve a goal?

For this composition you will create a **Folleto turístico** (*travel brochure*) about a tourist destination that you are familiar with. The purpose of your composition will be to make a tempting travel brochure to persuade your readers to book your travel package.

***Act. A*, Suggestion:** Remind students that the information to be included in their brochures will depend on the location they choose and the audience they want to address. Tell them that travel expectations of young people vacationing on a beach will differ greatly from those of a family looking for a kid-friendly vacation getaway. They should focus on details that are unique to the place and appropriate to the readers' needs.

A. Lluvia de ideas. Haz una lluvia de ideas sobre las siguientes preguntas.

1. ¿Qué lugar de vacaciones has escogido? ¿A qué público vas a dirigirte (*to address*)? ¿a los jóvenes aventureros? ¿a las familias? ¿?
2. ¿Cómo es el lugar escogido? ¿Existen datos históricos importantes del lugar? ¿Cuáles son sus atracciones? ¿Cómo es el clima? ¿Qué actividades se puede hacer en este lugar? ¿Qué tipo de restaurantes hay allí?
3. ¿Cuál es el mejor medio de transporte para llegar a tu lugar de vacaciones? ¿Cómo es el alojamiento que ofrece tu paquete vacacional?
4. Escribe una oración que haga irresistible el viaje a tus lectores.

B. A organizar tus ideas. Repasa tus ideas y organízalas en diferentes secciones. Esta guía te puede ayudar.

- introducción breve con datos históricos del lugar
- atracciones de más interés para tus lectores (haz tu descripción concisa y en forma de lista)
- información sobre el alojamiento
- medio de transporte incluido en tu paquete de viaje

***Act. C*, Suggestion:** Have students make their brochure on their computers, using a free trifold template and including visuals that reflect the story of their travel package.

C. A escribir. Ahora escribe el borrador de tu folleto con las ideas y la información que recopilaste en las **Actividades A** y **B.** Debes incluir también el precio del viaje, la dirección y el número de teléfono de tu agencia de viaje.

D. El vocabulario y la estructura

PASO 1. Repasa el vocabulario y la gramática de este capítulo. Ten en cuenta estas preguntas.

1. ¿Incluiste suficiente información para explicar los temas de las Actividades A y B?
2. ¿Usaste el vocabulario apropiado?
3. ¿Usaste correctamente el pretérito perfecto compuesto y los mandatos formales?
4. ¿Es correcta la conjugación de los verbos?
5. ¿Concuerdan los adjetivos con los sustantivos que modifican?

PASO 2. Vuelve a escribir tu composición y entrégasela a tu profesor(a).

Conexiones culturales

¡Atrévete[a]!

A Vicente le encanta la descarga[b] de adrenalina y está en Bolivia para hacer ciclismo en el famoso *Camino[c] a los Yungas,** también conocido como «el camino de la muerte[d]». Empieza el recorrido a 4.700 metros sobre el nivel del mar[e] y poco a poco[f] baja el camino aventurero, peligroso[g] y escénico. Aunque[h] hay vistas espectaculares —cascadas,[i] ríos, montañas y bosques tropicales— es importante prestar[j] atención al camino porque hay curvas estrechas[k] y se producen caídas graves.[l] ¡Hay un promedio[m] de 100 muertes al año!

©Aizar Raldes/AFP/Getty Images

©Stuart Kendall

Mateo estudia veterinaria y hace turismo científico en un refugio que rescata[n] animales exóticos que eran usados como mascotas ilegalmente.
Él rehabilita a los monos[o] para un día poder devolverlos[p] a su hábitat. También ofrece *tours* a los turistas y los informa sobre el comercio de los animales salvajes[q] y la conservación.

Silvia está pasando sus vacaciones como voluntaria en Iquitos, Perú. Silvia y Tomás se encuentran por las mañanas y él la lleva a los pueblitos de la Amazonia peruana en esta canoa, navegando contracorriente[r] por una hora y media. Algunos días ella pesca para llevarles comida a las diferentes comunidades o les ayuda con la construcción de escuelas locales. Después de un día difícil, pero gratificante, Silvia regresa a Iquitos en la misma canoa.

©Stuart Kendall

[a]*Dare yourself!* [b]*rush* [c]*Road* [d]*death* [e]*sobre... above sea level* [f]*poco... little by little* [g]*dangerous* [h]*Although* [i]*waterfalls* [j]*pay* [k]*narrow* [l]*caídas... dangerous drops* [m]*average* [n]*rescues* [o]*monkeys* [p]*return them* [q]*comercio... wild-animal trading* [r]*upstream*

**El Camino a los Yungas conecta la ciudad de La Paz al pueblo de Coroico.*

REFLEXIÓN

1. Compara los diferentes tipos de turismo que ves en las fotos. ¿Qué otros tipos de turismo se puede hacer en los países de los Andes?
2. ¿Hay lugares para hacer turismo de aventuras en los Estados Unidos? ¿Dónde? ¿Qué tipos de actividades puedes hacer allí?
3. Aparte de ayudar con animales y ayudar a los pueblos amazónicos, ¿qué otros beneficios culturales hay en hacer turismo de voluntario?

Quito, Ecuador

Tobie y Javier

©deepblue4you/Getty Images
©McGraw-Hill Education/Zenergy

Antes de ver

Infórmate y ponte en su lugar.
Tobie y Javier dan una caminata en las montañas alrededor de Quito y hablan de la importancia de viajar. ¿Hay buenos lugares para hacer excursiones en tu región? ¿Los visitas frecuentemente? ¿Qué tipos de turismo te gustan? ¿Crees que viajar te ayuda a ser una mejor persona? ¿Por qué?

©McGraw-Hill Education/Zenergy

Vocabulario práctico

el espíritu viajero	travelling spirit
una mente abierta	open mind
la meta	goal
la vista	view
metros de altura	meters high
la cumbre	summit
el peso en la espalda	weight on your back
la naturaleza	nature
la cima	top (of a mountain)
los eucaliptos	eucalyptus
huele rico	smells good
el premio	prize
vale la pena	it's worth it
el silencio	silence
encerrarte	shut yourself in
dirías	would you say
la subida	climb
se arriesga	takes risks

¿Entendiste?

C	F	
☐	☑	**1.** Según Javier, viajar es una manera de establecer una rutina que te hace sentir libre.
☐	☑	**2.** El carro de Tobie es del año 2007.
☑	☐	**3.** Tobie y Javier están a 3.000 metros de altura.
☑	☐	**4.** Para dar esta caminata, es necesario levantarse muy temprano.
☐	☑	**5.** Tobie dice que no ha crecido como persona como resultado de sus viajes.

B. Las vacaciones. Contesten las preguntas.

1. ¿Cómo describe Tobie el espiritu viajero? ¿Están de acuerdo? Cuando Uds. viajan, ¿buscan experiencias nuevas? ¿O vuelven a destinos que han visto antes? ¿Por qué?
2. ¿Qué les gusta a Javier y a Tobie de subir hasta la cima de la montaña? ¿Cuál ha sido la vista más espectacular de sus viajes? ¿Prefieren vistas naturales o urbanas? ¿Por qué?

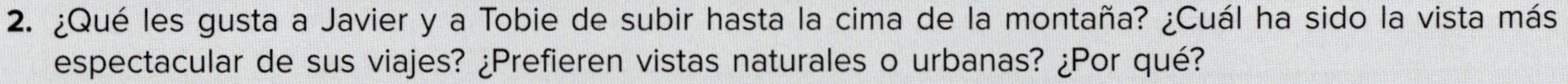

3. Según Tobie y Javier, ¿para qué es bueno viajar? ¿Uds. han hecho viajes por motivos mentales, emocionales o espirituales? ¿Por qué? ¿De qué maneras les beneficia viajar?
4. ¿Qué dice Javier sobre la necesidad de tomar riesgos (*take risks*) en los viajes y en la vida? ¿Están de acuerdo? ¿Qué consideran Uds. riesgos aceptables o necesarios? ¿Han hecho viajes arriesgados (*risky*) Uds.? ¿Por qué? Si no, ¿quieren hacerlo algún día?
5. Expliquen lo que dice Tobie sobre el efecto de los viajes en sus relaciones personales. ¿Por qué creen que se siente así? ¿Qué situaciones les han ayudado a Uds. a conectarse con personas de diferentes lugares y culturas? ¿Piensan que es importante para su futuro?

Vocabulario

Los verbos	
alojarse	to stay (*in a hotel*)
bajarse (de)	to get off (of) (*a vehicle*)
disfrutar (de)	to enjoy
embarcar (qu) (en)	to board
facturar el equipaje	to check luggage
hacer (*irreg.*) **alpinismo**	to mountain climb
hacer cola	to stand in line
hacer una excursión	to take a tour/day trip
hacer las maletas	to pack one's suitcase(s)
pasar por...	to go through . . .
la aduana	customs
el control de la seguridad	security (check point)
la inmigración	immigration
pasear en canoa	to go canoeing
quedarse	to stay (*in a place*)
recoger (j) el equipaje	to pick up luggage
registrarse	to check in
revisar	to inspect
subir (a)	to get on/in (*a vehicle*)

Repaso: acampar, dar (*irreg.*) **una caminata, divertirse (ie, i), pasear, pasear en barco, pescar (qu), viajar**

El viaje	Trip
la aduana	customs
la agencia de viajes	travel agency
el asiento (de pasillo/ventanilla)	(aisle/window) seat
el/la asistente de vuelo	flight attendant
el boleto	ticket
la clase económica	coach (class)
el control de seguridad	security (check point)
el crucero	cruise (ship)
el destino	destination
el equipaje	luggage
el/la extranjero/a	foreigner; *m.* abroad
la llegada	arrival
la maleta	suitcase
el/la maletero/a	skycap
el maletín	carry-on (bag)
el mostrador	(check-in) counter
el/la pasajero/a	passenger
la primera clase	first class
el reclamo de equipaje	baggage claim
la sala de espera	waiting room
la salida	departure; gate
la tarjeta de embarque	boarding pass
el viaje	trip
el visado	visa
el vuelo	flight
de viaje	on a trip

Cognados: el pasaporte, el/la turista
Repaso: el aeropuerto, el autobús, el avión, el barco, la reservación, el transporte, el tren

De vacaciones	On vacation
el alojamiento	lodging
el botones *inv.*	bellhop
la cabaña (rústica)	(rustic) cabin
la estadía	stay
la excursión	tour, daytrip
la habitación doble/sencilla	double/single room
el/la huésped(a)	hotel guest
el recorrido	tour; trip
el recuerdo	souvenir
las ruinas arqueológicas	archaeological ruins
la ruta	route
la (tarjeta) postal	postcard
de lujo	luxury (*hotel*)

Cognados: el agroturismo, la canoa, el ecoturismo, el hotel, la recepción, la reserva biológica, el turismo

Capítulo 11 La música, el arte y las celebraciones

EN ESTE CAPÍTULO

Los países andinos

En Perú hay muchos conjuntos de zampoña (*pan flute*) que tocan en las calles y en las plazas

Piensa y comparte

Los diferentes estilos de música reflejan muchos factores culturales. Por ejemplo, los instrumentos de la música joropo son de origen europeo, pero también andino, lo cual es el resultado de la mezcla de culturas en la región.

- ¿De qué otras maneras refleja la música la cultura y la historia de un lugar o un pueblo (*a people*)?

Las celebraciones son una parte importante de la vida en todo el mundo y hay algunos ingredientes comunes en ellas, como la música y el baile.

- ¿Qué otros aspectos de las celebraciones son similares en muchas de las culturas del mundo?
- ¿Por qué son casi universales estas cosas?

Muchas celebraciones en los países andinos incluyen actuaciones de música y baile en lugares públicos, como estas mujeres que bailan para celebrar la Fiesta de la Virgen de Guadalupe en Sucre, Bolivia.

El grupo Cimarrón toca y baila música del estilo joropo que incluye guitar arpa (*harp*), percusión, maracas, y canto (*singing*).

Un mundo sin límites

Cali, Colombia

Becky y Andrés

©deepblue4you/Getty Images; ©McGraw-Hill Education/Zenergy

Antes de ver

Infórmate y ponte en su lugar.

Becky y Andrés son compañeros de casa en Cali, Colombia, una ciudad grande cerca de la costa pacífica. Cali es muy rica en cultura, con museos, universidades y una feria importante cada diciembre. Es la capital de la música salsa en Colombia, con muchos clubes y el evento mensual Delirio, conocido en todo el mundo. Becky hace investigaciones para su doctorado en Cali y disfruta de todas estas cosas. ¿Quieres vivir en una ciudad como Cali? ¿Por qué? ¿Qué factores son importantes cuando uno decide dónde vivir? ¿Es la cultura parte de la decisión?

©McGraw-Hill Education/Zenergy

Vocabulario práctico

el doctorado	doctorate
el/la publicista	publicist
el co-fundador	co-founder

©McGraw-Hill Education/Zenergy

¿Entendiste?

Act. A, **Answers: 1.** *En la escuela primaria* **2.** *Estudia ingeniería biomédica en Yale.* **3.** *Es publicista.* **4.** *Les encanta la comida, la fiesta y el clima.* **5.** *El clima*

Act. B: Answers will vary. **1.** *Son compañeros de casa.*

A. Comprensión. Contesta las preguntas.

1. ¿Cómo aprendió español Becky?
2. ¿Qué estudia Becky? ¿En qué universidad?
3. ¿Cuál es el trabajo de Andrés?
4. ¿Por qué les encanta a Andrés y a Becky vivir en Cali?
5. ¿Qué les gusta solo a veces de vivir en Cali?

B. La música, el arte y las celebraciones. En parejas, contesten las preguntas.

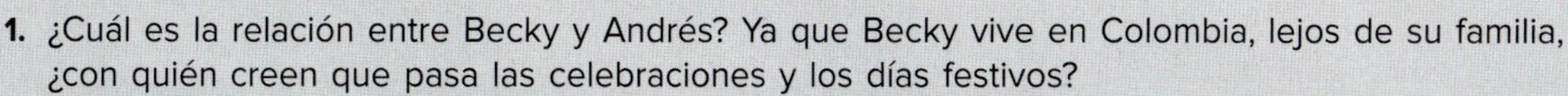

1. ¿Cuál es la relación entre Becky y Andrés? Ya que Becky vive en Colombia, lejos de su familia, ¿con quién creen que pasa las celebraciones y los días festivos?

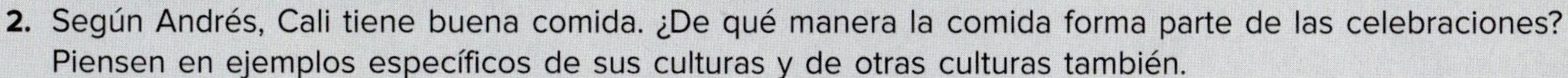

2. Según Andrés, Cali tiene buena comida. ¿De qué manera la comida forma parte de las celebraciones? Piensen en ejemplos específicos de sus culturas y de otras culturas también.
3. Andrés dice que a ellos les encanta "la fiesta" en Cali. ¿Cómo interpretan Uds. la idea de la fiesta de una ciudad? ¿Prefieren las ciudades con mucha fiesta o poca fiesta? ¿Por qué?
4. ¿Cómo afecta el clima la cultura de un lugar y sus celebraciones? Sabiendo que en Cali nunca hace frío, ¿qué pueden imaginar sobre las celebraciones allí?

TEMA I: Las celebraciones y fiestas tradicionales

Vocabulario en acción

***Vocabulario en acción,* Note:** Students can assess their understanding and mastery of the vocabulary presented in this chapter by accessing the LearnSmart module for *Capítulo 11* at www.mhhe.com/connect.

Note: The art for this chapter is available for digital download within Connect (www.mhhe.com/connect).

Los días festivos°

°Los... *Holidays*

Otros días festivos y celebraciones

el Día de Acción de Gracias	Thanksgiving Day
el Día de Canadá	Canada Day
el Día de la Madre	Mother's Day
el Día de la Raza	Columbus Day
el Día de Muertos	Day of the Dead
el Día de los Reyes Magos	Feast of the Three Kings (Epiphany)
el Día del Padre	Father's Day
el día del santo	one's saint day
la Nochebuena	Christmas Eve
la Pascua	Easter
la Pascua judía	Passover
la Semana Santa	Holy Week
las vacaciones de primavera	spring break

Cognados: el carnaval, el Cinco de Mayo, el festival; nacional, religioso/a, tradicional
Repaso: el cumpleaños

Para celebrar

disfrazarse (c)	to disguise oneself
la carroza	parade float
el conjunto musical	band, musical group
la festividad	festivity; feast

Cognados: celebrar; el santo patrón / la santa patrona; adornado/a
Repaso: la fiesta

ACTIVIDADES

A. Los meses de los días festivos

PASO 1. Indica en qué mes se celebran estos días festivos. Busca la respuesta en el internet si no estás seguro/a.

1. el Día de la Madre, en los Estados Unidos y Canadá
2. el Día del Padre, en los Estados Unidos y Canadá
3. la Navidad
4. el Día de Acción de Gracias, en los Estados Unidos
5. el Día de Acción de Gracias, en Canadá
6. el Día de Muertos
7. el Día de la Independencia, en los Estados Unidos
8. el Año Nuevo
9. el Día de la Raza
10. el Día de Canadá

PASO 2. En parejas, nombren un día festivo para los meses no representados en el **Paso 1.** Pueden buscar días festivos en el internet si lo necesitan.

***Act. A, Paso 1,* Answers: 1.** *mayo* **2.** *junio* **3.** *diciembre* **4.** *noviembre* **5.** *octubre* **6.** *noviembre* **7.** *julio* **8.** *enero* **9.** *octubre* **10.** *julio*

Act. A, Paso 2,* Answers:** (Possible answers) **febrero:** *el Día de San Valentín / el Día de los Enamorados;* ***marzo: *el Día de San Patricio, la Pascua;* ***abril:*** *la Pascua;* ***agosto:*** *el Día de la Familia, el Día de la Amistad;* ***septiembre:*** *el Día del Trabajador en los Estados Unidos y Canadá*

***Vocabulario en acción,* Suggestion:** Use the image, picture files, or a PowerPoint presentation to introduce the vocabulary. Model pronunciation and, as you go, ask students personal questions about the illustrations to check comprehension: *¿Cuál es tu fiesta favorita, Jamie? ¿Qué actividades haces para celebrarla? ¿Qué les gusta hacer en las vacaciones de primavera? ¿Qué hiciste el año pasado para el Día de la Independencia?*

***Vocabulario en acción,* Culture Note:**

- Tell students that the United States, Canada, and many other countries celebrate Father's Day on the third Sunday of June and Mother's Day on the second Sunday of May. However, some countries honor the father and mother on other days that may be of religious or historical significance. For example, in Bolivia, Father's Day is celebrated on March 19 (St. Joseph's Day in Catholic tradition), and Mother's Day is celebrated on May 27 (a date of a battle in which women participated).
- Have students look up information on the Day of the Dead in Mexico, the Feast of the Three Kings in Spain, Independence Day in the Andean region, and New Year's traditions of several Hispanic countries, and prepare a brief presentation with a visual. You may assign a specific celebration to each group of students.
- Tell students that in the U.S., some Spanish speakers refer to Day of the Dead as *Día de los Muertos,* although in Mexico the definite article is not used.

Vocabulario práctico

hicimos la cuenta atrás	we counted down
las canastas	baskets
los platos fuertes	heavy dishes/ meals

***Act. B, Paso 1*, Script:** *1. Fuimos a ver fuegos artificiales y un desfile con muchas banderas. **2.** Hicimos la cuenta atrás hasta la medianoche. **3.** Encontramos muchos dulces en las canastas. **4.** Fuimos al cementerio en conmemoración de nuestros parientes muertos. **5.** Comimos mucho pavo y otros platos fuertes y vimos partidos de fútbol americano. **6.** Abrimos regalos debajo del árbol. **7.** Me hicieron un pastel, me cantaron una canción y me dieron muchos regalos. **8.** Fuimos a Key West, Florida, para pasar unos días en la playa.*

***Act. C*, Suggestion:** *Have students share their answers to item 2 to determine whether most of them agree or not.*

B. Asociaciones

PASO 1. Escucha cada una de las oraciones y luego indica el día festivo que asocias con las actividades.

a. el cumpleaños
b. el Día del Padre
c. el Día de la Independencia
d. las vacaciones de primavera
e. el Día de los Reyes Magos
f. la Navidad
g. el Día de Acción de Gracias
h. el Día de Muertos
i. la Pascua
j. la Nochevieja

1. c **2.** j **3.** i **4.** h **5.** g **6.** f **7.** a **8.** d

PASO 2. En parejas, describan algo que hacen en un día festivo u otro día especial. Tu compañero/a debe adivinar qué día es.

MODELO E1: Paso el día con mi familia y le hago un regalo a mi mamá.
E2: Es el Día de la Madre.

C. Entrevista: Las vacaciones de primavera.

Entrevista a un compañero / una compañera de clase con las preguntas. Luego, cambien de papel.

1. ¿Cuándo son las próximas vacaciones de primavera?
2. ¿Cuáles son los destinos más populares entre los estudiantes de esta universidad para pasar las vacaciones de primavera?
3. ¿Qué quieres hacer para las próximas vacaciones de primavera? ¿Quieres hacer un viaje con amigos o quieren tus padres que pases las vacaciones con tu familia?
4. ¿Qué hiciste en las últimas vacaciones de primavera?

D. Un nuevo día festivo

PASO 1. En parejas, inventen un día festivo nuevo para celebrarlo el día y mes que Uds. quieran. ¿Qué nombre tiene este nuevo día de fiesta? ¿Qué se celebra y con qué actividades se celebra este día? ¿Qué se vende en las tiendas en su nuevo día festivo? ¿Quién(es) lo va(n) a celebrar?

Nombre del día:
Participantes:
Actividades:
Otras ideas:

PASO 2. Compartan sus ideas con la clase. De todos los días festivos, ¿cuál prefiere celebrar la clase? ¿Por qué?

E. Los días festivos

PASO 1. Usa las preguntas para entrevistar a por lo menos tres compañeros/as de clase. En una hoja de papel aparte, apunta sus respuestas en un cuadro como el siguiente.

MÁS IMPORTANTE	DIVERTIRSE	DÍA FESTIVO FAVORITO	DISFRAZARSE	MÁS REGALOS

1. ¿Cuál es el día festivo o la celebración más importante para tu familia?
2. ¿Cuál es el día festivo o la celebración en que más te diviertes tú?
3. ¿Tienes algún día festivo favorito?
4. ¿Te disfrazas en algún día festivo o en alguna celebración?
5. ¿En qué día festivo o celebración recibes más regalos?

PASO 2. Compara tus respuestas del **Paso 1** con las de los otros estudiantes de la clase. ¿Qué días festivos se mencionan más? Por ejemplo, ¿hay un día festivo o una celebración más importante para la familia? ¿un día festivo o una celebración en que más se divierten? ¿un día festivo favorito?

Gramática

11.1 Introduction to the Subjunctive

Telling Other People What You Want Them to Do

GRAMÁTICA EN ACCIÓN

CULTURES C

Nuestro viaje a Bolivia

[*Rogelio* ***quiere que*** *su amigo Fernando le* ***explique*** *algunos detalles del viaje que Marta y Fernando van a hacer a Bolivia.*]

ROGELIO: ¿Cuándo salen Marta y tú para Bolivia?

FERNANDO: Salimos a principios de febrero. Queremos llegar durante el verano y antes de los carnavales. Nuestros amigos allí **quieren que vayamos** al Carnaval de Oruro que es a finales de febrero.

ROGELIO: ¿Y se van a alojar con sus amigos durante todo el viaje?

FERNANDO: Ay, no. Aunque Justo y Clemencia **quieren que nos quedemos** con ellos el mes entero, queremos hacer varias excursiones arqueológicas y naturales. Durante las excursiones, queremos alojarnos en cabañas rústicas o alojamientos muy básicos.

ROGELIO: ¿Van a los parques nacionales?

FERNANDO: Por supuesto, vamos a Madidi y al Parque Nacional Noel Kempff Mercado. Mi amigo **quiere que visitemos** Ulla Ulla y el Lago Titicaca primero. Sabe que **quiero** conocer a un kallawaya, un curandero indígena.

ROGELIO: Bueno, **quiero que** me **manden** muchas tarjetas postales, **que saquen** muchas fotos y **que se diviertan** muchísimo. Un mes entero en Bolivia: ¡qué envidia les tengo!

Acción. Indica la palabra correcta para completar cada una de las oraciones.

1. Rogelio _b_ que Marta y Fernando le manden tarjetas postales del viaje.
2. Los amigos quieren que Marta y Fernando _c_ al Carnaval de Oruro.
3. Justo y Clemencia quieren que Marta y Fernando _a_ con ellos por un mes.
4. Rogelio quiere que Fernando le _d_ de los detalles del viaje.

a. se queden
b. quiere
c. vayan
d. hable

Un oso perezoso (sloth), *en el Parque Nacional Madidi*

***Gramática,* Note:** Students can assess their understanding and mastery of the grammar points presented in this chapter by accessing the LearnSmart module for *Capítulo 11* at www.mhhe.com/connect.

***GEA,* Note:** The audio for this *GEA* is available through the eBook or on Connect.

One way to ask someone to do something, or to express a request or desire that another person do something, is to use the construction: **querer** + **que** + *present subjunctive.*

Quiero que me **hagas** un favor.	*I want you to do me a favor.*
Mi madre **quiere que** mi hermano la **lleve** al mercado.	*My mother wants my brother to take her to the market.*

You'll notice that the verbs in blue text are expressed in a form you may not have seen before. These verbs are conjugated in the present subjunctive. For now, all you need to remember is that when the first clause of a sentence contains the **querer que** structure, it will be followed by a clause with a verb or verbs in the present subjunctive.

***GEA,* Suggestions:**

- Have students identify uses of **querer** where the subjunctive is not used. How are those sentences different?
- Remind students that the southern hemisphere, which includes Bolivia, has "opposite" seasons. Therefore February falls at the end of Bolivia's summer season.

A. You have already learned some present subjunctive forms as formal commands and negative informal commands. Remember that these forms are based on the **yo** form of the present indicative but with the "opposite" vowel ending. This means that **-ar** verbs will have an **-e** in the present subjunctive endings and **-er** and **-ir** verbs will have an **-a** in the present subjunctive endings.

-ar hablar → hablø		-er comer → comø		-ir vivir → vivø	
hable	**hablemos**	**coma**	**comamos**	**viva**	**vivamos**
hables	**habléis**	**comas**	**comáis**	**vivas**	**viváis**
hable	**hablen**	**coma**	**coman**	**viva**	**vivan**

Mi esposa **quiere que nos hospedemos** en un hotel de lujo. — *My wife wants us to stay in a luxury hotel.*

¿**Quieres que** te **diga** la verdad? — *Do you want me to tell you the truth?*

Luis, Sandra, **quiero que piensen** en sus planes para la Nochevieja. — *Luis, Sandra, I want you to think about your plans for New Year's Eve.*

B. The present subjunctive of stem changing verbs that end with **-ir** have an extra stem change in the **nosotros/as** and **vosotros/as** forms, in addition to the usual stem change in the other forms.

servir (i, i)		dormir (ue, u)	
sirva	**sirvamos**	**duerma**	**durmamos**
sirvas	**sirváis**	**duermas**	**durmáis**
sirva	**sirvan**	**duerma**	**duerman**

Nuestros abuelos **quieren que nos divirtamos** mucho. — *Our grandparents want us to have a great time.*

Papá **quiere que durmamos bien** antes de hacer el viaje. — *Dad wants us to sleep well before making the trip.*

C. There are only six irregular verbs in the present subjunctive. Note that the first letters of each verb combine to spell out the acronym DISHES.

dar → dé, des, dé, demos, deis, den

ir → vaya, vayas, vaya, vayamos, vayáis, vayan

saber → sepa, sepas, sepa, sepamos, sepáis, sepan

haber → haya, hayas, haya,* hayamos, hayáis, hayan

estar → esté, estés, esté, estemos, estéis, estén

ser → sea, seas, sea, seamos, seáis, sean

¿Quieres asistir al desfile? Bueno, **quiero que vengas** conmigo. — *You want to go to the parade? OK, I want you to come with me.*

No quiero que haya mucha gente en esa fiesta. — *I don't want there to be a lot of people at the party.*

*The present subjunctive of **hay** is **haya.** You'll learn more about the subjunctive forms of **haber** in later chapters.

ACTIVIDADES

A. Una celebración de Año Nuevo. David y Leti hacen planes para celebrar el Año Nuevo con sus amigos.

PASO 1. Completa las oraciones con las formas correctas del verbo **querer.**

1. Leti ___ que los invitados lleguen alrededor de las 8:00 de la noche.
2. David y Leti ___ que vengan sus mejores amigos a la fiesta.
3. David ___ que Leti compre una variedad de comida y dos botellas de champán.
4. Los amigos de David y Leti ___ que ellos hagan un *playlist* de las mejores canciones (*songs*) del año.
5. ¡Nosotros ___ que David y Leti nos inviten también!

PASO 2. Escucha la narración de lo que está pensando Leti antes de la fiesta. Luego, completa cada una de las oraciones con el verbo correcto, según la narración. Usa el subjuntivo.

1. Leti quiere que todo ___ bien.
2. Raúl y José no quieren que Leti le ___ pollo al arroz porque ellos son vegetarianos.
3. Los vecinos no quieren que David y Leti ___ la llegada del Año Nuevo con fuegos artificiales a medianoche.
4. David no quiere que Leti ___ tanto en los problemas.
5. Leti y David quieren que su fiesta ___ memorable.

Act. A, Paso 1, Answers: 1. *quiere* **2.** *quieren* **3.** *quiere* **4.** *quieren* **5.** *queremos*

Act. A, Paso 2, Answers: 1. *salga* **2.** *ponga* **3.** *celebren* **4.** *piense* **5.** *sea*

Act. A, Paso 2, Script: *Los amigos llegan en dos horas y casi todo está preparado. ¡Quiero que todo salga bien! David quiere que yo prepare arroz con pollo para comer. Pero nuestros amigos José y Raúl son vegetarianos y no quieren que yo le ponga pollo al arroz. ¡No sé qué hacer! Otro problema son los vecinos. Ellos no quieren que nosotros celebremos la llegada del Año Nuevo con fuegos artificiales a medianoche. Pero es una de mis partes favoritas de la Nochevieja. David quiere que yo me calme y que no piense tanto en los problemas. Probablemente tenga razón. ¡David y yo queremos que nuestra fiesta sea memorable!*

B. ¿Qué quieren? En parejas, hablen de las celebraciones típicas entre familia o con amigos. Pueden inventar situaciones si quieren, pero deben completar las oraciones para describir lo que esas personas quieren que hagan otras durante las celebraciones.

MODELOS Mis padres (no) quieren que... →
Mis padres quieren que mis hermanos y yo durmamos bien la noche antes de la Navidad.
Mis padres no quieren que mis hermanos y yo peleemos por los regalos.

1. Yo (no) quiero que...
2. Mi hermano/a (no) quiere que...
3. Mi padre/madre/hijo/hija (no) quiere que...
4. Mis padres (no) quieren que...
5. Mis hermanos y yo (no) queremos que...
6. Los miembros del conjunto musical (no) quieren que...
7. Los abuelos (no) quieren que...
8. ¿ ? (no) quiere(n) que...

C. ¿Qué quieren los estudiantes?

PASO 1. En parejas, escriban cuatro peticiones para hacerle a su profesor(a). Usen verbos diferentes.

MODELO Queremos que no haya tarea los fines de semana.

PASO 2. Ahora en grupos de cuatro, seleccionen la petición más razonable y la petición menos razonable.

PASO 3. Compartan sus dos peticiones con la clase. Su profesor(a) va a decirles cuáles son posibles.

Act. C, Suggestion: Follow up by having students create some examples of the desires or demands of other people, such as *el/la profesor(a), los padres, los adolescentes,* etc. You can start by asking them *Pero ¿qué quiere el/la profesor(a)?*, then giving them a moment to come up with some responses working with a partner.

D. ¿Qué quieren que ocurra?

PASO 1. Lee los pies de foto (*captions*) sobre celebraciones en los países andinos.

©percds/Getty Images

Hay muchas tradiciones divertidas para celebrar el Año Nuevo en Ecuador. En todas las ciudades hay fuegos artificiales y la gente hace monigotes[a] para competir con los vecinos de sus barrios. Los monigotes pueden representar personas reales, personajes de cine o televisión, figuras políticas, etcétera. El 31 de diciembre a medianoche, los monigotes se encienden.[b] También esa misma noche, muchos hombres se ponen ropa de mujer vieja y caminan por las calles pidiendo dinero. Representan viudas[c] que se despiden de sus esposos, lo cual simboliza el año viejo. Finalmente, es típico llevar ropa interior[d] amarilla y terminar el año comiendo doce uvas en doce segundos para traer buena suerte. ¡Qué divertido!

El Día de la Independencia, o Día de la Patria en Perú, realmente dura dos días (28 y 29 de julio), pero la celebración ocupa todo el mes. Se ve la bandera por todas partes, pero entre el 27 y 30 de julio es obligatorio tenderla en todos los edificios. Si no se hace, ¡es posible tener que pagar una multa[e]! El 28 de junio el presidente hace un recorrido en coche por la ciudad de Lima y, desde el Palacio de Gobierno que se ve en la foto, da su *Mensaje a la Nación por las Fiestas Patrias*, que es similar al «State of the Union Address» en los Estados Unidos. Hay grandes desfiles militares en la Plaza de Armas en Lima y todo se decora con los colores rojo y blanco. En las calles, hay muchos vendedores de comida y la gente baila, come y celebra con fuegos artificiales.

©meunierd/Shutterstock

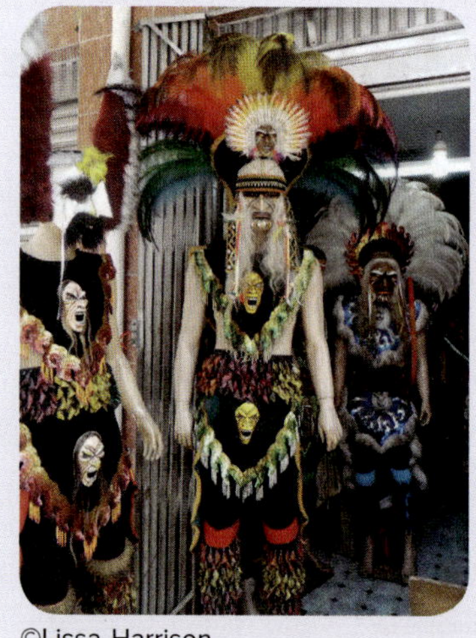

©Lissa Harrison

En Barranquilla, Colombia, el carnaval es una enorme celebración que empieza con festividades de Año Nuevo presididas por la reina del carnaval y el rey Momo del año anterior. Otros eventos de pre-carnaval son el Carnaval Gay, en el que más de diez mil personas desfilan por las calles cada año, y La Guacherna. La Guacherna es un desfile que se hace de noche y se considera la parte más importante de la celebración pre-carnaval, un tiempo de disfraces, ritmo y luz cuando la gente sale a las calles para desfilar, bailar, llevar velas de colores y tocar música cumbia y mucha percusión. El carnaval en sí[f] consiste en cuatro días de celebración y cada día tiene unas tradiciones específicas, como por ejemplo la Batalla de Flores el sábado de carnaval, que es el desfile más grande de todos, o el Festival de Orquestas el lunes de carnaval, que consiste en competiciones entre grupos musicales en seis categorías. El carnaval termina el martes de carnaval con la muerte de Joselito, cuando una persona o un muñeco se entierra[g] para representar la muerte de la celebración. ¡Barranquilla celebra el carnaval en grande!

[a]*paper and cloth dolls* [b]*se... are set on fire* [c]*widows* [d]*underwear* [e]*fine* [f]*en... itself* [g]*se... is buried*

PASO 2. Escoge una de las celebraciones del **Paso 1** y escribe por lo menos (*at least*) cinco oraciones usando **querer que** y el subjuntivo para expresar los deseos de las personas. Sigue los modelos. **¡OJO!** No incluyas el nombre de la celebración en tus oraciones.

MODELOS *Los amigos quieren que nosotros salgamos juntos.*
Mis padres quieren que yo compre regalos para la familia.

SUJETO 1		VERBO		SUJETO 2
los amigos la familia todo el mundo los padres los vecinos	+	querer	+	yo la gente nosotros todos alguien

PASO 3. En parejas, túrnense para leer sus oraciones en voz alta. ¿Puedes identificar la celebración que describe tu compañero/a?

11.2 Present Subjunctive: Volition

Expressing Desire That Somebody Do Something

GRAMÁTICA EN ACCIÓN

El Carnaval de Oruro

CULTURES C

[*Jane es una joven canadiense que está estudiando un año en Bolivia. Su «hermano» boliviano, Fernando, la invita al Carnaval de Oruro.*]

FERNANDO: ¿Qué haces el sábado que viene?
JANE: Necesito estudiar un poco, pero no tengo planes.
FERNANDO: Pues, **insisto** en que **vengas** con nosotros a Oruro.
JANE: ¿A Oruro? Pero... Oruro es un pueblo minero. No me parece muy interesante. Prefiero quedarme aquí, en La Paz.
FERNANDO: Pero **es importante** que **vayas** porque esta semana empieza el Carnaval de Oruro. **Quiero** que **veas** cómo cambia un pueblo pequeño para estas celebraciones, las más espectaculares de Bolivia.
JANE: Está bien. Voy con Uds. ¿Qué **recomiendas** que **lleve** a Oruro?
FERNANDO: Te **sugiero** que **lleves** la cámara, un poquito de dinero para los asientos en las gradas y ropa cómoda para cuatro días.
JANE: ¡Cuatro días! Pero mi novio **quiere** que **salgamos** a cenar el domingo, y ¡hay clases el lunes y el martes!
FERNANDO: No hay clases esos días porque son días festivos. Yo le puedo **decir** a tu novio que **venga** a Oruro también. Las festividades en Oruro son maravillosas y siguen hasta el Miércoles de Ceniza.

Un desfile del Carnaval de Oruro

***GEA*, Note:** The audio for this GEA is available through the eBook or on Connect.

Acción. Indica las opciones correctas para completar cada una de las oraciones.

1. Fernando dice que _c_ Jane vaya a Oruro esta semana para ver el Carnaval.
2. Fernando quiere que Jane _b_ la transformación de Oruro para la celebración.
3. Fernando _a_ Jane lleve una cámara y un poquito de dinero.
4. Fernando insiste en que el novio de Jane _d_ a Oruro también.

a. sugiere que
b. vea
c. es importante que
d. vaya

Earlier you learned to use the subjunctive in complex sentences, in which the first clause contains a form of the verb **querer,** and the second is introduced by the conjunction **que** and contains the present subjunctive. The subject of the first clause and that of the second clause are always different. These sentences communicate a wish on the part of one person for another person to do something. Other verbs and expressions are used in the same way. When they occur in the main clause, they trigger the present subjunctive in the dependent clause. See the following list and note that impersonal expressions that begin with **Es** have the implied subject *it*.

PRESENT SUBJUNCTIVE: VOLITION			
aconsejar que	to advise that	**necesitar que**	
decir (*irreg.*) **que**	to tell	**pedir (i, i) que**	
desear que		**preferir (ie, i) que**	
es importante que		**prohibir (prohíbo) que**	
es necesario que		**querer** (*irreg.*) **que**	
es urgente que		**recomendar (ie) que**	
insistir en que		**sugerir (ie, i) que**	to suggest that

Mis padres me **prohíben** que **salga** con Sergio.	*My parents forbid that I go out with (forbid me from going out with) Sergio.*
Insisto en que **vengas** conmigo a ver los fuegos artificiales.	*I insist that you come with me to see the fireworks.*
Os **pido** que no **habléis** durante la película.	*I ask you not to talk during the movie.*
Es necesario que los niños **hagan** ejercicio todos los días.	*It is necessary that children exercise daily.*
Le **recomiendo/aconsejo** que **busque** libros sobre el festival si quiere saber más.	*I recommend/advise that you look for books on the festival if you want to learn more.*

ACTIVIDADES

Act. A, **Answers:** *(Possible answers)* **1.** *Los padres insisten en que sus hijos tengan cuidado durante el desfile.* **2.** *La esposa de Raúl le dice que llegue temprano para la fiesta de su hija.* **3.** *Te pido que pases por el supermercado y que compres refrescos para la fiesta.* **4.** *Juanita nos aconseja que busquemos un árbol de Navidad alto y bonito.* **5.** *Es necesario que tus amigos traigan música a la fiesta.* **6.** *Recomiendo que los abuelos no les den tantos regalos a sus nietos.* **7.** *Es importante que Tomasa esté en la fiesta de cumpleaños de Mariana.* **8.** *Queremos que ellos estén aquí para Semana Santa.*

A. Las celebraciones. Forma oraciones completas con las palabras indicadas. Añade palabras cuando sea necesario y da las conjugaciones correctas de los verbos.

1. los padres / insistir en que / sus hijos / tener cuidado durante el desfile
2. la esposa de Raúl / decir que / él / llegar temprano para la fiesta de su hija
3. yo / pedir / que / tú / pasar / por el supermercado / y que comprar refrescos para la fiesta
4. Juanita / aconsejar / que / nosotras / buscar un árbol de Navidad alto y bonito
5. ser necesario que / tus amigos / traer música a la fiesta
6. (yo) / recomendar / que / los abuelos / no dar tantos regalos a sus nietos
7. ser importante que / Tomasa / estar en la fiesta de cumpleaños de Mariana
8. (nosotros) / querer que / ellos / estar aquí para Semana Santa

B. Planes para los días festivos

PASO 1. Indica la frase correcta para completar cada una las oraciones.

1. Mis padres insisten en que yo __d__ a casa para pasar juntos el Día de Acción de Gracias.
2. Yo __e__ tú leas toda la información antes de participar en el festival.
3. Las madres prefieren que sus hijos __a__ mucho dinero en regalos para el Día de la Madre.
4. Los niños __c__ los tres Reyes Magos les traigan regalos el 6 de enero.
5. Las chicas piensan que __b__ toda la familia asista a su fiesta de cumpleaños.
6. Los profesores __f__ los estudiantes estudien un poco durante las vacaciones de primavera.

a. no gasten
b. es importante que
c. quieren que
d. vuelva
e. te recomiendo que
f. aconsejan que

PASO 2. Piensa en tu día festivo favorito y escríbele cuatro recomendaciones a un amigo peruano que visita los Estados Unidos. ¡No menciones cuál es el día festivo que estás describiendo!

MODELO Te recomiendo que lleves pantalones cortos para esta celebración. Es importante que no te pongas ropa formal. Te sugiero que pases este día festivo en un lago o en la playa. Es necesario que disfrutes de los fuegos artificiales.

PASO 3. En parejas, compartan sus recomendaciones. ¿Puede identificar tu compañero/a el día festivo que describes?

C. Descripciones. En parejas, expresen lo que quieren que hagan otras personas. Para hacer las preguntas y respuestas, combinen un elemento de cada columna para formar oraciones completas. Sigan el modelo.

MODELO E1: ¿Qué quieres que hagan tus amigos?
E2: Quiero que me inviten a una fiesta.

aconsejar insistir en necesitar pedir preferir prohibir querer recomendar sugerir	+	padre/madre amigos/as hermano/a profesores esposo/a hijo/a hijos	+	comprarme... (un carro, chocolates, ¿ ?) invitarme a... (a una fiesta, al cine, ¿ ?) (no) dar tarea (hoy, esta semana, ¿ ?) ayudarme (a limpiar, a hacer la tarea, ¿ ?) salir (a bailar, con mis amigos/as, ¿ ?) escribirme (un e-mail, una carta, ¿ ?) explicarme (el subjuntivo, ¿ ?)

Nota cutural

La Feria de Alasita

La Feria de la Alasita tiene lugar en La Paz, Bolivia, y es considerada una de las celebraciones más importantes del país. Alasita tiene sus raíces en la cultura indígena aimara[a] y se caracteriza por la compra de pequeños objetos con la finalidad de hacer que los deseos de los asistentes se cumplan.[b] La feria comienza el 24 de enero y, por espacio de un mes, miles de bolivianos compran todo tipo de miniaturas, creadas por artesanos locales, en los puestos instalados en las calles. Estas pequeñas reproducciones —casas, carros, dinero, electrodomésticos, ropa, títulos universitarios, etcétera —representan los deseos y los sueños[c] de los habitantes, quienes esperan que se hagan realidad durante el curso del año.

Hay muchos rituales de la feria que varían según las personas, pero, indudablemente, el centro de la fiesta es Ekeko, el dios de la abundancia y la buena suerte, representado por la figura de un enano[d] gordo y sonriente en señal de prosperidad. En este ritual, los participantes llevan este muñeco a sus casas, lo rocían[e] con alcohol, incienso y pétalos de rosas y lo cargan[f] con todos los productos que los creyentes[g] desean que se cumplan,[h] cosidos[i] a su figura. De esta manera, Ekeko va a convertir sus deseos en realidad.

Aunque la fiesta se realiza principalmente en La Paz, desde hace unas décadas se ha extendido por todo el país y, a menor escala, por el sur de Perú y el norte de Chile y Argentina. Dada su magnitud, en diciembre de 2017, la UNESCO declaró la Feria de la Alasita como Patrimonio Cultural Inmaterial de la Humanidad.

Un Ekeko
©Frans Lemmens/Getty Images

[a]*indiginous group of the Andean regions* [b]*hacer... make the attendees' wishes come true* [c]*dreams* [d]*dwarf* [e]*lo... sprinkle it* [f]*lo... carry it* [g]*believers* [h]*se... will come true* [i]*sewn*

***Nota cultural*, Answers:** *(Possible answers)* **1.** *El 24 de enero y dura un mes. Tiene sus raíces en la cultura aimara.* **2.** *Compra de miniaturas que representan los deseos de los participantes en la feria y que esperan que se hagan realidad durante el curso del año. Las ofrendas a Ekeko, el dios de la abundancia y la buena suerte, representado por la figura de un enano gordo y sonriente.*

PREGUNTAS

1. ¿Cuándo se celebra la Feria de la Alasita? ¿Cuánto tiempo dura? ¿Cuál es el origen de la celebración?
2. ¿En qué consiste la festividad? ¿A quién se celebra? Describe a este personaje.
3. En grupos, imaginen que Uds. pueden organizar una feria similar a la feria de la Alasita en su comunidad. ¿Hay alguna figura que pueda representar su ciudad o región? ¿Cómo es? ¿Qué ropa debe llevar esta figura? ¿Qué rituales pueden ser parte de la celebración?

Act. D, Paso 1, Answers:
1. *vayan* **2.** *estén* **3.** *escriban* **4.** *dejen* **5.** *permitan* **6.** *se queden* **7.** *durmamos* **8.** *lleve* **9.** *vengan* **10.** *comamos*

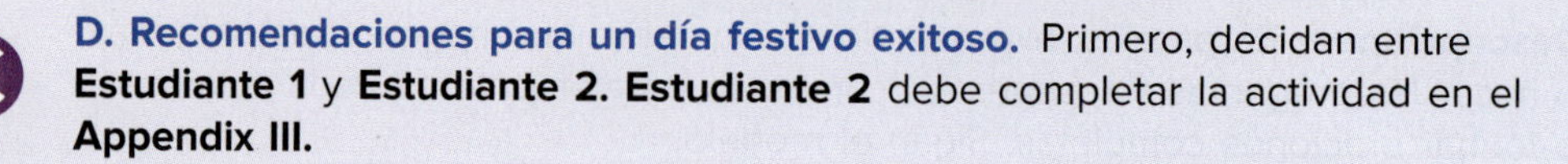

D. Recomendaciones para un día festivo exitoso. Primero, decidan entre **Estudiante 1** y **Estudiante 2. Estudiante 2** debe completar la actividad en el **Appendix III.**

Una rosca de Reyes
©mary gaudin/Getty Images

Estudiante 1

PASO 1. Completa el texto con la forma correcta del presente de subjuntivo del verbo entre paréntesis.

Me llamo Miranda. Mi hermano, mis dos sobrinos y yo vamos a estar en Lima, Perú, para celebrar el Día de los Reyes Magos con nuestra familia extendida. Les hemos pedido recomendaciones y consejos a nuestros parientes para tener la mejor experiencia posible. Esto es lo que nos han dicho:

- La abuela Charito dice: «Cada año los policías se disfrazan como los tres Reyes Magos, Melchor, Baltasar y Gaspar, y se pasean por la ciudad montados a caballo. Todos los padres quieren sacar fotos de sus hijos con los reyes. Por eso recomiendo que Uds. **(ir)**[1] temprano a la Plaza de Armas con los niños. Es necesario que **(estar)**[2] todos allí con bastante tiempo si quieren fotos.»
- El tío Jorge responde: «El día cinco de enero, es importante que los niños **(escribir)**[3] sus cartas a los Reyes para pedir los regalos que quieren. Además, sugiero que los niños **(dejar)**[4] agua y heno[a] afuera de la puerta; es para los camellos de los Reyes, que siempre tienen hambre.»
- La prima Luisa cuenta: «En la noche del día cinco, los niños siempre quieren que los padres les **(permitir)**[5] quedarse despiertos hasta muy tarde. Claro, están emocionados por la llegada[b] de los Reyes. Pero yo siempre les prohíbo que **(quedarse)**[6] despiertos después de las diez de la noche. ¡Es necesario que **(dormir)**[7] todos, nosotros los papás también!»
- El abuelo Ernesto comparte: «Ahora que mis hijos son grandes, mi parte favorita del Día de los Reyes Magos es la rosca de Reyes. Mi esposa la prepara divinamente. Prefiero que la rosca **(llevar[c])**[8] frutos secos[d] y mucha crema. Deseo que Uds. **(venir)**[9] con los niños a nuestra casa para comerla. Insisto en que todos nosotros la **(comer)**[10] juntos.»

[a]*hay* [b]*arrival* [c]*to have (as ingredients)* [d]*frutos… nuts and dried fruits*

Act. D, Paso 2, Answers:
1. *acompañen* **2.** *lleguen* **3.** *vea* **4.** *traigan*

La Catedral de Zipaquirá, hecha de sal
©Lissa Harrison

PASO 2. Completa las preguntas con la forma correcta del verbo en el presente de subjuntivo. Luego, túrnense para hacer y contestar las preguntas y escriban las respuestas en oraciones completas.

1. ¿Adónde quiere la tía Alejandra que Sebastián y su novia le **(acompañar)**?
2. ¿Cómo prefiere el tío Felipe que todos **(llegar)** al Santuario de Monserrate?
3. Según el primo Juan, ¿qué es importante que todo el mundo **(ver)**?
4. ¿Qué pide la prima Tere que **(traer)** Sebastián y su novia?

Expresiones artísticas

Rossmary Valverde

Serenata de madrugada, *2008*

***Expresiones artísticas*, Notes:**
- Valverde currently lives in San Francisco, California.
- Valverde works in oils, acrylics, and watercolor, but sometimes adds other elements such as sand and stone to her paint for special effects.

***Expresiones artísticas*, Suggestions:**
- Have students identify and describe images in this scene using vocabulary words from this chapter.
- Ask students what *arte naíf* is (use of simple colors, unnatural perspectives or angles, strong use of pattern, scenes often rich in cultural and folkloric content, and so on).
- *Arte naíf* is a common form in Central and South America. Have students find paintings by other Hispanic *naíf* artists. What kinds of scenes do they represent? What is the cultural content of the images?

La pintora peruana Rossmary Valverde (1969–) nació en Lima y es una artista autodidacta[a] del arte *naíf.* Sus cuadros representan recuerdos de su niñez en colores brillantes e imágenes simplificadas. Este cuadro de colores vivos representa una serenata nocturna. En esta tradición, el destinatario[b] es típicamente una mujer, y los cantantes y músicos llegan a su casa tocando baladas de amor. Las figuras en este cuadro parecen estar de fiesta, vestidos con ropa tradicional y formando un círculo.

[a]*self-taught* [b]*recipient*

REFLEXIÓN

1. Analicen el cuadro y comenten algunos de los elementos de este tipo de arte. ¿Qué les llama más la atención? ¿Les recuerda este cuadro algún tema, libro o película de su infancia? Comenten.
2. Busquen otros cuadros de la misma pintora y compárenlos. ¿Cómo son los colores, los elementos culturales, etcétera? ¿Cuáles corresponden a las tradiciones de las fiestas y las celebraciones hispanas?

Un mundo sin límites

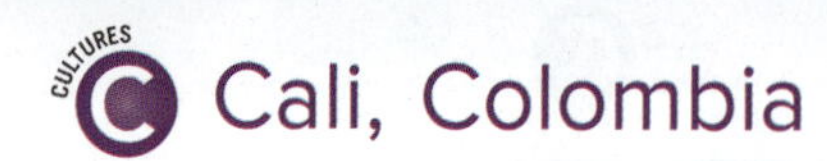

Cali, Colombia

Becky y Andrés

Antes de ver

Infórmate y ponte en su lugar.
La vida social en Colombia es muy diferente a la de los Estados Unidos. Andrés y Becky nos van a mostrar cómo pasan tiempo entre amigos, qué hacen y cómo se organizan. Como son compañeros de casa, casi siempre están juntos. ¿Cómo son, típicamente, las relaciones entre compañeros de casa? ¿Qué es importante que dos personas hagan para mantener una amistad con un compañero / una compañera de casa? ¿Qué les recomiendas a Andrés y a Becky para seguir siendo buenos amigos siempre?

©deepblue4you/Getty Images
©McGraw-Hill Education/Zenergy

©McGraw-Hill Education/Zenergy

Vocabulario práctico

la selección	team (fútbol)
El Día de la Virgen	Catholic celebration of the Virgin Mary and others
deseos	wishes
con ganas, con fuerza, con intención	with desire, with strength, with intention
rumbeando	partying
hacer una cita	to make a date
se cumple	is realized
un asado	barbeque
encerrados bajo techo	shut inside the house
moverte de pueblo en pueblo	go from town to town

¿Entendiste?

A. ¿Cierto o falso?

Answers: ***Act. B,*** *Answers will vary.* ***2.*** *Se celebra en familia; come las doce uvas y pide doce deseos.* ***4.*** *Es una casa moderna donde siempre hay amigos.* ***5.*** *Hay fiestas locales todos los días del año y se puede encontrar una diferente cada día, moviendo de pueblo en pueblo.*

C	F	
☐	☑	**1.** En Colombia solo se celebra el fútbol cuando el equipo gana y solo durante el verano.
☑	☐	**2.** Según Andrés, los colombianos celebran el Año Nuevo en familia.
☐	☑	**3.** El Día de la Virgen se celebra el 17 de diciembre.
☑	☐	**4.** Según Andrés, el espacio social más típico es la casa.
☑	☐	**5.** Becky, Andrés y sus amigos prefieren hacer sus planes espontáneamente.

B. La música, el arte y las celebraciones. En parejas, contesten las preguntas.

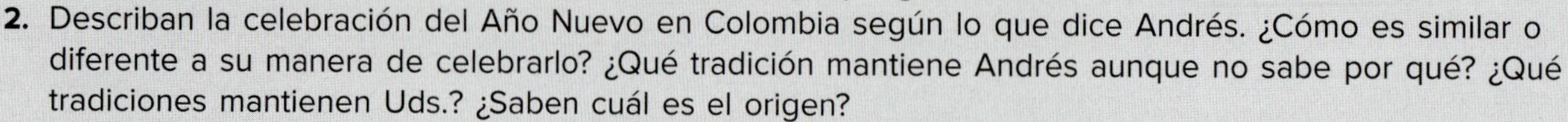

1. Andrés y Becky hablan de cómo los colombianos celebran el fútbol. En sus propias palabras, expliquen cómo lo celebran, cuándo y con quién. ¿Hay algo similar en su cultura?
2. Describan la celebración del Año Nuevo en Colombia según lo que dice Andrés. ¿Cómo es similar o diferente a su manera de celebrarlo? ¿Qué tradición mantiene Andrés aunque no sabe por qué? ¿Qué tradiciones mantienen Uds.? ¿Saben cuál es el origen?
3. Expliquen lo que describe Andrés sobre los colombianos y su forma de vivir. ¿Celebran mucho? ¿Trabajan mucho? ¿Dedican mucha energía a ciertas cosas? ¿Cuáles? ¿Qué importancia tiene el café en la vida social colombiana? ¿Qué comidas y bebidas asocian Uds. con la vida social o las celebraciones?
4. ¿Cómo es la vida social entre el grupo de amigos de Becky y Andrés? ¿Cómo se organizan para pasar tiempo juntos? ¿Es similar o diferente al grupo social de Uds.?
5. Describan lo que dice Andrés sobre el Carnaval y las fechas de fiestas locales en Colombia. ¿Hay fiestas locales en su comunidad? ¿Cómo se celebran? ¿Es posible encontrar diferentes fiestas locales todos los días en este país?

TEMA II: Las bellas artes°

Las... *Fine arts*

Vocabulario en acción

Las artes

***Vocabulario en acción*, Note:** Students can assess their understanding and mastery of the vocabulary presented in this chapter by accessing the LearnSmart module for *Capítulo 11* at www.mhhe.com/connect.

***Vocabulario en acción,* Suggestion:** Use the image, picture files, or a PowerPoint presentation to introduce the new vocabulary. As you go, ask students personal questions about the images to check comprehension: *¿Qué tipo de arte prefieren, las artes plásticas o las artes escénicas? A John le gusta el cine. ¿Qué película has visto recientemente? ¿A quién le gusta asistir a espectáculos musicales? ¿Qué tipo de música prefieres? ¿Quién canta en un coro?*

el baile	dance
la canción	song
el coro	choir, chorus
el escenario	stage
el espectáculo	show
la exposición	exhibition; art show
la obra de arte	work of art
la obra de teatro	play
la obra maestra	masterpiece
el teatro	theater

Cognados: crear; el bailarín / la bailarina, el ballet clásico, la comedia, el concierto, la danza, el drama, la fotografía, el jazz, el mural, la música clásica / pop / sinfónica, la novela, la ópera, la orquesta (sinfónica), el rock

Repaso: bailar, cantar, dibujar, escribir, pintar; la arquitectura, las artesanías, el cine, el cuadro, la escultura, el instrumento musical, la música, la película, la poesía, el teatro, los tejidos

Los artistas y otras personas

el/la aficionado/a	fan
el/la cantante	singer
el/la compositor(a)	composer
el/la danzante	dancer
el/la escritor(a)	writer
el/la escultor(a)	sculptor
el/la fotógrafo/a	photographer
el/la músico/a	musician
el/la pintor(a)	painter

Cognados: el/la arquitecto/a, el/la poeta

ACTIVIDADES

***Act. A, Paso 1,* Script: 1.** *Asistimos a la comedia.* **2.** *Nos gustó la escultura.* **3.** *Nos encanta la actriz.* **4.** *Ese coro es grande.* **5.** *Les encantó el dibujo.* **6.** *Me fascina ese conjunto musical.* **7.** *Asistimos a la exposición.* **8.** *No me gustó la novela.* **9.** *Ese aficionado es difícil.* **10.** *Vimos el espectáculo.* **11.** *Esa canción es larga.* **12.** *Vimos la danza.*

A. Obra, persona o evento

PASO 1. Escucha cada una de las oraciones e indica si se refiere a una obra (**O**), a una persona (**P**) o a un evento (**E**). **¡OJO!** Puede haber más de una respuesta.

MODELOS (*Escuchas*) Ese cantante es magnífico.
(*Escoges*) ☑ **P**
(*Escuchas*) Asistimos a la ópera.
(*Escoges*) ☑ **O**

	O	P	E
1.	☑	☐	☑
2.	☑	☐	☐
3.	☐	☑	☐
4.	☐	☑	☐
5.	☑	☐	☐
6.	☐	☑	☐
7.	☐	☐	☑
8.	☑	☐	☐
9.	☐	☑	☐
10.	☐	☐	☑
11.	☑	☐	☐
12.	☑	☐	☐

PASO 2. En parejas, preparen definiciones para las palabras ☑ del **Paso 1.** Sigan los modelos.

MODELOS El cantante es una persona que interpreta canciones.
La ópera es una obra de arte escénica cantada.

PASO 3. Ahora, lean sus definiciones a la clase sin mencionar las palabras y sus compañeros/as van a adivinar las palabras definidas.

Nota interdisciplinaria

Literatura: Gabriel García Márquez y el realismo mágico

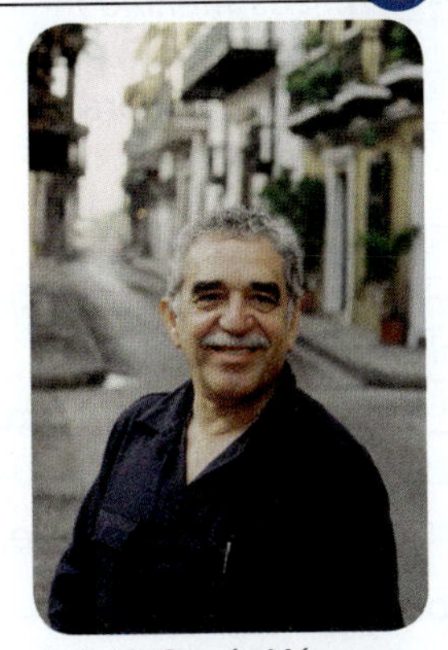
Gabriel García Márquez
©Ulf Andersen/Getty Images

Gabriel García Márquez (1928–2014) creció[a] en un pequeño pueblo de Colombia en la casa de sus abuelos maternos, personas que inspiraron el mundo literario del futuro autor. Su abuelo le contaba la historia del siglo XIX, poniéndolo en contacto con la realidad histórica. Su abuela, por el contrario, le contaba leyendas del pueblo y organizaba la vida de la casa de acuerdo con las premoniciones que veía en sueños: ella le dio la visión mágica de la realidad. De este material histórico transformado por la magia y la ficción, el autor crea *Cien años de soledad*[b] (1967), novela del género literario del realismo mágico que coloca[c] a García Márquez como primera figura de la narrativa hispanoamericana contemporánea.

Cien años de soledad narra la vida de siete generaciones de la familia Buendía en el pueblo imaginario de Macondo, desde la fundación del pueblo hasta la desaparición completa de la saga familiar. A través de la historia de los Buendía, el autor cuenta la historia de Colombia, comenzando después del Libertador Simón Bolívar hasta los años 30, fusionada con eventos fantásticos y extraordinarios que para los personajes no son anormales. *Cien años de soledad* es la obra maestra de García Márquez y uno de los libros que más traducciones tiene y que mayores ventas ha logrado. En 1982 recibió el Premio Nóbel de Literatura por su contribución a las artes.

[a]*grew up* [b]*solitude* [c]*places*

PREGUNTAS

1. ¿De quiénes recibió la inspiración literaria García Márquez?
2. ¿Cuáles son dos elementos de la novela *Cien años de soledad*? ¿Qué historias se cuentan en esta novela?
3. ¿Qué importancia tienen la novela *Cien años de soledad* y el novelista García Márquez en la literatura hispana?

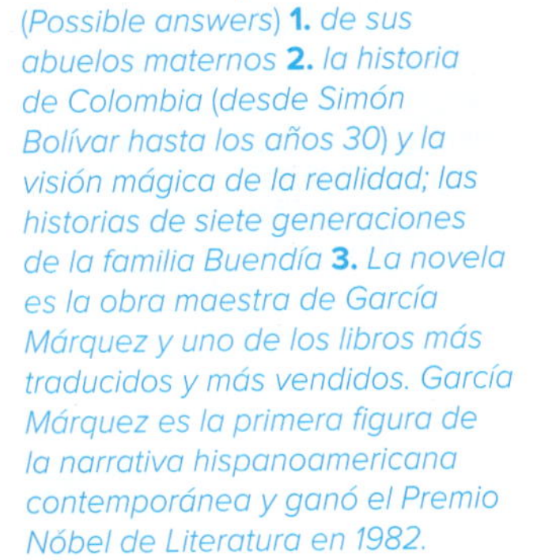
***Nota interdisciplinaria*, Answers:** *(Possible answers)* **1.** *de sus abuelos maternos* **2.** *la historia de Colombia (desde Simón Bolívar hasta los años 30) y la visión mágica de la realidad; las historias de siete generaciones de la familia Buendía* **3.** *La novela es la obra maestra de García Márquez y uno de los libros más traducidos y más vendidos. García Márquez es la primera figura de la narrativa hispanoamericana contemporánea y ganó el Premio Nóbel de Literatura en 1982.*

B. ¿Qué hacen?

***Act. B, Paso 2,* Suggestion:** Encourage students to think of artists from Hispanic countries as much as they can.

PASO 1. Explica qué hacen estas personas. Sigue el modelo.

MODELO la actriz → La actriz hace papeles en el cine o en el teatro.

1. el escultor
2. la pintora
3. el escritor
4. la arquitecta
5. el compositor
6. el músico
7. el fotógrafo
8. la poeta

PASO 2. En parejas, den el nombre de personas específicas a las que se les aplican las profesiones del **Paso 1.**

MODELO Penélope Cruz es una famosa actriz española.

Act. C, Paso 2, Culture Note:
- *Las Meninas,* the masterpiece by Diego Velázquez (1599–1660), is arguably the most famous painting by a Hispanic artist.
- "Annabel Lee" by U.S. poet Edgar Allan Poe (1809–1849) is one of his most famous poems, and his last complete poem.
- La Alhambra, in Granada, Spain, is considered an architectural masterpiece. Built during the fourteenth century, this palace and fortress complex served as residence for Moorish leaders during the occupation.
- *Las bodas de Fígaro* (1784) is a comic opera by Austrian composer Wolfgang Mozart (1756–1791).
- *The Tragedy of Hamlet, Prince of Denmark* (1599/1601), by British playwright William Shakespeare (1564–1616), is arguably one of the most famous plays of all time.
- *Don Quijote de la Mancha* (1605, 1615), by Spanish author Miguel de Cervantes (1547–1616), is considered the first modern novel.
- *Swan Lake* (1875–1876), by Russian composer Peter Tchaikovsky (1840–1893), is one of the most famous and most performed classical ballets.
- *Guernica* (1937), by Spanish artist Pablo Picasso (1881–1973), depicts the devastation of war after the German bombing of Guernica, Spain, and is one of the most famous murals of all time.
- *La forma del agua* (The Shape of Water, 2017), written and directed by Mexican director and filmmaker Guillermo del Toro, is a romantic fantasy drama set in a secret government laboratory in Baltimore during the Cold War. The film received many awards, including four Academy Awards in 2018.
- *David* (1501–1504), by Italian Renaissance artist Michelangelo di Lodovico (1475–1564), is a sculptural masterpiece and perhaps the most famous statue of all time.

Act. C, Suggestion: Assign these or other masterpieces to pairs or groups of students and have students prepare oral and visual presentations.

C. Obras maestras

PASO 1. Indica a qué tipo de arte corresponden las obras maestras. **¡OJO!** Si no conoces alguna de estas obras maestras, puedes consultar el internet.

i	**1.** *Las Meninas*	**a.**	arquitectura
j	**2.** «Annabel Lee»	**b.**	ballet
a	**3.** La Alhambra	**c.**	cine
h	**4.** *Las bodas de Fígaro*	**d.**	escultura
g	**5.** *Hamlet*	**e.**	mural
f	**6.** *Don Quijote de la Mancha*	**f.**	novela
b	**7.** *El lago de los cisnes* (swans)	**g.**	obra de teatro
e	**8.** *El Guernica*	**h.**	ópera
c	**9.** *La forma del agua*	**i.**	pintura
d	**10.** *David*	**j.**	poesía

PASO 2. Con toda la clase, den más información sobre las obras del **Paso 1.**

MODELO *Las Meninas* es una obra del pintor español Diego Velázquez. Es del año 1656.

D. El arte en tu vida

PASO 1. Entrevista a un compañero / una compañera y averigua si ha hecho estas actividades varias veces, solo una vez o nunca. Marca sus respuestas.

MODELO E1: ¿Has ido a un museo de arte?
E2: Sí, varias veces.

VARIAS VECES	SOLO UNA VEZ	NUNCA	
☐	☐	☐	**1.** Ha asistido a una ópera.
☐	☐	☐	**2.** Ha ido a ver una obra de teatro.
☐	☐	☐	**3.** Ha leído una novela.
☐	☐	☐	**4.** Ha asistido a una exposición de fotografía.
☐	☐	☐	**5.** Ha ido a un concierto de música rock.
☐	☐	☐	**6.** Ha escrito un poema.
☐	☐	☐	**7.** Ha sacado fotos de esculturas.
☐	☐	☐	**8.** Ha actuado en una obra de teatro.
☐	☐	☐	**9.** Ha cantado en un coro.
☐	☐	☐	**10.** Ha pintado un cuadro.

PASO 2. Analiza las respuestas y determina qué tipo de arte predomina en la vida de tu compañero/a: el arte plástico, el arte escénico, el arte literario o ningún tipo de arte. Explica brevemente por qué.

Un concierto de rock alternativo en Lima, Perú

Gramática

Expressing Emotions About a Situation

11.3 Present Subjunctive: Emotion

GRAMÁTICA EN ACCIÓN

El cambio de guardia

[Larry visita a su novia peruana, Gloria, a quien conoció mientras ella estudiaba en Detroit. Hoy visitan el Palacio de Gobierno en Lima.]

GLORIA: **Espero** que **te guste** la arquitectura de mi ciudad. Aquí estamos en la Plaza Mayor, enfrente del Palacio de Gobierno.

LARRY: **Me sorprende** que **haya** tantos edificios coloniales en Lima. Cuando pienso en Perú, siempre pienso en las estructuras incas y precolombinas.

GLORIA: Nuestras ciudades tienen mucha influencia española. **Ojalá** que **podamos** ver el cambio de guardia. **Es extraño** que aquí en Perú **tengamos** este toque tan europeo, pero es divertido. La guardia militar también participa en los desfiles del Día de la Independencia el 28 de julio.

LARRY: ¡Qué divertido! He visto el cambio de guardia en Londres. **Es una lástima** que yo no **esté** aquí en julio para celebrar el Día de la Independencia de Perú contigo.

GLORIA: ¡Mira! ¡Ahora empieza el cambio! **Me alegro** de que lo **veas**.

Acción. Da las formas correctas para completar las siguientes oraciones.

1. A Larry le sorprende que no ________ (**haber**) más ejemplos de estructuras incas en Lima.
2. Es una lástima que Larry no ________ (**ver**) la celebración del Día de la Independencia en julio.
3. Ojalá que Larry y Gloria ________ (**poder**) ver el cambio de guardia.
4. Es bueno que Larry ________ (**estar**) con Gloria en Lima.

El cambio de guardia enfrente de la Basílica Catedral en la Plaza de Armas, en Lima
©paul kennedy/Alamy Stock Photo

***Gramática*, Note:** Students can assess their understanding and mastery of the grammar points presented in this chapter by accessing the LearnSmart module for *Capítulo 11* at www.mhhe.com/connect.

***GEA Comprensión*, Answers:** **1.** *haya* **2.** *vea* **3.** *puedan* **4.** *esté*

***GEA*, Note:** The audio for this *GEA* is available through the eBook or on Connect.

The subjunctive is also used in Spanish after verbs of emotion in which speakers express their feelings about a subject. Remember that in a sentence that uses the subjunctive, the sentence will always have two clauses connected by **que,** and the two clauses will usually have different subjects. Here are some verbs and one expression of emotion that trigger the subjunctive. Note that **ojalá** is not a verb but a fixed expression, and that **que** is used with it optionally.

PRESENT SUBJUNCTIVE: EMOTION

alegrarse de que	to be happy that	**gustar que**	
es absurdo que		**ojalá (que)**	hopefully
es bueno que		**preocupar que**	
es extraño que	it's strange that	**sentir (ie, i) que**	
es increíble que		**sorprender que**	
es malo que		**tener** (*irreg.*) **miedo de que**	
es una lástima que	it's a shame that		
esperar que	to hope that		

Esperamos que Uds. **puedan** ir a la exposición con nosotros.	*We hope that you all can go to the art show with us.*
Tengo miedo de que Jorge **esté** muy nervioso sobre el espectáculo este fin de semana.	*I'm afraid that Jorge is very nervous about the show this weekend.*
Es una lástima que **te sientas** mal hoy.	*It's a shame you feel sick today.*
La familia **se alegra** de que la **acompañes** a la ópera.	*The family is happy that you are going with them to the opera.*
Me **gusta** que **tengas** más interés en el arte que antes.	*I'm pleased that you have more interest in art than before.*
Ojalá (que) **duermas** bien esta noche.	*Hopefully you'll sleep well tonight.*

A. La fiesta sorpresa. Completa cada una de las oraciones con la forma correcta del presente de subjuntivo del verbo entre paréntesis.

1. A mi mamá le sorprende que papá no ___sepa___ (**saber**) nada de su fiesta.
2. Le preocupa que mis hermanos y yo le ___digamos___ (**decir**) algo a papá.
3. Todos tenemos miedo de que la fiesta no ___sea___ (**ser**) una sorpresa.
4. Me alegro de que mis hermanos ___preparen___ (**preparar**) la comida.
5. Pablito, a mamá le gusta que tú también ___ayudes___ (**ayudar**) con los preparativos.
6. Siento mucho que mi tío ___viva___ (**vivir**) demasiado lejos para venir a la fiesta.
7. Ojalá todos los otros invitados ___vengan___ (**venir**).
8. ¡Espero que papá ___se divierta___ (**divertirse**) en su fiesta!

B. Ojalá puedas venir

PASO 1. Uds. han invitado a su amigo boliviano, Javier, para celebrar el Día de Acción de Gracias con sus familias, pero él no puede asistir por una de las siguientes razones.

Su padre está enfermo.	No tiene dinero.
No tiene el visado para venir a los Estados Unidos.	Su hijo sale en una obra de teatro en su escuela.
Tiene una entrevista de trabajo importante esa semana.	Ya tiene planes para celebrar el cumpleaños de su esposa.

Su profesor(a) va a asignar en secreto a cada grupo una de las excusas de la lista. Escriban un e-mail a Javier expresando sus reacciones usando las expresiones de emoción de **Gramática 11.3.** También, escriban tres sugerencias para Javier, usando las expresiones de **Gramática 11.2.**

PASO 2. Compartan sus e-mails con otros compañeros de clase. Escuchen e indiquen cuál de las excusas describieron. ¿Ofrecieron buenas sugerencias?

C. Mis opiniones. En parejas, reaccionen ante las situaciones como en el modelo. **¡OJO!** Usen los verbos y expresiones de emoción que aprendieron en esta sección.

MODELO Muchas personas no pasan los días feriados en familia. →
Es una lástima que muchas personas no pasen los días feriados en familia.

1. Los niños reciben muchos regalos para su cumpleaños.
2. Muchas familias hispanas ponen altares para conmemorar el Día de Muertos.
3. En el mundo hispano, los Reyes Magos les traen regalos a los niños.
4. En este país, muchas personas celebran el Cinco de Mayo.
5. Las familias pasan juntas la Pascua judía.
6. Los niños hispanos también celebran el día de su santo.
7. Las muchachas latinoamericanas tienen una gran fiesta cuando cumplen 15 años.
8. Muchos estudiantes norteamericanos viajan durante las vacaciones de primavera.

COMMUNICATION ***Act C, ítem 7,* Point out:** The *quinceañera* is a coming-of-age tradition, celebrated on a girl's fifteenth birthday in many Latin American countries. Traditions vary, but often include a mass or religious service, a dinner, and a dance.

Nota cultural

CULTURES

Las telenovelas

Betty, la fea
©Getty Images/Getty Images

La telenovela —o novela, telerromance, teleserie o teleteatro— es un programa de televisión transmitido en episodios diarios que narra una historia ficticia de alto contenido melodramático. Las telenovelas gozan de gran popularidad en toda Latinoamérica. México, Colombia, Argentina, Venezuela, Perú, Chile y Brasil son los principales productores de telenovelas. La telenovela colombiana «Yo soy Betty, la fea», uno de los éxitos más grandes de la historia de la televisión, fue exportada a numerosos países, y ahora, millones de personas en Europa, los Estados Unidos y Asia son fanáticos de las telenovelas.

El argumento[a] más común de una telenovela es una protagonista pobre que se enamora de[b] un hombre rico y tiene que luchar por obtener su amor. Uno de los personajes esenciales es la villana o antagonista, que quiere impedir este amor.

Los actores y las actrices de las telenovelas gozan de mucha fama en su país de origen y muchos de ellos utilizan la televisión como paso previo a su actuación en el cine.

[a]*plot* [b]se... *falls in love with*

PREGUNTAS

1. ¿Cuáles son las características generales de las telenovelas latinoamericanas? ¿De qué tratan, generalmente, las telenovelas?
2. ¿Existen programas parecidos en su país? ¿Cuáles son? ¿De qué tratan generalmente?
3. ¿Cuáles son otros programas de éxito en su país? ¿Por qué creen Uds. que tienen tanto éxito?
4. ¿Les gusta ver telenovelas o prefieren ver otros programas? ¿cuáles? Expliquen.

***Nota cultural*, Answers:** (*Possible answers*) **1.** *Se transmiten en episodios diarios y narran una historia melodramática.* **2-4.** (*answers will vary*)

D. Una familia artística. Primero, decidan entre **Estudiante 1** y **Estudiante 2.** **Estudiante 2** va a completar la actividad en el **Appendix III.**

Estudiante 1

***Act D, Paso 1,* Answers: 1.** *tengas* **2.** *Me preocupa que / Es una lástima que* **3.** *puedan* **4.** *vayas* **5.** *llame* **6.** *estén* **7.** *es una lástima que* **8.** *se olvide* **9.** *Me sorprende que* **10.** *sean* **11.** *usemos* **12.** *sigan* **13.** *comprenda* **14.** *hagan*

PASO 1. Vas a completar la entrevista entre Karina y Luis en dos **Pasos.** Primero, escribe la forma correcta de cada verbo entre paréntesis en el presente de subjuntivo. En el **Paso 2,** vas a trabajar con tu compañero/a para llenar los espacios en blanco.

KARINA: Me gusta que tú **(tener)**[1] interés por las artesanías tejidas[a] de mi familia. ______[2] las tradiciones como las nuestras **(poder)**[3] perderse. Así que me alegra que tú **(ir)**[4] a escribir un artículo sobre nuestro trabajo.

LUIS: Ojalá que mi artículo **(llamar)**[5] la atención a sus fabulosas creaciones. ¿Me explicas un poco sobre el proceso?

KARINA: Sí, claro. Mi gente lleva miles de años usando este proceso tradicional.

LUIS: ¿Miles de años? ¿En serio? Es increíble que las personas como tú **(estar)**[6] manteniendo la tradición así. Perdón. Te interrumpí. Sigue.

KARINA: En mi familia consideramos una responsabilidad conservar nuestra herencia[b] y ______[7] nuestra sociedad **(olvidarse)**[8] de las antiguas maneras de hacer las cosas. Por eso, todo se hace sin tecnología ni técnicas modernas. Empezamos el proceso con la lana[c] de las alpacas que preparamos y coloreamos usando pinturas de polvo de insectos, plantas, minerales y otros materiales naturales.

[a]*woven* [b]*heritage* [c]*wool*

Karina colorea la lana con agua muy caliente.

LUIS: Muy interesante. ______[9] todos los colores **(ser)**[10] naturales. ¡Son tan vibrantes!

KARINA: Sí, las técnicas son muy antiguas. Después de colorear la lana con agua muy caliente que hervimos sobre un fuego de leña,[d] organizamos los diferentes colores de lana antes de colocarla en el telar.[e] ¡Se necesitan dos personas para hacerlo!

LUIS: ¿Qué tipos de diseños son populares?

KARINA: A los clientes les gusta que nosotros **(usar)**[11] una mezcla de colores en nuestros diseños y nosotros nos alegramos de que los símbolos tradicionales como el sol, las flores, los ríos, las montañas, las estrellas y los animales **(seguir)**[12] siendo populares entre la comunidad de tejedores.[f] Es bueno que ahora la gente **(comprender)**[13] que usamos esos símbolos para honrar a nuestros ancestros y nuestra historia.

LUIS: Fascinante. Gracias por compartir todo esto conmigo. Espero que tu familia y tú **(hacer)**[14] estos tejidos preciosos por muchas más generaciones.

[d]fuego... *wood fire* [e]*loom* [f]*weavers*

Pinturas de polvo hechas de materiales naturales

La lana coloreada está lista para el telar.

Se trabaja con la lana en un telar.

Los diseños llevan muchos colores e imágenes.

PASO 2. Túrnense para hacer y contestar las siguientes preguntas. Luego, completa la entrevista con las expresiones de la lista.

es una lástima que **me preocupa que** **me sorprende que**

1. ¿Qué le preocupa a Karina?
2. Según Karina, ¿qué es una lástima?
3. ¿Qué le sorprende a Luis?

Lectura cultural

***Lectura cultural*, Point out:** ICPNA stands for Instituto Cultural Peruano Norteamericano.

***Lectura cultural*, Suggestion:** As students read the article, remind them to try to guess the meaning of an unknown words from context and not to resort to their dictionaries automatically.

Vas a leer un artículo publicado por la revista online *Diario Perú 21* sobre una exposición fotográfica de mujeres artistas celebrada en Lima, Perú.

ANTES DE LEER

A. Sinónimos. Las siguientes expresiones aparecen en el artículo. Empareja las palabras **en negrita** de cada frase con sus sinónimos correspondientes.

1. _c_ **muestra** de fotografía
2. _e_ fotografías **análogas**
3. _b_ expone un **retrato** de su abuela materna...
4. _a_ en el mundo de la fotografía están más **posicionados** los hombres
5. _d_ ser **planteados** desde una perspectiva femenina

a. situados
b. fotografía
c. exposición
d. propuestos
e. tradicionales

B. Predicciones

PASO 1. Lee el título y el subtítulo del artículo. Basándote en esta información, anota tres ideas que esperas encontrar en la lectura. Después, comparte tus ideas con la clase.

PASO 2. Con un compañero / una compañera, describan la foto que acompaña la lectura y anoten dos ideas más que Uds. creen incluye el artículo.

PASO 3. Lean el artículo rápidamente, sin preocuparse por las palabras que no conocen. ¿Acertaron en sus predicciones?

Muestra fotográfica
©Fernando Cortes/Shutterstock.com

Exposición fotográfica, enfocando miradas femeninas

Muestra de fotografía latinoamericana busca posicionar el trabajo de artistas mujeres en un medio donde predomina la participación masculina.

Pierina Denegri

21/02/2018 06:54h

Ella padece[a] del síndrome de Lennox-Gastaut, una variante de epilepsia infantil de difícil manejo. Parte de las condiciones con las que tiene que lidiar son convulsiones frecuentes, discapacidad[b] intelectual y problemas conductuales. Es Tita, la protagonista del trabajo fotográfico de la ecuatoriana Fabiola Cedillo, quien también es su hermana menor. Según explica la creadora, cuenta con fotografías de archivo tomadas por su madre, dibujos de Tita y textos de su padre. El proyecto nace para mostrar a su hermana más allá[c] de la enfermedad y contar, sin hablar, el mundo en el que ella vive.

Esta y otras siete propuestas se presentan en la muestra 'Mujeres latinoamericanas y la fotografía', que expone trabajos cuyas[d] temáticas transitan entre las historias personales, conceptuales, documentales y periodísticas.

Es el caso de la fotógrafa venezolana Paula Abreu Pita, quien expone un retrato de su abuela materna y su casa, donde vive desde hace más de sesenta años. Busca contar la historia de su familia, a través de espacios compartidos en esa vivienda.

Asimismo, Nama Bú (que significa "existimos" en dialecto Emberá) es una exploración que desarrolló la colombiana Karen Paulina Biswell con la comunidad Emberá-Chamí en 2012. A través de fotografías análogas, analiza

[a]*suffers* [b]*disability* [c]*más... beyond* [d]*whose*

cómo se forma la identidad individual y colectiva de una comunidad marcada por los acontecimientos de la historia en su país. No se trata de un registro puro, es en parte conceptual, lo que permite una mirada abierta y poética hacia un sujeto que no suele encajar en la lógica de la representación clásica.

Vitrina[e] para las mujeres

La exposición colectiva es una iniciativa del grupo Foto-Féminas, una plataforma creada con la finalidad de promover, a través de medios digitales y físicos, a fotógrafas que residen en Latinoamérica y el Caribe.

Verónica Sanchis Bencomo, curadora y fundadora del colectivo, cuenta que el grupo nació hace tres años, a partir de su búsqueda personal, ya que en el mundo de la fotografía están más posicionados los hombres y las experiencias de mujeres no son compartidas.[f]

El objetivo que tienen como plataforma es compartir trabajos que no necesariamente abarquen[g] las mismas temáticas, sino que tienen en común el ser planteados desde una perspectiva femenina. Asimismo, Sanchis recalca[h] la importancia de hacerlo mediante el internet, por el nivel de alcance[i] que permite.

Datos:

—Es la primera vez que el colectivo Foto-Féminas presenta una exposición en Perú. Antes han estado en muestras de Guatemala, Argentina y China.

—«Mujeres latinoamericanas y la fotografía» va hasta el 3 de marzo, en la galería del ICPNA de San Miguel (Av. La Marina 2469). Horario: lunes a sábado, de 11 a.m. a 8 p.m. El ingreso[j] es libre.

[e]*showcase* [f]*shared* [g]*cover* [h]*emphasizes* [i]*reach* [j]*entry*

Denegri, Pierina, "Exposición fotográfica, enfocando miradas femeninas," *Perú21*, February 21, 2018. peru21.pe.

DESPUÉS DE LEER

A. Comprensión. Indica si las siguientes oraciones son ciertas (C) o falsas (F).

C	F	
☑	☐	**1.** La muestra fotográfica presentan temas variados según la perspectiva de la mujer.
☑	☐	**2.** El título de la muestra o exposición es «Mujeres latinoamericanas y la fotografía».
☐	☑	**3.** Es necesario pagar para entrar en la exposición fotográfica.
☑	☐	**4.** Foto-Féminas es la plataforma organizadora de la exposición fotográfica.
☑	☐	**5.** El grupo Foto-Féminas también expone creaciones de artistas latinoamericanas por el internet.
☐	☑	**6.** El colectivo Foto-Féminas ha presentado exposiciones en Perú en otras ocasiones.

B. Temas de discusión. En parejas, discutan las siguientes preguntas. Después, compartan sus ideas con la clase.

1. ¿Cuál es la temática del trabajo fotográfico de Fabiola Cedillo? ¿Qué quiere comunicar la artista?
2. ¿Qué mensaje quiere expresar la fotógrafa Paula Abreu Pita con su creación artística? ¿Qué cuadro ha elegido para la exposición?
3. ¿Qué tipo de fotografías usa Karen Paulina Biswell? ¿Qué analiza la artista a través de ellas? ¿Qué otros temas presentados por otras fotógrafas latinoamericanas se incluyen en la exposición?
4. ¿Han asistido alguna vez a una exposición fotográfica? ¿Era el trabajo de un fotógrafo o de una fotógrafa? ¿Cuál era la temática de la exposición? ¿Es semejante a los temas que se presentan en la muestra descrita en el artículo? ¿Ven alguna diferencia?

***Después de leer B*, Answers:**
(Possible answers)

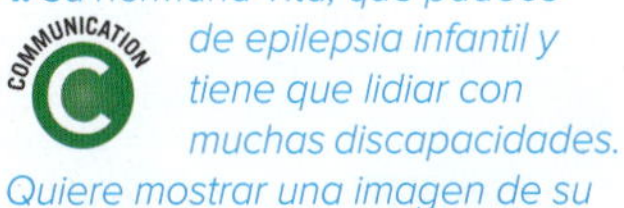

1. *Su hermana Tita, que padece de epilepsia infantil y tiene que lidiar con muchas discapacidades. Quiere mostrar una imagen de su hermana más allá de su condición médica, sin palabras.* **2.** *Contar la historia de su familia a través de los espacios compartidos en la casa de su abuela. Un retrato de su abuela.* **3.** *Fotografías tradicionales. Analiza cómo se forma la identidad individual y colectiva de una comunidad marcada por los acontecimientos de la historia en su país. Temas documentales y periodísticos.*

Palabra escrita

Generating Ideas: Semantic Maps. During your brainstorming process, you can organize your ideas visually in the shape of a semantic map. You have probably used semantic maps before, but if not, a semantic map is a diagram that links an encircled key word or concept in the middle of the map to encircled related ideas or secondary concepts on the edges of the map by means of arrows or lines. By organizing your ideas visually in such diagrams you can see how they all fit together and decide whether you need to add anything or not.

You are going to write a composition titled **Un día festivo especial.** The purpose of your composition will be to tell the reader about a holiday or festival that you like. For this composition, your audience is someone from Ecuador who would like to know about the traditions of this special celebration in your country.

A. Lluvia de ideas

PASO 1. Escoge un día festivo que se celebra en la región donde vives y que te gusta especialmente. En una hoja de papel aparte, haz un mapa semántico, como en la siguiente figura, con el nombre del día festivo en el óvalo central. En los otros óvalos, anota ideas relacionadas con tu día festivo, por ejemplo, el origen del día festivo, las actividades y tradiciones importantes, las actividades en las que te gusta participar, etcétera. Puedes crear tantos óvalos en tu mapa como necesites.

PASO 2. Compara tu mapa con el de un compañero / una compañera para ver si han hecho todas las conexiones semánticas posibles. ¿Son muy diferentes los mapas semánticos de los diferentes días festivos? Añadan (*Add*) más ideas en otros óvalos si lo necesitan para mejorar la composición.

B. A organizar tus ideas. Repasa todas tus ideas generadas en los pasos anteriores y organízalas lógicamente. Estas preguntas pueden ayudarte.

1. ¿Cuál es tu celebración favorita? ¿Qué día se celebra? ¿Sabes el origen de la celebración?
2. ¿Con quién celebras este día festivo? ¿En qué lugar?
3. ¿Cuáles son las tradiciones de esta celebración? ¿Cuáles son las tradiciones que observas tú y las personas con las que celebras este día especial?
4. ¿Hay una comida tradicional que se sirve ese día? ¿Alguna bebida típica?
5. ¿Qué expectativas o deseos tienes para la próxima vez que celebres esta festividad?

C. A escribir. Ahora, empieza a escribir el borrador de tu composición con las ideas y la información que recopilaste en las **Actividades A** y **B**.

D. El vocabulario y la estructura

PASO 1. Repasa el vocabulario y la gramática de este capítulo. Ten en cuenta estas preguntas.

1. ¿Incluiste suficiente información para explicar los temas de las **Actividades A** y **B**?
2. ¿Usaste el vocabulario apropiado?
3. Si usaste el subjuntivo, ¿lo usaste correctamente?
4. ¿Es correcta la conjugación de los verbos?
5. ¿Concuerdan los adjetivos con los sustantivos que modifican?

PASO 2. Vuelve a escribir tu composición y entrégasela a tu profesor(a).

Conexiones culturales

El arte alternativo de Colombia

La guerra,[a] la violencia y el desplazamiento[b] forzado de millones de personas han dejado su huella[c] en la población colombiana. En los últimos años, el arte ha sido una herramienta[d] para muchos para enfrentarse a[e] su pasado y continuar adelante.[f]

©Patricia Leon Quecan

Mampuján es un pueblo que sufrió mucho durante la época del conflicto armado colombiano. En el año 2000, los paramilitares[g] traumatizaron a los mampujanos cuando asesinaron a aproximadamente 11 personas y obligaron a desplazarse a 300. El dolor de esta gente se quedó[h] internalizado hasta que[i] un grupo de mujeres empezó a reunirse por la tarde a coser[j] sus experiencias en tapices.[k] Cuando cosen, sanan[l] sus heridas[m] emocionales y contribuyen a la memoria colectiva de su pueblo.

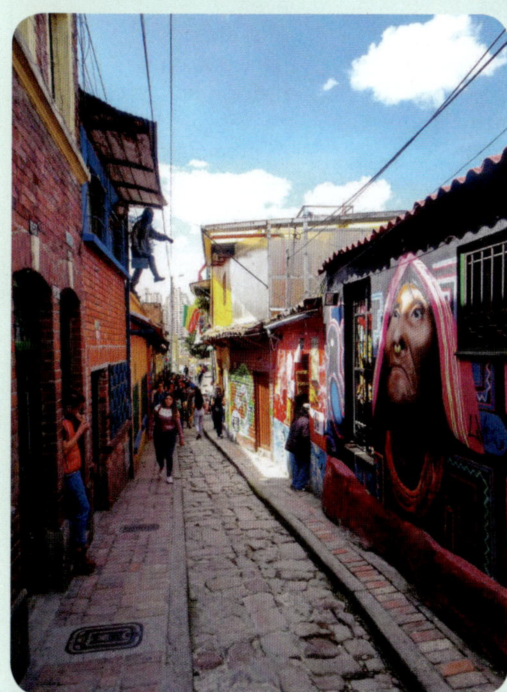
©Stuart Kendall

©Anadolu Agency/Getty Images

En la capital, los grafitis callejeros[n] son un museo gratis[o] para todos. En los rincones[p] y las paredes de la ciudad puedes ver a muchos bogotanos[q] armados con aerosoles de pintura para capturar visualmente su ardua[r] historia. En este mural, Carlos Trilleras intenta dar a conocer la historia del pueblo wayuu, el grupo indígena más numeroso de Colombia. Este grupo es un símbolo de resistencia porque no solo se resistió a ser completamente subyugado por los españoles durante la conquista, sino que mantiene su autonomía frente a imposiciones culturales del siglo XXI.

[a]*war* [b]*displacement* [c]*footprint, mark* [d]*tool* [e]*enfrentarse... confront* [f]*ahead* [g]*militiamen* [h]*se... was kept* [i]*hasta... until* [j]*sew* [k]*tapestries* [l]*heal* [m]*wounds* [n]*street* [o]*free* [p]*corners* [q]*people from the capital, Bogotá* [r]*arduous*

REFLEXIÓN

1. El arte alternativo es una manera contemporánea de representar al pueblo colombiano y su historia. Compara y contrasta las maneras en que las tejedoras de Mampuján y Carlos Trilleras usan su creatividad para despertar la conciencia social.
2. ¿Qué piensas del grafiti y el arte callejero? ¿Cuáles son algunas ventajas y desventajas de usar espacios públicos, al aire libre (*outdoors*) y a veces temporales (*temporary*) para exhibir el arte? ¿Cómo interactúa el arte callejero con la cultura de los medios digitales y cómo se contrastan?
3. ¿Ha sido el arte alguna vez la voz de comunidades marginadas (*marginalized*) de los Estados Unidos como en Colombia? ¿Conoces una obra en particular? Descríbela.

Cali, Colombia

Becky y Andrés

Antes de ver

Infórmate y ponte en su lugar.
Becky y Andrés tienen unos amigos muy artísticos y viven en una ciudad con una gran comunidad creativa. Hay muchos museos, espectáculos, eventos de baile e incluso esculturas y murales en los parques y en las calles. ¿Visitaste alguna vez una ciudad muy artística? ¿Cómo era? ¿En qué maneras se puede percibir el espíritu artístico de un lugar?

©deepblue4you/Getty Images
©McGraw-Hill Education/Zenergy

©McGraw-Hill Education/Zenergy

Vocabulario práctico

valga la redundancia	it's worth repeating
traduce	translates
el cuadro	painting
un ensayo	practice
chévere	cool
el rostro	face
los ojos	eyes
bocetar	to sketch
una impresión	print version
la pego	i stick it (to the canvas)
el lienzo	canvas
fomentar	to promote

¿Entendiste?

A. ¿Cierto o falso?

Answers: ***Act. B,*** Answers will vary.

C	F	
☐	☑	**1.** Lulo ha sido artista profesional por seis años.
☑	☐	**2.** Una de las pinturas de Lulo incluye los ojos de su mamá.
☐	☑	**3.** La música no afecta el proceso ni los resultados artísticos de Lulo.
☑	☐	**4.** Ahora en Cali y en Colombia el arte es una parte importante de la cultura.
☑	☐	**5.** A Lulo le gusta encontrar ejemplos de arte colombiano cuando viaja a otros países.

B. ¿Qué haces en tu tiempo libre? En parejas, contesten las preguntas.

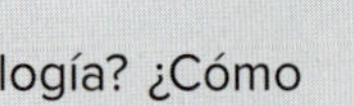

1. ¿Cómo define Andrés el acto de crear algo artístico? ¿Están de acuerdo con su definición? ¿Por qué?
2. En sus propias palabras, describan el proceso artístico de Lulo. ¿Cómo incorpora la tecnología? ¿Cómo le afecta la música? ¿Usan Uds. la música de manera similar? ¿Cómo?
3. ¿Cómo le ayudó el arte a Becky a aprender sobre la historia y cultura de Colombia? Cuáles son algunos ejemplos de obras de arte que representan la historia y la cultura de su comunidad, estado o país? ¿Por qué son importantes?
4. Según Becky, ¿qué están haciendo los muralistas a través de su arte? ¿Creen Uds. que el arte puede influir en la cultura, la historia o en la política de un país? ¿Cuáles son algunos ejemplos de artistas modernos con mucha influencia?
5. Lulo habla de la presencia del arte y la música de colombianas en otros países del mundo. ¿Conocen Uds. algún artista colombiano? ¿Por ejemplo, les gusta la música de los artistas colombianos Shakira y Juanés? ¿Quiénes son otros artistas latinos famosos?

Vocabulario

Los días festivos y las celebraciones	Holidays and celebrations
el Año Nuevo	New Year's Day
el Día de Acción de Gracias	Thanksgiving Day
el Día de Canadá	Canada Day
el Día de la Independencia	Independence Day
el Día de la Madre	Mother's Day
el Día de la Raza	Columbus Day
el Día de Muertos	Day of the Dead
el Día de los Reyes Magos	Feast of the Three Kings (Epiphany)
el Día del Padre	Father's Day
el día del santo	one's saint day
la Navidad	Christmas
la Nochebuena	Christmas Eve
la Nochevieja	New Year's Eve
la Pascua	Easter
la Pascua judía	Passover
la Semana Santa	Holy Week
las vacaciones de primavera	spring break

Cognado: el carnaval, el Cinco de Mayo, el festival; nacional, religioso/a, tradicional
Repaso: el cumpleaños

Para celebrar	
brindar (por)	to toast (to)
disfrazarse (c)	to disguise oneself
el árbol de Navidad	Christmas tree
la carroza	parade float
el conjunto musical	band, musical group
el desfile	parade
la festividad	festivity; feast
los fuegos artificiales	fireworks
el regalo	gift

Cognados: celebrar; el santo patrón / la santa patrona; adornado/a
Repaso: la fiesta

Las expresiones artísticas	Artistic expressions
las artes escénicas	performing arts
las artes plásticas	visual arts
el baile	dance
la batería	drums, drum set
la canción	song
el coro	choir, chorus
el dibujo	drawing
el escenario	stage
el espectáculo	show
la exposición	exhibition; art show
la obra de arte	work of art
la obra de teatro	play
la obra maestra	masterpiece
la pintura	painting

Cognados: crear; el ballet clásico, la comedia, el concierto, la danza, el drama, la fotografía, la guitarra (eléctrica), el jazz, el mural, la música clásica / hip hop / pop /, la novela, la ópera, la orquesta (sinfónica), el rock
Repaso: bailar, cantar, dibujar, escribir, pintar; la arquitectura, las artesanías, el cine, el cuadro, la escultura, el instrumento musical, la música, la película, la poesía, el teatro, los tejidos

Los artistas y otras personas	
la actriz	actress
el/la aficionado/a	fan
el bailarín, la bailarina	(ballet) dancer
el/la cantante	singer
el/la compositor(a)	composer
el/la danzante	dancer
el/la director(a) (de orquesta)	director; (musical) conductor
el/la dramaturgo/a	playwright
el/la escritor(a)	writer
el/la escultor(a)	sculptor
el/la fotógrafo/a	photographer
el/la músico/a	musician
el/la pintor(a)	painter

Cognados: el actor, el/la arquitecto/a, el/la artista, el/la poeta

Verbos de voluntad y emoción	Verbs of volition and emotion
aconsejar	to advise
alegrarse (de)	to be happy (about)
esperar	to hope
sorprender	to surprise

Cognados: insistir (en), prohibir (prohíbo)
Repaso: decir (*irreg.*)**, desear, gustar, necesitar, pedir (i, i), preferir (ie, i), preocupar, querer** (*irreg.*)**, recomendar (ie), sentir (ie, i), sugerir (ie, i), tener** (*irreg.*) **miedo (de)**

Algunas expresiones impersonales	Some impersonal expressions
es bueno que	it's good that
es extraño que	it's strange that
es malo que	it's bad that
es una lástima que	it's a shame that
ojalá (que)	hopefully

Cognados: es absurdo que, es importante que, es increíble que, es necesario que, es urgente que

Capítulo 12 El bienestar

EN ESTE CAPÍTULO

El Cono Sur

Correr en una carrera como la de San Miguel en Buenos Aires es una buena manera de hacer ejercicio y divertirse.

Piensa y comparte

La ciencia demuestra cada vez más la conexión entre la salud física y la salud mental. Por eso, hay muchos programas ofrecidos por los gobiernos de los países del Cono Sur para ayudar a la gente a cuidarse físicamente y emocionalmente.

- ¿Existen programas de este tipo en tu comunidad?
- ¿Participas en ellos? ¿Por qué?
- ¿Crees que son beneficiosos?

Hay muchas actividades saludables que forman parte de la vida diaria en los países del Cono Sur, como el baile o las reuniones con amigos para tomar café o mate.

- ¿Existen elementos similares en la cultura de tu comunidad?
- ¿Qué puedes hacer para ayudar a crear un etorno más saludable?

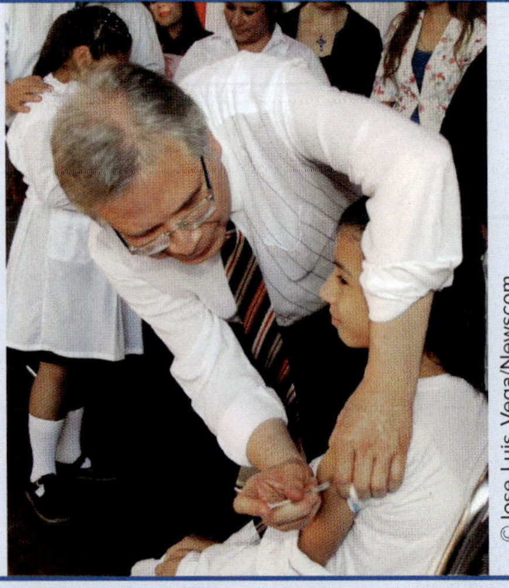

En varios países del Cono Sur la gente quiere que las niñas reciban la vacuna contra el VPH (*HPV vaccine*) y los gobiernos ayudan con programas gratis o de bajo costo.

www.mhhe.com/connect

Los chilenos están #locosporlainclusión de las personas con problemas de salud emocional y mental y en su celebración del Día Mundial de la Salud Mental, promueven una comunicación más abierta.

Un mundo sin límites

Santiago, Chile

Mei Li y Lorena

©deepblue4you/Getty Images
©McGraw-Hill Education/Zenergy

Antes de ver

Infórmate y ponte en su lugar.
Mei Li y Lorena son buenas amigas que viven en Santiago, la capital de Chile. Les gusta bailar salsa y disfrutar de actividades sociales y culturales de la ciudad. Las amistades pueden ser importante para la salud mental. ¿Cómo son tus amistades? ¿Cómo te afectan los problemas de tus amigos? ¿Cómo quieres que ellos actúen para tener un impacto positivo en tu vida? ¿Qué necesitan ellos de ti?

Vocabulario práctico

estudiando de intercambio	on a student exchange
una doble carrera	double major
la fonobiología	phonobiology (*related to sound and speech*)

©McGraw-Hill Education/Zenergy

©McGraw-Hill Education/Zenergy

¿Entendiste?

A. ¿Cierto o falso?

C	F	
☐	☑	**1.** Mei Li fue a Chile por primera vez como coordinadora de eventos en una biblioteca.
☑	☐	**2.** Mei Li estaba en el sexto grado cuando empezó a estudiar español.
☐	☑	**3.** Lorena y Mei Li se conocieron en una clase de letras.
☑	☐	**4.** Lorena es originalmente de un pueblo en el sur Chile, en la Patagonia.
☑	☐	**5.** Los niños con los que trabaja Lorena tienen problemas de lenguaje.

B. El bienestar. En parejas, contesten las preguntas.

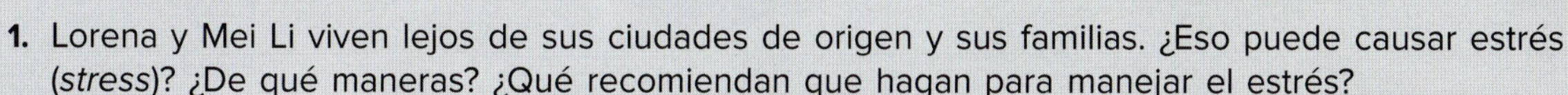

1. Lorena y Mei Li viven lejos de sus ciudades de origen y sus familias. ¿Eso puede causar estrés (*stress*)? ¿De qué maneras? ¿Qué recomiendan que hagan para manejar el estrés?

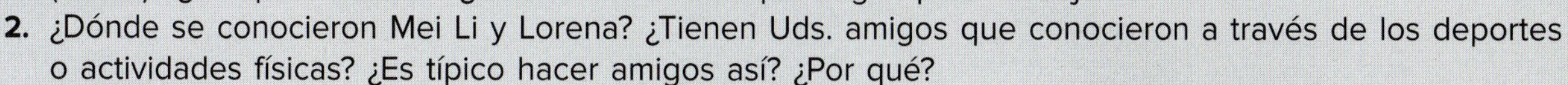

2. ¿Dónde se conocieron Mei Li y Lorena? ¿Tienen Uds. amigos que conocieron a través de los deportes o actividades físicas? ¿Es típico hacer amigos así? ¿Por qué?
3. Basándose en la información del vídeo sobre el trabajo de Lorena, imaginen qué hace en su trabajo. ¿Cómo es su día normalmente? ¿Qué quiere que hagan sus clientes? ¿De qué se alegra o se emociona?

TEMA I: La salud física

Vocabulario en acción

Note: The art for this chapter is available for digital download within Connect (www.mhhe.com/connect).

El cuerpo° humano

°body

***Vocabulario en acción*, Note:** Students can assess their understanding and mastery of the vocabulary presented in this chapter by accessing the LearnSmart module for *Capítulo 12* at www.mhhe.com/connect.

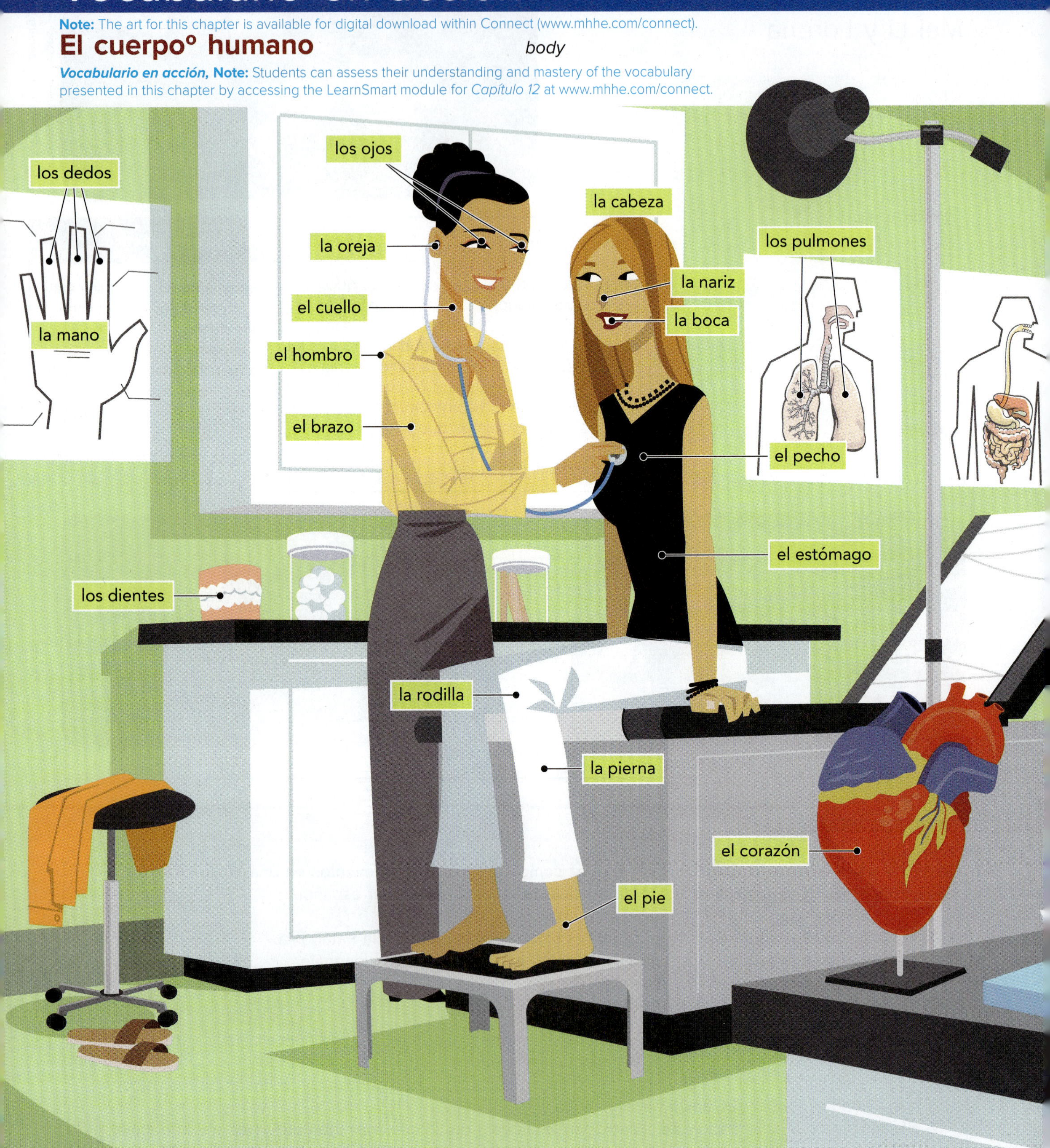

el cerebro	brain
el dedo del pie	toe
la espalda	back
la garganta	throat
el oído	inner ear
la sangre	blood

Vocabulario en acción, **Suggestion:** Read the vocabulary to students, repeating each word or expression several times so that they can hear the correct pronunciation. As you review pronunciation, ask students questions to contextualize and check comprehension: *¿Qué partes del cuerpo asocian Uds. con la actividad de escribir un informe en la computadora portátil? Sí, los ojos, los brazos y las manos. ¿Qué síntomas asocian Uds. con el resfriado? Muy bien, el dolor de garganta y la tos. ¿Y con la gripe? Sí, posiblemente la tos también, pero sobre todo la fiebre y el dolor muscular.*

Las enfermedades y los síntomas° Las... *Illnesses and symptoms*

doler (ue)	to hurt, ache
resfriarse (**me resfrío**)	to catch a cold
toser	to cough
el dolor	pain, ache
de cabeza	headache
de estómago	stomachache
de muela	toothache
muscular	muscle ache
el estrés	stress
la fiebre	fever
la gripe	flu
la infección de oído	ear infection
el resfriado	cold
la tos	cough
mareado/a	dizzy; nauseated
resfriado/a	congested
sano/a	healthy

Repaso: quejarse; enfermo/a

El cuidado médico° El... *Medical care*

ponerle (*irreg.*) **una inyección**	to give (*someone*) a shot
recetar	to prescribe
tomarle la temperatura	to take (*someone's*) temperature
el chequeo	check-up
el/la enfermero/a	nurse
el jarabe	cough syrup
el/la médico/a	doctor
la pastilla	pill
la receta	prescription
la salud	health

Cognados: el antibiótico, el/la dentista

ACTIVIDADES

A. Busca al intruso. Indica la palabra que no pertenece a la serie. Luego, explica por qué no se relaciona con las otras tres palabras.

1.	☐ la nariz	☑ las piernas	☐ la boca	☐ la oreja
2.	☐ los pulmones	☐ el corazón	☑ los pies	☐ el cerebro
3.	☐ el estrés	☐ el resfriado	☐ la gripe	☑ la sangre
4.	☐ la fiebre	☑ las manos	☐ el dolor muscular	☐ el dolor de cuello
5.	☑ mareado/a	☐ los ojos	☐ la rodilla	☐ los dientes

Act. A, **Answers:** (*Explanations, answers will vary*) **1.** *Las piernas no son parte de la cabeza.* **2.** *Los pies no son órganos internos del cuerpo.* **3.** *La sangre no es una enfermedad.* **4.** *Las manos no son síntomas de una enfermedad.* **5.** *Mareado/a es un síntoma y no es una parte del cuerpo humano.*

Act. B, **Answers:** ***Paso 1*** *(Possible answers)* **1.** *los hombros* **2.** *el dedo* **3.** *las orejas, los oídos* **4.** *la garganta* **5.** *los ojos* **6.** *las manos, los ojos* **7.** *las piernas, los pies, los pulmones, el corazón* **8.** *la boca, la garganta, los pulmones* **9.** *las manos, los dedos* **10.** *la sangre* **11.** *la boca, la oreja los oídos* **12.** *el corazón el cerebro* ***Paso 2*** *(Sentences will vary).* **1.** *las manos* **2.** *la cabeza* **3.** *las piernas, los pies* **4.** *el cuello* **5.** *las piernas* **6.** *los ojos* **7.** *los brazos, el pecho* **8.** *los pies*

B. Asociaciones

PASO 1. Indica la(s) parte(s) del cuerpo que asocias con estas actividades. **¡OJO!** Puede haber más de una respuesta correcta.

MODELO comer una manzana → la boca, los dientes, la garganta, el estómago

1. llevar una mochila
2. ponerse un anillo
3. escuchar música en el iPod
4. toser
5. leer una revista
6. jugar a los videojuegos
7. correr por el parque
8. fumar un cigarrillo
9. tocar el piano
10. cortarse un dedo de la mano
11. hablar por teléfono
12. tener miedo

PASO 2. Indica la(s) parte(s) del cuerpo que asocias con estas prendas de ropa. Luego, forma una oración usando la prenda de ropa y la parte del cuerpo. Sigue el modelo.

MODELO los zapatos → los pies
Me pongo los zapatos en los pies.

1. los guantes
2. el sombrero
3. las medias (*stockings*)
4. la corbata
5. los pantalones
6. los lentes
7. la camisa de manga larga
8. los calcetines

Act. C, **Answers: 1.** *brazos* **2.** *ojos* **3.** *rodilla/pierna/mano* **4.** *mareado/a* **5.** *jarabe, garganta* **6.** *temperatura, fiebre* **7.** *poner, recetar* **8.** *estómago*

C. Explicaciones. Completa las oraciones con palabras lógicas. **¡OJO!** Puede haber más de una respuesta correcta.

1. Tengo los _________ muy fuertes porque levanto pesas todos los días.
2. Tengo los _________ muy rojos porque he trabajado en la computadora por diez horas hoy.
3. Me duele la _________ porque me caí en la escalera.
4. Estoy _________ porque leía un libro en el autobús.
5. Tengo que tomar este _________ porque estoy tosiendo y me duele la _________.
6. La enfermera le toma la _________ al niño porque él tiene _________.
7. El médico me va a _________ una inyección y a _________ un antibiótico para la infección.
8. No quiero comer nada porque tengo dolor de _________.

Nota comunicativa

The Verb doler (ue)

To express the idea that something hurts or is painful to a person, Spanish uses the verb **doler.** It functions like the verb **gustar.*** Usually the subject of the sentence with **doler** is a part of the body that is causing the pain. Note that in Spanish, body parts are almost always referred to with the definite article **el/la/los/las** rather than the possessives.

Me caí y ahora **me duele la rodilla.**	*I fell down and now my knee hurts.*
A Ernesto **le dolía la cabeza** esta mañana y no asistió a clase.	*Ernesto had a headache (his head hurt) this morning and he didn't go to class.*

*You will review and learn more about **gustar** and similar verbs in **Gramática 12.3**.

D. Problemas de salud

PASO 1. Escucha los síntomas de ciertas enfermedades. Luego, indica el problema de salud que se describe en cada caso.

___d___	**1.**	**a.** el resfriado
___c___	**2.**	**b.** la gripe
___f___	**3.**	**c.** el estrés
___b___	**4.**	**d.** problemas relacionados con el corazón
___a___	**5.**	**e.** una infección de oído
___e___	**6.**	**f.** un problema relacionado con el estómago

PASO 2. Ahora da un consejo para cada una de las enfermedades o problemas del **Paso 1.** Usa las expresiones **recomiendo que**, **es importante que**, etcétera. Luego, comparte tus ideas con la clase. Con la ayuda de su profesor(a), Uds. van a decidir cuáles son los consejos más lógicos.

MODELO Para el resfriado, recomiendo que beba mucha agua y que...

***Act. D, Paso 1,* Script: 1.** *Esta persona tiene un dolor muy fuerte en el pecho y en el brazo izquierdo.* **2.** *Esta persona tiene muchas presiones en el trabajo, está muy nerviosa y le duelen la espalda y el cuello.* **3.** *Esta persona comió comida muy picante y ha vomitado toda la noche.* **4.** *Esta persona tiene tos, dolor muscular y fiebre muy alta.* **5.** *A esta persona le duele la garganta, tose mucho y tiene la nariz congestionada.* **6.** *Esta persona tiene un dolor cerca de la oreja, tose y tiene fiebre.*

E. Entrevistas

COMMUNICATION C

PASO 1. En parejas, túrnense para hacer y contestar las siguientes preguntas sobre sus hábitos y su salud.

1. ¿Cuántas veces al año vas al médico? ¿Te haces un chequeo médico todos los años? Explica por qué te lo haces o no.
2. ¿Sufres de alguna enfermedad leve con regularidad? ¿Te resfrías con frecuencia? ¿Tienes alergias? Explica.
3. Cuando te sientes mal, ¿qué haces? ¿Vas al médico para que te recete medicinas o prefieres usar medios más naturales? ¿Por qué?
4. ¿Qué haces para prevenir (*prevent*) las enfermedades y mantenerte sano/a? ¿Es tu dieta saludable y variada? ¿En qué consiste tu dieta? ¿Haces ejercicio? ¿Qué tipo de ejercicio haces? ¿Con qué frecuencia?

PASO 2. Basándote en las respuestas del **Paso 1,** ¿es tu compañero/a una persona sana o no? ¿Por qué? Comparte tus ideas con la clase.

Una visita médica
©antoniodiaz/Shutterstock

12.1 Present Subjunctive: Impersonal Expressions

Expressing Personal Opinions in an Impersonal Way

Miembros del club Sub 17 (U-17) *de Argentina*

***Gramática,* Note:** Students can assess their understanding and mastery of the grammar points presented in this chapter by accessing the LearnSmart module for *Capítulo 12* at www.mhhe.com/connect.

***GEA,* Note:** The audio for this *GEA* is available through the eBook or on Connect.

***GEA,* Culture Note:** *Albicelestes* is the nickname for the Argentine national soccer team. It is a compound word, formed by combining *alba* (*blanco*) and *celeste* (*sky blue*), the colors of the Argentine flag and of the national team's soccer jersey.

***GEA,* Answers: 1.** *haga* **2.** *es* **3.** *se aseguren* **4.** *juegue*

GRAMÁTICA EN ACCIÓN

Un futuro campeón

[*Andrés es un joven bonaerense que sueña con jugar fútbol profesionalmente en el futuro. La Dra. Blanco le explica cómo cuidarse bien durante sus intensos entrenamientos.*]

ANDRÉS: Quiero jugar con los albicelestes algún día, doctora. **Es importante que entrene** mucho y quiero hacerlo de la manera más sana posible. ¿Qué debo hacer?

DRA. BLANCO: Andrés, **es bueno que estés** pensando en tu salud. Primero, **es necesario que** me **expliques** un poco más sobre tus actividades y cualquier síntoma que tengas.

ANDRÉS: **Es cierto que practico** mucho, a veces **es necesario que levante** pesas y **haga** otros ejercicios por dos horas al día, antes de un partido importante con mi liga. No tengo muchos problemas, pero **es verdad que** a veces **me duele** mucho la espalda.

DRA. BLANCO: Eres muy joven, pero **es malo que tengas** tanto dolor de espalda. **Es mejor que** te **tomemos** una radiografía para ver si tienes alguna lesión. **Es posible que** no **sea** nada grave, pero **es importante que nos aseguremos**. ¿Tienes tiempo ahora para tomarte la radiografía?

ANDRÉS: Por supuesto que tengo tiempo. Aunque **es improbable que haya** un problema serio, quiero estar seguro. Gracias, doctora.

DRA. BLANCO: **Es mejor que** no **te preocupes,** Andrés. Creo que tienes muchas posibilidades de tener un gran futuro jugando con los albicelestes. Espera aquí unos minutos...

Acción. Da la forma correcta del verbo, según el contexto.

1. Es necesario que Andrés **(hacer)** ejercicio todos los días si quiere ser jugador profesional.
2. Es cierto que Andrés **(ser)** joven y muy activo.
3. Es bueno que Andrés y la Dra. Blanco **(asegurarse)** de que su dolor de espalda no es nada serio (*serious*).
4. Es probable que algún día Andrés **(jugar)** con los albicelestes.

Impersonal expressions in Spanish take the form of **Es** + *adjective* and translate as *It is* + *adjective* in English. These types of generalizations trigger the subjunctive unless they express certainty, facts, observations, etc. You will learn more about using indicative with expressions of certainty versus subjunctive with expressions of doubt in **Gramática 12.2.** You saw several impersonal expressions in **Capítulo 11.** Those are repeated here as a review. For comparison, a few impersonal expressions that do not trigger the subjunctive are included as well.

IMPERSONAL EXPRESSIONS		
USED WITH THE SUBJUNCTIVE		USED WITH THE INDICATIVE
es absurdo que	**es una lástima que**	**es cierto que**
es bueno que	**es urgente que**	**es obvio que**
es importante que	**no es cierto que**	**es verdad que**
es increíble que	**(no) es imposible que**	
es interesante que	**(no) es improbable que**	
es malo que	**(no) es posible que**	
es mejor que	**(no) es probable que**	
es necesario que	**(no) es verdad que**	

Es mejor que **evites** el estrés. — *It's best that you avoid stress*

Es importante que Antonio **haga** ejercicio para su espalda. — *It's important for Antonio to do exercises for his back.*

Es interesante que ella **tenga** dolor de cabeza cada día por la tarde. — *It's interesting that she has a headache every day in the afternoon.*

Es verdad que Miguel **tiene** los dientes muy blancos. — *It's true that Miguel has very white teeth.*

Nota comunicativa

Es + *adj.* + *inf.*

Impersonal expressions may also be used to make generalizations about everyone rather than specific people. To express this type of generalization, simply use an infinitive (rather than **que** followed by the subjunctive). Compare the following pairs of sentences. The first in each pair is about specific people while the second is a pure generalization that could apply to anyone.

Es importante que entiendas las responsabilidades del trabajo

It's important that you understand the responsibilities of the job.

Es importante entender las responsabilidades del trabajo.

It's important to understand the responsibilities of the job.

¿**Es posible que** ella **encuentre** información sobre los síntomas en el internet?

Is it possible for her to find information about the symptoms on the Internet?

¿**Es posible encontrar** información sobre los síntomas en el internet?

Is it possible to find information about the symptoms on the Internet?

Act. A, Paso 1, **Script.** *En invierno es normal que haya un número elevado de casos de gripe. Si tienes gripe, es necesario que limites el contacto con otras personas porque así puedes evitar contagiar a otros con la enfermedad. La gripe tiene muchos síntomas y también muchos tratamientos. Si tienes fiebre, es importante que tomes suficiente agua porque la fiebre puede causar deshidratación. Para el dolor de cabeza, que es común con la gripe, es posible que te ayude tomar aspirina. Cuando te duele la garganta, es bueno que tomes té con miel. Estas estrategias pueden aliviar los síntomas un poco, pero en general, es importante que descanses mucho cuando tienes gripe. Trata de mantener una actitud positiva y no olvides que es cierto que la mayoría de los casos de gripe no son serios. ¡En unos días te sentirás mejor!*

Act. B, **Answers: 1.** *encontremos* **2.** *vayan* **3.** *tomen* **4.** *pague* **5.** *escuchen* **6.** *coma* **7.** *tienes* **8.** *me resfríe*

ACTIVIDADES

A. Cuando tienes gripe...

PASO 1. Escucha la información sobre la gripe. Luego, indica la frase correcta para completar cada una de las oraciones, según la información que escuchas.

1. Si tienes gripe, ____b____ limites el contacto con otras personas.
2. Si tienes fiebre, es importante que ____e____.
3. Para el dolor de cabeza, ____c____ te ayude tomar aspirina.
4. Cuando te duele la garganta, es bueno que ____a____.
5. En general, ____f____ descanses mucho cuando tienes gripe.
6. Normalmente, ____d____ la mayoría de los casos de gripe no son serios.

a. tomes té con miel
b. es necesario que
c. es posible que
d. es cierto que
e. tomes bastante agua
f. es importante que

PASO 2. Escribe otros dos consejos sobre cómo cuidarte cuando tienes la gripe. Usa las expresiones impersonales.

PASO 3. Comparte tus ideas con la clase. ¿Cuál es el mejor remedio para la gripe?

B. Unas opiniones sobre la medicina. Completa las oraciones con la forma correcta de los verbos entre paréntesis.

1. Es imposible que (*nosotros*: **encontrar**) la causa de los síntomas.
2. Es absurdo que algunas personas no (**ir**) al médico cuando están enfermas.
3. Es malo que los pacientes (**tomar**) tantos antibióticos.
4. Es una lástima que la familia típica de hoy (**pagar**) tanto por el seguro de salud.
5. Es importante que los médicos (**escuchar**) a sus pacientes.
6. Es mejor que todo el mundo (**comer**) alimentos más sanos.
7. Es cierto que (*tú*: **tener**) dolor de estómago después de comer demasiado.
8. Es probable que (*yo*: **resfriarse**) este invierno.

Act. C, **Suggestion.** You might have groups write some of their suggestions on the board, or come up with a class list of the best possible recommendations for each person/situation.

C. Recomendaciones

PASO 1. Escribe recomendaciones para las siguientes personas y situaciones. Usa las expresiones impersonales.

MODELO una atleta que tiene dolor de garganta antes de un partido →
Es mejor que tomes un jarabe para la garganta y que no juegues hoy.

1. una mamá con tres hijos que tienen gripe al mismo tiempo
2. un estudiante universitario que vive en la residencia estudiantil y se resfría con mucha frecuencia
3. una estudiante de medicina que trabaja muchas horas y tiene mucho estrés
4. un profesor que tiene dolor de cabeza casi todos los días
5. un atleta que se entrena para los juegos olímpicos
6. los padres de un bebé que tiene infecciones frecuentes de oído

PASO 2. En parejas, túrnense para leer sus sugerencias sin mencionar para quiénes son. Su compañero/a debe adivinar para quién es cada sugerencia y compararla con su recomendación para esa persona.

Nota cultural

Las yerbas medicinales

En un mercado de yerbas medicinales, Sudamérica
©reisegraf.ch/Shutterstock

Las plantas han sido usadas por el hombre desde los tiempos más remotos, tanto para alimentarse como para curarse. Las yerbas medicinales constituyen una fuente complementaria a la alimentación para mantener el buen funcionamiento del cuerpo y la buena salud. El uso de yerbas y otros remedios naturales tiene cada vez más aceptación en combinación con o en sustitución de la medicina occidental. La naturaleza ofrece medios para evitar y combatir enfermedades, siempre que se utilicen a tiempo y con sabiduría.

En Latinoamérica es muy típico el uso de las yerbas medicinales para aliviar malestares menores y estas plantas están disponibles en tiendas especializadas. Aquí tienes algunos remedios fáciles para malestares comunes.

Tomar infusiones de valeriana ayuda a dormir bien. La tila[a] y la melisa[b] son tranquilizantes naturales que pueden ayudar antes de un examen. Para los malestares del estómago o una digestión pesada: la manzanilla,[c] la menta[d] y el anís. El té de jengibre[e] alivia las náuseas. Si tienes dolor de cabeza, prueba unas gotas de aceite de lavanda o de mejorana[f] sobre las sienes.[g] Para la resaca[h] tras una noche de fiesta, lo mejor es hervir hojas de ortiga[i] en agua durante cinco minutos, colar[j] el agua, añadir el jugo de un limón y tomarla en ayunas.[k]

[a]*linden flower* [b]*lemon balm* [c]*chamomile* [d]*mint* [e]*ginger* [f]*sweet marjoram* [g]*temples* [h]*hangover* [i]*stinging nettle* [j]*strain off* [k]*en... on an empty stomach*

PREGUNTAS

1. ¿Para qué sirven las yerbas medicinales?
2. ¿Qué malestares y remedios se citan como ejemplos? ¿Conocen Uds. alguna otra yerba con propiedades curativas?
3. ¿Han utilizado Uds. alguna vez yerbas medicinales para combatir algún malestar? ¿Cuál? ¿Se sintieron mejor después de tomar la yerba?
4. ¿Cuál es su opinión personal sobre el uso de las yerbas medicinales y otras terapias alternativas como la acupuntura? ¿Creen que son eficaces?

***Nota cultural,* Point out:** Both *hierbas* and *yerbas* can be used in Spanish to express *herbs*.

D. Remedios tradicionales y medicina moderna

PASO 1. Lee la información sobre la medicina tradicional y moderna en Chile y Paraguay.

Un machi mapuche con sus instrumentos
©C1847 Erwin Patzelt/Picture Alliance/CHILE:CHL/Newscom

Chile

En Chile, el pueblo mapuche tiene una larga tradición de usar hierbas y plantas como remedios para una variedad de enfermedades y síntomas. Aunque la medicina tradicional tiene raíces en miles de años de historia y práctica, ahora en el siglo XXI está creciendo en popularidad. Existe una cadena[a] de farmacias mapuches, Makelawen, con seis tiendas ubicadas en diferentes partes del país. En estas farmacias se puede comprar hierbas medicinales además de cosméticos, cremas y aceites creados con ingredientes naturales.

Mucha gente elige probar remedios y tratamientos tradicionales en vez[b] de, o en combinación con, la medicina moderna. De hecho, hay clínicas en Santiago donde se puede visitar al médico y, en el mismo lugar, hablar con un machi[c] situado en una ruka[d] que puede recomendar remedios tradicionales. Esta coexistencia de medicinas modernas y tradicionales permite la conservación de la cultura mapuche y el enorme conocimiento de los machis.

[a]*chain* [b]*en... instead* [c]*Mapuche shaman* [d]*Mapuche house*

Una mujer indígena vende hierbas en el mercado.
©Deposit Photos/Glow Images

Paraguay

Los guaraníes de Paraguay y Argentina tienen una larga tradición de medicina natural que continúa hasta hoy día. En Asunción, el Jardín Botánico y Zoológico incluye el Vivero[a] Etnobotánico Medicinal con casi 600 plantas medicinales de las cuales el 70 por ciento son nativas de Paraguay. El vivero ofrece entrenamiento al público en el uso de estas plantas como remedios. Sin embargo, si a uno le interesa recibir tratamientos tradicionales solo necesita ir al Mercado Cuatro, donde muchas yuyeras[b] venden sus hierbas y preparaciones de todo tipo, conocidos como «yuyos».

Para los que prefieren usar la tecnología, el Poha Ñemuha[c] es una aplicación para teléfonos celulares que ofrece información sobre las plantas medicinales y consejos[d] sobre cómo usarlas para la salud. A veces se incorporan las hierbas y plantas al terere (la bebida nacional de Paraguay), que es una infusión de las hojas[e] de yerba mate. Ese proyecto tiene el objetivo de revalorizar las plantas medicinales paraguayas e incluye combinaciones útiles, las cantidades para cada dosis y también dónde comprarlas. Más de 10.500 personas están usando la aplicación para aprender a usar remedios tradicionales.

[a]*Nursery* [b]*Guaraní medicine women* [c]Poha... *Guaraní remedy store* [d]*advice* [e]*leaves*

RECOMENDACIONES DEL MACHI	RECOMENDACIONES DE LA YUYERA
Lenga: dolores en general, antiinflamatorio	**Acerola:** dolor de cabeza, antidiabética, antioxidante
Maitén: afecciones de la piel, acné, psoriasis, dermatitis	**Altamisa:** dolor de cabeza, migraña, dermatitis, acné
Melisa: estrés, insomnio, depresión	**Amor seco:** úlceras, tos
Ñilwe: dolor de cabeza, migraña	**Jengibre:** dolor de garganta, náuseas
Pink pinko: infecciones urinarias	**Menta'i:** gripe, resfrío, fiebre
Radal: bronquitis, tos, dolor de garganta	**Yvope:** estrés, insomnio

jengibre

altamisa

melisa

acerola

PASO 2. En parejas, miren la información sobre medicinas botánicas y las enfermedades o síntomas que tratan. Usando las expresiones impersonales y el presente de subjuntivo, túrnense para elegir síntomas de la lista (sin decirlos) y dar recomendaciones a la pareja para curarse. Tu pareja debe adivinar los síntomas basándose en los remedios recomendados. Sigan el modelo y tomen por lo menos tres turnos cada uno.

ENFERMEDADES Y SÍNTOMAS POSIBLES	
acné	infección urinaria
dolor de cabeza	insomnio
dolor de estómago	mareos (*dizziness*)
dolor de garganta	nauseas
estrés	resfriado
fiebre	tos

MODELO: E1: El machi dice que es importante que tomes radal.
E2: ¿Tengo dolor de garganta?
E1: No. Pero la yuyera dice que es probable que el amor seco te ayude.
E2: Entonces tengo tos.
E1: ¡Sí!

12.2 Present Subjunctive: Doubt, Denial, and Uncertainty

Expressing Doubt, Denial, or Uncertainty About a Situation

Una caminata por el parque nacional Torres del Paine

***GEA*, Note:** The audio for this *GEA* is available through the eBook or on Connect.

***GEA*, Culture Note:** Torres del Paine National Park was voted the fifth most beautiful place in the world by National Geographic, and is replete with spectacular mountains, valleys, and glaciers. The park is popular amongst hikers, and offers shelters along its trails, providing opportunities for both day and night hiking.

***GEA*, Answers: 1.** *puedan* **2.** *está* **3.** *son* **4.** *necesita*

***GEA*, Suggestion:**
- Review the use of the subjunctive and indicative in the answers.
- Have students invent their own comprehension sentences using these as a model.

GRAMÁTICA EN ACCIÓN

¡No sé qué hacer!

[*Beto y Marta son amigos íntimos que viven en Chile. Conversan sobre el bienestar de otro amigo que les preocupa porque últimamente lleva un ritmo de vida muy estresante.*]

BETO: **Creo que** **necesitamos** hacer algo para ayudar a Raúl. Está muy estresado últimamente.

MARTA: Estoy de acuerdo, pero **no estoy segura de que** **sepamos** todo lo que le pasa. **Es posible que** él no **quiera** hablar, pero tenemos que tratar de conversar con él.

BETO: Tienes razón. **Es cierto que** Raúl **es** muy ambicioso y que este año tiene muchas presiones en su trabajo. ¿Por qué no lo invitamos a pasar un fin de semana especial con nosotros? **Estoy seguro de que** solo **necesita** relajarse.

MARTA: ¡Perfecto! **No dudo que** **va** a emocionarse. Y así podemos hablar con él más tranquilamente para ver si hay algo más aparte del estrés del trabajo.

BETO: Bueno, a él le gusta caminar y hacer ejercicio. **Creo que** **podemos** pasar un fin de semana divertido en el parque nacional Torres del Paine. Podemos hacer muchas excursiones y relajarnos.

MARTA: **Dudo que** él **tenga** tiempo libre para un viaje, pero tenemos que convencerlo.

BETO: No te preocupes. Voy a llamarlo ahora.

Acción. Da la forma correcta del verbo según el contexto. Fíjate en las palabras subrayadas y cómo se usaron en el diálogo.

1. Es posible que Beto y Marta no **(poder)** convencer a Raúl porque él tiene poco tiempo libre.
2. Marta y Beto están seguros de que Raúl **(estar)** bajo muchas presiones en su trabajo.
3. Es cierto que Marta y Beto **(ser)** buenos amigos de Raúl.
4. Marta no duda que Raúl **(necesitar)** tomarse un fin de semana relajante con sus amigos íntimos.

The subjunctive in Spanish is used after expressions in which speakers deny something, indicate they are uncertain about something, or don't believe that something is true. Remember that in sentences that use the subjunctive, the sentence will have two clauses connected by **que** and which will *usually* have different subjects, although this is not always the case with verbs and expressions of doubt, denial, and uncertainty. This category of verbs and expressions is also unique in that there will generally be a verb or expression with opposite meaning that does *not* take the subjunctive. The following charts show common verbs and expressions of doubt, denial, and uncertainty side-by-side with their opposites.

DOUBT, DENIAL, UNCERTAINTY	
no creer que **dudar que** **negar (ie) que** **no es cierto que** **no es verdad que** **no estar** (*irreg.*) **seguro/a (de) que** **(no) es (im)posible que** **(no) es (im)probable que**	+ *subjunctive*

BELIEF, AFFIRMATION, CERTAINTY	
creer que **no dudar que** **afirmar que** **es cierto que** **es verdad que** **estar seguro/a (de) que**	+ *indicative*

Dudo que mucha gente **tenga** el tiempo para hacer ejercicio todos los días. — *I doubt that many people have the time to exercise every day.*

No es posible que **eliminemos** el estrés completamente. — *It's not possible for us to eliminate stress completely.*

No creo que tú **necesites** ir al médico. Solo estás resfriado. — *I don't think that you need go to the doctor. You just have a cold.*

Creo que mis suegros **deben** tomar té con miel para aliviar su dolor de garganta. — *I think that my in-laws should drink tea with honey to relieve their sore throats.*

ACTIVIDADES

A. Realidades sobre la salud. Completa cada una de las oraciones con la forma correcta del verbo entre paréntesis.

1. Es verdad que la salud mental ___es___ (**ser**) tan importante como la salud física.
2. No creo que muchos estudiantes universitarios ___prefieran___ (**preferir**) una rutina con mucho estrés, pero a veces es inevitable.
3. Es imposible que nosotros ___podamos___ (**poder**) resfriarnos frecuentamente en medio del verano.
4. El médico está seguro de que muchas personas ___asisten___ (**asistir**) a la feria de salud en el campus universitario este fin de semana.
5. Dudo que tú ___vayas___ (**ir**) a aliviar tu dolor de cabeza si no tomas suficiente agua.
6. Es verdad que yo ___canto___ (**cantar**) bien, pero no es cierto que ___sea___ (**ser**) fácil cuando tengo tos y congestión.
7. No dudamos que Uds. ___saben___ (**saber**) mucho sobre la salud física. No obstante, no estamos seguros de que ___sepan___ (*Uds*: **saber**) tanto como un profesional de la medicina.
8. ¡Qué va! (*No way!*) No es verdad que tú ___puedas___ (**poder**) quitar la fiebre usando métodos naturales.

B. Reacciones

PASO 1. Escribe oraciones completas expresando dos posibles reacciones ante cada una de las siguientes situaciones. Usa expresiones de la lista.

Vocabulario práctico

Creo que...
Es cierto que...
Es imposible que...
Es posible que...
Dudo que...
No creo que...
No dudo que...
No es verdad que...

1. Muchos médicos recetan demasiados antibióticos.
2. La obesidad causa muchos problemas de salud.
3. No es necesario hacerse un chequeo médico cada año.
4. Hacer ejercicio regularmente no es importante.
5. El estrés es bueno para la salud.

PASO 2. Compara tus oraciones con las de un compañero / una compañera. Tu compañero/a te debe preguntar por qué piensas así y debes justificar el porqué de tu reacción. ¿Están de acuerdo, o no?

Act. C, **Suggestion:** Divide students into groups of 5–6 for this activity. You may wish to start off by modeling your own 3 sentences and having the class try to find the lie. Point out to students that they should not make their lie too obvious!

C. ¿Verdad o mentira?

PASO 1. Escribe tres oraciones sencillas sobre ti mismo/a (*yourself*). Dos de las oraciones deben ser ciertas y una debe ser falsa. Usa el presente de indicativo.

MODELO Mi color favorito es el azul. Tengo cuatro perros. Mis padres viven en España.

PASO 2. En grupos pequeños, túrnense para compartir sus oraciones. Los otros miembros del grupo deben escuchar y reaccionar usando las expresiones de duda y el subjuntivo cuando sea necesario. Traten de descubrir la mentira.

MODELO
E1: Dudo que tengas cuatro perros.
E2: Es cierto que tengo cuatro perros.
E3: No creo que tus padres vivan en España.
E2: ¡Tienes razón! No es verdad que mis padres vivan en España.

D. Hechos y cifras (*Facts and figures*). Primero, decidan entre **Estudiante 1** y **Estudiante 2. Estudiante 2** debe completar la actividad en el **Appendix III.**

Mira los datos de UNICEF y la Organización Mundial (*World*) de la Salud y su tabla de hechos y cifras. Trabaja con tu compañero/a para completar los datos. Usen expresiones de duda y certeza y el presente de indicativo o subjuntivo según el contexto para hacerse preguntas y completar las gráficas.

MODELO E1: ¿Es verdad que la expectativa de vida para un hombre en Paraguay es de 79 años?

E2: No, no es cierto que la expectativa sea de 79 años. Es verdad que es de 71 años.

Estudiante 1 escribe 71 en la gráfica.

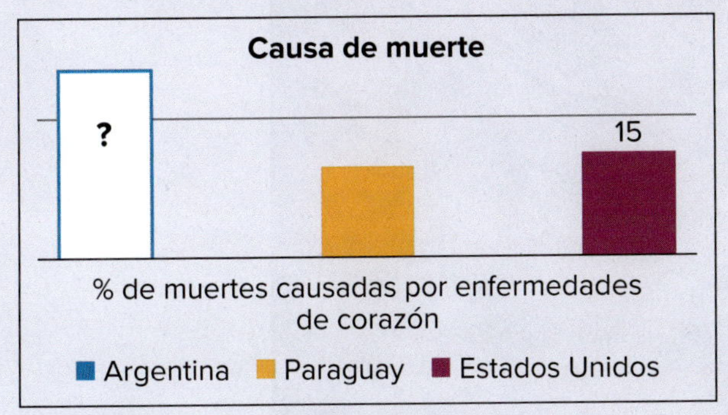

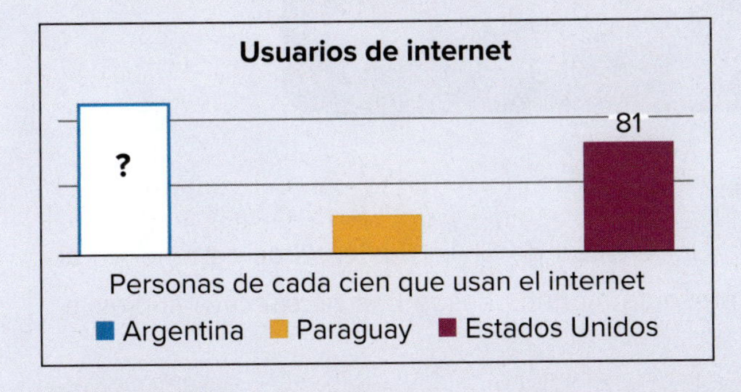

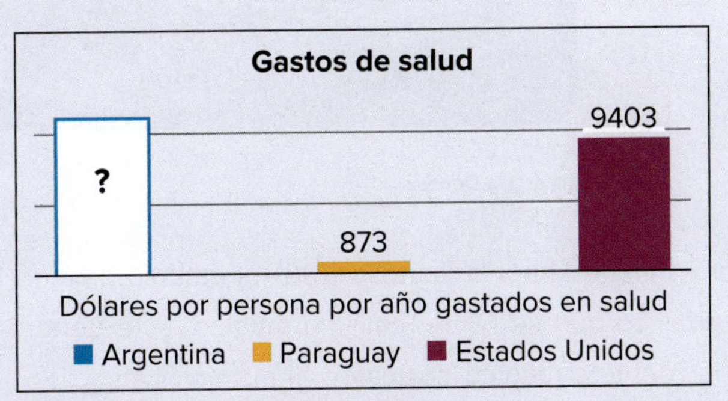

PARAGUAY: HECHOS Y CIFRAS
1. La expectativa de vida para una mujer en Paraguay es de 76 años.
2. El 13 por ciento de las muertes en Paraguay son causadas por enfermedades del corazón.
3. Veintisiete de cada cien personas en Paraguay usan el internet.
4. Se gastan unos $873 por persona anualmente en salud.

Expresiones artísticas

Marcela Donoso

Yuyito, *2000*
©Marcela Donoso

La pintora chilena Marcela Donoso (1961–) estudió arte en la Universidad de Chile. Sus cuadros pertenecen al género artístico que se llama realismo mágico. Este género presenta mundos desde una perspectiva subjetiva en que lo real y lo mágico coexisten al mismo nivel.

En este cuadro, «Yuyito» está en pose para meditar, en un campo cerca de un poblado[a] y, aparentemente, rodeada[b] también de un segundo poblado celestial, mágico. Los tres pares de manos parecen representar tres fases de la meditación de esta joven.

[a]*populated área* [b]*surrounded*

***Expresiones artísticas,* Suggestions:**
- Ask students if they are familiar with the term *magical realism. Point out that the film El laberinto del fauno,* written and directed by Guillermo del Toro, is an example of this artistic genre. Additionally, in *Capítulo 11,* students read about Gabriel García Márquez, who explored this genre in literature.
- Have students find additional images of paintings by Marcela Donoso and identify the elements of those that connect them to magical realism.

COMMUNICATION

REFLEXIÓN

1. ¿Qué partes del cuerpo de Yuyito aparecen en una forma real? ¿Cuáles representan el mundo mágico? Expliquen.
2. Describan por lo menos tres aspectos positivos de la meditación como una buena forma para ayudar a las personas con enfermedades físicas o mentales.

Un mundo sin límites

Santiago, Chile

Mei Li y Lorena

Antes de ver

Infórmate y ponte en su lugar.
Como las dos trabajan muchas horas, Mei Li y Lorena asisten a clases de baile regularmente para hacer ejercicio y quitarse el estrés. ¿Piensas que el baile es una buena forma de hacer ejercicio? ¿Qué partes del cuerpo crees que se usan? ¿Cuáles no crees que se usen? ¿Cómo te sientes cuando bailas?

©deepblue4you/Getty Images
©McGraw-Hill Education/Zenergy

©McGraw-Hill Education/Zenergy

Vocabulario práctico

sagradamente	faithfully
me costó dejarme llevar	it was hard for me to let myself go
pisar	to step on

¿Entendiste?

A. ¿Cierto o falso?

C	F	
☑	☐	**1.** Lorena va a bailar siempre dos veces a la semana.
☐	☑	**2.** Aparte de las clases de baile, Lorena tiene tiempo para muchas otras actividades físicas.
☐	☑	**3.** Según Lorena, Mei Li no es muy buena bailarina.
☑	☐	**4.** Las diferentes mujeres del grupo de baile de Mei Li y Lorena querían vestidos para cubrir diferentes partes de sus cuerpos.
☑	☐	**5.** Si Mei Li no baila frecuentemente, le duele el cuerpo cuando vuelve a las clases.

B. El bienestar. En parejas, contesten las preguntas.

1. Describan la ropa que llevan Mei Li, Lorena y sus compañeros en las clases de baile. Teniendo en cuenta las partes del cuerpo que se usan para bailar, expliquen por qué es bueno o es malo que lleven esa ropa.
2. ¿Qué dos estilos de baile estudió Mei Li antes de empezar las clases de salsa en Chile? ¿Qué diferencia principal entre esos tipos de baile menciona ella? ¿Qué otros tipos de ejercicio requieren ese tipo de comunicación y coordinación?
3. ¿Qué partes del cuerpo les duelen a Lorena y a Mei Li como resultado de sus clases de baile? ¿Cuál es la causa de ese tipo de dolor muscular? ¿Qué es necesario que ellas hagan para manejar ese síntoma?
4. ¿Qué parte del cuerpo del compañero de baile de Mei Li le duele como resultado de una lesión (*injury*)? ¿Se han lesionado Uds. alguna vez practicando deportes o haciendo ejercicio? En su opinión, ¿cuáles son los deportes en los cuales es más fácil lesionarse?
5. ¿Qué hace la gente de Santiago cuando no está trabajando o estudiando? ¿Por qué? ¿Uds. hacen algo similar? ¿Por qué es necesario?

TEMA II: La salud mental

Vocabulario en acción

El cuidado personal

***Vocabulario en acción,* Note:** Students can assess their understanding and mastery of the vocabulary presented in this chapter by accessing the LearnSmart module for *Capítulo 12* at www.mhhe.com/connect.

cuidarse	to take care of oneself
dañar	to damage; to cause pain
dejar de + *inf.*	to stop/quit (*doing something*)
drogarse (gu)	to get high; to take drugs
engordar	to gain weight
estirarse	to stretch
evitar	to avoid
recuperarse	to recover
los fármacos	medicine; pharmaceuticals
la presión	pressure
el tratamiento	treatment

Cognados: el alcohol, el/la alcohólico/a, la droga, la terapia (de grupo)
Repaso: hacer (*irreg.*) **ejercicio, hacer yoga, relajarse**

***Vocabulario en acción*, Suggestion:** Students may be familiar with some of the items included in the vocabulary presentation. Other items will be new to them. Use your picture file or PowerPoint, and the illustrations to present the input. As you go, ask students personal questions to check comprehension: *¿Qué hacen Uds. para relajarse? ¿A quién le gusta tocar un instrumento musical? ¿Qué instrumento tocas? ¿Qué actividad física hacen Uds. para llevar una vida sana? Para llevar una vida sana, ¿qué se debe evitar? ¿Fumar? Sí, es importante dejar de fumar, si se fuma. ¿Por qué creen que algunas personas cometen abusos? Sí, posiblemente por las presiones.*

Las emociones

emocionarse	to display emotion
estar (*irreg.*) **deprimido/a**	to be depressed
ser (*irreg.*) **orgulloso/a**	to be arrogant
la autoestima	self-esteem
el egoísmo	selfishness
la envidia	envy
el odio	hate
el orgullo	pride; arrogance
el sentimiento	feeling
egoísta	selfish

Cognados: la ambición, la depresión, la pasión; ambicioso/a
Repaso: el miedo

ACTIVIDADES

A. Definiciones. Empareja las palabras con las definiciones correspondientes. Después, comparte tus respuestas con la clase.

d	**1.** valoración y aprecio de sí mismo	**a.** la depresión
h	**2.** sentimiento fuerte de aversión	**b.** la terapia de grupo
g	**3.** mover brazos y piernas para que no estén rígidos	**c.** la presión
f	**4.** limpiar o dejar en blanco la mente	**d.** la autoestima
b	**5.** una reunión para compartir problemas	**e.** el sentimiento
c	**6.** tensión, coerción que se siente	**f.** meditar
a	**7.** tristeza profunda y duradera	**g.** estirarse
e	**8.** la emoción	**h.** el odio

B. Clasificaciones

PASO 1. Clasifica las actividades del **Vocabulario en acción**, y otras que conozcas, en categorías en un cuadro como el siguiente.

ACTIVIDADES FÍSICAS	ACTIVIDADES SEDENTARIAS	ACTIVIDADES ARTÍSTICAS

PASO 2. Explica qué actividades del **Paso 1** haces para cuidarte y llevar una vida sana. Sigue el modelo para informar a la clase. ¿Son Uds. parecidos o muy diferentes?

MODELO Para mi bienestar personal me gusta escribir poemas porque soy una persona sedentaria y tengo inclinaciones artísticas.

***Act. B, Paso 2*, Suggestion:** Tally students' responses to determine whether there are similarities, or not, in their life style.

C. ¿Bueno o malo?

PASO 1. En parejas, digan si estos conceptos son buenos o malos. **¡OJO!** Puede haber más de una respuesta, pero Uds. deben ponerse de acuerdo y explicar el porqué de su opinión.

MODELO el miedo → El miedo es malo porque es una emoción defensiva causada por un peligro que muchas veces es solo imaginario.

1. el orgullo
2. la ambición
3. la aromaterapia
4. la autoestima
5. el odio
6. la pasión
7. el egoísmo
8. la presión
9. la envidia
10. estirarse
11. sufrir de estrés
12. meditar

PASO 2. Ahora, escojan uno de los conceptos que consideran malos y otro de los que consideran buenos y expliquen en qué situación, o desde qué perspectiva, pueden ser lo opuesto.

MODELO el miedo → El miedo puede ser bueno en situaciones en que hay que cuidarse de algún peligro real.

D. Recomendaciones

PASO 1. En parejas, preparen recomendaciones médicas para estas situaciones.

MODELO E1: No puedo dormir por las noches. →
E2: Es importante (Sugiero/Recomiendo) que practiques la aromaterapia, que hagas yoga o que escuches música de meditación para relajarte.

1. Quiero adelgazar.
2. Estoy un poco deprimido/a y no tengo energía.
3. Necesito dejar de fumar.
4. Sufro de mucho estrés en el trabajo y en mis estudios.
5. Temo que mi amigo sea drogadicto.
6. Les tengo envidia a los mejores amigos de mi novia.
7. Me gusta hacer ejercicio, pero me duelen las rodillas.

PASO 2. Compartan sus ideas con la clase y, entre todos, decidan cuáles son las mejores recomendaciones para cada situación. Expliquen por qué.

E. Malos hábitos

PASO 1. Explica por qué estas actividades no son sanas y cómo afectan al bienestar físico o mental.

MODELO Antes de tomar muchas bebidas alcohólicas con amigos, tomo aspirina para evitar un dolor de cabeza. →
Es malo tomar aspirina para el dolor de cabeza cuando se toma mucho alcohol porque eso puede dañar los órganos.

1. Hago ejercicio aeróbico tres o cuatro veces al día todos los días.
2. Solo tomo frutas, verduras y agua porque siempre estoy a dieta.
3. Paso toda la noche jugando videojuegos.
4. Bebo más de cinco tazas de café al día.
5. Con mi celular puedo leer, responder y seguir a personas en Facebook y Twitter todo el día, aun en clase o en el trabajo.

PASO 2. En parejas, contesten estas preguntas. Después compartan sus ideas con la clase.

1. ¿Cuáles de los abusos mencionados en el **Paso 1** piensan que son resultado de una adicción? ¿Por qué?
2. ¿Cuáles de estos malos hábitos pueden dañar la salud física? ¿La salud mental?
3. ¿Qué tipos de personas son más vulnerables a las adicciones? ¿Personas con baja autoestima? ¿personas orgullosas? ¿tensas?
4. ¿Qué debemos hacer para llevar una vida sana?

COMMUNICATION C ***Act. E, Paso 2,* Suggestion:** Have each group read their answers to the class. Then allow the students to debate their responses.

Nota interdisciplinaria

Educación física: El ejercicio y sus beneficios

CONNECTIONS C

A nivel físico, los beneficios del ejercicio son muchos; ayuda a eliminar grasas y a prevenir la obesidad, aumenta la resistencia ante el agotamiento,[a] previene enfermedades cardiovasculares, mejora la capacidad respiratoria y estimula el sistema inmunológico, entre otros. Junto a esta dimensión biológica, existen además beneficios para la salud mental, pues el ejercicio físico tiene efectos antidepresivos, elimina el estrés, previene el insomnio y regula el sueño.

Llevar un estilo de vida más activo y hábitos alimenticios saludables tiene también amplias repercusiones socio-afectivas. El ejercicio mejora la imagen corporal y, por tanto, favorece la autoestima y la relación personal del individuo con su entorno.[b]

Una familia corre en el parque.

Para lograr un estado completo de bienestar es importante, pues, incorporar la actividad física. Por ejemplo, hacer caminatas, correr, practicar algún deporte o ir a un gimnasio. Y si el horario no siempre lo permite, se pueden realizar pequeños cambios como subir o bajar las escaleras, pasear el perro, bajarse del autobús unas paradas antes del lugar de destino, aparcar[c] el carro unas cuadras antes del lugar de trabajo o realizar alguna actividad física en casa.

[a]*exhaustion* [b]*environment* [c]*to park*

PREGUNTAS

COMMUNICATION C

1. ¿Qué recomendaciones menciona la lectura para favorecer la actividad física?
2. Enumeren algunos de los beneficios físicos, emocionales y sociales de la actividad física.
3. ¿Hacen Uds. ejercicio con regularidad? ¿Qué tipo de ejercicio hacen? ¿Tienen Uds. pequeñas estrategias para mantenerse activos/as cuando no pueden ir al gimnasio, practicar un deporte o hacer ejercicios más intensos? ¿Cuáles son?

***Nota interdisciplinaria*, Answers** (*Answers may vary*): **1.** *Dar caminatas, correr, practicar algún deporte, ir a un gimnasio, subir o bajar las escaleras, pasear el perro, bajarse del autobús antes de llegar al lugar de destino, aparcar el carro unas cuadras antes del lugar de trabajo o realizar alguna actividad física en casa.* **2.** *Físicos: previene las enfermedades cardiovasculares, mejora la capacidad respiratoria. Emocionales: elimina el estrés, regula el sueño. Sociales: mejora la imagen corporal y favorece la autoestima.*

12.3 More About **gustar** and Similar Verbs

Expressing Likes and Dislikes

GRAMÁTICA EN ACCIÓN

César y Andrés con su hija
©Onoky/Superstock

***Gramática*, Note:** Students can assess their understanding and mastery of the grammar points presented in this chapter by accessing the LearnSmart module for *Capítulo 12* at www.mhhe.com/connect.

***GEA*, Note:** The audio for this *GEA* is available through the eBook or the corresponding assignment builder activity on Connect.

***GEA*, Culture Note:** Same-sex marriage and adoption have been legal in Argentina since 2010. Argentina was the first country in Latin America to legalize same-sex marriage, and was followed shortly thereafter by Uruguay in 2013. Spain was the third country in the world to legalize same-sex marriages in 2005. In Argentina, support for the measure was strong, with polls showing that approximately 70% of the population was in favor.

Buenos amigos

[Rafael y César son dos buenos amigos argentinos que trabajan para la misma compañía. ***A los dos les fascina*** *hablar de sus familias, así que este es el tema principal de conversación durante un viaje de negocios que hacen juntos.]*

RAFAEL: ¿Cómo ha estado tu esposo últimamente? ¿Todavía tiene problemas con las alergias?

CÉSAR: Andrés está muy bien. Las alergias **no le molestan** demasiado en otoño. Pero tenemos noticias importantes. Han procesado los papeles de adopción finalmente. ¡Vamos a adoptar a una niña!

RAFAEL: ¡Felicidades! **Me encanta que** Uds. **vayan** a ser padres. **A mí me gusta pasar** tiempo con mis hijos más que cualquier otra cosa. Vas a ver qué magnífico es ser padre. ¿Y cómo es la niña?

CÉSAR: Se llama Laura. Hemos pasado mucho tiempo con ella los fines de semana. Tiene 3 años y es preciosa. Es muy inteligente y **le interesa** todo lo que ve. ¡No deja de hablar! Al principio **nos preocupaba** su salud porque hace unos meses tuvo meningitis y estuvo en el hospital. Menos mal que ahora se ha recuperado completamente. Ahora solo **nos importa** que nuestra futura hija **esté** sana y **sea** feliz.

RAFAEL: Por supuesto. La salud de los hijos es lo que más **les importa a los padres**. Sé que Andrés y tú le van a ofrecer una vida magnífica a esa niñita. Y ella, los va a hacer muy felices a Uds. también.

CÉSAR: Sí, estamos muy emocionados. Pero necesitamos mudarnos a un apartamento más grande antes de traerla a casa. Últimamente **nos interesa** mucho mirar los anuncios clasificados para encontrar el hogar perfecto para nuestra familia. Esperamos tenerla en casa dentro de un mes.

RAFAEL: ¡Qué emoción! Pues tengo muchas ganas de conocerla. ¿Podemos invitarla a la fiesta de cumpleaños de mi hija? Es en dos meses y ella va a cumplir 3 años también. Sé que **a mi hija y a mi esposa les va a encantar** conocer a Laura. Espero que nuestras hijas sean buenas amigas, como nosotros.

CÉSAR: Yo también. ¿Dónde va a ser la fiesta? ¿Qué podemos llevar?

Acción. Indica la opción correcta para completar cada oración, según el texto.

1. A César y Andrés, antes __c__ la salud de su hija adoptiva, pero ahora no tienen ese problema.
2. Rafael dice que lo que más __e__ a los padres es la salud de sus hijos.
3. A la familia de Rafael __a__ conocer a la hija adoptiva de César y Andrés.
4. A la niña __b__ todo lo que ve y le encanta hablar constantemente.
5. A Andrés ya no __d__ las alergias.

a. le va a encantar
b. le interesa
c. les preocupaba
d. le molestan
e. les importa

In previous chapters, you learned about the use of the verb **gustar,** which has a unique pattern.

I.O. + **gusta/gustan** + *object(s)/activity liked*

Me gusta este jarabe.	*I like this cough syrup. (This cough syrup is pleasing to me.)*
No **les gustan** las inyecciones.	*They don't like shots. (Shots are not pleasing to them.)*

The verb is conjugated in the third person singular or plural to agree with the thing or things liked. The person or persons who like those things is expressed with the corresponding personal pronoun: **me**, **te**, **le**, **nos**, **os**, and **les**.

A. Here is a list of other verbs in Spanish that follow this same pattern, some of which you learned in **Capítulo 6**.

GEA, **Suggestion:** Remind students that with *gustar* and similar verbs, the verb agrees with the thing liked: *gusta + one thing, gustan + more than one thing.* When the thing liked is an activity (a verb), they use the singular: *gusta + inf.*

More verbs like gustar			
aburrir	to bore	**interesar**	to interest
doler (ue)	to be painful, to ache	**importar**	to matter, to be important
encantar	to really like, to love	**molestar**	to bother
fascinar	to fascinate	**preocupar**	to worry

A los niños **les encanta** practicar deportes.	*The kids love playing sports.*
¿**Te importa** la comida orgánica?	*Is organic food important to you?*
A nosotros **nos molestan** los fumadores.	*We are bothered by smokers.*
Me aburre ir al médico cada año, pero es necesario.	*Going to the doctor every year bores me, but it's necessary.*

B. In some cases with this structure, the person(s) referred to by the pronouns **me, te, le, nos, os,** and **les** must also be represented in a prepositional phrase with **a**. This is most frequently done with **le** and **les,** in order to clarify to whom these pronouns refer. The **a** phrase is used for emphasis with the other pronouns, which are never ambiguous. The preposition **a** is always necessary when the person who likes (loves, is fascinated, etc.) is expressed with a name or noun phrase: **a Roberto le gusta** or **a los estudiantes de español les interesa.**

A Isabel le encanta meditar en la playa.	*Isabel loves meditating on the beach.*
A los estudiantes de la clase de yoga **les importa** llevar una vida saludable.	*Having a healthy lifestyle is important to the students in the yoga class.*
A mis padres no les interesan los problemas de la tecnología.	*My parents are not interested in the problems of technology.*

C. **Gustar** and similar verbs can, as with verbs of volition and emotion, trigger the subjunctive. As you learned in previous sections on the subjunctive, the verb in the dependent clause (in this case, **gustar** or a similar verb) is conjugated in the present indicative and is connected to the dependent clause with **que.** The verb in the dependent clause has a different subject and is conjugated in the subjunctive.

Me gusta que mi médica me **explique** todo con mucho detalle.	*I like that my doctor explains everything to me in detail.*
Nos preocupa que nuestro amigo **tenga** mucho estrés.	*It worries us that our friend has lots of stress.*
¿**Te molesta que** tu hermana no **tenga** ambición?	*Does it bother you that your sister does not have ambition?*

ACTIVIDADES

A. Gustos y preferencias

PASO 1. Da el pronombre correcto para completar cada una de las oraciones.

1. Mis amigos y yo hacemos ejercicio dos veces a la semana. __Nos__ importa nuestra salud.
2. Tienes mucho talento artístico. Quizás __te__ interese aprender a tocar un instrumento.
3. Ya que soy muy flexible, __me__ encanta hacer yoga con mis amigas.
4. A algunos estudiantes __les__ fascinan los proyectos altruistas.
5. Elena es muy sentimental. Por eso, __le__ encantan las películas románticas.

Act. A, Paso 2, **Answers:** **1.** *fascinan* **2.** *interesa* **3.** *encantan* **4.** *preocupa* **5.** *molesta*

PASO 2. Da la conjugación correcta de los verbos entre paréntesis.

1. A mis amigos les (**fascinar**) los mismos programas de televisión que me gustan a mí.
2. ¿Te (**interesar**) participar en un proyecto de arte?
3. No tenemos problemas de salud, pero nos (**encantar**) las vitaminas porque nos ayudan a sentirnos bien.
4. ¿Les (**preocupar**) a tus padres tu bienestar físico?
5. A Enrique le (**molestar**) que su esposa fume tabaco.

B. ¿Quién es?

PASO 1. Escoge dos de las siguientes personas o grupos de personas. Usa los verbos como **gustar** para expresar ideas sobre esas personas, sin revelar a quién describes. Escribe un mínimo de tres oraciones completas sobre cada persona.

una persona que necesita adelgazar/engordar
una persona que trata de dejar de fumar/tomar alcohol
un(a) voluntario/a de Hábitat para la Humanidad
tu profesor(a) de español/biología
un(a) adicto/a al trabajo/ejercicio
un(a) terapista físico/a / trabajador(a) social
un(a) atleta profesional
tú y tus amigos

MODELO una persona que necesita adelgazar → A esta persona no le gusta comer en restaurantes de comida rápida porque está reduciendo calorías. Le importan su figura y su salud. Le encanta comer, pero necesita comer menos.

PASO 2. En parejas, túrnense para leer sus oraciones sin decir a quién se refiere cada una. ¿Puede tu compañero/a identificar a quién describes?

Nota cultural

El mate

El mate tiene sus orígenes en las poblaciones indígenas de Sudamérica y es, sin duda, la bebida por excelencia en Paraguay, Uruguay y Argentina. Esta infusión se prepara con yerba mate, una yerba seca,[a] mezclándola con agua en un recipiente denominado «mate». La forma de prepararlo varía, según la región. Se puede tomar dulce, añadiéndole azúcar o amargo; o se puede tomar frío o caliente. En Paraguay, por ejemplo, se bebe frío y a esta modalidad lo llaman *tereré*.

Muy recomendado por los médicos por sus muchos beneficios para la salud, el mate es, sobre todo, una práctica social en el Cono Sur. Es la forma en que se reúnen las familias, amigos y conocidos para conversar y, como en toda actividad colectiva, tiene sus reglas[b] y convenciones culturales. El mate se toma de un solo recipiente y se comparte[c] entre todos los participantes. Durante la ronda se designa a un cebador, la persona que vierte[d] el agua en el recipiente. El cebador lo pasa por la derecha a los miembros del grupo y cuando el recipiente se queda vacío, se devuelve al cebador para rellenarlo antes de volver a pasarlo. Cuando un participante no quiere beber más, le pasa el mate al cebador y le da las gracias, lo que significa que ha tomado suficiente.

Compartir un mate
©Nicolás Rizzo/EyeEm/Getty Images

El mate es un ritual que representa un estilo de vida en el Cono Sur. Significa comunicación, compañerismo[e] y hospitalidad, y si alguna vez alguien te ofrece un mate, implica que está abriéndote las puertas de su casa. En 2015, el gobierno argentino nombró el 30 de noviembre como el Día Nacional del Mate para rendir homenaje[f] al mate nacional y reconocer su trascendencia en el país.

[a]*dried* [b]*rules* [c]*se... is shared* [d]*pours* [e]*companionship, camaraderie* [f]*rendir... pay homage*

PREGUNTAS

1. ¿Cómo se prepara el mate? ¿Cuáles son algunas de sus modalidades? ¿Dónde se consume?
2. ¿Qué simboliza una reunión de mate? ¿Cuáles son las reglas del ritual?
3. Menciona, al menos, una razón que justifique la importancia de este ritual en el Cono Sur.
4. ¿Existe alguna celebración o ritual similar en tu comunidad? Explica.

***Nota cultural*, Answers:** (*Possible answers*) **1.** *Se prepara con yerba mate, un polvo verde mezclado con agua que se vierte en un recipiente, o mate. Se puede tomar dulce o amargo; o se puede tomar frío o caliente. En Paraguay se bebe frío y lo llaman tereré. Argentina, Uruguay y Paraguay.* **2.** *Es una práctica social, una reunión familiar, de amigos y conocidos para conversar; significa comunicación, compañerismo y hospitalidad. Se toma de un solo recipiente que es compartido por todos los participantes. El cebador, la persona que vierte el agua en el recipiente, lo pasa por la derecha a los miembros del grupo y cuando el recipiente se queda vacío, se devuelve al cebador para rellenarlo antes de volver a pasarlo.* **3.** *En Argentina se estableció el 30 de noviembre de 2015 como El Día Nacional del Mate para reconocer su trascendencia en el país.*

C. Entrevista. En parejas, contesten las preguntas en detalle.

1. ¿Te importa tu salud? ¿Qué haces para cuidarte?
2. ¿Conoces a alguien que tiene un vicio? ¿Te preocupa?
3. ¿Hay muchas cosas que te molestan? ¿Cuáles son? ¿Qué haces para evitar los pensamientos negativos?
4. ¿Les interesa a ti y a tus amigos hacer yoga o meditar? ¿Por qué?
5. ¿Qué situaciones o actividades te aburren? ¿Cuáles te fascinan? ¿Por qué?
6. ¿Te importa que tu familia y amigos tengan una manera de vivir saludable? ¿Qué puedes hacer para ayudarles?

D. La salud mental en Argentina

PASO 1. Completa el texto con la forma correcta del verbo en paréntesis y el pronombre de objeto indirecto según el contexto.

Tomar mate y conversar sobre la vida es una actividad muy saludable.
©Azul Images/LatinContent/Getty Images

Soy Leticia y vivo en Buenos Aires con mi novio y nuestra hija de cuatro años. Soy terapista[a] y Dani, mi novio, es maestro. A nosotros dos **(encantar)**[1] nuestros trabajos porque **(apasionar[b])**[2] ayudar a la gente. Según la Organización Mundial de la Salud, Argentina es el país con más terapistas por persona en todo el mundo, así que tengo un trabajo bastante popular. Generalmente, a la gente **(importar)**[3] mucho la salud mental y se considera completamente normal asistir a terapia individual o en grupos todas las semanas. Socialmente, a mis amigas y a mí **(convenir[c])**[4] juntarnos para tomar un mate y hablar abiertamente de la vida, los problemas personales y las emociones. Esa mentalidad incluye a los niños; tengo muchos clientes pequeños porque a sus padres **(preocupar)**[5] las emociones de sus hijos y a mí **(fascinar)**[6] sus ideas y pensamientos.

El yoga y la meditación son buenos para la salud mental.
©Ariel Skelley/Getty Images

A muchos argentinos **(interesar)**[7] la terapia no solo para tratar asuntos personales o recuperarse de algún trauma, sino también para tratar de mejorarse personalmente y realizar metas personales. Muchos de mis clientes me dicen que **(agradar)**[8] explorar sus sentimientos y analizar sus pasiones. Por lo general, a la gente **(encantar)**[9] la terapia como modo de aprender sobre uno mismo y aumentar[d] la autoestima.

A mí y a otros terapistas que conozco **(preocupar)**[10] que nuestros clientes tengan acceso a servicios de salud mental. Por eso, la terapia es muy accesible y típicamente no es costosa.[e] A nosotros y a nuestros clientes **(parecer)**[11] importante

[a]*therapist* [b]*to be passionate about* [c]*to be favorable (to someone)* [d]*increase* [e]*expensive*

Bailar tango es buen ejercicio y puede ser parte de una vida social activa.

la conexión entre la salud física y la salud mental y por eso ir a terapia es tan importante como ir al médico y casi todo el mundo lo hace.

Además de asistir a terapia, a mucha gente de mi país **(encantar)**[12] participar en otras actividades para cuidar su salud mental. A algunos **(atraer**[f]**)**[13] el ejercicio como el yoga u otras actividades físicas como el baile nacional, el tango. Para otras personas, mantener una vida social activa es una práctica saludable. A estas personas nunca **(aburrir)**[14] las largas conversaciones entre buenos amigos. Hay muchas maneras de cuidar la salud mental y los argentinos son de los mejores en el mundo a la hora de expresar sus sentimientos de formas saludables.

[f]*to be drawn to*

***Act. D, Paso 1,* Answers: 1.** *nos encantan* **2.** *nos apasiona* **3.** *le importa* **4.** *nos conviene* **5.** *les preocupan* **6.** *me fascinan* **7.** *les interesa* **8.** *les agrada* **9.** *le encanta* **10.** *nos preocupa* **11.** *nos parece* **12.** *le encanta* **13.** *les atrae* **14.** *les aburren*

PASO 2. Completa la tabla con una pregunta de opinión o reacción usando los siguientes verbos. Usa la primera pregunta en la tabla como modelo.

VERBO	PREGUNTA
gustar	*¿Te gusta la actitud de los argentinos hacia la terapia? ¿Por qué?*
importar	
preocupar	
interesar	
fascinar	
molestar	

PASO 3. Túrnense para hacerse las preguntas que escribieron. Usen los verbos como **gustar** en sus respuestas y tomen apuntes. A tu compañero/a, ¿qué le gusta y no le gusta de la actitud hacia la terapia y la salud mental en Argentina? Escribe un resumen de dos o tres oraciones.

Lectura cultural

Vas a leer un artículo publicado por la revista *Saber vivir* sobre hábitos saludables que permiten a las personas vivir más años y mucho más sanos.

ANTES DE LEER

A. La salud. En parejas, contesten las siguientes preguntas. Después, compartan sus ideas con la clase.

1. Hagan una lista de los hábitos que Uds. asocian con la salud y el bienestar. ¿Qué enfermedades creen que estos hábitos pueden prevenir (*prevent*)?
2. Ahora elaboren otra lista de hábitos que, en su opinión, tienen un efecto negativo en la salud. ¿Qué puede hacer una persona para cambiarlos?

B. A verificar. Lean el artículo rápidamente, sin preocuparse por las palabras que no conocen. ¿Qué información mencionada en el texto pueden añadir a sus listas elaboradas en la **Actividad A?**

Las 4 cosas que te alargan[a] la vida

¿Sabías que un poco de estrés o tener un buen círculo de amigos puede actuar como un auténtico elixir de juventud? Te explicamos esta y otras cosas que, según la Ciencia, te alargan la vida.

No es la primera vez que en *Saber Vivir* nos hacemos eco de[b] todos aquellos hábitos que permiten vivir más años y con mejor salud. En su momento ya te hablamos de la investigación de la Universidad de Cambridge (Reino Unido) que demostró que la esperanza[c] de vida podía aumentar hasta 14 años si se comían cinco porciones de frutas y verduras al día, se hacía ejercicio regularmente, se bebía con moderación y se dejaba de fumar. Las recomendaciones de los investigadores británicos siguen vigentes.[d] Pero, en nuestro afán por[e] estar al día y darte nuevos consejos para cuidarte más y mejor, hemos recopilado estudios más recientes acerca de todo aquello que te ayuda a ganar salud y a vivir más.

Es saludable pasar tiempo con los amigos.
©Aldo Murillo/Getty Images

1. No llenarte a la hora de comer

Después de 30 años investigando por separado los beneficios de una dieta baja en calorías en monos,[f] la Universidad de Wisconsin-Madison y el Instituto Nacional del Envejecimiento de Estados Unidos han cruzado los resultados de sus investigaciones, y son muy esperanzadores[g]: los monos con dietas reducidas viven una media de 3 años más. Y eso en humanos equivale... ¡a 9 años!

- La restricción calórica protege contra problemas cardiovasculares y neurodegenerativos, diabetes y cáncer. Incluso mejora el aspecto físico, dicen los autores del estudio.
- Cómo conseguirlo: No te llenes mucho el plato. Reduce los azúcares y las grasas malas (embutidos[h] o bollería[i] son los nutrientes más calóricos). Prepara las guarniciones[j] a base de verduras en lugar de hidratos (arroz, patata). No superes las 3 raciones de pan al día.

2. Tener un poco de estrés

«Es como magia», asegura el profesor Richard I. Morimoto de la Universidad de Northwestern (EE. UU.) y principal autor de la primera investigación que confirma que un poco de estrés duplica la vida de tus células. Hay dos tipos de estrés: el eutrés y el distrés. El primero te da salud, el segundo te la puede quitar.

[a]*prolong* [b]nos... *we reiterate* [c]*expectancy* [d]*valid* [e]en... *in our eagerness to* [f]*monkeys* [g]*encouraging* [h]*cold cured meat* [i]*pastries* [j]*garnish*

- El eutrés es ese tipo de gusanillo[k] que notas cuando algo te emociona o estimula. Eso hace que reacciones de forma positiva: te centras en lo que estás haciendo, te "sale" la creatividad y encuentras una buena solución. Mejora la función del corazón porque aumenta el pulso y el cerebro se oxigena mejor.
- El estrés se convierte en distrés, o estrés malo, cuando percibes que la situación te supera.[l] Puede acabar bloqueándote o desencadenar[m] crisis de ansiedad o angustia. Hace que liberes[n] cortisol que, entre otras cosas, debilita el sistema inmune, provoca depresión y aumenta el riesgo de cáncer.

3. Cuidar a los amigos

Quien tiene un amigo conserva la mente fresca durante más años. Un estudio ha demostrado que rejuvenece la mente hasta 20 años. La neuróloga americana Emily Rogalski ha estudiado a un grupo de personas de más de 80 años que tienen la agilidad mental de una de 50 o 60. ¿Y qué ha descubierto? Pues que todos ellos disponen de una buena red social y la mantienen activa. La comunicación con los demás favorece la conexión entre neuronas y eso evita el deterioro mental.

- El peligro de la soledad. El aislamiento prolongado es tan dañino[ñ] como el tabaquismo, y peor que el sobrepeso o el sedentarismo, según un estudio de la Universidad de Brigham Young (EE. UU.).

4. Reírse de verdad y con frecuencia

Un informe de la Sociedad Española de Neurología (SEN) revela que las personas con buen humor tienen un 40% menos de problemas cardiovasculares y viven 4 años más.

- SEN asegura que también tiene un efecto positivo en enfermedades como el cáncer: "no se sabe si es por el efecto de la risa en sí o por el carácter de las personas risueñas, pero lo cierto es que el estado de ánimo tiene un efecto directo en la supervivencia de los pacientes. Igual ocurre a medida que envejecemos: las personas positivas, que se ríen más, tienen mejor salud".

[k]*itch (figurative)* [l]*overcomes* [m]*to trigger* [n]Hace… *It releases* [ñ]*harmful*

DESPUÉS DE LEER

A. Comprensión. Contesta las siguientes preguntas, según el texto.

1. ¿Qué hábitos pueden prolongar la vida de una persona unos 14 años? ¿Qué otros hábitos saludables, basados en estudios más recientes, se incluyen en el artículo?
2. ¿Cómo beneficia la salud una dieta baja en calorías? ¿Qué consejos ofrece el artículo para conseguir una dieta menos calórica?
3. ¿Qué efectos tiene el eutrés en el organismo (*body*)? ¿Y el distrés?
4. ¿Cómo beneficia la salud mental el tener un buen círculo de amigos? ¿Qué comenta el artículo sobre la soledad o el aislamiento?
5. ¿Cuáles son los efectos positivos de la risa y el buen humor en el organismo?

B. Temas de discusión. En pequeños grupos, discutan estas preguntas. Después, compartan sus ideas con la clase.

1. ¿Qué hacen Uds. para llevar una vida saludable? ¿Tienen algunos hábitos que deben cambiar para mejorar la salud y el bienestar? ¿Cuáles?
2. La vida de un/a estudiante puede ser muy estresante, a veces. ¿Qué actividades hacen Uds. para combatir el estrés y relajarse?
3. Piensen en otra actividad que una persona puede hacer para mantenerse sana. Expliquen en qué consiste la actividad y los efectos que tiene en la salud mental y física. Busquen información en el internet si es necesario.

***Después de leer A*, Answers:** (Possible answers) **1.** *comer cinco porciones de frutas y verduras al día, hacer ejercicio regularmente, beber con moderación y dejar de fumar. Hacer una dieta reducida, tener un poco de estrés, tener amigos, reírse.* **2.** *protege contra problemas cardiovasculares y neurodegenerativos, diabetes, cáncer; mejora el aspecto físico y prolonga la vida nueve años. No llenar el plato, reducir los azúcares y las grasas malas, preparar las guarniciones a base de verduras en lugar de hidratos, no comer más de tres raciones de pan al día.* **3.** *el eutrés mejora la función del corazón porque aumenta el pulso y el cerebro se oxigena mejor. El distrés puede provocar crisis de ansiedad o angustia y liberar cortisol, lo cual debilita el sistema inmune, provoca depresión y aumenta el riesgo de cáncer.* **4.** *la comunicación con los amigos favorece la conexión entre neuronas y eso evita el deterioro mental. Es tan dañino como el tabaquismo, y peor que el sobrepeso o el sedentarismo.* **5.** *reducen en un 40% los problemas cardiovasculares y alargan la vida cuatro años; también tienen un efecto positivo en pacientes con enfermedades como el cáncer.*

COMMUNICATION

Palabra escrita

Stating Your Thesis. The thesis statement is the central point of any composition or essay; everything else you write about supports this main idea. You should write your thesis statement in the first paragraph of your composition for three important reasons. First, it helps you select the information that best supports your thesis and disregard all other ideas that are not relevant. Second, it facilitates the overall organization of your composition. Finally, your thesis statement orients the reader, making it easier for him/her to follow your line of thought.

The topic of this composition is **Para salir de la adicción a** ________ and the purpose will be to convince the reader that the bad habit you choose is certainly an addiction and that it can have very negative consequences in people's lives.

A. Escogiendo el tema. En parejas, digan cuáles de los siguientes hábitos creen que pueden crear adicción. Marquen las opciones y expliquen por qué. Después, escojan un tema para su ensayo.

- ☐ el tabaco
- ☐ las drogas
- ☐ el ejercicio
- ☐ el alcohol
- ☐ las dietas
- ☐ mirar la televisión
- ☐ el télefono celular
- ☐ ¿?

B. Lluvia de ideas. Contesta las preguntas de acuerdo a la adicción que has escogido. Después, comparte tus ideas con la clase y apunta otras ideas apropiadas para tu ensayo.

1. ¿Por qué crees que una persona llega a tener esa adicción? Piensa en la personalidad de la persona y en las posibles circunstancias de su vida.
2. ¿Cuáles son algunos de los síntomas de la adicción?
3. ¿Qué consecuencias tiene ese hábito en la vida de la persona adicta?
4. Escribe recomendaciones para superar (*to overcome*) la adicción. Usa las expresiones **es importante que, recomiendo que, es increíble que,** etcétera.

C. A organizar tus ideas. Repasa tus ideas y organízalas en un orden lógico. Usa el siguiente bosquejo como modelo.

I. Introducción: una definición del hábito y una descripción de las causas que crees que llevan a una persona a desarrollar esa adicción; información sobre la personalidad de las personas más vulnerables a esta adicción; tu tesis
II. Cuerpo del ensayo: dos párrafos sobre los síntomas de esa adicción y las consecuencias negativas que puede tener en la vida de la persona afectada
III. Conclusión: recomendaciones para ayudar a las personas a superar la adicción

D. A escribir. Haz el borrador de tu composición con las ideas de las **Actividades A** y **B,** y la organización del bosquejo de la **Actividad C.**

E. El vocabulario y la estructura

PASO 1. Repasa el vocabulario y la gramática de este capítulo. Ten en cuenta estas preguntas.

1. ¿Incluiste información para explicar los temas de las **Actividades A** y **B?**
2. ¿Usaste el vocabulario apropiado?
3. ¿Usaste correctamente el subjuntivo y los verbos como **gustar**?
4. ¿Es correcta la conjugación de los verbos?
5. ¿Concuerdan los adjetivos con los sustantivos que modifican?

PASO 2. Vuelve a escribir tu composición y entrégasela a tu profesor(a).

Conexiones culturales

«La salud es un tesoro[a] que vale más que el oro.»

CULTURES C

A Felipe y a sus amigos les encanta salir a los parques de Montevideo y hacer ejercicio en los «gimnasios biosaludables». Aquí los chicos hacen circuitos en el banco[b] abdominal, la bicicleta elíptica o las barras paralelas, entre otros. Es un espacio perfecto para tonificarse,[c] pero también ayuda con la salud mental. Hacer ejercicio al aire libre[d] mejora el humor[e] y permite la socialización. Además, es gratuito[f] y cualquiera[g] puede utilizar las máquinas, sin importar su nivel[h] económico ni su edad.

©EmirMemedovski/Getty Images

©wavebreakmedia/Shutterstock

En los meses calurosos,[i] a veces Felipe prefiere asistir a las sesiones de yoga que ofrecen diferentes organizaciones en los parques de la ciudad. Es una manera de variar su actividad física y le permite centrarse, meditar y aliviar la presión y el estrés del trabajo.

Estos chicos juegan al vólibol en un partido recreativo que organiza la *Federación Argentina LGBT*. Históricamente, la cultura deportiva muchas veces ha tenido el efecto de reafirmar el machismo y la fobia hacia[j] la comunidad LGBT. Por eso, esta organización crea un espacio social que ayuda a las personas a mantenerse activas y saludables en un ambiente[k] divertido, positivo e inclusivo. También disponen de[l] profesionales de salud mental que organizan sesiones de terapia para ayudar con el bienestar psíquico y la autoestima de sus miembros.

[a]*treasure* [b]*bench* [c]*get toned* [d]al... *outdoors* [e]*mood* [f]*free* [g]*anyone* [h]*status* [i]de mucho calor [j]*toward* [k]*environment* [l]disponen... *they have available*

©Nicola Tree/Getty Images

REFLEXIÓN

1. Lee el refrán del título. ¿Por qué se dice que la salud es tan preciosa como el oro? ¿Conoces algunos refranes similares en inglés?
2. Las personas en las fotos prefieren hacer ejercicio en público, en vez de (*instead of*) ir a un gimnasio y estar solos. ¿Hay otros lugares en tu ciudad o estado donde te reúnes con otras personas para hacer ejercicio? ¿Cuáles pueden ser algunos beneficios de practicar deporte con otras personas?
3. ¿Hay organizaciones como la *Federación Argentina LGBT* en tu ciudad? ¿Cómo benefician a la comunidad donde vives?

Un mundo sin límites

Santiago, Chile

Mei Li y Lorena

Antes de ver
Infórmate y ponte en su lugar.
Vivir y trabajar en la ciudad causa mucho estrés, pero muchos de los habitantes saben aliviarlo. Es magnífico que el gobierno local ayude a crear lugares y oportunidades para hacerlo. A la gente de tu comunidad, ¿qué lugares le encantan para relajarse y olvidar las presiones de la vida diaria? ¿Es necesario que haga el gobierno local algo para mantenerlos? ¿Cuándo va allí la gente? ¿Qué hace?

©deepblue4you/Getty Images
©McGraw-Hill Education/Zenergy

Vocabulario práctico

el finde	**el fin de semana**
la CicloRecreoVía	path for biking and recreation
auto	**carro, coche**
andar en patines	in-line skate
puestos	booths, stands
apurado	hurried
santiaguinos	**habitantes de Santiago**
frenar	to slow down
sacarle provecho	to make the most of
al alcance	in reach
el equilibrio	balance

©McGraw-Hill Education/Zenergy

¿Entendiste?

A. ¿Cierto o falso?

C	F	
☐	☑	**1.** Santiago es una ciudad grande, pero llegar de un sitio a otro es fácil y rápido.
☐	☑	**2.** A los santiaguinos les aburren los fines de semana porque no hay nada que hacer.
☑	☐	**3.** La CicloRecreoVía está abierta solo los domingos.
☑	☐	**4.** La CicloRecreoVía les permite a los habitantes de la ciudad aliviar su estrés y hacer ejercicio.
☑	☐	**5.** Probar los patines en la CicloRecreoVía es gratis.

B. El bienestar. En parejas, contesten las preguntas.

1. ¿Qué dicen Mei Li y Lorena sobre el estrés de vivir en una ciudad grande como Santiago? ¿Qué otras cosas piensan que les molestan a los habitantes de las ciudades grandes? A Uds., ¿qué les interesa más? ¿vivir en una ciudad grande o en una comunidad más pequeña?
2. Según el vídeo, ¿qué les encanta hacer a los santiaguinos para aprovechar el finde? ¿Cómo se cuidan físicamente y mentalmente?
3. En la CicloRecreoVía hay una variedad de puestos. ¿Qué se puede hacer en algunos de ellos? ¿Es posible que esa variedad de actividades atraiga a más personas a aprovechar la CicloRecreoVía? ¿Por qué?
4. ¿Qué actividades sociales se mencionan y se ven en el vídeo? ¿Creen Uds. que pasar tiempo con los amigos es como una terapia para las personas que sienten mucha presión y sufren de estrés? ¿Por qué?

Vocabulario

Los verbos	
adelgazar (c)	to lose weight
aliviar	to relieve
cuidarse	to take care of oneself
dañar	to damage; to cause pain
dejar de + *inf.*	to stop/quit (*doing something*)
doler (ue)	to hurt
drogarse (gu)	to get high; to take drugs
dudar	to doubt
emocionarse	to display emotion
engordar	to gain weight
estar (*irreg.*) **deprimido/a**	to be depressed
estar seguro/a	to be sure
estirarse	to stretch
evitar	to avoid
fumar	to smoke
hacer (*irreg.*) **ejercicio aeróbico**	to do aerobics
negar (ie)	to deny
ponerle (*irreg.*) **una inyección**	to give (*someone*) a shot
recetar	to prescribe
recuperarse	to recover
resfriarse (me resfrío)	to catch a cold
ser orgulloso/a	to be arrogant
tomarle la temperatura	to take (*someone's*) temperature
toser	to cough

Cognados: afirmar, fascinar, meditar, practicar (qu); la aromaterapia
Repaso: aburrir, creer (y), encantar, gustar, hacer ejercicio, hacer yoga, importar, interesar, molestar, preocupar, quejarse, relajarse

El cuerpo humano	The human body
la boca	mouth
el brazo	arm
la cabeza	head
el cerebro	brain
el corazón	heart
el cuello	neck
el dedo	finger
el dedo del pie	toe
el diente	tooth
la espalda	back
el estómago	stomach
la garganta	throat
el hombro	shoulder
la nariz	nose
el oído	inner ear
el ojo	eye
la oreja	ear
el pecho	chest
el pie	foot
la pierna	leg
los pulmones	lungs
la rodilla	knee
la sangre	blood

Las enfermedades y los síntomas	Illnesses and symptoms
el dolor	pain, ache
de cabeza	headache
de estómago	stomachache
de muela	toothache
muscular	muscle ache
el estrés	stress
la fiebre	fever
la gripe	flu
la infección de oído	ear infection
el resfriado	cold
la salud	health
la tos	cough
mareado/a	dizzy; nauseated
resfriado/a	congested
sano/a	healthy

Repaso: quejarse; enfermo/a

El cuidado médico	Medical care
el chequeo	check-up
el/la enfermero/a	nurse
el jarabe	cough syrup
el/la médico/a	doctor
la pastilla	pill
la receta	prescription

Cognados: el antibiótico, el/la dentista

El cuidado personal	
el bienestar	well-being
el/la drogadicto/a	drug addict
los fármacos	medicine; pharmaceuticals
la presión	pressure
el tratamiento	treatment
el vicio	vice, bad habit

Cognados: la adicción, el alcohol, el/la alcohólico/a, la droga, la terapia (de grupo)

Las emociones	
la autoestima	self-esteem
el egoísmo	selfishness
la envidia	envy
el odio	hate
el orgullo	pride; arrogance
el sentimiento	feeling
egoísta	selfish

Cognado: la ambición, la depresión, la pasión; ambicioso/a

Más expresiones impersonales	
es cierto que	it's certain that
es mejor que	it's better that
es verdad que	it's true that

Cognados: es obvio que, es (im)posible que, es (im)probable que
Repaso: es absurdo que, es bueno que, es importante que, es increíble que, es interesante que, es malo que, es necesario que, es una lástima que, es urgente que

Capítulo 13 Nuestro futuro

Las viñas (*wineries*) de Chile y Argentina crean mucho empleo y la tecnología contribuye a la innovación en el proceso de hacer el vino y vender y exportarlo por todo el mundo.

Piensa y comparte

Cada vez más los empleos requieren habilidades técnicas y conocimiento del uso de redes sociales como Twitter, Facebook e Instagram. Janna se conecta con sus clientes a través de internet.

- ¿Te sientes preparado/a para el uso de la tecnología en tu futuro empleo? ¿Por qué?

Los blogs representan una manera muy popular de conectarse con nuevos contactos y promover una marca propia (*one's own brand*). Algunos bloggers se han hecho muy famosos y ganan bastante dinero por compartir sus experiencias y opiniones.

- ¿Qué piensas de los blogs? ¿Sigues alguno?
- ¿Has considerado escribir tu propio blog? ¿Lo ves útil para tu futuro profesional?

El teletrabajo está creciendo por todo el mundo y representa una excelente opción para muchos empleados que prefieren la flexibilidad de trabajar desde casa o en espacios de co-working, ahora comunes en las ciudades grandes del Cono Sur.

Hoy en día, tener una presencia en la red como la blogger de la moda chilena Nicole Putz se puede convertir en un trabajo a tiempo completo con oportunidades de viajar e influir en la industria de la moda.

Un mundo sin límites

Marindia, Uruguay

Janna y Sandra

©deepblue4you/Getty Images
©McGraw-Hill Education/Zenergy

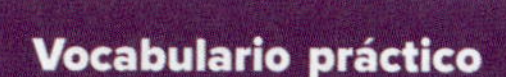

Vocabulario práctico

el entorno natural	natural environment

Antes de ver

Infórmate y ponte en su lugar.

Janna vive en Marindia, Uruguay con su esposo y sus hijos. Como los dos papás trabajan virtualmente, pudieron construir su casa y criar a su familia en un ambiente que les gusta mucho. En el futuro, si el trabajo te lo permite ¿quieres vivir en otro país? ¿Dónde? ¿Por qué? ¿Qué estás haciendo ahora para prepararte para entrar en el mercado laboral después de tu graduación?

©McGraw-Hill Education/Zenergy

©McGraw-Hill Education/Zenergy

¿Entendiste?

A. Comprensión. Contesta las preguntas.

1. ¿Cuál es el trabajo de Janna? ¿Dónde lo hace?
2. ¿Cuántos años tiene Sandra? ¿Por cuánto tiempo ha vivido en Marindia?
3. ¿Cuántos hijos tienen Janna y Sandra? ¿Cómo es la relación entre ellos?
4. ¿Qué le gusta a Sandra de vivir en Marindia? Nombra dos cosas.

¿Entendiste? A, ***Answers: 1.*** *Janna enseña inglés online, desde su casa.* ***2.*** *Sandra tiene 36 años y vive en Marindia desde hace cinco años.* ***3.*** *Janna tiene dos hijos y Sandra tiene un hijo.* ***4.*** *Le gusta el entorno natural, estar cerca del mar y vivir en un lugar tranquilo para criar hijos.*

B. Nuestro futuro. En parejas, contesten las preguntas.

1. ¿Qué clases ha enseñado Janna en el pasado? ¿Piensan Uds. que es fácil o difícil aprender o enseñar una lengua en una clase virtual? ¿Por qué?
2. ¿Tomaron Uds. alguna vez una clase en línea? ¿Cuál? ¿Cómo fue la experiencia? ¿Qué cualidades debe tener el/la profesor/a y los estudiantes de una clase en línea?
3. Además de amigas, ¿cuál es la relación entre Janna y Sandra? Cuando piensan Uds. en el futuro después de la universidad, ¿cómo piensan que van a conocer a amigos nuevos?
4. Sandra y Janna y sus familias han tomado una decisión consciente de criar a sus hijos en Marindia. ¿Cuáles van a ser los factores más importantes para Uds. a la hora de elegir dónde vivir y trabajar? ¿Qué limitaciones ponen esos factores en las carreras o especializaciones que pueden seguir?

TEMA I: ¿Qué haremos° en el futuro?

¿Qué... *What will we do*

Vocabulario en acción

***Vocabulario en acción*, Note:** Students can assess their understanding and mastery of the vocabulary presented in this chapter by accessing the LearnSm module for *Capítulo 13* at www.mhhe.com/conne

Las profesiones y los oficios°

trades

Note: The art for this chapter is available for digital download within Connect (www.mhhe.com/connect).

*__Sicólogo/a__ can be spelled with a **p** as well: **el/la psicólogo/a.**

el/la albañil	bricklayer, construction worker
el/la biólogo/a	biologist
el/la científico/a	scientist
el/la consejero/a	advisor; counselor
el/la diseñador(a) (de modas)	(fashion) designer
el/la electricista	electrician
el/la ingeniero/a	engineer
el/la maestro/a	teacher
el/la periodista	journalist
el/la técnico/a	technician
el/la traductor(a)	translator

Cognados: el/la atleta, el/la modelo, el/la programador(a), el/la recepcionista, el/la secretario/a

Repaso: el/la arquitecto/a, el/la chef, la contabilidad, el/la dentista, el/la escultor(a), el/la músico/a, el periodismo, el/la pintor(a), el/la profesor(a)

Las habilidades y destrezas°

°Las... *Abilities and skills*

el conocimiento	knowledge
emprendedor(a)	enterprising, entreprenuerial
fuerte físicamente	physically strong
íntegro/a	honest; upright
valiente	brave

Cognados: la compasión; bilingüe, carismático/a, honesto/a, organizado/a, puntual

ACTIVIDADES

A. Asociaciones. Empareja cada definición con la profesión correspondiente.

e 1. curar animales
f 2. ayudar a las personas con problemas emocionales
h 3. enseñar en la universidad
g 4. escribir artículos y reportajes sobre eventos
b 5. hacer planos (*blueprints*) de edificios
a 6. ayudar a los médicos y atender a los pacientes
d 7. defender a las personas acusadas de crímenes
c 8. preparar medicinas recetadas

a. el/la enfermero/a
b. el/la arquitecto/a
c. el/la farmacéutico/a
d. el/la abogado/a
e. el/la veterinario/a
f. el/la sicólogo/a
g. el/la periodista
h. el/la profesor(a)

B. ¿Cuál es la respuesta correcta? Indica si las oraciones son lógicas (**L**) o ilógicas (**I**). Corrige las oraciones ilógicas.

L	I	
☐	☑	1. Un cocinero trabaja en la recepción de un hotel.
☑	☐	2. Un albañil construye o repara edificios.
☐	☑	3. Una peluquera pinta cuadros.
☑	☐	4. Un biólogo usa el microscopio en su trabajo.
☐	☑	5. Una diseñadora de modas diseña edificios, puentes y otras infraestructuras.
☐	☑	6. Una jueza diseña (*designs*) sistemas para la computadora.
☑	☐	7. Un contador trabaja en un banco.
☑	☐	8. Una secretaria resuelve asuntos (*affairs, business*) administrativos.

***Vocabulario en acción,* Suggestions:**
• Use the image in the textbook, picture files, or a PowerPoint presentation to introduce the vocabulary words. Model pronunciation as you point out items in the images and ask students questions to check comprehension. Sample input: *El enfermero o enfermera trabaja en un hospital y cuida a los enfermos. El veterinario o veterinaria también trabaja en hospitales, pero para animales; cura a los animales. ¿Quién cuida a los enfermos en los hospitales? ¿Y a los animales? ¿Qué cualidad debe tener un hombre o una mujer de negocios? Sí, ser emprendedor o emprendedora es muy importante. ¿Y qué destreza debe tener un traductor o traductora? Sí, debe ser, al menos, bilingüe o hablar varios idiomas.*
• Provide additional professional vocabulary as necessary for communicative activities. For example: *arreglar, cortar, diseñar, juzgar (gu), modelar; el/la físico/a, el/la intérprete, el/la químico/a, el/la siquíatra.* Provide cognates related to the topic: *curar; la cualidad, la experiencia,* and so on.

***Act. B,* Answers:** (Corrected answers) **1.** *Un cocinero trabaja en la cocina. (Un recepcionista trabaja en la recepción de un hotel.)* **3.** *Una peluquera corta y arregla el pelo. (Una pintora pinta cuadros.)* **5.** *Una diseñadora de modas diseña ropa. (Una ingeniera diseña edificios, puentes y otras infraestructuras.)* **6.** *Una jueza escucha los argumentos de los abogados. (Una programadora diseña sistemas para la computadora.)*

***Act. B,* Suggestion:** Ask students follow-up questions for some of the statements. For example, *¿Qué otros profesionales resuelven asuntos administrativos? Sí, un hombre o una mujer de negocios también.*

Act. C, Paso 1, **Script: 1.** *A veces tiene una oficina, pero pasa la mayoría de su tiempo en el salón de clase, enseñando y corrigiendo composiciones y exámenes.* **2.** *Hace muchos dibujos de sus ideas antes de comprar o cortar telas para hacer prendas de ropa.* **3.** *Pasa mucho tiempo en el laboratorio donde metódicamente observa y saca conclusiones sobre organismos, químicos, etcétera.* **4.** *Generalmente trabaja para una empresa para cultivar y vender productos o servicios, buscar clientes y promocionar los intereses de la compañía.* **5.** *Trabaja con clientes para ayudarlos a entender mejor su dinero y llevar sus cuentas.*

C. Definiciones

PASO 1. Escucha cada una de las oraciones e indica la profesión descrita.

d	**1.**	**a.**	el/la diseñador(a) de modas
a	**2.**	**b.**	el/la contador(a)
e	**3.**	**c.**	el hombre / la mujer de negocios
c	**4.**	**d.**	el/la maestro/a
b	**5.**	**e.**	el/la científico/a

PASO 2. Ahora escribe una definición para cuatro de las profesiones del **Vocabulario en acción.** Luego, en grupos de tres, lean sus definiciones sin nombrar las profesiones. Sus compañeros/as deben adivinar la profesión definida.

MODELO E1: Esta persona cura a los enfermos. Trabaja en hospitales.
E2: Es médico o médica.

Act. D, **Suggestion:** Have students avoid using porque él/ella sabe in every situation; they should be creative. After students complete the activity, read the situations aloud and have them come up with their answers. Have several students share their recommendations for each situation and decide which ones are most appropriate. For example, after one student reads his/her response to a situation, ask: *¿Quiénes tienen otras recomendaciones para el número 1?*

Act. D, **Answers:** (*Possible answers*) **1.** *el/la sicólogo/a* **2.** *el/la farmacéutico/a* **3.** *el/la contador (a), el/la consejero/a* **4.** *el/la ingeniero/a* **5.** *el/la abogado/a*

D. ¿A quién debo llamar?

Lee las situaciones e indica a quién(es) debes llamar y por qué.

MODELO Las luces de la cocina no funcionan. → Debes llamar a un electricista porque él sabe arreglar problemas con la electricidad.

1. Tengo muchas presiones en el trabajo y estoy deprimido.
2. El médico me recetó tres medicinas y ahora necesito comprarlas.
3. Tengo un negocio pequeño que ha crecido mucho y necesito consejos financieros.
4. Tenemos que emplear a dos o tres profesionales para que nos ayuden en los diseños de los puentes de esta carretera.
5. Quiero divorciarme de mi esposo, pero él se niega a (*refuses*) darme el divorcio.

Act. E, **Suggestion:** Do *Paso 1* as a class activity. Write the list of professions for each characteristic on the board as students say them to help you lead the discussion. You may want to erase the professions that students are eliminating and leave only the ones for which they decide the characteristic is necessary. Then assign ***Paso 2.***

E. Cualidades (*Qualities*) profesionales

PASO 1. Primero, indica las cualidades que crees que tienes tú mismo/a. Luego, indica qué profesiones requieren estas cualidades. **¡OJO!** Puede haber más de una respuesta.

- ☐ llevarse bien con los demás
- ☐ ser carismático/a
- ☐ ser emprendedor(a)
- ☐ tener habilidad manual
- ☐ ser íntegro/a
- ☐ tener compasión
- ☐ ser valiente
- ☐ hablar otro idioma

PASO 2. En parejas, comparen sus respuestas para el **Paso 1.** Luego, digan qué profesiones les interesan a Uds. y qué cualidades tienen para dedicarse a esas profesiones.

Act. F, Paso 2, **Suggestion:** Have students report findings. As students report, tally their responses to determine the most popular professions they mention and whether or not most of them have changed their career goals.

F. Mis metas (*goals*) profesionales

PASO 1. Entrevista a cuatro de tus compañeros para averiguar qué querían ser cuando eran niños y para qué profesión se preparan ahora. Escribe el nombre de tus compañeros y sus respuestas en una hoja de papel aparte.

MODELO E1: ¿Qué querías ser cuando eras niño?
E2: Quería ser entrenador de fútbol americano.
E1: ¿Y ahora quieres ser entrenador de fútbol americano?
E2: No, ahora estudio para ser maestro de escuela secundaria.

PASO 2. Escribe un breve resumen de lo que has averiguado: ¿Cuántos tienen ahora las mismas metas de cuando eran niños? ¿Cuántos tienen diferentes metas ahora? ¿Cuáles eran las profesiones más populares cuando eran niños y cuáles son las más populares ahora?

G. Ofertas (*Offers*) de empleo

PASO 1. Lee las ofertas de trabajo en Argentina y luego contesta las preguntas.

Recepcionista
Importante empresa[a] se encuentra en la búsqueda de una recepcionista, sexo femenino, entre 23 y 40 años de edad. Con experiencia en central telefónica. Es por un reemplazo de un mes. Trabajo temporal.
Flores (Capital Federal)

Secretarias
Importante empresa en energía nuclear selecciona Secretarias con conocimiento de Microsoft Office y experiencia en Administración. Idiomas: inglés y alemán.
Burzaco (Buenos Aires)

Técnico Especializado
Prestigiosa empresa de Ventas de Maquinaria Agrícola busca técnico con experiencia en mantenimiento y reparaciones mecánicas. De 26 a 45 años. Corrientes (Corrientes)

Ingeniero Civil
Empresa líder busca Ingeniero Civil con excelentes relaciones interpersonales. Sexo masculino, entre 30 y 45 años. Con experiencia en Autocad, Excel y Word. No se requiere experiencia previa. Santa Rosa, Corrientes

Administrativo
Buscamos Administrativo con experiencia en tareas administrativas y trámites bancarios. Requisitos: Poseer título de secundaria completo y buen dominio de PC. Se valoran personas dinámicas con muy buena predisposición para trabajar en equipo.
Mendoza (Mendoza)

Gerente Comercial
Importante Veterinaria busca un Gerente Comercial para incorporarse inmediatamente al equipo. Requisitos: Título universitario en Veterinaria, Ingeniería Agrónoma o similar. Experiencia mínima de 3 años y conocimiento de Microsoft Office. Edad entre 25 y 50 años.
Pilar (Buenos Aires)

Electricista
Importante empresa de mantenimiento de hoteles busca Electricista para reemplazo de vacaciones.
Palermo / Caballito (Capital Federal)

Enfermeros/as
Se busca Enfermeros/as con sólida experiencia en enfermería laboral para un centro industrial en Córdoba. Se requiere título profesional. Edad: 21 a 40 años. Amplia disponibilidad horaria.
Malagueño (Córdoba)

Cocineros
Importante cadena de hipermercados busca cocineros con experiencia gastronómica. Se requiere secundaria completa. Amplia disponibilidad horaria. Zona de trabajo: Capital Federal y Zona Norte. Buenos Aires

[a] *compañía*

1. ¿Qué anuncios requieren experiencia para realizar el trabajo? Incluye el tipo de experiencia que se exige.
2. ¿Qué anuncios buscan mujeres para los puestos?
3. ¿Qué anuncios requieren explícitamente un título académico?
4. ¿Qué anuncios ofrecen puestos temporales?

PASO 2. En parejas, compartan sus respuestas del **Paso 1.**

PASO 3. En grupos de tres, comenten los temas.

1. La mayoría de los anuncios requiere que los aspirantes tengan cierta edad. ¿Es común este requisito en las ofertas de trabajo de su país? ¿Creen Uds. que es aceptable indicar la edad? ¿O creen que este requisito puede ser discriminatorio? Expliquen.
2. En el número 2 del **Paso 1,** Uds. indicaron las profesiones que se les ofrecen a las mujeres. Compárenlas con las ocupaciones que se les ofrecen a los hombres. ¿Creen que estos anuncios reflejan una división tradicional entre el papel del hombre y la mujer en el mundo del trabajo? ¿o no creen que sea así? ¿Es semejante a lo que ocurre en su país? Si no están seguros/as de la respuesta, busquen ofertas de trabajo de su comunidad y compárenlas con las ofertas del **Paso 1.**

• Follow-up questions: *Aunque en este país es ilegal describir explícitamente en una oferta de trabajo la edad que deben tener los aspirantes, ¿creen Uds. que existe otro tipo de discriminación en el trabajo? ¿Qué tipo de discriminación es?*

Act. G Paso 1, Answers:
1. *Recepcionista: telefonía, Secretarias: administración, Administrativo: tareas administrativas. Enfermeros: enfermería. Técnico especializado: mantenimiento y reparaciones mecánicas. Gerente comercial: veterinaria. Cocineros: cocina* **2.** *Recepcionista, Secretarias*

3. *Administrativo, Enfermeros/as, Gerente comercial*

4. *Recepcionista, Electricista*

Act. G, Paso 3, Suggestions:
• Point out that discrimination on the basis of race, age, or gender in the job market is illegal in well-established democracies. In developing and young democracies, some of these practices are still permitted, although popular movements struggle for attention and equality.

Gramática

13.1 The Future Tense

Gramática, **Note:** Students can assess their understanding and mastery of the grammar points presented in this chapter by accessing the LearnSmart module for *Capítulo 13:* at www.mhhe.com/connect.

Another Way to Express Future Events

GRAMÁTICA EN ACCIÓN

Una estudiante con su computadora del Plan Ceibal
©Miguel Rojo/Getty Images

GEA, **Note** The audio for this *GEA* is available through the eBook or the corresponding assignment builder activity on Connect.

GEA, **Culture Note:**
• The Ceibal Plan began in 2007 with a pilot project, and since then has delivered hundreds of thousands of laptops to students and educators across the country, as well as making free Internet access available. The project has garnered international recognition for its efforts in the form of multiple awards, and is now moving into a second phase to incorporate English language education.
• The name *Ceibal* is a reference to the cockspur coral tree, the national tree and flower of Uruguay. The name was chosen due to its significance for Uruguayans.

Las computadoras y el Plan Ceibal

Los estudiantes de Rincón de Vignoli* han recibido sus computadoras portátiles como parte del Plan Ceibal. El Plan Ceibal **pondrá** computadoras en manos de todos los estudiantes de escuelas públicas de Uruguay. Todas las computadoras **tendrán** funciones para escribir documentos, grabar audio, sacar fotos y conectar al internet, entre otras cosas. Uruguay es el primer país en implementar un plan como este.

Los estudiantes de Rincón de Vignoli se cuentan entre los primeros en recibir sus computadoras. ¿Qué **harán** estos estudiantes con sus computadoras? ¿Cómo las **usarán**? ¿Cómo **cambiarán** los maestros sus planes de clases?

Acción. Escribe la terminación (*ending*) correcta para los verbos.

1. Con el Plan Ceibal, en las escuelas de Uruguay todos los niños tendr_án_ computadoras.
2. Con estas computadoras, los estudiantes har_án_ actividades interactivas.
3. El plan tendr_á_ mucho éxito, seguramente.
4. Uruguay ser_á_ el primer país en implementar un plan de este tipo.

You have already learned two ways to express the future in Spanish: the present tense to talk about actions that will occur shortly, and **ir a** + *inf.* to talk about actions to occur in the more distant future. Now you'll learn the *future tense.*

A. The future tense is formed by adding the same future endings to the infinitive of **-ar, -er,** and **-ir** verbs.

hablar		volver		vivir	
hablaré	**hablaremos**	**volveré**	**volveremos**	**viviré**	**viviremos**
hablarás	**hablaréis**	**volverás**	**volveréis**	**vivirás**	**viviréis**
hablará	**hablarán**	**volverá**	**volverán**	**vivirá**	**vivirán**

Algún día Patricia **será** presidenta de los Estados Unidos. — *Some day Patricia will be president of the United States.*

Me graduaré de la universidad en 2018. — *I will graduate from college in 2018.*

*Rincón de Vignoli is a community in Uruguay, about 50 miles north of Montevideo. The grade school there was one of the first to be part of the Plan Ceibal computer distribution program.

B. Some common verbs use an irregular future stem rather than the infinitive.

FUTURE TENSE: IRREGULAR VERBS		
decir → **dir-**	+	**-é**
haber → **habr-***		**-ás**
hacer → **har-**		**-á**
poder → **podr-**		**-emos**
poner → **pondr-**		**-éis**
querer → **querr-**		**-án**
saber → **sabr-**		
salir → **saldr-**		
tener → **tendr-**		
venir → **vendr-**		

Un día te **diré** la verdad acerca de tu padre. — *Someday I will tell you the truth about your father.*

Habrá menos problemas económicos en el futuro. — *There will be fewer economic problems in the future.*

Nota cultural

Los gauchos

Un gaucho
©Ksenia Ragozina/123RF

El gaucho es un jinete[a] del Cono Sur que se dedica generalmente a cuidar el ganado. Tiene algunas semejanzas con el charro mexicano y el vaquero estadounidense.

La figura del gaucho surgió durante la época colonial en la pampa argentina, territorio que se extendía desde el Río de la Plata hasta los Andes, y desde la Patagonia hasta partes de Brasil. Solo, pero con su caballo en las llanuras,[b] el gaucho formó su carácter nómada e independiente.

La imagen del gaucho tradicionalmente se asocia con su cuchillo, su poncho y su mate. Consumido por los indios guaraníes, los gauchos lo adoptaron como un hábito casi religioso y, desde entonces, el mate es un símbolo del país, incorporado a las costumbres de la mayoría de los argentinos. Como es de esperar dado su trabajo con el ganado, la comida predominante del gaucho era la carne y el gaucho convirtió la técnica de asar[c] la carne en puro arte. Como el mate, el asado llegó a ser[d] una tradición argentina y el plato por excelencia del país.

La modernización de la cría de ganado a finales del siglo XIX puso fin al modo de vida de los gauchos. Muchos se convirtieron en trabajadores del campo a sueldo[e], y los ganaderos[f] de las zonas rurales en Argentina, Uruguay, Paraguay y algunas zonas de Bolivia, Chile y Brasil se consideran gauchos hoy día. A pesar de los cambios, el gaucho ha sido y sigue siendo una figura heroica en el folclor, la música y la literatura sudamericanas.

[a]*horseman* [b]*prairies* [c]*roasting; barbecuing* [d]llegó... *became* [e]a... *for a salary* [f]*cattlemen*

PREGUNTAS

1. ¿Cuál es la profesión del gaucho sudamericano? ¿A qué territorios pertenece históricamente?
2. ¿Cómo es la personalidad del gaucho?
3. ¿Cómo era su estilo de vida hasta finales del siglo XIX? ¿Cómo vive el gaucho en estos tiempos?
4. ¿En qué aspectos de la cultura o historia de la Argentina actual ha influido el gaucho?
5. Expliquen las semejanzas entre el gaucho de hoy día y el vaquero norteamericano.

*The future of **hay** is **habrá** (*there will be*).

***Nota cultural*, Answers:** (*Possible answers*) **1.** *trabajadores del campo o ganaderos; la pampa argentina, territorio que se extendía desde el Río de la Plata hasta los Andes y desde la Patagonia hasta partes de Brasil* **2.** *nómada e independiente* **3.** *Llevaba una vida solitaria, en compañía de su caballo. Hoy día trabaja a sueldo en el campo.* **4.** *en la música, la literatura, la comida y la bebida*

Act. A, **Script:** *Todo será magnífico en el futuro. Mis amigos y yo nos graduaremos en dos años. Yo seré ingeniero y trabajaré en una oficina importante. Mis compañeros de trabajo y yo construiremos edificios importantes. Mi novia, Marisela, será maestra y enseñará a los estudiantes con mucho cariño. Y todos sus estudiantes serán muy inteligentes, por supuesto. Mi mejor amigo, Carlos, será cocinero en un restaurante elegante. Nos invitará a todos y nos cocinará los platos más deliciosos de Buenos Aires. Raquel será periodista. Algún día entrevistará al presidente de la república y escribirá un artículo excelente que ganará un premio. Es obvio que todos tendremos mucho éxito y seremos felices.*

Act. B, **Answers: 1.** *tendrán* **2.** *viajaremos* **3.** *podré* **4.** *trabajarás* **5.** *darán, harán* **6.** *volverán* **7.** *viviremos* **8.** *ganará*

ACTIVIDADES

A. Un futuro brillante. Escucha la descripción que hace Ricardo del futuro que él se imagina para él y sus amigos. Después, indica a quién se refiere cada oración. **¡OJO!** Una oración puede referirse a más de una persona.

Carlos Marisela Raquel Ricardo

1. Será cocinero en un restaurante elegante. Carlos
2. Construirán edificios importantes. Ricardo y sus compañeros de trabajo
3. Tendrá en su clase a los estudiantes más inteligentes. Marisela
4. Entrevistará al presidente de la república. Raquel
5. Se graduarán en dos años. Ricardo, Marisela, Carlos, Raquel
6. Invitará a sus amigos y les cocinará comidas deliciosas. Carlos
7. Ganará un premio. Raquel
8. Tendrán mucho éxito. Ricardo, Marisela, Carlos, Raquel

B. En diez años. Completa las oraciones con la forma correcta del verbo en el futuro.

1. Los científicos (**tener**) un remedio (*cure*) para el resfriado común.
2. Mis amigos y yo (**viajar**) por todo el mundo por motivos de trabajo.
3. Yo (**poder**) comprar un carro nuevo todos los años.
4. Tú (**trabajar**) para una compañía multinacional.
5. Los profesores ya no nos (**dar**) tarea por escrito porque los estudiantes (**hacer**) la tarea en computadora.
6. Los diseñadores (**volver**) a la moda de los años 70 para inspirarse.
7. Mi familia y yo (**vivir**) en una casa diseñada por el mejor arquitecto.
8. Un profesor (**ganar**) tanto dinero como un atleta.

C. Mi vida en diez años

PASO 1. ¿Cómo piensas que será tu vida en el futuro? Completa la columna **yo** con información sobre cómo crees que será tu vida en diez años. Usa el tiempo futuro.

En 10 años...	yo	mi compañero/a
Trabajo ¿Cuál será tu profesión? ¿Dónde trabajarás? ¿Ganarás mucho dinero? ¿?		
Familia ¿Te casarás? ¿Tendrás hijos? ¿?		
Lugar de residencia ¿Dónde vivirás? ¿Cómo será tu casa? ¿?		
Tiempo libre ¿Qué harás en tu tiempo libre? ¿?		

PASO 2. ¿Cómo será la vida de tu compañero/a? En parejas, hablen sobre cómo cree él/ella que será su vida en diez años. Completa la columna **mi compañero/a** con su información.

MODELO E1: ¿Cuál será tu profesión?
E2: Seré ingeniero.

PASO 3. Escribe dos o tres oraciones para comparar el futuro de tu compañero/a con tu futuro.

MODELO Mi compañero tendrá un futuro aburrido porque trabajará mucho y no tendrá tiempo libre. Yo trabajaré también, pero viajaré mucho en mi tiempo libre.

D. El futuro mercado laboral en Uruguay. Primero, decidan entre **Estudiante 1** y **Estudiante 2**. La gráfica para **Estudiante 2** se encuentra en el **Appendix III.**

Estudiante 1

PASO 1. Las gráficas presentan información de un estudio en Uruguay sobre los empleos que estarán en más demanda en los próximos años. Túrnense para hacer y contestar preguntas y completar la información que falta en las gráficas. **¡OJO!** Usen el tiempo futuro en todas sus preguntas y respuestas.

MODELO E1: ¿Qué porcentaje de empleos habrá en el campo de *la educación*?
E2: La educación representará el *tres por ciento* de los empleos del mercado laboral. ¿Qué empleo representará el *once por ciento* del mercado laboral?
E1: *La industria.*

% del mercado laboral en el futuro

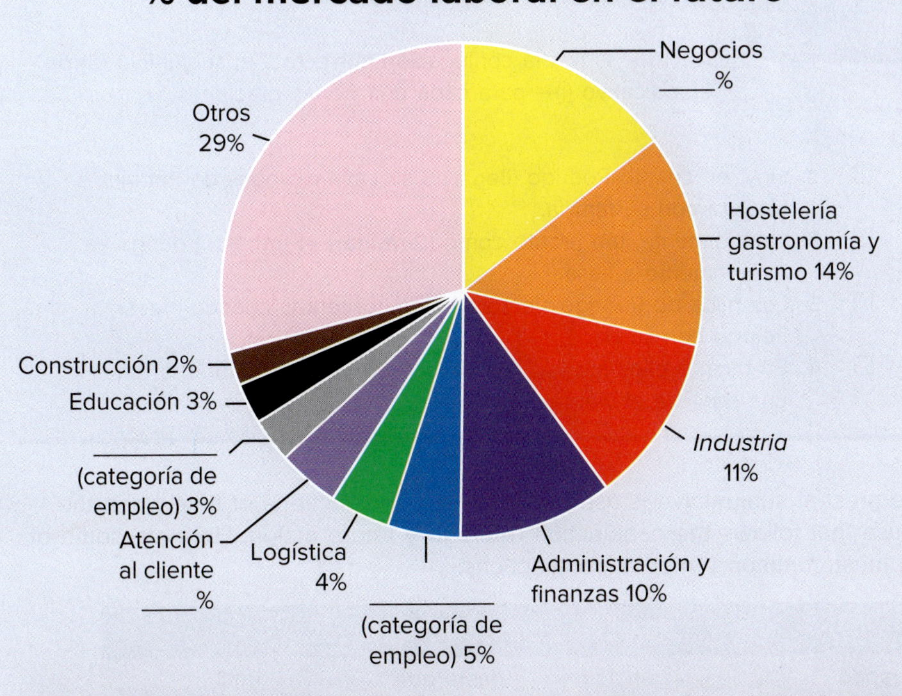

Sector	Algunos de los cargos más requeridos
negocios	gerentes de ventas, técnicos comerciales, vendedores, cajeros
hostelería, gastronomía, turismo	cocineros, ayudantes de cocina, ¿______________?, jefes de cocina, encargados de gastronomía
¿______________?	gerentes de producción y de proyectos, ¿______________?, ingenieros, químicos farmacéuticos, ingenieros eléctricos, mecánicos automotores, maquinistas
administración y finanzas	auxiliares administrativos, contadores, analistas, economistas, gerentes de contabilidad, jefes de finanzas

PASO 2. Miren y analicen la información. ¿Qué pueden inferir sobre la economía de Uruguay como resultado de estos datos?

Expressing Pending Future Situations

13.2 Present Subjunctive After Temporal Conjunctions

GRAMÁTICA EN ACCIÓN

En la refinería Chuquicamanta

GEA, Note: The audio for this *GEA* is available through the eBook or the corresponding assignment builder activity on Connect.

GEA, Culture

- The Chuquicamanta refinery is a copper refinery. Chile has long been a leading exporter of copper and Chuquicamanta is the world's most productive copper mine.
- Minerals mined in Chile include, among others, iron, nitrate, gold, silver, manganese, zinc, and lead.

Un obrero en Chuquicamanta

Rodrigo es un obrero cualificado en la refinería Chuquicamanta en Chile. Sus jornadas son largas y físicamente desafiantes. Normalmente vuelve directamente a casa **en cuanto termina** su trabajo, pero hoy, **cuando se acabe** su turno, saldrá con algunos amigos a tomar una cerveza. No cenará **hasta que vuelva** a casa, donde su familia lo espera. **Tan pronto como llegue** a casa, se duchará y se cambiará de ropa. Siempre se siente a gusto y alegre **después de que** sus hijos le **cuentan** las historias de su día durante la cena.

Acción. Indica la conjugación correcta —el subjuntivo (S) o el indicativo (I)— para cada una de las oraciones.

S	I	
☑	☐	**1.** Hoy, en cuanto Rodrigo (**llegar**) a su casa después de trabajar, se relajará con su familia.
☐	☑	**2.** Normalmente, tan pronto como (**terminar**) el trabajo, Rodrigo va directamente a casa.
☐	☑	**3.** Los hijos de Rodrigo siempre están contentos cuando (**pasar**) tiempo con su papá.
☑	☐	**4.** En cuanto ellos (**poder**), los amigos de Rodrigo saldrán a tomar una cerveza el viernes.

A. The present subjunctive is used after certain conjunctions of time when the clause that follows the conjunction refers to a future action. Here are some of the most common temporal conjunctions.

TEMPORAL CONJUNCTIONS			
cuando	when	**hasta que**	until
después de que	after	**tan pronto como**	as soon as
en cuanto	as soon as		

Mi hermano piensa hacerse maestro **cuando termine** los estudios.	*My brother plans to become a teacher when he finishes his studies.*
Va a mudarse **en cuanto encuentre** un buen trabajo.	*He's going to move as soon as he finds a good job.*

B. Unlike the other uses of the subjunctive that you have studied up to now, sentences with adverbial clauses may have a different order to the clauses. However, the important thing to remember is that the subjunctive will always follow the adverbial conjunction of time, no matter if it is in the first clause or second clause.

Nuestro jefe nos dará un aumento de sueldo **cuando consigamos** el nuevo contrato.	*Our boss will give us a raise when we get the new contract.*
Cuando consigamos el nuevo contrato, nuestro jefe nos dará un aumento de sueldo.	*When we get the new contract, our boss will give us a raise.*

C. In contexts where the action following the conjunction is not in the future, the present indicative is used if the statement refers to a habitual action, and a past tense is used if the statement refers to something that already happened.

Todos los viernes salgo con mis compañeros **cuando recibimos** nuestros cheques.	*Every Friday I go out with my friends when we receive our paychecks.*
El año pasado tuve que comprar un carro **cuando cambié** de trabajo.	*Last year I had to buy a car when I changed jobs.*

ACTIVIDADES

A. Prácticas profesionales. Lee las oraciones y determina si se trata de una acción habitual o de una acción que todavía no ha ocurrido. Luego, indica la palabra que mejor completa cada oración.

1. El contador siempre prepara un informe en cuanto sus clientes le (**dan / den**) toda su información financiera.
2. La veterinaria va a examinar al perro después de que su asistente le (**pone / ponga**) una inyección.
3. El público siempre tiene que levantarse tan pronto como la jueza (**entra / entre**).
4. La abogada va a utilizar un micrófono cuando (**habla / hable**).
5. El electricista va a trabajar hasta que las luces (**funcionan / funcionen**) de nuevo.
6. El barbero barre el piso en cuanto (**termina / termine**) con cada cliente.
7. La farmacéutica habla con los pacientes cuando ellos le (**hacen / hagan**) preguntas.

***Act. A,* Answers: 1.** *dan* **2.** *ponga* **3.** *entra* **4.** *hable* **5.** *funcionen* **6.** *termina* **7.** *hacen*

B. Un día. Completa cada una de las oraciones con la forma correcta del verbo entre paréntesis.

1. Mis compañeros de trabajo y yo vamos a estar muy contentos cuando __tengamos__ (**tener**) los resultados del estudio.
2. Soy periodista y siempre trabajo en un artículo hasta que lo __termino__ (**terminar**).
3. Los programadores empiezan a escribir programas tan pronto como __saben__ (**saber**) lo que quiere el cliente.
4. La diseñadora de modas va a empezar el nuevo vestido en cuanto __llegue__ (**llegar**) la tela.
5. El traductor escribirá la traducción después de que el técnico le __arregle__ (**arreglar**) la computadora.
6. La dentista habla con sus nuevos pacientes hasta que __se sienten__ (**sentirse**) cómodos.
7. La secretaria va a hablar con su jefe cuando él __salga__ (**salir**) de su reunión.

C. ¿Qué harás? Escucha las oraciones incompletas. Luego, en dos minutos escribe la mayor cantidad de terminaciones posibles para cada una de las oraciones. **¡OJO!** Presta atención al uso del indicativo y del subjuntivo.

MODELO ESCUCHAS: Estudiaré cuando...
ESCRIBES: ...tenga tiempo
...no esté cansado
...no haya nada bueno en la tele

1. ... **2.** ... **3.** ... **4.** ... **5.** ...

***Act. C,* Script: 1.** *Sacamos buenas notas cuando...* **2.** *Iremos de vacaciones a un lugar exótico después de que...* **3.** *Nos graduaremos cuando...* **4.** *Nuestros padres nos darán mucho dinero tan pronto como...* **5.** *Ganaremos mucho dinero en cuanto...*

***Act. C,* Suggestions:**
- Make this a group activity in which students work in groups of two to three to write as many endings as possible within two minutes. The group that writes the most correct endings wins.
- For each prompt, have the groups share examples with the class and check for the correctness of their responses. Motivate students with a reward such as a bonus point, food, or candy.

D. Dos caminos al futuro. Primero, decidan entre **Estudiante 1** y **Estudiante 2**. El texto para **Estudiante 2** se encuentra en el **Appendix III.**

Estudiante 1

PASO 1. Completa la descripción de los estudios universitarios de Inma, una estudiante paraguaya, con las formas correctas de los verbos entre paréntesis. Escoge entre el presente de subjuntivo y el presente de indicativo.

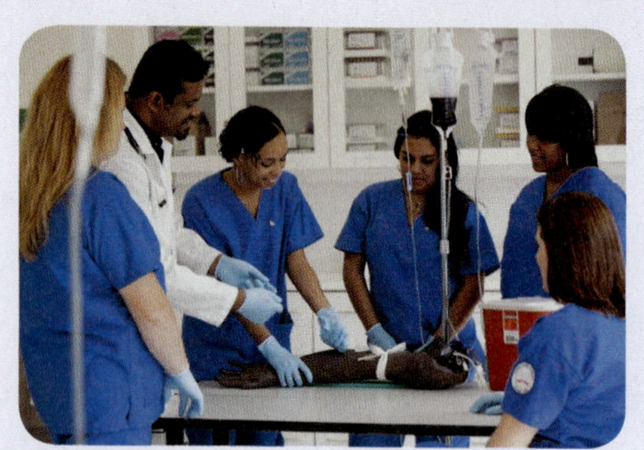

Cuando están en clase, Inma y sus compañeros practican mucho.
©Ariel Skelley/Blend Images

***Act. D, Paso 1*, Answers:**
1. se gradúe 2. se matriculan 3. entienden 4. terminen 5. comienza 6. reciban 7. tiene 8. llegue

Inma estudia enfermería en la Universidad Nacional de Asunción y está en su segundo año del programa. Cuando **(graduarse)**[1] en tres años, tendrá que dedicar cuatro meses a prácticas en un hospital o clínica pública o privada. Ella y sus compañeros eligen clases como biología, anatomía y fisiología cuando **(matricularse)**[2] cada semestre. Las clases pueden ser muy difíciles, pero siempre se dedican a estudiar hasta que **(entender)**[3] todo el material porque saben que después de que **(terminar)**[4] sus estudios, los pacientes dependerán de sus habilidades para ponerse bien.

En cuanto **(comenzar)**[5] cada curso, Inma paga su matrícula de unos 100.00 guaraníes (+/−$18) al año con unos 250.000 (+/− $45) guaraníes adicionales al mes. En Paraguay hay escasez[a] de enfermeros así que lo más probable es que Inma y sus compañeros encuentren trabajos tan pronto como **(recibir)**[6] sus títulos. Los enfermeros en Paraguay están bien pagados, por lo general, con un sueldo promedio[b] de unos 45.500.000 guaraníes al año, que son más o menos $8.200. Eso puede parecer muy poco, pero cuando uno **(tener)**[7] en cuenta el costo de vivir en Paraguay, es bastante. Hasta que **(llegar)**[8] el día de su graduación, Inma va a trabajar duro para conseguir la licenciatura que le permitirá tener el futuro de sus sueños.[c]

[a]*shortage* [b]sueldo... *average salary* [c]*dreams*

En cuanto tenga su título, Jaime buscará trabajo relacionado con sus estudios.
©Blend Images - JGI/Getty Images

***Act. D, Paso 2*, Answers:**
1. estudiará, se gradúe 2. obtendrá, termine 3. paga, comienza 4. puede/podrá, obtenga 5. puede, tiene

PASO 2. Completa las preguntas con las formas correctas de los verbos entre paréntesis. Escoge entre el presente de indicativo, el presente de subjuntivo y el futuro.

1. ¿Cuántos años más **(estudiar)** Jaime hasta que **(graduarse)** de su programa?
2. ¿Cuál es el título que **(obtener)** Jaime en cuanto **(terminar)** sus estudios?
3. ¿Cuánto **(pagar)** Jaime por sus clases en cuanto **(comenzar)** cada curso?
4. ¿Dónde **(poder)** buscar trabajo Jaime cuando **(obtener)** su título?
5. ¿Qué título **(poder)** obtener un electricista paraguayo cuando **(tener)** experiencia en el trabajo?

PASO 3. Túrnense para hacer y contestar las preguntas. Escriban las respuestas a las preguntas en oraciones completas.

Expresiones artísticas

Matilde Pérez

Sin título (*Untitled*), 1979, *collage de papel sobre fórmica, Matilde Pérez*

La artista, pintora, muralista y escultora chilena Matilde Pérez (1916–2014) es una representante esencial del arte «óptico» o «cinético[a]» en Chile. Sus obras ofrecen al espectador experiencias y frecuentes cambios de colores e imágenes siguiendo[b] la idea del arte óptico donde hay un movimiento virtual constante en la retina y en el cerebro del espectador que observa la obra. Son obras que no representan un final sino un punto de partida[c] que comienza con el espectador. En este collage, la artista crea una ilusión de movimiento a través de los contrastes y tamaños[d] de las piezas. La primera sensación es de un movimiento lineal general donde se observan figuras cuadradas.[e] Otras observaciones diferentes de la misma imagen destacan[f] otros tipos de movimientos y efectos ópticos.

[a]*kinetic* [b]*following* [c]*punto... point of departure* [d]*sizes* [e]*figuras... quadrilaterals* [f]*draw attention to*

REFLEXIÓN

1. ¿Cuál es su primera impresión al observar este collage? ¿Qué figuras geométricas o sensaciones destacan? ¿Después de observar más atentamente la obra, qué otros tipos de movimiento o ilusión óptica pueden notar?
2. Algunas características del arte óptico son: efecto de profundidad, luz y sombra, contraste en los colores, sensación de movimiento, figuras geométricas, cambio de tamaño y forma, y efectos visuales originales. De estas características, ¿cuáles se pueden observar en esta pieza?
3. Busquen otras obras de Matilde Pérez y de otros artistas de arte óptico. ¿Cuál creen que es el papel del espectador en el arte óptico? Comenten.

***Expresiones artísticas,* Suggestions:**

- Have students work in pairs or small groups to answer the questions; then go over the questions with the whole class.
- Ask students questions to explore their familiarity with the geometric figures (*rombos*, *rectángulos*) and colors in *Sin título, 1979*. *¿Qué figuras y colores hay? ¿Hay otras figuras geométricas? ¿Son todas iguales? ¿Por qué creen que son diferentes las figuras? ¿Por qué usa la artista esos colores?*

***Expresiones artísticas,* Culture Note:**

- In 2012 an art exhibition of Pérez's work opened in London ("Retrospective of 95-yearold Chilean artista Matilde Pérez in London", BBC, London). At age 95, she said, "To feel alive is the secret of being active, when I feel alive I can work, I can create new things, new images."
- Matilde Pérez moved to Paris in the 1960s and became interested in the work of Victor Vasarely, often considered the "grandfather" of optical art. Two other well-known optical art representative artists are Antonio Lizarazu and Bridget Riley.
- Optical art is still influential today to artists and in neurosciences in evaluating how the eye processes lines, different forms, colors, and perceptions.

Un mundo sin límites

Marindia, Uruguay

Janna y Sandra

©McGraw-Hill Education/Zenergy

©deepblue4you/Getty Images
©McGraw-Hill Education/Zenergy

Antes de ver

Infórmate y ponte en su lugar.
Uruguay es uno de los mejores países para los trabajadores no solo en Latinoamérica sino en todo el mundo. Tiene altos estándares en cuanto a los derechos y protecciones de los ciudadanos y hay muy pocos casos en los que estos no son respetados. Janna y Sandra van a hablar sobre la cultura laboral e industrial en Uruguay. ¿Qué sabes de los derechos y estándares para los trabajadores en los Estados Unidos? ¿Conoces a alguien que tenga experiencia con un empleo que no respetaba sus derechos? En general, ¿qué crees que es más importante en los Estados Unidos, el tiempo o el dinero? ¿Por qué?

Vocabulario práctico

el ritmo	pace
la tasa de desocupación	unemployment rate
la industria sin chimenea	travel industry
sobrebordadas	overflowing
la demanda laboral	workforce demand
pedagogía	pedagogy (the study of teaching)
la empresa	business/company
el sector público	public sector
el aula virtual	virtual classroom

***¿Entediste? A,* Answers: 1.** *el siete por ciento* **2.** *ls playa, el campo y la ciudad* **3.** *en la gastronomía (los restaurantes) y la hotelería* **4.** *La tasa de desocupación es muy baja, solo el 7 por ciento.* **5.** *la enseñanza, la tecnología, el turismo, la gastronomía, la hotelería, el sector público*

¿Entendiste?

A. Comprensión. Contesta las preguntas.

1. ¿Cuál es la tasa de desocupación en Uruguay?
2. ¿Qué tres destinos turísticos menciona Sandra sobre Uruguay?
3. ¿En qué tipos de lugares de trabajo menciona Sandra que hay mucha demanda laboral?
4. Uruguay es un país pequeño. Según Sandra, ¿cómo afecta la tasa de desocupacion?
5. ¿Cuáles son cuatro campos profesionales o laborales mencionados o representados en el vídeo?

B. Nuestro futuro. En parejas, contesten las preguntas.

1. ¿Cómo describe Janna el ritmo del trabajo y de la vida social en Uruguay? ¿A Uds. les gusta ese tipo de vida?
2. Resuman lo que mencionan Janna y Sandra sobre el tamaño de las industrias en Uruguay. ¿Qué enfatizan? ¿Cómo se compara con la industria en los Estados Unidos?
3. Janna dice que los uruguayos siempre piensan en temas internacionales. ¿Cómo afecta el mercado laboral de un país la política (*politics*) de los países vecinos? ¿Pueden pensar en un ejemplo?
4. Describan la rutina diaria de Janna. ¿Cómo se compara su día laboral con el de un empleado típico en los Estados Unidos? ¿Cómo refleja la rutina de Janna lo que ella dice sobre los valores (*values*) y prioridades de los uruguayos en cuanto al tiempo y el dinero?

TEMA II: El empleo

Vocabulario en acción

La búsqueda° de trabajo

°search

***Vocabulario en acción*, Note:** Students can assess their understanding and mastery of the vocabulary presented in this chapter by accessing the LearnSmart module for *Capítulo 13* at www.mhhe.com/connect.

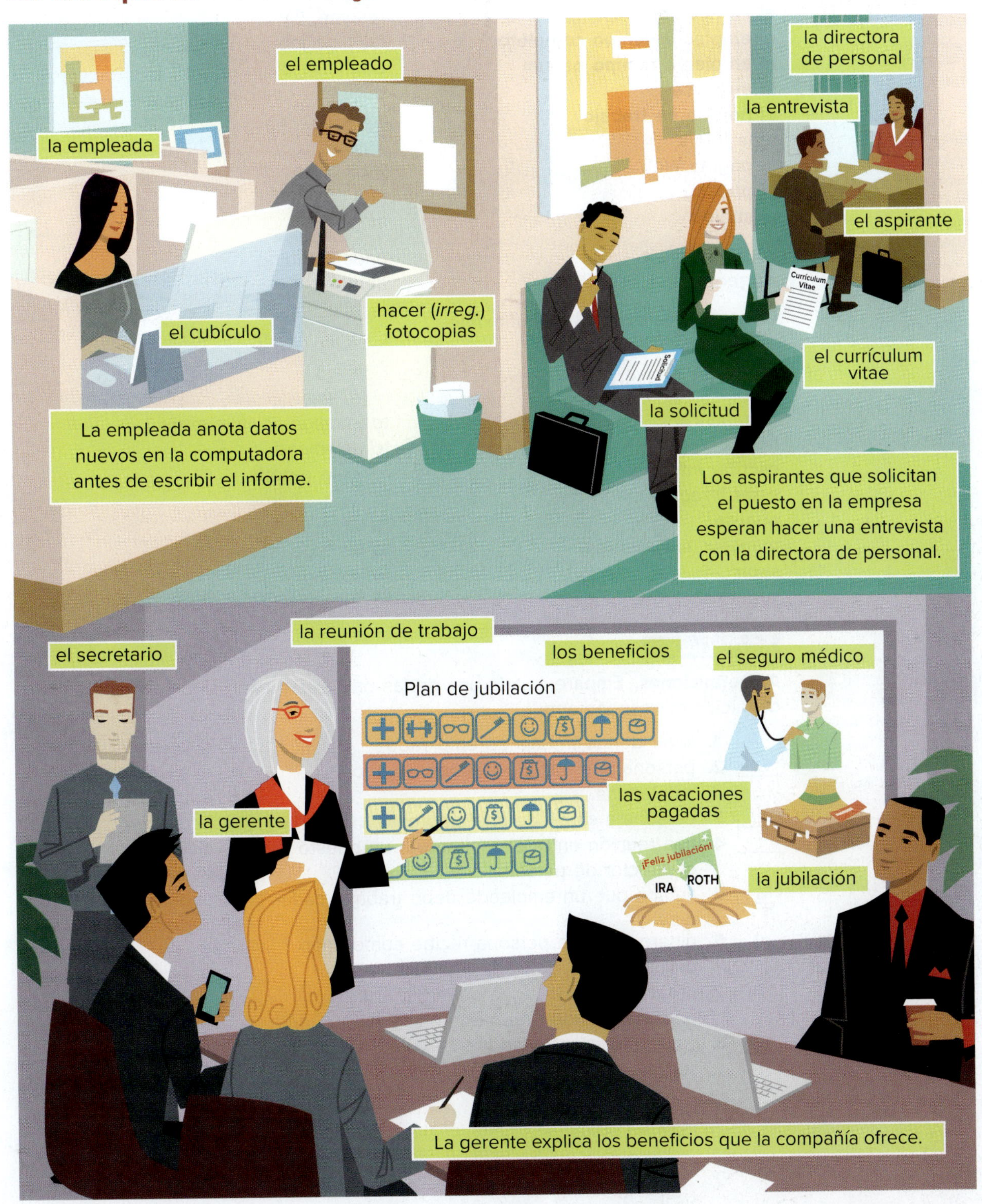

***Vocabulario en acción,* Suggestions:**

- Use the image in the textbook, picture files, or a PowerPoint presentation to introduce the new vocabulary. Model pronunciation by pointing out items in the illustrations and ask students questions to check their comprehension. Sample input: *Un buen trabajo ofrece beneficios a los empleados. Por ejemplo, vacaciones pagadas, un plan de jubilación y un buen seguro médico. ¿A quién le gustaría tener un mes de vacaciones pagadas? ¿Hay alguien en la clase que tenga un trabajo de tiempo completo o de tiempo parcial? ¿Qué beneficios tienes en tu trabajo?*
- Provide additional words related to job searches, the workplace, and so on, as needed: *archivar, dirigir (j), firmar, supervisar; el/la administrativo/a, el/la archivador(a), el archivo, la experiencia, la responsabilidad, el salario (mínimo).*

El lugar de trabajo

despedir (*like* **pedir**) — to fire
jubilarse — to retire
llenar — to fill out (*a form*)
renunciar (a) — to resign (from) (*a job*)
solicitar (trabajo) — to apply for (a job)

el aumento — raise
el currículum (vitae) — résumé, CV
el empleo a tiempo completo — full-time job
el empleo a tiempo parcial — part-time job
la empresa — business, company, firm
el horario de trabajo — work schedule
el/la jefe/a — boss
la página Web — web page
el puesto — job; position
el sueldo — salary

comprensivo/a — understanding
exigente — demanding

Cognados: la compañía; (in)flexible

Las responsabilidades

administrar — to manage; to administer
bajar — to download
escribir informes — to write reports
estar (*irreg.*) **a cargo de** — to be in charge of
guardar — to save (*a file*)
manejar (las cuentas) — to manage (accounts)
subir — to upload
supervisar — to supervise; to oversee

ACTIVIDADES

***Act. A,* Suggestion:** Write the following benefits on the board or on an overhead and have students put them in order of priority: *las vacaciones pagadas, el plan de jubilación, el seguro médico, un jefe tolerante y comprensivo, el sueldo, un horario de trabajo flexible, una oficina agradable y con bastante luz.* Compare their answers and decide what the most important benefits are overall.

A. Definiciones. Empareja cada una de las palabras o expresiones con su definición correspondiente.

__d__ **1.** lugar donde trabaja un empleado
__e, a__ **2.** persona que maneja y supervisa a los empleados
__a, e__ **3.** persona a cargo de una empresa
__h__ **4.** una reunión entre el aspirante a un puesto y el director de personal
__g__ **5.** tiempo que un empleado debe trabajar cada día
__b__ **6.** dinero que una persona recibe como pago por su trabajo
__c__ **7.** programa que le sigue pagando a una persona cuando deja de trabajar por su edad
__f__ **8.** este beneficio es importante cuando alguien se enferma

a. el/la jefe/a
b. el sueldo
c. el plan de jubilación
d. la oficina
e. el/la gerente
f. el seguro médico
g. el horario de trabajo
h. la entrevista

B. Lo que hacemos en el trabajo

Act B, Paso 1, **Answers:** **1.** *renunciar* **2.** *llenar* **3.** *solicitar* **4.** *bajar* **5.** *guardar*

PASO 1. Completa las oraciones con el verbo correspondiente del **Vocabulario en acción.**

1. Horacio no se lleva bien con sus colegas y tampoco le gusta su trabajo. Va a ______.
2. El primer día en su trabajo nuevo, Leonor tiene que ______ y firmar (*sign*) varios documentos que describen sus responsabilidades y los beneficios.
3. Carlota cree que su hijo necesita ______ trabajo. Hace dos meses que se graduó y todavía vive en casa y no trabaja.
4. Necesito un software nuevo para la computadora y el jefe dice que lo puede ______ del internet.
5. Mi disco duro (*hard drive*) falló (*failed*) y perdí algunos documentos que se me olvidó ______.

PASO 2. Primero, forma oraciones con los verbos de la lista. Debes describir lo que haces o has hecho (o no). Luego, en parejas, túrnense para leer cada una de sus oraciones mientras la otra persona adivina si es cierta o falsa.

MODELO supervisar →
E1: En mi trabajo, superviso el trabajo de diez personas.
E2: No es cierto. No creo que supervises a otros empleados.

despedir	escribir informes	hacer copias	llenar
estar a cargo de	guardar	jubilarse	manejar las cuentas

Nota cultural

CULTURES C

La mujer y el mercado laboral

Haciendo un experimento en el laboratorio
©Solis Images/Shutterstock

En Latinoamérica, la mujer siempre ha sido importante para el mantenimiento de la economía familiar. Además de cuidar de la casa y de los hijos, la mujer desarrolla otras actividades laborales informales que ayudan a la principal fuente de ingresos, normalmente el hombre. Pero ahora su participación es más «formal», con un rápido aumento de mujeres en el mercado laboral en los últimos años. En 1990, treinta y cuatro de cada cien mujeres trabajaban formalmente, mientras que en 2015, su tasa[a] de participación laboral era del 53 por ciento. Las cifras son aún mayores en los países del Cono Sur, especialmente en Uruguay, que tiene una de las tasas de participación de la mujer en el empleo más altas de la región.

Aunque hay más trabajo para las mujeres y están mejor preparadas que antes, todavía continúan los problemas en la calidad de su inserción laboral.[b] Por ejemplo, una mujer debe tener más años de estudio que un hombre para recibir un sueldo similar. Las mujeres siguen dominando en los sectores peores pagados y su presencia es mayoritariamente superior en el área de servicios y en el servicio doméstico. Otro ejemplo de discriminación es que las posibilidades de promoción para la mujer en su lugar de trabajo son significativamente menores que las del hombre.

[a]*rate* [b]inserción... *job placement*

Nota cultural, **Answers:** (*Possible answers*) **1.** *Un trabajo informal no forma parte del mercado laboral. El trabajo formal se refiere es del mercado laboral, por ejemplo, a un puesto profesional con beneficios.* **2.** *La mujer recibe un sueldo más bajo que el hombre y tiene menos posibilidades de obtener una promoción.* **3.** *los de las áreas de servicio y el servicio doméstico*

PREGUNTAS

1. Según la lectura, ¿qué es un trabajo formal y qué es un trabajo informal?
2. ¿Qué problemas enfrenta la mujer latinoamericana en el mundo laboral?
3. ¿Cuáles son los trabajos realizados principalmente por las mujeres?
4. ¿Existe una situación similar en este país? Expliquen.

Act. C, Paso 2, **Suggestion:** As students report, tally their responses to determine whether or not most of them value the same aspects.

C. Mi trabajo ideal

PASO 1. Indica si las siguientes oraciones reflejan tus aspiraciones o no.

SÍ	NO	*En el puesto de trabajo, deseo tener...*
☐	☐	**1.** un jefe / una jefa muy exigente
☐	☐	**2.** un contrato a tiempo completo
☐	☐	**3.** la posibilidad de trabajar con pocas personas
☐	☐	**4.** vacaciones pagadas
☐	☐	**5.** un buen sueldo
☐	☐	**6.** un plan de jubilación
☐	☐	**7.** muchas responsabilidades
☐	☐	**8.** ¿?

PASO 2. Comparte tus respuestas con el resto de la clase. ¿Qué aspectos son los más importantes en un trabajo para los estudiantes?

D. En el trabajo

Act. D, **Suggestion:** Refer students to the two *Vocabulario en acción* presentations in this chapter. This information will help them with this activity.

PASO 1. En parejas, escojan dos profesiones diferentes y describan las responsabilidades de las personas que las hacen y los recursos tecnológicos necesarios para su oficina o lugar de trabajo.

MODELO

PROFESIÓN: Profesor(a) de historia

RESPONSABILIDADES:
- enseñar tres cursos por semestre
- asistir a reuniones de profesores
- publicar artículos profesionales
- participar en congresos (*conferences*)

RECURSOS:
- computadora con acceso al internet para hacer trabajos de investigación
- software que facilite subir información al internet
- proyector para hacer presentaciones brillantes en PowerPoint
- cuenta de e-mail para tener comunicación rápida con los estudiantes
- reproductor (*player*) de DVD, o computadora con acceso al internet, para mostrar documentales en clase

PASO 2. Compartan sus descripciones con la clase sin nombrar las profesiones. La clase debe adivinar la profesión que se describe.

Sandra necesita una computadora para hacer su trabajo.
©McGraw-Hill Education/Zenergy

E. Otras formas de trabajo

PASO 1. Lee el artículo.

Nuevas formas de trabajo

Con las tecnologías de la información y comunicación, se consolidan las nuevas formas de trabajo.

- **El teletrabajo:** El empleado que hace teletrabajo puede trabajar desde casa o desde un lugar diferente de la oficina central de la compañía. Algunas de las ventajas[a] para el empleador es que ahorra[b] algunos gastos (en locales, electricidad, limpieza, etcétera) para la empresa, reduce el absentismo y aumenta la productividad. El empleado puede usar el tiempo más eficazmente, tiene mayor autonomía en su trabajo y puede ser más flexible para adaptarse a las actividades familiares y de ocio.[c] Los inconvenientes incluyen: menos interacción social con los colegas y la tendencia de muchos trabajadores a no desconectarse y prolongar la jornada laboral, lo cual puede tener consecuencias negativas en su salud y bienestar.

Un empleado que trabaja desde su casa
©Kostenko Maxim/Shutterstock

- **Grupos de trabajo distribuidos:** Esta forma de trabajo cooperativo se hace entre grupos geográficamente dispersos,[d] sin necesidad de mantener reuniones cara a cara. Las comunicaciones entre distintos lugares se hacen a través de programas que permiten videollamadas o de servicios de mensajería en tiempo real, como Slack, una plataforma creada para la comunicación entre equipos.

[a]*advantages* [b]*saves* [c]*leisure* [d]*scattered*

PASO 2. Indica si las oraciones son ciertas (**C**) o falsas (**F**), según el **Paso 1.** Corrige las oraciones falsas.

C	F	
☑	☐	**1.** El teletrabajo consiste en trabajar para una empresa, pero desde otro lugar, generalmente desde la propia casa del empleado.
☑	☐	**2.** Los grupos de trabajo colaboran en un proyecto común, pero los integrantes viven en lugares diferentes.
☑	☐	**3.** Los dispositivos (*devices*) digitales hacen posible la comunicación por videoconferencia.
☐	☑	**4.** El teletrabajo no tiene ventajas para la empresa.

PASO 3. En parejas, discutan estas preguntas. ¿Cuáles son las ventajas y los inconvenientes del teletrabajo para el empleado? ¿Les gustaría trabajar en el futuro desde su casa o prefieren la idea de trabajar en una oficina? Justifiquen sus respuestas con detalles del texto y después compartan sus ideas con sus compañeros de clase. ¿Tiene la clase alguna tendencia en común?

Describing Unknown or Non-existent Antecedents

13.3 Present Subjunctive in Adjectival Clauses with Indefinite Antecedents

GRAMÁTICA EN ACCIÓN

La oficina de la fábrica Liebig
©Miguel Rojo/Getty Images

***Gramática*, Note:** Students can assess their understanding and mastery of the grammar points presented in this chapter by accessing the LearnSmart module for *Capítulo 13* at www.mhhe.com/connect.

***GEA*, Note:** The audio for this *GEA* is available through the eBook or on Connect.

***GEA*, Culture Note:**
- The Brazilian meat company, Marfrig, operates the Liebig Meat Extract factory. The factory closed in 1979, but was reopened in 2008 on a smaller scale.
- One of the primary products produced at this factory is corned beef.
- Fray Bentos is located at the mouth of the Uruguay River.

***GEA*, Suggestion:** Follow up by encouraging students to describe the ideal office using adjective clauses.

La oficina de la fábrica Liebig

Esta oficina de la fábrica Liebig, en Fray Bentos, Uruguay, se ha convertido en museo. ¿Por qué es museo ahora? Pues, probablemente **no hay** ninguna compañía moderna que **pueda** usarla. Esta oficina **no tiene** ningún cubículo que **separe** los escritorios. Un jefe moderno **va a querer** que todos sus empleados **tengan** computadoras con programas para escribir, documentar y conectarse al internet, pero esta oficina solo tiene máquinas de escribir y calculadoras mecánicas.

Acción. Primero, escoge entre el indicativo (existe) y el subjuntivo (no existe) para cada uno de los verbos entre paréntesis. Luego, da la forma correcta.

1. No hay ningún escritorio que (**tener**) aparatos electrónicos.
2. En la oficina hay muchos escritorios que (**ser**) muy antiguos.
3. No hay nada que (**separar**) los escritorios.
4. No hay ningún gerente moderno que (**querer**) trabajar en una oficina sin tecnología.
5. Hay muchas personas que (**visitar**) el museo para ver cómo era la oficina del pasado.

1. tenga 2. son 3. separe 4. quiera 5. visitan

You have already seen and used many examples of clauses in Spanish. One specific kind of clause is an adjective clause, which is a group of words that can take the place of an adjective and that describes a noun. Adjective clauses are introduced with the relative pronoun **que.**

Tengo un **amigo que trabaja en un banco.**	*I have a friend who works in a bank.*

The adjective clause **que trabaja en un banco** describes **amigo.**

Óscar encontró una **secretaria que hablaba español y japonés.**	*Óscar found a secretary who spoke Spanish and Japanese.*

Here, the adjective clause **que hablaba español y japonés** describes **secretaria.**

In the preceding examples, the verb in the adjective clause is in the indicative because the nouns described (**un amigo** and **una secretaria**) definitely exist.

However, if the noun or pronoun described by an adjective clause is either unknown (it may exist but the speaker doesn't know) or is definitely nonexistent, the verb in the adjective clause will be in the subjunctive.

Busco un trabajo que **pague** el doble de lo que gano ahora.	*I'm looking for a job that pays double what I earn now. (unknown job)*
Quiero una computadora que **cueste** menos de mil dólares.	*I want a computer that costs less than a thousand dollars. (unknown computer)*
No hay nadie aquí que **hable** francés.	*There is no one here who speaks French. (No such person exists.)*

ACTIVIDADES

A. El trabajo ideal

Act. A, Answers: Paso 1 **1.** *tiene* **2.** *es* **3.** *saben* **4.** *ofrece* ***Paso 2*** **1.** *tenga* **2.** *sea* **3.** *sepan* **4.** *ofrezca*

PASO 1. Piensa en el trabajo de un amigo o amiga, o el de un familiar. Completa las siguientes oraciones sobre su trabajo. Usa el indicativo.

Mi amigo/a (madre/padre/¿?)...

1. tiene un trabajo que (**tener**) un horario de trabajo...
2. trabaja en un lugar que (**ser**)...
3. trabaja con compañeros que (**saber**)...
4. trabaja para una compañía que (**ofrecer**)...

PASO 2. Piensa en el trabajo ideal para ti en el futuro. Como es un trabajo imaginario, usa el subjuntivo para completar las siguientes oraciones.

1. Algún día, quiero conseguir un trabajo que (**tener**) un horario de trabajo...
2. En el futuro, quiero trabajar en un lugar que (**ser**)...
3. En mi trabajo ideal, deseo trabajar con compañeros que (**saber**)...
4. Eventualmente, espero trabajar para una compañía que (**ofrecer**)...

***Nota interdisciplinaria,* Answers:** *(Possible answers)* **1.** *Saber idiomas es importante para encontrar trabajo y para mejorar en la carrera profesional.* **2.** *el inglés, el español, el portugués y el chino; principalmente, por motivos económicos y científicos* **3.** *Tiene mucha importancia para las compañías que quieren establecer relaciones comerciales con los países del Cono Sur.*

Nota interdisciplinaria

Lenguas extranjeras: Los idiomas en el mundo laboral

«Hola, Frank. How are you this morning?»
©Westend61/Getty Images

Con la creciente globalización de la economía mundial, el conocimiento de idiomas es muy apreciado por las compañías y contribuye a la mejora de la propia carrera profesional. Puede ser la diferencia entre conseguir un puesto laboral o no conseguirlo u obtener una promoción dentro de la compañía o no ser considerado para ello.

El inglés es el idioma oficial en el mundo de los negocios y de la computación, y muchos de los estudios y textos científicos de importancia están escritos en este idioma, pero no es el único idioma importante. Ultimamente, hablar chino es muy útil en el mundo de los negocios, debido al poder económico de China.

En Latinoamérica, con la creación y consolidación de MERCOSUR (acuerdo comercial entre Brasil, Argentina, Uruguay y Paraguay, que se está ampliando a otros países), la región del Cono Sur es hoy día el mayor centro económico y financiero de Latinoamérica. La presencia de Brasil, una de las potencias económicas latinoamericanas, convierte al portugués en un idioma importantísimo para tener éxito en esa región.

El español y el portugués juegan un papel de suma[a] importancia para cualquier persona o compañía que quiera tener acceso al mayor mercado de Sudamérica. Por ello, son cada vez más[b] las universidades y escuelas que ofrecen español y portugués en sus currículos, y hay cada vez más compañías que les exigen[c] a sus empleados el conocimiento de un segundo o tercer idioma para tener acceso incluso al mercado europeo o asiático.

[a]*tremendous* [b]*cada... more and more* [c]*demand*

PREGUNTAS

1. ¿Por qué es importante saber varios idiomas en el trabajo? ¿Qué beneficios aporta (*offer*) a la persona?
2. ¿Cuáles son los idiomas de mayor demanda? ¿Por qué?
3. ¿Qué importancia tiene saber español y portugués en Latinoamérica?
4. ¿Creen Uds. que hablar un segundo o tercer idioma puede ayudarlos/las en su futuro profesionalmente? ¿Qué idioma(s) les parece(n) indispensable(s)? Expliquen.

Act. B, **Answers: 1.** *sepa* **2.** *está* **3.** *conteste* **4.** *causa* **5.** *pueda* **6.** *trabajan* **7.** *colabore* **8.** *va*

B. Una jefa frustrada. Da la forma correcta del verbo entre paréntesis.

LICENCIADA DÁVILA: Hoy, mi asistente, Rolando, está enfermo. No hay otro empleado que (**saber**[1]) ayudarme en todo y estoy desesperada.[a] Hay una recepcionista que también (**estar**[2]) en la oficina de enfrente, pero ella tiene que atender a los clientes. Por eso, no hay nadie que (**contestar**[3]) los teléfonos. Además, tengo una computadora que siempre me (**causar**[4]) problemas y hoy tampoco funciona. ¡No sé qué hacer! Aparte de Rolando, no hay otro empleado que (**poder**[5]) arreglar[b] las computadoras. Sí, hay algunos técnicos que (**trabajar**[6]) para la empresa, pero ellos siempre tardan mucho.[c] Este día va a ser fatal. Pero he aprendido que necesito buscar otro asistente que (**colaborar**[7]) con Rolando en todos mis proyectos. También sé que hay alguien que (**ir**[8]) a recibir un aumento de sueldo: ¡Rolando!

[a]*desperate* [b]*fix* [c]tardan... *take a long time*

C. Entrevista

PASO 1. Completa las oraciones con información personal.

1. Tengo un profesor / una profesora que...
2. El semestre que viene quiero tomar una clase que...
3. Cuando me gradúe, quiero tener un trabajo que...
4. Conozco a alguien que...
5. Tengo un(a) pariente que...
6. En mi clase no hay nadie que...
7. Actualmente tengo un trabajo que...
8. Este fin de semana no quiero hacer nada que...

PASO 2. Ahora, en parejas, háganse y contesten preguntas basadas en sus oraciones del **Paso 1.**

D. La bolsa de trabajo. Primero decidan entre **Estudiante 1** y **Estudiante 2.** El texto para **Estudiante 2** se encuentra en el **Appendix III.**

Estudiante 1

PASO 1. Completa los anuncios de empleo con la forma correcta del verbo entre paréntesis. Escoge entre el presente de indicativo y el presente de subjuntivo, según el contexto.

Economistas

Ofrecemos la oportunidad de integrarse a una reconocida organización de servicios profesionales que (**operar**)[1] a nivel local e internacional. Somos un asesoramiento financiero que (**buscar**)[2] contratar a profesionales jóvenes. Estamos seleccionando economistas que (**tener**)[3] alguna experiencia en análisis macroeconómico y/o financiero y que (**poder**)[4] trabajar en equipo. Queremos contratar a alguien que (**hablar**)[5] inglés y (**conocer**)[6] las herramientas informáticas.

Lugar: Montevideo

Requisitos/Conocimientos:

- Análisis financiero
- Economía

Nivel de estudio: Licenciatura en área relacionada

Edad: Desde 24 hasta 30 años

Sexo: Indefinido

Recepcionista Vendedora	**Vendedor**
Somos una empresa que **(dedicarse)**[7] a la actividad física y que **(ofrecer)**[8] cursos a la comunidad. Buscamos a mujeres que **(tener)**[9] experiencia en venta de servicios y atención al cliente. Estamos ofreciendo dos puestos que **(requerir)**[10] turnos de 5 horas por las tardes, de lunes a viernes entre las 13h y las 22h y sábados de 9h a 13h. Se necesitan candidatas que **(poder)**[11] captar nuevos clientes y que **(saber)**[12] realizar algunas tareas administrativas. **Lugar:** Montevideo **Requisitos/Conocimientos:** • Internet • Venta de servicios • Atención al cliente • Microsoft Word • Microsoft Excel **Nivel de estudio:** Secundaria completa **Edad:** Desde 25 hasta 45 años **Sexo:** Femenino	Buscamos un vendedor para la industria que **(ser)**[13] proactivo y que **(saber)**[14] ofrecer excelente orientación al cliente. Solo se considerarán candidatos que **(tener)**[15] vehículo propio y libreta de conducir actual. El horario es de lunes a viernes, 8h a 17h. Ofrecemos la posibilidad de integrarse a una empresa que **(ser)**[16] nacional y que **(estar)**[17] en constante crecimiento. **Lugar:** Montevideo **Puestos vacantes:** 1 **Requisitos/Conocimientos:** • Venta a empresas • Atención al cliente **Nivel de estudio:** Bachillerato completo **Edad:** Desde 25 hasta 40 años **Sexo:** Masculino

PASO 2. Mientras tu texto consiste en tres anuncios de empleo, el de tu compañero/a consiste en descripciones de tres candidatos uruguayos que buscan trabajo. Entre toda la información, solo uno de los candidatos tiene todas las cualificaciones para conseguir uno de los empleos. Háganse preguntas usando el presente de indicativo y de subjuntivo hasta identificar qué candidato es ideal para uno de los puestos.

MODELO: E1: ¿Hay algún aspirante que sea economista?
E2: Sí, hay uno que es economista. Tiene 15 años de experiencia.
E1: ¿Cuántos años tiene?
E2: Tiene 38 años.
_____________ es el/la candidato/a ideal para el puesto de _____________.

PASO 3. Con tu compañero/a, analicen los anuncios. ¿En qué se parecen a, y en qué se diferencian de, un anuncio de trabajo típico en los Estados Unidos? ¿Por qué? ¿Qué pueden concluir como resultado?

***Act. D, Paso 1,* Answers: 1.** *opera* **2.** *busca* **3.** *tengan* **4.** *puedan* **5.** *hable* **6.** *conozca* **7.** *se dedica* **8.** *ofrece* **9.** *tengan* **10.** *requieren* **11.** *puedan* **12.** *sepan* **13.** *sea* **14.** *sepa* **15.** *tengan* **16.** *es* **17.** *está*

Lectura cultural

Vas a leer un artículo publicado en el periódico argentino *La Nación* sobre el impacto de la tecnología en las futuras profesiones.

ANTES DE LEER

A. A primera vista. Observa la fotografía y lee el título y los subtítulos del artículo. En parejas, contesten las siguientes preguntas.

1. ¿Qué efectos creen que tendrán los avances tecnológicos en los puestos de trabajo en el futuro? ¿Piensan que habrá más o menos empleos?
2. ¿Qué profesiones creen que tendrán más demanda en el mundo laboral? ¿Qué profesiones tendrán menos posibilidades de sobrevivir? ¿Por qué?

B. Sinónimos. Empareja la palabra **en negrita** de cada frase con su sinónimo correspondiente.

c	**1.** ... genera **temor**...	**a.** aumenta
d	**2.** ... **pronósticos** apocalípticos...	**b.** estimulará
a	**3.** ... **eleva** la cifra...	**c.** miedo
e	**4.** ... **exigirá** más empleos...	**d.** predicciones
b	**5.** ... la inteligencia artificial **acelerará** los cambios	**e.** requerirá

Las nuevas tecnologías cruzan positivamente al mundo del trabajo

Andrés Krom
18 de marzo de 2018

Un empleado controla maquinaria robótica.
©Echo/Getty Images

«La inteligencia artificial (*AI*, por sus siglas en inglés) va a eliminar entre 50 y 65 por ciento de todos los trabajos existentes en los países en vías de desarrollo,[a] incluyendo la Argentina», dijo el presidente del Banco Mundial, Jim Yong Kim, durante su visita a Buenos Aires, en agosto de 2017. La cifra[b] genera temor, especialmente en un país como el nuestro, que logró[c] una tasa[d] de desempleo del 30 por ciento sin la necesidad de robot alguno.

Cuando se teoriza sobre el futuro del mercado laboral, abundan los pronósticos apocalípticos, como los de la consultora McKinsey, que estimó que entre 400 y 800 millones de personas perderán sus empleos de cara a 2030, o los de Thomas Frey, que eleva la cifra para ese mismo año hasta los 2000 millones. Sin embargo, empiezan a multiplicarse las voces que afirman que esta revolución tecnológica exigirá más empleos, no menos.

¿El fin del trabajo?

¿Hay que darle crédito a los que hablan de millones de puestos de trabajo perdidos en esta cuarta revolución industrial? Para los expertos consultados por este diario, es una exageración total. «No apoyo[e] esa visión apocalíptica», sentencia Carolina Golia, arquitecta de Soluciones Cognitivas de IBM Argentina. «Cuando se lanzó el cajero automático[f] se esperaba que muchos empleados bancarios se quedaran sin empleo y ocurrió todo lo contrario, fue necesaria más gente alrededor para atender[g] las máquinas.»

«La mayoría estamos de acuerdo en que ocurrirá lo contrario, se van a generar más puestos, algunos más específicos de AI pero, en general, serán más trabajos comunes», dice Alberto Alexis Sattler, gerente de tecnología de Accenture. Para Ezequiel Glinsky, director de Nuevos Negocios de Microsoft Argentina, la AI acelerará los cambios en la oferta laboral. «Cada nueva tecnología presentada generó preocupaciones sobre el impacto que tendría en los empleos. El surgimiento[h] de los primeros autos implicó menos empleos relacionados a la producción de carruajes tirados por caballos[i] pero, al mismo tiempo, implicó el surgimiento de más y nuevos empleos relacionados a la fabricación de llantas»,[j] añade.

Nuevos puestos, viejos puestos

En el futuro del empleo, ¿qué tan susceptibles son los trabajos a la computarización? El economista Carl Benedikt Frey y el profesor de *machine learning* Michael A. Osborne, hicieron un *ranking* sobre cuáles eran las chances de supervivencia de algunas de las principales profesiones humanas ante el avance de tecnologías de AI y la automatización. En este marco, determinaron que los cinco puestos con mayores posibilidades de ser reemplazados por una máquina eran los de telemarketers (99 por ciento), contadores (98 por ciento), cajeros (97 por ciento), carpinteros (72 por ciento) y bibliotecarios (65 por ciento). Por el contrario, las carreras con mayor chance de sobrevivir fueron la de cirujanos (0,4 por ciento), los maestros escolares (0,4 por ciento), los ingenieros (1,4 por ciento), los abogados (3,5 por ciento) y los matemáticos (4,7 por ciento).

No sorprende entonces que los perfiles[k] relacionados a ciencia, tecnología, ingeniería y matemática (STEM, por sus siglas en inglés) serán altamente demandados. «Todo lo que tenga que ver con ciberseguridad, encriptación y análisis de datos será requerido», asegura Golia-. Glinsky, por su parte, pronostica que el avance de AI demandará más «científicos de datos, ingenieros y expertos en robótica» y creará además otros empleos «que hoy ni siquiera imaginamos».

[a]países... *developing countries* [b]*figure* [c]*reached* [d]*rate* [e]*support* [f]se... *the ATM was launched* [g]*to deal with* [h]*emergence* [i]carruajes... *carriage* [j]*tires* [k]*profiles*

DESPUÉS DE LEER

A. Comprensión. Contesta las preguntas, según la información de la lectura.

1. Según el presidente del Banco Mundial, ¿qué puede ocurrir a los trabajos de hoy día en el año 2030? ¿Cuál es la causa?
2. ¿Qué otras predicciones apocalípticas menciona el artículo?
3. ¿Qué opina Carolina Golia sobre esas visiones tan pesimistas? ¿Qué ejemplo da para apoyar su argumento?
4. ¿Qué piensan Sattler y Glinsky sobre el futuro del empleo? ¿Qué ejemplo da Glinsky para apoyar su argumento?
5. ¿Qué puestos de trabajo tienen más posibilidad de desaparecer y ser reemplazados por máquinas debido a la inteligencia artificial? ¿Qué carreras serán las más demandadas?

B. Temas de discusión. En grupos pequeños, comenten estos temas. Después, compartan sus ideas con la clase.

1. ¿Con qué predicciones sobre las futuras profesiones están Uds. de acuerdo, con las más positivas o con las más apocalípticas? Justifiquen sus respuestas con argumentos del artículo.
2. ¿Qué carreras estudian Uds.? ¿Piensan que cuando se gradúen tendrán un perfil adecuado para los empleos más demandados en el futuro? ¿Por qué?

***Después de leer A*, Answers:** *(Possible answers)* **1.** *Se eliminarán entre el 50 y el 65 por ciento de todos los trabajos existentes en los países en vías de desarrollo. La inteligencia artificial.* **2.** *McKinsey dijo que entre 400 y 800 millones de personas perderán sus empleos hacia el 2030. Thomas Frey sostiene que la cifra va a aumentar para ese mismo año hasta los 2000 millones.* **3.** *Es una exageración. Con el cajero automático se esperaba que muchos empleados bancarios se quedaran sin empleo, sin embargo se necesitó más gente para atender las máquinas.* **4.** *Con la inteligencia artificial se van a generar más puestos. La aparición de los primeros autos implicó menos empleos relacionados a la producción de carruajes, pero, generó más y nuevos empleos relacionados a la fabricación de llantas.* **5.** *Telemarketers, contadores, cajeros, carpinteros y bibliotecarios. Cirujanos, los maestros escolares, los ingenieros, los abogados y los matemáticos. En general, carreras relacionadas a ciencia, tecnología, ingeniería y matemáticas.*

Palabra escrita

Selecting the Structure of Your Composition. The way you organize a composition depends on your topic. Although this will vary depending on the purpose of your composition, a linear structure is normally best because it is straight-forward. Using this structure, first state your thesis in the introductory paragraph, thus preparing the reader to properly understand your point of view. Then, write a series of paragraphs supporting that thesis statement. Remember to include a topic sentence in each paragraph. Finally, write a conclusion in which you summarize the main points of your composition or reiterate your thesis statement.

For this composition you are going to write a **Carta de presentación** to apply for a job in the **Cono Sur** region. The purpose of the letter will be to convince the Director of Human Resources that you are a suitable candidate for the position and merit an interview.

***Palabra escrita, Act. A,* Suggestion:** Have students search classified ads on the Internet to look for the jobs in which they are interested.

COMMUNICATION

A. Lluvia de ideas. Escoge una oferta de empleo de la **Actividad G,** página 391 y contesta estas preguntas. Después, comparte las ideas con la clase y apunta otras ideas apropiadas para tu ensayo.

1. ¿Qué profesionales busca la empresa o entidad a la que estás solicitando empleo?
2. ¿Qué conocimiento y experiencia requiere el puesto de trabajo? ¿Qué otras habilidades requiere?
3. ¿Qué te parece atractivo del puesto de trabajo que estás solicitando?
4. ¿Qué habilidades o conocimientos tienes tú que te hacen un buen candidato para el puesto?

B. A escribir. Escribe tu carta siguiendo esta guía.

1. *Parte superior izquierda de la carta.* Incluye el nombre de la empresa o entidad, la localidad y la fecha. Dirige la carta al Sr. Director de Personal.
2. *Primer párrafo.* Debes incluir los motivos por los que solicitas el empleo. También debes mencionar los requisitos del puesto y, a modo de introducción, explicar cómo tu perfil, conocimientos, potencial, formación, experiencia, etcétera, se ajustan a (*fit*) las necesidades de la empresa.
3. *Segundo párrafo.*
   a. Debes informar sobre la formación académica (*education*), indicando el título obtenido y el nombre de la institución donde lo obtuviste.
   b. Debes indicar si cuentas con experiencia laboral en determinadas áreas o actividades.
   c. Debes resaltar que posees condiciones para realizar trabajo en equipo, además de otras habilidades requeridas por el anuncio.
4. *Tercer párrafo.* Debes solicitar una entrevista personal a fin de ampliar o clarificar datos de la carta de presentación. También debes expresar tu deseo de que tu solicitud sea ingresada en la base de datos de la empresa para poder participar en futuras búsquedas.
5. Termina la carta con una frase de despedida, tu firma, dirección, teléfono y correo electrónico.

C. El vocabulario y la estructura

PASO 1. Repasa el vocabulario y la gramática de este capítulo. Ten en cuenta estas preguntas.

1. ¿Incluiste suficiente información para explicar los temas de la Actividad A?
2. ¿Usaste el vocabulario apropiado?
3. ¿Usaste el subjuntivo correctamente?
4. ¿Es correcta la conjugación de los verbos?
5. ¿Concuerdan los adjetivos con los sustantivos que modifican?

PASO 2. Vuelve a escribir tu composición y entrégasela a tu profesor(a).

Conexiones culturales

Cada uno a su trabajo

Estos chicos hacen cola para entrar en una agencia de empleos y son algunos de los muchos que esperan encontrar un trabajo en Buenos Aires. Según[a] el Banco Mundial, en 2017 el 21,3 por ciento de los jóvenes argentinos entre 15 y 24 años de edad y el 16,4 por ciento de los los chilenos están desempleados.[b]

©adriaticfoto/Shutterstock

©mapodile/Getty Images

Mientras que las oportunidades asalariadas disminuyen,[c] los economistas han notado que, poco a poco, el empleo por cuenta propia,[d] o el *freelancing,* aumenta.[e] La economía digital permite la creación de estas nuevas oportunidades, en particular en el sector de la Tecnología de la Información (TI). Estos trabajos permiten a personas como Flor trabajar cómodamente[f] desde casa.

En algunas de las ciudades del Cono Sur existen espacios de trabajo colaborativo como *WeWork* y *Urban Station*, situados en edificios con oficinas modernas y bien equipadas. Algunos edificios disponen de una variedad de servicios como cafés, terrazas y salas de reuniones donde se puede recibir a clientes. *Céspedes,* un espacio de trabajo colaborativo en Buenos Aires, organiza eventos de *networking* y talleres[g] en donde los que trabajan allí pueden compartir con sus compañeros los aspectos creativos e innovadores de sus proyectos o negocios. De lunes a viernes, Sergio trabaja independientemente mientras está rodeado[h] de personas de distintas profesiones con quienes puede colaborar y quienes le ofrecen nuevas perspectivas.

©Mandel Ngan/Getty Images

[a]*According to* [b]*unemployed* [c]*decrease* [d]*empleo... self-employment*
[e]*increases* [f]*comfortably* [g]*workshops* [h]*surrounded*

REFLEXIÓN

1. Busca en el internet la tasa de desempleo para los jóvenes estadounidenses entre 15–24 años. ¿Cómo se compara este número con la tasa de desempleo de Argentina y Chile?
2. ¿Por qué piensas que el trabajo por cuenta propia se está haciendo (*is becoming*) tan popular en los Estados Unidos y en los países del Cono Sur?
3. Ve al internet y abre la página de *Céspedes* en Buenos Aires y también encuentra un espacio de trabajo cerca de donde vives. ¿Cómo se comparan los dos lugares?

Un mundo sin límites

Marindia, Uruguay

Janna y Sandra

©McGraw-Hill Education/Zenergy

©deepblue4you/Getty Images
©McGraw-Hill Education/Zenergy

Antes de ver

Infórmate y ponte en su lugar.
Janna y Sandra están de acuerdo sobre los beneficios de vivir y trabajar en Uruguay. Las dos van a hablar sobre la búsqueda de trabajo en el país y cómo consiguieron sus trabajos. Después de que te gradúes de la universidad, ¿qué harás para encontrar trabajo? ¿Buscarás trabajo tan pronto como termines tus estudios? ¿O participarás en prácticas laborales para conseguir experiencia? ¿Crees que será fácil o difícil encontrar un puesto que te guste?

Vocabulario práctico

el afán	eagerness
los consumistas	consumerist
la estancia	tourist hotel
el gaucho	cowboy (Southern Cone)
el costo de vida	cost of living
la sierra	mountain range

***¿Entendiste? A,* Answers: 1.** *Son policías.* **2.** *Empezó la carrera de policía para pagar sus estudios pero se quedó porque le gustó.* **3.** *Tardó un mes.* **4.** *No son muy altos comparados al costo de vida.* **5.** *Dice que no hay que ser consumistas para vivir bien y apreciar las cosas pequeñas en la vida.*

¿Entendiste?

A. Comprensión. Contesta las preguntas.

1. ¿Qué tradición laboral hay en la familia de Sandra?
2. ¿Por qué empezó a trabajar en su carrera Sandra? ¿Por qué se quedó?
3. ¿Cuánto tardó Janna en encontrar trabajo en Uruguay?
4. ¿Cómo son los sueldos en Uruguay en comparación con el costo de vida?
5. ¿Qué dice Sandra sobre la actitud de los uruguayos hacia el consumismo?

B. Nuestro futuro. En parejas, contesten las preguntas.

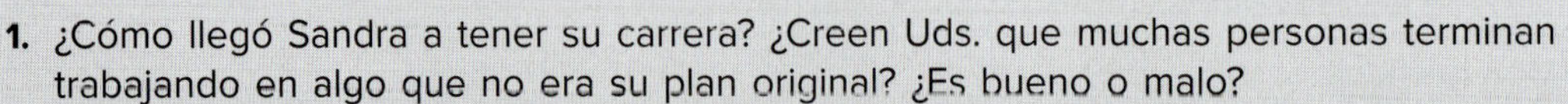

1. ¿Cómo llegó Sandra a tener su carrera? ¿Creen Uds. que muchas personas terminan trabajando en algo que no era su plan original? ¿Es bueno o malo?
2. ¿Cómo fue la búsqueda de trabajo de Janna? Describan los pasos que siguió para llegar a su situación actual.
3. ¿Qué le gusta a Janna de su trabajo? ¿Cuál es su prioridad principal en este momento de su vida?
4. ¿Qué ventajas de trabajar online se mencionan en el vídeo? ¿Pueden pensar en otras ventajas o en algunas desventajas?
5. Aunque los trabajos en Uruguay no paguen mucho, según Janna y Sandra, ¿qué ayuda a mantener un buen estilo de vida? ¿Cómo se compara eso con las opciones en la comunidad de Uds.?

Vocabulario

Los verbos	
administrar	to manage; to administer
anotar datos	to enter data
bajar	to download
despedir (*like* **pedir**)	to fire
estar (*irreg.*) **a cargo de**	to be in charge of
guardar	to save (*a file*)
hacer (*irreg.*) **copias**	to make copies
jubilarse	to retire
llenar	to fill out (*a form*)
manejar (las cuentas)	to manage (accounts)
renunciar (a)	to resign (from) (*a job*)
solicitar (trabajo)	to apply for (a job)
subir	to upload
supervisar	to supervise; to oversee

Las profesiones y los oficios	Professions and trades
el/la abogado/a	lawyer
el/la albañil	bricklayer, construction worker
el/la banquero/a	banker
el/la barbero/a	barber
el/la biólogo/a	biologist
el/la científico/a	scientist
el/la cocinero/a	cook
el/la consejero/a	advisor; counselor
el/la contador(a)	accountant
el/la diseñador(a) (de modas)	(fashion) designer
el/la electricista	electrician
el/la entrenador(a)	trainer; coach
el/la farmacéutico/a	pharmacist
el hombre / la mujer de negocios	businessman/businesswoman
el/la ingeniero/a	engineer
el/la juez(a)	judge
el/la maestro/a	teacher
los negocios	business
el/la peluquero/a	hairdresser
el/la periodista	journalist
el/la plomero/a	plumber
el/la sicólogo/a	psychologist
el/la técnico/a	technician
el/la traductor(a)	translator
el/la veterinario/a	veterinarian

Cognados: el/la atleta, el/la modelo, el/la programador(a), el/la recepcionista, el/la secretario/a

Repaso: el/la arquitecto/a, el/la chef, la contabilidad, el/la dentista, el derecho, el/la enfermero/a, el/la escultor(a), la medicina, el/la médico/a, el/la músico/a, el periodismo, el/la pintor(a), el/la profesor(a), la sicología

Las habilidades y destrezas	Abilities and skills
el conocimiento	knowledge
emprendedor(a)	enterprising
fuerte físicamente	physically strong
íntegro/a	honest; upright
valiente	brave

Cognados: la compasión; bilingüe, carismático/a, honesto/a, organizado/a, puntual

La búsqueda de trabajo	Job search
el/la aspirante	applicant
el currículum (vitae)	résumé, CV
la entrevista	interview
la solicitud	application

Cognado: el/la director(a) de personal

El empleo y el lugar de trabajo	Employment and the workplace
el aumento (de sueldo)	raise
el beneficio	benefit
el/la empleado/a	employee
el empleo a tiempo completo	full-time job
el empleo a tiempo parcial	part-time job
la empresa	business, company, firm
el/la gerente	manager
el horario de trabajo	work schedule
el informe	report
el/la jefe/a	boss
la página Web	web page
el plan de jubilación	retirement plan
el puesto	job; position
la reunión (de trabajo)	work meeting
el seguro médico	health insurance
el sueldo	salary
comprensivo/a	understanding
exigente	demanding

Cognados: la compañía, el cubículo; (in)flexible

Conjunciones temporales	
después de que	after
en cuanto	as soon as
hasta que	until
tan pronto como	as soon as

Repaso: cuando

Capítulo 14

Nosotros y el mundo natural

EN ESTE CAPÍTULO

La cultura hispana global

©Victor Ovies Arenas/Getty Images

Los parques naturales como Doñana en el sur de España hacen mucho para proteger el planeta y nos permiten disfrutar de la naturaleza.

Piensa y comparte

A veces los incendios forestales son causados por acciones humanas.

- ¿Cuáles son algunos ejemplos de esto?
- ¿Qué se puede hacer para evitar que ocurra en el futuro?
- ¿Qué tipos de desastres ocurren cerca de tu comunidad?
- ¿Cómo afectan a las personas y la naturaleza?

En algunos países hispanohablantes los parques y reservas naturales son prioridades importantes de los gobiernos. Por ejemplo, más del 25 por ciento de la tierra de Costa Rica es protegida.

- ¿Cuáles son algunos beneficios de los parques naturales?
- ¿Hay algún parque que esté cerca de tu comunidad? ¿Te gusta visitar esos lugares? ¿Por qué?

©Juan Pozo Bóveda/123RF

Los incendios forestales (*forest fires*) hacen mucho daño cuando ocurren ya que matan y desplazan plantas y animales y contaminan el aire con el humo (*smoke*).

©Galyna Andrushko/123RF

La Tierra está llena de lugares espectaculares como la Montaña de Siete Colores en Vinicunca, Perú. Es importante que hagamos todo lo necesario para que tenga un largo futuro.

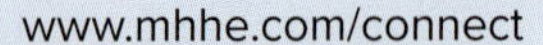

www.mhhe.com/connect

Un mundo sin límites

Reserva Biológica de Monteverde, Costa Rica

Jessica y Keylor

©deepblue4you/Getty Images
©McGraw-Hill Education/Zenergy

Antes de ver

Infórmate y ponte en su lugar.
Jessica es una bióloga que trabaja con Keylor, experto en trepar a (*climbing*) los árboles del bosque en Monteverde, una pequeña comunidad en las montañas del bosque nuboso. El ecoturismo es popular en la zona. ¿Cómo crees que es la vida en una comunidad como Monteverde en el bosque nuboso? ¿Cómo afecta el clima lluvioso las actividades de la vida diaria? ¿Te gustaría vivir en Monteverde?

©McGraw-Hill Education/Zenergy

Vocabulario práctico

la ecología	ecology
el dosel	forest canopy
el bosque nuboso	cloud forest
la biodiversidad	biodiversity

©McGraw-Hill Education/Zenergy

¿Entendiste?

A. ¿Cierto o falso?

C	F	
☐	☑	**1.** Jessica tomó diez clases de español en la universidad en los Estados Unidos.
☑	☐	**2.** Jessica es bióloga y estudia ecología.
☑	☐	**3.** Keylor es nativo de Costa Rica.
☐	☑	**4.** Keylor trabaja en un laboratorio estudiando árboles.
☐	☑	**5.** Según Keylor, la naturaleza de Monteverde no es muy interesante porque no hay mucha variedad.

¿Entendiste? Act B, Answers: *(Answers will vary.)* ***1.*** *Lo aprendió viviendo, conversando y trabajando.* ***2.*** *Estudia en el dosel del bosque nuboso.* ***4.*** *Dice que son muy diversos.*

B. Nosotros y el mundo natural. En parejas, contesten las preguntas.

1. Según Jessica, ¿cómo aprendió español realmente? ¿Participarán Uds. en alguna experiencia que les permita practicar español en el mundo real? ¿Por qué?
2. ¿Dónde lleva a cabo sus investigaciones Jessica? ¿Por qué es ideal para ese tipo de estudio?
3. Sabiendo donde trabajan Jessica y Keylor, ¿cómo creen que es un día normal para ellos? ¿Qué aspectos de su trabajo son únicos y requieren habilidades especiales?
4. ¿Qué dice Keylor sobre las plantas y los animales en Costa Rica? ¿Cómo es la naturaleza donde viven Uds.? Describan los animales, las plantas y sus hábitats.
5. ¿A Uds. les preocupa el medio ambiente (*environment*)? ¿Qué creen que es el problema más grave en el mundo? ¿Qué hacen Uds. en sus vidas diarias para proteger y salvar el planeta?

TEMA I: El mundo natural

Vocabulario en acción

Vocabulario en acción, **Note:** Students can assess their understanding and mastery of the vocabulary presented in this chapter by accessing the LearnSmart module for *Capítulo 14* at www.mhhe.com/connect.

La geografía, la naturaleza y el medio ambiente

Note: The art for this chapter is available for digital download within Connect (www.mhhe.com/connect).

Otros términos geográficos

el altiplano	high plateau
la arena	sand
la bahía	bay
la llanura	plain
el mar	sea
la orilla	shore
la sierra	mountain range

Cognados: el desierto, la roca

La flora y fauna — Plant and animal life

el águila (*pl.* **las águilas**)	eagle
la araña	spider
el mono	monkey
salvaje	wild

Cognados: el cocodrilo, el elefante, el gorila, los insectos, el león, el mosquito, el panda, el pingüino, el puma, el reptil, el tigre

Los recursos naturales

el agua dulce/salada	fresh/salt water
la biodiversidad	biodiversity

Cognados: el gas natural, los metales, los minerales

ACTIVIDADES

A. ¡Busca al intruso!

PASO 1. Indica la palabra que no pertenece a la serie. Explica por qué.

1.	☑ la rana	☐ el quetzal	☐ el águila	☐ la gaviota
2.	☐ el cangrejo	☐ la ballena	☑ el oso	☐ el tiburón
3.	☐ el tigre	☐ el delfín	☐ el león	☑ el glaciar
4.	☐ el mosquito	☐ la mariposa	☑ el mono	☐ la araña
5.	☑ el quetzal	☐ la llanura	☐ la orilla	☐ el mar
6.	☐ el gorila	☑ la roca	☐ el pingüino	☐ el puma
7.	☐ el glaciar	☑ el jaguar	☐ el hielo	☐ el oso polar
8.	☐ el oso	☐ el mono	☐ la foca	☑ el archipiélago

PASO 2. Indica la palabra que no pertenece a la categoría y di a qué categoría pertenece.

1. el agua:
☐ el mar ☐ las olas ☐ el océano ☑ la sierra

2. las montañas:
☐ la sierra ☑ la gaviota ☐ el volcán ☐ el altiplano

3. los mamíferos (*mammals*):
☐ el oso polar ☐ la ballena ☑ la serpiente ☐ el mono

4. las aves:
☑ el cocodrilo ☐ la gaviota ☐ el águila ☐ el quetzal

5. el ártico:
☐ el oso polar ☐ el hielo ☐ el glaciar ☑ la mariposa

6. los reptiles
☐ la serpiente ☐ el cocodrilo ☑ el tiburón ☐ la tortuga

***Vocabulario en acción,* Suggestions:**
• Use the image in the textbook, picture files, or a PowerPoint presentation to introduce the vocabulary. Model pronunciation by pointing out items in the images, asking students questions as you check comprehension: *En la zona ártica hay glaciares, mucho hielo y es donde vive el oso polar. En el bosque tropical habitan animales salvajes como el jaguar, el tigre y el león. También encontramos aves como el quetzal. El quetzal habita en Centroamérica. ¿Qué animal habita en la zona ártica? Sí, el oso polar. ¿Cuál es el hábitat del quetzal? Sí, el bosque tropical.* Follow the same pattern with the rest of the words and expressions. Provide additional words as necessary: *la abeja, la almeja, el arrecife de coral, caballito de mar, el cactus, el caribú, el cocotero, la concha, el iceberg, la medusa, la palmera, el pantano, el papagayo, el pelícano, la selva.*

***Act. A, Paso 1,* Answers:** (Possible explanations) **1.** *La rana no es un ave.* **2.** *El oso no vive en el agua.* **3.** *El glaciar no es un animal.* **4.** *El mono es un mamífero.* **5.** *El quetzal no es un accidente geográfico.* **6.** *La roca no pertenece a la fauna.* **7.** *El jaguar no pertenece a la zona ártica.* **8.** *El archipiélago no es un animal.*

***Act. A, Paso 2,* Answers:** (Possible categories) **1.** *las montañas* **2.** *las aves* **3.** *los reptiles* **4.** *los reptiles* **5.** *los insectos* **6.** *los peces*

***Act. A, Paso 2,* Suggestion:** Have students work as a class to categorize all of the words from the activity. Remind them that, depending on the categories they create, some words may belong to more than one.

Act. B, Paso 1, **Script: 1.** *Es una extensión de tierra con muchos árboles.* **2.** *Es una extensión de tierra muy seca sin o con poca vegetación.* **3.** *Es una montaña de donde sale lava.* **4.** *Es una gran extensión de hielo.* **5.** *Es una gran extensión de terreno llano.* **6.** *Es donde el mar entra en la costa y frecuentemente sirve como puerto.*

B. Definiciones

PASO 1. Escucha cada una de las definiciones e indica la palabra definida. Luego, nombra un ejemplo que conoces. Comparte tus ideas con la clase. ¿Están todos de acuerdo?

Vocabulario práctico	
seco/a	dry
llano/a	flat
el puerto	harbor

MODELO ESCUCHAS: Es una masa grande de agua salada. →
ESCOGES: h. el mar
ESCRIBES: El mar Caribe está al este del golfo de México.

e	**1.**	**a.** la llanura
i	**2.**	**b.** la bahía
c	**3.**	**c.** el volcán
f	**4.**	**d.** la olas
a	**5.**	**e.** el bosque
b	**6.**	**f.** el glaciar
		g. la foca
		h. el mar
		i. el desierto

Act. B, Paso 2, **Suggestion:** Have eight volunteers pick a definition at random and read it to the class. Then students should guess the appropriate word. You may wish to set up the activity as a contest: the student who provides the most answers wins.

PASO 2. Escribe una definición para estas palabras.

1. la foca
2. la mariposa
3. la ola
4. la orilla
5. la tortuga
6. el delfín
7. el mono
8. la isla

Act. C, **Suggestion:** Have students compare their answers to further practice and expand the vocabulary. Then have them choose the most logical and complete associations.

C. Asociaciones.

Di qué asocias con estas cosas y explica por qué.

MODELO la isla → las playas, la orilla, el mar u océano, las olas: Porque las islas están rodeadas de agua y siempre hay olas, orillas y playas.

1. el glaciar
2. el altiplano
3. la arena
4. el bosque tropical
5. la biodiversidad
6. el delfín
7. el águila
8. el volcán

D. ¿Cuál es la región?

PASO 1. En grupos de tres, diseñen un folleto (*brochure*) sobre una región de este país o de otro país del mundo que a Uds. les interese. Describan las características geográficas, la flora y la fauna, el clima y las estaciones de ese lugar. Incluyan imágenes en sus folletos.

MODELO En esta región, la característica geográfica predominante es la llanura. No hay ni una montaña ni colinas. El animal salvaje más común es el coyote. Los inviernos aquí son muy difíciles. Hace mucho viento...

PASO 2. Presenten su folleto a la clase. ¿Pueden adivinar qué región es? De todas las regiones, ¿cuál le gustaría visitar a la mayoría de la clase? ¿Por qué?

E. Mi lugar ideal

PASO 1. Entrevista a un compañero / una compañera con estas preguntas.

1. ¿Te gusta la naturaleza? ¿Prefieres la playa, la montaña o el campo?
2. ¿Qué características debe tener este lugar para que sea ideal para ti?
3. ¿En qué estación del año te gusta más este lugar? ¿Por qué?
4. ¿Qué actividades te gusta hacer allí?

***Act. E, Paso 1,* Suggestions:**
• Refer students to *Capítulo 2, Tema I* and to *Tema II* of *Capítulos 9* and *10* to review outdoor-related activities.
• Provide additional vocabulary as needed: *esquiar, correr maratones, hacer* snowboarding, *hacer* rafting, *surfear,* etc.

PASO 2. Basándote en las respuestas de tu compañero/a, hazle una recomendación para que vaya de vacaciones. Después, comparte la información con la clase. ***Act. E, Paso 2,* Suggestions:** Tally students' answers to determine the most popular preferences among students.

MODELO A Chris le gusta esquiar en las montañas. Prefiere montañas muy altas con mucha nieve. Le recomiendo que visite Colorado en el invierno.

Nota cultural

Las Islas Galápagos

Una iguana marina en las Islas Galápagos
©Ryan M. Bolton/Shutterstock.com

Las Islas Galápagos, situadas a unos mil kilómetros de la costa de Ecuador, forman un archipiélago de trece grandes islas volcánicas, seis islas más pequeñas y 107 rocas e islotes.[a] Antes de la llegada de los colonizadores españoles en 1535, los incas vivían en las Islas Galápagos. También fueron utilizadas por los piratas ingleses como escondite[b] de sus robos a barcos españoles que, en su ruta desde las Indias hacia España, transportaban oro y plata.

Las Islas Galápagos son un tesoro de la historia natural por su biodiversidad, una región única por la flora y la fauna. Además de miles de especies de plantas, su hábitat se caracteriza por conservar especies endémicas, como tortugas gigantes, iguanas, focas y pingüinos que no se encuentran en otros lugares del planeta. En 1835, el barco británico *Beagle* desembarcó en las Galápagos con el propósito de realizar un estudio científico. Entre los investigadores estaba Charles Darwin, y los descubrimientos realizados en estas islas le sirvieron para formular su famosa teoría de la evolución.

Las Islas Galápagos son Patrimonio Natural de la Humanidad y Reserva de la Biosfera. Su hábitat, sin embargo, ha estado en peligro debido al turismo masivo y a la introducción de especies de plantas y animales no nativos. A fin de controlar el turismo y otras acciones humanas, actualmente el Instituto Nacional Galápagos establece como obligatorio que los visitantes tengan la Tarjeta de Control de Tránsito, la cual se puede solicitar en los aeropuertos de Quito, Guayaquil, Isabela, San Cristóbal y Baltra. En el aeropuerto, también hay que pasar por un estricto control de equipaje para evitar la introducción en las islas de especies invasoras que amenacen[c] con deteriorar la biodiversidad de las islas.

[a]*small islands* [b]*hiding place* [c]*threaten*

PREGUNTAS

1. ¿Qué grupos de personas han habitado o usado las Islas Galápagos a lo largo de la historia?
2. ¿Qué animales específicos se pueden encontrar en estas islas?
3. ¿Por qué estuvieron en peligro las Islas Galápagos en un pasado reciente? ¿Qué medidas ha tomado el gobierno de Ecuador para resolver el problema?
4. ¿Conocen Uds. algún otro hábitat en peligro? ¿Qué deben hacer los gobiernos para preservar los hábitats naturales?

***Nota cultural, Preguntas,* Answers:** (*Possible answers*) **1.** *los incas, los colonizadores, los piratas e investigadores británicos* **2.** *las ballenas, las focas, las tortugas gigantes, las iguanas, los pingüinos* **3.** *las acciones humanas, como el turismo y la introducción de especies de plantas y animales no nativos; el Instituto Nacional Galápagos requiere que todo visitante tenga la Tarjeta de Control de Tránsito y en el aeropuerto hay que pasar por un estricto control de equipaje para evitar la introducción en las islas de especies invasoras*

Expressing Contingent Situations

14.1 Present Subjunctive After Conjunctions of Contingency and Purpose

GRAMÁTICA EN ACCIÓN

Unos miembros del BBPP observan una lombriz (earthworm).
©Tim Laman/Getty Images

El Programa de Protección de la Biodiversidad de la Isla de Bioko (BBPP)

El BBPP es parte de una asociación académica con la Universidad Nacional de Guinea Ecuatorial. Los participantes en el programa trabajan **para que** los animales y la naturaleza de la isla **estén**, fuera de peligro, ya que Bioko es uno de los lugares ecológicamente más diversos de África. En esta isla viven siete especies de primates raros y también es uno de los principales refugios de tortugas marinas. Pero estos animales están en peligro de extinción y **a menos que** los habitantes de la isla **cambien** algunas de sus prácticas, van a desaparecer. BBPP emplea a cincuenta personas locales que hacen guardia en los bosques tropicales **para que** los residentes no **cacen** o **maten** los animales.

Acción. Escribe la forma correcta de cada uno de los verbos entre paréntesis, según el contexto.

1. Los animales de la isla están en peligro, a menos que los habitantes **(hacer)** algo para protegerlos.
2. Los empleados de BBPP trabajan cada día para que la naturaleza de la isla **(estén)** fuera de peligro.
3. Existen programas como BBPP para que la biodiversidad de lugares como la Isla de Bioko no **(perderse)**.

***Gramática*, Note:** Students can assess their understanding and mastery of the grammar points presented in this chapter by accessing the LearnSmart module for *Capítulo 14* at www.mhhe.com/connect.

***GEA*, Note:** The audio for this *GEA* is available through the eBook or on Connect.

***GEA, Acción*, Answers: 1.** *hagan* **2.** *se conserve* **3.** *se pierda*

***GEA*, Suggestion:** To follow up, have students research the different forest animals that live on Bioko and list them in Spanish.

***Gramática 14.1*, Note:** Some programs group *antes de que* with the temporal conjunctions in *Gramática 13.2* because of its obvious relationship to time. However, we've included it here because it is *always* followed by the subjunctive like conjunctions of contingency or purpose. Doing this also makes the following annotation possible.

***Gramática 14.1*, Point out:** Teach students the mnemonic device A SPACE as a way to remember these conjunctions that are *always* followed by the subjunctive. The first letter of each conjunction represents a letter of the device: *antes de que, sin que, para que, a menos que, con tal (de) que, en caso de que.*

When one action or situation depends on another, there is a contingent relationship between the actions, which is expressed through adverbial conjunctions of contingency. Other adverbial conjunctions indicate the purpose of an action. The subjunctive is used in the clauses that follow these adverbial conjunctions. These are the most common.

CONJUNCTIONS OF CONTINGENCY AND PURPOSE			
a menos que	unless	**en caso de que**	in case
antes (de) que	before	**para que**	so that
con tal (de) que	provided that	**sin que**	without

Me encanta ir a la playa **a menos que esté** lloviendo.	*I love to go to the beach unless it's raining.*
Antes de que cierre, quiero visitar ese parque nacional.	*Before it closes, I want to visit that national park.*

ACTIVIDADES

A. Nuestro planeta. Indica la conjunción que mejor completa cada oración. Usa cada opción solo una vez.

1. Usamos el transporte público __d__ nuestros coches no contaminen el aire.
2. El futuro del planeta está en peligro, __c__ los gobiernos y los ciudadanos cambien sus hábitos.
3. Los voluntarios llevan comida al hábitat __a__ no haya suficiente.
4. Si no actuamos para proteger la biodiversidad __b__ sea demasiado tarde, será muy triste.
5. Es importante que vivamos __e__ nuestra presencia sea destructiva para los animales y las plantas.

a. en caso de que
b. antes de que
c. a menos que
d. para que
e. sin que

B. Sucesos. Empareja cada oración de la primera columna con la frase correspondiente de la segunda columna y da la forma correcta del verbo para completar la oración.

1. Nuestros padres se mudarán a las montañas _______ una casa a precio razonable.
2. Voy a la reserva biológica con estos niños _______ algunos animales salvajes de cerca (*up close*).
3. El parque ecológico no va a abrir este verano _______ la construcción de los caminos y cabañas para mayo.
4. No pueden extraer más minerales de esta cordillera _______ algunas de las minas.
5. Van a sembrar más hierbas en este pantano (*marsh*) _______ suficientes hierbas después de esta sequía (*drought*).
6. _______ los osos polares, quiero ver uno en su hábitat natural.

a. para que / ver
b. en caso de que / no haber
c. con tal de / encontrar
d. a menos que / terminar
e. sin que / desplomarse (*to cave in*)
f. antes de que / desaparecer

***Act. B,* Answers: 1.** c: *con tal de que encuentren* **2.** a: *para que vean/veamos* **3.** d: *a menos que terminen* **4.** e: *sin que se desplomen* **5.** b: *en caso de que no haya* **6.** f: *Antes de que desaparezcan*

C. ¿Qué podemos hacer? En parejas, hablen de lo que podemos hacer para crear más áreas protegidas y por qué las debemos crear.

1. Se consumirán todos los recursos naturales a menos que...
2. Todos debemos reciclar para que...
3. Los gobiernos deben crear más parques naturales antes de que...
4. El futuro del planeta puede estar seguro con tal de que todos nosotros...
5. El hielo en la zona ártica desaparecerá a menos que nosotros...
6. Es importante hacer donaciones a las organizaciones ambientales para que...

D. ¡Animales en peligro!

PASO 1. Lee la información sobre animales vulnerables con hábitat en el mundo hispanohablante.

Las tortugas gigantes

Varias especies de las famosas tortugas de las Islas Galápagos de Ecuador están extintas y, si no se hacen cambios importantes, las demás[a] se enfrentan a un futuro incierto. Solo queda el 10 por ciento de la población que existía en el siglo XIX, ya que los pescadores de ballenas las comían cuando pasaban por las islas. Luego, algunos cambios en el hábitat han contribuido a la desaparición[b] de estas majestuosas tortugas, que tienen una expectativa[c] de vida de hasta[d] cien años. Estas son las acciones necesarias para protegerlas y salvarlas:

Una tortuga gigante
©LisaEPerkins/Getty Images

- Eliminar de las islas los animales invasivos no nativos, como ratas y chivos, que destruyen el hábitat de las tortugas
- Parar[e] la construcción y el desarrollo[f] en zonas naturales
- Repoblar[g] la Isla de Santa Fe donde ya no quedan[h] más tortugas
- Invertir dinero en la conservación de las tortugas y su hábitat

[a]las... *the rest (of them)* [b]*disappearance* [c]*expectancy* [d]*up to* [e]*Stop* [f]*development* [g]*Repopulate* [h]ya... *there are no longer any*

Los pingüinos de Magallanes

Hay millones de pingüinos que habitan las costas de Argentina y Chile, pero son vulnerables. Cada año mueren unos 20.000 adultos y 22.000 crías[a] como resultado de la destrucción del hábitat causada por derrames de petróleo.[b] Esos accidentes reducen la población de peces que sirven de alimento a los pingüinos. Ya que[c] no hay peces cerca, los pingüinos deben nadar 80 km adicionales para encontrar comida para la familia mientras uno de los adultos y las crías pasan frío y hambre y tratan de evitar a los depredadores[d] como las focas. Además, el cambio[e] climático causa grandes tormentas[f] de lluvia, matando a muchas crías que no están preparadas para las bajas temperaturas y mueren de hipotermia. Para salvarlos hay que:

Un pingüino de Magallanes
©Philip Coblentz/MedioImages/SuperStock

- Parar los accidentes petroleros[g] que destruyen su habitat
- Limpiar el océano para que las poblaciones de peces se recuperen
- Llevar parejas de pingüinos a parques zoológicos donde puedan reproducirse
- Crear un área marina protegida donde esté prohibido pescar

[a]*babies* [b]derrames... *oil spills* [c]Ya... *Since* [d]*predators* [e]*change* [f]*storms* [g]*oil (adj.)*

El lince ibérico[a]

En 2012 solo quedaban 326 linces ibéricos en pequeñas poblaciones de Andalucía, en el sur de España. Han desaparecido casi por completo como resultado de varios factores. Principalmente, los linces dependen de los conejos para su dieta. ¡Una mamá cuidando de sus bebés necesita comer tres conejos por día! Durante el siglo XX, muchos conejos murieron de una enfermedad hemorrágica, mientras otros fueron cazados[b] o perdieron sus hábitats, dejando a los linces sin comida. Los accidentes por vehículos y otras interacciones humanas son otros peligros. Esto es lo que hay que hacer:

- Reintroducir a sus hábitats los linces nacidos en parques zoológicos
- Establecer reservas protegidas donde la población pueda recuperarse
- Proteger la población de conejos
- Proveer comida en caso de falta de conejos

[a]lince... *Iberian lynx* [b]*hunted*

Un lince ibérico
©Hemera/Ivan Montero/Getty Images

El guacamayo jacinto[a]

Esta ave sobrevive hoy en los bosques tropicales de Bolivia, Paraguay y Brasil, pero antes tenía una distribución más extensa. Los guacamayos jacinto están en peligro por varias razones. Primero, cada año muchos son capturados de la naturaleza para ser vendidos ilegalmente en el mercado negro como mascotas. Otro peligro humano es que algunos grupos indígenas los comen y usan sus plumas[b] para crear adornos que venden a los turistas. Además, su hábitat está desapareciendo por motivos agrícolas[c] e industriales. Para crear más terreno cultivable,[d] los agricultores queman los árboles donde los guacamayos construyen sus nidos.[e] Para salvar los guacamayos jacinto tenemos que:

Un guacamayo jacinto
©Ingram Publishing/AGE Fotostock

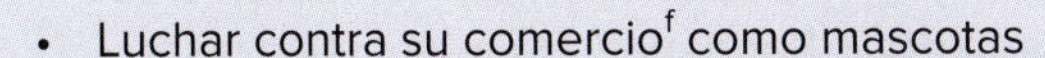

- Luchar contra su comercio[f] como mascotas
- Prohibir el uso de sus plumas en productos para turistas
- Crear espacios seguros para sus nidos
- Replantar los árboles donde viven naturalmente

[a]guacamayo... *hyacinth macaw* [b]*feathers* [c]*agricultural* [d]*arable* [e]*nests*
[f]*(commercial) trade*

PASO 2. Elige uno de los animales presentados. Escribe tres oraciones describiendo la situación del animal y usando una conjunción de la lista en cada una. **¡OJO!** No nombres el animal ni los países donde vive.

a menos que	con tal de que	para que
antes de que	en caso de que	sin que

MODELOS: Este animal está en peligro a menos que protejan su hábitat.
Es necesario cambiar las prácticas agrícolas para que este animal sobreviva.
A menos que no se cree una zona de conservación, estos animales desaparecerán.

PASO 3. En parejas, túrnense para leer sus oraciones en voz alta. ¿Tu compañero/a puede identificar el animal basándose en tus oraciones? Si no, piensa en más oraciones para describir la situación del animal hasta que puedan identificarlos.

Expresiones artísticas

Cristina Rodríguez

La artista colombiana Cristina Rodriguez (Bogotá, 1964–) es una pintora moderna de obras de singular belleza y expresividad. Para Rodríguez «pintar es contar algo a través de los colores y las formas». No es extraño, pues, su énfasis en el color y la forma en sus obras, en las que a menudo representa animales y la naturaleza y, a veces, figuras imaginarias. El estilo primitivo de sus cuadros transmite paz y tranquilidad. En ese mundo primitivo de sus cuadros ella expresa su experiencia personal, sus inquietudes sobre el mundo actual y su interés en la cultura popular.

En *The Polar Bear and Cub Visit London as a Cry for Help,* Rodríguez transmite su preocupación por los problemas ambientales y la importancia del papel del ser humano en resolverlos. El oso polar viaja a la gran ciudad en busca de una solución.

REFLEXIÓN

1. Describan los colores y la composición del cuadro. ¿Cómo contribuyen los colores y las formas a los temas? ¿Pueden sugerir otro título para el cuadro?
2. Busquen una obra de otro artista hispano moderno que trate el tema de la naturaleza y el medio ambiente y compárenla con esta u otra obra de Cristina Rodríguez. ¿Qué semejanzas y diferencias encuentran? Preparen una presentación para compartir con la clase.

***Expresiones artísticas,* Note:** On her website, Cristina Rodríguez reflects on her art: “I paint about the simple wonders or our daily life. My gift to the world is to create paintings that radiate hope and beauty. I create paintings that show trees that have not been cut, mountains that have not been ravaged, people that have not yet been subjected to any type of violence, seas that have not yet been contaminated, beaches that have not yet been polluted. I paint about all of what still exists and must be protected” (London, 2009).

***Expresiones artísticas,* Suggestions:**
- Explain Rodriguez's artistic vision, to express beauty, hope, simple wonders, daily life, ideal nature, dreams, etc. Or quite simply, to share magic, not horror. Have students identify how this vision might have shaped *Polar bear...*
- Ask students what they think of the long title *Polar bear...* Do they think it resembles a title from a children's book or a short story? Have them create a story based on the image.

The Polar Bear and Cub Visit London as a Cry for Help, (2009)

Reserva Biológica de Monteverde, Costa Rica

Jessica y Keylor

Antes de ver

Infórmate y ponte en su lugar.
La vida en Costa Rica ocurre a un ritmo más lento que la vida en la mayoría de los Estados Unidos. Jessica y Keylor disfrutan de una vida sencilla rodeados por plantas y animales en el bosque nuboso. ¿Cómo influye la naturaleza en tu vida diaria? ¿Qué plantas y animales observas en tu comunidad? ¿Cómo te hacen sentir? ¿Cómo es tu comunidad, geográficamente? ¿Prefieres las playas, las montañas, los bosques? ¿Por qué?

©deepblue4you/Getty Images
©McGraw-Hill Education/Zenergy

Vocabulario práctico

los sonidos	sounds
en paz	at peace
la biodiversidad	biodiversity
el ambiente	the atmosphere
el bosque nuboso	cloud forest
de mal humor	in a bad mood
un colibrí	hummingbird
ponerse bravo	to get mad
escalar	to climb
humildad	humility
en harmonía	in harmony
contaminación sónica	noise pollution
los mamíferos	mammals
las aves	birds
pura vida	pure life (C.R. expression meaning that things are good)

©McGraw-Hill Education/Zenergy

***Answers: Act, A* 1.** *nublado y fresco* **2.** *el bosque nuboso* **3.** *una mariposa o un colibrí* **4.** *cuatro* **5.** *las ballenas*

¿Entendiste?

A. Comprensión. Contesta las preguntas.

1. ¿Qué dos adjetivos usa Jessica para describir el ambiente en el bosque nuboso?
2. ¿Qué fue a estudiar Jessica en Costa Rica?
3. ¿Cuál es un animal que menciona Jessica que le hace sentir mejor cuando está de mal humor?
4. ¿Cuántas especies de monos hay en Costa Rica?
5. ¿Qué animales emigran hasta Costa Rica?

B. Nosotros y el mundo natural. En parejas, contesten las preguntas.

1. ¿Qué le fascina a Jessica de vivir en un lugar como Monteverde?
2. Según Keylor, ¿cómo es su relación con la naturaleza? ¿Cómo le inspira? ¿A Uds. les inspira la naturaleza? Si no, ¿qué les inspira de esta manera?
3. Expliquen los comentarios de Jessica sobre cómo la naturaleza le afecta emocionalmente. ¿Es así para todo el mundo? ¿Es así para Uds.? ¿Por qué?
4. ¿Qué dice Jessica que Keylor le ha enseñado? ¿Y qué le ha enseñado el trabajo en el campo como investigadora? ¿Creen que son lecciones importantes? ¿Por qué?
5. Describan en sus propias palabras la geografía y naturaleza de Costa Rica, según el video. ¿Qué es necesario que se haga para que esta biodiversidad se mantenga, en su opinión?

TEMA II: Lo que podemos hacer nosotros

Vocabulario en acción

Los problemas ambientales

***Vocabulario en acción*, Note:** Students can assess their understanding and mastery of the vocabulary presented in this chapter by accessing the LearnSmart module for *Capítulo 14* at www.mhhe.com/connect.

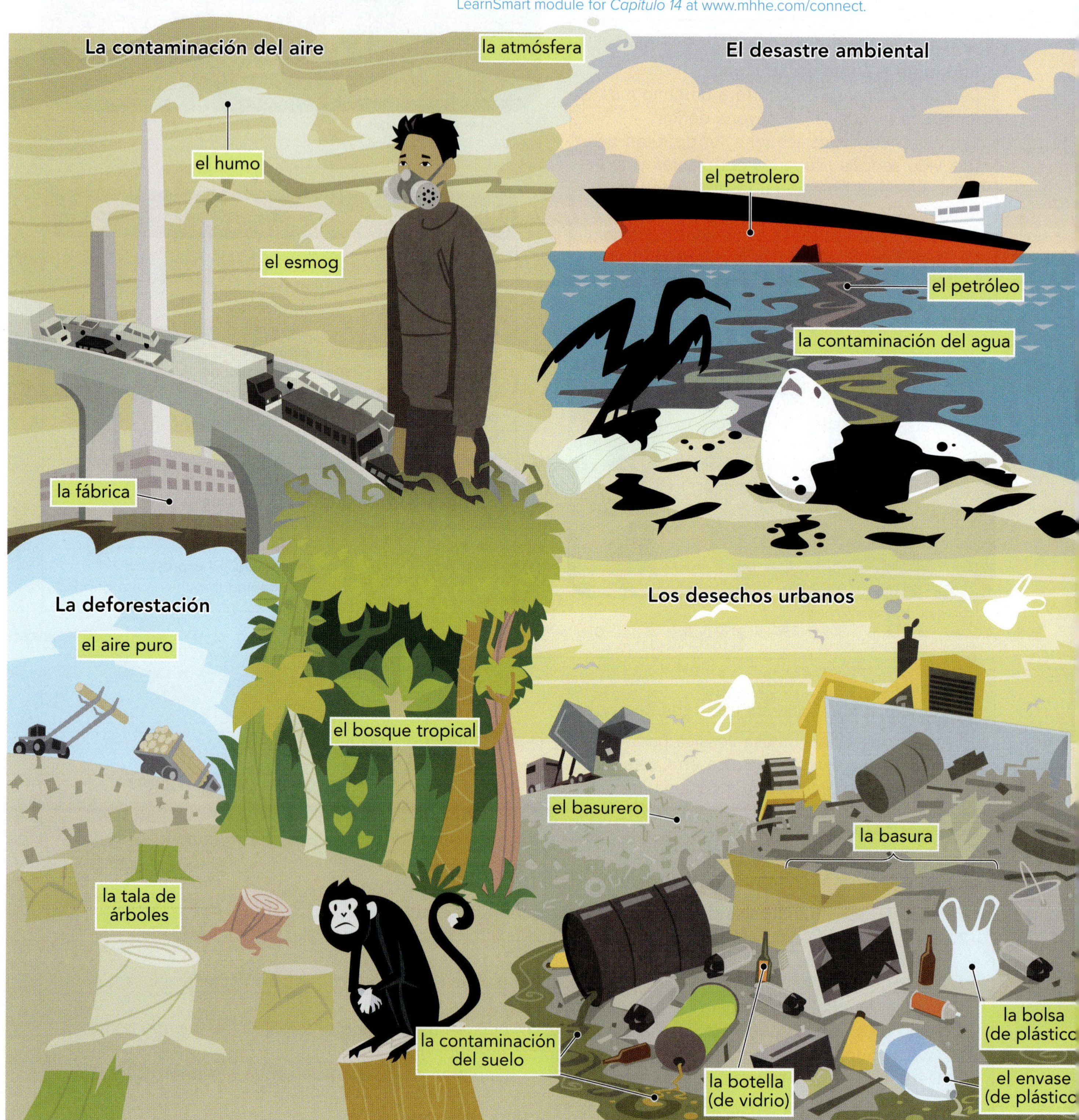

arrojar	to throw out, spew
contaminar	to pollute
desperdiciar	to waste
destruir (y)	to destroy
el calentamiento global	global warming
el cambio climático	climate change
el cartón	cardboard
la escasez	shortage
la especie en peligro de extinción	endangered species
los pesticidas	pesticides
los productos no reciclables	non-recyclable products
los residuos peligrosos	hazardous waste
la sobrepoblación	overpopulation
contaminado/a	polluted
peligroso/a	dangerous

Cognados: afectar, provocar (qu); la combustión, la destrucción; biodegradable

***Vocabulario en acción,* Suggestion:** Use the image in the textbook, picture files, or a PowerPoint presentation to introduce the vocabulary. Describe the visuals to students, repeating the vocabulary words several times so that they can hear the correct pronunciation. Ask students questions as you go: *La contaminación del aire es un gran problema para el medio ambiente. La contaminación del aire ocurre por las actividades humanas. Por ejemplo, miren la fábrica. Las fábricas, creadas por el hombre, arrojan mucho humo al aire. ¿Dónde hay más contaminación, en las ciudades, en el campo o en las montañas? Sí, en las ciudades. En las montañas el aire es más puro.* Follow the same pattern for other words or expressions.

ACTIVIDADES

A. Asociaciones

PASO 1. Empareja las palabras/expresiones.

MODELO reciclar → los envases de vidrio

__c__ **1.** arrojar
__b__ **2.** el cambio climático
__e__ **3.** la contaminación del agua
__f__ **4.** la deforestación
__h__ **5.** los pesticidas
__a__ **6.** la contaminación del aire
__d__ **7.** la contaminación del suelo
__g__ **8.** la combustión

a. el esmog
b. el calentamiento global
c. los desechos
d. el basurero
e. un accidente de petrolero
f. la tala de árboles
g. el humo
h. los residuos peligrosos

PASO 2. Indica qué tipo de problema ambiental es la causa de cada uno de los siguientes efectos negativos.

__d__ **1.** la pérdida de la biodiversidad de los bosques
__a__ **2.** el calentamiento global provocado por las sustancias tóxicas en la atmósfera
__b__ **3.** la posible escasez de agua y enfermedades causadas por desechos industriales
__c__ **4.** la destrucción del lugar donde se producen los alimentos necesarios para el hombre, las plantas y los animales

a. la contaminación del aire
b. la contaminación del agua
c. la contaminación del suelo
d. la deforestación

B. Oraciones. Completa cada una de las oraciones con palabras de **Vocabulario en acción.**

1. El _________ es una mezcla de gases que resultan de una mala combustión.
2. La _________ de árboles es una de las causas de la deforestación.
3. En muchos lugares, todavía hay basureros con envases de plástico y _________, y cajas (*boxes*) de _________.
4. La _________ es la insuficiencia de recursos como, por ejemplo, el agua.
5. Los _________ son sustancias químicas que se usan para matar los insectos que atacan los campos agrícolas.
6. Los _________ son sustancias que las fábricas arrojan a los ríos.
7. Los productos _________ se descomponen naturalmente de manera rápida.
8. Arrojar basura o _________ peligrosos al suelo afecta la flora y la fauna de todo el planeta.

***Act. B,* Answers: 1.** *humo* **2.** *tala* **3.** *vidrio, cartón* **4.** *escasez* **5.** *pesticidas* **6.** *desechos* **7.** *biodegradables* **8.** *residuos*

Nota interdisciplinaria

Ciencias ambientales: Los efectos del cambio climático

Un arrecife de coral en el fondo del mar

Los efectos del cambio climático, o calentamiento global, son variados y devastadores. En Latinoamérica, el aumento de las temperaturas ha modificado gran parte de los ecosistemas de la región. Las consecuencias de estos cambios son significativas y varían según las zonas. Echemos un vistazo[a] al Caribe, los Andes, los trópicos y el Cono Sur.

En el Caribe ha habido una destrucción casi total de los ecosistemas de coral, con impactos negativos en el turismo de la región. En los Andes ocurren dos fenómenos opuestos: por un lado,[b] el derretimiento[c] de los glaciares causa graves inundaciones[d]; por otro,[e] la disminución del nivel de los lagos de montaña provoca escasez de agua en algunas ciudades. En los trópicos, la destrucción y desaparición de los bosques tropicales ocasionarán menos lluvias y temperaturas elevadas, cambiando los ecosistemas a regiones áridas y casi desérticas.[f] En países como Argentina y Uruguay, el cambio climático ha afectado las pampas, donde las largas sequías[g] arruinan los productos agrícolas y matan miles de animales. Estos problemas dejan a miles de personas sin trabajo y reducen las exportaciones.

Hasta ahora los gobiernos de estas zonas han hecho muy poco para contrarrestar[h] estos efectos, pero cada vez existen más fundaciones que se organizan para informar a la gente de la situación y para educarla en la prevención de estos males.

[a]Echemos... *Let's look at* [b]por... *on one hand* [c]*melting, thawing* [d]*floods* [e]por... *on the other hand* [f]*desert-like* [g]*droughts* [h]*counteract*

PREGUNTAS

1. ¿Cuáles son algunas de las consecuencias del calentamiento global para los países latinoamericanos? ¿Cuál les parece la más devastadora? ¿Por qué?
2. ¿Conocen otros efectos del cambio climático en el mundo? Expliquen cuáles y cómo estos afectan la vida.
3. ¿Qué medidas se pueden tomar para solucionar el calentamiento global? Den por lo menos tres recomendaciones.

***Nota interdisciplinaria,* Answers:** *(Possible answers)* **1.** *la destrucción de los ecosistemas de coral en el Caribe, inundaciones por el derretimiento de los glaciares, escasez de agua en ciudades que dependen de los lagos de montaña, la desaparición de los bosques tropicales por la ausencia de lluvias y sequías en las pampas de Argentina y Uruguay.*

Maneras de mejorar el medio ambiente

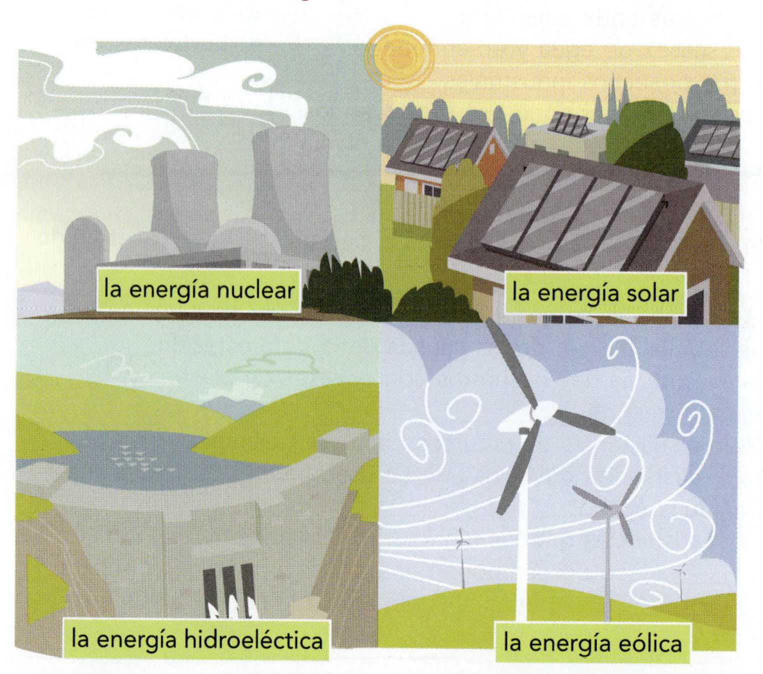

cerrar (ie) el grifo	to turn off the faucet
evitar	to avoid
mejorar	to improve
proteger (j)	to protect
resolver (ue)	to solve; to resolve
el reciclaje	recycling
anticontaminante	anti-pollution
(no) renovable	(non)renewable

Cognados: conservar, reciclar, la conservación; ecológico/a, eléctrico/a, híbrido/a
Repaso: el carro, el coche, el transporte (público)

***Vocabulario en acción*, Suggestion:** Use the images in the textbook, picture files, or a PowerPoint presentation to introduce the vocabulary. Sample input: *Afortunadamente, hay maneras de proteger el medio ambiente. Por ejemplo, podemos usar el transporte público y evitar la contaminación del aire. También debemos cerrar el grifo para conservar el agua. ¿Quién de la clase usa el transporte público? Además, hay fuentes de energía renovable como las energías eólica y solar. Estas fuentes son anticontaminantes y ayudan a mejorar el medio ambiente*, etc.

ACTIVIDADES

A. ¿Desperdicio (*Waste*) o conservación? Escucha cada una de las oraciones e indica si asocias los lugares o las cosas con el desperdicio (**D**) o la conservación (**C**). Explica tus respuestas.

☑ D ☐ C **1.** ☐ D ☑ C **3.** ☐ D ☑ C **5.** ☑ D ☐ C **7.**
☐ D ☑ C **2.** ☑ D ☐ C **4.** ☐ D ☑ C **6.** ☐ D ☑ C **8.**

***Act A*, Script: 1.** *Esta empresa tiene fábricas en muchos países.* **2.** *Hay un voto para implementar la energía renovable.* **3.** *La energía solar todavía es muy costosa para casas particulares.* **4.** *Vamos a un congreso sobre sobrepoblación.* **5.** *Todos estos son productos reciclables.* **6.** *Van a invertir en la energía eólica.* **7.** *Es una especie en peligro de extinción.* **8.** *Van a tener elecciones sobre cambios en el transporte público.*

B. Protección del medio ambiente

PASO 1. Indica el orden de importancia que tienen para ti las siguientes medidas de protección del medio ambiente. 1 = más importante; 8 = menos importante.

_______ Reciclar la basura siempre
_______ No arrojar residuos peligrosos al mar, a los ríos o a los lagos
_______ Usar el transporte público lo más que se pueda
_______ Utilizar coches híbridos
_______ Usar energía renovable
_______ Evitar la tala de árboles
_______ Comprar productos reciclados
_______ No arrojar productos como papel, vidrio, plástico o pesticidas al suelo

PASO 2. En grupos de cuatro, expliquen sus respuestas del **Paso 1.** ¿Pueden ponerse de acuerdo (*agree*) sobre la medida más urgente para proteger el medio ambiente? Comparen sus sugerencias con las de otros grupos y, luego, la clase entera debe escoger la más importante de todas.

C. Los hábitos de la clase

PASO 1. Haz una encuesta a cuatro estudiantes de la clase.

MODELO E1: ¿Qué productos reciclas?
E2: Reciclo papel y cartón.

1. ¿Qué productos reciclas?
2. ¿Qué transporte público usas?
3. ¿Qué haces para no contaminar el ambiente?
4. ¿Qué haces para conservar energía?
5. ¿Qué haces para conservar el agua?
6. ¿Qué cosas reutilizas?

Vocabulario práctico

apagar (la luz, la computadora)	*to turn off (the light, the computer)*
consumir	*to consume, to use*
desenchufar	*to unplug*
reutilizar	*to reuse*

PASO 2. Compara tus resultados con los de cuatro personas y entre todos indiquen quién hace más cosas para proteger el medio ambiente. Cada grupo debe compartir sus resultados con la clase y explicar por qué eligieron a ese/a estudiante. Entre todos los finalistas, ¿quién es la persona más «verde»?

Expressing Uncertainty and Subjectivity

14.2 Review of the Subjunctive

GRAMÁTICA EN ACCIÓN

En el tren ligero de Manila
©JAY DIRECTO/Getty Images

***Gramática,* Note:** Students can assess their understanding and mastery of the grammar points presented in this chapter by accessing the LearnSmart module for *Capítulo 14* at www.mhhe.com/connect.

***GEA,* Note:** The audio for this *GEA* is available through the eBook or on Connect.

***GEA,* Suggestion:** Point out that there is one Spanish past subjunctive example in the *GEA.* Have students identify it (*sirviera*) and ask them what tense the subjunctive trigger is in (imperfect).

Las ciclovías de Marikina

Los oficiales de Manila, Filipinas, lamentan que los contaminantes del aire **estén** a niveles peligrosos. Para combatir la contaminación del aire, la Brigada de Luciérnagas quería que la ciudad de Marikina, parte de la metrópolis de Manila, **sirviera** como prototipo para un sistema de ciclovías. Es increíble que **haya** unos sesenta kilómetros de ciclovías en Marikina. Se espera que las ciclovías **animen** a los residentes a usar sus bicicletas para ir al trabajo. Para que **sea** más efectivo el programa, la Brigada llegó a un acuerdo con el sistema de trenes ligeros (LRT). Las líneas del LRT permiten que los ciclistas **suban** al tren. Hay un carro especial al final que se llama el «carro verde». Limitan el número de bicicletas en el carro y es preciso que las bicicletas **sean** plegables. En cualquier caso, esta cooperación hace posible que los ciclistas **lleguen** más rápido a la oficina.

Acción. Empareje las frases para formar oraciones sobre Marikina.

1. Es una lástima que __d__
2. La Brigada de Luciérnagas quiere que __e__
3. El LRT insiste en que __a__
4. Es verdad que __b__
5. Marikina es una ciudad que __c__

a. los ciclistas tengan bicicletas plegables.
b. los marikeños usan más sus bicicletas ahora.
c. tiene unos sesenta kilómetros de ciclovías.
d. en Manila haya niveles peligrosos de contaminación del aire.
e. más gente llegue al trabajo en bicicleta.

You have now seen the subjunctive used in several different grammatical contexts. This section will review the main functions that you have seen so far.

Subjunctive in Noun Clauses

In complex sentences of two clauses (or more), the subjunctive is required in the second, or subordinate clause, if all of the following conditions apply.

1. The verbal expression in the main clause expresses volition, emotion, doubt, or uncertainty.
2. The two clauses are separated by **que.**
3. The subject in the second clause is different from the subject in the main clause.*

Queremos que esta ciudad **aumente** los servicios de reciclaje.	*We want this city to increase recycling services.*
Es increíble que el petróleo **tenga** tanta influencia en la política del mundo.	*It's incredible that oil has so much influence on world politics.*

*Occasionally, sentences expressing doubt will have the same subject in both clauses. **Dudo que yo pueda ir.** *I doubt that I can go.*

If all three conditions listed above are not met, the subjunctive is not used. No change of subject → use infinitive.

No **quieren** **participar** en el programa de limpieza.	*They don't want to participate in the clean-up program.*

No "triggering" expression in the main clause → use indicative.

Creo que la contaminación **está** disminuyendo en muchas ciudades.	*I think that pollution is decreasing in many cities.*

Subjunctive in Adverbial Clauses

The subjunctive is required in sentences with certain adverbial conjunctions.

A. Adverbial conjunctions of time trigger the subjunctive if the action of the main clause is in the future. To review, here are some of the conjunctions of time.

cuando
después de que
en cuanto
hasta que
tan pronto como

No **habrá** grandes cambios **hasta que** **haya** soluciones prácticas al problema de la energía.	*There won't be big changes until there are practical energy solutions.*

If the action of the main clause is not in the future, the indicative (past or present) is used.

Yo **tenía** mucha curiosidad **cuando** los primeros productos «verdes» **salieron** al mercado.	*I was very curious when the first "green" products entered the market.*

B. Adverbial conjunctions of contingency and purpose are always followed by the subjunctive. Here are some examples.

a menos que
antes (de) que
con tal (de) que
en caso de que
para que
sin que

Cuidamos el medio ambiente **para que** nuestros hijos **tengan** un mundo en que se pueda vivir.	*We care for the environment so that our children have a world in which one can live.*

Subjunctive in Adjectival Clauses

As you have seen, adjective clauses function just like adjectives to describe nouns. In Spanish, any adjectival clause that describes a noun that is unknown to the speaker or nonexistent will require the subjunctive.

Buscamos un carro que no **consuma** mucha gasolina.	*We are looking for a car that doesn't use a lot of gas.*
¿Conoces un taller de reparaciones donde **reciclen** el aceite usado?	*Do you know a repair shop where they recycle used oil?*

***Nota comunicativa*, Note:** Students can assess their understanding and mastery of this grammar point in Connect Spanish by accessing the adaptive diagnostic tool on the past subjunctive at www.mhhe.com/connect.

Nota comunicativa

Past Subjunctive

The past subjunctive is used in past contexts in Spanish for many of the same reasons that the present subjunctive is used in present and future contexts. To form the past subjunctive, begin with the third person plural form of the preterite. The **-ron** ending is eliminated and the past subjunctive endings **-ra, -ras, -ra, -ramos, -rais,** and **-ran** are added. All **nosotros/as** forms have an accent mark on the vowel preceding the ending **-ramos.** Any spelling changes in the third person preterite forms will also appear in the corresponding past subjunctive forms.

	hablar	comer	vivir
THIRD PERSON PLURAL PRETERITE FORM	**hablaron**	**comieron**	**vivieron**
PAST SUBJUNCTIVE ENDINGS	**hablara** **hablaras** **hablara** **habláramos** **hablarais** **hablaran**	**comiera** **comieras** **comiera** **comiéramos** **comierais** **comieran**	**viviera** **vivieras** **viviera** **viviéramos** **vivierais** **vivieran**

Here are three sample sentences that include the past subjunctive in a noun clause, an adverbial clause, and an adjectival clause, respectively.

Quería que la ciudad **aumentara** los servicios de reciclaje. — *I wanted the city to increase recycling services.*

Protegían el medio ambiente **para que** sus hijos **pudieran** vivir mejor. — *They protected the environment so that their children would live better.*

Buscábamos un carro que no **consumiera** mucha gasolina. — *We were looking for a car that wouldn't use a lot of gas.*

ACTIVIDADES

A. ¿Estás de acuerdo?

PASO 1. Indica si estás de acuerdo o no.

		SÍ	NO
1.	Es mejor que eliminemos el uso de combustibles fósiles por completo.	☐	☐
2.	Tenemos que desarrollar coches que usen tecnología de hidrógeno.	☐	☐
3.	El gobierno debe prohibir que las empresas e industrias desperdicien los recursos naturales.	☐	☐
4.	Deben ponerles multas a los hogares que consuman por día más de cincuenta galones de agua por persona.	☐	☐
5.	Creo que el reciclaje de productos plásticos debe ser obligatorio.	☐	☐
6.	Es urgente que el gobierno, no la industria privada, construya plantas de energía solar y eólica.	☐	☐
7.	Vamos a destruir el planeta dentro de cien años a menos que detengamos el calentamiento global.	☐	☐
8.	Muchas especies van a extinguirse antes de que resolvamos los problemas medioambientales que las ponen en peligro.	☐	☐

PASO 2. En parejas, identifiquen las razones para usar el indicativo o el subjuntivo en cada ejemplo.

Nota cultural

El Día del Peatón

Día del Peatón en La Paz, Bolivia
©travelgame/Getty Images

El Día del Peatón nació en Cochabamba en 1999 con el objetivo de animar a la población a cuidar el medio ambiente mediante[a] la reducción de gases contaminantes emitidos por los automóviles. Cochabamba es una de las ciudades con más contaminación atmosférica de Latinoamérica y la oportunidad de disfrutar de un día sin autos y del aire limpio generó tal entusiasmo entre sus habitantes, que la jornada[b] se amplió a tres veces al año.

Inspirado por esta iniciativa, en el año 2011 el gobierno de Bolivia instituyó el primer domingo de septiembre de cada año como el Día Nacional del Peatón y del Ciclista, a fin de promover las caminatas y la circulación de bicicletas como formas alternativas ecológicas de transporte y, de este modo, proteger el medio ambiente. Hoy día, la gran mayoría de las ciudades bolivianas participan en esta jornada, en la cual se prohíbe el tránsito de vehículos durante ocho horas. Entre los muchos beneficios que el gobierno alega,[c] se cita que es económico y no contaminante. Por ejemplo, si se hicieran viajes cortos caminando en vez de en automóvil, se podrían reducir una gran cantidad de emisiones de combustión de los vehículos, que son especialmente contaminantes en los primeros kilómetros de recorrido.

Además de promover las caminatas y el ciclismo durante El Día del Peatón, recientemente las instituciones están incorporando otras actividades que permiten a los ciudadanos conocer la importancia del agua, las áreas verdes y el reciclaje para cuidar a la Madre Tierra.

[a]*by way of* [b]*day* [c]*alleges*

***Nota cultural*, Answers:** *(Possible answers)* **1.** *En Cochabamba en 1999 para reducir durante unos días al año los gases contaminantes de los vehículos.* **2.** *El primer domingo de septiembre de cada año, desde el 2011; se prohíbe el tránsito de vehículos durante ocho horas y se promueven las caminatas y las bicicletas como forma alternativa de transporte.* **3.** *Reduciendo las emisiones de combustión de los vehículos, que son muy contaminantes.*

PREGUNTAS

1. ¿Dónde y cuándo se originó el Día del Peatón? ¿Por qué nació esta iniciativa?
2. ¿Cuándo se celebra el Día del Peatón y del Ciclista en Bolivia? ¿Desde cuándo? ¿En qué consiste esta jornada?
3. ¿Cómo ayuda esta jornada anual a cuidar el medio ambiente?
4. ¿Qué programas existen en su comunidad para proteger el medio ambiente? ¿Participan en ellos? ¿Cómo?

B. Temas medioambientales. Da la forma correcta de los verbos entre paréntesis.

1. Necesitamos un gobierno que **(establecer)** leyes para proteger las zonas naturales y los animales.
2. Es una lástima que **(haber)** tantas personas que no piensan en los efectos de sus acciones.
3. Las autoridades municipales deben requerir que todos **(reciclar)**.
4. No van a limitar el uso del agua en esta región a menos que **(haber)** una escasez severa.
5. Los ríos se contaminarán más y más hasta que las fábricas **(dejar)** de llenarlos de residuos.
6. Para tener un campus más verde, sugiero que nuestra universidad **(prohibir)** la venta de bebidas en botellas de plástico.
7. Necesitamos científicos que **(saber)** comunicarse con el público sobre las investigaciones más recientes.

***Act. B*, Answers: 1.** *establezca* **2.** *haya* **3.** *reciclen/reciclemos* **4.** *haya* **5.** *dejen* **6.** *prohíba* **7.** *sepan*

C. Problemas y soluciones

***Act. C*, Suggestion:** Draw five columns on the board and have each group write their ideas for each of the five examples. Correct any errors in the examples. If one of the sentences has gotten particularly varied or interesting responses from students, have the class come up with more examples or ideas.

PASO 1. En parejas, completen las siguientes oraciones. **¡OJO!** Es necesario usar el imperfecto de subjuntivo en algunos ejemplos.

1. Para conservar el agua, es importante que…
2. Los gobiernos deben invertir en tipos de energías que…
3. Para que nuestro impacto en el planeta sea positivo, es necesario que…
4. En el pasado, la gente no creía que los cambios climáticos…
5. En el siglo XX, era muy malo que…

PASO 2. Con otra pareja de la clase, compartan las oraciones que crearon. Luego, escojan *una* de las oraciones para presentar a la clase y expliquen sus ideas.

Act. D, Paso 1, Estudiante 1, Answers: 1. es 2. llegan 3. exista 4. vayan 5. haya 6. usen 7. adopten 8. midan 9. limpien 10. usan 11. se resuelva 12. se recupere 13. sea 14. construyan 15. tiene/tendrá 16. se dé 17. busquen

D. Dilemas ecológicos. Primero, decidan entre **Estudiante 1** y **Estudiante 2**. El texto de **Estudiante 2** se encuentra en el **Appendix III.**

PASO 1. Completa la descripción de un dilema ecológico con la forma correcta de cada verbo entre paréntesis. Usa el presente de indicativo o el presente de subjuntivo, según el contexto.

Estudiante 1

El Lago Atitlán

El Lago Atitlán en Guatemala
©Image Source/Alamy Stock Photo

El Lago Atitlán se encuentra en el suroeste de Guatemala y es un lago volcánico de 130 km^2 de superficie. Es cierto que **(ser)**[1] conocido como uno de los lagos más bonitos del mundo y cuando **(llegar)**[2] los meses de mejor clima entre octubre y abril, los doce pueblos que rodean el lago se llenan de turistas de todo el mundo. Es bueno que **(existir)**[3] ese turismo, porque beneficia económicamente a muchos guatemaltecos. Pero es malo que **(ir)**[4] tantas personas a la zona del lago porque perjudica el ecosistema.

Un problema grave es la basura. Es terrible que **(haber)**[5] una alta cantidad de desechos de plástico y materiales no reciclables en el lago y es parcialmente el resultado de la presencia turística. Para tratar de ayudar con ese aspecto del problema, un pueblo de la zona, San Pedro La Laguna, prohíbe completamente que se **(usar)**[6] productos desechables de plástico. Parece que está ayudando, pero es importante que otros pueblos **(adoptar)**[7] políticas similares y programas de reciclaje.

Es una lástima que en algunas partes del lago se **(medir)**[8] cantidades altas de bacterias peligrosas en el agua. Estas bacterias provienen de las aguas residuales que los pueblos locales vierten[a] en el lago sin que antes se **(limpiar)**.[9] Además, cuando los agricultores **(usar)**[10] abonos[b] y pesticidas, frecuentemente esas sustancias van directamente al lago. En los momentos cuando se eleva la presencia de las bacterias y las algas, el agua cambia de color y huele[c] mal. Hasta que **(resolverse)**[11] el problema de la bacteria, los pescadores[d] sufrirán de enfermedades y no podrán ganarse la vida.[e]

El gobierno entiende que es necesario que el lago **(recuperarse)**[12] por razones ecológicas y económicas, antes de que **(ser)**[13] demasiado tarde. Es urgente que se **(construir)**[14] lugares para purificar el agua, pero el coste es muy alto. Si no se deja de contaminar el lago, es verdad que no **(tener)**[15] un buen futuro. Pero ahora es bueno que la gente **(darse)**[16] cuenta del problema y se **(buscar)**[17] soluciones para salvar el Lago Atitlán.

[a]*dump* [b]*fertilizers* [c]*smells* [d]*fishermen* [e]*ganarse... earn a living*

PASO 2. En tus propias palabras, explícale este dilema ecológico a tu compañero/a. Asegúrense de entender bien las causas y los efectos de la situación.

PASO 3. Para cada categoría de los usos del presente de subjuntivo, usa una de las expresiones de la tabla para escribir dos reacciones a la situación de tu compañero/a o recomendaciones para resolverla.

Un bosque tropical en Chile

CATEGORÍA	EXPRESIONES/CONJUNCIONES	TUS REACCIONES / RECOMENDACIONES
deseo, emoción, duda, incertidumbre	esperar que querer que dudar que no creer que no pensar que	
con expresiones impersonales	Es increíble que… Es importante que… Es urgente que… Es malo que… Es necesario que… Es una lástima que…	
con conjunciones de tiempo	cuando después de que en cuanto hasta que tan pronto como	
con conjunciones de propósito	a menos que antes de que para que sin que	

PASO 4. Túrnense para leer sus reacciones y recomendaciones en voz alta. Conversen sobre las posibilidades de mejorar las situaciones. ¿Son optimistas o pesimistas sobre el futuro del planeta?

Lectura cultural

Vas a leer un artículo del periódico español *El País* sobre La Hora del Planeta, una iniciativa global que busca promover estilos de vida responsables con el medio ambiente.

ANTES DE LEER

A. A primera vista. Mira la foto, lee el título y el subtítulo. En parejas, hagan una lista de temas que esperan encontrar en el artículo. Después, compartan sus listas con la clase.

B. A verificar. Lee el artículo rápidamente sin preocuparte por las palabras que no conoces. ¿Acertaron tú y tu compañero/a en sus predicciones?

Un apagón[a] para encender[b] conciencias

Catedral de San Salvador, Oviedo, España, antes y después del apagón en 2018

La Hora del Planeta dedica su duodécima[c] edición a la biodiversidad.

Este sábado se celebra la duodécima edición de La Hora del Planeta, la mayor campaña de movilización del mundo contra el cambio climático. El Foro Mundial para la Naturaleza (WWF, por sus siglas[d] en inglés) llama a un gran apagón de una hora a partir de las ocho y media de la tarde. Este año la iniciativa se promueve bajo el lema[e] *Yo apago por...*, animando[f] a los participantes a divulgar[g] las causas concretas por las que se suman al evento. La organización dedica esta edición a la repercusión del cambio climático sobre la biodiversidad. EL PAÍS se suma también a este movimiento apoyando su difusión.

Miles de ciudades de 180 países y más de 10.000 monumentos y edificios emblemáticos van a participar este año en La Hora del Planeta. Con la etiqueta #YoApagoPor, la redes sociales se han inundado de mensajes que recuerdan las especies y espacios naturales amenazados[h] por el aumento de la temperatura, que podría llegar a elevarse más de cuatro grados a finales de siglo, según estimaciones de WWF y otras entidades,[i] si no se reducen las emisiones de carbono.

[a]*blackout* [b]*to turn on* [c]*twelfth* [d]*Initials* [e]*slogan* [f]*encouraging* [g]*to publicize* [h]*threatened* [i]*organizations*

En el período más cálido[j] de la historia, la organización advierte que «sin acción contra el cambio climático», en 60 años se podría perder hasta el 50 por ciento de las especies que residen en los lugares de mayor diversidad del mundo, como el Amazonas o las Islas Galápagos. Así lo revela un estudio que han realizado en colaboración con la Universidad de Anglia del Este y la Universidad James Cook. El informe también incide en[k] que, aun consiguiendo el objetivo fijado[l] en el Acuerdo[m] de París de no superar los dos grados de incremento de temperatura, estos lugares podrían perder el 25% de sus especies. Además, existen puntos del planeta como el Ártico que se calientan al doble de velocidad[n] que el resto, con el consiguiente peligro para los animales que allí habitan. En los países del Mediterráneo, como España, tres de las especies amenazadas son las tortugas marinas boba, verde y laúd. La crecida[o] del nivel del mar pone en peligro su hábitat de cría,[p] la arena.

La Hora del Planeta se celebra desde 2007, cuando la ciudad de Sidney se apagó para concienciar sobre el calentamiento global. Desde entonces se ha convertido en un gesto multitudinario[q] que busca, no solo apagar el planeta por una hora, sino promover estilos de vida responsables con el medio ambiente.

[j]*warm* [k]incide... *stresses* [l]aun... *even achieving the goal established* [m]*agreement* [n]se... *heat up at twice the rate* [o]*rise* [p]*breeding* [q]gesto... *mass action*

DESPUÉS DE LEER

A. Comprensión. Contesta las siguientes preguntas.

1. ¿Qué es La Hora del Planeta? ¿Qué institución administrativa organiza la iniciativa de La Hora del Planeta?
2. ¿En qué consiste esta iniciativa? ¿Cuál es su objetivo en 2018?
3. ¿Cuáles son los participantes en el evento? ¿Qué esperan conseguir con el apagón?
4. ¿Qué consecuencias positivas tiene esta iniciativa de 2018 en el medio ambiente?
5. ¿En dónde y cuándo se originó esta iniciativa? ¿Para qué?

B. Temas de discusión. En grupos pequeños, contesten las siguientes preguntas.

1. Según el artículo, ¿qué puede ocurrirle al planeta tierra en 60 años si no se toman medidas contra el cambio climático?
2. ¿Qué puede ocurrir en el Ártico? ¿Y en España? ¿Por qué?
3. En 2018, la entidad organizadora del evento invitó a participar a todo el mundo con la etiqueta #YoApagoPor. ¿Qué otras organizaciones, fundaciones, o activismo *hashtag* en Twitter conocen que tratan de preservar el medio ambiente? ¿Cuáles son sus objetivos? Si es necesario, busquen información en el internet.
4. ¿Qué otras iniciativas se puede tomar para concienciar a la gente sobre el calentamiento global y promover estilos de vida responsables con el medio ambiente? Mencionen tres ideas y compártanlas con la clase.

***Después de leer, Act. A,* Answers:** *(Possible answers)* **1.** *La mayor campaña de movilización del mundo contra el cambio climático. El Foro Mundial para la Naturaleza.* **2.** *Se pide un apagón de una hora a partir de las ocho y media de la tarde. La repercusión del cambio climático sobre la biodiversidad.* **3.** *Miles de ciudades de 180 países y más de 10.000 monumentos y edificios emblemáticos. Ayudar a reducir las emisiones de carbono.* **4.** *Proteger las especies y espacios naturales que están en peligro por el aumento de la temperatura.* **5.** *En el año 2007 en Sidney, para concienciar sobre el calentamiento global.*

***Después de leer, Act. B,* Answers:** *(Possible answers)* **1.** *Se podría perder el 50 por ciento de las especies que residen en los lugares de mayor diversidad del mundo, como el Amazonas o las Islas Galápagos.* **2.** *El Ártico se calienta al doble de velocidad que el resto, lo cual es un peligro para los animales que allí habitan. En España, hay tres especies de tortugas marinas amenazadas porque la crecida del nivel del mar pone en peligro la arena, su hábitat de cría.*

Palabra escrita

Organizing Your Ideas: Selecting Appropriate Content. As you may recall from **Capítulo 10,** when developing your composition, you need to decide which content to include and which content to disregard. Your decisions will depend on your thesis statement, your goals as a writer, and the goals of the reader. Make sure that all the information you choose illustrates the point you want to make, that this information is what the audience expects to find in your work, and that the information you offer helps the reader attain a goal.

Palabra escrita, Lluvia de ideas, **Suggestion:** Have students research pertinent information on natural resources prior to the *Palabra escrita* class period.

The topic of this composition is **Nuestros recursos naturales** and the purpose will be to tell the reader about the natural resources in your area and how they are being wasted or used responsibly. Include ideas about what will or will not happen to those resources, based on community habits, actions, or programs that affect them.

A. Lluvia de ideas. En parejas, hagan una lluvia de ideas sobre estos temas y la región donde Uds. viven. Pueden consultar el internet.

1. los recursos naturales que hay (agua dulce/salada, animales, plantas, etc.)
2. las amenazas (*threats*) en contra de los recursos naturales
3. los programas para protegerlos
4. el futuro de los recursos naturales

B. A organizar tus ideas

PASO 1. Repasa tus ideas y escoge uno de los recursos naturales para describir en tu ensayo. Busca más información en el internet y organiza lógicamente todo lo que afecta al recurso que escogiste: amenazas, esperanzas a futuro, posibles programas para protegerlo, etcétera. Comparte tu información con la clase y apunta otras ideas que quieras añadir a tu composición.

PASO 2. Según la información obtenida, escribe la tesis de tu ensayo y haz un bosquejo de sus párrafos. Trata de incluir oraciones que requieran el subjuntivo después de las conjunciones de dependencia (*contingency*) y propósito (*purpose*) que aprendiste en el **Tema I: antes de que, sin que, para que, a menos que, con tal (de) que, en caso de que.**

C. A escribir. Ahora, haz el borrador de tu composición con las ideas y la información que recopilaste en las **Actividades A** y **B.**

D. El vocabulario y la estructura

PASO 1. Repasa el vocabulario y la gramática de este capítulo. Ten en cuenta estas preguntas.

1. ¿Incluiste suficiente información para explicar los temas de las **Actividades A** y **B**?
2. ¿Usaste el vocabulario apropiado?
3. ¿Usaste el subjuntivo correctamente?
4. ¿Es correcta la conjugación de los verbos?
5. ¿Concuerdan los adjetivos con los sustantivos que modifican?

PASO 2. Vuelve a escribir tu composición y entrégasela a tu profesor(a).

Conexiones culturales

Reducir, reciclar, REUTILIZAR

©visharo/123RF

Los seres humanos producen una cantidad[a] enorme de basura. En 2017, ¡se compraron en el mundo un millón de botellas de plástico por minuto! Actualmente, en algunos lugares de Latinoamérica, personas con ingenio[b] tratan de reducir este grave problema de manera muy creativa.

©AMINU ABUBAKAR/AFP/Getty Images

En esta foto, Juanjo trabaja en Honduras para construir una casa de botellas de plástico. Primero, llena las botellas con arena para fabricar un tipo de ladrillo[c] artificial. Luego, utiliza un mortero[d] para unir las botellas y edificar[e] las paredes de la casa. Cuando termine, esta casa será más fuerte que una casa construida de cemento. La construcción de edificios de botellas de plástico no solo es una manera creativa de ayudar al medio ambiente, sino que también ofrece nuevas viviendas[f] para las personas que están sin hogar.[g]

©PET Lamp by Álvaro Catalán de Ocón

En 2011, después de pasar tiempo en Colombia, el diseñador español Álvaro Catalán de Ocón encontró una manera de combatir la polución medioambiental y el desempleo[h] de los tejedores[i] que estaban desplazados[j] por la guerra. Él les enseñó a crear lámparas modernas empleando las técnicas antes usadas para tejer cestas.[k] Ahora las botellas, que típicamente tienen una vida corta, se transforman en algo estético con un valor cultural.

[a]*amount* [b]*inventiveness* [c]*brick* [d]*mortar* [e]*build* [f]*housing* [g]*personas... homeless* [h]*unemployment* [i]*weavers* [j]*displaced* [k]*tejer... weave baskets*

REFLEXIÓN

1. Aparte de ayudar a las personas sin hogar, ¿qué otros problemas puede remediar la construcción de casas con botellas de plástico?
2. Investiga en el internet otras maneras en que las botellas de plástico han sido reutilizadas por el mundo hispanohablante.
3. ¿Cuáles son algunos programas o iniciativas en tu país que intentan resolver un problema medioambiental? Explica.

Reserva Biológica de Monteverde, Costa Rica

Jessica y Keylor

Antes de ver

Infórmate y ponte en su lugar.
Jessica y Keylor pasan mucho tiempo en el dosel estudiando y documentando las condiciones de las plantas y los suelos de los árboles. Keylor tiene mucha experiencia como guía y Jessica es bastante competente después de años trabajando con él. ¿Has subido a un árbol muy alto alguna vez? ¿Qué crees que sienten Keylor y Jessica cuando los suben? ¿Qué animales pueden encontrarse en el dosel? ¿Es un trabajo peligroso? ¿A ti te gustaría hacerlo?

Vocabulario práctico

las plantas epífitas	epiphytes
el anclaje	anchor point
la cuerda	rope
el nudo	knot
el bowline	*type of knot*
dejar que escurra	let it slip
los suelos	soil
las ramas	branches
los bosques primarios	old-growth forest
un transecto	transect
las muestras	samples
a largo plazo	long term
la sequía	drought
medir el grosor y el peso	measure the thickness and weight
el sueño	dream

¿Entendiste?

A. Comprensión. Contesta las preguntas.

Answers: ***Act, A*** **1.** *cinco veces* **2.** *Mide dos metros.* **3.** *cada cuarenta centímetros* **4.** *Los llevan al laboratorio para hacer unos análisis.* **5.** *nuestro impacto sobre el medio ambiente*

1. ¿Cuántas veces por semana suben Keylor y Jessica hasta el dosel?
2. ¿Cuánto mide (*how long is*) el transecto donde van a trabajar Keylor y Jessica?
3. ¿Cada cuántos centímetros van a tomar muestras de suelo de la rama?
4. ¿Adónde llevan las muestras que sacan del árbol? ¿Para qué?
5. ¿Sobre qué aspectos espera Jessica que la gente tome conciencia?

B. Nosotros y el mundo natural. En parejas, contesten las preguntas.

1. Keylor hace un *bowline* para asegurar (*to secure*) las cuerdas que usan para subir a los árboles. ¿Qué habilidades y experiencias debe tener un guía profesional como Keylor para los científicos que trabajan en el dosel?
2. Según Jessica, es impoartante conservar los bosques primarios porque algunas «comunidades de plantas» dependen de ellos. ¿Están Uds. de acuerdo? ¿Hay bosques primarios cerca de donde viven Uds.?
3. ¿Cómo reacciona Jessica cuando termina de cortar la muestra de la rama? ¿Por qué creen que reacciona así? ¿Qué pueden inferir sobre la actitud de Jessica hacia su trabajo? ¿Qué les hace sentir así a Uds.?
4. En sus propias palabras, expliquen el experimento con los diferentes grupos de plantas y sus tratamientos. ¿Cuál es el propósito? ¿Qué demuestra?
5. ¿Qué espera que ocurra Jessica como resultado de su investigación y recolección de datos? ¿Qué influencia pueden tener los científicos en la gente y en la política? ¿A Uds. les inspira el trabajo de Jessica y Keylor?

Vocabulario

Los verbos	
arrojar	to throw out, spew
cerrar (ie) el grifo	to turn off the faucet
contaminar	to pollute
desperdiciar	to waste
destruir (y)	to destroy
mejorar	to improve
proteger (j)	to protect
resolver (ue)	to solve; to resolve

Cognados: afectar, conservar, provocar (qu), reciclar
Repaso: evitar

La geografía y los recursos naturales	Geography and natural resources
el agua dulce/salada	fresh/salt water
el altiplano	high plateau
la arena	sand
la bahía	bay
el bosque tropical	tropical rain forest
el hielo	ice
la isla	island
el mar	sea
la llanura	plain
la orilla	shore
la sierra	mountain range
la zona ártica	arctic region

Cognados: el archipiélago, la biodiversidad, el desierto, el gas natural, el glaciar, los metales, los minerales, el océano, la roca, el volcán

La flora y fauna	Plant and animal life
el águila (*but* **las águilas**)	eagle
la araña	spider
la ballena	whale
el cangrejo	crab
el delfín	dolphin
la foca	seal
la gaviota	seagull
la mariposa	butterfly
el mono	monkey
el oso (polar)	(polar) bear
el quetzal	quetzal bird
la rana	frog
la serpiente	snake
el tiburón	shark
la tortuga	turtle
salvaje	wild

Cognados: el cocodrilo, el elefante, el gorila, el insecto, el jaguar, el león, el mosquito, el panda, el pingüino, el puma, el reptil, el tigre

Los problemas y soluciones ambientales	Environmental problems and solutions
el aire puro	clean air
el basurero	landfill
la bolsa	bag
la botella	bottle
el calentamiento global	global warming
el cambio climático	climate change
el cartón	cardboard
la contaminación	pollution
del agua	water pollution
del aire	air pollution
del suelo	soil pollution
el desastre ambiental	environmental disaster
los desechos urbanos	urban waste
la energía	power; energy
eólica	wind power
hidroeléctrica	hydroelectric power
nuclear	nuclear power
solar	solar power
el envase	container
la escasez	shortage
la especie en peligro de extinción	endangered species
la fábrica	factory
el humo	smoke
el petróleo	crude oil
el petrolero	oil tanker
los productos no reciclables	non-recyclable products
el reciclaje	recycling
los residuos peligrosos	hazardous waste
la sobrepoblación	overpopulation
la tala de árboles	tree felling
el vidrio	glass (*material*)
anticontaminante	anti-pollution
contaminado/a	polluted
(no) renovable	(non)renewable
peligroso/a	dangerous

Cognados: la atmósfera, la combustión, la conservación, la deforestación, la destrucción, los pesticidas, el plástico, el esmog; biodegradable, ecológico/a, eléctrico/a, híbrido/a
Repaso: la basura, el carro, el coche, el transporte (público)

Las conjunciones de dependencia y propósito	
a menos que + *subj.*	unless
antes (de) que + *subj.*	before
con tal (de) que + *subj.*	provided that
en caso de que + *subj.*	in case
para que + *subj.*	so that
sin que + *subj.*	without

Capítulo 15 La vida moderna

EN ESTE CAPÍTULO

La cultura hispana global

©NOAO/AURA/NSF

Chile es uno de los países más importantes del mundo en cuanto a la astronomía y exploración del espacio. Los cielos limpios y abiertos son perfectos para observatorios sofisticados como este de Cerro Tololo.

Piensa y comparte

- ¿Qué adjetivos asocias con una ciudad capital, típicamente? ¿Cómo es la capital de tu estado?
- ¿Cómo crees que serán las ciudades del futuro? ¿En qué maneras cambiarán para aliviar el estrés de los residentes y crear un estilo de vida más cómodo y conveniente?
- ¿Cuáles son las principales causas de estrés que asocias con la vida moderna?

La gran mayoría de los trabajos del futuro están relacionados con la tecnología. Por ejemplo, los programadores y astrónomos dependen de las computadoras y los instrumentos para sus investigaciones y proyectos.

- ¿Qué aparato electrónico es imprescindible (*essential*) en tu vida diaria? ¿Por qué? ¿Para qué lo usas?
- ¿Crees que dependemos demasiado de la tecnología en la vida moderna?

©Dev.f

©Backyard Productions/Alamy Stock Photo

Dev.f es una comunidad hacker mexicana que enseña a la gente a programar y desarrollar software. Sus alumnos han usado sus habilidades para conseguir trabajos en compañías tech tales como Facebook, Google, Uber y Microsoft.

Guinea Ecuatorial es un país hispanohablante en el oeste de África donde están construyendo y diseñando una ciudad capital nueva y futurística. Es conocida como Ciudad de la Paz y se proyecta que tendrá unos 200.000 habitantes cuando se complete en 2020.

Un mundo sin límites

Global

Ben y Mariano

©deepblue4you/Getty Images
©McGraw-Hill Education/Zenergy

Vocabulario práctico	
el manager de contenido	content manager
el traductor	translator
el jefe de proyectos	project manager
remotos	remote
da igual	it doesn't matter

Antes de ver

Infórmate y ponte en su lugar.

La vida de Ben y Mariano es súper moderna: viajan continuamente, trabajando en línea desde cualquier país del mundo. No tienen un hogar permanente. ¿A ti te atrae ese estilo de vida? ¿Por qué? ¿Cuáles son las ventajas y desventajas de estar siempre de viaje? ¿A qué tienen que renunciar (*give up*) Ben y Mariano para vivir así? ¿Crees que el sacrificio vale la pena (*is worth it*)?

©McGraw-Hill Education/Zenergy

©McGraw-Hill Education/Zenergy

¿Entendiste?

Act. A, Answers: **1.** *En el colegio* **2.** *Cuatro* **3.** *Una compañía de idiomas* **4.** *San Francisco* **5.** *Treinta y nueve*

A. Comprensión. Contesta las preguntas.

1. ¿Cuándo empezó Ben a aprender español?
2. ¿Por cuántos años vivió Ben en Argentina?
3. ¿Para qué tipo de compañía trabajan Ben y Mariano?
4. ¿Dónde están Ben y Mariano durante este vídeo?
5. ¿En cuántos países han estado Ben y Mariano desde que comenzaron a viajar?

B. La vida moderna. En parejas, contesten las preguntas.

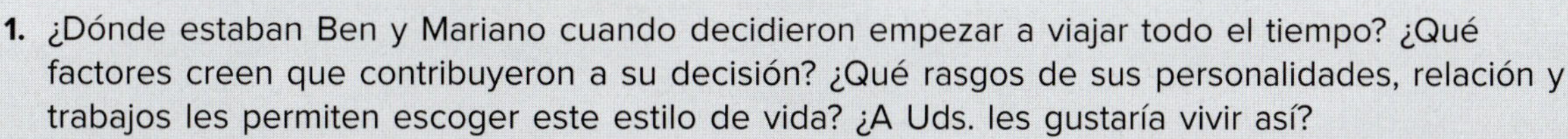

1. ¿Dónde estaban Ben y Mariano cuando decidieron empezar a viajar todo el tiempo? ¿Qué factores creen que contribuyeron a su decisión? ¿Qué rasgos de sus personalidades, relación y trabajos les permiten escoger este estilo de vida? ¿A Uds. les gustaría vivir así?

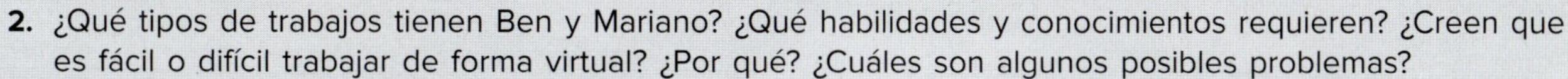

2. ¿Qué tipos de trabajos tienen Ben y Mariano? ¿Qué habilidades y conocimientos requieren? ¿Creen que es fácil o difícil trabajar de forma virtual? ¿Por qué? ¿Cuáles son algunos posibles problemas?
3. Ben y Mariano viven, viajan y trabajan juntos. ¿Qué deben hacer ellos para aliviar el estrés y mantener un buen equilibrio en sus vidas? Piensen en por lo menos tres recomendaciones o mandatos.
4. ¿Cuántas ciudades dice Mariano que han visitado juntos? ¿Cómo ayuda la tecnología a preservar los recuerdos? ¿Cómo la usan Uds.? ¿Les gusta documentar sus vidas y sus viajes?

TEMA I: La tecnología y la comunicación

Note: The art for this chapter is available for digital download within Connect (www.mhhe.com/connect).

Vocabulario en acción

Los avances tecnológicos

***Vocabulario en acción,* Note:** Students can assess their understanding and mastery of the vocabulary presented in this chapter by accessing the LearnSmart module for *Capítulo 15* at www.mhhe.com/connect.

las noticias	news
la revista (en línea)	(online) magazine
borrar	to delete
escanear	to scan
fallar	to crash
imprimir	to print
el (documento) adjunto	attachment
el archivo	file
la conexión (WiFi)	(WiFi) connection
el lápiz de memoria	flash drive
inalámbrico/a	wireless

Cognados: la cámara, el CD-ROM, el DVD-ROM, el láser, el módem, el teléfono inteligente

Repaso: abrir, bajar, cerrar (ie), guardar, mandar, recibir, subir; el carro/coche eléctrico/híbrido, la computadora portátil, la página Web

ACTIVIDADES

A. Definiciones

PASO 1. Escucha cada una de las definiciones e indica la palabra definida.

d **1.**		**a.** los alimentos transgénicos
f **2.**		**b.** borrar
i **3.**		**c.** el módem, el router
a **4.**		**d.** la alta definición
h **5.**		**e.** el láser
c **6.**		**f.** el archivo
e **7.**		**g.** el auricular bluetooth
g **8.**		**h.** la página Web
b **9.**		**i.** el carro híbrido

PASO 2. Escribe dos definiciones relacionadas a la tecnología. En parejas, túrnense para leer sus definiciones. La otra persona debe identificar la palabra definida.

B. ¿Qué usas?

PASO 1. Indica las cosas de la lista que tienes o usas.

- ☐ la impresora
- ☐ la conexión WiFi
- ☐ los altavoces
- ☐ el lápiz de memoria
- ☐ el celular
- ☐ la televisión de alta definición
- ☐ la tableta
- ☐ el auricular bluetooth
- ☐ el escáner
- ☐ la computadora portátil

PASO 2. Explica dónde tienes o cuándo usas las cosas que indicaste en el **Paso 1.**

MODELOS la impresora → Tengo una impresora en casa (en mi habitación) y la uso para imprimir tareas, informes y otros trabajos para mis clases.

No tengo impresora en casa, pero uso la impresora de la biblioteca de la universidad cuando necesito imprimir algún informe o tarea.

***Vocabulario en acción,* Suggestions:**

- Provide additional and alternate vocabulary as needed, for example, *la memoria USB, la computadora portátil, el teléfono móvil, el ordenador*
- Use the drawing in the textbook, picture files, or a PowerPoint presentation to introduce the vocabulary. Model pronunciation by pointing out items in the illustrations and ask students questions, as you go, to check comprehension: *Vivimos en la era de la tecnología. La mayoría de las personas tiene una computadora, un teléfono celular, un auricular bluetooth o una tableta... ¿Quién tiene una tableta? ¿Para qué usas la tableta? ¿Quién usa el auricular bluetooth? ¿Cuándo lo usas? La computadora es muy útil y nos permite hacer cosas que en el pasado no podíamos, como buscar amigos o pareja por el internet, o leer el periódico en línea. ¿Qué otras cosas hacen Uds. por el internet?*, etc.

***Act. A, Paso 1,* Script: 1.** *Es un sistema de vídeo con mayor resolución.* **2.** *Es la forma electrónica de un documento.* **3.** *Funciona con gasolina y electricidad.* **4.** *Es comida modificada a nivel molecular.* **5.** *Es una fuente de información accesible por el internet.* **6.** *Sirve para conectar la computadora con el internet.* **7.** *Es un aparato pequeño que emite luz, típicamente roja.* **8.** *Es un receptor inalámbrico para el teléfono celular.* **9.** *Es eliminar o quitar un documento o archivo.*

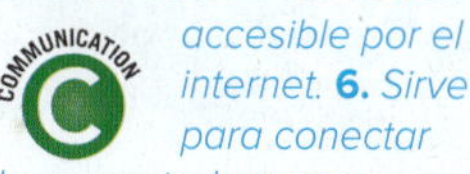

***Act. A,* Suggestion:** Provide students with two or three additional definitions of the vocabulary presentation and have them guess the words. For example: **1.** *Es una máquina que se conecta a una computadora para hacer copias. (la impresora)* **2.** *Dispositivo manual conectado a una computadora que sirve para mover el cursor por la pantalla. (el ratón)* **3.** *Es un archivo que se envía por e-mail. (el documento adjunto)*

C. ¿Son buenos hábitos o no?

PASO 1. Di si estos hábitos son buenos para conservar el equipo tecnológico (*hardware*) que usamos o no.

MODELO Siempre llevo mi teléfono inteligente, mi tableta y la computadora portátil a todas partes. → No es buen hábito. / Es buen hábito.

1. Limpio la pantalla de mi televisión con agua.
2. Siempre apago mi computadora antes de acostarme.
3. Nunca borro ningún e-mail.
4. Guardo mis documentos solo en mi lápiz de memoria.
5. Bajo muchos programas, juegos, música y películas del internet.
6. Limpio el teclado de mi computadora con la aspiradora.
7. Tengo el internet gratis porque uso la conexión WiFi de algún vecino.
8. Imprimo todos mis e-mails porque es más fácil leerlos así.

PASO 2. En parejas, comparen sus respuestas del **Paso 1** y coméntenlas. Digan también si Uds. hacen esas cosas.

MODELOS No es buen hábito llevar la computadora portátil, el celular y la tableta a todas partes porque a veces debemos separarnos de esos medios de comunicación.

Es buena práctica llevar la computadora portátil, el celular y la tableta a todas partes para mantener contacto con la familia, los amigos y el trabajo a todas horas.

Nota interdisciplinaria

Informática: El lenguaje de la informática

Importante compañía busca Analista Software Junior

El inglés es, indudablemente, el idioma de la computación, así se han ido adoptando en español (al igual que en todas las lenguas del mundo) muchos términos técnicos y científicos ingleses para cubrir las deficiencias del idioma en estas materias. Cuando en español no hay un equivalente exacto del concepto, se usan los términos en inglés, como por ejemplo, *software, hardware, multimedia, byte, chip* o *bit*. A veces, sin embargo, se adaptan los términos ingleses a las características particulares de la lengua española y hoy nuestro idioma cuenta con términos nuevos como *cursor, interfaz, disquete, formatear, computarizar, indexar* y *devedé*, todos recogidos en el Diccionario de la Real Academia Española.* Cuando el español tiene un equivalente exacto al inglés para expresar un concepto, esta palabra se traduce directamente a la lengua española. Es el caso de los términos usados en procesadores de datos y computadoras, como por ejemplo, *guardar, cortar, copiar* o *pegar.*

PREGUNTAS

1. ¿Por qué a veces el español utiliza términos sacados directamente del inglés?
2. ¿Qué términos presentan una mezcla de las grafías (*spellings*) inglesas y españolas? ¿Reconocen Uds. su significado?
3. ¿Qué palabras de la informática se traducen directamente al español? ¿Pueden adivinar el significado de *cortar*, *copiar* y *pegar*?

*The *Real Academia Española* (Royal Spanish Academy) is the official governing body responsible for supervising the Spanish language and promoting linguistic unity between the various Spanish-speaking nations.

D. ¿Eres moderno/a o anticuado/a (*old-fashioned*)?

PASO 1. Indica con qué frecuencia haces estas cosas.

	MUCHO	TODAS LAS SEMANAS	UNA VEZ AL MES	DE VEZ EN CUANDO	NUNCA
PUNTOS	**5**	**4**	**3**	**2**	**1**
1. Hago compras por el internet.	☐	☐	☐	☐	☐
2. Uso un auricular bluetooth.	☐	☐	☐	☐	☐
3. Apunto mis citas y tareas en mi teléfono inteligente.	☐	☐	☐	☐	☐
4. Me encanta escuchar la radio por satélite.	☐	☐	☐	☐	☐
5. Pago mis cuentas por el internet.	☐	☐	☐	☐	☐
6. Uso Facebook o Twitter para comunicarme con mi familia y mis amigos.	☐	☐	☐	☐	☐
7. Comparto mis fotos con mis amigos y mi familia por Instagram o Snapchat.	☐	☐	☐	☐	☐
8. Leo el periódico y las revistas en línea en mi computadora.	☐	☐	☐	☐	☐

PASO 2. En parejas, comparen sus respuestas del **Paso 1.** Si tienes cuarenta puntos, eres muy moderno/a; si tienes solo ocho puntos, eres bastante tradicional. ¿Quién de los/las dos es más moderno/a? ¿Quién es más tradicional?

E. Mi vida tecnológica. Completa las oraciones con palabras y expresiones del **Vocabulario en acción.** Las oraciones deben ser lógicas y pueden relacionarse con tu vida o no. Tus compañeros/as van a adivinar si lo que dices es cierto o falso.

1. No puedo vivir sin...
2. Necesito comprar...
3. No aguanto (*I can't put up with*)...
4. Siempre veo/escucho...
5. Nunca uso...
6. Cuando estudio, prefiero...
7. Para comunicarme con amigos prefiero...
8. Uso el internet para...

F. La tecnología

PASO 1. En parejas, apunten tres aspectos positivos y tres negativos que la tecnología ha traído a la vida moderna.

PASO 2. Compartan sus ideas con la clase y hagan una lista completa de los aspectos positivos y otra de los aspectos negativos. **¡OJO!** Todos los estudiantes de la clase deben estar de acuerdo con el contenido de las listas.

PASO 3. Según las listas del **Paso 2,** ¿cuál es la opinión general de la clase? ¿Consideran que la tecnología tiene más aspectos positivos o negativos? Expliquen.

Talking About What People Would Do

15.1 Conditional

GRAMÁTICA EN ACCIÓN

Un cibercafé en San Pedro de Atacama, Chile

***Gramática*, Note:** Students can assess their understanding and mastery of the grammar points presented in this chapter by accessing the LearnSmart module for *Capítulo 15* at www.mhhe.com/connect.

***GEA*, Note:** The audio for this *GEA* is available through the eBook or on Connect.

***GEA*, Point out:** The number of cell phones has surpassed the total population in some countries. For example, El Salvador has more phones per capita than any country in Central America, more cellphones than people.

***GEA*, Suggestion:** Ask students if there are cybercafés in your area that allow you to pay for computer time. If so, ask them if they have ever been to one and who the typical customers might be.

Los cibercafés

No hay duda de que los avances tecnológicos han cambiado nuestro mundo, especialmente cómo nos comunicamos y cómo nos ponemos al día. Pero, ¿quién **se imaginaría** el impacto de estos avances en los países en desarrollo, especialmente en los lugares remotos? **Podríamos** citar muchos ejemplos de ese impacto, pero **nos gustaría** hablar de los cibercafés que ahora son popularísimos por toda Latinoamérica.

Muchas personas —tanto en las zonas urbanas como en las rurales— usan los cibercafés. Los jóvenes y adultos que nunca **se comprarían** una computadora ni **tendrían** acceso al internet, entran en los cibercafés, abren cuentas de e-mail, usan Skype para llamar a los amigos y la familia y navegan en internet. Un joven que entra en este café de San Pedro de Atacama, Chile, **pagaría** 1.200 pesos* por hora por usar el internet. Es obvio que la tecnología está cambiando el mundo.

Acción. Indica la terminación (*ending*) correcta para completar cada uno de los verbos.

c 1. Sin acceso al internet, los jóvenes no podr______ comunicarse tan fácilmente con sus amigos.
b 2. Nosotros usar______ los cibercafés para navegar en internet y leer las noticias.
c 3. Muchas personas que típicamente no comprar______ una computadora dependen de los cibercafés.
a 4. Una persona como mi abuela, que no usa el internet todos los días, pagar______ un precio razonable por el uso de las computadoras en un cibercafé.

a. ía
b. íamos
c. ían

A. The conditional is used to talk about what a person *would* do, often in hypothetical situations. English forms the conditional tense with the auxiliary verb *would* followed by the main verb. In Spanish, the conditional is formed by adding the conditional endings **-ía, -ías, -ía, -íamos, -íais, -ían** to the infinitive of **-ar, -er,** and **-ir** verbs.

hablar		volver		vivir	
hablaría	**hablaríamos**	**volvería**	**volveríamos**	**viviría**	**viviríamos**
hablarías	**hablaríais**	**volverías**	**volveríais**	**vivirías**	**viviríais**
hablaría	**hablarían**	**volvería**	**volverían**	**viviría**	**vivirían**

Preferiría tomar la foto con una cámara digital. — *I would prefer to take the picture with a digital camera.*

Trabajaría más eficazmente con un teléfono inteligente — *I would work more efficiently with a smartphone.*

*1,200 Chilean pesos is around $2.00 U.S.

B. Several of the most common verbs do not use the infinitive as the stem for the conditional. These verbs, with their stems, are the same as those that are irregular in the future tense.

CONDITIONAL: IRREGULAR VERBS		
decir → **dir-** **haber** → **habr-*** **hacer** → **har-** **poder** → **podr-** **poner** → **pondr-** **querer** → **querr-** **saber** → **sabr-** **salir** → **saldr-** **tener** → **tendr-** **venir** → **vendr-**	+	**-ía** **-ías** **-ía** **-íamos** **-íais** **-ían**

¿**Tendrías** una videocámara para grabar el partido? — *Would you have a videocamera to record the game?*

No **podría** vivir sin mi teléfono inteligente. — *I would not be able to live without my smart phone.*

C. The verbs **poder** and **gustar** are frequently used in the conditional to soften requests and make suggestions politely.

¿**Podría** decirme cuánto cuesta esta impresora? — *Could you tell me how much this printer costs?*

Nos **gustaría** usar la computadora. — *We would like to use the computer.*

ACTIVIDADES

A. En un mundo perfecto. Completa el párrafo con la forma correcta de los verbos entre paréntesis en el condicional.

En un mundo perfecto, todos (*nosotros:* **llevarse**)[1] bien. Cada ciudadano (**respetar**)[2] las leyes y no (**haber**)[3] dictadores en ninguna parte. Los políticos (**decir**[4]) solo la verdad. Los trabajadores no (**tener**)[5] que hacer huelgas porque siempre (**recibir**)[6] un trato justo. Sin duda, tú nunca (**perderse**)[7] las noticias porque las (**ver**)[8] por el internet en tu celular. ¿Y yo? Pues, en el mundo de mis sueños, (**poder**)[9] hacer de voluntaria para ayudar a la gente… ¡pero nadie (**necesitar**)[10] mi ayuda!

***Act. A.* Answers: 1.** *nos llevaríamos* **2.** *respetaría* **3.** *habría* **4.** *dirían* **5.** *tendrían* **6.** *recibirían* **7.** *te perderías* **8.** *verías* **9.** *podría* **10.** *necesitaría*

B. Entrevista: ¿Qué harías? Entrevista a un compañero / una compañera de clase con estas preguntas. Luego, cambien de papel.

1. Si tuvieras más tiempo, ¿qué harías todos los días que no haces ahora?
2. Si tuvieras todo el dinero que quisieras, ¿qué clase de carro comprarías? ¿por qué?
3. ¿Cómo sería tu vivienda ideal? ¿Dónde estaría? ¿Cuántas habitaciones tendría?
4. ¿Buscarías novio/a por el internet? ¿Por qué piensas que sería o no sería una buena idea?
5. ¿Comprarías o construirías una casa inteligente (*smart house*)? ¿Qué aplicaciones y atractivos tendría tu casa?
6. ¿Te gustaría ser famoso/a y salir en la televisión? ¿Cuáles serían algunas desventajas de la fama?

*The conditional of **hay** is **habría** (*there would be*).

Act. C, Suggestion: Encourage students to use their imaginations and be as creative as possible with their examples. You may want to model some ideas of really creative responses: *Con dinero ilimitado, compraríamos una isla en el Caribe y viviríamos allí con todos nuestros amigos.* If possible, show some images of truly rich or powerful people and their accomplishments.

C. ¿Qué harían?

PASO 1. Imagínense un mundo sin límites. ¿Qué harían si tuvieran (*if you had*) todo el dinero, el tiempo y el poder del mundo? En parejas, escriban en un cuadro como el siguiente lo que Uds. harían. Escriban por lo menos tres ideas para cada tema.

Con dinero ilimitado	Con tiempo ilimitado	Con poder ilimitado

PASO 2. Compartan sus ideas con la clase. ¿Para cuál de los temas escribieron más ideas? Entonces, ¿qué prefiere la mayoría en la clase? ¿Prefiere tener dinero, tiempo o poder?

PASO 3. Después de escuchar las ideas de los otros grupos, ¿cómo describirían a sus compañeros? ¿Son generosos, egoístas, materialistas, espirituales, generosos, tacaños (*stingy*), etcétera? Digan por qué.

MODELO Son egoístas porque usarían todo el dinero en ellos mismos (*themselves*) y no ayudarían a otros.

Nota cultural

Te mando un *tweet*

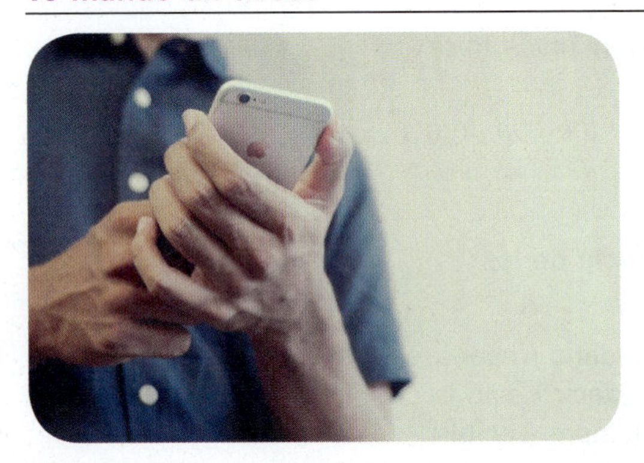

Un joven chatea con un amigo.
©chainarong06/Shutterstock.com

Las tecnologías no solo cambian nuestra forma de trabajar o divertirnos, sino que también[a] cambian la forma en la que hablamos. Por ejemplo, expresiones que en un principio pertenecían al campo de la computación han pasado a ser formas de expresión propias del lenguaje coloquial, y el uso del e-mail y el *chat* ha favorecido el nacimiento de nuevos verbos y palabras en español. Así, «cambiar el chip», es cambiar de tema o pensamiento, «estar formateado» significa quedarse en blanco, cuando buscamos algo por el internet, estamos «surfeando» y cuando nos referimos a los usuarios no-reales del internet o las inteligencias artificiales programadas, usamos «bot», aféresis de la palabra robot. Y estos son solo algunos ejemplos del lenguaje milenial, que avanza casi al mismo tiempo que los aparatos electrónicos usados por toda una generación.

Los *chats* surgen como una alternativa de comunicación equivalente a una conversación informal y con frecuencia no se respetan las normas gramaticales y ortográficas. Su repercusión es mundial. El diccionario Collins ha introducido algunos de los términos SMS[b] más populares entre sus páginas.

Las redes[c] sociales como Facebook, YouTube y Twitter han creado también su propio idioma y forma de vida. Como sabemos, ya no es necesario llamar por teléfono a los amigos para saber de ellos, organizar una fiesta o esperar hasta verlos para compartir las fotos del fin de semana pasado. Basta con hacer un *login* en la cuenta, subir las fotos, chatear o mandar un *tweet*.

[a]sino… *but also* [b]*text messaging* (*SMS = Short Message Service*) [c]*networks*

PREGUNTAS

1. ¿Qué redes sociales y servicios de *chat* o mensajería (*messaging*) utilizan Uds.? ¿Cuáles están de moda? ¿Han cambiado su forma de relacionarse con otras personas? ¿Han modificado incluso su lenguaje?
2. ¿Creen que es posible prescindir de (*to do without*) estos servicios? ¿Cómo cambiaría su vida (*would your life change*) si no tuvieran (*you didn't have*) acceso al internet?
3. Busquen una lista de las abreviaturas en español que se utilizan para enviar SMS e intenten usarlas y chatear con su compañero/a.

D. El lenguaje de los mensajes de texto. Primero, decidan entre **Estudiante 1** y **Estudiante 2**. **Estudiante 2** debe completar la actividad en **Appendix III.**

PASO 1. Completa la descripción de los mensajes de texto en español con la forma correcta del verbo entre paréntesis en el condicional.

Act. D, Paso 1, **Answers:** **1.** *verías* **2.** *habría* **3.** *Sería* **4.** *pondrías* **5.** *podría* **6.** *tendrías* **7.** *resultarían* **8.** *interpretarías* **9.** *querría* **10.** *responderías* **11.** *sería* **12.** *sabría*

Estudiante 1

Al igual que en inglés, en español hay muchos símbolos y abreviaciones que se usan en las conversaciones de *chat* y los mensajes de texto. Si tuvieras una conversación escrita con un hispanohablante, sin duda **(ver:** *tú***)**[1] muchos ejemplos y posiblemente **(haber)**[2] un poquito[a] de confusión en algunos casos. **(Ser)**[3] normal escribir **aki** en vez de **aquí** y probablemente **(poner:** *tú***)**[4] **k** en vez de **que** y **tb** en lugar de **también**.

¿Piensas que una persona que no habla fluidamente el español **(poder)**[5] tener dificultad con estas abreviaturas? Si dijeras que sí, **(tener)**[6] razón. Pero esos ejemplos son algunos de los más obvios; hay otras abreviaciones y símbolos que probablemente te **(resultar)**[7] incluso[b] más difíciles de entender. ¿Cómo **(interpretar:** *tú***)**[8] el siguiente mensaje: «Ola ke ase?» La persona que te escribe el mensaje **(querer)**[9] decir «Hola, ¿qué haces?» Y, ¿cómo **(responder:** *tú***)**[10]? Una respuesta normal **(ser)**[11] **nd**, la abreviación para **nada**. Si piensas que todo esto es muy difícil de entender, recuerda que, si un hispanohablante tuviera que comunicarse por texto en inglés, no **(saber)**[12] muchas de las abreviaciones que usamos todos los días. El lenguaje del *chat* es único.[c]

[a] *a little bit* [b] *even* [c] *unique*

PASO 2. Completa tu lista de preguntas con la forma correcta del verbo entre paréntesis en el condicional. Trabaja con tu compañero/a para hacer y contestar las preguntas usando la lista de abreviaciones comunes.

Palabra	Abreviación	Palabra	Abreviación
adiós	bye	más	+
amor	amr	menos	–
aquí	aki	mensaje	msj
bien	bn	nada	nd
besos	bss	para	pa
cuéntame	kntm	por	x
de	d	por favor	pf
decir	dcr	porque / por qué	pq
enfadado / enojado	grr	qué / que	k
fiesta	fsta	¿Qué te pasa?	Qtpsa
fin de semana	finde	siempre	smpr
hola / buenas	wenas	también	tb
Hola, ¿qué haces?	Ola ke ase	te quiero mucho	tkm / tqm
igual	=		

1. ¿Qué le **(escribir)** un novio a su novia antes de ir a dormir por la noche?
2. Un adolescente enoja mucho a sus padres. ¿Qué **(poder)** escribir ellos para comunicar su emoción?
3. Una esposa sabe que algo le molesta a su esposo. ¿Qué le **(preguntar)** ella a él?
4. Necesitas fotocopiar los apuntes de un compañero / una compañera de clase. ¿Cómo se los **(pedir)**?

Act. D, Paso 2, **Answers:** **1.** *escribes* **2.** *pueden* **3.** *pregunta* **4.** *pides*

Expresiones artísticas

El niño de las pinturas

CULTURES

***Expresiones artísticas,* Suggestions:**
• Show students other pieces or videos made by *El niño de las pinturas*, and have them compare their similarities and differences (themes, symbols, colors, style, and so on).
• Ask students questions about the presence and importance of graffiti in their communities and in the United States. Mention that *El niño de las pinturas* was once named the best artist of the year in Granada, and a few days later received a letter with a fine for painting in prohibited areas without permission. Ask students what they think about that ironic situation.
• Show students a photo of the original piece (internet) and point out that there was a window at the end of the wheel that was covered a year later with cement to fix the building. Ask students to comments on using abandoned buildings to create modern art.

***Expresiones artísticas,* Culture Note:**
• *El niño de las pinturas* also signs his art as Sex or 69, sometimes with both. Many of his international pieces (festivals, artistic celebrations, invitations) have been done in collaboration with other artists.
• A common question in interviews made to *El niño de las pinturas* is about his ephemeral or temporary art (walls or houses repainted, repaired, graffiti erased, and so on) and his answers seem to be the same: life and everything is ephemeral. He is happy with the moment when he is creating and enjoys that moment.
• The artist name comes from when the artist was a little boy; he was part of a small group called "The boys of the Devil" and inside the group there was "The boy of the last word" and "The boy of the painting" (*El niño de la pintura*).

Niñas en triciclo. Cuesta Molinos, Granada 2005

Las obras de Raúl Ruiz (1977–), artista granadino de fama nacional e internacional, tienen influencia del grafiti urbano, los dibujos animados[a] y el comic, la poesía y la caligrafía[b] árabe. La mayor parte de su producción artística se encuentra en Granada, especialmente en el Realejo, un barrio popular y antiguo. A veces estas obras de arte están en paredes de casas viejas, muros[c] del barrio o incluso persianas[d] de tiendas, panaderías, bares y restaurantes. Imágenes y conceptos que se repiten en sus obras incluyen ruedas,[e] niños, ancianos, animales (girafas, gatos, caballos), temas sociales o políticos, la vida cotidiana y personajes de la cultura (el poeta García Lorca, el guitarrista Paco de Lucía).

En esta pieza vemos a dos niñas disfrutando alegremente de su paseo en un triciclo. Están vestidas con ropa de viaje y actúan como tripulantes.[f] Los cascos, gafas y el monocular[g] se asemejan a un viaje en avión de época.[h]

[a]*cartoons* [b]*writing* [c]*walls* [d]*doors* [e]*wheels* [f]*pilots* [g]*telescope* [h]*vintage*

REFLEXIÓN

1. ¿Qué elementos realistas aparecen en esta pintura? ¿Creen que esta pintura tiene relación con la infancia del artista? ¿Cómo se relaciona esta obra con la imaginación de los niños y el tema de los viajes? ¿Es una escena optimista o pesimista? Expliquen. ¿Creen que hay algún mensaje social en esta obra o es una obra sobre la imaginación, la infancia, y la memoria? Expliquen.
2. Con la ayuda de internet (fotos, blogs, entrevistas), busquen otras obras de *El niño de las pinturas* y preparen un breve informe. Exploren uno de los siguientes temas: el arte urbano frente al mundo moderno; la evolución del arte de este artista; una comparación de su arte en diferentes ciudades; una comparación de su arte con el arte urbano en la comunidad donde Uds. viven.

Global

Ben y Mariano

Antes de ver

Infórmate y ponte en su lugar.
La tecnología hace posible la increíble vida de Ben y Mariano. Dependen de ella para muchas cosas, no solo para su trabajo. ¿Cómo facilita la tecnología la vida diaria? ¿Qué páginas web o aplicaciones son fundamentales para tu conveniencia o felicidad? ¿Por qué? ¿Cómo imaginas que sería tu vida sin la tecnología? ¿Qué sería lo más difícil?

©deepblue4you/Getty Images
©McGraw-Hill Education/Zenergy

©McGraw-Hill Education/Zenergy

Vocabulario práctico

rodeados	surrounded
Tailandia	Thailand
sos	**eres (arg.)**
lo que vos quieras	whatever you want
el filtro	filter
sacarle mucho más jugo	get more out of something
estrenar	to come out, to debut

¿Entendiste?

A. ¿Cierto o falso?

C	F	
☐	☑	**1.** Mariano y Ben nunca piden comida por internet.
☐	☑	**2.** Ben prefiere planificar todo; no le gusta la espontaneidad.
☐	☑	**3.** Ben dice que es fácil alquilar un coche en el aeropuerto usando el internet.
☑	☐	**4.** Ben es optimista y piensa que la tecnología seguirá teniendo un impacto positivo en la vida.
☑	☐	**5.** Mariano se siente muy conectado con la tecnología cuando visita lugares recién desarrollados.

B. La vida moderna. En parejas, contesten las preguntas.

COMMUNICATION

1. ¿Cuáles son tres cosas que menciona Mariano que pueden hacer a través del internet? ¿Hacen Uds. esas cosas también? ¿Qué otros servicios sería útil poder aprovechar por internet? ¿Creen que en el futuro será posible hacerlo?
2. ¿Cómo usan la tecnología Ben y Mariano para asegurarse de una experiencia local o auténtica de los lugares que visitan? ¿Se han comunicado con personas locales antes de hacer un viaje? ¿Por qué?
3. ¿Qué responsabilidades del trabajo dice Ben que se pueden llevar a cabo sin ir a la oficina? ¿A Uds. les gustaría trabajar por internet? ¿Creen que se sentirían aislados (*isolated*)? ¿Por qué?
4. ¿Qué dice Mariano sobre la diferencia entre ver un lugar a través de fotos y vídeos y verlo en persona? ¿Están de acuerdo? ¿Qué elementos de la vida local no se pueden experimentar a través de la tecnología? ¿Son esenciales?

TEMA II: La calidad y las presiones de la vida

***Vocabulario en acción,* Note:** Students can assess their understanding and mastery of the vocabulary presented in this chapter by accessing the LearnSmart module for *Capítulo 15* at www.mhhe.com/connect.

Vocabulario en acción

Los retos° de la vida moderna

°*Challenges*

ahorrar dinero	to save money
controlar los gastos	to manage the expenses
formarse	to get educated
manejar (bien/mal) el tiempo	to manage one's time (well/poorly)
quitarse el estrés	to remove stress, decompress
respirar profundo	to take a deep breath
el ritmo de vida	pace of life
exigente	demanding

Repaso: aliviar, casarse (con), cuidar(se), emocionarse, enamorarse (de), estar (*irreg.*) **deprimido/a, estirarse, hacer** (*irreg.*) **ejercicio, hacer yoga, meditar, relajarse; el amor, la casa, la depresión, el dinero, el empleo, el estrés, la familia, la meditación, el miedo, la presión, la salud, los hijos, el tiempo; estable**

Las cuentas y los gastos°

°Las... *Bills and expenses*

el alquiler	rent
la deuda	debt
la matrícula	tuition
el préstamo estudiantil	student loan

A. ¿Quién lo dice? Escucha lo que dicen estas personas sobre sus planes más inmediatos e indica quién es la persona que probablemente lo diría: un(a) estudiante, un(a) profesional o ambos.

1. ☑ un(a) estudiante ☐ un(a) profesional ☐ ambos
2. ☐ un(a) estudiante ☑ un(a) profesional ☐ ambos
3. ☐ un(a) estudiante ☐ un(a) profesional ☑ ambos
4. ☐ un(a) estudiante ☑ un(a) profesional ☐ ambos
5. ☐ un(a) estudiante ☐ un(a) profesional ☑ ambos
6. ☑ un(a) estudiante ☐ un(a) profesional ☐ ambos
7. ☐ un(a) estudiante ☐ un(a) profesional ☑ ambos
8. ☐ un(a) estudiante ☐ un(a) profesional ☑ ambos

B. ¿Lógico o ilógico? Indica si las oraciones son lógicas (**L**) o ilógicas (**I**) y luego explica por qué.

L	I	
☐	☑	**1.** Es peligroso ahorrar dinero para la formación académica de los hijos.
☐	☑	**2.** Les recomiendo que formen una familia antes de graduarse.
☑	☐	**3.** Cuando mis padres se pongan viejos, mi esposo y yo vamos a cuidarlos.
☑	☐	**4.** Quiero encontrar empleo estable antes de tener hijos.
☑	☐	**5.** Es importante relajarse cuando se tiene un ritmo de vida acelerado.
☐	☑	**6.** No va a pagar las cuentas porque va a comprarse un nuevo teléfono inteligente.
☑	☐	**7.** Mi esposa y yo no tenemos hijos todavía porque nuestras carreras son muy exigentes.
☑	☐	**8.** No tengo tarjeta de crédito porque no sé controlar los gastos.
☑	☐	**9.** No es necesario asistir a la universidad para formarse.
☑	☐	**10.** Después de graduarme, tengo que empezar a pagar mis préstamos estudiantiles.

***Vocabulario en acción,* Suggestions:**
• Some vocabulary words may be familiar to students and others will not. Read the vocabulary to students, repeating each word or expression several times so that they can hear the correct pronunciation. As you present the input, ask students questions to check for comprehension: *En la vida moderna hay que enfrentarse a muchos retos o presiones, por ejemplo, las relaciones personales, encontrar pareja, formar una familia o la formación académica. Pagar las cuentas, como el préstamo estudiantil, es otro de los grandes retos, así pues es importante relajarse. ¿Cuáles son las situaciones más estresantes para Uds.? ¿Qué hacen para relajarse?*, etc.
• Point out that to refer to bills, often just the article and the object are used, e.g., *el celular* = cell phone bill, *el internet* = internet bill, *la luz* = electric (light) bill, etc.

***Act. A,* Script: 1.** *Tengo que pedir un préstamo estudiantil porque mis padres no pueden pagarme la matrícula.* **2.** *Voy a comprar una casa más grande porque mi esposo/a y yo vamos a formar una familia.* **3.** *La formación académica es muy importante, así que voy a hacer un máster.* **4.** *Debo controlar los gastos y ahorrar dinero por el bienestar de mi familia.* **5.** *Las relaciones personales son importantes para mí, así que tengo que dedicarles tiempo a mis amigos.* **6.** *Este mes no puedo ir mucho a los bares porque tengo que ahorrar dinero para pagar el resto de la matrícula* **7.** *Tengo mucho trabajo y muchas responsabilidades, por eso trato de utilizar bien el tiempo.* **8.** *Cuando estoy estresado/a, tomo tiempo para respirar profundo y estirarme.*

C. Asociaciones

PASO 1. Indica con qué asocias cada expresión: con la formación académica (**A**), la familia (**F**) o la carrera (**C**). **¡OJO!** Puede haber más de una respuesta.

A	F	C	
☐	☐	☐	**1.** formarse
☐	☐	☐	**2.** el ritmo de vida
☐	☐	☐	**3.** la deuda
☐	☐	☐	**4.** limitar los gastos
☐	☐	☐	**5.** el empleo estable
☐	☐	☐	**6.** las relaciones personales
☐	☐	☐	**7.** ahorrar dinero
☐	☐	☐	**8.** encontrar una pareja
☐	☐	☐	**9.** la matrícula
☐	☐	☐	**10.** pagar el alquiler

PASO 2. En grupos pequeños, comparen sus respuestas al **Paso 1** y explíquenlas. Después, compartan sus ideas con la clase. ¿Tienen todos los grupos opiniones semejantes o son muy diferentes?

Nota cultural

Cómo combatir el estrés

Una sesión de aromaterapia
©Wavebreak Media Ltd/123RF

El trabajo, los estudios, las relaciones personales, las reuniones, las obligaciones, el ritmo de vida acelerado... todos son factores de la vida moderna que contribuyen al estrés. Sufrir de estrés por un tiempo extendido puede causar problemas emocionales, como depresión, irritabilidad, confusión y falta de concentración en el trabajo. También puede resultar en problemas físicos, como dolor de estómago, dolor de cabeza y dolores de pecho. La habilidad de quitarse el estrés y relajarse es indispensable para todo el mundo.

Muchos expertos recomiendan identificar la causa del estrés y tratar de aliviarlo mediante la ingestión[a] de plantas medicinales y una buena alimentación, el ejercicio físico y técnicas de relajación, como el yoga, la aromaterapia o la meditación. Dichas técnicas reducen el nivel de ansiedad, promueven la calma mental y liberan la mente de preocupaciones. La conexión con la familia y los amigos, y el tiempo dedicado a los pasatiempos también son buenos calmantes para el estrés porque ofrecen entretenimiento y apoyo[b] para tolerar las presiones de la vida.

Llevar a cabo[c] tales estrategias requiere tiempo, así pues es importante establecer un orden de prioridad en las tareas, elegir y realizar las actividades indispensables y aprender a decir «no» a las menos importantes. Aunque a menudo no es fácil decir «no», es indispensable para el bienestar. Vale la pena[d] el esfuerzo porque se dispone de más tiempo para reducir el estrés y aumentar la capacidad para hacer frente a los retos de la vida moderna.

Nota cultural, Preguntas, Answers: *(Possible answers)* **1.** *el trabajo, los estudios, las relaciones personales, las reuniones, las obligaciones y el ritmo de vida acelerado* **2.** *El estrés puede causar problemas mentales, emocionales y físicos. Recomiendan tomar hierbas, comer bien, hacer ejercicio y relajarse.* **3.** *Uno tiene más tiempo para relajarse y tiene menos estrés.*

[a]*consumption* [b]*support* [c]*llevar... to carry out* [d]*vale... it's worthwhile*

PREGUNTAS

1. ¿Cuáles son algunas de las causas del estrés, según la lectura? En su opinión, ¿qué otras situaciones en la vida pueden causar estrés a las personas?
2. ¿Por qué es importante aprender a controlar el estrés? ¿Qué estrategias recomienda la lectura?
3. ¿Cuáles son los resultados positivos de poner en práctica las técnicas recomendadas por los expertos?
4. ¿Sufren Uds. de estrés a veces? ¿Qué situaciones les causan estrés? ¿Qué estrategias tienen para combatirlo?

D. ¿Qué te preocupa más?

PASO 1. Indica cuánto te preocupan estas situaciones. **Me preocupa mucho** = 3; **Me preocupa un poco** = 2; **No me preocupa nada** = 1. Las columnas E1 y E2 son para el **Paso 2**.

YO	E1	E2	
___	___	___	**1.** Pagar el préstamo estudiantil después de que me gradúe de la universidad.
___	___	___	**2.** Utilizar bien el tiempo para hacer todas mis actividades sin estrés.
___	___	___	**3.** Encontrar pareja para formar una familia en el futuro.
___	___	___	**4.** Pagar las cuentas.
___	___	___	**5.** Mantener buenas relaciones personales.
___	___	___	**6.** Tener una carrera exitosa después de mi graduación.

PASO 2. Entrevista a dos compañeros/as de clase siguiendo el modelo. Escribe sus respuestas en el lugar correspondiente en el **Paso 1.**

MODELO E1: ¿Cuánto te preocupa pagar el préstamo estudiantil después de que te gradúes de la universidad?
E2: Me preocupa mucho.

PASO 3. Comparen sus respuestas con las de sus compañeros de grupo. ¿Consideran Uds. que se preocupan mucho, solo un poco o nada por los retos de la vida? ¿Cuál es el reto que les causa más presión a Uds.? Compartan sus resultados con la clase. Entre todos deben decidir si los estudiantes tienen mucho en común o poco.

MODELOS Nos preocupan mucho / un poco (no nos preocupan nada) las presiones de la vida.
El reto más difícil para nosotros es ___________.
El reto más difícil para mis compañeros es ___________, pero para mí es ___________.

E. ¿Qué haces para relajarte?

***Act. E,* Suggestion:** Have several students report their results to the class.

***Act. E,* Follow-up:** Tally the results of the surveys on the board and as a class summarize the tendencies of the class.

PASO 1. Usa las siguientes oraciones para formular preguntas. Circula por la clase para saber qué hacen tus compañeros/as para relajarse. Cuando un compañero / una compañera responde afirmativamente, apunta su nombre en un cuadro como el siguiente. **¡OJO!** Debes hablar por lo menos con ocho compañeros.

MODELO hacer ejercicio →
¿Qué haces para relajarte? ¿Haces ejercicio regularmente?

actividades	nombres
hacer ejercicio regularmente	
dormir más de ocho horas todos los días	
hacer yoga una o dos veces por semana	
hablar con sus mejores amigos	
estirarse y respirar profundo varias veces al día	
escuchar música en su celular	
practicar algún deporte	
asistir a partidos de basquetbol o de fútbol americano	
¿?	

PASO 2. Escribe un resumen de la información del **Paso 1**. ¿Cuáles son las actividades preferidas de tus compañeros para relajarse? ¿Cuáles no se hacen?

15.2 Si Clauses

***Gramática*, Note:** Students can assess their understanding and mastery of the grammar points presented in this chapter by accessing the LearnSmart module for *Capítulo 15* at www.mhhe.com/connect.

Expressing *If/Then* Situations

GRAMÁTICA EN ACCIÓN

Una empleada medita durante un descanso en el trabajo.

***GEA*, Note:** The audio for this *GEA* is available through the eBook or on Connect.

Los programas de bienestar

Los programas para el bienestar de los empleados son cada vez más populares en casi todo el mundo. Los empleadores se han dado cuenta de que **si** les **ofrecen** programas de bienestar a sus empleados, la empresa **se beneficia** también.

En la mayoría de los países, **si** una compañía **ofrece** un programa de bienestar, **es** para aliviar el estrés en el empleado. La estrategia es esta: **si** los empleados **tuvieran** menos estrés, **se enfermarían** menos, **faltarían** menos días al trabajo y **serían** más productivos. Sin embargo, en los Estados Unidos y en algunos países de Latinoamérica, **si** una empresa **tiene** un programa de bienestar, **es** para reducir los costos del seguro médico.

Acción. Indica la opción correcta para completar cada oración.

1. Si los empleados están estresados, su productividad __b__.
2. Si todas las compañías ofrecieran un programa de bienestar, los empleados __d__ más productivos.
3. Las compañías se benefician si los empleados __c__ con menos frecuencia.
4. Si mi compañía __a__ un programa de bienestar, yo lo usaría.

a. ofreciera
b. sufre
c. se enferman
d. serían

There are four different types of situations with **si.**

A. Present Habitual Situations and Generalizations: **Si** + *present* + *present*
To express what happens habitually if something else happens, conjugate both verbs in the present tense.

Si un amigo me **deja** un mensaje, lo **llamo.**	*If a friend leaves me a message, I call him.*

B. Past Habitual Situations: **Si** + *imperfect* + *imperfect*
When expressing what used to happen habitually in the past if something else happened, both verbs are conjugated in the imperfect.

Si un amigo me **dejaba** un mensaje, lo **llamaba**.	*If a friend left me a message, I called him.*

C. Possible/Probable Situations: **Si** + *present* + *future*
To talk about possible or probable situations that may happen (in the future) if something else happens now, the verb in the **si** clause is conjugated in the present and the verb in the main clause is in some form of the future.

Si **tengo** tiempo, **voy a poner** las fotos en Facebook.	*If I have time, I'm going to post the pictures on Facebook.*

D. Present Hypothetical Situations: **Si** + *past subjunctive* + *conditional*

Present Hypothetical situations are expressed with the past subjunctive in the **si** clause and the conditional in the main clause. (See the **Nota comunicativa** on p. 434 to review the forms of the past subjunctive.)

Si **tuviera** tiempo, **editaría** mi página de Facebook. — *If I had time, I would edit my Facebook page.*

Note: Students can assess their understanding and mastery of this grammar point in Connect Spanish by accessing the adaptive diagnostic tool on the past subjunctive: www.mhhe.com/connect.

ACTIVIDADES

A. ¿Qué hacían? ¿Qué harán?

PASO 1. Completa las oraciones con la forma correcta del verbo entre paréntesis. Usa el imperfecto.

Act A, Paso 1, **Answers: 1.** *me ponía* **2.** *íbamos* **3.** *cuidaban* **4.** *hacía* **5.** *nos peleábamos*

1. Cuando era niño, si yo no miraba mi programa favorito, (**ponerse**) triste.
2. Mi abuelo y yo (**ir**) a comer un helado si mis abuelos estaban de visita.
3. Si mis papás tenían que trabajar, mis hermanos me (**cuidar**).
4. Mi mamá me llevaba a la escuela si (**hacer**) mal tiempo.
5. Mi mamá no nos permitía mirar la televisión si mis hermanos y yo (**pelearse**).

PASO 2. Completa las oraciones con la forma correcta del verbo entre paréntesis. Usa el presente de indicativo o el futuro, según el contexto.

Act. A, Paso 2, **Answers: 1.** *entiendo* **2.** *llamarán* **3.** *visito* **4.** *pagaremos* **5.** *hay*

1. El fin de semana que viene tendré que estudiar si aún no (**entender**) la lección.
2. Si ellos quieren jugar videojuegos mañana, (**llamar**) a su amiga Mariana.
3. ¿Me invitarás a tomar un café si yo (**visitar**) tu ciudad esta primavera?
4. Si todo sale bien, nosotros (**pagar**) nuestra hipoteca este año.
5. Mis abuelos comprarán un televisor de pantalla ancha si en la tienda (**haber**) uno a buen precio.

B. Situaciones habituales.
En parejas, contesten las preguntas.

1. Si tienen tiempo libre después de las clases o después del trabajo, ¿qué hacen?
2. Cuando Uds. eran niños/as, ¿qué hacían si tenían tiempo libre después de la escuela?
3. Si Uds. necesitaban ayuda con su tarea cuando eran niños/as, ¿a quién se la pedían?
4. Hoy día, si su computadora o teléfono celular no funciona, ¿a quién le piden ayuda?
5. Si Uds. están muy frustrados/as con alguien, ¿cómo se expresan? ¿Qué le dicen?
6. Cuando eran niños/as, ¿cómo se expresaban si estaban enojados/as con alguien?
7. Si Uds. tienen mucho estrés, ¿cómo se relajan?
8. Cuando eran jóvenes, ¿cómo se relajaban Uds. si se sentían estresados/as?

C. Situaciones hipotéticas.
Completa las oraciones con la forma correcta del verbo entre paréntesis, según el contexto.

Act. C, **Answers: 1.** *ganara* **2.** *formaría* **3.** *tuviera* **4.** *escucharíamos* **5.** *fallara*

1. Yo pagaría toda la matrícula si (**ganar**) la lotería.
2. Si mi padre fuera más joven, (**formar**) una familia con su segunda esposa.
3. Martina haría de voluntaria si (**tener**) más tiempo.
4. Si tuviéramos un teléfono inteligente, (**escuchar**) música todo el tiempo.
5. Si mi computadora (**fallar**) en este momento, estaría desesperado.

D. Preguntas hipotéticas y probables. En parejas, contesten las preguntas.

1. Si Uds. tienen tiempo, ¿qué van a hacer este fin de semana?
2. ¿Qué harían Uds. si tuvieran un millón de dólares?
3. ¿Qué harían Uds. si su computadora fallara mientras trabajaban en un proyecto importante?
4. Si Uds. no tienen que estudiar después de las clases hoy, ¿qué van a hacer?
5. Si un amigo / una amiga les mintiera (*lied*) sobre algo importante, ¿cómo reaccionarían? Expliquen.
6. ¿Qué van a hacer Uds. esta noche para relajarse si no tienen que hacer otra cosa?
7. Si Uds. compraran una computadora nueva, ¿qué características buscarían en ella? ¿Qué accesorios tendría que tener?

E. Situaciones ridículas

PASO 1. Completa la tabla con preguntas para cada situación con **si.** La pregunta debe crear una situación a la que tu compañero/a responderá y también debe designar un tiempo o lugar en el mundo hispanohablante. ¡Sé creativo/a!

¿Cómo te vestirías si participaras en un festival azteca en el Zócalo?
©Glow Images, Inc.

MODELO: (*Escribes*) ¿Qué harías si estuvieras perdido/a en la selva en Perú?

TIPO DE SITUACIÓN	PREGUNTAS
Situación habitual en el presente	
Situación posible o probable en el futuro	
Situación hipotética en el pasado de subjuntivo y condicional	

¿Qué harás si te pierdes en el Río Amazonas en Perú?
©Aurora Photos/Alamy Stock Photo

Comer insectos es muy normal en muchas partes de Latinoamérica. ¿Cómo reaccionas si te sirven algo que no te gusta?
©Napat/Shutterstock

PASO 2. Túrnense para hacer y contestar las preguntas. Después de que uno de los dos contesta una pregunta, el otro (la otra) debe hacer otra pregunta del mismo tipo. Las otras preguntas deben añadir una complicación adicional a la situación. ¡Traten de crear preguntas y respuestas chistosas y ridículas! Si es necesario, busquen información adicional sobre otros tiempos y lugares.

MODELO: E1: ¿Qué harías si estuvieras perdido/a en la selva en Perú?
E2: Seguiría el río hasta encontrar un pueblo.
E1: ¿Y qué pasaría si solo tuvieras ropa moderna?
E2: Robaría la ropa de alguien para ponérmela.

Lectura cultural

Vas a leer un artículo publicado en el periódico español *El País*, sobre el impacto que las nuevas tecnologías han tenido en la forma de viajar de los jóvenes de hoy.

ANTES DE LEER

A. A primera vista. Miren la foto, lean el título y los encabezados y, en parejas, hagan una lista de los temas que esperan encontrar en el artículo. Después, comparen su lista con las de sus compañeros de clase.

B. ¿Estás de acuerdo? Indica si estás de acuerdo, o no, con los siguientes enunciados.

SÍ	NO	
☐	☐	**1.** Tener coche privado es una carga (*burden*) y un gasto innecesario.
☐	☐	**2.** En la ciudad, es mejor moverse en bicicleta o en transporte público.
☐	☐	**3.** Buscar a alguien en el internet para compartir un coche es una buena alternativa para viajar.
☐	☐	**4.** A los jóvenes les gusta más la tecnología móvil que tener un coche.
☐	☐	**5.** A los jóvenes les interesa el transporte público porque pueden usar el teléfono.
☐	☐	**6.** La conexión con amigos por Facebook ha reducido la necesidad de utilizar el coche.

«Papá, prefiero tener una tableta a un coche.»

Las nuevas tecnologías han ganado terreno[a] y transformado su forma de viajar.

El automóvil ya no es símbolo de libertad y emancipación.
©Westend61/Getty Images

Isabel, madrileña[b] de 18 años que ahora estudia en Berlín, acaba de sacarse el carné de conducir.[c] «Pero solo por si en el futuro me hiciera falta»,[d] aclara. No tiene intención de comprarse un coche. «¿Para qué? Es una carga mantenerlo. Puedo moverme en transporte público, en bici, compartir o alquilar uno. Siempre hay alguna alternativa. Es un gasto innecesario, prefiero invertir[e] el dinero en otras cosas», opina. Aunque asegura que no solo es cuestión de dinero. «No me gusta vivir en ciudades atascadas[f] de coches. Contaminan y roban espacio a las personas», dice.

Los fabricantes de coches están preocupados. Según un estudio publicado hace unos días por la consultora KPMG, basado en una encuesta[g] realizada entre 200 altos cargos[h] del sector en todo el mundo, el 54% de los directivos[i] se manifiestan inquietos[j] porque los menores de 25 años no sienten necesidad de ser dueños[k] de un vehículo. «La llamada generación del milenio [los nacidos entre los años 1980 y 2000] parece menos interesada en adquirir bienes tradicionales como casas y coches. Prefiere comprar teléfonos móviles, dispositivos tecnológicos y ropa», explica el documento.

No es la primera vez que salta la alarma[l] en el sector. Ya lo advertía,[m] hace unos años, una detallada investigación realizada en Estados Unidos. «Tras la Segunda Guerra Mundial,[n] el coche se convirtió en un símbolo de madurez, prosperidad y libertad. Para los jóvenes americanos, adquirir un automóvil era

[a]*gain ground* [b]*person from Madrid, Spain* [c]acaba... *just got her driver's license* [d]por si... *if I needed it in the future* [e]*invest* [f]*jammed* [g]*survey* [h]altos... *senior officials* [i]*executives* [j]*worried* [k]*owners* [l]salta... *the alarm is raised* [m]*warned* [n]Tras... *After the Second World War*

considerado como un rito de entrada en la vida adulta. Y para las familias, un vehículo era símbolo de estatus y buena vida. Los tiempos han cambiado, sin embargo. El coche ya no es un símbolo de libertad», señala el informe.

El transporte compartido les permite viajar y relacionarse

Mientras[ñ] el automóvil se percibe cada vez más como una carga, la tecnología está ocupando su lugar como símbolo de libertad. «El uso de las redes sociales ha reducido la necesidad de los jóvenes de utilizar el coche. La conexión constante con amigos que permiten plataformas como Facebook, Twitter o Skype y las aplicaciones de mensajería instantánea hace que ya no sea tan imprescindible[p] salir de casa y conducir para estar con alguien», destaca el informe estadounidense. También subraya que el «nuevo estilo de vida derivado del uso de la tecnología móvil y las redes sociales es más compatible con el transporte público, que deja las manos libres para hablar por teléfono móvil o conectarse al internet mientras se viaja».

Las nuevas tecnologías, por otra parte, han propiciado[q] el desarrollo de formas de transporte alternativas. En todos los países crecen las plataformas en el internet que ponen en contacto a personas que quieren compartir coche para repartir los gastos de viaje, y también aumentan los usuarios de servicios de automóviles, bicicletas o motos compartidas, especialmente en las ciudades. Para jóvenes como la madrileña Isabel, trasladarse[r] de esta manera es algo ya tan natural como coger el metro o el tren. «Cuando tengo que moverme miro todas las opciones posibles y elijo la que más me conviene. Por ejemplo, el verano pasado viajé por Alemania en un coche compartido sin ningún problema. Es muy fácil encontrar a alguien que vaya al mismo lugar que tú y en el mismo momento», dice.

[ñ]*While* [o]franja... *age group* [p]hace... *makes it not that indispensable* [q]*have favored* [r]*moving*

Vidales, Raquel, "Papá, prefiero tener una tableta a un coche," *El Pais*, January 16, 2014.

DESPUÉS DE LEER

A. Comprensión. En parejas, contesten las preguntas. Después, compartan sus ideas con la clase.

1. El artículo está basado en tres fuentes de información. ¿Cuáles son?
2. ¿Por qué Isabel no quiere ser dueña de un coche? Den, al menos, tres razones.
3. ¿En qué prefiere invertir el dinero la generación del milenio, según uno de los estudios? ¿Cómo se sienten los directivos de la industria automovilística?
4. ¿Por qué prefieren los jóvenes usar el transporte público y no consideran necesario utilizar mucho el coche?
5. ¿Qué ventajas tiene viajar en transporte compartido con otras personas? ¿Qué ha propiciado esta nueva forma de viajar? ¿Qué dice Isabel sobre su experiencia de viajar en transporte compartido?

B. Temas de discusión. En grupos pequeños, discutan estas preguntas.

1. Según el estudio realizado en los Estados Unidos, ¿qué significaba poseer un coche en el pasado? ¿Cómo ha cambiado esta visión entre los jóvenes de hoy? ¿Están Uds. de acuerdo? ¿Por qué?
2. ¿Creen Uds. que esta tendencia de la generación del milenio aumentará entre las futuras generaciones? Expliquen.
3. ¿Cómo ven Uds. el futuro de la industria del automóvil? ¿Qué puede hacer esta industria para adaptarse a las necesidades de los jóvenes de hoy?

***Después de leer B*, Answer:** *(Possible answer)* **1.** *Símbolo de estatus social y, para los jóvenes, un símbolo de madurez y libertad. Hoy día, no es el coche. La tecnología está ocupando su lugar como símbolo de libertad.*

***Después de leer A*, Answers:** *(Possible answers)* **1.** *entrevista a Isabel, estudio de la consultora KPMG e investigación realizada en los Estados Unidos* **2.** *Es una carga mantenerlo, no le gusta vivir en una ciudad con mucho tráfico, los coches contaminan.* **3.** *Teléfonos móviles, dispositivos tecnológicos y ropa. Los fabricantes de automóviles están preocupados e inquietos.* **4.** *El uso de la tecnología móvil es más compatible con el transporte público, pues permite hablar por teléfono o conectarse a las redes sociales mientras se viaja. La conexión mediante las redes sociales ha reducido la necesidad de los jóvenes de usar el coche para ir a ver a los amigos.* **5.** *Compartir los gastos de viaje, conocer a nuevas personas. El internet pone en contacto a personas que quieren compartir coche. Isabel dice que ofrece muchas opciones y que es muy fácil encontrar a alguien que viaje al mismo lugar y al mismo tiempo que tú.*

Palabra escrita

***Palabra escrita,* Culture Note:** Generation Z refers to the group of people born between the mid-1990s and the late 2000s (although there is no agreement about the exact date) and the first generation to grow up with iPhones, tablets, iPods, and other technological devices. They are highly dependent on computer technologies and the Internet, which they use mainly for entertainment and connectedness to people. Generation Z likes to communicate more through online communities like Facebook and other social networks than through personal, face-to-face meetings. Many Generation Z members put less stock in career and education, which has resulted in the fear that there may be severe shortages of professionals in the near future.

COMMUNICATION C

Developing a Persuasive Argument. A persuasive argument should express the writer's personal opinion about an issue and attempt to convince the reader to adopt his/her point of view. To make your argument more persuasive, you should anticipate the reader's opposing viewpoints on the matter and let the reader know that you are aware of them. One way of doing this is to try to include in your composition as many potential opposing arguments as possible that the reader may consider, and then explain why your point of view is more valid. A good way to practice this skill is to choose a viewpoint that opposes your own, and then develop a persuasive argument in support of that viewpoint.

You are going to write a composition titled **¿Conectarse o no?** The purpose of your composition will be to tell the reader about Generation Z, the most "connected" generation in history, and then argue why it is, or why it could be, good or bad to have, expect, and maintain that level of connectedness to people, media, the Internet, music, news, entertainment, and so on.

A. Lluvia de ideas. En parejas, hagan una lluvia de ideas sobre estas preguntas.

1. ¿Quiénes pertenecen a la Generación Z? ¿Cómo son los jóvenes de esta generación?
2. ¿Qué significa «estar conectado/a»?
3. ¿Cuáles son o podrían ser las ventajas de estar conectado/a?
4. ¿Cuáles son o podrían ser los peligros y las desventajas de estar conectado/a?
5. ¿Cómo podría afectar al resto del mundo esa conectividad de la Generación Z? ¿Qué podría cambiar? (Piensen en la economía, las normas sociales, la salud y otros factores.)

B. A organizar tus ideas

PASO 1. Repasa tus ideas y busca más información sobre la Generación Z en el internet. Comparte tu información con la clase y apunta otras ideas que te puedan servir para tu composición.

PASO 2. Según la información obtenida, escoge un argumento persuasivo para tu ensayo, organiza lógicamente tus ideas y haz un bosquejo del contenido de sus párrafos.

C. A escribir. Ahora, haz el borrador de tu composición con las ideas y la información que recopilaste en las **Actividades A** y **B.**

D. El vocabulario y la estructura

PASO 1. Repasa el vocabulario y la gramática de este capítulo. Ten en cuenta estas preguntas.

1. ¿Incluiste suficiente información para explicar los temas de las **Actividades A** y **B**?
2. ¿Usaste el vocabulario apropiado?
3. ¿Usaste el condicional correctamente?
4. ¿Es correcta la conjugación de los verbos?
5. ¿Concuerdan los adjetivos con los sustantivos que modifican?

PASO 2. Vuelve a escribir tu composición y entrégasela a tu profesor(a).

Conexiones culturales

¡Conéctate!

COMPARISONS C CONNECTIONS C

En los últimos años, más de la mitad[a] de la población latinoamericana se ha conectado al internet y de estas personas, nueve de cada diez tiene un teléfono inteligente. Belén tiene un teléfono Android, la marca[b] más popular en Latinoamérica. Usa la aplicación WhatsApp para hablar con sus amigos y su familia, y enviarles mensajes de texto o mensajes de voz. A veces comparte[c] un *selfie* o una foto de algo cómico en su estado[d] para que sus amigos lo vean y dejen un comentario.

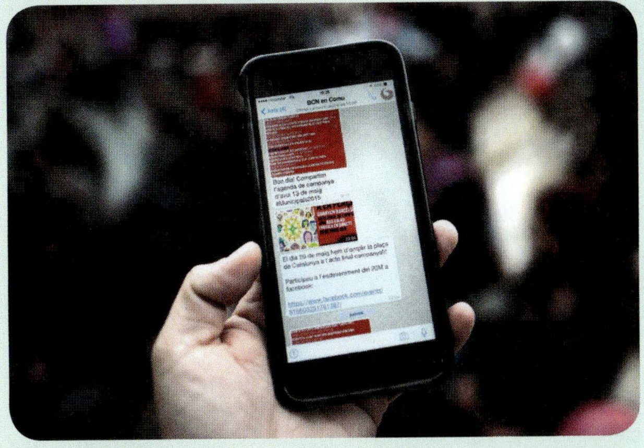

©David Ramos/Getty Images

©AstridSinai/Shutterstock

Del 52.4 por ciento de las personas conectadas al internet, un 95 por ciento usa las redes sociales. El activismo *hashtag* de Twitter es un fenómeno generalizado en muchos lugares de Latinoamérica. Considerada una tecnología liberadora, las redes sociales permiten que poblaciones históricamente marginadas tengan una voz. Estas chicas se reúnen y participan en las manifestaciones de *#niunamenos*, un movimiento argentino que protesta contra la violencia de género.[e]

Aunque la población cubana no tiene acceso al internet en casa, muchos pueden conectarse a la red en lugares públicos. Para ello, Fernando y Margot tienen que comprar una tarjeta de ETESCA, la compañía de telecomunicaciones controlada por el gobierno de la isla. Después van a parques y plazas donde hay WiFi para revisar sus páginas web favoritas. ¡Esta es la oportunidad perfecta para subir las últimas fotos a Facebook!

[a]*half* [b]*brand* [c]*shares* [d]*status update* [e]*gender*

©Bloomberg/Getty Images

REFLEXIÓN

1. Belén usa WhatsApp en su Android para hacer llamadas, mandar mensajes de texto o de voz y subir fotos a su estado (*status*). ¿Cuál es la marca de teléfono celular más popular en los Estados Unidos? ¿Cuáles son las aplicaciones más populares para comunicarse con los amigos y la familia?
2. ¿Piensas que el activismo *hashtag* es tan popular en los Estados Unidos como en Latinoamérica? ¿Hay movimientos activistas parecidos a *#niunamenos* en este país? ¿Qué promueven (*promote*)? ¿Crees que el uso de las redes sociales es una manera eficaz (*effective*) para que las poblaciones marginadas puedan expresarse y movilizar a la gente? ¿Por qué?
3. En Cuba, ETESCA es el proveedor gubernamental del internet. ¿Qué beneficios y limitaciones imaginas que hay con este sistema? ¿Cómo se conecta al internet en los Estados Unidos? ¿Hay limitaciones con la conexión a la red (*web*)?

Un mundo sin límites

Global

Ben y Mariano

©McGraw-Hill Education/Zenergy

©deepblue4you/Getty Images
©McGraw-Hill Education/Zenergy

Antes de ver

Infórmate y ponte en su lugar.
La vida trotamundos (*globetrotting*) de Ben y Mariano no siempre es fácil. Requiere mucha planificación y organización y que ellos sepan bien manejar su tiempo y dinero. Si vivieras como ellos, siempre viajando, ¿qué extrañarías? ¿Qué sería lo mejor? ¿Por cuánto tiempo crees que sería posible vivir así? Si algún día Ben y Mariano deciden volver a vivir de manera más tradicional, ¿por qué crees que será?

Vocabulario práctico

un giro inesperado	an unexpected turn
darle la vuelta al mundo	go around the world
una aplicación de vuelos	flights app
el presupuesto	budget
si se le suma	if you add to that

¿Entendiste?

A. ¿Cierto o falso?

C	F	
☑	☐	**1.** Para conseguir alojamiento casi gratuito, Ben y Mariano cuidan casas y mascotas.
☐	☑	**2.** Ellos encuentran clientes a través de las recomendaciones de amigos y conocidos.
☐	☑	**3.** El costo de los vuelos no es un factor importante para Ben y Mariano.
☑	☐	**4.** Mariano menciona que la necesidad de tomar decisiones constantemente es una causa de estrés.
☐	☑	**5.** Ben y Mariano prefieren estar siempre conectados con sus teléfonos.

B. La vida moderna. En parejas, contesten las preguntas.

COMMUNICATION

1. ¿Cómo dice Ben que experimentan las ciudades que visitan? ¿Cómo creen Uds. que eso es posible? ¿Prefieren tener experiencias similares, o ser más como turistas? ¿Por qué?
2. ¿Cómo se conectan Ben y Mariano con los dueños de las casa y mascotas que cuidan? ¿Uds. usarían algo así para sus animales o viviendas? ¿Por qué? ¿Creen que la habilidad de leer las reseñas (*reviews*) de las personas y sus negocios es una ventaja de la vida moderna? En el pasado, ¿cómo se aseguraba la gente de contratar solo a buenas personas o buenas empresas?
3. Para Ben y Mariano, ¿qué factores influyen en la selección del siguiente destino? ¿Para Uds., cuáles son las consideraciones o limitaciones que les afectan más a la hora de viajar? ¿Por qué?
4. ¿Qué hacen Ben y Mariano para aliviar el estrés? ¿Cómo se escapan de la tecnología? ¿Hacen Uds. algo similar? ¿Qué otras cosas sugieren que hagan Ben y Mariano para manejar su tiempo y el estrés?
5. ¿Qué dicen Ben y Mariano sobre el estrés que les pueda causar la tecnología? ¿Tienen Uds. experiencias similares? ¿Creen que, como dicen ellos, la necesidad de tomar decisiones todo el tiempo puede abrumar a (*overhelm*) una persona? ¿Qué otras desventajas de la tecnología mencionarían?

Vocabulario

Los avances tecnológicos	
los alimentos transgénicos	genetically modified foods
el auricular bluetooth	Bluetooth earphone
la radio por satélite	satellite radio
la televisión de alta definición	HD TV
la televisión de pantalla ancha	wide-screen TV

Cognados: la cámara, el láser, el satélite, la tableta, el teléfono inteligente
Repaso: el carro/coche eléctrico/híbrido

La computadora	
borrar	to delete
escanear	to scan
fallar	to crash
imprimir	to print
los altavoces	speakers
el archivo	file
la conexión (WiFi)	(WiFi) connection
el (documento) adjunto	attachment
el escáner	scanner
la impresora	printer
el lápiz de memoria	flash drive
la pantalla	(monitor) screen
el ratón	mouse
el teclado	keyboard
inalámbrico/a	wireless

Cognados: el CD-ROM, el DVD-ROM, el módem, el router
Repaso: abrir, bajar, cerrar (ie), guardar, mandar, recibir, subir; la computadora portátil, la página Web

Los retos de la vida moderna	Challenges of modern life
ahorrar dinero	to save money
controlar los gastos	to manage expenses
formar una famila	to start a family
formarse	to get educated
manejar (bien/mal) el dinero/tiempo	to manage one's money/time (well/poorly)
pagar (gu) las cuentas	to pay the bills
quitarse el estrés	to remove stress, decompress
respirar profundo	to take a deep breath
la formación académica	education
el ritmo de vida	pace of life
exigente	demanding

Cognado: la carrera
Repaso: aliviar, casarse (con), cuidar(se), emocionarse, enamorarse (de), estar (*irreg.*) deprimido/a, estirarse, hacer (*irreg.*) ejercicio, hacer yoga, meditar, relajarse; el amor, la casa, la depresión, el dinero, el empleo, el estrés, la familia, la meditación, el miedo, la presión, la salud, los hijos, el tiempo; estable

Las cuentas y los gastos	Bills and expenses
el alquiler	rent
la matrícula	tuition
el préstamo estudiantil	student loan
la deuda	debt

Appendix I

EL ABECEDARIO°

El... *The alphabet*

The Spanish alphabet (**el abecedario** or **el alfabeto**) consists of 27 letters. The letter **ñ** follows **n** in alphabetized lists, and the letters **k** and **w** appear only in words borrowed from another language, for example: **kilo, whisky**. The letter combinations **ch** and **ll** are no longer officially part of the alphabet, but are included here for pronunciation information and practice.

THE SPANISH ALPHABET			
LETTER	NAME(S) OF LETTER	EXAMPLES	
a	a	**Argentina**	**Así, así.**
b	be, be grande, be larga, *or* be de burro	**Bolivia**	**Buenos días.**
c	ce	**Colombia**	**¿Cómo estás?**
ch	che	**Machu Picchu**	**Mucho gusto.**
d	de	**República Dominicana**	**despedida**
e	e	**España**	**Encantado.**
f	efe	**Francia**	**frase**
g	ge	**Guinea Ecuatorial**	**Gracias.**
h	hache	**Honduras**	**Hasta luego.**
i	i	**Islas Galápagos**	**Igualmente.**
j	jota	**San José**	**jueves**
k	ka	**Kenya**	**kilo**
l	ele	**Lima**	**libro**
ll	elle *or* doble ele	**Barranquilla**	**Me llamo...**
m	eme	**Maracaibo**	**Muy bien.**
n	ene	**Nicaragua**	**nacionalidad**
ñ	eñe	**Cataluña**	**mañana**
o	o	**Oviedo**	**otro**
p	pe	**Panamá**	**palabra**
q	cu	**Quito**	**¿Qué tal?**
r	ere	**Rosario**	**Regular.**
s	ese	**Sucre**	**saludo**
t	te	**Tierra del Fuego**	**Buenas tardes.**
u	u	**Uruguay**	**uno**

THE SPANISH ALPHABET			
LETTER	NAME(S) OF LETTER	EXAMPLES	
v	ve, uve, ve chica, ve corta, *or* ve de vaca	**Venezuela**	**Nos vemos.**
w	doble ve *or* ve doble	**Winnipeg**	**página Web**
x	equis	**México**	**extranjero**
y	ye, i griega	**Guayaquil**	**ya**
z	ceta *or* zeta	**Zaragoza**	**zanahoria**

Appendix II

GRAMÁTICA EN ACCIÓN TRANSLATIONS

1.1 A Trip to the Southwestern United States

- the car
- (the) Route 66
- the friends
- the views/sights
- a museum in the Grand Canyon
- a church in San Antonio
- some souvenirs
- some mountains in Colorado

1.2 A Facebook Page

Hello. My name is Martin.

- I'm intelligent, flexible, and liberal.
- I'm not pessimistic.
- I'm from San Antonio, Texas.

My friend's name is Ana.

- She's independent and responsible.
- She's not impatient.
- She's from El Paso, Texas.

1.3 The New Semester

ROSA MARÍA: What are your classes like this semester?

JAVIER: All of my classes are interesting.

ROSA MARÍA: How cool! I have three boring classes this semester and only one interesting class.

JAVIER: And what are your professors like?

ROSA MARÍA: My history professor is very intelligent and nice, but my other professors aren't as good.

1.4 A Typical Day for Raúl

Raúl is sending an e-mail to his friend Alberto about his classes this semester.

Hi, Alberto:

How's it going? Everything's fine here. I'm taking four classes this semester, and my favorite class is French at 10:00 A.M. The professor only speaks French! It's a little difficult, but the class is fun. Afterward, I work in the cafeteria until 2:00, and then I study in the library in the afternoon. At night, I spend time with my girlfriend: We watch television, eat out at a restaurant, or simply rest and spend some time together. If my girlfriend needs to study, I talk on the phone with my parents, or I read my e-mail.

And you, Alberto? How many classes are you taking? Do you speak French? When and where do you study? Are you working this semester?

Later, Raúl

2.1 New Friends

Melissa is a student from the United States who is living in Mexico this semester. She talks with her new friend, Jaime, about her favorite activities in her free time.

JAIME: How are you, Melissa?

MELISSA: Great. Mexico is wonderful! There are many interesting activities and things.

JAIME: That's great! Do you live with a family?

MELISSA: Yes. I live with a very nice Mexican family and I go to classes at the university every day.

JAIME: And do you understand Spanish well?

MELISSA: Yes. Speaking is a little hard, but I read and write really well. I learn more every day. I like to practice.

JAIME: Who do you practice with?

MELISSA: With my new friends. They're really fun. We eat and drink in really good restaurants. Alejandra and I go running in the park.

JAIME: Do you visit lots of places in the city?

MELISSA: Yes. There are many interesting places. My classmates live near the Zócalo. I like to look at the things they sell downtown.

2.2 A Party

Elisa talks about her plans and her brother's plans.

This Saturday my roommates and I are going to organize a party to celebrate our friend Vicente's birthday. I'm going to invite our friends, and Elena is going to buy the food. Mariana and Lucía are going to decorate Vicente's house with colorful papel picado. On the night of the party, we're going to listen to music and everyone is going to dance. It's going to be a fun party!

As far as he's concerned, my brother Claudio is going to study all weekend with his classmates. They're going to spend hours in the library and they're not going to attend the party. Claudio is not going to have a fun weekend.

2.3 An Anniversary in Mexico Park

Below is part of a conversation between three friends in a café.

SELENA: And you, Marta, how are you? And your husband?

MARTA: We're great. Enrique is in Guanajuato right now at a conference, and I'm glad because he's coming home tomorrow and we're going to celebrate our anniversary.

ESTEFANÍA: How nice! How are you going to celebrate this anniversary?

MARTA: We're going to my favorite restaurant, which is close to Mexico Park. Afterwards, we're going to walk around the park with our dog, get a little sun, and take some pictures by the pond with the ducks. Is it a good plan?

SELENA: It's perfect! How romantic! But be careful. The ducks are cute, but sometimes they're crazy. Happy anniversary!

MARTA: Thanks so much, friends. I'm really excited.

2.4 An Afternoon on Campus

CARMEN: I'm studying a lot for my classes this semester. Are your classes hard?

MIGUEL: Yes. My math classmates and I are preparing for a test on Thursday. We're going through our notes and practicing a lot.

CARMEN: Are you using the textbook a lot?

MIGUEL: Luis and Victoria are, but I'm practicing online. Are you reading a lot for your literature class?

CARMEN: Yes, and I'm writing a lot too.

MIGUEL: Oh no! It's raining!

CARMEN: Yeah. Let's take the bus?

3.1 Preparing for a Quinceañera Party

Marisol needs to be perfect for her quinceañera party in a week. She and her family talk about the things that they should do to be prepared.

MARÍA ANTONIA: Roberto, my love, you should cut the grass the day of the party. The yard needs to be pretty for the guests.

ROBERTO: Of course. And I also need to sweep the patio and take all of the trash out in the morning before going to the church. Marisol, sweetheart, since it's your special day, you shouldn't clean anything.

MARISOL: Thanks, papi. Mamá, should I set the tables? I really like to arrange the flowers and decorate the place settings.

MARÍA ANTONIA: Sure, Marisol. We need to set the tables very nicely. The guests should eat and drink comfortably.

ROBERTO: Everything is going to be perfect. And you, Marisol, should not be nervous. You're going to be very pretty and we're all going to spend a very nice day.

3.2 The Mexican Family

Today there are many types of family in Mexico. There are many homes that have only one father or mother, or that consist of couples that prefer not to have children. In most of the country, same sex marriage is legal, so the idea of a traditional Mexican family comes more from stereotypes than reality.

Of course there are traditional families in which the woman has all the domestic responsibilities while the man comes home from work every day to eat and rest. But there are also many modern families that prefer a different structure. Today's Mexican women have the choice of working if they want to, or if they prefer to, they can share housework with their partners or pay someone to come to the home to do the chores. In any case, there is no typical Mexican family and the division of housework reflects that.

3.3 What Can We Do After Class?

Ignacio and Lourdes, students at the University of the Americas, plan to spend time with their new friend, Andrew. Andrew is a foreign student from Toronto.

IGNACIO: What do you prefer to do first?

LOURDES: I want to eat something, but not at the university because I have lunch here almost every day. Let's go to the Cholula Market where they serve some delicious quesadillas.

ANDREW: Afterwards, can we go to the pyramid?

LOURDES: Of course. You have to visit our pyramid!

IGNACIO: What time do you plan to return? I have another exam tomorrow.

LOURDES: I'm not sure. What time do they close the park and museum?

IGNACIO: We can ask at the market. At any rate, Andrew, you can't see everything in one day. It's very big, with the church, the museum, the tunnels . . .

ANDREW: Archeological tunnels? Do they lose many people in the tunnels?

IGNACIO: No, man! There are maps and if you ask for a guide, nothing will happen.

3.4 Weekends

Two friends chat in front of the library.

JULIO: Hey, Rodrigo, what do you do on the weekends?

RODRIGO: Well, that depends. Saturdays are for resting, but I always exercise or play tennis in the morning. Then, I go back home, turn on the television, and watch a soccer or baseball game, or I do something else to relax. But at night, I always go out with my buds.

JULIO: And on Sundays?

RODRIGO: Ha, ha . . . My friends and I are really responsible. We don't do many fun things on Sundays. We take care of our obligations. Usually I take my books to the library and I do my homework for my four clases. I come here because I need quiet. In the dormitory my roommates always listen to music or turn on the TV while they wash clothes and vacuum.

JULIO: Hmm . . . I understand. Oh, it's time to work! Well, see ya!

4.1 Family Gossip

Paula and Mateo are relatives. They talk about the latest family gossip.

MATEO: Paula? It's me, Mateo. How are you? Are you busy?

PAULA: No, no, I'm good. And you? What are you doing?

MATEO: Not much. I've got some really good news. Federica has a boyfriend and now they're talking about marriage. His name is Franco, and he's from Madrid.

PAULA: Really? Federica? That's incredible! What is the guy like?

MATEO: According to mom he's tall and handsome and he has a really big family. The wedding will be in June at the Botanical Gardens.

PAULA: Federica must be so happy. I'm so happy! But her office is in Málaga? And if he's from Madrid, where are they going to live?

MATEO: They're going to live in a house on the beach near Málaga that belong's to Franco's parents. Federica doesn't want to look for a new job and Franco is an artist. His job is flexible.

PAULA: What news! Hey, what time is it? It's not very late. I need to talk to Marta right away. She is going to be very surprised. We'll talk later. Chau, Mateo.

MATEO: Chau, Paula.

4.2 You're Going to Meet My Parents!

Today Ángela is going to introduce her boyfriend, Eduardo, to her parents. They are all going to have dinner together at a very famous restaurant. Ángela and Eduardo talk as they walk to the restaurant.

ÁNGELA: Are you nervous? You're finally going to meet my parents!

EDUARDO: I'm really calm. I know that everything is going to be fine.

ÁNGELA: Do you know where Restaurante Sobrino de Botín is?

EDUARDO: I know it's close to the Plaza Mayor. I don't know these streets very well, but I'm using GPS. Do your parents know how to get there?

ÁNGELA: Yes, they know exactly where it is. It's their favorite restaurant for special occasions. My parents know one of the chefs, Rubén. Rubén knows how to prepare delicious food!

EDUARDO: Great! I know it's going to be a fun dinner. I don't know your parents yet, but I know I'm going to make a good impression.

ÁNGELA: Yes. I know my parents well, and I know that we're going to have lots of fun.

4.3 Sunday Meals

Ryan is going to study at Deusto University in Bilbao for a year and live with a Basque family in the Indautxu neighborhood. This is his first week with the family and his new Spanish "brother," Quique, explains the Sunday routine.

QUIQUE: On Sundays, all of the family eats at my grandparents' house. My mom and my aunts help my grandmother in the morning because they prepare a lot of food for the family. We should arrive at my grandparents' house by 1:30. Lunch is always at 2:00.

RYAN: Where do your grandparents live?

QUIQUE: They live on Cosme Echevarrieta Street. We can walk through the Casilda Iturrizar Park to get there faster.

RYAN: We're not going by bus?

QUIQUE: No, we only have to walk for six or seven blocks. It's close. You shouldn't make other plans for the afternoon. We eat a lot! And later we talk for one or two hours after lunch. It's very good for learning about sports and politics in the Basque Country and to practice Spanish!

4.4 This Is My City

Terry visits the family of her friend Sabela in La Coruña, Galicia. This afternoon, Sabela and Terry stroll along the Paseo Marítimo and they talk about Sabela's family and city.

SABELA: Almost all my family is from the town of Beo, but now we all live in this city. In that town, well, in almost all of the towns of this province, there are not many opportunities to work.

TERRY: But this city is marvelous, isn't it? This promenade is great. It skirts the whole city and the beaches. What is the name of that beach downtown that we just passed?

SABELA: That is Orzán beach, and the other one is Riazor.

TERRY: And the tower . . .

SABELA: Yes, that tower over there is the symbol of this city. It's called the Tower of Hercules and it's from Roman times. You're right. This is a marvelous city. And this summer, you have to come back to celebrate the San Juan Bonfires! That is my family's favorite festival!

5.1 The New House

A family is moving their furniture from their small apartment in Madrid to a new house in the town of Portomarín. The parents talk while the children help (them).

PAPÁ: Here is the new table. Who has the boxes with the plates?

MAMÁ: I have them, darling.

PAPÁ: And the microwave?

MAMÁ: Federico and Barbara have it, but it's very heavy for them!

PAPÁ: I'll help them.

MAMÁ: Hey, where's Liliana? I don't see her.

PAPÁ: She's in the living room.

MAMÁ: We need to take care of her because she's very young. Liliana!

PAPÁ: Call Federico and Barbara too. We're all going to take a break. I'm treating you all to some ice cream.

MAMÁ: Oh, thank you, darling. Federico, Bárbara, Liliana, . . . !

5.2 A Crazy Monday

María, Camila y Paula are roommates in Granada. They share an apartment with three bedrooms and only one bathroom in the Realejo neighborhood in Granada. Today is Monday, and they're all in a hurry. They get ready to go to their classes.

CAMILA: María! What are you doing in the bathroom? You know I always shower first! It's my turn in the bathroom!

MARÍA: Chill out. I'm just washing my face and brushing my teeth. I just need 5 minutes. What is Paula doing?

CAMILA: You know her. She always wakes up late.

MARÍA: Well, she needs to get up and get dressed now. She has a test in her first class.

CAMILA: She always gets irritated when she wakes up in the morning. I don't want to talk to her.

PAULA: Oh please! I'm getting up now! How is it possible? You two always feel so good in the mornings. I don't feel good until at least noon. For me, it's hard to get up!

CAMILA: Well, we know each other well. I go to bed at 11 and sleep eight hours, but you never go to sleep before 2:00 in the morning. . . María is taking four hours in the bathroom. It's my turn! I want to shower and put on makeup before leaving for class. Paula, see you at 3:00 at the café?

PAULA: Yes. We'll see each other at 3:00. Elena and Carmen are coming too.

CAMILA: Oh no. We're not going to have fun with those two because they don't get along.

PAULA: But we have to meet with them to talk about our plans for the project.

MARÍA: You can shower now, Camila. But there's no hot water left.

5.3 Roommates

Rafael and Paco are looking for an apartment close to the Law School of the University of Granada. They must consider many factors before making a decision.

RAFAEL: Personally, I think that a downtown apartment is better than one on the outskirts of town.

PACO: But downtown apartments cost more than the ones on the outskirts, and have fewer bedrooms.

RAFAEL: But they're much closer to the school than the ones on the outskirts. I don't want to walk as much as I did last semester.

PACO: Yes, but the price is more important than the distance. I don't have as much money as you. My job doesn't pay as well as your job.

RAFAEL: Look at this flat! It's as full of light as our first apartment, it's as close to campus as the others that we're looking at, and it costs a little less too. What do you think?

PACO: It's perfect! It costs less than €500 per month.

RAFAEL: That's great! I want the biggest bedroom!

6.1 At the Market

Paz talks about her favorite market in San Juan, Puerto Rico.

I really like this market! I always come here with my friend Adela. Mr. Olmos is our favorite vendor because he has the best fruit. Sometimes he gives us a discount and he's always nice, giving us advice about which are the sweetest and freshest fruits. At the market, I buy a lot of fruits and vegetables for my husband and children. This morning, I'm going to buy my husband a papaya because it's his favorite fruit. My children always ask me for fruit salad, so I'm going to buy apples, pears, and oranges.

6.2 At the Table

MANUELA: Mamá, would you please pass me the tortillas?

GRANDMA: I'll gladly pass them to you, my dear. Darling, would you please serve Manuela some wine?

GRANDPA: Yes, I'll serve her some in a moment. Manuela, could you please pass me the corn?

MANUELA: Yes, Papá. I'll pass it to you in a second.

GRANDPA: Thank you, my dear. Darling, when are you going to bring us dessert?

GRANDMA: Patience, my love. After dinner, I'll bring it out for everyone.

6.3 La Bodeguita del Medio

Loida visited Cuba for the first time last summer. She traveled with two friends for one month. After a week, she visited a cybercafé and wrote her first e-mail to her family.

Greetings to everyone! I love Cuba! Today, I ate at the famous Bodeguita del Medio in Havana. It's not like Miami's Bodeguita del Medio. This restaurant is very Bohemian and small; it's not at all elegant. They serve typical Cuban dishes and it has a long history of famous people who have eaten here. When we arrived, we sat at the bar for a while. Jeff and Lynne drank mojitos. Later, we ate on the patio. The three of us shared two orders of typical food and Jeff ate all of the rice. We had a very good time, watching hundreds of tourists enter to take photos and leave. The wall is full of names because everyone signs their name there! I looked for a small empty place and I wrote my name and date on the wall. I read several names but I didn't recognize anyone famous.

Well, that's all for now. We'll talk soon.

Love (*lit.* A kiss),

Loida

7.1 The Birthday Party

Carlos threw a birthday party last weekend. A lot of his friends went, but Santiago couldn't go because he was in Puerto Plata all weekend. Elena brought the music. Patricio put on a CD of dance music. A lot of people danced, but Jorge and Sofía refused to dance. All in all, it was a fun party.

7.2 On Duarte Avenue

BEGOÑA: Did you have fun yesterday, Paula?

PAULA: Yes, I had a lot of fun. Diana and I decided to go shopping on Duarte Avenue, in the Colonial District. We arrived in the afternoon, because, as always on Saturdays, Diana slept until eleven. When I arrived at her house at noon, Diana got dressed quickly and we left for the Colonial District. We arrived at lunchtime, when there are a lot of people, but we were able to sit at a café close to the plaza. We ordered salads, we ate quickly, and later we strolled along the Avenue.

BEGOÑA: Did you buy anything interesting?

PAULA: I didn't buy anything, but I followed Diana all afternoon in search of the perfect dress for her niece's wedding. We visited ten or twelve stores, and, at last, Diana got an elegant purple dress.

7.3 Shopping in the Dominican Republic

When one visits the Dominican Republic, one should go shopping. Typical products and beautiful handcrafts are offered in the stores, markets, and even on the streets. For example, brightly colored paintings and Carnival masks are sold. One can buy Dominican coffee, or jewelry made of amber or larimar. Also, in many places one sees the famous faceless dolls. These dolls are made of clay. Throughout the country the faceless doll is considered a symbol of Dominican identity because it represents a mixture of cultures and traditions.

8.1 How Do I Get to the Central Market?

Mark is in Guatemala City for a month and today he wants to do some shopping in the Central Market.

MARK: Ramón, do me a favor. I don't understand this map.

RAMÓN: Of course. Tell me what you need.

MARK: Explain to me how to get to the Central Market. I want to walk.

RAMÓN: Well, it's a little far, in Zone 1. But, okay, leave here and turn to the left. Go straight for about twenty blocks.

MARK: Twenty blocks! No way! (lit. Don't tell me!)

RAMÓN: Well, yes, I told you, it's far away. Take the bus if you don't want to walk, because there's another twenty blocks.

MARK: Goodness! Tell me, then, what bus I should take.

RAMÓN: Well, don't get angry, but you have to take three busses from here. Should I draw you a map?

MARK: Oh . . . yes, draw me one, please.

8.2 I Need Directions!

Leticia is in La Sabana Park in San José and needs to get to the post office to send a letter to her mom in the United States. She asks Fernán for directions.

LETICIA: Excuse me. Could you help me for a second? I need directions to the post office. I need to send this letter urgently.

FERNÁN: Of course! From here, walk directly to the exit from the park on 42nd Street. Do you know where it is?

LETICIA: I think so.

FERNÁN: Perfect. Then turn left and walk one block to the Paseo Colón. Cross the street carefully. Sometimes you can't see the cars well.

LETICIA: And then where do I go? I can't get my bearings. I always get lost in this city.

FERNÁN: It's very easy. Walk two more blocks and then when you get to José María Celedón Street, cross it. Turn left and look immediately to your left. There's the post office. You'll find it easily.

LETICIA: Thank you very much! You helped me a lot. Do you know what time the post office closes?

FERNÁN: Unfortunately, it closes at 4:00.

LETICIA: But it's 4:30 now. What a shame! I never arrive on time.

8.3 When My Father Was a Boy

In this photo, my father was 8 years old. It was 7:00 a.m. and he and his brothers were waiting for the bus. My father had an older brother and a younger brother. They all had dark hair and were wearing their school uniforms. My father and his family lived in the country on a farm. Every day my father and his brothers got up early to help with the animals. Then, they went to school. Dad always took his lunch and ate with his friends. After class, Dad worked on the farm. He had dinner with his family at 6:00, did his homework, and went to bed early. Life wasn't easy, but my father was happy.

9.1 My Ancestors

Julián talks about his ancestors.

Some of my Spanish ancestors left for the New World in the 16th and 17th centuries. I have a great-great-great-great-great-great-grandfather who first arrived in Santo Domingo to seek his fortune. He was very young and traveled throughout the Caribbean and Central America working as a sailor for different crews. He made several trips by boat between Spain and the New World before settling in what is today Panama. Another one of my Spanish great-great-great-great-great-great-grandfathers settled in the Honduras area. That side of the family lived there for two hundred years, before moving to Panama. In Panama, there were people from many places, therefore I have Spanish, French, African, and indigenous ancestors. It's because of my mother that I can tell you the story of my family, because for three years, she did research in order to document our family tree.

9.2 A Surprise Party!

It's Valeria's birthday, but when she arrives at her apartment after work, no one is there. It's strange because her friends never forget her birthday, and her boyfriend always thinks of some way to celebrate. A little sadly, Valeria opens the door to her room and sees something on the bed. It's a note from someone, but she doesn't know who! The note says that Valeria should come out on to the patio of her building. She goes down the stairs and hears something: cumbia music! She sees her boyfriend and some of her friends talking, dancing cumbia, laughing, and having a good time. It's a surprise party! Valeria and her friends hug each other. It was a special night that Valeria will never forget.

9.3 An Excursion to Roatan Island

Cecilia talks about her trip to Honduras.

When we went to Honduras, I wanted to visit the islands of the country, because they have an interesting history. I read that Roatan, the largest island of the Bay of Honduras, was a preferred haven for English, French, and Dutch pirates. Almost no one lived on the islands and the pirates used them as a center of attack. From their hideaways on the islands, they could pillage the large Spanish vessels that carried treasures from the New World to Spain and sometimes they attacked settlements on the mainland. When I told my husband that I wanted to go to Roatan, he looked for a two-day excursion. We visited the whole island. Although, due to their way of life, the pirates didn't leave behind any monuments or historical buildings to see, it was an interesting tour and it ended up being fun to imagine the pirates on the island.

10.1 A Special Trip

Virginia has traveled a lot because she writes travel guides. She has written guides about more than a hundred places. She has planned a trip to Ecuador and this trip is special for two reasons. First, she has never been to the equator, that is, the imaginary line that divides the northern and southern hemispheres of the Earth. Second, she has never made such a long trip with her son, Seve. At this moment, Seve is complaining because he has gotten tired of standing in line.

SEVE: Another line! How many lines have we stood in on this trip, Mom?

VIRGINIA: Oh, don't complain so much, son. This is normal and we haven't had to wait too much.

SEVE: Gosh, Mom! You've gotten used to it, because you've traveled a lot. You have a lot of patience for lines, security checks, and customs.

VIRGINIA: But I've never taken a trip to Ecuador. That's why it's very interesting for me, especially because I'm taking it with you, my dear. And tomorrow, we're going to the Middle of the World.

10.2 A Trip to Peru

Antonio and his wife Nuria are going to Peru on vacation. Antonio took a trip to Peru ten years ago, when he was a student, and he wanted to return with Nuria because he knows she will love all the cultural attractions. But they left Mexico several hours ago, and Nuria is impatient because she has never taken such a long trip.

NURIA: What's happening, darling? We've been waiting here for an hour.

ANTONIO: It's barely been twenty minutes since we got to customs. But this takes a while because they inspect everyone's luggage. Since it's only been a few weeks since they had that problem at another international airport, all airports are taking special precautions.

NURIA: It seems like we're never going to get to Lima.

ANTONIO: But, my dear . . . We're already in Lima. Soon we'll be at our hotel close to the Plaza de Armas. And in two days, we're going to Cuzco and the Sacred Valley of the Incas. I have wanted to share these wonders with you for so long!

10.3 Success at the Airport

Follow these instructions to have a pleasant experience and avoid complications at the airport.

1. Don't take too much luggage. Pack your suitcase in an organized manner.
2. Arrive at least two hours before your flight if it is international. Try to arrive earlier if you plan to check your baggage.
3. Have patience with airport employees and wait your turn.
4. When passing through the security checkpoint, take off your shoes and coat and, if you're carrying a laptop, remove it from your bag and present it to the security agent. Carry liquids in a plastic bag.
5. Follow all instructions given by the employees at the security checkpoint and at customs.
6. Board the plane when it is your turn, and present your boarding pass to the agent.
7. Locate your seat, stow your baggage under it, and turn off your cell phone.
8. Enjoy your flight!

11.1 Our Trip to Bolivia

Rogelio wants his friend Fernando to explain to him some details about the trip that Marta and Fernando are taking to Bolivia.

ROGELIO: When do Marta and you leave for Bolivia?

FERNANDO: We leave at the beginning of February. We want to arrive during the summer and before the carnival celebrations. Our friends there want us to go to the Oruro Carnival that is at the end of February.

ROGELIO: And you're going to stay with your friends during the whole trip?

FERNANDO: Oh, no. Although Justo and Clemencia want us to stay with them the whole month, we want to make several archaeological and natural excursions. During the trips, we want to stay in rustic cabins or very basic lodgings.

ROGELIO: Are you going to the national parks?

FERNANDO: Of course, we're going to Madidi and the Noel Kempff Mercado National Park. My friend wants us to visit Ulla Ulla and Lake Titicaca first. He knows I want to meet a Kallawaya, an indigenous medicine man.

ROGELIO: Well, I want you to send me a lot of postcards, to take a lot of photos, and to have a great time. A whole month in Bolivia: I'm so jealous of you!

11.2 The Oruro Carnaval

Jane is a young Canadian woman who is studying for a year in Bolivia. Her Bolivian "brother," Fernando, invites her to the Oruro Carnaval.

FERNANDO: What are you doing this Saturday?

JANE: I have to study a little, but I don't have plans.

FERNANDO: Well, I insist that you come with us to Oruro.

JANE: To Oruro? But . . . Oruro is a mining town. That doesn't seem very interesting to me. I prefer to stay here in La Paz.

FERNANDO: But it's important for you to go because this week the Oruro Carnaval begins. I want you to see how a small town changes for these celebrations, the most spectacular in Bolivia.

JANE: OK. I'll go with you. What do you recommend that I take to Oruro?

FERNANDO: I suggest you take a camera, a little money for bleacher seats, and comfortable clothing for four days.

JANE: Four days! But my boyfriend wants us to go out to dinner on Sunday, and there are classes on Monday and Tuesday!

FERNANDO: There are no classes those days because it's a holiday. I can tell your boyfriend to come to Oruro too. The festivities in Oruro are marvelous and go on until Ash Wednesday.

11.3 Changing of the Guard

Larry visits his Peruvian girlfriend, Gloria, whom he met while she studied in Detroit. Today they are visiting the Government Palace in Lima.

GLORIA: I hope you like the architecture of my city. Here we are in the Plaza Mayor, in front of the Government Palace.

LARRY: I'm surprised there are so many colonial buildings in Lima. When I think of Peru, I always think of Incan and pre-Columbian structures.

GLORIA: Our cities have a great deal of Spanish influence. Hopefully we can see the changing of the guard. It's strange that here in Peru we have this so very European touch, but it's fun. The military guard also participates in the Independence Day parades on July 28.

LARRY: What fun! I have seen the changing of the guard in London. It's a pity that I won't be here in July to celebrate Peru's Independence Day with you.

GLORIA: Look! The changing is starting! I'm happy that you are seeing this.

12.1 A Future Champion

Andrés is a young Buenos Aires native who dreams of playing soccer professionally in the future. Dr. Blanco explains how to take good care of himself during his intense training.

ANDRÉS: I want to play for the Albicelestes some day, Doctor. It's important that I train a lot and I want to do it in the healthiest way possible. What should I do?

DRA. BLANCO: Andrés, it's good that you are thinking of your health. First, it's necessary that you explain a little more about your activities and any symptoms that you have.

ANDRÉS: It's true that I practice a lot, sometimes it's necessary for me to lift weights and do other exercises for two hours a day before an important game with my league. I don't have many problems, but it is true that sometimes my back really hurts.

DRA. BLANCO: You're very young, but it is bad that you have back pain. It's best that we take an x-ray to see if you have any type of injury. It's possible that it's nothing, but it's important that we be sure. Do you have time now to have the x-ray?

ANDRÉS: Of course I have time. Even though it is improbable that there is anything serious, I want to be sure. Thank you, Doctor.

DRA. BLANCO: It's best that you not worry, Andrés. I think you have much potential for a great future playing for the Albicelestes. Wait here for a few minutes . . .

12.2 I Don't Know What to Do!

Beto and Marta are close friends who live in Chile. They discuss the well-being of another friend who worries them because he has had a very stressful pace of life recently.

BETO: I think we need to do something to help Raúl. He's really stressed lately.

MARTA: I agree, but I'm not sure we have all the information about his situation. It's possible that he doesn't want to talk, but we have to try to chat with him.

BETO: You're right. It's true that Raúl is very ambitious and that he is under a lot of pressure at work this year. Why don't we invite him for a special weekend? I'm sure he just needs to relax.

MARTA: Perfect! I have no doubt that he will be excited! And that way we can talk to him in peace and find out if there's more than just the stress of work.

BETO: Well, he likes to hike and exercise. I think we could spend a fun weekend at Torres del Paine National Park. We can go on lots of excursions and also relax.

MARTA: I doubt that he has lots of free time for a trip, but we have to convince him.

BETO: Don't worry. I'll call him right now.

12.3 Good Friends

Rafael and César are good friends who work for the same company in Argentina. Both are fascinated with talking about their families, so that is the main topic of conversation during a business trip they take together.

RAFAEL: How is your husband lately? Is he still having problems with allergies?

CÉSAR: Andrés is doing great. His allergies don't bother him much in the fall. But we have big news. They've finally processed the papers. We're going to adopt a little girl!

RAFAEL: Congratulations! I love that you guys are going to be parents! I love spending time with my kids more than anything else. You're going to see that it's wonderful being a dad. And what is the little girl like?

CÉSAR: Her name is Laura. We've spent lots of time with her on the weekends. She's three years old and just precious. She's very intelligent and everything she sees interests her. She never stops talking! At first her health worried us because a few months ago she had meningitis and was in the hospital. Luckily, she has recovered completely now. Now all that is important to us is that our future daughter is healthy and happy.

RAFAEL: Of course. The most important thing to all parents is the health of their children. I know that you and Andrés are going to offer that little girl a wonderful life. And she is going to make the two of you very happy as well.

CÉSAR: Yes, we are very excited. But before we can bring her home we need to move to a bigger apartment. Lately we are fascinated with the classified ads and finding the perfect home for our family. We hope to have her home in a month.

RAFAEL: How exciting! Well I really want to meet her. Could we invite her to my daughter's birthday party? It's in two months, and she is going to be three as well. I know that my wife and daughter will love meeting Laura. I hope that our daughters will be great friends, just like us.

CÉSAR: Me too. What can we bring to the party? Where will it be?

13.1 Computers and the Ceibal Plan

The students of Rincón de Vignoli have received their laptop computers as part of the Ceibal Plan. The Ceibal Plan will put computers in the hands of all of the public school students of Uruguay. All of the computers will have functions for writing documents, recording audio, taking photos, and connecting to the Internet, among other things. Uruguay is the first country to implement a plan like this one.

The students of Rincón de Vignoli are among the first to receive their computers. What will these students do with their computers? How will they use them? How will the teachers change their class plans?

13.2 A Chuquicamanta Laborer

Rodrigo is a skilled worker at the Chuquicamanta refinery in Chile. His days are long and physically challenging. Normally he goes directly home when he finishes work, but today, when his shift is over, he will go out with friends to have a beer. He won't eat dinner until he returns home, where his family is waiting for him. As soon as he gets home, he will take a shower and change clothes. He always feels comfortable and happy after his children tell him the stories of their day during dinner.

13.3 The Office of the Liebig factory

This office at the Liebig factory in Fray Bentos, Uruguay, has been turned into a museum. Why is it a museum now? Well, there probably is no modern company that could use it. This office has no cubicles that separate the desks. A modern boss will want all of his employees to have computers with programs for writing, documenting, and connecting to the Internet, but this office only has typewriters and mechanical calculators.

14.1 The Bioko Biodiversity Protection Program (BBPP)

BBPP is part of an academic alliance with the National University of Equatorial Guinea. Program participants work so that the animals and nature of the area are conserved, since Bioko is one of the most ecologically diverse places in Africa. Seven species of rare primates live on the island and the island is also one of the primary havens for sea turtles. But these animals are endangered and unless the inhabitants of the island change some of their practices, they will disappear. BBPP employs fifty locals who guard the tropical forests so that residents don't hunt and kill the animals.

14.2 The Bikeways of Marikina

Officials of Manila, Philippines lament that the air pollution exists at dangerous levels. To fight air pollution, the Firefly Brigade wanted the city of Marikina, part of the Manila metropolitan area, to serve as a prototype for a system of bikeways. It's incredible that there are some sixty kilometers of bikeways in Marikina. It's hoped that the bikeways will encourage residents to use their bikes to go to work. So that the program might be more effective, the Brigade came to an agreement with the light rail system (LRT). The LRT lines allow cyclists to board the train. There is a special car at the end that is called the "green car." They limit the number of bicycles in the car and it's necessary that the bikes be foldable. Nevertheless, this cooperation makes it possible for cyclists to arrive more quickly at the office.

15.1 Cybercafés

There is no doubt that technological advances have changed our world, especially how we communicate and how we stay up to date. But, who would imagine the impact of those advances on developing countries, especially in remote regions? We could cite many examples of that impact, but we would like to talk about cybercafés that are now very popular throughout Latin America.

Many people, in urban as well as rural zones, also use cybercafés. Young people and adults who would never buy a computer nor have Internet access, go into cybercafés, open e-mail accounts, use Skype to call friends and family, and explore the Internet. A young person who goes into this cybercafé in San Pedro de Atacama, Chile, would pay 1,200 pesos per hour to use the Internet. It's obvious that technology is changing the world.

15.2 Wellness Programs

Wellness programs are increasingly popular throughout most of the world. Employers have realized that if they offer wellness programs to their employees, the company benefits, too.

In most countries, if a company offers a well-being program, it is to relieve employee stress. The strategy is this: if the employees were less stressed, they would get sick less, miss fewer days of work, and be more productive. But in the United States and Latin America, if a company provides a wellness program, it's to reduce health insurance costs.

Appendix III

Gramática en acción InfoGap Activities

This appendix contains the **Estudiante 2** interactive content for the **Gramática en acción** info gap activities.

CAPÍTULO 2

Gramática 2.1

D. El campeonato de la liguilla

PASO 1. Complete the paragraphs with the correct forms of the verbs in parentheses.

En mayo, ocho equipos de fútbol compiten en el Torneo Clausura, que **(ser)**[1] el campeonato de una de las divisiones de la liga de fútbol mexicano, o *la liga MX*. Primero **(existir)**[2] una fase de calificación. Hay dieciocho clubes en la liga y todos **(participar)**[3] en esta fase, pero solo ocho clubes **(llegar)**[4] a la fase final.

La fase final **(consistir)**[5] en tres partes: cuartos de final, semifinales y la final. El equipo que **(vencer**[a]**)**[6] a su oponente en el partido final **(ser)**[7] el campeón de la liguilla.

Cada equipo tiene un estadio grande y muchos aficionados **(asistir)**[8] a los partidos. Si no hay un partido, es posible visitar el estadio porque los estadios **(abrir)**[9] para los turistas. Durante los partidos, **(*ellos*: vender)**[10] muchas cosas. Los aficionados **(comer)**[11] tacos, tortas[b] y ramen y muchos **(beber)**[12] cerveza.[c]

[a]*to beat* [b]*sandwiches* [c]*beer*

Vocabulario práctico	
el agua	water
el café	
el jugo	juice
la leche	milk
la limonada	
el té	

***GEA 2.1, Act. D, Paso 1,* Answers: 1.** *es* **2.** *existe* **3.** *participan* **4.** *llegan* **5.** *consiste* **6.** *vence* **7.** *es* **8.** *asisten* **9.** *abren* **10.** *venden* **11.** *comen* **12.** *beben*

PASO 2. You and your partner each have a different incomplete version of the bracket for the 2017 Torneo Clausura. Take turns asking and answering questions until you both fully complete your bracket.

MODELO E1: ¿Cuántos goles marca Guadalajara (*does Guadalajara score*) en el partido de Cuartos de final?
E2: Guadalajara marca un gol. ¿Qué equipo es el oponente de Guadalajara en Cuartos de final?
E1: Es Atlas. ¿Cuántos goles marca Atlas? ...

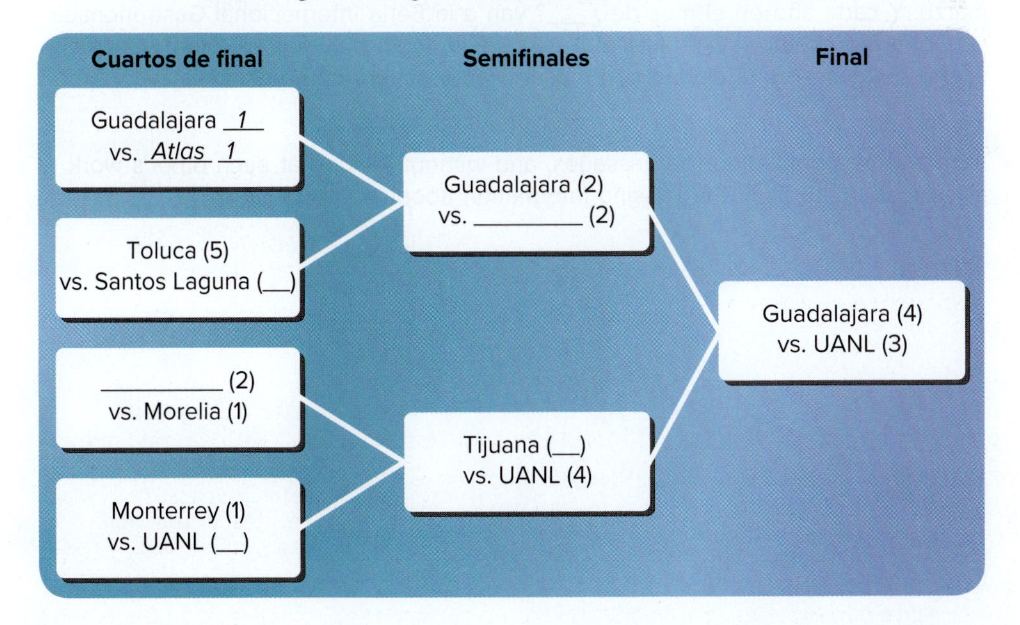

GEA 3.2, Act D, PASO 1,
Answers: 1. *tiene* **2.** *tiene* **3.** *tiene* **4.** *prefieren* **5.** *viene* **6.** *quieren* **7.** *prefiere* **8.** *tiene* **9.** *vienen* **10.** *quieren* **11.** *tienen*

Gramática en acción 3.2

D. La vida de Ana y David

PASO 1. Complete the passage with the correct form of each verb in parentheses. Some information is missing.

Ana y David viven en Guadalajara, México. Ana **(tener)**[1] 27 años y David **(tener)**[2] ¿____? años. Los dos **(tener)**[3] éxito en sus trabajos; David es profesor de historia en la Universidad de Guadalajara y Ana es programadora en una de las muchas compañías de ¿____? en la ciudad. Los dos trabajan muchas horas cada semana y **(preferir)**[4] pasar su tiempo libre explorando la ciudad. Por eso, emplean a ¿____? que **(venir)**[5] a limpiar su casa cada semana. Como resultado, ellos hacen[a] lo que **(querer)**[6] en su tiempo libre.

A Ana le gusta explorar la arquitectura colonial de la ciudad, mientras David **(preferir)**[7] ir a los restaurantes para comer sus platos favoritos como birria o tortas ahogadas. A veces Ana **(tener)**[8] ganas de beber un tejuino, así que sus amigos **(venir)**[9] y van a su bar favorito.

Una torta ahogada
©MARIAMARTAGIMENEZ/Getty Images

Los dos **(querer)**[10] asistir al Festival Internacional de Cine[b] en el mes de marzo. Y cada año en el mes de ¿____? van a la Feria Internacional Gastronómica. ¡La Feria representa ¿____? países! Ana y David están muy felices y **(tener)**[11] mucha suerte de vivir en una ciudad con mucha vida y cultura como Guadalajara.

[a]*do* [b]*film*

PASO 2. After completing the passages, and without looking at each other's work, ask questions to fill in the missing information about Ana and David.

Gramática 3.4

D. La vida estudiantil en Cuernavaca. Xochi and Jorge are best friends and students who live in Cuernavaca, Mexico, and do almost everything together. Each month, they use a digital calendar to share activities they want to do in the city. You will work with a partner to complete this month's calendar.

Take turns asking and answering questions to fill in the missing information on the calendar. Use the correct forms of **hacer, poner, oír, salir, traer,** and **ver** when asking and answering questions. **¡OJO!** Xochi's entries are in blue and Jorge's are in green.

Salto de San Antón en Cuernavaca

©P.Fabian/Shutterstock.com

Cerámica de Chichén Itzá

©ivstiv/Getty Images

hoy ◀ día semana mes ▶

lunes	martes	miércoles	jueves	viernes	sábado	domingo
		1 X: Salgo con Julia para el concierto en el Jardín ¿__?.	**2**	**3** J: Ponen la nueva exposición de arte en el Museo ¿__?	**4** X: Vemos ¿__? en Ecozona en el Zócalo.	**5**
6 X: Salimos para ver una película en el Centro Histórico.	**7**	**8**	**9** J: Hago meditación con Raúl cerca del salto de San Antón.	**10**	**11**	**12**
13	**14**	**15**	**16**	**17** J: Eva y Enrique traen tacos acorazados; nosotros hacemos pozole blanco.	**18**	**19**
20	**21** X: Hacen una lectura de poesía en el Palacio de ¿__?	**22**	**23**	**24**	**25** X: Salimos con Julia y Victor al cine.	**26**
27	**28**	**29**	**30**	**31** J: Vemos la nueva exposición de cerámica local en el Centro Histórico.		

Gramática 4.2

D. Dos familias, tres generaciones

PASO 1. En parejas, túrnense para hacer preguntas con el verbo **saber** y completar sus versiones del árbol genealógico.

MODELO: E1: ¿Sabes el segundo apellido del esposo de Laura Marín Navarrete?
E2: Sí, es Díaz. Enrique Aranda Díaz. ¿Y tú sabes el nombre del hijo o hija de Raquel Marín Navarrete y Susana Hervás Cayuela.
E1: Sí, es hijo y se llama...

GEA 4.2, Act. D, Paso 1, ***Answers:*** *Alexa Marín Hervás*
Julio Marín Hervás
Dolores Cantero Calvo
Víctor Ramos Moreno

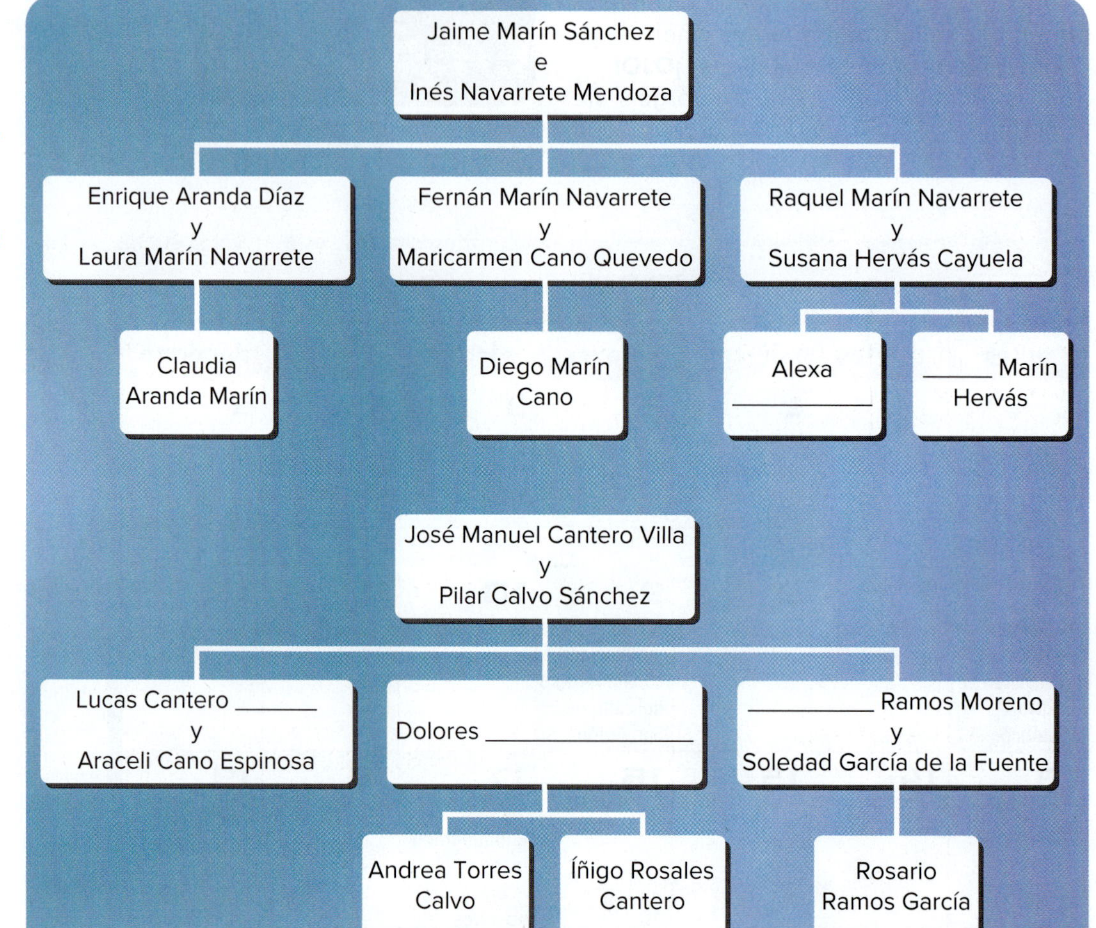

PASO 2. Completa las oraciones con la forma correcta del verbo **conocer.** Luego, túrnense haciendo preguntas e indicando si las personas se conocen o no.

	¿Se conocen? SÍ	NO
1. Soledad *conoce* a Laura. ¿Es verdad?	☑	☐
2. Lucas y Araceli *conocen* a Dolores. ¿Es verdad?	☐	☑
3. Victor *conoce* a Enrique. Es verdad.	☑	☐
4. Andrea e Iñigo *conocen* a Diego. ¿Es verdad?	☑	☐
5. Pilar *conoce* a Fernán. Es verdad.	☐	☑
6. Susana y Maricarmen *conocen* Araceli. No, es verdad.	☑	☐

Gramática 4.3

D. Mi nombre, mi santo y mi cumpleaños (*birthday*).

PASO 1. Completa el texto con **por** y **para** según el contexto.

En los países hispanos y especialmente en España, algunos padres nombran[a] a sus hijos por un santo. **(Por / Para)**[1] los niños es divertido tener el nombre de un santo porque pueden celebrar dos días cada año: su cumpleaños y el día de su santo. **(Por / Para)**[2] ejemplo, si el cumpleaños de José es el 12 de junio, hace una fiesta **(por / para)**[3] celebrar su cumpleaños, pero puede hacer otra celebración **(por / para)**[4] festejar el día de San José, el 19 de marzo. Y **(por / para)**[5] alguien que se llama Cecilia, su día especial es el 22 de noviembre, el día de Santa Cecilia.

(Por / Para)[6] lo general la familia compra más regalos[b] **(por / para)**[7] el niño en su cumpleaños, pero en el día de su santo un niño puede esperar[c] recibir **(por / para)**[8] lo menos muchas felicitaciones. Muchas veces[d] los niños llevan dulces[e] a la escuela **(por / para)**[9] compartir con los compañeros de clase.

[a]*name* [b]*gifts* [c]*expect* [d]Muchas... *often* [e]*candy*

PASO 2. Completa parte de la tabla con información del **PASO 1**, luego, en parejas, túrnense para hacer preguntas y completar sus tablas con la información que falta (*missing*).

MODELO: E1: ¿Cuál es la fecha de celebración de San Valentín?
E2: Es el 14 de febrero. ¿Qué símbolo representa San Isidoro de Sevilla?

Santo/a	Fecha	Símbolo	Patrón/Patrona de
San José	19 de marzo	Una Biblia, el niño Jesús	______________, las familias, las personas casadas
San Isidoro de Sevilla			El internet, los estudiantes
Santa Cecilia		Un órgano	
Santa Ana		Una puerta	las madres, los profesores
San Valentín		Unas rosas	El amor, los matrimonios felices
San Pedro		La cruz de San Pedro	Panaderos (*Bakers*), pescadores (*fishermen*)

GEA 4.3, Act D, Paso 1, Answers: **1.** *Para* **2.** *por* **3.** *para* **4.** *para* **5.** *para* **6.** *Por* **7.** *para* **8.** *por* **9.** *para*

GEA 4.3, Act. D, Paso 2, Answers: *San José: Los padres; San Isidro: 4 de abril, Un bolígrafo; Santa Cecilia: 22 de noviembre, los músicos; Santa Ana: 15 de agosto; San Valentín: 14 de febrero, San Pedro: 29 de junio*

Gramática 4.4

D. La noche de San Juan con la familia de Nieves. Cada año para celebrar la noche de San Juan, Nieves prepara una paella tradicional de Valencia para su familia. En parejas, miren el dibujo de la familia extendida de Nieves. Túrnense para hacer preguntas para aprender los nombres de todos los miembros de la familia. Escriban sus conclusiones en la tabla. **¡OJO!** Para evitar confusión, usen los demostrativos correctos: **este/a, ese/a, aquel(la)**.

MODELO: E1: ¿Cómo se llama aquel hombre con el pelo blanco? Es el padre de Nieves.
E2: Se llama Eduardo. ¿Y cuál es la relación entre Nieves y esa mujer alta y delgada?
E1: Es la tía de Nieves.

NOMBRE	RELACIÓN
Eduardo	*Aquel hombre es el padre de Nieves.*

CULTURES COMMUNICATION

Gramática en acción 5.1

D. Vivir en el centro de Córdoba

GEA 5.1, Act. D, Paso 1, **Answers: 1.** *los* **2.** *los* **3.** *las* **4.** *la* **5.** *Los* **6.** *los* **7.** *los* **8.** *los* **9.** *los* **10.** *la*

PASO 1. Completa los párrafos sobre un barrio en Córdoba con los pronombres de objeto directo correctos.

Córdoba es una ciudad con mucha cultura, mucho turismo, monumentos históricos de importancia internacional y una universidad grande y prestigiosa. Los residentes del centro histórico viven en pisos ubicados en edificios antiguos. A veces_____[1] comparten estudiantes o grupos de amigos que_____[2] alquilan[a] de los propietarios.[b] En cada edificio puedes encontrar familias, estudiantes y personas mayores y jóvenes, y todos usan espacios comunes en los edificios. Por ejemplo, muchos edificios tienen azoteas[c] y los residentes_____[3] usan para tender la ropa después de lavar_____.[4]

Los patios interiores son otro espacio común._____[5] tienen muchos edificios del barrio y son espacios llenos de luz que típicamente tienen plantas o una fuente[d] decorativa. Los patios ayudan a mantener temperaturas agradables en los pisos y las casas porque en Córdoba hace muchísimo calor en verano. Los patios son privados; la gente que camina por la calle no_____[6] ve, pero cada año en mayo hay un festival cuando los residentes_____[7] decoran para abrir_____[8] al público. Para mantener_____[9] limpios y en buen estado, los residentes pagan una «cuota de la comunidad». Los residentes_____[10] pagan cada mes y así los bonitos edificios de Córdoba se conservan y los residentes los disfrutan.

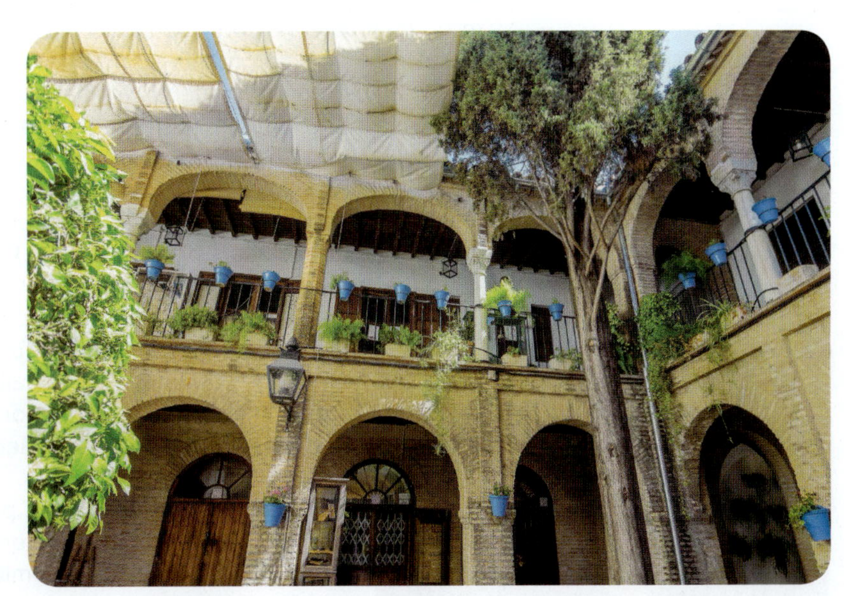

Un patio en Córdoba

[a]*rent* [b]*owners* [c]*rooftops* [d]*fountain*

PASO 2. En parejas, túrnense para hacer los papeles (*play the roles*) de propietario/a de un piso en el centro de Córdoba y un(a) posible inquilino/a. Hagan (*Ask*) y contesten preguntas para completar la información de la tabla. Cada persona debe inventar (*make up*) los detalles de sus respuestas. **¡OJO!** Usen los pronombres de objeto directo cuando sea posible.

MODELO E1: ¿Tiene balcón el piso?
E2: Sí, lo tiene. Es grande y tiene mucha luz. ¿Vas a tener compañeros de piso?
E1: Sí, los voy a tener. Son dos amigos de la facultad.

EL/LA POSIBLE INQUILINO/A			
Preguntas para el/la propietario/a	**sí**	**no**	**Detalles:**
¿balcón?			
¿patio?			
¿precio de comunidad?			
¿amueblado?			
¿ascensor?			

GEA 5.2, Act. D, Paso 1, **Answers: 1.** *nos sentimos* **2.** *nos levantamos* **3.** *nos vestimos* **4.** *nos ponemos.* **5.** *me maquillo* **6.** *me lavo* **7.** *nos paramos* **8.** *relajarnos* **9.** *nos sentamos* **10.** *nos saludamos* **11.** *se sorprende.* **12.** *se besan* **13.** *se está divirtiendo (está divirtiéndose)* **14.** *se conocen* **15.** *se hacen* **16.** *Nos acostamos* **17.** *dormirnos* **18.** *te sientes* **19.** *levantarte* **20.** *divertirte*

Gramática en acción 5.2

D. La ruta a Santiago

PASO 1. Lee el texto sobre la experiencia de Anita y su papá en el Camino de Santiago. Completa cada frase con la forma correcta del verbo entre paréntesis y el pronombre reflexivo adecuado.

Me llamo Anita y mi papá y yo estamos haciendo el Camino de Santiago, una ruta de peregrinación que cruza el norte de España y termina en la ciudad de Santiago de Compostela. Mi papá y yo **(sentirse)**[1] orgullosos de hacer una peregrinación con tanta[a] historia. ¡Empezó[b] en el siglo IX[c]! Tenemos que caminar unos 25 kilometros en un día típico. ¡Son más de 15 millas! Por eso, (*nosotros:* **levantarse**)[2] muy temprano e inmediatamente **(vestirse)**[3] y **(ponerse)**[4] los zapatos. Yo no **(maquillarse)**[5] porque no es práctico, pero siempre **(lavarse)**[6] la cara y los dientes.

Pasamos toda la mañana caminando por los campos, bosques y pueblos.[d] Después de unas horas, **(pararse[e])**[7] para **(relajarse)**[8] un rato. Normalmente **(sentarse)**[9] en un banco[f] o en un bar. Muchas veces vemos a amigos del Camino y todos **(saludarse)**.[10] Mi papá no habla español y a veces no comprende algunas costumbres locales. Por ejemplo, **(sorprenderse)**[11] cuando las personas **(besarse)**[12] dos veces para saludarse y despedirse. Pero él **(estar + divertirse)**[13] mucho.

Peregrinos en el Camino de Santiago
©Víctor Nuño/Getty Images

Por la tarde almorzamos[g] en un restaurante y muchas veces pedimos el menú especial para peregrinos porque recibimos mucha comida a un buen precio. Todas las noches dormimos en un albergue[h] diferente. En los albergues, todos los espacios son comunales así que las personas **(conocerse)**[14] y **(hacerse)**[15] amigos fácilmente. (*Nosotros:* **Acostarse**)[16] muy temprano para leer o escribir un rato antes de **(dormirse)**.[17] En los albergues pagamos 6 euros por cada espacio en una litera,[i] pero hay agua caliente para ducharse y mi papá siempre toma la litera de arriba.[j] ¡Qué generoso!

Por la mañana todo comienza de nuevo, día tras día. Si está lloviendo o si hace calor o si (*tú:* **sentirse**)[18] muy cansado, tienes que **(levantarse)**[19] y caminar y **(divertirse)**.[20]

[a]*so much* [b]*It began* [c]*el... the ninth century* [d]*los... fields, forests, and towns* [e]*to stop* [f]*bench* [g]*we eat lunch* [h]*pilgrim hostel* [i]*bunk bed* [j]*de... upper*

PASO 2. En parejas, hagan los papeles de Anita y su papá, turnándose para hacer y contestar preguntas y completar sus horarios. **¡OJO!** Usen las formas **tú** y **yo.**

MODELO E1: ¿Qué haces a las 7:00 de la mañana?
E2: Desayuno y salgo. ¿Qué haces a las 2:00 de la tarde?

Hora	Anita	el padre de Anita
6'00		Se levanta, se lava los dientes y lee el libro de guía.
7'00		Desayuna y sale.
10'00		Se relaja y come un poco de pan con jamón. Habla con la gente.
14'00		Se quita los zapatos y pide el menú del peregrino.
17'00		Se ducha, se afeita y se acuesta para leer.
20'00		Se viste con la ropa para mañana y se acuesta.
22'00		Se duerme.

Gramática en acción 5.3

D. Dos viviendas españolas

PASO 1. Completa la descripción con las palabras correctas para formar comparaciones.

Leire y Diana son de Bilbao en el País Vasco, una región en el norte de España. Bilbao es una ciudad grande con más ______[1] 340.000 habitantes. Viven juntas en un piso cerca del río y del Museo Guggenheim. Son muy felices viviendo en el barrio porque es mucho ______[2] que otras zonas de la ciudad y tiene mucha personalidad. El piso tiene un salón/comedor con un pequeño balcón. Hay dos dormitorios; uno es mucho ______[3] grande ______[4] el otro y tiene un balcón. Allí duermen Leire y Diana y usan el otro dormitorio como despacho.

En el despacho hay dos escritorios, una lámpara al lado de la ventana y un sillón. Leire trabaja desde casa exclusivamente, así que su escritorio es ______[5] grande ______[6] el escritorio de Diana, que solo necesita leer e-mails por la noche de vez en cuando. Diana no pasa ______[7] tiempo como Leire en el despacho, pero pasa mucho ______[8] tiempo en la cocina porque ella siempre prepara la cena para las dos. La vida en el centro de la ciudad es muy agradable para esta pareja. ***GEA 5.3, Act. D, Paso 1,* Answers: 1.** *de* **2.** *mejor* **3.** *más* **4.** *que* **5.** *más* **6.** *que* **7.** *tanto* **8.** *más*

PASO 2. Ahora, en parejas, comparen sus casas. Túrnense para hacer y contestar preguntas para completar las comparaciones. **¡OJO!** Deben escribir las comparaciones en oraciones completas.

Factor	Comparación
Número de dormitorios	
Área de la cocina en metros cuadrados	
Número de baños	
Número de electrodomésticos	
Cantidad de espacio al aire libre	
¿?	
¿?	

Una calle residencial en Bilbao
©Kevin George/Shutterstock

El balcón de una casa en Sevilla
©Pixtal/AGE Fotostock

Gramática en acción 6.1

D. Cafés del Caribe

PASO 1. Tu compañero/a y tú tienen descripciones diferentes de cómo se sirve el café en varios lugares del Caribe. Completa tu descripción con los pronombres de objeto indirecto correctos.

¡Buenas tardes! Me llamo Rodrigo y soy el dueño[a] de esta cafetería. El café es una parte muy importante de nuestra cultura, así que ahora ______[1] voy a contar a Uds. cómo lo tomamos aquí.

El mejor café de nuestro país es el café lavado fino[b] y es lo que ______[2] servimos a nuestros clientes. A mí ______[3] gusta ofrecer ______[4] los productos de mejor calidad a la gente que viene aquí, y la gente ______[5] dice que lo aprecia. A los que prefieren un café fuerte[c] y no dulce, ______[6] recomiendo un negrito, que es como espresso, o un cerrero, que es café negro muy concentrado. ¿Quieren probar alguna de estas opciones? Escojan una y ______[7] preparo una tacita.[d]

Cuando trabajo aquí, noto que muchas personas ______[8] piden algo más dulce. A estas personas ______[9] sugiero siempre un café con leche. El café con leche es un setenta y cinco por ciento[e] de leche con un veinticinco por ciento de café. Es la opción más popular aquí y la que a mí personalmente ______[10] encanta tomar. Si no ______[11] interesa a Uds. tomar su café así, puedo ofrecer ______[12] un marrón, que es mitad[f] leche y mitad café, o un tetero, que tiene solo un poquito de café y mucha leche. No importa la preparación que prefieren; yo ______[13] preparo el café con mucho gusto.

***GEA 6.1, Act. D,* Answers: 1.** *les* **2.** *les* **3.** *me* **4.** *le* **5.** *me* **6.** *les* **7.** *les* **8.** *me* **9.** *les* **10.** *me* **11.** *les* **12.** *les* **13.** *les*

[a]*owner* [b]lavado... *fine and washed* [c]*strong* [d]*little cup* [e]por... *percent* [f]*half*

PASO 2. Túrnense para leer cada texto completo del **PASO 1** en voz alta (*aloud*), mientras la otra persona identifica la imagen descrita.

PASO 3. En parejas, usen las ilustraciones como referencia para representar (*act out*) una escena en una cafetería. Representen los papeles (*Play the roles*) de empleado/a y de un(a) cliente que pide su bebida preferida. **¡OJO!** No olviden usar los pronombres de objeto indirecto.

Gramática en acción 6.2

D. Una cena en el Restaurante Cristina

PASO 1. Completa tu texto con los pronombres de objeto directo e indirecto correctos. Si falta una letra en un verbo, decide si requiere un acento o no y escríbela.

Habla Alberto:
Me encanta trabajar con Cristina. Ella _______[1] trata[a] muy bien siempre y es divertido trabajar con ella en el restaurante. Esta noche estamos muy ocupados. En una de mis mesas hay un grupo de cinco amigos celebrando un cumpleaños. Ellos _______[2] preguntan sobre los vinos que tenemos y yo _______[3] llevo una lista. Les interesa una botella de vino de Argentina, así que _______ _______[4] sirvo. Dos de ellos piden el plato especial de sancocho, uno quiere las habichuelas guisadas y el otro no tiene hambre. Necesito **entreg_r**_______[5] el pedido al chef. Tengo la información memorizada, así que _______ _______[6] digo por la ventana de la cocina.

El chef _______[7] dice desde la cocina que la comida para la mesa número cuatro está lista. «Alberto, tus platos están listos. _______ _______[8] dejo aquí.» Así que voy a la ventana de la cocina para **recog_r**_______[9] y _______ _______[10] sirvo a los clientes. Ellos _______[11] piden más yuca frita, entonces me acerco otra vez a la cocina a **busc_r**_______[12] y vuelvo a la mesa para **serv_r**_______[13] a los clientes.

Un hombre mayor entra con una mujer joven. La mesa número tres está libre, así que _______ _______[14] indico[b] y se sientan. _______[15] doy la carta. La mujer _______[16] pide la carta de vinos y _______ _______[17] doy. Ella y el hombre _______[18] miran y no saben qué pedir. «No sabemos mucho de vinos», dice el señor. «¿_______[19] puede hacer una recomendación?»

Le contesto: «Por supuesto que _______ _______[20] hago. Me encanta el vino chileno y el precio es muy bueno.» Le gusta la idea, así que voy al bar, abro la botella y _______[21] sirvo el vino. Termino la noche muy cansado, pero listo para el día siguiente en el restaurante.

[a]*treats* [b]*point out*

GEA 6.2, Act. D, Paso 1,
Answers:
1. *me* **2.** *me* **3.** *les* **4.** *se la* **5.** *entregarle* **6.** *se la* **7.** *me* **8.** *Te los* **9.** *recogerlos* **10.** *se los* **11.** *me* **12.** *buscarla (buscársela)* **13.** *servírsela* **14.** *se la* **15.** *Les* **16.** *me* **17.** *se la* **18.** *se* **19.** *Nos* **20.** *se la* **21.** *les*

PASO 2. Escribe los pronombres de objeto indirecto (pron. de OI) que corresponden a las personas de la tabla. Luego, forma preguntas con el verbo **servir** para decir quién (*who*) sirve cada cosa a quién(es) (*to whom*). Sigue el modelo de la tabla.

¿Qué?	¿A quién?	(pron. de OI)	Pregunta (¿Quién...)	Respuesta
las bebidas	a los miembros de la familia		*¿Quién les sirve las bebidas a los miembros de la familia?*	*Alberto se las sirve.*
la cerveza	al padre		¿Quién...?	
el sancocho	a la mujer		¿Quién...?	
los tostones nuevos	al hombre		¿Quién...?	

PASO 3. En parejas, háganse las preguntas de sus tablas. Contesten las preguntas con los pronombres de objeto indirectos correspondientes. Luego, escriban las respuestas en la tabla, usando los dos pronombres correctos (objeto directo e indirecto).

MODELO E1: ¿Quién les sirve las bebidas a los miembros de la familia?
E2: Alberto les sirve las bebidas.
ESCRIBES: Alberto se las sirve.

Gramática en acción 6.3

D. ¡Qué sabroso!

PASO 1. Completa la narración sobre una receta (*recipe*) con la forma correcta del pretérito de cada verbo entre paréntesis.

Yo (**viajar**)[1] a Cuba el verano pasado y allí (**tomar**)[2] clases de música y de cocina. (**Aprender**)[3] a preparar este plato de Yocelyn, la mamá de la familia con la que (**vivir**)[4] durante mis tres meses en la Isla.

Primero Yocelyn y yo (**caminar**)[5] al mercado para comprar los ingredientes. En Cuba no es siempre fácil planear una comida porque a veces no puedes conseguir los ingredientes. Pero ese día (**encontrar**)[6] todo. Nosotras (**comprar**)[7]: carne de res, cebolla, ajo, ajíes verdes y rojos y salsa de tomate.

Cuando ella y yo (**llegar**)[8] a casa, Yocelyn (**cortar**)[9] la carne y la (**meter**)[10] en una olla[a] con agua y sal. La (**dejar**)[11] hervir[b] por una hora. ¡La carne (**quedar**)[12] muy tierna[c]!

Entonces Yocelyn (**sacar**)[13] la carne del agua y la deshebró[d] con un tenedor. (**Reservar**)[14] una taza del agua para usar más tarde. Yo (**cortar**)[15] la cebolla, el ajo y los ajíes y los (**saltear**[e])[16] por unos minutos en aceite caliente. Después de eso, Yocelyn y yo (**combinar**)[17] la carne con las verduras salteadas. (**Mezclar**)[18] todo y lo (**dejar**)[19] cocer[f] por unos 30 minutos. Yocelyn (**preparar**)[20] arroz y yo freí unas bananas. Los (servir: ***nosotras***)[21] con la carne. ¡Qué rico!

[a]*pot* [b]*to boil* [c]*tender* [d]*tore to shreds* [e]*sautéed* [f]*to cook*

PASO 2. Háganse preguntas para completar la tabla con los verbos e ingredientes de la receta de tu compañero/a.

MODELO E1: ¿Qué calentaste?
E2: Calenté...
E1: ¿Qué hiciste (*did you do*) con la masa después de formarla?
E2: La ... en un sartén.

Verbos de preparación (en el infinitivo)	**Ingredientes**
calentar	________________
mezclar	la masa ________________ ________________
________________	la masa (después de formarla)
cortar y freír	________________
preparar	el queso los frijoles
________________	masa dorada
llenar masa dorada con	________________ ________________ ________________

PASO 3. Túrnense para leer la narración sobre sus recetas en voz alta. Tu compañero/a va a adivinar el nombre del plato basándose en la narración, la tabla que completó y las fotos. (El nombre de tu plato es ropa vieja.)

La ropa vieja (lit., old clothes) es una comida típica de Cuba. El origen del nombre es la historia de un hombre muy pobre que trató de cocinar su ropa y milagrosamente (miraculously) se convirtió en comida.
©sbossert/Getty Images

El arroz con frijoles es parte de la cocina de todos los países del Caribe. Tiene muchos nombres y diferentes preparaciones. En Cuba se llama «arroz moros y cristianos» o «arroz congrí».
©Mariano Montero/Alamy Stock Photo

Muchos países hispanohablantes tienen su propia receta para las empanadas, un pastel en forma de media luna, relleno de ingredientes salados, y frito o cocido al horno.
©Purestock/Alamy Stock Photo

GEA 6.3, Act. D, Paso 1, Answers: **1.** *viajé* **2.** *tomé* **3.** *Aprendí* **4.** *viví* **5.** *caminamos* **6.** *encontramos* **7.** *compramos* **8.** *llegamos* **9.** *cortó* **10.** *metió* **11.** *dejó* **12.** *quedó* **13.** *sacó* **14.** *Reservó* **15.** *corté* **16.** *salteé* **17.** *combinamos* **18.** *Mezclamos* **19.** *dejamos* **20.** *preparó* **21.** *servimos*

Las arepas son populares especialmente en Colombia y Venezuela. Cada familia tiene su manera de prepararlas y pueden llevar muchos ingredientes diferentes.
©Juanmonino/Getty Images

Gramática en acción 7.3

D. Después del desastre, se necesita nuestro apoyo.

PASO 1. Completa el texto con las formas correctas de los verbos entre paréntesis usando el **se** pasivo o impersonal. **¡OJO!** En un caso, debes usar el pretérito del verbo.

En septiembre de 2017 el devastador huracán María destrozó mucha de la infraestructura de las islas de Puerto Rico, Vieques y Culebra. A pesar de la gran destrucción, los puertorriqueños mantuvieron su optimismo y fortaleza y siguieron luchando juntos para reconstruir sus vidas.

Meses después del desastre, aún **(trabajar)**[1] día y noche para restablecer servicios básicos. **(Vivir)**[2] sin electricidad en casi la mitad de los hogares.[a] No **(tener)**[3] acceso a agua limpia y **(diagnosticar)**[4] muchos casos de enfermedades como resultado. En algunos lugares **(esperar)**[5] horas para conseguir raciones de agua, comida y gasolina.

A pesar de la situación tan desesperada, **(saber)**[6] que la vida sigue y la gente de Puerto Rico no puede dejar de ganarse la vida[b] y pensar en el futuro. Por lo tanto (*pretérito:* **crear**)[7] la iniciativa Shop + Hire PR. A través de la página web de esta organización, **(poder)**[8] comprar productos de empresas[c] boricuas y **(contratar)**[9] los servicios virtuales de personas afectadas o desplazadas por el huracán. De esta manera **(recuperar)**[10] ingresos perdidos[d] y **(hacer)**[11] posible apoyar a los empresarios puertorriqueños desde cualquier lugar en el mundo. Cuando **(comprar)**[12] y **(vender)**[13] productos locales a un nivel internacional, **(obtener** [*like* **tener**]**)**[14] un doble beneficio; los empresarios de Puerto Rico pueden salir adelante y nosotros podemos disfrutar de sus productos y servicios de alta calidad. ¡Puerto Rico se levanta!

[a]mitad... *half of the homes* [b]ganarse... *make a living* [c]*businesses* [d]ingresos... *lost income*

GEA 7.3, Act. D, Paso 1, **Answers: 1.** *se trabaja* **2.** *Se vive* **3.** *se tiene* **4.** *se diagnostican* **5.** *se esperan* **6.** *se sabe* **7.** *se creó* **8.** *se puede* **9.** *se contratan* **10.** *se recuperan* **11.** *se hace* **12.** *se compran* **13.** *se venden* **14.** *se obtiene*

PASO 2. Tu compañero/a y tú tienen información diferente sobre empresas puertorriqueñas que venden productos y servicios a través de Shop + Hire PR. Túrnense para hacer y responder preguntas con el **se** impersonal o pasivo y completar sus tablas con la información que falta. **¡OJO!** Si es necesario, deletrea (*spell*) en español los nombres de las empresas para tu compañero/a.

MODELO E1: ¿En qué empresa se venden sombreros?
E2: En Olé Curiosidades. ¿Qué se puede comprar en la empresa Concalma?

NOMBRE DE LA EMPRESA	PRODUCTOS
Concalma	
Olé Curiosidades	Sombreros artesanales típicos
Moni & Coli	Ropa, zapatos y complementos
Herbeh Wood	Muebles y esculturas artesanales de madera
	Accesorios para perros

NOMBRE DE LA EMPRESA	SERVICIOS
Servicios Gráficos Puerto Rico	
EVA – Executive Virtual Assistants	Eventos
Limonade	Diseño de páginas web
	Marketing
Ideas Cartel Inc.	

GEA 8.2, Act. D, Paso 1,
Answers: **1.** *mucho*
2. *profesionalmente*
3. cuidadosamente
4. *cómodamente* **5.** *tanto*
6. *seguidamente* **7.** *Típicamente*
8. *bien* **9.** *inmediatamente*
10. *frecuentemente*
11. *diariamente* **12.** *directamente*
13. *inmediatamente*
14. *pacientemente*
15. *Usualmente* **16.** *Siempre*
17. *normalmente*
18. *cercano*
19. *directamente* **20.** *mucho*
21. *puntualmente*
22. *voluntariamente* **23.** *muy*
24. bien

Gramática en acción 8.2

D. Recados (*Errands*) en la ciudad

PASO 1. Completa el texto, cambiando los adjetivos a adverbios. Si no hay un adjetivo, elige entre los dos adverbios.

Martín es médico y vive en San José, Costa Rica, con su pareja, Tomás. Él trabaja **(mucho / muy)**[1] en un Centro de Salud donde trata **(profesional)**[2] a sus pacientes. Tomás es profesor de matemáticas en una escuela y dedica mucho tiempo a preparar **(cuidadosa)**[3] sus clases cada día. Compraron una casa en fila el año pasado en el barrio de La Sabana y viven allí **(cómoda)**.[4] Ya que Martín trabaja **(tanto / poco)**,[5] Tomás suele hacer todos los recados **(seguida[a])**[6] en las tardes después de terminar sus clases. **(Típica)**[7] toma un café que le sienta[b] muy **(bien / mal)**[8] en uno de sus cafés favoritos e **(inmediata)**[9] empieza estos recados:

- Va a la frutería[c] **(frecuente)**,[10] es decir, casi todos los días. A él y a Tomás les gusta incluir ingredientes locales y frescos en los platos que cocinan **(diaria)**.[11] Para llegar, camina **(directa)**[12] desde el café, ya que queda a solo unas cuadras.
- Deja las frutas frescas en la casa **(inmediata)**,[13] sale otra vez y camina a la parada de autobuses donde espera **(paciente)**.[14] Mientras espera, lee los mensajes en su teléfono.
- **(Usual)**[15] pasa por el banco una vez a la semana. **(Siempre / Nunca)**[16] saca un poco de dinero en efectivo[d] del cajero automático, ya que **(normal)**[17] en las tiendas y mercados se paga así. Toma el autobús para ir al banco más **(cercano)**[18] porque está muy lejos para caminar.
- Una vez a la semana, después de pasar por el banco, camina **(directa)**[19] a la Biblioteca Nacional. Él y Martín leen **(mucho / poco)**[20] y hace falta devolver los libros **(puntual)**.[21] Además, Tomás trabaja **(voluntaria)**[22] ayudando a los jóvenes con sus clases de matemáticas y la biblioteca está **(muy / mucho)**[23] **(mal / bien)**[24] para reunirse con ellos.

Una frutería tica (costarricense)

[a]*continuous* [b]*le... agrees with him* [c]*fruit market* [d]*en... cash*

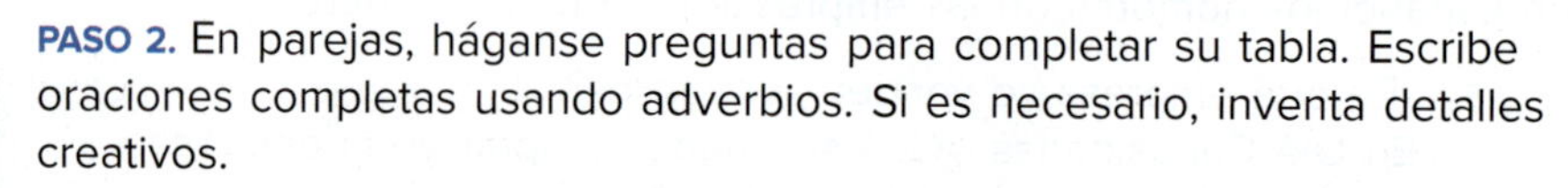

PASO 2. En parejas, háganse preguntas para completar su tabla. Escribe oraciones completas usando adverbios. Si es necesario, inventa detalles creativos.

MODELO E1: ¿Cómo va al Mercado Mayoreo?
E2: Va en autobús porque es más rápido que caminar.
Escribes: Va rápidamente en autobús.

	¿CÓMO?	¿CUÁNDO?	¿CON QUÉ FRECUENCIA?
MERCADO MAYOREO	Va rápidamente en autobús.		
ESCUELA			
FARMACIA			
CEMENTERIO			

Un cementerio hondureño

Gramática en acción 9.1

D. Un matrimonio largo y feliz. Selena, una joven estudiante de periodismo, entrevista por separado a Raimundo y Mari Pili, una pareja de ancianos guatemaltecos.

GEA 9.1, Act. D, Paso 1, **Answers: 1.** por **2.** por **3.** Por **4.** para **5.** por **6.** para **7.** Por **8.** Para **9.** por **10.** por **11.** para **12.** para **13.** para **14.** para **15.** para **16.** Por **17.** por **18.** por **19.** por **20.** para

PASO 1. Completa la entrevista entre Selena y Mari Pili, escogiendo entre **por** y **para.**

SELENA: Muchísimas gracias ________[1] su tiempo, doña Mari Pili. Tiene Ud. una familia muy bonita. Estoy emocionada ________[2] saber más sobre su historia.

MARI PILI: ¡________[3] supuesto! Trabaja ________[4] el periódico de su universidad, ¿verdad?

SELENA: Sí, señora. Hoy ________[5] la tarde después de nuestra entrevista, voy a escribir un artículo sobre Ud. y su familia. ¿Está bien?

MARI PILI: Pues claro, niña. Tenía solo diecisiete años cuando conocí a Raimundo. Yo trabajaba ________[6] mi mamá con mis hermanas, vendiendo tejidos en el mercado. Raimundo era un buen chamaco, muy trabajador y responsable. ¡También era muy guapo!

Un tejido tradicional guatemalteco
©brianlatino/Alamy Stock Photo

SELENA: ________[7] favor, ¿me puede hablar un poco sobre un recuerdo de un momento especial?

MARI PILI: Sí, sí, ¡qué alegría! ________[8] mí, un recuerdo muy dulce es cuando Raimundo y yo nos besamos ________[9] primera vez. Fue un domingo ________[10] la tarde y la familia de él me invitó a su casa ________[11] almorzar después de la misa.[a] Su mamá siempre cocinaba un almuerzo muy rico ________[12] toda la familia. Ese día era el cumpleaños de la tía de Raimundo; como regalo, llevé un mantel[b] que había tejido[c] ________[13] ella. Le encantó el regalo y lo puso en la mesa en ese mismo instante. Quedó muy bonito, así que la mamá de Raimundo nos envió al jardín ________[14] recoger[d] unas flores frescas ________[15] la mesa. Cuando estábamos entre las flores en el jardín, él me tomó de la mano, me abrazó y me besó.

SELENA: ¡Qué romántico! ¡________[16] Dios! Y, ¿cuándo supo Ud. que Raimundo era el hombre de su vida?

MARI PILI: Para mí, fue poco a poco.[e] Sabía que lo amaba cuando nos casamos, pero creo que fue cuando tuvimos a nuestro primer hijito y vi que, como papá, Raimundo hacía todo ________[17] la felicidad y seguridad del bebé, pues entonces supe que ese hombre era perfecto para mí para toda la vida.

SELENA: Es una inspiración. ¿Alguna vez discutieron? ¿Se llevaron bien siempre?

MARI PILI: Como todos los matrimonios, pasamos ________[18] momentos difíciles. Pero los dos siempre manteníamos nuestro amor ________[19] nuestra familia y nuestro hogar como lo principal en la vida. Sabíamos que, ________[20] tener un buen futuro juntos, era necesario siempre pensar en el amor en todos los momentos.

[a]*(church) mass* [b]*tablecloth* [c]había... *I had woven* [d]*pick* [e]poco... *little by little*

PASO 2. Completa las preguntas con **por** y **para.** Luego, en parejas, túrnense para hacer y contestar las preguntas. No tienen las mismas preguntas. Apunta las respuestas de tu compañero/a en oraciones completas. **¡OJO!** Las respuestas deben incluir **por** y **para.**

***GEA 9.1, Act. D, Paso 2,* Answers: 1.** Por **2.** Para **3.** por **4.** Por **5.** Por

Mari Pili y su cuñada siguen siendo buenas amigas
©Lissa Harrison

1. ¿________ cuántos años han estado casados Mari Pili y Raimundo?
2. ¿________ dónde fueron tres de los nietos de Mari Pili y Raimundo?
3. Al principio, ¿________ qué iba Mari Pili a la casa de Raimundo?
4. ¿________ dónde pasearon Mari Pili y Raimundo en su primera cita?
5. ¿________ qué habló Raimundo con su futuro suegro antes de cenar con la familia en casa?

Gramática en acción 9.3

D. La vida extraordinaria de Rigoberta Menchú

PASO 1. Completa el texto con la forma correcta de cada verbo entre paréntesis, escogiendo entre pretérito e imperfecto, según el contexto.

La situación en Guatemala

(Haber)[1] mucha violencia e inestabilidad en Guatemala durante la niñez y juventud de Rigoberta Menchú. Un gobierno militar muy opresivo **(establecerse)**[2] en 1954 y sus soldados[a] **(arrestar)**[3] y **(matar)**[4] a todas las personas que **(sospechar)**[5] de ser de la oposición. El 60 por ciento de la población del país era indígena, pero ese gobierno hacía sufrir mucho a las personas indígenas. Las obligaba a servir en el ejército[b] y a vivir en comunidades pequeñas donde el gobierno las **(poder)**[6] controlar completamente. Las condiciones en esas comunidades eran terribles y muchas personas murieron de desnutrición y enfermedad. Todo eso **(influir)**[7] mucho en la vida de Rigoberta y su familia.

GEA 9.3, Act. D, Paso 1, **Answers: 1.** *Había* **2.** *se estableció* **3.** *arrestaron* **4.** *mataron/mataban* **5.** *sospechaban* **6.** *podía* **7.** *influyó* **8.** *tenía* **9.** *empezó* **10.** *luchaba* **11.** *trataba* **12.** *torturó* **13.** *mató* **14.** *murió* **15.** *participaba* **16.** *mató* **17.** *se unieron* **18.** *se escapó* **19.** *empezó* **20.** *Trabajó* **21.** *se publicó* **22.** *hizo* **23.** *convirtió* **24.** *tenía* **25.** *recibió* **26.** *jugó* **27.** *volvieron* **28.** *Se casó* **29.** *tuvieron*

La juventud

Cuando **(tener)**[8] 20 años, Rigoberta **(empezar)**[9] a participar en activismo a través de una organización que **(luchar)**[10] por los derechos de los indígenas y **(tratar)**[11] de eliminar su explotación. En 1979 el ejército **(torturar)**[12] y **(matar)**[13] al hermano adolescente de Rigoberta. Luego, en 1980, su padre **(morir)**[14] mientras **(participar)**[15] en una protesta. Finalmente, en 1981 el ejército **(matar)**[16] a la mamá de Rigoberta y dos de sus hermanas **(unirse)**[17] a las guerrillas. Era muy peligroso[c] quedarse en Guatemala, así que Rigoberta **(escaparse)**[18] a México.

En México **(empezar)**[19] a trabajar a nivel internacional para representar la lucha de los pueblos indígenas en su país. **(Trabajar)**[20] para la Organización de las Naciones Unidas durante ese tiempo. En 1983 **(publicarse)**[21] el libro que la **(hacer)**[22] famosa, *Me llamo Rigoberta Menchú y así me nació la conciencia.* El éxito del libro la **(convertir)**[23] en una de las activistas más importantes del mundo.

Una trabajadora en una plantación de café
©Tati Nova photo Mexico/Shutterstock

[a]*soldiers* [b]*military* [c]*dangerous*

La madurez

En 1992, cuando Rigoberta **(tener)**[24] solo 32 años, **(recibir)**[25] el Premio Nobel de la Paz. Al año v, ella **(jugar)**[26] un papel muy importante en el establecimiento de un nuevo presidente más humanitario en Guatemala y gracias a sus esfuerzos muchos refugiados guatemaltecos **(volver)**[27] de México. **(Casarse)**[28] con Ángel Canil en 1995 y juntos **(tener)**[29] un hijo. Rigoberta continúa usando su influencia para luchar contra la injusticia y proteger a los pobres y a los indígenas.

GEA 9.3, Act. D, Paso 2, **Answers: 1.** *nació* **2.** *iba* **3.** *tenía, empezó* **4.** *tenía, se fue* **5.** *dormía*

PASO 2. Primero, completa las preguntas con la forma correcta del verbo entre paréntesis. Luego, en parejas, túrnense para hacer y contestar las preguntas. No tienen las mismas preguntas. Apunta las respuestas de tu compañero/a en oraciones completas. **¡OJO!** Cuidado con el uso del pretérito y del imperfecto.

1. ¿En qué fecha _________ **(nacer)** Rigoberta Menchú?
2. De niña, ¿adónde _________ **(ir)** cada año con su familia? ¿Por qué?
3. ¿Cuántos años _________ **(tener)** Rigoberta cuando _________ **(empezar)** a trabajar?
4. ¿Cuántos años _________ **(tener)** Rigoberta cuando _________ **(irse)** a trabajar en la ciudad?
5. ¿Dónde _________ **(dormir)** cada noche Rigoberta en la casa de la familia rica?

Rigoberta Menchú: activista, autora y ganadora del Premio Nobel
©Johan Ordonez/Getty Images

Gramática 10.1

E. ¿Qué han hecho?

Vista panorámica de Quito, Ecuador, con el Pacheco al fondo
©SL-Photography/Shutterstock

PASO 1. Completa la descripción con la forma correcta del pretérito perfecto compuesto de cada verbo entre paréntesis.

Por mucho tiempo Luisa **(desear)**[1] hacer un viaje a Quito, Ecuador. Por fin llegó el día de su vuelo y estaba emocionada. Pero desde que está en Ecuador, ¡todo **(ir)**[2] mal! Los días **(ser)**[3] muy largos y Luisa está muy cansada y frustrada. Estas vacaciones le **(causar)**[4] mucho estrés.

Primero, la aerolínea perdió su equipaje. Como resultado, Luisa **(esperar)**[5] por tres días y aún no **(cambiarse)**[6] la ropa. A pesar de ese problema ella **(tratar)**[7] de pasarlo bien y **(visitar)**[8] algunos lugares interesantes. Un día fue a El Panecillo para admirar las vistas desde lo alto de la ciudad. Luego quería ir al Museo de la Ciudad, un lugar histórico construido en 1565. El problema es que desde que llegó, Luisa **(confundirse)**[9] mucho con su español y **(perderse)**[10] varias veces en las calles de la ciudad. Así que, tratando de llegar al museo, se perdió y pasó dos horas caminando en círculos buscándolo.

Por suerte, y accidentalmente, terminó en la Plaza de la Independencia, que la gente local llama la Plaza Grande. Allí se sentó en un banco para descansar un rato y admirar la arquitectura colonial de sus edificios. Se hacía de noche, así que Luisa se levantó y fue a buscar un restaurante donde cenar cerca de la plaza. A pesar de los muchos problemas durante el viaje, la comida local le **(gustar)**[11] mucho y **(disfrutar)**[12] probando nuevos platos. Encontró un sitio acogedor[a] y, como estaba sola, se sentó en el bar. Pidió ceviche de camarón y una cerveza. Pronto, un chico muy guapo se le presentó y empezaron a hablar. Tomaron unas copas y se rieron mucho juntos. El chico prometió encontrarse con ella a la mañana siguiente para guiarla por la ciudad.

Aquella noche la maleta de Luisa llegó por fin al hotel. Así que pudo cambiarse y sentirse mejor. Y salió a pasear por la ciudad con el chico, que se llama Enrique. Desde que los dos **(conocerse)**,[13] **(pasar)**[14] todo el tiempo juntos. El viaje desastroso **(abrir)**[15] la puerta al amor. Ahora Luisa no quiere volver a casa. Ella y Enrique **(empezar)**[16] a hacer planes para volver a verse lo antes posible. Es bonito cuando las cosas malas que pasan terminan siendo oportunidades, ¿verdad?

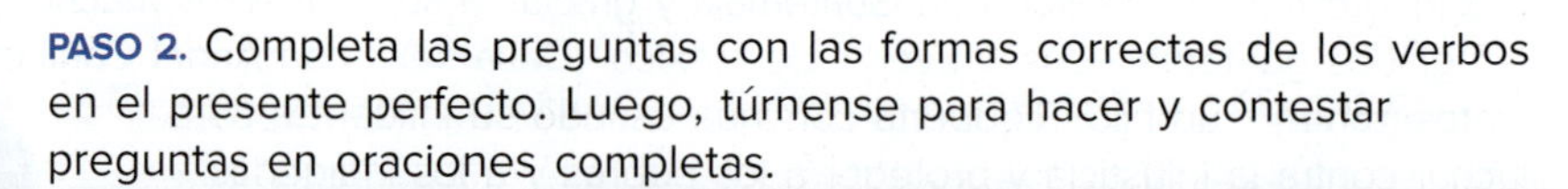

[a]*cozy*

GEA 10.1, Act. E, Paso 1, **Answers: 1.** *ha deseado* **2.** *ha ido* **3.** *han sido* **4.** *han causado* **5.** *ha esperado* **6.** *se ha cambiado* **7.** *ha tratado* **8.** *ha visitado* **9.** *se ha confundido* **10.** *se ha perdido* **11.** *ha gustado* **12.** *ha disfrutado* **13.** *se han conocido* **14.** *han pasado* **15.** *ha abierto* **16.** *han empezado*

GEA 10.1, Act. E, Paso 2, **Answers: 1.** *han decidido* **2.** *ha comprado* **3.** *han acordado* **4.** *ha encontrado, ha gustado* **5.** *ha pasado* **6.** *han eligido*

PASO 2. Completa las preguntas con las formas correctas de los verbos en el presente perfecto. Luego, túrnense para hacer y contestar preguntas en oraciones completas.

1. ¿Adónde **(decidir)** Susana y Javier que quieren ir en Perú?
2. ¿Quién **(comprar)** los boletos de avión para Lima?
3. ¿Por qué **(acordar)** los dos que ir en autobús de Lima a Cusco es la mejor opción?
4. ¿Qué ruta entre Cusco y Ollantaytambo **(encontrar)** Susana? ¿Por qué no le **(gustar)**?
5. ¿Qué ruta **(elegir)** Susan y Javier para llegar a las ruinas?

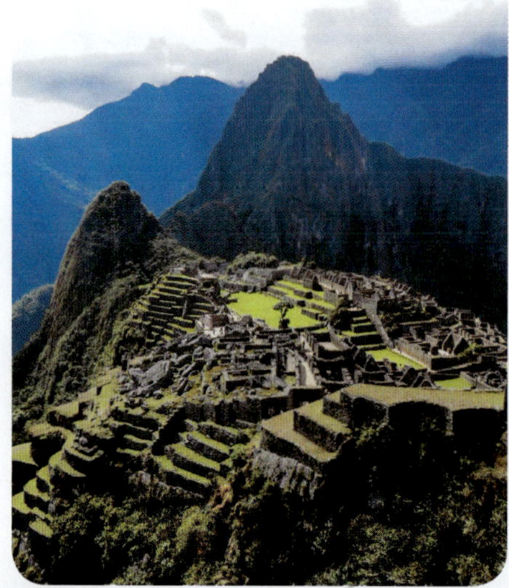

Vista de Machu Picchu, increíbles ruinas incas
©Nolleks86/Shutterstock

Gramática 10.2

D. ¿Cuánto tiempo hace?

PASO 1. Forma oraciones completas con las palabras entre paréntesis, conjugando los verbos en el pretérito o el presente de indicativo.

David y Pepe han viajado a la zona andina varias veces desde que se casaron hace cinco años. David habla sobre algunos de sus momentos favoritos.

Un mono tamarindo de Colombia con su bigote blanco
©Eric Gevaert/Alamy Stock Photo

Las islas de Uros en el Lago Titicaca
©Glowimages/Getty Images

- **(Desde / Pepe y yo / en Madrid / cinco años / hace / vivir).**[1] Pero los dos somos colombianos y nos gusta volver a visitar nuestro país y la zona andina lo más frecuentemente posible. **(Nosotros / hace / en Colombia / a / ir / tres años / la zona del Río Amazonas).**[2] Queríamos ver la naturaleza y muchos animales, así que elegimos salir en barco desde la ciudad de Leticia para ir a Puerto Nariño. **(Hace / que / fundarse / sesenta años / la ciudad de Puerto Nariño)**[3] y es uno de los lugares más ecológicos de Colombia porque no se permiten ni coches ni motocicletas. ¡Todo es peatonal[b]! Lo pasamos muy bien viendo los monos tamarinos[c] con sus grandes bigotes, las ranas[d] de muchos colores y los espectaculares pájaros[e] en los árboles.
- **(viajar / a Perú / hace / Nosotros / 10 meses).**[4] Unos amigos nos invitaron a Lima para Mistura, un festival gastronómico. De hecho, es el festival gastronómico más grande de Latinoamérica. Allí probamos muchas comidas locales e internacionales. ¡**(Hace / no comer / nosotros / que / tiempo / tan bien)**!![5] Había variedad de ceviches y diferentes preparaciones de lomo saltado.[f] También probamos cuy.[g] ¡Muy raro! **(este festival / hace / desde / Hacerse / más de diez años / cada octubre o noviembre).**[6] Es divertido y no cuesta mucho dinero, así que los dos recomendamos la experiencia.

[b]*pedestrian* [c]monos... *Tamarin monkeys* [d]*frogs* [e]*birds* [f]lomo... platillo típico que consiste en carne de res, cebolla, tomate y papas fritas [g]*guinea pig*

PASO 2. Forma preguntas con las palabras y frases, conjugando los verbos en el presente o el pretérito. Luego, háganse las preguntas y apunten las respuestas en oraciones completas.

1. Fermín y su hermano / visitar / ¿Cúantos / hace / años / que / Ecuador?
2. cuándo / ¿Desde / existir / la organización Runa Tupari?
3. Fermín y su novia / que / ir / a Perú y a las islas de Uros? / hace / ¿Cuántos años
4. que / Cuánto tiempo / la gente uru / en las islas artificiales? / vivir / hace

***GEA 10.2, Act. D., Paso 2,* Answers: 1.** *¿Cuántos años hace que Fermín y su hermano visitaron Ecuador?* **2.** *¿Desde cuándo existe la organización Runa Pupari?* **3.** *¿Cuántos años hace que Fermín y su novia fueron a Perú y a las islas de Uros?* **4.** *Cuánto tiempo hace que la gente uru vive en las islas artificiales?*

***GEA 10.2, Act. D., Paso 1,* Answers: 1.** *Desde hace cinco años, Pepe y yo vivimos en Madrid.* **2.** *Nosotros fuimos a la zona del río Amazonas en Colombia hace tres años.* **3.** *Hace sesenta años que se fundó la ciudad de Puerto Nariño.* **4.** *Nosotros viajamos a Perú hace 10 meses.* **5.** *¡Hace tiempo que nosotros no comemos tan bien!* **6.** *Se hace este festival cada octubre o noviembre desde hace más de diez años.*

Gramática 10.3

D. El itinerario perfecto, pero ¿para quién?

La Paz, Bolivia con las montañas al fondo
©Lissa Harrison

PASO 1. Usa los mandatos formales para completar los mensajes que Marcela, una agente de viajes, escribe a sus clientes sobre sus próximas vacaciones.

¡Saludos!

Falta poco para su viaje a Bolivia y les escribo con algunos consejos para unas vacaciones divertidas y libres de estrés. Por favor, **(dedicar)**[1] unos minutos a leer mi lista.

- **(Localizar)**[2] sus pasaportes y **(comprobar)**[3] la información en sus boletos para evitar posibles problemas.
- El viaje que compraron incluye una estadía de cuatro noches en un ecohotel en las afueras de La Paz y una excursión en bicicleta al pueblo de Coroico. Aparte de eso, Uds. deben eligir sus actividades por su propia cuenta, así que **(investigar)**[4] las opciones y **(avisarme)**[5] con cualquier pregunta.
- Para su excursión, Uds. escogieron andar en bicicleta por el lugar que la gente local llama «el Camino de la Muerte». **(Comunicarse)**[6] con los operadores de la excursión y **(saber)**[7] que van a pedalear unas 40 millas cuesta abajo[h] con precipicios de más de 1.000 metros en la lluvia y el frío. Por lo tanto, **(asegurarse)**[8] de su preparación física para esta actividad y no **(olvidar)**[9] llevar la ropa adecuada y sus cámaras. ¡Es una experiencia única que nunca van a querer olvidar!
- Después de su día andando en bicicleta por el camino más peligroso del mundo, **(quedarse)**[10] una noche en el pueblo de Yolosa, donde hay un refugio para animales.
- Al volver a La Paz el día siguiente, **(comer)**[11] un buen almuerzo después de las 3 a 4 horas en autobús y entonces **(ir)**[12] al Valle de la Luna para ver las preciosas formaciones de las rocas.

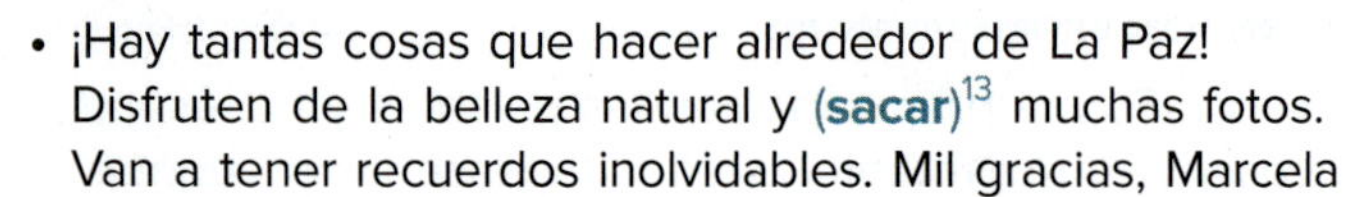

- ¡Hay tantas cosas que hacer alrededor de La Paz! Disfruten de la belleza natural y **(sacar)**[13] muchas fotos. Van a tener recuerdos inolvidables. Mil gracias, Marcela

[h]*downhill*

***GEA 10.3, Act. D, Paso 1,* Answers: 1.** *dediquen* **2.** *Localicen* **3.** *comprueben* **4.** *investiguen* **5.** *avísenme* **6.** *Comuníquense* **7.** *sepan* **8.** *asegúrense* **9.** *olviden* **10.** *quédense* **11.** *coman* **12.** *vayan* **13.** *saquen*

Las Islas del Rosario son conocidas por sus arrecifes.
©Jessica Byrne

PASO 2. Túrnense para leer los mensajes en voz alta. Tu pareja va a identificar para quién es el itinerario, según las descripciones. Deben explicar y justificar sus decisiones. **¡OJO!** No hay una respuesta correcta; deben formar sus opiniones basándose en la información disponible (*available*).

A Bárbara y a Victor les encanta hacer deportes juntos. Los dos son muy atléticos y disfrutan de las actividades al aire libre.
©JGI/Tom Grill/Blend Images LLC

Yazmín, Eduardo y sus dos hijos toman unas vacaciones cada año. Para los niños, son importantes las actividades divertidas y los papás quieren relajarse mucho.
©Wavebreakmedia/Getty Images

Alejandro y Marisa están muy emocionados por su luna de miel. Quieren ver muchas cosas interesantes, relajarse, celebrar y tener experiencias nuevas.
©Rawpixel.com/Shutterstock

Tomás y Raúl necesitan unas vacaciones porque los dos trabajan mucho. Cuando viajan, a los dos les gusta probar la comida local, explorar las ciudades y tomar el sol.
©Creatas Images/2009 Jupiterimages Corporation/Jupiter Images

Gramática 11.2

D. Recomendaciones para un día festivo exitoso

PASO 1. Completa el texto con la forma correcta del presente de subjuntivo del verbo entre paréntesis.

GEA 11.1, Act. D, Paso 1, **Answers: 1.** *nos acompañen* **2.** *tengan* **3.** *recordemos* **4.** *vayamos* **5.** *se pongan* **6.** *vengan* **7.** *vea* **8.** *lleguen* **9.** *traigan* **10.** *prepare*

Soy Sebastián. Mi novia y yo vamos a pasar la Semana Santa en Colombia. La familia de ella es colombiana, así que todos los parientes tienen ideas sobre cómo pasar mejor nuestro tiempo.

- La tía Alejandra dice: «Vivo en Bogotá y les cuento que todo el mundo se va de la ciudad a los pueblos durante la Semana Santa. Mi familia y yo nos quedamos aquí este año, pero queremos que Uds. **(acompañarnos)**[1] a la Catedral de Sal, que está cerca de aquí. Es una estructura increíble, hecha completamente de sal. Insisto en que Uds. **(tener)**[2] la experiencia de caminar por las capillas[a] y los túneles subterráneos[b] hacia el altar de sal. Es un lugar muy importante durante la Semana Santa.»
- El tío Felipe agrega: «Nosotros siempre hacemos el peregrinaje[c] por la ciudad, visitando siete lugares sagrados que representan los pasos de Cristo hacia la crucifixión. Es importante que nosotros **(recordar)**[3] el origen de esta celebración. Al final, subimos al Santuario de Monserrate, que está encima de una montaña que domina la ciudad a más de 3.200 metros de altura.[d] Si Uds. quieren, pueden tomar el funicular,[e] pero personalmente prefiero que todos nosotros **(ir)**[4] caminando juntos. De todas maneras,[f] sugiero que Uds. **(ponerse)**[5] un suéter porque puede hacer frío allí en lo alto.[g]»
- El primo Juan cuenta: «Popayán no está tan lejos de aquí y es internacionalmente conocido por su celebración de Semana Santa. Deseo que Uds. **(venir)**[6] conmigo para ver las procesiones de Viernes Santo.[h] Es importante que todo el mundo **(ver)**[7] las enormes carrozas con estatuas de Cristo y los apóstoles. Podemos ir en mi carro, pero necesito que Uds. **(llegar)**[8] a mi casa temprano, como a las nueve de la mañana. ¿Está bien?»
- La prima Tere dice: «También quiero ir a Popayán. La Semana Santa allí es una de las celebraciones de su tipo más grandes del mundo. Les pido que **(traer)**[9] sus cámaras. ¿Prefieren que yo les **(preparar)**[10] algo para comer en el camino? ¿O vamos a un restaurante?»

La Catedral de Zipaquirá, hecha de sal
©Lissa Harrison

[a]*chapels* [b]*underground* [c]*pilgrimage* [d]de... *high* [e]*cable car* [f]De... *In any case* [g]en... *up high*
[h]Viernes... *Good Friday*

PASO 2. Completa las preguntas con la forma correcta del verbo en el presente de subjuntivo. Luego, túrnense para hacer y contestar las preguntas y escriban las respuestas en oraciones completas.

1. ¿Adónde les recomienda la abuela Charito a Miranda y a su hermano que **(ir)**?
2. Según el tío Jorge, ¿qué es importante que los niños **(hacer)** el cinco de enero?
3. ¿Qué dice la prima Luisa que los niños siempre quieren que sus padres les **(permitir)**?
4. En qué insiste el abuelo Ernesto que todos **(comer)** juntos?

GEA 11.2, Act. D, PASO 2, **Answers: 1.** *vayan* **2.** *hagan* **3.** *permitan* **4.** *coman*

Una rosca de Reyes
©mary gaudin/Getty Images

Karina colorea la lana con agua muy caliente.

Gramática 11.3
D. Una familia artística

PASO 1. Vas a completar la entrevista entre Karina y Luis en dos **Pasos.** Primero, escribe la forma correcta de cada verbo entre paréntesis en el presente de subjuntivo. En el **Paso 2,** vas a trabajar con tu compañero/a para llenar los espacios en blanco.

KARINA: Me gusta que tú **(tener)**[1] interés por las artesanías tejidas[a] de mi familia. Me preocupa que las tradiciones como las nuestras **(poder)**[2] perderse. Así que ______[3] tú **(ir)**[4] a escribir un artículo sobre nuestro trabajo.

LUIS: Ojalá que mi artículo **(llamar)**[5] la atención a sus fabulosas creaciones. ¿Me explicas un poco sobre el proceso?

KARINA: Sí, claro. Mi gente lleva miles de años usando este proceso tradicional.

LUIS: ¿Miles de años? ¿En serio? ______[6] las personas como tú **(estar)**[7] manteniendo la tradición así. Perdón. Te interrumpí. Sigue.

KARINA: En mi familia consideramos una responsabilidad conservar nuestra herencia[b] y es una lástima que nuestra sociedad **(olvidarse)**[8] de las antiguas maneras de hacer las cosas. Por eso, todo se hace sin tecnología ni técnicas modernas. Empezamos el proceso con la lana[c] de las alpacas que preparamos y coloreamos usando pinturas de polvo de insectos, plantas, minerales y otros materiales naturales.

LUIS: Muy interesante. Me sorprende que todos los colores **(ser)**[9] naturales. ¡Son tan vibrantes!

KARINA: Sí, las técnicas son muy antiguas. Después de colorear la lana con agua muy caliente que hervimos sobre un fuego de leña,[d] organizamos los diferentes colores de lana antes de colocarla en el telar.[e] ¡Se necesitan dos personas para hacerlo!

LUIS: ¿Qué tipos de diseños son populares?

KARINA: A los clientes ______[10] nosotros **(usar)**[11] una mezcla de colores en nuestros diseños y nosotros nos alegramos de que los símbolos tradicionales como el sol, las flores, los ríos, las montañas, las estrellas y los animales **(seguir)**[12] siendo populares entre la comunidad de tejedores.[f] Es bueno que ahora la gente **(comprender)**[13] que usamos esos símbolos para honrar a nuestros ancestros y nuestra historia.

LUIS: Fascinante. Gracias por compartir todo esto conmigo. Espero que tu familia y tú **(hacer)**[14] estos tejidos preciosos por muchas más generaciones.

[a]*woven* [b]*heritage* [c]*wool* [d]*fuego... wood fire* [e]*loom* [f]*weavers*

GEA 11.3, Act. D, Paso 1,
Answers: 1. *tengas* **2.** *puedan* **3.** *me alegra que* **4.** *vayas* **5.** *llame* **6.** *Es increíble que* **7.** *estén* **8.** *se olvide* **9.** *sean* **10.** *les gusta que* **11.** *usemos* **12.** *sigan* **13.** *comprenda* **14.** *hagan*

Pinturas de polvo hechas de materiales naturales

Lana coloreada está lista para el telar.

Se trabaja con la lana en un telar.

Los diseños llevan muchos colores e imágenes.

PASO 2. Túrnense para hacer y contestar las siguientes preguntas. Luego, completa la entrevista con las expresiones de la lista.

es increíble que **les gusta que** **me alegra que**

1. ¿De qué se alegra Karina?
2. Según Luis, ¿qué es increíble?
3. ¿Qué les gusta a los clientes?

Gramática en acción 12.2

D. Hechos y cifras (*Facts and figures*)

Mira los datos de UNICEF y la Organización Mundial (*World*) de la Salud y su tabla de hechos y cifras. Trabaja con tu compañero/a para completar los datos. Usen expresiones de duda y certeza y el presente de indicativo o subjuntivo según el contexto para hacerse preguntas y completar las gráficas.

MODELO E1: ¿Es verdad que la expectativa de vida para un hombre en Paraguay es de 79 años?

E2: No, no es cierto que la expectativa sea de 79 años. Es verdad que es de 71 años.

Estudiante 1 escribe 71 en la gráfica.

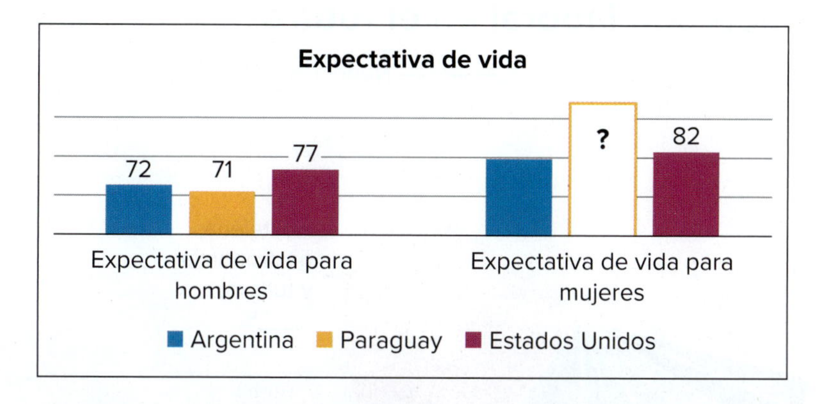

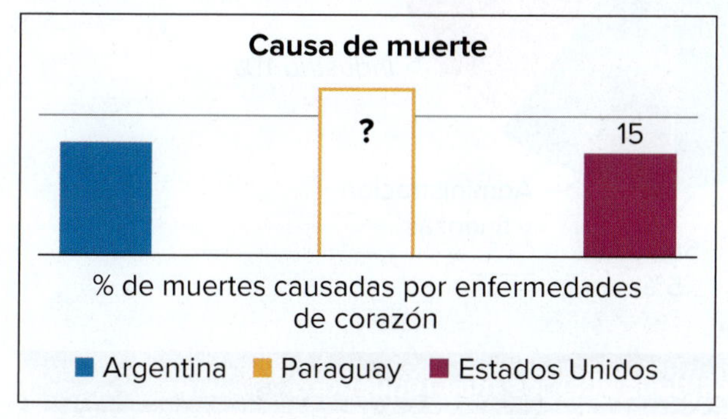

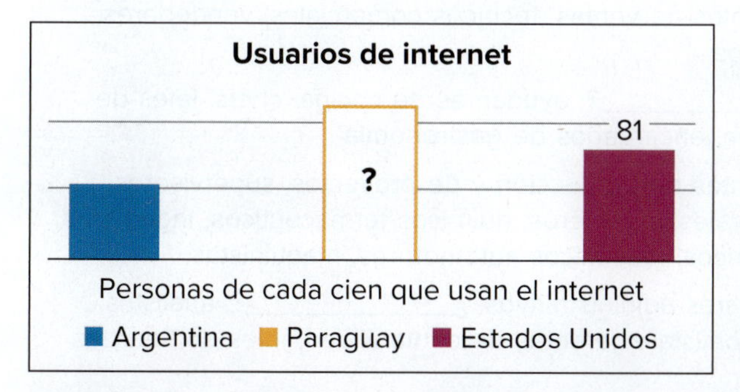

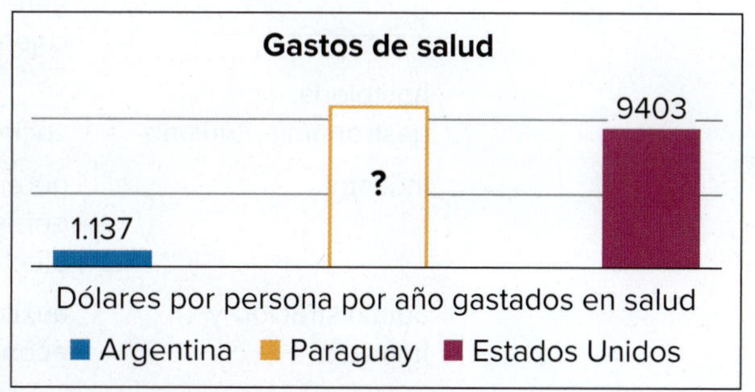

ARGENTINA: HECHOS Y CIFRAS

1. La expectativa de vida para una mujer en Argentina es de 80 años.
2. El 16 por ciento de las muertes en Argentina son causadas por enfermedades del corazón.
3. Cincuenta y seis de cada cien personas en Argentina usan el internet.
4. Se gastan unos $1.137 por persona anualmente en salud.

Gramática en acción 13.1

D. El futuro mercado laboral en Uruguay

PASO 1. Las gráficas presentan información de un estudio en Uruguay sobre los empleos que estarán en más demanda en los próximos años. Túrnense para hacer y contestar preguntas y completar la información que falta en las gráficas. **¡OJO!** Usen el tiempo futuro en todas sus preguntas y respuestas.

MODELO E1: ¿Qué porcentaje de empleos habrá en el campo de *la educación*?
E2: La educación representará el *tres por ciento* del mercado laboral. ¿Qué empleo representará el *once por ciento* del mercado laboral?
E1: *La industria*.

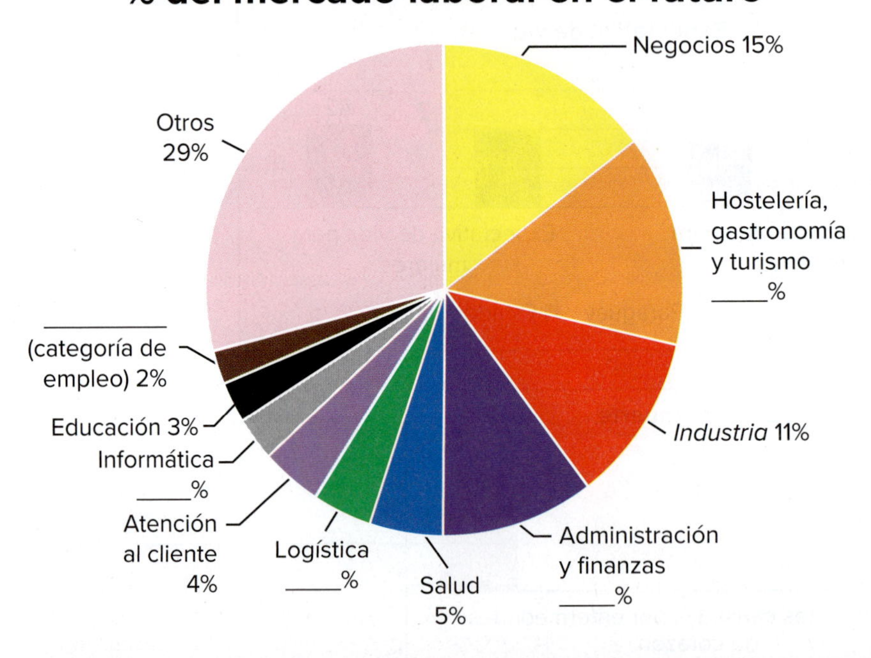

Sector	Algunos de los cargos más requeridos
¿__________?	gerentes de ventas, técnicos comerciales, vendedores, cajeros
hostelería, gastronomía, turismo	¿__________?, ayudantes de cocina, chefs, jefes de cocina, encargados de gastronomía
industria	gerentes de producción y de proyectos, supervisores generales, ingenieros, químicos farmacéuticos, ingenieros eléctricos, mecánicos automotores, maquinistas
administración y finanzas	auxiliares administrativos, ¿__________?, analistas, economistas, gerentes de contabilidad, jefes de finanzas

PASO 2. Miren y analicen la información. ¿Qué pueden inferir sobre la economía de Uruguay como resultado de estos datos?

Gramática en acción 13.2

D. Dos caminos al futuro

PASO 1. Completa la descripción de los estudios universitarios de Jaime, un estudiante paraguayo, con las formas correctas de los verbos entre paréntesis. Escoge entre el presente de subjuntivo y el presente de indicativo.

Es el segundo semestre que Jaime asiste al Instituto Técnico Superior de Electricidad donde conseguirá el título de técnico superior en instalaciones eléctricas después de que **(graduarse)**[1] en dos años. Cuando él **(obtener)**[2] ese título, podrá trabajar para la Administración Nacional de Electricidad, en una planta industrial, o para una empresa privada. Cuando **(comenzar)**[3] cada semestre, Jaime se apunta a clases como matemática aplicada, física aplicada, diseño de instalaciones eléctricas, inglés técnico e informática aplicada. A Jaime le gustan las clases, pero cuando **(sentirse)**[4] estresado por los exámenes y el trabajo, piensa en el futuro al que el título le dará acceso.

Cada mes hasta que **(terminar)**[5] el programa, Jaime paga la matrícula de unos 325.000 guaraníes (+/– $58). Teniendo en cuenta el coste de vida en Paraguay, no es barato. Pero Jaime sabe que tan pronto como **(conseguir)**[6] su título, podrá buscar un buen trabajo con un salario que le permitirá un estilo de vida cómodo. Y si eventualmente, después de que Jaime **(tener)**[7] experiencia en el trabajo, él quiere continuar su educación o trabajar independientemente, podrá obtener su Registro Profesional B. Cuando un electricista paraguayo **(llegar)**[8] a ese nivel de conocimiento, entonces puede hacer instalaciones residenciales y comerciales y trabajar con transformadores y generadores. Jaime espera tener un futuro exitoso y feliz gracias a su programa de estudios.

GEA 13.2, Act. D, Paso 1, **Answers: 1.** *se gradúe* **2.** *obtenga* **3.** *comienza* **4.** *se siente* **5.** *termine* **6.** *consiga* **7.** *tenga* **8.** *llega*

En cuanto tenga su título, Jaime buscará trabajo relacionado con sus estudios.

PASO 2. Completa las preguntas con las formas correctas de los verbos entre paréntesis. Escoge entre el presente de indicativo, el presente de subjuntivo y el futuro.

1. ¿Cuántos meses **(tener)** que dedicar Inma a prácticas después de que **(graduarse)** en tres años?
2. ¿Qué clases **(escoger)** Inma y sus compañeros cuando **(matricularse)** cada semestre?
3. ¿Cuánto **(pagar)** Inma de matrícula en cuanto **(comenzar)** cada curso?
4. ¿**(Ser)** fácil o difícil encontrar un trabajo cuando Inma **(obtener)** su licenciatura?
5. ¿Cuántos guaraníes al año **(ganar)** Inma como enfermera después de que **(empezar)** a trabajar?

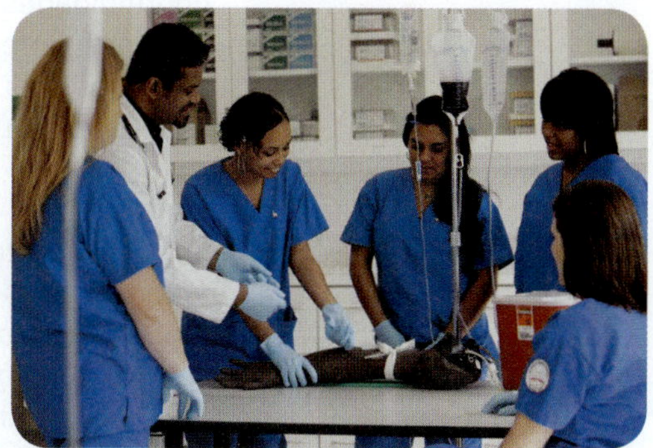

Cuando están en clase, Inma y sus compañeros practican mucho.

GEA 13.2, Act. D, Paso 2, **Answers (verb conjugations):** **1.** *tendrá, se gradúe* **2.** *escogen, se matriculan* **3.** *paga, comienza* **4.** *Será, obtenga* **5.** *ganará, empiece*

PASO 3. Túrnense para hacer y contestar las preguntas. Escriban las respuestas a las preguntas en oraciones completas.

Gramática en acción 13.3

D. La bolsa de trabajo

PASO 1. Completa las descripciones de los candidatos a puestos de empleo con la forma correcta del verbo entre paréntesis. Escoge entre el presente de indicativo y el presente de subjuntivo, según el contexto.

GEA 13.3, Act. D, Paso 1,
Answers: 1. *esté* **2.** *permita* **3.** *vende* **4.** *sea* **5.** *sepan* **6.** *tengo* **7.** *pague* **8.** *tengo* **9.** *sirve* **10.** *son* **11.** *uso* **12.** *estén* **13.** *me enfoco* **14.** *analiza* **15.** *deje* **16.** *se relacionen* **17.** *sea*

Rebeca

Me llamo Rebeca y tengo 29 años. Estoy buscando un buen trabajo en Montevideo que **(estar)**[1] relacionado con mi experiencia y que me **(permitir)**[2] usar mis habilidades. Tengo 8 años de experiencia trabajando en una empresa que **(vender)**[3] productos para cocineros profesionales. Ofrezco excelente servicio a los clientes. Es un buen trabajo, pero quiero encontrar algo nuevo que **(ser)**[4] diferente a lo que estoy haciendo ahora. Un problema es que todas las empresas quieren contratar a empleados que **(saber)**[5] inglés, pero yo no lo hablo. Estoy tratando de aprender y uso una aplicación que **(tener)**[6] en mi teléfono. Espero encontrar algo pronto porque estoy aburrida.

Jaime

Mi nombre es Jaime y tengo 26 años. Necesito encontrar un trabajo nuevo en Montevideo que **(pagar)**[7] más que el trabajo que **(tener)**[8] ahora. Soy vendedor de teléfonos celulares en una compañía que **(servir)**[9] a más de 10.000 clientes y tengo dos años de experiencia. Me gusta mi trabajo, pero sé que hay otras oportunidades que **(ser)**[10] mejores para mi futuro. Ya que no tengo mucho dinero, no tengo un carro; el transporte público es lo que yo **(usar)**[11] para ir al trabajo todos los días. Estoy solicitando trabajos que **(estar)**[12] relacionados con ventas, así que espero que me ofrezcan algo ya.

Martín

Soy Martín y tengo 38 años. El área en que yo **(enfocarse)**[13] es la economía y tengo 15 años de experiencia trabajando para una compañía que **(analizar)**[14] tendencias macroeconómicas. Me gusta mi trabajo, pero actualmente vivo en Buenos Aires y ahora por motivos familiares necesito encontrar un nuevo empleo que nos **(dejar)**[15] vivir en Montevideo. No hay muchas ofertas de empleos que **(relacionarse)**[16] con mi nivel de experiencia y educación, pero tengo que encontrar algo que **(ser)**[17] más o menos apropiado... y pronto. ¡Deséenme suerte!

PASO 2. Mientras tu texto consiste en descripciones de tres candidatos uruguayos que buscan trabajo, el de tu compañero/a consiste en tres anuncios de empleo. Entre toda la información, solo uno de los candidatos tiene todas las cualificaciones para conseguir uno de los empleo. Háganse preguntas usando el presente de indicativo y de subjuntivo hasta identificar qué candidato es ideal para uno de los puestos.

MODELO: E1: ¿Hay algún aspirante que sea economista?
E2: Sí, hay uno que es economista. Tiene 15 años de experiencia.
E1: ¿Cuántos años tiene?
E2: Tiene 38 años.

______________ es el/la candidata/a ideal para el puesto de ______________.

PASO 3. Con tu compañero/a, analicen los anuncios. ¿En qué se parecen a y en qué se diferencian de un anuncio de trabajo típico en los Estados Unidos? ¿Por qué? ¿Qué pueden concluir como resultado?

Gramática en acción 14.2

D. Dilemas ecológicos

GEA 14.2 Act. D, Paso 1, Estudiante 2, **Answers: 1.** *tiene* **2.** *hay* **3.** *contribuye* **4.** *están* **5.** *ocupan* **6.** *usen* **7.** *corten* **8.** *crecen* **9.** *llueve* **10.** *proporcionen* **11.** *terminen* **12.** *sobrevivan* **13.** *esté* **14.** *protejan* **15.** *conserven* **16.** *resuelva* **17.** *continúen*

PASO 1. Completa la descripción de un dilema ecológico con la forma correcta de cada verbo entre paréntesis. Usa el presente de indicativo o el presente de subjuntivo, según el contexto.

Un bosque tropical en Chile
©Ricardo Martinelli/Getty Images

La deforestación en Chile

Chile es un país que **(tener)**[1] una enorme biodiversidad como resultado de sus múltiples zonas climáticas. Desafortunadamente, es cierto que **(haber)**[2] varios problemas ecológicos que resultan de la deforestación, como la erosión y amenazas[a] a varias especies de animales. La deforestación es un problema de todos, ya que **(contribuír)**[3] a la pérdida de hábitats de los animales y la inestabilidad del suelo.[b] Desafortunadamente, como resultado de todo esto, es verdad que las especies de 16 mamíferos,[c] 18 pájaros, 4 peces y 268 plantas **(estar)**[4] en peligro de extinción en Chile.

Se estima que los bosques de Chile ahora **(ocupar)**[5] un 20 por ciento menos de superficie que lo que ocupaban a finales del siglo XX. En la zona de Valparaiso se talan los árboles para que las tierras se **(usar)**[6] para la agricultura. Es una lástima que se **(cortar)**[7] los árboles nativos para luego plantar árboles no nativos e invasivos como los pinos.[d] Los agricultores plantan pinos ya que **(crecer)**[8] rápidamente y su madera es útil para la construcción. Pero las raíces[e] de los pinos no son como las de los árboles nativos, así que cuando **(llover)**[9] mucho hay graves problemas de erosión. Además, es un problema que los pinos no **(proporcionar)**[10] un hábitat adecuado para muchos animales, que entonces deben migrar a mejores zonas. Es triste que muchas veces los animales **(terminar)**[11] entrando en zonas urbanas donde es imposible que **(sobrevivir)**[12] por mucho tiempo.

Es bueno que ahora se **(estar)**[13] despertando la conciencia sobre el problema. En 2017 el gobierno chileno dedicó 11 millones de hectáreas a nuevos parques nacionales para que estas tierras se **(proteger)**[14] y se **(conservar)**.[15] Para que se **(resolver)**[16] el problema de la deforestación, es necesario que se **(continuar)**[17] los esfuerzos[f] de este tipo por parte de la gente, las organizaciones privadas y el gobierno.

PASO 2. En tus propias palabras, explícale este dilema ecológico a tu compañero/a. Asegúrense de entender bien las causas y los efectos de la situación.

[a]*threats* [b]*ground* [c]*mammals* [d]*pines* [e]*roots* [f]*efforts*

PASO 3. Para cada categoría de los usos del presente de subjuntivo, usa una de las expresiones de la tabla para escribir dos reacciones a la situación de tu compañero/a o recomendaciones para resolverla.

El Lago Atitlán en Guatemala

CATEGORÍA	EXPRESIONES/CONJUNCIONES	TUS REACCIONES / RECOMENDACIONES
deseo, emoción, duda, incertidumbre	esperar que querer que dudar que no creer que no pensar que	
con expresiones impersonales	Es increíble que… Es importante que… Es urgente que… Es malo que… Es necesario que… Es una lástima que…	
con conjunciones de tiempo	cuando después de que en cuanto hasta que tan pronto como	
con conjunciones de propósito	a menos que antes de que para que sin que	

PASO 4. Túrnense para leer sus reacciones y recomendaciones en voz alta. Conversen sobre las posibilidades de mejorar las situaciones. ¿Son optimistas o pesimistas sobre el futuro del planeta?

Gramática en acción 15.1

D. El lenguaje de los mensajes de texto

PASO 1. Completa la descripción de los mensajes de texto en español con la forma correcta del verbo entre paréntesis en el condicional.

Al igual que en inglés, en español hay muchos símbolos y abreviaciones que se usan en las conversaciones de *chat* y los mensajes de texto. Si tuvieras una conversación escrita con un hispanohablante, sin duda **(ver** *tú*)[1] muchos ejemplos y que posiblemente **(haber)**[2] un poquito[a] de confusión en algunos casos. **(Ser)**[3] normal escribir **aki** en vez de **aquí** y probablemente **(poner:** *tú*)[4] **k** en vez de **que** y **tb** en lugar de **también**.

¿Piensas que una persona que no habla fluidamente el español **(poder)**[5] tener dificultad con estas abreviaturas? Si dijeras que sí, **(tener)**[6] razón. Pero esos ejemplos son algunos de los más obvios; hay otras abreviaciones y símbolos que probablemente te **(resultar)**[7] incluso[b] más difíciles de entender. ¿Cómo **(interpretar:** *tú*)[8] el siguiente mensaje: «Ola ke ase?» La persona que te escribe el mensaje **(querer)**[9] decir «Hola, ¿qué haces?» Y, ¿cómo **(responder:** *tú*)[10]? Una respuesta normal **(ser)**[11] **nd**, la abreviación para **nada**. Si piensas que todo esto es muy difícil de entender, recuerda que, si un hispanohablante tuviera que comunicarse por texto en inglés, no **(saber)**[12] muchas de las abreviaciones que usamos todos los días. El lenguaje del *chat* es único.[c]

[a]*a little bit* [b]*even* [c]*unique*

GEA 15.1, Act. D, Paso 1, **Answers: 1.** *verías* **2.** *habría* **3.** *Sería* **4.** *pondrías* **5.** *podría* **6.** *tendrías* **7.** *resultarían* **8.** *interpretarías* **9.** *querría* **10.** *responderías* **11.** *sería* **12.** *sabría*

PASO 2. Completa tu lista de preguntas con la forma correcta del verbo entre paréntesis en el condicional. Entonces, túrnense para hacer y contestar las preguntas usando la lista de abreviaciones comunes.

Palabra	Abreviación	Palabra	Abreviación
adiós	bye	más	+
amor	amr	menos	–
aquí	aki	mensaje	msj
bien	bn	nada	nd
besos	bss	para	pa
cuéntame	kntm	por	x
de	d	por favor	pf
decir	dcr	porque / por qué	pq
enfadado / enojado	grr	qué / que	k
fiesta	fsta	¿Qué te pasa?	Qtpsa
fin de semana	finde	siempre	smpr
hola / buenas	wenas	también	tb
Hola, ¿qué haces?	Ola ke ase	te quiero mucho	tkm / tqm
igual	=		

1. Alguien le dice a su pareja que va a llegar a casa tarde inesperadamente. ¿Qué pregunta le **(hacer)**?
2. Tú quieres hacer planes para el sábado con tus amigos. ¿Qué les **(preguntar)**?
3. Unos amigos conversan por mensaje, pero ahora una de ellas tiene que dejar la conversación para asistir a clase. ¿Qué **(decir)**?
4. Una mamá quiere saber dónde está su hija adolescente. ¿Qué le **(escribir)**?

GEA 15.1, Act. D, Paso 2, **Answers: 1.** *haces* **2.** *preguntas* **3.** *dices* **4.** *escribes*

Verb Charts

A. Regular Verbs: Simple Tenses

INFINITIVE PRESENT PARTICIPLE PAST PARTICIPLE	INDICATIVE					SUBJUNCTIVE		IMPERATIVE
	PRESENT	IMPERFECT	PRETERITE	FUTURE	CONDITIONAL	PRESENT	PAST	
hablar hablando hablado	hablo hablas habla hablamos habláis hablan	hablaba hablabas hablaba hablábamos hablabais hablaban	hablé hablaste habló hablamos hablasteis hablaron	hablaré hablarás hablará hablaremos hablaréis hablarán	hablaría hablarías hablaría hablaríamos hablaríais hablarían	hable hables hable hablemos habléis hablen	hablara hablaras hablara habláramos hablarais hablaran	habla / no hables hable hablemos hablad / no habléis hablen
comer comiendo comido	como comes come comemos coméis comen	comía comías comía comíamos comíais comían	comí comiste comió comimos comisteis comieron	comeré comerás comerá comeremos comeréis comerán	comería comerías comería comeríamos comeríais comerían	coma comas coma comamos comáis coman	comiera comieras comiera comiéramos comierais comieran	come / no comas coma comamos comed / no comáis coman
vivir viviendo vivido	vivo vives vive vivimos vivís viven	vivía vivías vivía vivíamos vivíais vivían	viví viviste vivió vivimos vivisteis vivieron	viviré vivirás vivirá viviremos viviréis vivirán	viviría vivirías viviría viviríamos viviríais vivirían	viva vivas viva vivamos viváis vivan	viviera vivieras viviera viviéramos vivierais vivieran	vive / no vivas viva vivamos vivid / no viváis vivan

B. Regular Verbs: Perfect Tenses

INDICATIVE										SUBJUNCTIVE			
PRESENT PERFECT		PLUPERFECT		PRETERITE PERFECT		FUTURE PERFECT		CONDITIONAL PERFECT		PRESENT PERFECT		PLUPERFECT	
he has ha hemos habéis han	hablado comido comido	había habías había habíamos habíais habían	hablado comido vivido	hube hubiste hubo hubimos hubisteis hubieron	hablado comido vivido	habré habrás habrá habremos habréis habrán	hablado comido vivido	habría habrías habría habríamos habríais habrían	hablado hablado vivido	haya hayas haya hayamos hayáis hayan	hablado comido vivido	hubiera hubieras hubiera hubiéramos hubierais hubieran	hablado comido vivido

C. Irregular Verbs

INFINITIVE PRESENT PARTICIPLE PAST PARTICIPLE	INDICATIVE					SUBJUNCTIVE		IMPERATIVE
	PRESENT	IMPERFECT	PRETERITE	FUTURE	CONDITIONAL	PRESENT	PAST	
andar andando andado	ando andas anda andamos andáis andan	andaba andabas andaba andábamos andabais andaban	anduve anduviste anduvo anduvimos anduvisteis anduvieron	andaré andarás andará andaremos andaréis andarán	andaría andarías andaría andaríamos andaríais andarían	ande andes ande andemos andéis anden	anduviera anduvieras anduviera anduviéramos anduvierais anduvieran	anda / no andes ande andemos andad / no andéis anden
caber cabiendo cabido	quepo cabes cabe cabemos cabéis caben	cabía cabías cabía cabíamos cabíais cabían	cupe cupiste cupo cupimos cupisteis cupieron	cabré cabrás cabrá cabremos cabréis cabrán	cabría cabrías cabría cabríamos cabríais cabrían	quepa quepas quepa quepamos quepáis quepan	cupiera cupieras cupiera cupiéramos cupierais cupieran	cabe / no quepas quepa quepamos cabed / no quepáis quepan
caer cayendo caído	caigo caes cae caemos caéis caen	caía caías caía caíamos caíais caían	caí caíste cayó caímos caísteis cayeron	caeré caerás caerá caeremos caeréis caerán	caería caerías caería caeríamos caeríais caerían	caiga caigas caiga caigamos caigáis caigan	cayera cayeras cayera cayéramos cayerais cayeran	cae / no caigas caiga caigamos caed / no caigáis caigan

C. Irregular Verbs (Continued)

INFINITIVE PRESENT PARTICIPLE PAST PARTICIPLE	INDICATIVE					SUBJUNCTIVE		IMPERATIVE
	PRESENT	IMPERFECT	PRETERITE	FUTURE	CONDITIONAL	PRESENT	PAST	
dar	doy	daba	di	daré	daría	dé	diera	
dando	das	dabas	diste	darás	darías	des	dieras	da / no des
dado	da	daba	dio	dará	daría	dé	diera	dé
	damos	dábamos	dimos	daremos	daríamos	demos	diéramos	demos
	dais	dabais	disteis	daréis	daríais	deis	dierais	dad / no deis
	dan	daban	dieron	darán	darían	den	dieran	den
decir	digo	decía	dije	diré	diría	diga	dijera	
diciendo	dices	decías	dijiste	dirás	dirías	digas	dijeras	di / no digas
dicho	dice	decía	dijo	dirá	diría	diga	dijera	diga
	decimos	decíamos	dijimos	diremos	diríamos	digamos	dijéramos	digamos
	decís	decíais	dijisteis	diréis	diríais	digáis	dijerais	decid / no digáis
	dicen	decían	dijeron	dirán	dirían	digan	dijeran	digan
estar	estoy	estaba	estuve	estaré	estaría	esté	estuviera	
estando	estás	estabas	estuviste	estarás	estarías	estés	estuvieras	está / no estés
estado	está	estaba	estuvo	estará	estaría	esté	estuviera	esté
	estamos	estábamos	estuvimos	estaremos	estaríamos	estemos	estuviéramos	estemos
	estáis	estabais	estuvisteis	estaréis	estaríais	estéis	estuvierais	estad / no estéis
	están	estaban	estuvieron	estarán	estarían	estén	estuviera	estén
haber	he	había	hube	habré	habría	haya	hubiera	
habiendo	has	habías	hubiste	habrás	habrías	hayas	hubieras	
habido	ha	había	hubo	habrá	habría	haya	hubiera	
	hemos	habíamos	hubimos	habremos	habríamos	hayamos	hubiéramos	
	habéis	habíais	hubisteis	habréis	habríais	hayáis	hubierais	
	han	habían	hubieron	habrán	habrían	hayan	hubieran	
hacer	hago	hacía	hice	haré	haría	haga	hiciera	
haciendo	haces	hacías	hiciste	harás	harías	hagas	hicieras	haz / no hagas
hecho	hace	hacía	hizo	hará	haría	haga	hiciera	haga
	hacemos	hacíamos	hicimos	haremos	haríamos	hagamos	hiciéramos	hagamos
	hacéis	hacíais	hicisteis	haréis	haríais	hagáis	hicierais	haced / no hagáis
	hacen	hacían	hicieron	harán	harían	hagan	hicieran	hagan
ir	voy	iba	fui	iré	iría	vaya	fuera	
yendo	vas	ibas	fuiste	irás	irías	vayas	fueras	ve / no vayas
ido	va	iba	fue	irá	iría	vaya	fuera	vaya
	vamos	íbamos	fuimos	iremos	iríamos	vayamos	fuéramos	vayamos
	vais	ibais	fuisteis	iréis	iríais	vayáis	fuerais	id / no vayáis
	van	iban	fueron	irán	irían	vayan	fueran	vayan
oír	oigo	oía	oí	oiré	oiría	oiga	oyera	
oyendo	oyes	oías	oíste	oirás	oirías	oigas	oyeras	oye / no oigas
oído	oye	oía	oyó	oirá	oiría	oiga	oyera	oiga
	oímos	oíamos	oímos	oiremos	oiríamos	oigamos	oyéramos	oigamos
	oís	oíais	oísteis	oiréis	oiríais	oigáis	oyerais	oíd / no oigáis
	oyen	oían	oyeron	oirán	oirían	oigan	oyeran	oigan
poder	puedo	podía	pude	podré	podría	pueda	pudiera	
pudiendo	puedes	podías	pudiste	podrás	podrías	puedas	pudieras	
podido	puede	podía	pudo	podrá	podría	pueda	pudiera	
	podemos	podíamos	pudimos	podremos	podríamos	podamos	pudiéramos	
	podéis	podíais	pudisteis	podréis	podríais	podáis	pudierais	
	pueden	podían	pudieron	podrán	podrían	puedan	pudieran	
poner	pongo	ponía	puse	pondré	pondría	ponga	pusiera	
poniendo	pones	ponías	pusiste	pondrás	pondrías	pongas	pusieras	pon / no pongas
puesto	pone	ponía	puso	pondrá	pondría	ponga	pusiera	ponga
	ponemos	poníamos	pusimos	pondremos	pondríamos	pongamos	pusiéramos	pongamos
	ponéis	poníais	pusisteis	pondréis	pondríais	pongáis	pusierais	poned / no pongáis
	ponen	ponían	pusieron	pondrán	pondrían	pongan	pusieran	pongan
predecir	predigo	predecía	predije	predeciré	predeciría	prediga	predijera	
prediciendo	predices	predecías	predijiste	predecirás	predecirías	predigas	predijeras	predice / no predigas
predicho	predice	predecía	predijo	predecirá	predeciría	prediga	predijera	prediga
	predecimos	predecíamos	predijimos	predeciremos	predeciríamos	predigamos	predijéramos	predigamos
	predecís	predecíais	predijisteis	predeciréis	predeciríais	predigáis	predijerais	predecid / no predigáis
	predicen	predecían	predijeron	predecirán	predecirían	predigan	predijeran	predigan

C. Irregular Verbs (Continued)

INFINITIVE PRESENT PARTICIPLE PAST PARTICIPLE	INDICATIVE					SUBJUNCTIVE		IMPERATIVE
	PRESENT	IMPERFECT	PRETERITE	FUTURE	CONDITIONAL	PRESENT	PAST	
querer	quiero	quería	quise	querré	querría	quiera	quisiera	
queriendo	quieres	querías	quisiste	querrás	querrías	quieras	quisieras	quiere / no quieras
querido	quiere	quería	quiso	querrá	querría	quiera	quisiera	quiera
	queremos	queríamos	quisimos	querremos	querríamos	queramos	quisiéramos	queramos
	queréis	queríais	quisisteis	querréis	querríais	queráis	quisierais	quered / no queráis
	quieren	querían	quisieron	querrán	querrían	quieran	quisieran	quieran
saber	sé	sabía	supe	sabré	sabría	sepa	supiera	
sabiendo	sabes	sabías	supiste	sabrás	sabrías	sepas	supieras	sabe / no sepas
sabido	sabe	sabía	supo	sabrá	sabría	sepa	supiera	sepa
	sabemos	sabíamos	supimos	sabremos	sabríamos	sepamos	supiéramos	sepamos
	sabéis	sabíais	supisteis	sabréis	sabríais	sepáis	supierais	sabed / no sepáis
	saben	sabían	supieron	sabrán	sabrían	sepan	supieran	sepan
salir	salgo	salía	salí	saldré	saldría	salga	saliera	
saliendo	sales	salías	saliste	saldrás	saldrías	salgas	salieras	sal / no salgas
salido	sale	salía	salió	saldrá	saldría	salga	saliera	salga
	salimos	salíamos	salimos	saldremos	saldríamos	salgamos	saliéramos	salgamos
	salís	salíais	salisteis	saldréis	saldríais	salgáis	salierais	salid / no salgáis
	salen	salían	salieron	saldrán	saldrían	salgan	salieran	salgan
ser	soy	era	fui	seré	sería	sea	fuera	
siendo	eres	eras	fuiste	serás	serías	seas	fueras	sé / no seas
sido	es	era	fue	será	sería	sea	fuera	sea
	somos	éramos	fuimos	seremos	seríamos	seamos	fuéramos	seamos
	sois	erais	fuisteis	seréis	seríais	seáis	fuerais	sed / no seáis
	son	eran	fueron	serán	serían	sean	fueran	sean
tener	tengo	tenía	tuve	tendré	tendría	tenga	tuviera	
teniendo	tienes	tenías	tuviste	tendrás	tendrías	tengas	tuvieras	ten / no tengas
tenido	tiene	tenía	tuvo	tendrá	tendría	tenga	tuviera	tenga
	tenemos	teníamos	tuvimos	tendremos	tendríamos	tengamos	tuviéramos	tengamos
	tenéis	teníais	tuvisteis	tendréis	tendríais	tengáis	tuvierais	tened / no tengáis
	tienen	tenían	tuvieron	tendrán	tendrían	tengan	tuvieran	tengan
traer	traigo	traía	traje	traeré	traería	traiga	trajera	
trayendo	traes	traías	trajiste	traerás	traerías	traigas	trajeras	trae / no traigas
traído	trae	traía	trajo	traerá	traería	traiga	trajera	traiga
	traemos	traíamos	trajimos	traeremos	traeríamos	traigamos	trajéramos	traigamos
	traéis	traíais	trajisteis	traeréis	traeríais	traigáis	trajerais	traed / no traigáis
	traen	traían	trajeron	traerán	traerían	traigan	trajeran	traigan
valer	valgo	valía	valí	valdré	valdría	valga	valiera	
valiendo	vales	valías	valiste	valdrás	valdrías	valgas	valieras	vale / no valgas
valido	vale	valía	valió	valdrá	valdría	valga	valiera	valga
	valemos	valíamos	valimos	valdremos	valdríamos	valgamos	valiéramos	valgamos
	valéis	valíais	valisteis	valdréis	valdríais	valgáis	valierais	valed / no valgáis
	valen	valían	valieron	valdrán	valdrían	valgan	valieran	valgan
venir	vengo	venía	vine	vendré	vendría	venga	viniera	
viniendo	vienes	venías	viniste	vendrás	vendrías	vengas	vinieras	ven / no vengas
venido	viene	venía	vino	vendrá	vendría	venga	viniera	venga
	venimos	veníamos	vinimos	vendremos	vendríamos	vengamos	viniéramos	vengamos
	venís	veníais	vinisteis	vendréis	vendríais	vengáis	vinierais	venid / no vengáis
	vienen	venían	vinieron	vendrán	vendrían	vengan	vinieran	vengan
ver	veo	veía	vi	veré	vería	vea	viera	
viendo	ves	veías	viste	verás	verías	veas	vieras	ve / no veas
visto	ve	veía	vio	verá	vería	vea	viera	vea
	vemos	veíamos	vimos	veremos	veríamos	veamos	viéramos	veamos
	veis	veíais	visteis	veréis	veríais	veáis	vierais	ved / no veáis
	ven	veían	vieron	verán	verían	vean	vieran	vean

D. Stem Changing and Spelling Change Verbs

INFINITIVE PRESENT PARTICIPLE PAST PARTICIPLE	INDICATIVE					SUBJUNCTIVE		IMPERATIVE
	PRESENT	IMPERFECT	PRETERITE	FUTURE	CONDITIONAL	PRESENT	PAST	
construir (y)	construyo	construía	construí	construiré	construiría	construya	construyera	
construyendo	construyes	construías	construiste	construirás	construirías	construyas	construyeras	construye / no construyas
construido	construye	construía	construyó	construirá	construiría	construya	construyera	construya
	construimos	construíamos	construimos	construiremos	construiríamos	construyamos	construyéramos	construyamos
	construís	construíais	construisteis	construiréis	construiríais	construyáis	construyerais	construid / no construyáis
	construyen	construían	construyeron	construirán	construirían	construyan	construyeran	construyan
creer (y [*3rd-pers. pret.*])	creo	creía	creí	creeré	creería	crea	creyera	
creyendo	crees	creías	creíste	creerás	creerías	creas	creyeras	cree / no creas
creído	cree	creía	creyó	creerá	creería	crea	creyera	crea
	creemos	creíamos	creímos	creeremos	creeríamos	creamos	creyéramos	creamos
	creéis	creíais	creísteis	creeréis	creeríais	creáis	creyerais	creed / no creáis
	creen	creían	creyeron	creerán	creerían	crean	creyeran	crean
dormir (ue, u)	duermo	dormía	dormí	dormiré	dormiría	duerma	durmiera	
durmiendo	duermes	dormías	dormiste	dormirás	dormirías	duermas	durmieras	duerme / no duermas
dormido	duerme	dormía	durmió	dormirá	dormiría	duerma	durmiera	duerma
	dormimos	dormíamos	dormimos	dormiremos	dormiríamos	durmamos	durmiéramos	durmamos
	dormís	dormíais	dormisteis	dormiréis	dormiríais	durmáis	durmierais	dormid / no durmáis
	duermen	dormían	durmieron	dormirán	dormirían	duerman	durmieran	duerman
pedir (i, i)	pido	pedía	pedí	pediré	pediría	pida	pidiera	
pidiendo	pides	pedías	pediste	pedirás	pedirías	pidas	pidieras	pide / no pidas
pedido	pide	pedía	pidió	pedirá	pediría	pida	pidiera	pida
	pedimos	pedíamos	pedimos	pediremos	pediríamos	pidamos	pidiéramos	pidamos
	pedís	pedíais	pedisteis	pediréis	pediríais	pidáis	pidierais	pedid / no pidáis
	piden	pedían	pidieron	pedirán	pedirían	pidan	pidieran	pidan
pensar (ie)	pienso	pensaba	pensé	pensaré	pensaría	piense	pensara	
pensando	piensas	pensabas	pensaste	pensarás	pensarías	pienses	pensaras	piensa / no pienses
pensado	piensa	pensaba	pensó	pensará	pensaría	piense	pensara	piense
	pensamos	pensábamos	pensamos	pensaremos	pensaríamos	pensemos	pensáramos	pensemos
	pensáis	pensabais	pensasteis	pensaréis	pensaríais	penséis	pensarais	pensad / no penséis
	piensan	pensaban	pensaron	pensarán	pensarían	piensen	pensaran	piensen
producir (zc, j)	produzco	producía	produje	produciré	produciría	produzca	produjera	
produciendo	produces	producías	produjiste	producirás	producirías	produzcas	produjeras	produce / no produzcas
producido	produce	producía	produjo	producirá	produciría	produzca	produjera	produzca
	producimos	producíamos	produjimos	produciremos	produciríamos	produzcamos	produjéramos	produzcamos
	producís	producíais	produjisteis	produciréis	produciríais	produzcáis	produjerais	producid / no produzcáis
	producen	producían	produjeron	producirán	producirían	produzcan	produjeran	produzcan
reír (i, i)	río	reía	reí	reiré	reiría	ría	riera	
riendo	ríes	reías	reíste	reirás	reirías	rías	rieras	ríe / no rías
reído	ríe	reía	rio	reirá	reiría	ría	riera	ría
	reímos	reíamos	reímos	reiremos	reiríamos	riamos	riéramos	riamos
	reís	reíais	reísteis	reiréis	reiríais	riais	rierais	reíd / no riais
	ríen	reían	rieron	reirán	reirían	rían	rieran	rían
seguir (i, i) (g)	sigo	seguía	seguí	seguiré	seguiría	siga	siguiera	
siguiendo	sigues	seguías	seguiste	seguirás	seguirías	sigas	siguieras	sigue / no sigas
seguido	sigue	seguía	siguió	seguirá	seguiría	siga	siguiera	siga
	seguimos	seguíamos	seguimos	seguiremos	seguiríamos	sigamos	siguiéramos	sigamos
	seguís	seguíais	seguisteis	seguiréis	seguiríais	sigáis	siguierais	seguid / no sigáis
	siguen	seguían	siguieron	seguirán	seguirían	sigan	siguieran	sigan
sentir (ie, i)	siento	sentía	sentí	sentiré	sentiría	sienta	sintiera	
sintiendo	sientes	sentías	sentiste	sentirás	sentirías	sientas	sintieras	siente / no sientas
sentido	siente	sentía	sintió	sentirá	sentiría	sienta	sintiera	sienta
	sentimos	sentíamos	sentimos	sentiremos	sentiríamos	sintamos	sintiéramos	sintamos
	sentís	sentíais	sentisteis	sentiréis	sentiríais	sintáis	sintierais	sentid / no sintáis
	sienten	sentían	sintieron	sentirán	sentirían	sientan	sintieran	sientan
volver (ue)	vuelvo	volvía	volví	volveré	volvería	vuelva	volviera	
volviendo	vuelves	volvías	volviste	volverás	volverías	vuelvas	volvieras	vuelve / no vuelvas
vuelto	vuelve	volvía	volvió	volverá	volvería	vuelva	volviera	vuelva
	volvemos	volvíamos	volvimos	volveremos	volveríamos	volvamos	volviéramos	volvamos
	volvéis	volvíais	volvisteis	volveréis	volveríais	volváis	volvierais	volved / no volváis
	vuelven	volvían	volvieron	volverán	volverían	vuelvan	volvieran	vuelvan

VOCABULARIO ESPAÑOL-INGLÉS

This Spanish-English Vocabulary contains all of the words that appear in the textbook, with the following exceptions: (1) most close or identical cognates that do not appear in the chapter vocabulary lists; (2) most conjugated verb forms; (3) most diminutives ending in **-ito/a;** (4) augmentatives ending in **-ísimo/a;** (5) most adverbs ending in **-mente.** Only meanings used in the text are given. Numbers following translations indicate the chapter in which that meaning of the word was first presented as active vocabulary. The English-Spanish Vocabulary (p. V-38) is based on the chapter lists of active vocabulary.

The letter **n** precedes **ñ** in alphabetical order.

The gender of nouns is indicated, except for masculine nouns ending in **-o** and feminine nouns ending in **-a.** Stem changes and spelling changes are indicated for verbs: **dormir (ue, u); llegar (gu); conocer (zc).**

The following abbreviations are used in this vocabulary.

adj.	adjective
adv.	adverb
anat.	anatomy
Arg.	Argentina
coll.	colloquial
conj.	conjunction
cont.	continued
dir.	direct
D.R.	Dominican Republic
f.	feminine
fam.	familiar
form.	formal
gram.	grammatical term
ind.	indicative
indir.	indirect
inf.	infinitive
interj.	interjection
inv.	invariable
irreg.	irregular
L.A	Latin America
lit.	literally
m.	masculine
Mex.	Mexico
n.	noun
obj.	object
p.p.	past participle
part.	participle
pl.	plural
P.R.	Puerto Rico
prep.	preposition
pres.	present
pret.	preterite
pron.	pronoun
rel.	relative
refl.	reflexive
s.	singular
Sp.	Spain
sub.	subject
subj.	subjunctive
v.	verb
Ven.	Venezuela

A

a at; to; **a cada uno lo suyo** to each his own; **a causa de** because of; **a continuación** following; **a diario** daily; **a fin de** in order to; **a finales de** at the end of; **a fondo** deeply; **a gusto** comfortably; comfortable, at ease; **a la(s)** + *time* at + *time* (1); **a la derecha (de)** to the right (of) (2); **a la par de** next door to; **a la izquierda (de)** to the left (of) (2); **a la parrilla** grilled; **a la vez** at once; **a lo largo de** throughout; **a lo lejos** in the distance; **a mano** by hand; **a medida que** as, while, at the same time that; **a menos que** + *subj.* unless (14); **a menudo** often; **a oscuras** in the dark; **a partir de** beyond (4), as of; from (*point in time*) on; **a partir de ahí** from that point on; **a pesar de** *conj.* despite; **a primera vista** at first sight; **a principios de** at the beginning of; **¿a qué hora?** At what time? (1); **a solas** alone; **a su gusto** to taste; **a su vez** at the same time; **a tiempo** on time; **a tiempo completo** full-time (*job*); **a tiempo parcial** part-time; **a veces** sometimes (1), at times

abajo downstairs (5); down (5); **boca abajo** face-down; upside down

abandonar to abandon, leave

abecedario alphabet

abeja bee; **abeja melipona** *stingless bee native to Mexico*

abierto/a (*p.p. of* **abrir**) open

abogado/a lawyer (13)

abono fertilizer

abordar to address, tackle (*topic*)

abrazar (c) to hug; **abrazarse** to hug each other (5)

abrazo *n.* hug

abreviación *f.* shortening, abridging

abreviado/a abridged, shortened

abreviatura abbreviation

abrigo coat (7); overcoat

abril April (2)

abrir (*p.p.* **abierto**) to open (2); **abrirse paso** to make way

abrumar to overwhelm

absoluto/a absolute

abstracción *f.* abstraction

abstracto/a abstract

absurdo/a absurd; **es absurdo que** it's absurd that (11)

abuelo/a grandfather/grandmother (4); *m. pl.* grandparents (4); **tátara-tátara-tatarabuelo** great-great-great grandfather; **tío abuelo** great uncle

abundancia *n.* abundance, prosperity

abundante abundant

abundar to abound, be plentiful

aburrido/a bored (2); boring (1)

aburrir to bore (6); **aburrirse** to get/become bored

abusar to abuse; **abusar de** + *noun* to do/take (*something*) in excess

abuso abuse

acabar to finish; to exhaust (*someone's patience*); to run out of (*in accidental* **se** *construction*) (7); **acabar de** + *inf.* to have just (*done something*) (10)

academia academy

académico/a academic; **formación** (*f.*) **académica** education (15)

acampar to camp; to go camping (9)

acaso: por si acaso just in case (9)
acceder (a) to access
acceso access; entry
accesorio accessory
accidente *m.* accident
acción *f.* action; **Día** (*m.*) **de Acción de Gracias** Thanksgiving Day (11)
aceite *m.* oil (6); **aceite de oliva** olive oil (6)
acelerar to accelerate
acento accent
aceptable acceptable
aceptación *f.* acceptance
aceptar to accept (6)
acera sidewalk (8)
acerca de *prep.* about; concerning
acercarse (qu) (a) to approach
acertar (ie) to guess correctly
aclarar to clarify
acné *m.* acne
acogedor(a) cozy; welcoming
acomodar to accommodate
acompañar to go with; to accompany
acondicionado/a: aire (*m.*) **acondicionado** air conditioning
acondicionador *m.* (hair) conditioner
aconsejar to advise (11)
acontecer (zc) to happen, take place
acontecimiento event
acordado/a agreed upon
acordar to agree; **acordarse (ue)** to remember (9)
acordeón *m.* accordion
acoso escolar school bullying
acostarse (ue) to lie down (5); to go to bed (5)
acostumbrado/a (a) accustomed (to) /used to
acostumbrarse (a) to get used to
acreditado/a accredited
acristalamiento: doble acristalamiento double-paned (*windows*)
actitud *f.* attitude
actividad *f.* activity (1)
activismo activism
activista *m., f.* activist
activo/a active
actor *m.* actor (11)
actriz *f.* (*pl.* **actrices**) actress (11)
actuación *f.* performance
actual current; present-day, modern
actualidad *f.* present time; **en la actualidad** currently, right now
actualmente currently (8)
actuar (actúo) to act
acuerdo agreement; **de acuerdo** in agreement; **de acuerdo a** according to; **de acuerdo con** in accordance with; **estar** (*irreg.*) **de acuerdo** to agree; **ponerse** (*irreg.*) **de acuerdo** to agree
acumulación *f.* accumulation
acumulador (*m.*) **de calor** heating system
acumular to accumulate
acupuntura acupuncture
acusado/a *adj.* accused
adaptar(se) (a) to adapt; to adjust (*to something*)
adecuado/a adequate
adelante forward; **salir** (*irreg.*) **adelante** to get ahead
adelgazar (c) to lose weight (12)
además moreover; **además de** *prep.* besides
adentro *adv.* inside (5); within
aderezar (c) to dress, season (*food*)
aderezo *s.* seasonings
adicción *f.* addiction (12)
adicional additional
adicto/a *n.* addict; **adicto/a (a)** addicted (to)
adiós good-bye (1)
adivinar to guess
adjetivo *gram.* adjective (1); **adjetivo posesivo** *gram.* possessive adjective (1)
adjuntar to attach (*a document*)
adjunto attachment (15); **document adjunto** attachment (15)
administración *f.* administration; **administración de proyectos** project management; **administración empresarial** business administration (1)
administrar to manage (13); to administer (13)
administrativo/a file clerk; *adj.* administrative
admirar to admire
adolescencia adolescence (9)
adolescente *n. m., f.* adolescent
¿adónde? (to) where? (2)
adopción *f.* adoption
adoptar to adopt
adoptivo/a: hijo/a adoptivo/a adopted son/daughter (4)
adorar to adore
adornado/a adorned (11); decorated
adorno decoration
adosado/a: casa adosada townhouse (5)
adquirir (ie, i) to acquire; to purchase
adrenalina: descarga de adrenalina adrenaline rush
aduana customs (10); **pasar por la aduana** to go through customs (10)
adulto/a *n., adj.* adult
adverbio *gram.* adverb (8)
advertir (ie, i) to warn, alert
aeróbico/a aerobic; **hacer** (*irreg.*) **ejercicio aeróbico** to do aerobics (12)
aeropuerto airport (8)
afán *m.* eagerness
afectar to affect (14)
afecto affection
afeitar(se) to shave (oneself) (5)
afición *f.* interest, liking; hobby
aficionado/a fan (11)
afiliado/a (a) affiliated (with)
afirmación *f.* statement
afirmar to affirm (12); to declare (12)
afirmativo/a affirmative
afortunadamente fortunately (8)
africano/a *n., adj.* African
afrocaribeño/a *adj.* Afro-Caribbean
afrocubano/a *adj.* Afro-Cuban
afuera *adv.* outside (5)
afueras *n. pl.* outskirts (5); suburbs (5)
agencia agency; **agencia de empleos** employment agency; **agencia de viajes** travel agency (10)
agenda planner
agente *m., f.* agent; **agente de viajes** travel agent
agosto August (2)
agotamiento exhaustion
agradable pleasant
agradar to please
agradecer (zc) to thank
agradecido/a grateful
agradecimiento gratitude
agregar (gu) to add
agrícola *m., f.* agricultural (8)
agricultor(a) farmer (8)
agricultura agriculture (8), farming
agroturismo agricultural tourism (10)
agua *f.* (*but* **el agua**) water (6); **agua dulce/salada** fresh/salt water (14); **agua de Jamaica** hibiscus tea; **contaminación** (*f.*) **del agua** water pollution (14)
aguacate *m.* avocado (6)
aguantar to endure, stand; to put up with
aguardiente *m.* liquor
águila *f.* (*but* **el águila**) eagle (14)
ahí there; **a partir de ahí** from that point on
ahijado/a godson/goddaughter (4)
ahogado/a drowned; **torta ahogada** *sandwich smothered in salsa from Guadalajara, Mexico*
ahora now (2)
ahorita right now; later (*D.R.*)
ahorrar to save; **ahorrar dinero** to save money (15)
ahuehuete: árbol (*m.*) **de ahuehuete** Montezuma cypress tree
aire *m.* air (14); **aire acondicionado** air conditioning; **aire puro** clean air (14); **al aire libre** outdoors; **contaminación** (*f.*) **del aire** air pollution (14)
aislado/a isolated
ajetreado/a busy
ají *m.* (*pl.* **ajíes**) (bell) pepper
ajo garlic (6)
ajuar *n. m. s.* furnishings
ajustar to adjust; **ajustarse a** to fit, meet
al (*contraction of* **a** + **el**) to the; **al aire libre** outdoors; **al alcance** in reach; **al contrario** on the contrary; **al día** up to date; **al día siguiente** the next day; **al este** to the east (7); **al estilo Samaná** *with herbs and coconut milk* (*D.R.*); **al final** at/in the end; **al fondo** at the far end **al gusto** to one's liking; **al horno** baked; **al lado de** next to (5); **al máximo** to the fullest; **al menos** at least; **al norte** to the north (8); **al oeste** to the west (8); **al principio** in the beginning, at first; **al principio de** at the beginning of; **al sur** to the south (8); **al vapor** steamed; **de al lado** next-door (5)
alargar (gu) to lengthen, extend
alarma alarm; **saltar la alarma** to sound the alarm
Alasita: Feria de la Alasita *month-long festival held in La Paz, Bolivia*

albañil *m.* bricklayer (13); construction worker (13)
albergar (gu) to host, house (*a collection*); to be home to
albergue *m.* hostel
Albicelestes *m., pl. nickname for Argentine's national soccer team*
álbum *m.* record (*music*); **álbum de fotos** photo album
alcance *m.* scope; reach; **al alcance** in reach
alcanzar (c) to achieve; to reach; **alcanzar a** + *inf.* to manage to (*do something*)
alcohol *m.* alcohol (12)
alcohólico/a *n.* alcoholic (12); **bebida alcohólica** alcoholic drink
aldea village
aleatorio/a random
alegar (gu) to allege, claim
alegrarse (de) to be happy (about) (11)
alegre happy (2)
alegría happiness, joy
alejado/a (de) distant, far away from
alejarse (de) to move away from
alemán *m.* German (*language*)
Alemania Germany
alergia allergy
alfombra rug (5)
alga seaweed; *pl.* algae
algo something (9)
algodón *m.* cotton (7)
alguien someone (9), somebody
algún, alguno/a(s) some (9); any; **algún día** someday; **alguna vez** once; ever
alianza alliance
alimentación *f.* diet
alimentar(se) to feed/nourish (oneself)
alimentario/a *adj.* food
alimenticio/a food; eating; nutritious
alimento food (6); nourishment (6); **alimentos transgénicos** genetically modified foods (15)
aliviar to relieve (12); to lessen
allá over there; **más allá** further, farther; **más allá de** beyond
allí there
alma *f.* (*but* **el alma**) soul
almacén *m.* market; grocery store
almeja clam
almohada pillow
almorzar (ue) (c) to eat lunch (3)
almuerzo lunch (6)
¿aló? hello? (*when answering telephone*)
alojamiento lodging (10)
alojarse to stay (*in a hotel*) (10)
alpargatas *pl. light canvas shoes*
alpinismo mountain climbing (9); **hacer** (*irreg.*) **alpinismo** to mountain climb (10)
alquilar to rent
alquiler *m.* rent (15)
alrededor: alrededor de *prep.* around; **alrededores** *n. m. pl.* surroundings
altar *m.* altar
altavoz *m.* (*pl.* **altavoces**) loudspeaker; *pl.* speakers (15)
alternativa alternative, option
alternativo/a *adj.* alternative
altiplano high plateau (14)
altitud *f.* altitude
alto/a tall (1); high; **alto cargo** senior oficial; **en lo alto** up high; **en voz alta** aloud; **precio alto** high price (7); **televisión** (*f.*) **de alta definición** HD TV (15); **zapatos de tacón alto** high-heeled shoes (7)
altoparlante *m.* loudspeaker
altruismo unselfishness
altruista *m., f.* altruistic, unselfish
altura height; **de altura** high
alusión *f.* reference; **hacer** (*irreg.*) **alusión a** to refer to
ama (*f. but* **el ama**) **de casa** homemaker
amabilidad *f.* kindness
amable friendly (9)
amante *m., f.* lover
amargo/a bitter
amarillo/a *adj.* yellow (2)
amarse to love each other (9)
amazónico/a *adj.* Amazon
ámbar *m.* amber
ambición *f.* ambition
ambicioso/a ambitious
ambiental environmental; **desastre** (*m.*) **ambiental** environmental disaster (14); **problema** (*m.*) **ambiental** environmental problem (14); **solución** (*f.*) **ambiental** environmental solution (14)
ambiente *m.* atmosphere; environment; industry; world; **medio ambiente** environment (14)
ambos/as *pl.* both
ambulante: vendedor(a) ambulante street vendor
amenaza threat
amenazar (c) to threaten
americano/a American; **café** (*m.*) **americano** drip coffee; *espresso with water added*; **fútbol** (*m.*) **americano** football (1); **jugar (ue) (gu) al fútbol americano** to play football (1)
amigo/a friend (1); **mejor amigo/a** best friend (1)
amistad *f.* friendship (9)
amor *m.* love (9)
amoroso/a amorous
ampliar (amplío) to extend; to increase; to enlarge
amplio/a ample; broad; wide
amueblado/a furnished (5)
amueblar to furnish; **sin amueblar** unfurnished (5)
analista *m., f.* analyst
analizar (c) to analyze
anaranjado/a orange (*color*) (2)
anatomía anatomy (1)
ancestro *m.* ancestor
ancho/a wide; **televisión** (*f.*) **de pantalla ancha** wide-screen TV (15)
anciano/a elderly person
anclaje *m.* anchor point
Andalucía Andalusia (*region in southern Spain*)
andaluz(a) *adj.* Andalusian (*of or from Andalusia, region in southern Spain*)
andar *irreg.* to walk; **andar en bicicleta** to ride a bicycle (1); **andar en patines** to in-line skate
andino/a Andean
anécdota anecdote
anfitrión, anfitriona host, hostess
ángel *m.* angel; **pez** (*m.*) **ángel** angelfish
anillo ring (7); **anillo de compromiso** engagement ring
animado/a lively; cheerful; **dibujos animados** cartoons (9)
animal *m.* animal; **animal doméstico** domesticated (farm) animal (8)
animar to encourage
ánimo spirit; **estado de ánimo** state of mind
anís *m.* anise
aniversario anniversary
anoche last night
anormal abnormal
anotar to make a note of; **anotar datos** to enter data (13)
ansiedad *f.* anxiety
antagonista *m., f.* antagonist
antártico/a: Mar Antártico Antarctic Sea
ante before; **ante todo** above all
anteayer the day before yesterday
antecedente *m. gram.* antecedent
antepasado/a ancestor
anterior previous; front
antes before; **antes (de)** before (1); **antes de que** + *subj.* before (14)
antibiótico antibiotic (12)
anticipación *f.*: **con anticipación** ahead of time
anticontaminante anti-pollution (14)
anticuado/a outdated
antidepresivo antidepressant
antigüedad *n. f.* antique
antiguo/a ancient; old; former
antipático/a mean (1), disagreeable
antropología anthropology
antropólogo/a anthropologist
anual annual
anuncio (clasificado) (classified) advertisement
añadir to add
año year (3); **Año Nuevo** New Year's Day (11); **¿cuántos años tiene usted (Ud.)?** how old are you (*s. form.*)? (4); **¿cuántos años tienes?** how old are you (*s. fam.*)? (4); **cumplir años** to have a birthday; **el año pasado** last year; **los años setenta** the seventies; **por año** yearly; per year; **tener** (*irreg.*) **... años** to be . . . years old (3); **todo el año** all year; **todos los años** every year
apacible gentle; mild
apaciguar(se) (ü) to ease up
apagar (gu) to turn off
apagón *m.* blackout
aparato device; **aparato doméstico** appliance (3)
aparcamiento parking
aparcar (qu) to park

aparecer (zc) to appear
aparente apparent
apariencia appearance
apartamento apartment (5); **edificio de apartamentos** apartment building (5)
aparte *adv.* separate; **aparte de** *prep.* apart from; as well as
apasionado/a passionate
apasionar to inspire; **apasionarse** to be passionate about
apellido last name; **¿cuál es su apellido?** what's your (*s. form.*) last name? (1); **¿cuál es tu apellido?** what's your (*s. fam.*) last name? (1); **mi apellido es...** my last name is. . . (1)
apenas hardly; barely
apéndice *m.* appendix
aperitivo appetizer
apetito appetite
aplicación *f.* application (*mobile device*)
aplicar(se) (qu) to apply (*not for work*)
aportar to offer
aporte *m.* contribution
apóstol *m.* apostle
apoyar (a) to support
apoyo *n.* support
apreciación *f.* appreciation; evaluation, assessment
apreciar to appreciate
aprecio *n.* esteem; value
aprender to learn (2); **aprender a** + *inf.* to learn to (*do something*) (2)
apretado/a tight
aprobar (ue) to approve
apropiado/a appropriate; fitting
aprovechar to take advantage of
aproximadamente approximately
apuntar to note; to jot down; **apuntarse** to sign up
apunte *m.* note; **tomar apuntes** to take notes (1)
apurar to hurry
aquel, aquella *adj.* that (way over there); *pron.* that one (way over there) (4)
aquello that (*concept, unknown thing*) (4)
aquellos/as *adj.* those (way over there); *pron.* those ones (way over there) (4)
aquí here (1)
árabe *n. m.* Arabic (*language*); *n. m., f.* Arab; *adj.* Arabic
araña spider (14); **lámpara de araña** chandelier
árbol *m.* tree (8); **árbol de ahuehuete** Montezuma cypress tree; **árbol de Navidad** Christmas tree (11); **árbol genealógico** family tree; **tala de árboles** tree felling (14), deforestation
archipiélago archipelago (14)
archivar to file
archivo file (15)
arcilla clay; **de arcilla** clay *adj.* (7)
ardor *m.* zeal; burning sensation
arduo/a arduous
área *f.* (*but* **el área**) area; **área protegida** protected area
arena sand (14); arena, stadium
arepa *corn or yucca-based tortilla common in Venezuela and Colombia*; **arepa de yuca** *Dominican yucca with fried corn dough*
arepita: arepita de yuca *Dominican yucca with fried corn dough*; **arepita frita** fried arepa
aretes *m. pl.* earrings (7)
argentino/a Argentine (1)
argot *m.* slang, jargon
argumento argument; plot (*story*)
árido/a dry
arma *f.* (*but* **el arma**) arm, weapon
armado/a *adj.* armed; **conflicto armado** armed conflict
armario closet (5); armoire; **armario empotrado** built-in closet
armónica harmonica
aromaterapia aromatherapy; **practicar (qu) la aromaterapia** to do aromatherapy (12)
arpa *f.* (*but* **el arpa**) harp; lyre
arqueología archeology
arqueológico/a archeological; **ruinas arqueológicas** archeological ruins (10)
arqueólogo/a archeologist
arquetipo archetype
arquitecto/a architect (11)
arquitectura architecture (1)
arrastrar to swipe (*on touch screen*)
arrecife *m.* reef; **arrecife de coral** coral reef
arreglar to arrange; to tidy, clean up; to fix; **arreglar el cuarto** to tidy/clean up the room (3)
arrestar to arrest
arriba upstairs (5); up (5)
arriesgado/a daring; dangerous
arrogante arrogant
arrojar to throw out, spew (14)
arroz *m.* rice (6)
arruinar to ruin
arte *f.*(*but* **el arte**) art (1); **artes escénicas** performing arts (11); **artes marciales** martial arts; **artes plásticas** visual arts (11); **bellas artes** fine arts (1); **Facultad** (*f.*) **de Bellas Artes** School of Fine Arts (1); **objeto de arte** piece of art; **obra de arte** work of art (11)
artesanal handmade
artesanías arts and crafts (7)
artesano/a artisan; *adj.* handmade
ártico/a arctic; **zona ártica** Arctic region (14)
articulación *f.* joint (*anat.*)
artículo article (7); good (*merchandise*) (7); item
artificial artificial; **fuegos artificiales** fireworks (11)
artista *m., f.* artist (11)
artístico/a artistic
arzobispal: Palacio Arzobispal archbishop's residence
asado barbecue
asado/a roasted (6); **lechón** (*m.*) **asado** roast suckling pig; **pollo asado** roast chicken (6)
asalariado/a salaried
asar to roast
ascendencia ancestry, lineage
ascensor *m.* elevator (5)
asco: ¡qué asco! gross!; how disgusting!
asegurar to assure; **asegurarse (de)** to make sure (of)
asentamiento settlement (*of a population*)
aseo half bathroom
asesinar to murder, assassinate
asesor(a) adviser, counselor
asesoramiento advising, counseling
asesorar to advise
asesoría advice
así thus; so; like this/that (8); **así como** as well as; **así pues** so; **así que** therefore, consequently, so; **aun así** even so, still
asiático/a *adj.* Asian
asiento seat (10); **asiento de pasillo** aisle seat (10); **asiento de ventanilla** window seat (10)
asignar to assign
asimismo also, additionally
asistencia assistance; **asistencia sanitaria** medical attention
asistente *m., f.* assistant; attendee; **asistente de vuelo** flight attendant (10)
asistir (a) to attend, go to (*a class, event*) (2)
asma *f.* (*but* **el asma**) asthma
asociación *f.* association; relationship
asociar to associate
aspecto aspect; look, appearance
aspiración *f.* wish; dream; hope
aspiradora vacuum cleaner (3); **pasar la aspiradora** to vacuum (3)
aspirante *m., f.* applicant (13)
aspirar to aspire (*to be something*)
aspirina aspirin
astronomía astronomy (1)
asumir to assume (*responsibility*)
asunto matter; subject; theme
asustado/a scared (2)
atacar (qu) to attack
ataque *m.* attack
atar to tie
atardecer *m.* dusk
atascado/a jammed, crowded
Atenas Athens
atención *f.* attention; **atención al cliente** client support; **llamar la atención** to sound interesting (*lit.* to call out for one's attention) (6); **prestar atención** to pay attention
atender (ie) (a) to attend (to); to wait on (*store*)
atleta *m., f.* athlete (13)
atmósfera atmosphere (14)
atracción *f.* attraction
atractivo attraction; appeal
atractivo/a attractive
atraer (*like* **traer**) (*p.p.* **atraído**) to attract; to appeal
atrapar to catch; to trap
atrás *adv.* back; **hacer** (*irreg.*) **la cuenta atrás** to count down
atravesá: cumbia atravesá *variation of the Colombian cumbia dance*

atravesar (ie) to go through; to cross
atreverse (a) to dare (to)
atrevido/a cheeky; daring
atún *m.* tuna (6)
auditivo/a *adj.* auditory
aula (*f., but* **el aula**) classroom
aumentar to increase; to raise
aumento (de sueldo) *n.* raise (13); increase
aun *adv.* even
aún *adv.* still, yet
aunque *adv., conj.* although
auricular *m.* receiver; **auricular bluetooth** Bluetooth earphone (15)
ausencia absence
auténtico/a authentic
auto car
autobús *m.* bus (8); **estación** (*f.*) **de autobuses** bus station (8)
autóctono/a native
autodidacto/a *adj.* self-taught
autoestima self-esteem (12)
automático/a automatic; **cajero automático** ATM
automotor *m.* automobile
automóvil *m.* car; automobile
automovilístico/a *adj.* car, automobile
autonomía autonomy; independence
autónomo/a autonomous
autopista freeway; (four-lane) highway
autor(a) author
autoridad *f.* authority
autorretrato self-portrait
autosuficiente *adj.* self-sufficient
auxiliar *m., f.* assistant
avance *m.* advance; **avance** (*m.*) **tecnológico** technological advance (15)
avanzado/a advanced
ave *f.* (*but* **el ave**) bird; *pl.* poultry
avenida avenue (5)
aventura adventure
aventurero/a *n.* adventurer; *adj.* adventurous
avergonzado/a ashamed; embarrassed
averiguar (ü) to find out
aversión *f.* aversion
ávido/a avid, eager
avión *m.* airplane (8)
avisar to warn; to inform, notify
¡ay! *interj.* oh no!; ouch!
ayer yesterday
ayuda *n.* help; **ayuda financiera** financial aid
ayudante *n. m., f.* assistant
ayudar to help (9)
ayuna: en ayunas on an empty stomach
ayuntamiento town council
azafata *m., f.* flight attendant (10)
azafrán *m.* saffron
azar *m.* chance; **juego de azar** game of chance
azotea rooftop
azteca *n., adj. m., f.* Aztec
azúcar *m.* sugar (6); **caña de azúcar** (sugar) cane
azul blue (2); **azul marino** dark blue

B

bachillerato high school diploma
bahía bay (14)
baleada *Honduran street food*
bailable: música bailable dance music
bailador(a) dancer
bailar to dance (1)
bailarín, bailarina (ballet) dancer (11)
baile *m.* dance (11)
bajar to download (13); to get down; to lower; **bajar de peso** to lose weight; **bajarse (de)** to get off (of) (*a vehicle*) (10)
bajo/a short (1); **planta baja** first (ground) floor (5); **precio bajo** low price (7); **zapatos de tacón bajo** flats (7)
bajo *prep.* under; **encerrado/a bajo techo** shut inside the house
balada ballad
balcón *m.* balcony (5)
baldosa tile
ballena whale (14)
ballenero *adj.* whaling
ballet (*m.*) **clásico** classical ballet (11)
balón *m.* ball
baloncesto basketball
balsa raft; **balsa de totora** reed boat
bambú *m.* bamboo
banana banana (6)
bancario/a *adj.* banking
banco bank (8); bench
banda band (*musical*)
bandeja tray
bandera flag
banquero/a banker (13)
bañar(se) to bathe (5); to swim (5)
bañera bathtub (5)
baño bathroom (5); **baño completo** full bath; **baño parcial** half bath; **traje** (*m.*) **de baño** bathing suit (7)
bar *m.* bar (*drinking establishment*) (8)
baraja deck of cards
barato/a cheap (7); inexpensive (7)
barbacoa barbecue
barbero/a barber (13)
barco boat (8); **pasear en barco** to go boating (9)
barrer (el piso) to sweep (the floor) (3)
barrio neighborhood (5)
barro mud
barroco/a Baroque
basarse (en) to base (on)
base *f.* base, foundation; **base de datos** data base; **en base a** based on
básico/a basic
basquetbol *m.* basketball (1); **jugar (ue) (gu) al basquetbol** to play basketball (1)
bastante *adj.* enough; sufficient
bastar: basta enough
bastón *m.* walking stick
basura trash, garbage (3); **sacar (qu) la basura** to take out the trash (3)
basurero landfill (14); garbage can
bata robe; **bata cubana** *typical dress of Cuba made of light-weight, colorful fabric*
batalla battle
bate *m.* bat (*sports*); **bate de béisbol** baseball bat
batería drums (11), drum set (11)
batido smoothie
batidora mixer; **batidora eléctrica** electric mixer
batir to beat
baula: tortuga baula leatherback sea turtle
bautismo baptism
bautizar (c) to baptize
bautizo baptism (*ceremony*) (4)
bebé, beba baby
beber to drink (2)
bebida drink (6); **bebida alcohólica** alcoholic drink
beca grant; scholarship
beige beige (7)
béisbol *m.* baseball (1); **bate** (*m.*) **de béisbol** baseball bat; **jugar (ue) (gu) al béisbol** to play baseball (1)
beisbolista *m., f.* baseball player
Belén: Vieja Belén *folkloric who comes one week after Epiphany to bring gifts to poor children (D.R.)*
Belice Belize
belleza beauty
bello/a *adj.* beautiful; **bellas artes** fine arts (1); **Facultad** (*f.*) **de Bellas Artes** School of Fine Arts (1)
beneficiar to benefit; **beneficiarse (de)** to benefit (from)
beneficio benefit (13)
benéfico/a charitable
besar to kiss; **besarse** to kiss each other (5)
beso kiss
Biblia Bible
biblioteca library (1)
bibliotecario/a librarian
bicicleta bicycle, bike; **andar en bicicleta** to ride a bicycle (1)
bien *adv.* fine, well (2); **bien** well (*response to greeting*) (1); **bien vestido/a** well-dressed; **caerle bien** to be liked (by someone); **estar** (*irreg.*) **bien** to be well; **llevarse bien** to get along well (with each other) (5); **manejar bien el dinero/tiempo** to manage one's money/ time well (15); **muy bien** very well (1); **pasarlo bien** to have a good time (3); **salir** (*irreg.*) **bien** to turn out well
bien *n. m.* property, belongings
bienestar *m.* well-being (12)
bienvenido/a welcome
bilingüe bilingual (13)
billar *m.* pool, billiards (3)
billete *m.* ticket (*Sp.*)
biodegradable biodegradable (14)
biodiversidad *f.* biodiversity (14)
biodiverso/a biodiverse
biografía biography
biología biology (1)
biológico/a biological; **reserva biológica** biological reserve (10)
biólogo/a biologist (13)
bioquímica biochemistry

biosaludable: parque (*m.*) **biosaludable** fitness park
biosfera biosphere
birria *spicy stew from Jalisco, Mexico*
bisabuelo/a great-grandfather/ great-grandmother
bistec *m.* steak (6)
bit *m.* bit (*binary digit, computers*)
blanco *n.* white (2); blank; **espacio en blanco** blank (space); **flor** (*f.*) **de monja blanca** *white orchid that is the national flower of Guatemala*; **quedarse en blanco** to go blank (*mind*)
blanco/a *adj.* white; **vino blanco** white wine (6)
blog *m.* blog
bloguero/a blogger
bloque *m.* block; **bloque de pisos** block apartment building
bluetooth: auricular (*m.*) **bluetooth** Bluetooth earphone (15)
blusa blouse (7)
bobo: tortuga marina boba loggerhead sea turtle
boca mouth (12); **boca abajo** face-down
boda wedding (4)
bogotano/a of/from Bogotá (Colombia)
bohemio/a Bohemian
boleto ticket (*L.A.*) (10)
bolígrafo pen (1)
bolívar *m. currency of Venezuela*
boliviano/a Bolivian (1)
bolsa bag (14); stock market (15)
bolsillo pocket
bolso handbag (7)
bomba bomb; *traditional music of Puerto Rico*
bombero/a firefighter
bonaerense *m., f.* of Buenos Aires
bonito/a pretty (1)
bordado/a embroidered
borde *m.* edge, border; **pasar un cuchillo por el borde** run a knife around the edges
bordear to border
boricua *adj. m., f.* Puerto Rican
borrador *m.* eraser (*for whiteboard*); (writing) draft
borrar to erase; to delete (15)
bosque *m.* forest (8); **bosque nuboso** cloud forest; **bosque primario** old-growth forest; **bosque tropical** tropical rainforest (14)
bosquejo outline
botánico/a botanic, botanical
botas boots (7)
botella bottle (14)
botones *m. inv.* bellhop (10)
boutique *f.* boutique, specialty store (7)
Brasil Brazil
brasileño/a Brazilian
bravo/a: ponerse (*irreg.*) **bravo/a** to get mad
brazalete *m.* bracelet (7)
brazo arm (12); **con los brazos descubiertos** off-the-shoulder
breve brief; short
brigada brigade
brillante brilliant; shining
brindar to offer; to provide; **brindar (por)** to toast (to) (11)
británico/a British
broma joke
bucear to scuba dive
buceo scuba diving
buen, bueno/a good (1); **buen provecho** bon appétit; **buenas noches** good evening (*after evening meal*) (1); **buenas tardes** good afternoon (*until evening meal*) (1); **bueno...** well . . .; **buenos días** good morning (*until midday meal*) (1); **es bueno que** it's good that (11); **estar** (*irreg.*) **de buen humor** to be in a good mood; **hace (muy) buen tiempo** it's (very) nice out (2); **¡qué buena onda!** sweet!; how cool!; **sacar (qu) buenas notas** to get good grades (1); **ser** (*irreg.*) **buena onda** to be (a) cool (person)
buey *m.* ox
bulevar *m.* boulevard (5)
burro donkey (8)
busca search; **en busca de** in search of
buscar (qu) (algo) to look for (something) (1)
búsqueda search; **búsqueda de trabajo** job search (13)
byte *m.* byte

C

cabalgar (gu) to ride on horseback
caballero gentleman
caballo horse (8); **caballo marino** seahorse; **montar a caballo** to ride a horse
cabaña cabin; **cabaña rústica** rustic cabin (10)
caber *irreg.* to fit; to be possible; **cabe** + *inf.* it's worth + *inf.*
cabeza head (12); **dolor** (*m.*) **de cabeza** headache (12)
cable *m.* cable (*electric*)
cabo: llevar a cabo to carry out
cacao cacao bean
cada *inv.* each (4), every; **a cada uno lo suyo** to each his own; **cada vez** every time; **cada vez más** more and more; **cada vez menos** less and less
cadena chain; channel (*television*)
cadera hip
caer *irreg.* to drop (*in accidental se construction*) (7); to fall; **caerle bien/mal** to be liked/disliked (by someone); **caerse** to fall down
café *m.* coffee (3); cup of coffee (3); café; **café americano** drip coffee; *espresso with water added*; **café solo** *a small cup of strong coffee* (*P.R.*); **color café** brown (2); **de color café** brown
cafecito *espresso with sugar* (*Cuba*)
cafeína caffeine
cafetera coffee maker (5); coffeepot
cafetería cafeteria (1)
caída fall
caja box
cajero cashier; **cajero automático** ATM, cash machine
calabaza pumpkin
calavera skull
calcetines *m. pl.* socks (7)
calcio calcium
calculadora calculator
calcular to calculate
cálculo calculus
calefacción *f.* heating
calendario calendar (2)
calentamiento global global warming (14)
calentar(se) (ie) to warm up
calidad *f.* quality
cálido/a warm (*climate*)
caliente warm (*temperature*)
calificación: fase *f.* **de calificación** qualifying phase
calificar (qu) to assess; to qualify
callado/a quiet
calle *f.* street (2)
callejero/a *adj.* street; **puesto callejero** street shop/stall
calma calm
calmante *m.* sedative
calor *m.* heat; **hace (mucho) calor** it's (very) hot (2); **tener** (*irreg.*) **(mucho) calor** to be (very) hot (3)
caloría calorie
caluroso/a hot
cama bed (3); **hacer** (*irreg.*) **la cama** to make the bed (3)
cámara camera (15)
camarero/a server (*restaurant*); chambermaid
camarones *m. pl.* shrimp (6)
cambiar to change; **cambiarse la ropa** to change clothes
cambio change; **cambio climático** climate change (14); **en cambio** on the other hand
camello camel
caminar to walk (1)
caminata hike (9); **dar** (*irreg.*) **una caminata** to go on a hike
camino road (8)
camión *m.* truck (8)
camioneta minibus (8); minivan (8); pickup truck
camisa shirt (7)
camiseta T-shirt (7)
campaña campaign
campeón, campeona champion
campeonato championship
campesino/a farm worker
campo country(side) (5); playing field (*sports*); **trabajo en el campo** fieldwork
campus *m.* campus (1)
Canadá Canada; **Día** (*m.*) **de Canadá** Canada Day (11)
canadiense *n., adj. m., f.* Canadian
canal *m.* canal
canasta basket
cancelar to cancel
cáncer *m.* cancer
cancha court; **cancha de tenis** tennis court
canción *f.* song (11)
candidato/a candidate
cangrejo crab (14)

canoa canoe (10); **pasear en canoa** to go canoeing (10)
cansado/a tired (2)
cansarse to get tired
cantante *m., f.* singer (11)
cantar to sing
cantidad *f.* amount, quantity; abundance
cantina bar
canto chanting
caña (de azúcar) (sugar) cane
cañón *m.* canyon
caos *m. s.* chaos
capa cape; layer
capacidad *f.* ability, capacity
capacitación *f.* training
capacitar to prepare
capilla chapel
capital *f.* capital (*city*)
capitalino/a *n.* inhabitant of the capital
capítulo chapter
captar to gain; to capture
capturar to capture
cara face; **lavarse la cara** to wash one's face (5)
carácter *m.* personality
característica *n.* characteristic
característico/a *adj.* characteristic
caracterizar(se) (c) to characterize; to portray
caramelo caramel
carbohidrato carbohydrate
carbono carbon
cárcel *f.* prison, jail
cardíaco/a cardiac, involving the heart
cardiovascular: patología cardiovascular congénita congenital heart disease
carga burden
cargado/a *adj.* full, loaded
cargar (gu) (con) to carry; to load
cargo: alto cargo senior official; **estar** (*irreg.*) **a cargo (de)** in charge (of) (13)
Caribe *m.* Caribbean; **Mar** (*m.*) **Caribe** Caribbean Sea
caribeño/a *n., adj.* Caribbean
cariño affection (9); **tenerle** (*irreg.*) **cariño a** to be fond of (*someone*) (9)
cariñoso/a affectionate (4)
carismático/a charismatic (13)
Carnaval *m.* Carnival (11); **máscara de carnaval** Carnival mask
carne *f.* meat (6); **carne de cerdo** pork (6); **carne de res** beef (6); **carne picada** ground beef
carné *m.* identification card; **carné de conducir** driver's license
carnet *m.* identification card; **carnet de conducir** driver's license (8)
carnicería butcher's shop
carnívoro/a carnivore
caro/a expensive (7)
carpa big top (*circus tent*)
carrera career (15); major (1); race
carreta (ox) cart
carretera highway (8)
carro car (8)
carroza parade float (11)
carta menu; letter; card; *pl.* cards (*game*) (3); **carta de presentación** cover letter
cartel *m.* poster
cartera wallet (7)
cartón *m.* cardboard (14)
casa home; house (3); **ama** (*f. but* **el ama**) **de casa** homemaker; **casa adosada** townhouse (5); **casa en fila** row house; townhouse; **en casa** at home; **limpiar la casa** to clean the house (3); **quedarse en casa** to stay home
casado/a married (4); **recién casado/a** newlywed
casarse (con) to marry; to get married (to) (9)
cascada waterfall
casco viejo old quarter (*part of town*)
casero/a home-made
casi *adv.* almost
caso case; situation; **en caso de que** + *subj.* in case (14)
castaño/a chestnut (*color*)
castellano Spanish (*language*) (*Sp.*)
castillo castle
casualidad *f.* chance, coincidence
casualmente casually
catalán *m.* Catalan (*language*)
catalán, catalana *n., adj.* Catalan
catalogar (gu) to classify; to list
catarata waterfall
catedral *f.* cathedral (8)
categoría category
católico/a *n., adj.* Catholic
catorce fourteen (1)
catrín, catrina dandy
causa cause; **a causa de** because of
causar to cause
cavar to dig
cazador(a) hunter
cazar (c) to hunt
CD *m.* CD
CD-ROM *m.* CD-ROM (15)
cebador(a) *person who pours yerba mate*
cebolla onion (6)
celebración *f.* celebration (11)
celebrar to celebrate (11)
celestial *n.* sky; *adj.* heavenly
celos *m. pl.* jealousy
celoso/a jealous (9)
celular *m.* cell (phone) (1); **teléfono celular** cell (phone) (1)
cementerio cemetery
cena dinner (6)
cenar to eat dinner (1)
ceniza ash; **Miércoles de Ceniza** Ash Wednesday
censo census
centígrado centigrade
central *adj.* central
centrar(se) to focus (on)
céntrico/a central, centrally located (5)
centro downtown (5); **centro comercial** mall (7); **centro de salud** health center (8); **centro estudiantil** student union (1)
Centroamérica Central America
Centroamericano/a Central American
cerámica pottery (7)
cerca *n.* fence; **de cerca** up close; *adv.* near; **cerca (de)** *prep.* close (to) (2)
cercanía proximity
cercano/a *adj.* near, close by
cerdo pig (8); **carne** (*f.*) **de cerdo** pork (6); **chuleta de cerdo** pork chop (6)
cereal *m.* cereal (6); grain; **tazón** (*m.*) **(para cereal)** bowl (for cereal)
cerebro brain (12)
ceremonia ceremony; **ceremonia civil** civil ceremony (4)
cero zero (1)
cerrar (ie) to close (3); **cerrar (ie) el grifo** to turn off the faucet (14)
cerrero *strong black coffee* (*Ven.*)
certero/a accurate; good
certeza certainty
cerveza beer (6)
cesar to cease
césped *m.* lawn, grass; **cortar el césped** to mow the lawn, cut the grass (3)
cesta large basket
ceviche *m. dish made of raw fish marinated in citrus juice*
chalet *m.* chalet (5)
chalupa launch; small canoe (*Mex.*)
chamaco/a boy/girl
champán *m.* champagne
champán *m.* champagne (6)
champiñones *m.* mushrooms (6)
champú *m.* shampoo
chaqueta jacket (7)
charlar to chat (1)
charro cowboy (*Mex.*)
chatarra *adj. inv.*: **comida chatarra** junk food
chatear to chat (*online*)
chau ciao
chef *m., f.* chef (6)
cheque *m.* check
chequeo check-up (12)
chévere cool; **¡qué chévere!** (how) cool!
chícharo pea
chico/a *n.* boy/girl; *adj.* small (7)
chile *m.* pepper
chileno/a Chilean (1)
chimenea fireplace (5); **industria sin chimenea** travel industry
chino *n.* Chinese (*language*)
chino/a *adj.* Chinese
chinola passion fruit
chip *m.* chip (*computer*)
chisme *m.* gossip
chiste *m.* joke
chistoso/a funny
chivo goat; **¡qué chivo!** cool! (*coll. El Salvador*)
choclo corn(cob)
chocolate *m.* chocolate (6); hot chocolate
chofer *m.* chauffeur
chompa sweater
choza shack, hut
chuleta chop (6); **chuleta de cerdo** pork chop (6)
churro fritter

cibercafé *m.* cybercafé, internet café
ciclismo cycling (9)
ciclista *m., f.* cyclist
ciclo cycle, series
ciclovía cycle lane; bike path
cielo sky
cien one hundred (2)
ciencia science (1); **ciencia social** social science; **ciencias políticas** political science (1); **Facultad** (*f.*) **de Ciencias** School of Science (1)
científico/a *n.* scientist (13); *adj.* scientific
ciento... one hundred . . .; **ciento dos** one hundred two (4); **ciento noventa y nueve** one hundred ninety-nine (4); **ciento tres** one hundred three (4); **ciento uno** one hundred one (4); **por ciento** percent
cierto/a true; certain; **es cierto que** it's certain that (12)
cifra number; figure
cigarrillo cigarette
cinco five (1); **Cinco de Mayo** *commemorative celebration in Mexico and United States, also called Anniversary of the Battle of Puebla* (11)
cincuenta fifty (2)
cine *m.* movie theatre (3); **ir** (*irreg.*) **al cine** to go to the movies (3)
cineasta *m., f.* film director
cinético/a kinetic
cinturón *m.* belt (7)
circuito circuit
circulación *f.* traffic
circular to circulate
círculo circle
circuncisión *f.* circumcision
circunstancia circumstance
cisne *m.* swan
cita date (9); appointment
citar to cite
ciudad *f.* city (2); **ciudad de origen** city of origin; **ciudad natal** hometown
ciudadano/a citizen
civil civil (*of society*); **ceremonia civil** civil ceremony (4); **estado civil** marital status (4); **guerra civil** civil war
civilización *f.* civilization
clarificar (qu) to clarify
clarinete *m.* clarinet
claro/a light (*color*) (7); *adv.* clearly; **¡claro que sí!** of course!
clase *f.* class (1); **clase económica** coach (class) (10); **compañero/a de clase** classmate (1); **primera clase** first class (10); **salón** (*m.*) **de clase** classroom (1); **tomar una clase** to take a class (1)
clásico *n.* classic
clásico/a *adj.* classical; **ballet** (*m.*) **clásico** classical ballet (11); **música clásica** classical music (11)
clasificado/a classified; **anuncio clasificado** classified advertisement
clasificar (qu) to classify
claustro cloister
clausura closing
clausurar to wrap up, complete
clave *adj. inv.* key, fundamental
cliente/a client (6); **atención** (*f.*) **al cliente** client support
clientela clientele
clima *m.* weather; climate
climático/a *adj.* climatic; **cambio climático** climate change (14)
clímax *m.* climax
clínica clinic (1)
club *m.* club
cobrar to charge
cocer (ue) (z) to cook
coche *m.* car (5)
cochera carport (5)
cocina kitchen (5)
cocinar to cook (3)
cocinero/a cook (13)
coco coconut; **dulce** (*m.*) **de coco tierno** *coconut dessert* (*D.R.*)
cocodrilo crocodile (14)
coerción *f.* coercion
coexistencia coexistence
coexistir to coexist
co-fundador(a) co-founder
coger (j) to take (*transportation*) (*Sp.*)
cognado cognate
cogollo: sombrero de cogollo *traditional hat of Venezuela*
cohabitar to live together
cojín *m.* cushion
cola line; **hacer** (*irreg.*) **cola** to stand in line (10)
colaboración *f.* collaboration
colaborar to collaborate
colaborativo/a collaborative
colar (ue) to strain
colección *f.* collection
colectivo bus; taxi
colectivo/a *adj.* collective; group
colega *m., f.* coworker, colleague
colegio school, high school
colgar (ue) (gu) to hang
colina hill
collage *m.* collage
collar *m.* necklace (7)
colmado corner grocery story
colocar (qu) to place, put
colombiano/a Colombian (1)
colonial colonial; **época colonial** colonial era
colonización *f.* colonization
colonizador(a) colonist, colonizer
colonizar (c) to colonize
colono/a colonist
coloquial colloquial
color *m.* color (2); **color café** brown (2); **color fucsia** fuchsia
colorear to color
colorido/a colorful
columna column (*of text*)
coma *m.* coma (*medicine*); *f.* comma (*grammar*)
comadre *f.* close female friend; godmother to one's child
combatir to fight
combinación *f.* combination
combinar to combine; to mix
combustible *n. m.* fuel; **combustible fósil** fossil fuel
combustión *f.* combustión, burning (14)
comedia comedy (11)
comedor *m.* dining room (5)
comentar to comment on
comentario comment; remark
comenzar (ie) (c) to begin, to start
comer to eat (2); **comerse** to eat (*something*) up; **dar** (*irreg.*) **de comer** to feed
comercial commercial; trade; **centro comercial** mall (7); business center
comercio trade; business; **comercio libre** free trade
comestible *m.* food item (6); *pl.* groceries (6); **tienda de comestibles** grocery store (6)
cómico/a *n.* comedian; *adj.* funny; **tira cómica** comic, comic strip
comida food (6); meal (6); **comida chatarra** junk food
comienzo start, beginning
como like, as; since; **así como** as well as; **guardar como** to save as (15); **tal como** just as; **tan... como** as . . . as (5); **tan pronto como** as soon as (13); **tanto como** as much as (5); **tanto/a(s)... como** as much/ many . . . as (5)
¿cómo? how? (1); what?; **¿cómo eres?** what are you (*s. fam.*) like? (1); **¿cómo es usted (Ud.)?** what are you (*s. form.*) like? (1); **¿cómo está usted (Ud.)?** how are you (*s. form.*)? (1); **¿cómo estás?** how are you (*s. fam.*)? (1); **cómo no** of course; **¿cómo se llama usted (Ud.)?** what's your (*s. form.*) name? (1); **¿cómo te llamas?** what's your (*s. fam.*) name? (1)
cómoda chest of drawers (5)
comodidad *f.* comfort; convenience
cómodo/a comfortable (7)
compa *m., f.* buddy
compadrazgo *relationship between a child's parents and his/her godparent(s)*
compadre *m.* close male friend; godfather of one's child
compañerismo comradeship
compañero/a companion; co-worker; **compañero/a de clase** classmate (1); **compañero/a de cuarto** roommate (1); **compañero/a de piso** roommate (*apartment*)
compañía company (13); business; performing group
comparación *f.* comparison (4)
comparar to compare
comparsa *group of people at Carnival in costume with masks*
compartlmiento stall (*stable*)
compartir to share
compasión *f.* compassion (13)
competición *f.* competition
competir (i, i) to compete
complejo/a complex
complementario/a complimentary
complemento (clothing) accessory (7)
completar to complete; flnish
completo/a complete; **baño completo** full bath; **empleo a tiempo completo**

full-time job (13); **por completo** completely
complicación *f.* complication
complicado/a complicated
complicar (qu) to complicate
componente *m.* component
componer (*like* **poner**) (*p.p.* **compuesto**) to compose
comportamiento behavior
composición *f.* essay; composition
compositor(a) composer (11)
compra purchase; **hacer** (*irreg.*) **compras** to make purchases; **ir** (*irreg.*) **de compras** to go shopping (7)
comprador(a) buyer
comprar to buy (1)
comprender to understand (2)
comprensión *f.* understanding
comprensivo/a understanding (13)
comprobar (ue) to check; to verify
comprometido/a engaged to be married
compromiso engagement (9); **anillo de compromiso** engagement ring
computación *f.* information technology; computer science
computadora computer (1); **computadora portátil** laptop (1)
computarizar (c) to computerize
común *adj.* common; mutual
comunal communal
comunicación *f.* communication; **medios** (*pl.*) **de comunicación** mass media
comunicarse (qu) to communicate (with each other) (5)
comunicativo/a communicative
comunidad *f.* community (8); **cuota de la comunidad** homeowner's association fee; **precio de comunidad** homeowner's association fee
comunitario/a *adj.* community; **servicio comunitario** community service
con with (1); **con cuidado** carefully; **con frecuencia** often; **con los brazos descubiertos** off-the-shoulder; **con fuerza** with strength; **con ganas** with desire; **con intención** with intention; **¿con qué frecuencia?** how often? (3); **¿con quién(es)?** with whom?; **con tal (de) que** + *subj.* provided that (14)
concentrarse to concentrate; to focus on
concepto concept; idea
concha (sea)shell (14)
conciencia conscience; awareness
concienciar to make aware
concierto concert (11)
conciso/a concise
concluir (y) to conclude, come to an end
conclusión *f.* conclusion, end
concordar (ue) to agree
concreto/a concrete
concurrido/a crowded
concurso competition
condado county
condensado/a condensed
condición *f.* condition
condimento seasoning
cóndor *m.* condor
conducir *irreg.* to drive (*Sp.*) (8); **carné de conducir** driver's license; **carnet** (*m.*) **de conducir** driver's license (8)
conectar to connect
conectividad *f.* connectivity
conejo rabbit (8)
conexión *f.* connection (15); **conexión WiFi** WiFi connection (15)
confección *f.* production; manufacturing; clothing creations
confeccionar to make
conferencia lecture; conference
confesar to confess
confirmación *f.* confirmation
confirmar to confirm
conflicto conflict, clash; **conflicto armado** armed conflict
confusión *f.* confusion
congelado/a *adj.* frozen
congénito/a congenital; **patología cardiovascular congénita** congenital heart disease
congestión *f.* congestion
congregarse (gu) to assemble
congreso conference
congrí *m.* black beans and rice (*Cuba*)
conjugar (gu) to conjugate
conjunción *f.* conjunction; **conjunción de dependencia y propósito** *gram.* conjunction of contingency and purpose (14); **conjunción temporal** *gram.* temporal conjunction (13)
conjunto group; collection; **conjunto musical** band, musical group (11); **en conjunto** together, as a group
conjunto/a *adj.* joint
conmemoración *f.* commemoration
conmemorar to commemorate
conmigo with me (2)
cono cone
conocer (zc) to know, to be acquainted with (*person, place*) (4); **conocerse** to know (each other); to meet (each other) (*for the first time*); **dar** (*irreg.*) **a conocer** to make public; to publish
conocido/a *n.* acquaintance; *adj.* well-known
conocimiento knowledge (13)
conquista conquest; winning over
conquistar to conquer
consecuencia consequence
conseguir (*like* **seguir**) to get, obtain (3); **conseguir** + *inf.* to manage to (*do something*) (7)
consejero/a advisor (13); counselor (13)
consejo advice; council
conservación *f.* conservation (14)
conservador(a) conservative
conservar to conserve (14); to save
consideración *f.* consideration
considerar to consider; to think (*about*)
consistir (en) to consist (of)
consolidación *f.* consolidation
consolidar to consolidate
constante constant
constitución *f.* constitution
construcción *f.* construction
constructor(a) construction (*adj.*)
construir (y) to build
consultor(a) counselor, consultant
consultorio office
consumir to consume; to eat; to drink; to use
consumismo consumerism
consumista *adj. m., f.* consumerist
consumo consumption
contabilidad *f.* accounting (1)
contactar to contact
contacto contact; **mantenerse** (*like* **tener**) **en contacto (con)** to stay in touch (with); **ponerse** (*irreg.*) **en contacto con** to get in touch with
contador(a) accountant (13)
contagioso/a contagious; infectious
contaminación *f.* pollution (14); **contaminación del agua** water pollution (14); **contaminación del aire** air pollution (14); **contaminación del suelo** soil pollution (14); **contaminación sónica** noise pollution
contaminado/a polluted (14)
contaminante *n. m.* pollutant; *adj.* contaminating, polluting
contaminar to pollute (14)
contar (ue) to count (6); to tell (6); **contar con** to count on
contemporáneo/a contemporary
contener (*like* **tener**) to contain
contenido *n.* content
contento/a content, happy (2)
contestar to answer (1)
contexto context
contigo with you (*s. fam.*) (2)
continente *m.* continent
continuación *f.* continuation; **a continuación** following; below
continuar (continúo) to continue
contra against
contracorriente upstream
contrariamente contrarily
contrario/a opposite; against; **al contrario** on the contrary; **por el contrario** on the contrary
contrarrestar to counteract
contraste *m.* contrast
contratar to hire
contrato contract
contribución *f.* contribution
contribuir (y) to contribute
control *m.* control; **control de seguridad** security (10); **pasar por el control de seguridad** to go through security (10)
controlar to control; to manage; to check; **controlar los gastos** to manage expenses (15)
convencer (z) to convince
convención *f.* convention
convencional conventional
conveniente convenient
convenio contract; agreement
convenir (*like* **venir**) to be advisable; to be favorable (*to someone*)
convento convent

conversación *f.* conversation
conversar to talk; to converse
convertir (ie, i) to convert; **convertirse en** to change, to become
convidar to invite
convivencia coexistence; living together
convivir to live together; to coexist
convocar (qu) to call together; to convene
cooperación *f.* cooperation
cooperativo/a cooperative
coordinador(a) coordinator
coordinar to coordinate, arrange
copa drink (*alcoholic*) (3); (wine) glass (6); **Copa Mundial** World Cup
copia: hacer (*irreg.*) **copias** to make copies (13)
copiar to copy
copropietario/a co-owner
coqueteo flirtation
coquí *m.* tree frog (*P.R.*)
coral *m.* coral; **arrecife** (*m.*) **de coral** coral reef
corazón *m.* heart (12)
corbata tie (7)
cordillera mountain range
coreografía choreography
coro choir (11); chorus (11)
corporal *adj.* body; physical; **imagen** (*f.*) **corporal** body image
corral *m.* yard; barnyard
corrala *a type of community housing typical of Madrid*
corraleja *a type of bull-fighting festival in Colombia*
correcto/a correct
corredor *m.* corridor, passage
corregir (i, i) (j) to correct
correo post; **oficina de correos** post office (8)
correr to run (2); to jog (2)
corresponder to correspond; to be fitting
correspondiente *adj.* corresponding
corrida race; **corrida de toros** bullfight (11)
corriente: ponerse (*irreg.*) **al corriente** to catch up
corrupción *f.* corruption
corrupto/a corrupt (9)
cortar(se) to cut (oneself); **cortar el césped** to mow the lawn, cut the grass (3)
corte *n. m.* cut; **corte de pelo** haircut; *f.* court
cortejo courtship
cortijo country house
cortina curtain
corto/a short; **de manga corta** with short sleeves (7); **pantalones** (*m.*) **cortos** shorts (7)
cosa thing (3)
cosecha harvest; crop
coser to sew
cosméticos *pl.* cosmetics (7)
cosmopolita *adj. m., f.* cosmopolitan
costa coast
costar (ue) to cost; **costarle a uno** to be hard for someone; **¿cuánto cuesta(n)?** how much does it (do they) cost? (7)
costarricense Costa Rican (1)
costo *n.* cost, price; **costo de vida** cost of living
costoso/a costly
costumbre *f.* custom
costumbrismo daily life, customs
cotidiano/a daily
coyote *m.* coyote
creación *f.* creation
crear to create (11)
creatividad *f.* creativity
creativo/a *adj.* creative
crecer (zc) to grow (up)
crecida rise
crédito credit; **tarjeta de crédito** credit card (6)
creencia belief
creer (y) (*p.p.* **creído**) to believe (2)
crema cream
creyente *m., f.* believer
cría breeding (*of cattle*)
crianza upbringing
criar to raise; to rear (*children*); **criarse** to grow up
crimen *m.* crime (*violent*)
criminal *m., f.* criminal
crío/a child
criollo/a *adj.* Creole
crisis *f.* (economic) crisis
cristianismo Christianity
cristiano/a Christian; **moros y cristianos** black beans and rice
Cristo Christ
crítico/a *n.* critic; *adj.* critical
crónica chronicle; report
cronología chronology
cronológico/a chronological
crucero cruise (ship) (10)
crujiente crunchy
cruz *f.* (*pl.* **cruces**) cross
cruzar (c) to cross (8)
cuaderno notebook (1)
cuadra block (8)
cuadrado/a square
cuadro painting (5); chart; **de cuadros** plaid (7)
cual: el/la cual which; **lo cual** which; **sea cual sea** whatever
¿cuál(es)? what? (1); which? (1); **¿cuál es su nombre/apellido?** what's your (*s. form.*) first/last name? (1); **¿cuál es tu nombre/apellido?** what's your (*s. fam.*) first/last name? (1)
cualidad *f.* quality
cualificación *f.* qualification
cualificado/a *adj.* qualified
cualquier *adj.* any
cualquiera *pron. inv.* anyone
cuando when (2); **de vez en cuando** from time to time
¿cuándo? when? (1)
cuanto: en cuanto *conj.* as soon as (13); **en cuanto a** regarding
¿cuánto? how much? (1); how many? (1); **¿cuánto cuesta(n)?** how much does it (do they) cost? (7); **¿cuánto tiempo hace que... ?** how long has it been since . . . ?; **¿cuánto vale(n)?** how much is it (are they) worth? (7)
¿cuántos/as? how many? (1); **¿cuántos años tiene usted (Ud.)?** how old are you (*s. form.*)? (4); **¿cuántos años tienes?** how old are you (*s. fam.*)? (4)
cuarenta forty (2)
cuarto room (3); **arreglar el cuarto** to tidy/clean up the room (3); **compañero/a de cuarto** roommate (1); **cuartos de final** quarterfinals
cuarto/a fourth (5), quarter (*hour*); **menos cuarto** quarter to (1); **y cuarto** quarter past (1)
cuate/a *coll.* close friend *Mex.*
cuatro four (1); **son las cuatro** it's four o'clock (1)
cuatrocientos/as four hundred (4)
cubano/a Cuban (1); **bata cubana** *typical dress of Cuba made of light-weight, colorful fabric*
cubículo cubicle (13)
cubierto/a (*p.p. of* **cubrir**) covered
cubiertos *pl.* utensils
cubista *m., f.* cubist
cubo bucket
cubrir (*p.p.* **cubierto**) to cover
cuchara spoon (6)
cucharada spoonful
cucharadita teaspoon
cucharón *m.* soup ladle
cuchillo knife (6); **pasar un cuchillo por el borde** run a knife around the edges
cuello neck (12)
cuenco serving bowl
cuenta account; bill (15); bill, check (*restaurant*) (6); **darse** (*irreg.*) **cuenta de** to realize; **hacer** (*irreg.*) **la cuenta atrás** to count down; **manejar las cuentas** to manage one (accounts) (13); **pagar (gu) las cuentas** to pay the bills (15); **por su propia cuenta** on your (*pl.*) own; **tener** (*irreg.*) **en cuenta** to take into account
cuentista *m., f.* story writer; author
cuento story (9); **cuento de hadas** fairytale
cuerda rope; cord
cuerno horn
cuero leather; **de cuero** leather (*adj.*) (7)
cuerpo body; **Cuerpo de Paz** Peace Corps; **cuerpo humano** human body (12)
cuestión *f.* question; issue
cueva cave
cuidado care; *interj.* careful; **con cuidado** carefully; **cuidado médico/personal** medical/personal care (12); **tener** (*irreg.*) **cuidado** to be careful (3)
cuidadoso/a careful
cuidar de to take care of (*someone*); **cuidarse** to take care of oneself (12)
culinario/a culinary
cultivable arable
cultivación *f.* farming; cultivation
cultivar to cultivate; to grow (crop); to develop
cultivo crop
culto/a cultured, highbrow
cultura culture

cumbia *dance native to Colombia*; **cumbia atravesá** *variation of the Colombian cumbia dance*
cumpleaños *m. inv.* birthday (4); **pastel** (*m.*) **de cumpleaños** birthday cake
cumplir (con) to carry out; to fulfill; **cumplir años** to have a birthday
cuñado/a brother-in-law/sister-in-law (4)
cuota de la comunidad homeowner's association fee
cura treatment; cure
curandero/a folk healer
curar to cure; **curarse** to recover
curativo/a therapeutic; curative
curiosidad *f.* curiosity
currículo curriculum vitae
currículum (vitae) *m.* résumé, CV (13)
cursivo/a: letra cursiva cursive, italics
curso course
cursor *m.* cursor
curva curve
cuy *m.* guinea pig
cuyo/a whose

D

dama lady
danza dance (11)
danzante *m., f.* dancer (11)
danzón-cumbia *m. variation of the Colombian cumbia dance*
dañar to damage (12); to cause pain (12)
daño harm, damage
dar *irreg.* to give (6); **dar a conocer** to make public; to publish; **dar de comer** to feed; **dar** (*irreg.*) **gusto** to please; **dar** (*irreg.*) **la espalda** to ignore; **dar la vuelta** to turn around; **dar un paseo** to take a stroll; **dar una caminata** to go on a hike (9); **dar una fiesta** to throw a party; **darle pena** to make (*someone*) sad; **darse cuenta de** to realize; **darse la mano** to shake hands with each other (5)
datar de + *time* to date from + *time*
dato fact; *pl.* personal information; data; **anotar datos** to enter data (13); **base** (*f.*) **de datos** database; **procesador** (*m.*) **de datos** data processor
de *prep.* from (1); of (1); **de acuerdo** in agreement; **de acuerdo a** according to; **de acuerdo con** in accordance with; **de al lado** next door (5); **de algodón** cotton (*adj.*) (7); **de arcilla** clay (*adj.*) (7); **de cerca** up close; **de cuadros** plaid (*adj.*) (7); **de cuero/piel** leather (*adj.*) (7); **de diamantes** diamond(s) (*adj.*) (7); **¿de dónde?** where from? (1); **¿de dónde eres?** where are you (*s. fam.*) from? (1); **¿de dónde es usted (Ud.)?** where are you (*s. form.*) from? (1); **de enfrente** *adj.* opposite, facing; **de habla española** Spanish-speaking; **de ida** one-way (trip); **de ida y vuelta** round (trip); **de la mañana** in the morning (1); A.M.; **de la noche** in the evening, at night (1); P.M.; **de la tarde** in the afternoon (1); P.M.; **de lana** wool (*adj.*) (7); **de lujo** luxury (*hotel*) (10); **de lunares** polka dotted (*adj.*) (7); **de madera** wood (*adj.*) (7); **de mal humor** in a bad mood; **de manga corta/larga** with short/long sleeves (7); **de marca** name-brand (7); **de nada** you're welcome (1); **de oro** gold (*adj.*) (7); **de perlas** pearl(s) (*adj.*) (7); **de plata** silver (*adj.*) (7); **de rayas** striped (7); **de repente** suddenly; **de seda** silk (*adj.*) (7); **de todos modos** at any rate; **de última hora** last minute; **de última moda** fashionable, in-style (7); **de una vez** once and for all; **de vacaciones** on vacation; **¿de veras?** really?; **de vez en cuando** from time to time; **de viaje** on a trip; **de vuelta** again; **soy de...** I'm from. . . (1)
debajo *adv.* below; **debajo de** *prep.* under (2)
debate *m.* debate
deber to owe (6); **deber** + *inf.* should, ought to (*do something*) (3)
debido a due to
débil *adj.* weak
decepcionado/a disappointed
decidir to decide
décimo/a tenth (5)
decir *irreg.* (*p.p.* **dicho**) to say (6); to tell (6)
decisión *f.* decision; **tomar una decisión** to make a decisión
decisivo/a decisive
declaración *f.* statement, declaration
declarar to declare; to state
declinar to decline
decoración *f.* decoration
decorar to decorate
decorativo/a decorative
dedicado/a dedicated
dedicar(se) (qu) to dedicate (oneself); to devote
dedo finger (12); **dedo del pie** toe (12)
defender (ie) to defend; to protect
defensa *n.* defense; defender
defensivo/a defensive
defensor(a) defender
deficiencia deficiency, lack
definición *f.* definition; **televisión** (*f.*) **de alta definición** HD TV (15)
definir to define
definitivo/a definitive
deforestación *f.* deforestation (14)
deidad *f.* deity
dejar to leave; **dejar de** + *inf.* to stop/quit (*doing something*) (12); **dejar reposar** to let rest; **dejarse llevar** to let oneself go
del (*contraction of* **de** + **el**) from the (1); of the
delantal *m.* apron
delante de in front of (5)
deletrear to spell
delfín *m.* dolphin (14)
delgado/a thin (4)
delicadamente *adv.* delicately
delicadeza delicateness
delicia delight; delicacy
delicioso/a delicious
demanda *n.* demand; request; **demanda laboral** workforce demand
demás: lo demás the rest; **los/las demás** the rest, others
demasiado *adv.* too much (7)
democracia democracy
democrático/a democratic
demostración *f.* demonstration
demostrar (ue) to demonstrate, show
demostrativo *gram.* demonstrative (4)
denominado/a named, called
denso/a: población (*f.*) **densa** dense population (14)
dentista *m., f.* dentist (12)
dentro *adv.* inside; **dentro de** *prep.* inside (5); within; **dentro de poco** in a little while
departamento department; apartment (*Mex.*)
dependencia dependence; **conjunción** (*f.*) **de dependencia y propósito** *gram.* conjunction of contingency and purpose (14)
depender to depend
deporte *m.* sport (2); **practicar (qu) un deporte** to participate in a sport (1)
deportivo/a *adj.* sports, sport-related
depredador/a predator
depresión *f.* depression (12)
deprimido/a depressed (12); **estar** (*irreg.*) **deprimido/a** to be depressed (12)
deprimirse to become depressed
depuradora filter
derecha *n.* right side; **a la derecha (de)** to the right (of) (2)
derecho law (*profession*) (1); right (*legal*); straight ahead (8); **seguir (i, i) derecho** to go straight; **todo derecho** straight ahead (8)
derivado/a derived
derrame *m.* spill; **derrame de petróleo** oil spill
derretimiento melting, thawing
derretir (i, i) to melt
derrocar (qu) to overthrow; to topple
derrota *n.* defeat
desafortunadamente unfortunately (8)
desahogarse (gu) to unburden oneself
desaparecer (zc) to disappear
desaparición *f.* disappearance
desarrollar to develop
desarrollo *n.* development; **país** (*m.*) **en desarrollo** developing country
desastre *m.* disaster; **desastre ambiental** environmental disaster (14)
desastroso/a disastrous
desayunar to eat breakfast (1)
desayuno breakfast (6)
descansar (un rato) to rest (a while) (1)
descanso *n.* rest; break
descarga de adrenalina adrenaline rush
descargar (gu) to download
descender (ie) to descend
descendiente *m., f.* descendent
descomponer (*like* **poner**) (*p.p.* **descompuesto**) to break down (*in accidental* **se** *construction*) (7); **descomponerse** to decompose
descomposición *f.* breakdown, decomposition
desconectarse to disconnect, unplug
desconocido/a *adj.* unknown
descontado/a *adj.* discounted
describir (*p.p.* **descrito**) to describe (2)

descripción *f.* description (1)
descriptivo/a descriptive
descubierto/a discovered; **con los brazos descubiertos** off-the-shoulder
descubrimiento discovery
descubrir (*like* **cubrir**) (*p.p.* **descubierto**) to discover
descuento discount (7)
descuidar to neglect
desde *prep.* from; **desde entonces** since then; **desde hace** + *time* for + *time*; **desde la(s)... hasta la(s)...** from . . . until . . . (*time*)
desear to want; to wish; **desear** + *inf.* to desire/want to (*do something*) (1)
desecho waste; **desechos urbanos** urban waste (14)
desembarcar (qu) to disembark
desempleo unemployment
deseo desire, wish
desértico/a desert-like
desesperado/a desperate
desfilar to file (*walk*); to march; to parade
desfile *m.* parade (11); exhibition, show; **desfile de modas** fashion show
desgraciadamente unfortunately (8)
desgranarse to seed; to drop kernels (*corn*)
deshebrar to shred
deshidratarse to dehydrate
desierto desert (14)
designar to appoint
desigualdad *f.* inequality
desintegrar(se) to disintegrate, break up
desnutrición *f.* malnutrition
desocupación *f.* unemployment; **tasa de desocupación** unemployment rate
desordenado/a messy; disorganized
desorientado/a lost
despacho (individual) office; study (5)
despedida good-bye, leave taking (1); **despedida de soltero/a** bachelor(ette) party
despedir (*like* **pedir**) to fire (13); **despedirse** to say good-bye to each other (5)
despensa pantry
desperdiciar to waste (14)
despertar (ie) to wake; **despertarse** to wake up (5)
desplazamiento displacement
desplazar (c) to displace
despoblación *f.* depopulation
desproporción *f.* disproportion
después *adv.* after (1); later; then; **después de** *prep.* after (1); **después de que** *conj.* after (13)
destacar (qu) to emphasize
destinar to appoint; to allocate; to set aside
destinatario/a recipient
destino destination (10)
destreza skill (13)
destrozar (c) to destroy
destrucción *f.* destruction (14)
destructivo/a destructive
destruir (y) to destroy (14)
desventaja disadvantage
desvestirse (*like* **vestir**) to get undressed (5)
desviarse (me desvío) to stray
detallado/a detailed; individually
detalle *m.* detail; gift
detener (*like* **tener**) to stop; to arrest
deteriorar to deteriorate
determinación *f.* determination
determinar to determine, to decide
detrás de *prep.* behind (2)
deuda debt
devastador(a) devastating
devastar to devastate
devedé *m.* DVD
devolver (*like* **volver**) (*p.p.* **devuelto**) to return (*something*); to give back
devorar to devour
día *m.* day (1); **al día siguiente** the next day; **algún día** someday; **buenos días** good morning (*until midday meal*) (1); **Día de Acción de Gracias** Thanksgiving Day (11); **Día de Canadá** Canada Day (11); **Día de la Independencia** Independence Day (11); **Día de la Madre** Mother's Day (11); **Día de la Raza** Columbus Day (11); **Día de Muertos** Day of the Dead (11); **Día de los Reyes Magos** Feast of the Three Kings (Epiphany) (11); **Día de San Valentín** St. Valentine's Day; **Día de Todos los Santos** All Saints' Day; **Día del Padre** Father's Day (11); **día del santo** one's saint day (11); **Día del Trabajo** Labor Day; **día feriado** holiday; **día festivo** holiday (11); **días entre semana** weekdays (1); **estar** (*irreg.*) **al día** to be up to date; **todos los días** every day (1)
diabetes *f. s.* diabetes
diablo devil
diagnosticar (qu) to diagnose
diagrama *m.* diagram
diálogo conversation, dialogue
diamante *m.* diamond; **de diamantes** diamond(s) (*adj.*) (7)
diario/a daily (3); **a diario** daily
dibujar to draw (9)
dibujo drawing (11); **dibujos animados** cartoons (9)
diccionario dictionary (1)
dicho/a (*p.p. of* **decir**) said; **mejor dicho** or rather, in other words
diciembre December (2)
dictador(a) dictator
diecinueve nineteen (1)
dieciocho eighteen (1)
dieciséis sixteen (1)
diecisiete seventeen (1)
diente *m.* tooth (12); **lavarse los dientes** to brush one's teeth (5); **pasta de dientes** toothpaste
dieta diet; **estar** (*irreg.*) **a dieta** to be on a diet
diez ten (1)
diferencia difference
diferenciarse to distinguish; to differentiate
diferente different
difícil difficult (1)
dificultad *f.* difficulty, problem
difundir to disseminate
digestión *f.* digestion
dilema *m.* dilemma
diligente diligent; hard-working
dimensión *f.* dimension
diminuto/a little, tiny
dinámico/a *adj.* dynamic
dinero money; **ahorrar dinero** to save money (15); **manejar (bien/mal) el dinero** to manage one's money (well/poorly) (15)
dios *m. s.* god; **¡por Dios!** for heaven's sake! (9)
diplomático/a diplomat
dirección *f.* address; direction; *pl.* directions (8)
directivo/a executive
directo/a direct, straight; **objeto directo** *gram.* direct object; **pronombre** (*m.*) **de objeto directo** *gram.* direct object pronoun (5)
director(a) director (11); **director(a) de orquesta** (musical) conductor (11); **director(a) de personal** personnel director (13)
dirigir (j) to manage (*people*); **dirigirse** to speak, write to (*audience*)
disco disc, disk; **disco duro** hard drive
discografía recordings (*n.*), discography
discográfico/a recording (*adj.*)
discoteca disco, dance club (9)
discriminación *f.* discrimination
discriminatorio/a discriminatory, discriminating
disculpa: pedir (i, i) disculpas to apologize
disculpar to excuse
discurso speech
discusión *f.* argument; discussion
discutir to argue (9); to discuss
diseñador(a) designer (13); **diseñador(a) de modas** fashion designer (13)
diseñar to design
diseño (gráfico) (graphic) design (7)
disfraz (*pl.* **disfraces**) costume
disfrazarse (c) to disguise oneself (11)
disfrutar (de) to enjoy (10)
disminuir (y) to reduce, to decrease
disolver(se) (ue) (*p.p.* **disuelto**) to dissolve
disperso/a scattered
disponer (*like* **poner**) (*p.p.* **dispuesto**) to arrange; **disponer de** to be available; to be/have at one's disposal
disponibilidad *f.* availability; readiness
disponible available
dispositivo device
disquete *m.* floppy disk
distancia distance
distinguir(se) (g) to distinguish, to differentiate (oneself)
distinto/a different
distracción *f.* entertainment, hobby (3)
distribución *f.* distribution
distribuir (y) to distribute
distrito district
diversidad *f.* diversity, variety
diversión *f.* fun thing to do (9), amusement, entertainment
diverso/a different; diverse
divertido/a fun (1)

divertirse (ie, i) to have fun (5)
dividir to divide, split up
división *f.* division
divorciado/a divorced (4)
divorciarse (de) to get divorced (from) (9)
divorcio divorce (4); **divorcio exprés** *law in Spain that allows divorce without a separation period*
divulgar (gu) to disclose, reveal
doblar to turn (8); **doblar la ropa** to fold clothes (3)
doble double; **doble acristalamiento** double-paned windows; **doble carrera** double major; **habitación** (*f.*) **doble** double room (10)
doce twelve (1)
doctor(a) doctor
doctorado doctorate
documental *m.* documentary
documentar to document
documento document; **documento adjunto** attachment (15)
dólar *m.* dollar
doler (ue) to hurt (12)
dolor *m.* pain, ache (12); **dolor de cabeza** headache (12); **dolor de estómago** stomachache (12); **dolor de muela** toothache (12); **dolor muscular** muscle pain (12)
doméstico/a domestic; **animal** (*m.*) **doméstico** domesticated (farm) animal (8); **aparato doméstico** appliance (3); **quehacer** (*m.*) **doméstico** domestic chore (3)
dominar to dominate
domingo Sunday (1); **el domingo** on Sunday (1); **el domingo pasado** last Sunday; **el domingo que viene** next Sunday (1); **los domingos** on Sundays (1)
dominicano/a Dominican (1)
dominio control; mastery
dominó dominos (2)
don *m. title of respect used with a man's first name*
donación *f.* donation
donar to donate
donde where
¿dónde? where? (1); **¿de dónde?** where from? (1); **¿de dónde eres?** where are you (*s. fam.*) from? (1); **¿de dónde es usted (Ud.)?** where are you (*s. form.*) from? (1)
doña *title of respect used with a woman's first name*
dorado/a golden, browned
dorar to brown (*cooking*)
dormir (ue, u) to sleep (3); **dormir la siesta** to nap; **dormirse** to fall asleep (5)
dormitorio bedroom (5); **dormitorio principal** master bedroom (5)
dos two (1); **ciento dos** one hundred two (4); **dos mil** two thousand (4); **dos millones (de)** two million (4); **son las dos** it's two o'clock (1)
dosel *m.* forest canopy
doscientos/as two hundred (4)
dosis *f.* dose
drama theater (11)
dramático/a dramatic
dramaturgo/a playwright (11)
drástico/a drastic
droga drug
drogadicto/a drug addict (12)
drogarse (gu) to get high (12); to take drugs (12)
ducha shower (5)
ducharse to take a shower (5)
duda doubt; **sin duda** without a doubt; doubtlessly; **verbo de duda** *gram.* verb of doubt (11)
dudar to doubt (12)
dueño/a landlord/landlady; master; owner
dulce *n. m.* candy; *adj.* sweet; **agua** (*f. but* **el agua**) **dulce** fresh water (14); *pl. m.* candies (6); sweets (6); **dulce** (*m.*) **de coco tierno** *coconut dessert*
duodécimo/a twelfth
duplicar(se) (qu) to double
duración *f.* length, duration
durante during
durar to last
durazno peach
duro/a hard; **disco duro** hard drive
DVD *m.* DVD (3); **reproductor** (*m.*) **de DVD** DVD player
DVD-ROM *m.* DVD-ROM (15)

E

e and (*used instead of* **y** *before words beginning with stressed* **i-** *or* **hi-**, *except* **hie-**)
e-mail *m.* e-mail
echar to throw, cast; **echar un vistazo** to glance, look at
eco echo; **hacer** (*irreg.*) **eco de** to echo
ecología ecology
ecológico/a ecological (14)
economía economics (1)
económico/a economic; **clase** (*f.*) **económica** coach (class) (10); **recurso económico** financial resource
economista *m., f.* economist
ecosistema *m.* ecosystem
ecoturismo ecotourism (10)
ecoturístico/a *adj.* ecotourism
ecuador *m.* equator
ecuatoguineano/a Equatoguinean, from Equatorial Guinea (1)
ecuatorial equatorial; **Guinea Ecuatorial** Equatorial Guinea
ecuatoriano/a Ecuadorian
edad *f.* age; period (*historical*); **franja de edad** age-group
edición *f.* edition; publication
edificar (qu) to build
edificio building (1); **edificio de apartamentos** apartment building (5)
editar to edit
educación *f.* education (1); **educación superior** higher education; **Facultad** (*f.*) **de Educación** School of Education (1)
educativo/a educational
efectivo/a effective; **en efectivo** cash (6)
efecto effect
eficaz (*pl.* **eficaces**) *adj.* effective
eficiente efficient
egoísmo selfishness (12)
egoísta selfish (12)
eje *m.* axis; focal point
ejecutar to carry out; to execute
ejecutivo/a *adj.* executive
ejemplo example; **por ejemplo** for example (4)
ejercer (z) to practice (*a profession*)
ejercicio exercise; **hacer** (*irreg.*) **ejercicio** to exercise (3); **hacer ejercicio aeróbico** to do aerobics (12)
ejército army
Ekeko *an indigenous deity of abundance*
el *def. art. m. s.* the (1); **el más/menos... de** the most/least . . . of/in (5); **el lunes (martes, miércoles,...)** on Monday (Tuesday, Wednesday, . . .) (1); **el lunes (martes, miércoles,...) pasado** last Monday (Tuesday, Wednesday, . . .); **el lunes (martes, miércoles,...) que viene** next Monday (Tuesday, Wednesday, . . .) (1)
él *sub. pron.* he (1); *obj.* (*of prep.*) him
elaborar to prepare; to make
elección *f.* choice; election
electricidad *f.* electricity
electricista *m., f.* electrician (13)
eléctrico/a electric, electrical (14); **batidora eléctrica** electric mixer; **guitarra eléctrica** electric guitar
electrodoméstico electrical (household) appliance
electrónico/a electronic
elefante *m.* elephant (14)
elegante elegant; graceful
elegir (i, i) (j) to choose, select; to elect
elemento element, factor
elevado/a *adj.* elevated, high
eliminar to eliminate
elíptico/a elliptical
elitista *m., f.* elitist
elixir *m.* elixir
ella *sub. pron.* she (1); *obj.* (*of prep.*) her
ellos/as *sub. pron.* they (1); *obj.* (*of prep.*) them
elote *m.* corn cob
embajada embassy
embarcar (qu) (en) to board (10)
embargo: sin embargo however; nevertheless
embarque: tarjeta de embarque boarding pass (10)
emblema *m.* emblem, symbol
emblemático/a emblematic; symbolic
emergencia emergency
emigración *f.* emigration
emigrante *m., f.* emigrant
emigrar to emigrate
emisión *f.* emission; **emisiones de carbono** carbon emissions
emitir emit
emoción *f.* emotion (12); **verbo de emoción** *gram.* verb of emotion (11)
emocionado/a excited (2)

emocional emotional (2)
emocionante *adj.* moving; exciting
emocionarse to display emotion (12); to get excited
empanada filled pastry, turnover
emparejar to match; to pair up
emperador(a) emperor/empress
empezar (ie) (c) to begin (3); **empezar** + **a** + *inf.* to begin to (*do something*) (3)
empiezo beginning
empleado/a employee (13)
empleador(a) employer
emplear to employ
empleo job (15); employment (13); **agencia de empleos** employment agency; **empleo a tiempo complete / parcial** full-/part-time job (13)
empotrado/a built-in; **armario empotrado** built-in closet
emprendedor(a) enterprising (13)
emprendimiento entrepreneurialism
empresa business (13); company (13); firm (13)
empresarial pertaining to business; **administración** (*f.*) **empresarial** business administration (1)
empresario/a businessman/businesswoman
empujar to push, press
en in (2); on (2); at (2); **en ayunas** on an empty stomach; **en base a** based on; **en busca de** in search of; **en cambio** on the other hand; **en casa** at home; **en caso de que** + *subj.* in case (14); **en conjunto** together, as a group; **en cuanto** *conj.* as soon as (13); **en cuanto a** regarding; **¿en cuánto sale(n)?** how much is it (are they)? (7); **en efectivo** cash (6); **en general** generally; **en harmonía** in harmony; **en hueso** of bone; **en la actualidad** currently, right now; **en línea** online, inline; **en lo alto** up high; **en negrita** in bold (*font*); **en ninguna parte** nowhere; **en parejas** in pairs (4); **en paz** at peace; **en punto** sharp, exactly (*with time*) (1); **en realidad** in fact; actually; **en seguida** right away; **en vivo** live; **en voz alta** aloud
enamorado/a (de) in love (with) (9)
enamorarse (de) to fall in love (with) (9)
enano/a dwarf
encabezado heading
encantado/a delighted; **encantado/a** it's a pleasure (to meet you)
encantar to love (*lit.* to enchant) (6)
encargado/a person in charge
encargarse (gu) (de) to take charge (of)
encender (ie) to light
encendido/a *adj.* burning; switched on
encerrado/a bajo techo shut inside the house
enchufe *m.* connection
encima de on top of (2)
encontrar (ue) to find (3)
encuentro encounter, meeting; **punto de encuentro** meeting place
encuesta survey
encuestado/a *adj.* polled
encurtidos pickled vegetables
endémico/a endemic
energético/a *adj.* energetic
energía power; energy (14); **energía eólica** wind power (14); **energía hidroeléctrica** hydroelectric power (14); **energía nuclear** nuclear power (14); **energía solar** solar power (14)
enero January (2)
enfadado/a angry
énfasis *m.* emphasis
enfermarse to get sick
enfermedad *f.* illness (12)
enfermería nursing
enfermero/a nurse (12)
enfermo/a sick (2)
enfocar(se) (qu) (en) to focus (on)
enfrentar(se) to confront; to face
enfrente *adv.* opposite; facing; **de enfrente** *adj.* opposite, facing; **enfrente de** *prep.* in front of (2); across from (5)
enfriar (enfrío) to cool
engordar to gain weight (12)
enlatado/a canned
enojado/a angry (2)
enojar to anger
enorme huge
enriquecer (zc) to enrich
ensalada salad (6)
ensayo essay
enseñanza teaching; training
enseñar to teach; to show
entender (ie) to understand (3)
enterado/a aware
enterarse (de) to find out, learn (about)
entero/a whole
enterrar (ie) to bury
entidad *f.* entity; organization
entonces *adv.* then; **desde entonces** since then
entorno environment
entrada ticket; admission; inning (*baseball*)
entrar (a/en) to enter
entre *prep.* between (2); among; **días** (*m.*) **entre semana** weekdays (1); **entre semana** during the week (1); **entre sí** with each other
entrega: próxima entrega *joined with a common wall*
entregar (gu) to deliver (6); to hand in (6)
entrelazado/a intertwined
entrenador(a) trainer (6); coach (13)
entrenamiento training
entrenar to train
entretener (*like* **tener**) to entertain; **entretenerse** to have fun, amuse oneself
entretenimiento entertainment
entrevista interview (13)
entrevistador(a) interviewer (13)
entrevistar to interview (13)
entusiasmo enthusiasm
enumerar to count; to list
enunciado statement
envase *m.* container (14)
envenenar to poison
enviar (envío) to send
envidia envy (12)
eólico/a *adj.* wind; **energía eólica** wind power (14); **turbina eólica** wind turbine
epidemia epidemic
epífito/a: plantas epífitas epiphytes
episodio episode; event
época time period (9); season (9); **época colonial** colonial era (9)
equilibrio balance
equipado/a equipped
equipaje *m.* luggage (10); **facturar el equipaje** to check luggage (10); **reclamo de equipaje** baggage claim (10); **recoger (j) el equipaje** to pick up luggage (10)
equipo team
equitación *f.* horseback riding
equivalente *n. m.* equivalent
equivocado/a wrong; mistaken
erosión *f.* erosion
escabullirse to slip away
escala stop (*layover*); scale; **hacer** (*irreg.*) **escalas** to make stops
escalar to climb
escalera staircase; stair
escanear to scan (15)
escáner *m.* scanner (15)
escapar(se) to escape
escape *m.* escape
escasez *f.* (*pl.* **escaseces**) shortage (14)
escaso/a scarce
escena scene
escenario stage (11)
escénico/a scenic; **artes** (*f. but* **el arte**) **escénicas** performing arts (11)
esclavitud *f.* slavery
esclavo/a slave
escoger (j) to choose
escolar *adj.* school
escombros *pl.* debris
esconder(se) to hide
escondido/a *adj.* hidden
escondite *m.* hiding place
escribir (*p.p.* **escrito**) to write (2); **escribir poesía** to write poetry (9); **máquina de escribir** typewriter
escrito/a (*p.p. of* **escribir**) written
escritor(a) writer (11)
escritorio desk (1)
escuchar to listen to (1); **escuchar música** to listen to music (1)
escudo shield; coat of arms
escuela school (8); **escuela primaria** elementary school; **escuela secundaria** high school
esculpir to sculpt
escultor(a) sculptor (11)
escultura sculpture (7)
ese/a *adj.* that (4); *pron.* that one (4)
esencia essence
esencial essential
esférico/a spherical
esfuerzo effort
eso that (*concept, unknown thing*) (4); **por eso** therefore (4); that's why (4)
esos/as *adj.* those (4); *pron.* those ones (4)

espacio space; **espacio en blanco** blank (space)
espalda back (12); **dar** (*irreg.*) **la espalda** to ignore
español *m.* Spanish (*language*) (1)
español(a) *adj.* Spanish (1)
especia spice
especial special
especialidad *f.* major; specialty
especializado/a specialized, skilled
especie *f. s.* species; breed; **especie en peligro de extinción** endangered species (14)
específico/a specific
espectacular spectacular
espectáculo show (11)
espectador(a) spectator
espectro spectrum
espejo mirror
espera: sala de espera waiting room (10)
esperanza hope, expectation; **esperanza de vida** life expectancy
esperar to wait (11); to hope; to expect
espinacas *pl.* spinach (6)
espíritu *m.* spirit
espiritual spiritual
espléndido/a splendid
espontáneamente spontaneously
espontaneidad *f.* spontaneity
esposo/a husband/wife (4)
espuma foam
espumita *espresso coffee with a sweet foam (Cuba)*
esquí *m.* ski, skiing
esquiar (esquío) to ski
esquina corner
estabilidad *f.* stability
estable *adj.* stable (15)
establecer (zc) to establish; **establecerse** to settle
establecido/a *adj.* established, set
establecimiento establishment
estación *f.* season (2); station; **estación de autobuses** bus station (8)
estacionamiento parking lot/place (8)
estacionar to park (8)
estadía stay (10)
estadio stadium (1)
estadística statistics (1)
estado state; condition; status update; **estado de ánimo** state of mind; **estado civil** marital status (4); **estado físico** physical state (2); **Estados Unidos** United States
estadounidense *n., adj.* American, of the United States of America
estafar to defraud
estancado/a *adj.* stagnant
estancia tourist hotel
estándar *m.* standard
estanque *m.* pond
estantería shelves (5)
estar *irreg.* to be (2); **¿cómo está usted (Ud.)?** how are you (*s. form.*)? (1); **¿cómo estás?** how are you (*s. fam.*)? (1); **está lloviendo** it's raining (2); **está (muy) nublado** it's (very) cloudy (2); **está nevando** it's snowing (2); **estar** + *gerund* to be (*doing something*) (2); **estar a cargo (de)** to be in charge (of) (13); **estar a dieta** to be on a diet **estar al día** to be up to date; **estar bien** to be well; **estar de acuerdo** to agree; **estar de buen humor** to be in a good mood; **estar deprimido/a** to be depressed (12); **estar en venta** to be for sale; **estar seguro/a** to be sure (12); **estar vestido/a con** to be dressed in
estatua statue (8)
estatus *m.* status; **estatus social** social status
este *m.* east (8); **al este** (to the) east (8)
este/a *adj.* this (1); *pron.* this (one) (4); **esta noche** tonight (3)
estereotipo stereotype
estético/a aesthetic
estilo style (7); **estilo de vida** lifestyle; **al estilo Samaná** *with herbs and coconut milk (D.R.)*
estimación *f.* estimate
estimado/a dear (*formal greeting in letter*); valued; respected
estimar to estimate
estimulante *m.* stimulant; *adj.* stimulating
estimular to encourage; to stimulate
estiramiento *n.* stretching
estirarse to stretch (12)
esto this (*concept, unknown thing*) (4)
estómago stomach (12); **dolor** (*m.*) **de estómago** stomachache (12)
estos/as *adj.* these (4); *pron.* these ones (4)
estrategia strategy
estrecho *n.* strait; **Estrecho de Magallanes** Strait of Magellan
estrella star
estrenar to come out; to debut
estrés *m.* stress (12); **quitarse el estrés** to remove stress, decompress (15)
estresado/a *adj.* stressed
estresante *adj.* stressful
estricto/a strict
estructura structure
estudiante *m., f.* student (1)
estudiantil *adj.* student; **centro estudiantil** student union (1); **préstamo estudiantil** student loan (15); **residencia estudiantil** student dorm (1)
estudiar to study (1); **estudiar de intercambio** to be on a student exchange
estudio studio apartment (5); study (*room*); study (*research*); **programa** (*m.*) **de estudios** program of study
estudioso/a studious
estufa stove (3)
estupendo/a wonderful
etapa stage, period; **etapa de la vida** stage/period of life (9)
etcétera *adv.* et cetera
eterno/a eternal
etiqueta label; hashtag
étnico/a ethnic
etnobotánico/a ethnobotanical
euro euro (*money*)
Europa Europe
europeo/a European
evacuar (evacúo) to evacuate
evaluación *f.* evaluation
evento event (4)
evidencia evidence
evidente evident, obvious
evitar to avoid (12)
evolución *f.* evolution
exacto/a exact
exageración *f.* exaggeration
examen *m.* exam, test; **examen final** final (exam); **examen parcial** midterm (exam)
examinar to examine
excelencia excellence
excelente excellent
excéntrico/a eccentric
excepción *f.* exception
excesivo/a excessive
exceso excess
exclusivo/a exclusive
excursión *f.* tour, day trip (10); excursion, expedition, trip; **hacer** (*irreg.*) **una excursión** to take a tour/day trip (10)
excusa excuse
exhibición *f.* exhibition
exhibir to exhibit
exigente demanding (13)
exigir (j) to demand, require
exilio exile
existencia existence
existir to exist
éxito success; **tener** (*irreg.*) **éxito** to be successful (3)
exitoso/a successful
éxodo exodus
exótico/a exotic
expansión *f.* expansion
expectativa de vida life expectancy
expedición *f.* expedition
experiencia experience
experimentar to experience
experto/a expert
explicación *f.* explanation
explicar (qu) to explain (6)
explícitamente *adv.* explicitly
exploración *f.* exploration
explorador(a) explorer
explorar to explore
explosión *f.* explosion
explotación *f.* exploitation
explotar to exploit
exponerse (like **poner**) (*p.p.* **expuesto**) to expose oneself
exportación *f.* exportation
exportador(a) exporter
exportar to export
exposición *f.* exhibition (11); art show (11)
exprés: divorcio exprés *law in Spain that allows divorce without a separation period*
expresar to express; **expresarse** to express oneself
expresión *f.* expression; **expresión impersonal** *gram.* impersonal expression (11)

expresividad *f.* expressivity, eloquence
expreso *n.* espresso (coffee)
expropiación *f.* expropriation
expuesto/a (*p.p. of* **exponer**) exposed
expulsar to throw out
expulsión *f.* expulsion
exquisito/a exquisite; delicious
extender(se) (ie) to extend
extendido/a extended; **familia extendida** extended family
extensión *f.* extension; range
extenso/a extensive
exterior *n. m., adj.* outside, exterior
extinción *f.* extinction; **especie** (*f.*) **en peligro de extinción** endangered species (14)
extinguirse (g) to die out, become extinct
extinto/a extinct
extra extra; **extra grande** extra-large (*clothing size*) (7)
extracto extract
extraer (*like* **traer**) (*p.p.* **extraído**) to extract
extranjero/a foreigner (10); *m.* abroad (10); *adj.* foreign; **lenguas extranjeras** foreign languages (1)
extrañar to miss
extraño/a strange; **es extraño que** it's strange that (11)
extraordinario/a extraordinary
extravagante extravagant
extremo/a extreme
extrovertido/a extroverted; outgoing (4)
exuberante exuberant

F

fábrica factory (14)
fabricante *m.* manufacturer
fabricar (qu) to make, manufacture
fabuloso/a fabulous
fácil easy (1)
facilidad *f.* ease
facilitar to facilitate, make easy
factor *m.* factor
facturar el equipaje to check luggage (10)
facultad *f.* school; **Facultad de Bellas Artes** School of Fine Arts (1); **Facultad de Ciencias** School of Science (1); **Facultad de Educación** School of Education (1); **Facultad de Letras** School of Humanities (1); **Facultad de Leyes** School of Law (1); **Facultad de Medicina** School of Medicine (1)
faja sash
falda skirt (7)
fallar to fail; to crash (*computer*) (15)
fallecer (zc) to pass away; to die
falso/a false
falta *n.* lack, absence; **hacer** (*irreg.*) **falta** to need, lack
faltar to miss
fama fame
familia family (4); **familia extendida** extended family; **familia política** in-laws (4); **formar una familia** to start a family (15)
familiar *adj.* family (4); *n.* family member
famoso/a famous
fanático/a *n.* fan
fanatismo fanaticism
fantasía fantasy
fantástico/a fantastic
farmacéutico/a *n.* pharmacist (13); *adj.* pharmaceutical
farmacia pharmacy
fármacos *pl.* medicine (12); pharmaceuticals (12)
fascinante fascinating
fascinar to fascinate (12)
fase *f.* phase; **fase de calificación** qualifying phase
fastidioso/a annoying
fatal bad; awful
fauna: flora y fauna plant and animal life (14)
fauno faun
favor *m.* favor; **por favor** please (4)
favorecer (zc) to favor
favorito/a *n., adj.* favorite
fe *f.* faith
febrero February (2)
fecha date (*calendar*) (2); **hasta la fecha** until now
federación *f.* federation
felicitaciones *f. pl.* greeting; wishes; congratulations
feliz (*pl.* **felices**) happy
femenino/a feminine
fenómeno phenomenon
feo/a ugly (1)
feria festival; fair
feriado/a: día (*m.*) **feriado** holiday
ferrocarril *m.* railway
fértil fertile
fertilidad *f.* fertility
fertilizante *m.* fertilizer
festejar to celebrate
festival *m.* festival (11)
festividad *f.* festivity (11); feast (11)
festivo/a festive; **día** (*m.*) **festivo** holiday (11)
fiao on credit
fibra fiber
ficción *f.* fiction
ficticio/a fictitious
fiebre *f.* fever (12)
fiel loyal, faithful
fiesta party (2); **dar** (*irreg.*) **una fiesta** to throw a party; **fiesta de sorpresa** surprise party; **fiesta de quinceañera** young woman's fifteenth birthday party; **hacer** (*irreg.*) **una fiesta** to throw a party (2)
figura figure; shape; statue
figurativo/a figurative
fijar to set, establish; **fijarse (en)** to pay attention (to)
fijo/a fixed (7); permanent; **precio fijo** fixed price (7)
fila line; **casa en fila** row house; townhouse
Filipinas: Islas Filipinas Philippines
filmación *f.* filming
filmar to film
filme *m.* film
filosofía philosophy (1)
filtrado/a filtered
filtro filter
fin *m.* end; **a fin de** in order to; **fin de semana** weekend (1); **el fin de semana pasado** last weekend; **por fin** finally (4)
final *n. m.* end; *adj.* final; **a finales de** at the end of; **al final** at/in the end; **cuartos de final** quarterfinals; **examen** (*m.*) **final** final (exam)
finalidad *f.* purpose
finalizar (c) to finish, complete; to finalize
financiamiento financing
financiar to finance
financiero/a *adj.* financial; **ayuda financiera** financial aid
finanzas *pl.* finances
finca farm (8)
finde *m.* weekend
fino/a fine; high-quality
firma signature; firm
firmar to sign
firme resolute
física physics (1)
físicamente: fuerte físicamente physically strong (13)
físico/a *adj.* physical; **bienestar** (*m.*) **físico** physical well-being (15); **estado físico** physical state (2)
flan *m.* caramel custard (6); (baked) custard
flauta flute
flexibilidad *f.* flexibility
flexible flexible (13)
flor *f.* flower; **flor** (*f.*) **de monja blanca** *white orchid that is the national flower of Guatemala*
flora y fauna plant and animal life (14)
florecer (zc) to flourish; to thrive; to flower
floristería flower shop (7)
flotante *adj.* floating; **tarima flotante** laminated wood (*flooring*)
fluido/a fluent
fluir (y) to flow
fobia phobia
foca seal (14)
folclor *m.* folklore
folclórico/a folkloric; **baile** (*m.*) **folclórico** traditional/folkloric dance (11)
folleto brochure, pamphlet
fomentar to promote
fondo background; bottom; depth; fund; **a fondo** deeply; **al fondo** at the far end
fonobiología phonobiology (*related to sounds and speech*)
forma form; manner, way
formación *f.* formation; **formación académica** education (15)
formal formal; **mandato formal** *gram.* formal command; **salón formal** living room
formalmente *adv.* formally; seriously
formar to form; **formar una familia** to start a family (15); **formarse** to get educated (15)
formatear to format
formidable tremendous, fantastic
formular to formulate
foro forum
fortalecer (zc) to strengthen, fortify
fortaleza fort; strength

fortuna fortune; fate
forzar (c) to force
fósil *m.* fossil; **combustible** (*m.*) **fósil** fossil fuel
foto(grafía) photo(graph); **álbum** (*m.*) **de fotos** photo album; **sacar (qu) fotos** to take photos (2)
fotocopia photocopy
fotografía photography (11)
fotográfico/a photographic
fotógrafo/a photographer (11)
frágil fragile
fragmento fragment, piece; excerpt
francés, francesa *n.* French person; *m.* French (*language*); *adj.* French
Francia France
franja de edad age-group
frase *f.* phrase
fraterno/a fraternal
fraude *m.* fraud
frecuencia frequency; **con frecuencia** often; **¿con qué frecuencia?** How often? (3)
frecuente *adj.* common, frequent, often
freír (í, i) (*p.p.* **frito**) to fry
frenar to slow down
frente *m.* front; *prep.* **frente a** opposite
fresa strawberry (6)
fresco/a fresh; cool; **hace fresco** it's cool (2)
frijoles *m. pl.* beans (6)
frío/a cold; **hace (mucho) frío** it's (very) cold (2); **tener** (*irreg.*) **frío** to be cold (3)
frito/a (*p.p. of* **freír**) fried; **huevos fritos** fried eggs (6); **papas fritas** French fries (6)
frontera border; frontier
frustrado/a frustrated
fruta fruit (6)
frutal *adj.* fruit
frutería fruit shop
frutero/a fruit vendor
fruto result; **frutos secos** nuts and dried fruits
fucsia: color (*m.*) **fucsia** fuchsia (7)
fuego fire; **fuegos artificiales** fireworks (11)
fuente *f.* fountain (8); source
fuera outside of
fuerte strong; **fuerte físicamente** physically strong (13)
fuerza force; power; **con fuerza** with strength
fuga escape
fumador(a) smoker
fumar to smoke (12)
función *f.* function; performance (*theatrical*)
funcionamiento operation, functioning
funcionar to work, to function; to run (*a machine*)
funcionario/a public official
fundación *f.* foundation
fundado/a (en) based (on)
fundamental *adj.* fundamental
fundar to found; to establish
funeral *m.* funeral
funerario/a funeral
funicular *m.* cable car
furioso/a furious
fusión *f.* fusion, merging
fusionar to fuse, to merge
fútbol *m.* soccer (1); **fútbol americano** football (1); **jugar (ue) (gu) al fútbol** to play soccer (1); **jugar (ue) (gu) al fútbol americano** to play football (1)
futbolista *m., f.* soccer player
futuro/a *n., adj.* future

G

gafas *f., pl.* glasses
Galápagos: Islas Galápagos Galapagos Islands
galería gallery
galleta cookie (6); cracker (6)
gallina hen (8)
gallo rooster
galón *m.* gallon
gama range
ganadería livestock farming
ganadero/a livestock farmer
ganado *n.* cattle (8)
ganador(a) winner
ganar to win; **ganarse la vida** to make a living
ganas: con ganas with desire; **tener** (*irreg.*) **ganas de** + *inf.* to feel like (*doing something*) (3)
gandules *m. pl.* pigeon peas
ganga bargain
garaje *m.* garage (5)
garganta throat (12)
gas *m.* gas; **gas natural** natural gas (14)
gasolina gasoline
gasolinera gas station (8)
gastar to spend
gasto expense (15); **controlar los gastos** to manage expenses (15)
gastronomía gastronomy; cuisine
gastronómico/a gastronomic
gato cat (4)
gaucho cowboy (*Southern Cone*)
gaviota seagull (14)
gemelo/a twin (4)
genealógico/a genealogical; **árbol** (*m.*) **genealógico** family tree
generación *f.* generation; **generación del milenio** millennials
generador *m.* generator
general *adj.* general; **en general** generally; **por lo general** generally (4); in general **general(a)** *n.* general (*military*)
generar to generate, to create
género genre; gender
generoso/a generous
genética *n., s.* genetics
gente *f. s.* people (4)
geografía geography (1)
geográfico/a geographical
geológico/a geological
geométrico/a geometric, geometrical
gerente *m., f.* manager (13)
germinar to germinate, sprout
gesto gesture; **gesto multitudinario** mass action
gigante *n. m.* giant; *adj.* enormous
gigantesco/a huge, gigantic
gimnasio gymnasium (1)
gira tour
girasol *m.* sunflower
giro turn
glaciar *m.* glacier (14)
global global; **calentamiento global** global warming (14)
globalización *f.* globalization
globalizado/a *adj.* globalized
glorieta roundabout
gobernador(a) governor
gobernante *n. m., f.* leader, ruler
gobernar (ie) to govern
gobierno government
gol *m.* goal; **marcar (qu) un gol** to score a goal
golf *m.* golf (2)
golfo gulf
golpe *m.* blow, collision
gordo/a fat (4)
gorila *m.* gorilla (14)
gorra (baseball) cap (7)
gota drop
gótico/a Gothic
gozar (c) (de) to enjoy
grabación *f.* recording
grabado print; engraving
gracias thanks, thank you (1); **Día** (*m.*) **de Acción de Gracias** Thanksgiving Day (11); **gracias a** thanks to; **gracias por** thank you for; **muchas gracias** thank you very much
grada row; *pl.* stands (*of an sports arena*)
grado degree (*temperature*); **grado de lenguas** degree in language
graduación *f.* graduation
graduado/a *adj.* graduate; graduated
graduarse (me gradúo) to graduate
grafía *n.* spelling
gráfica chart; graph; table
gráfico/a: diseño gráfico graphic design
grafiti *m.* graffiti
gramática grammar
gramatical grammatical
gramo gram
gran, grande large (1), big; great; large (*clothing size*) (7); **extra grande** extra-large (*clothing size*) (7); **gran velocidad** high speed; **grande** large (*clothing size*) (7)
grandeza grandeur, magnificence
granja farmhouse
grano grain (6)
grasa grease; fat
gratificante gratifying
gratis *inv.* free (*of charge*)
gratuito/a free (*of charge*)
grave serious
gres *m.* stone (*flooring*)
gresite *m.* ceramic tile
grifo faucet (14); **cerrar (ie) el grifo** to turn off the faucet (14)
gripe *f.* flu (12)
gris gray (2)
gritar to yell (9)

grito *n.* shout
grosor *m.* thickness
grotesco/a grotesque
grueso/a thick
grupo group; **terapia de grupo** group therapy (12)
gruta grotto
guacamayo (jacinto) (hyacinth) macaw
guantes *m. pl.* gloves (7)
guapo/a handsome (1); pretty (1)
guaraní *m. currency of Paraguay*; Guaraní (*indigenous language of Paraguay*); *m., f. Guaraní person*
guardar to save; to save (*a file*) (13)
guardería daycare
guardia guard; **hacer** (*irreg.*) **guardia** to keep watch
Guate *coll.* Guatemala City
guatemalteco/a Guatemalan (1)
guau guau bow wow, woof woof
¡guau! *interj.* wow!
guayaba guava
guayabera *typical style of shirt in the Caribbean*
gubernamental *adj.* government(al)
guerra war; **guerra civil** civil war; **Segunda Guerra Mundial** World War II
guía *f.* guidebook; *m., f.* guide (*person*); **guía naturalista** naturalist guide
guiar to guide
Guinea Ecuatorial Equatorial Guinea
guion *m.* script
guionista *m., f.* scriptwriter
guisado/a stewed; braised; **pollo guisado** braised chicken
guisantes *m.* peas (6)
guitarra (eléctrica) (electric) guitar (11)
guitarrista *m., f.* guitar player
gustar to like (*lit.* to be pleasing) (2); **me gustaría** I would like (6)
gusto *n.* taste, preference, liking; **a gusto** comfortably; comfortable, at ease; **a su gusto** to taste; **al gusto** to one's liking; **dar** (*irreg.*) **gusto** to please; **mucho gusto** it's a pleasure (to meet you) (1)

H

haber *irreg.* to have (*auxiliary*); *infinitive form of* **hay**; **había** there was/were; **habrá** there will be; **hay** there is/are; **hay que** + *inf.* one has to (*do something*); **hubo** there was/were (*pret. of* **hay**) (7); **no hay paso** no entrance
habichuelas beans; green beans (6)
habilidad *f.* ability (13)
habitación *f.* room; **habitación doble/sencilla** double/single room (10)
habitado/a inhabited
habitante *m., f.* inhabitant; resident
habitar to live in, to inhabit
hábitat *m.* (*pl.* **hábitats**) habitat
hábito habit
habitual usual, habitual
habla *f.* (*but* **el habla**) speech; **de habla española** Spanish-speaking
hablar to speak (1); to talk; **hablar por teléfono** to speak on the phone (1)
hacer *irreg.* (*p.p.* **hecho**) to do (3); to make (3); **desde hace... años** for . . . years; **hace** + *period of time* + **que** + *present tense* to have been (*doing something*) for (*a period of time*); **hace** + *time* ago; **hace fresco** it's cool (2); **hace (mucho) calor** it's (very) hot (2); **hace (mucho) frío** it's (very) cold (2); **hace (mucho) sol** it's (very) sunny (2); **hace (mucho) viento** it's (very) windy (2); **hace (muy) buen/mal tiempo** it's (very) nice/bad out (2); **hacer alpinismo** to mountain climb; **hacer alusión a** to refer to; **hacer cola** to stand in line (10); **hacer compras** to make purchases; **hacer copias** to make copies (13); **hacer eco de** to echo; **hacer ejercicio** to exercise (3); **hacer ejercicio aeróbico** to do aerobics (12); **hacer el papel** to play the role; **hacer escalas** to make stops; **hacer falta** to need, lack; **hacer guardia** to keep watch; **hacer hincapié** to emphasize, stress; to highlight; **hacer investigaciones** to research; **hacer la cama** to make the bed (3); **hacer la cuenta atrás** to count down; **hacer la(s) maleta(s)** to pack one's suitcase(s) (10); **hacer negocios** to do business; **hacer paradas** to make stops; **hacer preguntas** to ask questions; **hacer snowboarding** to snowboard; **hacer surfing** to surf; **hacer un pedido** to place an order; **hacer un viaje** to take a trip; **hacer una excursión** to take a tour/day trip (10); **hacer una fiesta** to throw a party (2); **hacer una reservación** to make a reservation; **hacer yoga** to do yoga (3); **hacerle un regalo** to give someone a gift; **hacerse** + *noun* to become (*a profession*); **¿qué tiempo hace?** what's the weather like? (2)
hacia toward
hacienda country house, property
hada *f.* (*but* **el hada**): **cuento de hadas** fairytale
hamaca hammock (7)
hambre *f.* (*but* **el hambre**) hunger; **tener** (*irreg.*) **(mucha) hambre** to be (very) hungry (3)
hamburguesa hamburger (6)
hardware *m.* hardware (*computer*)
harmonía: en harmonía in harmony
hasta until; up to; **desde la(s)... hasta la(s)...** from . . . until . . . (*time*); **hasta la fecha** until now; **hasta luego** see you later (1); **hasta mañana** see you tomorrow (1); **hasta las narices** fed up with; **hasta pronto** see you soon; **hasta que** *conj.* until (13)
hay there is/are (1); **hay (muchas) nubes** it's (very) cloudy (2); **hay que** + *inf.* it's necessary to (*do something*); **no hay de qué** don't mention it
hecho *n.* fact; event; **pareja de hecho** common-law couple (9); domestic partner (9)
hecho/a (*p.p.* of **hacer**) done; made
hectárea hectare
heladería ice-cream shop/stand
helado ice cream (6)
hemisferio hemisphere
hemorrágico/a hemorrhagic (*pertaining to bleeding*)
heno hay
herencia inheritance; legacy; heritage
herida wound
herido/a *n.* wounded person
herir (ie, i) to wound
hermanastro/a stepbrother/ stepsister (4)
hermano/a brother/sister (4); *pl.* siblings (4); **medio/a hermano/a** half-brother/ sister (4)
hermoso/a pretty (4)
héroe *m.* hero
heroico/a *adj.* heroic
herramienta tool
hervir (ie, i) to boil
híbrido/a hybrid (14)
hidrato de carbono carbohydrate
hidroeléctrico/a: energía hidroeléctrica hydroelectric power (14)
hidrógeno hydrogen
hielo ice (14)
hierba herb
hijastro/a stepson/stepdaughter (4)
hijo/a son/daughter (4); *pl.* children (4); **hijo/a adoptivo/a** adopted son/ daughter (4); **hijo/a único/a** only child (4)
hincapié *m.* emphasis, stress; **hacer** (*irreg.*) **hincapié** to emphasize, stress; to highlight
hip-hop: música hip-hop hip hop music (11)
hipermercado supermarket
hipertensión *f.* high blood pressure
hipoteca mortgage
hipotermia hypothermia
hispánico/a *adj.* Hispanic
hispano/a *n., adj.* Hispanic
hispanoamericano/a Spanish American; Latin American
hispanohablante *m., f.* Spanish speaker
historia history (1)
historiador(a) historian
histórico/a historic
hogar *m.* home; household; **sin hogar** homeless
hoguera bonfire
hoja leaf; **hoja de papel (aparte)** (separate) sheet of paper
hojuela flake
hola hello (1)
holandés, holandesa *adj.* Dutch
hombre *m.* man (1); **hombre de negocios** businessman (13)
hombro shoulder (12)
homenaje *m.* homage, tribute
hondureño/a Honduran (1)
honestidad honesty
honesto/a honest (13)
honor *m.* honor
honrar to honor
hora hour; **¿a qué hora?** at what time? (1); **de última hora** last minute; **¿qué hora es?** what time is it? (1); **ser hora de** + *inf.* to be time to (*do something*)

horario schedule; **horario de trabajo** work schedule (13)
hornear to bake
horno oven (3); **al horno** baked; **horno de microondas** microwave oven (3)
hospedarse to stay (*in a hotel*)
hospital *m.* hospital (1)
hospitalidad *f.* hospitality
hospitalizar (c) to hospitalize
hostal *m.* youth hostel
hotel *m.* hotel (10)
hotelería hotel industry; hospitality sector
hoy today (1); **hoy (en) día** nowadays
hubo there was/were (*pret. of* **hay**) (7)
huelga strike
huella foot print; fingerprint; mark
huerta farmer's field (8); orchard (8)
huerto garden
hueso bone; **en hueso** of bone
huésped(a) hotel guest (10)
huevo egg (6); **huevos fritos** fried eggs (6); **huevos revueltos** scrambled eggs
huipil *m. hand-embroidered blouse of Central America*
huir (y) to flee
humanidad *f.* humanity; **Patrimonio Natural de la Humanidad** World Heritage Site (UNESCO)
humano/a human; **cuerpo humano** human body (12); **ser** (*m.*) **humano** human being
húmedo/a humid
humildad *f.* humility
humilde humble
humillación *f.* humiliation
humo smoke (14)
humor *m.* mood; **de mal humor** in a bad mood; **estar** (*irreg.*) **de buen humor** to be in a good mood
huracán *m.* hurricane
¡huy! *interj.* gosh!; gee whiz!

I

ibérico/a Iberian; **Península Ibérica** Iberian Peninsula
iberoamericano/a Latin American
icónico/a iconic
icono icon
ida: viaje (*m.*) **de ida** one-way trip; **viaje de ida y vuelta** round trip
idea idea; **lluvia de ideas** brainstorm
idealismo idealism
idealista *m., f.* idealistic
idéntico/a identical
identidad *f.* identity
identificación *f.* identification
identificar (qu) to identify
identificatorio/a identifying
ideología ideology
idílico/a idyllic
idioma *m.* language
iglesia church (3)
igual equal; the same; **igual que** the same as
igualdad *f.* equality
igualmente likewise (1)
ilegal illegal
ilimitado/a unlimited
ilógico/a illogical; unreasonable
ilusión *f.* illusion
imagen *f.* image; **imagen corporal** body image
imaginación *f.* imagination
imaginar(se) to imagine
imaginario/a imaginary
imitación *f.* imitation
imitar to imitate, to copy
impaciente impatient
impacto impact
impedir (*like* **pedir**) to prevent
imperfecto *gram.* imperfect
imperio empire
impersonal: expresión (*f.*) **impersonal** *gram.* impersonal expression (11)
impertinente impertinent
implementar to implement
imponer (*like* **poner**) (*p.p.* **impuesto**) to impose
importancia importance
importante important; **es importante que** it's important that (11)
importar to matter (6)
imposible impossible; **es imposible que** it's impossible that (12)
imposición *f.* imposition
impregnar to imbue, steep
imprescindible indispensable; essential
impresión *f.* impression a print version
impresionado/a impressed
impresionante amazing; impressive
impresionar to impress
impreso/a (*p.p. of* **imprimir**) printed
impresora printer (15)
imprimir (*p.p.* **impreso**) to print (15)
improbable improbable, unlikely; **es improbable que** it's improbable that (12)
impuesto *n.* tax
inacabado/a unfinished
inaceptable unacceptable
inalámbrico/a wireless (15); cordless
inanimado/a inanimate
inca *n. m., f.* Inca; *adj. m., f.* Incan
incaico/a Incan
incendio fire
incentivo incentive
incidente *m.* incident
incidir en to stress (*point*)
incienso *n.* incense
incierto/a uncertain
inclinación *f.* inclination
incluir (y) to include
inclusivo/a inclusive
incluso including
incómodo/a uncomfortable
incompetencia incompetence
incompleto/a incomplete
inconfundible unmistakable
inconveniente *n. m.* difficulty; drawback; disadvantage
incorporación *f.* incorporation
incorporado/a built-in
incorporar(se) to incorporate
increíble incredible; **es increíble que** it's incredible that (11)
incremento increase
indefinido/a indefinite; vague; unspecified; **palabra indefinida** *gram.* indefinite word (5)
independencia independence; **Día** (*m.*) **de la Independencia** Independence Day (11)
independiente independent
independizarse (c) to gain independence; to become independent
indexar to index
indicación *f.* sign; instruction; *pl.* directions
indicar (qu) to indicate
indicativo/a *gram.* indicative
indígena *n. m., f.* native (*person*); *adj.* indigenous
indio/a *n., adj.* Indian
indirecto/a: objeto indirecto *gram.* indirect object; **pronombre** (*m.*) **de objeto indirecto** *gram.* indirect object pronoun (6)
indispensable indispensable; essential
individualidad *f.* individuality
individuo *n.* individual
indudablemente undoubtedly
industria industry; **industria sin chimenea** travel industry
industrial *adj.* industrial
industrialización *f.* industrialization
inesperado/a unexpected
inestabilidad *f.* instability
inevitable unavoidable
infancia infancy (9)
infanta princess
infantil children's
infección *f.* infection; **infección del oído** ear infection (12); **infección urinaria** urinary tract infection
inferior inferior; lower
inferir (ie, i) to infer; to deduce
infinitivo *n. gram.* infinitive
infinito/a infinite
inflable inflatable
inflexible inflexible (13); rigid
influencia influence
influir (y) to influence
influyente influential
información *f.* information
informal informal; **mandato informal** *gram.* informal command
informar to inform; to report; **informarse** to get informed, learn about
informática computer science (1)
informático/a *adj.* computer
informativo/a instructive; news
informe *m.* report (13)
infraestructura infrastructure
infusión *f.* infusion; herbal tea
ingeniería engineering (1)
ingeniero/a engineer (13)
ingenio inventiveness, ingenuity
ingestión *f.* consumption

Inglaterra England
inglés *m.* English (*language*) (1)
inglés, inglesa *n.* English person; *adj.* English
ingrediente *m.* ingredient; *pl.* ingredients (6)
ingresar to enter
ingreso entry; entrance; *pl.* earnings, income
iniciar to initiate; to start
iniciativa initiative; proposal
inicio *n.* start; beginning
injusticia injustice
injusto/a unjust
inmediato/a immediate; next
inmensidad *f.* immensity
inmenso/a immense
inmigración *f.* immigration (10); **pasar por la inmigración** to go through immigration (10)
inmigrante *m., f.* immigrant
inmobiliaria real estate agency
inmunológico/a *adj.* immune
innecesario/a unnecessary
innovación *f.* innovation
innovador(a) innovative
innumerable countless
inocente innocent
inodoro toilet (5)
inolvidable unforgettable
inquieto/a restless; worried
inquietud *f.* concern
inquilino/a tenant
inquisición *f.* investigation
inscribirse to register
inscripción *f.* inscription
insecto insect (14)
inseguridad *f.* insecurity; uncertainty
inseguro/a insecure; uncertain
inserción *f.* inclusion; **inserción laboral** job placement
insignificante insignificant
insistente insistent
insistir (en) to insist (on) (11)
insomnio insomnia
insostenible unsustainable
inspiración *f.* inspiration
inspirar to inspire; **inspirarse** to become inspired
instalación *f.* installation
instalar to install; to place; **instalarse** to be set up, put in place; to move in
instantáneo/a *adj.* instant; **mensajería instantánea** instant messaging
institución *f.* institution
instituir (y) to establish; to appoint
instituto institute
instrucción *f.* instruction; education
instructor(a) instructor; teacher
instrumento instrument; **instrumento musical** musical instrument
insuficiencia shortage, lack
intacto/a intact
integración *f.* integration
integral complete; integral; **pan** (*m.*) **integral** whole wheat bread (6)
integrante *m., f.* member
integrar to integrate; to make up
íntegro/a honest (13); upright (13); whole, entire
intelectual *m.* intellectual
inteligente intelligent; **teléfono inteligente** smart phone (15)
intención *f.* intention; **con intención** with intention
intencionado/a intentional, deliberate
intensidad *f.* intensity
intenso/a intense
intentar to try
interacción *f.* interaction
interactivo/a interactive
interactuar (interactúo) to interact
intercambiar to exchange, swap
intercambio exchange; **estudiar de intercambio** to be on a student exchange
interdisciplinario/a interdisciplinary
interés *m.* interest
interesado/a interested
interesante interesting (1); **es interesante que** it's interesting that (11)
interesar to interest (6)
interfaz *f.* (*pl.* **interfaces**) interface
interior *n.* interior; inside; *adj.* inner; inside; **ropa interior** lingerie, underwear
intermedio intermission
internacional international (6)
internalización *f.* to internalize
internet *m.* internet; **navegar (gu) en internet** to surf the internet (1)
interno/a internal
interpretar to interpret; to perform
intérprete *m., f.* interpreter
interrogativo/a *gram.* interrogative; **palabra interrogativa** *gram.* question word
interrumpir to interrupt
íntimo/a intimate, close
introducción *f.* introduction
introducir (*like* **conducir**) to introduce; to insert
intruso/a *n.* intruder; out of place
inundación *f.* flood
inundar to flood
invadir to invade
invasivo/a invasive
invasor(a) *n.* invader; *adj.* invasive
inventado/a made-up
inventar to invent; to make up
invernadero greenhouse
inversión *f.* investment
invertir (ie, i) to invest
investigación *f.* investigation; research; **hacer** (*irreg.*) **investigaciones** to research; **trabajo de investigación** research paper
investigador(a) researcher; investigator
investigar (gu) to investigate; to research
invierno winter (2)
invitación *f.* invitation
invitado/a guest
invitar to invite
involucrar to involve
inyección *f.* injection; **ponerle** (*irreg.*) **una inyección** to give (*someone*) a shot (12)
ir *irreg.* to go (2); **ir + a +** *inf.* to be going to (*do something*) (2); **ir al cine** to go to the movies (3); **ir de compras** to go shopping (7); **ir de vacaciones** to go on vacation (9); **irse** to leave, go away; **¡qué va!** no way!
irónico/a ironic
irrepetible once-in-a-lifetime
irresponsable irresponsible
irritabilidad *f.* irritability
irritado/a irritated (2)
irritarse to become irritated
irrumpir en to burst into
isla island (14); **Islas Galápagos** Galapagos Islands; **Islas Filipinas** Philippines
islote *m.* small island
Italia *n.* Italy
italiano *n.* Italian (*language*)
italiano/a *adj.* Italian
itinerario route; itinerary
izquierda left; **a la izquierda (de)** to the left (of) (2)

J

jabón *m.* soap
jacinto: guacamayo jacinto hyacinth macaw
jade *m.* jade
jaguar *m.* jaguar (14)
Jamaica: agua (*f., but* **el agua**) **de Jamaica** sorrel water
jamás *adv.* never (9); at no time
jamón *m.* ham (6)
Japón *m.* Japan
japonés *m.* Japanese (*language*)
japonés, japonesa *adj.* Japanese
jarabe *m.* cough syrup (12)
jardín *m.* garden (3); yard (3); **trabajar en el jardín** to work in the garden/yard (3)
jarra pitcher
jazz *m.* jazz (11)
jeans *m. pl.* (blue)jeans (7)
jefe/a boss (13)
jengibre *m.* ginger
jinete *m., f.* horseman, horsewoman
jornada (laboral) workday
jornalero/a day laborer
joven *m., f.* (*pl.* **jóvenes**) young person (2); *adj.* young
joya jewel; *pl.* jewelry
joyería jewelry (store) (7)
jubilación *f.* retirement; **plan** (*m.*) **de jubilación** retirement plan (13)
jubilado/a retired (4)
jubilarse to retire (13)
judía verde green bean
judío/a *n.* Jew, Jewish person; *adj.* Jewish; **Pascua judía** Passover (11)
juego game; **juego de azar** game of chance; **Juegos Olímpicos** Olympics
jueves *m. inv.* Thursday (1); **el jueves** on Thursday (1); **el jueves pasado** last Thursday; **el jueves que viene** next Thursday (1); **los jueves** on Thursdays (1)
juez(a) judge (13)
jugador(a) player

jugar (ue) (gu) (a) to play (*a game, sport*) (1); **jugar al basquetbol** to play basketball (1); **jugar al béisbol** to play baseball (1); **jugar al fútbol** to play soccer (1); **jugar al fútbol americano** to play football (1); **jugar al vólibol** to play volleyball (1); **jugar un papel** to play a role
jugo juice (6); **jugo de naranja** orange juice; **sacarle mucho más jugo** to get more out of something
juguete *m.* toy (9)
juguetería toy store (7)
julio July (2)
jungla jungle
junio June (2)
juntar(se) to put, bring together
junto *adv.*: **junto a** next to; **junto con** together with
juntos/as together
juramento judgment
justamente exactly, precisely; fairly
justificar (qu) to justify
justo/a just; fair
juvenil juvenile; youthful
juventud *f.* youth (9)
juzgar (gu) to judge

K

kallaway *traditional healer of an indigenous group in the Bolivian Andes*
kilo kilo(gram)
kilómetro kilometer
kiosco kiosk, newspaper stand
kiwi *m.* kiwi (6)
kuna *m., f. person belonging to an indigenous group of Panama and Colombia*

L

la *def. art. f. s.* the (1); *dir. obj. pron. f. s.* her (5); you (*form.*) (5); it (5); **a la(s)** + *time* at + *time* (1); **la más/menos… de** the most/least . . . of/in (5)
laberinto labyrinth; maze
labial *adj.* lip; **lápiz** (*m., pl.* **lápices**) **labial** lipstick
labio lip
laboral *adj.* labor; working; **demanda laboral** workforce demand; **inserción laboral** job placement; **jornada laboral** workday; **mercado laboral** job market
laboratorio laboratory (1)
lácteo/a: producto lácteo dairy product (6)
lado side; **al lado de** next to (5); **de al lado** next-door (5); **por un lado** on one hand
ladrillo brick
lago lake (8)
laguna lagoon
lamentablemente unfortunately
lamentar to regret
lámpara lamp (5); **lámpara de araña** chandelier
lana wool; **de lana** wool (*adj.*) (7)
langosta lobster (6)
lanza spear; **punta de lanza** spearhead
lanzamiento launch (*n.*)
lanzar (c) to launch
lápida headstone
lápiz *m.* (*pl.* **lápices**) pencil (1); **lápiz de memoria** flash drive (15); **lápiz labial** lipstick
largo/a *adj.* long; **a largo plazo** long term; **a lo largo de** throughout; **de manga larga** with long sleeves (7)
largometraje *m.* feature film
larimar *m. blue pectolite gemstone found only in the Dominican Republic*
las *def. art. m. pl.* the (1); *dir. obj. pron. f. pl.* you (*form. Sp.; fam., form. elsewhere*) (5); them (5); **las más/ menos… de** the most/least . . . of/in (5)
láser *m.* laser (15)
lástima pity; shame; **es una lástima que** it's a shame that (11)
lastimarse to hurt (oneself)
lata can
latín *m.* Latin (*language*)
latino/a *adj.* Latino
Latinoamérica Latin America
latinoamericano/a Latin American
laúd: tortuga marina laúd leatherback sea turtle
lavabo sink (5)
lavadero laundry room (5); laundry sink
lavadora washer, washing machine (3)
lavanda lavender
lavandería laundromat
lavaplatos *m. inv.* dishwasher (3)
lavar to wash; **lavar la ropa** to wash clothes (1); **lavar los platos** to wash the dishes (3); **lavarse la cara / las manos / el pelo** to wash one's face/hands/hair (5); **lavarse los dientes** to brush one's teeth (5); **tabla de lavar** washboard
lazo bond; tie
le *indir. obj. pron.* to/for him/her (6); to/for you (*s. form.*) (6); to/for it (6)
lección *f.* lesson
leche *f.* milk (6)
lechón (asado) *m.* (roast) suckling pig
lechuga lettuce (6)
lector(a) reader (*person*)
lectura reading
leer (y) (*p.p.* **leído**) to read (2)
legado legacy
legal *adj.* legal
legendario/a legendary
legítimo/a legitimate
legumbre *f.* vegetable
lejano/a distant
lejos (de) far (from) (2); **a lo lejos** in the distance
lema *m.* motto; slogan
lenguaje *m.* language
lenguas languages (1); **lenguas extranjeras** foreign languages (1); **grado de lenguas** degree in language
lentes *m. pl.* glasses
lento/a slow
leña firewood
león *m.* lion (14)
les *indir. obj. pron.* to/for you (*pl. form. Sp.; pl. fam., form. elsewhere*) (6); to/for them (6)
lesión *f.* injury
letra letter; lyrics; *pl.* humanities (1); **Facultad** (*f.*) **de Letras** School of Humanities (1); **letra cursiva** cursive, italics
levantar to lift; to rise; **levantar pesas** to lift weights (3); **levantarse** to get up
ley *f.* law; *pl.* law (1); **Facultad** (*f.*) **de Leyes** School of Law (1)
leyenda legend; caption
liberación *f.* liberation
liberador(a) liberating
libertad *f.* freedom; liberty
libertador(a) *n.* liberator
libra pound
libre free; **al aire libre** outdoors; **comercio libre** free trade; **ratos libres** free time; **tiempo libre** free time (2)
libremente freely; liberally
librería bookstore (1)
libreta notebook
libro book; **libro de texto** textbook (1)
licenciado/a graduate
licenciar to license
licenciatura degree (*university*)
licor *m.* liquor; liqueur
licuadora blender; juicer
líder *m., f.* leader
liga league
ligero/a *adj.* Light; **tren** (*m.*) **ligero** light rail
liguilla *f., s.* mini-league; playoffs
lima lime
limitación *f.* limitation
limitar to limit; to restrict
límite *m.* limit; **sin límites** limitless
limón *m.* lemon
limonada lemonade
limonero lemon tree
limpiar to clean (3); **limpiar la casa** to clean the house (3)
limpieza cleaning
limpio/a clean (3)
lince *m.* lynx
lindo/a pretty, lovely
línea line; **en línea** online; **patinar en línea** to inline skate (2)
lingüística hispánica Spanish linguistics
lingüístico/a linguistic
lino linen
liqui liqui *m. traditional outfit worn by Venezuelan men*
líquido liquid
liso/a plain; smooth
lista list
listo/a smart (4); clever; ready
litera bunk bed
literario/a literary
literatura literature (1)
llamar to call (1); **¿cómo se llama usted (Ud.)?** what's your (*form.*) name? (1); **¿cómo te llamas?** what's your (*fam.*) name? (1); **llamar la atención** to sound interesting (*lit.* to call out for one's attention) (6); **llamar por teléfono** to call on the phone (1); **me llamo…** my name is . . . (1)
llanero/a *adj.* in / of / pertaining to the plains

llano plain (*geography*), prairie
llano/a flat
llanta tire
llanura plain (*geography*) (14); prairie
llave *f.* key
llegada arrival (10)
llegar (gu) to arrive (1); **llegar a ser** to become
llenar to fill; to fill out (*a form*) (13)
lleno/a full; **lleno/a de luz** bright (5); well-lit (5)
llevar to carry (1); to wear; to lead; **llevar a cabo** to carry out; **llevar... años** to spend . . . years; **llevarse bien/mal** to get along well/poorly (with each other) (5); **dejarse llevar** to let oneself go
llorar to cry (9)
llover (ue) to rain; **está lloviendo / llueve** it's raining (2)
lloviznar to drizzle
lluvia rain; **lluvia de ideas** brainstorm
lo *dir. obj. pron. m. s.* him (5); you (*s. form.*) (5); it (5); **lo cual** *rel. pron.* which; **lo demás** the rest; **lo que** *rel. pron.* what (6); that which (6); **lo siento** I'm sorry; **por lo general** generally (4); **por lo menos** at least (4)
local *m.* shop; establishment; *adj.* local (6)
localidad *f.* place; town
localizar (c) to locate
loco/a crazy (2)
lógico/a *adj.* logical
logística logistics
lograr to achieve; to obtain
logro achievement
lombriz *f.* (*pl.* **lombrices**) earthworm
Londres London
longitud *f.* length
los *def. art. m. pl.* the (1); *dir. obj. pron. m. pl.* you (*form. Sp.; fam., form. elsewhere*) (5); them (5); **los años setenta** the seventies; **los demás** the others, the rest; **los más/menos... de** the most/least . . . of/in
lotería lottery
lucha fight
luchar to fight
luciérnaga firefly; lightning bug
lucrativo/a lucrative
luego then, afterward, next; **hasta luego** see you later (1); **luego de** after
lugar place (1); **lugar de origen** place of origin; **lugar de trabajo** workplace (13); **ningún lugar** nowhere; **ponerse** (*irreg.*) **en su lugar** to put oneself in his/her/their place; **preposición** (*f.*) **de lugar** *gram.* preposition of location (2); **tener** (*irreg.*) **lugar** to take place
lujo luxury; **de lujo** *adj.* luxury (*hotel*) (10)
lujoso/a luxurious
luna moon; **luna de miel** honeymoon (9)
lunar *m.*: **de lunares** polka-dotted (7)
lunes *m. inv.* Monday (1); **el lunes** on Monday (1); **el lunes pasado** last Monday; **el lunes que viene** next Monday (1); **los lunes** on Mondays (1)
luz *f.* (*pl.* **luces**) light; **lleno/a de luz** bright (5); well-lit (5)

M

machi *Mapuche shaman*
macroeconómico/a macroeconomic
madera wood; **de madera** wooden (*adj.*) (7); **tallado/a en madera** wood-carved
madrastra stepmother (4)
madre *f.* mother (4); **Día** (*m.*) **de la Madre** Mother's Day (11); **Madre Tierra** Mother Earth
madrileño/a of/from Madrid, Spain
madrina godmother (4)
madrugada dawn; daybreak
madurez *f.* maturity (9)
maduro/a mature
maestría Master's (degree)
maestro/a *n.* teacher (13); *adj.* master; **obra maestra** masterpiece (11)
Magallanes Magellan
magia magic
mágico/a magical
magnánimo/a magnanimous
magnífico/a magnificent; great
magnitud *f.* magnitude
mago: Día (*m.*) **de los Reyes Magos** Feast of the Three Kings (Epiphany) (11)
maíz *m.* (*pl.* **maíces**) corn (6); **mazorca de maíz** corn cob
majestuoso/a majestic
mal *m.* evil; misfortune; *adv.* bad, not well (2); sick (2); **caerle mal** to be disliked (by someone); **llevarse mal** to get along poorly (with each other) (5); **manejar mal el dinero/tiempo** to manage one's money/time poorly (15); **nos sabe mal** leaves a bad taste in our mouth; **pasarlo mal** to have a bad time (3); **salir** (*irreg.*) **mal** to turn out poorly
mal, malo/a *adj.* bad (1); **de mal humor** in a bad mood; **es malo que** it's bad that (11); **hace (muy) mal tiempo.** it's (very) bad out. (2); **¡qué mala onda!** what a bummer!; **sacar (qu) malas notas** to get bad grades (1); **ser** (*irreg.*) **mala onda** to be a jerk
malecón seafront walkway
malestar *m.* discomfort; unease
maleta suitcase (10); **hacer** (*irreg.*) **la(s) maleta(s)** to pack one's suitcase(s) (10)
maletero/a skycap (10)
maletín *m.* carry-on (bag) (10)
mamá mom, mother
mamífero mammal
managüense *adj. m., f. pertaining to Managua*
manantial *m.* spring (*water*)
mandar to send (6); to order (*someone to do something*)
mandarina tangerine
mandato (formal/informal) *gram.* (formal/informal) command
mandolina mandolin
manejar to drive (*L.A.*) (8); to manage; **manejar (bien/mal) el dinero/tiempo** to manage one's money/time (well/ poorly) (15); **manejar las cuentas** to manage one (accounts) (13)

manera way; manner
manga sleeve; **de manga corta/larga** with short/long sleeves (7)
mango mango (6)
manifestación *f.* demonstration
mano *f.* hand; **a mano** by hand; **darse** (*irreg.*) **la mano** to shake hands with each other (5); **de segunda mano** second-hand; **lavarse las manos** to wash one's hands (5); **tomados/as de la mano** hand in hand
manta blanket
mantel *m.* tablecloth
mantener(se) (*like* **tener**) to maintain; to keep; to support (*family*); **mantenerse en contacto (con)** to stay in touch (with)
mantenimiento maintenance
mantequilla butter (6)
mantilla lace veil
manual *n. m.* manual; workbook; *adj.* manual
manzana apple (6); (city) block
manzanilla chamomile
mañana *n.* morning; *adv.* tomorrow (1); **de la mañana** in the morning (1); A.M.; **hasta mañana** see you tomorrow (1); **pasado mañana** the day after tomorrow (1); **por la mañana** in the morning (1)
mapa *m.* map
mapuche *n., adj. m., f. indigenous group of Chile*
maquillaje *m.* makeup
maquillarse to put on makeup (5)
máquina machine; **máquina de escribir** typewriter
maquinista *m., f.* machinist
mar *m.* sea (14); **Mar Antártico** Antarctic Sea; **Mar Caribe** Caribbean Sea; **nivel** (*m.*) **del mar** sea level
maraca maraca (*percussion instrument*)
maravilla *n.* marvel, wonder; **pasarlo de maravilla** to have a great time
maravillado/a amazed
maravilloso/a marvelous; wonderful
marca brand (name); **de marca** name-brand (7)
marcar (qu) to mark; to score; **marcar un gol** to score a goal
marcial: artes (*f. but* **el arte**) **marciales** martial arts
marco frame; framework
mareado/a dizzy (12); nauseated (12)
marginado/a marginalized
marginal poor; peripheral
marido husband
marinero/a sailor
marino/a *adj.* sea, marine; **azul marino** dark blue; **caballo marino** seahorse; **lobo marino** sea lion; **reserva marina** marine reserve; **tortuga marina** sea turtle; **tortuga marina boba** loggerhead sea turtle; **tortuga marina laúd** leatherback sea turtle; **tortuga marina verde** green sea turtle
mariposa butterfly (14)
mariscos *pl.* shellfish (6)
marítimo/a *adj.* sea, maritime
marpacífico *m.* hibiscus

marrón *m. drink made of 50% coffee and 50% milk (Ven.)*
martes *m. inv.* Tuesday (1); **el martes** on Tuesday (1); **el martes pasado** last Tuesday; **el martes que viene** next Tuesday (1); **los martes** on Tuesdays (1)
martirio martyrdom
marzo March (2)
más more; most; plus; **el/la/los/las más... de** the most . . . of/in (4); **más allá** further, farther; **más allá de** beyond; **más de** + *number* more than + *number* (4); **más... que** more . . . than (4)
masa batter
masaje *m.* massage (3)
máscara mask; **máscara de carnaval** Carnival mask
mascota pet (4)
masculino/a masculine
masivo/a massive
matar to kill
mate *m.* herbal tea
matemáticas *pl.* math (1)
materia class, subject (1)
material *m.* material (7)
materialista materialistic
materno/a maternal
matrícula tuition (15)
matricularse to enroll
matrimonio marriage (4); married couple (4); **proponer** (*like* **poner**) **matrimonio** to propose
máximo *n.* maximum; **al máximo** to the fullest
máximo/a *adj.* utmost; most important
maya *n., adj. m., f.* Mayan
mayo May (2); **Cinco de Mayo** *commemorative celebration in Mexico and United States, also called Anniversary of the Battle of Puebla* (11)
mayor elderly; older; oldest; greater; greatest; **el/la mayor... de** the oldest . . . of/in; **mayor de edad** of legal age; adult; **mayor que** older than (5); **plaza mayor** main square
mayoría majority
mayoritariamente primarily
mayormente mainly
mayúscula capital (letter)
mazorca de maíz corn cob
me *dir. obj. pron.* me (5); *indir. obj. pron.* to/for me (6); *refl. pron.* myself (5); **me gustaría** I would like (6); **me llamo...** my name is . . . (1)
mecánico/a *n.* mechanic; *adj.* mechanical
medalla medal
mediados: a mediados de halfway through
mediano/a medium (7)
medianoche *f.* midnight (1)
mediante *adv.* by means of; through
medias *pl.* stockings
medicamento medicine
medicina medicine (1); **Facultad** (*f.*) **de Medicina** School of Medicine (1)
medicinal medicinal; **yerba medicinal** medicinal herb
médico/a doctor (12); *adj.* medical; **cuidado médico** medical care (12); **seguro médico** health insurance (13)
medida measure; **a medida que** as, while, at the same time that
medieval *adj.* Medieval
medio *n.* medium; means; **medio ambiente** environment (14); **medios de comunicación** mass media; **medio de transporte** mode of transportation (8)
medio/a *adj.* half; **medio/a hermano/a** half-brother/sister (4); **medio pollo** *coffee with milk (P.R.)*; **y media** half past (1)
medioambiental environmental
medioambiente *m.* environment
mediodía *m.* noon (1)
medir (i, i) to measure
meditación *f.* meditation (3)
meditar to meditate (12)
Mediterráneo Mediterranean
mediterráneo/a Mediterranean
medusa jellyfish
mejilla cheek
mejor better; best; **es mejor que** it's better that (12); **mejor amigo/a** best friend (1); **mejor dicho** or rather, in other words; **el/la mejor... de** the best . . . of/in (5); **mejor que** better than (5)
mejora improvement
mejoramiento improvement
mejorana sweet marjoram
mejorar(se) to improve (14)
melancolía melancholy
melancólico/a melancholic, moody
melipona: abeja melipona *stingless bee native to Mexico*
melisa lemon balm
melodramático/a melodramatic
melón *m.* melon (6)
memoria memory; **lápiz** (*m.*) **de memoria** flash drive (15); **saber** (*irreg.*) **de memoria** to know by heart
memorizar (c) to memorize
mencionar to mention
meningitis *f.* meningitis
menor minor; younger; youngest; less; least; **el/la menor... de** the youngest . . . of/in (5); **menor de edad** minor, under-aged; **menor que** younger than (5)
menos less; least; minus; **a menos que** + *subj.* unless (14); **al menos** at least; **el/la/los/las menos... de** the least . . . of/in (5); **menos cuarto/quince** quarter to (1); **menos de** + *number* less than + *number* (4); **menos... que** less . . . than (5); **por lo menos** at least (4)
mensaje *m.* message; **mensaje de texto** text message; **mensaje de voz** voice message; voicemail
mensajería chat (messaging) service; **mensajería instantánea** instant messaging
mensual monthly
menta mint (6)
mental mental; **bienestar** (*m.*) **mental** mental well-being (15)
mentalidad *f.* mentality
mente *f.* mind
mentir (ie, i) to lie
mentira lie
menú *m.* menu (6)
menudo: a menudo often
mercado market (6); **mercado laboral** job market
merendar (ie) to snack (6)
mero/a mere
mes *m.* month (2); **el mes** (*m.*) **pasado** last month; **una vez al mes** once a month (3)
mesa table (1); **poner** (*irreg.*) **la mesa** to set the table (3); **quitar la mesa** to clear the table (3)
mesero/a waiter/waitress (6)
mesita coffee table (5); nightstand (5); **mesita de noche** nightstand (5)
mestizaje *m.* fusion, blend (of races)
mestizo/a of mixed race
meta goal
metáfora metaphor
metal *m.* metal (14)
metálico/a metallic
meter to put; **meterse (en)** to meddle, get involved (in)
meticuloso/a meticulous
método method
metro meter; subway (8)
metrópolis *f.* metropolis
metropolitano/a metropolitan
mexicano/a Mexican (1)
mezclar to mix
mezquindad *f.* pettiness
mezquita mosque (3)
mí *obj.* (*of prep.*) me
mi(s) *poss. adj.* my (1); **mi apellido es...** my last name is. . . (1); **mi nombre es...** my name is . . . (1); **mi tal** my whoever
micrófono microphone
microondas *m. inv.* microwave (3); **horno de microondas** microwave oven (3)
microscopio microscope
miedo fear; **tener** (*irreg.*) **miedo (de)** to be afraid (of) (3)
miel *f.* honey; **luna de miel** honeymoon (9)
miembro member
mientras while
miércoles *m. inv.* Wednesday (1); **el miércoles** on Wednesday (1); **el miércoles pasado** last Wednesday; **el miércoles que viene** next Wednesday (1); **los miércoles** on Wednesdays (1); **Miércoles de Ceniza** Ash Wednesday
migración *f.* migration
migrar to migrate
mil thousand (4); one thousand (4); **dos mil** two thousand (4)
milagro miracle
milagrosamente miraculously
milenio millennium; **generación** (*f.*) **del milenio** millennials
militar *n. m.* military person; *adj.* military
milla mile
millón *m.* million; **dos millones (de)** two million (4); **un millón (de)** one million (4)
mina mine

mineral *n. m.* mineral (14); *adj.* mineral
minero/a *adj.* mining
miniatura miniature
minibar *m.* mini-bar
mínimo/a minimum; **salario mínimo** minimum wage
minoría minority
minuto minute
mío/a *poss. adj.* my (12); *poss. pron.* mine (12)
mirada look, glance; way of looking
mirador *m.* lookout; overlook
mirar to look at; to watch; **mirar la televisión** to watch TV (1)
misa mass (*religion*)
miseria poverty
misión *f.* mission
mismo *adv.* same
mismo/a *adj.* same; self
misterio mystery
misterioso/a mysterious
mitad *f.* half
mítico/a mythical
mito myth
mobiliario furniture; furnishings
mochila backpack (1)
moda fashion; **de última moda** fashionable, in style (7); **diseñador(a) de modas** (fashion) designer (13); **desfile de modas** fashion show
modalidad *f.* form
modelo *m., f.* model (13)
módem *m.* modem (15)
moderación *f.* moderation
modernidad *f.* modernity
modernismo modernism
modernista modernist
modernización *f.* modernization
modernizar (c) to modernize
moderno/a modern (7)
modificar (qu) to modify
modista *m., f.* fashion designer
modo mode; means; **de todos modos** at any rate; **ni modo** no way
mofongo *dish made of mashed fried green plantains and pork or seafood (P.R.)*
mola *traditional fabric of geometric patterns of the Kuna people of Panama*
molde *m.* mold (*pattern*); pan
moler (ue) to grind
molestar to bother, annoy (6)
molesto/a annoyed
molino mill, windmill
momento moment
monasterio monastery
moneda coin; currency
monigote *m. paper and cloth doll of Ecuador*
monitor *m.* monitor
monja nun; **flor (*f.*) de monja blanca** *white orchid that is the national flower of Guatemala*
mono monkey (14); overalls; **mono tamarindo** Tamarin monkey
monótono/a monotonous
montaña mountain (8)
montañoso/a mountainous
montar (en) to ride; to mount; **montar a caballo** to ride a horse; **montar en motocicleta** to ride a motorcycle
monte *m.* mountain
montón: un montón a lot (*coll.*)
monumento monument
morado/a purple (2)
moraleja moral
morder (ue) to bite
moreno/a dark-haired (1); dark-skinned (1)
morir(se) (ue, u) (*p.p.* **muerto**) to die (7)
moro/a *n.* Moor; *adj.* Moorish; **moros y cristianos** black beans and rice
mortero mortar
mosquito mosquito (14)
mostrador *m.* (*check-in*) counter (10)
mostrar (ue) to show (3)
motivo motive; motif
moto *f.* motorcycle
motocicleta motorcycle (8); **montar en motocicleta** to ride a motorcycle
mover(se) (ue) to move (oneself)
móvil *m.* cell phone; **teléfono móvil** cell phone; *adj.* mobile, moving
movilidad *f.* mobility
movilización *f.* mobilization
movilizar (c) to mobilize
movimiento movement
muchacho/a boy/girl
mucho *adv.* a lot; much
mucho/a *adj.* a lot; *pl.* many; **hace mucho calor/frío/sol/viento** it's very hot/cold/windy/sunny (2); **hay muchas nubes** it's very cloudy (2); **muchas gracias** thank you very much; **mucho gusto** it's a pleasure (to meet you) (1)
mudarse to move (*from one residence to another*) (5)
mueble *m.* piece of furniture; *pl.* furniture (3); **sacudir los muebles** to dust the furniture (3)
muela molar, back tooth; **dolor (*m.*) de muela** toothache (12)
muerde: que no muerde it's not hard (*lit.* it doesn't bite)
muerte *f.* death
muerto/a (*p.p. of* **morir**) *n.* dead person; *adj.* dead; **Día (*m.*) de Muertos** Day of the Dead (11); **naturaleza muerta** still life (*painting*)
muestra sample
mujer *f.* woman (1); **mujer de negocios** businesswoman (13)
multa fine
multinacional multinational
múltiple many, numerous; multiple; **opción (*f.*) múltiple** multiple choice
multitud (*f.*) de numerous
multitudinario/a mass; **gesto multitudinario** mass action
mundial *adj.* world (9); **Copa Mundial** World Cup (*soccer*); **Organización (*f.*) Mundial de la Salud** World Health Organization; **Segunda Guerra Mundial** World War II
mundo world; **todo el mundo** everyone
municipal *adj.* local; municipal
muñeco/a doll (9)
mural *m.* mural (11)
muralista *m., f.* muralist
muscular: dolor (*m.*) muscular muscle pain (12)
museo museum
música music (1); **escuchar música** to listen to music (1); **música bailable** dance music; **música clásica** classical music (11); **música hip-hop** hip hop music (11); **música pop** pop music (11); **música rock** rock (*music*); **música sinfónica** symphonic music (11)
musical musical; **conjunto musical** band, musical group (11); **instrumento musical** musical instrument
músico/a musician (11)
musicólogo/a musicologist
musulmán, musulmana *n., adj.* Muslim
muy *adv.* very; **muy bien** very well (1); **está muy nublado** it's very cloudy (2); **hace muy buen/mal tiempo** the weather is very nice/bad (2)

N

nacer (zc) to be born
nacimiento birth
nación *f.* nation; **Naciones Unidas** United Nations
nacional national (11); **parque (*m.*) nacional** national park (14); **Patrimonio Nacional de la Humanidad** World Heritage Site (UNESCO)
nacionalidad *f.* nationality (1)
nada nothing (9), not anything; **de nada** you're welcome (1); **para nada** at all
nadar to swim (2); **nadar en la piscina** to swim in the swimming pool (2)
nadie no one (9), nobody, not anybody
naranja orange (*fruit*) (6); **jugo de naranja** orange juice
nariz *f.* (*pl.* **narices**) nose (12); **hasta las narices** fed up with
narración *f.* narration
narrar to narrate
narrativa narrative
narrativo/a narrative
natación *f.* swimming (2)
natal native, home, birth; **ciudad (*f.*) natal** hometown
nativo/a native
natural natural (6); **desastre (*m.*) natural** natural disaster (9); **gas (*m.*) natural** natural gas (14); **recurso natural** natural resource (14); **reserva natural** refuge; nature reserve (14)
naturaleza nature (10); **naturaleza muerta** still life (*painting*)
naturalista: guía (*m., f.*) naturalista naturalist guide
náusea nausea; **tener (*irreg.*) náuseas** to be nauseous
navaja razor
nave *f.* ship; space
navegar (gu) to sail; **navegar en internet** to surf the internet (1)
Navidad *f.* Christmas (11); **árbol (*m.*) de Navidad** Christmas tree (11)

neblina mist

necesario/a necessary; **es necesario que** it's necessary that (11)

necesidad *f.* necessity

necesitar to need; **necesitar** + *inf.* to need to (*do something*) (1)

negar (ie) (gu) to deny (12); **negarse** to refuse

negativo/a negative; **palabra negative** *gram.* negative word (5)

negociación *f.* negotiation

negociar to negotiate; to do business

negocio business (*establishment*); *pl.* business (*field*) (13); **hacer** (*irreg.*) **negocios** to do business; **hombre** (*m.*) **/ mujer** (*f.*) **de negocios** businessman/ businesswoman (13); **negocio particular** private business

negrita: en negrita in bold (*font*)

negrito espresso (*Ven.*)

negro/a black (2)

neoclásico/a Neoclassical

neogótico/a Neo-Gothic

nervio nerve

nervioso/a nervous (2)

nevar (ie) to snow; **está nevando / nieva** it's snowing (2)

nevera refrigerator

ni neither; nor; not even; **ni... ni...** neither . . . nor . . .; **ni modo** no way; **ni siquiera** not even

nicaragüense *m., f.* Nicaraguan (1)

nido nest

niebla fog

nieto/a grandson/granddaughter (4); *pl.* grandchildren (4)

nieve *f.* snow

ningún, ninguno/a none, not any (9), no; **en ninguna parte** nowhere; **ningún lugar** nowhere

niñero/a babysitter

niñez *f.* childhood (9)

niño/a boy/girl; small child

nivel *m.* level; **nivel del mar** sea level

nixtamal *m.* prepared maize (Axtec)

no no (1); not (1); **¿no?** right?; **no hay** there is/ are not; **no hay de qué** don't mention it; **no obstante** nevertheless; **no renovable** nonrenewable (14); **no tener** (*irreg.*) **razón** to be wrong (3)

Nóbel: **Premio Nóbel** Nobel Prize

noble courteous, kind

noche *f.* night; **buenas noches** good evening (*after evening meal*) (1); **de la noche** in the evening, at night (1); P.M.; **de noche** at night; **esta noche** tonight (3); **mesita de noche** nightstand (5); **por la noche** in the evening, at night (1)

Nochebuena Christmas Eve (11)

Nochevieja New Year's Eve (11)

nocturno/a *adj.* night, nocturnal

nómada *n. m., f.* nomad; *adj.* nomadic

nombrar to name

nombre *m.* name; **¿cuál es su nombre?** what's your (*form.*) name? (1); **¿cuál es tu nombre?** what's your (*fam.*) name? (1); **mi nombre es...** my name is . . . (1)

noreste *m.* northeast

norma rule, regulation

noroeste *m.* northwest

norte *m.* north (8); **al norte** (to the) north (8)

Norteamérica North America

norteamericano/a North American; *from Canada or the United States;* American, *from the United States*

nos *dir. obj. pron.* us (5); *indir. obj. pron.* to/for us (6); *refl. pron.* ourselves (5); **nos sabe mal** leaves a bad taste in our mouth; **nos vemos** see you later

nosotros/as *sub. pron.* we (1); *obj.* (*of prep.*) us

nostálgico/a nostalgic

nota note; grade; **sacar (qu) buenas/malas notas** to get good/bad grades (1)

notar to note, notice

noticias *pl.* news

novecientos/as nine hundred (4)

novela novel (9)

novelista *m., f.* novelist

noveno/a ninth (5)

noventa ninety (2); **ciento noventa y nueve** one hundred ninety-nine (4)

noviazgo courtship (9); engagement (9)

noviembre November (2)

novio/a boyfriend/girlfriend (2); fiancé/fiancée (9); groom/bride (9)

nube *f.* cloud; **hay (muchas) nubes** it's (very) cloudy (2)

nublado/a cloudy; **está (muy) nublado** it's (very) cloudy (2)

nuboso: bosque (*m.*) **nuboso** cloud forest

nuclear: energía nuclear nuclear power (14)

núcleo nucleus; **núcleo urbano** city center

nudo knot

nuera daughter-in-law (4)

nuestro/a(s) *poss. adj.* our (1); *poss. pron.* ours

nueve nine (1); **ciento noventa y nueve** one hundred ninety-nine (4)

nuevo/a new; **Año Nuevo** New Year's Day (11); **Nueva York** New York

número number (1); **número ordinal** *gram.* ordinal number (5)

numeroso/a numerous, many; large

nunca never (8)

nutrición *f.* nutrition

nutrir to nourish

nutritivo/a nutritional

O

o *conj.* or; **o... o...** either . . . or . . . (5)

obediente obedient (4)

obesidad *f.* obesity

objetivo *n.* objective

objeto object; **objeto de arte** piece of art; **objeto directo** *gram.* direct object; **objeto indirecto** *gram.* indirect object; **pronombre** (*m.*) **de objeto directo** *gram.* direct object pronoun (5); **pronombre de objeto indirecto** *gram.* indirect object pronoun (6)

obligación *f.* obligation

obligado/a compulsory, mandatory

obligar (gu) to force (*someone to do something*)

obligatorio/a mandatory, obligatory

obra work; **obra de arte** work of art (11); **obra de teatro** play (11); **obra maestra** masterpiece (11)

obrero/a laborer

observación *f.* observation

observador(a) observer

observar to observe

obsesión *f.* obsession

obsesionado/a obsessed

obstante: no obstante nevertheless

obtener (*like* **tener**) to obtain

obvio/a obvious; **es obvio que** it's obvious that (12)

ocasión *f.* occasion

ocasionar to cause

occidental western

océano ocean (14); **Océano Atlántico/ Pacífico** Atlantic/Pacific Ocean

ochenta eighty (2)

ocho eight (1)

ochocientos/as eight hundred (4)

ocio leisure time

octavo/a eighth (5)

octubre October (2)

ocupación *f.* occupation

ocupado/a busy (2)

ocupar to occupy; to live in; to take up (*space*); **ocuparse de** to take care of

ocurrir to occur; to take place

odio hate (12)

oeste *m.* west (8); **al oeste** (to the) west (8)

oferta offer

oficial official

oficina office; **oficina de correos** post office (8)

oficio trade (13)

ofrecer (zc) to offer (6)

ofrenda *n.* offering

oído inner ear (12); **infección** (*f.*) **del oído** ear infection (12)

oír *irreg.* (*p.p.* **oído**) to hear (3)

ojalá (que) + *pres. subj.* hopefully (11)

ojo eye (12); **¡ojo!** *interj.* careful!

ola wave (14)

oler *irreg.* to smell; **huele rico** it smells delicious

olímpico/a Olympic; **Juegos Olímpicos** Olympics

oliva: aceite (*m.*) **de oliva** olive oil (6)

olla sauce pan

olvidado/a forgotten

olvidar to forget (*in accidental* **se** *construction*) (7); **olvidar(se) (de)** to forget (about)

once eleven (1)

onda wave; **¡qué buena onda!** sweet!; how cool!; **¡qué mala onda!** what a bummer!; **ser** (*irreg.*) **buena onda** to be (a) cool (person); **ser mala onda** to be a jerk

ONG *f.* non-profit organization

opción *f.* option; **opción múltiple** multiple choice

ópera opera (11)

operador(a) operator

operar to operate, run
opinar to express an opinion
opinión *f.* opinión
oponente *m., f.* opponent
oportunidad *f.* opportunity
oposición *f.* opposition
opresivo/a oppressive
optar to opt
óptico/a optic; optical
optimismo optimism
optimista *m., f.* optimist
opuesto/a *adj.* opposite
oración *f.* sentence (4)
orden *m.* order
ordenador *m.* computer (*Sp.*)
ordenar to order (*in a restaurant*); to place in order
ordeñar to milk (*cow*)
ordinal: número ordinal *gram.* ordinal number (5)
oreja ear (12)
orgánico/a organic (6)
organismo organism; body
organización *f.* organization (9); **Organización Mundial de la Salud** World Health Organization
organizado/a organized (13)
organizar (c) to organize
órgano organ
orgullo pride (12); arrogance (12)
orgulloso/a proud (4); **ser** (*irreg.*) **orgulloso/a** to be arrogant (12)
orientación *f.* orientation
orientado/a pointed, oriented
oriental eastern
orientarse to get one's bearings
origen *m.* origin; **ciudad** (*f.*) **de origen** city of origin; **lugar** (*m.*) **de origen** place of origin
originar(se) to originate
originario/a *adj.* originating; native
orilla shore (14)
ornamentación *f.* ornamentation
oro gold; **de oro** gold (*adj.*) (7)
orquesta orchestra (11); **orquesta sinfónica** symphonic orchestra (11); **director(a) de orquesta** director; (musical) conductor (11)
ortiga stinging nettle
ortográfico/a *adj.* spelling
os *dir. obj. pron.* you (*pl. fam. Sp.*) (5); *indir. obj. pron.* to/for you (*pl. fam. Sp.*) (6); *refl. pron.* yourselves (*pl. fam. Sp.*) (5)
Óscar: Premio Óscar Oscar (*award*)
oscuro/a dark (*color*) (7); dark; dim (5); **a oscuras** in the dark
oso bear (14); **oso polar** polar bear (14)
otoño fall (*season*) (2), autumn
otorgar (gu) to award, give
otro/a other; another; **otra vez** again; **por otra parte** on the other hand
óvalo oval
oveja sheep (8)
oxígeno oxygen

P

paciencia patience; **tener** (*irreg.*) **paciencia** to be patient
paciente *n. m., f.* patient; *adj.* patient
pacífico/a: (Océano) Pacífico Pacific Ocean
pacto pact
padrastro stepfather (4)
padre *m.* father (4); *pl.* parents (4); **Día** (*m.*) **del Padre** Father's Day (11)
padrino godfather (4); *pl.* godparents (4)
paella *Spanish dish with rice, shellfish, and often chicken and sausages, flavored with saffron*
pagado/a: vacaciones (*f.*) **pagadas** paid vacation (13)
pagar (gu) (por) to pay (for) (1); **pagar las cuentas** to pay the bills (15)
página page; **página Web** web page (13)
pago payment
país *m.* country (2); **país en desarrollo** developing country; **País Vasco** Basque Country
paisaje *m.* landscape (14); scenery
pájaro bird
palabra word (1); **palabra indefinida** *gram.* indefinite word (5); **palabra interrogativa** *gram.* question word (1); **palabra negativa** *gram.* negative word (5)
palacio palace; **Palacio Arzobispal** archbishop's residence
paladar *type of restaurant business, run out of the home*
palo stick; **palo de golf** golf club
paloma pigeon; dove
palomitas *pl.* popcorn
pampa plain (*geography*)
pan *m.* bread (6); **pan integral** whole wheat bread (6); **pan tostado** toast (6)
panadería bakery
Panamá Panama; **sombrero Panamá** Panama hat
panameño/a Panamanian (1)
panda *m.* panda (14)
pantalla (monitor) screen (15); **pantalla plana** flat screen; **televisión** (*f.*) **de pantalla ancha** wide-screen TV (15)
pantalones *m. pl.* pants (7); **pantalones cortos** shorts (7)
pantano wetlands; marsh; swamp
paño cloth
pañuelo handkerchief
papá *m.* dad, father
papagayo parrot (macaw)
papas potatoes (*L.A.*) (6); **papas fritas** French fries (6); **puré** (*m.*) **de papas** mashed potatoes (6)
papaya papaya (6)
papel *m.* paper (1); role; **hacer** (*irreg.*) **el papel** to play the role; **hoja de papel (aparte)** (separate) sheet of paper; **jugar (ue) (gu) un papel** to play a role
papelería stationery store
paquete *m.* package; **paquete vacacional** vacation package
par *m.* pair; **a la par de** next door to
para for (2); toward (4); **para** + *inf.* in order to (*do something*) (4); **para que** + *subj.* so that (14); **tener** (*irreg.*) **para dar** to have (in order) to give
parada (bus/subway) stop (8); **hacer paradas** to make stops
parador *m. Sp.* parador (*state-owned hotel in historical buildings*)
paraguayo/a Paraguayan (1)
paralelo/a parallel
parar to stop (8)
parcela piece of land; plot
parcial partial; **baño parcial** half bath; **empleo a tiempo parcial** part-time job (13); **examen** (*m.*) **parcial** midterm (exam)
parecer (zc) to seem; **parecerse (a)** to look like (each other)
parecido/a similar
pared *f.* wall
pareja partner (9); couple; significant other; (9); **en parejas** in pairs (4); **pareja de hecho** common-law couple (9); domestic partner (9)
parentalidad *f.* parenting
paréntesis *m. s., pl.* parenthesis; parentheses
pariente *m., f.* relative (4)
parque *m.* park (2); **parque biosaludable** fitness park; **parque nacional** national park (14); **parque zoológico** zoo (9)
párrafo paragraph
parrilla: a la parrilla grilled
parte *f.* part; **en ninguna parte** nowhere; **por otra parte** on the other hand; **por todas partes** everywhere (9)
partera midwife
participación *f.* participation
participante *m., f.* participant
participar to participate
particular particular; private; **negocio particular** private business
partida: punto de partida point of departure
partido game (*single occurrence*) (2); match (*sports*)
partir to break; to leave; **a partir de** as of; from (*point in time*) on; **a partir de ahí** from that point on; beyond (4)
pasado *n.* past (9)
pasado/a *adj.* last; past; **el año pasado** last year; **el fin de semana pasado** last weekend; **el lunes (martes, miércoles,...) pasado** last Monday (Tuesday, Wednesday, . . .) (6); **el mes** (*m.*) **pasado** last month; **la semana pasada** last week; **pasado mañana** the day after tomorrow (1)
pasajero/a passenger (10)
pasaporte *m.* passport (10)
pasar to happen; to pass; to spend (*time*); **pasar la aspiradora** to vacuum (3); **pasar por el control de seguridad** to go through security (10); **pasar por la aduana** to go through customs (10); **pasar por la inmigración** to go through immigration (10); **pasar tiempo** to spend time (1); **pasar un cuchillo por el borde** run a knife around the edges; **pasar un rato** to spend some time (1); **pasarlo bien/mal** to have a good/bad time (3);

pasarlo de maravilla to have a great time
pasarela runway (*fashion*), catwalk (show)
pasatiempo pastime (2)
Pascua Easter (11); **Pascua judía** Passover (11)
pasear to take a walk, stroll (2); **pasear con el perro** to take a walk/stroll with the dog (2); **pasear en barco** to go boating (9); **pasear en canoa** to go canoeing (10)
paseo walk, stroll; **dar** (*irreg.*) **un paseo** to take a stroll
pasillo hallway (5); **asiento de pasillo** aisle seat (10)
pasivo/a passive
paso step; **abrirse** (*p.p.* **abierto**) **paso** to make way
pasta pasta (6); **pasta de dientes** toothpaste
pastar to graze
pastel *m.* cake (6); pie (6); *adj.* pastel (*colors*) (7); **pastel de cumpleaños** birthday cake
pastilla pill (12)
pastor *m.* pastor; minister
patata potato
paterno/a paternal
patín *m.*: **andar en patines** to in-line skate
patinar to skate (2); **patinar en línea** to inline skate (2)
patio patio (5)
pato duck
patología disease; **patología cardiovascular congénita** congenital heart disease
patria home country, homeland
patrimonio patrimony; **Patrimonio Natural de la Humanidad** World Heritage Site (UNESCO)
patrón *m.* pattern
patrón, patrona patron; boss; **santo patrón, santa patrona** patron saint (11)
patronal *adj. related to a patron saint*
pavo turkey (6); **pavo real** peacock
paz *f.* (*pl.* **las paces**) peace; **Cuerpo de Paz** Peace Corps; **en paz** at peace
peatón, peatona pedestrian
peatonal *adj.* pedestrian
pecho chest (12)
pedagogía pedagogy
pedazo piece
pedido *n.* order; **hacer** (*irreg.*) **un pedido** to place an order
pedir (i, i) to ask for (3); to order (3); **pedir disculpas** to apologize
pegar (gu) to glue; to paste; to hit
pelar to peel
pelear(se) to fight (9)
pelícano pelican (14)
película movie (3)
peligro danger; **especie** (*f.*) **en peligro de extinción** endangered species (14)
peligroso/a dangerous (14); **residuos peligrosos** hazardous waste (14)
pelirrojo/a redheaded (1)
pelo hair; **corte** (*m.*) **de pelo** haircut; **lavarse el pelo** to wash one's hair (5); **secarse (qu) el pelo** to dry off one's hair (5)
pelota ball
peluquero/a hairdresser (13)
pena pain; *pl.* sorrows; **darle** (*irreg.*) **pena** to make (*someone*) sad; **valer** (*irreg.*) **la pena** to be worth it
pendiente *adj.* pending; **tener** (*irreg.*) **pendiente todavía** to still need to do
península peninsula (14); **Península Ibérica** Iberian Peninsula
pensamiento thought
pensar (ie) (en) to think (about) (3); **pensar** + *inf.* to plan to (*do something*) (3)
peor worse; worst; **el/la peor... de** the worst . . . of/in (5); **peor que** worse than (5)
pequeño/a small (1)
pera pear (6)
percibir to sense, notice
percusión *f.* percussion
perder (ie) to lose (3); to miss (*a flight, train, bus*) (10); to miss (*a function, stop*); **perderse** to get lost
pérdida loss
perdón *interj.* excuse me
perdonar to forgive
peregrinación *f.* pilgrimage
peregrino/a pilgrim
perezoso/a lazy (1)
perfecto/a perfect
perfil *m.* profile
perfume *m.* perfume (7)
perfumería perfume shop
periódico newspaper; **periódico en línea** online newspaper
periodismo journalism (1)
periodista *m., f.* journalist (13)
periodístico/a journalistic
período period (*of time*)
perjudicar (qu) to harm, damage
perla pearl; **de perlas** pearl(s) (7)
permanecer (zc) to stay, remain
permanente permanent
permiso permission
permitir to permit, allow
pero *conj.* but (1)
perro dog (2); **pasear con el perro** to take a walk/stroll with the dog (2)
persona person (1)
personaje *m.* character; celebrity
personal *n.* personnel; *adj.* personal; **cuidado personal** personal care (12); **director(a) de personal** personnel director (13); **pronombre** (*m.*) **personal** *gram.* personal pronoun (1)
personalidad *f.* personality
perspectiva perspective
persuadir to persuade
pertenecer (zc) (a) to belong (to)
peruano/a Peruvian (1)
pesa: levantar pesas to lift weights (3)
pesado/a *adj.* heavy; boring; annoying
pesar to weigh; **a pesar de** *conj.* despite
pesca fishing
pescado fish (*prepared as food*) (6)
pescador(a) fisherman, fisherwoman
pescar (qu) to fish (9)
peseta *former currency of Spain*
pesimista *n. m., f.* pessimist; *adj.* pessimistic
peso weight (*on a scale*); peso (*currency*); **bajar de peso** to lose weight
pesticidas *m.* pesticides (14)
petición *f.* request
petróleo crude oil (14); **derrame** (*m.*) **de petróleo** oil spill
petrolero oil tanker (14); *adj.* oil
petroquímico/a petrochemical
pez *m.* (*pl.* **peces**) fish (*alive*) (8)
picado/a chopped; **carne** (*f.*) **picada** ground beef (6)
picante spicy (hot)
picar (qu) to sting; to cut out; to snack on
picnic *m.* picnic
pico peak
pie *m.* foot (12); **dedo del pie** toe (12)
piedra rock, stone
piel *f.* skin; leather; **de piel** leather (*adj.*) (7)
pierna leg (12)
pieza piece
pijama *m. s.* pajamas (7)
pila battery; basin
pimienta pepper (6)
pingüino penguin (14)
pino pine (tree)
pintar to paint (9)
pintor(a) painter (11)
pintoresco/a picturesque
pintura painting (11)
piña pineapple (6)
pionero/a pioneer
piramidal *adj.* pyramid shaped
pirámide *f.* pyramid
pirata *m., f.* pirate
pisar to step on
piscina swimming pool (2); **nadar en la piscina** to swim in the swimming pool (2)
piso apartment (5); floor (*of a building*) (5); floor (*surface*); **barrer el piso** to sweep the floor (3); **bloque** (*m.*) **de pisos** block apartment building; **compañero/a de piso** roommate (*apartment*); **primer piso** second floor (5); **segundo piso** third floor (5); **trapear el piso** to mop the floor (3)
pista hint; rink
pizarra chalkboard
pizarrón *m.* whiteboard (1)
placer *m.* pleasure
plan *m.* plan; **plan de jubilación** retirement plan (13)
planchar to iron (3); **planchar la ropa** to iron (clothes) (3)
planear to plan
planeta *m.* planet
planificación *f.* planning
planificar (qu) to plan
plano city map (8); blueprint
plano/a flat; **pantalla plana** flat screen
planta plant (14); plant (*factory*); floor (*of a building*); **planta baja** first (ground) floor (5); **plantas epífitas** epiphytes
plantación *f.* plantation
plantar to plant

plasma: televisor (*m.*) **plasma** plasma television
plástico *n.* plastic (14)
plástico/a *adj.* plastic; **artes** (*f. but* **el arte**) **plásticas** visual arts (11)
plata silver; **de plata** silver (7)
plataforma platform; *pl.* platform shoes
platanero/a banana vendor
plátano banana; plantain
platicar (qu) to chat
plato plate (6); dish (6); **plato principal** main course; **lavar los platos** to wash the dishes (3)
Platón Plato
playa beach
plaza plaza (2); town square; **plaza mayor** main square (*Sp.*)
plazo: a largo plazo long term
plegable *adj.* folding
plena *narrative musical form /dance from Puerto Rico*
pleno/a full
plomero/a plumber (13)
pluma pen; feather
población *f.* population (8)
poblado village
pobre poor
pobreza poverty
poco *adv.* not much (8); little (8); **dentro de poco** in a little while; **poco a poco** little by little, gradually; **un poco** a little (1)
poco/a little; few
poder *irreg.* to be able (3)
poder *n.* power
poderoso/a powerful
poema *m.* poem
poesía poetry; **escribir** (*pp.* **escrito**) **poesía** to write poetry (9)
poeta *m., f.* poet (11)
poético/a poetic
Poha Ñemuha *Guaraní remedy store*
polar: oso polar polar bear (14)
policía *m., f.* police officer; *f.* police (*force*)
política *n.* policy; politics
político/a *n.* politician; *adj.* political; **ciencias políticas** political science (1); **familia política** in-laws (4)
pollo chicken (6); **medio pollo** coffee with milk (*P.R.*); **pollo asado** roast chicken (6); **pollo guisado** braised chicken
polvo dust
poner *irreg.* (*p.p.* **puesto**) to put (3); to place (3); to turn on (*light, appliance*) (3); **poner la mesa** to set the table (3); **ponerle una inyección** to give (*someone*) a shot (12); **ponerse** to put on (*clothing*); **ponerse** + *adj.* to get, become + *adj.*; **ponerse al corriente** to catch up; **ponerse bravo** to get mad; **ponerse de acuerdo** to agree; **ponerse en contacto con** to get in touch with; **ponerse en su lugar** to put oneself in his/her/their place
pop: música pop pop music (11)
popularidad *f.* popularity
por along (4); by (2); by means of (4); for (2); in (2); on (4); through (4); **por año** yearly; per year; **por ciento** percent; **por completo** completely; **¡por Dios!** For heaven's sake! (9); **por ejemplo** for example (4); **por el contrario** on the contrary; **por eso** therefore (4); that's why (4); **por favor** please (4); **por fin** finally (4); **por la mañana** in the morning (1); **por la noche** in the evening, at night (1); **por la tarde** in the afternoon (1); **por lo general** generally (4); **por lo menos** at least (4); **por lo tanto** so; therefore; **por otra parte** on the other hand; **por primera/última vez** for the first/last time (9); **¿por qué?** why? (3); **por si acaso** just in case (9); **por su propia cuenta** on your (*pl.*) own; **por supuesto** of course (9); **por todas partes** everywhere (9); **por un lado** on one hand
porcentaje *m.* percentage
porción *f.* portion; serving
porque *conj.* because (3)
porqué *m.* reason why
portal *m.* portal
portátil: computadora portátil laptop (1)
portugués *m.* Portuguese (*language*)
portugués, portuguesa Portuguese
posada inn
pose *f.* pose
poseer (y) to have; to own
posesión *f.* possession, belonging
posesivo/a possessive; **adjetivo posesivo** *gram.* possessive adjective (1); **posesivo tónico** *gram.* stressed possessive (12)
posibilidad *f.* possibility
posible possible; **es posible que** it's possible that (12)
posición *f.* position
positivo/a positive
postal *f.* postcard (10); **tarjeta postal** postcard (10)
posterior later, subsequent; back
postre *m.* dessert (6)
postular to nominate; **postularse** to run for (*a political position*)
postura posture; stance
potencia power (*political*)
potencial potential; possibilities
potenciar to develop; to strengthen
potente powerful
práctica practice; *pl.* internship
practicar (qu) to practice (1); **practicar la aromaterapia** to do aromatherapy (12); **practicar un deporte** to participate in a sport (1)
práctico/a practical
pradera meadow
prado meadow; field
precaución *f.* precaution
preceder to precede
precio price (7); **precio alto/bajo/fijo** high/low/fixed price (7); **precio de comunidad** homeowner's association fee
precioso/a lovely; beautiful; precious
preciso precise; necessary
precolombino/a pre-Columbian
predicción *f.* prediction
predisposición *f.* predisposition
predominante predominant
predominar to predominate
preescolar preschool
preferencia preference
preferible preferable
preferido/a favorite
preferir (ie, i) to prefer (3)
pregunta question; **hacer** (*irreg.*) **preguntas** to ask questions
preguntar to ask (*a question*) (6)
prehispano/a pre-Hispanic
preinstalación *f.* pre-installation
premio prize; award; **Premio Nóbel** Nobel Prize; **Premio Óscar** Oscar (*award*)
premonición *f.* premonition
prenda (de ropa) piece/article of clothing (7); garment
prender to turn on (*lights*)
prensa (the) press
preocupación *f.* worry; concern
preocupado/a worried (2)
preocupar to worry (6); **preocuparse por** to worry about
preparación *f.* preparation
preparar to prepare (6); **prepararse** to get (*oneself*) ready
preparativos *m., pl.* preparations
preposición de lugar *gram.* preposition of location (2)
preposición *f. gram.* preposition (2);
prescindir de to do without (*something*)
presencia presence
presentación *f.* introduction (1); **carta de presentación** cover letter
presentar to present; to introduce; to give
presente *n. m. gram.* present tense; *adj.* present
preservación *f.* preservation; conservation
preservar to preserve; to maintain
presidente/a president
presión *f.* pressure (12)
préstamo *n.* loan; **préstamo estudiantil** student loan (15)
prestar to loan (6); **prestar atención** to pay attention
prestigio prestige
prestigioso/a prestigious
presupuesto budget
pretender to claim
pretérito *gram.* preterite (tense)
prevención *f.* prevention
prevenir (*like* **venir**) to prevent
previo/a previous, prior
primario/a primary; elementary; **bosque primario** old-growth forest; **escuela primaria** elementary school
primavera spring (2); **vacaciones** (*f. pl.*) **de primavera** spring break (11)
primer, primero/a first (5); **a primera vista** at first sight; **por primera vez** for the first time (9); **primer piso** second floor (5); **primera clase** first class (10)
primitivo/a primitive
primo/a cousin (4)

principal *adj.* main; **dormitorio principal** master bedroom (5); **puerta principal** front door (5)
principio beginning; **a principios de** at the beginning of; **al principio** in the beginning, at first; **al principio de** at the beginning of
prioridad *f.* priority
prisa hurry; **tener** (*irreg.*) **prisa** to be in a hurry (3)
privado/a private
privilegiado/a privileged
proactivo/a proactive
probable probable; **es probable que** it's probable that (12)
probar (ue) to taste, try (6); to prove
problema *m.* problem; **problema ambiental** environmental problem (14)
problemático/a problematic
proceder de to originate from
procesador (de datos) *m.* (data) processor
procesar to process
proceso process
producción *f.* production
producir (*like* **conducir**) to produce
productividad *f.* productivity
productivo/a productive
producto product; **producto lácteo** dairy product (6); **productos no reciclables** non-recyclable products (14)
productor(a) producer
profesión *f.* profession (13)
profesional professional
profesor(a) professor (1); teacher (1)
profesorado faculty (*academic*)
profundidad *f.* depth
profundo *adv.* deeply; **respirar profundo** to take a deep breath (15)
profundo/a *adj.* profound
programa *m.* program; **programa de estudios** program of study
programador(a) programmer (13)
progresista *m., f.* progressive
progreso progress
prohibir (prohíbo) to prohibit (11)
prolongar (gu) to prolong
promedio average
promesa promise
prometer to promise (6)
promoción *f.* promotion
promocionar to promote
promover (ue) to promote
pronombre *m. gram.* pronoun; **pronombre de objeto directo** *gram.* direct object pronoun (5); **pronombre de objeto indirecto** *gram.* indirect object pronoun (6); **pronombre personal** *gram.* personal pronoun (1)
pronóstico del tiempo forecast
pronto *adv.* soon; **hasta pronto** see you soon; **tan pronto como** *conj.* as soon as (13)
propiciar to favor; to foster
propiedad *f.* property (8)
propietario/a owner
propina tip (6); gratuity
propio/a *adj.* own
proponer (*like* **poner**) (*p.p.* **propuesto**) to propose, suggest; **proponer matrimonio** to propose (marriage)
proporcionado/a proportioned
proporcionar to provide
propósito purpose; **conjunción** (*f.*) **de dependencia y propósito** *gram.* conjunction of contingency and purpose (14)
propuesta proposal
prosperidad *f.* prosperity
protagonista *m., f.* protagonist
protección *f.* protection; **protección solar** sunblock
proteger (j) to protect (14)
protegido/a protected; **área** (*f. but* **el área**) **protegida** protected area
proteína protein
protestar to protest
prototipo prototype
provecho: buen provecho bon appétit; **sacarle provecho** to make the most of
proveedor(a) provider
proveer (y) (*p.p.* **proveído**) to provide
provincia province
provisión *f.* provision
provocar (qu) to provoke (14)
próximo/a next; **próxima entrega** *joined with a common wall*
proyección *f.* projection
proyecto project; **administración** (*f.*) **de proyectos** project management
proyector *m.* projector
prueba test; quiz; proof
psíquico/a mental, psychological
publicar (qu) to publish
publicidad *f.* publicity
publicista *m., f.* publicist
público *n.* public; people; audience
público/a *adj.* public; **relaciones** (*f.*) **públicas** public relations; **transporte** (*m.*) **público** public transportation
pueblo town (8)
puente *m.* bridge (8); **puente pontón** floating bridge
puerta door (1); **puerta principal** front door (5)
puerto port; harbor
puertorriqueño/a *n., adj.* Puerto Rican (1)
pues well
puesta del sol sunset
puesto job (13); position (13); stall (*in a market*) (7); **puesto callejero** street shop/stall
puesto/a (*p.p. of* **poner**) placed; (turned) on
pulga flea (*insect*); flea market
pulmones *m. pl.* lungs (12)
puma *m.* puma (14)
punta point; tip; *dance of the Garífuna indigenous group*; **punta de lanza** spearhead
punto point; **en punto** sharp, exactly (*with time*) (1); **punto de encuentro** meeting place; **punto de partida** point of departure
puntual punctual (13)
puré (*m.*) **de papas** mashed potatoes (6)
purificar (qu) to purify; to clean
puro/a pure; clean; **aire** (*m.*) **puro** clean air (14); **pura vida** *Costa Rican expression meaning that things are good*

Q

que *rel. pron.* that, which, who; than; **así que** therefore, consequently; **hasta que** *conj.* until (13); **hay que** + *inf.* it's necessary to (*do something*); **lo que** what, that which; **ya que** *conj.* Since
¿qué? what? (1); **¿a qué hora?** at what time? (1); **¿con qué frecuencia?** how often? (3); **no hay de qué** don't mention it; **¿por qué?** why? (3); **¿qué hora es?** what time is it? (1); **¿qué tal?** how's it going? (1); **¿qué tiempo hace?** what's the weather like? (2)
¡qué... ! *interj.* what . . . !; **¡qué** + *adj.* **!** how + *adj.* !; **¡qué asco!** gross!; how disgusting!; **¡qué buena onda!** how cool!; **¡qué chévere!** cool!; **¡qué chivo!** cool! (*coll. El Salvador*); **¡qué mala onda!** what a bummer!; **¡qué va!** no way!
quechua *m.* Quechua (*language indigenous to the region of the Andes*)
quedar to be situated (2); to leave (behind) (*in accidental* **se** *construction*); to remain; **quedar para** + *inf.* to agree + *inf.*; **quedarse** to stay (*in a place*) (10); **quedarse** + *emotion* to be left + *emotion*; **quedarse en blanco** to go blank (*mind*); **quedarse en casa** to stay home
quehacer *m.* chore (3); **quehacer doméstico** household chore (3)
queja complaint
quejarse to complain (9)
quemar to burn
querer *irreg.* to want (3); **quererse** to love each other (9); **quisiera** I would like (6)
querido/a dear
queso cheese (6)
quetzal *m.* quetzal bird (14)
quiché *m. indigenous language of Guatemala*
¿quién(es)? who? (1), whom?; **¿con quién(es)?** with whom?
química chemistry (1)
químico/a chemist
quince fifteen (1); **menos quince** quarter to (1); **y quince** quarter past (1)
quinceañera: fiesta de quinceañera *young woman's fifteenth birthday party*
quinientos/as five hundred (4)
quinto/a fifth (5)
quisiera I would like (6)
quitar to remove; **quitar la mesa** to clear the table (3); **quitarse** to take off (*clothing*); **quitarse el estrés** to remove stress, decompress (15)
quizá(s) perhaps

R

ración *f.* ration
radio *f.* radio (*medium*); **radio por satélite** satellite radio (15)

radiografía x-ray
raíz (*pl.* **raíces**) root
rama branch
rana frog (14)
rap *m.* rap (*music*)
rapidez *f.* quickness
rápido *adv.* fast; quickly
rápido/a *adj.* fast; quick
raqueta (de tenis) (tennis) racket
raro/a strange, unusual; rare
rascacielos *m. inv.* skyscraper (8)
rasgar (gu) to tear, rip
rasgo trait
rastrillo razor
rata rat
rato time; **descansar un rato** to rest a while (1); **pasar un rato** to spend some time (1); **ratos libres** free time
ratón *m.* mouse (15)
raya stripe; **de rayas** striped (7)
raza breed; **Día** (*m.*) **de la Raza** Columbus Day (11)
razón *f.* reason; **no tener** (*irreg.*) **razón** to be wrong (3); **tener razón** to be right (3)
razonable reasonable
reacción *f.* reaction
reaccionar to react
reafirmar to reaffirm
real royal; real; **pavo real** peacock
realidad *f.* reality; **en realidad** in fact; actually
realismo realism
realista *m., f.* realistic
realizado/a accomplished; performed; carried out
realizar (c) to carry out
rebaja price reduction (7); sale
rebajar to reduce (*the price*) (7)
rebelde *n. m., f.* rebel; *adj.* rebellious
rebelión *f.* rebellion
rebosar (de) to spill over (with)
recado errand
recaer (*like* **caer**) **en** to fall back on
recepción *f.* reception; reception (*area in a hotel*) (10)
recepcionista *m., f.* receptionist (13)
receptor *m.* receiver
receta prescription (12); recipe
recetar to prescribe (12)
rechazo rejection
recibir to receive (2); to welcome
reciclable recyclable; **productos no reciclables** non-recyclable products (14)
reciclado/a recycled
reciclaje *m.* recycling (14)
reciclar to recycle (14)
recién *adv.* recently; freshly; newly; **recién casado/a** newlywed
reciente recent
recipiente *m., f.* recipient; container
recíproco/a reciprocal; **verbo recíproco** *gram.* reciprocal verb (9)
reclamo de equipaje baggage claim (10)
recoger (j) to pick up; to collect; **recoger el equipaje** to pick up luggage (10)
recolección *f.* collection; compilation
recomendable advisable
recomendación *f.* recommendation
recomendar (ie) to recommend (6)
reconocer (zc) to recognize
reconocido/a (*p.p. of* **reconocer**) well-known
reconocimiento recognition
reconstruir (*like* **construir**) to rebuild; to reconstruct
recopilar to compile
recordar (ue) to remember
recorrer to travel around / go through (*a town/city*); to cover (*a distance*)
recorrido tour (10); trip (10)
recreación *f.* recreation
recreativo/a recreational
rectángulo rectangle
recuerdo memory (9); souvenir (10)
recuperación *f.* recovery
recuperar(se) to recover (12)
recurrente recurring
recurso resource; **recurso económico** financial resource; **recurso natural** natural resource (14); **recurso tecnológico** technological resource; **sin recursos** low-income
red *f.* network; internet; **red social** social network
redondez *f.* roundness
redondo/a round
reducción *f.* reduction
reducir (*like* **conducir**) to reduce
redundancia: valer (*irreg.*) **la redundancia** to be worth repeating
reemplazo replacement
reencuentro reunion; reencounter
referencia reference
referirse (ie, i) (a) to refer (to)
refinado/a refined
reflejar to reflect
reflejo reflection
reflexión *f.* reflection
reflexionar (sobre) to reflect (on)
reflexivo/a reflexive; **verbo reflexive** *gram.* reflexive verb (5)
reforestación *f.* reforestation
reforma *n.* reform; updates
reformar to reform
refrán *m.* saying
refresco soft drink (6)
refrigerador *m.* refrigerator (5)
refugio refuge
regalar to give (*as a gift*) (6)
regalo gift (11); **hacerle** (*irreg.*) **un regalo** to give someone a gift
regatear to haggle (7); to barter
regateo *n.* haggling
región *f.* region
registrar to document, record; **registrarse** to check in (10); to register
registro registration
regla rule
reglamentario/a controlled (*substances*)
regresar (a) to return, go back (*to a place*) (1)
reguetón *m.* reggaeton
regulación *f.* regulation
regular *v.* to regulate; *adj.* regular; OK; **regular** so-so (1)
rehabilitar to rehabilitate
reina queen
reiniciarse to restart
reino kingdom
reintroducir (*like* **conducer**) to reintroduce
reírse (í, i) (me río) to laugh (9)
rejuntar to gather
rejuvenecer (zc) to rejuvenate
relación *f.* relationship (4); connection; **relación sentimental** emotional relationship (9); **relaciones públicas** public relations
relacionarse con to be related to
relajado/a relaxed
relajante relaxing
relajarse to relax (5)
relatar to relate, tell
relativamente relatively
relato story
relevante relevant
religión *f.* religion
religioso/a religious (11)
rellenar to fill
reloj *m.* clock (1); watch (1)
remediar to remedy
remedio remedy, cure
remontarse (a) to date back (to)
remoto/a remote
rendir (i, i) to pay (*homage*)
renombrado/a renowned, famous
renombre: de renombre renowned
renovable renewable (14); **no renovable** non-renewable (14)
renovar (ue) to renew
renta *n.* rent
renunciar (a) to resign (from) (*a job*) (13)
reorganizar (c) to reorganize
reparación *f.* repair; **taller** (*m.*) **de reparaciones** repair shop
reparar to repair
repartido/a spread out
repartir to distribute
repasar to review
repaso *n.* review
repente: de repente suddenly
repercusión *f.* repercussion
repetir (i, i) to repeat
replantar to replant
repoblar to repopulate
reportaje *m.* article; feature
reportero/a reporter
reposar to rest; **dejar reposar** to let rest
representación *f.* representation
representante *n., adj. m., f.* representative
representar(se) to represent (oneself)
representativo/a representative
reproducir (*like* **conducir**) to reproduce; to breed
reproductor *m.* player; **reproductor de DVD** DVD
reptil *m.* reptile (14)

república republic; **República Dominicana** Dominican Republic
requerir (ie, i) to require
requisito requirement
res *f.*: **carne** (*f.*) **de res** beef (6)
resaca hangover
resaltar to stand out; to emphasize
rescatar to rescue
rescate *m.* rescue
reserva reserve; **reserva biológica** biological reserve (10); **reserve ecológica** ecological reserve; **reserva marina** marine reserve; **reserva zoológica** biological reserve
reservación *f.* reservation (6); **hacer** (*irreg.*) **una reservación** to make a reservation
resfriado *n.* cold (12)
resfriado/a congested (12)
resfriarse (me resfrío) to catch a cold (12)
residencia home; residence; **residencia (estudiantil)** (student) dorm (1)
residencial residential
residente *m., f.* resident
residir to reside
residuo residue; **residuos peligrosos** hazardous waste (14)
resistencia resistance
resistente resistant
resolución *f.* resolution
resolver (ue) (*p.p.* **resuelto**) to solve (14); to resolve (14)
respecto: (con) respecto a with regard to, with respect to
respetar to respect
respeto respect
respirar to breathe; **respirar profundo** to take a deep breath (15)
respiratorio/a respiratory
responder to respond
responsabilidad *f.* responsibility (13)
responsable responsible (4)
respuesta answer
restablecer (zc) to restore
restaurante *m.* restaurant (6)
restaurar to restore
resto *n.* rest, remainder; *pl.* remains
resultado result
resultar to result; to turn out
resumen *m.* summary (4)
resumir to summarize
reto challenge (15)
retornar to return
retratar to portray
retrato portrait
reunión *f.* meeting; reunión; **reunión de trabajo** work meeting (13); **sala de reuniones** meeting room
reunirse (me reúno) (con) to get together (with) (5)
reutilizar (c) to reuse
revalorizar (c) to increase (*value*); to enhance
revelar to reveal
revisar to inspect (*luggage*) (10)
revisión *f.* inspection
revista (en línea) (online) magazine
revolución *f.* revolution
revolucionario/a revolutionary (9)
revolver (*like* **volver**) (*p.p.* **revuelto**) to stir
revuelto/a (*p.p. of* **revolver**)**: huevos revueltos** scrambled eggs
rey *m.* king; **Día** (*m.*) **de los Reyes Magos** Feast of the Three Kings (Epiphany) (11); **rosca de reyes** king cake
rico/a rich; delicious; **huele rico** it smells delicious
ridículo/a ridiculous
rígido/a rigid
rímel *m.* mascara
rincón *m.* corner
río river (8)
riqueza wealth
risa laughter
risueño/a smiling; cheerful
ritmo rhythm; **ritmo de vida** pace of life (15)
rito rite, ritual
ritual *m.* ritual; *adj.* ritual
robar to steal
robo theft, robbery
roca rock (14)
rock *m.* rock (music) (11); **música rock** rock (music)
rodar to film
rodeado/a (de) surrounded (by)
rodilla knee (12)
rojo/a red (2)
rol *m.* role
románico/a Romanesque
romano/a *n., adj.* Roman
romántico/a romantic (6)
rombo rhombus
romper (*p.p.* **roto**) to break; to break (*in accidental* **se** *construction*) (7); **romper con** to break up with (9)
ronda round
ropa clothes (1); clothing (7); **cambiarse la ropa** to change clothes; **doblar la ropa** to fold clothes (3); **lavar la ropa** to wash clothes (1); **planchar la ropa** to iron (clothes) (3); **prenda de ropa** piece/ article of clothing (7); **ropa interior** lingerie, underwear; **ropa vieja** *dish made of steak, tomato sauce, black beans, rice, plantains and yuca* (*Cuba*); **secar (qu) la ropa** to dry clothes (3); **tender (ie) la ropa** to hang clothes (3)
ropero wardrobe
rosa rose
rosado/a pink (2)
rosca de reyes king cake
rostro face
roto/a (*p.p. of* **romper**) broken
router *m.* router (15)
ruana *poncho type wrap from Venezuela*
rubio/a blond(e) (1)
rueda wheel
ruido noise; sound
ruinas ruins; **ruinas arqueológicas** archeological ruins (10)
ruka *Mapuche house*
rumba rumba (*dance*); party
rumbear to dance (rumba); to party
rural rural (8); **turismo rural** rural tourism
rústico/a rustic; **cabaña rústica** rustic cabin (10)
ruta route (10)
rutina routine

S

sábado Saturday (1); **el sábado** on Saturday (1); **el sábado pasado** last Saturday; **el sábado que viene** next Saturday (1); **los sábados** on Saturdays (1)
sabana plains; savannah
sabelotodo know-it-all
saber *irreg.* to know (4); **saber** + *inf.* to know (*how to do something*) (4); **saber de memoria** to know by heart; **nos sabe mal** leaves a bad taste in our mouth
sabiduría wisdom, knowledge
sabor *m.* flavor
sabroso/a delicious
sacar (qu) to take out; **sacar buenas/ malas notas** to get good/bad grades (1); **sacar fotos** to take photos (2); **sacar la basura** to take out the trash (3)
sacramento sacrament
sacrificado/a sacrificed
sacudir los muebles to dust the furniture (3)
sagradamente faithfully
sagrado/a sacred
sal *f.* salt (6)
sala living room; **sala de espera** waiting room (10); **sala de reuniones** meeting room
salado/a salty; **agua** (*f. but* **el agua**) **salada** salt water (14)
salarial *adj.* wage; salary
salario *n.* wage; salary, pay (13); **salario mínimo** minimum wage
salchicha sausage (6)
salida departure (10); gate (10)
salir *irreg.* to go out (3); to leave (3); **¿en cuánto sale(n)?** how much is it (are they)? (7); **salir adelante** to get ahead; **salir bien/mal** to turn out well/poorly; **salir con** to go out with (*someone*); **salir de** to leave from (*a place*); **salir para** to leave for (*a place*)
salón *m.* large room; living room (5); **salón de clase** classroom (1); **salon formal** living room
salsa sauce; salsa (*music*); **salsa de tomate** tomato sauce; marinara sauce
saltar to jump; **saltar la alarma** to sound the alarm
saltear to sauté
salto *n.* jump; waterfall
salud *f.* health (12); **centro de salud** health center (8); **Organización** (*f.*) **Mundial de la Salud** World Health Organization; **seguro de salud** health insurance
saludable healthy
saludarse to greet each other (5)
saludo greeting (1); **un saludo** best regards (*closing to letter*); **saludos** best regards (*closing to letter*)
salvadoreño/a Salvadoran (1)
salvaje wild (14)
salvar to save (*life*)

Samaná: al estilo Samaná *with herbs and coconut milk* (*D.R.*)
san Saint; **Día** (*m.*) **de San Valentín** St. Valentine's Day
sanar to heal; to cure
sancocho *thick soup made of several kinds of meat and vegetables*
sandalias sandals (7)
sandía watermelon
sándwich *m.* sandwich (6)
sangre *f.* blood (12)
sanitario/a sanitary; health; **asistencia sanitaria** medical attention
sano/a healthy (12)
santeña: cumbia santeña *variation of the Colombian cumbia dance*
santo/a saint; holy; **Día** (*m.*) **de Todos los Santos** All Saints' Day; **día del santo** one's saint day (11); **santo patrón, santa patrona** patron saint (11); **Semana Santa** Holy Week (11); **Viernes Santo** Good Friday
santuario sanctuary; shrine
saquear to sack, plunder
sartén *f.* frying pan
satélite *m.* satellite (15); **radio** (*f.*) **por satélite** satellite radio (15)
satisfactorio/a satisfying
satisfecho/a satisfied
sauna sauna (3)
saxofón *m.* sax(ophone)
se *indir. obj. pron. before* **lo/a(s)** to/for him/her (6); to/ for you (*form.*) (6); to/for it (6); to/for them (6); *refl. pron.* yourself (*form.*) (5); himself/herself; itself (5); yourselves (*form. Sp.; fam., form. elsewhere*) (5); themselves (5)
secadora dryer (3)
secar (qu) to dry; **secar la ropa** to dry clothes (3); **secarse** to dry off (5); **secarse el pelo** to dry off one's hair (5)
sección *f.* section
seco/a dry; **frutos secos** nuts and dried fruits
secretario/a secretary (13)
secreto secret
sector *m.* sector
secuencia sequence
secundario/a secondary; **escuela secundaria** high school
sed *f.* thirst; **tener** (*irreg.*) **(mucha) sed** to be (very) thirsty (3)
seda silk; **de seda** silk (*adj.*) (7)
sedentario/a sedentary
sedentarismo sedentariness, sedentary nature/lifestyle
seducir (*like* **conducir**) to seduce
segmento segment
seguida: en seguida right away
seguidamente immediately, straightaway
seguido/a (de) *adj.* followed (by)
seguidor(a) follower
seguir (i, i) to continue (3); to follow (3); to go (8); to keep going (8); to pursue (*a career*); **seguir** + *pres. part.* to keep / still be (*doing something*) (3)
según according to (4)
segundo/a second (5); **Segunda Guerra Mundial** World War II; **segundo piso** third floor (5)
seguridad *f.* security; safety; **control** (*m.*) **de seguridad** security; **pasar por el control de seguridad** to go through security (10)
seguro *n.* insurance; **seguro de salud** health insurance; **seguro médico** health insurance (13)
seguro/a sure, certain; secure; **estar** (*irreg.*) **seguro/a** to be sure (12)
seis six (1)
seiscientos/as six hundred (4)
selección *f.* selection; team (*sports*)
seleccionar to choose, select
selfie *m.* selfie
sello stamp
selva jungle
semáforo traffic light (8)
semana week (1); **día** (*m.*) **de la semana** day of the week; **días entre semana** weekdays (1); **entre semana** during the week (1); **fin** (*m.*) **de semana** weekend (1); **la semana pasada** last week (6); **la semana que viene** next week (1); **Semana Santa** Holy Week (11); **una vez a la semana** once a week (3)
semanal weekly
semántico/a semantic
sembrador(a) sower
sembrar (ie) to sow, plant
semejante similar
semejanza similarity
semestre *m.* semester
semifinales *m., pl.* semifinals
semilla seed
seminario seminary
semisótano *level of building partially below ground level*
sencillez *f.* (*pl.* **sencilleces**) simplicity
sencillo/a simple; single (*record*); **habitación** (*f.*) **sencilla** single room (10)
senderismo hiking
sendero path
sensación *f.* sensation
sentar (ie) to seat; **sentarse** to sit down
sentimental emotional (9); **relación** (*f.*) **sentimental** emotional relationship (9)
sentimiento feeling (12)
sentir (ie, i) to regret; to feel sorry; **sentirse** to feel (5)
señal *f.* sign
señalar to indicate; to point out, show
señor *m.* man; Mr.; sir
señora woman; Mrs.; ma'am
señorita young woman; Miss; Ms.
separación *f.* separation (9)
separado/a separated (4)
separar to separate; **separarse (de)** to separate (9); to get separated (from) (9)
septiembre September (2)
séptimo/a seventh (5)
sequía drought
ser *n. m.* being; **ser humano** human being; *v. irreg.* to be (1); **¿cómo eres?** What are you (*s. fam.*) like? (1); **¿cómo es usted (Ud.)?** what are you (*s. form.*) like? (1); **¿cuál es su nombre?** what's your (*form.*) name? (1); **¿cuál es tu nombre?** what's your (*s. fam.*) name? (1); **¿de dónde eres?** where are you (*s. fam.*) from? (1); **¿de dónde es usted (Ud.)?** where are you (*s. form.*) from? (1); **eres** you (*s. fam.*) are (1); **es** he/she is, you (*s. form.*) are (1); **es absurdo que** it's absurd that (11); **es bueno que** it's good that (11); **es cierto que** it's certain that (12); **es extraño que** it's strange that (11); **es importante que** it's important that (11); **es imposible que** it's impossible that (12); **es improbable que** it's improbable that (12); **es increíble que** it's incredible that (11); **es interesante que** it's interesting that (11); **es la una** it's one o'clock (1); **es mejor que** it's better that (12); **es necesario que** it's necessary that (11); **es obvio que** it's obvious that (12); **es posible que** it's possible that (12); **es probable que** it's probable that (12); **es una lástima que** it's a shame that (11); **es malo que** it's bad that (11); **es urgente que** it's urgent that (11); **es verdad que** it's true that (12); **llegar (gu) a ser** to become; **mi apellido es...** my last name is. . . (1); **mi nombre es...** my name is . . . (1); **¿qué hora es?** what time is it? (1); **sea cual sea** whatever; **ser buena onda** to be (a) cool (person); **ser hora de** + *inf.* to be time to (*do something*); **ser mala onda** to be a jerk; **ser orgulloso/a** to be arrogant (12); **somos** we are (1); **sois** you (*pl. fam. Sp.*) are (1); **son** they, you (*pl. form.*) are (1); equals; **son las dos (tres, cuatro,...)** it's two (three, four, . . .) o'clock (1); **soy...** I'm . . . (1); **soy de...** I'm from . . . (1)
serenata serenade
serie *f. s.* series
serio/a serious
serpiente *f.* snake (14)
servicio service; **servicio comunitario** community service; **servicio social** social service
servilleta napkin (6)
servir (i, i) to serve (3)
sesenta sixty (2)
sesión *f.* session
setecientos/as seven hundred (4)
setenta seventy (2); **los años setenta** the seventies
sexo sex; gender
sexto/a sixth (5) **si** if (1)
si if; **por si acaso** just in case (9)
sí yes (1)
sicología psychology (1)
sicólogo/a psychologist (13)
siempre always (3)
sien *f.* temple (*anat.*)
sierra mountain range (14); mountains
siesta nap (3); **dormir (ue, u) la siesta** to nap; **tomar una siesta** to take a nap (3)
siete seven (1)
siglas *pl.* initials
siglo century
significado *n.* meaning
significar (qu) to mean

significativo/a significant
signo sign
siguiente *adj.* following (4); **al día siguiente** the next day
sílaba syllable
silencio silence
silla chair (1)
sillón *m.* armchair (5)
silueta silhouette
simbolizar (c) to symbolize
símbolo symbol
simpático/a nice (1)
simplemente simply
simplificado/a simplified
simultáneo/a simultaneous
sin without (4); **sin amueblar** unfurnished (5); **sin duda** without a doubt; doubtlessly; **sin embargo** however; nevertheless; **sin hogar** homeless; **sin límites** limitless; **sin que** + *subj.* without (14); **sin recursos** low-income
sinagoga synagogue (3)
sinceramente sincerely
sincretismo syncretism
sinfonía symphony
sinfónico/a *adj.* symphony, symphonic; **música sinfónica** symphonic music (11); **orquesta sinfónica** symphonic orchestra (11)
singular unique, special
sino but (rather); **sino que** but (rather)
sinónimo synonym
síntoma *m.* symptom (12)
síquico/a psychological
siquiera: ni siquiera not even
sirvienta maid
sistema *m.* system
sitio site
situación *f.* situation
situado/a situated
smog *m.* smog (14)
SMS *m.* text message
snow boarding *m.* snowboarding; **hacer** (*irreg.*) **snow boarding** to snowboard
sobre *prep.* about; **sobre todo** especially; above all
sobrebordado/a overflowing
sobredesarrollo overdevelopment
sobrellevar to endure
sobremesa after-dinner conversation
sobrepasar to exceed
sobrepesca *n.* overfishing
sobrepoblación *f.* overpopulation (14)
sobrepoblado/a overpopulated
sobreviviente *n. m., f.* survivor; *adj.* surviving
sobrevivir to survive
sobrino/a nephew/niece (4); *m. pl.* nephews and nieces (4)
sobrio/a frugal
social social; **ciencia social** social science; **estatus** (*m.*) **social** social status; **red** (*f.*) **social** social network; **servicio social** social service; **trabjador(a) social** social worker
socialista socialist
socialización *f.* socialization
sociedad *f.* society
socio-afectivo/a socio-emotional
socio/a associate
sociología sociology (1)
sociólogo/a sociologist
sofá *m.* sofa (5)
sofisticado/a sophisticated
software *m.* software
soja soy
sol *m.* sun; sunshine; **hace (mucho) sol** it's (very) sunny (2); **puesta del sol** sunset; **tomar el sol** to sunbathe (2)
solamente only
solar solar; **energía solar** solar power (14); **panel** (*m.*) **solar** solar panel (14); **protección** (*f.*) **solar** sunblock
solas: a solas alone
soldado (male) soldier
soleado/a sunny
soledad *f.* solitude
soler (ue) + *inf.* to usually (*do something*) (3)
solicitar to apply for (13); **solicitar trabajo** to apply for a job (13)
solicitud *f.* application (13)
solidaridad *f.* solidarity
solidario/a supportive; solidary
solidez *f.* strength; solidarity
sólido/a solid; sound; steady
solitario/a solitary; alone
solo *adv.* only (1)
solo/a *adj.* alone; single; **café solo** *a small cup of strong coffee* (*P.R.*)
soltar (ue) (*p.p.* **suelto**) to release, let (*something*) go
soltero/a single (4); unmarried; **despedida de soltero/a** bachelor(ette) party
solución *f.* solution; **solución ambiental** environmental solution (14)
sombra shadow; **a la sombra de** under the wings/tutelage of (*someone*)
sombrero hat (7); **sombrero de cogollo** *traditional hat of Venezuela*; **sombrero Panamá** Panama hat
sonar (ue) to ring; to sound
sónico/a: contaminación (*f.*) **sónica** noise pollution
sonido *n.* sound
sonreír (i, i) (sonrío) to smile (9)
sonriente smiling
sonrisa *n.* smile
soñar (ue) (con) to dream (about)
sopa soup (6)
sopera soup bowl, soup tureen
soportar to bear, stand, put up with
soroche *m.* altitude sickness
sorprender to surprise (11)
sorprendido/a surprised (2)
sorpresa *n.* surprise; **fiesta de sorpresa** surprise party
sortija ring
sospechar to suspect
sostenible sustainable; **vaquería sostenible** sustainable dairy farm
soterrado/a underground
spray *m.* spraypaint
su(s) *poss. adj.* your (*s. form.*) (1); his (1); her (1); your (*pl. form.*) (1); their (1); **¿cuál es su nombre/ apellido?** what's your (*form.*) first/ last name? (1)
suave mild; soft
subir to go up; to upload (13); **subir (a)** to climb; to get in/on (*a vehicle*) (10)
subjetivo/a subjective
subjuntivo *gram.* subjunctive
substancia substance
subtítulo subtitle
subvencionado/a *adj.* subsidized
subyugado/a subjugated
suceso event, happening
sucio/a dirty (3)
Sudamérica South America
sudamericano/a South American
sueco/a *n.* Swede; *adj.* Swedish
suegro/a father-in-law/mother-in- law (4)
sueldo salary (13); **aumento de sueldo** raise (13)
suelo floor; soil; **contaminación** (*f.*) **del suelo** soil pollution (14)
sueño dream; sleep; **tener** (*irreg.*) **sueño** to be sleepy (3)
suerte *f.* luck; **tener** (*irreg.*) **(mucha) suerte** to be (very) lucky (3)
suéter *m.* sweater (7)
suficiente enough
sufrir to suffer; to bear
sugerencia suggestion
sugerir (ie, i) to suggest (6)
suma sum; addition
sumar to add (up); **sumarse a** to join (*event*)
sumo/a *adj.* utmost
superar to exceed; to overcome
supercremoso/a extra creamy
superficie *f.* surface
superior superior; greater; upper; **educación** (*f.*) **superior** higher education
supermercado supermarket (6)
supervisar to supervise (13); to oversee (13)
supervisor(a) supervisor
supervivencia survival
suponer (*like* **poner**) (*p.p.* **supuesto**) to suppose, assume
supuesto: por supuesto of course (9)
sur *m.* south (8); **al sur** (to the) south (8)
sureste *m.* southeast
surfear to surf
surfing: hacer (*irreg.*) **surfing** to surf
surgir (j) to arise, emerge
suroeste *m.* southwest
surrealismo surrealism
surrealista surrealist
suspender to cancel; to suspend
suspendido/a suspended
sustancia substance
sustantivo *gram.* noun
sustitución *f.* substitution

suyo/a *poss. adj.* your (*s. form.; pl. form. Sp.; pl. fam., form. elsewhere*) (12); his/her (12); its (12); their (12); *poss. pron.* yours (*s. form.; pl. form. Sp.; pl. fam., form. elsewhere*) (12); his/ hers (12); its (12); theirs (12); **a cada uno lo suyo** to each his own

T

tabaco tobacco

tabaquismo smoking; tobacco use

tabla chart, table; game board; **tabla de lavar** washboard

tableta tablet (15)

tacaño/a stingy

tacita little cup

tacón *m.* heel; **zapatos de tacón alto** high-heeled shoes (7); **zapatos de tacón bajo** flats (7)

Tailandia Thailand

taíno/a *n., adj.* Taino (*pre-Columbian culture of the Caribbean*)

tal such, such a; **con tal (de) que** + *subj.* provided that (14); **mi tal** my whoever; **¿qué tal?** how's it going? (1); **tal vez** perhaps

tala de árboles tree felling (14)

talento talent

talla (clothing) size (7)

tallado/a carved; **tallado/a en madera** wood-carved

taller *m.* workshop; **taller** (*m.*) **de reparaciones** repair shop

tallo talk

tamal *m.* tamale

tamaño size

tamarindo/a: mono tamarindo Tamarin monkey

también also (2); too

tambor *m.* drum

tambora drum (*Afro-Caribbean percussion instrument*)

tampoco neither (5); nor (5); not either

tan so; as; **tan... como** as . . . as (5); **tan pronto como** *conj.* as soon as (13);

tango *dance and music of Argentina*

tanto *adv.* so much (8); so often (8); **tanto como** as much as (5); **por lo tanto** so; therefore

tanto/a *adj.* as much, so much; such a; *pl.* so many, as many; **tanto/a(s)... como** as much/many . . . as (5)

tapa appetizer

tapar to cover

tardar (en) to take time; to take a while

tarde *f.* afternoon; *adv.* late; **buenas tardes** good afternoon (*until evening meal*) (1); **de la tarde** in the afternoon (1); P.M.; **más tarde** later; **por la tarde** in the afternoon (1)

tarea homework (1); chore; task

tarima flotante laminated wood (*flooring*)

tarjeta card; **tarjeta de crédito** credit card (6); **tarjeta de embarque** boarding pass (10); **tarjeta postal** postcard (10)

tasa rate; **tasa de desocupación** unemployment rate

tátara-tátara-tatarabuelo great-great-great grandfather

tatuaje *m.* tattoo

taxi *m.* taxi (8)

taxista *m., f.* taxi driver

taza (coffee) cup (6); cup (*measurement*)

tazón (para cereal) *m.* bowl (for cereal)

te *dir. obj. pron.* you (*s. fam.*) (5); *indir. obj. pron.* to/for you (*s. fam.*) (6); *refl. pron.* yourself (*s. fam.*) (5)

té *m.* tea (6)

teatro theater (1); **obra de teatro** play (11)

techo roof; ceiling; **encerrado/a bajo techo** shut inside the house

teclado keyboard (15)

técnica technique

técnico/a *n.* technician (13); *adj.* technical

tecnología technology

tecnológico/a technological; **avance** (*m.*) **tecnológico** technological advance (15); **recurso tecnológico** technological resource

tejano/a Texan

tejedor(a) weaver

tejer to weave

tejido fabric; *pl.* woven goods (7)

tela fabric (7)

telar *m.* loom

telaraña spiderweb

tele *f.* T.V.

telefónico/a *adj.* telephone, phone

teléfono telephone (1); **hablar por teléfono** to speak on the phone (1); **llamar por teléfono** to call on the phone (1); **teléfono celular** cell (phone) (1); **teléfono inteligente** smart phone (15); **teléfono móvil** cell phone

telenovela soap opera

telerromance *m.* soap opera

teleserie *f.* soap opera

teleteatro soap opera

teletrabajo *n.* telecommuting

televisión *f.* television; **mirar la televisión** to watch TV (1); **televisión de alta definición** HD TV (15); **televisión de pantalla ancha** wide-screen TV (15)

televisor *m.* television set; **televisor plasma** plasma television

tema *m.* subject, topic

temática theme, subject

temático/a thematic; themed

temblor *m.* tremor

tembloroso/a trembling

temer to fear

temperatura temperature; **tomarle la temperatura** to take (*someone's*) temperature (12)

templo temple

temporal *adj.* time; part-time; **conjunción** (*f.*) **temporal** *gram.* temporal conjunction (13)

temprano *adv.* early

temprano/a *adj.* early; premature

tendedero clothesline

tendencia tendency

tender (ie) to hang; **tender la ropa** to hang clothes (3)

tenedor *m.* fork (6)

tener (*irreg.*) to have (3); **¿cuántos años tiene usted (Ud.)?** how old are you (*s. form.*)? (4); **¿cuántos años tienes?** how old are you (*s. fam.*)? (4); **no tener razón** to be wrong (3); **tener... años** to be . . . years old (3); **tener cuidado** to be careful (3); **tener en cuenta** to take into account; **tener éxito** to be successful (3); **tener frío** to be cold (3); **tener ganas de** + *inf.* to feel like (*doing something*) (3); **tener (mucha) hambre** to be (very) hungry (3); **tener lugar** to take place; **tener miedo (de)** to be afraid (of) (3); **tener (mucha) sed** to be (very) thirsty (3); **tener (mucha) suerte** to be (very) lucky (3); **tener (mucho) calor/frío** to be (very) hot/cold (3); **tener paciencia** to be patient; **tener para dar** to have (in order) to give; **tener pendiente todavía** to still need to do; **tener prisa** to be in a hurry (3); **tener que** + *inf.* to have to (*do something*) (3); **tener razón** to be right (3); **tener sueño** to be sleepy (3); **tenerle cariño a** to be fond of (*someone*) (9)

tenis *m.* tennis (2); **cancha de tenis** tennis court; **jugar (ue) (gu) al tenis** to play tennis; **raqueta de tenis** tennis racket; **zapatos de tenis** tennis shoes (7)

tensión *f.* tension

tenso/a tense

teoría theory

tequila *m.* tequila

terapeuta *m., f.* therapist

terapia therapy (12); **terapia de grupo** group therapy (12)

terapista *m., f.* therapist

tercer, tercero/a third (5)

terere *m. herbal tea made of yerba mate prepared with cold water*

terminación *f.* ending

terminar to finish (1)

término term

terraza terrace (5)

terremoto earthquake

terreno land; territory

terrestre *adj.* land

territorio territory

tertulia *n.* social gathering (*informal talk about politics, literature, and so on*)

tesis *f.* thesis

tesoro treasure

tetero *coffee with a lot of milk* (*Ven.*)

textil textile

texto text; book; **libro de texto** textbook (1); **mensaje de texto** text message

ti *obj.* (*of prep.*) you (*s. fam.*) (2)

tianguis *m.* open market

tiburón *m.* shark (14)

tico/a *n., adj. coll.* Costa Rican

tiempo time; weather; **a tiempo** on time; **¿cuánto tiempo hace que... ?** how long has it been since . . . ?; **empleo a tiempo completo / parcial** full-/part-time job (13); **hace (muy) buen/mal tiempo.** it's (very) nice/bad out. (2); **manejar (bien/**

mal) el tiempo** to manage one's time (well/poorly) (15); **pasar tiempo** to spend time (1); **pronóstico del tiempo** weather forecast; **¿qué tiempo hace?** what's the weather like? (2); **tiempo libre** free time (2)
tienda store (6), shop; **tienda de comestibles** grocery store (6)
tierno/a tender; **dulce** (*m.*) **de coco tierno** *coconut dessert*
tierra land (8); soil (8); **Tierra** Earth (*planet*); **Madre Tierra** Mother Earth
tigre *m.* tiger (14)
tila linden blossom tea
timbre *m.* (door)bell, chime
tímido/a timid, shy (4)
tinto/a: vino tinto red wine (6)
tío/a uncle/aunt (4); *m. pl.* aunts and uncles (4); **tío abuelo** great uncle
típico/a typical
tipo type; kind
tira cómica comic, comic strip
tirolesa zipline
tirolina zipline
título title; **título universitario** degree (*professional*)
tiza chalk
toalla towel
tocador *m.* dresser (5)
tocaor(a) flamenco musician
tocar (qu) to play (*a musical instrument*) (1); to touch; **me tocó** it was up to me
tocino bacon (6)
todavía yet; still; **todavía no** not yet; **tener** (*irreg.*) **pendiente todavía** to still need to do
todo *adv.* entirely; completely
todo/a *n.* whole; all; everything; *m. pl.* everybody; *adj.* all; every; each; **ante todo** above all; **Día** (*m.*) **de Todos los Santos** All Saints' Day; **por todas partes** everywhere (9); **sobre todo** especially; above all; **todo derecho** straight ahead (8); **todo el año** all year; **todo el día** all day; **todo el mundo** everyone; **todos los años** every year; **todos los días** every day (1)
Tokio Tokyo
tolerante tolerant
tolerar to tolerate
tomados/as de la mano hand in hand
tomar to take (1); to drink (1); **tomar apuntes** to take notes (1); **tomar el sol** to sunbathe (2); **tomar una clase** to take a class (1); **tomar una decisión** to make a decision; **tomar una siesta** to take a nap (3); **tomarle la temperatura** to take (*someone's*) temperature (12)
tomate *m.* tomato (6); **salsa de tomate** tomato sauce; marinara sauce
tonelada ton
tónico/a: posesivo tónico *gram.* stressed possessive (12)
tonificarse (qu) to get toned
tono tone
tope *m.* speed bump
tópico topic
toque *m.* touch; detail
torear to fight (*bullfight*)
torero/a bullfighter
tormenta storm
torneo tournament
toro bull; **corrida de toros** bullfight
toronja grapefruit (6)
torpe clumsy (4)
torre *f.* tower
torreón *m.* tower
torta sandwich (*Mex.*); **torta ahogada** *sandwich smothered in salsa from Guadalajara, Mexico*
tortuga turtle (14); **tortuga baula** leatherback sea turtle; **tortuga marina** sea turtle; **tortuga marina boba** loggerhead sea turtle; **tortuga marina laúd** leatherback sea turtle; **tortuga marina verde** green sea turtle
tos *f.* cough (12)
toser to cough (12)
tostado/a toasted; **pan** (*m.*) **tostado** toast (6)
tostón *m. twice-fried plantain slice*
total *adj.* total; complete; **en total** altogether
totalidad *f.* whole
totora reeds; **balsa de totora** reed boat
tour *m.* tour, excursion
tóxico/a toxic
trabajador(a) worker; **trabjador(a) social** social worker; *adj.* hard-working (1)
trabajar to work (1); **trabajar en el jardín** to work in the garden/yard (3)
trabajo work (*general*) (3); **búsqueda de trabajo** job search (13); **Día** (*m.*) **del Trabajo** Labor Day; **horario de trabajo** work schedule (13); **lugar** (*m.*) **de trabajo** workplace (13); **reunión** (*f.*) **de trabajo** work meeting (13); **solicitar trabajo** to apply for a job (13); **trabajo de investigación** research paper; **trabajo en el campo** fieldwork
tradición *f.* tradition
tradicional traditional (6)
traducción *f.* translation
traducir (*like* **conducir**) to translate
traductor(a) translator (13)
traer *irreg.* (*p.p.* **traído**) to bring (3)
tráfico traffic (8)
tragedia tragedy
trago drink (*alcoholic*)
traje *m.* suit (7); **traje de baño** bathing suit (7)
trama plot
trámite *m.* step; procedure
tranquilidad *f.* tranquility, calm
tranquilizante *m.* tranquilizer
tranquilo/a calm (4)
transcurrir to take place
transecto transect
transferir (ie, i) to transfer; to move
transformación *f.* transformation
transformador *m.* transformer
transformar to transform; **transformarse en** to become
transgénico/a: alimentos transgénicos genetically modified foods (15)
tránsito traffic
transmitir to transmit; to pass down
transportar to transport
transporte *m.* transportation; **medio de transporte** mode of transportation (8); **transporte público** public transportation
trapear to mop (3); **trapear el piso** to mop the floor (3)
tras after
trascendencia significance
trasladarse to move
trasplantar to transplant
trastero storage room
trastes *m. pl.* dishes, utensils
tratado treaty
tratamiento treatment (12)
tratar de to be about, deal with; to treat; **tartar de** + *inf.* to try to (*do something*)
trato treaty; pact; treatment; **trato hecho** it's a deal
trauma *m.* trauma
traumatizar (c) to traumatize
través: a través de across; through; throughout
travieso/a mischievous (4)
trece thirteen (1)
treinta thirty (1); **y treinta** half past (1)
treinta y cinco thirty-five (2)
treinta y cuatro thirty-four (2)
treinta y dos thirty-two (2)
treinta y nueve thirty-nine (2)
treinta y ocho thirty-eight (2)
treinta y seis thirty-six (2)
treinta y siete thirty-seven (2)
treinta y tres thirty-three (2)
treinta y uno thirty-one (2)
tremendo/a tremendous
tren *m.* train (8); **tren ligero** light rail
trepar to climb
tres three (1); **ciento tres** one hundred three (4); **son las tres** it's three o'clock (1)
trescientos/as three hundred (4)
triángulo triangle
tribu *f.* tribe
tribunal court (*legal*)
trimestre *m.* trimester
triplicar(se) (qu) to triple
tripulación *f.* crew (*ship*)
triste sad (2)
tristeza sadness
triunfar to triumph
trompeta trumpet
tropical tropical (6); **bosque** (*m.*) **tropical** tropical rainforest (14)
tú *sub. pron.* you (*s. fam.*) (1); **¿y tú?** and you (*s. fam.*)? (1)
tu(s) *poss. adj.* your (*s. fam.*) (1); **¿cuál es tu nombre?** what's your (*fam.*) name? (1)
tubo tube
tumba tomb
tumultuoso/a tumultuous
túnel *m.* tunnel
túnica tunic
turbante *m.* turban
turbina eólica wind turbine

turbulento/a turbulent

turismo tourism (10); **turismo rural** rural tourism

turista *m., f.* tourist (10)

turístico/a *adj.* tourist

turnarse to take turns

turno turn

tuyo/a *poss. adj.* your (*s. fam.*); *poss. pron.* yours (*s. fam.*)

U

u o (*used instead of* **o** *before words beginning with* **o-** *or* **ho-**)

ubicación *f.* position, location

ubicado/a located (8)

ubicarse (qu) to locate oneself

¡uf! *interj.* whew!

últimamente *adv.* recently, lately

último/a last; latest; **de última hora** last minute; **de última moda** fashionable, in style (7); **la última vez que** the last (preceding) time that (6); **por última vez** for the last time (9)

un, uno/a one; **es la una** it's one o'clock (1); **uno** one (*number*) (1); **a cada uno lo suyo** to each his own; **ciento uno** one hundred one (4); **un millón (de)** one million (4); **una vez** once; **una vez a la semana / al mes** once a week/month (3)

un(a) *indef. art.* a, an (1); **un poco** a little (1)

único/a *adj.* only; unique; **hijo/a único/a** only child (4)

unidad *f.* unity

unido/a united; close (*relationship*) (4); **Estados Unidos** United States; **Naciones** (*f.*) **Unidas** United Nations

uniforme *m.* uniform

unión *f.* association; alliance; union, joining

unir to join, unite

unisex *m., f.* unisex

universal *adj.* universal; world

universidad *f.* university (1)

universitario/a *adj.* university; **título universitario** university degree

universo universe; world

unos/as some (1)

urbanización *f.* urbanization; housing development

urbanizado/a developed; urbanized

urbano/a urban (8); **desechos urbanos** urban waste (14); **núcleo urbano** city center

urgente urgent; **es urgente que** it's urgent that (11)

urinario/a urinary; **infección** (*f.*) **urinaria** urinary tract infection

uruguayo/a Uruguayan (1)

usar to use

uso *n.* use; usage

usted (Ud.) *sub. pron.* you (*s. form.*) (1); *obj.* (*of prep.*) you (*s. form.*); **¿cómo es usted?** what are you like? (1); **¿cómo está usted?** how are you? (1); **¿cómo se llama usted?** what's your name? (1); **¿cuántos años tiene usted?** how old are you? (4); **¿de dónde es usted?** where are you from? (1); **¿y usted?** and you? (1)

ustedes (Uds.) *sub. pron.* you (*pl. form. Sp.; pl. fam., form. elsewhere*) (1); *obj.* (*of prep.*) you (*pl. form. Sp.; pl. fam., form. elsewhere*)

usuario/a user

utensilio utensil (6); *pl.* silverware (6)

útil *adj.* useful

utilizar (c) to utilize, use

uvas *pl.* grapes (6)

V

vaca cow (8)

vacacional *adj.* vacation; **paquete** (*m.*) **vacacional** vacation package

vacaciones *f. pl.* vacation; **de vacaciones** on vacation (10); **estar** (*irreg.*) **de vacaciones** to be on vacation; **ir** (*irreg.*) **de vacaciones** to go on vacation (9); **vacaciones de primavera** spring break (11); **vacaciones pagadas** paid vacation (13)

vaciar (vacío) to empty

vainilla vanilla (6)

Valentín: Día (*m.*) **de San Valentín** St. Valentine's Day

valer *irreg.* to be worth; **¿cuánto vale(n)?** how much is it (are they) worth? (7); **valer la pena** to be worth it; **valer la redundancia** to be worth repeating

valeriana valerian (*medicinal herb*)

válido/a valid

valiente brave (13)

valle *m.* valley (8)

vallenato *Venezuelan folk song*

valor *m.* value, worth

valoración *f.* worth

valorar to value

vanguardia avant-garde

vapor *m.* steam; **al vapor** steamed

vaquería sostenible sustainable dairy farm

vaquero cowboy

vara stick; rod

variación *f.* variation

variado/a varied (6); various

variante *f.* variant

variar (varío) to vary

variedad *f.* variety

varios/as several

varón *m.* man

vasco/a *n., adj.* Basque; **País** (*m.*) **Vasco** Basque Country

vascuence *m.* Basque (*language*)

vaso (water) glass (6)

vasto/a vast

ve de vaca *the letter v*

vecindario neighborhood

vecino/a *n.* neighbor (5); *adj.* neighboring, next door

vegetación *f.* vegetation (14)

vegetal *adj.* vegetable

vegetariano/a vegetarian

vehículo car

veinte twenty (1)

veinticinco twenty-five (1)

veinticuatro twenty-four (1)

veintidós twenty-two (1)

veintinueve twenty-nine (1)

veintiocho twenty-eight (1)

veintiséis twenty-six (1)

veintisiete twenty-seven (1)

veintitrés twenty-three (1)

veintiún, veintiuno/a *adj.* twenty-one

veintiuno twenty-one (*number*) (1)

vejez *f.* old age (9)

vela candle

velocidad *f.* speed; **gran velocidad** high speed

vencer (z) to overcome, conquer

vendedor(a) vendor (6); salesclerk; **vendedor(a) ambulante** street vendor

vender to sell (2)

veneración *f.* adoration

venezolano/a Venezuelan (1)

venir *irreg.* to come (3); **el lunes (martes, miércoles,...) que viene** next Monday (Tuesday, Wednesday, . . .) (1); **el mes que viene** next month; **la semana que viene** next week (1); **venir de visita** to come visit

venta sale (7); *pl.* sales (*profession*); **estar** (*irreg.*) **en venta** to be for sale

ventaja advantage

ventana window (1)

ventanilla: asiento de ventanilla window seat (10)

ventilación *f.* ventilation

ver *irreg.* (*p.p.* **visto**) to see (3); to watch (2); **nos vemos** see you later; **verse** to see each other (5)

verano summer (2)

veras: ¿de veras? really?

verbo *gram.* verb (1); **verbo de duda** *gram.* verb of doubt (11); **verbo de emoción** *gram.* verb of emotion (11); **verbo de voluntad** *gram.* verb of volition (desire) (11); **verbo recíproco** *gram.* reciprocal verb (9); **verbo reflexivo** *gram.* reflexive verb (5)

verdad *f.* truth; **es verdad que** it's true that (12); **¿verdad?** right?

verdadero/a true; real

verde green (2); unripe; **judía verde** green bean; **tortuga marina verde** green sea turtle; **zona verde** green space

verdura vegetable (6)

vergüenza shame

verificar (qu) to verify

versión *f.* version

verter (ie) to pour

vestíbulo lobby

vestido dress (7)

vestido/a *adj.* dressed; **bien vestido/a** well-dressed; **estar vestido/a con** to be dressed in

vestidor *m.* walk-in closet

vestimenta clothes, clothing; attire

vestir (i, i) to dress; **vestirse** to get dressed (5)

veterinaria veterinary science; veterinary medicine (*subject*)

veterinario/a veterinarian (13)

vez *f.* (*pl.* **veces**) time; occurrence; occasion; **a la vez** at the same time; **a su vez** at the same time; **a veces** sometimes (1); **alguna vez** once; ever; **cada vez más** more and more; **cada vez menos** less and less; **de una vez** at once; **de vez en cuando** from time to time; **en vez de** instead of; **la última vez que** the last (preceding) time that (6); **otra vez** again; **por primera/última vez** for the first/last time (9); **tal vez** perhaps; **una vez a la semana / al mes** once a week/month (3); **una vez** once

vía route, way; means; roadway

viajar to travel (8)

viaje *m.* trip (10); **agencia de viajes** travel agency (10); **agente** (*m., f.*) **de viajes** travel agent; **de viaje** on a trip (10); **hacer** (*irreg.*) **un viaje** to take a trip; **viaje de ida** one-way trip; **viaje de ida y vuelta** round trip

viajero/a *n.* traveler; *adj.* traveling

vibrante vibrant

vicio bad habit, vice (12)

víctima *f.* victim

vida life (9); **costo de vida** cost of living; **esperanza de vida** life expectancy; **estilo de vida** lifestyle; **expectativa de vida** life expectancy; **etapa de la vida** stage/period of life (9); **ganarse la vida** to make a living; **pura vida** *Costa Rican expression meaning that things are good;* **ritmo de vida** pace of life (15)

vídeo video

videojuego videogame (3)

vidrio glass (*material*)

viejo/a old (4); **ropa vieja** *dish made of steak, tomato sauce, black beans, rice, plantains and yuca* (*Cuba*); **Vieja Belén** *figure of Dominican folklore who comes one week after Epiphany to bring gifts to poor children*

viento wind; **hace (mucho) viento** it's (very) windy (2)

viernes *m. inv.* Friday (1); **el viernes** on Friday (1); **el viernes pasado** last Friday; **el viernes que viene** next Friday (1); **los viernes** on Fridays (1); **Viernes Santo** Good Friday

vigencia validity; applicability

vigente valid; current, in force

vigilar to watch, keep an eye on

villano/a antagonist (*plot*)

vinagre *m.* vinegar (6)

vino wine (6); **vino blanco/tinto** white/red wine (6)

violencia violence

violento/a violent

violeta violet

violín *m.* violin

violoncelo cello

virgen *n., adj. m., f.* virgin; **la Virgen** Virgin (Mary)

visado visa (10)

visión *f.* vision

visita *n.* visit; **venir** (*irreg.*) **de visita** to come visit

visitante *m., f.* visitor

visitar to visit

vista view; **a primera vista** at first sight;

vistazo: echar un vistazo to glance, look at

visto/a (*p.p. of* **ver**) seen

vital vital; dynamic

vitamina vitamin

viudo/a widow/widower; *adj.* widowed (4)

vivero nursery (*plants*)

vivienda housing (5)

vivir to live (2)

vivo/a alive; brightly colored; **en vivo** live

vocabulario vocabulary

volar (ue) to fly

volcán *m.* volcano (14)

volcánico/a volcanic

vólibol *m.* volleyball (1); **jugar (ue) (gu) al vólibol** to play volleyball (1)

volumen *m.* volume

voluntad *f.* wish, will; **verbo de voluntad** *gram.* verb of volition (desire) (11)

voluntario/a volunteer; **hacer** (*irreg.*) **de voluntario/a** to volunteer; *adj.* voluntary

volver (ue) (*p.p.* **vuelto**) to return (*to a place*) (3); **volver** + **a** + *inf.* to (*do something*) again (3); **volverse** + *adj.* to become + *adj.*

vosotros/as *sub. pron.* you (*pl. fam. Sp.*) (1); *obj.* (*of prep.*) you (*pl. fam. Sp.*)

votar (por) to vote (for)

voz *f.* (*pl.* **voces**) voice; **en voz alta** aloud; **mensaje** (*m.*) **de voz** voice message; voicemail

vuelo flight (10); **asistente** (*m., f.*) **de vuelo** flight attendant (10)

vuelta spin, turn; return; **a la vuelta** upon return(ing); **dar** (*irreg.*) **la vuelta** to turn around; **de vuelta** again; **viaje de ida y vuelta** round trip

vuestro/a(s) *poss. adj.* your (*pl. fam. Sp.*) (1); *poss. pron.* yours (*pl. fam. Sp.*)

W

wayuu *indigenous people of Colombia and Venezuela*

Web: página Web web page (13)

xoloitzcuintle *m.* Mexican hairless dog

y *conj.* and (1); **y cuarto/quince** quarter past (1); **y media/treinta** half past (1); **¿y tú?** and you (*s. fam.*)? (1); **¿y usted (Ud.)?** and you (*s. form.*)? (1)

ya already; **ya no** no longer; **ya que** *conj.* since

yerba herb; **yerba medicinal** medicinal herb

yerno son-in-law (4)

yo *sub. pron.* I (1)

yoga *m.* yoga; **hacer** (*irreg.*) **yoga** to do yoga (3)

yogur *m.* yogurt (6)

yuca yucca

yuyera *Guaraní medicine woman*

yuyo *medicinal herbs prepared by yuyeras*

Z

zanahoria carrot (6)

zapatería shoe store (7)

zapatos shoes (7); **zapatos de tacón alto/bajo** high-heeled shoes / flats (7); **zapatos de tenis** tennis shoes (7)

zócalo main square; central plaza (*Mex.*)

zona area, zone; **zona ártica** Arctic region (14); **zona verde** green space

zoológico/a: parque (*m.*) **zoológico** zoo (9); **reserva zoológica** biological reserve

zumo juice (*Sp.*)

VOCABULARIO INGLÉS-ESPAÑOL

A

a, an **un(a)** *indef. art.* (1); a little **un poco** (1)
ability **habilidad** *f.* (13)
able: to be able **poder** *irreg.* (3)
abroad **extranjero** (10)
absurd: it's absurd that **es absurdo que** (11)
accessory **complemento** (7); clothing accessory **complemento** (7)
according to **según** (4)
account: to manage accounts **manejar las cuentas** (13)
accountant **contador(a)** (13)
accounting **contabilidad** *f.* (1)
ache **dolor** *m.* (12)
acquainted: to be acquainted with (*person/ place*) **conocer** *irreg.* (4)
across from **enfrente de** *prep.* (5)
activity **actividad** *f.* (1)
actor **actor** *m.* (11)
actress **actriz** *f.* (11)
addict: drug addict **drogadicto/a** (12)
addiction **adicción** *f.* (12)
adjective **adjetivo** *gram.* (1); possessive adjective **adjetivo posesivo** *gram.* (1)
administer **administrar** (13)
administration: business administration **administración** (*f.*) **empresarial** (1)
adolescence **adolescencia** (9)
adopted son/daughter **hijo/a adoptivo/a** (4)
adorned **adornado/a** (11)
advance: technological advance **avance** (*m.*) **tecnológico** (15)
adverb **adverbio** *gram.* (8)
advise *v.* **aconsejar** (11)
advisor **consejero/a** (13)
aerobics: to do aerobics **hacer** (*irreg.*) **ejercicio aeróbico** (12)
affect *v.* **afectar** (14)
affection **cariño** (9)
affectionate **cariñoso/a** (4)
affirm **afirmar** (12)
afraid: to be afraid (of) **tener** (*irreg.*) **miedo (de)** (3)
after *conj.* **después de que** (13); *prep.* **después (de)** (1)
afternoon: good afternoon (*until evening meal*) **buenas tardes** (1); in the afternoon **por la tarde** (1); in the afternoon (*with time*) **de la tarde** (1)
again: to (*do something*) again: to do something again **volver (ue)** (*p.p.* **vuelto**) + **a** + *inf.* (3)
age: old age **vejez** *f.* (9)
agency: travel agency **agencia de viajes** (10)
agricultural **agrícola** *m., f.* (8); agricultural tourism **agroturismo** (10)
agriculture **agricultura** (8)
ahead: straight ahead **derecho** (8); **todo derecho** (8)
air **aire** *m.* (14); air pollution **contaminación** (*f.*) **del aire** (14); clean air **aire puro** (14)
airplane **avión** *m.* (8)
airport **aeropuerto** (8)
aisle seat **asiento de pasillo** (10)
alcohol **alcohol** *m.* (12)
alcoholic **alcohólico/a** *n.* (12); alcoholic drink **bebida alcohólica** (6), **copa** (3)
along **por** (4)
also **también** (2)
always **siempre** (3)
among **entre** (2)
anatomy **anatomía** (1)
and **y** (1); and you (*s. fam.*)? **¿y tú?** (1); and you (*s. form.*)? **¿y usted (Ud.)?** (1)
angry **enojado/a** (2)
animal: domesticated (farm) animal **animal** (*m.*) **doméstico** (8); plant and animal life **flora y fauna** (14); wild animal **animal salvaje** (14)
annoy **molestar** (6)
answer *v.* **contestar** (1)
anti-pollution **anticontaminante** (14)
antibiotic **antibiótico** (12)
apartment **apartamento** (5), **piso** (5); apartment building **edificio de apartamentos** (5); studio apartment **estudio** (5)
apple **manzana** (6)
appliance **aparato doméstico** (3)
applicant **aspirante** *m., f.* (13)
application **solicitud** *f.* (13)
apply for (a job) **solicitar (trabajo)** (13)
April **abril** (2)
archeological ruins **ruinas arqueológicas** (10)
archipelago **archipiélago** (14)
architect **arquitecto/a** (11)
architecture **arquitectura** (1)
Arctic region **zona ártica** (14)
are: how are you (*s. fam.*)? **¿cómo estás?** (1); how are you (*s. form.*)? **¿cómo está usted (Ud.)?** (1); they are **son** (1); you (*s. fam.*) are **eres** (1); you (*s. form.*) are **es** (1); you (*pl. fam. Sp.*) are **sois** (1); you (*pl. form. Sp.; pl. fam., form. elsewhere*) are **son** (1)
Argentine **argentino/a** (1)
argue **discutir** (9)
arm (*anat.*) **brazo** (12)
armchair **sillón** *m.* (5)
aromatherapy: to do aromatherapy **practicar (qu) la aromaterapia** (12)
arrival **llegada** (10)
arrive **llegar (gu)** (1)
arrogance **orgullo** (12)
arrogant: to be arrogant **ser** (*irreg.*) **orgulloso/a** (12)
art **arte** *f.* (*but* **el arte**) (1); art show **exposición** *f.* (11); arts and crafts **artesanías** (7); fine arts **bellas artes** (1); performing arts **artes escénicas** (11); School of Fine Arts **Facultad** (*f.*) **de Bellas Artes** (1); visual arts **artes plásticas** (11); work of art **obra de arte** (11)
article **artículo** (7); article of clothing **prenda de ropa** (7)
artist **artista** *m., f.* (11)
artistic: artistic expressions **las expresiones** (*f., pl.*) **artísticas** (11)
as: as . . . as **tan... como** (5); as much as **tanto como** (5); as much/many . . . as **tanto/a/ os/as... como** (5); as soon as *conj.* **en cuanto** (13), **tan pronto como** (13)
ask **preguntar** (6); to ask a question **preguntar** (6); to ask for **pedir (i, i)** (3)
asleep: to fall asleep **dormirse (ue, u)** (5)
astronomy **astronomía** (1)
at **a** (2); at + *time* **a la(s)** + *time* (1); at least **por lo menos** (4); at night **por la noche** (1); at night (*with time*) **de la noche** (1); at what time? **¿a qué hora?** (1)
at **en** (2)
athlete **atleta** *m., f.* (13)
atmosphere **atmósfera** (14)
attachment **adjunto** (15), **documento adjunto** (15)
attend (*a class, event*) **asistir (a)** (2)
attendant: flight attendant **azafata** *m., f.* (10)
August **agosto** (2)
aunt **tía** (4); aunts and uncles **tíos** (4)
avenue **avenida** (5)
avocado **aguacate** *m.* (6)
avoid **evitar** (12)

B

back **espalda** (12)
backpack **mochila** (1)
bacon **tocino** (6)
bad *adv.* **mal** (2); *adj.* **mal, malo/a** (1); bad habit **vicio** (12); it's bad that **es malo que** (11); the weather is (very) bad **hace (muy) mal tiempo** (2); to get bad grades **sacar (qu) malas notas** (1); to have a bad time **pasarlo mal** (3)
bag: **bolsa** (14); carry-on bag **maletín** *m.* (10)
baggage claim **reclamo de equipaje** (10)
balcony **balcón** *m.* (5)
ballet: ballet dancer **bailarín, bailarina** (11); classical ballet **ballet** (*m.*) **clásico** (11)
banana **banana** (6)
band **conjunto musical** (11)
bank **banco** (8)
banker **banquero/a** (13)
baptism (*ceremony*) **bautizo** (4)
bar (*drinking establishment*) **bar** *m.* (8)
barber **barbero/a** (13)

baseball **béisbol** *m.* (1); to play baseball **jugar (ue) (gu) al béisbol** (1)
basketball **basquetbol** *m.* (1); to play basketball **jugar (ue) (gu) al basquetbol** (1)
bathe (oneself) **bañar(se)** (5)
bathing suit **traje** (*m.*) **de baño** (7)
bathroom **baño** (5); bathroom sink **lavabo** (5)
bathtub **bañera** (5)
bay **bahía** (14)
be **estar** *irreg.* (2); **ser** *irreg.* (1); to be (*doing something*) **estar** + *gerund* (2); to be (very) hot **tener** (*irreg.*) **(mucho) calor** (3); **tener (mucha) hambre** (3); to be (very) lucky **tener (mucha) suerte** (3); to be (very) thirsty **tener (mucha) sed** (3); to be . . . years old **tener... años** (3); to be able **poder** *irreg.* (3); to be afraid (of) **tener miedo (de)** (3); to be arrogant **ser orgulloso/a** (12); to be careful **tener cuidado** (3); to be cold **tener frío** (3); to be depressed **estar deprimido/a** (12); to be familiar with **conocer (zc)** (4); to be fond of **tenerle cariño a** (9); to be in charge (of) **estar a cargo (de)** (13); to be in a hurry **tener prisa** (3); to be located (*buildings*) **quedar** (2); to be right **tener razón** (3); to be sleepy **tener sueño** (3); to be successful **tener éxito** (3); to be sure (of) **estar seguro/a (de)** (12); to be wrong **no tener razón** (3)
beach **playa** (14)
beans **frijoles** *m. pl.* (6); green beans **habichuelas** (6)
bear **oso** (14); polar bear **oso polar** (14)
because **porque** (3)
bed **cama** (3); to make the bed **hacer** (*irreg.*) **la cama** (3)
bedroom **dormitorio** (5); master bedroom **dormitorio principal** (5)
beef **carne** (*f.*) **de res** (6); beef steak **bistec** *m.* (6)
beer **cerveza** (6)
before *conj.* **antes de que** + *subj.* (14); *prep.* **antes (de)** (1)
begin **empezar (ie) (c)** (3); to begin to (*do something*) **empezar** + **a** + *inf.* (3)
behind *prep.* **detrás de** (2)
beige **beige** (7)
believe **creer (y)** (*p.p.* **creído**) (2)
bellhop **botones** *m. inv.* (10)
belt **cinturón** *m.* (7)
benefit **benificio** (13)e (2)
beyond **a partir de** (4)
bicycle: to ride a bicycle **andar** (*irreg.*) **en bicicleta** (1)
bilingual **bilingüe** (13)
bill **cuenta** (6); to pay the bills **pagar (gu) las cuentas** (15)
billiards **billar** *m.* (3)
biodegradable **biodegradable** (14)
biodiversity **biodiversidad** *f.* (14)
biologist **biólogo/a** (13)
biology **biología** (1)
bird: quetzal bird **quetzal** *m.* (14)
birthday **cumpleaños** *m. inv.* (4)
black **negro** (2)
block **cuadra** (8)
blond(e) **rubio/a** (1)
blood **sangre** *f.* (12)
blouse **blusa** (7)
blue **azul** (2)
bluejeans **jeans** *m. pl.* (7)
Bluetooth earphone **auricular** (*m.*) **bluetooth** (15)
board *v.* **embarcar (qu) (en)** (10)
boarding pass **tarjeta de embarque** (10)
boat **barco** (8)
boating: to go boating **pasear en barco** (9)
body: human body **cuerpo humano** (12)
Bolivian **boliviano/a** (1)
bookstore **librería** (1)
boots **botas** (7)
bore *v.* **aburrir** (6)
bored **aburrido/a** (2)
boring **aburrido/a** (1)
boss **jefe/a** (13)
bother **molestar** (6)
bottle **botella** (14)
boulevard **bulevar** *m.* (5)
boutique **boutique** *f.* (7)
boyfriend **novio** (2); to spend time with one's boyfriend **pasar tiempo con el novio** (2)
bracelet **brazalete** *m.* (7)
brain **cerebro** (12)
brave **valiente** (13)
bread **pan** *m.* (6); whole wheat bread **pan integral** (6)
break **romper** (*p.p.* **roto**) (7); to break down (*in accidental* **se** *construction*) **descomponer** (*like* **poner**) (*p.p.* **descompuesto**) (7); to break up with **romper** (*p.p.* **roto**) **con** (9); spring break **vacaciones** (*f. pl.*) **de primavera** (11)
breakfast **desayuno** (6); to eat breakfast **desayunar** (1)
bricklayer **albañil** *m.* (13)
bride **novia** (9)
bridge **puente** *m.* (8)
bright **lleno/a de luz** (5)
bring **traer** *irreg.* (*p.p.* **traído**) (3)
brother **hermano** (4); half-brother **medio hermano** (4)
brother-in-law **cuñado** (4)
brown **color** (*m.*) **café** (2)
brush one's teeth **lavarse los dientes** (5)
building **edificio** (1); apartment building **edificio de apartamentos** (5)
bus **autobús** *m.* (8); bus station **estación** (*f.*) **de autobuses** (8); bus stop **parada (de autobuses)** (8)
business **empresa** (13); (*field*) **negocios** *pl.* (13); business administration **administración** (*f.*) **empresarial** (1)
businessman **hombre** (*m.*) **de negocios** (13)
businesswoman **mujer** (*f.*) **de negocios** (13)
busy **ocupado/a** (2)
but **pero** *conj.* (1)
butter **mantequilla** (6)
butterfly **mariposa** (14)
buy **comprar** (1)
by **por** (2); by means of **por** (4)

C

cabin: rustic cabin **cabaña rústica** (10)
cafeteria **cafetería** (1)
cake **pastel** *m.* (6)
calendar **calendario** (2)
call **llamar** (1); to call on the phone **llamar por teléfono** (1)
calm **tranquilo/a** (4)
camera **cámara** (15)
camp *v.* **acampar** (9)
camping: to go camping **acampar** (9)
campus **campus** *m.* (1)
Canada Day **Día** (*m.*) **de Canadá** (11)
candies **dulces** *m.* (6)
canoe **canoa** (10); to go canoeing **pasear en canoa** (10)
cap **gorra** (7)
car **carro** (8), **coche** *m.* (5)
caramel custard **flan** *m.* (6)
card: credit card **tarjeta de crédito** (6); playing cards **cartas** (3)
cardboard **cartón** *m.* (14)
care: medical care **cuidado médico** (12); personal care **cuidado personal** (12); to take care of oneself **cuidarse** (12)
career **carrera** (15)
careful: to be careful **tener** (*irreg.*) **cuidado** (3)
Carnival **carnaval** *m.* (11)
carport **cochera** (5)
carrot **zanahoria** (6)
carry **llevar** (1)
carry-on (bag) **maletín** *m.* (10)
cartoons **dibujos animados** (9)
case: in case **en caso de que** + *subj.* (14); just in case **por si acaso** (9)
cash **en efectivo** (6)
cat **gato** (4)
catch a cold **resfriarse (me resfrío)** (12)
cathedral **catedral** *f.* (8)
cattle **ganado** (8)
cause: to cause pain **dañar** (12)
CD-ROM **CD-ROM** *m.* (15)
celebrate **celebrar** (11)
celebration **celebración** *f.* (11)
cell **celular** *m.* (1); cell phone **teléfono celular** (1)
center: health center **centro de salud** (8)
central **céntrico/a** (5)
centrally located **céntrico/a** (5)
cereal **cereal** *m.* (6)
ceremony: civil ceremony **ceremonia civil** (4)
certain: it's certain that **es cierto que** (12)
chair **silla** (1)
chalet **chalet** *m.* (5)
challenge **reto** (15)
champagne **champán** *m.* (6)
change: climate change **cambio climático** (14)

charge: to be in charge (of) **estar** (*irreg.*) **a cargo (de)** (13)
charismatic **carismático/a** (13)
chat *v.* **charlar** (1)
cheap **barato/a** (7)
check **cuenta** (6); to check in **registrarse** (10); to check luggage **facturar el equipaje** (10)
check-in counter **mostrador** *m.* (10)
check point (security) **control** (*m.*) **de seguridad** (10)
check-up **chequeo** (12)
cheese **queso** (6)
chef **chef** *m., f.* (6); **cocinero/a** (13)
chemistry **química** (1)
chest (*anat.*) **pecho** (12); chest of drawers **cómoda** (5)
chicken **pollo** (6); roast chicken **pollo asado** (6)
child: only child **hijo/a único/a** (4)
childhood **niñez** *f.* (9)
children **hijos** (4)
Chilean **chileno/a** (1)
chocolate **chocolate** *m.* (6)
choir **coro** (11)
chop (*cut of meat*) **chuleta** (6); pork chop **chuleta de cerdo** (6)
chore **quehacer** *m.* (3); domestic chore **quehacer doméstico** (3)
chorus (*group*) **coro** (11)
Christmas **Navidad** *f.* (11); Christmas Eve **Nochebuena** (11); Christmas tree **árbol** (*m.*) **de Navidad** (11)
church **iglesia** (3)
Cinco de Mayo **Cinco de Mayo** (*commemorative celebration in Mexico and United States, also called Anniversary of the Battle of Puebla*) (11)
city **ciudad** *f.* (2); city map **plano** (8)
civil ceremony **ceremonia civil** (4)
claim: baggage claim **reclamo de equipaje** (10)
class **clase** *f.* (1); (*subject*) **materia** (1); coach class **clase económica** (10); first class **primera clase** (10); to take a class **tomar una clase** (1)
classical: classical ballet **ballet** (*m.*) **clásico** (11); classical music **música clásica** (11)
classmate **compañero/a de clase** (1)
classroom **salón** (*m.*) **de clase** (1)
clay **arcilla** (7); *adj.* **de arcilla** (7)
clean *adj.* **limpio/a** (3); clean air **aire** (*m.*) **puro** (14); to clean the house **limpiar la casa** (3); to clean up the room **arreglar el cuarto** (3)
cleaner: vacuum cleaner **aspiradora** (3)
clear the table **quitar la mesa** (3)
client **cliente/a** (6)
climate change **cambio climático** (14)
climbing: mountain climbing **alpinismo** (9)
clinic **clínica** (1)
clock **reloj** *m.* (1)
close *v.* **cerrar (ie)** (3); *adj.* (*relationship*) **unido/a** (4); close to *prep.* **cerca de** (2)
closet **armario** (5)
clothes **ropa** (1); to dry clothes **secar (qu) la ropa** (3); to fold clothes **doblar la ropa** (3); to hang clothes **tender (ie) la ropa** (3); to iron clothes **planchar la ropa** (3); to wash clothes **lavar la ropa** (1)
clothing **ropa** (7); article of clothing **prenda de ropa** (7); clothing accessory **complemento** (7); clothing size **talla** (7); piece of clothing **prenda de ropa** (7)
cloudy: it's (very) cloudy **está (muy) nublado** (2), **hay (muchas) nubes** (2)
club: dance club **discoteca** (9)
clumsy **torpe** (4)
coach (*person*) **entrenador(a)** (13); coach (class) (*travel*) **clase** (*f.*) **económica** (10)
coat **abrigo** (7)
coffee **café** (3); coffee maker **cafetera** (5); coffee table **mesita** (5)
cognate **cognado** (1)
cold **resfriado** (12); it's (very) cold **hace (mucho) frío** (2); to be cold **tener** (*irreg.*) **frío**; to catch a cold **resfriarse (me resfrío)** (12)
color **color** *m.* (2)
Colombian **colombiano/a** (1)
Columbus Day **Día** (*m.*) **de la Raza** (11)
combustion **combustión** *f.* (14)
come **venir** *irreg.* (3)
comedy **comedia** (11)
comfortable **cómodo/a** (7)
common-law couple **pareja de hecho** (9)
communicate (with each other) **comunicarse (qu)** (5)
community **comunidad** *f.* (8)
company **compañía** (13); **empresa** (13)
comparison **comparación** *f.* (4)
compassion **compasión** *f.* (13)
complain **quejarse** (9)
composer **compositor(a)** (11)
computer **computadora** (1); computer science **informática** (1); laptop computer **computadora portátil** (1)
concert **concierto** (11)
conductor (*musical*) **director(a) de orquesta** (11)
congested **resfriado/a** (12)
conjunction: conjunction of contingency and purpose **conjunción** (*f.*) **de dependencia y propósito** *gram.* (14); temporal conjunction **conjunción temporal** *gram.* (13)
connection: WiFi connection **conexión** (*f.*) **WiFi** (15)
conservation **conservación** *f.* (14)
conserve **conservar** (14)
construction worker **albañil** *m., f.* (13)
container **envase** (*m.*) (14)
content *adj.* **contento/a** (2)
contingency: conjunction of contingency and purpose **conjunción** (*f.*) **de dependencia y propósito** *gram.* (14)
continue **seguir (i, i)** (3)
cook *v.* **cocinar** (3); *n.* **cocinero/a** (13)
cookie **galleta** (6)
cool: it's cool (*weather*) **hace fresco** (2)
copy: to make copies **hacer** (*irreg.*) **copias** (13)
corn **maíz** *m.* (6)
cosmetics **cosméticos** *pl.* (7)
cost: how much does it (do they) cost? **¿cuánto cuesta(n)?** (7)
Costa Rican **costarricense** (1)
cotton **algodón** *m.* (7); *adj.* **de algodón** (7)
couch **sofá** *m.* (5)
cough *v.* **toser** (12); *n.* **tos** *f.* (12); cough syrup **jarabe** *m.* (12)
counselor **consejero/a** (13)
count **contar (ue)** (6)
counter **mostrador** *m.* (10); check-in counter **mostrador** *m.* (10)
country **país** *m.* (2)
country(side) **campo** (5)
couple **pareja** (9); common-law couple **pareja de hecho** (9); married couple **matrimonio** (4)
course: of course **por supuesto** (9)
courtship **noviazgo** (9)
cousin **primo/a** (4)
cow **vaca** (8)
crab (*animal*) **cangrejo** (14)
cracker **galleta** (6)
crafts: arts and crafts **artesanías** (7)
crash (*computer*) **fallar** (15)
crazy **loco/a** (2)
create **crear** (11)
credit card **tarjeta de crédito** (6)
crocodile **cocodrilo** (14)
cross **cruzar (c)** (8)
crude oil **petróleo** (14)
cruise (ship) **crucero** (10)
cry *v.* **llorar** (9)
Cuban **cubano/a** (1)
cube **cubículo** (13); office cube **cubículo** (13)
cup **taza** (6); cup of coffee **café** *m.* (3)
currently **actualmente** (8)
custard: caramel custard **flan** *m.* (6)
customs **aduana** (10); to go through customs **pasar por la aduana** (10)
cut the grass **cortar el césped** (3)
CV **currículum** *m.* (13)
cycling **ciclismo** (9)

D

daily **diario/a** (2)
dairy product **producto lácteo** (6)
damage **dañar** (12)
dance *v.* **bailar** (1); *n.* **baile** *m.* (11); **danza** (11); dance club **discoteca** (9)
dancer **bailarín, bailarina** (11), **danzante** *m., f.* (11); ballet dancer **bailarín, bailarina** (11)
dangerous **peligroso/a** (14)
dark (*lighting*) **oscuro/a** (5); (*color*) **oscuro/a** (7)
dark-haired **moreno/a** (1)
dark-skinned **moreno/a** (1)
data: to enter data **anotar datos** (13)
date (*calendar*) **fecha** (2); (*social*) **cita** (9)

daughter **hija** (4); adopted daughter **hija adoptiva** (4)
daughter-in-law **nuera** (4)
day **día** *m.* (1); Canada Day **Día de Canadá** (11); Columbus Day **Día de la Raza** (11); day after tomorrow **pasado mañana** (1); Day of the Dead **Día de Muertos** (11); every day **todos los días** (1); Father's Day **Día del Padre** (11); Feast of the Three Kings (Epiphany) **Día de los Reyes Magos** (11); Independence Day **Día de la Independencia** (11); Mother's Day **Día de la Madre** (11); New Year's Day **Año Nuevo** (11); one's saint day **día del santo** (11); Thanksgiving Day **Día de Acción de Gracias** (11)
day trip **excursión** *f.* (10); to take a day trip **hacer** (*irreg.*) **una excursión** (10)
dead: Day of the Dead **Día** (*m.*) **de los Muertos** (11)
debt **deuda** (15)
December **diciembre** *m.* (2)
decompress **quitarse el estrés** (15)
deep: to take a deep breath **respirar profundo** (15)
deforestation **deforestación** *f.* (14)
delete **borrar** (15)
deliver **entregar (gu)** (6)
demanding *adj.* **exigente** (13)
demonstrative **demostrativo** *gram.* (4)
dentist **dentista** *m., f.* (12)
deny **negar (ie) (gu)** (12)
departure **salida** (10)
depressed: to be depressed **estar** (*irreg.*) **deprimido/a** (12)
depression **depresión** *f.* (12)
describe **describir** (*p.p.* **descrito**) (2)
description **descripción** *f.* (1)
desert **desierto** (14)
design **diseño** (7)
designer **diseñador(a)** (13); fashion designer **diseñador(a) de modas** (13)
desire to (*do something*) **desear** + *inf.* (1); verb of desire **verbo de voluntad** *gram.* (11)
desk **escritorio** (1)
dessert **postre** *m.* (6)
destination **destino** (10)
destroy **destruir (y)** (14)
destruction **destrucción** *f.* (14)
diamond **diamante** *m.* (7); *adj.* **de diamantes** (7)
dictionary **diccionario** (1)
die **morir(se) (ue, u)** (*p.p.* **muerto**) (7)
difficult **difícil** (1)
dim **oscuro/a** (5)
dining room **comedor** *m.* (5)
dinner **cena** (6); to eat dinner **cenar** (1)
direct object pronoun **pronombre** (*m.*) **de objeto directo** *gram.* (5)
directions **direcciones** (8)
director **director(a)** (11); personnel director **director(a) de personal** (13)
dirty **sucio/a** (3)
disaster: environmental disaster **desastre** (*m.*) **ambiental** (14)
disco **discoteca** (9)
discount **descuento** (7)
disguise oneself **disfrazarse (c)** (11)
dish **plato** (6); to wash the dishes **lavar los platos** (3)
dishwasher **lavaplatos** *m. inv.* (3)
display emotion **emocionarse** (12)
divorce **divorcio** (4)
divorced **divorciado/a** (4); to get divorced (from) **divorciarse (de)** (9)
dizzy **mareado/a** (12)
do **hacer** *irreg.* (*p.p.* **hecho**) (3); to do aerobics **hacer ejercicio aeróbico** (12); to do aromatherapy **practicar (qu) la aromaterapia** (12); to do something again **volver (ue)** (*p.p.* **vuelto**) + **a** + *inf.* (3); to do yoga **hacer yoga** (3)
doctor **médico/a** (12)
dog: to take a walk with the dog **pasear con el perro** (2)
doll **muñeca** (9)
dolphin **delfín** *m.* (14)
domestic: domestic chore **quehacer** (*m.*) **doméstico** (3); domestic partner **pareja de hecho** (9)
domesticated animal **animal** (*m.*) **doméstico** (8)
Dominican **dominicano/a** (1)
dominos **dominó** (2)
donkey **burro** (8)
door **puerta** (1); front door **puerta principal** (5)
dorm **residencia** (1); student dorm **residencia estudiantil** (1)
double room **habitación** (*f.*) **doble** (10)
doubt *v.* **dudar** (12); verb of doubt **verbo de duda** *gram.* (12)
down *prep.* **abajo** (5); to break down (*in accidental* **se** *construction*) **descomponer** (*like* **poner**) (7); to lie down **acostarse (ue)** (5)
download **bajar** (13)
downstairs **abajo** (5)
downtown **centro** (5)
drama (*theater*) **drama** *m.* (11)
draw *v.* **dibujar** (9)
drawers: chest of drawers **cómoda** (5)
drawing *n.* **dibujo** (11)
dress **vestido** (7)
dressed: to get dressed **vestirse (i, i)** (5)
dresser (*furniture*) **tocador** *m.* (5)
drink *v.* **beber** (2), **tomar** (1); *n.* **bebida** (6), **copa** (3); alcoholic drink **bebida alcohólica** (6), **copa** (3)
drive **conducir** *irreg.* (*Sp.*) (8), **manejar** (*L.A.*) (8); flash drive **lápiz** (*m.*) **de memoria** (15)
driver's license **carnet** (*m.*) **de conducir** (8)
drop (*in accidental* **se** *construction*) **caer** *irreg.* (7)
drug **droga**; drug addict **drogadicto/a** (12); to take drugs **drogarse (gu)** (12)
drum set **batería** (10)
drums **batería** (10)
dry: to dry clothes **secar (qu) la ropa** (3); to dry off **secarse (qu)** (5); to dry off one's hair **secarse (qu) el pelo** (5)
dryer **secadora** (3)
during the week **entre semana** (1)
dust the furniture **sacudir los muebles** (3)
DVD **DVD** (*m.*) (3)
DVD-ROM **DVD-ROM** *m.* (15)

E

each **cada** (4)
eagle **águila** *f.* (*but* **el águila**) (14)
ear **oreja** (12); **infección** (*f.*) **del oído;** inner ear **oído** (12)
earphone: Bluetooth earphone **auricular** (*m.*) **bluetooth** (15)
earrings **aretes** *m. pl.* (7)
east: (to the) east **al este** (8)
Easter **Pascua** (11)
easy **fácil** (1)
eat **comer** (2); to eat breakfast **desayunar** (1); to eat dinner **cenar** (1); to eat lunch **almorzar (ue) (c)** (3)
ecological **ecológico/a** (14)
economics **economía** (1)
ecotourism **ecoturismo** (10)
educated: to get educated **formarse** (15)
education **educación** *f.* (1); **formación** (*f.*) **académica** (15); School of Education **Facultad** (*f.*) **de Educación** (1)
egg **huevo** (6); fried eggs **huevos fritos** (6)
eight **ocho** (1); eight hundred **ochocientos/as** (4)
eighteen **dieciocho** (1)
eighth **octavo/a** (5)
eighty **ochenta** (2)
either . . . or . . . **o... o...** (5)
electric **eléctrico/a** (14); electric guitar **guitarra eléctrica** (11)
electrician **electricista** *m., f.* (13)
elephant **elefante** *m.* (14)
elevator **ascensor** *m.* (5)
eleven **once** (1)
e-mail **e-mail** *m.* (1); to send an e-mail **mandar un e-mail** (6)
emotion **emoción** *f.* (12); to display emotion **emocionarse** (12); verb of emotion **verbo de emoción** *gram.* (11)
emotional **emocional** (2); emotional relationship **relación** (*f.*) **sentimental** (12); emotional state **estado emocional** (2)
employee **empleado/a** (13)
employment **empleo** (15)
endangered species **especie** (*f.*) **en peligro de extinción** (14)
energy **energía** (14)
engagement **compromiso** (9); **noviazgo** (9)
engineer **ingeniero/a** (13)
engineering *adj.* **ingeniería** (1)
English (*language*) **inglés** *m.* (1)
enjoy **disfrutar (de)** (10)
enter data **anotar datos** (13)
enterprising *adj.* **emprendedor(a)** (13)
entertainment **distracción** *f.* (3) environment **medio ambiente** (14)

environmental: environmental disaster **desastre** (*m.*) **ambiental** (14); environmental problem **problema** (*m.*) **ambiental** (14); environmental solution **solución** (*f.*) **ambiental** (14)
envy **envidia** (12)
Epiphany **Día** (*m.*) **de los Reyes Magos** (11)
Equatoguinean **ecuatoguineano/a** (1)
esteem: self-esteem **autoestima** (12)
Eve: Christmas Eve **Nochebuena** (11); New Year's Eve **Nochevieja** (11)
evening: good evening (*after evening meal*) **buenas noches** (1); in the evening (*with time*) **de la noche** (*with time*) (1), **por la noche** (1)
event **evento** (4)
every day **todos los días** (1)
everywhere **por todas partes** (9)
exactly (*with time*) **en punto** (1)
example: for example **por ejemplo** (4)
excited **emocionado/a** (2)
exercise *v.* **hacer** (*irreg.*) **ejercicio** (3)
exhibition **exposición** *f.* (11)
expense **gasto** (15); to manage expenses **controlar los gastos** (15)
expensive **caro/a** (7)
explain **explicar (qu)** (6)
expression **expresión** *f.* (1); artistic expressions **las expresiones artísticas** (11); impersonal expression **expresión impersonal** *gram.* (11)
extra large (*clothing size*) **extra grande** (7)
extroverted **extrovertido/a** (4)
eye **ojo** (12)

F

fabric **tela** (7)
face: to wash one's face **lavarse la cara** (5)
factory **fábrica** (14)
fall (*season*) **otoño** (2); to fall asleep **dormirse (ue, u)** (5); to fall in love (with) **enamorarse (de)** (9)
family *n.* **familia** (4); *adj.* **familiar** (4)
fan **aficionado/a** (11)
far **lejos** (2); far from *prep.* **lejos de** (2)
farm **finca** (8); farm animal **animal** (*m.*) **doméstico** (8)
farmer **agricultor(a)** (8); farmer's field **huerta** (8)
fascinate **fascinar** (12)
fashion designer **diseñador(a) de modas** (13)
fashionable **de última moda** (7)
fat **gordo/a** (4)
father **padre** *m.* (4); Father's Day **Día** (*m.*) **del Padre** (11)
father-in-law **suegro** (4)
faucet **grifo** (14); to turn off the faucet **cerrar (ie) el grifo** (14)
feast **festividad** *f.* (11); Feast of the Three Kings **Día** (*m.*) **de los Reyes Magos** (11)
February **febrero** (2)
feel **sentirse (ie, i)** (5); to feel like (*doing something*) **tener** (*irreg.*) **ganas de** + *inf.* (3)
feeling **sentimiento** (12)
felling: tree felling **tala de árboles** (14)
festival **festival** *m.* (11)
festivity **festividad** *f.* (11)
fever **fiebre** *f.* (12)
fiancé(e) **novio/a** (9)
field: farmer's field **huerta** (8)
fifteen **quince** (1)
fifth **quinto/a** (5)
fifty **cincuenta** (2)
fight **pelear(se)** (9)
file *n.* **archivo** (15)
fill out (*a form*) **llenar** (13)
finally **por fin** (4)
find **encontrar (ue)** (3)
fine *adv.* **bien** (2); (*response to greeting*) **bien.** (1); fine arts **bellas artes** (1); School of Fine Arts **Facultad** (*f.*) **de Bellas Artes** (1)
finger **dedo** (12)
finish *v.* **terminar** (1)
fire *v.* **despedir** (*like* **pedir**) (13)
fireplace **chimenea** (5)
fireworks **fuegos artificiales** (11)
firm (*company*) **empresa** (13)
first **primer, primero/a** (5); first class **primera clase** (10); first floor **planta baja** (5); for the first time **por primera vez** (9)
fish (*prepared as food*) **pescado** (6); (*alive*) **pez** *m.* (*pl.* **peces**) (8); *v.* **pescar (qu)** (9)
five **cinco** (1); five hundred **quinientos/as** (4)
fixed **fijo/a** (7); fixed price **precio fijo** (7)
flash drive **lápiz** (*m.*) **de memoria** (15)
flats (*shoes*) **zapatos de tacón bajo** (7)
flexible **flexible** (13)
flight **vuelo** (10); flight attendant **azafata** *m.*, *f.* (10)
float: parade float **carroza** (11)
floor (*of a building*) **piso** (5); first floor **planta baja** (5); ground floor **planta baja** (5); second floor **primer piso** (5); third floor **segundo piso** (5); to mop the floor **trapear el piso** (3); to sweep the floor **barrer el piso** (3)
flower shop **floristería** (7)
flu **gripe** *f.* (12)
fold clothes **doblar la ropa** (3)
folkloric dance **baile** (*m.*) **folclórico** (11)
follow **seguir (i, i)** (3)
following *adj.* **siguiente** (4)
fond: to be fond of **tenerle** (*irreg.*) **cariño a** (9)
food **alimento** (6), **comida** (6); food item **comestible** *m.* (6); genetically modified foods **alimentos transgénicos** (15)
foot **pie** *m.* (12)
football **fútbol** (*m.*) **americano** (1); to play football **jugar (ue) (gu) al fútbol americano** (1)
for **para** (2); **por** (2); for example **por ejemplo** (4); for heaven's sake! **¡por Dios!** (9); for the first time **por primera vez** (9); for the last time **por última vez** (9)
foreign languages **lenguas extranjeras** (1)
foreigner **extranjero/a** (10)
forest **bosque** *m.* (8); tropical rain forest **bosque tropical** (8)
forget (*in accidental* **se** *construction*) **olvidar** (7)
fork **tenedor** *m.* (6)
fortunately **afortunadamente** (8)
forty **cuarenta** (2)
fountain **fuente** *f.* (8)
four **cuatro** (1); four hundred **cuatrocientos/as** (4); it's four o'clock **son las cuatro** (1)
fourteen **catorce** (1)
fourth **cuarto/a** (5)
free time **tiempo libre** (2)
French fries **papas fritas** (6)
fresh water **agua** (*f. but* **el agua**) **dulce** (14)
Friday **viernes** *m. inv.* (1)
fried eggs **huevos fritos** (6)
friend **amigo/a** (1); best friend **mejor amigo/a** (1)
friendly **amable** (9)
friendship **amistad** *f.* (9)
fries: French fries **papas fritas** (6)
frog **rana** (14)
from **de** (1); from the **del** (*contraction of* **de** + **el**) (1)
front: front door **puerta principal** (5); in front of *prep.* **delante de** (5); in front of *prep.* **enfrente de** (2)
fruit **fruta** (6)
fuchsia **de fucsia** (7)
full-time job **empleo a tiempo completo** (13)
fun **divertido/a** (1); fun thing to do **diversión** *f.* (9); to have fun **divertirse (ie, i)** (5)
furnished **amueblado/a** (5)
furniture **muebles** *pl. m.* (3); to dust the furniture **sacudir los muebles** (3)

G

gain weight **engordar** (12)
game (*single occurrence*) **partido** (2)
garage **garaje** *m.* (5)
garbage **basura** (3); to take out the garbage **sacar (qu) la basura** (3)
garden **jardín** *m.* (3); to work in the garden **trabajar en el jardín** (3)
garlic **ajo** (6)
gas: gas station **gasolinera** (8); natural gas **gas** (*m.*) **natural** (14)
gate (*airport*) **salida** (10)
generally **por lo general** (4)
genetically modified foods **alimentos transgénicos** (15)
geography **geografía** (1)
get **conseguir** (*like* **seguir**) (3); to get along well/poorly (with each other) **llevarse bien/mal** (5); to get divorced (from) **divorciarse (de)** (9); to get dressed **vestirse (i, i)** (5); to get educated **formarse** (15); to get good/bad grades **sacar (qu) buenas/malas notas** (1); to get high **drogarse (gu)** (12); to get in/on (*a vehicle*) **subir (a)** (10); to get married (to) **casarse (con)** (9); to get off (of) (*a vehicle*) **bajarse (de)** (10); to get separated (from) **separarse (de)**

(9); to get undressed **desvestirse** (*like* **vestir**) (5)

gift **regalo** (11)

girlfriend **novia** (2); to spend time with one's girlfriend **pasar tiempo con la novia** (2)

give **dar** *irreg.* (6); to give (*as a gift*) **regalar** (6); to give (*someone*) a shot **ponerle** (*irreg.*) **una inyección** (12)

glacier **glaciar** *m.*

glass **vidrio** (*material*) (14); water glass **vaso** (6); wine glass **copa** (6)

global warming **calentamiento global** (14)

gloves **guantes** *m. pl.* (7)

go **ir** *irreg.* (2); **seguir (i, i)** (8); how's it going? **¿qué tal?** (1); to be going to (*do something*) **ir** + **a** + *inf.* (2); to go back (*to a place*) **regresar (a)** (1); to go boating **pasear en barco** (9); to go camping **acampar** (9); to go canoeing **pasear en canoa** (10); to go on a hike **dar** (*irreg.*) **una caminata** (9); to go on vacation **ir de vacaciones** (9); to go out **salir** *irreg.* (3); to go shopping **ir de compras** (7); to go through customs **pasar por la aduana** (10); to go through immigration **pasar por la inmigración** (10); to go through security **pasar por el control de seguridad** (10); to go to (*a class, event*) **asistir (a)** (2); to go to bed **acostarse (ue)** (5): to go to the movies **ir al cine** (3)

goddaughter **ahijada** (4)

godfather **padrino** (4)

godmother **madrina** (4)

godparents **padrinos** (4)

godson **ahijado** (4)

going: how's it going? **¿qué tal?** (1); to be going to (*do something*) **ir** (*irreg.*) + **a** + *inf.* (2); to keep going **seguir (i, i)** (8)

gold **oro** (7); *adj.* **de oro** (7)

golf **golf** *m.* (2)

good good *n.* (*merchandise*) **artículo** (7); woven goods **tejidos** (7); *adj.* **buen, bueno/a** (1); good afternoon (*until evening meal*) **buenas tardes** (1); good evening (*after evening meal*) **buenas noches** (1); good morning (*until midday meal*) **buenos días** (1); it's good that **es bueno que** (11); to get good grades **sacar (qu) buenas notas** (1); to have a good time **pasarlo bien** (3)

good-bye *n.* **despedida** (1); (*leave-taking*) **adiós** (1); to say good-bye **despedirse** (*like* **pedir**) (5)

gorilla **gorila** *m.* (14)

grades: to get good/bad grades **sacar (qu) buenas/malas notas** (1)

grain **grano** (6)

grandchildren **nietos** (4)

granddaughter **nieta** (4)

grandfather **abuelo** (4)

grandmother **abuela** (4)

grandparents **abuelos** (4)

grandson **nieto** (4)

grapefruit **toronja** (6)

grapes **uvas** (6)

grass: to cut the grass **cortar el césped** (3)

gray **gris** (2)

green **verde** (2); green beans **habichuelas** (6)

greet each other **saludarse** (5)

greeting **saludo** (1)

groceries **comestibles** *m.* (6)

grocery store **tienda de comestibles** (6)

groom *n.* **novio** (9)

ground floor **planta baja** (5)

group: group therapy **terapia de grupo** (12); musical group **conjunto musical** (11)

Guatemalan **guatemalteco/a** (1)

guest: hotel guest **huésped(a)** (10)

guitar **guitarra** (11); electric guitar **guitarra eléctrica** (11)

gymnasium **gimnasio** (1)

H

habit: bad habit **vicio** (12)

haggle **regatear** (7)

hair: to dry off one's hair **secarse (qu) el pelo** (5); to wash one's hair **lavarse el pelo** (5)

hairdresser **peluquero/a** (13)

half: half-brother **medio hermano** (4); half past (*time*) **y media/treinta** (1); half-sister **media hermana** (4)

hallway **pasillo** (5)

ham **jamón** *m.* (6)

hamburger **hamburguesa** (6)

hammock **hamaca** (7)

hand: to hand in **entregar (gu)** (6); to shake hands with each other **darse** (*irreg.*) **la mano** (5); to wash one's hands **lavarse las manos** (5)

handbag **bolso** (7)

handsome **guapo/a** (1)

hang clothes **tender (ie) la ropa** (3)

happy **alegre** (2), **contento/a** (2); to be happy (about) **alegrarse (de)** (11)

hardworking **trabajador(a)** (1)

hat **sombrero** (7)

hate **odio** (12)

have **tener** *irreg.* (3); to have a good/ bad time **pasarlo bien/mal** (3); to have a good time/ fun **divertirse (ie, i)** (7); to have just (*done something*) **acabar de** + *inf.* (10); to have to (*do something*) **tener que** + *inf.* (3)

hazardous waste **residuos peligrosos** (14)

HD TV **televisión** (*f.*) **de alta definición** (15)

he *sub. pron.* **él** (1); he is **es** (1)

head **cabeza** (12)

headache **dolor** (*m.*) **de cabeza** (12)

health **salud** (*f.*); health center **centro de salud** (8); health insurance **seguro médico** (13)

healthy **sano/a** (12)

hear **oír** *irreg.* (*p.p.* **oído**) (3)

heart **corazón** *m.* (12)

heaven: for heaven's sake! **¡por Dios!** (9)

hello **hola** (1)

help **ayudar** (9)

hen **gallina** (8)

her *dir. obj. pron. f. s.* **la** (5); *poss. adj.* **su(s)** (1); **suyo/a(s)** (12); to/for her *indir. obj. pron.* **le** (6)

here **aquí** (1)

hers *poss. adj.* **suyo/a(s)** (12); *poss. pron.* **suyo/a(s)** (12)

high: high plateau **altiplano** (14); high price **precio alto** (7); to get high **drogarse (gu)** (12)

high-heeled shoes **zapatos de tacón alto** (7)

highway **carretera** (8)

hike **caminata** (9); to go on a hike **dar** (*irreg.*) **una caminata** (9)

him *dir. obj. pron. m. s.* **lo** (5); to/for him *indir. obj. pron.* **le** (6)

hip-hop music **música hip-hop** (11)

his *poss. adj.* **su(s)** (1); *poss. adj.* **suyo/a(s)** (12); *poss. pron.* **suyo/a(s)** (12)

history **historia** (1)

hobby **distracción** *f.* (3)

holiday **día** (*m.*) **festivo** (11)

Holy Week **Semana Santa** (11)

homework **tarea** (1)

Honduran **hondureño/a** (1)

honest **honesto/a** (13), **íntegro/a** (13)

honeymoon **luna de miel** (9)

hope **esperar** (11)

hopefully **ojalá (que)** + *pres. subj.* (11)

horse **caballo** (8)

hospital **hospital** *m.* (1)

hot: it's (very) hot **hace (mucho) calor** (2); to be (very) hot **tener** (*irreg.*) **(mucho) calor** (3)

hotel **hotel** *m.* (10); hotel guest **huésped(a)** (10)

house **casa** (3); to clean the house **limpiar la casa** (3)

housing **vivienda** (5)

how? **¿cómo?** (1); how are you (*s. fam.*)? **¿cómo estás?** (1); how are you (*s. form.*)? **¿cómo está usted (Ud.)?** (1); how many? **¿cuántos/as?** (1); how much? **¿cuánto?** (1); how much does it (do they) cost? **¿cuánto cuesta(n)?** (7); how much is it (are they)? **¿en cuánto sale(n)?** (7); how much is it (are they) worth? **¿cuánto vale(n)?** (7); how often? **¿con qué frecuencia?** (3); how old are you (*s. fam.*)? **¿cuántos años tienes?** (4); how old are you (*s. form.*)? **¿cuántos años tiene Ud.?** (4); how's it going? **¿qué tal?** (1)

hug each other **abrazarse (c)** (5)

human body **cuerpo humano** (12)

humanities **letras** (1); School of Humanities **Facultad** (*f.*) **de Letras** (1)

hundred: one hundred **cien** (2); one hundred ninety-nine **ciento noventa y nueve** (4); one hundred three **ciento tres** (4); one hundred two **ciento dos** (4)

hungry: to be (very) hungry **tener** (*irreg.*) **(mucha) hambre** (3)

hurry: to be in a hurry **tener** (*irreg.*) **prisa** (3)

hurt **doler (ue)** (12)

husband **esposo** (4)

hybrid **híbrido/a** (14)

hydroelectric power **energía hidroeléctrica** (14)

I

I *sub. pron.* **yo** (1); I am **soy** (1); I would like **me gustaría / quisiera** (6); I'm. . . **soy...** (1); I'm from. . . **soy de...** (1)
ice **hielo** (14); ice cream **helado** (6)
if **si** (1)
illness **enfermedad** *f.* (12)
immigration: to go through immigration **pasar por la inmigración** (10)
impersonal expression **expresión** (*f.*) **impersonal** *gram.* (11)
important: it's important that **es importante que** (11)
impossible: it's impossible that es **imposible que** (12)
improbable: it's improbable that **es improbable que** (12)
improve **mejorar** (14)
in **en** (2); **por** (4); in case **en caso de que** + *subj.* (14); in front of *prep.* **delante de** (5), **enfrente de** (2); in love (with) **enamorado/a (de)** (9); in order to (*do something*) **para** + *inf.* (4); in pairs **en parejas** (4); in the afternoon (*with time*) **de la tarde** (1), **por la tarde** (1); in the evening (*with time*) **de la noche** (1), **por la noche** (1); in the morning (*with time*) **de la mañana** (1), **por la mañana** (1); just in case **por si acaso** (9)
incredible: it's incredible that **es increíble que** (11)
indefinite word **palabra indefinida** *gram.* (5)
independence: Independence Day **Día** (*m.*) **de la Independencia** (11)
indirect object pronoun **pronombre** (*m.*) **de objeto indirecto** *gram.* (6)
individual office **despacho** (1)
inexpensive **barato/a** (7)
infancy **infancia** (9)
infection: ear infection **infección** (*f.*) **del oído**
inflexible **inflexible** (13)
ingredients **ingredientes** *m.* (6)
in-laws **familia política** *s.* (4)
inline skate **patinar en línea** (2)
inner ear **oído** (12)
insect **insecto** (14)
inside *adv.* **adentro** (5); *prep.* **dentro de** (5)
insist (on) **insistir (en)** (11)
inspect (*luggage*) **revisar** (10)
insurance: health insurance **seguro médico** (13)
interest *v.* **interesar** (6)
interesting **interesante** (1); it's interesting that **es interesante que** (12); to sound interesting (*lit.* to call out for one's attention) **llamar la atención** (6)
international **internacional** (6)
Internet: to surf the Internet **navegar (gu) en Internet** (1)
interview *v.* **entrevistar** (13); *n.* **entrevista** (13)
interviewer **entrevistador(a)** (13)
introduction **presentación** *f.* (1)
iron clothes **planchar la ropa** (3)
irritated **irritado/a** (2)
island **isla** (14)
it *dir. obj. pron. f. s.* **la** (5); *dir. obj. pron. m.s.* **lo** (5); to/for it *indir. obj. pron.* **le** (6)
item: food item **comestible** *m.* (6)
its *poss. adj./pron.* **suyo/a(s)** (12)

J

jacket **chaqueta** (7)
jaguar **jaguar** *m.* (14)
January **enero** (2)
jazz **jazz** *m.* (11)
jealous **celoso/a** (9)
jeans **jeans** *m. pl.* (7)
jewelry **joyería** (7); jewelry store **joyería** (7)
job **empleo** (13), **puesto** (13); full-time job **empleo a tiempo completo** (13); job search **búsqueda de trabajo** (13); part-time job **empleo a tiempo parcial** (13); to apply for a job **solicitar trabajo** (13)
jog *v.* **correr** (2)
journalism **periodismo** (1)
journalist **periodista** *m., f.* (13)
judge *n.* **juez(a)** (13)
juice **jugo** (6)
July **julio** (2)
June **junio** (2)
jungle **selva** (14)
just in case **por si acaso** (9)

K

keep (*doing something*) **seguir (i, i)** + *pres. part* (3); to keep going **seguir** (8)
keyboard **teclado** (15)
king: Feast of the Three Kings **Día** (*m.*) **de los Reyes Magos** (11)
kiss each other **besarse** (5)
kitchen **cocina** (5)
kiwi **kiwi** *m.* (6)
knee **rodilla** (12)
knife **cuchillo** (6)
know (*a person*) **conocer (zc)** (4); to know (each other) **conocerse** (5); **saber** *irreg.* (*a fact*) (4); to know (how to do something) **saber** + *inf.* (4)
knowledge **conocimiento** (13)

L

laboratory **laboratorio** (1)
lake **lago** (8)
lamp **lámpara** (5)
land *n.* **tierra** (8)
landfill **basurero** (14)
landscape **paisaje** *m.* (14)
languages **lenguas** (1); foreign languages **lenguas extranjeras** (1)
laptop **computadora portátil** (1)
large **gran, grande** (1); large (*clothing size*) **grande** (7); extra large (*clothing size*) **extra grande** (7)
laser **láser** *m.* (15)
last: for the last time **por última vez** (9); the last time that **la última vez que** (6); what's your (*s. fam.*) last name? **¿cuál es tu apellido?** (1); what's your (*s. form.*) last name? **¿cuál es su apellido?** (1);
later: see you later **hasta luego** (1)
laugh **reírse (i, i) (me río)** (9)
laundry room **lavadero** (5)
law **derecho** (1); **leyes** (1); School of Law **Facultad** (*f.*) **de Leyes** (1)
lawn: to mow the lawn **cortar el césped** (3)
lawyer **abogado/a** (13)
lazy **perezoso/a** (1)
learn **aprender** (2); to learn to (*do something*) **aprender a** + *inf.* (2)
least: at least **por lo menos** (4); the least . . . of/in **el/la/los/las menos... de** (5)
leather **cuero** (7); **piel** *f.* (7); *adj.* **de cuero** (7), **de piel** (7)
leave **salir** *irreg.* (3); leave taking **despedida** (1); to leave (*in accidental* **se** *construction*) **quedar** (7); to leave behind (*in accidental* **se** *construction*) **quedar** (7)
left: the left (of) **a la izquierda (de)** (2)
leg **pierna** (12)
less: less . . . than **menos... que** (5); less than + *number* **menos de** + *number* (5)
lettuce **lechuga** (6)
library **biblioteca** (1)
license: driver's license **carnet** (*m.*) **de conducir** (8)
lie down **acostarse (ue)** (5)
life **vida** (9); pace of life **ritmo de vida** (15); stage of life **etapa de la vida** (9); plant and animal life **flora y fauna** (14); stage of life **etapa de la vida** (9)
lift weights **levantar pesas** (3)
light (*color*) **claro/a** (7); traffic light **semáforo** (8)
like: like this/that **así** (8); *v.* **gustar** (2); I would like **me gustaría / quisiera** (6); to feel like (*doing something*) **tener** (*irreg.*) **ganas de** + *inf.* (3); what are you (*s. fam.*) like? **¿cómo eres?** (1); what are you (*s. form.*) like? **¿cómo es usted (Ud.)?** (1); what's the weather like? **¿qué tiempo hace?** (2)
likewise **igualmente** (1)
line: to stand in line **hacer** (*irreg.*) **cola** (10)
lion **león** *m.* (14)
listen to **escuchar** (1); to listen to music **escuchar música** (1)
literature **literatura** (1)
little *adj., adv.* **poco** (8); a little **un poco** (1)
live **vivir** (2)
living room **salón** *m.* (5)
loan **prestar** (6); student loan **préstamo estudiantil** (15)
lobster **langosta** (6)
local **local** *adj.* (6)
located **ubicado/a** (8); to be located (*buildings*) **quedar** (2)
location: preposition of location **preposición** (*f.*) **de lugar** *gram.* (2)
lodging **alojamiento** (10)
long: with long sleeves **de manga larga** (7)
look: to look for (something) **buscar (qu) (algo)** (1)

lose **perder (ie)** (3); to lose weight **adelgazar (c)** (12)
lot: parking lot **estacionamiento** (8)
love **amor** *m.* (9); in love (with) **enamorado/a (de)** (9); to fall in love (with) **enamorarse (de)** (9); to love (*lit.* to enchant) **encantar** (6); to love each other **amarse** (9), **quererse** *irreg.* (9)
low price **precio bajo** (7)
lucky: to be (very) lucky **tener** (*irreg.*) **(mucha) suerte** (3)
luggage **equipaje** *m.* (10); to check luggage **facturar el equipaje** (10); to pick up luggage **recoger (j) el equipaje** (10)
lunch **almuerzo** (6); to eat lunch **almorzar (ue) (c)** (3)
lungs **pulmones** *m.* (12)
luxury (*hotel*) *adj.* **de lujo** (10)

M

machine: washing machine **lavadora** (3)
main office **oficina** (1)
major **carrera** (1)
make **hacer** *irreg.* (*p.p.* **hecho**) (2); to make copies **hacer copias** (13); to make the bed **hacer la cama** (3)
maker: coffee maker **cafetera** (5)
makeup: to put on makeup **maquillarse** (5)
mall (*for shopping*) **centro comercial** (7)
man **hombre** *m.* (1)
manage **administrar** (13); to manage accounts **manejar las cuentas** (13); to manage expenses **controlar los gastos** (15); to manage one's money/time (well/poorly) **manejar (bien/mal) el dinero/tiempo** (15); manage to (*do something*) **conseguir** (*like* **seguir**) + *inf.* (7)
manager **gerente** *m., f.* (13)
mango **mango** (6)
many: how many? **¿cuántos/as?** (1)
map: city map **plano** (8)
March **marzo** (2)
marital status **estado civil** (4)
market **mercado** (6); stall in a market **puesto** (7)
marriage **matrimonio** (4)
married **casado/a** (4); married couple **matrimonio** (4)
marry **casarse (con)** (9)
mashed potatoes **puré** (*m.*) **de papas** (6)
massage **masaje** *m.* (3)
master bedroom **dormitorio principal** (5)
masterpiece **obra maestra** (11)
material **material** *m.* (7)
math **matemáticas** *pl.* (1)
matter **importar** (6)
maturity **madurez** *f.* (9)
May **mayo** (2)
me *dir. obj. pron.* **me** (5); to/for me *indir. obj. pron.* **me** (6); with me **conmigo** (2)
meal **comida** (6)
mean *adj.* **antipático/a** (1)
means: by means of **por** (4)
meat **carne** *f.* (6)
medical care **cuidado médico** (12)
medicine **fármacos** (12); **medicina** (1); School of Medicine **Facultad** (*f.*) **de Medicina** (1)
meditate **meditar** (12)
meditation **meditación** *f.* (3)
medium (*size*) **mediano/a** (7)
meet: (each other) (*for the first time*) **conocerse** (5); it's a pleasure to meet you **mucho gusto** (1); to meet up (with each other) **reunirse (me reúno)** (5)
meeting **reunión** *f.* (13); work meeting **reunión de trabajo** (13)
melon **melón** *m.* (6)
memory **recuerdo** (9)
menu **menú** *m.* (6)
metal **metal** *m.* (14)
Mexican **mexicano/a** (1)
microwave **microondas** *m. inv.* (3); microwave oven **horno de microondas** (3)
midnight **medianoche** *f.* (1)
milk **leche** *f.* (6)
mine *poss. pron.* **mío/a(s)** (12)
mineral **mineral** *m.* (14)
minibus **camioneta** (8)
minivan **camioneta** (8)
mint **menta** (6)
mischievous **travieso/a** (4)
miss (*a flight, train, bus*) **perder (ie)** (10)
mode of transportation **medio de transporte** (8)
model **modelo** *m., f.* (13)
modem **módem** *m.* (15)
modern **moderno/a** (7)
modified: genetically modified foods **alimentos transgénicos** (15)
Monday **lunes** *m. inv.* (1); next Monday **el lunes que viene** (1); on Monday **el lunes** (1); on Mondays **los lunes** (1)
money: to manage one's money (well// poorly) **manejar (bien/mal) el dinero** (15); to save money **ahorrar dinero** (15)
monitor screen **pantalla** (15)
monkey **mono** (14)
month **mes** *m.* (2); last month **el mes pasado** (6); once a month **una vez al mes** (3)
mop the floor **trapear el piso** (3)
more . . . than **más... que** (5); more than + *number* **más de** + *number* (5)
morning: good morning (*until midday meal*) **buenos días** (1); in the morning **por la mañana** (1); in the morning (*with time*) **de la mañana** (1);
mosque **mezquita** (3)
mosquito **mosquito** (14)
most: the most . . . of/in **el/la/los/las más... de** (5)
mother **madre** *f.* (4); Mother's Day **Día** (*m.*) **de la Madre** (11)
mother-in-law **suegra** (4)
motorcycle **motocicleta** (8)
mountain **montaña** (8); mountain climbing **alpinismo** (9); mountain range **sierra** (14); mountain climb *v.* **hacer** (*irreg.*) **alpinismo** (10)
mouse **ratón** *m.* (15)
mouth **boca** (12)
move (*from one residence to another*) **mudarse** (5)
movie **película** (3); theater **cine** *m.* (3); to go to the movies **ir** (*irreg.*) **al cine** (3)
mow the lawn **cortar el césped** (3)
much: how much? **¿cuánto?** (1); how much does it (do they) cost? **¿cuánto cuesta (n)?** (7); how much is it (are they)? **¿en cuánto sale(n)?** (7); how much is it (are they) worth? **¿cuánto vale(n)?** (7); not much **poco** (8); so much **tanto** (8); too much **demasiado** *adv.* (7)
mural **mural** *m.* (11)
muscle ache **dolor** (*m.*) **muscular**
mushrooms **champiñones** *m.* (6)
music **música** (1); classical music **música clásica** (11); hip-hop music **música hip-hop** (11); pop music **música pop** (11); rock music **rock** *m.* (11); symphonic music **música sinfónica** (11); to listen to music **escuchar música** (1)
musical group **conjunto musical** (11)
musician **músico/a** (11)
my *poss. adj.* **mi(s)** (1); *poss. adj./pron.* **mío/a(s)** (12); my name is . . . **me llamo..., mi nombre es...** (1)

N

name: my name is . . . **me llamo..., mi nombre es...** (1); what's your (*s. fam.*) name? **¿cómo te llamas?, ¿cuál es tu nombre?** (1); what's your (*s. form.*) name? **¿cómo se llama usted (Ud.)?, ¿cuál es su nombre?** (1); what's your (*s. fam.*) last name? **¿cuál es tu apellido?** (1); what's your (*s. form.*) last name? **¿cuál es su apellido?** (1)
name-brand **de marca** (7)
nap *n.* **siesta** (3); to take a nap **tomar una siesta** (3)
napkin **servilleta** (6)
national **nacional** (11); national park **parque** (*m.*) **nacional** (14)
nationality **nacionalidad** *f.* (1)
natural **natural** (6); natural gas **gas** (*m.*) **natural** (14); natural resource **recurso natural** (14)
nature **naturaleza** (10)
nauseated **mareado/a** (12)
necessary: it's necessary that **es necesario que** (11)
neck **cuello** (12)
necklace **collar** *m.* (7)
need to (*do something*) **necesitar** + *inf.* (1)
negative word **palabra negative** *gram.* (5)
neighbor **vecino/a** (5)
neighborhood **barrio** (5)
neither **tampoco** (9)
nephew **sobrino** (4); nephews and nieces **sobrinos** (4)
nervous **nervioso/a** (2)
never **nunca** (8), **jamás** (9)
new: New Year's Day **Año Nuevo** (11); New Year's Eve **Nochevieja** (11)
next: next Monday (Tuesday, Wednesday, . . .) **el lunes (martes, miércoles,...)**

que viene (1); next to **al lado de** (5); next week **la semana que viene** (1)
next-door **de al lado** (5)
Nicaraguan **nicaragüense** (1)
nice **simpático/a** (1); the weather is (very) nice **hace (muy) buen tiempo** (2)
niece **sobrina** (4); nephews and nieces **sobrinos** (4)
night: at night (*with time*) **de la noche** (1), **por la noche** (1); last night **anoche** (6)
nightstand **mesita (de noche)** (5)
nine **nueve** (1); nine hundred **novecientos/as** (4)
nineteen **diecinueve** (1)
ninety **noventa** (2)
ninety-nine: one hundred ninety-nine **ciento noventa y nueve** (4)
ninth **noveno/a** (5)
no **no** (1); no one **nadie** (9)
none **ningún, ninguno/a** (9)
non-recyclable products **productos no reciclables** (14)
non-renewable **no renovable** (14)
noon **mediodía** *m.* (1)
nor **tampoco** (9)
north: (to the) north **al norte** (8)
nose **nariz** *f.* (*pl.* **narices**) (12)
not **no** (1); not any **ningún, ninguno/a** (9); not much **poco** (9); not well **mal** *adv.* (2)
note: to take notes **tomar apuntes** (1)
notebook **cuaderno** (1)
nothing **nada** (5)
nourishment **alimento** (6)
novel **novela** (11)
November **noviembre** *m.* (2)
now **ahora** (2)
nuclear power **energía nuclear** (14)
number **número** (1); ordinal number **número ordinal** *gram.* (5)
nurse **enfermero/a** (12)

O

o'clock: it's one o'clock. **es la una.** (1); it's two (three, four, . . .) o'clock **son las dos (tres, cuatro,...**) (1)
obedient **obediente** (4)
object: direct object pronoun **pronombre** (*m.*) **de objeto directo** *gram.* (5); indirect object pronoun **pronombre de objeto indirecto** *gram.* (6)
obtain **conseguir** (*like* **seguir**) (3)
obvious: it's obvious that **es obvio que** (12)
ocean **océano** (14)
October **octubre** *m.* (2)
of **de** (1); of course **por supuesto** (9); of the *m., s.* **del** (1)
off: to dry off **secarse (qu)** (5); to dry off one's hair **secarse (qu) el pelo** (5)
offer *v.* **ofrecer (zc)** (6)
office **despacho** (1), **oficina** (1); individual office **despacho** (1); main office **oficina** (1); office cube **cubículo** (13); post office **oficina de correos** (8)
often: how often? **¿con qué frecuencia?** (3); so often **tanto** (8)
oil **aceite** *m.* (6); crude oil **petróleo** (14); oil tanker **petrolero** (14); olive oil **aceite de oliva** (6)
old **viejo/a** (4); old age **vejez** *f.* (9); how old are you (*s. fam.*)? **¿cuántos años tienes?** (4); how old are you (*s. form.*)? **¿cuántos años tiene Ud.?** (4); to be . . . years old **tener** (*irreg.*) **... años** (3)
older than **mayor que** (5)
olive oil **aceite** (*m.*) **de oliva** (6)
on **en** (2); on a trip **de viaje** (10); on Monday (Tuesday, Wednesday, . . .) **el lunes (martes, miércoles...)** (1); on Mondays (Tuesdays, Wednesdays, . . .) **los lunes (martes, miércoles...)** (1); on top of **encima de** (2); on vacation **de vacaciones** (10)
once: once a month **una vez al mes** (3); once a week **una vez a la semana** (3)
one **uno** (1); it's one o'clock **es la una** (1); no one **nadie** (9); one hundred **cien** (4); one hundred ninety-nine **ciento noventa y nueve** (4); one hundred three **ciento tres** (4); one hundred two **ciento dos** (4); one million **un millón (de)** (4); one thousand **mil** (4)
onion **cebolla** (6)
only **solo** *adv.* (1); only child **hijo/a único/a** (4)
open **abrir** (*p.p.* **abierto**) (2)
opera **ópera** (11)
orange (*color*) **anaranjado** (2); (*fruit*) **naranja** (6)
orchard **huerta** (8)
orchestra **orquesta** (11); symphonic orchestra **orquesta sinfónica** (11)
order **pedir (i, i)** (3); in order to (*do something*) **para** + *inf.* (4)
ordinal number **número ordinal** *gram.* (5)
organic **orgánico/a** (6)
organized **organizado/a** (13)
other **otro/a** (1)
ought to (*do something*) **deber** + *inf.* (3)
our *poss. adj.* **nuestro/a(s)** (1)
ours *poss. pron.* **nuestro/a(s)** (12)
outgoing **extrovertido/a** (4)
outside **afuera** (5)
outskirts **afueras** *pl.* (5)
oven **horno** (3); microwave oven **horno de microondas** (3)
overpopulation **sobrepoblación** *f.* (14)
oversee **supervisar** (13)
owe **deber** (6)

P

pace of life **ritmo de vida** (15)
pack one's suitcases **hacer** (*irreg.*) **las maletas** (10)
paid vacation **vacaciones** (*f.*) **pagadas** (13)
pain **dolor** *m.* (12); to cause pain **dañar** (12)
paint *v.* **pintar** (9)
painter **pintor(a)** (11)
painting **cuadro** (5), **pintura** (11)
pair: in pairs **en parejas** (4)
pajamas **pijama** *m. s.* (7)
Panamanian **panameño/a** (1)
panda **panda** *m.* (14)
pants **pantalones** *m.* (7)
papaya **papaya** (6)
paper **papel** *m.* (1)
parade **desfile** *m.* (11); parade float **carroza** (11)
Paraguayan **paraguayo/a** (1)
parents **padres** *m.* (4)
park **estacionar** (8)
park **parque** *m.* (2); national park **parque nacional** (14)
parking: parking lot **estacionamiento** (8); parking place **estacionamiento** (8)
participate in a sport **practicar (qu) un deporte** (1)
partner **pareja** (9); domestic partner **pareja de hecho** (9)
part-time job **empleo a tiempo parcial** (13)
party **fiesta** (2); to throw a party **hacer** (*irreg.*) **una fiesta** (2)
pass: boarding pass **tarjeta de embarque** (10)
passenger **pasajero/a** (10)
passion **pasión** *f.* (12)
passionate **apasionado/a** (15)
Passover **Pascua judía** (11)
passport **pasaporte** *m.* (10)
past *n.* **pasado** (9); half past (*time*) **y media/treinta** (1); quarter past (*time*) **y cuarto/quince** (1)
pasta **pasta** (6)
pastel (*colors*) **pastel** *adj.* (7)
pastime **pasatiempo** (2)
patio **patio** (5)
patron saint **santo patrón, santa patrona** (11)
pay *n.* to pay (for) **pagar (gu) (por)** (1); to pay the bills **pagar las cuentas** (15)
peas **guisantes** *m. pl.* (6)
pear **pera** (6)
pearl **perla** (7); *adj.* **de perlas** (7)
pelican **pelícano** (14)
pen **bolígrafo** (1)
pencil **lápiz** *m.* (*pl.* **lápices**) (1)
penguin **pingüino** (14)
peninsula **península** (14)
people **gente** *f. s.* (4)
pepper **pimienta** (6)
performing arts **artes** (*f. pl.*) **escénicas** (11)
perfume **perfume** *m.* (7)
person **persona** (1); young person **joven** *m., f.* (*pl.* **jóvenes**) (2)
personal: personal care **cuidado personal** (12); personal pronoun **pronombre** (*m.*) **personal** *gram.* (1)
personnel director **director(a) de personal** (13)
pesticide **pesticida** *m.* (14)
Peruvian **peruano/a** (1)
pet **mascota** (4)
petroleum **petróleo** (14)
pharmaceuticals **fármacos** (12)
pharmacist **farmacéutico/a** (13)
philosophy **filosofía** (1)

phone: cell phone **teléfono celular** (1); **teléfono inteligente** (15); to call on the phone **llamar por teléfono** (1); to speak on the phone **hablar por teléfono** (1)
photographer **fotógrafo/a** (11)
photography **fotografía** (11)
photos: to take photos **sacar (qu) fotos** (2)
physical state **estado físico** (2)
physically strong **fuerte físicamente** (13)
physics **física** (1)
pick up luggage **recoger (j) el equipaje** (10)
pie **pastel** *m.* (6)
piece of clothing **prenda de ropa** (7)
pig **cerdo** (8)
pill **pastilla** (12)
pineapple **piña** (6)
pink **rosado** (2)
place *v.* **poner** *irreg.* (*p.p.* **puesto**) (3); *m.* **lugar** (1); parking place **estacionamiento** (8)
plaid **de cuadros** (7)
plain *n.* (*geographical*) **llanura** (14)
plan: retirement plan **plan** (*m.*) **de jubilación** (13); to plan to (*do something*) **pensar (ie)** + *inf.* (3)
plant **planta** (14); plant and animal life **flora y fauna** (14); wild plant **planta salvaje** (14)
plastic **plástico** (14)
plate **plato** (6)
plateau: high plateau **altiplano** (14)
play *n.* (dramatic) **obra de teatro** (11); *v.* (*a game, sport*) **jugar (ue) (gu) (a)** (1); *v.* (*a musical instrument*) **tocar (qu)** (1); to play baseball **jugar al béisbol** (1); to play basketball **jugar al basquetbol** (1); to play football **jugar al fútbol americano** (1); to play soccer **jugar al fútbol** (1); to play volleyball **jugar al vólibol** (1)
playing cards *n.* **cartas** (3)
playwright **dramaturgo/a** (11)
plaza **plaza** (2)
please **por favor** (4)
pleasure: it's a pleasure (to meet you) **mucho gusto** (1)
plumber **plomero/a** (13)
poet **poeta** *m., f.* (11)
poetry: to write poetry **escribir poesía** (9)
polar bear **oso polar** (14)
political science **ciencias políticas** (1)
polka-dotted **de lunares** (7)
pollute **contaminar** (14)
polluted **contaminado/a** (14)
pollution **contaminación** *f.* (14); air pollution **contaminación del aire** (14); soil pollution **contaminación del suelo** (14); water pollution **contaminación del agua** (14)
pool **billar** *m.* (3); swimming pool **piscina** (2); to swim in the swimming pool **nadar en la piscina** (2)
poorly: to get along poorly (with each other) **llevarse mal** (5); to manage one's money/time poorly **manejar mal el/dinero tiempo** (15)
pop music **música pop** (11)
population **población** *f.* (8)
pork **carne** (*f.*) **de cerdo** (6); pork chop **chuleta de cerdo** (6)
position **puesto** (13)
possessive: possessive adjective **adjetivo posesivo** *gram.* (1); stressed possessive **posesivo tónico** *gram.* (12)
possible: it's possible that **es posible que** (12)
post office **oficina de correos** (8)
postcard **tarjeta postal** (10)
potatoes **papas** (*L.A.*) (6); mashed potatoes **puré** (*m.*) **de papas** (6)
pottery **cerámica** (7)
power **energía** (14); hydroelectric power **energía hidroeléctrica** (14); nuclear power **energía nuclear** (14); solar power **energía solar** (14); wind power **energía eólica** (14)
practice **practicar (qu)** (1)
prefer **preferir (ie, i)** (3)
prepare **preparar** (6)
preposition **preposición** *f., gram.* (2); preposition of location **preposición de lugar** *gram.* (2)
prescribe **recetar** (12)
prescription **receta** (12)
preserve: biological preserve **reserva biológica** (10)
pressure **presión** *f.* (12)
pretty **bonito/a** (1), **guapo/a** (1), **hermoso/a** (4)
price **precio** (7); fixed price **precio fijo** (7); high price **precio alto** (7); low price **precio bajo** (7); price reduction **rebaja** (7)
pride **orgullo** (12)
print *v.* **imprimir** (*p.p.* **impreso**) (15)
printer **impresora** (15)
probable: it's probable that **es probable que** (12)
problem: environmental problem **problema** (*m.*) **ambiental** (14)
product: dairy product **producto lácteo** (6); non-recyclable products **productos no reciclables** (14)
profession **profesión** *f.* (13)
professor **profesor(a)** (1)
programmer **programador(a)** (13)
prohibit **prohibir (prohíbo)** (11)
promise *v.* **prometer** (6)
pronoun: direct object pronoun **pronombre** (*m.*) **de objeto directo** *gram.* (5); indirect object pronoun **pronombre de objeto indirecto** *gram.* (6); personal pronoun **pronombre personal** *gram.* (1)
property **propiedad** *f.* (8)
protect **proteger (j)** (14)
proud **orgulloso/a** (4)
provided that **con tal (de) que** + *subj.* (14)
provoke **provocar (qu)** (14)
psychologist **sicólogo/a** (13)
psychology **sicología** (1)
Puerto Rican **puertorriqueño/a** (1)
puma **puma** *m.* (14)
punctual **puntual** (13)
purple **morado** (2)
purpose: conjunction of contingency and purpose **conjunción** (*f.*) **de dependencia y propósito** *gram.* (14)
put **poner** *irreg.* (*p.p.* **puesto**) (3); to put on makeup **maquillarse** (5)

Q

quarter: quarter past (*time*) **y cuarto/quince** (1); quarter to (*time*) **menos cuarto/quince** (1)
question: question word **palabra interrogativa** *gram.* (1); to ask a question **preguntar** (6)
quetzal (bird) **quetzal** *m.* (14)
quit (*doing something*) **dejar de** + *inf.* (12)

R

rabbit **conejo** (8)
radio: satellite radio **radio** (*f.*) **por satélite** (15)
rainforest: tropical rainforest **bosque** (*m.*) **tropical** (14)
raining: it's raining **está lloviendo / llueve** (2)
raise **aumento** (13)
range: mountain range **sierra** (14)
read **leer (y)** (*p.p.* **leído**) (2)
receive **recibir** (2)
reception (*area in a hotel*) **recepción** *f.* (10)
receptionist **recepcionista** *m., f.* (13)
reciprocal verb **verbo recíproco** *gram.* (5)
recommend **recomendar (ie)** (6)
recover **recuperarse** (12)
recycle **reciclar** (14)
recycling **reciclaje** *m.* (14)
red **rojo** (2); red wine **vino tinto** (6)
redheaded **pelirrojo/a** (1)
reduce (*price*) **rebajar** (7)
reduction: price reduction **rebaja** (7)
reflexive verb **verbo reflexivo** *gram.* (5)
refrigerator **refrigerador** *m.* (5)
region: Arctic region **zona ártica** (14)
relationship **relación** *f.* (4); emotional relationship **relación sentimental** (12)
relative **pariente** *m., f.* (4)
relax **relajarse** (5)
relieve **aliviar** (12)
religious **religioso/a** (11)
remember **acordar(se) (ue)** (9)
remove stress **quitarse el estrés** (15)
renewable **renovable** (14)
rent **alquiler** *m.* (15)
report *n.* **informe** *m.* (13)
reptile **reptil** *m.* (14)
reservation **reservación** *f.* (6)
reserve **reserva** (14)
resign (from) (*a job*) **renunciar (a)** (13)
resolve **resolver (ue)** (*p.p.* **resuelto**) (14)
resource: natural resource **recurso natural** (14)
responsibility **responsabilidad** *f.* (13)
responsible **responsable** (4)
rest *v.* **descansar** (1); to rest a while **descansar un rato** (1)

restaurant **restaurante** *m.* (6)
résumé **currículum** (*m.*) (13)
retire **jubilarse** (13)
retired **jubilado/a** (4)
retirement plan **plan** (*m.*) **de jubilación** (13)
return (*to a place*) **regresar (a)** (1), **volver (ue)** (*p.p.* **vuelto**) (3)
rice **arroz** *m.* (6)
ride a bicycle **andar** (*irreg.*) **en bicicleta** (1)
right: to be right **tener** (*irreg.*) **razón** (3); to the right (of) **a la derecha (de)** (2)
ring **anillo** (7)
river **río** (8)
road **camino** (8)
roast(ed) **asado/a** (6); roast chicken **pollo asado** (6)
rock **roca** (14); rock music **rock** *m.* (11)
room **cuarto** (3); dining room **comedor** *m.* (5); double room **habitación** (*f.*) **doble** (10); laundry room **lavadero** (5); living room **salón** *m.* (5); single room **habitación sencilla** (10); to tidy/clean up the room **arreglar el cuarto** (3); waiting room **sala de espera** (10)
roommate **compañero/a de cuarto** (1)
rooster **gallo** (8)
route **ruta** (10)
router **router** *m.* (15)
rug **alfombra** (5)
ruin: archeological ruins **ruinas arqueológicas** (10)
run **correr** (2)
run out of (*in accidental* **se** *construction*) **acabar** (7)
rural **rural** (8)
rustic cabin **cabaña rústica** (10)

S

sad **triste** (2)
saint: one's saint day **día** (*m.*) **del santo** (11); patron saint **santo patrón, santa patrona** (11)
sake: for heaven's sake! **¡por Dios!** (9)
salad **ensalada** (6)
salary **sueldo** (13)
sale **venta** (7)
salt **sal** *f.* (6); salt water **agua** (*f. but* **el agua**) **salada** (14)
Salvadoran **salvadoreño/a** (1)
sand **arena** (14)
sandals **sandalias** (7)
sandwich **sándwich** *m.* (6)
satellite **satélite** *m.* (15); satellite radio **radio** (*f.*) **por satélite** (15)
Saturday **sábado** (1)
sauna **sauna** (3)
save (*a file*) **guardar** (13); to save money **ahorrar dinero** (15)
say **decir** *irreg.* (*p.p.* **dicho**) (6); to say good-bye to each other **despedirse** (*like* **pedir**) (5)
scan *v.* **escanear** (15)
scanner **escáner** *m.* (15)
scared **asustado/a** (2)
schedule **horario** (13); work schedule **horario de trabajo** (13)
school **escuela** (8); School of Education **Facultad** (*f.*) **de Educación** (1); School of Fine Arts **Facultad de Bellas Artes** (1); School of Humanities **Facultad de Letras** (1); School of Law **Facultad de Leyes** (1); School of Medicine **Facultad de Medicina** (1); School of Science **Facultad de Ciencias** (1)
science **ciencia** (1); computer science **informática** (1); political science **ciencias políticas** (1); School of Science **Facultad** (*f.*) **de Ciencias** (1)
scientist **científico/a** (13)
screen **pantalla** (15)
sculptor **escultor(a)** (11)
sculpture **escultura** (7)
sea **mar** *m.* (14)
seagull **gaviota** (14)
seal **foca** (14)
search: job search **búsqueda de trabajo** (13)
seashell **concha** (14)
season **estación** *f.* (2)
seat **asiento** (10); aisle seat **asiento de pasillo** (10); window seat **asiento de ventanilla** (10)
second **segundo/a** (5); second floor **primer piso** (5)
secretary **secretario/a** (13)
security: security check point **control** (*m.*) **de seguridad (10)**; to go through security **pasar por el control de seguridad** (10)
see **ver** *irreg.* (*p.p.* **visto**) (3); to see each other **verse** (5); see you later **hasta luego** (1); see you tomorrow **hasta mañana** (1)
self-esteem **autoestima** (12)
selfish **egoísta** (12)
selfishness **egoísmo** (12)
sell **vender** (2)
send **mandar** (6); to send an e-mail **mandar un e-mail** (6)
sentence **oración** *f.* (4)
separate (from) *v.* **separarse (de)** (9)
separated **separado/a** (4); to get separated (from) **separarse (de)** (9)
separation **separación** *f.* (9)
September **septiembre** *m.* (2)
serpent **serpiente** *f.* (14)
serve **servir (i, i)** (3)
set the table **poner** (*irreg.*) **la mesa** (3)
seven **siete** (1); seven hundred **setecientos/as** (4)
seventeen **diecisiete** (1)
seventh **séptimo/a** (5)
seventy **setenta** (2)
shake hands with each other **darse** (*irreg.*) **la mano** (5)
shame: it's a shame that **es una lástima que** (11)
shark **tiburón** *m.* (14)
sharp (*with time*) **en punto** (1)
shave **afeitarse** (5)
she *sub. pron.* **ella** (1); she is **es** (1)
sheep **oveja** (8)
shell **concha** (14)
shellfish **mariscos** *pl.* (6)
shelves **estantería** (5)
ship: cruise ship **crucero** (10)
shirt **camisa** (7)
shoe **zapato** (7); high-heeled shoes **zapatos de tacón alto** (7); shoe store **zapatería** (7); tennis shoes **zapatos de tenis** (7)
shop: flower shop **floristería** (7)
shopping: to go shopping **ir** (*irreg.*) **de compras** (7)
shore **orilla** (14)
short (*height*) **bajo/a** (1); with short sleeves **de manga corta** (7)
shortage **escasez** *f.* (14)
shorts **pantalones** (*m.*) **cortos** (7)
shot: to give (*someone*) a shot **ponerle** (*irreg.*) **una inyección** (12)
should (*do something*) **deber** + *inf.* (3)
shoulder **hombro** (12)
show *v.* **mostrar (ue)** (3); *n.* **espectáculo** (11)
shower *n.* **ducha** (5); to take a shower **ducharse** (5)
shrimp **camarones** *m. pl.* (6)
siblings **hermanos** (4)
sick **enfermo/a** (2); **mal** *adv.* (2)
sidewalk **acera** (8)
silk **seda** (7); *adj.* **de seda** (7)
silver **plata** (7); *adj.* **de plata** (7)
silverware **utensilios** (6)
sing **cantar** (1)
singer **cantante** *m., f.* (11)
single **soltero/a** (4); single room **habitación** (*f.*) **sencilla** (10)
sink (bathroom) **lavabo** (5)
sister **hermana** (4); half-sister **media hermana** (4)
sister-in-law **cuñada** (4)
six **seis** (1); six hundred **seiscientos/as** (4)
sixteen **dieciséis** (1)
sixth **sexto/a** (5)
sixty **sesenta** (2)
size **talla** (7)
skate *v.* **patinar** (2); to inline skate **patinar en línea** (2)
skill **destreza** (13)
skirt **falda** (7)
skycap **maletero/a** (10)
skyscraper **rascacielos** *m. inv.* (8)
sleep **dormir (ue, u)** (3)
sleepy: to be sleepy **tener** (*irreg.*) **sueño** (3)
sleeve: with long sleeves **de manga larga** (7); with short sleeves **de manga corta** (7)
small **chico/a** (7); **pequeño/a** (1)
smart **listo/a** (4); smart phone **teléfono inteligente** (15)
smile **sonreír (i, i) (sonrío)** (9)
smog **smog** *m.* (14)
smoke *v.* **fumar** (12); *n.* **humo** (14)
snack *v.* **merendar (ie)** (6)
snake **serpiente** *f.* (14)

snowing: it's snowing **está nevando / nieva** (2)

so: so much/often **tanto** (8); so that **para que** + *subj.* (14)

soccer **fútbol** *m.* (1); to play soccer **jugar (ue) (gu) al fútbol** (1)

sociology **sociología** (1)

socks **calcetines** *m.* (7)

sofa **sofá** *m.* (5)

soft drink **refresco** (6)

soil **tierra** (8); soil pollution **contaminación** (*f.*) **del suelo** (14)

solar power **energía solar** (14)

solution: environmental solution **solución** (*f.*) **ambiental** (14)

solve **resolver (ue)** (*p.p.* **resuelto**) (14)

some **algún, alguno/a(s)** (9); **unos/as** *indef. art.* (1); to spend some time **pasar un rato** (1)

someone **alguien** (9)

something **algo** (9)

sometimes **a veces** (1)

son **hijo** (4); adopted son **hijo adoptivo** (4)

song **canción** *f.* (11)

son-in-law **yerno** (4)

soon: as soon as *conj.* **en cuanto** (13), **tan pronto como** (13)

so-so **regular** (1)

sound interesting (*lit.* to call out for one's attention) **llamar la atención** (6)

soup **sopa** (6)

south: (to the) south **al sur** (8)

souvenir **recuerdo** (10)

Spanish **español(a)** (1); Spanish (*language*) **español** *m.* (1)

speak **hablar** (1); to speak on the phone **hablar por teléfono** (1)

speakers **altavoces** *m.* (15)

specialty store ***boutique*** *f.* (7)

species: endangered species **especie** (*f.*) **en peligro de extinción** (14)

spend: to spend some time **pasar un rato** (1); to spend time **pasar tiempo** (1); to spend time with one's boyfriend/girlfriend **pasar tiempo con el/la novio/a** (2)

spew **arrojar** (14)

spider **araña** (14)

spinach **espinacas** *pl.* (6)

spoon **cuchara** (6)

sport **deporte** *m.* (2); to participate in a sport **practicar (qu) un deporte** (1)

spring **primavera** (2); spring break **vacaciones** (*f.*) **de primavera** (11)

stable **estable** (15)

stadium **estadio** (1)

stage **escenario** (11); stage of life **etapa de la vida** (9)

stall (in a market) **puesto** (7)

stand in line **hacer** (*irreg.*) **cola** (10)

state: physical state **estado físico** (2)

station: bus station **estación** (*f.*) **de autobuses** (8); gas station **gasolinera** (8)

statistics **estadística** (1)

statue **estatua** (8)

status: marital status **estado civil** (4)

stay **estadía** (10); stay (*in a hotel*) **alojarse** (10); stay (*in a place*) **quedarse** (10)

steak **bistec** *m.* (6)

stepbrother **hermanastro** (4)

stepdaughter **hijastra** (4)

stepfather **padrastro** (4)

stepmother **madrastra** (4)

stepsister **hermanastra** (4)

stepson **hijastro** (4)

still be (*doing something*) **seguir (i, i)** + *gerund* (3)

stomach **estómago** (12)

stomachache **dolor** (*m.*) **de estómago** (12)

stop *n.* **parada** (8); bus stop **parada (de autobuses)** (8); subway stop **parada (de metro)** (8); *v.* **parar** (8); to stop (*doing something*) **dejar de** + *inf.* (12)

store **tienda** (6); grocery store **tienda de comestibles** (6); jewelry store **joyería** (7); shoe store **zapatería** (7); specialty store *boutique f.* (7); toy store **juguetería** (7)

story **cuento** (9)

stove **estufa** (3)

straight (*direction*) **derecho** (8); straight ahead **(todo) derecho** (8)

strange: it's strange that **es extraño que** (11)

strawberry **fresa** (6)

street **calle** *f.* (2)

stress **estrés** *m.* (12); to remove stress **quitarse el estrés** (15)

stressed possessive **posesivo tónico** *gram.* (12)

stretch **estirarse** (12)

striped **de rayas** (7)

stroll: to take a stroll (with the dog) **pasear (con el perro)** (2)

strong: physically strong **fuerte físicamente** (13)

student **estudiante** *m., f.* (1); student dorm **residencia estudiantil** (1); student union **centro estudiantil** (1); student loan **préstamo estudiantil** (15)

studio apartment **estudio** (5)

study *n.* **despacho** (5); *v.* **estudiar** (1)

style **estilo** (7); in style **de última moda** (7)

subject **materia** (1)

suburbs **afueras** *pl.* (5)

subway **metro** (8); subway stop **parada (de metro)** (8)

successful: to be successful **tener** (*irreg.*) **éxito** (3)

sugar **azúcar** *m.* (6)

suggest **sugerir (ie, i)** (6)

suit **traje** *m.* (7); bathing suit **traje de baño** (7)

suitcase **maleta** (10); to pack one's suitcases **hacer** (*irreg.*) **las maletas** (10)

summary **resumen** *m.* (4)

summer **verano** (2)

sunbathe **tomar el sol** (2)

Sunday **domingo** (1)

sunny: it's (very) sunny **hace (mucho) sol** (2)

supermarket **supermercado** (6)

supervise **supervisar** (13)

sure: to be sure (of) **estar** (*irreg.*) **seguro/a (de)** (12)

surf the internet **navegar (gu) en internet** (1)

surprise **sorprender** (11)

surprised **sorprendido/a** (2)

sweater **suéter** *m.* (7)

sweep the floor **barrer el piso** (3)

sweet *n.* **dulce** (193)

swim **bañarse** (5), **nadar** (2); to swim in the swimming pool **nadar en la piscina** (2)

swimming **natación** *f.* (2); swimming pool **piscina** (2); to swim in the swimming pool **nadar en la piscina** (2)

symphonic: symphonic music **música sinfónica** (11); symphonic orchestra **orquesta sinfónica** (11)

symptom **síntoma** *m.* (12)

synagogue **sinagoga** (3)

syrup: cough syrup **jarabe** *m.* (12)

T

table **mesa** (1); coffee table **mesita** (5); to clear the table **quitar la mesa** (3); to set the table **poner** (*irreg.*) **la mesa** (3)

tablet **tableta** (15)

take **tomar** (1); to take a deep breath **respirar profundo** (15); to take a class **tomar una clase** (1); to take a day trip/ tour **hacer** (*irreg.*) **una excursión** (10); to take a nap **tomar una siesta** (3); to take a shower **ducharse** (5); to take a walk/stroll (with the dog) **pasear (con el perro)** (2); to take care of oneself **cuidarse** (12); to take drugs **drogarse (gu)** (12); to take notes **tomar apuntes** (1); to take out the garbage/trash **sacar (qu) la basura** (3); to take photos **sacar (qu) fotos** (2); to take (*someone's*) temperature **tomarle la temperatura** (12)

tall **alto/a** (1)

tanker: oil tanker **petrolero** (14)

taste *v.* **probar (ue)** (6)

taxi **taxi** *m.* (8)

tea **té** *m.* (6)

teacher **maestro/a** (13), **profesor(a)** (1)

technician **técnico/a** (13)

technological advance **avance** (*m.*) **tecnológico** (15)

technology **tecnología** (13)

teeth: brush one's teeth **lavarse los dientes** (5)

telephone **teléfono** (1)

tell **contar (ue)** (6); **decir** *irreg.* (*p.p.* **dicho**) (6)

temperature: to take (*someone's*) temperature **tomarle la temperatura** (12)

temporal conjunction **conjunción** (*f.*) **temporal** *gram.* (13)

ten **diez** (1)

tennis **tenis** *m.* (2); tennis shoes **zapatos de tenis** (7)

tenth **décimo/a** (5)

terrace **terraza** (5)

textbook **libro de texto** (1)

than: less . . . than **menos... que** (5); less than + *number* **menos de** + *number* (5); more

. . . than **más... que** (5); more than + *number* **más de** + *number* (5); older than **mayor que** (5); younger than **menor que** (5)

thank: thank you **gracias** (1); thanks **gracias** (1)

Thanksgiving Day **Día** (*m.*) **de Acción de Gracias** (11)

that *adj.* **ese/a** (4); *pron.* (*concept, unknown thing*) **eso** (4); that (over there) *adj.* **aquel, aquella** (4); that (over there) *pron.* (*concept, unknown thing*) **aquello** (4); that one *pron.* **ese/a** (4); that one (over there) *pron.* **aquel, aquella** (4); that's why **por eso** (4); like that **así** (8); that which *rel. pron.* **lo que** (6)

the **el** *def. art. m. s.*; **la** *def. art. f. s.*; **los** *def. art. m. pl.*; **las** *def. art. f. pl.* (1)

theater **drama** (11); **teatro** (1); movie theater **cine** *m.* (3)

their *poss. adj.* **su(s)** (1); *poss. adj./pron.* **suyo/a(s)** (12)

them *dir. obj. pron. m. pl.* **los**; *dir. obj. pron. f. pl.* **las** (5); to/for them *indir. obj. pron.* **les** (6)

therapy **terapia** (12); group therapy **terapia de grupo** (12)

there: there is/are **hay** (1); there was/were **hubo** (7); these *adj.* **estos/as** (4); these ones *pron.* **estos/as** (4)

therefore **por eso** (4)

they **ellos/as** (1)

thin **delgado/a** (4)

thing **cosa** (3); fun thing to do **diversion** *f.* (9)

think (about) **pensar (ie) (en)** (3)

third **tercer, tercero/a** (5); third floor **segundo piso** (5)

thirsty: to be (very) thirsty **tener** (*irreg.*) **(mucha) sed** (3)

thirteen **trece** (1)

thirty **treinta** (1)

thirty-eight **treinta y ocho** (2)

thirty-five **treinta y cinco** (2)

thirty-four **treinta y cuatro** (2)

thirty-nine **treinta y nueve** (2)

thirty-one **treinta y uno** (2)

thirty-seven **treinta y siete** (2)

thirty-six **treinta y seis** (2)

thirty-three **treinta y tres** (2)

thirty-two **treinta y dos** (2)

this *adj.* **este/a** (1); *pron.* (*concept, unknown thing*) **esto** (4); this one *pron.* **este/a** (4); like this **así** (8)

those *adj.* **esos/as** (4); those (ones) *pron.* **esos/as** (4); those (ones) (over there) *pron.* **aquellos/as** (4); those (over there) *adj.* **aquellos/as** (4)

thousand **mil** (4); two thousand **dos mil** (4)

three **tres** (1); Feast of the Three Kings (Epiphany) **Día** (*m.*) **de los Reyes Magos** (11); it's three o'clock. **son las tres.** (1); one hundred three **ciento tres** (4); three hundred **trescientos/as** (4)

throat **garganta** (12)

through **por** (4)

throw: to throw a party **hacer** (*irreg.*) **una fiesta** (2); to throw out **arrojar** (14)

Thursday **jueves** *m. inv.* (1)

ticket **boleto** (*L.A.*) (10)

tidy up the room **arreglar el cuarto** (3)

tie **corbata** (7)

tiger **tigre** *m.* (14)

time: at what time? **¿a qué hora?** (1); for the first time **por primera vez** (9); for the last time **por última vez** (9); free time **tiempo libre** (2); the last/preceding time that **la última vez que** (6); to have a good/bad time **pasarlo bien/mal** (3); to manage one's time (well/poorly) **manejar (bien/mal) el tiempo** (15); to spend some time **pasar un rato** (1); to spend time **pasar tiempo** (1); to spend time with one's boyfriend/girlfriend **pasar tiempo con el/la novio/a** (2); what time is it? **¿qué hora es?** (1)

timid **tímido** (4)

tip **propina** (6)

tired **cansado/a** (2)

toast *n.* **pan** (*m.*) **tostado** (6); to toast (to) **brindar (por)** (11)

today **hoy** (1)

toe **dedo del pie** (12)

toilet **inodoro** (5)

tomato **tomate** *m.* (6)

tomorrow **mañana** (1); see you tomorrow **hasta mañana** (1); the day after tomorrow **pasado mañana** (1)

tonight **esta noche** (3)

too **también** (1); too much **demasiado** *adv.* (7)

tooth **diente** *m.* (12)

toothache **dolor** (*m.*) **de muela** (12)

top: on top of **encima de** (2)

tour **excursión** *f.* (10), **recorrido** (10); to take a tour **hacer** (*irreg.*) **una excursión** (10)

tourism **turismo** (10); agricultural tourism **agroturismo** (10)

tourist **turista** *m., f.* (10)

toward **para** (4)

town **pueblo** (8)

townhouse **casa adosada** (5)

toy **juguete** *m.* (9); toy store **juguetería** (7)

trade **oficio** (13)

traditional **tradicional** (6)

traffic **circulación** *f.* (8), **tráfico** (8); traffic light **semáforo** (8)

train **tren** *m.* (8)

trainer **entrenador(a)** (13)

translator **traductor(a)** (13)

transportation: mode of transportation **medio de transporte** (8)

trash **basura** (3); to take out the trash **sacar (qu) la basura** (3)

travel **viajar** (8); travel agency **agencia de viajes** (10)

treatment **tratamiento** (12)

tree **árbol** *m.* (8); Christmas tree **árbol de Navidad** (11); tree felling **tala de árboles** (14)

trip **recorrido** (10), **viaje** *m.* (10); on a trip **de viaje** (10)

tropical **tropical** (6); tropical rainforest **bosque** (*m.*) **tropical** (14)

truck **camión** *m.* (8)

true: it's true that **es verdad que** (12)

try **probar (ue)** (6)

T-shirt **camiseta** (7)

Tuesday **martes** *m. inv.* (1); next Tuesday **el martes que viene** (1); on Tuesday **el martes** (1); on Tuesdays **los martes** (1)

tuition **matrícula** (15)

tuna **atún** *m.* (6)

turkey **pavo** (6)

turn **doblar** (8); to turn off the faucet **cerrar (ie) el grifo** (14); to turn on (*light, appliance*) **poner** (*irreg.*) (3)

turtle **tortuga** (14)

TV: HD TV **televisión** (*f.*) **de alta definición** (15); to watch TV **mirar la televisión** (1); wide-screen TV **televisión de pantalla ancha** (15)

twelve **doce** (1)

twenty **veinte** (1)

twenty-eight **veintiocho** (1)

twenty-five **veinticinco** (1)

twenty-four **veinticuatro** (1)

twenty-nine **veintinueve** (1)

twenty-one **veintiuno** (1)

twenty-seven **veintisiete** (1)

twenty-six **veintiséis** (1)

twenty-three **veintitrés** (1)

twenty-two **veintidós** (1)

twin **gemelo/a** (4)

two **dos** (1); it's two o'clock **son las dos** (1); one hundred two **ciento dos** (4); two hundred **doscientos/as** (4); two million **dos millones (de)** (4); two thousand **dos mil** (4)

typical **típico/a** (1)

U

ugly **feo/a** (1)

uncle **tío** (4); aunts and uncles **tíos** (4)

under **debajo de** (2)

understand **comprender** (2), **entender (ie)** (3)

understanding *adj.* **comprensivo/a** (13)

undressed: to get undressed **desvestirse (i, i)** (5)

unfortunately **desafortunadamente** (8), **desgraciadamente** (8)

unfurnished **sin amueblar** (5)

union: student union **centro estudiantil** (1)

university **universidad** *f.* (1)

unless *conj.* **a menos que** + *subj.* (14)

until **hasta que** *conj.* (13)

up **arriba** (5); to break up with **romper con** (9)

upload **subir** (13)

upright (*trustworthy*) **íntegro/a** (13)

upstairs **arriba** (5)

urban **urbano/a** (8); urban waste **desechos urbanos** (14)

urgent: it's urgent that **es urgente que** (11)

Uruguayan **uruguayo/a** (1)

us *dir. obj. pron.* **nos** (5); to/for us *indir. obj. pron.* **nos** (6)

usually: to usually (*do something*) **soler** + *inf.* (3)

utensil **utensilio** (6)

V

vacation: on vacation **de vacaciones** (10); paid vacation **vacaciones** (*f.*) **pagadas** (13); to go on vacation **ir** (*irreg.*) **de vacaciones** (9)

vacuum *v.* **pasar la aspiradora** (3); vacuum cleaner **aspiradora** (3)

valley **valle** *m.* (8)

vanilla **vainilla** (6)

varied **variado/a** (6)

vegetable **verdura** (6)

vegetarian **vegetariano/a** (6)

vegetation **vegetación** *f.* (14)

vendor **vendedor(a)** (6)

Venezuelan **venezolano/a** (1)

verb **verbo** *gram.* (1); reciprocal verb **verbo recíproco** *gram.* (5); reflexive verb **verbo reflexivo** *gram.* (5); verb of desire **verbo de voluntad** *gram.* (11); verb of doubt **verbo de duda** *gram.* (12); verb of emotion **verbo de emoción** *gram.* (11); verb of volition **verbo de voluntad** *gram.* (11)

very: (not) very well **(no) muy bien** (1)

veterinarian **veterinario/a** (13)

vice **vicio** (12)

videogame **videojuego** (3)

vinegar **vinagre** *m.* (6)

visa **visado** (10)

visual arts **artes** (*f.*) **plásticas** (11)

volcano **volcán** *m.*

volition: verb of volition **verbo de voluntad** *gram.* (11)

volleyball **vólibol** *m.* (1); to play volleyball **jugar (ue) (gu) al vólibol** (1)

W

wait *v.* **esperar** (11)

waiter **mesero** (6)

waiting room **sala de espera** (10)

waitress **mesera** (6)

wake up **despertarse (ie)** (5)

walk *v.* **caminar** (1); to take a walk (with the dog) **pasear (con el perro)** (2)

wall hanging **cuadro** (5)

wallet **cartera** (7)

want **querer** *irreg.* (3); to want to (*do something*) **desear** + *inf.* (1)

warming: global warming **calentamiento global** (14)

wash: to wash clothes **lavar la ropa** (1); to wash one's face/hands/hair **lavarse la cara / las manos / el pelo** (5); wash the dishes **lavar los platos** (3)

washer **lavadora** (3)

washing machine **lavadora** (3)

waste **desperdiciar** (14); hazardous waste **residuos peligrosos** (14); urban waste **desechos urbanos** (14)

watch *v.* **ver** *irreg.* (*p.p.* **visto**) (3); to watch TV **mirar la televisión** (1); *n.* **reloj** *m.* (1)

water **agua** *f.* (*but* **el agua**) (6); fresh water **agua dulce** (14); salt water **agua salada** (14); water glass **vaso** (6); water pollution **contaminación** (*f.*) **del agua** (14)

wave **ola** (14)

we *sub. pron.* **nosotros/as** (1); we are **somos** (1)

weather: what's the weather like? **¿qué tiempo hace?** (2); the weather is (very) nice/bad **hace (muy) buen/mal tiempo** (2)

web page **página Web** (13)

wedding **boda** (4)

Wednesday **miércoles** *m. inv.* (1); next Wednesday **el miércoles que viene** (1); on Wednesday **el miércoles** (1); on Wednesdays **los miércoles** (1)

week **semana** (1); during the week **entre semana** (1); Holy Week **Semana Santa** (11); last week **la semana pasada** (6); next week **la semana que viene** (1); once a week **una vez a la semana** (3)

weekdays **días** (*m.*) **de entre semana** (1)

weekend **fin** (*m.*) **de semana** (1)

weight: to gain weight **engordar** (12); to lift weights **levantar pesas** (3); to lose weight **adelgazar (c)** (12)

welcome: you're welcome **de nada** (1)

well **bien** *adv.* (2); to get along well (with each other) **llevarse bien** (5); to manage one's money/time well **manejar bien el dinero/tiempo** (15); very well **muy bien** (1)

well-being **bienestar** (12)

well-lit **lleno/a de luz** (5)

west: (to the) west **(al) oeste** (8)

whale **ballena** (14)

what? **¿cuál(es)?** (1); **¿qué?** (1); *rel. pron.* **lo que** (6); at what time? **¿a qué hora?** (1); what are you (*s. fam.*) like? **¿cómo eres?** (1); what are you (*s. form.*) like? **¿cómo es usted (Ud.)?** (1); what time is it? **¿qué hora es?** (1); what's the weather like? **¿qué tiempo hace?** (2); what's your (*s. fam.*) last name? **¿cuál es tu apellido?** (1); what's your (*s. form.*) last name? **¿cuál es su apellido?** (1); what's your (*s. fam.*) name? **¿cómo te llamas?, ¿cuál es tu nombre?** (1); what's your (*s. form.*) name? **¿cómo se llama usted (Ud.)?, ¿cuál es su nombre?** (1)

wheat: whole wheat bread **pan** (*m.*) **integral** (6)

when **cuando** (2)

when? **¿cuándo?** (1)

where? **¿dónde?** (1); to where? **¿adónde?** (2); where are you (*s. fam.*) from? **¿de dónde eres?** (1); where are you (*s. form.*) from? **¿de dónde es usted (Ud.)?** (1); where from? **¿de dónde?**

which? **¿cuál(es)?** (1)

while: to rest a while **descansar un rato** (1)

white **blanco** (2); white wine **vino blanco** (6)

whiteboard **pizarrón** (*m.*) (1)

who? **¿quién(es)?** (1)

whole wheat bread **pan integral** (6)

whom?: with whom? **¿con quién(es)?** (1)

why: that's why **por eso** (4)

why? **¿por qué?** (3);

wide-screen TV **televisión** (*f.*) **de pantalla ancha** (15)

widowed **viudo/a** (4)

wife **esposa** (4)

WiFi connection **conexión** (*f.*) **WiFi** (15)

wild **salvaje** (14)

wild plant **planta salvaje** (14)

wind power **energía eólica** (14)

window **ventana** (1); window seat **asiento de ventanilla** (10)

windy: it's (very) windy **hace (mucho) viento** (2)

wine **vino** (6); red wine **vino tinto** (6); white wine **vino blanco** (6); wine glass **copa** (6)

winter **invierno** (2)

wireless **inalámbrico/a** (15)

with **con** (1); with me **conmigo** (2); with you (*s. fam.*) **contigo** (2); with short/long sleeves **de manga corta/larga** (7); with whom? **¿con quién(es)?** (1)

without sin (4); **sin que** + *subj.* (14)

woman **mujer** *f.* (1)

wooden **de madera** (7)

wool **lana** (7); *adj.* **de lana** (7)

word **palabra** (1); indefinite word **palabra indefinida** *gram.* (5); negative word **palabra negativa** *gram.* (5); question word **palabra interrogativa** *gram.* (1)

work *v.* **trabajar** (1); *n.* (*general*) **trabajo** (3); to work in the garden **trabajar en el jardín** (3); to work in the yard **trabajar en el jardín** (3); work meeting **reunión** (*f.*) **de trabajo** (13); work of art **obra de arte** (11); work schedule **horario de trabajo** (13)

worker: construction worker **albañil** *m., f.* (13)

workplace **lugar** (*m.*) **de trabajo** (13)

worried **preocupado/a** (2)

worry *v.* **preocupar** (6)

worse than **peor que** (5)

worst: the worst . . . of/in **el/la/los/las peor(es)... de** (5)

worth: how much is it (are they) worth? **¿cuánto vale(n)?** (7)

woven goods **tejidos** (7)

write **escribir** (*p.p.* **escrito**) (2); to write poetry **escribir poesía** (9)

writer **escritor(a)** (11)

wrong: to be wrong **no tener** (*irreg.*) **razón** (3)

Y

yard **jardín** *m.* (3); to work in the yard **trabajar en el jardín** (3)

year **año** (3); last year **el año pasado** (6); New Year's Day **Año Nuevo** (11); New Year's Eve **Nochevieja** (11); to be . . . years old **tener** (*irreg.*)**... años** (3)

yell *v.* **gritar** (9)

yellow **amarillo** (2)

yes **sí** (1)

yesterday **ayer** (6); the day before yesterday **anteayer** (6) yoga: to do yoga **hacer** (*irreg.*) **yoga** (3)

yogurt **yogur** *m.* (6)

you *subj. pron.* **tú** *s. fam.*, **usted** (**Ud.**) *s. form.*, **vosotros/as** *pl. fam. Sp.*, **ustedes** (**Uds.**) *pl. form. Sp.; pl. fam., form. elsewhere* (1); *dir. obj. pron.* **te** *s. fam.*, **lo/la** *s. form.*, **os** *pl. fam. Sp.*, **los/las** *pl. form. Sp.; pl. fam., form. elsewhere* (5); *obj.* (*of prep.*) **ti** *s. fam.*, **usted (Ud.)** *s. form.*, **vosotros/as** *pl. fam. Sp.*, **ustedes (Uds.)** *pl. form. Sp.; pl. fam., form. elsewhere* (2); and you (*s. fam.*)? **¿y tú?** (1); and you (*s. form.*)? **¿y usted (Ud.)?** (1); how are you (*s. fam.*)? **¿cómo estás?** (1); how are you (*s. form.*)? **¿cómo está usted (Ud.)?** (1); thank you **gracias** (1); to/for you *indir. obj. pron.* **te** *s. fam.*, **le** *s. form.*, **os** *pl. fam. Sp.*, **les** *pl. form. Sp.; pl. fam., form. elsewhere* (6); you (*s. fam.*) are **eres** (1); you (*s. form.*) are **es** (1); you (*pl. fam. Sp.*) are **sois** (1); you (*pl. form. Sp.; pl. fam., form. elsewhere*) are **son** (1); you (*s. fam.*); with you **contigo** (2)

you're welcome **de nada** (1)

young person **joven** *m., f.* (*pl.* **jóvenes**) (2)

younger than **menor que** (5)

your *poss. adj.* **tu(s)** *s. fam.*, **su(s)** *s. form., pl. form. Sp.; pl. fam., form. elsewhere*, **vuestro/a(s)** *pl. fam. Sp.* (1)

youth **juventud** *f.* (9)

Z

zero **cero** (1)

zoo **parque** (*m.*) **zoológico** (9)

INDEX

Note: There are two parts to this index. The Grammar Topics include a vocabulary list. The Cultural Topics index includes references to Spanish speaking nations as well as cultural features.

GRAMMAR TOPICS

CULTURAL TOPICS

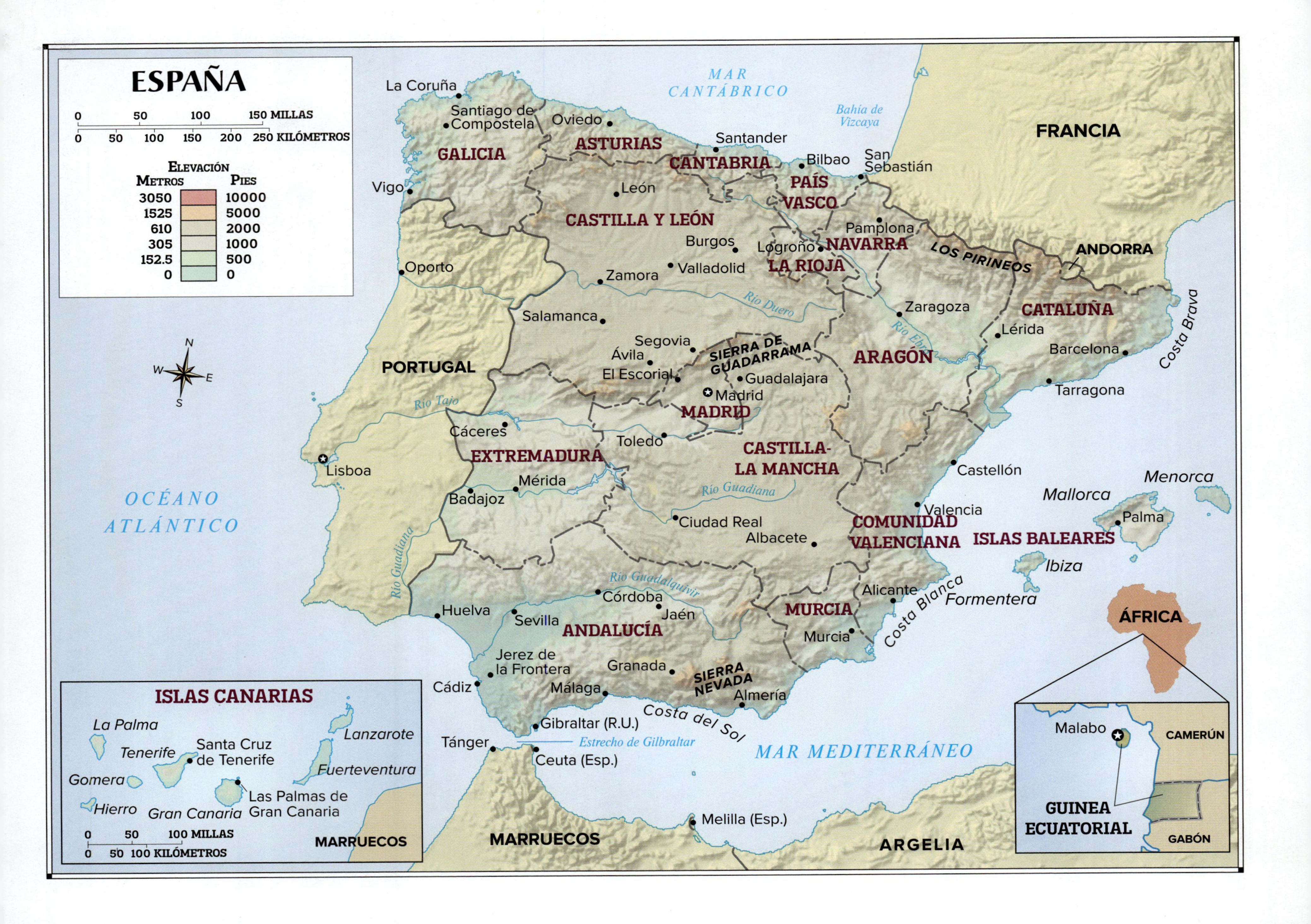

ESPAÑA
0 50 100 150 MILLAS
0 50 100 150 200 250 KILÓMETROS
ELEVACIÓN
METROS PIES
3050 10000
1525 5000
610 2000
305 1000
152.5 500
0 0
N
S
E
W
MAR CANTÁBRICO
Bahía de Vizcaya
FRANCIA
ANDORRA
LOS PIRINEOS
Costa Brava
La Coruña
Santiago de Compostela
Oviedo
Santander
Bilbao
San Sebastián
Vigo
León
Oporto
Burgos
Logroño
Pamplona
Zamora
Valladolid
Salamanca
Zaragoza
Lérida
Barcelona
Tarragona
Segovia
Ávila
El Escorial
Guadalajara
Madrid
Toledo
Cáceres
Lisboa
Mérida
Badajoz
Ciudad Real
Albacete
Castellón
Valencia
Córdoba
Jaén
Huelva
Sevilla
Alicante
Murcia
Jerez de la Frontera
Granada
Cádiz
Málaga
Almería
Gibraltar (R.U.)
Tánger
Ceuta (Esp.)
Melilla (Esp.)
Palma
GALICIA
ASTURIAS
CANTABRIA
PAÍS VASCO
NAVARRA
LA RIOJA
CASTILLA Y LEÓN
CATALUÑA
ARAGÓN
PORTUGAL
SIERRA DE GUADARRAMA
MADRID
EXTREMADURA
CASTILLA-LA MANCHA
COMUNIDAD VALENCIANA
ISLAS BALEARES
MURCIA
ANDALUCÍA
SIERRA NEVADA
Río Duero
Río Ebro
Río Tajo
Río Guadiana
Río Guadalquivir
OCÉANO ATLÁNTICO
Menorca
Mallorca
Ibiza
Formentera
Costa Blanca
Costa del Sol
Estrecho de Gilbraltar
MAR MEDITERRÁNEO
ÁFRICA
Malabo
CAMERÚN
GUINEA ECUATORIAL
GABÓN
ISLAS CANARIAS
La Palma
Tenerife
Santa Cruz de Tenerife
Lanzarote
Fuerteventura
Gomera
Hierro
Gran Canaria
Las Palmas de Gran Canaria
0 50 100 MILLAS
0 50 100 KILÓMETROS
MARRUECOS
MARRUECOS
ARGELIA

MÉXICO, AMÉRICA CENTRAL Y EL CARIBE
0 250 500 750 MILLAS
0 250 500 750 KILÓMETROS
ELEVACIÓN
METROS PIES
3050 10000
1525 5000
610 2000
305 1000
152.5 500
0 0
N
E
S
W
ESTADOS UNIDOS
MÉXICO
OCÉANO ATLÁNTICO
Golfo de México
Trópico de Cáncer
MAR CARIBE
OCÉANO PACÍFICO
Ecuador
Golfo de California
Río Grande
Río Misisipi
SIERRA MADRE OCCIDENTAL
SIERRA MADRE ORIENTAL
SIERRA MADRE DEL SUR
Península de Yucatán
Santa Fe
Albuquerque
Phoenix
San Diego
Mexicali
Tijuana
Tucson
El Paso
Ciudad Juárez
Nogales
Baja California
Hermosillo
Chihuahua
Dallas
Austin
San Antonio
Houston
Nuevo Laredo
Memphis
Atlanta
Mobile
Nueva Orleáns
San Agustín
Orlando
Tampa
Miami
Nassau
BAHAMAS
Monterrey
Durango
Cabo San Lucas
Mazatlán
Guadalajara
Guanajuato
México, D.F.
Puerto Vallarta
Cuernavaca
Puebla
Veracruz
Acapulco
Oaxaca
Mérida
Campeche
Cozumel
Chichén Itzá
La Habana
CUBA
Guantánamo
Santiago de Cuba
HAITÍ
REPÚBLICA DOMINICANA
Port-au-Prince
San Juan
JAMAICA
Kingston
Santo Domingo
PUERTO RICO
BELICE
Belmopan
GUATEMALA
HONDURAS
Guatemala
Tegucigalpa
San Salvador
EL SALVADOR
NICARAGUA
Managua
Barranquilla
Cartagena
Maracaibo
Caracas
San José
Canal de Panamá
COSTA RICA
Panamá
PANAMÁ
Mérida
VENEZUELA
Medellín
Cali
Bogotá
COLOMBIA

AMÉRICA DEL SUR
0 250 500 750 MILLAS
0 250 500 750 KILÓMETROS
Elevación
Metros
Pies
3050
10000
1525
5000
610
2000
305
1000
152.5
500
0
0
NICARAGUA
MAR CARIBE
COSTA RICA
PANAMÁ
Barranquilla
Maracaibo
Caracas
Río Orinoco
VENEZUELA
Georgetown
GUYANA
Paramaribo
Cayenne
GUAYANA FRANCESA
SURINAM
OCÉANO ATLÁNTICO
Medellín
Bogotá
Cali
COLOMBIA
Quito
ECUADOR
Guayaquil
Ecuador
Manaus
Belém
Río Amazonas
CORDILLERA DE LOS ANDES
OCÉANO PACÍFICO
PERÚ
Lima
Machu Picchu
Cusco
BRASIL
Recife
Lago Titicaca
BOLIVIA
Arequipa
La Paz
Sucre
Brasilia
PARAGUAY
Antofagasta
Asunción
Puerto Iguazú
São Paulo
Rio de Janeiro
Trópico de Capricornio
CHILE
Río Paraná
Córdoba
Valparaíso
Rosario
Santiago
ARGENTINA
URUGUAY
Buenos Aires
Montevideo
Río de la Plata
OCÉANO ATLÁNTICO
Concepción
Bahía Blanca
San Carlos de Bariloche
OCÉANO PACÍFICO
Estrecho de Magallanes
Islas Malvinas
Punta Arenas
Tierra del Fuego
Cabo de Hornos
OCÉANO PACÍFICO
Isla Pinta
Isla Marchena
Isla San Salvador
Isla Santa Cruz
Isla Isabela
Isla San Cristóbal
Puerto Baquerizo Moreno
ISLAS GALÁPAGOS (ECUADOR)
0 100 MILLAS
0 100 KILÓMETROS
0 8 MILLAS
0 8 KILÓMETROS
Cabo Cummings
Hanga Roa
Mataveri
Cabo Sur
OCÉANO PACÍFICO
ISLA DE PASCUA (CHILE)